U0135063

國學精粹叢書 14

春秋左傳注 修訂本

〈下册〉

楊伯峻／編著

張曉生老師

洪葉文化事業有限公司　印行

春秋左傳注

成公

名黑肱，宣公子。公羊成公十五年傳謂「宣公死，成公幼」，以成公即位十四年後娶妻推之，此說可信。

元年，辛未，公元前五九〇年。周定王十七年、晉景十年、齊頃九年、衞穆十年、蔡景二年、鄭襄十五年、曹宣五年、陳成九年、杞桓四十七年、宋文二十一年、秦桓十五年、楚共王審元年、許靈二年。

經

一·一 元年春王正月，冬至在二月朔乙未，實建亥，此年有閏。公即位。無傳。

一·二 二月辛酉，辛酉，二十七日。葬我君宣公。無傳。

一·三 無冰。無傳。詩豳風七月云：「二之日鑿冰沖沖，三之日納于凌陰。」「二之日」即夏正十二月，周正二月。昭四年傳亦云：「古者日在北陸而藏冰。」「日在北陸」亦即周正二月。禮記月令：季冬之月，「冰方盛，水澤腹堅，命取冰」。季冬卽周正二月。可見古代有在周正二月取冰、藏冰之禮。若天氣暖和，水澤不凍，則不能行此禮，故史書「無冰」。此年實建亥，但冬至在二月朔日，與建子相差不遠，寒暖無大異。餘詳桓十四年經注。

一·四 三月，作丘甲。詳傳注。

一·五 夏，臧孫許及晉侯盟于赤棘。臧孫許詳宣十八年傳並注。據十二年傳，赤棘，晉地，但不詳今地何在。

一·六 秋，王師敗績于茅戎。「茅」，公羊、穀梁俱作「貿」，蓋古同音假借。餘詳傳注。

一·七 冬十月。

傳

一·一 元年春，晉侯使瑕嘉平戎於王，瑕嘉卽文十三年傳之詹嘉，詳彼注。文十七年「周甘歜敗戎於邥垂」，杜注謂此乃調和因邥垂之役所引起之仇怨。瑕嘉平戎，疑爲以前事。周師爲茅戎所敗，因不得不追敍其源。單襄公如晉拜成。單襄公，據周語中韋注，卽周卿士單朝。又據周語下，其子爲單頃公。拜成，因晉調停有效而答謝。劉康公徼戎，劉康公，見宣十年經、傳並注。徼音驍。徼戎，乘戎因講和之際不設防備而欲僥倖敗戎也。集韻云「徼倖」，毛晃增韻謂後人混儌、徼爲一。考之洪武正韻，亦儌、徼相混。將遂伐之。叔服曰：叔服見文元年經注。「背盟而欺大國，大國指晉。此必敗。背盟，不祥；欺大國，不義；神、人弗助，神承不祥，人承不義。將何以勝？」不聽，遂伐茅戎。茅戎，杜注以爲「戎別種」。水經河水注云：「河北對茅城，故茅亭，茅戎邑也。」據清一統志，在今山西平陸縣西南。但王夫之稗疏則謂今之平陸縣爲晉地，在黃河之邊，是交通要道，不應爲華戎所雜處之地，且離成周遠，周不宜攻伐。此茅戎所在，當卽隱十一年傳之欑茅，在今河南省修武縣。除此二說外，尚有據水經河水注「歷軹關西，逕苗亭」，以茅戎在今濟源縣西者。平陸之茅津離洛陽二百五十里，修武離洛陽二百十里，唯苗亭離洛陽最近，僅八、九十里，且爲周邑，或是此處。至路史國名紀羅苹注謂茅戎在陳留，不知陳留於春秋爲鄭之留邑，且距洛陽三百六十里，既難以得罪周王，東周亦難以越鄭伐之。其不可信顯然。三月癸未，癸未，十九日。敗績於徐吾氏。據孔疏，徐吾氏爲茅戎內聚落之名，卽交戰之處。據叔服語，蓋爲晉所敗，公羊傳亦云然。

一·二 爲齊難故，宣公卽位，事齊極爲恭敬。然十七年斷道之盟，魯、晉諸國聯盟，以齊爲敵。十八年，魯又向楚國乞師，欲伐齊；楚未出師，故須防齊國之侵。作丘甲。周禮小司徒與服虔注引司馬法皆云「九夫爲井，四井爲邑，四邑爲丘，四丘爲甸」，則「丘」係地方基層組織之名。昭四年有「丘賦」，孫子作戰篇有「丘役」，莊子則陽篇有「丘里」，孟子盡心下有「丘民」，諸「丘」字均同此義。甲，古有兩義，一爲鎧甲，一爲甲士。穀梁傳明言此「甲」爲鎧甲。「作丘甲」，卽使一丘之人均作鎧甲。左傳、公羊無此義。何休以穀梁釋公羊，未必合公羊本意，使一丘之人均作鎧甲，恐難行通。毛奇齡春秋傳與經問則謂「使每丘出甲若干勒」，然而增加裝備，不增士卒，備難之道亦不全。此「甲」字自以泛指甲士爲正確。甲士則有甲亦有人。「作丘甲」內容更屬異說紛紜。杜注以爲本爲每丘十六井，出戎馬一匹，牛三頭；每甸六十四井，出戰車一輛，戎馬四匹，牛十二頭，甲士三人，步卒七十二人。今魯則令一丘出一甸之賦，無端增加四倍。此說甚不合理。姑不論人民不勝負担，卽以事實而論，魯本有二軍，若此時徵收軍賦四倍，卽將擴充爲八軍，何以直至哀公十一年始「作三軍」？其後如胡安國春秋傳、孫覺春秋經解、顧炎武補正、萬斯大學春秋隨筆、龔元玠春秋客難、沈欽韓補注等書均於此説有所糾正，或者謂只增賦三分之一，或者謂只增賦四分之一，或者謂「但增加甲士而步卒如故」，然皆推測之辭，並無確證。今人對「作丘甲」亦各有己見。范文瀾中國通史簡編云「就是一丘出一定數量的軍賦，丘中人各按所耕田數分攤，不同於公田制農夫出同等的軍賦」，視之爲軍賦改革，且與宣公十五年「初稅畝」聯繫，較爲合理。餘説不備引。

一・三　聞齊將出楚師，意謂齊將率同楚師來伐。夏，盟於赤棘。據經，臧孫許去晉與晉侯盟。

一・四　秋，王人來告敗。據傳，周師敗績爲三月事，但經書「秋，王師敗績」。此條説明經書「秋」，蓋因周室通告諸侯在秋。

一・五　冬，臧宣叔令脩賦、繕完、具守備，脩賦是一事，卽襄二十五年傳「量入脩賦」之「脩賦」，治理軍賦，亦卽實施「作丘甲」之政令。繕完是一事，卽襄三十一年傳「繕完葺牆」之「繕完」，修治城郭。可單言「繕」，襄三十年傳「繕城郭」可證；可單言「完」，隱元年傳「大叔完聚」，「完」卽是「完城郭」。讀本以繕完爲繕甲兵、完城郭兩事亦通。總之爲防守之工作具備。曰：「齊、楚結好，我新與晉盟，晉、楚爭盟，齊師必至。雖晉人伐齊，楚必救之，是齊、楚同我也。意謂兩國同以我爲敵。知難而有備，難，去聲。乃可以逞。」逞，解也，謂憂患可以解開。見隱九年傳注。

二年，壬申，公元前五八九年。周定王十八年、晉景十一年、齊頃十年、衛穆十一年、蔡景三年、鄭襄十六年、曹宣六年、陳成十年、杞桓四十八年、宋文二十二年、秦桓十六年、楚共二年、許靈三年。

經

二·一 二年春，正月十二日庚子冬至，建子。齊侯伐我北鄙。

二·二 夏四月丙戌，丙戌，二十九日。衞孫良夫帥師及齊師戰于新築，新築，據傳，爲衞國地名，彙纂謂在今河北魏縣南。餘詳傳注。衞師敗績。

二·三 六月癸酉，癸酉，十七日。季孫行父、臧孫許、叔孫僑如、公孫嬰齊公孫嬰齊，叔肸之子，又稱仲嬰齊，謚聲伯。帥師會晉郤克、衞孫良夫、曹公子首及齊侯戰于鞌，「首」公羊、穀梁作「手」，音同通用。鞌，音安。餘詳傳注。齊師敗績。

二·四 秋七月，齊侯使國佐如師。己酉，己酉，二十三日。及國佐盟于袁婁。「袁」，傳及穀梁並作「爰」，兩字古音近。餘詳傳注。

二·五 八月壬午，壬午，二十七日。宋公鮑卒。

二·六 庚寅，庚寅，九月五日。傳謂九月，此繫於「八月」之下，王韜謂「史官之誤」。衞侯速卒。「速」，公羊作「遬」，史記同，同音通假。

二·七 取汶陽田。杜注：「晉使齊還魯。」

二·八 冬，楚師、鄭師侵衛。

二·九 十有一月，公會楚公子嬰齊于蜀。公子嬰齊即子重，嘗爲將軍、左尹及令尹。此時已爲令尹。互詳宣十一年傳注。

二·一〇 丙申，丙申，十二日。公及楚人、秦人、宋人、陳人、衛人、鄭人、齊人、曹人、邾人、薛人、鄫人盟於蜀。

傳

二·一 二年春，齊侯伐我北鄙，圍龍。龍，在今山東泰安縣東南。「龍」史記作「隆」。年表列「齊取我隆」於元年，與傳異。頃公之嬖人盧蒲就魁門焉。通志氏族略五云「盧蒲氏，姜姓，齊桓公之後」，不知何據。門謂攻城。龍人囚之。齊侯曰：「勿殺，吾與而盟，無入而封。」兩「而」字均同「爾」。封，境也。弗聽，殺而膊諸城上。膊音博，方言云：「暴也。」廣雅云：「張也。」則相當於今之暴露、陳列。「膊諸城上」與僖二十八年傳「尸諸城上」義同。齊侯親鼓，士陵城。三日，取龍。遂南侵，及巢丘。巢丘，當距龍不遠，或不離泰安縣境。

二·二 衛侯使孫良夫、石稷、甯相、向禽將侵齊，據杜注，孫良夫，孫林父之父。石稷，石碏四世孫。甯相，甯俞子。甯相之「相」舊讀去聲。向禽將，「禽將」當是名。或以「向禽」爲姓名，「將」字另讀，恐不確。衛世家云：「穆公十一年，孫良夫救魯伐齊。」司馬遷以此次衛國出軍爲救魯。與齊師遇。兩國軍隊相遇之地傳文未言，若齊軍由伐魯而直接回國，則不必繞道經衞之新築。彙纂則以爲相遇在新築，因云：「考其情事，蓋衞與侵齊之師尚在衞之封內，而齊既伐魯，遂乘勝而伐衞，兩軍遇於新築而戰爾。」此說難通。若齊果攻衞，衞將帥石稷不應主張退軍。下列二說似較合理：（一）相遇不在新築，而在齊、衞邊境。齊既遇衞向齊進軍，當逼使衞軍後退，而後跟踪之，以至於新築會戰。（二）相遇在新築，而新築不在魏縣南，而在齊、衞邊境。王夫之稗疏以爲新築在「齊、衞交界之境」今山東惠民縣。然其依據錯誤，結論自不可信。且惠民縣偏北，齊、衞兩軍都不必經過其地。但「齊、衞交界之境」此一設想不可厚非。石子欲還。孫子曰：「不可。以師伐人，遇其師而還，將謂君何？猶言將何以向國君復命。若知不能，「不能」猶言「不能戰」。則如無出。如，應當也。句法與僖二十二年傳「若愛重傷，則如勿傷」一致。今既遇矣，不如戰也。」

夏，有……原文有闕脫。此段應爲敍述新築戰事。新築戰事在夏四月，故知「夏」字爲讀。石成子曰：石成子，石稷。「師敗矣，子不少須，衆懼盡。須，等待。意謂孫良夫若不稍許等待，頂住敵人，而倉促後退，恐怕全軍將被殲滅。說本俞樾平議。章炳麟讀解「須」爲退，不確。子喪師徒，「喪師徒」指上文之「衆盡」。何以復命？」皆不對。孫良夫等人皆不答。實爲不肯稍停以禦敵。又曰：「子，國卿也。隕子，辱矣。隕，說文引作「抎」，云「有所失也」，作損失解。此語僅向孫良夫言。停止抵抗，自有被殺被俘之危，故以云「隕子，辱矣」。石稷見諸將帥俱不稍停，故又改口。子以衆退，我此乃止。」我止於此以禦齊師。我此乃止，我乃止此之變句。且告車來甚衆。且，連詞。與宣二年傳「鬭且出」、成十三年傳「狄應且憎」之「且」字用法相同。車，指新築援軍之戰車。此敍石稷要求不停止抵抗，復謂援軍之戰車來者甚多，通告軍中以安人心。齊師乃止，次于鞫居。齊見衞軍停止後退，又將抵抗，又聞其援軍將至，故亦不再前進。鞫居，據後漢書郡國志，在今河南封丘縣。但封丘離新築，離衞都帝丘（今濮陽縣西南）較遠，且偏南，未必是齊國行軍目標，當以闕疑爲是。新築人仲叔于奚救孫桓子，桓子，孫良夫。新築人卽新築大夫。桓子是以免。賈子審微篇云：「齊人攻衞，叔孫于奚率師逆之，大敗齊師。」叔孫于奚卽仲叔于奚。齊師曾大敗，左傳不載。

既，衞人賞之以邑，「既」卽「既而」。文元年傳：「楚子將以商臣爲太子，既又欲立王子職。」周語上：「榮公若用，周必敗。既，榮公爲卿士。」諸「既」字同此用法。賈子審微篇作「衞於是賞以溫」。辭，請曲縣、繁纓以朝。「縣」同「懸」，指鐘、磬等樂器懸掛於架。古代，天子樂器，四面懸掛，象宮室四面有牆，謂之「宮懸」；諸侯去其南面樂器，三面懸掛，曰「軒縣」，亦曰「曲縣」。曲，古作ㄩ，象四方而缺其一也；大夫僅左右兩面懸掛，曰「判縣」；士僅於東面或階間懸掛，曰「特縣」。仲叔于奚請「曲縣」，是以大夫而僭越用諸侯之禮。餘詳周禮春官小胥孫詒讓正義。繁音盤，說文作「緐」，馬鬣毛前裝飾，亦諸侯之禮。詳周禮春官巾車孫詒讓正義。許之。

仲尼聞之曰：「惜也，不如多與之邑。唯器與名，器指「曲縣」、「繁纓」等器物，「名」指當時爵號。不可以假人，君之所司也。「器」、「名」皆人主掌握以指揮、統治臣民之具，不能假借於人。名以出信，有某種爵號，卽賦予某種威信。信以守器，有某種威信，卽能保持其所得器物。器以藏禮，制定各種器物，以示尊卑貴賤，體現當時之禮。禮以行義，義循禮而行。義以生利，行義然後能產生大衆之利。利以平民，平，治理。孟子離婁下「君子平其政」可證。亦可連言「平治」，如孟子公孫丑下「夫天未欲平治天下也」可證。政之大節也。若以假人，與人政也。政亡，則國家從之，弗可止也已。」孔子家語正論解載此事，與此大體相同。賈子審微篇載此事，略有差異。

二·三 孫桓子還於新築，不入，不入國都。遂如晉乞師。臧宣叔亦如晉乞師。皆主郤獻子。兩卿皆以郤克爲主人，蓋郤克爲晉中軍帥，主持政事；宣十七年郤克又曾爲齊頃公母所笑，發誓報仇。晉侯許之七百乘。郤子曰：「此城濮之賦也。城濮之戰，晉發兵車七百乘，見僖二十八年傳。有先君之明與先大夫之肅，故捷。先大夫或指曾爲本國卿大夫者本人之祖先，如禮記檀弓下趙武「是全要領以從先大夫於九京」；但一般用以泛指本國前輩之卿大夫，不必本人同族。此亦泛指，實指先軫、狐偃、欒枝諸人。馬宗璉補注謂「指郤縠」，然郤縠雖曾爲晉文公中軍帥，却死于城濮戰前，未嘗指揮城濮戰役，說不可信。肅，敏捷也。才具敏捷，則可以勝敵。肅非「敬肅」之義，說詳王引之述聞。克於先大夫，無能爲役，與先大夫相較，不足以爲其僕役。請八百乘。」許之。郤克將中軍，士燮佐上軍，「佐」，阮刻本作「將」。據四年傳，士燮亦佐上軍；據十三年傳，士燮至其時始將上軍，則此時只能佐上軍，故從石經、宋本、金澤文庫本訂正。說本校勘記。齊世家亦作「士燮將上軍」，乃司馬遷之疏誤。不言中軍佐與上軍帥，據下傳，中軍佐當爲荀首，上軍帥當爲荀庚。晉國各軍將、佐各有部隊，此次荀首、荀庚及其部隊均未出動。此役，較城濮之役兵車多一百輛。城濮之役，三軍將佐均出動，而此役三軍將、佐僅出動一半，可見晉國雖名爲三軍，每軍實力已大加擴充。欒書將下軍，宣十二年邲之戰，趙朔將下軍。此時趙朔或已死，故以當時下軍佐欒書升任。下軍佐亦未出動。下軍佐爲誰，無考。韓厥爲司馬，邲之戰，韓厥已爲司馬，此時仍爲司馬。以救魯、衞。臧宣叔逆晉師，且道之。道同導。導之，爲嚮導開路。季文子帥師會之。

及衞地，韓獻子將斬人，韓獻子即韓厥。晉國司馬職掌軍法，僖二十八年傳云「祁瞞奸命，司馬殺之」，晉語三述晉惠公令司馬説斬慶鄭，均可爲證。韓厥爲司馬斬人。郤獻子馳，將救之。至，則既斬之矣。郤子使速以徇，告其僕曰：「吾以分謗也。」晉語五文與此大同。韓非子難一篇亦載此事，且有評論。

師從齊師于莘。齊師伐魯、勝衞而歸，晉師追踪而至。莘有幾處。桓十六年之莘是衞地，在今山東莘縣北，莊十年之莘是蔡地，莊三十二年之莘是虢地，僖二十八年之有莘之墟又是古莘國。以地理考之，此莘當是桓十六年之莘，爲從衞至齊之要道。杜注于桓十六年傳云「衞地」，于此注則云「齊地」，則除上外，尚有齊之莘邑，恐不確。説本顧棟高大事表及沈欽韓地名補注。六月壬申，壬申，十六日。師至于靡笄之下。笄音雞。靡笄，山名，即今山東省濟南市千佛山。江永考實説在長清縣，不確。齊侯使請戰，曰：「子以君師辱於敝邑，不腆敝賦，詰朝請見。」不腆，見僖三十三年傳注。賦指軍賦，與上文「此城濮之賦也」「賦」字義同。詰朝，次日早晨。此齊侯約戰言辭，意謂「爾等率軍隊光臨敝地，敝邑軍隊不强，也請明朝見一高下」。對曰：「晉與魯、衞，兄弟也，晉與魯、衞同爲姬姓國，故云「兄弟」。來告曰：『大國朝夕釋憾於敝邑之地。』大國，指齊；「敝邑」，魯、衞自稱。魯、衞告晉之原文應是「齊國朝夕釋憾於敝邑之地」，與襄十六年傳穆叔之言相同。晉人對齊國轉述，齊國由第三者變爲第二者，故改「齊國」爲「大國」。説詳楊樹達先生讀左傳。寡君不忍，使羣臣請於大國，無令輿師淹於君地。言晉君不忍見齊之侵凌魯、衞，因使羣臣向齊國請求，但又不令晉軍久留於齊境，意謂可速戰一決勝負。「輿師」，輿，衆也，亦可作「師旅」，叔夷鐘「余命女政于朕三軍，肅成朕師旗之政德」可證。見積微居金文說。淹，久也，見僖三十三年傳注。能進不能退，君無所辱命。」此兩句是晉將帥之辭，謂「我等受命而來，只能前進，不能後退，既有明日相見之約，我等當不使齊君落空」。「君無所辱命」猶言不致辱君命，乃許戰之言。杜注謂「不復須君命」，誤。齊侯曰：「大夫之許，寡人之願也；若其不許，亦將見也。」齊侯言無論晉許戰與否，必一戰。齊高固入晉師，高固見宣十七年傳並注。桀石以投人，桀，舉也。說詳焦循補疏。禽之而乘其車，繫桑本焉，「桑本」，桑樹根。以桑樹根繫於車，示與其它兵車有別。以徇齊壘，曰：「欲勇者賈余餘勇！」賈，買也，與桓十年傳「其以賈害也」「賈」字同義。杜注謂「賣也」，非。

癸酉，師陳于鞌。「鞌」同「鞍」。鞌即歷下，在今濟南市西偏。通典云在今平陰縣東，不可信。說詳彙纂。穀梁傳謂「鞌去國五百里」。顧炎武日知録云：「今之六十二里弱，遂當古之百里。鞌去國五百里，今自歷城至臨淄僅三百三十里。」邴夏御齊侯，文十八年有邴歜，襄二十五年有邴師，定十三年有邴意茲，皆齊人，以邴爲氏。逢丑父爲右。晉解張御郤克，文八年之解揚，襄三年之解狐，皆晉人，以解爲氏。鄭丘緩爲右。下文云「緩曰」，可知「緩」是名，「鄭丘」是氏。齊侯曰：「余姑翦滅此而朝食。」翦滅，同義詞連用，說詳宣十二年傳注。杜注「翦，盡也」，誤。「朝」爲「朝暮」之「朝」，章炳麟讀據齊世家作「會食」，因讀爲「朝會」之「朝」，恐與傳意不合。不介馬而馳之。介，甲也。「不介馬」謂馬不披甲。陶鴻慶別疏解爲不備副馬，誤。郤克傷於矢，流血及屨，未絕鼓音，曰：「余病矣！」齊世家謂「克欲還入壁」，或爲郤克當時本意。張侯曰：張侯卽解張，張是其字，侯是其名。古人名字連言，先字後名。「自始合，合，交戰也。而矢貫余手及肘，齊世家用「我始入再傷」解此句，意謂張侯中兩箭，一箭貫手，一箭貫肘。余折以御。折，折斷箭桿，無暇拔出箭鏃。左輪朱殷，殷音煙，赤黑色。「朱殷」，今言「殷紅」。血流左邊車輪，染爲紅黑色。豈敢言病？荀子議兵篇云：「將死鼓，御死轡。」言各盡力於職責，卽張侯不敢「言病」之理。吾子忍之！」緩曰：「自始合，苟有險，余必下推車，子豈識之？金澤文庫本句末有「乎」字。雖同在一車中，主將不知車右下推車，足見主將受傷甚重而又專心於擊鼓。章炳麟讀謂「子豈識之」爲「子其祝之」，謂爲勉郤克使速敷藥愈傷，卽起擊鼓。曲說不可信。然子病矣！」張侯曰：「師之耳目，在吾旗鼓，進退從之。孫子軍爭篇引軍政曰「言不相問，故爲金鼓；視不相見，故爲旌旗。夫金鼓、旌旗者，所以一人之耳目也。人既專一，則勇者不得獨進，怯者不得獨退，此用衆之法也」，可以爲此語作注解。此車一人殿之，殿，鎮守。可以集事。集，完成。若之何其以病敗君之大事也？擐甲執兵，擐音患，穿着。固卽死也，卽，就也。病未及死，吾子勉之！」左并轡，金澤文庫本「左」上有「乃」字。右援枹而鼓。枹音浮，鼓槌。亦作桴。張侯乃用左手一總把握繮繩，右手執鼓槌代郤克擊鼓。焦循補疏謂枹仍在郤克手，張侯不過牽引郤克之手助之擊鼓，曲說。馬逸不能止，師從之。齊師敗績。逐之，三周華不注。晉語五作「三周華不注之山」，是知華不注爲山名，地在今濟南市之東北。「不」舊音敷。據水經濟水注，此山「孤峰特拔」，故可繞行三圈。明陳繼儒書蕉引九域志云：「大明湖望華不注山，如在水中。」

韓厥夢子輿謂己曰：據杜注，子輿爲韓厥之父。「旦辟左右！」「旦」，阮刻本作「且」，今從石經、宋本、金澤文庫本改。說詳校勘記、十駕齋養新録及沈欽韓補注。「辟」同「避」。古代軍制：天子、諸侯親爲元帥，或其他人爲元帥，立於兵車之中，在鼓之下。若非元帥，則御者在中，本人在左。韓厥爲司馬，應在車左，主射。故中御而從齊侯。韓厥夢其父告之避開車之左右，故代御者立於中央執轡。邴夏曰：「射其御者，君子也。」謂韓厥之儀態如君子，請齊侯射之。公曰：「謂之君子而射之，非禮也。」射其左，越於車下。越，墜也。射其右，斃于車中。綦毋張喪車，綦毋音其無，姓。張，名。晉大夫。從韓厥曰：「請寓乘！」寓，寄也。請寄乘韓厥車。從左右，綦毋張上車欲立於車左與車右。皆肘之，韓厥皆以肘推之使退。使立於後。韓厥俛，定其右。俛同俯。韓厥身向下俯，使車右之尸不致墜下，故齊頃公與逢丑父易位而不能見。逢丑父與公易位。本是齊頃公居中，逢丑父居右。今逢丑父居中，齊頃公爲車右。韓厥未曾見此兩人，不能分辨其面貌。古代兵服，國君與將佐相同，僖五年傳「均服振振」是也。故易位即足以欺騙敵人。公羊傳謂「逢丑父面目與頃公相似，衣服與頃公相似」，乃是「想當然」之辭，不足爲據。將及華泉，華泉，華不注山下之泉。驂絓於木而止。金澤文庫本無「驂」字。據杜注，似杜預本亦無「驂」字。因各本均有，故不刪。驂音參，左右兩旁之馬。絓音卦，礙也。兩驂爲樹木所阻。丑父寢於轏中，轏音棧，亦即棧車，竹木之車也。說見洪亮吉詁。蛇出於其下，以肱擊之，傷而匿之，故不能推車而及。逢丑父寢於轏車擊蛇而傷肱，事在戰前；其所以隱瞞創傷，或乃恐其不能爲車右。此乃補敍，言丑父不能如鄭丘緩之推車，因此爲韓厥所追及。說參陶鴻慶別疏。韓厥執縶馬前，說文引作「執䭾前」，「䭾」即「縶」字，臧琳經義雜記與段玉裁注皆以「馬」字因「畢」而誤衍。胡玉縉許廎學林韓厥執縶馬前釋謂韓厥所執之縶，卽齊侯絓馬之縶。恐未必確。軍帥見敵國君主，執縶爲當時之禮。詳下注文。再拜稽首，奉觴加璧以進，襄二十五年傳述鄭子展見陳侯戰敗，亦「執縶」、「再拜稽首」、進酒，可見當時通禮如此。此處多一「加璧」。曰：「寡君使羣臣爲魯、衞請，曰：『無令輿師陷入君地。』下臣不幸，屬當戎行，屬，適也。詳詞詮。戎行謂軍旅之士。陸機辨亡論云：「拔呂蒙於戎行，識潘濬於繫虜。」文選李善注引吳志曰：「呂蒙年十五、六，隨鄧當擊賊，策見而奇之，引置左右。」此陸機之用左傳也。然唐玄宗送張説巡邊詩云：「三軍臨朔野，駟馬卽戎行。」柳宗元爲裴中丞牒云：「莫不鼓舞戎行，虔恭師律。」又以戰車行道或戰場爲戎行。此二義於此亦可通。無所逃隱。謂己身當軍職，不能逃避服役。且懼奔辟，辟同避。而忝兩君。謂自己不能不努力作戰。忝，辱也。兩君，晉君與齊君。臣辱戎士，章炳麟讀以「臣辱戎士」連接「奔辟而忝兩君」爲義，改讀「臣」爲「搴」，甚牽强。今不從，改下屬爲義。敢告不敏，敢，表敬副詞，無義。不敏，當時慣用謙詞，左傳屢見。論語顏淵篇亦云「回雖不敏」。攝官承乏。」攝，代也。承乏亦謙詞，表示某事由於缺乏人手，只能由自己承當。此固當時辭令，實際意爲將執行任務，俘虜此假齊侯。丑父使公下，如華泉取飲。公羊傳云：「使頃公取飲，頃公操飲而至。曰：『革取清者！』頃公用是佚而不反。」依左傳，頃公僅由此下車而逸。丑父使齊頃公下車，卽令之逃，豈頃公如此癡騃，真取飲而來？公羊之不可信如此。鄭周父御佐車，佐車，副車。宛茷爲右，茷音吠。載齊侯以免。韓厥獻丑父，郤獻子將戮之，呼曰：「自今無有代其君任患者，「自今」二字於文不順，自疑借爲卒，卒，終也。謂訖今無有代君任患者。有一於此，將爲戮乎？」郤子曰：「人不難以死免其君，我戮之，不祥。赦之，以勸事君者。」乃免之。公羊傳及説苑敬愼篇均載郤克戮逢丑父，與左傳、史記不同。

齊侯免，求丑父，三入三出。三入三出，第一次入、出晉師，第二次入、出狄卒，第三次入、出衞師。「狄卒」、「衞師」皆晉之友軍。于鬯香草校書云：「不得於晉軍，故改入於狄卒求之；不得於狄卒，故又改入於衞師求之也。」焦循補注從杜注謂三次俱入出晉軍；沈欽韓補注從劉炫説（孔疏引）謂「齊侯三入齊軍，又三出齊軍」，臧琳經義雜記亦主此説，均不確。每出，齊師以帥退。意謂齊侯每自敵軍出，齊軍均擁護之後退，免其傷亡。前人另有幾解。俞樾茶香室經説云：「齊侯既出其軍中，無如大敗之後，號令不行，其勢披靡不可復止，於是各擁其帥以退，而不復能顧其君矣。」解「出」爲「出齊軍」，其誤自明。杜注云：「齊侯輕出其衆，以帥厲退者。」解「帥退」爲督勵士卒不許後退，不合文義。焦循補注且於「每出齊師」爲句，尤誤。劉炫解爲「齊之將帥敗而怖懼，以師而退，不待齊侯」，則原文當作「齊帥以師退」，不當作「齊師以帥退」。齊國將帥自動不顧其君，當時自難以有此情事。其他曲説尚有，不備録。入於狄卒，狄人無車兵，僅有徒兵，所以謂之「狄卒」。狄卒皆抽戈、楯冒之。楯同盾。冒，覆也。狄卒皆抽戈與盾以護衞齊侯。以入於衞師，衞師免之。狄、衞雖是晉之友軍，但皆不肯加害齊侯，反保護之。遂自徐關入。徐關又見十七年傳，齊地，當在今山東省淄川鎮西。或云，在淄博市西南。齊侯見保者，保讀爲六年傳「衞人不保」之「保」，守衞之意。保者，杜注解爲所過城邑之保守者。淮南子説山訓云：「保者不敢畜噬狗。」高誘注亦以「保者」爲城郭保護者。曰：「勉之！齊師敗矣！」辟女子。辟音闢，辟除行人也。古代統治者出外，有前驅開道，使行人避開。周禮秋官士師所謂「王燕出入，則前驅而辟」、孟子離婁下「行辟人」，俱可以爲證。女子曰：「君免乎？」曰：「免矣。」曰：「鋭司徒免乎？」鋭是古代矛類兵器，尚書顧命「一人冕執鋭」。「鋭司徒」或是主管此種兵器之官。曰：「免矣。」曰：「苟君與吾父免矣，可若何？」乃奔。齊侯以爲有禮。以其先問君，後問父。既而問之，辟司徒之妻也。辟音壁。辟司徒，杜注以爲「辟」乃「壁」之借字，因謂其爲「主壘壁者」。予之石窌。窌音溜。石窌，齊地，在今山東長清縣東南。春秋繁露竹林：「自是後頃公恐懼，不聽聲樂，不飲酒食肉，内愛百姓，問疾弔喪，外敬諸侯，從會與盟，卒終其身，家國安寧。」公羊傳、齊世家及説苑敬慎篇亦有類似記載。

晉師從齊師，入自丘輿。左傳凡三見「丘輿」，此丘輿，齊邑，據大事表，當在今山東益都縣西南；或云在今淄博市南。至三年傳之丘輿乃鄭邑，哀十四年傳之丘輿乃魯地。擊馬陘。「馬陘」，齊世家作「馬陵」。高士奇地名考略以爲「地有二名」，梁履繩補釋以爲「陘、陵聲近而訛」。實則「陵」乃誤字，梁玉繩史記志疑謂馬陵非齊地。據水經淄水注，卽襄二十五年傳之「弇中」。據大事表，在今益都縣西南，當在丘輿北，卽南燕慕容德所都之廣固。

齊侯使賓媚人賂以紀甗、玉磬與地。賓媚人卽國佐，從經文「國佐如師」與公羊、穀梁兩傳俱可以知之。吳式芬攈古録三之一考國佐𦉜引許翰説，據銘文「國差立(莅)事歲」，認爲卽國佐所爲器。差、佐古通用。則國佐曾主齊國之政。漢書古今人表列賓媚人於「中上」，列國佐於「中下」，判爲二人，郭沫若殷周青銅器銘文研究已指出其誤。甗音演，古代一種炊飪器。有陶土制者，見周禮考工記陶人。有青銅鑄者，其狀上體圓而兩耳似鼎，下體三款足似鬲，中設箄，有半環可持以開閉。箄上有十字穿或直線穿四五。有上下兩體可分離者，亦有不可分者。詳容庚商周彝器通考食器。紀甗自爲銅器，或是齊滅紀時所得之器。孔疏推測爲玉製器，不可信。玉磬，杜注以爲亦是「滅紀所得」。據下文，紀甗和玉磬是賂郤克者，然杜預春秋經傳集解後序引竹書紀年云「齊國佐來獻玉磬、紀公之甗」，則獻於晉侯。土地是歸還魯、衞兩國者。「不可，則聽客之所爲」。此齊侯派遣賓媚人時之指示，「不可」上似省略一「曰」字。「客」指晉。意謂晉國若不允許，則任其所爲，我們決定作最後一戰。賓媚人致賂。晉人不可，晉人當是郤克。曰：「必以蕭同叔子爲質，而使齊之封內盡東其畝。」「封内」卽境内。「畝」原是農田間高畦，今謂之「壟」。古人種地，依地勢與水勢，使畝間道路或東西向，或南北向，曰「南東其畝」（詩小雅信南山）或「衡縱其畝」（詩齊風南山）。古人多用南北行列，故詩經屢見「南畝」，如周頌載芟與良耜「俶載南畝」、小雅甫田「今適南畝」、「饁彼南畝」。晉在齊之西，若齊之壟畝多爲南北向，則溝渠與道路亦多南北向，於晉之往東向齊進軍，地形與道路有所不利，故晉以「盡東其畝」爲媾和條件之一。據商君書賞刑篇、呂氏春秋簡選篇、韓非子外儲説右上篇，晉文公伐衞，曾强令衞國「東其畝」（其事當在魯僖公二十八年，然左傳無此記載）。若此一記述可靠，晉强令戰敗國改變壟畝方向非僅一專。對曰：「蕭同叔子非他，寡君之母也。若以匹敵，則亦晉君之母也。吾子布大命於諸侯，「吾子」，當指郤克。而曰必質其母以爲信，其若王命何？言周室之命不如此，爾等將如何對待之。齊假借「王命」以對付晉。且是以不孝令也。以母氏作人質送往敵國，是爲不孝，爾卽以「不孝」命令諸侯。詩曰：『孝子不匱，永錫爾類。』解見隱元年傳注。若以不孝令於諸侯，其無乃非德類也乎？古人常以「類」字置於「德」、「義」諸字之下，「德類」猶詩大雅蕩之「義類」，猶言「道德法則」。先王疆理天下，疆，畫分經界。理，分其地理。説詳程瑶田通藝録溝洫疆理小記。古人言農田水利，常用此二字。詩小雅信南山「我疆我理，南東其畝」，大雅緜「迺疆迺理，迺宣迺畝」，俱是其證。**物土之宜，**儀禮既夕禮「冢人物土」，鄭注：「物猶相（去聲）也，相其地可葬者乃營之。」昭三十二年傳「物土方」，杜注：「物，相也。」「物」可以用作動詞，義同「考察」。說參惠棟補注及馬宗璉補注。**而布其利。**考察土地適應性而作有利于生產之佈置。**故詩曰：『我疆我理，南東其畝。』**詩小雅信南山句。解已見上注。**今吾子疆理諸侯，而曰『盡東其畝』而已，唯吾子戎車是利，無顧土宜，**無顧即不顧。**其無乃非先王之命也乎？反先王則不義，何以爲盟主？其晉實有闕。**闕，過失也。**四王之王也，**據莊三十二年、成十三年傳皆云「虞、夏、商、周」，則四王當爲舜、禹、湯、武（或文）。杜以爲「禹、湯、文、武」，則三代而四王也，未必合傳意。**樹德而濟同欲焉；**哀元年傳：「樹德莫如滋。」昭四年傳：「求逞於人不可，與人同欲盡濟。」可見「樹德」、「濟同欲」是當時常語。**五伯之霸也，**五伯，杜注以爲「夏伯昆吾，商伯大彭、豕韋，周伯齊桓、晉文」，與毛詩正義引服虔及應劭風俗通說同。釋文引或說則以爲「齊桓、晉文、宋襄、秦穆、楚莊」。杜注是。說詳劉文淇疏證。後說至戰國始有，如孟子告子下「五霸桓公爲盛」是其例。**勤而撫之，以役王命。**「王」「霸」對言，與戰國時「王」「霸」對言意義稍有不同。管子霸言篇云：「夫豐國之謂霸，兼正之國之謂王。」又云：「得天下之衆者王，得其半者霸。」與此義尚相近。至於孟子公孫丑上「以力假仁者霸，以德行仁者王」，此戰國時人之說也。春秋則以統一天下者爲「王」，能爲當時天下共主效力者爲「霸」。**今吾子求合諸侯，以逞無疆之欲，**無疆，猶言無止境。疆本疆界義，此用引申義。**詩曰：『布政優優，百禄是遒。』**句見詩商頌長發。「布」今詩作「敷」，兩字古本通用。優優，和緩貌。遒音囚，聚也。「百禄是遒」爲「遒百祿」倒裝句。子實不優，不優，不優優之省略。而棄百祿，諸侯何害焉？不然，寡君之命使臣，則有辭矣。曰：『子以君師辱於敝邑，不腆敝賦，以犒從者。兩國戰鬥，言犒勞者，此當時外交辭令。畏君之震，震，威也。成十三年及昭元年傳皆有「畏君之威」一語，與此句同意。師徒橈敗。橈音撓。橈敗爲一詞，卽失敗。吾子惠徼齊國之福，「惠」與「徼福」見僖四年傳注。不泯其社稷，見宣十二年傳注。使繼舊好，唯是先君之敝器、土地不敢愛。愛，愛惜。子又不許，請收合餘燼，燼音盡，物體燃燒後之殘餘，此喻殘兵敗將。背城借一。於自己城下決最後一戰。敝邑之幸，幸而戰勝。亦云從也；「云」字無義，見僖十五年傳注。況其不幸，敢不唯命是聽？』」魯、衞諫曰：諫郤克。「齊疾我矣。疾，怨恨。其死亡者，皆親暱也。子若不許，讎我必甚。唯子，則又何求？此「唯」字用法同「雖」。句意爲，縱是你，亦無可求者。「唯」作「雖」用，詞詮所舉例證甚多。子得其國寶，我亦得地，所致之「賂」，包含退交給魯、衞之侵地。而紓於難，紓，緩也。又見莊三十年傳注。其榮多矣。齊、晉亦唯天所授，「唯」作「因」字用，又見僖二年傳注。豈必晉？」晉人許之，對曰：「羣臣帥賦輿，賦輿，兵車。以爲魯、衞請。若苟有以藉口，若苟，同義詞連用，俱表假設。昭四年傳「君若苟無四方之虞」，與此同。而復於寡君，若少有所得，卽有辭以答復吾君之命。君之惠也。敢不唯命是聽？」

禽鄭自師逆公。禽鄭，魯大夫。魯成公從魯國來與晉師相會，禽鄭從軍中往迎。

秋七月，晉師及齊國佐盟於爰婁。爰婁，據穀梁傳，距臨淄五十里，則在今山東臨淄鎮西。使齊人歸我汶陽之田。據僖元年傳，魯已將汶陽之田歸於季氏。齊取之，今又致於魯，或是季孫行父之意。俞樾賓萌集謂此「汶陽之田」非「魯故地」，而是「晉人使齊人割以謝魯者」，不可信。公會晉師於上鄍。上鄍，高士奇地名考略以爲是齊、衞兩國交界地，在今山東陽穀縣境。賜三帥先路三命之服。三帥，郤克、士燮與欒書。路亦作輅，古代天子、諸侯乘車曰路，卿大夫接受天子、諸侯所賜予之車亦曰路。故詩小雅采薇謂「彼路斯何？君子之車」。據尚書顧命及禮記郊特牲，路有三等：大路、先路及次路。據周禮春官巾車，路有五種：玉路、金路、象路、革路、木路。木路最樸素，已見桓二年傳大路注。革路是牛革輓之加漆之車。若再用玉石、青銅或象牙裝飾，即是玉路、金路、象路。左傳不言五路，不知兩者如何比擬。襄十九年傳述晉侯請於周王，追賜鄭公孫蠆以大路；二十六年傳云「鄭伯賞入陳之功，享子展，賜之先路三命之服，賜子產次路再命之服」，可見三等路都可由天子、諸侯賞予卿大夫。卿大夫若非接受此種賞賜，而乘自己之車，雖身爲上卿，亦不稱路，故昭四年傳有「冢卿無路」之語。古代於卿大夫有「三命」、「再命」、「一命」之別，命多則尊貴，車服亦隨之華麗。據左傳，卿大夫最高不過「三命」。互詳僖三十三年傳並注。司馬、司空、輿帥、候正、亞旅皆受一命之服。司馬爲韓厥。司空或爲主持軍事工程之官。王鳴盛尚書後案謂牧誓之司徒、司馬、司空等皆「軍中有職掌之人」，此文所言受一命之服者亦宜作此解。杜注謂「輿帥主兵車」，乃解「輿」爲車輿；淮南兵略「夫論除謹（注：論除，論資除吏），動靜時，吏卒辨，兵甲治，此司馬之官也（此句從王念孫說補）。正行伍，連什伯，明旗鼓，此尉之官也。見敵知難易，發斥不忘遺，此候之官也。隧路通，行輜治，賦丈均，處軍輯，井竈通，此司空之官也。收藏於後，遷舍不離，無淫輿，無遺輜，此輿之官也」，惠棟補注則云：「輿，衆也。輿帥，領其衆在軍之後者。」惠說本淮南兵略「收藏於後，遷舍不離，無淫輿，無遺輜，此輿之官也」，高誘注：「輿，衆也。候領輿衆在軍之後者。」當以淮南本文爲正。「候正」爲軍中主管偵探諜報者。十八年傳有候奄，顧棟高大事年表十云：「候奄當卽候正，國語作元候。」亞旅已見文十五年傳注。此事可與襄十九年傳參看。

八月，宋文公卒，其子共公繼立。始厚葬，用蜃、炭，蜃音腎，大蚌蛤。「蜃炭」，杜注以爲一物，卽用蜃燒成之灰。「蜃炭」二詞，亦見於周禮秋官赤髮氏，杜說非無根據。孔疏引劉炫說，則以爲「用蜃後用炭」，「蜃炭」爲蜃與炭二物，據下「車馬」爲兩物，劉說亦有理。「蜃」卽用蜃燒成之灰，卽生石灰，「炭」乃木炭。此二物置於墓穴，用以吸收潮濕。呂氏春秋節喪篇謂當時富人厚葬，「積石積炭以環其外」，可見棺椁外用炭，是當時上層階級之習俗。至於用蜃灰，則只見於周禮地官掌蜃，僅天子用之。此云「厚葬」，考之發掘實況，如長沙馬王堆二號漢墓，應是用炭。晉書石季龍載記下記石虎發掘春秋趙襄子墓，「初得炭，深丈餘」，足見蜃、炭爲二物。又漢書酷吏傳記商賈富人囤積埋葬之物，其中有木炭。三國志魏志文帝紀載曹丕終制，埋葬不用炭，亦可見漢、魏下葬皆用炭。益車、馬，古代天子、諸侯，用車馬隨葬。辛村西周墓中，發現另一專坑，有骨七十二架，車十二輛。西周末至春秋早期之上村嶺虢國墓，虢太子墓中有車十輛、馬二十匹，其他墓有車五輛、馬十匹者二，有小車馬坑（未發掘），並有車馬器者一，另有車馬器者三，蓋因等級而異。則以真車真馬隨葬，已得地下發掘爲確證。孔疏據禮記檀弓下「塗車、芻靈自古有之」，以爲隨葬車馬是泥土塑成之車、茅草束成之馬，恐不足信。始用殉，用活人殉葬，殷商最甚。光明日報一九五〇年三月十九日學術副刊有郭寶鈞記殷商殉人之史實一文，述一典型大墓，殉葬多達四百人。嗣後地下發掘所見亦比比皆是。但西周以後，由於生產力提高，於奴隸有剩餘勞動可以剝削，以活人殉葬風氣漸衰，但亦未能絕。此云「始用殉」，似宋文公以前宋國未嘗用殉。宋國地處中原，又爲殷人之後，何以至此時「始用殉」，文獻不足，尚有待於地下發掘之進一步證明。**重器備。**「重」舊讀平聲，杜注：「重猶多也。」「器備」指用品。襄五年傳「無藏金玉，無重器備」可以爲證。襄九年傳「修器備」，器備則指軍用物。各種用品，古代亦多用以隨葬。宋文公隨葬用品特多。**椁有四阿，**「四阿」本古代天子宮室宗廟建築形式，墓穴亦仿用此種形式，用之於椁上，故曰「椁有四阿」。「四阿」有幾解，以孫詒讓周禮考工記匠人「四阿重屋」正義最爲可信。就「椁有四阿」論，古代作爲外棺之椁與後代不同，蓋在棺四圍用長方木條堆積而成。據儀禮士喪禮，椁堆好後，上面再架坑木，橫三縱二，然後加席蓋土，則土椁上平。天子之椁亦爲棺四圍累木，與棺材齊高，仍往上累，積累時方口逐漸縮緊，四面呈坡形，有如房屋「四阿」之制。累至一定高度，又於較小方口上加坑木茵席。**棺有翰、檜。**據杜注，翰是棺木旁裝飾，檜是棺木上裝飾，皆天子所用。究竟形狀與材料如何，已不可考。宋文公至明年二月始葬，距死時七閱月。依禮，天子七月而葬，諸侯五月。可見宋文公厚葬，僭用天子之禮。呂氏春秋安死篇云：「宋未亡而東冢抇。」高誘注以爲「東冢」即宋文公墓。如可信，宋文公墓終因厚葬而被盜發。

君子謂華元、樂舉「於是乎不臣。樂舉自是當時宋國執政大臣，但左傳僅此一見。**臣，治煩去惑者也，**易林歸妹之大有云：「依宵夜遊，與君相遭。除解煩惑，使心不憂。」旅之小過亦云：「依宵夜遊，與大臣俱。除解煩惑，使我無憂。」兩用「除解煩惑」，即用此句。解「煩」爲「煩憂」，未必合本義。此煩應是亂義，周禮考工記弓人鄭注云：「煩，亂也。」因亂，所以治之。**是以伏死而爭。今二子者，君生則縱其惑，**「縱其惑」，不知何指。杜注謂指文公十八年殺同母弟須，或云指文公十六年殺宋昭公而自立，皆難足信。死又益其侈，是棄君於惡也，何臣之爲？」何臣之爲，爲何臣之倒裝。經傳釋詞卷二謂言何臣之有也，亦通。

二·五 九月，衞穆公卒，晉三子自役弔焉，「三」，阮刻本作「二」，誤。依石經、宋本、金澤文庫本等訂正。晉三子，晉軍帥郤克、士燮、欒書三人。哭於大門之外。據禮記雜記，鄰國官員奉命來弔，弔者應進門升堂哭弔。但此三人未奉晉君之命，於率軍隊返國復命途中，經衞國，順便弔唁，因之不能依常禮行之，只在大門之外哭弔。沈欽韓補注謂此爲臨葬前之弔；但衞穆公之葬不在此時，而在明年，其時三子早已回國，沈說不可信。衞人逆之，衞人亦在門外接待三人。婦人哭於門內。據禮記喪大記，婦人哭於堂。此「哭於門內」，亦因弔客「哭於大門之外」之故。送亦如之。遂常以葬。以後他國官員來弔，亦皆以於大門之外行禮爲常，直至下葬。

二·六 楚之討陳夏氏也，事見宣十一年傳。莊王欲納夏姬。申公巫臣曰：申公巫臣見宣十二年傳注。「不可。君召諸侯，以討罪也；今納夏姬，貪其色也。貪色爲淫。淫爲大罰。周書曰『明德愼罰』，文王所以造周也。此引尚書康誥而加以概括改寫。「造周」即康誥「造區夏」。康誥原文云：「惟乃丕顯考文王克明德愼罰，不敢侮鰥寡，庸庸祗祗，威威顯民，用肇造我區夏。」明德，務崇之之謂也；崇德。愼罰，務去之之謂也。去罰。若興諸侯，以取大罰，楚伐陳之役，楚莊王曾出動其屬國，故云「興諸侯」。「取大罰」應上文「淫爲大罰」。非愼之也。君其圖之！」王乃止。子反欲取之，子反見宣十二年傳並注。巫臣曰：「是不祥人也。是夭子蠻，子蠻，杜注謂爲鄭靈公之字，爲夏姬之兄。然據昭二十八年傳，夏姬之兄字子貉，子貉實鄭靈公字。子蠻非鄭靈公字。昭二十八傳又謂夏姬殺三夫，由此推測，子蠻或是其最早之丈夫。互詳昭二十八年傳注。列女孽嬖傳用此文無此句。殺御叔，御叔是夏姬之次夫，亦即夏徵舒之父。據楚語上，爲陳公子夏之子。子蠻、御叔或皆短命早死，巫臣因歸罪於夏姬。弒靈侯，金澤文庫本「弒」作「殺」。靈侯即陳靈公，因夏姬而被殺。戮夏南，夏南即夏徵舒。出孔、儀，孔寧與儀行父因此曾逃奔楚國。喪陳國，陳曾爲楚所滅。以上數事見於宣十一、十二年傳。何不祥如是？人生實難，其有不獲死乎！古人謂不得善終爲「不得死」，如襄二十三年傳「不得其死」，論語先進「不得其死然」；亦曰「不獲死」，此句與昭二十五年傳「言若洩，臣不獲死」句法相同。句意若云爲人於世實非易，子若娶夏姬，將有不得好死之惡。天下多美婦人，何必是？」子反乃止。王以予連尹襄老。襄老死於邲，不獲其尸。連尹襄老與其死，見于宣十二年傳並注。其子黑要烝焉。黑要，襄老之子。要，舊讀平聲。巫臣使道焉，曰：「歸，吾聘女。」道通導。「使道焉」，使人示意與夏姬，令其回鄭國母家，然後巫臣聘之爲妻。禮記內則：「聘則爲妻。」又使自鄭召之，曰：「尸可得也，必來逆之。」巫臣示意夏姬設法回鄭，復使鄭召夏姬歸。使人謂夏姬：爾若來，襄老之尸身可得。姬以告王。王問諸屈巫。屈巫即巫臣。對曰：「其信。知罃之父，成公之嬖也，晉成公爲當時晉君景公之父。而中行伯之季弟也，知罃之父即荀首，中行伯即荀林父。邲之役，知罃爲楚所囚。新佐中軍，而善鄭皇戌，甚愛此子。此子指知罃。其必因鄭歸王子與襄老之尸以求之。王子即公子穀臣，爲荀首所獲，見宣十二年傳。鄭人懼於邲之役，而欲求媚於晉，其必許之。」王遣夏姬歸。將行，夏姬行去鄭。謂送者曰：「不得尸，吾不反矣。」夏姬受巫臣示意回鄭，等待巫臣來聘，求襄老尸僅一藉口耳。夏姬亦知巫臣及己不能再返楚，故「不反」是真，謂之「不得尸」則不真。巫臣聘諸鄭，聘夏姬爲妻。鄭伯許之。及共王卽位，將爲陽橋之役，陽橋，魯地，在今山東泰安縣西北。陽橋之役見下。使屈巫聘於齊，且告師期。巫臣盡室以行。盡室，盡帶其家室與財產。亦見宣十二年傳並注。申叔跪從其父，申叔跪，杜注謂爲申叔時子。申叔時見宣十一年傳。將適郢，遇之，曰：「異哉！夫子有三軍之懼，夫子，第三人稱敬稱代詞。巫臣負有軍事使命而去齊，必戒懼從事。故云「三軍之懼」。而又有桑中之喜，桑中，衞國地名，當在河南淇縣境內。詩鄘風有桑中，爲民間男女幽會戀歌，有云：「云誰之思？美孟姜矣。期我乎桑中，要我乎上宮，送我乎淇之上矣。」此借用「桑中」一詞，暗指巫臣與夏姬私約。宜將竊妻以逃者也。」宜，殆也。參詞詮。及鄭，使介反幣，介，副使。使命畢，齊國所贈楚之禮品由副使帶回，己則不返國復命。巫臣應是完成使命後歸途中始「使介反幣」。新序雜事一云「申公巫臣廢使命，道亡，隨夏姬之晉」，則謂巫臣並未去齊出使卽逃亡，不合傳意。使齊而又返鄭者，迎夏姬也。而以夏姬行。將奔齊。齊師新敗，鞌之戰敗於晉。曰：「吾不處不勝之國。」遂奔晉，而因郤至，據左傳成二年與十一年孔疏引世本，郤至是郤豹玄孫，郤克是郤豹曾孫，郤至則是郤克的族姪。此時晉國郤克當政。以臣於晉。晉人使爲邢大夫。邢，晉國邑名。梁履繩補釋以爲卽宣六年傳之邢丘，卽今河南温縣東北平皋故城；李貽德輯述以爲故邢國，則今河北邢臺市。梁說較妥。子反請以重幣錮之。錮，後漢以後曰「禁錮」，相當于近代之「永不錄用」。新序雜事一作「令尹將徙其族」，與傳略異。王曰：「止！其自爲謀也則過矣，過，過失，過誤。其爲吾先君謀也則忠。忠，社稷之固也，所蓋多矣。蓋，覆也，此乃護衞之意。且彼若能利國家，於晉國有利。雖重幣，晉將可乎？晉國將不同意禁錮。若無益於晉，晉將棄之，何勞錮焉？」七年，楚殺盡巫臣之族，巫臣因此爲晉聯吳，並予吳以軍事指導，使之與楚爲敵。此章敍述此事原委。

二·七 晉師歸，范文子後入。范文子，士燮。武子曰：武子，士會，士燮之父。「無爲吾望爾也乎？」爲同謂。晉語五作「燮乎！女亦知吾望爾也乎？」可爲此句注解。對曰：「師有功，國人喜以逆之，先入，必屬耳目焉，屬音囑，聚也，注也。屬耳目，使衆人耳目集中於我。是代帥受名也，故不敢。」武子曰：「吾知免矣。」意謂范文子如此謙讓，可以免於禍害刑戮。

郤伯見，郤伯，郤克。伯，字。見舊音現，進見晉景公。公曰：「子之力也夫！」對曰：「君之訓也，二三子之力也，臣何力之有焉？」范叔見，范叔，即范文子。勞之如郤伯。勞，去聲。對曰：「庚所命也，庚，荀庚。據趙世家索隱引世本，荀庚，荀林父子，荀偃父。荀庚此時將上軍，未出動，而士燮爲上軍佐，應受命於上軍將。克之制也，郤克爲中軍帥，上軍受其節制。燮何力之有焉？」欒伯見，欒伯，欒書。公亦如之。對曰：「燮之詔也，士用命也，書何力之有焉？」晉語五作「書也受命於上軍，以命下軍之士，下軍之士用命，書也何力之有焉」，可作「燮之詔也」兩句注解。

二·八 宣公使求好于楚，宣公曾派使者去楚國，見宣公十八年傳。莊王卒，宣公薨，不克作好。兩「好」字俱讀去聲。公卽位，受盟於晉，去年與晉有赤棘之盟。會晉伐齊。卽今年鞌之戰。衞人不行使于楚，不去楚國聘問。而亦受盟於晉，從於伐齊。鞌之戰有衛軍。故楚令尹子重爲陽橋之役以救齊。子重見宣十一年傳注。將起師，子重曰：「君弱，據襄十三年傳，楚共王生十歲而莊王死，則今年共王僅十二、三歲。羣臣不如先大夫，師衆而後可。詩曰：『濟濟多士，文王以寧。』句在詩大雅文王。「濟濟」，行止有威儀貌。亦可解爲人才衆多貌。寧，安也。夫文王猶用衆，況吾儕乎？且先君莊王屬之曰：屬，同囑。屬之，謂將共王囑託於我等。『無德以及遠方，莫如惠恤其民，而善用之。』」乃大户，清理户口。已責，已，止也。責，同債。免除人民對國家之拖欠。逮鰥，逮，及也。施舍至於年老鰥夫。救乏，救濟生活困難者。赦罪。以上措施爲「惠恤其民」。悉師，國家軍士盡起，爲此「用之」。王卒盡行。楚王護衛軍亦全部出動。彭名御戎，蔡景公爲左，許靈公爲右。共王雖不行，以「王卒盡行」，其戰車勢必同行。共王若乘車，即居於中間，御者在左，車右在右。今共王不行，御者即在中間，另以兩人分居左右。二君弱，皆强冠之。不到成年，却勉行冠禮。爲車左、車右，必在行冠禮以後。

冬，楚師侵衛，遂侵我師于蜀。蜀見宣十八年傳注。使臧孫往。臧孫即臧宣叔臧孫許。辭曰：「楚遠而久，楚出動軍隊，既遠離本國，且時間已久。固將退矣。無功而受名，臣不敢。」臧孫許以爲楚軍將自動撤退，若去交涉，必虛受退楚之名，以此拒絕使命。楚侵及陽橋，孟孫請往賂之以執斲、執鍼、織紝，孟孫，即孟獻子仲孫蔑。據杜注，執斲指木工，執鍼指女縫工，織紝指織布帛工。皆百人，公衡爲質，杜注：「公衡，成公子。」但成公此時未必有子，或爲宣公之子，成公之弟，杜注難信。說參沈欽韓補注。以請盟。楚人許平。

十一月，公及楚公子嬰齊、蔡侯、許男、秦右大夫說、宋華元、陳公孫寧、衞孫良夫、鄭公子去疾及齊國之大夫盟于蜀。說音悅。「右大夫」疑是秦國官名，襄十一年秦又有「右大夫詹」。說見沈淑春秋經玩。張自超春秋宋朱辨義云：「十二國盟蜀，秦大夫與焉。秦距魯遠，使約會而秦始至，不應若此其速，是必秦大夫亦從楚師矣。」所言不爲無理。杜注謂「齊國之大夫不書姓名，因其非卿」。經尚有曹、邾、薛、鄫四國參加盟會，傳不言，省略。卿不書，匱盟也。杜注：「匱，乏也。」晉語五云：「其言匱，非其實也。」韋注：「匱，乏也。」意謂此乃缺乏誠意之盟會。故明年魯、宋、衞諸國又會晉軍攻打鄭國。沈欽韓補注謂「匱，空也，言空有是盟也」；俞樾平議讀「匱」爲「讀」，「欺也」；章炳麟讀「匱」爲「潰」，「逃也」，皆強生曲解。於是乎畏晉而竊與楚盟，故曰「匱盟」。蔡侯、許男不書，乘楚車也，謂之失位。經文不書蔡、許兩國。以一國之君，而乘楚王之車，爲其左、右，故云「失位」。

君子曰：「位其不可不慎也乎！蔡、許之君，一失其位，不得列於諸侯，況其下乎！詩曰：『不解于位，民之攸塈。』句見詩大雅假樂。解同懈。塈，音墍，休息。義爲在位者不懈怠，百姓即得休息。其是之謂矣。」

楚師及宋，公衡逃歸。臧宣叔曰：「衡父不忍數年之不宴，衡父即公衡。宴，安也。以棄魯國，國將若之何？誰居？「居」，語末助詞，表疑問。見詞詮。後之人必有任是夫！國棄矣。」意謂公衡拋棄國家，其後人必有因此受禍者。

是行也，晉辟楚，辟同避。畏其衆也。君子曰「衆之不可以已也。阮刻本無「以」字，依石經、宋本、金澤文庫本增。大夫爲政，大夫用廣義，包括卿，實指楚國主帥子重。猶以衆克，況明君而善用其衆乎？大誓所謂商兆民離，周十人同者，大誓即泰誓，尚書篇名。今本泰誓是僞中之僞，説見閻若璩尚書古文疏證卷一。昭二十四年傳亦引大誓，作「紂有億兆夷人，亦有離德；余有亂臣十人，同心同德」，或爲原文，此「商兆民離，周十人同」八字則引者概括之辭。衆也。」

二·九 晉侯使鞏朔獻齊捷于周。獻捷，卽獻俘。鞏朔已見文十七年傳注。王弗見，使單襄公辭焉，曰：「蠻夷戎狄，不式王命，式，用也。淫湎毁常，淫謂淫于女色。湎謂沈湎于酒。毁常，敗壞規矩法度。王命伐之，則有獻捷。宣十五年、十六年晉兩次獻狄俘于周卽是其例。王親受而勞之，勞，去聲。所以懲不敬、勸有功也。伐卽懲不敬；勞卽勸有功。兄弟甥舅，兄弟指同姓諸侯。甥舅指異姓諸侯，以異姓諸侯間多有婚姻關係也。侵敗王略，杜注解略爲「經略法度」，惠棟補注與洪亮吉詁則解爲「封略土地」，杜説較妥。王命伐之，告事而已，不獻其功，所以敬親暱、禁淫慝也。命伐之卽禁淫慝，告事而不獻功卽敬親暱。莊三十一年傳云：「凡諸侯有四夷之功，則獻于王，王以警于夷，中國則否。」與此義可互證。今叔父克遂，叔父指晉景公。克，能也。遂讀爲淮南子精神訓「何往而不遂」之「遂」，順遂成功。不能以「今叔父克遂有功于齊」作一句讀。因「遂」作副詞，「克」是助動詞，助動詞在副詞上，古今無此句法。有功于齊，而不使命卿鎭撫王室，所使來撫余一人，自殷迄秦，天子自稱「余一人」、「予一人」或「我一人」。而鞏伯實來，而，沈欽韓補注讀作「爾」。然此語以晉景公爲對象，於鞏朔不當用爾，故此「而」字仍是轉折連詞。「實來」，見桓六年經注。未有職司於王室，據宣十二年傳，鞏朔當時爲上軍大夫，據明年傳，明年始爲卿，則當時尚非「命卿」。「命卿」，由周王室加以任命之卿。禮記王制：「大國三卿，皆命于天子；次國三卿，二卿命于天子。」可見「命卿」制度。鞏朔既非「命卿」，故曰「未有職司於王室」。意嫌晉侯所派使者身份不高。又奸先王之禮。不應獻捷而獻。余雖欲於鞏伯，欲猶好（去聲）也。意謂我雖愛好鞏伯。說詳王引之述聞。朱彬經傳考證謂「於猶厚也」，誤。其敢廢舊典以忝叔父？其，用法同豈。忝，辱也。言若廢舊例以受捷，是對晉侯之侮辱。夫齊，甥舅之國也，當時王后亦是齊女，見宣六年傳。而大師之後也，大師，齊國始祖呂尚。寧不亦淫從其欲以怒叔父，寧，反詰副詞，豈也。例證見詞詮。不，語詞，無義，此處不作否定副詞。從同縱。抑豈不可諫誨？」句義爲齊國既爲我婚姻之國，又是太公後代，晉往伐之，豈齊放縱私欲激怒晉國，抑齊國完全不可救藥？士莊伯不能對。士莊伯卽鞏朔。王使委於三吏，三吏，據杜注，卽三公。周書大匡「王乃召冢卿、三老、三吏」，孔晁注亦云「三吏，三卿也」。金文「事」與「吏」爲一字，詩小雅雨無正「三事大夫」、逸周書大匡之「三吏大夫」，疑卽此「三吏」。周定王以接待鞏朔之事委之三吏。禮之如侯伯克敵使大夫告慶之禮，不用獻捷禮，而用告慶禮。告慶禮內容已不得而知。降於卿禮一等。以鞏朔實大夫，非卿。王以鞏伯宴，以，與也。當時正式招待使者，先行享禮，禮終則宴。而於鞏朔則宴而不享。而私賄之。告慶之禮，或無贈賄，故此次贈鞏朔以禮品曰私賄。使相告之曰：相，去聲，贊禮者。「非禮也，勿籍！」謂此種接待不合于禮，囑其不記載於史冊。

三年，癸酉，公元前五八八年。周定王十九年、晉景十二年、齊頃十一年、衞定公臧元年、蔡景四年、鄭襄十七年、曹宣七年、陳成十一年、杞桓四十九年、宋共公固元年、秦桓十七年、楚共三年、許靈四年。

經

三·一 三年春王正月，正月二十二日乙巳冬至，建子。公會晉侯、宋公、衞侯、曹伯伐鄭。宋、衞兩君稱爵，詳桓十三年經注。

三·二 辛亥，辛亥，二十八日。葬衞穆公。無傳。

三·三 二月，公至自伐鄭。無傳。

三·四 甲子，甲子，十一日。新宮災。公羊、穀梁兩傳皆謂新宮爲宣公廟，杜注從之。三日哭。無傳。禮記檀弓下云：「有焚其先人之室，則三日哭；故曰，新宮火，亦三日哭。」

三·五 乙亥，乙亥，二十三日。葬宋文公。無傳。參去年傳注。

三·六 夏，公如晉。

三·七 鄭公子去疾帥師伐許。

三·八 公至自晉。無傳。

三·九 秋，叔孫僑如帥師圍棘。棘，詳傳注。

三·一〇 大雩。無傳。

三·一一 晉郤克、衞孫良夫伐廧咎如。「廧」，公羊作「將」，穀梁作「牆」，音同通用。

三·一二 冬十有一月，晉侯使荀庚來聘。

三·一三 衞侯使孫良夫來聘。

三·一四 丙午，丙午，二十八日。及荀庚盟。

三·一五 丁未，丁未，二十九日。及孫良夫盟。

三·一六 鄭伐許。無傳。

傳

三·一 三年春，諸侯伐鄭，次于伯牛，伯牛自是鄭國西部地名，已難詳考當今何地。討邲之役也。邲之役在宣十二年。此一戰役中，鄭於晉有二心。遂東侵鄭。鄭公子偃帥師禦之，據杜注，公子偃爲鄭穆公子，亦即六年傳之子游。使東鄙覆諸鄤，覆，埋伏。鄤音瞞，據傳文，當是鄭國東部地。水經河水注有鄤水，與汜水相合，則在鄭之西北，恐是另一鄤。說本江永考實。傳世器有曼龔父簋，阮元積古齋鐘鼎彝器款識以爲即鄭曼伯之曼，亦即此鄤。方濬益綴遺齋彝器考釋則謂鄤仲鼎、𣪘，其文從自，當卽此地，與曼爲姓者不同，阮說誤。敗諸丘輿。丘輿亦當在鄭國東部。皇戌如楚獻捷。

三·二 夏，公如晉，拜汶陽之田。去年晉使齊退回汶陽田與魯，於是魯成公往晉答謝。據經、傳，自文十三年魯朝晉後，至此年再朝晉，中歷二十七年未朝。

三·三 許恃楚而不事鄭，鄭子良伐許。

三·四 晉人歸楚公子穀臣與連尹襄老之尸于楚，以求知罃。於是荀首佐中軍矣，故楚人許之。以上俱可參見去年傳並宣十二年傳。王送知罃，曰：「子其怨我乎？」對曰：「二國治戎，治戎及十六年傳之治戎與僖二十三年傳「晉、楚治兵遇於中原」之「治兵」義同，實卽交戰之意。臣不才，不勝其任，以爲俘馘。知罃實被「俘」，而未被「馘」，此「馘」字是連類而及之詞。執事不以釁鼓，釁鼓，見僖三十三年傳注。使歸卽戮，君之惠也。臣實不才，又誰敢怨？」王曰：「然則德我乎？」對曰：「二國圖其社稷，而求紓其民，紓，緩。各懲其忿，懲，戒也。以相宥也。兩釋纍囚，以成其好。二國有好，臣不與及，其誰敢德？」王曰：「子歸，何以報我？」對曰：「臣不任受怨，君亦不任受德，無怨無德，不知所報。」王曰：「雖然，必告不穀。」對曰：「以君之靈，纍臣得歸骨於晉，寡君之以爲戮，死且不朽。若從君之惠而免之，以賜君之外臣首；當時卿大夫對外國國君自稱爲外臣，此知罃於楚君亦直稱其父之名。首其請於寡君，而以戮於宗，宗，宗廟。荀首不但是知罃之父，且是荀氏小宗宗子，于本族成員有殺戮之權，然先須得國君同意。亦死且不朽。若不獲命，杜注：「君不許戮。」而使嗣宗職，宗職，杜注：「嗣其祖宗之位職。」洪亮吉詁以爲荀首之父未嘗爲卿，不得言「嗣祖宗之位職」，因云：「宗職，父職也。」但此時荀首正佐中軍，未告老退休，洪說亦不可信。沈欽韓補注云：「宗職猶言宗子之事。下『次及於事』，乃是以次序而當晉之事。」較妥。次及於事，而帥偏師，以修封疆。雖遇執事，其弗敢違，其竭力致死，無有二心，以盡臣禮，所以報也。」王曰：「晉未可與爭。」重爲之禮而歸之。

三·五 秋，叔孫僑如圍棘，棘，江永考實據杜注以爲在今山東肥城縣南，沈欽韓地名補注據山東通志以爲在泰安縣西南境。水經汶水注謂棘亭在汶水北八十里，與此兩說皆可合。取汶陽之田。棘不服，故圍之。魯城邑不服或叛而圍之者，據經、傳所載，共七次，此第一次。其他爲昭十三年圍費，二十六年圍成，定六年圍鄆，十年圍郈（二次），十二年圍成。說本李廉春秋諸傳會通。

三·六 晉郤克、衞孫良夫伐廧咎如，廧咎如見僖二十三年傳注。討赤狄之餘焉。赤狄部落甚多，如潞氏、甲氏、留吁、鐸辰之屬，先後皆爲晉所滅，所餘唯廧咎如，故云「討赤狄之餘」。孔疏引劉炫說及惠棟補注，釋均如此。杜注謂「晉滅赤狄潞氏，其餘民散入廧咎如，故討之」，誤。廧咎如潰，上失民也。杜注：「此傳釋經之文，而經無『廧咎如潰』，蓋經闕此四字。」穀梁亦無此四字，杜注未必可信。

三·七 冬十一月，晉侯使荀庚來聘，且尋盟。庚，荀林父子。尋盟，尋元年赤棘之盟。衞侯使孫良夫來聘，且尋盟。尋宣七年之盟。公問諸臧宣叔曰：「中行伯之於晉也，其位在三；中行伯即荀庚。當時晉以郤克爲中軍帥，位第一；荀首爲中軍佐，位第二；荀庚爲上軍帥，位第三。杜注據下段答語推定「位在三」是下卿。孫子之於衞也，位爲上卿，將誰先？」對曰：「次國之上卿，當大國之中，中，中卿。中當其下，下當其上大夫。次國之卿大夫較大國之卿大夫低一級。小國之上卿，當大國之下卿，中當其上大夫，下當其下大夫。小國之卿大夫較大國之卿大夫低二級。上下如是，古之制也。衞在晉，不得爲次國。不得爲次國，則僅爲小國。晉爲盟主，其將先之。」依上述原則計算兩人等級，衞之上卿相當晉之下卿，則孫良夫與荀庚爲同級官員。但晉不但爲大國，且是盟主，所以荀庚仍當在先。丙午，盟晉；丁未，盟衞，禮也。據李廉會通計算，聘而遂盟，共五次，除此兩次外，尚有十一年及晉郤犨盟，襄七年及衞孫林父盟，十五年及宋向戌盟。

三·八 十二月甲戌，甲戌，二十六日。晉作六軍。年表、齊世家、晉世家「六軍」俱作「六卿」，恐係因下文「皆爲卿」而致誤。韓厥、趙括、鞏朔、韓穿、荀騅、趙旃皆爲卿，騅音錐。荀騅，據晉世家索隱，謚文子。晉原有三軍，此時增置新中、上、下三軍，共六軍。三軍原各有將佐，計六卿；今增置新三軍，亦各有將、佐，增六人爲卿。六年傳云「韓獻子將新中軍」，杜預以此名次推算，以爲「韓厥爲新中軍，趙括佐之；鞏朔爲新上軍，韓穿佐之；荀騅爲新下軍，趙旃佐之」。晉世家「韓穿」誤作「趙穿」。賞鞌之功也。

三·九 齊侯朝于晉，將授玉。古代諸侯相朝見，有「授玉」「受玉」之禮，六年傳云「鄭伯如晉拜成，授玉于東楹之東」，定十五年傳云「邾隱公來朝，邾子執玉高，公受玉卑」，均可以爲證。晉世家云：「齊頃公如晉，欲上尊晉景公爲王，景公讓不敢。」年表與齊世家記載相同。司馬遷解「授玉」爲「尊爲王」，或是認「玉」字爲「王」字之故。說詳孔疏、惠棟補注、齊召南考證、沈欽韓補注。郤克趨進曰：郤克時爲上擯（主人方面行禮時首席輔助人員），在中庭，而兩君在堂上。欲乘授玉之際進言，必須抵阼階（東階）之西。由中庭進至阼階西，相距較遠，故必須趨進，否則難及。同時又以趨進示恭敬。說參陶鴻慶別疏。「此行也，君爲婦人之笑辱也，指郤克爲齊頃公母所笑事，見宣十七年傳。寡君未之敢任。」郤克此語猶在發洩其被笑之怨。

晉侯享齊侯。齊侯視韓厥。視，熟視。韓厥曰：「君知厥也乎？」知，認識。說詳楊樹達先生讀左傳。齊侯曰：「服改矣。」當鞌之戰中，皆着戎服，今着朝服。韓厥登，舉爵曰：「臣之不敢愛死，愛，惜也。爲兩君之在此堂也。」韓厥此語，意在補救郤克之洩怨。意謂兩君在堂上宴會和好，正是我在作戰中奮勇追逐之目的。

三・一〇 荀罃之在楚也，荀罃即知罃。鄭賈人有將寘諸褚中以出。褚，音煮，裝衣物所用之囊。鄭國商人擬盛知罃於褚中逃出楚國，正與公羊哀六年傳陳乞用巨囊載公子陽事相類似。說詳王引之述聞。既謀之，未行，而楚人歸之。賈人如晉，荀罃善視之，視，看待。如實出己。賈人曰：「吾無其功，敢有其實乎？吾小人，不可以厚誣君子。」廣雅釋詁：「誣，欺也。」禮記表記「受祿不誣」，注：「於事不信曰誣。」則亦欺罔之義。與此誣字用法同。遂適齊。

四年，甲戌，公元前五八七年。周定王二十年、晉景十三年、齊頃十二年、衞定二年、蔡景五年、鄭襄十八年、曹宣八年、陳成十二年、杞桓五十年、宋共二年、秦桓十八年、楚共四年、許靈五年。

經

四·一 四年春，二月初四辛亥冬至，實建亥，有閏。宋公使華元來聘。

四·二 三月壬申，三月無壬申，恐日月有誤。杜注謂「壬申，二月二十八日」，亦不確，實二月二十五日。鄭伯堅卒。無傳。

四·三 杞伯來朝。

四·四 夏四月甲寅，甲寅，八日。臧孫許卒。無傳。

四·五 公如晉。

四·六 葬鄭襄公。無傳。

四·七 秋，公至自晉。

四·八 冬，城鄆。無傳。鄆音運。魯有二鄆，東鄆已見文十二年經注。此則西鄆。十六年傳「公還，待于鄆」，即此西鄆。地近于齊，昭二十五、二十六、二十九，以及定六、七、十年諸鄆，皆西鄆。在今山東鄆城縣東十六里。

四·九 鄭伯伐許。鄭襄公死未踰年，鄭悼公稱爵，見僖九年傳注。

傳

四·一 四年春，宋華元來聘，通嗣君也。嗣君指宋共公。據文元年傳「凡君卽位，卿出並聘」之文，則此爲宋共公始聘於魯。又據經、傳所載，在此以前未見宋來聘。魯文十一年，公子遂去宋，不載宋國報聘。此以後，亦僅有八年華元來、襄十五年向戌來及昭十二年華定來三次。總計春秋二百四、五十年間，魯、宋兩國往來通好，若是其少，未必合於情理，當是記載有闕。

四·二 杞伯來朝，歸叔姬故也。叔姬當爲魯公女嫁爲杞伯夫人者。杞伯欲出之，故先來朝。明年春，杞叔姬「來歸」，八年死。

四·三 夏，公如晉。晉侯見公，不敬。季文子曰：「晉侯必不免。詩曰：『敬之敬之！天惟顯思，命不易哉！』詩周頌敬之句，詳僖二十二年傳並注。夫晉侯之命在諸侯矣，晉景公爲諸侯霸主，諸侯向之或背之可以決定其命運。可不敬乎！」

四·四 秋，公至自晉，欲求成于楚而叛晉。因晉景公接見時不敬之故。季文子曰：「不可。晉雖無道，未可叛也。國大、臣睦，而邇於我，諸侯聽焉，未可以貳。史佚之志有之曰：史佚見僖十五年傳注。『非我族類，族類指種族。其心必異。』楚雖大，非吾族也，其肯字我乎？」其作豈用。字，愛也。公乃止。

四·五 冬十一月，鄭公孫申帥師疆許田。公孫申即十年、十四年傳之叔申。去年鄭曾侵許，掠奪田地，今年又帶領軍隊往定其經界，爲許人所敗。至十四年，鄭又伐許，許不得已將此次公孫申所劃界之田與鄭以求成。許人敗諸展陂。展陂當在今河南許昌市西北。鄭伯伐許，取鉏任、泠敦之田。任音壬。鉏任、泠敦當在今許昌縣境內。

晉欒書將中軍，代郤克。荀首佐之，士燮佐上軍，以救許伐鄭，取氾、祭。氾音凡，汜音祀，字本不同，以形近易訛。依杜注，字應作「汜」，與僖二十四年傳之「氾」不同，即水經汜水，自水經以後，均從巳作汜，其地在今河南舊汜水縣（縣今已廢，在今滎陽縣之西北，鞏縣之東北）。祭在今鄭州市北，或云在今中牟縣。汜、祭兩邑相距較遠，晉或先後取得之。年表與晉世家均只云「取氾」，不書取祭。

楚子反救鄭，鄭伯與許男訟焉，兩人在子反前爭是非曲直。皇戌攝鄭伯之辭。攝，代也。皇戌代鄭悼公發言。子反不能決也，曰：「君若辱在寡君，在，存問也，亦見隱十一年傳注。辱在寡君，當時外交辭令，意欲使兩君朝楚。寡君與其二三臣共聽兩君之所欲，成其可知也。成，讀爲詩大雅緜「虞、芮質其成」之成，有斷其是非，使兩得其當，息其爭訟之意，說詳周禮地官調人孫詒讓正義。不然，側不足以知二國之成。」側，子反之名。明年鄭悼、許靈去楚訴訟。

四·六 晉趙嬰通于趙莊姬。趙嬰即僖二十四年傳之樓嬰，宣十二年傳之趙嬰齊，詳彼注。趙莊姬，趙朔之妻，趙朔諡「莊」，故亦稱莊姬。趙朔爲趙盾之子，宣十二年將下軍，此時當已死。趙嬰與趙莊姬是夫叔與姪媳通奸。趙世家云

「趙朔妻成公姊」，則趙莊姬爲晉文公女。據僖二十四年傳，趙衰所妻乃文公女，若如司馬遷所言，趙朔亦娶文公女，則祖與孫各娶一姐一妹，不合情理。賈逵、服虔均以趙莊姬爲成公女，較爲合理。司馬遷或者誤採戰國時異說，梁玉繩史記志疑謂史記有誤字，亦未必然。新序節士篇亦謂「趙朔妻成公姊」，可見說或有自。此句應與下年傳「原、屏放諸齊」連讀。

五年，乙亥，公元前五八六年。周定王二十一年、晉景十四年、齊頃十三年、衞定三年、蔡景六年、鄭悼公費元年、曹宣九年、陳成十三年、杞桓五十一年、宋共三年、秦桓十九年、楚共五年、許靈六年。

經

五·一 五年春王正月，正月十五日丙辰冬至，建子。杞叔姬來歸。去年傳云「杞伯來朝，歸叔姬故也」，故今年叔姬返魯。「諸侯出夫人」之禮，禮記雜記下有所記述。

五·二 仲孫蔑如宋。

五·三 夏，叔孫僑如會晉荀首于穀。「荀首」，公羊作「荀秀」，首、秀古音同韻部，可以通假。穀，齊地，見莊七年經注。

五·四 梁山崩。

五·五 秋，大水。無傳。

五·六 冬十有一月己酉，己酉，十二日。天王崩。

五·七 十有二月己丑，己丑，二十三日。公會晉侯、齊侯、宋公、衞侯、鄭伯、曹伯、邾子、杞伯同盟于蟲牢。蟲牢，鄭地，今河南省封丘縣北，亦見襄十八年及定八年傳。

傳

五·一 五年春，原、屏放諸齊。此句緊接上年傳「晉趙嬰通于趙莊姬」，謂趙同、趙括逐放趙嬰齊于齊國。原、屏見宣十二年傳並注。嬰曰：「我在，故欒氏不作。欒氏，指欒書等人。此時欒書將中軍，執晉國政。「作」指興起禍害。我亡，吾二昆其憂哉。昆，兄也，趙同、趙括爲趙嬰之兩兄。且人各有能、有不能，意謂我雖不能謹守規矩禮法，但能保護趙氏，而同、括則不能。舍我，何害？」弗聽。

嬰夢天使謂己：「祭余，余福女。」使問諸士貞伯。士貞伯卽宣十二年之士貞子，成十八年之士渥濁。宣十五傳稱爲士伯，下文又簡稱爲貞伯。貞伯曰：「不識也。」不識，不知也。既而告其人曰：其人指趙嬰所遣問于士渥濁之使。士渥濁答以不識，旋卽與使者私言，以己意告之。哀二十六傳載衞出公使人問子貢「吾其入乎」，子貢答以「不識也」，而私於使者云「不識所由入也」，與此情況相同，或古人問對禮節有如此者。説本沈欽韓補注。「神福仁而禍淫。淫而無罰，福也。祭，其得亡乎？」杜注：「以得放遣爲福。」杜注誤。「其得亡乎」猶言「豈得無禍乎」，亡通無。祭之，之明日而亡。八年，趙同、趙括爲晉所殺，此傳先敍其原本。

五·二　孟獻子如宋，報華元也。去年宋華元來聘問，今年仲孫蔑答聘。

五·三　夏，晉荀首如齊逆女，故宣伯餫諸穀。宣伯卽叔孫僑如，見文十一年傳。餫音運，爲在野行路之人餽送食物。

五·四　梁山崩，梁山有數處，詩大雅韓奕之梁山在今北京市房山縣東北，孟子梁惠王下之梁山當在今陝西乾縣西北，此梁山則當在今陝西韓城縣，離黄河不遠之處。本是古梁國名山，僖十九年秦滅梁；文十年晉又伐秦，取之，故爾雅釋山謂之「晉望」，意卽晉國所祭名山。或云卽山西離石縣東北吕梁山，但吕梁山離黄河百餘里，較遠。公羊、穀梁兩傳與韓詩外傳皆云因梁山崩而黄河壅塞，如其言可信，自非吕梁山矣。穀梁傳與韓詩外傳八又云河因晉侯用伯宗之言復流，則論衡感虛篇已云「此虛言也」。晉侯以傳召伯宗。伯宗，晉大夫。晉語五韋注以爲「孫伯糾之子」。穀梁傳作「伯尊」，王引之春秋名字解詁云「伯宗字尊」。傳，去聲，傳車。傳車爲古代驛站專用車輛，每抵一中途站換車、換馬、換御者，繼續前行，取其快速。伯宗辟重，曰：「辟傳！」「辟重」之「辟」音闢。重，重車，裝載貨物之車。形體較大，故晉語謂之「大車」。以人力拉行，穀梁與韓詩外傳又謂之「輦」。晉語五云「遇大車當道而覆，立而辟之，曰：避傳」，恐車覆事不可信。因車當道傾覆，一時避讓不及，不至要之避讓。唯車不覆，始能曰「辟傳」。孟子離婁下「行辟人可也」卽此辟義。至于穀梁傳與韓詩外傳謂鞭打輦車人，更不可靠。「辟傳」之「辟」同「避」。「辟傳」，爲傳車讓路而避開。重人曰：重人，押送或挽行重車之人。「待我，不如捷之速也。」捷，走捷徑。問其所。曰：「絳人也。」問絳事焉。曰：「梁山崩，將召伯宗謀之。」問將若之何。曰：「山有朽壤而崩，可若何？古人不知地震山崩之理，但此人却能知梁山崩爲自然現象，不作「鬼神禍福」之預言，足爲一時有識者。此人自是當時下層人物。國主山川，國以山川爲主，周語上云「夫國必依山川」，亦此意。杜注云「主謂所主祭」，不合傳意。故山崩川竭，君爲之不舉、不舉，食不殺牲，菜殽不豐盛，不用音樂助食。「舉」義詳莊二十年傳注。降服、杜注云「損盛服」，即不着平常華麗衣服。據周禮春官司服「大烖素服」鄭玄注「降服」爲「素服縞冠」，即着白色衣、戴白絹帽。穀梁傳作「君親素縞」是也。乘縵、縵有兩解。杜注謂「車無文」，即無彩飾之車，王念孫廣雅釋詁疏證「曼，無也」條下申言此說。周禮春官巾車云「卿乘夏縵」，沈欽韓補注謂縵即夏縵。王乘卿車，自我貶責之義。兩説皆可通。徹樂、周禮春官大司樂云：「四鎮五嶽崩，令去樂。」出次，離開平時居處。杜注：「舍於郊。」祝幣，陳列獻神之禮物。杜注：「陳玉帛。」史辭以禮焉。祝本是祭祀典司贊詞之官，亦司陳列獻神禮品，史讀祭神文辭以禮祭神。其如此而已。雖伯宗，若之何？」伯宗請見之。見舊讀去聲。「見之」，引重人謁見晉侯。不可。遂以告，而從之。以重人之言告晉侯，而晉侯從之。穀梁傳與韓詩外傳八皆云伯宗隱瞞受之重人事情，且引孔丘之言，責其「攘善」。

五·五 許靈公愬鄭伯于楚。事見去年傳。因爲子反之言，許靈公先作原告。六月，鄭悼公如楚訟，不勝，楚人執皇戌及子國。子國，鄭穆公之子公子發。鄭世家云：「悼公使弟睔於楚自訟。訟不直，楚囚睔。」與左傳不同。司馬遷或另有所據。故鄭伯歸，使公子偃請成于晉。公子偃已見三年傳並注。秋八月，鄭伯及晉趙同盟于垂棘。垂棘，晉地。據沈欽韓地名補注，當在今山西潞城縣北。亦見僖二年傳。

五・六 宋公子圍龜爲質于楚而歸，杜注：「圍龜，文公子。」據下傳，字子靈。華元享之。宣十五年華元去楚爲質，成二年以前便返回宋國。此時圍龜從楚國爲質回來，杜注因此認爲圍龜之爲質，乃代華元。請鼓譟以出，鼓譟以復入，請求擂鼓呼叫以出入華元之門。曰：「習攻華氏。」宋公殺之。

五・七 冬，同盟于蟲牢，鄭服也。

諸侯謀復會，宋公使向爲人辭以子靈之難。宋共公不擬與會，以圍龜欲攻華氏而被殺事辭之。據十五年傳孔疏引世本「桓公生向父肸」云云，向爲人或是宋桓公後裔。

五・八 十一月己酉，定王崩。杜注：「經在蟲牢盟上，傳在下，月倒錯。衆家傳悉無此八字。或衍文。」竹添光鴻會箋則以爲定王不書葬，所以爲此傳者，蓋敍定王諡號，決非衍文。蟲牢之盟所以在前，由于子靈被殺在秋，由此順敍宋共因此辭會而及，不必依隨經序。說頗有理。

六年，丙子，公元前五八五年。周簡王元年、晉景十五年、齊頃十四年、衞定四年、蔡景七年、鄭悼二年、曹宣十年、陳成十四年、杞桓五十二年、宋共四年、秦桓二十年、楚共六年、吳壽夢元年、許靈七年。

經

六・一 六年春王正月，正月二十五日辛酉冬至，建子。公至自會。無傳。

六·二 二月辛巳，辛巳，十六日。立武宮。

六·三 取鄟。鄟，附庸小國，在今山東郯城縣東北三十餘里。公羊傳以爲「邾婁之邑」，春秋經取邑必繫所屬國，獨書某者，皆國也。説本汪克寬春秋胡傳纂疏。

六·四 衞孫良夫帥師侵宋。

六·五 夏六月，邾子來朝。無傳。

六·六 公孫嬰齊如晉。嬰齊已見二年經注。

六·七 壬申，壬申，九日。鄭伯費卒。

六·八 秋，仲孫蔑、叔孫僑如帥師侵宋。

六·九 楚公子嬰齊帥師伐鄭。

六·10 冬，季孫行父如晉。

六·11 晉欒書帥師救鄭。「救」，公羊作「侵」。去年蟲牢之盟，鄭服于晉，故楚伐鄭而晉救鄭。明年楚又伐鄭，晉又率諸侯救鄭。則公羊作「侵鄭」之誤可知。説本汪克寬纂疏及趙坦異文箋。

傳

六·一 六年春，鄭伯如晉拜成，答謝去年垂棘與蟲牢兩次之盟。子游相，子游，公子偃字。古人名「偃」多字

「游」，如鄭國駟偃字子游（昭十六年傳注），晉國荀偃字伯游（襄十三年傳），籍偃亦字子游（晉語七注），吴國言偃亦字子游（史記仲尼弟子列傳）。相，輔助鄭悼公行禮。授玉于東楹之東。古代堂上有東西兩大柱，曰東楹、西楹。兩楹之中曰「中堂」。如賓主身份相當，授受玉應在兩楹之間。如賓身份低於主人，授受玉在中堂與東楹之間，卽在東楹之西。晉景公與鄭悼公皆一國之君，依當時常禮，應授受玉于兩楹之間。鄭悼縱以爲晉景爲霸主，不敢行平等身份之禮，亦當在中堂與東楹之間。今晉景安詳緩步，而鄭悼則快步又過謙，竟至東楹之東授玉，尤見自卑。參見沈欽韓補注與陶鴻慶別疏。士貞伯曰：「鄭伯其死乎！自棄也已。不自尊重謂之「自棄」。視流而行速，賈子容經云：「朝廷之見，端若平衡。」流則如流水，既不端正，亦不平衡，若東張西望。説本章炳麟讀。行速，見上注。不安其位，宜不能久。」宜，殆也。

六·二　二月，季文子以鞌之功立武宮，鞌之戰在二年。此武宮與昭十五年經之武宮不同。一爲魯武公之廟，經、傳之文明白可據。此據下文「立武由己」，不當解爲武公之廟，當爲表示武功之紀念建築。章炳麟春秋左氏疑義答問四謂在魯公所處之宮外，設兵欄，如司馬門，並有守衛屯兵。蓋揣測之辭。韓非子外儲説左上云「宋王與齊仇也，築武宮」，與此武宮意義相同。公羊傳釋爲「武公之宮」，固不可信（于鬯香草校書有説，可以參看），卽杜注以宣十二年之武軍釋之，亦未必然。宣十二年邲之戰後，潘黨請楚莊築武軍，乃戰後收埋敵人尸首；而季孫行父築武宮，則在戰後四年，自非收埋敵尸。且武軍築於戰場，此武宮則可能建於魯國國內。非禮也。聽於人以救其難，鞌之戰是魯向晉請求出兵以救齊國人侵之難，戎事均聽從於晉人。不可以立武。立武，意卽用紀念物以表揚武功。立武由己，非由人也。

六·三 取鄟，鄟音專，穀梁傳云「國也」，公羊傳則云「邾婁之邑」。鐵雲藏龜拾遺二一·七云「于專」，惜前後字漫漶。小屯乙編八一一云：「貞：乎乍圂于專，勿作圂于專？」此二「專」不知卽此「鄟」不。若然，自是殷商以來小國。公羊說之不可信，可參看齊召南公羊注疏考證。鄟所在地，顧棟高大事表以爲在今山東郯城縣東北；畢沅晉書地理志新補正卷一則以爲卽昭二十六年之鄟陵，當在今山東兗州一帶。言易也。詳宣九年傳注。

六·四 三月，晉伯宗、夏陽說、衞孫良夫、甯相、鄭人、伊雒之戎、陸渾、蠻氏侵宋，夏陽說，晉國大夫。夏陽或爲地名，卽僖二年傳之下陽。夏陽說或以下陽爲采邑，因以爲氏。伊雒之戎見僖十一年傳注。陸渾卽僖二十二年傳陸渾之戎，詳彼注。蠻氏，據杜注，卽昭十六年戎蠻，當在今河南臨汝縣西南，汝陽縣東南，哀四年楚滅之。以其辭會也。宋共拒絕再會，見去年傳。師于鍼。鍼，衞邑，離當時衞都帝丘不遠，在今河南濮陽縣附近。僖二十八年傳衞有鍼莊子，或以鍼爲其采邑。衞人不保。衞有孫良夫、甯相率師參加聯軍，故聯軍駐紮在其郊外，不加守備。說欲襲衞，曰：「雖不可入，多俘而歸，有罪不及死。」伯宗曰：「不可。衞唯信晉，故師在其郊而不設備。若襲之，是棄信也。雖多衞俘，而晉無信，何以求諸侯？」乃止。師還，謂侵宋而還也。疑還經衞者，僅晉師。衞師自隨之還。其餘若鄭師等，則不必繞道於衞。衞人登陴。陴見宣十二年傳注。衞人仍未喪失警惕。

六·五 晉人謀去故絳，晉從此後遷都新田，亦稱新田爲絳，因稱故都絳爲故絳。絳詳隱五年傳注。諸大夫皆曰：

「必居郇、瑕氏之地，郇已見僖二十四年傳注，瑕已見僖三十年傳注。郇在解池西北，瑕在解池南。面積甚大，不可能全部劃爲晉國都城，此云「居郇、瑕之地」，蓋擇其一部也。杜注以郇瑕爲古國，誤。方濬益綴遺齋彝器考釋卷九已駁之。沃饒而近盬，盬卽鹽池，今曰解池。穆天子傳「至于盬」，說文「盬，河東鹽池」，均可以爲證。國利君樂，不可失也。」韓獻子將新中軍，且爲僕大夫。僕大夫，舊注皆以爲卽周禮夏官大僕之官，掌管宮中之事。公揖而入。晉景公與其臣屬朝禮畢而退入路門內。按當時之禮，諸侯有三座大門及三朝，第一重門內爲外朝，第二重門內爲治朝，第三重門爲路門，門內爲燕朝。晉景公視朝，若非治朝，則爲外朝。錢綺札記謂討論遷都，應在外朝。公揖，揖羣臣，非揖韓厥一人。因當時之禮，人君視朝，徧揖羣臣而退。獻子從。韓厥既兼僕大夫，據周禮司士與大僕，羣臣退後，大僕尚須引導君王退朝。故晉景公進入內朝，他臣皆退散，唯韓厥隨入。顧炎武日知録二十七云：「僕大夫者，君之親臣，故獨令之從公而入寢庭。」此以親臣解之，未必合傳意。公立於寢庭，寢，路寢，亦曰正寢，人君一般在此理政，遇齋戒與疾病，亦居於此。寢庭，路寢外庭院。謂獻子曰：「何如？」對曰：「不可。郇、瑕氏土薄水淺，其惡易覯。惡，污穢骯髒之物，說詳顧炎武補正與武億義證。杜注解覯爲遇見。覯亦可釋爲構之借字，詩小雅四月「我日構禍」，成也，合也，結也。與下文「流其惡」正相對。易覯則民愁，民愁則墊隘，左傳凡三用「墊隘」一詞，均可解爲羸弱。其他爲襄九年「辛苦墊隘」與二十五年「久將墊隘」。杜注於三處解釋不同，不確。於是乎有沈溺重膇之疾。沈溺爲風濕病。重，卽今「腫」字。膇音墜，足腫。不如新田，新田，今侯馬市，距故絳五十里。土厚水深，居之不疾，有汾、澮以流其惡，汾水流經新田西北。澮水流經新田，注入汾水。且民從教，百姓習慣於服從。十世之利也。夫山、澤、林、鹽，國之寶也。國饒，則民驕佚。魯語下公父文伯之母云：「昔聖王之處民也，擇瘠土而處之，勞其民而用之，故長王天下。夫民，勞則思，思則善心生。逸則淫，淫則忘善，忘善則惡心生。沃土之民不材，逸也。」可以與韓厥之言參看。此駁「沃饒」。近寶，公室乃貧。駁「近盬」。國都接近利藪何以將使公室貧窮，不易理解。孔疏謂國都近寶，民皆將棄農就商，貧富兼併懸殊。貧者則無以供官府，富者又不能多徵，國家賦稅將因之減少。不可謂樂。」公說，從之。夏四月丁丑，丁丑，十三日。晉遷于新田。若不以唐叔所封爲太原市，則晉前後四次遷都，均在平陽（今臨汾縣西南）四周一百五十里之內：翼在今翼城縣東南三十五里。曲沃在聞喜縣東北，距翼約一百五十里。故絳在今汾城南，新絳北，東距翼約一百里。新田即今侯馬市，去翼僅數十里耳。

六·六 六月，鄭悼公卒。此傳有二義。一爲經未書葬，無由表示其謚，故於此補出。二爲上傳士渥濁預言鄭伯將死，以此證其言之驗。經載「鄭伯費卒」在「公孫嬰齊如晉」之後，傳以「如晉」、「伐宋」連敍，故提前。

六·七 子叔聲伯如晉，子叔聲伯即公孫嬰齊。命伐宋。晉人令魯伐宋。三月，晉伯宗等嘗率諸侯之師侵宋，宋仍不從晉，故再令魯伐宋。

六·八 秋，孟獻子、叔孫宣伯侵宋，晉命也。

六·九 楚子重伐鄭，鄭從晉故也。

六·一〇 冬，季文子如晉，賀遷也。特使賀晉遷都。

六・二　晉欒書救鄭，與楚師遇於繞角。繞角，據杜注爲「鄭地」，江永考實云「當是蔡地」，在今河南魯山縣東南。江說較可信。楚師還。據襄二十六年傳，晉曾用析公之謀，夜臨楚軍而楚師宵潰。晉師遂侵蔡。楚公子申、公子成以申、息之師救蔡，禦諸桑隧。桑隧在今河南確山縣東。趙同、趙括欲戰，請於武子，武子，欒書。武子將許之。知莊子、范文子、韓獻子諫曰：知莊子，荀首；范文子，士燮；韓獻子，韓厥。「不可。吾來救鄭，楚師去我，吾遂至於此，此指蔡地。是遷戮也。侵蔡卽「遷戮」。戮而不已，又怒楚師，戰必不克。雖克，不令。縱戰勝，亦非好事。令，善也。成師以出，宣十二年傳亦有此語。而敗楚之二縣，二縣謂申、息二縣之師。何榮之有焉？若不能敗，爲辱已甚，已，太也。不如還也。」乃遂還。

於是軍帥之欲戰者衆。「帥」阮刻本作「師」，據釋文，當作「帥」，今從金澤文庫本及他本訂正。或謂欒武子曰：「聖人與衆同欲，是以濟事，子盍從衆？子爲大政，大政，卽奄君鐘銘之「大正」，執政大臣也。說詳楊樹達先生金文餘說。此及昭七年傳之「子爲大政」義同于文七年、宣二年、襄四年及二十一年傳之「子爲正卿」。將酌於民者也。子之佐十一人，據孔疏引服虔說，十一人爲荀首佐中軍；荀庚將上軍，士燮佐之；郤錡將下軍，趙同佐之；韓厥將新中軍，趙括佐之；鞏朔將新上軍，韓穿佐之；荀騅將新下軍，趙旃佐之。除下軍將佐外均見三、四年傳。其不欲戰者，三人而已。欲戰者可謂衆矣。商書曰『三人占，從二人』，句在今周書洪範。原文爲「三人占，則從二人之言」，此節取大意。古代卜筮，詢之三人，如哀九年傳「占諸史趙、史墨、史龜」，各人判斷未必相同，從其二人相同者。衆故也。」武子曰：「善鈞從衆。鈞同均，善均等，始取多數之言。夫善，衆之主也。有善，衆則從之。三卿爲主，可謂衆矣。周語云：「三人爲衆。」可見「三人爲衆」，當時即有此語。從之，不亦可乎？」

經

七年，丁丑，公元前五八四年。周簡王二年、晉景十六年、齊頃十五年、衞定五年、蔡景八年、鄭成公睔元年、曹宣十一年、陳成十五年、杞桓五十三年、宋共五年、秦桓二十一年、楚共七年、吳壽夢二年、許靈八年。

七·一 七年春王正月，冬至在二月初七日丙寅，實建亥，且有閏月。鼷鼠食郊牛角，改卜牛。鼷音奚，鼠類之最小者。本草綱目獸部三李時珍集解引陳藏器云：「鼷鼠極細，卒不可見，食人及牛馬皮膚成瘡。」春秋載鼷鼠食郊牛者三次，此年及定十五年、哀元年。備郊祭之牛被鼷鼠所傷，乃改用它牛卜其吉凶。郊祭未卜日，謂之牛；卜得日，改曰牲，見僖三十一年並宣三年經傳及注。鼷鼠又食其角，乃免牛。無傳。免牛見僖三十一年經注。

七·二 吳伐郯。

七·三 夏五月，曹伯來朝。

七·四 不郊，猶三望。無傳。見僖三十一年傳注。

七·五 秋，楚公子嬰齊帥師伐鄭。

七·六 公會晉侯、齊侯、宋公、衞侯、曹伯、莒子、邾子、杞伯救鄭。八月戊辰，戊辰，十一日。同盟于馬陵。馬陵，見傳注。

七·七 公至自會。無傳。

七·八 吴入州來。吴見于經始於此。吴見宣八年傳注。州來，國名。詳王夫之稗疏及雷學淇介菴經説卷七，今安徽鳳臺縣。吴卓信漢書地理志補注謂成七年，吴入州來，至昭四年，然丹城州來以備吴；迭屬吴、楚。二十三年雞父之戰，楚師大奔，州來遂爲吴所有，封季札於此，爲延州來。

七·九 冬，大雩。無傳。此因旱而雩，見桓五年傳並注。

七·一〇 衞孫林父出奔晉。

傳

七·一 七年春，吴伐郯，郯見宣四年經並注。郯成。郯與吴和，實爲郯服於吴。季文子曰：「中國不振旅，中國，當時華夏各國之總稱。振旅見僖二十八年傳注。此借用作對「蠻夷」無威之義。蠻夷入伐，而莫之或恤。無弔者也夫！甲骨及金文「叔」「弔」同是一字。叔，同淑，善也。「無弔者」，無善君也。善君指霸主。句意與昭十六年傳「無伯也夫」同。説參王引之述聞通説。詩曰『不弔昊天，亂靡有定』，句見詩小雅節南山。不弔，不淑，不善也。昊音浩，本意爲廣大無邊。昊天，猶言蒼天、上天。句意謂上天不仁，亂無有定。其此之謂乎！有上不弔，有上而不善。杜注：「上謂霸主。」其誰不受亂？吾亡無日矣。」君子曰：「知懼如是，斯不亡矣。」鄭去魯不甚遠，吳在當時爲「蠻夷」，竟侵伐至郯，魯執政大臣自然恐懼。

七·二 鄭子良相成公以如晉，見，見，去聲。鄭成公即位不久，初次朝見霸主。且拜師。拜謝去年晉出師救鄭。

七·三 夏，曹宣公來朝。傳文於經文無所説明或補充，據孔疏，僅表示經文「曹伯」即「曹宣公」，即所謂「互見名號」。

七·四 秋，楚子重伐鄭，師于氾。氾音凡。氾有二，僖二十四年傳與此傳之氾是南氾，在河南襄城縣。僖三十年傳之氾是東氾，在河南中牟縣。南氾離楚較近。諸侯救鄭。鄭共仲、侯羽軍楚師，説文：「軍，圜圍也。」廣雅釋言：「軍，圍也。」今言包圍。囚鄖公鍾儀，鄖見桓十一年傳注。獻諸晉。

八月，同盟于馬陵，馬陵，杜注云「衞地」，在今河北大名縣東南。尋蟲牢之盟，且莒服故也。莒本屬齊，齊服晉，莒亦服晉。

晉人以鍾儀歸，囚諸軍府。軍府，據杜注，即軍用儲藏庫，亦用以囚禁戰俘。此句爲九年晉侯見鍾儀事作一伏筆。

七·五 楚圍宋之役，見宣十四、十五兩年傳。師還，子重請取於申、呂以爲賞田。申見隱元年傳注。

呂，古國名，姜姓，周穆王時所封，尚書有呂刑，卽呂侯所作。西周彝器有呂䵼，郭沫若兩周金文辭大系圖録考釋亦謂爲呂侯所作。彝器又有郘鍾、郘大叔斧，孫詒讓籀高述林郘鍾跋謂「郘」卽「呂」，是也。鄭語云「申、呂方彊」，則當周幽王九年國勢尚盛，此時則早滅于楚。故城在今河南南陽市西。子重欲得呂、申兩縣部份土地。古代本有賞田之制，周禮地官載師所謂「以官田、牛田、賞田、牧田任遠郊之地」可證。又謂之「賞地」，周禮夏官司勳所謂「掌六卿賞地之法以等其功」可證。王許之。申公巫臣曰：「不可。此申、呂所以邑也，是以爲賦，因申、呂土地全爲公家所有，申、呂始能成邑，兵賦於是有所出。以御北方。「御」同「禦」。若取之，是無申、呂也，若取兩邑部份土地以賞私人，則申、呂不能成邑。晉、鄭必至于漢。」申、呂不能成邑，無以禦北方，故晉、鄭可至漢水。王乃止。子重是以怨巫臣。子反欲取夏姬，巫臣止之，遂取以行，取同娶。巫臣取夏姬而逃晉，事見二年傳。子反亦怨之。及共王卽位，子重、子反殺巫臣之族子閻、子蕩及清尹弗忌及襄老之子黑要，子閻、子蕩與弗忌，據杜注，皆「巫臣之族」。清尹，據章炳麟讀，非地方官而爲朝廷官。吴彝云「用作青尹寶尊彝」，不知卽此「清尹」否。此事當發生于楚共王卽位二年以後，傳「及共王卽位」意卽當楚共王卽位以後。而分其室。室，家財。子重取子閻之室，使沈尹與王子罷分子蕩之室，子反取黑要與清尹之室。巫臣自晉遺二子書，二子，子重、子反。晉世家云「巫臣怨，遺子反書」，省言子重。曰：「爾以讒慝貪惏事君，讒慝同義，見桓六年傳注。惏，同婪，貪也。貪惏同義。而多殺不辜，余必使爾罷於奔命以死。」

巫臣請使於吴，晉侯許之。吴子壽夢說之。吴世家謂巫臣自晉使吴在壽夢二年，卽此年。當年使吳，當年教之車戰，吳當年伐楚、入州來，使楚七次奔命，未必見效如此之快。或巫臣使吳在去年，司馬遷僅據傳文敍其大略。乃通吳於晉，以兩之一卒適吳，舍偏兩之一焉。兩之一卒是合兩偏成一卒之車，卽兵車三十輛；舍偏兩之一是留其卒之一偏，卽留十五輛於吳。說詳江永補義。互詳宣十二年傳注。與其射御，與吳以射手與御者。「其」作「之」用。教吳乘車，教之戰陳，教之叛楚。寘其子狐庸焉，使爲行人於吳。行人見桓九年及宣十二年傳注。吳始伐楚、伐巢、伐徐，巢見文十二年經注。徐見莊二十六年經注。子重奔命。救援巢與徐。此事當在今年，在馬陵之會以前。馬陵之會，吳入州來，子重自鄭奔命。子重、子反於是乎一歲七奔命。七次奔命奔馳以禦吳軍。蠻夷屬於楚者，吳盡取之，是以始大，通吳於上國。上國卽中原諸國，吳世家作「吳於是始通於中國」。

七·六　衞定公惡孫林父。孫林父，孫良夫之子，謚「文」，又稱孫文子。冬，孫林父出奔晉。衞侯如晉，晉反戚焉。戚本孫氏采邑，孫林父奔晉，戚邑或隨孫氏至晉。今反之。戚見文元年經注。

八年，戊寅，公元前五八三年。周簡王三年、晉景十七年、齊頃十六年、衞定六年、蔡景九年、鄭成二年、曹宣十二年、陳成十六年、杞桓五十四年、宋共六年、秦桓二十二年、楚共八年、吳壽夢三年、許靈九年。

經

八・一 八年春，正月十八日壬申冬至，建子。晉侯使韓穿來言汶陽之田，歸之于齊。

八・二 晉欒書帥師侵蔡。

八・三 公孫嬰齊如莒。

八・四 宋公使華元來聘。

八・五 夏，宋公使公孫壽來納幣。

八・六 晉殺其大夫趙同、趙括。

八・七 秋七月，天子使召伯來賜公命。「賜」，公羊、穀梁皆作「錫」。以莊元年、文元年經「錫命」推之，字或者本作「錫」。禮記曲禮孔疏引亦作「來錫公命」。

八・八 冬十月癸卯，癸卯，二十三日。杞叔姬卒。

八・九 晉侯使士燮來聘。

八・一〇 叔孫僑如會晉士燮、齊人、邾人伐郯。

八・一一 衛人來媵。

傳

八·一 八年春，晉侯使韓穿來言汶陽之田，歸之于齊。季文子餞之，餞，設酒食送行。私焉，私人交談。曰：「大國制義，以爲盟主，大國處理事務合理適宜，以此爲諸侯盟主。是以諸侯懷德畏討，無有貳心。謂汶陽之田，敝邑之舊也，而用師於齊，使歸諸敝邑。用師指鞌之戰。汶陽之田因鞌之戰逼齊還魯。今有二命，曰『歸諸齊』。信以行義，義以成命，小國所望而懷也。信不可知，義無所立，四方諸侯，其誰不解體？解體，渙散，瓦解。詩曰：『女也不爽，士貳其行。王引之詩述聞謂「貳」當爲「貣」誤字。「貣」即「忒」字。爽、忒同義互文。但自鄭玄以後「貣」皆誤作「貳」。詩原意爲女方毫無過失，始終如一；男方行爲則有過錯。季文子以「女」比魯，以「士」比晉。士也罔極，極，標準。二三其德。』句見衞風氓篇。七年之中，一與一奪，金澤文庫本作「而一與一奪」。自成二年至八年歷時七年。二三孰甚焉？士之二三，猶喪妃耦，妃同配。士對女無信無義，將失去嘉耦。而況霸主？霸主無信無義，所失豈止配耦？霸主將德是以，以，用。霸主必用德。而二三之，其何以長有諸侯乎？詩曰：『猶之未遠，是用大簡。』句見詩大雅板。今詩「簡」作「諫」。猶同猷，謀也。意謂謀略無遠見，故我極力來規勸。行父懼晉之不遠猶而失諸侯也，是以敢私言之。」公羊傳云：「鞌之戰，齊師大敗。齊侯歸，弔死視疾，七年不飲酒，不食肉。晉侯聞之，曰：『嘻！奈何使人之君七年不飲酒不食肉？請皆反其所取侵地。』」

八・二 晉欒書侵蔡，杜注以爲六年侵蔡未還之故。遂侵楚，獲申驪。杜注：「申驪，楚大夫。」楚師之還也，杜注：「謂六年遇于繞角。」晉侵沈，獲沈子揖初，杜注以「自是」解「初」字，則以「沈子揖」爲句，「初」字屬下讀，文義難通。今從竹添光鴻會箋以「沈子揖初」爲讀。從知、范、韓也。意謂晉之得俘沈君，蓋由欒書從荀首等人之謀。君子曰：「從善如流，昭十三年傳亦有此語，可見爲當時常語。宜哉！詩曰：『愷悌君子，遐不作人？』句見詩大雅旱麓。「愷悌」，今詩作「豈弟」。遐不，何不也。意謂愷悌君子，何故不起用人材。求善也夫！作人，斯有功績矣。」

是行也，鄭伯將會晉師，門于許東門，杜注：「過許，見其無備，因攻之。」大獲焉。

八・三 聲伯如莒，逆也。杜注：「自爲逆婦。」

八・四 宋華元來聘，聘共姬也。據明年傳，共姬爲穆姜所生，成公姊妹。其夫爲宋共公，以夫謚爲謚，故稱共姬。古代士人婚禮有六，見莊二十二年經注。在六禮之前，男方遣媒向女方表示通婚之意，士昏禮謂之「下達」。孔疏謂華元來即士昏禮之「下達」。

八・五 夏，宋公使公孫壽來納幣，禮也。公孫壽見文十六年傳。納幣詳莊二十二年經注。

八・六 晉趙莊姬爲趙嬰之亡故，莊姬，晉成公女。趙嬰被逐在五年。譖之于晉侯，之，探下文指原同與屏括。曰：「原、屏將爲亂。」欒、郤爲徵。欒氏、郤氏爲莊姬之譖作證。六月，晉討趙同、趙括。晉世家云：「誅趙同、趙括，族滅之。」武從姬氏畜于公宮。金澤文庫本「武」上有「趙」字。趙武爲趙朔與莊姬所出，姬氏即莊姬。

公宮，晉景公之宮。晉景公爲趙武之舅。趙武何以畜養於晉景公宮中，萬斯大學春秋隨筆謂趙世家所載屠岸賈滅趙氏事雖不可盡信，但云「治靈公之賊以致趙盾」，「合之左傳所載，確爲可據。蓋當時因姬譖討同、括，遂並治弒靈一獄，追論趙盾，欲滅其家。武方幼稚，從母匿公宮幸免」。沈欽韓補注則以爲據宣二年傳，趙盾以趙括爲公族大夫，爲趙氏宗族之主。此時趙括被殺，趙氏宗族祭祀隨之廢棄，故後文韓厥有「無後」之語。以前趙武依趙括，括被殺，無所依歸，只得隨母在舅父家畜養。此兩說似均難足信。以其田與祁奚。田爲氏族之主要財產，趙氏被滅，唯趙武匿公宮而免，故田收于公，公賞于他人。祁奚，爲高梁伯之子。據呂氏春秋去私篇與開春篇高誘注，字黃羊，于省吾晉祁奚字黃羊解（文史第五輯）曾集十五家之說，並加按斷發揮，亦可備一說。襄二十一年傳又稱之「祁大夫」。祁是晉邑，故城在今山西祁縣東南。韓厥言於晉侯曰：「成季之勳，成季，趙衰，輔佐晉文公有功。宣孟之忠，宣孟，趙盾。晉語六述知武子之言，亦謂「宣子之忠，其可忘乎」，可見當時晉人皆以忠稱許趙盾。而無後，爲善者其懼矣。三代之令王皆數百年保天之祿。夫豈無辟王？「辟」同「僻」，邪僻。賴前哲以免也。前哲即指其先代令王。周書曰『不敢侮鰥寡』，句見尚書康誥。所以明德也。」據十七年傳，韓厥小時爲趙盾所養，故爲趙氏進言。乃立武，而反其田焉。趙世家記載趙氏被滅與趙武復立，全採戰國傳說，與左傳、國語不相同，不足爲信史。據趙世家，韓厥勸晉景復立趙武，應在兩年後晉景患病時。但年表仍列「復趙武田邑」於此年。晉世家敍此事則本左傳。

〔八·七〕 秋，召桓公來賜公命。杜注：「召桓公，周卿士。」傳明經之召伯卽召桓公。

〔八·八〕 晉侯使申公巫臣如吳，假道于莒。與渠丘公立於池上，渠丘公卽十四年經之莒子朱。莒是當時夷國，國君無謚號，以地名爲號，如襄三十一年之犂比公、昭四年之著丘公、昭十四年之莒郊公、僖二十六年之兹平公。昭十九年有莒共公，共亦非謚，乃地名。渠丘，莒地，據清一統志，在今山東莒縣北。後漢書郡國志謂安丘縣有渠丘亭，或以爲卽此渠丘，誤。說詳江永考實及沈欽韓地名補注。至于昭十一年「齊渠丘」則是齊地。池，護城河。曰：「城已惡。」已，太也。莒子曰：「辟陋在夷，其孰以我爲虞？」虞，望也。意謂無人覬覦此偏僻夷蠻之地。說本章炳麟讀。對曰：「夫狡焉思啓封疆以利社稷者，何國蔑有？唯然，故多大國矣。正因爲如此，故大國多。唯或思或縱也。大國侵伐小國以開拓封疆，小國或思慮而爲備，以是得存；或放縱而不爲備，以是而亡。勇夫重閉，重閉，內外門户層層關閉。此爲古代習語，又見於禮記月令、吕氏春秋節喪篇與淮南子泰族訓。況國乎？」明年楚伐莒，莒因城壞而潰，此作伏筆。

八·九　冬，杞叔姬卒。來歸自杞，故書。杜注：「愍其見出來歸，故書卒也。若更適大夫，則不復書卒。」

八·一〇　晉士燮來聘，言伐郯也，以其事吴故。事在七年。公賂之，請緩師。文子不可，文子卽士燮。曰：「君命無貳，失信不立。不完成使命爲失信，則難以自立。禮無加貨，除規定禮物以外，不得再有餽贈。此拒絶受賂。事無二成。出師與緩師，二者只能取其一。此拒絶緩師。君後諸侯，是寡君不得事君也。杜注：「欲與魯絶。」燮將復之。」復之，以此向晉侯復命。季孫懼，使宣伯帥師會伐郯。

八·一一　衛人來媵共姬，媵，遣女陪嫁。據禮，一國國君之女嫁與另一國君，他國送女陪嫁。公羊莊十九年傳云「諸侯娶一國，則二國往媵之」；但共姬出嫁，則有衛、晉、齊三國來媵。禮也。凡諸侯嫁女，同姓媵之，異姓則否。十年「齊人來媵」無傳，依此傳意，則是「非禮」。然俞正燮癸巳類稾三武王女得適齊侯之子義答何休皇甫謐云：「左傳記載事實，言同姓當媵，異姓不必。凡嫁皆媵，非謂不許媵。」

九年，己卯，公元前五八二年。周簡王四年、晉景十八年、齊頃十七年、衞定七年、蔡景十年、鄭成三年、曹宣十三年、陳成十七年、杞桓五十五年、宋共七年、秦桓二十三年、楚共九年、吳壽夢四年、許靈十年。

經

九・一 九年春王正月，正月二十九日丁丑冬至，建子。杞伯來逆叔姬之喪以歸。

九・二 公會晉侯、齊侯、宋公、衞侯、鄭伯、曹伯、莒子、杞伯，同盟于蒲。蒲見桓三年經傳。

九・三 公至自會。無傳。

九・四 二月，伯姬歸于宋。

九・五 夏，季孫行父如宋致女。致女見桓三年傳注。

九・六 晉人來媵。杜注：「媵伯姬也。」

九・七 秋七月丙子，七月無丙子日，疑有誤。杜注謂丙子六月一日，亦誤。齊侯無野卒。無傳。

九・八 晉人執鄭伯。

九·九 晉欒書帥師伐鄭。

九·一〇 冬十有一月，葬齊頃公。無傳。

九·一一 楚公子嬰齊帥師伐莒。庚申，庚申，十七日。莒潰。楚人入鄆。鄆見文十二年經傳。

九·一二 秦人、白狄伐晉。

九·一三 鄭人圍許。

九·一四 城中城。據穀梁傳，中城卽内城。若然，則此中城卽魯都曲阜之内城。杜注以此爲魯國城邑之名，云在「東海厚丘（各本誤作廩丘，今從金澤文庫本、南宋小字本正）縣西南」，卽在今江蘇沭陽縣境，爲魯邊境所未達。杜注不可信。説詳江永考實。定六年「城中城」與此同。

傳

九·一 九年春，杞桓公來逆叔姬之喪，喪，死尸。請之也。穀梁傳謂「夫無逆出妻之喪而爲之也」。公羊傳謂杞桓公來逆叔姬之喪，蓋爲魯所脅迫。左傳則云因魯之請。是三傳同義。杞叔姬卒，爲杞故也。叔姬之死，由于爲杞所棄絶。逆叔姬，爲我也。杞之來逆喪，由我之請。

九·二 爲歸汶陽之田故，事見去年。諸侯貳於晉。晉人懼，會於蒲，以尋馬陵之盟。馬陵之盟在七年。季文子謂范文子曰：「德則不競，競，强也。意謂晉國逼令魯退汶陽之田與齊，乃缺乏信義之德。尋盟何爲？」范文子曰：「勤以撫之，殷勤安撫。寬以待之，待之寬大。堅彊以御之，「彊」，阮刻本誤作「疆」，今從石經、宋本及金澤文庫本訂正。堅強駕御。明神以要之，諸「之」字均指諸侯。明神要，指會盟。柔服而伐貳，德之次也。」雖不能強于德，如此作爲，亦爲次等。是行也，將始會吳，吳人不至。

九·三 二月，伯姬歸于宋。

九·四 楚人以重賂求鄭，鄭伯會楚公子成于鄧。鄧有二，一是蔡地，見桓二年經注；一是鄧國，見桓七年經注。鄧國於魯莊公十六年爲楚所滅，見莊六年傳。此疑是楚國之鄧。

九·五 夏，季文子如宋致女，復命，公享之。據儀禮燕禮賈疏引鄭玄目録，諸侯卿大夫出使外國歸來，國君因其有勤勞之功，設宴慰勞，公享之即此。說參馬宗璉補注。賦韓奕之五章。韓奕見詩經大雅。第五章大意謂蹶父屬意韓姞，娶之。韓姞出嫁，生活安樂，且有美譽。穆姜出于房，當時諸侯宮室制度，路寢之北，中間曰室，東西兩旁曰房。室北有牆壁，房北無牆壁，但有階。燕禮舉行在路寢，穆姜爲伯姬之母，此時在東房，有門戸通于路寢。聞季孫行父所賦韓奕五章，卽由東房出至路寢。再拜，曰：「大夫勤辱，不忘先君，先君指宣公，卽穆姜之夫，伯姬之父。以及嗣君，嗣君指成公，伯姬之兄。施及未亡人，施，延也。未亡人，當時寡婦自稱之辭。先君猶有望也。敢拜大夫之重勤。」又賦綠衣之卒章而入。綠衣見詩經邶風，其最後一章之兩句「我思古人，實獲我心」，穆姜之意所在也。列女傳貞順篇亦録穆姜事，「穆」作「繆」，同。

九·六 晉人來媵，禮也。杜注：「同姓故。」

九·七 秋，鄭伯如晉，晉人討其貳於楚也，執諸銅鞮。鞮音題。據襄三十一年傳，銅鞮有晉侯別宮。又據昭二十八年傳，曾爲羊舌赤之食邑。鄭伯被執當在別宮。據嘉慶一統志，銅鞮在今山西沁縣南。

九·八 欒書伐鄭，鄭人使伯蠲行成，晉人殺之，非禮也。兵交，使在其間可也。後漢書來歙傳云：「古者列國交兵，使在其間，所以重兵貴和而不任戰也。」語蓋本此。

楚子重侵陳以救鄭。陳本服楚之國，或此時改而從晉。

九·九 晉侯觀于軍府，見鍾儀。鍾儀被囚於軍府見七年傳。問之曰：「南冠而縶者，誰也？」淮南子主術訓載楚文王喜戴獬冠，楚人效之。南冠或即獬冠。周語中云「陳靈公與孔寧、儀行父南冠以如夏氏」，則陳人亦戴此冠。據蔡邕獨斷、後漢書輿服志注以及孔疏引應劭漢官儀，秦滅楚後，以南冠賜近臣御史。國策秦策五云「不韋使楚服而見」，楚服謂楚人之服，則春秋、戰國楚人冠服異於他國。有司對曰：「鄭人所獻楚囚也。」使稅之。「稅」同「脫」，解除其縶縛拘禁。召而弔之。弔，慰問。再拜稽首。鍾儀向晉景再拜稽首，謝其弔也。問其族。呂氏春秋異寶篇「問其名族」，族，姓氏。然從下文答語觀之，此族字當不作姓氏解。隱八年傳云：「官有世功，則有官族。」族可以從官來，則此族字當是世官之義。對曰：「泠人也。」泠人，樂官，亦作「伶人」，周語下「鍾成，伶人告和」可證。亦可單稱「伶」，魯語下「今伶簫詠歌及鹿鳴之三」可證。公曰：「能樂乎？」對曰：「先人之職官也，敢有二事？」樂乃先父所掌管之職務，自己豈敢從事其他？使與之琴，操南音。南方各地樂調皆可謂之南音，呂氏春秋音初篇謂南音作於夏禹時塗山之女，自是古代傳說。公曰：「君王何如？」對曰：「非小人之所得知也。」固問之。對曰：「其爲大子也，師、保奉之，楚共王之爲大子時，其父莊王曾爲之選擇師傅，考慮教學内容，見于楚語上。古代帝王於太子，設傅、師、保諸官以教導撫育。禮記文王世子：「立大傅、少傅以養之，欲其知父子君臣之道也。師也者，教之以事而喻諸德者也。保也者，愼其身以輔翼之，而歸諸道者也。」以朝于嬰齊而夕于側也。早晨向令尹子重請教，晚間又訪問于司馬子反。不知其他。」公語范文子。文子曰：「楚囚，君子也。言稱先職，不背本也；樂操土風，土風，本鄉本土樂調，卽南音。不忘舊也；稱大子，抑無私也；抑，發語詞。晉景公問楚君，答以楚君爲太子時之事，明楚君自幼而賢，以此表示其稱贊楚君非出阿諛之私。名其二卿，尊君也。禮，在君主前，他臣縱是己父，皆直呼其名。鍾儀直呼子重（名嬰齊）、子反（名側）之名，乃尊重晉君之表示。不背本，仁也；不忘舊，信也；無私，忠也；尊君，敏也。仁以接事，信以守之，忠以成之，敏以行之。此三「之」字皆指事。事雖大，必濟。君盍歸之，使合晉、楚之成。」公從之，重爲之禮，使歸求成。

九·10 冬十一月，楚子重自陳伐莒，圍渠丘。據清一統志，渠丘在今莒縣北。然楚伐莒，何以繞道由北而南？疑渠丘在莒縣東南。渠丘城惡，衆潰，奔莒。戊申，戊申，五日。楚入渠丘。莒人囚楚公子平。楚人曰：「勿殺，吾歸而俘。」莒人殺之。楚師圍莒。莒城亦惡，庚申，莒潰。楚遂入鄆，莒無備故也。

君子曰：「恃陋而不備，陋，應去年莒君「辟陋在夷」語。罪之大者也；備豫不虞，防範意外。善之大者也。莒恃其陋，而不修城郭，浹辰之間，浹即「汗流浹背」之浹，遍也。辰即從子到亥十二辰。此指由戊申到庚申，經歷地支一遍，故浹辰亦即十二日。而楚克其三都，三都，渠丘、莒與鄆。鄆在莒北，楚入鄆自當在庚申莒潰之後，蓋古人語言不能如後世之周密。無備也夫！詩曰：『雖有絲、麻，無棄菅、蒯；菅音姦，蒯音塊上聲，皆多年生草本植物，古人用以編席、鞋、繩索。王引之述聞謂絲、麻、菅、蒯皆可以爲屨，此則用屨料作比喻。但按之淮南子說林訓「有榮華者，必有憔悴；有羅紈者，必有麻蒯」，羅紈並非鞋料，則王說未必可信。其意僅在上等、次等、下等料俱須儲備。雖有姬、姜，無棄蕉萃；古人相傳，黃帝姓姬，炎帝姓姜；當時則是周朝姓姬，齊國姓姜，姬、姜爲兩大姓。蕉萃即憔悴，面色枯槁貌。「姬姜」與「憔悴」相對文。古人多以姬、姜代美女，如詩陳風東門之池「彼美淑姬，可與晤歌」，衡門「豈其取妻，必齊之姜」。此謂不能因有美婦，拋棄不美者。凡百君子，莫不代匱。』匱，缺少。代匱，或缺此，或缺彼。今詩無此文。杜注云「逸詩」。言備之不可以已也。」

九・一一　秦人、白狄伐晉，諸侯貳故也。因諸侯多對晉國有二心，故秦與白狄來伐。

九・一二　鄭人圍許，示晉不急君也。鄭成公爲晉拘留，鄭故意向晉表示，不以其君被執爲急務，尚有心力用兵圍許。是則公孫申謀之，公孫申見成四年傳並注。曰：「我出師以圍許，僞將改立君者，「僞」，各本俱作「爲」，金澤文庫本作「僞」，與釋文所引或本相合，今從之。句意爲僞裝將另立一君。而紓晉使，暫不遣師如晉。晉必歸君。」晉於明年送還鄭君。

九・一三　城中城，書，時也。

九·一四 十二月，楚子使公子辰如晉，據下年傳，公子辰字子商，官大宰。報鍾儀之使，請脩好、結成。年表「楚共王九年，冬，與晉成」，卽此事。

十年，庚辰，公元前五八一年。周簡王五年、晉景十九年、齊靈公環元年、衞定八年、蔡景十一年、鄭成四年、曹宣十四年、陳成十八年、杞桓五十六年、宋共八年、秦桓二十四年、楚共十年、吳壽夢五年、許靈十一年。

經

一〇·一 十年春，二月初十壬午冬至，建亥，此年有閏。衞侯之弟黑背帥師侵鄭。

一〇·二 夏四月，五卜郊，不從，乃不郊。無傳。參僖三十一年經、傳。

一〇·三 五月，公會晉侯、齊侯、宋公、衞侯、曹伯伐鄭。此晉侯爲晉厲公。據傳，晉景公疾，晉人立太子爲君，會諸侯伐鄭。

一〇·四 齊人來媵。無傳。爲伯姬送陪嫁之女。八年、九年衞、晉先後來媵，傳皆云「禮也」。傳又云異姓不媵，則意爲齊人來媵，不合於禮。

一〇·五 丙午，據傳，丙午在六月，當爲六月六日。經無「六月」兩字，或當時史官失書。晉侯獳卒。獳音羺，又音耨，又音儒。

一〇·六　秋七月，公如晉。

一〇·七　冬十月。禮記中庸孔疏云：「成十年，不書『冬十月』，賈、服以爲不視朔登臺。」據此，賈逵本、服虔本俱無此條，故浦鏜、段玉裁、洪亮吉、臧壽恭等皆以此三字爲後人所加。公羊無此三字，而穀梁有。

傳

一〇·一　十年春，晉侯使糴茷如楚，糴茷，晉大夫。報大宰子商之使也。子商卽公子辰，去年出使晉國。

一〇·二　衞子叔黑背侵鄭，子叔黑背，衞穆公子，衞定公弟。晉命也。

一〇·三　鄭公子班聞叔申之謀。叔申之謀見去年傳。三月，子如立公子繻。子如卽公子班。鄭世家云：「鄭患晉國，公子如乃立成公庶兄繻。」則公子繻乃鄭襄公子，成公庶兄。但司馬遷以子如之立公子繻爲應付晉欒書圍鄭，左傳則以爲子如聞叔申「僞立君」之謀。兩說不同。夏四月，鄭人殺繻，立髡頑，據襄七年經、傳，髡頑是鄭成公太子鄭僖公。公羊、穀梁襄七年經皆作「髡原」，鄭世家作「惲」。鄭世家不記「立髡頑」，且述繻被殺在成公返國後，或所據不同。子如奔許。欒武子曰：「鄭人立君，我執一人焉，何益？不如伐鄭而歸其君，以求成焉。」晉侯有疾，五月，晉立大子州蒲以爲君，孔疏引應劭舊君諱議云「昔者周穆王名滿，晉厲公名州滿」，則漢末應劭所據左傳「州蒲」作「州滿」。晉世家作「壽曼」，「州」、「壽」，「滿」、「曼」，音近可通。故自唐劉知幾史通雜駁篇以後，學者率以爲今本「蒲」字爲「滿」字形近之誤。釋文亦云「或作州滿」。晉景公尚未死，太子卽立爲君，顧炎武日知録卷十四謂此爲「內禪之始」。而會諸侯伐鄭。鄭子罕賂以襄鐘，「鐘」阮刻本作「鍾」，今從石經、宋本、金澤文庫本。子罕，穆公之子，即十四年經之公子喜。古人名喜者多以罕爲字，如宋樂喜字子罕。襄鐘，鄭襄公廟之鐘。子然盟于脩澤，子然，穆公子，又見襄元年及十九年傳。脩澤，鄭地，在今河南原陽縣西南。子駟爲質。子駟即襄九年傳、十年經之公子騑，亦鄭穆公子。辛巳，辛巳，十一日。鄭伯歸。

10·四 晉侯夢大厲，惡鬼曰厲鬼，昭七年傳「其何厲鬼也」可證。亦省稱厲，襄十七年傳「爾父爲厲」可證。古人又以爲絕後之鬼常爲厲，故禮記祭法有「泰厲」、「公厲」，鄭注謂古代帝王絕後者爲泰厲，諸侯絕後者爲公厲。昭七年傳亦云「鬼有所歸，乃不爲厲」。被髮及地，被，披也。搏膺而踊，搏膺，搥胸。踊，跳。曰：「殺余孫，不義。殺余孫，當指八年晉侯殺趙同、趙括事。晉景公所夢見之惡鬼，應是趙氏祖先之幻影。此孫爲廣義，後代也。趙世家記此事，云「晉景公疾，卜之，大業之後不遂者爲祟」。以夢境爲卜兆，與左傳有所不同，但「大業之後」亦指趙氏祖先。余得請於帝矣！」請求上帝，得其允許，可以報仇。僖十年傳敍大子申生語亦云「余得請於帝矣，將以晉畀秦」。壞大門及寢門而入。公懼，入于室。室在寢後，有户相通。又壞户。公覺，召桑田巫。桑田見僖二年傳並注。本是虢邑，晉滅虢後，自隨之併于晉。巫言如夢。公曰：「何如？」曰：「不食新矣。」新，新麥。謂死在嘗新前。

公疾病，疾病連言，病重也。求醫于秦。秦伯使醫緩爲之。爲，診治。未至，公夢疾爲二豎子，豎子，兒童。曰：「彼，良醫也，懼傷我，焉逃之？」亦可讀爲：「懼傷我焉，逃之！」但不如「焉」字屬下讀。其一曰：「居肓之上，膏之下，肓音荒。古代醫學以心尖脂肪曰膏，心臟與膈膜之間曰肓，在肓上膏下爲藥力與針灸所不能及。劉文淇疏證謂當作「肓之下，膏之上」，今本「上」「下」兩字誤倒，不可信。若我何？」醫至，曰：「疾不可爲也，在肓之上，膏之下，攻之不可，達之不及，攻指灸，達指針。藥不至焉，不可爲也。」公曰：「良醫也。」與夢境符合。厚爲之禮而歸之。六月丙午，晉侯欲麥，晉侯欲麥，卽嘗新。禮記月令與呂氏春秋孟夏紀俱載有嘗新之禮，可參看。使甸人獻麥，甸人，天子諸侯俱有此官，據禮記祭義，諸侯有藉田百畝，甸人主管藉田，並供給野物。亦卽周禮天官之甸師。但周禮春官大祝及儀禮燕禮、大射儀、公食大夫禮、士喪禮以及禮記文王世子、喪大記以及周語中皆作甸人，可見本名甸人，周禮作者一時改爲甸師。饋人爲之。饋人，爲諸侯主持飲食之官，相當於周禮天官庖人，說本程公說春秋分紀。召桑田巫，示而殺之。示以所饋新麥，憤其預言「不食新」。將食，張，張，今作脹，肚子發脹。如廁，陷而卒。跌入糞坑而死。小臣有晨夢負公以登天，小臣，宦官，見僖四年傳注。及日中，負晉侯出諸廁，遂以爲殉。

10・5 鄭伯討立君者，戊申，戊申，八日。殺叔申、叔禽。杜注：「叔禽，叔申弟。」君子曰：「忠爲令德，非其人猶不可，「非其人」古有兩解，一指盡忠之人，此指叔申，意謂叔申不足以行忠德，見顧炎武補正引陸粲說。一指所忠之對象，此指鄭成公，謂鄭成公不能爲之效忠，見杜注。隋書張衡傳贊云：「夫忠爲令德，施非其人，尚或不可。」亦用杜注義。又如呂氏春秋至忠篇高誘注、後漢書竇融傳李賢注引左傳此語，皆此義，可見傳統如此。古書用「非其人」者甚多，有時指本人言，如易繫辭下「苟非其人，道不虛行」，孔子家語五帝德篇「予也非其人也」，皆是。有時亦指對方，孟子盡心下「好名之人，能讓千乘之國；苟非其人，簞食豆羹見於色」；荀子大略篇「非其人而敎之，齎盜糧借賊兵也」，皆是。故從文法言，兩解俱可通。況不令乎？」杜注：「言申叔爲忠，不得其人，還害身。」

一〇·六 秋，公如晉。晉人止公，使送葬。於是糴茷未反。此時糴茷出使楚國尚未返晉，晉國于魯國從晉從楚有所懷疑，故止之不令返魯。參明年傳。

一〇·七 冬，葬晉景公。公送葬，諸侯莫在。魯人辱之，辱之，以此爲耻辱。故不書，經不僅不書魯成送葬，並依例應書「葬晉景公」，亦不書。諱之也。

十有一年，辛巳，公元前五八〇年。周簡王六年、晉厲公州蒲元年、齊靈二年、衞定九年、蔡景十二年、鄭成五年、曹宣十五年、陳成十九年、杞桓五十七年、宋共九年、秦桓二十五年、楚共十一年、吳壽夢六年、許靈十二年。

經

一一·一 十有一年春王三月，正月二十一日丁亥冬至，建子。公至自晉。

一一·二 晉侯使郤犫來聘，己丑，己丑，二十四日。及郤犫盟。「郤犫」公羊俱作「郤州」，與孔疏所引世本合。「州」「犫」音近得通，禮記樂記引世本之「武仲州」，即左傳之「魏犫」或「魏武子」。

一一·三 夏，季孫行父如晉。

一一·四 秋，叔孫僑如如齊。

一〇·五 冬十月。

傳

一一·一 十一年春王三月，公至自晉。晉人以公爲貳於楚，據四年傳，魯成曾欲與楚交好而叛晉，或因此見疑。故止公。公請受盟，而後使歸。魯成自去年七月去晉，至此共歷時九閱月。

一一·二 郤犨來聘，據孔疏引世本，郤犨與郤克皆郤豹曾孫，兩人爲從祖兄弟。且涖盟。上傳謂魯成請接受盟誓，故晉厲派郤犨來與魯盟。

一一·三 聲伯之母不聘，聲伯卽公孫嬰齊，見成二年經注。不聘，不行媒聘之禮。禮記內則云「聘則爲妻」，不聘則爲妾，故下文穆姜云「吾不以妾爲姒」。穆姜曰：穆姜，魯宣公夫人。聲伯之父叔肸與魯宣公爲胞兄弟，故穆姜與聲伯之母爲妯娌。「吾不以妾爲姒。」姒，據爾雅釋親，有二義。釋親云：「女子同出，謂先生爲姒，後生爲娣。」「同出」，同父所生也，孫炎、郭璞解爲「俱嫁事一夫」，誤。「姒娣」第一義相當於「姊妹」。據爾雅，「姊妹」爲兄弟對女兄弟之稱呼，「娣姒」則是女兄弟間相互之稱呼。其實，女兄弟間亦可稱「姊妹」，詩邶風泉水「遂及伯姊」可以爲證。男子於女兄亦可不稱「姊」而稱「姒」，列女仁智傳「魯公乘姒者，魯公乘子皮之姒也」可以爲證。由此義引申，釋親又云：「長婦謂稚婦爲娣婦，娣婦謂長婦爲姒婦。」此「姒」卽「姒婦」之省稱。「娣姒」第二義卽相當于「妯娌」。此處，穆姜爲兄妻，聲伯之母爲弟妻，而穆姜稱之爲「姒」，與昭二十八年傳叔向之嫂稱叔向之妻爲「姒」相同，故孔疏云，雖是弟妻，年長于兄妻，兄妻稱之爲

「姒」。妯娌之間，年長者爲姒，年幼者爲娣。娣姒依妯娌本人年齡，不依其丈夫年齡。此說與「姒娣」之爲「姊妹」本義相合，甚有理。然邵晉涵爾雅正義、王念孫廣雅疏證、李貽德輯述、沈欽韓補注皆不主此說，強謂兄妻爲姒，弟妻爲娣，姒娣之別，依其夫之長幼，不依妯娌之長幼。邵晉涵謂「左傳之稱姒者，不過稱謂之間偶從其省」，李貽德、沈欽韓則云，妯娌互相恭敬，可以互相稱姒。是皆不明姒娣本意。生聲伯而出之，嫁於齊管于奚，生二子而寡，據下文，二子是一男一女，古人於女兒亦可謂「子」。以歸聲伯。聲伯以其外弟爲大夫，外弟指其出母嫁于管于奚所生之子，亦即異父同母弟，與一般稱舅、姑、姨表兄弟爲「外兄弟」者不同。而嫁其外妹於施孝叔。杜注：「孝叔，魯惠公五世孫。」郤犨來聘，求婦於聲伯。聲伯奪施氏婦以與之。婦人曰：「鳥獸猶不失儷，子將若何？」子指其夫施孝叔。曰：「吾不能死亡。」孝叔恐得罪郤犨而被殺害或驅逐。婦人遂行。生二子於郤氏。郤氏亡，郤氏被滅在十七年，此乃探後終言之。晉人歸之施氏。施氏逆諸河，沈其二子。婦人怒曰：「己不能庇其伉儷而亡之，己，自己，指孝叔，與下文人字相對。又不能字人之孤而殺之，字，慈愛。將何以終？」遂誓施氏。杜注：「約誓不復爲之婦也。」

一一·四 夏，季文子如晉報聘，且涖盟也。

一一·五 周公楚惡惠、襄之偪也，僖三十年傳有周公閱，周公楚當是其後代。顧棟高大事表謂爲閱曾孫，未免言之太鑿。惠、襄指周惠王、周襄王之後裔族人。且與伯與爭政，「伯與」本作「伯輿」，據釋文訂正。襄十年傳周室有伯輿，兩者相距十八年，或爲同一人。不勝，怒而出。及陽樊，陽樊即隱十一年傳之樊，又見於僖二十五年傳。

詳隱十一年傳注。此時已爲晉邑。
王使劉子復之，盟于鄄而入。鄄，周邑，不詳所在。三日復出，奔晉。
二・六 秋，宣伯聘于齊，以脩前好。杜注：「宰以前之好。」
二・七 晉郤至與周爭鄇田，鄇，溫別邑，在今河南武陟縣西南。王命劉康公、單襄公訟諸晉。郤至曰：
「溫，吾故也，故不敢失。」溫爲郤至采邑，故十六、十七年傳又稱郤至爲溫季。郤至以爲溫邑本爲郤氏所有，鄇爲
溫之別邑，自應歸其所有。劉子、單子曰：「昔周克商，使諸侯撫封，禮記文王世子鄭注云：「撫猶有也。」蘇
忿生以溫爲司寇，與檀伯達封于河。檀伯達因封于檀而爲氏，檀爲周邑，當在今河南濟源縣境。溫與檀同在
黃河北，且近于河，故云「封于河」。蘇氏即狄，又不能於狄而奔衛。見僖十年傳並注。襄王勞文公而賜
之溫，見僖二十五年傳。狐氏、陽氏先處之，狐溱爲溫大夫，見僖二十五年傳。陽氏指陽處父，溫嘗爲陽處父采
邑，互見文六年傳注。而後及子。若治其故，則王官之邑也，子安得之？」晉侯使郤至勿敢爭。
二・八 宋華元善於令尹子重，又善於欒武子，晉欒書。聞楚人既許晉糴茷成，晉糴茷去楚求成在去年
春。而使歸復命矣。冬，華元如楚，遂如晉，合晉、楚之成。參見下年傳。
二・九 秦、晉爲成，將會于令狐。令狐見僖二十四年傳並注。晉侯先至焉。秦伯不肯涉河，次于王
城，王城，見僖十五年傳並注。使史顆盟晉侯于河東。史顆，秦大夫。令狐在黃河之東。晉郤犨盟秦伯于
河西。王城在黃河之西。范文子曰：范文子，士燮。「是盟也何益？齊盟，所以質信也。「齊」同「齋」。
詛楚文云：「昔我先君穆公及楚成王是戮力同心，兩邦以壹，絆以婚姻，袗以齊盟。」齊盟同此意。古人盟誓必先齋戒，故

盟誓亦言「齋盟」。會所，信之始也。會所，約定盟會之處所。始之不從，其可質乎？」「可」，阮刻本作「何」，唐石經、金澤文庫本、宋本等均作「可」，今從之。其作豈用，可如字讀。秦伯歸而背晉成。

十有二年，壬午，公元前五七九年。周簡王七年、晉厲二年、齊靈三年、衞定十年、蔡景十三年、鄭成六年、曹宣十六年、陳成二十年、杞桓五十八年、宋共十年、秦桓二十六年、楚共十二年、吴壽夢七年、許靈十三年。

經

三・一　十有二年春，二月三日癸巳冬至，建亥，有閏月。周公出奔晉。

三・二　夏，公會晉侯、衞侯于瑣澤。「瑣澤」，公羊作「沙澤」。沙、瑣古聲部與韻部皆同，可通假。定七年經「盟于沙」，傳作「盟于瑣」，尤可證。瑣澤，彙纂據晉地道記，謂在今河北大名縣境。王夫之稗疏以爲今河北涉縣治。據傳當是晉地，王説較可信。

三・三　秋，晉人敗狄于交剛。赤狄已被晉人全部滅亡，此狄當是白狄。交剛不詳所在，或以爲即今山西隰縣。

三・四　冬十月。

傳

一二·一　十二年春，王使以周公之難來告。書曰「周公出奔晉」，周公楚奔晉在去年，經書在今年，蓋周于今年春來告。凡自周無出，周公自出故也。此句説明經書「出奔」之故。傳意蓋謂「普天之下，莫非王土」，故凡從周室外逃，不用「出」字。而此用「出」字，乃表示周公楚自己出逃。周王室之臣流亡見于經者凡三次，襄三十年「王子瑕奔晉」、昭二十六年「王子朝奔楚」，兩次均不書「出」，唯此次書「出」。杜注：「天子無外，故奔者不言『出』。周公爲王所復，而自絶於周，故書出以非之。」

一二·二　宋華元克合晉、楚之成，華元謀晉、楚言和見去年傳。夏五月，晉士燮會楚公子罷、許偃。癸亥，癸亥，四日。盟于宋西門之外，曰：「凡晉、楚無相加戎，好惡同之，同恤菑危，菑同災。備救凶患。若有害楚，則晉伐之；在晉，楚亦如之。交贄往來，古代聘問，使者必携帶禮物，謂之「贄」。交贄往來即使者往來。道路無壅；謀其不協，而討不庭。不庭義見隱十年傳注。此「不庭」指背叛晉、楚之諸侯。有渝此盟，明神殛之，俾隊其師，隊同墜。無克胙國。」此誓詞亦見于僖二十八年傳。鄭伯如晉聽成，杜注：「聽，猶受也。晉、楚既成，鄭往受命。」會于瑣澤，據「鄭伯如晉」之文，瑣澤當是晉地。沈欽韓地名補注謂鄭地，蓋誤以瑣澤與襄十一年之瑣爲同一地。成故也。崔適春秋復始外篇疑即襄二十七年弭兵會之誤析。

一二·三　狄人間宋之盟以侵晉，而不設備。秋，晉人敗狄于交剛。

三·四 晉郤至如楚聘，且涖盟。楚子享之，子反相，爲地室而縣焉。「縣」同「懸」。於地下室懸掛鐘鼓。地下室當在堂下。郤至將登，登，登堂。郤至由西階登堂。金奏作於下，金奏，金指鐘鎛（似鐘），奏九種夏樂，先擊鐘鎛，後擊鼓磬，謂之金奏。說參周禮春官鍾師孫詒讓正義。此金奏，應是奏九夏之一之肆夏。據襄四年傳，肆夏本是天子享元侯樂曲，春秋時諸侯相見亦用此樂曲。稍後，諸侯卿大夫亦有用此樂曲者，故禮記郊特牲云，「大夫之奏肆夏也，由趙文子始也」。驚而走出。子反曰：「日云莫矣，云字無義，爲語中助詞。莫，暮本字，但此非昏暮義。禮記聘義：「聘射之禮，至大禮也。質明而始行事，日幾中而後禮成，非強有力者弗能行也。故強有力者將以行禮也，酒清人渴，而不敢飲也；肉乾人飢，而不敢食也；日莫人倦，齊莊正齊，而不敢解惰。」聘禮始於晨，終於午前，而言「日莫人倦」，可見「日莫」非指黃昏，而是指日將正中時。章炳麟讀引賈子脩政語下「旭旭然如日之始出，暯暯然如日之正中，暗暗然如日之已入」，謂此「日莫」之「莫」即「暯暯然」之「暯」，則「日云莫矣」，實爲日將正中。然剛迎賓行禮，不能日將正中。「日云莫矣」，僅表示時間已不早而已。寡君須矣，須，等待。吾子其入也！」賓曰：賓指郤至。「君不忘先君之好，施及下臣，貺之以大禮，貺，賜也。重之以備樂。備樂指金奏。如天之福，兩君相見，何以代此？以諸侯之樂享己，若晉、楚兩君相見，何以加之？下臣不敢。」子反曰：「如天之福，兩君相見，無亦唯是一矢以相加遺，無，語首助詞，無義。加遺，同義詞連用，詩邶風北門毛傳：「遺，加也。」意謂若晉、楚兩君，唯戰爭始相見。焉用樂？寡君須矣，吾子其入也！」賓曰：「若讓之以一矢，讓讀爲釀，用酒食款待。說詳于鬯校書。禍之大者，其何福之爲？世之治也，諸侯間於天子之事，間讀爲間暇之間，間於天子之事意謂完成周王朝使命後閒暇之時。此語不過外交辭令而已。則相朝也，於是乎有享、宴之禮。享以訓共儉，享禮雖設有酒食，並不吃喝，故云「訓恭儉」。互詳宣十六年及昭五年傳注。宴以示慈惠。宴禮則賓主俱飲酒吃食，故云「示慈惠」。共儉以行禮，而慈惠以布政。政以禮成，民是以息。百官承事，朝而不夕，白天謁見曰朝，晚上謁見曰夕，九年傳「朝于嬰齊而夕于側」可證。當時，晚上無事便不朝君。此公侯之所以扞城其民也。扞城卽干城，此處用作動詞。故詩曰：『赳赳武夫，公侯干城。』句見詩周南兔罝。聞一多詩經新義謂干借爲閈，垣也，則干城爲同義詞連用。及其亂也，諸侯貪冒，冒，貪也。貪冒，同義詞連用。左傳計用「貪冒」三次。又見昭三十一年及哀十一年傳。侵欲不忌，不忌，無所顧忌。爭尋常以盡其民，八尺曰尋，一丈六尺曰常。尋常意謂尺寸之地。盡其民，驅使人民從事戰爭而致死亡。略其武夫，略，取也。以爲己腹心、股肱、爪牙。故詩曰：『赳赳武夫，公侯腹心。』句亦見兔罝篇。郤至將「公侯干城」與「公侯腹心」分爲兩截，有正反不同之義，此古人「斷章取義」，不必與詩原意相合。天下有道，則公侯能爲民干城，而制其腹心。亂則反之。今吾子之言，亂之道也，不可以爲法。然吾子，主也，當時國君享宴卿大夫，因地位不等，故國君不自己爲主人。子反爲相，代楚共王作主人，故郤至云「吾子主也」。至敢不從？」遂入，卒事。歸以語范文子。文子曰：「無禮，必食言，吾死無日矣夫！」金澤文庫本作「吾死亡無日也夫」。「吾死無日」，預料晉、楚又將大戰。

冬，楚公子罷如晉聘，且涖盟。十二月，晉侯及楚公子罷盟于赤棘。赤棘已見元年經注。

十有三年，癸未，公元前五七八年。周簡王八年、晉厲三年、齊靈四年、衞定十一年、蔡景十四年、鄭成七年、曹宣十七年、陳成二十一年、杞桓五十九年、宋共十一年、秦桓二十七年、楚共十三年、吴壽夢八年、許靈十四年。

經

一三·一 十有三年春，正月十三日戊戌冬至，建子。晉侯使郤錡來乞師。郤錡，十七年傳又稱之爲駒伯。乞師見僖二十六年經注。

一三·二 三月，公如京師。杜注：「伐秦，道過京師，因朝王。」餘詳僖二十八年經注。

一三·三 夏五月，公自京師，石經作「公至自京師」，劉文淇疏證謂「至」字爲唐人所加，阮氏校勘記以爲衍文。遂會晉侯、齊侯、宋公、衞侯、鄭伯、曹伯、邾人、滕人伐秦。

一三·四 曹伯盧卒于師。「盧」，公羊、穀梁作「廬」，據左氏釋文，或本亦作「廬」。盧、廬通用。管蔡世家謂曹宣公名彊，與春秋不同。

一三·五 秋七月，公至自伐秦。無傳。

一三·六 冬，葬曹宣公。

傳

[一三・一] 十三年春，晉侯使郤錡來乞師，將事不敬。工作不嚴肅。孟獻子曰：「郤氏其亡乎！禮，身之幹也；敬，身之基也。孔疏云：「幹以樹木爲喻，基以牆屋爲喻。」郤子無基。且先君之嗣卿也，郤錡，郤克之子，郤克爲晉景上卿，郤錡又爲其子厲公之卿，故云「嗣卿」。受命以求師，將社稷是衞，而惰，棄君命也，不亡，何爲？」杜注：「爲十七年晉殺郤錡傳。」

[一三・二] 三月，公如京師。宣伯欲賜，宣伯，叔孫僑如。欲賜，欲得周王賞賜。請先使。作爲先遣人員出使周王朝。王以行人之禮禮焉。以對待普通外交官禮節招待之，不賞賜。孟獻子從。孟獻子卽仲孫蔑，從魯成公爲上介以朝王。王以爲介而重賄之。孟獻子本是魯成公朝王上介，輔助魯成公行禮，不由周王任命，周語中云「及魯侯至，仲孫蔑爲介」，可以爲證。此「王以爲介」云云，蓋王因其爲上介，乃厚賜之。周簡王不賜宣伯而厚賜孟獻子，乃聽從王孫説之建議，事見周語中。

公及諸侯朝王，遂從劉康公、成肅公會晉侯伐秦。劉康公卽宣十年經之王季子，見彼注。劉、成二人不書於經，因周王室未出兵之故。成子受脤于社，成子卽成肅公。受脤于社見閔二年傳注。不敬。劉子曰：「吾聞之：民受天地之中以生，古人以爲天地有中和之氣，人得之而生。所謂命也。命謂生命。是以有動作禮義威儀之則，以定命也。能者養以之福，「養以之福」，漢書五行志、律曆志，漢酸棗令劉熊碑並如此，自唐石經後誤倒作「養之以福」，今各本皆沿此誤。金澤文庫本不誤，今從之乙正。「養以之福」意謂保持動作禮義威儀之則以致幸福，「之」作動詞，與下文「敗以取禍」正相對爲文，說參姚寬西溪叢話、顧炎武補正、阮元校勘記等。不能者敗以取禍。敗謂破壞動作禮義威儀之則。是故君子勤禮，小人盡力。勤禮莫如致敬，盡力莫如敦篤。敦篤，敦厚篤實。敬在養神，養神，供奉鬼神。說詳陶鴻慶別疏。篤在守業。篤實則在于各安本分。國之大事，在祀與戎。祀有執膰，膰，祭祀宗廟之肉，祭畢，分與有關人員。戎有受脤，神之大節也。執膰與受脤均爲與鬼神交際之大節。今成子惰，棄其命矣，其不反乎！」預料成肅公將死。

一三·三 夏四月戊午，戊午，五日。晉侯使呂相絕秦，呂相，魏錡之子魏相。魏錡亦稱呂錡，故魏相亦稱呂相。下文乃絕秦書，或由呂相執筆，或由呂相傳遞。其後秦作詛楚文，仿效此書。杜注云：「蓋口宣己命」，恐不確。曰：

昔逮我獻公及穆公相好，逮本訓及，章炳麟讀謂此「逮」訓「及」不可通，「逮」當讀爲「隸」，古也。「昔逮」即「古昔」。此說可通。戮力同心，申之以盟誓，秦穆與晉獻曾有盟誓，然春秋三傳不載。重之以昏姻。晉獻公之女嫁與秦穆公爲夫人。天禍晉國，文公如齊，惠公如秦。文公重耳流亡各國，惠公夷吾先後流亡，曾至梁，然後至秦。此處僅舉齊、秦兩大國。無祿，無祿，今言不幸。獻公即世。即世，即越語下「先人就世」之就世，漢魏人謂之下世，去世也。獻公死于僖九年。穆公不忘舊德，俾我惠公用能奉祀于晉。秦納惠公入晉，見僖十五年傳。又不能成大勳，而爲韓之師。韓之役見僖十五年傳。亦悔于厥心，用集我文公，集，成就，成全。「集我文公」指穆公護送重耳入國。見僖二十四年傳。詩大雅大明

「天監在下，有命既集」，書文侯之命「惟時上帝集厥命于文王」、毛公鼎云「惟天將集厥命」，諸集字亦同義。是穆之成也。成，成就。文公躬擐甲胄，跋履山川，踰越險阻，征東之諸侯，虞、夏、商、周之胤而朝諸秦，此事春秋三傳與諸子皆不載。則亦既報舊德矣。舊德指納惠公、文公。鄭人怒君之疆埸，我文公帥諸侯及秦圍鄭。晉、秦圍鄭見僖三十年傳。晉文流亡，鄭文公不予招待，且背晉助楚，故圍鄭。書云由于鄭人侵犯秦境，或一時外交辭令，未必合當時事實。僖三十年傳敍述此事亦僅謂晉、秦兩國圍鄭，未及「文公率諸侯」。秦大夫不詢于我寡君，擅及鄭盟。與鄭盟者實秦穆公，書云「秦大夫」，措辭委婉。諸侯疾之，將致命于秦。據僖三十年傳，欲攻秦軍者實是狐偃。文公恐懼，綏靜諸侯，秦師克還無害，則是我有大造于西也。大造，大功勞。無祿，文公即世，穆爲不弔，不弔，不淑，不祥，與下文「君又不祥」之「不祥」同意，亦見成七年傳注。蔑死我君，惠棟補注、武億義證均謂當從釋文所引或本作「蔑我死君」，「死君」即僖三十三年傳「其爲死君乎」之「死君」，與下文「寡我襄公」正相對。案之文義，確較通順。但三國志魏文帝紀終制有「蔑死君父」語，即用左傳此句，足見曹丕所讀左傳已是「蔑死」連文。說參章炳麟讀。寡我襄公，迭我殽地，迭借爲軼，即隱九年傳「侵軼」、僖三十二年傳「過軼」之軼，突然進犯也。奸絶我好，奸絶，遏絶、斷絶。說見章炳麟讀。唐石經於「我好」之中旁注「同」字，其實「我好」即「我同好」，同盟友好國家也，實指鄭國。伐我保城，高士奇地名考略謂保城非地名，保即堡，小城也。「保城」，同義詞連用。殄滅我費滑，殄音忝，滅絶。殄滅，同義詞連用。秦滅滑見僖三十三年傳。費爲滑國都城，費滑即滑國。散離我兄弟，鄭、滑與晉同爲姬姓，兄弟之國。撓亂我同盟，傾覆我國家。我襄公未忘君之舊勳，納晉文公之功。而懼社稷之隕，是以有殽之師。殽之戰見僖三十三年傳。猶願赦罪於穆公。「赦」和「釋」同，釋，解也，說詳王引之述聞。「願赦罪於穆公」，示晉欲求得和解。穆公弗聽，而即楚謀我。天誘其衷，天誘其衷見僖二十八年傳注。成王隕命，穆公是以不克逞志于我。事詳文十四年傳並注。

穆、襄即世，康、靈即位。康公，我之自出，秦康公爲晉之外甥。又欲闕翦我公室，據余蕭客古經解鈎沈所引宋本孔疏，闕翦爲損害之意。傾覆我社稷，帥我蝥賊，據爾雅釋蟲，蝥爲食苗根害蟲，賊爲食苗節害蟲，此比喻危害國家之人。以來蕩搖我邊疆，蝥賊指公子雍，此指秦康公送公子雍于晉，實則爲晉派人往迎。見文六、七年傳。我是以有令狐之役。令狐之役見文七年傳。康猶不悛，悛音圈，悔改。入我河曲，伐我涑川，涑音速。據方輿紀要，涑水城在今山西永濟縣東北，當即此涑川。杜注以涑川即涑水，涑水源流甚長，不止一城一邑，不足以解此句。俘我王官，俘，掠取人民以爲俘虜。王官見文三年傳注。秦康伐晉涑川，俘王官，不見於其他記載。翦我羈馬，我是以有河曲之戰。河曲之戰見文十二年傳。東道之不通，則是康公絕我好也。晉在秦東，秦、晉不再友好往來，則是由于康公之絕。

及君之嗣也，秦桓公嗣共公而立。我君景公引領西望曰：「庶撫我乎！」杜注：「望秦撫恤晉。」君亦不惠稱盟，杜注：「不肯稱晉望而共盟。」杜解稱爲符合，誤。稱，舉也。稱盟即爲盟會。利吾有狄難，魯宣十五年，晉正用師滅赤狄潞氏。入我河縣，劉文淇疏證謂河縣疑是河曲之變文。焚我箕、郜，箕見僖三十三年經注。郜，杜預未注。沈欽韓地名補注以爲在今浮山縣南，不確。或以爲在今浮山縣西。高士奇地名考略以爲是「濱河之邑」，疑當距箕不遠。芟夷我農功，秦人搶劫收割晉人莊稼。虔劉我邊垂，垂，陲本字，阮刻本作陲，今從石經、宋本及金澤文庫本等。虔劉，杜注「皆殺也」，卽屠殺晉邊界人民之意。但尚書呂刑孔疏引鄭玄注，謂虔劉是騷擾之意。我是以有輔氏之聚。輔氏之聚卽輔氏之戰。戰争要聚衆，故戰亦曰聚。此役見宣十五年傳。君亦悔禍之延，而欲徼福于先君獻、穆，晉獻公與秦穆公同好，已見前文。使伯車來命我景公曰：伯車，秦桓公子，名鍼，又稱后子。「吾與女同好棄惡，復脩舊德，以追念前勳。」言誓未就，景公卽世，我寡君是以有令狐之會。此文稱「寡君」三次，「我君」一次，似是使臣口吻，然而稱「寡人」五次，又似是晉君口吻，此古人行文不嚴密處。馬宗璉補注將此文分爲兩截，謂前半截自「昔逮我先公」至「寡君不敢顧昏姻」爲吕相口吻，後半截自「君有二心於狄」至「實圖利之」爲吕相代晉厲公詰秦口吻，未必確。令狐之會見十一年傳。君又不祥，不祥與上文「不弔」意義相同。背棄盟誓。白狄及君同州，此「及」字作介詞，用法同與。詩大雅板云「我雖異事，及爾同寮」，周禮大宰云「及執事眡滌濯」，諸「及」字同此用法。同州，同在尚書禹貢之雍州，餘詳僖三十三年傳注。君之仇讎，而我昏姻也。阮刻本作「我之昏姻也」，今從校勘記及金澤文庫本删「之」字。君來賜命曰：「吾與女伐狄。」寡君不敢顧昏姻，畏君之威，而受命于吏。「受」當讀爲「授」。授、受二字，古金文皆作「受」。命于吏，準備共秦伐狄。君有二心於狄，曰：「晉將伐女。」狄應且憎，且，兩務之詞。狄一則接受，一則嫌惡。周語中云「其叔父實應且有同文。

憎」，晉語八云「懼子之應且憎（同憎）也」。王念孫云「應」字皆是接受義，說詳述聞。是用告我。楚人惡君之二三其德也，亦來告我曰：『秦背令狐之盟，而來求盟于我：「昭告昊天上帝、秦三公、楚三王曰：昊音浩，廣大無邊貌。秦三公：穆、康、共。楚三王：成、穆、莊。「余雖與晉出入，出入，往來也。余唯利是視。」此秦對楚之語，楚轉述於晉。不穀惡其無成德，是用宣之，以懲不壹。』此時晉、楚已和解，故楚用以告晉。諸侯備聞此言，斯是用痛心疾首，暱就寡人。寡人帥以聽命，唯好是求。君若惠顧諸侯，矜哀寡人，而賜之盟，則寡人之願也，其承寧諸侯以退，承寧，止息也，安靜也。與上文「綏靜諸侯」義同。杜注云「承君之意以寧靜諸侯」，分「承寧」為二義，不確。說詳章炳麟讀。豈敢徼亂？君若不施大惠，寡人不佞，不佞，當時習語，十六年傳「諸臣不佞」、昭二十年傳「臣不佞」、魯語上「寡君不佞」皆可證。不佞，猶言不才，不敏。其不能以諸侯退矣。阮刻本無「以」字，今依石經、宋本、金澤文庫本增。敢盡布之執事，俾執事實圖利之。」

三

秦桓公既與晉厲公為令狐之盟，而又召狄與楚，欲道以伐晉，據秦本紀，令狐之盟以後，秦桓公隨即背盟，與狄合謀擊晉。諸侯是以睦於晉。晉欒書將中軍，荀庚佐之；荀庚代荀首。士燮將上軍，代荀庚。郤錡佐之；代士燮。韓厥將下軍，代郤錡。荀罃佐之；代趙同。趙旃將新軍，代韓厥。郤至佐之。代趙括。三年晉作六軍，而此戰及鄢陵之戰晉僅有四軍，似新上軍、新下軍均已取消。說本齊召南注疏考證。郤毅御戎，據杜注，郤毅為郤至之弟，十六年傳又稱步毅。欒鍼為右。據杜注，欒鍼為欒書之子。孟獻子曰：「晉帥乘和，帥，軍帥；乘，車上甲士。帥乘和言上下一致。師必有大功。」五月丁亥，丁亥，四日。晉師以諸侯之師及秦師戰于麻隧。麻隧，秦地，清一統志以爲在今陝西涇陽縣北，方輿紀要以爲在涇陽縣西南。疑一統志近是。秦師敗績，獲秦成差及不更女父。據漢書百官公卿表及續漢書百官志五劉昭注引劉劭爵制，不更僅是秦商鞅所定四級爵，士之最高級，不足爲大夫，爵位甚低，而左傳不但記其被獲，且書其名女父，或此春秋時之不更，與商鞅以後之不更名同實異，職位較高。劉劭爵制又云「不更者爲車右」，此不更或卽車右。曹宣公卒于師。禮記檀弓下：「諸侯伐秦，曹桓公（「桓」當作「宣」）卒于會。諸侯請含，使之襲。」師遂濟涇，涇水流經涇陽縣南然後入渭。據魯語下，當時諸侯軍隊俱不肯渡涇水，晉叔向見魯叔孫豹，魯軍始先渡河，各國軍隊乃隨之渡河。及侯麗而還。時秦都雍（今陝西鳳翔縣南），晉自東北向西南進軍，濟涇亦自東北向西南，侯麗當在涇水南岸。或以爲在今禮泉縣境。迓晉侯于新楚。新楚，秦地，當在陝西舊朝邑縣境（朝邑今已併入大荔縣）。

成肅公卒于瑕。說明劉康公預言應驗。瑕，晉地，見僖三十年傳注。

一三·四　六月丁卯夜，丁卯，十五日。鄭公子班自訾求入于大宮，公子班奔許已見十年傳。據杜注，訾爲鄭地，公子班由許入鄭，訾當在鄭南。高士奇地名考略、馬宗璉補注皆謂此訾卽昭二十三年傳之訾，實周地，近鄭，今爲河南鞏縣訾店。然公子班自許至鄭，不必繞道至訾店，未必可信。昭十三年傳又有一訾，爲楚地。大宮，鄭祖廟。不能，殺子印、子羽，據杜注，子印、子羽皆鄭穆公子。此子羽非公孫揮（公孫揮字子羽，見襄、昭諸年傳）。反軍于市。己巳，己巳，十七日。子駟帥國人盟于大宮，子駟見十年傳注。遂從而盡焚之，金澤文庫本「從」下有「師」

字。殺子如、子駹、孫叔、孫知。子如卽公子班，已見十年傳並注。駹音龐。據杜注，子駹，子如之弟；孫叔，子如之子；孫知，子駹之子。

一三・五 曹人使公子負芻守，使公子欣時逆曹伯之喪。負芻、欣時皆曹宣公庶子。「欣時」公羊成十六年傳與昭二十年傳皆作「喜時」，新序節士篇載此事，文用左傳，但名從公羊作「喜時」。秋，負芻殺其大子而自立也。其大子，宣公大子。諸侯乃請討之。晉人以其役之勞，其役，伐秦之役。請俟他年。冬，葬曹宣公。既葬，子臧將亡，子臧，欣時之字。國人皆將從之。成公乃懼，成公卽負芻。告罪，且請焉。請子臧留而不出走。乃反，而致其邑。子臧返國而致采邑於成公。十五、十六年傳於此事續有所敍。

十有四年，甲申，公元前五七七年。周簡王九年、晉厲四年、齊靈五年、衞定十二年、蔡景十五年、鄭成八年、曹成公負芻元年、陳成二十二年、杞桓六十年、宋共十二年、秦桓二十八年、楚共十四年、吳壽夢九年、許靈十五年。

經

一四・一 十有四年春王正月，正月二十四日癸卯冬至，建子，有閏月。莒子朱卒。無傳。莒子朱卽莒渠丘公（見八年傳），名季佗（見文十八年傳），自宣元年卽位至今年在位共三十二年。死後，子密州繼承，稱犂比公。說參汪克寬纂疏。穀梁傳楊士勛疏云：「葬須稱謚，莒夷無謚，故不書葬也。」

一四·二 夏，衞孫林父自晉歸于衞。杜注：「晉納之，故曰歸。」

一四·三 秋，叔孫僑如如齊逆女。

一四·四 鄭公子喜帥師伐許。喜，穆公子，字子罕。

一四·五 九月，僑如以夫人婦姜氏至自齊。時宣公夫人穆姜尚在，新婦有姑，故稱「婦」，與文四年、宣元年兩經稱「婦」相同。

一四·六 冬十月庚寅，庚寅，十六日。衞侯臧卒。

一四·七 秦伯卒。無傳。秦伯卽秦桓公。經未書名，高閌春秋集注云「史失其名」。但春秋此後於秦君之死，皆僅書「秦伯卒」，豈皆「史失其名」？

傳

一四·一 十四年春，衞侯如晉，晉侯强見孫林父焉。杜注：「林父以七年奔晉。强見，欲歸之。」强衞定公與林父相見。定公不可。夏，衞侯既歸，晉侯使郤犨送孫林父而見之。衞侯欲辭。定姜曰：杜注：「定姜，定公夫人。」「不可。是先君宗卿之嗣也，先君指定公之父衞穆公，宗卿指孫林父之父孫良夫。先君宗卿爲一詞，義卽先君之宗卿。據孔疏引世本，孫氏出于衞武公，與衞君同宗，孫良夫又是當時衞國執政大臣，故曰「先君宗卿」。大國又以爲請。不許，將亡。如不同意，恐將見伐，衞國將亡。雖惡之，不猶愈於亡乎？君其忍之！安民而宥宗卿，此宗卿則是指孫林父本人，因曾承襲孫良夫執衞國之政。不亦可乎？」衞侯見而復之。恢復孫林父職位與采邑。

衞侯饗苦成叔，享燕之享左傳均作「享」，僅此處作「饗」。享，正字；饗，假借字，詳段玉裁説文解字注。苦成，晉國地名，在今山西運城縣東而稍北約二十二里。據王符潛夫論志氏姓與通志氏族略三，以苦爲邑名，郤犨采邑，故苦氏即郤氏。成爲郤犨謚，叔爲其字。郤犨雖被殺，但不妨有謚，與郤至謚昭子(見晉語八)相同。兩説未詳孰是。郤犨被稱爲苦成叔，亦見于魯語上與晉語六。寧惠子相。寧惠子，寧殖。苦成叔傲。寧子曰：「苦成叔家其亡乎！各本均作「苦成家」，無「叔」字，唐石經旁注「叔」字，藝文類聚三十六、初學記十四引均有「叔」字，魯語上「苦成叔家欲任兩國」，可見「苦成叔家」爲當時習慣稱謂，今依金澤文庫本增「叔」字。古之爲享食也，以觀威儀、省禍福也，故詩曰：『兕觵其觩，觵音肱，兕觵，古代用犀牛角制成之飲酒器，容量較大，罰酒時亦用之，昭元年傳又稱爲兕爵。觩音虯，「其觩」，獸角彎曲貌。旨酒思柔。思爲語中助詞，無義。例證見詞詮。彼交匪傲，「彼交匪傲」即襄二十七年傳之「匪交匪敖」，彼、匪古得通假。説詳臧琳經義雜記、胡承珙毛詩後箋。交疑爲驕之假借。周頌絲衣：「兕觥其觩，旨酒思柔。不吳不敖，胡考之休。」「觥」、「觵」爲本字，兩字通用。「不吳不敖」與此「匪交匪敖」義同。吳，謂自高自大；交，亦爲驕傲之意。萬福來求。』句見小雅桑扈。求，聚也。説詳王引之詩述聞。來，語中助詞，表示倒裝。萬福來求，聚集萬福也。今夫子傲，取禍之道也。」

一四·二 秋，宣伯如齊逆女。爲魯成公迎其夫人。稱族，尊君命也。釋經書「叔孫僑如」，參宣元年傳。

一四・三 八月，鄭子罕伐許，子罕，公子喜字。敗焉。杜注：「爲許所敗。」戊戌，戊戌，二十三日。鄭伯復伐許。庚子，庚子，二十五日。入其郛。郛，外城。許人平以叔申之封。許人用叔申之封與鄭國構和。叔申之封見四年傳並注。

一四・四 九月，僑如以夫人婦姜氏至自齊。舍族，不稱「叔孫」。尊夫人也。故君子曰：「春秋之稱，稱，言也，說也。此謂春秋之用詞造句。微而顯，言辭不多而意義顯豁。志而晦，記載史實而意義幽深。章炳麟讀解此三字爲「明而晦」，不確。婉而成章，表達婉轉屈曲，但順理成章。盡而不汙，杜注：「謂直言其事，盡其事實，無所汙曲。」焦循補疏解「汙」爲「紆」，蓋因杜注用「汙曲」字之故。懲惡而勸善，非聖人，誰能脩之？」

一四・五 衛侯有疾，使孔成子、甯惠子立敬姒之子衎以爲大子。孔成子，孔達之孫孔烝鉏。敬姒，據下文有「夫人姜氏」一語，當是衛定公妾。衎音看。衎卽衛獻公。冬十月，衛定公卒。夫人姜氏既哭而息，見大子之不哀也，不內酌飲，內同納。酌同勺。酌飲卽定四年傳之「勺飲不入口」之「勺飲」，說見楊樹達先生讀左傳。據禮記喪大記，死者殯後，夫人世婦諸妻皆疏食水飲，勺飲當是指疏食水飲。說見沈欽韓補注。歎曰：「是夫也，將不唯衛國之敗，其必始於未亡人。古代寡婦自稱未亡人，已見莊二十八年傳注。烏呼！天禍衛國也夫！吾不獲鱄也使主社稷。」鱄音專。據襄十四年傳，鱄乃衎之母弟。大夫聞之，無不聳懼。聳借爲悚，說文：「悚，懼也。」孫文子自是不敢舍其重器於衛，重器，寶重之器。盡寘諸戚，戚本是孫氏采邑，孫林父逃亡晉國，晉國曾還之於衛君。孫林父返國復位，衛侯又與之。而甚善晉大夫。後事見襄十四年傳。

十有五年，乙酉，公元前五七六年。周簡王十年、晉厲五年、齊靈六年、衞獻公衎元年、蔡景十六年、鄭成九年、曹成二年、陳成二十三年、杞桓六十一年、宋共十三年、秦景公元年、楚共十五年、吳壽夢十年、許靈十六年。

經

一五・一 十有五年春王二月，正月初五日戊申冬至，建子。葬衞定公。無傳。

一五・二 三月乙巳，乙巳，三日。仲嬰齊卒。無傳。仲嬰齊，仲遂之子，公孫歸父之弟。仲遂之死見宣八年經，歸父奔齊見宣十八年經、傳。嬰齊爲其後，曰仲氏。孔疏引劉炫説云：「仲遂受賜爲仲氏，故其子孫稱仲氏。」

一五・三 癸丑，癸丑，十一日。公會晉侯、衞侯、鄭伯、曹伯、宋世子成、齊國佐、邾人同盟于戚。宋國由太子成出席會盟。蓋宋共公時在病中，六月宋公卒。説見汪克寬纂疏。晉侯執曹伯歸于京師。公羊作「歸之于京師」，「之」爲衍文，説詳阮元公羊傳校勘記。

一五・四 公至自會。無傳。

一五・五 夏六月，宋公固卒。「固」，年表及宋世家、漢書古今人表俱作「瑕」，固、瑕古音近，蓋可通用。

一五・六 楚子伐鄭。

一五・七 秋八月庚辰，庚辰，十日。葬宋共公。

一五・八　宋華元出奔晉。

一五・九　宋華元自晉歸于宋。

一五・一〇　宋殺其大夫山。

一五・一一　宋魚石出奔楚。魚石見傳注。

一五・一二　冬十有一月，叔孫僑如會晉士燮、齊高無咎、宋華元、衞孫林父、鄭公子鰌、邾人會吴于鍾離。經用二「會」字，杜注謂吴是夷，以前未嘗與中原諸國往來，今始來通，故由晉率領諸侯大夫而會之，因用二「會」字。明王樵春秋輯傳則以爲諸侯大夫先約集相會而後會吴，春秋直書其事。鰌音秋。鍾離，路史以爲國名，餘詳傳注。

一五・一三　許遷于葉。

傳

一五・一　十五年春，會于戚，討曹成公也。十三年傳敍曹成公殺宣公太子而自立，諸侯請討之，晉請俟他年，至此而討之。執而歸諸京師。書曰「晉侯執曹伯」，不及其民也。曹成公之罪僅在殺宣公太子而自立爲君，害不及於百姓，故執者書「晉侯」，不書「晉人」。凡君不道於其民，諸侯討而執之，則曰「某人執某侯」，春秋於諸侯相執，一般書「某人執某侯」，未必被執者皆「不道於其民」，此一義例，或僅適用于僖二十八年「晉人執衞侯，歸之于京師」。說參竹添光鴻會箋引龜井昱說。不然則否。此釋經書「晉侯」之故。諸侯將見子臧於王而立之。子臧詳十三年傳。子臧辭曰：「前志有之曰：前志，古書。『聖達節，最高道德爲能進能退，能上能下，而俱合于節義。次守節，次則不能積極對待，僅消極保守節義。下失節。』下等者唯名利是圖，無節義。新序節士篇亦有此文，作「下不失節」，洪亮吉詁以新序爲誤。爲君非吾節也。雖不能聖，敢失守乎？」遂逃，奔宋。

〔五·二〕夏六月，宋共公卒。此僅傳宋公之諡耳。

〔五·三〕楚將北師，杜注：「侵鄭、衞。」子囊曰：子囊，楚莊王子，共王弟公子貞。「新與晉盟而背之，晉、楚相盟見十二年傳。無乃不可乎？」子反曰：「敵利則進，敵情有利於我則進。何盟之有？」申叔時老矣，在申，杜注：「老歸本邑。」聞之，曰：「子反必不免。信以守禮，信用所以保持禮義。禮以庇身，禮義所以保護生存。信、禮之亡，欲免，得乎？」子反於明年鄢陵戰敗被殺。楚子侵鄭，及暴隧。暴隧即文八年經之暴，詳彼注。遂侵衞，及首止。首止，衞地，見桓十八年傳注。鄭子罕侵楚，取新石。新石，楚邑，當在今河南葉縣境内。欒武子欲報楚。欒武子，晉欒書，時爲中軍帥，欲報楚。韓獻子曰：韓獻子，韓厥。「無庸，使重其罪，民將叛之。背棄盟約，驅使人民從事侵略戰爭，故云「重其罪」。無民，孰戰？」失人民，誰爲之戰鬭？此爲明年鄢陵之役張本。

一五·四 秋八月，葬宋共公。於是華元爲右師，魚石爲左師，魚石，據杜注，爲公子目夷之曾孫。蕩澤爲司馬，孔疏引世本云：「公孫壽生大司馬虺，虺生司馬澤。」故杜注云「蕩澤，公孫壽之孫」。其人名山，宋世家作「唐山」，「唐」「蕩」音近通假。華喜爲司徒，孔疏引世本「華父督生世子家，家生季老，老生司徒鄭，鄭生司徒喜」，故杜注云「華父督之玄孫」。公孫師爲司城，孔疏引世本「莊公生右師戊，戊生司城師」，故杜注云「莊公孫」。向爲人爲大司寇，鱗朱爲少司寇，孔疏引世本「桓公生公子鱗，鱗生東鄉矔，矔生司徒文，文生大司寇子奏，奏生小司寇朱」，杜注謂鱗朱「鱗矔孫」，與世本不合。向帶爲大宰，魚府爲少宰。蕩澤弱公室，殺公子肥。蕩澤欲削弱公室，殺公子肥。宋世家作「殺太子肥」，似肥爲宋共公太子，應嗣位而尚未即位。華元曰：「我爲右師，君臣之訓，師所司也。今公室卑，而不能正，吾罪大矣。不能治官，官即孟子公孫丑下「官守」之義。不能治官，今言不能盡職。敢賴寵乎？」賴，利也。以得寵爲利。乃出奔晉。宋世家：「司馬唐山攻殺太子肥，欲殺華元，華元奔晉。」

二華，戴族也；華元、華喜皆宋戴公之後，故謂之戴族。族有兩義，一爲宗族之族，一爲氏族之族。此氏族之族，與僖七年傳「洩氏、孔氏、子人氏三族」之「族」義同。說詳沈彤小疏。司城，莊族也；六官者皆桓族也。魚石、蕩澤、向爲人、鱗朱、向帶、魚府皆出自宋桓公。魚石將止華元。阻止華元出奔。魚府曰：「右師反，必討，是無桓氏也。」桓氏與桓族同義。恐華元因討伐蕩澤，並連及桓氏。魚石曰：「右師苟獲反，雖許之討，必不敢。且多大功，杜注以爲華元大功，在乎宣十五年之劫子反以解宋圍與成十二年之謀求晉、楚之成。實則華元自文十六年爲右師執政以來，已三十餘年，魚石云「多大功」，或不止此，左傳未盡記載而已。國人與之，不反，懼桓氏之無祀於宋也。不使華元回國，恐國人羣起而攻以致消滅桓族。右師討，猶有戌在。戌，向戌。孔疏引世本：「桓公生向父肸，肸生司城訾守，守生小司寇鱣及合左師。」合左師即向戌。向戌亦桓族。魚石估計華元縱討伐蕩澤以及其他桓族，必不連及向戌。或向戌是華元黨羽，故事後華元使之爲左師。桓氏雖亡，必偏。」偏，一部份。魚石自止華元于河上。河，黃河。請討，華元請求討伐蕩澤。許之，魚石同意。乃反。據此，華元僅及黃河邊而返。但經、傳皆云「出奔晉」，經尚書「自晉歸于宋」，因之或謂蓋從其動機與政治靠山而立言，或又謂華元雖僅至黃河邊，已入晉國境，故書「奔晉」、「自晉」。兩說未詳孰是。使華喜、公孫師帥國人攻蕩氏，殺子山。書曰「宋殺其大夫山」，阮刻本脫「其」字，今依金澤文庫本及校勘記增。言背其族也。據杜注，蕩氏本宋公族，反欲削弱、危害公室，故書其名，不書其氏，以示其罪。則「背其族」之「族」乃「宗族」之義。

魚石、向爲人、鱗朱、向帶、魚府出舍於睢上，睢音雖。睢水本蒗蕩渠支津，舊自河南杞縣流經睢縣北，又東流經寧陵與商丘市南，又東經夏邑縣北，然後東南流。今上游僅睢縣附近有一支入惠濟河，餘皆湮塞。睢上，當是離宋都不遠之睢河邊。華元使止之，不可。冬十月，華元自止之，不可，乃反。五人不肯返，華元獨歸。魚府曰：「今不從，不得入矣。今不聽從華元，以後難入宋都矣。右師視速而言疾，有異志焉。金澤文庫本作「必有異志焉。」此謂並非真心挽留。若不我納，今將馳矣。」登丘而望之，則馳。五人登丘而望華元，華元疾驅車返，其並不歡迎五人返國之意被證實。騁而從之，五人亦驅車跟隨華元。則決睢澨、閉門登陴矣。睢澨，睢水堤防。華元使人決開其口，用水阻止對方。閉門登陴，亦防禦五人以武力進攻。左師、二司寇、二宰遂出奔楚。出奔者五人，經書魚石。華元使向戌爲左師，老佐爲司馬，杜注：「老佐，戴公五世孫。」樂裔爲司寇，以靖國人。

一五·五　晉三郤害伯宗，三郤，郤錡、郤犫與郤至。伯宗見宣十五年傳注。譖而殺之，及欒弗忌。據晉語五韋注，欒弗忌，伯宗黨羽。左傳謂因害伯宗而連及欒弗忌，晉語五云「欒弗忌之難，諸大夫害伯宗」，兩説不同。伯州犁奔楚。伯州犁，伯宗子。據晉語五，保護伯州犁逃楚者爲畢陽其人。伯州犁奔楚後爲太宰，見明年及昭元年諸傳。韓獻子曰：「郤氏其不免乎！善人，天地之紀也，韓厥以爲伯宗與欒弗忌皆善人。而驟絶之，驟，屢也。先後殺害兩人，故言驟。不亡，何待？」爲十七年晉殺三郤作預言。

初，伯宗每朝，其妻必戒之曰：「『盗憎主人，民惡其上。』意謂盗不能憎恨主人，百姓不能厭惡統治者。爾禄位不高，不能向執政進直言。此二語蓋當時俗諺，周語中單襄公引諺「獸惡其網，民惡其上」，説苑敬慎篇引金人銘「盗怨主人，民害其貴」，孔子家語觀周篇亦引金人銘，作「盗憎主人，民怨其上」，大致相同。子好直言，必及於難。」列女仁智傳據左傳與晉語五演繹成晉伯宗妻一章。

一五·六　十一月，會吴于鍾離，杜注：「鍾離，楚邑。」但諸侯與吴相會在楚境，殊爲可怪。杜注鍾離爲楚邑，本於昭四年左傳「楚箴尹宜咎城鍾離」以備吴。鍾離本是小國，據水經淮水注與史記伍子胥列傳索隱引世本，鍾離爲嬴姓國（通志氏族略三云姬姓，難以信從），此時是否被滅，不詳。且鍾離時在吴、楚兩國交界處，穀梁昭四年傳云「慶封封乎吴鍾離」，即使鍾離已滅，或爲吳、楚兩國所分有，則此鍾離當是吳邑。鍾離在今安徽鳳陽縣東稍北。始通吳也。

一五·七 許靈公畏偪于鄭，即以去年論，鄭兩次侵許，許終以「叔申之封」與鄭。請遷于楚。辛丑，辛丑，三日。楚公子申遷許于葉。舊葉城在今河南葉縣西南。許自遷徙後，其本土爲鄭所有，鄭人稱之爲「舊許」。此後，許爲楚附庸，晉會盟侵伐，許皆不從；楚有事，許則無役不從。

十有六年，丙戌，公元前五七五年。 周簡王十一年、晉厲六年、齊靈七年、衞獻二年、蔡景十七年、鄭成十年、曹成三年、陳成二十四年、杞桓六十二年、宋平公成元年、秦景二年、楚共十六年、吳壽夢十一年、許靈十七年。

經

一六·一 十有六年春王正月，正月十七日甲寅冬至，建子。雨，木冰。無傳。木冰卽氣象學之霧淞，於有霧寒冷天氣下凝聚於樹木枝葉白色鬆散而似雪者。俗稱樹挂。漢人謂之「木介」（見漢書五行志上），唐人謂之「樹介」、「樹架」、「樹稼」（見唐會要及舊唐書讓皇帝憲傳）。劉熙釋名釋天云「氛，粉也，潤氣著草木，因寒凍凝，色白若粉之形也」，卽此。

一六·二 夏四月辛未，辛未，五日。滕子卒。春秋書滕君之死，不書名凡三次，隱七年「滕侯卒」、宣九年及今年「滕子卒」是也。說見宣九年經注。

一六・三　鄭公子喜帥師侵宋。

一六・四　六月丙寅朔，日有食之。無傳。公元前五七五年五月九日全食。

一六・五　晉侯使欒黶來乞師。黶音演。欒黶，欒書子。

一六・六　甲午晦，六月小，甲午爲二十九日。晉侯及楚子、鄭伯戰于鄢陵。鄢陵即隱元年傳之鄢。鄭滅鄢以後，初用原名，後改爲鄢陵，今河南鄢陵縣北。說參江永考實。水經渠水注云：「蔡澤陂水出鄢陵城西北，晉、楚相遇處也。陂東西五里，南北十里，下入淮陽扶溝。」楚子、鄭師敗績。

一六・七　楚殺其大夫公子側。參僖二十八年經「殺得臣」注。

一六・八　秋，公會晉侯、齊侯、衞侯、宋華元、邾人于沙隨，沙隨，宋地，古沙隨國，在今河南寧陵縣北。不見公。

一六・九　公至自會。無傳。

一六・一〇　公會尹子，晉侯、齊國佐、邾人伐鄭。

一六・一一　曹伯歸自京師。

一六・一二　九月，晉人執季孫行父，舍之于苕丘。苕音條。公羊「苕」作「招」，兩字同從「召」聲，得通假。苕丘，晉地，不詳今所在。

一六・一三　冬十月乙亥，乙亥，十二日。叔孫僑如出奔齊。

一六·一四 十有二月乙丑，乙丑，三日。季孫行父及晉郤犫盟于扈。扈，鄭地，見文七年經注。

一六·一五 公至自會。無傳。

一六·一六 乙酉，乙酉，二十三日。刺公子偃。刺見僖二十八年經注。

傳

一六·一 十六年春，楚子自武城使公子成以汝陰之田求成于鄭。武城見僖六年傳注。公子成已見成六年傳。顧棟高大事表七之四謂楚國土地止于汝水之南，「汝陰之田」當在今郟縣與葉縣之間。鄭叛晉，子駟從楚子盟于武城。子駟卽公子騑，見十年傳並注。

一六·二 夏四月，滕文公卒。

一六·三 鄭子罕伐宋，宋將鉏、樂懼敗諸汋陂。杜注謂將鉏爲樂氏之族，孔疏云「不知所出」。樂懼，據孔疏引世本，爲戴公六世孫。汋陂，宋地，馬宗璉補注以爲卽芍陂，爲今安徽壽縣南之安豐塘。但鄭軍伐宋，不應遠至安徽壽縣，其誤無疑。以下文汋陂推測，當在河南商丘（宋都）與寧陵之間。退，宋師退。舍於夫渠，夫渠當離汋陂不遠。不儆。不加警戒。鄭人覆之，以伏兵襲擊之。敗諸汋陵，據元和志，汋陵在今河南寧陵縣南。獲將鉏、樂懼。宋恃勝也。

一六·四 衛侯伐鄭，至于鳴雁，鳴雁在今河南杞縣北。爲晉故也。晉欲伐鄭，衞先出兵。

一六・五　晉侯將伐鄭。范文子曰：范文子，士燮。「若逞吾願，諸侯皆叛，晉可以逞。二「逞」字意義不同。上「逞」字，舊訓爲「快也」，實爲「快意」「滿足」之義。下「逞」字爲「盈」之假借字，緩也。說詳楊樹達先生讀左傳。此數句意爲，如我君願望得以滿足，諸侯皆將背叛晉國，晉國患難可以緩和。若唯鄭叛，晉國之憂，可立俟也。」此不欲伐鄭也。欒武子曰：「不可以當吾世而失諸侯，必伐鄭。」乃興師。欒書將中軍，士燮佐之；士燮代荀庚。晉語六云「欒武子將上軍，范文子將下軍」，與傳異。郤錡將上軍，杜注：「代士燮。」荀偃佐之；偃，荀庚子，代郤錡。韓厥將下軍，郤至佐新軍。據下傳，郤犫將新軍。荀罃居守。荀罃以下軍佐留國內。郤犫如衞，遂如齊，皆乞師焉。欒黶來乞師。孟獻子曰：「晉有勝矣。」各本無「晉」字，唐石經於「曰」字下旁增「晉」字，依文義以有「晉」字爲强，今據金澤文庫本增。戊寅，戊寅，十二日。晉師起。據經，欒黶六月始至魯，計郤犫至衞、至齊時亦相近，而晉師四月即起，無怪乎諸侯之師皆不及會戰。

鄭人聞有晉師，使告于楚，姚句耳與往。姚句耳非正式使者，僅隨行人員，故云「與往」。楚子救鄭。司馬將中軍，司馬，公子側子反。令尹將左，令尹，公子嬰齊子重，爲左軍帥。依楚國官次，令尹在司馬上。然司馬爲主軍政官，此所以子反將中軍歟？傳世器有王子嬰次盧，王國維定爲楚公子嬰齊所作。右尹子辛將右。子辛即襄元年、五年經之公子壬夫，將右軍。過申，子反入見申叔時，曰：「師其何如？」對曰：「德、刑、詳、義、禮、信，戰之器也。六種爲戰爭手段。德以施惠，刑以正邪，詳以事神，與淮南子氾論訓「祥於鬼神」同義，詳通祥。祥即事鬼神之應有態度，順也，善也。說見梁履繩補釋。義以建利，義爲利之本，有義，利始得建立。禮以順時，信以守物。物爲廣義，泛指一切事物。信實保持一切。民生厚而德正，人民生活豐厚，則道德端正。用利而事節，有利則用民，一切舉動依于國有利而行，則舉動合於節度。時順而物成，順時而動，不妨礙生產，則物產有所成。上下和睦，周旋不逆，求無不具，各知其極。如此則上下和睦，一切舉動順利，所求無不具備，人人皆知準則。極，準則也。故詩曰：『立我烝民，莫匪爾極。』句見周頌思文。詩意謂周祖先后稷，安置衆民，無人不合其準則。烝，衆也。是以神降之福，時無災害，民生敦厖，「民生敦厖」當與上文「民生厚」同義，敦，厚也。厖，方言：「豐也。」或讀「民生」爲「民性」，則句當解爲百姓敦厚老實，固通，但就上文義言，不如前說。因「時無災害」，故民生厚；因民生厚，故下文有「和同以聽」數語。「和同以聽」等語實即「德正」。和同以聽，共同一致，聽候政令。莫不盡力以從上命，致死以補其闕，闕，杜注云「戰死者」。顧炎武補正引陸粲說謂「軍國之事有所闕乏」。若依杜注，補當解爲補充、補足。若依陸說，補當解爲「補給」。據下文「補卒乘」，杜注較安。此戰之所由克也。今楚內棄其民，不施惠，無德。而外絶其好，不以義建利。瀆齊盟，瀆，褻瀆，輕慢，不尊敬。齊盟見十一年傳注。褻瀆齊盟即十五年傳「新與晉盟而背之」。古人盟誓，以爲必有鬼神監臨，瀆齊盟，意即不以詳事神。而食話言，不以信守物。奸時以動，正當春耕之時而用兵。而疲民以逞。只求快意，不惜疲民。武力爲刑，不用以正邪。民不知信，進退罪也。人民不知信用何在，進亦罪，退亦罪。人恤所厎，恤，憂也。厎，至也。其誰致死？子其勉之！吾不復見子矣。」申叔時預言楚必敗，子反必死。姚句耳先歸，子駟問焉。對曰：「其行速，過險而不整。過險阻之地行列不整齊。速則失志，動作太速，則考慮不周。不整，喪列。不整齊，則失去行列。志失、列喪，將何以戰？楚懼不可用也。」

五月，晉師濟河。聞楚師將至，范文子欲反，曰：「我僞逃楚，「僞」當作「爲」，如果，假若。說詳俞樾平議。可以紓憂。夫合諸侯，非吾所能也，以遺能者。我若羣臣輯睦以事君，金澤文庫本「若」下有「退」字。唐石經亦于「若」字下旁增「退」字。多矣。」多矣見桓五年傳注。石經于「矣」字下又旁增「又何求」三字。武子曰：「不可。」

六月，晉、楚遇於鄢陵。范文子不欲戰。晉語六載有范文子語，可參看。郤至曰：「韓之戰，惠公不振旅；韓之戰見僖十五年傳。振旅見僖二十八年傳注。不振旅卽失敗。箕之役，先軫不反命；先軫死於箕之役，見僖三十三年傳。邲之師，荀伯不復從，邲之戰見宣十二年傳。荀伯，以上文「惠公」、「先軫」例之，自是指邲之戰晉軍元帥荀林父，或以爲指荀罃（說見沈欽韓補注），不可信。不復從也卽失敗，恐是當時習語如此，不必深究。顧炎武日知録卷二十七謂「不復從事于楚」，俞樾平議謂爲「不復役」之誤，皆無據。皆晉之恥也。子亦見先君之事矣。今我辟楚，又益恥也。」晉語六以爲欒書所言，內容大同小異。文子曰：「吾先君之亟戰也，有故。亟，去聲，屢也。秦、狄、齊、楚皆彊，不盡力，子孫將弱。今三彊服矣，敵楚而已。陶鴻慶別疏讀作「敵，楚而已」，亦通。惟聖人能內外無患。自非聖人，自，假設連詞，若也，多用于否定句。自非，假若不是。外寧必有內憂，盍釋楚以爲外懼乎？」晉國大臣大多數主戰，唯士燮始終主退。士燮見厲公驕侈，羣臣不和，如戰而勝楚，內憂益滋，故欲釋楚以緩和國內矛盾，非懼戰敗也。

甲午晦，楚晨壓晉軍而陳。楚軍清早逼近晉軍營壘佈陣。軍吏患之。范匄趨進，曰：范匄，士燮之子士匄，謚宣子。時尚幼，班位不高，故快步向前，一則表示恭敬，二則便于進言。「塞井夷竈，陳於軍中，而疏行首。夷，平也。行首，即行道。疏行首，將行列間道路隔寬。說見王引之述聞。沈欽韓補注謂行首即吳語行頭，每行領隊者，不如王說。古人作戰，行列欲其疏闊，司馬法定爵篇所謂「凡陳行惟疏」、淮南子道應訓所謂「疏隊而擊之」，可以爲證。晉、楚唯天所授，何患焉？」文子執戈逐之，文子，其父士燮。曰：「國之存亡，天也，童子何知焉？」欒書曰：「楚師輕窕，輕窕即輕佻，堅韌之反。固壘而待之，三日必退。楚軍僅仗一時銳氣，故欒書曰先不與戰。漢書周亞夫傳亦云「楚兵輕剽，難與爭鋒」。退而擊之，必獲勝焉。」晉語六謂欒書主張俟齊、晉兩國軍至再戰，與傳不同。郤至曰：「楚有六間，間，去聲，間隙，空子。不可失也。其二卿相惡，二卿，子反、子重。兩人有仇隙，故戰敗後子重逼迫子反自殺。此一間。王卒以舊，以舊有二解，杜注云「罷老不代」，則「以舊」爲「太舊」。會箋云：「以，用也。舊，舊家也。」故下文云「舊不必良」。後說較好。此二間。鄭陳而不整，鄭軍雖有陣勢，却不整齊嚴肅。此三間。蠻軍而不陳，晉語六云：「南夷與楚來，而不與陳。」蠻即晉語六之夷。雖有軍隊，然無陣容。此四間。陳不違晦，此日爲月終，古代迷信，月終不宜佈陣作戰。故郤至謂楚軍結陣不避晦日爲一間。在陳而囂，囂同嚣，吵鬧，喧嘩。士兵在陣中無紀律，不嚴肅。合而加囂。陣合應静，而楚軍更加喧嘩。此六間。各顧其後，莫有鬬心，晉語六作「鄭將顧楚，楚將顧夷，莫有鬬心」，則左傳之「各」，乃指鄭、楚、蠻各軍。互相觀望依賴，而無鬬志。舊不必良，王卒皆舊家子弟，未必爲强兵。以犯天忌，犯天忌者指晦日用兵。我必克之。」此爲郤至主張速戰理由，與欒黶之堅守三日戰略正相反。據晉語六，晉厲公採用郤至之謀。晉語六且云：「欒書是以怨郤至。」十七年傳亦云：「欒書怨郤至，以其不從己而敗楚師也。」

楚子登巢車，以望晉軍。巢車，說文引作「轈車」，兵車之一種，高如鳥巢，用以瞭望敵人。宣十五年傳亦曰「樓車」。李衛公兵法有巢車，車有八輪，上立高竿，竿上裝置轆轤，用繩索挽版屋上竿頭。版屋方四尺，高五尺，有十二孔，分佈四面。車可進可退，亦可環行，用以遠望。蓋後代巢車。春秋時之巢車形制已不詳。子重使大宰伯州犂侍于王後。伯州犂，晉國伯宗之子。伯宗被害後，逃來楚國，楚任之爲大宰。參見去年傳。王曰：「騁而左右，何也？」王問：晉國兵車向左右兩方馳騁，何爲？曰：「召軍吏也。」此伯州犂答語。「皆聚於中軍矣。」此又是楚共王之詢問，謂晉國軍吏皆聚集於中軍，何爲？曰：「合謀也。」共同謀議。「張幕矣。」帳幕張開，又何爲？曰：「虔卜於先君也。」古代行軍，必將先代君王主位載於車上同行。此乃在先君主位前誠心問卜。所載主位，禮記曾子問謂「遷廟主」，孫詒讓周禮小宗伯正義釋爲國君高祖之父與祖之主。但以春秋考之，魯國並無毁廟之制，故哀三年尚有桓宮與僖宮。晉國于此一戰役，所載先君之主究竟爲誰，不詳。「徹幕矣。」帳幕已徹除，又何爲？曰：「將發命也。」「甚囂，且塵上矣。」喧嘩，且塵土上揚，又何爲？曰：「將塞井夷竈而爲行也。」「皆乘矣，左右執兵而下矣。」皆已上車，車上左右又俱持武器下車。古代兵車，唯元帥之車元帥在中，御者在左。一般兵車御者在中，將帥在左。此之左右，當指一般兵車之將帥與車右。曰：「聽誓也。」對軍隊宣佈號令亦稱誓，尚書有甘誓、湯誓，閔二年傳「誓軍旅」皆可證。「戰乎？」曰：「未可知也。」「乘而左右皆下矣。」曰：「戰禱也。」戰前禱告鬼神。伯州犁以公卒告王。公卒，晉侯之卒。以上敍楚偵察晉軍，而伯州犁只以晉軍動作答楚，未設計謀。苗賁皇在晉侯之側，苗賁皇爲楚國鬭椒之子，逃奔晉國，見宣十七年傳注。此人熟悉楚國情況，故在晉侯之側。亦以王卒告。以楚共王之卒告晉侯。皆曰：「國士在，且厚，不可當也。」國士指伯州犁，以其有才，且熟悉晉國情況。孔疏引服虔說，謂「皆曰」之文在伯州犁、苗賁皇之下，因解爲「賁皇、州犁皆言曰，晉、楚之士皆在君側，且陳厚，不可當。以爲州犁言晉強，賁皇言楚強，故云皆曰也」。臧琳經義雜記亦主此說。但說與下文苗賁皇之言矛盾，不可信。孔疏亦駁之。苗賁皇言於晉侯曰：「楚之良，在其中軍王族而已。請分良以擊其左右，而三軍萃於王卒，必大敗之。」「三軍」當作「四軍」，指中、上、下、新四軍，說詳王引之述聞。襄二十六年傳聲子追敍此事云：「鄢陵之役，楚晨壓晉軍而陳，晉將遁矣。苗賁皇曰：『楚師之良在其中軍王族而已，若塞井夷竈，成陳以當之，欒、范易行以誘之，中行、二郤，必克二穆。吾乃四萃於其王族，必大敗之。』晉人從之。」較此爲詳。公筮之。史曰：「吉。其卦遇復☷☳，復卦震卦在下，坤卦在上。曰：繇辭曰。『南國蹴，蹴同蹙，音蹴，局迫也。亦可以解爲國土削小，如詩大雅召旻「今也日蹙國百里」。射其元王，或人從「元」字斷句，「王」字屬下讀，不可從。中厥目。』」杜注謂「此卜者辭」，但从「蹴」、「目」押韻（古音同在覺部）與下文聯繫，當是繇辭，與僖十五年傳「千乘三去」等句相同，互詳彼注。國蹴、王傷，不敗，何待？」公從之。從苗賁皇之謀與史之筮而戰。

有淖於前，淖音鬧，泥沼。晉軍營壘前有泥沼。乃皆左右相違於淖。大衆或左或右避開泥沼而行。步毅御晉厲公，欒鍼爲右。步毅、欒鍼俱見成十三年傳並注。彭名御楚共王，潘黨爲右。彭名、潘黨已見宣十二年傳。石首御鄭成公，唐苟爲右。欒、范以其族夾公行。族與宣十二年傳「知莊子以其族反之」之「族」字相同。詳宣十二年傳注。陷於淖。據下文，知是晉厲公戎車陷於泥沼中。欒書將載晉侯。鍼曰：「書退！欒鍼，欒書之子，依古代禮制，「君前臣名」（見禮記曲禮上），在國君前，羣臣之間，皆直呼其名，欒鍼於其父亦直呼其名。國有大任，焉得專之？大任，大事也。句意謂國家有大事，爾何能一人攬之？杜注、孔疏皆誤。且侵官，冒也；侵犯他人職權爲侵官，謂之冒犯。失官，慢也；若載晉侯於身爲元帥之車，必拋棄己責。此是怠慢。離局，局卽禮記曲禮上「各司其局」之局。姦也。拋棄自己職責，必離開部屬，此爲姦。姦，亂也。有三罪焉，不可犯也。」乃掀公以出於淖。掀，舉出也。文曰「掀公」，實是將晉厲公戎車掀起，離開泥沼。

癸巳，癸巳爲甲午前一天。前敍甲午日事，此補敍前一日事。潘尪之黨與養由基蹲甲而射之，潘尪之黨意卽潘尪之子潘黨。「潘尪之黨」語法與襄二十三年傳「申鮮虞之傅摯」相同。周亮工書影卷八云：「意必當時有同名者，故特舉其父以別之。」阮芝生說同。潘尪與養由基俱已見於宣十二年傳並注。蹲甲，以甲置於物上。徹七札焉。徹，穿透。七札，革甲内外厚薄複疊七層，見孫詒讓周禮考工記函人正義。當時革甲一般皆七層，呂氏春秋愛士篇敍晉惠公之車右以殳擊秦穆公，已破六札，唯一札未破；韓詩外傳八敍齊景公射穿七札，列女辯通傳謂晉平公亦射穿七札，皆可證。以示王，曰：「君有二臣如此，何憂於戰？」王怒曰：「大辱國！于鬯校書謂「大辱國」只是當時口頭罵人俗語，頗有理。若以兩人能射透革甲爲大辱國，則不可通，此處只是責備兩人因此誇口而已。詰朝爾射，死藝。」明朝作戰，爾若射，將死於藝。呂錡夢射月，呂錡，晉之魏錡，見宣十二年傳並注。中之，退入於泥。占之，曰：「姬姓，日也；異姓，月也，日月有內外之意。晉爲姬姓，故姬姓爲內，異姓爲外。說詳章炳麟讀。必楚王也。射而中之，退入於泥，亦必死矣。」及戰，射共王中目。王召養由基，與之兩矢，使射呂錡，中項，伏弢。弢音叨，弓套。呂錡被射中頸項，伏於弓套而死。以一矢復命。

郤至三遇楚子之卒，見楚子，必下，免冑而趨風。郤至遇見楚共王，必下車，脫下頭盔，向前快走，以表示恭敬。趨風是當時習語，亦見新序善謀篇。楚子使工尹襄問之以弓，工尹，官名；襄，其名。問，問訊，問好。但古代問好，必致送禮物以表示情意，詩鄭風女曰鷄鳴「雜佩以問之」、哀十一年傳「使問弦多以琴」，皆可證。曰：「方事之殷也，事指戰事。有韎韋之跗注，君子也。韎音妹，赤黃色。韋，柔牛皮。跗音膚，脚背。注，屬也。據杜注，跗注是當時軍服，若今之褲，長至脚背。鄭玄雜問志則以爲淺紅色柔牛皮所製軍衣，沈欽韓補注力主此說。竹簡齊孫子有「末甲」，末卽韎，「末甲」，韎韋之跗注也，則鄭玄說可信。胡培翬研六室雜著釋韎亦可參看。識見不穀而趨，無乃傷乎？」識，時間副詞，適也。此楚共王派遣工尹襄向郤至問訊時語。郤至見客，客卽工尹襄。免冑承命，冑，頭盔。免冑，脫下頭盔。曰：「君之外臣至從寡君之戎事，以君之靈，間蒙甲冑，間，去聲，與莊十年傳「又何間焉」之「間」同義，參與也。說詳王引之述聞。不敢拜命。禮記曲禮上與少儀皆云「介者不拜」。言不敢拜受楚王勞問之命。敢告不寧，此句表示自己未受傷。寧讀爲憖，方言：「憖，傷也。」說詳劉文淇疏證。君命之辱。君命之辱卽晉語六「拜君命之辱」，此言辱承慰問，實不敢當。餘見莊十一年傳注。爲事之故，金澤文庫本作「爲執事之故」，據周禮春官大祝注及杜注，「執」字衍。敢肅使者。」晉語六作「爲使者故，敢三肅之」，王念孫因謂

「爲事之故」之「事」，是指「楚子使人來問之事」，説詳述聞。肅，即肅拜，本古代婦女所行禮節，男子則以拜或頓首等以示恭敬。無論拜與頓首，都必須折腰。郤至雖脱頭盔，身仍有革甲。且古禮，甲冑之士不拜，故只行肅拜之禮，站立，身略俯折，兩手合攏，當心而稍下移。三肅使者而退。

晉韓厥從鄭伯，其御杜溷羅曰：「速從之？此問話。杜溷羅請示韓厥是否快追。其御屢顧，不在馬，可及也。」韓厥曰：「不可以再辱國君。」二年鞌之戰，韓厥已追及齊頃公。阮芝生杜注拾遺謂「再辱國君止就一戰而言。楚王喪目，是已辱也，故不可再辱鄭伯」，亦通。乃止。郤至從鄭伯，其右茀翰胡曰：「諜輅之，意謂別遣輕兵從間道迎擊。説見焦循補疏。余從之乘，而俘以下。」已則由後追去，跳上其車，活捉之下車。郤至曰：「傷國君有刑。」亦止。石首曰：「衞懿公唯不去其旗，是以敗於熒。」熒即熒澤。衞與狄戰於熒澤，衞師大敗，衞公不去其旗，因而被殺，見閔二年傳。乃内旌於弢中。唐苟謂石首曰：「子在君側，敗者壹大。壹，專一。大指鄭君。意謂戰敗之軍應一心保護其君。説詳陶鴻慶别疏。顧炎武亦云：「敗者壹大，恐君之不免也。」我不如子，子以君免，我請止。」乃死。止而抵御晉軍，因而戰死。

楚師薄於險，薄，迫也。楚軍於險阻之地爲晉軍所迫。叔山冉謂養由基曰：叔山爲氏，莊子德充符篇有叔山無趾可證。「雖君有命，楚共王曾責之「爾射，死藝」，是君有命禁止其射。爲國故，子必射。」乃射，再發，盡殪。射兩次，死兩人。叔山冉搏人以投，俘晉人以投晉軍。中車，折軾。晉師乃止。囚楚公子茷。公子茷，晉語六作王子發鉤。王引之名字解詁謂其人名鉤字發。發、茷古同聲，故左傳作茷。

欒鍼見子重之旌，請曰：「楚人謂夫旌，子重之麾也，欒鍼識子重之旗幟，蓋由楚軍被俘者所供。墨子旗幟篇云：「建旗其署，令皆明白知之，曰某子旗。」旗幟上書姓氏，自是戰國以後制度。彼其子重也。日臣之使於楚也，日，往日。子重問晉國之勇，臣對曰：『好以衆整。』曰：『又何如？』臣對曰：『好以暇。』今兩國治戎，行人不使，不可謂整；臨事而食言，不可謂暇。臨戰事而不履行昔日之言，不可謂之從容閒暇。請攝飲焉。」攝，代也。欒鍼爲晉厲公車右，不能離開，故請求派人代爲進酒子重。說見俞樾平議。公許之。使行人執榼承飲，榼音磕，盛酒之器。承，奉也。造于子重，造，至也。曰：「寡君乏使，使鍼御持矛，御，侍也。侍其側而持矛，意卽爲車右。是以不得犒從者，使某攝飲。」代人進酒。某，其人自稱之名，蓋微者，故不書以某代之。子重曰：「夫子嘗與吾言於楚，夫子指欒鍼。必是故也。不亦識乎？」識，記也。不亦識乎，言其記憶力強。受而飲之，免使者而復鼓。旦而戰，見星未已。從晨戰至黃昏後尚未停止。

子反命軍吏察夷傷，夷，後代作痍，創傷也。夷傷同義。補卒乘，補充步兵與車兵。繕甲兵，展車馬，展，陳也。鷄鳴而食，唯命是聽。晉人患之。苗賁皇徇曰：「蒐乘、補卒，蒐，檢閱。劉文淇疏證引爾雅釋詁云「聚也」，亦通。秣馬、利兵，脩陳、固列，蓐食、申禱，蓐食見文七年傳注。申禱，再次祈禱求勝。明日復戰！」乃逸楚囚。故意放鬆楚囚使之逃逸，傳聞於楚。王聞之，召子反謀。穀陽豎獻飲於子反，子反醉而不能見。子反因此而死，其事楚語上、呂氏春秋權勳篇、韓非子十過篇與飾邪篇、淮南子人間訓、史記晉、楚世家、說苑敬慎篇俱有紀述，詳略有異。「穀陽豎」或作「豎穀陽」、或作「豎陽穀」。王曰：「天敗楚也夫！余不可以待。」乃宵遁。

晉入楚軍，三日穀。與僖二十八年城濮之役同。范文子立於戎馬之前，戎馬，晉厲公車馬。曰：「君幼，金澤文庫本作「君幼弱」，與釋文或本同。晉語六亦作「君幼弱」。諸臣不佞，何以及此？君其戒之！周書曰：『惟命不于常。』尚書康誥文。有德之謂。」

楚師還，及瑕，瑕卽桓六年之瑕，説詳江永考實。瑕雖隨國之地，但隨國已極弱小，附庸于楚，只能聽任楚軍經過。王使謂子反曰：「先大夫之覆師徒者，君不在。先大夫指成得臣（子玉），晉、楚城濮之役，楚軍大敗，當時楚成王不在軍中。子無以爲過，不穀之罪也。」子反再拜稽首曰：「君賜臣死，死且不朽。臣之卒實奔，臣之罪也。」子重使謂子反曰：「使謂」，阮刻本誤作「復謂」，今依石經及各本訂正。「初隕師徒者，指子玉。而亦聞之矣。而同爾。盍圖之！」子重又逼子反自殺，卽郤至所謂「二卿相惡」。對曰：「雖微先大夫有之，大夫命側，側敢不義？縱使先大夫子玉無自殺謝罪之事，爾命令我死，我豈敢貪生而自陷于不義。側亡君師，敢忘其死？」王使止之，弗及而卒。韓非子、呂氏春秋、淮南子皆謂楚共王「斬子反以爲戮」，説苑亦云「誅子反以爲戮」，楚世家則云「王怒，射殺子反」，皆與左傳略異。晉世家用左傳，云：「王怒，讓子反，子反死。」

戰之日，金澤文庫本作「戰之明日」。齊國佐、高無咎至于師，衞侯出于衞，公出于壞隤。戰之日，齊軍始至，衞、魯之君剛從國内動身。壞隤，顧棟高大事表説，當在曲阜縣境内。宣伯通於穆姜，宣伯，叔孫僑如。穆姜，成公母。穆同繆，列女孽嬖傳謂「聰慧而行亂，故謚曰繆」。欲去季、孟而取其室。季，季文子；孟，孟獻子。將行，穆姜送公，而使逐二子。公以晉難告，晉難卽晉使魯出兵會同伐鄭。曰：「請反而聽命。」據下文，足知魯成公此語乃推託之辭。姜怒，公子偃、公子鉏趨過，金澤文庫本作「趨而過」。偃、鉏兩人爲成公庶弟。指之曰：「女不可，是皆君也。」謂可廢魯成公改立此兩人。公待於壞隤，申宮、儆備，申，古與司常互用，如莊子大宗師申徒狄釋文謂崔本作「司徒狄」，史記留侯世家「以良爲申徒」，集解引徐廣謂「申徒卽司徒」。申宮卽司宮，意卽守宮；儆備，卽加强戒備。設守，設置各地之守衞。而後行，是以後。使孟獻子守于公宮。此卽「申宮」。季文子隨從率兵去會晉伐鄭，孟獻子留守公宮，可見魯成無意于去此二人。

一六·六 秋，會于沙隨，謀伐鄭也。鄭尚未服晉。宣伯使告郤犨曰：「魯侯待于壞隤，以待勝者。」杜注：「觀晉、楚之勝負。」誣陷魯成。郤犨將新軍，且爲公族大夫，以主東諸侯。主持東方諸侯如齊、魯之屬招待接洽事務。取貨于宣伯，而訴公于晉侯。訴，與論語憲問「公伯寮愬子路於季孫」之「愬」同字，毀謗也。晉侯不見公。公羊傳以爲「公幼」，梁玉繩瞥記則謂此時成公年已三十餘，晉厲不接見魯公者，受讒言耳。

一六·七 曹人請于晉曰：「自我先君宣公卽世，「世」，阮刻本誤作「位」，今依石經及各本訂正。曹宣公死于十三年。國人曰：『若之何？憂猶未弭。』憂指宣公死，太子被殺。弭，止也，息也。而又討我寡君，去年晉執曹成公。以亡曹國社稷之鎭公子，杜注：「謂子臧逃奔宋。」鎭，重也。是大泯曹也，杜注：「泯，滅也。」先君無乃有罪乎？若有罪，則君列諸會矣。列諸會，列之於會；之，仍指先君曹宣公；會，指宣十七年斷道之會盟等。杜注誤以「之」指曹成公，則與文義、事理皆不合。說參會箋。君唯不遺德、刑，遺，失也。以伯諸侯，豈獨遺諸敝邑？謂晉君賞所當賞，罰所當罰，德與刑俱無過失，故稱霸諸侯，豈於我曹國偏有所失？敢私布之。」杜注：「爲曹伯歸不以名告傳。」

一六·八　七月，公會尹武公及諸侯伐鄭。尹武公即經尹子。將行，姜又命公如初。杜注：「復欲使公逐季、孟。」公又申守而行。申宮設守也。諸侯之師次于鄭西，我師次于督揚，杜注：「督揚，鄭東地。」蓋與襄十九年督揚非一地。不敢過鄭。子叔聲伯使叔孫豹請逆于晉師，子叔聲伯見六年傳並注。叔孫豹，僑如之弟。據下傳「召叔孫豹于齊而立之」與昭四年傳，叔孫豹久已在齊，此時或隨國佐在齊軍中。請逆于晉師，謂叔孫豹請於齊，代表魯國乞晉師往迎。爲食於鄭郊。聲伯在鄭郊爲晉軍準備飯食。師逆以至。聲伯四日不食以待之，食使者而後食。使者當是晉軍使者，杜注以爲是叔孫豹之副使，固誤。會箋以爲即叔孫豹，亦不確。

一六·九　諸侯遷于制田，諸侯之師遷于制田。據顧棟高大事表，制田在今河南新鄭縣東北。知武子佐下軍，知武子即荀罃，鄢陵之役留守晉國，此次出軍。以諸侯之師侵陳，至於鳴鹿。鳴鹿在今河南鹿邑縣西。遂侵蔡。晉之所以侵陳與蔡，蓋陳、蔡服于楚也。未反，諸侯遷于潁上。潁水出河南登封縣西，東南流經禹縣、臨潁等地而後入于淮。此潁上意即潁水之旁，當在今禹縣境。戊午，戊午，二十四日。鄭子罕宵軍之，宋、齊、衞皆失軍。鄭子罕發動夜襲，宋、齊、衞皆潰敗。失軍意猶不復成軍。服虔讀「軍」爲「餫」，解爲「失其軍糧」，固不可信；俞樾平議解爲「失其營壘」，亦不確。

一六·一〇　曹人復請于晉。晉侯謂子臧：子臧此時在宋，晉侯當遣使言之。「反，吾歸而君。」子臧反，曹伯歸。曹伯當自周歸，新序節士篇云：「晉乃言天子歸成公於魯。」子臧盡致其邑與卿而不出。不出，不出仕。
一六・二 宣伯使告郤犫曰：「魯之有季、孟，猶晉之有欒、范也，政令於是乎成。今其謀曰：『晉政
多門，晉國政令出自各大卿族，不能統一。不可從也。寧事齊、楚，有亡而已，蔑從晉矣。』蔑，不也。晉
語二「吾有死而已，吾蔑從之矣」，吳語「天占既兆，人事又見，我蔑卜筮矣」，俱同此用法。若欲得志於魯，請止行
父而殺之，季孫行父，季文子。我斃蔑也，仲孫蔑，孟獻子，時乃留守公宮。而事晉，蔑有貳矣。蔑，無也。
與僖十年傳「蔑不濟矣」蔑字用法同。魯不貳，小國必睦。其它小國必服晉國。不然，歸必叛矣。」謂若不殺
季孫行父，返魯必叛晉。九月，晉人執季文子于苕丘。公羊傳謂魯成公與晉厲公相會失時，晉人欲執魯成公，
季孫行父歸責于己，因代公被執。與左傳不同。公還，待于鄆，鄆見四年經並注。使子叔聲伯請季孫于晉。
郤犫曰：「苟去仲孫蔑，而止季孫行父，吾與子國，親於公室。」郤犫欲強迫魯國以國政委之于聲伯，且
親聲伯甚于魯公室。杜注解「親於公室」爲「親魯甚於晉公室」，誤，說詳沈欽韓補注。聲伯外妹嫁與郤犫，見十一年傳，故
郤犫以利誘之。對曰：「僑如之情，子必聞之矣。僑如與穆姜通姦並欲奪季、孟之室等情。若去蔑與行
父，是大棄魯國，而罪寡君也。若猶不棄，不棄魯國。而惠徼周公之福，使寡君得事晉君，不罪
寡君。則夫二人者，魯國社稷之臣也。若朝亡之，魯必夕亡。以魯之密邇仇讎，仇讎指齊、楚諸
國。亡而爲讎，治之何及？」意謂魯若亡而屬于齊、楚，晉欲補救亦不及矣。郤犫曰：「吾爲子請邑。」對
曰：「嬰齊，魯之常隸也，嬰齊，聲伯之名。隸之地位，據昭七年傳，在當時甚低下，聲伯以隸自比，自是謙辭。定

四年，衛靈公使祝佗從行，祝佗辭，亦云「且夫祝，社稷之常隸也」，與此相類。敢介大國以求厚焉？介，仗恃，依靠。杜注：「介，因也」，亦通。厚，厚祿，指邑。承寡君之命以請，若得所請，吾子之賜多矣，又何求？」魯語上云「子叔聲伯如晉，謝季文子（謝卽請也）。郤犨欲予之邑，弗受也」。范文子謂欒武子曰：「季孫於魯，相二君矣。二君，指宣公和成公。妾不衣帛，馬不食粟，可不謂忠乎？信讒慝而棄忠良，若諸侯何？子叔嬰齊奉君命無私，杜注：「不受郤犨請邑。」謀國家不貳，杜注：「謂四日不食以堅事晉。」圖其身不忘其君。杜注：「辭邑、不食，皆先君而後身。」沈欽韓補注取杜注，謂三語乃總評聲伯，亦通。若虛其請，虛其請意卽拒絕其請。是棄善人也。子其圖之！」乃許魯平，赦季孫。

冬十月，出叔孫僑如而盟之。出，逐出。周禮秋官司盟云「盟萬民之犯命者」，可見古代于所謂惡臣，有陳其罪惡以盟諸大夫之事。此因逐出僑如而與諸大夫盟。襄二十三年傳載其盟辭，云「毋或如叔孫僑如欲廢國常，蕩覆公室！」僑如奔齊。十二月，季孫及郤犨盟于扈。歸，刺公子偃。公子偃與公子鉏兩人皆穆姜所指名代立者，而僅殺偃者，杜注以爲「偃與謀」。召叔孫豹于齊而立之。立之爲叔孫氏之後。

齊聲孟子通僑如，聲孟子，齊靈公之母，宋國女。僑如在齊，納女于齊靈公，見襄二十五年傳。使立於高、國之間。立，同位，說詳陶鴻慶別疏。高氏、國氏齊國世襲上卿，並參僖十二年傳注。僑如曰：「不可以再罪。」奔衛，亦間於卿。

一六・一三　晉侯使郤至獻楚捷于周，與單襄公語，周語中亦載此事，云「郤至見邵桓公與之語，邵公以告單襄公」

云云，與左傳異。驟稱其伐。屢誇己功。周語中載有郤至語。單子語諸大夫曰：「温季其亡乎！温季卽郤至，參十一年傳並注。位於七人之下，郤至時僅是新軍佐，其上尚有欒書、士燮、郤錡、荀偃、韓厥、荀罃、郤犨等七人。而求掩其上。掩，蓋也。周語中謂至欲由新軍佐一躍而當政。怨之所聚，亂之本也。多怨而階亂，階字用法與隱三年傳「階之爲禍」相同。階亂，禍亂階梯。何以在位？夏書曰：『怨豈在明？不見是圖。』兩句本逸書，作僞者編入僞古文五子之歌。謂防止怨恨不僅在于明顯之仇恨，尚須圖謀不易見之細微怨恨。將慎其細也。今而明之，其可乎？」明年，郤至等卽被殺。

十有七年，丁亥，公元前五七四年。周簡王十二年、晉厲七年、齊靈八年、衞獻三年、蔡景十八年、鄭成十一年、曹成四年、陳成二十五年、杞桓六十三年、宋平二年、秦景三年、楚共十七年、吳壽夢十二年、許靈十八年。

經

一七·一　十有七年春，正月二十七日己未冬至，建子，有閏。衞北宮括帥師侵鄭。「括」公羊作「結」。杜注：「括，成公曾孫。」

一七·二　夏，公會尹子、單子、晉侯、齊侯、宋公、衞侯、曹伯、邾人伐鄭。

一七·三　六月乙酉，乙酉，二十六日。同盟于柯陵。淮南子人間訓云「晉厲公合諸侯於嘉陵」，嘉陵卽柯陵。爾雅釋地云「陵莫大於加陵」。加陵亦卽嘉陵。梁履繩補釋疑此柯陵卽莊十四年鄭厲公所侵之大陵，不爲無據。大陵在今河南許昌市南，臨潁縣北三十里。沈欽韓地名補注謂在今河南内黄縣東北，不知内黄之柯城乃襄十九年之柯，非此柯陵。

一七・四　秋，公至自會。無傳。金澤文庫本「秋」下有「八月」兩字。

一七・五　齊高無咎出奔莒。

一七・六　九月辛丑，辛丑，十三日。用郊。無傳。參桓五年傳注。

一七・七　晉侯使荀罃來乞師。無傳。杜注：「爲將伐鄭。」

一七・八　冬，公會單子、晉侯、宋公、衞侯、曹伯、齊人、邾人伐鄭。

一七・九　十有一月，公至自伐鄭。無傳。

一七・一〇　壬申，十一月無壬申。公孫嬰齊卒于貍脤。阮刻本脫「齊」字，據各本補。脤，公羊作「軫」，穀梁作「蜃」，音近亦通。貍脤，不知今何地。貍音釐。

一七・一一　十有二月丁巳朔，日有食之。無傳。此公元前五七四年十月二十二日之日全食。

一七・一二　邾子貜且卒。無傳。邾定公也，在位四十年，子牼嗣立，爲宣公。

一七・一三　晉殺其大夫郤錡、郤犨、郤至。

一七・一四　楚人滅舒庸。舒庸見僖三年經注。

傳

一七·一 十七年春王正月，鄭子駟侵晉虛、滑。此虛與桓十二年之虛非一地，彼宋邑，此晉邑，據顧棟高大事表七之三，當在今河南偃師縣境。滑詳莊十六年、僖二十年及三十三年傳並注。衞北宫括救晉，侵鄭，至于高氏。高氏在今河南禹縣西南。夏五月，鄭大子髡頑、侯獳爲質於楚，侯獳，鄭大夫。曹國亦有侯獳，見僖二十八年傳。楚公子成、公子寅戍鄭。

一七·二 公會尹武公、單襄公及諸侯伐鄭，自戲童至于曲洧。戲童卽襄九年之戲，在今河南鞏縣東南、登封縣嵩山東北。曲洧卽今河南之洧川（舊爲縣，今已廢）。流經洧川西南再東南流之雙洎河卽古時洧水。

一七·三 晉范文子反自鄢陵，去年自鄢陵之役還國。使其祝宗祈死，祝宗疑是祝史之長，卿大夫之家有祝史，襄二十七年傳可證；亦有祝宗，此傳與昭二十五年傳可證。曰：「君驕侈而克敵，是天益其疾也，難將作矣。愛我者唯祝我，古代詛咒亦可謂祝。尚書無逸「否則厥口詛祝」，詩大雅蕩「侯作侯祝」，祝皆詛咒。使我速死，無及於難，范氏之福也。」六月戊辰，戊辰，九日。士燮卒。晉語六謂晉厲公七年夏范文子卒，俱周正。昭二十五年傳云：「冬十月辛酉，昭子齊於其寢，使祝宗祈死。戊辰，卒。」兩事相類。杜注皆云兩人先祈死，後自裁。孔疏引劉炫說則以爲非自殺。或兩人皆因病而求死，故求死與死，其間相距，遠者將近一年，近者亦有七日。沈欽韓補注、焦循補疏皆駁杜注，是也。

一七·四 乙酉，同盟于柯陵，尋戚之盟也。杜注：「戚盟在十五年。」

一七·五 楚子重救鄭，師于首止。首止，見桓十八年傳並注。諸侯還。杜注：「畏楚強。」

一七·六 齊慶克通于聲孟子，據杜注，慶克爲慶封之父。聲孟子見去年傳注。與婦人蒙衣乘輦而入于閎。哀十五年傳述渾良夫與蒯聵「二人蒙衣而乘，寺人羅御，如孔氏。孔氏之老欒寧問之，稱姻妾以告」，可見蒙衣爲當時婦女外出之習俗。慶克亦男扮女裝，與一婦人同蒙衣而乘。輦，人力推挽之車。閎音宏，宮中夾道門，巷門。鮑牽見之，杜注：「鮑牽，鮑叔牙曾孫。」以告國武子。國武子見宣十年經注。武子召慶克而謂之。謂，告也。慶克久不出，杜注：「慚臥於家，夫人所以怪之。」而告夫人曰：夫人，聲孟子。「國子謫我。」杜注：「謫，譴責也。」夫人怒。國子相靈公以會，杜注：「會伐鄭。」高、鮑處守。高，高無咎；鮑，鮑牽。及還，將至，閉門而索客。靈公將返，關閉城門，檢查旅客，本警戒預防措施。孟子訴之曰：「高、鮑將不納君，而立公子角，角，頃公之子。國子知之。」知，與聞也。參僖四年傳注。秋七月壬寅，壬寅，十三日。刖鮑牽而逐高無咎。無咎奔莒。高弱以盧叛。弱，無咎之子。盧，高氏采邑，據方輿紀要，在今山東長清縣西南。齊人來召鮑國而立之。國，據杜注，爲牽之弟，諡文子。

初，鮑國去鮑氏而來爲施孝叔臣。施孝叔見十一年傳並注。施氏卜宰，卜立家宰。家宰爲卿大夫家總管。匡句須吉。廣韻匡字注引應劭風俗通義姓氏篇謂匡爲魯邑，句須爲其宰，因以匡爲氏。施氏之宰有百室之邑。與匡句須邑，使爲宰，以讓鮑國而致邑焉。不受宰與邑，讓於鮑國。施孝叔曰：「子實吉。」對曰：「能與忠良，吉孰大焉？」鮑國相施氏忠，故齊人取以爲鮑氏後。仲尼曰：「鮑莊子之知不如葵，葵猶能衛其足。」鮑莊子即鮑牽。葵非向日葵，向日葵傳入中國甚晚也。古人常以葵爲食物，詩豳風七月「亨葵及菽」，周禮、儀禮均有「葵菹」（用葵葉所制酸菜）可以爲證。且向日葵葉不可食，此葵或是金錢紫花葵或秋葵。古代以葵爲蔬菜，不待其老便掐，而不傷其根，欲其再長嫩葉，故古詩云「採葵不傷根，傷根葵不生」。「不傷根」始合「衛其足」之意。說詳焦循補疏。王肅僞作孔子家語襲用此章而略變其文。

一七·七 冬，諸侯伐鄭。十月庚午，庚午，十二日。圍鄭。楚公子申救鄭，師于汝上。汝，汝水。十六年傳云「楚以汝陰之田求成于鄭」，齊語謂齊桓公「遂南征伐楚，濟汝，踰方城」，可見汝水爲楚、鄭交界綫。十一月，諸侯還。

一七·八 初，聲伯夢涉洹，洹水即今之安陽河。或與己瓊瑰食之，瑰音圍。瓊瑰與詩經「瓊琚」、「瓊瑶」、「瓊玖」相同，蓋一物，杜注分「瓊」、「瑰」爲二物，誤。瓊瑰是次于玉之美石所製之珠。說詳李貽德輯述。泣而爲瓊瑰盈其懷，所泣之淚化爲石珠而滿其懷。從而歌之曰：「濟洹之水，贈我以瓊瑰。歸乎歸乎，瓊瑰盈吾懷乎！」夢中爲此歌。水、瑰、歸、懷爲韻，古音同在微部。懼不敢占也。古人死後，口含石珠。聲伯疑爲凶夢，不敢卜問。還自鄭，壬申，至于貍脤而占之，曰：「余恐死，故不敢占也。今衆繁而從余三年矣，無傷也。」聲伯最初以爲凶夢，今則從屬既多，且相隨三年，瓊瑰滿懷，可能應驗在此，又以認爲吉夢，因敢于占卜而又云無傷。說見陶鴻慶別疏。言之，之莫而卒。詩秦風渭陽孔疏引作「言之，至莫而卒」。「之莫」即「至暮」。

一七・九　齊侯使崔杼爲大夫，使慶克佐之，帥師圍盧。上傳云「高弱以盧叛」，故圍之。國佐從諸侯圍鄭，以難請而歸。以齊國之難請於諸侯而返國。遂如盧師，至圍盧之師中。殺慶克，以穀叛。穀見莊七年經注。齊侯與之盟于徐關而復之。徐關見二年傳並注。十二月，盧降。使國勝告難于晉，勝，國佐之子。待命于清。清，齊邑，在今山東聊城縣西(舊堂邑縣東南)。杜注：「齊欲討國佐，故留其子於外。」

一七・一〇　晉厲公侈，多外嬖。外嬖卽下文胥童、夷羊五、長魚矯等人，杜注云「愛幸大夫」，甚是。晉世家云「厲公多外嬖姬」，以外嬖姬釋外嬖，不合傳意。反自鄢陵，欲盡去羣大夫，而立其左右。左右卽外嬖，晉世家云「欲盡去羣大夫而立諸姬兄弟」，司馬遷既誤解外嬖爲姬，便不得不解左右爲諸姬兄弟。胥童以胥克之廢也，怨郤氏，郤缺廢胥克，見宣八年傳。童是胥克之子。胥童，晉語六作「胥之昧」，王引之名字解詁謂童是名，之昧是字。而嬖於厲公。郤錡奪夷陽五田，夷陽五，下文作「夷羊五」，晉語六亦作「夷羊五」，陽、羊同音假借。據下文，夷羊爲複姓。五亦嬖於厲公。郤犨與長魚矯爭田，廣韻魚字注以長魚爲複姓。執而梏之，與其父母妻子同一轅。同繫之車轅。既，矯亦嬖於厲公。欒書怨郤至，以其不從己而敗楚師也，鄢陵之戰，欒書主張固守後再出擊，郤至主張速戰，厲公用郤至之謀。見去年傳並注。欲廢之。使楚公子茷告公曰：「此戰也，郤至實召寡君，杜注：「鄢陵戰，晉因公子茷以歸。」以東師之未至也，東師齊、魯、衞三國之軍。與軍帥之不具也，晉有四軍，將佐當有八人，但荀罃以下軍佐留守，郤犨以新軍將往各國乞師，故云「軍帥不具」。曰：『此必敗，吾因奉孫周以事君。』」此虛構郤至密使言於楚共王者，君指楚共王。孫周卽晉悼公。晉世家云：「悼公周者，其大父捷，晉襄公少子也，不得立，號爲桓叔，桓叔最愛。桓叔生惠伯談，談生悼公周。」晉世家云謂欒書「乃使人間謝楚。楚來詐厲公」云云，與左傳不同。晉語六云「既戰，獲王子發鈎。欒書謂王子發鈎」云云，發鈎卽公子伐。其餘與左傳合。

公告欒書。書曰：「其有焉。不然，豈其死之不恤，恤，顧慮。而受敵使乎？杜注：「謂鄢陵戰時楚子問郤至以弓。」君盍嘗使諸周而察之？」杜注：「嘗，試也。」周指周王室。時孫周在周事單襄公，見周語下。晉自獻公以後，不畜羣公子，羣公子皆在外，詳宣二年傳注。郤至聘于周，晉厲公使郤至去周室獻鄢陵之捷。欒書使孫周見之。公使覘之，覘音攙，窺視。信。郤至與孫周相見。遂怨郤至。

厲公田，與婦人先殺而飲酒，後使大夫殺。殺指獵射禽獸。據禮記王制與詩小雅車攻毛傳，田獵時諸侯發矢殺禽獸後，應卽由大夫獵射，婦人不應參與，僖二十二年傳「戎事不邇女器」亦可以爲證。郤至奉豕，寺人孟張奪之，郤至射而殺之。公曰：「季子欺余！」孟張蓋晉厲公之人，郤至不告而射殺之，故厲公曰「欺余」。欺猶今語欺負，輕視。

厲公將作難，胥童曰：「必先三郤。必先從郤錡、郤犨、郤至三人開刀。族大，多怨。族大與多怨，分言之。十一年傳所載郤犨強奪施孝叔妻，郤至與周爭鄇田，以及本傳所述奪田、爭田諸事，皆招多怨。去大族，不逼；公室不受逼迫。敵多怨，有庸。」杜注：「討多怨者，易有功。」公曰：「然。」郤氏聞之，郤錡欲攻公，曰：「雖死，君必危。」郤至曰：「人所以立，信、知、勇也。信不叛君，知不害民，勇不作亂。失茲三者，其誰與我？死而多怨，將安用之？杜注：「言俱死，無用多其怨咎。」君實有臣而殺之，其謂君何？其謂君何猶其奈君何。說見王引之釋詞。我之有罪，此假設分句，猶言我若有罪。說見文言語法。吾死後矣。若殺不辜，將失其民，欲安，得乎？杜注：「言不得安君位。」待命而已。受君之祿，是以聚黨。有黨而爭命，罪孰大焉？」後四句與僖二十三年傳重耳「保君父之命而享其生祿，於是乎得人。有人而校，罪莫大焉」義同。壬午，壬午，二十六日。胥童、夷羊五帥甲八百將攻郤氏，長魚矯請無用衆，公使清沸魋助之。杜注：「沸魋，亦嬖人。」魋音頹。抽戈結衽，而僞訟者。長魚矯與清沸魋兩人各抽戈，衣襟相結，僞爲爭訟者。三郤將謀於榭，榭，建于臺上之房屋。杜注云「講武堂」，非。矯以戈殺駒伯、苦成叔於其位。杜注：「位，所坐處也。」駒伯，郤錡；苦成叔，郤犨。温季曰：「逃威也。」威讀爲畏。畏，無罪被殺害也。說詳沈欽韓補注。郤至云吾欲逃於無罪而被殺。遂趨。矯及諸其車，以戈殺之。皆尸諸朝。杜注：「陳其尸於朝。」古代殺人，或陳尸於朝，或陳尸於市。論語鄭玄注與漢書刑法志應劭注皆以爲大夫以上尸諸朝，士以下尸諸市。然崔杼爲齊上卿，被殺後陳尸于市，見襄二十八年傳；公孫黑爲鄭國上大夫，被殺後陳尸於周氏之衢，見昭二年傳。梁履繩補釋云「於朝、於市，亦以罪之大小分」，或然。吕氏春秋驕恣篇云「乃使長魚矯殺郤犨、郤錡、郤至于朝而陳其尸」，與左傳略異。晉語六云三郤「皆自殺」，更與左傳違異。晉語六且謂晉厲接收三郤財産分與婦人。此實晉厲七年事，晉世家誤爲八年。

胥童以甲劫欒書、中行偃於朝。中行偃即荀偃。矯曰：「不殺二子，憂必及君。」晉世家以此爲胥童之言，晉語六則以爲長魚矯脅二人而言于公。韓非子內儲說下載此事，以爲是胥童、長魚矯兩人之辭。內容與左傳有異。公曰：「一朝而尸三卿，韓非子六微作「吾一朝而夷三卿」。余不忍益也。」對曰：「人將忍君。杜注：「人謂書與偃。」臣聞亂在外爲姦，在內爲軌。軌借爲宄，晉語六作「宄」。御姦以德，御軌以刑。不施而殺，不可謂德；臣逼而不討，不可謂刑。以數語觀之，「亂在外爲姦」之「外」，非國外，而是朝廷之外。其意若云：百姓造亂謂之「姦」，朝廷之臣造亂謂之「宄」。對付姦以德；對付宄以刑。對百姓，不先施惠施教卽殺戮，不可以爲德；朝廷之臣其勢逼君，不加討伐，不可以謂刑。杜注以遠近解外內，未瞭傳旨。德、刑不立，姦、軌並至，臣請行。」杜注：「行，去也。」遂出奔狄。公使辭於二子曰：杜注：「辭謝書與偃。」「寡人有討於郤氏，郤氏既伏其辜矣，大夫無辱，杜注：「胥童劫而執之，故云辱也。」其復職位！」皆再拜稽首曰：「君討有罪，而免臣於死，君之惠也。二臣雖死，敢忘君德？」乃皆歸。公使胥童爲卿。

公遊于匠麗氏，據周語下、晉語六及傳，晉厲公在翼被殺，又葬于翼，則匠麗氏當在翼。故晉世家集解引賈逵注：「匠麗氏，晉外嬖大夫在翼者。」事亦見呂氏春秋禁塞篇及驕恣篇。欒書、中行偃遂執公焉。召士匄，士匄辭。召韓厥，韓厥辭，曰：「昔吾畜於趙氏，孟姬之讒，吾能違兵。孟姬讒殺趙同、趙括事見八年傳。當時晉侯、欒氏、郤氏皆攻滅趙氏，韓厥云獨我不肯以兵攻趙氏。「違兵」，不用兵也。古人有言曰『殺老牛莫之敢尸』，尸，主也。古人以爲牛耕田，因之雖疲老不能用，欲殺之，亦無人敢作主張。而況君乎？二三子不能事君，焉用厥也？」晉語六載此事，且云，中行偃欲攻韓厥，欒書認爲不可。

一七·二 舒庸人以楚師之敗也，楚敗于鄢陵。道吴人圍巢，伐駕，圍釐、虺，巢見文十二年經並注。駕又見于襄三年，據顧棟高大事表七之四，駕與釐皆當在今安徽無爲縣境。虺則在今安徽廬江縣境。遂恃吴而不設備。

楚公子槖師襲舒庸，滅之。

一七·一三 閏月乙卯晦，月小，乙卯，二十九日。欒書、中行偃殺胥童。民不與郤氏，胥童道君爲亂，故皆書曰「晉殺其大夫」。

十有八年，戊子，公元前五七三年。周簡王十三年、晉悼公周元年、齊靈九年、衞獻四年、蔡景十九年、鄭成十二年、曹成五年、陳成二十六年、杞桓六十四年、宋平三年、秦景四年、楚共十八年、吴壽夢十三年、許靈十九年。

〔註〕晉悼公周元年，年表作晉厲八年，不確。晉用夏正，經、傳雖敍晉厲被殺于今年，然以夏正推之，于晉實在去年，故悼公當于今年改元。晉語七云「五年，無終子嘉父使孟樂因魏莊子納虎豹之皮以和諸戎」，晉悼公五年，魯襄公四年也。又云「十二年，公伐鄭，軍於蕭魚」，晉悼十二年，魯襄十一年也。襄二十二年傳載鄭公孫僑語晉人云「在晉先君悼公九年，我寡君於是卽位」，晉悼九年爲鄭簡公元年，卽魯襄八年也，皆可證今年是晉悼元年。說詳錢綺札記。

經

一八·一 十有八年春王正月，正月初九甲子冬至，建子。晉殺其大夫胥童。杜注：「傳在前年，經在今春，從告。」顧炎武日知録四則謂「此魯失閏，杜以爲從告，非也」。然傳明載去年閏十二月，非失閏可知。然以曆法言之，應閏二月耳。蓋晉用夏正，魯史改用周正，故相差也。

一八・二 庚申，庚申，五日。晉弑其君州蒲。「蒲」當作「滿」，説見十年傳注。

一八・三 齊殺其大夫國佐。杜注：「國武子也。」

一八・四 公如晉。

一八・五 夏，楚子、鄭伯伐宋。宋魚石復入于彭城。彭城，今江蘇徐州市。

一八・六 公至自晉。

一八・七 晉侯使士匄來聘。

一八・八 秋，杞伯來朝。

一八・九 八月，邾子來朝。

一八・一〇 築鹿囿。春秋三書「築囿」，此及昭九年「築郎囿」，定十三年「築蛇淵囿」。「郎」與「蛇淵」皆地名，則此「鹿」亦當爲地名。「鹿囿」恐非畜鹿之囿。

一八・一一 己丑，己丑，七日。公薨于路寢。

一八・一二 冬，楚人、鄭人侵宋。

一八・一三 晉侯使士魴來乞師。「魴」，公羊作「彭」，魴、彭古音相近，故得通假。魴音房。

一八・一四　十有二月，仲孫蔑會晉侯、宋公、衞侯、邾子、齊崔杼同盟于虛朾。據沈欽韓地名補注，虛朾卽今山東泗水縣，則是魯地。元俞臯春秋集傳釋義大成以爲虛朾卽虛。虛見桓十二年經並注，則宋地。以宋地較確，晉侯未必遠至魯境。

一八・一五　丁未，丁未，二十六日。葬我君成公。

傳

一八・一　十八年春王正月庚申，此魯曆，晉曆實在去年十二月。晉欒書、中行偃使程滑弒厲公，晉語六、呂氏春秋驕恣篇、淮南子人間訓皆謂欒書、荀偃幽囚晉厲于匠麗氏，三月而殺之。以左傳考之，晉厲公十七年十二月被執，中歷閏月，十八年正月被殺，正歷時三月。晉世家云「厲公囚六日死」，與諸書均不合。葬之于翼東門之外，以車一乘。晉厲公時正在翼，因之被執、被殺亦在翼。翼爲晉舊都，參見隱五年、桓二年傳注。至于葬，本應與晉之先君葬於絳，但周禮春官冢人云，「凡死于兵者，不入兆域」，則古代於被殺之君，不葬之於族墓兆域中。因之晉厲死於翼，卽葬於翼。襄二十五年傳述齊崔杼殺齊莊公而葬之，亦比當時一般禮儀有所減損，但尚用「下車七乘」，而晉厲公之葬僅一乘，故杜注云「不以君禮葬」。杜預注云「諸侯葬車七乘」。使荀罃、士魴逆周子于京師而立之，士魴，士會子，因其食邑於彘，故又稱彘季。晉語七稱之爲彘恭子，蓋諡恭。彘本先縠食邑，先縠被滅族後，今又改封士魴。彘見宣十二年傳注。周子卽去年傳之孫周。生十四年矣。大夫逆于清原。清原見僖三十一年傳並注。周子曰：「孤始願不及此，雖及此，豈非天乎！歸之於天，示非羣臣推戴之力。抑人之求君，使出命也。立而不從，將安用君？二三子用我今日，否亦今日。十六年傳云「晉政多門」，悼公未即位，即表示將收回政權。共而從君，神之所福也。」杜注：「傳言其少有才，所以能自固。」對曰：「羣臣之願也，敢不唯命是聽。」庚午，庚午，十五日。盟而入，晉世家云：「刑雞與大夫盟而立之。」館于伯子同氏。伯子同，當是晉大夫。晉悼初入國，宿於伯子同家。辛巳，朝于武宮。辛巳爲二十六日，距庚午十一日。孔疏引服虔本作「辛未」，爲庚午之次日。臧琳經義雜記、李貽德輯述、錢綺札記皆以服本爲是。蓋僖二十四年晉文公亦於次日朝武宮。但晉語七、晉世家皆作「辛巳」，不作「辛未」，則服本未必確。武宮見僖二十四年傳並注。逐不臣者七人。不臣者有二解。一是引導厲公爲惡，而不依當時道德盡臣責者。一是厲公死黨，不臣屬新君者。杜注云「夷羊五之屬也」。周子有兄而無慧，杜注：「不慧，蓋世所謂白癡。」似杜所據本「無」作「不」。不能辨菽麥，故不可立。

一八·二 齊爲慶氏之難故，國佐殺慶克，見去年傳。甲申晦，王韜以爲三月晦，誤。正月小，丙辰朔，則是正月晦。王韜誤正月小爲正月大。齊侯使士華免以戈殺國佐于內宮之朝。據杜注與杜氏世族譜，「士」爲官名，「華免」爲人姓名。士爲掌刑之官，故使之殺國佐。內宮，杜注以爲夫人宮，但下文另有「夫人之宮」，或此內宮爲齊侯燕居之宮，朝則內宮前堂。齊侯令國佐至燕寢，因而使人殺之。師逃于夫人之宮。師，衆也，當指其時在「內宮之朝」其他人。諸人紛紛逃散，而進入夫人之宮。杜注解師爲軍隊，意謂防華免失敗，故先「伏兵內宮」，章炳麟因解逃爲藏匿，俱不可信。書曰「齊殺其大夫國佐」，棄命、專殺、以穀叛故也。棄命指拋棄會師伐鄭之命而先歸。三事皆見去年傳。周語下載單襄公預言國佐「立於淫亂之國，而好盡言以招人過」，終將被殺。與左傳之說不同。韓愈陽城論用國語此事，蓋文人之辭。使清人殺國勝。國勝此時「待命于清」，見去年傳。國弱來奔。弱，勝之弟。王湫奔萊。湫，國佐之黨。慶封爲大夫，慶佐爲司寇。齊國之大夫相當于諸侯之卿，非廣義之大夫。司寇尚非大夫，慶佐至襄二十一年始爲大夫。兩人皆慶克之子。既，齊侯反國弱，使嗣國氏，禮也。

一八・三　二月乙酉朔，晉悼公即位于朝。阮刻本作「晉侯悼公」，「侯」字衍，今據各本刪。據王韜長曆考正，二月丙戌朔，四月乙酉朔，因之以爲「二月乙酉」實是魯曆「四月朔，晉用夏正也」。但悼公如此遲遲就位，亦不可解，王說未必確。孔疏引晉語作「正月乙酉公即位」，錢綺札記以爲此「唐以前真本」。王引之國語述聞則以爲當作「十二月乙酉」，「正字即爲十二之合譌」。以事理論之，錢說較可信。晉正月乙酉朔，當即魯二月乙酉朔。（王韜以魯二月丙戌朔，恐不確。蓋誤正月小爲正月大。）夏正與周正本相差兩月，今相差一月者，魯于去年置有閏月，晉或於今年始置閏。左傳各事除極相關者並排外，多依魯曆爲先後。故悼公雖正月朔即位，於魯曆仍列於齊殺國佐後。始命百官，下文「使魏相爲卿」云云即「命百官」之事。施舍、已責，施舍，賜予也，詳宣十二年傳注。已責，責同債，免除百姓對國家之拖欠。見二年傳注。逮鰥寡，施惠及于鰥夫寡婦。振廢滯，起用被廢黜或淹滯之舊日貴族。匡乏困，杜注：「匡亦救也。」救濟生活困難者。救災患，禁淫慝，薄賦斂，宥罪戾，節器用，時用民，杜注：「使民以時。」欲無犯時。不因私慾侵佔農時。晉文公初即位時亦如此，見呂氏春秋原亂篇，悼公則效而行之。使魏相、士魴、魏頡、趙武爲卿；魏相即十三年傳呂相，晉語七云「使呂宣子佐下軍」，則其人謚「宣」。魏頡，魏顆之子，晉語七稱之爲令狐文子，令狐其食邑，文子其諡也。佐新軍。趙武已見成八年傳。據晉語七，趙武爲卿在魏相死後，此蓋綜前後兩次任命言之。荀家、荀會、欒黶、韓無忌爲公族大夫，韓無忌據晉語七並注，韓厥之長子，又稱公族穆子。公族其官，穆其諡，厲公被殺時已爲公族大夫，此或重新任命。晉語七云：「欒伯請公族大夫。公曰：荀家惇惠，荀會文敏，黶也果敢，無忌鎮靜。使茲四人者爲之。」使訓卿之子弟共儉孝弟。使士渥濁爲大傅，士渥濁卽士貞伯，見五年傳注。使修范武子之法；范武子卽士會，以中軍帥兼大傅，見宣十六年傳並注。右行辛爲司空，晉語七云：「知右行辛之能以數宣物定功也，使爲元司空。」韋注：「右行辛，晉大夫賈辛也。」僖十年傳有右行賈華，韋昭以右行辛爲賈華之後，故又稱賈辛，若此，則以先代之官爲氏。昭二十二年傳有賈辛，與此相距五十餘年，或爲另一人。使修士蔿之法。士蔿爲獻公司空，見莊二十六年傳。弁糾御戎，晉語七云：「知欒糾之能御以和於政也，使爲戎御。」弁糾卽欒糾。校正屬焉，襄九年傳「使校正出馬」，則校正爲掌馬之官。哀三年傳魯亦有校正。周禮夏官有校人，職掌與校正相同，但統屬關係有異。使訓諸御知義。御戎統率諸御。御戎爲駕御國君戎車之御，諸御則駕御一般兵車之御。校正屬于御戎，助御戎「訓諸御」。荀賓爲右，晉語七云：「知荀賓之有力而不暴也，使爲戎右。」司士屬焉，周禮夏官有司士，與此司士不同。此司士，孔疏以爲卽周禮夏官之司右；會箋以爲「蓋六卿之右」。使訓勇力之士時使。車右必用勇力之士，此「勇力之士」蓋一般車右（兵車每乘各有車右）預備隊。「時使」者，至其時，選用之任車右也。卿無共御，立軍尉以攝之。卿指各軍將佐。蓋以前各軍將佐之御者都有定員定人，如閔二年傳「梁餘子養御罕夷」、成二年傳「解張御郤克」之類，此時則取消此定員定人，而立軍尉以兼代之。閔二年傳云：「梁餘子養御罕夷，先丹木爲右，羊舌大夫爲尉」，則以前諸軍之御與尉各別，今則合併之。祁奚爲中軍尉，晉語七云：「公知祁奚之果而不淫也，使爲元尉。」元尉卽中軍尉。據呂氏春秋去私篇並注，祁奚字黄羊。襄二十一年傳文稱之爲祁大夫。羊舌職佐之；晉語七云：「知羊舌職之聰敏肅給也，使佐之。」羊舌職，說苑善說篇作「羊殖」，云：「其三十也，爲晉中軍尉，勇以喜仁。」則其年此時不過三十，然宣十五年傳卽已見羊舌職，距此歷二十三年，說苑不可信。魏絳爲司馬，晉語七云：「知魏絳之勇而不亂也，使爲元司馬。」司馬卽元司馬，亦卽中軍司馬。禮記樂記孔疏引世本云「州生莊子降」，州卽魏犨，降卽魏絳，謚爲莊子。張老爲候奄。晉語七云：「知張老之智而不詐也，使爲元候。」候奄卽元候，亦卽成二年傳之候正。據晉語八及其韋注，「老」是其名，字孟，故又稱「張孟」。鐸遏寇爲上軍尉，晉語七云：「知鐸遏寇之恭敬而信彊也，使爲輿尉。」輿尉當卽上軍尉。襄二十五年傳齊有鐸父，以鐸爲姓；但據通志氏族略四，鐸遏寇以鐸遏爲複姓。籍偃爲之司馬，晉語七云：「知籍偃之惇帥舊職而恭給也，使爲輿司馬。」輿司馬當卽上軍司馬。據昭十五年傳孔疏引世本「季子生籍游，游生談」，則籍偃卽籍游，爲籍談之父。使訓卒、乘，卒，步兵；乘，車兵。親以聽命。親指步兵與車兵之間步調一致，宣十二年傳「卒乘輯睦」卽此意。聽命，聽從上命。程鄭爲乘馬御，晉語七云：「知程鄭端而不淫，且好諫而不隱也，使爲贊僕。」贊僕當卽乘馬御。據孔疏引世本，程鄭爲荀氏別族。晉語七韋注云：「程鄭，荀騅之曾孫（荀騅見成三年傳），程季之子。」六騶屬焉，杜注：「六騶，六閑之騶。」閑，馬厩。據周禮夏官校人及鄭注，天子十二閑，諸侯六閑，每閑有馬二百一十六匹。騶，官名，據禮記月令鄭注，卽周禮夏官之趣馬，主管駕車與御車。孔疏據校人計算，六閑之騶有一百八人，由程鄭率領。使訓羣騶知禮。凡六官之長，皆民譽也。杜注以六官爲六卿，但此時晉有四軍八卿，襄八年傳可證，不得謂之六官，杜説不可信。説詳錢綺札記。六官猶言各部門。舉不失職，所提拔者俱稱其職務。官不易方，方，常也，卽常規舊典。説見王引之述聞。爵不踰德，量其德行，授以爵位，不使超過。荀子君子篇亦云「古者爵不踰德」、「爵賞不踰德」。師不陵正，旅不偪師，正、師、旅皆一般官吏之名位，正大於師，師大於旅。正蓋各軍各部門之長。兩句卽下不陵上之意。襄十年傳「官之師旅不勝其富」、十四年傳「今官之師旅無乃實有所闕」、二十五年傳「百官之正長師旅」，正與師、旅皆同此義。説詳王引之述聞。民無謗言，所以復霸也。杜注：「此以上通言悼公所行，未必皆在卽位之年。」

一八·四 公如晉，朝嗣君也。嗣君指晉悼公。

一八·五 夏六月，鄭伯侵宋，及曹門外。杜注：「曹門，宋城門也。」顧棟高大事表七之二謂由宋國去曹國必出此門，故謂之曹門。曹國在宋之西北，則曹門當是宋之西北門。遂會楚子伐宋，取朝郟。據彙纂，朝郟當在今河南夏邑縣。楚子辛、鄭皇辰侵城郜，子辛，卽襄公元年經之公子壬夫，曾爲楚之右尹、令尹，于襄五年被殺。取幽丘。城郜、幽丘當在今安徽蕭縣。同伐彭城，此兵分兩支，鄭成、楚共爲一支，取宋朝郟；子辛、皇辰爲一支，取宋幽丘；然後兩支會同，同伐彭城。彭城卽今江蘇徐州市。納宋魚石、向爲人、鱗朱、向帶、魚府焉，五人由宋逃奔楚國，見十五年傳。十五年經與本年經五人皆僅書魚石一人。以三百乘戍之而還。書曰「復入」。凡去其國，國逆而立之，曰「入」；復其位，曰「復歸」；諸侯納之，曰「歸」；以惡曰「復入」。四條釋春秋經書法條例，但考之春秋全經經文，甚不相合。孔疏雖企圖彌縫，但難以服人。後人如王晳春秋皇綱論、劉敞春秋權衡、孫覺春秋經解、蕭楚春秋辨疑、葉夢得左傳讞及春秋考統論、張自超春秋宗朱辨義、陳澧東塾讀書記均有辨駁。日人安井衡左傳輯釋疑原文作「國逆而立之曰歸……諸侯納之曰入」，「入」「歸」兩字互相譌誤。吴闓生左傳微則引其父吴汝綸說，謂「凡空釋經文無事實者皆後之經師所爲，非左氏之文」。諸說皆乏確證，存疑可也。宋人患之。此句緊接上文「以三百乘戍之而還」，「書曰復入」是插入語。西鉏吾曰：「何也？言不足以爲我憂也。若楚人與吾同惡，以德於我，吾固事之也，不敢貳矣。杜注：「惡謂魚石。」大國無厭，鄙我猶憾。杜注：「言己事之，則以我爲鄙邑，猶恨不足，此吾患也。」不然，而收吾憎，使贊其政，杜注：「謂不同惡魚石，而用之使佐政。」以間吾釁，亦吾患也。言魚石將受其利用，乘我間隙，亦我之患。今將崇諸侯之姦而披其地，崇與尚書牧誓「乃惟四方之多罪逋逃是崇是長」之「崇」同義，尊重之意。披，分也。崇姦指尊貴魚石諸人，披地指取宋之彭城以封魚石。宋世家云：「平公三年，楚共王拔宋之彭城，以封宋左師魚石。」以塞夷庚。夷，平也；庚與迒通，道也。夷庚，車馬往來之平道。說詳洪亮吉詁。彭城爲各國間往來之要道，今由楚國派兵駐紮，故云塞其通道。逞姦而攜服，逞姦，使姦人魚石等得快其意。攜服，使本來服楚之國因而攜貳。攜，離也。毒諸侯而懼吴、晉，此指「塞夷庚」，妨礙各國往來，尤其堵塞吴國、晉國間必經之路，故云爲諸侯之毒害而使吴、晉有所恐懼。吾庸多矣，非吾憂也。楚國如此作爲，足爲吾利，非吾憂患。且事晉何爲？晉必恤之。」杜注：「言宋常事晉何爲，顧有此患難？」

一八・六　公至自晉。晉范宣子來聘，且拜朝也。答謝魯成之朝晉悼。君子謂晉於是乎有禮。禮尚往來，小國君侯朝大國，大國以卿拜朝。

一八·七 秋，杞桓公來朝，勞公，且問晉故。公以晉君語之。杜注：「語其德政。」杞伯於是驟朝于晉而請爲昏。驟有疾速和頻數兩義，時杞桓公卽位已六十四年，年甚老，未必能屢次遠行，此處作疾速解爲宜。

一八·八 七月，宋老佐、華喜圍彭城，老佐時爲司馬，見十五年傳。老佐卒焉。杜注：「言所以不克彭城。」

一八·九 八月，邾宣公來朝，卽位而來見也。去年十二月經書「邾子貜且卒」，則邾宣公今年卽位。

一八·一〇 築鹿囿，書，不時也。周之八月，夏正之六月，農功正忙，非動土木功之時。

一八·一一 己丑，公薨于路寢，言道也。詳莊三十二年經注。

一八·一二 冬十一月，楚子重救彭城，伐宋。宋華元如晉告急。韓獻子爲政，此時欒書若非告老，卽已死，韓厥代之爲中軍將。曰：「欲求得人，得人猶言得諸侯。必先勤之。勤，勞也。勤之，爲之勤勞。晉語二云：「秦人勤我矣。」韋注云：「勤我，助我也。」勤作助解亦可通。成霸、安彊，「彊」，石經、宋本、金澤文庫本都作「疆」，則「安疆」爲安定疆境之義。但楚只伐宋，非伐晉，不足以言安疆。仍當作「彊」。安讀爲按，抑止之義。安彊，卽管子霸言篇「按強助弱」之「按強」，「彊」指楚國。說見章炳麟讀卷三。自宋始矣。」晉侯師于台谷以救宋。台谷，不詳今何地。高士奇地名考略五引或說，謂在今山西晉城縣境，未必可據。遇楚師于靡角之谷，楚師還。據襄二十六年傳，靡角之谷當在彭城附近。襄二十六年傳載晉以雍子爲謀主，楚師宵潰。

一八·一三 晉士魴來乞師。季文子問師數於臧武仲，臧武仲卽臧孫紇，卽臧宣叔臧孫許之子。問出多少軍隊。對曰：「伐鄭之役，知伯實來，知伯卽荀罃，此事見去年經。下軍之佐也。今彘季亦佐下軍，如伐鄭可也。事大國，無失班爵而加敬焉，班爵見莊二十三年傳。此言以使者爵位高低決定出師多少，且有多無少。禮也。」從之。

一八・一四 十二月，孟獻子會于虛朾，謀救宋也。宋人辭諸侯而請師以圍彭城。孟獻子請于諸侯而先歸會葬。

一八・一五 丁未，葬我君成公，書，順也。據杜注，死于路寢，五月而葬，國家安靜，太子繼位，故云「書順」。莊公雖亦死於路寢，而子般被殺；宣公雖死於路寢，而歸父出奔，國內皆不如成公薨後安謐。

春秋左傳注

襄公

據魯世家，名午。成公之子，定姒所生。

元年，己丑，公元前五七二年。周簡王十四年、晉悼二年、齊靈十年、衞獻五年、蔡景二十年、鄭成十三年、曹成六年、陳成二十七年、杞桓六十五年、宋平四年、秦景五年、楚共十九年、吴壽夢十四年、許靈二十年。

經

一・一 元年春王正月，公卽位。無傳。正月十九日己巳冬至，此年建子，有閏。杜預據九年傳「會於沙隨之歲，寡君以生」云云，謂襄公卽位之年四歲。

一・二 仲孫蔑會晉欒黶、宋華元、衞甯殖、曹人、莒人、邾人、滕人、薛人圍宋彭城。仲孫蔑見宣九年經並注。欒黶見成十六年經並注。華元見文七年及十六年傳並注。彭城見成十八年經並注。此事並參成十八年經、傳。

一·三 夏，晉韓厥帥師伐鄭，公羊「厥」作「屈」。仲孫蔑會齊崔杼、曹人、邾人、杞人次于鄫。公羊「鄫」作「合」。韓厥已詳宣十二年傳並注。崔杼已詳宣十年傳並注。鄫，杜注謂爲「鄭地，在陳留襄邑縣東南」，約在今河南睢縣東南四十里。

一·四 秋，楚公子壬夫帥師侵宋。壬夫，子反弟子辛。顏師古所見本「壬夫」作「王夫」，惠棟補注謂當依本字讀爲「王夫」，不可信，阮元校勘記已駁之。

一·五 九月辛酉，天王崩。無傳。辛酉，十五日。

一·六 邾子來朝。邾子，邾宣公。

一·七 冬，衞侯使公孫剽來聘。公孫剽，子叔黑背子。傳世器有衞子叔先父匠，積微居金文説謂即公孫剽未爲君時所製器。剽是穆公之孫，定公弟之子。黑背見成十年傳並注。晉侯使荀罃來聘。此時天子已死，依舊禮，諸侯間應暫停聘問。杜預注以爲王雖死，而赴問未至，諸侯不聞，使者已行，計其時間約建子之十月初。荀罃即知罃。

傳

一·一 元年春己亥，圍宋彭城。杜注：「正月無己亥，日誤。」下段云「二月齊太子光爲質」云云，圍彭城恐仍是正月事，「己亥」疑「乙亥」之誤。乙亥，正月二十五日。非宋地，追書也。鄭、楚同伐彭城，納宋魚石等，見成十八年傳。

此時彭城已爲魚石等所據，故云非宋地。但魚石是宋臣，故曰「追書」。於是爲宋討魚石，故稱宋，且不登叛人也，魚石叛宋逃至楚，見成十五年傳。叛人即指魚石等。登，成也。不登即不贊同，直言之爲反對。謂之宋志。隱元年傳云「謂之鄭志」，此云「謂之宋志」，皆是探討某些人之本心而言之，詳隱元年傳並注。孔疏謂言宋人志在取彭城，可信。

彭城降晉，二十六年傳述聲子之言云「晉降彭城而歸諸宋，以魚石歸」，則彭城終歸於宋。晉人以宋五大夫在彭城者歸，寘諸瓠丘。五大夫，魚石、向爲人、鱗朱、向帶、魚府，俱詳成十五年、十八年傳。瓠丘即壺丘，今山西垣曲縣東南約五十里。

齊人不會彭城，晉人以爲討。據年表「我不救鄭，晉伐我」，則晉出兵伐齊。二月，齊大子光爲質於晉。據齊世家，九年後，光始被立爲太子。此言「大子」，蓋追稱之。

一·三 夏五月，晉韓厥、荀偃帥諸侯之師伐鄭，據成十八年傳，當時韓厥爲政，自是中軍帥，荀偃不過副帥，故經僅書韓厥。入其郛，郛即郭，已詳隱五年傳注。公羊文十五年傳云：「郛者何？恢郭也。」似以較大之外城爲郛。考之左傳，郛與郭無別。敗其徒兵於洧上。洧水源出河南登封縣東陽城山，東流經密縣會溱水，東流爲雙洎河。東流經新鄭、長葛、洧川、鄢陵、扶溝諸縣入賈魯河。疑鄭國都在今新鄭縣西北，洧水經其西南，昭十九年傳云「龍鬬于時門之外洧淵」，俞樾謂時門即鄭都之西門，洧淵爲洧水所經處。於是東諸侯之師次于鄫，鄫已見經注。以待晉師。晉師自鄭以鄫之師侵楚焦、夷及陳。焦、夷二邑本皆陳地，詳見僖二十三年傳注。晉侯、衛侯次于戚，戚見文元年經注。以爲之援。爲侵陳之師作後援。

一·三 秋，楚子辛救鄭，子辛卽公子壬夫。侵宋呂、留。呂、留，宋之二邑。呂在今徐州市東南約五十里，有呂留山，山下卽呂留洪。留卽張良封留侯之留，今沛縣東南，徐州市北。鄭子然侵宋，子然，鄭穆公子。又見成十年傳注。取犬丘。犬丘，今河南永城縣西北三十里。

一·四 九月，邾子來朝，禮也。

一·五 冬，衞子叔、晉知武子來聘，子叔卽公孫剽。知武子卽荀罃，俱詳經並注。禮也。凡諸侯卽位，小國朝之，此指邾宣朝魯襄。大國聘焉，衞雖非大國，比於魯，亦可匹敵。晉此時雖早稱霸，仍是諸侯。以繼好、結信、謀事、補闕，杜注：「闕，猶過也。」禮之大者也。

二年，庚寅，公元前五七一年。周靈王元年、晉悼三年、齊靈十一年、衞獻六年、蔡景二十一年、鄭成十四年、曹成七年、陳成二十八年、杞桓六十六年、宋平五年、秦景六年、楚共二十年、吳壽夢十五年、許靈二十一年。

經

二·一 二年春王正月，正月朔乙亥冬至，建子。葬簡王。無傳。據隱元年傳「天子七月而葬」，此僅五月卽葬，故杜注云「速」。

二·二　鄭師伐宋。

二·三　夏五月庚寅，庚寅，十八日。夫人姜氏薨。成公夫人姜氏。

二·四　六月庚辰，庚寅距庚辰五十日。杜注：「庚辰，七月九日」，是也。鄭伯睔卒。睔音昆，成公之名。

二·五　晉師、宋師、衞甯殖侵鄭。晉、宋俱稱「師」，惟衞舉率師主將之名，古有二說。一謂晉、宋率師者名位不高，而甯殖則衞之卿。另一說謂魯成公二年，「衞侯速卒」，而當年楚師鄭師卽侵衞。此次鄭喪，衞亦率師侵之，以牙還牙，故書其主帥名。

二·六　秋七月，仲孫蔑會晉荀罃、宋華元、衞孫林父、曹人、邾人于戚。孫林父見成七年傳並注。戚見文元年經並注。

二·七　己丑，己丑，十八日。葬我小君齊姜。杜注：「齊，諡也。」

二·八　叔孫豹如宋。叔孫豹詳成十六年傳並注。叔孫豹自成公十六年以後，卽未見於經、傳。此時季文子雖當政，然已老耄，故盟會征伐，仲孫蔑專之。叔孫豹於是始參與魯政。

二·九　冬，仲孫蔑會晉荀罃、齊崔杼、宋華元、衞孫林父、曹人、邾人、滕人、薛人、小邾人于戚，遂城虎牢。虎牢見莊二十一年傳並注。傳世器有孫林父𣪘，補注於此。

二·一〇　楚殺其大夫公子申。公子申初見於成六年傳。

傳

二·一 二年春，鄭師侵宋，楚令也。杜注云：「以彭城故。」彭城本宋地，楚取之以納魚石等。去年晉、宋、魯、衞、曹、莒、邾、滕、薛等國降彭城，故今年楚令鄭侵宋。

二·二 齊侯伐萊，萊人使正輿子賂夙沙衞以索馬牛，皆百匹，正輿子，萊之賢大夫。荀子堯問篇云：「萊不用子馬而齊并之。」楊倞注：「或曰，正輿子字子馬。」夙沙衞屢見於襄十七、十八、十九年傳，曾爲齊之少傅，蓋齊靈公一時之幸臣。索，選擇。索馬牛，精選之馬牛。曲禮下云「大夫以索牛」，「索」字與此「索」同意。齊師乃還。夙沙衞受賂而言於齊侯。君子是以知齊靈公之爲「靈」也。襄十三年傳述楚共王臨死遺言，自請謚爲「靈」或「厲」，足見「靈」是惡謚。齊靈憑「在我而已」之威權，廢太子光而立牙，並使夙沙衞爲少傅，卒亂齊國。詳見襄公十九年傳文。中庸「文王之所以爲文」、莊子則陽篇「衞靈公之爲靈」，與此句法同。但周文王是生號，中庸作者誤以爲死謚。

二·三 夏，齊姜薨。初，穆姜使擇美檟，穆姜詳成九年、十一年、十六年傳並注。檟音賈，楸也。楸音秋，木材細密，可供製器具及棺木。美檟，又檟之美者。以自爲櫬與頌琴，櫬，近身之棺，猶後代以近身之衣曰櫬衣。據宋聶崇義三禮圖，頌琴長七尺二寸，廣尺八寸，二十五弦。穆姜製此以殉葬。文獻通考俗樂部有頌琴，沈欽韓補注謂非古之頌琴，是也。季文子取以葬。穆姜於成十六年欲去季氏、孟氏而未成，其姘夫叔孫僑如又被逐，此時已無權勢。據九年傳，已被軟禁于東宮。

君子曰：「非禮也。禮無所逆。婦，養姑者也。虧姑以成婦，說文：「姑，夫母也。」古代稱丈夫之父母爲「舅姑」，今曰「公婆」。穆姜爲魯宣公夫人，成公之母；齊姜爲成公夫人。穆姜與齊姜爲婆媳。爾雅釋親，「子之妻爲婦」，正此婦字之義。季孫奪穆姜之棺與頌琴以爲齊姜下葬用，故當時人云「虧姑以成婦」。逆莫大焉。詩曰：『其惟哲人，哲，智也。告之話言，話言，善言。詳文六年傳注。順德之行。』此「順」字與上文「逆」字相對。此詩大雅抑。季孫於是爲不哲矣。且姜氏，君之妣也。姜氏指穆姜。妣，祖母。君指襄公。詩曰：『爲酒爲醴，烝畀祖妣，以洽百禮，降福孔偕。』詩爲詩周頌豐年之文。酒、醴同類物。一夜釀成曰醴，甜酒亦曰醴。烝，進也。畀，與也。烝畀猶言獻與。春秋之世，以祖之匹配曰妣，易之爻辭、詩之雅、頌以及兩周金文無不以「祖妣」連文。祖爲祖父，妣爲祖母。至爾雅釋親、尚書堯典始「考妣」連言，而曲禮下謂「生曰母，死曰妣」，乃後起之變義。楊樹達先生積微居小學述林有左傳姜氏君之妣解。洽，協也，合也。百禮，意謂所有禮義。孔，甚也。今言很。偕，遍也。」

二・四　齊侯使諸姜、宗婦來送葬，諸姜，與齊同姓之女嫁于齊之大夫者。宗婦，同姓大夫之婦，與莊二十四年傳「宗婦」同義。禮記檀弓下云，「婦人不越疆而弔人」。出國境弔喪尚且不可，出國境送葬自更不合當時之禮。召萊子。萊國及此事俱詳宣七年經及注。萊子不會，故晏弱城東陽以偪之。晏弱，見宣十七年傳並注，卽晏桓子。東陽，杜注謂「齊境上邑」，疑在今臨朐縣東。

二・五　鄭成公疾，子駟請息肩於晉。子駟卽公子騑，餘詳成十年傳並注。淮南子氾論篇高誘注云，「肩，負擔之勸也」。據杜注，其意謂鄭服於楚，楚國對鄭需求過甚，鄭不堪負擔，子駟因欲改服從晉國，以避免楚之役使與誅求。頗合情理。公曰：「楚君以鄭故，親集矢於其目，成十六年晉、楚鄢陵之戰，楚共王爲晉呂錡射之中目。非異人任，寡人也。鄭成公自謂楚君之傷目，非由他人而爲救己。任，保也。非異人任卽非保異人之倒裝。若背之，是棄力與言，據釋文，「棄力」之「力」，服虔本作「功」。然晉語二云：「務施與力而不務德。」韋注云：「力，功也。」是作「力」亦通。「言」指鄭、楚盟誓之語。其誰暱我？免寡人，免，使動用法。謂使我免于棄楚國之功與盟言之責。唯二三子。」

秋七月庚辰，鄭伯睔卒。於是子罕當國，子罕見成十年傳並注。當國，杜注以爲「攝君事」，不確。公羊傳隱元年云：「段者何？鄭伯之弟也。何以不稱弟？當國也。其地何？當國也。」何休注云：「欲當國爲之君，故如其意，使如國君氏。」杜注似受何休影響。公羊凡九言「當國」，皆以爲君或欲奪君位而言。左氏義未必與公羊同。左傳於今年言「子罕當國」，於十年言「子駟當國」，又言「子孔當國」，十九年言「子展當國」，皆鄭事。二十七年言「慶封當國」，則齊事。杜于此注云：「當國，秉政」，得其實矣。子駟爲政，子國爲司馬。子國見成五年傳注。晉師侵鄭。諸大夫欲從晉。子駟曰：「官命未改。」左傳凡兩用「官命」，一在此，一在四年。子駟本是建議改服晉國者，因成公之言而止。此官命卽指鄭成公之令。春秋之制，舊君死，新君于第二年始改元。且此時成公雖死，尚未下葬，嗣君不得發佈新令，故曰「官命未改」。

會于戚，謀鄭故也。商討使鄭服晉之辦法。孟獻子曰：孟獻子卽魯卿仲孫蔑。「請城虎牢以偪鄭。」虎牢即北制，見隱五年傳並注。本屬鄭，爲鄭西北國境之險要。此時或已爲晉所奪取，故能爲之築城而戍守，藉以迫鄭屈服。知武子曰：「善。鄫之會，吾子聞崔子之言，今不來矣。鄫之會在元年。知罃雖未與會，而晉有韓厥、荀偃，故會議情況，知罃自能知之。仲孫蔑親自與會，齊則由崔杼代表。或崔杼于晉有不滿之言，故知罃言之。滕、薛、小邾之不至，皆齊故也。三小國近於齊，遠於晉，故唯齊之命是聽。寡君之憂不唯鄭。憂鄭之外更憂齊。若齊、鄭、楚相聯盟，則晉難以稱霸。故此時不能以全力使鄭屈服，因而贊同仲孫蔑之計。罃將復於寡君，而請於齊。以此報告晉悼公，并請齊國相會，以考驗齊國。得請而告，得齊國應允晉國之請求，而告諸侯共城虎牢。吾子之功也。若不得請，齊不肯城虎牢。事將在齊。事謂大事，指軍事。杜注：「將伐齊。」吾子之請，「請城虎牢」之「請」。諸侯之福也。意謂虎牢得築城，足以使鄭降服，楚不能争，可免戰争。豈唯寡君賴之。」賴，仗恃也，善也，利也。此三義皆可通。

二·六　穆叔聘于宋，通嗣君也。穆叔即叔孫豹，穆是其謚。嗣君指魯襄公。

二·七　冬，復會于戚，齊崔武子及滕、薛、小邾之大夫皆會，知武子之言故也。杜注：「武子言『事將在齊』，齊人懼，帥小國而會之。」遂城虎牢。鄭人乃成。

二·八　楚公子申爲右司馬，多受小國之賂，以偪子重、子辛。子重見宣十二年傳並注。杜注：「逼奪其權勢。」楚人殺之，故書曰「楚殺其大夫公子申」。杜注：「言所以致國討之文。」

三年，辛卯，公元前五七〇年。周靈王二年、晉悼四年、齊靈十二年、衞獻七年、蔡景二十二年、鄭僖公髡頑元年、曹成八年、陳成二十九年、杞桓六十七年、宋平六年、秦景七年、楚共二十一年、吳壽夢十六年、許靈二十二年。

經

三・一 三年春，正月十二日庚辰冬至，建子。楚公子嬰齊帥師伐吳。彙纂云：「吳、楚爭彊自此始。」公子嬰齊即子重，詳宣十一年、成二年經、傳並注。

三・二 公如晉。

三・三 夏四月壬戌，壬戌，二十五日。公及晉侯盟于長樗。此時襄公僅六、七歲，公卿挾之以與晉盟。長樗，疑是晉都郊區地名。

三・四 公至自晉。無傳。

三・五 六月，公會單子、晉侯、宋公、衞侯、鄭伯、莒子、邾子、齊世子光。己未，己未，二十三日。同盟于雞澤。雞澤詳傳注。

三・六 陳侯使袁僑如會。袁僑後至，詳傳文。

三・七 戊寅，六月無戊寅。戊寅爲七月十三日。此或有誤字。叔孫豹及諸侯之大夫及陳袁僑盟。

三・八 秋，公至自會。無傳。

三·九 冬，晉荀罃帥師伐許。

傳

三·一 三年春，楚子重伐吳，爲簡之師。杜注：「簡，選練。」蓋在出兵之前，先行演習而挑選軍吏、士卒。克鳩茲，鳩茲，吳邑，當在今安徽蕪湖市東南二十五里。至于衡山。衡山，亦吳地。高士奇地名考略則謂爲當塗縣東北六十里之橫山。使鄧廖帥組甲三百、被練三千，馬融謂組甲是以組爲甲裏，公族所服。賈逵、服虔則以爲以組綴甲，車士服之。考之初學記二十二引周書云：「年不登，甲不纓組」；又燕策云：「身自削甲札，妻自組甲絣。」絣是用絲綿所織帶，以之穿組甲片而組甲，則謂之組甲，較之以繩索穿成者自爲牢固；卽爲兵器所中，穿透後着肉亦無力。然太費工力，故年歲不豐，穿甲不用組絣。由此觀之，賈、服之說較馬說可信。馬融又謂被練是以練爲甲裏，卑者所服。賈逵則以爲以帛綴甲，步卒服之。考之呂氏春秋去尤篇：「邾之故法，爲甲裳以帛。公息忌謂邾君曰：『不若以組。凡甲之所以爲固者，以滿竅也。今竅滿矣，而任力者半耳。且組則不然，竅滿則盡任力矣。』」由此觀之，賈說有據。練是煮熟之生絲，柔軟潔白，用以穿甲片成甲衣，自較以組穿甲爲容易，但不如組帶之堅牢。「組甲三百」「被練三千」，或組甲是車士，被練是徒兵。毛奇齡經問謂：「組甲者，漆皮而紩之；被練者，絜練而組之。」亦與此說相近。以侵吳。吳人要而擊之，從中攔阻而攻擊之。獲鄧廖。其能免者，免，免於死及俘。組甲八十、被練三百而已。子重歸，既飲至三日，據下文，楚師頗有俘獲，故飲至。飲至已見隱五年傳注。吳人伐楚，取駕。駕，今安徽無爲縣境，已見成十七年傳注。駕，良邑也；鄧廖，亦楚之良也。君子謂「子重於是役也，所獲不如所亡」。楚人以是咎子重。子重病之，遂遇心疾而卒。「疾」阮刻本作「病」，依金澤文庫本訂正。古所謂心疾非今日之心臟病而是今日之精神病。自古至清代中葉誤以爲心之作用爲腦之作用。來華之比利時人南懷仁著窮理學，謂記憶之功在腦，其書竟亦爲清廷焚毁，事見董含三岡識略。昭元年傳云「明淫心疾」，亦謂思慮過度而得腦病。

三・二 公如晉，始朝也。謂襄公始朝霸主。襄公至晉凡五次。夏，盟於長樗。孟獻子相。公稽首。稽首詳僖五年傳並注。知武子曰：「天子在，而君辱稽首，寡君懼矣。」此言魯侯于周王始稽首，晉悼公不敢受此大禮。孟獻子曰：「以敝邑介在東表，密邇仇讎，齊、楚以至初興起之吴，皆離魯近而離晉遠。尤以齊國於魯更近。寡君將君是望，敢不稽首？」降志辱身，求晉國之援救，此仲孫蔑所以使六歲兒童向同列之君叩頭之故。

三・三 晉爲鄭服故，鄭服晉在去年冬。且欲脩吴好，與吴國修好，蓋以吴漸强大，足以使楚陷於困境。將合諸侯。使士匄告于齊曰：士匄卽成十六年傳之范匄，餘詳成十六年傳並注。「寡君使匄，以歲之不易，易，舊讀去聲，平也，治也。歲之不易謂近年來諸侯之間多有糾紛。不虞之不戒，糾紛既多，又對意外之事無所戒備。寡君願與一二兄弟相見，以謀不協。不協實暗指齊國，晉悼此次合諸侯，實欲加强聯盟。請君臨之，使匄乞盟。」齊侯欲勿許，而難爲不協，乃盟於耏外。耏音而，水名，卽時水，詳莊九年經「乾時」注。耏外，卽齊都臨淄西北郊近耏水處。

三·四 祁奚請老，祁奚詳成八年傳注，此時爲中軍尉。老謂告老。據晉語八韋注，祁奚于晉平公元年，當魯襄十六年，復爲公族大夫。晉侯問嗣焉。嗣謂接替祁奚職務之人。稱解狐，其讎也，解狐與祁奚有私人仇恨。將立之而卒。立同位，謂位置解狐，而解狐去世。此事戰國訖漢傳説頗多歧異。韓非子外儲説右下謂解狐薦其讎於趙簡主，一以爲相，一以爲上黨守。韓詩外傳九又以趙簡主爲魏文侯。均以祁奚薦讎之行歸於解狐。説苑則作「晉文公問咎犯」。惟吕氏春秋去私篇大體同於傳，而又誤以爲晉平公問。要當以左傳爲正。又問焉。對曰：「午也可。」杜注：「午，祁奚子。」此事亦見晉語七，并云：「公使祁午爲軍尉，歿平公，軍無秕政。」於是羊舌職死矣，據成十八年傳，「祁奚爲中軍尉，羊舌職佐之」。餘詳宣十五年、成十八年傳並注。於是，於此時也。晉侯曰：「孰可以代之？」代，接代。對曰：「赤也可。」據下文，知赤是職之子，字伯華。於是使祁午爲中軍尉，羊舌赤佐之。杜注：「各代其父。」

君子謂祁奚「於是能舉善矣。吕氏春秋去私篇「君子」作「孔子」，史記晉世家、新序雜事一仍作「君子」。稱其讎，不爲諂；指舉解狐。立其子，不爲比；指薦其子。論語爲政：「君子周而不比。」舉其偏，不爲黨。偏，佐也。襄三十年傳：「司馬，令尹之偏。」羊舌職本祁奚之偏佐，今日副職。職死，舉其子。商書曰，『無偏無黨，王道蕩蕩』，此洪範文。蕩蕩，據白虎通義號篇，爲道德至大之貌。墨子兼愛下引作「周詩曰」，孫詒讓云：「古詩、書亦多互稱。」其祁奚之謂矣。解狐得舉，祁午得位，伯華得官，建一官而三物成，杜注：「一官，軍尉。物，事也。」三事即指得舉、得位、得官。能舉善也。夫唯善，故能舉其類。惟善人能推舉善人。「夫」字或屬上讀，「能舉善也夫」爲句，亦通。詩云，『惟其有之，是以似之』，詩小雅裳裳者華句。「有」與「似」古音同在之咍部，押韻。毛傳鄭箋皆解「似」爲「嗣」，似、嗣二字古音本同，可以通假。則詩意惟善人有此德，故其子能嗣續之。胡承珙毛詩後箋力主此說。魏源詩古微則以爲此二句詩意謂「似爲有諸內、形諸外之誼」，祁奚有此善德，故其舉人亦類似此善德。杜注：「唯有德之人能舉似己者。」魏源同此義。祁奚有焉。」大戴禮將軍文子篇另有論祁奚語。

三·五 六月，公會單頃公及諸侯。單頃公即經之單子。己未，同盟于雞澤。今河北邯鄲市東稍北舊有澤，即雞澤。曲梁故城又在其稍東北。雞丘則在雞澤稍南，離今肥鄉、成安兩縣皆不甚遠。或以雞澤即雞丘，恐不確。晉侯使荀會逆吳子于淮上，荀會見成十八年傳並注。吳子，壽夢也。此會本欲脩好於吳，故使人迎之于境。淮上，疑今鳳台縣境，淮水北。吳子不至。

三·六 楚子辛爲令尹，侵欲於小國，孔疏：「多有所欲，求索無厭，侵害小國，故小國怨也。」陳成公使袁僑如會求成。陳亦背楚投晉。杜注：「袁僑，濤塗四世孫。」世族譜云：「謚桓子。」晉侯使和組父告于諸侯。和組父僅此一見，官爵未詳。杜注：「告陳服。」秋，叔孫豹及諸侯之大夫及陳袁僑盟，陳請服也。

三·七 晉侯之弟揚干亂行於曲梁，此指雞澤之會。古代會盟，有兵車之會，有乘車之會。即乘車之會，亦有軍隊跟隨，定四年傳「君行師從」可證。既有軍隊，便成行列，成軍容。亂行者，擾亂軍行也。曲梁即在雞澤附近，已見上。魏絳戮其僕。其僕，爲揚干駕車者也。此時魏絳爲中軍司馬，主管晉軍軍法，詳成十八年傳。晉語五云：「趙宣子言韓獻子於靈公以爲司馬。河曲之役，趙孟使人以其乘車干行，獻子執而戮之。」足見凡犯軍列者，司馬必執法殺之。晉侯怒，謂羊舌赤曰：「合諸侯，以爲榮也。揚干爲戮，何辱如之？殺揚干之御車者，即等于辱揚干，俗所謂「打狗欺主」。故曰「揚干爲戮」。爲戮，受辱也。何辱如之，今言什麼侮辱比得上它。此辱又是晉悼自亦以爲受辱。必殺魏絳，無失也！」據襄十九年傳，軍尉職位高于司馬，羊舌赤新爲中軍尉佐，故晉悼得命而殺之。對曰：「絳無貳志，無貳志猶一心，言其愛國爲公之事。事君不辟難，辟同避。有難不逃避。有罪不逃刑，其將來辭，其，表示不肯定之副詞，較「或者」爲輕。來，來公所。辭，有所言説也。何辱命焉？」言不必晉侯遣殺之，將自來言。言終，魏絳至，授僕人書，周禮夏官太僕下有御僕，主管接受官吏之緊急奏事。在諸侯，太僕曰僕大夫，如成六年傳「韓獻子將新中軍且爲僕大夫」。但此僕人乃僕大夫之屬官，亦猶太僕下有御僕，接受官吏緊急奏事。説參趙坦寶甓齋札記。將伏劍。伏劍亦見僖十年傳，即負劍。「負」「伏」古音近，可通。墨子節葬下篇：「譬猶使人負劍而求其壽也。」凡抽劍自殺皆可曰負劍，又轉作伏劍。説參洪頤煊經義叢鈔。士魴、張老止之。士魴、張老俱見成十八年傳並注。士魴已爲卿，張老則爲候奄。公讀其書，曰：「日君乏使，日，昔日。指悼公新即位時。乏使，缺乏使喚者。使臣斯司馬。斯、司古音同，斯當讀爲司，主也。詳楊樹達先生讀左傳。臣聞『師衆以順爲武，師衆爲一詞，猶言師旅。順謂服從軍紀軍令。軍事有死無犯爲敬』。從事於軍旅，寧死而不觸犯軍紀爲敬。君合諸侯，臣敢不敬？猶言我豈敢不執行軍紀軍法。君師不武，此反言之。不武謂有違犯軍紀者。執事不敬，謂有關軍吏不敢執行軍法。罪莫大焉。臣懼其死，執事不敬爲最大罪，當死刑。以及揚干，無所逃罪。不能致訓，謂我不能先訓告衆人。至於用鉞，可見戮揚干之僕係用大斧。魯語上云：「大刑用甲兵，其次用斧鉞。」臣之罪重，敢有不從以怒君心？不從，謂不從刑戮。上文已言己之罪重，故此不從自可意會爲不從刑。怒，動詞使動用法。怒君心，使晉君心怒。此蓋魏絳預料晉悼將發怒，故先主動上書。請歸死於司寇。」司寇，國之司法官。公跣而出，古人入室脱屨或履，出室穿屨或履。晉悼恐魏絳自殺，赤足而出。曰：「寡人之言，親愛也；謂向羊舌赤所說之言。楊干爲其弟，故云「親愛也」。吾子之討，指殺楊干之僕。軍禮也。軍禮猶言軍法。寡人有弟，弗能教訓，使干大命，大命謂軍令。寡人之過也。子無重寡人之過也，重讀平聲，音蟲，再也。此答復「歸死於司寇」。魏絳若因此死，是己再犯過。敢以爲請。」請魏絳勿死。

晉侯以魏絳爲能以刑佐民矣，反役，自盟會之事返國。與之禮食，禮食謂公食大夫之禮。儀禮有公食大夫禮。以魏絳爲賓，晉君爲之特設禮食于廟。使佐新軍。九年傳云：「魏絳多功，以趙武爲賢，而爲之佐。」據晉語七，時趙武已將新軍（「將」各本誤作「佐」，依王引之說訂正），魏絳佐之。司馬爲大夫，佐新軍則列卿矣。張老爲中軍司馬，代魏絳。據十九年傳，晉軍吏之次第爲軍尉、司馬、司空、輿尉、候奄。張老由候奄爲司馬，自是提升。士富爲候奄。杜注：「代張老。士富，士會別族。」士富僅此一見。晉語七作「使范獻子爲候奄」，韋注：「獻子，范文子之族昆弟士富也。」洪亮吉詁云：「則范氏有兩獻子」。

三·八　楚司馬公子何忌侵陳，公子何忌僅見于此。陳叛故也。陳請服晉見前。

三·九　許靈公事楚，不會于雞澤。冬，晉知武子帥師伐許。

四年，壬辰，公元前五六九年。周靈王三年、晉悼五年、齊靈十三年、衞獻八年、蔡景二十三年、鄭僖二年、曹成九年、陳成三十年、杞桓六十八年、宋平七年、秦景八年、楚共二十二年、吳壽夢十七年、許靈二十三年。

經

四·一 四年春王三月正月二十二日乙酉冬至，建子，有閏月。己酉，三月無己酉。陳侯午卒。

四·二 夏，叔孫豹如晉。

四·三 秋七月戊子，戊子，二十八日。夫人姒氏薨。「姒」公羊作「弋」，蓋平入對轉通假。杜注以姒氏爲「成公妾，襄公母」，可信。但以姒氏爲杞女，則不知何據。何休公羊解詁以爲「莒女」，亦未必然。公羊傳襄五年又以爲鄫、魯爲舅甥，則姒氏又似鄫女。杞、鄫、莒皆姒姓，公羊說較早。

四·四 葬陳成公。無傳。五月而葬。

四·五 八月辛亥，辛亥，二十二日。葬我小君定姒。無傳。定，謚號。自死至葬僅二十三日。

四·六 冬，公如晉。

四·七 陳人圍頓。

傳

四·一 四年春，楚師爲陳叛故，猶在繁陽。繁陽，今河南新蔡縣北。猶在繁陽者，去年楚公子何忌率師侵陳，陳不服楚，楚師亦未退；繁陽離陳約二百餘里，可進可退也。韓獻子患之，韓厥早已于成十八年爲晉中軍帥，當政。言於朝曰：「文王帥殷之叛國以事紂，逸周書程典篇云：「文王合六州之侯，奉勤于商。」論語泰伯篇云：「三分天下有其二，以服事殷。」相傳當時天下分爲九州，文王得其六州，是三分有其二。唯知時也。今我易之，杜注：「晉力未能服楚，受陳爲非時。」難哉！」

四·二　三月，陳成公卒。楚人將伐陳，聞喪乃止。十九年傳云：「晉士匄侵齊，及穀，聞喪而還，禮也」，可見當時以不伐喪爲禮。陳人不聽命。杜注：「不聽楚命。」臧武仲聞之，臧武仲見成十八年傳注。曰：「陳不服於楚，必亡。大國行禮焉，而不服；在大猶有咎，說文：「咎，災也。」呂氏春秋侈樂篇高誘注：「咎，殃也。」莊二十一年傳云：「鄭伯效尤，其亦將有咎。」即此義。而況小乎？」

夏，楚彭名侵陳，彭名已見宣十二年傳。陳無禮故也。

四·三　穆叔如晉，穆叔即叔孫豹。報知武子之聘也。荀罃聘魯在元年。晉侯享之，劉文淇舊注疏證云：「享禮今亡，其用樂僅見於此傳。」金奏肆夏之三，不拜。晉奏此樂，穆叔不答。金奏，以鐘鎛奏之，以鼓節之。肆夏，樂章名，其辭今亡。周禮春官鍾師謂「以鍾鼓奏九夏」，肆夏爲九夏之一。但據魯語下，肆夏之三爲肆夏、樊遏、渠。疑樊遏、渠即鍾師之韶夏、納夏。孔廣森經學卮言謂儀禮燕禮及大射禮以樂納賓，並奏肆夏，而此穆叔不敢者，彼只奏肆夏，此則奏肆夏之三。工歌文王之三，又不拜。杜注云：「工，樂人也。文王之三，文王、大明、緜。」杜注乃據魯語下。歌非徒歌，亦有音樂。歌鹿鳴之三，三拜。杜注云：「小雅之首鹿鳴、四牡、皇皇者華。」此亦據魯語下。三拜，每歌一曲，穆叔一拜謝。

韓獻子使行人子員問之，行人見桓九年及宣十二年傳並注。據襄二十六年傳，晉國行人有數人，而子員爲最有才德。曰：「子以君命辱於敝邑，先君之禮，藉之以樂，杜注：「藉，薦也。」左傳昭十五年「薦彝器於王」，杜注：「薦，獻也。」禮記祭義「卿大夫有善薦於諸侯」，鄭玄注云：「薦，進也。」以辱吾子。吾子舍其大，大指肆夏之三及文王之三。而重拜其細。重，平聲。重拜，一再而三拜也。 細指鹿鳴之三。敢問何禮也？」對曰：「三夏，天子所以享元侯也，肆夏之三是天子設盛讌以招待元侯所奏。 杜注：「元侯，牧伯。」則諸侯之長曰元侯。使臣弗敢與聞。文王，兩君相見之樂也，使臣不敢及。「使」字各本皆無，唯詩大雅小雅譜正義及太平御覽五四二有之，今從王引之述聞說補。鹿鳴，君所以嘉寡君也，鹿鳴有「我有嘉賓」、「示我周行」等句。敢不拜嘉？拜謝晉君之嘉好魯君。四牡，君所以勞使臣也，四牡序云：「四牡，勞使臣之來也。有功而見知，則說(悅)矣。」詩有「豈不懷歸，王事靡盬」云云。敢不重拜？第二次乃拜謝晉君對自己之慰勞。皇皇者華，君教使臣曰：『必諮於周。』皇皇者華有「周爰咨諏」、「周爰咨謀」、「周爰咨度」、「周爰咨詢」等句。詩作「咨」，傳作「諮」，二字通用。魯語下云「忠信爲周」，詩毛傳用之，蓋古義如此。 「必諮於周」，謂必諮詢于所謂忠信之人也。臣聞之：『訪問於善爲咨，善卽善人，周卽所謂忠信之人。咨親爲詢，上句「訪問於善」爲諮詢對象，此以下則諮詢內容。 親謂親戚。咨禮爲度，杜注：「問禮宜。」咨事爲諏，皇皇者華：「周爰咨諏」，毛傳：「咨事爲諏。」蓋用此傳文。 「事」，魯語下作「才」，「才」與「事」古音同部。 杜注：「問政事。」咨難爲謀。』魯語下作「咨事爲謀」，但說文云「慮難曰謀」，仍用左傳義。難可讀爲困難之難，亦可讀難易之難，兩義有相關聯處。臣獲五善，敢不重拜？」此釋所以三拜之故。

四·四　秋，定姒薨。不殯于廟，周朝實有于祖廟停棺待葬之禮，詳僖公八年傳並注。汪中經義知新記謂「殯宮皆謂之廟」云云，不可信。無櫬，孔疏據檀弓上「君卽位而爲椑」之文，以爲定姒出嫁後當爲椑。椑卽棺。但定姒爲成公賤妾，未必出嫁卽爲棺。不虞。虞，祭禮。死者葬後，生者返殯宮祭祀而安死者之靈，謂之虞禮。虞禮必哭，又曰反哭。儀禮有士虞禮一篇。此傳反映襄公年幼，權在季孫行父，而行父并不以夫人之禮待定姒；或因齊姜已以成公夫人成喪，則定姒不應再如此。

匠慶謂季文子曰：古代匠多是木工。杜注：「匠慶，魯大匠。」莊子達生篇有梓慶，成玄英疏以爲卽此匠慶。「子爲正卿，而小君之喪不成，不終君也。公羊隱元年傳云：「母以子貴。」定姒爲襄公生母，故匠謂之爲「小君」，并請以夫人之喪成之。　終爲送終，論語學而篇「愼終追遠，民德歸厚矣」，足見當時于父母之喪，必盡致其情。不終君者，謂不使魯襄公終其生母之喪也。杜注謂「不終事君之道」，誤。君長，此時襄公尚不足八歲。誰受其咎？」杜注：「言襄公長將責季孫。」匠慶以此逼季孫。

初，季孫爲己樹六檟於蒲圃東門之外，蒲圃，場圃名。其地或較寬大，各方有門。東門爲蒲圃之東門。十九年公享晉六卿于蒲圃，定八年陽虎將享季氏于蒲圃，亦可見其地不小。匠慶請木，請爲定姒作棺之木。季孫曰：「略。」略，簡略。謂不必撰擇美木。杜注：「不以道取爲略。」沈欽韓補注且引漢律謂略爲盜竊。以魯之正卿葬國君夫人，而使人盜竊棺木，蓋無此理。匠慶用蒲圃之檟，季孫不御。杜注：「御，止也。」

君子曰：「志所謂『多行無禮，必自及也』，志蓋古書名。其是之謂乎！」此蓋責季孫之語。

四·五 冬，公如晉聽政。聽政有二義，一義爲治理國事，僖九年傳云「宋襄公卽位，以公子目夷爲仁，使爲左師以聽政」，此治宋國之政也；一爲聽受別人之要求，此文是也。八年傳云：「公如晉，朝，且聽朝聘之數。」又云「會于邢丘，以命朝聘之數，使諸侯之大夫聽命」云云，尤爲可證。故杜此注云「受貢賦多少之政」。晉侯享公，公請屬鄫。魯襄請晉悼同意以鄫國爲魯之附庸。杜注云：「鄫，小國也，欲得使屬魯，如須句、顓臾之比，使助魯出貢賦。」杜又云：「公時年七歲，蓋相者爲之言。」鄫詳僖十四年經注，國土在今棗莊市東。晉侯不許。孟獻子曰：「以寡君之密邇於仇讎，而願固事君，固，純固。雖受近鄰壓迫，事晉之心不改。無失官命。官命，晉君之令。晉有徵發，供應無缺。鄫無賦於司馬，晉之司馬兼主管諸侯之賦。語謂晉不責賦於鄫。爲執事朝夕之命敝邑，朝夕命魯，足見晉對所服之國需索甚勤。敝邑褊小，無法滿足供應。闕而爲罪，杜注：「闕，不共(供)也。」寡君是以願借助焉。」大國剝削小國，小國又剝削更小之國。晉侯許之。

四·六 楚人使頓間陳而侵伐之，頓，近陳之小國，詳僖二十三年傳並注及二十五年傳。杜注：「間，伺間缺。」故陳人圍頓。

四·七 無終子嘉父使孟樂如晉，無終，山戎國名。疑本在今山西太原市東，後爲晉所併，遷至今河北淶源縣一帶，又奔于今薊縣治，最後被逼至張家口市北長城之外。此時則猶在山西。諸書所云蔚縣、玉田是無終故地，皆不確。參顧炎武日知録三十一、江永地理考實及王先謙漢書地理志補注及嘉慶一統志。嘉父，無終國主之名。春秋于文化較落後之國，其君例稱子。嘉父或爲山戎諸國之魁首。杜注：「孟樂，其使臣。」因魏莊子納虎豹之皮，以請和諸戎。魏莊子卽魏絳。由此可見孟樂代表諸戎。晉侯曰：「戎狄無親而貪，不如伐之。」魏絳曰：「諸侯新服，陳新來和，將觀於我。將觀察我之行動。我德，則睦；睦，親也，厚也。我有德，則親我厚我。否，則攜貳。攜貳，當時常語，猶言背離。勞師於戎，而楚伐陳，必弗能救，是棄陳也。諸華必叛。諸華指中原諸文化較高之國。戎，禽獸也。當時中原諸國之文化已甚高，而落後諸國，或者尚在原始社會狀況，故目之爲禽獸。獲戎、失華，無乃不可乎！夏訓有之曰：杜注：「夏訓，夏書。」『有窮后羿——』」魏絳之語未竟，下文是晉悼突然插問。諸説左氏書，唯日人中井積德左傳雕題略得之。有窮，部落名，今河南洛陽市西。后，君也。卽當時酋長。公曰：「后羿何如？」對曰：「昔有夏之方衰也，后羿自鉏遷于窮石，鉏，今河南滑縣東十五里。窮石，卽窮谷，在洛陽市南。因夏民以代夏政。杜注：「禹孫大康淫放失國，夏人立其弟仲康。仲康亦微弱。仲康卒，子相立，羿遂代相，號曰有窮。」夏本紀正義引帝王紀（卽帝王世紀，唐人避用「世」字。）云：「帝羿有窮氏，未聞其先何姓。帝嚳以上，世掌射正。至嚳賜以彤弓、素矢，封之於鉏，爲帝司射。歷虞、夏。及夏之衰，自鉏遷于窮石，因夏民以代夏政。」恃其射也，不脩民事，而淫于原獸，夏本紀正義引帝王紀作「淫于田獸」，原獸、田獸同義。棄武羅、伯因、熊髡、尨圉，「伯因」阮刻本作「伯囷」，從校勘記改正。杜注：「四子皆羿之賢臣。」夏本紀正義引帝王紀云：「棄其良臣武羅、伯姻、熊髡、尨圉。」「尨圉」，潛夫論五德志篇及文選桓温薦譙秀表注引傳俱作「龍圉」。「尨」、「龍」通用。又廣韻云：「夏時有武羅國，其後氏焉。」疑武羅國卽此武羅之國。而用寒浞。寒浞，伯明氏之讒子弟也，寒，部落名，今山東濰縣治卽舊寒亭。寒浞以部落國家爲氏。伯明，寒國酋長名。伯明后寒棄之，伯明后寒猶言寒后伯明，寒國之君伯明。夷羿收之，杜注以夷爲羿之氏。帝王世紀謂「帝羿未聞其先何姓」，夷乃種族名。信而使之，以爲己相。浞行媚于內，杜注：「內，宮人。」下文「浞因羿室」云云，卽是浞早與羿妻妾相通。而施賂于外，愚弄其民，而虞羿于田。虞同娛，謂使羿樂于田獵而不返。樹之詐慝，以取其國家，羿篡夏后相之位，浞又詐取羿之位。外內咸服。羿猶不悛，杜注：「悛，改也。」小爾雅廣言云：「悛，覺也。」覺義較長。將歸自田，自田獵歸朝廷。家衆殺而亨之，家衆卽原爲羿之家衆而被浞收買者。亨今作烹，煮也。夏本紀正義引帝王紀云：「寒浞殺羿於桃梧而烹之。」淮南子詮言訓則謂羿死於桃棓。孟子離婁下謂逢蒙殺羿。楚辭離騷云：「羿淫游以佚田兮，又好射夫封狐。國亂離其鮮終兮，浞又貪夫厥家。」天問亦云：「浞娶純狐，眩妻爰謀。何羿之射革，而交吞揆之？」以食其子，食，舊音飼，使之食也。其子，羿之子。其子不忍食諸，「諸」作「之」用。死于窮門。杜注：「殺之於國門」，則謂窮門爲窮國城門。然雷學淇介菴經說窮鉏鄩灌考謂窮門卽窮石，在洛陽市南。靡奔有鬲氏。夏本紀正義引帝王紀云：「初，夏之遺臣曰靡，事羿。羿死，逃於有鬲氏。」有鬲氏，部落名，據續山東考古錄，其地當在今山東德州市東南二十五里。鬲音革。浞因羿室，室謂妻妾。生澆及豷，澆卽論語憲問「奡盪舟」之奡，亦卽說文「豷」下之敖。澆音傲。豷音翳。恃其讒慝詐僞，而不德于民，使澆用師，滅斟灌及斟尋氏。水經巨洋水注、路史後紀十三俱引竹書紀年云「相居斟灌」，此浞所以必滅斟灌。斟灌、斟尋皆部落名。斟灌在今山東省范縣北觀城鎮，斟尋在偃師縣東北十三里。說詳雷學淇竹書紀年義證卷八。處澆于過，過，部落名，據杜注，在今山東省掖縣稍西北近海處。或疑在今太康縣東南。路史國名紀六謂夏之有過乃猗姓國，但隱十年左傳孔疏及急就篇注引世本氏姓篇及潛夫論志氏姓皆謂「過，任姓」。彝器有過伯毁，唐蘭釋爲「過伯」，郭沫若云：「古有過國，此過伯或即其後。」見大系考釋。處豷于戈。戈亦部落國家。杜注：「戈在宋、鄭之間。」靡自有鬲氏，收二國之燼，杜注：「燼，遺民。」以滅浞而立少康。御覽八二引帝王世紀云：「初，夏之殺帝相也，妃，有仍氏女，曰后緡，方娠，逃出自竇，歸于有仍，生少康焉。」又云：「靡逃奔有鬲氏，收斟、尋二國餘燼，殺寒浞而立少康。」餘詳哀元年傳。少康滅澆于過，后杼滅豷于戈，杜注：「后杼，少康子。」太平御覽八十二引帝王世紀云「帝寧，一號后予，或曰公孫曼，能率禹之功。在位十七年。」后杼又見魯語上。據哀元年傳，杼蓋二姚所生。夏本紀載禹後分封之國有戈氏。殷墟書契前編七・三四・二有卜辭云「令人戈」，葉玉森引此文證之。有窮由是遂亡，御覽八二引帝王世紀云：「寒浞有窮氏既篡羿位，復襲有窮之號。」失人故也。昔周辛甲之爲大史也，周本紀集解引劉向別録云：「辛甲，故殷之臣，事紂，蓋七十五諫，而不聽。去至周。召公與語，賢之，告文王。文王親自迎之，以爲公卿，封長子。」漢書藝文志道家有辛甲二十九篇，馬國翰有輯本。命百官，官箴王闕。尚書盤庚云：「猶胥顧于箴言。」箴乃誡諫之意。至逸周書所載夏、商之箴及呂氏春秋謹聽篇引周箴，皆未可信。闕，過失也。於虞人之箴曰：虞人，掌田獵之官。自此虞箴以後，箴便爲文體之一。『芒芒禹迹，畫爲九州，杜注：「芒芒，遠貌。畫，分也。」經啓九道。周禮遂人鄭注：「經，制分界也。」經啓，經略而開通。九道，九言其多。舊注以爲「九州之道」，似失之拘泥。民有寢、廟，生有寢，死有廟。獸有茂草；各有攸處，上古用「攸」，以後用「所」。德用不擾。德指人與獸之本質言。用，因也。擾，亂也。當時亦以禽獸爲生活資料，此箴只是謂田獵不能太多。在帝夷羿，冒于原獸，冒，貪也。忘其國恤，恤，憂也。而思其麀牡。麀音憂，牝鹿。牡，公獸。麀牡泛指禽獸。武不可重，田獵亦可謂武。重平、去兩聲皆可讀，謂多、累次。用不恢于夏家。恢，廓也，大也。用，因也。意謂因此使國家滅亡。獸臣司原，敢告僕夫。』獸臣，主管禽獸之臣，即虞人之變稱。原即上文原獸之原，謂田獵。僕夫疑三年傳文之僕人，不敢直言敢告君王，猶後人之言「左右」、「侍者」等。虞箴如是，可不懲乎？」懲即「懲前毖後」之懲。於是晉侯好田，故魏絳及之。

公曰：「然則莫如和戎乎？」對曰：「和戎有五利焉：戎狄荐居，荐，同薦，草也。莊子齊物論「麋鹿食薦」，尤可證。漢書終軍傳「北胡隨畜薦居」，即此「荐居」，謂逐水草而居。則當時所謂戎狄，基本上以游牧爲生。貴貨易土，貴與易爲反義詞，貴重，輕賤。重視財貨，輕視土地。土可賈焉，其土地可以買來。一也。邊鄙不聳，杜注：「聳，懼也。」既已和戎，戎不犯邊。民狎其野，杜注：「狎，習也。」習居其邊野而心安。穡人成功，穡人，疑爲當時管理邊鄙農田之人。二也。戎狄事晉，四鄰振動，諸侯威懷，我有威而懾服。三也。以德綏戎，綏，安撫。師徒不勤，師徒指將士，勤，勞也。甲兵不頓，甲兵泛指一切防禦與進攻武器。頓，壞也。四也。鑒于后羿，杜注：「以后羿爲鑒戒。」而用德度，德度，道德法則。遠至、邇安，遠國來朝，鄰近國家安于我。五也。君其圖之！」

公說，說同悅。使魏絳盟諸戎。諸戎，則不僅無終，凡游牧部落多至。修民事，田以時。晉語七亦敍此事，而無此詳盡。晉世家書于襄公三年，梁玉繩志疑已言之。

四·八　冬十月，邾人、莒人伐鄫，臧紇救鄫，臧紇卽臧孫紇武仲。侵邾，爲救鄫而侵邾。敗於狐駘。此年魯已得晉同意以鄫爲附屬國，故邾、莒伐之，魯必救之。狐駘，今山東滕縣東南二十里之狐駘山，一九三三年曾作考古發掘，見燕京學報十四期學術界消息。蓋魯兵已深入邾境。禮記檀弓上「狐駘」作「臺駘」，鄭玄注：「臺當爲壺，字之誤也。」壺駘卽狐駘。壺、狐音近通用。國人逆喪者皆髽，逆，迎也。魯兵敗回國，將士死亡者亦送回，其親屬以至有關官吏往迎喪。髽，據禮記喪服小記孔疏，本是婦人之喪服，有三種，一是麻髽，卽用麻與髮各半相結；一是布髽，用古尺四寸寬布屈折纏髮于額上；一是露紒（音計，束髮也）髽，不用束髮之物，不用簪，僅用麻結髮。三種髽，各有用時。此處之髽，大概爲以麻結髮之髽。不僅婦人用之，所有迎喪者皆用之，因其易于取材，亦容易辦，可見迎喪者多，亦見魯軍死亡者多。魯於是乎始髽。禮記檀弓上云「魯婦人之髽而弔也，自敗於臺駘始也」，并非解釋此句。「國人逆喪者」不專指「婦人」，此其一；「迎喪」與「弔喪」不同，此其二。婦人髽爲常禮，而此時男子亦髽。其後文獻不記魯男子髽，或檀弓以爲魯婦人以髽相弔自狐駘之敗始。國人誦之曰：說文：「誦，諷也。」正字通云：「誦，怨辭也。」「臧之狐裘，狐裘爲貴重之皮服，臧孫爲大夫，當可御之。此役在魯之十月，夏正八月，非御狐裘之時，蓋以狐裘興起狐駘，此古代詩歌之比興手法。敗我於狐駘。敗，動詞使動用法。裘、駘古音同在之咍部平聲，押韻。我君小子，時襄公有生母定姒之喪，古人可稱君爲小子。詩大雅抑「實虹小子」、「於乎小子」，小子皆指周厲王。說詳沈欽韓左傳補注。杜注謂「襄公幼弱，故曰小子」，蓋臆說。朱儒是使。朱儒亦作侏儒，有二義：晉語四「侏儒不可使援」，韋昭注云：「侏儒，短者。」臧紇當矮小，故被稱爲朱儒。鄭語：「侏儒、戚施寔御在側。」韋注又云：「侏儒，優笑之人。」管子立政，「國適有患，則優倡侏儒起而議國事矣」，韓非子八姦亦言「優笑侏儒，左右近習」，則侏儒爲君主之弄臣，爲人所賤視者。此一義于此不合，蓋臧氏世爲魯國之卿，非優倡可比。子、使爲韻，古音同之咍部上聲。朱儒朱儒，使我敗於邾。」邾小國，而魯大敗，故魯人以爲恥。

經

五年，癸巳，公元前五六八年。周靈王四年、晉悼六年、齊靈十四年、衞獻九年、蔡景二十四年、鄭僖三年、曹成十年、陳哀公溺元年、杞桓六十九年、宋平八年、秦景九年、楚共二十三年、吳壽夢十八年、許靈二十四年。

五·一 五年春，正月初四庚寅冬至，建子。公至自晉。

五·二 夏，鄭伯使公子發來聘。杜注云：「發，子產父。」

五·三 叔孫豹、鄫世子巫如晉。據杜注，因鄫已爲魯附屬國，其太子可比之于魯大夫，故與叔孫豹同書。

五·四 仲孫蔑、衞孫林父會吳于善道。「道」，公、穀作「稻」。音近可通。善道，今江蘇省盱眙縣北。

五·五 秋，大雩。

五·六 楚殺其大夫公子壬夫。

五·七 公會晉侯、宋公、陳侯、衞侯、鄭伯、曹伯、莒子、邾子、滕子、薛伯、齊世子光、吳人、鄫人于戚。

五·八 公至自會。無傳。

五·九 冬，戍陳。杜注：「諸侯在戚會，皆受命戍陳，各還國遣戍，不復有告命，故獨書魯戍。」

五·一〇 楚公子貞帥師伐陳。貞，莊王子子囊，後爲囊氏。

五·一一 公會晉侯、宋公、衞侯、鄭伯、曹伯、莒子、邾子、滕子、薛伯、齊世子光救陳。各本原無「莒子、邾子、滕子、薛伯」八字，而公、穀有之。臧壽恭春秋左氏古義據經典釋文不標三傳異同，謂左氏「傳寫譌奪」。臧說是也。今據金澤文庫本補。

五·一二 十有二月，公至自救陳。無傳。

五·一三 辛未，季孫行父卒。辛未，二十日。

傳

五·一 五年春，公至自晉。

五·二 王使王叔陳生愬戎于晉，杜注：「王叔，周卿士也。戎陵虐周室，故告愬於盟主。」晉人執之。士魴如京師，言王叔之貳於戎也。杜注：「王叔反有二心於戎，失奉使之義，故晉執之。」于鬯香草校書謂此是晉人誣王叔之辭，蓋晉於上年使魏絳盟戎，必不肯聽周討戎；執王叔，所以說戎。此言蓋臆測。

五·三 夏，鄭子國來聘，通嗣君也。子國卽公子發，後爲國氏。嗣君謂鄭僖公，此時卽位僅三年。

五·四 穆叔覿鄫大子于晉，以成屬鄫。叔孫豹率同鄫太子如晉，與晉國君卿作私人會晤，以完成使鄫屬于魯之手續。書曰「叔孫豹、鄫大子巫如晉」，言比諸魯大夫也。孔疏云：「魯大夫兩人同行，皆不言『及』。文十八年『公子遂、叔孫得臣如齊』、定六年『季孫斯、仲孫何忌如晉』其類皆是也。」此釋經于二人之間不加「及」字。

五·五 吳子使壽越如晉，吳子，名乘，字壽夢。壽越自是吳國大夫。風俗通及通志氏族略俱謂壽氏爲壽夢之後，此時壽夢與壽越同時存在，何得謂壽越爲壽夢之後？說參梁履繩左通補釋。辭不會于雞澤之故，辭兼有解釋與道歉二義。雞澤之會詳三年經、傳。且請聽諸侯之好。聽，聽從。晉人將爲之合諸侯，使魯、衞先會吳，且告會期。故孟獻子、孫文子會吳于善道。杜注：「二子皆受晉命而行。」

五·六 秋，大雩，旱也。建子之秋正是夏曆之夏，需雨而旱，故大舉求雨之禮。

五·七 楚人討陳叛故，陳叛楚見三年傳。句謂質問叛楚之因。曰：「由令尹子辛實侵欲焉。」此陳答楚之辭。乃殺之。殺子辛。書曰「楚殺其大夫公子壬夫」，貪也。

君子謂「楚共王於是不刑。於是，對於此事。詩曰：『周道挺挺，周道，大路。挺挺，言其筆直。我心扃扃。扃扃，明察也。俞樾平議謂「扃扃猶耿耿，不安也」，因與「大路挺直」上文不貫，故不可信。于鬯校書則謂「扃扃猶信實」，雖可與下文「已則無信」相應，但于訓詁終無據。講事不令，杜注：「言謀事不善。」集人來定。』杜注：「當聚致賢人以定之。」此逸詩，不在今詩經中。已則無信，而殺人以逞，杜注謂「共王殺子反、公子申及壬夫，八年之中，戮殺三卿，欲以屬諸侯，故君子以爲不可」，難信。不亦難乎？夏書曰：『成允成功。』」此亦逸書，作僞古文尚書者盜入今大禹謨篇。杜注：「允，信也。言信成然後有成功。」

五・八　九月丙午，丙午，二十三日。盟於戚，會吴，且命戍陳也。晉爲盟主，自是晉命諸侯戍陳。穆叔以屬鄫爲不利，以明年莒滅鄫事推之，鄫屬于魯，魯必盡保衞之責，而力又不及。使鄫大夫聽命于會。鄫以獨立國身分參加盟會，直接在會中聽取盟主之命。

五・九　楚子囊爲令尹。楚已殺舊令尹壬夫，而以公子貞代之。子囊，公子貞之字。互詳成十五年傳注。范宣子曰：「我喪陳矣。言陳將不服我國。楚人討貳而立子囊，討貳卽上章討陳叛故。必改行，改變子辛之行爲。而疾討陳。陳近於楚，陳今河南淮陽縣治，距楚近，距晉遠。民朝夕急，楚軍易來，陳國自時時急于兵患。能無往乎？往，往歸于楚。有陳，非吾事也；無之而後可。」言晉之國力不能長保陳國，唯放棄陳國然後可。冬，諸侯戍陳。各以兵駐紮陳國防楚攻。子囊伐陳。十一月甲午，甲午，十二日。會于城棣以救之。城棣在今河南原陽縣治北。

五・一〇　季文子卒。大夫入斂，公在位。據禮記喪大記，大夫大斂，國君親自看視，于東序端設置君位，面向西。大斂在堂上，堂朝南，東西有牆，此牆頭古曰序端。宰庀家器爲葬備，宰，季氏家臣之首。庀音庇，具也。意爲以其家之器爲葬具。無衣帛之妾，無食粟之馬，無藏金玉，無重器備，器備，一切用具。無重，重，平聲，僅一具，無雙份。君子是以知季文子之忠於公室也：相三君矣，季孫行父于文六年卽見于經，可見其入仕之早。宣公八年襄仲死，季孫爲相，歷宣、成、襄三公，凡三十三年。而無私積，可不謂忠乎？」魯世家採此文。

六年，甲午，公元前五六七年。周靈王五年、晉悼七年、齊靈十五年、衞獻十年、蔡景二十五年、鄭僖四年、曹成十一年、陳哀二年、杞桓七十年、宋平九年、秦景十年、楚共二十四年、吳壽夢十九年、許靈二十五年。

經

六·一 六年春王三月，正月十四日乙未冬至，建子。壬午，壬午，二日。杞伯姑容卒。據孔疏引世本，姑容乃杞成公之弟。

六·二 夏，宋華弱來奔。「弱」，公羊作「溺」，而唐石經仍作「弱」。杜注：「華椒孫。」

六·三 秋，葬杞桓公。無傳。

六·四 滕子來朝。

六·五 莒人滅鄫。鄫詳僖十四年經並注。

六·六 冬，叔孫豹如邾。

六·七 季孫宿如晉。「宿」，國語作「夙」，孔疏引世本及檀弓鄭注亦俱作「夙」。説文，宿从㐹聲，㐹、夙又是異形而同字，故「宿」即「夙」。季孫宿，行父之子。魯國之卿，子孫相繼。宿繼父爲卿，然此時仲孫蔑當政。

六·八　十有二月，齊侯滅萊。萊國見宣七年經注。

傳

六·一　六年春，杞桓公卒。始赴以名，同盟故也。杞桓公立于僖公二十四年，在位七十年，唯曾于魯成公五年、七年、九年與魯同盟，襄公之世未見同盟，此同盟蓋指前一代言。杞自入春秋以來，其君主之死未嘗書名。杞成公死于僖公二十三年，亦書「杞子卒」。自此以後，杞君之卒與葬皆書于魯春秋。餘詳僖二十三年經注。

六·二　宋華弱與樂轡少相狎，據左傳桓元年孔疏引世本「華父督，戴公之孫，好父說之子」，又據禮記檀弓下孔疏引世本「戴公生樂甫術，術生石甫願繹」云云，是華、樂兩氏俱是宋戴公之後裔，世代爲宋國之卿大夫。狎，習也；過分親近，互相輕侮。長相優，杜注：「優，調戲也。」又相謗也。謗，誹謗，毀謗。子蕩怒，杜注：「子蕩，樂轡也。」以弓梏華弱于朝。用弓套入華弱頸項，而己執其弦。平公見之，曰：「司武而梏於朝，難以勝矣。」司武卽司馬，武馬古同音，且宋國司馬之職掌武事。據成十五年傳，老佐爲司馬；又據成十八年傳，老佐以圍彭城之役死，其時華弱或代之。說本讀左傳。宋平公之意謂以國家主管軍事之長官而被人在朝廷中梏桎，而欲使其取勝他國，更不易矣。或以爲勝讀平聲，勝任也。遂逐之。夏，宋華弱來奔。司城子罕曰：司城卽司空。據檀弓下孔疏引世本，子罕爲戴公六世孫。此時當國。「同罪異罰，非刑也。專戮於朝，專爲專擅之專。戮，辱也。子蕩梏華弱於朝，是專戮。罪孰大焉？孰，何也。」亦逐子蕩。

子蕩射子罕之門，曰：「幾日而不我從！」謂不久我亦將使汝被逐出國。子罕善之如初。謂宋之執政，雖心有是非，而欺弱畏惡，終不敢觸怒罪人。

六·三 秋，滕成公來朝，始朝公也。滕君於隱十一年、桓二年、文十二年朝魯以後，經、傳未嘗載再朝魯之事。由文十二年至此又四十八年，襄即位已六年。傳屢言「始朝公」，皆久不朝之意。

六·四 莒人滅鄫，鄫恃賂也。受賂者爲誰，傳未言。或曰賂魯，或曰賂莒，皆無據。此時鄫已脫離魯國之附屬關係，則明知魯不能救助之，又何必賂？戰國策魏策四云：「繒恃齊以悍越，齊和子亂而越人亡繒。」此蓋戰國策士一時之言，未足爲信史。公羊、穀梁造作「立異姓」之說，尤不足信。

六·五 冬，穆叔如邾，聘，且修平。四年曾與邾戰，魯敗于狐駘，爲救鄫之故。今鄫已亡于莒，故叔孫豹與邾修和好。魯聘邾，春秋經、傳僅此一條。

六·六 晉人以鄫故來討，曰：「何故亡鄫？」意謂鄫曾屬魯，莒滅鄫，而魯不救。其實魯之放棄鄫國，即自知無力保護鄫。季武子如晉見，且聽命。聽晉國之處置。

六·七 十一月，齊侯滅萊，萊恃謀也。杜注：「賂夙沙衛之謀也。事在二年。」於鄭子國之來聘也，子國聘魯在去年四月，傳謂「通嗣君」，或同時亦聘于齊。四月，晏弱城東陽，晏弱已于二年城東陽偪萊，又于五年四月再城東陽。而遂圍萊。甲寅，去年四月丙辰朔，不得有甲寅。堙之環城，堙亦作垔，堆土爲山曰堙。句謂環萊城之四周皆築土山。孫子謀攻篇曰「距闉」，此古代攻城之一法。傅於堞。堞即陴，女牆。詳見宣十二年傳注。及杞桓公卒之月，此年三月。圍之歷一年之久。乙未，乙未，十五日。王湫帥師及正輿子、棠人軍齊師，王湫，齊國佐之黨。齊殺國佐，王湫奔萊，見成十八年傳。正輿子見二年傳注。棠，萊國之邑，疑在今山東平度縣東南。或以山東卽墨縣南八十里之地當之，恐萊之國境不及此。齊師大敗之。敗王湫等。丁未，丁未，二十七日。入萊。萊共公浮柔奔棠。「共」，蓋萊亡後其遺民所予之謚，浮柔則其名。棠在東南。正輿子、王湫奔莒，莒人殺之。四月，陳無宇獻萊宗器于襄宮。陳無宇，敬仲玄孫，見史記田敬仲世家。襄宮，杜注謂爲「齊襄公廟」，若然，襄公至靈公已八代，依舊禮，襄公廟應早已不存。且何故不獻于他廟而獨獻于襄公之廟？疑「襄」當作「惠」，文十一年傳之「齊襄公」，亦「齊惠公」之誤，詳彼注。惠公曾于魯宣七年及九年伐萊，故獻萊宗器于其廟。傳世有叔夷鐘，銘文云「錫釐僕三百又五十家」云云，釐卽萊，「釐僕」指滅萊後之俘虜爲奴隸者。此鐘卽製作于滅萊之後。郭沫若兩周金文辭大系考釋謂「蓋於是役，叔夷最有功」，則於傳無徵。晏弱圍棠，十一月丙辰十一月無丙辰，「十一月」當依經作「十二月」。丙辰，十二月十日。而滅之。棠僅萊之一邑，傳鄭重舉其月日而言「滅之」，自是因萊君在此，萊君爲之死。公羊謂「國滅君死之」，當是事實。遷萊于郳。遷萊民于郳，非遷萊君。郳，說文云「齊地」，則許慎不以此郳爲莊公五年之郳國。惜郳地今已無可考。高厚、崔杼定其田。定萊國之田。齊既滅萊，必分配其土地與齊君臣，先由高、崔實地考察，定出方案與疆界。杜注：「高厚，高固子。」崔杼詳宣十年傳注。

七年，乙未，公元前五六六年。周靈王六年、晉悼八年、齊靈十六年、衞獻十一年、蔡景二十六年、鄭僖五年、曹成十二年、陳哀三年、杞孝公匄元年、宋平十年、秦景十一年、楚共二十五年、吳壽夢二十年、許靈二十六年。

經

七·一 七年春，正月二十六日辛丑冬至，建子，此年有閏月。郯子來朝。郯國，己姓，或云嬴姓，故城在今山東郯城縣境。

七·二 夏四月，三卜郊，不從，乃免牲。卜郊、免牲俱詳僖三十一年傳並注。餘詳傳注。

七·三 小邾子來朝。

七·四 城費。

七·五 秋，季孫宿如衞。

七·六 八月，螽。無傳。杜注：「爲災，故書。」

七·七 冬十月，衞侯使孫林父來聘。壬戌，壬戌，二十一日。及孫林父盟。

七·八 楚公子貞帥師圍陳。圍國書大夫名自此始。

七·九 十有二月，公會晉侯、宋公、陳侯、衞侯、曹伯、莒子、邾子于鄬。「鄬」，穀梁作「隖」，同。音爲，又音蔿。杜注：「鄭地。」當在今河南魯山縣境。鄭伯髡頑如會，未見諸侯，丙戌，丙戌，十六日。卒于鄵。

「頑」，公、穀作「原」，古音同，通假。「鄵」，公、穀作「操」，亦同音通假。杜注：「鄵，鄭地。」

七·10 陳侯逃歸。

傳

七·一 七年春，郯子來朝，始朝公也。

七·二 夏四月，三卜郊，不從，乃免牲。郊有二義，據孝經「昔者周公郊祀后稷以配天，宗祀文王於明堂以配上帝」，禮記郊特牲「萬物本乎天，人本乎祖，此所以配上帝也。郊之祭也，大報本反始也」，公羊傳宣三年「郊則曷爲必祭稷？王者必以其祖配」云云，則郊本爲祭天之禮。祭天應有陪同受祭之人，周之始祖爲后稷，因以后稷配饗。此本是原義。其後又以后稷爲始作農耕之人，人既祭祀上天，上天應有以酬答，於是産生祈求好收成之義。下文專就此義言。餘詳桓五年、僖三十一年傳並注。

孟獻子曰：「吾乃今而後知有卜、筮。卜、筮有别，此因卜而及筮。夫郊祀后稷，以祈農事也。是故啓蟄而郊，郊而後耕。啓蟄，古代節氣名。當時尚未具備二十四節氣。杜注謂「啓蟄，夏正建寅之月」。餘詳桓五年傳注。今既耕而卜郊，據夏小正「正月農及雪澤」，似古代耕田在今農曆正月。周正四月乃夏正二月，則已耕矣，故孟獻子如此説。宜其不從也。」卜用龜。孟獻子此語蓋贊美龜殼有神靈，卜郊過時，龜殼自然三次不同意。但據僖三十一年傳「禮不卜常祀」，卜郊已違其禮。卜法殷商時代常見，目前所得甲骨卜辭以萬計。筮法用周易始于西周。但春秋經有卜無筮，傳之筮多用周易。

七·三 南遺爲費宰。僖元年傳：「公賜季友汶陽之田及費。」自此費爲季氏私邑。宰，縣宰。叔仲昭伯爲隧正，叔仲昭伯，惠伯之孫，名帶。隧正，當卽周禮之遂人，其職亦掌徒役。欲善季氏，而求媚於南遺。謂遺：「請城費，使南遺向季孫宿請求築費城。吾多與而役。」而同爾。其所徵調徒役，當卽遂（郊外）之居民。故季氏城費。

七·四 小邾穆公來朝，亦始朝公也。「亦」接上文「郯子來朝，始朝公也」，與文十二年傳「亦始朝公也」用法同。

七·五 秋，季武子如衞，報子叔之聘，且辭緩報，非貳也。子叔聘魯襄在元年，六年後始答報，故加以說明並致歉意。辭與五年傳「辭不會于雞澤之故」用法同。

七·六 冬十月，晉韓獻子告老，告老致仕。公族穆子有廢疾，公族穆子名無忌，杜注：「韓厥長子，成十八年爲公族大夫。」廢同癈，說文：「癈，固病也。」或云久治不愈之病，或云殘廢之病。將立之。代韓厥爲卿。辭曰：「詩曰『豈不夙夜？謂行多露』。兩句見國風召南行露。詩本意原是一女子與一男子相愛，男子强之，女子守禮，女子答男子云，豈不想朝朝暮暮欲至你處，其奈道路露水太多何。原詩爲比喩，此則斷章取義，謂己有病而不能早夜從公。謂，奈何。行，道路。有所畏懼而不敢。又曰：『弗躬弗親，庶民弗信。』兩句見小雅節南山。引此之意亦謂自身有疾，不能躬親辦事，則不能取信於衆。信古讀爲申，同韻。無忌不才，讓，其可乎？請立起也。無忌謚爲穆子，起爲其弟，謚爲宣子。與田蘇游，而曰『好仁』。杜注：「田蘇，晉賢人。蘇言起好仁。」詩曰：『靖共爾位，好是正直。神之聽之，介爾景福。』詩見小雅小明。「靖共爾位」即大雅韓奕之「虔共爾位」，謂忠實謹慎于職位。好是正人直人，即忠于職位之內容。神之聽之，上「之」字無義，卽神聽之。介，助也。景，大也。恤民爲德，杜注云：「靖共其位，所以恤民。」俞樾茶香室經說謂左傳引詩本作「靖共爾德」，所以此句釋「德」字，誤。正直爲正，「正直」與下句「正曲」相對，但「正直」不易明白。既已直，何必正？杜注以「正己心」爲正直，以「正人曲」爲「正曲」，則是以己與人代原文之直及曲，雖此解本於詩毛傳，顯然勉强。疑正直者，本已有之直道而行也。正曲爲直，參和爲仁。參和，德、正、直三者和爲一體。如是，則神聽之，介福降之。介，大也。以介釋詩之「景」字，與本詩之「介」異義。而與詩小雅楚茨「報以介福」之介同義。立之，不亦可乎？」

庚戌，庚戌，九日。使宣子朝，遂老。韓厥本將中軍，爲晉正卿，韓起不過繼承其卿位，非正卿。據九年傳，知罃代將中軍。晉侯謂韓無忌仁，使掌公族大夫。公族大夫不止一人，此則爲公族大夫之首席。

七・七 衛孫文子來聘，且拜武子之言，杜注：「緞報非貳之言。」而尋孫桓子之盟。桓子，卽孫良夫，文子之父。其聘魯且盟在成三年。公登亦登。據儀禮聘禮，受聘國之君立于中庭，請貴賓入內。賓入後，三次揖，至階前。諸侯之階七級，登階後卽上殿堂。故至階前，主客相讓。依禮，國君先登二級，然後賓登一級。臣應在後，相距君一級。今魯襄登階，孫林父亦隨之同登。叔孫穆子相，趨進，曰：「諸侯之會，寡君未嘗後衛君。魯君與衛君地位相等，故登階同行，則孫林父應視魯君如衛君。今吾子不後寡君，韓非子難四亦載此事，此句作「今子不後寡君一等」。叔孫之意謂，爾在本國，登階自後衛君；而至魯，反不後魯君。寡君未知所過。此外交辭令。寡君不知自己之過失何在，而被汝輕視。吾子其少安！」爾雅釋詁：「安，止也。」此欲其脚步稍停。孫子無辭，無所解釋。亦無悛容。悛，改悔。

穆叔曰：「孫子必亡。爲臣而君，與君相并行，若己亦是國君然。過而不悛，亡之本也。韓非子難四云：「孫子君於衞，而後不臣於魯。」則林父在衞，亦與衞君抗衡。據成七年及十四年傳，衞定公與孫林父關係至惡，而孫林父仗晉國支持，衞定公不得已而恢復其地位。此時又當定公之子獻公在位，其專橫强霸更可知，韓非謂其「君於衞」，不爲無因。詩曰，『退食自公，委蛇委蛇』，兩句見詩國風召南羔羊。「退食自公」卽「自公退食」，從朝廷回家吃飯。委蛇舊讀逶移，從容自得貌。謂從者也。從，順從。句意謂從容自得，只有順從于君者可以如此。衡而委蛇，必折。」衡卽横，謂强横、專横。此種人而從容自得，不思後患，必將毁折。

七·八 楚子囊圍陳，會于鄬以救之。簡敍經文。

七·九 鄭僖公之爲大子也，於成之十六年與子罕適晉，成，魯成公。魯成十六年，鄭成公十年。不禮焉。「焉」同「之」。不禮子罕。又與子豐適楚，亦不禮焉。子罕、子豐皆鄭穆公子，較僖公長二輩。及其元年朝于晉，鄭僖元年當魯襄之三年。子豐欲愬諸晉而廢之，子罕止之。及將會于鄬，子駟相，又不禮焉。侍者諫，不聽；又諫，殺之。殺進言之侍者。及鄵，子駟使賊夜弑僖公，鄭世家謂使厨人藥殺，以賊卽厨人，殺用毒藥。而以瘧疾赴于諸侯。俞樾平議謂「瘧疾」古本止作「虐疾」，書金縢「遘厲虐疾」，猶言暴疾。弑之而以暴疾赴，於情事爲近。簡公生五年，僖公子。奉而立之。高士奇紀事本末云：「僖公之爲此行也，棄楚而從晉也，而子駟執官命未改之說於前此諸大夫請從晉之日，則知公欲棄楚，非子駟意也。及楚子囊伐鄭，子駟、子國、子耳欲從楚，子孔、子蟜、子展欲待晉，而子駟曰『請從楚，騑也受其咎』，然則子駟固未嘗一日忘楚也。僖公舍楚從晉，身卒見弒，此事勢相倚之必然者。」

七·一〇 陳人患楚。杜注：「楚圍陳故。」慶虎、慶寅謂楚人曰：「吾使公子黄往，而執之。」杜注：「二慶，陳執政大夫。公子黄，哀公弟。」楚人從之。執公子黄。二慶使告陳侯于會，曰：「楚人執公子黄矣。君若不來，羣臣不忍社稷宗廟，謂不忍國家之亡。懼有二圖。」意謂將改立從楚之君。陳侯逃歸。此會本欲救陳，陳侯自會逃歸，則可以不救矣。

八年，丙申，公元前五六五年。周靈王七年、晉悼九年、齊靈十七年、衛獻十二年、蔡景二十七年、鄭簡公嘉元年、曹成十三年、陳哀四年、杞孝二年、宋平十一年、秦景十二年、楚共二十六年、吳壽夢二十一年、許靈二十七年。

經

八·一 八年春王正月，正月初七丙午冬至，建子。公如晉。

八·二 夏，葬鄭僖公。無傳。

八·三 鄭人侵蔡，獲蔡公子燮。「燮」，穀梁作「濕」。下同。蓋音近而通。

八·四 季孫宿會晉侯、鄭伯、齊人、宋人、衞人、邾人于邢丘。邢丘詳宣六年傳注。

八·五 公至自晉。無傳。

八·六 莒人伐我東鄙。

八·七 秋九月，大雩。

八·八 冬，楚公子貞帥師伐鄭。

八·九 晉侯使士匄來聘。

傳

八·一 八年春，公如晉，去年十二月魯襄會諸侯于鄬，尚未歸魯，此自鄬至晉。朝，且聽朝聘之數。朝聘之數有二解。杜注意指朝聘所用貢獻財幣之數；而孔疏則引昭三年傳子大叔云「文、襄之霸也，令諸侯三歲而聘，五歲而朝」，並謂「自襄以後晉德少衰，諸侯朝聘無復定準」、「悼公此命還同文、襄」云云，則又指朝聘之次數言。然魯襄即位，尚未滿八年，且幼小，已三次朝于晉，十二年又一朝，亦未隔五年，杜注較確。

八·二 鄭羣公子以僖公之死也，謀子駟。謀殺子駟。子駟先之。先下手。夏四月庚辰，庚辰，十二日。辟殺子狐、子熙、子侯、子丁。辟，罪也。藉口有他罪而殺之。孫擊、孫惡出奔衞。杜注本賈逵說，謂二孫爲子狐之子。孔疏云：「未必有文可據。」

八·三　庚寅，庚寅，二十二日。鄭子國、子耳侵蔡，杜注：「子耳，子良之子。」獲蔡司馬公子燮。鄭人皆喜，唯子產不順，子產，公孫僑，子國之子。晉語八稱之爲公孫成子，則謚成。然左傳以後屢見子產之名與字，獨不舉其謚，不知其故。不順，不隨從附和。荀子修身篇「以善和人者謂之順」，則不順者，不以爲善，因而不附和也。曰：「小國無文德，而有武功，禍莫大焉。楚人來討，蔡，楚之與國。侵蔡卽向楚挑釁隙。能勿從乎？言不能抗禦楚軍。從之，晉師必至。晉、楚伐鄭，自今鄭國不四、五年弗得寧矣。」言鄭國自此至少四五年内不得安寧。子國怒之曰：「爾何知！國有大命，而有正卿，杜注：「大命，起師行軍之命。」正卿指子駟，時專鄭政。童子言焉，童子謂未成人者，詩衞風芄蘭「童子佩觿」是也。子產死于魯昭二十年，距此四十四年，此時年少。將爲戮矣！」荀子臣道篇引逸詩云，「國有大命，不可以告人，妨其躬身」，惠士奇補注詩意卽子國怒言所本。沈欽韓補注引韓非子外儲說左下「子產忠於鄭君，子國譙怒之曰：『夫介異于人臣，而獨忠（原引無「忠」字，依顧廣圻校補）于主。主賢明，能聽汝；不明，將不汝聽。聽與不聽，未可必知，而汝已離于羣臣。離于羣臣，則必危汝身矣。非徒危己也，又且危父矣。』」沈謂「蓋卽此傳怒子產之辭而傳聞之訛也」。

八·四　五月甲辰，甲辰，七日。會于邢丘，以命朝聘之數，使諸侯之大夫聽命。季孫宿、齊高厚、宋向戌、衞甯殖、邾大夫會之。鄭伯獻捷于會，故親聽命。鄭簡年五歲耳。大夫不書，不書高厚諸人之名。尊晉侯也。

八·五　莒人伐我東鄙，以疆鄫田。杜注：「莒既滅鄫，魯侵其西界，故伐魯東鄙，以正其封疆。」

八·六 秋九月，大雩，旱也。

八·七 冬，楚子囊伐鄭，討其侵蔡也。

子駟、子國、子耳欲從楚，據二十二年傳，子駟嘗從鄭伯朝晉，晉侯不禮，故子駟欲從楚。子孔、子蟜、子展欲待晉。子孔，穆公子。子蟜，即公孫蠆，謚桓子，子游子。子展，即公孫舍之，謚桓子，子罕子。待晉，待晉國救援。子駟曰：「周詩有之曰：『俟河之清，人壽幾何？黄河自古混濁，文選思玄賦李善注引易傳謂「河千年一清」，自是傳説無稽。此言人生無多，難待河清。兆云詢多，職競作羅。』此逸詩。兆，卜也。云，語中助詞，無義。詢，爾雅釋詁云：「信也。」三百篇兩用「職競」，大雅桑柔「職競用力」、小雅十月之交「職競由人」，與此逸詩凡三。職，當也，詳詞詮。競，語詞，余另有説。此兩句詩意爲卜問實多，當是自作羅網而已。至哀二十三年傳「使肥與有職競焉」，競又一義。謀之多族，凡公孫之子賜氏，便成氏族。此僅謂與朝廷卿士多人謀之。民之多違，謀議太多，人多不從。事滋無成。滋，益也，謂事更難成功。子駟欲專斷。民急矣，楚軍攻戰甚盛。姑從楚，以紓吾民。紓，緩也。晉師至，吾又從之。敬共幣帛，共同供。以待來者，小國之道也。犧牲玉帛，待於二竟，竟同境。二境，楚來及晉來之鄭邊境。以待彊者而庇民焉。寇不爲害，民不罷病，罷，今作疲。不亦可乎？」

子展曰：「小所以事大，信也。小國無信，兵亂日至，亡無日矣。五會之信，杜注：「謂三年會雞澤，五年會戚，又會城棣，七年會鄬，八年會邢丘。」今將背之，雖楚救我，將安用之？親我無成，鄙我是欲，不可從也。成，終也。此數句謂我背五會之信，晉必伐我；楚縱救我，亦何所用。楚之親我將無好結果，反欲以我爲其邊鄙縣邑，不可從楚。此用王念孫説。不如待晉。晉君方明，四軍無闕，四軍，晉有中、上、下、新四軍。無闕謂乘卒甲兵完備。八卿和睦，孔疏據九年傳，八卿爲荀罃、士匄、荀偃、韓起、欒黶、士魴、趙武、魏絳，四軍之將佐。必不棄鄭。楚師遼遠，糧食將盡，必將速歸，何患焉？舍之聞之：舍之，子展名。杖莫如信。能仗恃者莫如守信。完守以老楚，完，堅固。堅固守備以使楚軍疲憊無士氣。杖信以待晉，晉必不棄鄭。不亦可乎？」

子駟曰：「詩云：『謀夫孔多，是用不集。孔，甚也。集，成就也。發言盈庭，誰敢執其咎？滿朝發言，誰敢受過？如匪行邁謀，是用不得于道。』匪，彼也。行邁爲同義詞連用，詩王風黍離「行邁靡靡」可證。道，道路。詩見小雅小旻。此二句意謂如同彼人且走且商于路人，故無所得。請從楚，騑也受其咎。」子駟本主張從晉，見二年傳；此次改變而從楚，據二十二年傳子産語，子駟曾于此年邢丘之會受辱，因而恨晉。

乃及楚平，使王子伯駢告于晉，宣六年傳有王子伯廖，亦鄭大夫。或謂伯駢乃伯廖之子，不知其據。曰：「君命敝邑：『修爾車賦，車賦一詞唯此一見，車賦猶言車乘。儆而師徒，儆，音義同警，戒備。以討亂略。』亂略一詞亦唯此一見，不以道取曰略，與亂義近。蔡人不從，敝邑之人不敢寧處，悉索敝賦，悉索同義詞連用，盡也。意謂收盡我國軍事力量。以討于蔡，獲司馬燮，獻于邢丘。今楚來討曰：『女何故稱兵于蔡？』稱，舉也。焚我郊保，保，今作堡，築土爲城，猶近代之土寨。郊保，郊外之小城堡。馮陵我城郭。

馮陵，同義詞，猶言攻犯，侵略。敝邑之衆，夫婦男女，不遑啓處，以相救也。夫婦，已嫁娶者；男女，未嫁娶者或鰥夫寡婦，意即全部居民。不遑啓處原爲詩四牡句。遑，閒暇。小跪曰啓，古人坐即席地而跪。句意爲無閒暇坐而互相救助。表示急迫。翦焉傾覆，翦焉，狀語，傾覆沈陷貌。參見章炳麟左傳讀。無所控告。民死亡者，非其父兄，卽其子弟。夫人愁痛，杜注：「夫人猶人人也。」王引之經傳釋詞云：「夫猶凡也，衆也。」不知所庇。民知窮困，而受盟于楚。孤也與其二三臣不能禁止，不敢不告。」知武子使行人子員對之曰：知武子，中軍帥荀罃。「君有楚命，杜注：「見討之命。」亦不使一个行李告于寡君，「个」，原作「介」，今依釋文、石經、金澤文庫本、宋本等及錢綺左傳札記說正。行李，杜注：「行人也。」而卽安于楚。意謂事先不通知卽屈服於楚。君之所欲也，誰敢違君？寡君將帥諸侯以見于城下。唯君圖之。」

八・八 晉范宣子來聘，士匄也，時爲中軍佐。且拜公之辱，答拜魯襄春季朝晉。告將用師于鄭。公享之。古代有享禮，有宴禮。享亦作饗，宴亦作燕。享禮酒醴酬酢，儀節繁複，恐難有賦詩之事。享終卽宴，故宴亦可以謂之享。據下文士匄與季孫宿互相賦詩，知此亦宴禮。宣子賦摽有梅。摽，落也。摽有梅，召南之一篇，本意是男女婚姻及時。士匄賦此，寄意于望魯及時出兵。季武子曰：享燕中，季孫宿爲相。此時魯襄不過十一歲，不知禮，故由季孫應對。「誰敢哉？誰敢不及時。今譬於草木，宣子賦摽有梅，故季武子以草木爲喻。寡君在君，在，於也。君指晉君。君之臭味也。臭音嗅。臭味，氣味也。意謂魯君對于晉君，晉君爲花與果實，魯君只是其臭味，既以尊晉，又喻兩國情同一體。歡以承命，何時之有？」欣喜以承擔命令，無時間之遲速。武子賦角弓。角弓，小雅篇名。取意于「兄弟婚姻，無胥遠矣」。賓將出，武子賦彤弓。賓卽士匄。彤弓亦在小雅。序云：「天子錫有功諸侯。」武子意在晉悼繼續晉文之霸業。宣子曰：「城濮之役，杜注：「在僖二十八年。」我先君文公獻功于衡雍，受彤弓于襄王，以爲子孫藏。匄也，先君守官之嗣也，據趙世家索隱及文十三年傳孔疏引世本，士匄之曾祖成伯缺，缺生會，于成公時爲卿，已則繼承隨武子會及士燮而爲晉卿。敢不承命？」杜注：「言已嗣其父祖爲先君守官，不敢廢命，欲匡晉君。」君子以爲知禮。

經

九年，丁酉，公元前五六四年。周靈王八年、晉悼十年、齊靈十八年、衞獻十三年、蔡景二十八年、鄭簡二年、曹成十四年、陳哀五年、杞孝三年、宋平十二年、秦景十三年、楚共二十七年、吳壽夢二十二年、許靈二十八年。

九·一 九年春，正月十八日辛亥冬至，建子。宋災。公羊作「宋火」，據公羊傳文，實應作「宋災」，蓋傳寫誤。

九·二 夏，季孫宿如晉。

九·三 五月辛酉，辛酉，二十九日。夫人姜氏薨。卽穆姜，成公母。

九·四 秋八月癸未，癸未，二十三日。葬我小君穆姜。無傳。

九·五 冬，公會晉侯、宋公、衞侯、曹伯、莒子、邾子、滕子、薛伯、杞伯、小邾子、齊世子光伐鄭。十有二月己亥，杜注：「傳言『十一月己亥』，以長曆推之，十二月無己亥，經誤。」己亥，十一月十日。同盟于戲。戲卽成十七年傳之戲童。戲童山在今河南登封縣嵩山北。

九·六 楚子伐鄭。

傳

九·一 九年春，宋災，宣十六年左傳云：「天火曰災。」天火者，不知火起之因，無以歸之，歸之于天。襄九年公羊傳則云：「大者曰災，小者曰火。」樂喜爲司城以爲政，樂喜卽子罕。檀弓下正義引世本云：「傾生東鄉克，克生西鄉士曹，曹生子罕。」通志氏族略：「樂呂孫喜字子罕。」餘詳文十八年傳注。文七年及成十五年傳言宋六卿之次皆謂右師、左師、司馬、司徒、司城、司寇。則司城位次第五。右師雖最貴，賢則爲政，華元是也。子罕雖位次第五，以其賢而有才，故主持國政。使伯氏司里。此文凡言「使」，皆子罕使之。杜注：「伯氏，宋大夫。」司里非官名。里卽里巷，城內居民點。司里者，管轄城內街巷。火所未至，徹小屋，小屋易撤，留出空地，可以隔火。塗大屋，大屋不易撤，損失大，故以泥土塗之，可使火不易燃。陳畚、挶，挶卽梮，與䡖同，音菊，舁土之器。畚音本，以草索爲之，可以盛糧，亦可以盛土。其器較大，甚至晉靈公用以盛死尸。梮或是以二木爲之，貫穿畚之兩耳，二人抬之以運土。陳，列也。將二物列成行，便于取用。具綆、缶，綆，汲水繩索。缶，汲水之盛器。備水器；水器，盛水之器，如盆、甕、罃之類皆是。量輕重，據杜注，估計各人力量大小，分配任務輕重。蓄水潦，蓄爲儲備。潦音老，又音勞，積水。蓄水潦者，備汲取也。積土塗，塗爲名詞，泥土。巡丈城，疑丈城爲一詞，卽城郭四周。竹添光鴻會箋疑「丈」爲「大」字之誤，高本漢注釋疑「丈」借爲「長」，皆無據。繕守備，修理防守之具，戒備因災生内患外寇。表火道。火道，火至之處及其趨向；表之使人趨或避。此類使伯氏主持。使華臣具正徒，華臣，華元之子，爲司徒。周禮，大司徒掌徒庶之政令；小司徒，凡國之大事致民。此皆司徒掌徒役之證。或是首都郊區中供常役之徒，據周禮小司徒「凡起徒役，毋過家一人」，此卽正徒之義。令隧正納郊保，此文凡言「令」，是華臣等大官令其所屬。隧正，一遂之長，疑卽周禮之遂人。國都城區之外曰郊，郊外曰隧，隧猶今之遠郊區。保爲隧内之小城堡。納郊保者，調集郊堡之徒卒送之于國都。奔火所。使所送郊保之徒役救火災。使華閱討右官，官庀其司。華閱亦華元子，嗣華元爲右師。右師有官屬。討，治也。庀音痞，治也，具也。句意謂子罕使華閱督促其官屬，各盡其責。向戌討左，亦如之。此亦是子罕使向戌督促左師之官屬各盡其職。向戌時爲左師。使樂遄庀刑器，亦如之。樂遄爲司寇，是刑官。具備刑具，于大火中必有爲非犯禁之人，所以刑之。亦如之，各盡其職責。使皇鄖命校正出馬，皇鄖，皇父充石之後（充石見文十一年傳並注），東鄉爲人之子，爲宋司馬，字椒。校正，司馬屬官，主馬，周禮謂之校人。工正出車，工正亦司馬屬官，昭四年傳可證。周禮掌車之官屬宗伯，與此不同。車，戰車。備甲兵，備甲仗武器。庀武守。使西鉏吾庀府守，賈逵、杜預俱以鉏吾爲太宰。府守，杜以爲是六官之典策，孔疏引劉炫說，以爲府庫守藏。劉說似較長。府庫所藏，不僅物資財幣，典策亦有藏所，劉義可包杜義。此庀字不與上同，庀同庇，保護。令司宮、巷伯儆宮。司宮卽周禮之内小臣，爲宮内奄人之長。昭五年傳載楚子欲以羊舌肸爲司宮，足見楚亦有司宮之官，若清代之總管太監。詩有巷伯，末云「寺人孟子」，可見巷伯亦奄人，蓋主管宮中巷寢門户。儆同警，戒備。蓋防止宮内之亂。二師令四鄉正敬享，二師，右師及左師。蓋宋都有四鄉，每鄉一鄉正，卽鄉大夫。敬享，享，祀也。據周禮大祝，國有天災，徧祀社稷與一切應祭之神。此敬享自是祭祀羣神。祝宗用馬于四墉，祝宗見成十七年傳注。墉，城。用馬，殺馬以祭。據沈彤小疏，古代祈禳之事，皆以馬爲牲。用馬于四墉，此城隍神之濫觴。又詳梁履繩左通補釋卷十五。祀盤庚于西門之外。殷本紀、三代世表、漢書古今人表以及殷墟卜辭，皆謂盤庚爲陽甲弟，殷商十世之君，宋或以之爲遠祖。據水經，宋都四城門，東門、南門、北門皆見專名，唯西門無名。盤庚遷都于今河南安陽市安陽河兩岸之殷墟，宋都今商丘市，殷墟在其西北，故祀于西門之外。前人謂西方爲少陰，取其可以壓火，曲說不可信。

晉侯問於士弱曰：弱，士渥濁之子，謚曰莊子。「吾聞之，宋災於是乎知有天道，舊以「宋災」二字屬上讀，今改屬下。句意謂宋因災而知天道，非謂宋知天道而預知火災。説詳俞樾平議。蓋當時人有此語，晉侯聞之，不得其解，乃問士弱。何故？」對曰：「古之火正，火正爲官名，職掌祭火星，行火政。古代五行各有正，見昭二十九年傳。或食於心，或食於咮，食，配食。公元前二千二百年左右，春耕開始時，大火星初昏東升。至商代，大火東升甚晚，春耕開始，鶉火，卽柳、星、張三宿，正在南中天。詳鄭文光中國天文學源流第六〇頁。以出内火。禮記郊特牲「季春出火，爲焚也」。周禮夏官司爟：「季春出火，民咸從之。季秋内火，民亦如之。」大戴禮記夏小正：「五月初昏大火中。」又云：「九月内火。」合而觀之，出内火有二義，一謂心宿二見與伏；一謂心宿二見，陶冶用火；伏，禁火，卽月令「季春命工師、令百工咸理，季秋霜始降則百工休」。是故咮爲鶉火，心爲大火。柳宿卽鶉火，心宿卽大火，爲夏夜亮星之一。大火實指此星。陶唐氏之火正閼伯居商丘，閼伯相傳爲高辛氏之苗裔，詳昭元年傳並注。劉心源奇觚室吉金文述卷五有商丘叔簠，蓋以地名爲氏。據顧棟高春秋大事表，今河南商丘市西南有商丘，周三百步，世稱閼臺。祀大火，祭大火星。而火紀時焉。以大火星爲辰，視其移動之迹而定時節。相土因之，相土爲殷商先祖，見詩商頌長發及世本。殷墟卜辭屢見祭土之貞卜，土即相土。故商主大火。殷商以大火爲祭祀主星。前人或以分野及星土說之，以左傳覈之，不足信。詳見黃宗羲南雷文案及王士禎居易録。商人閱其禍敗之釁，說文：「閱，察也。」釁，預兆。意謂商人考察而總結禍敗之預兆。必始於火，是以日知其有天道也。」日，往日。章炳麟讀「日」爲「實」，不可從。句意謂殷商僅是總結其禍敗多緣于火，因而過去自認已掌握自然規律（天道）。公曰：「可必乎？」晉悼公又問，此種歷史經驗總結可肯定乎。對曰：「在道。意謂不可一定，而在乎國家治亂之道。國亂無象，不可知也。」意謂國政紊亂，上天不示預兆，亦不可認識。

九·二　夏，季武子如晉，報宣子之聘也。酬謝晉國使范宣子來聘于魯。事見八年傳。

九·三　穆姜薨於東宮。穆姜，襄公祖母，欲去成公，立其姦夫僑如，見成十六年傳。因此被迫遷于東宮。東宮蓋別宮名，非太子之宮。始往而筮之，遇艮之八䷳。周易皆言「九」「六」，變者一爻，變爲他卦，則曰某（卦名）之某（卦名）。此筮艮卦五爻皆變，唯第二爻（從下數）不變，則成隨卦。不曰「艮之隨」，杜注謂此是用連山易或歸藏易。然此兩易已不可知，今世所傳歸藏易，乃僞書，尤不足爲證。考左傳言「八」者僅此一見，國語言「八」者亦僅二見，皆以不變之爻言之。下文解卦，仍以周易解之，則杜注未必可信。史曰：「是謂艮之隨䷐。成隨卦，史仍周易語。隨，其出也。意謂隨卦乃隨人而行，有出走之象。君必速出！」姜曰：「亡！亡，應對否定之辭，不用、不要之義。謂不出。是於周易曰：『隨，元、亨、利、貞，無咎。』此隨卦卦辭。元，體之長也；元卽「狄人歸其元」之「元」，首也。首爲身體之最高處。亨，嘉之會也；亨卽享，凡嘉禮必有享。享有主有賓，故曰會。利，義之和也；宣十五年傳：「信載義而行之爲利」，大戴禮四代篇「義，利之本也」，墨子經上及經說下均謂「義，利也」。大致古人義利之辨，行公利爲義，行私利爲利。利之和爲公利，故穆姜以爲義。貞，事之幹也。易乾文言：「貞固足以幹事。」易文言注云：「貞，信也。」賈子道術云：「言行抱一謂之貞。」幹同榦，本也，體也。體仁足以長人，嘉德足以合禮，合與洽通，詩小雅賓之初筵、周頌豐年及載芟皆有「以洽百禮」句，合禮卽洽禮也。合洽二字本可通用。合與洽皆合和、調協之意。利物足以和義，利物猶有利于人，利人卽義之總體表現，故云和義。貞固足以幹事。易蠱注謂堪其任曰幹。類篇謂幹訓能事，今俗猶有能幹之語。句意謂誠信堅强足以辨好事情。此八語皆見易乾文言，惟兩字有不同。穆姜非引文言，乃文言作者襲用穆姜語。然，故不可誣也，然字一讀，如此。「故」同「固」，一本作「固」。句意謂如此，本不可以誣妄。誣，妄也，欺也。是以雖隨無咎。若行此四德（元亨利貞），則不欺誣，雖遇隨卦，亦無咎殃。今我婦人，而與於亂。穆姜自言欲去季氏、孟氏，甚至欲廢魯成公，皆亂魯政。固在下位，古代男尊女卑，故穆姜自言在下位。而有不仁，有同又，而又不仁。不仁亦指逼成公事。不可謂元。元是一身之首，引伸之爲一國之首。穆姜自謂以在下位之婦人而欲亂魯，不可謂元。不靖國家，靖，安也，靜也。亂魯則使國家不得安定。不可謂亨。國不安靜，何能享讌，故言不可。作而害身，不可謂利。穆姜實如此作爲，終被幽囚于東宮，故曰作而害身。棄位而姣，棄位猶言背棄本位。穆姜爲成公母，自應守太后之位，于古代道德，自稱未亡人，不加修飾。今穆姜私通宣伯，修飾爲美色，故曰棄位而姣。姣，美也，好也。不可謂貞。貞本是誠信之義，女子以古代所謂禮而自守亦曰貞。前後兩貞字義取雙關，不可拘泥。有四德者，隨而無咎。而，副詞，乃也。我皆無之，豈隨也哉？謂我無元亨利貞四德，不能「無咎」。易辭本義「元亨」爲一讀，猶言大吉；「利貞」爲一讀，謂有利於貞卜者。穆姜則分爲四義。我則取惡，能無咎乎？必有咎殃。必死於此，弗得出矣。」列女傳孼嬖傳亦述穆姜此事。

九・四 秦景公使士雃乞師于楚，秦本紀集解引世本謂景公名后伯車。傳世器有秦公鐘、秦公毁，乃秦景公作，詳趙明誠金石録及積微居金文説秦公毁再跋。「雃」本作「雅」，音牽。將以伐晉，楚子許之。子囊曰：「不可；當今吾不能與晉争。晉君類能而使之，類，分類。人各有能，按其能力之大小同異而使用，故曰類能而使之。舉不失選，舉拔人才，各得其所。官不易方。昭二十九年傳云「官修其方」，方猶今言政策、政令。其卿讓於善，其大夫不失守，不失職守。其士競於教，競，彊也，今言努力。努力於教訓。其庶人力於農穡，庶人當爲農業生産者，晉語四「庶人食力」、周語上「庶民終于千畝」皆可證。商、工、皁、隸不知遷業。商賈技工以及皁隸，俱甘心世世代代爲之，無意于改變職業。皁隸，賤役。昭七年傳云：「士臣皁，皁臣輿，輿臣隸。」韓厥老矣，告老退休。知罃稟焉以爲政。稟，稟俗字；敬也，見方言。知罃將中軍。范匄少於中行偃而上之，謂中行偃使范匄高于己，王引之述聞謂「而」下脱「中行偃」三字，未嘗無理。使佐中軍。使范匄爲中軍副帥。韓起少於欒黶，而欒黶、士魴上之，「士魴」，金澤文庫本作「范魴」。王引之述聞謂「士魴」二字爲衍文，證據不足。蓋知罃將中軍，范匄佐之，中行偃則將上軍。欒黶宜爲上軍佐，欒黶讓，又使士魴，士魴亦讓，乃使韓起爲之。此文所以有「士魴」二字，王說誤。使佐上軍。魏絳多功，以趙武爲賢，而爲之佐。魏絳本應爲新軍帥，卒以趙武多才，乃使趙武爲新軍帥，魏絳爲佐。君明、臣忠，上讓、下競。君明總結類能使之，臣忠及上讓總結卿讓于善，下競總結其士庶人以及工商阜隸皆各盡其力不失職。當是時也，晉不可敵，事之而後可。君其圖之！」王曰：「吾既許之矣，楚共王已許士雃出兵。雖不及晉，謂楚不如晉，以子囊之言爲是。必將出師。」

秋，楚子師于武城，武城，楚地，今河南南陽市北。又見僖六年傳。以爲秦援。

秦人侵晉。晉饑，弗能報也。明年晉報秦。

九·五 冬十月，諸侯伐鄭。此年六月，鄭曾朝楚，見二十二年傳，晉所以必伐鄭也。庚午，庚午，十一日。季武子、齊崔杼、宋皇鄖從荀罃、士匄門于鄟門，此魯、齊、宋之師隨晉中軍。鄟音專。鄟門，鄭城門名，高士奇地名考略云鄭東門。衞北宮括、曹人、邾人從荀偃、韓起門于師之梁，衞、曹、邾之兵從晉上軍。地名攷略謂師之梁爲鄭西門。師之梁亦見襄三十年及昭七年傳。滕人、薛人從欒黶、士魴門于北門，滕、薛人從晉下軍攻擊北門。杞人、郳人從趙武、魏絳斬行栗。郳卽經之小邾。此文獨不敍經文之莒子，不知何故。趙武、魏絳爲新軍將佐。行栗者，道路兩旁所栽之栗樹。鄭風東門之墠云「東門之栗」，毛傳亦以爲道路上之栗，蓋鄭人當時喜種此。斬，伐之，或以開路，或以爲器材。甲戌，甲戌，十五日。師于氾。氾音凡。卽東氾水，見僖三十年傳。今河南中牟縣西南。令於諸侯曰：「修器備，凡攻守之具皆曰器備。盛餱糧，盛音成。餱糧，乾糧。歸老幼，老者幼者無能作戰，故送還。居疾于虎牢，使疾病之人居于虎牢。虎牢卽北制，見隱五年傳。肆眚，圍鄭。」肆，緩也；眚，過也。尚書舜典「眚災肆赦」，謂無意之錯誤可以赦免。

鄭人恐，乃行成。鄭人求和。中行獻子曰：「遂圍之，上文只命令圍鄭，荀偃欲竟圍鄭。以待楚人之救也，而與之戰。與楚戰。不然，無成。」必敗楚，鄭乃可終服晉。知武子曰：知武子卽中軍帥知罃。「許之盟而還師，以敝楚人。鄭與晉盟，楚必伐鄭而疲敝，故曰敝楚人。吾三分四軍，晉有中、上、下、新四軍，而分爲三部，輪番作戰。與諸侯之銳，晉軍加以各國戰鬬力强大之軍共同禦楚。以逆來者，逆，迎擊。來者指楚。於我未病，我三分兵力，作戰時有二分休整。楚不能矣。楚軍不能休整，必不能久。猶愈於戰。此種戰略，較之合圍鄭城，待楚軍來以決戰爲好。暴骨以逞，決戰必有死亡，故云暴骨。暴今作曝，曝露白骨。逞，快意也。不可以争。意言争勝不在於力戰，而在于智謀。大勞未艾。艾，止息也。言將有大勞在後，此刻仍須蓄力。君子勞心，小人勞力，此二語亦見魯語下，孟子滕文公上亦云「或勞心，或勞力」。先王之制也。」魯語下作「先王之訓也」，意同。諸侯皆不欲戰，乃許鄭成。十一月己亥，己亥，十一月十日。參見經注。同盟于戲，戲見經注。鄭服也。

將盟，鄭六卿，公子騑、字子駟。公子發、字子國。公子嘉、字子孔。公孫輒、字子耳。公孫蠆、字子蟜。公孫舍之字子展。及其大夫、門子，門子，卿之適子。皆從鄭伯。晉士莊子爲載書，士莊子卽士弱。載書亦可以單曰載。周禮秋官司盟鄭玄注云：「載，盟辭也。」用牲爲坎，則加載書于牲上以埋之。不用牲亦曰載書，定十三年傳「載書在河」可證。曰：「自今日既盟之後，鄭國而不唯晉命是聽，「而」同「如」，如果。而或有異志者，有如此盟！」公子騑趨進曰：「天禍鄭國，使介居二大國之間，介，間也，界也。二大國，晉與楚。大國不加德音，而亂以要之，亂，兵亂。要，約言，指此載書。使其鬼神不獲歆其禋祀，說文：「歆，神食氣也。」禋音因，說文：「潔祀也。」其民人不獲享其土利，夫婦辛苦墊隘，墊隘猶委頓，羸弱之極也。又見成六年傳。無所厎告。厎音旨，致也。厎告，與尚書盤庚「凡爾衆其惟致告」同。自今日既盟之後，鄭國而不唯有禮與彊可以庇民者是從，而敢有異志者，亦如之！」亦如此盟。荀偃曰：「改載書！」欲改子駟之盟辭。據舍之之言，晉反對子駟之辭。公孫舍之曰：「昭大神要言焉。「昭」同「詔」。釋名云：「詔，照也。以此照示之，使昭然知所由也。」周禮司盟云：「北面詔明神。」說見章炳麟左傳讀。要，平聲，約也，即指盟約。若可改也，大國亦可叛也。」知武子謂獻子曰：「我實不德，而要人以盟，要，要挾。豈禮也哉？非禮，何以主盟？姑盟而退，修德、息師而來，息師謂休整軍隊。終必獲鄭，何必今日？我之不德，此假設句，猶言我若不德。參文言語法。民將棄我，豈唯鄭？若能休和，遠人將至，何恃於鄭？」乃盟而還。

九·六　晉人不得志於鄭，以上傳觀之，鄭盟辭謂「唯有禮與彊可以庇民者是從」，則不專服晉，故云晉不得志。以諸侯復伐之。十二月癸亥，癸亥，五日。門其三門。攻擊鄭三面城門。據上傳，三門當為東、西、北門。唯留南門不攻，蓋待楚兵。閏月戊寅，杜注：「此年不得有閏月戊寅。戊寅是十二月二十日。疑『閏月』當為『門五日』。」可信。濟于陰阪，陰阪為洧水濟渡口，水經洧水注謂「俗謂是濟為參辰口」。當在今新鄭縣西而稍北，與超化鎮相近。

侵鄭。次於陰口而還。陰口當在陰阪北，陰阪對岸處。水經洧水注所謂「口者，水口也」。子孔曰：「晉師可擊也，師老而勞，且有歸志，必大克之。」子展曰：「不可。」

九·七 公送晉侯，晉侯以公宴于河上，問公年。季武子對曰：「會于沙隨之歲，寡君以生。」沙隨之會在成公十六年。晉侯曰：「十二年矣，僅虛歲十二年，古所謂「歲初增年」。是謂一終，一星終也。「一星終」句乃解釋「是謂一終」。星指木星，古謂之歲星。古人劃周天爲十二次，以爲木星一年行一次，十二年滿一周天，故十二年爲一星終，而用之紀年。實則木星繞周天，即公轉周期，僅十一又百分之八六年。古人誤算，爲劉歆所發現，用超辰法糾正之，謂一百四十四年超辰一次，雖仍不精確，但已勝先秦、西漢。東漢順帝以後，即不用歲星紀年法。至祖冲之謂「歲星行天七匝，輒超一位」，木星行七周天，則八十四年。八十四年超一次，僅少百分之二年，其數較密。國君十五而生子，冠而生子，禮也。冠是由童子變爲成人之禮。古代天子、諸侯及大夫之冠禮，已不得其詳，今唯存士冠禮，在儀禮中。但必先行冠禮，目爲成人，始能結婚，則天子以至士相同，御覽七一八引白虎通云，「男子幼娶必冠，女子幼嫁必笄」可證。國君冠之年，其說不一。晉悼公以爲十二歲可以冠，十五歲則生子。高誘注淮南氾論訓云：「國君十二歲而冠，冠而娶，十五生子，重國嗣也。」恐卽受此文影響。尚書金縢鄭玄注亦云：「天子、諸侯十二而冠。」宋書禮志一引賈逵、服虔說，皆以爲人君禮十二而冠。唯荀子大略篇謂「天子、諸侯子，十九而冠」，楊倞注謂「先於臣下一年」，又異于此。君可以冠矣。大夫盍爲冠具？」盍，何不之合音字。冠具指行冠禮之用具。武子對曰：「君冠，必以祼享之禮行之，祼亦作灌，以配合香料煮成之酒倒之于地，使受祭者或賓客嗅到香氣。此是行隆重禮節前之序幕。享亦作饗，王國維觀堂集林卷一謂「諸侯冠禮之裸享，正當士冠禮之醴或醮」。裸享即具有裸之儀式之饗禮。餘詳士冠禮及楊寬古史新探。以金石之樂節之，節之，表示有節度。據大戴禮公冠篇及盧辯注，公冠時，饗時無樂，冠時仍有樂，即此「以金石之樂節之」也。以先君之祧處之。祧音挑，杜注謂諸侯以始祖之廟爲祧，其實凡廟皆可曰祧，顧炎武補正、徐養原頑石廬經說及俞樾皆曾論證，且駁王肅之誤說，可參看。今寡君在行，楊樹達先生讀左傳云：「行，道也。」未可具也，在路途中不能具備各種冠禮之具。請及兄弟之國而假備焉。」晉侯曰：「諾。」公還，及衞，冠于成公之廟，成公爲衞成公，於當時衞獻公爲曾祖。衞之始祖爲康叔，周武王同母少弟，不於康叔廟而於成公廟，足見祧義不一定爲始祖廟。魯、衞同爲周室懿親，故上云「兄弟之國」。假鍾磬焉，禮也。

九・八　楚子伐鄭。子駟將及楚平，不欲禦楚而欲與楚結盟。子孔、子蟜曰：「與大國盟，大國指晉。口血未乾而背之，與晉同盟必歃血，口血未乾言其不久。可乎？」子駟、子展曰：「吾盟固云『唯彊是從』，今楚師至，晉不我救，則楚彊矣。盟誓之言，豈敢背之？且要盟無質，孔疏引服虔云：「質，誠也。」即信也。要挾之盟，固無誠信可言。故下文專言信。神弗臨也。臨，蒞臨，降臨，來臨。所臨唯信，謂神之所降臨只有誠信之盟會。信者，言之瑞也，善之主也，是故臨之。說明「所臨唯信」。明神不蠲要盟，蠲音捐，潔也。意謂要挾之盟明神所棄。背之，可也。」乃及楚平。公子罷戎入盟，入鄭都內爲盟會。同盟于中分。杜注：「中分，鄭城中里名。」

楚莊夫人卒，楚莊王夫人，當時楚共王之母。王未能定鄭而歸。

九·九
晉侯歸，謀所以息民。計議休養生息之策。魏絳請施舍，見宣十二年傳注。輸積聚以貸。輸，委輸，今言轉運。積聚指財貨。出其財物借貸於民。自公以下，苟有積者，盡出之。國無滯積，財貨流通，利於生產。亦無困人；人無困難無告者。公無禁利，川澤山林之利與民共之。亦無貪民。民亦不貪求。祈以幣更，祈禱不用犧牲，以皮幣代之。皮爲狐貉之裘，幣爲繒帛之貨。禮記月令、呂氏春秋仲春紀俱謂「祀不用犧牲，用圭璧，更皮幣」與此相類似。惠棟讀更爲梗，管子四時篇「謹禱弊梗」，王引之亦謂弊與幣同，梗，禱祭也。幣梗者，梗用幣也。詳其補注與述聞，但所舉證不與此同，不足信。賓以特牲，款待貴賓，只用一種牲畜。一牲曰特。器用不作，不作新器，只用舊物。車服從給。車馬服飾够用卽可，不求多餘。行之期年，期同朞。期年，一週年。國乃有節。哀十六年傳「楚未節也」，越語「今越國亦節矣」，皆此節字之義。節字之義甚廣，禮節、法度固可曰節，操守亦可曰節。三駕而楚不能與争。駕謂駕兵車。杜注：「三駕，三興師。謂十年師於牛首，十一年師於向，其秋觀兵於鄭東門。自後鄭遂服。」

十年，戊戌，公元前五六三年。周靈王九年、晉悼十一年、齊靈十九年、衞獻十四年、蔡景二十九年、鄭簡三年、曹成十五年、陳哀六年、杞孝四年、宋平十三年、秦景十四年、楚共二十八年、吴壽夢二十三年、許靈二十九年。

經

一〇・一 十年春，正月二十八日丙辰冬至，建子，有閏月。公會晉侯、宋公、衞侯、曹伯、莒子、邾子、滕子、薛伯、杞伯、小邾子、齊世子光會吴于柤。柤音查，楚地，今江蘇邳縣北而稍西之泇口。

一〇・二 夏五月甲午，甲午，八日。遂滅偪陽。此用「遂」字，可見與上文「會吴于柤」有關。僖四年經云，「侵蔡，蔡潰，遂伐楚」。齊志本在伐楚，侵蔡者，所以伐楚也，故曰「遂伐楚」。則晉志本在滅偪陽，會柤者，所以滅偪陽也，故曰「遂滅偪陽」。説見于鬯香草校書。偪音福，又音逼。穀梁「偪」作「傅」。國語鄭語云「妘姓鄔、鄶、路、偪陽」，則偪陽爲妘姓小國。偪陽今邳縣西北，即山東嶧城（嶧縣廢治）南五十里，東南距柤約五十里。

一〇・三 公至自會。無傳。

一〇・四 楚公子貞、鄭公孫輒帥師伐宋。

一〇・五 晉師伐秦。

一〇・六 秋，莒人伐我東鄙。

一〇・七 公會晉侯、宋公、衞侯、曹伯、莒子、邾子、齊世子光、滕子、薛伯、杞伯、小邾子伐鄭。杜注：「齊世子光先至於師，爲盟主所尊，故在滕上。」此本傳文。

一〇・八 冬，盜殺鄭公子騑、公子發、公孫輒。「騑」，公羊、穀梁俱作「斐」。同音通假。其人字子駟，正字當作

「騑」。經文書「盜」，始于此條。

10·九 戍鄭虎牢。

10·10 楚公子貞帥師救鄭。

10·11 公至自伐鄭。無傳。

傳

10·一 十年春，會于柤，柤見經注。會吳子壽夢也。據十二年經，知壽夢名乘。三月癸丑，癸丑，二十六日。齊高厚相大子光，以先會諸侯于鍾離，鍾離在今安徽鳳陽縣東而稍北二十五里，餘詳成十五年傳注。不敬。士莊子曰：「高子相大子以會諸侯，將社稷是衞，而皆不敬，高厚與太子光執事皆不嚴肅。棄社稷也，其將不免乎！」不免於禍。十九年齊殺高厚，二十五年光爲崔杼所殺。

10·二 夏四月戊午，戊午，初一。會于柤。

晉荀偃、士匄請伐偪陽，而封宋向戌焉。定八年傳，「諸侯唯宋事晉」，而向戌爲宋之賢臣，故晉人欲滅偪陽爲其私邑。荀罃曰：「城小而固，勝之不武，弗勝爲笑。」固請。丙寅，丙寅，九日。圍之，弗克。不能攻克偪陽。孟氏之臣秦堇父輦重如役。孟氏之臣，魯孟孫之家奴。重，重車，軍行載器物，止則爲輦營。輦，以人力挽車。如役，至于所服役之地。偪陽人啓門，啓，開也。諸侯之士門焉。因其城門開，諸侯隊伍遂進攻。縣門發，縣同懸。縣門詳莊二十八年傳注。郰人紇抉之，郰，魯邑，今山東曲阜縣東南約四十餘里。郰人，郰邑大夫，卽郰宰，今謂縣長。紇，卽叔梁紇，孔丘之父。抉同撅，揭也，高擧也。謂以手擧縣門不使下。以出門者。使進攻入城之士卒得出。狄虒彌建大車之輪，狄虒彌，魯人。虒音斯。漢書古今人表作狄斯彌。大車，平地載重之車，其輪高古尺九尺，輪周則過二丈八尺，大于乘車。而蒙之以甲，以皮製之甲蒙大車之輪。以爲櫓。櫓、盾一物。櫓音魯，大盾，後人謂之彭排或旁排。釋名釋兵所謂「在旁排敵禦攻者」也。漢書劉屈氂傳以牛車爲櫓，事與狄虒彌相類。左執之，左手執櫓。右拔戟，右手以戟攻敵。以成一隊。據賈逵及杜預說，百人爲隊。淮南子高誘注則謂二百人爲隊。李衞公兵法引司馬法又謂五人爲伍，十伍爲隊。疑未能定。史記孫吳列傳言孫武以吳王寵姬二人各爲隊長，亦未言人數。此是衝鋒陷陣之步兵。孟獻子曰：「詩所謂『有力如虎』者也。」詩見邶風簡兮。主人縣布，主人謂偪陽守城將。縣同懸。堇父登之，及堞而絶之。堇父緣布登城，守城者俟堇父及牆垛，斷布而使堇父墜地。隊，同墜。則又縣之。堇父墜地，守城者又懸布。蘇而復上者三，堇父甦醒，又緣布而登，守城者又斷布，如此者三次。主人辭焉，守城者服其勇，向秦堇父辭謝。乃退。帶其斷以徇於軍三日。堇父以其斷布爲帶巡示各軍者三日。

諸侯之師久於偪陽，荀偃、士匄請於荀罃曰：「水潦將降，懼不能歸，請班師。」班，還也，旋也。哀二十四年傳云：「役將班矣」，與此義同。知伯怒，知伯卽荀罃，中軍帥。投之以机，机卽几，古人屈膝席地而坐，老者尊者可以憑几。但几長三尺，當今近二尺；高二尺，當今一尺二三寸，未必可以投。章炳麟以爲机借爲機，古代大弓曰弩，發箭之器曰機，亦曰弩牙，則易于投擲。詳左傳讀。出於其間，机出于二人之間。曰：「女成二事，杜注：「二事，伐偪陽，封向戌。」而後告余。余恐亂命，以不女違。荀偃、士匄請伐偪陽，知罃初不許，固請乃從。若將帥之中，各執己見，則爲亂命，知罃因而從之。女既勤君而興諸侯，勤君，使晉君勤勞。牽帥老夫以至於此，老夫，知罃自稱。魯宣公十二年晉、楚邲之戰，曾經參戰，其時必已成年。至此又歷三十四年，計其年當在五十以上，故自稱「老夫」。既無武守，武守猶言堅守武攻。而又欲易余罪，易，施也，延也。易余罪猶言歸罪于我。曰：『是實班師。不然，克矣。』此知罃假定荀偃歸罪之辭。余羸老也，也作矣用，參見詞詮。可重任乎？邲之戰被楚所俘，此爲主帥又戰而不勝，故曰重任。任，任罪。與成二年傳「後之人必有任是夫」之任同義。七日不克，必爾乎取之！」「爾乎」猶言「於爾」，謂必取爾首以謝不克之罪。五月庚寅，庚寅，四日。荀偃、士匄帥卒攻偪陽，親受矢、石，矢爲箭。石亦守城武器，由城上以擊攻者。墨子備城門所謂「二步積石，石重千鈞以上者五百枚」。甲午，甲午，八日。滅之。書曰「遂滅偪陽」，言自會也。自柤之會而逼借諸侯之師。以與向戌。向戌辭曰：「君若猶辱鎮撫宋國，而以偪陽光啓寡君，光啓卽廣啓，見積微居金文說番生𣪘蓋跋。廣啓猶言擴大疆土。光啓寡君卽使寡君擴大土宇。羣臣安矣，其何貺如之！貺音況，賜也。言所受厚賜無與可比。若專賜臣，是臣興諸侯以自封也，其何罪大焉！言以偪陽賜己，是發動各國軍隊爲自己得封地，何罪大于此？敢以死請。」乃予宋公。

宋公享晉侯於楚丘，楚丘在今商丘市東北，山東曹縣東南，餘詳隱七年經注。請以桑林。桑林，本爲桑山之林，商湯曾於此處祈雨，呂氏春秋順民篇「湯乃以身禱於桑林」，帝王世紀「大旱七年，禱於桑林之社」是也。其後殷商以及宋國奉爲聖地，而立神以祀之，呂覽誠廉篇所謂「世爲長侯，守殷常祀，相奉桑林」者也。殷因有桑林之樂，此天子之樂，而宋沿用之。昭二十一傳又云宋有「桑林之門」，足證宋之重桑林。此宋請以桑林之樂舞於饗晉悼時用之，莊子養生主篇所謂「合於桑林之舞」者也。荀罃辭。荀罃辭讓，不敢當此。荀偃、士匄曰：「諸侯宋、魯，於是觀禮。諸侯之中，魯用周天子之禘禮，宋用殷商之王禮，故他國人往觀之。魯有禘樂，賓祭用之。魯用周王之禘樂，於享大賓及大祭時用之。餘詳孔疏。宋以桑林享君，不亦可乎？」賓能觀魯之禘樂，則晉侯亦能享宋之桑林。舞，舞桑林也。師題以旌夏。師爲樂隊之帥，率樂隊以入。旌夏，旌旗之一種，以雉羽綴於竿首，羽又染以五色。句謂樂師舉旌夏引樂人以入。樂帥爲行首，猶人之初見額，題，額也，故云「題以」云云。晉侯懼而退入于房。杜注：「旌夏非常，卒見之，人心偶有所畏。」正室東西兩旁之室曰房。去旌，卒享而還。仍受桑林之樂舞，但去其太甚之旌夏。及著雍，杜注：「著雍，晉地。」大事表謂「蓋晉適齊、宋，河以內之地」云云。疾。晉侯病。卜，桑林見。龜卜疾病，兆見桑林之神。荀偃、士匄欲奔請禱焉，桑林神宇當在宋都，晉悼病時已入晉境，故二人欲奔回祈禱。荀罃不可，曰：「我辭禮矣，彼則以之。以，用也。我辭不用桑林，宋仍用之。猶有鬼神，於彼加之。」猶，假如。知罃似不信有鬼神，但亦不正面反駁。於彼加之，謂加禍殃於宋。晉侯有間，不禱而愈。以偪陽子歸，獻于武宮，武宮，晉武公廟，晉以爲太祖廟，故晉之大事必于武宮舉行。獻俘亦于太廟，小盂鼎載在周廟向王獻俘，虢季子白盤亦載獻馘，敔簋又載在周廟告擒，皆可爲旁證。謂之夷俘。偪陽，妘姓也。使周內史選其族嗣，納諸霍人，選其族嗣，不用偪陽子之近親，而奉妘姓之祀。霍人，晉邑，在今山西繁峙縣東郊，遠離其舊國，防其反叛。禮也。杜注：「善不滅姓，故曰禮也。」

師歸，孟獻子以秦堇父爲右。以堇父有勇力，故以爲車右。生秦丕茲，事仲尼。齊召南以爲秦丕茲卽仲尼弟子列傳之秦商。孔子家語七十二弟子解云「秦商，魯人，字丕茲」云云。見左傳注疏考證。

10·3 六月，楚子囊、鄭子耳伐宋，師于訾毋。訾毋，宋地，當在今河南鹿邑縣南。庚午，庚午，十四日。圍宋，門于桐門。既合圍，又攻其桐門也。桐門，宋北門，亦見昭二十五年傳並注。

10·4 晉荀罃伐秦，報其侵也。杜注：「侵在九年。」

10·5 衞侯救宋，師于襄牛。襄牛，衞地，餘詳僖二十八年傳注。鄭子展曰：「必伐衞。不然，是不與楚也。得罪於晉，又得罪於楚，國將若之何？」子駟曰：「國病矣。」困難疲勞也。子展曰：「得罪於二大國，必亡。病，不猶愈於亡乎？」諸大夫皆以爲然。故鄭皇耳帥師侵衞，杜注：「皇耳，皇戌子。」楚令也。亦奉楚之命以侵衞，與成六年「晉命也」義同。

孫文子卜追之，孫文子卽孫林父，時爲衞國執政。獻兆於定姜。定姜，衞定公妻，獻公之母。姜氏問繇。兆只是灼龜殼之裂紋，其兆各有繇辭。據周禮大卜，繇辭亦謂之頌。下三句卽繇辭。曰：「兆如山陵，有夫出征，而喪其雄。」陵、雄爲韻，古音同在登部，今則雄變讀東韻矣。姜氏曰：「征者喪雄，禦寇之利也。

大夫圖之！」衛人追之，孫蒯獲鄭皇耳于犬丘。孫蒯，林父子。犬丘見元年傳注。

10.6 秋七月，楚子囊、鄭子耳侵我西鄙。「侵」原作「伐」，今從石經、宋本、淳熙本、岳本、金澤文庫本訂正。此楚、鄭之師因伐宋之便而侵魯。還，圍蕭。蕭，宋邑，今安徽蕭縣北而稍西十五里。可參莊十二年傳注及宣十二年經注。八月丙寅，丙寅，十一日。克之。九月，子耳侵宋北鄙。

孟獻子曰：「鄭其有災乎！師競已甚。競，相爭也。已，太也。周猶不堪競，周謂周王室。以天子之尊尚不堪屢用兵。況鄭乎！有災，其執政之三士乎！」杜注：「鄭簡公幼少，子駟、子國、子耳秉政，故知三士任其禍也。爲下盜殺三大夫傳。」

10.7 莒人間諸侯之有事也，間，今言鑽空子。有事，有兵事。時晉、楚相爭，齊、魯、宋等皆參與。故伐我東鄙。

10.8 諸侯伐鄭，齊崔杼使大子光先至于師，故長於滕。雞澤之盟、會戚、救陳、盟戲、會柤，齊世子光皆序于諸小國之下，惟此年伐鄭，則序于滕、薛、杞、小邾子之上。據周禮典命，諸侯之適子命於天子，攝其君，則下其君之禮一等；未受命，則以皮帛繼子男。齊世子光未命于天子，當繼子男之後。但晉悼公與楚爭霸，非得齊之力不可，故因世子光先至而進之。己酉，己酉，二十五日。師于牛首。牛首，鄭地，在今河南通許縣稍北，餘詳桓十四年傳注。

10.9 初，子駟與尉止有爭，水經渠水注引圈稱陳留風俗傳，謂陳留尉氏，鄭國之東鄙弊獄官名也，鄭大夫尉氏之邑。則尉氏乃以官名爲氏。尉氏縣在今河南開封市南而略西九十里。襄二十一年傳欒盈謂周行人,「將歸死於尉氏」,可證尉氏爲法官。將禦諸侯之師,卽上文「諸侯伐鄭」之師。而黜其車。子駟減少尉止應帥之兵車。尉止獲,又與之爭。尉止俘獲敵人,子駟又與之争功。子駟抑尉止曰:「爾車非禮也。」子駟壓抑尉止,既減損其應帥之兵車,而又罪之非禮。遂弗使獻。子駟因不使尉止獻俘獲。初,子駟爲田洫,田洫,田間溝洫,並田塍。田洫之制,詳于周禮考工記匠人,但未必通行于各國與各時。子駟爲田洫,或以興修水利爲名,或以整頓田界爲名,俱未詳。司氏、堵氏、侯氏、子師氏皆喪田焉。四氏損失田畝,疑爲子駟所强奪,不然,不得因此殺之。故五族聚羣不逞之人因公子之徒以作亂。五族猶五氏姓,尉氏及喪田之四氏。逞,快也。不逞之人卽不得快意之人,失意之人。公子之徒指八年子駟所辟殺子狐、子熙、子侯、子丁之族黨。因,憑藉。

於是子駟當國,於是,于此時也。當國謂專大政。其次爲聽政,則與聞政事而不能專。詳沈彤小疏。子國爲司馬,子耳爲司空,子孔爲司徒。冬十月戊辰,戊辰,十四日。尉止、司臣、侯晉、堵女父、子師僕帥賊以入,晨攻執政于西宮之朝,殺子駟、子國、子耳,昭四年傳鄭人謗子産謂子國死於路,則三人或被殺於道塗。劫鄭伯以如北宮。西宮、北宮,見僖二十年經注。子孔知之,故不死。子孔,公子嘉。書曰「盜」,言無大夫焉。杜注:「尉止等五人皆士也。大夫謂卿。」葉酉春秋究遺云:「以『盜殺』告,舊史遂承而書之。」

子西聞盜,不儆而出,杜注:「子西,公孫夏,子駟子。」儆,同警,戒備。尸而追盜。尸謂收斂尸骨,詳宣十二年傳注。盜入於北宮，乃歸，授甲，臣妾多逃，臣妾卽其家之男女奴隸。器用多喪。如此，則不能授甲追盜矣。子產聞盜，子產之父子國亦被殺。爲門者，置守門之人，嚴禁出入。庀羣司，杜注：「具衆官。」閉府庫，慎閉藏，完守備，成列而後出，以其私族之兵列隊而出。兵車十七乘。杜注：「千二百七十五人。」尸而攻盜於北宮，先收其父之尸骨而後攻擊尉止等。子蟜帥國人助之，子蟜卽公孫蠆。詳八年傳注。殺尉止、子師僕，盜衆盡死。盜衆似指「羣不逞之人」。侯晉奔晉，或以爲侯晉爲侯宣多之子，無據。堵女父、司臣、尉翩、司齊奔宋。杜注：「尉翩，尉止子。司齊，司臣子。」

子孔當國，杜注：「代子駟。」爲載書，以位序、聽政辟。此盟辭之主旨。辟，法也。杜注：「自羣卿諸司各守其職位，以受執政之法，不得與朝政。」蓋子孔欲專鄭國之政。大夫、諸司、門子弗順，大夫謂諸卿，諸司謂各主管部門，門子謂卿之適子。將誅之。杜注：「子孔欲誅不順者。」子產止之，請爲之焚書。杜注：「既止子孔，又勸令燒除載書。」子孔不可，曰：「爲書以定國，衆怒而焚之，是衆爲政也，國不亦難乎？」杜注：「難以至治。」子產曰：「衆怒難犯，專欲難成，合二難以安國，危之道也。不如焚書以安衆，子得所欲，衆亦得安，不亦可乎？專欲無成，犯衆興禍，子必從之！」乃焚書於倉門之外，高士奇地名考略謂倉門鄭之東南門。杜注：「不於朝內燒，欲使遠近見所燒。」衆而後定。

10·10 諸侯之師城虎牢而戍之，虎牢，卽隱五年傳之北制。今河南滎陽上街鎮。互詳隱元年傳注。晉師城梧及制，梧當在虎牢附近。制卽虎牢，晉又爲小城，以屯兵及糧食武器。士魴、魏絳戍之。書曰「戍鄭虎牢」，非鄭地也，言將歸焉。虎牢本鄭要害之地，此時晉及諸侯之師已佔有之，俟鄭屈服而後歸之。鄭及晉平。

10·11 楚子囊救鄭。十一月，諸侯之師還鄭而南，還同環，圍繞而行。釋文：「還，本亦作環。」至於陽陵。陽陵，鄭地，在今許昌市西北。楚師不退。知武子欲退，知武子，知罃。曰：「今我逃楚，楚必驕，驕則可與戰矣。」欒黶曰：「逃楚，晉之恥也。合諸侯以益恥，不如死。我將獨進。」師遂進。己亥，己亥，十六日。與楚師夾潁而軍。潁水詳宣十年傳注。子蟜曰：「蟜」原作「矯」，今從四部叢刊本、金澤文庫本及顧炎武說訂正。「諸侯既有成行，成行謂退兵之準備已完成。必不戰矣。從之將退，不從亦退。從晉與否，晉及諸侯之師皆將退。退，楚必圍我。猶將退也，猶，今言同樣。詳見詞詮。不如從楚，亦以退之。」以從楚退楚軍。宵涉潁，「宵」原誤作「霄」，今從校勘記及金澤文庫本訂正。鄭在潁水之北，晉及諸侯之師亦在潁北，楚在潁南。與楚人盟。杜注云：「夜渡，畏晉知之。」欒黶欲伐鄭師，荀罃不可，曰：「我實不能禦楚，又不能庇鄭，「庇」，原作「庀」。阮元校勘記云：「各本作『庇』。」金澤文庫本亦作「庇」，今從之。鄭何罪？言鄭與楚盟，由晉之不能庇鄭，不能罪鄭。不如致怨焉而還。致怨謂使鄭怨楚，蓋鄭服于楚，楚必誅求無厭。今伐其師，楚必救之。戰而不克，爲諸侯笑。克不可命，此時諸侯之師皆作歸計，晉亦決定還師，故云「克不可命」，猶言勝不可必。命，信也，有信心之謂。不如還也。」丁未，丁未，二十四日。諸侯之師還，侵鄭北鄙而歸。晉及諸侯之師回國多必經鄭之北鄙，而鄭師多在南境。楚人亦還。

一〇·一三 王叔陳生與伯輿爭政，杜注：「二子，王卿士。」爭政猶爭權。伯輿參見成十一年傳並注。王右伯輿。右，助也。王叔陳生怒而出奔。及河，王復之，殺史狡以說焉。史狡當爲王叔陳生之所惡，故靈王殺之以悅王叔陳生。不入，遂處之。王叔不入周，遂居處河上。晉侯使士匄平王室，平，和也，謂調和兩造之爭。王叔與伯輿訟焉。杜注：「爭曲直。」王叔之宰與伯輿之大夫瑕禽坐獄於王庭，宰，家臣之長。大夫，伯輿所屬之大夫。坐獄，兩造對訟。亦單言曰坐，昭二十三年傳「邾人愬于晉，晉人使叔孫婼與邾大夫坐」是也。又可參僖二十八年傳並注。杜注：「周禮，命夫命婦不躬坐獄訟，故使宰與屬大夫對爭曲直。」士匄聽之。王叔之宰曰：「篳門閨竇之人而皆陵其上，其難爲上矣。」杜注：「篳門，柴門。閨竇，小户，穿壁爲户，上銳下方，狀如圭也。言伯輿微賤之家。」釋文：「閨本亦作圭。」據杜預注，其所據本似亦作「圭」。陵，駕陵。瑕禽曰：「昔平王東遷，吾七姓從王，牲用備具，王賴之，而賜之騂旄之盟，杜注：「平王徙時，大臣從者有七姓，伯輿之祖皆在其中，主爲王備犧牲，共祭祀。王恃其用，故與之盟，使世守其職。騂旄，赤牛也。舉騂旄者，言得重盟，不以犬雞。」牲用爲一詞，義猶犧牲，尚書微子「今殷民乃攘竊神祇之犧牷牲用以容，將食無災」可證。騂音辛，論語雍也「犁牛之子騂且角」，注：「騂，赤也。」後又作牸。禮記檀弓謂周人尚赤，故犧牲用赤色牛。曰：『世世無失職。』盟辭當較長，此僅舉其要。若篳門閨竇，其能來東底乎？底，阮本作厎，今依石經、宋本、岳本釋文訂正。此謂伯輿亦世家，非「篳門閨竇」之人。且王何賴焉？此駁王叔之宰謂其爲「篳門閨竇之人」。底，止也，安也。「來東底」猶言來東而安止也。今自王叔之相也，王叔相周，即把持周政權。政以賄成，賄賂公行。而刑放於寵。淮南子兵略注：「放，寄也。」刑寄於寵，卽杜注「寵臣專刑，不任法」。阮芝生杜注拾遺謂「視寵之新故以爲刑之出入」，非。官之師旅，師旅，一爲軍旅之義，一爲羣有司之名，見王引之述聞及成十八年傳注。不勝其富，吾能無篳門閨竇乎？此又以其貧困歸于王叔爲政之貪污。唯大國圖之！大國指晉。下而無直，則何謂正矣？」意言曲直不分上下，若在下位者雖有理而不能爲直，則不可謂正。正，平也。若讀爲政治之政，亦通。范宣子曰：范宣子卽士匄。「天子所右，寡君亦右之；所左，亦左之。」杜注：「宣子知伯輿直，不欲自專，故推之於王。」右左猶言助與不助。使王叔氏與伯輿合要，周禮秋官鄉士「異其死刑之罪而要之」，鄭注：「要之，爲其罪法之要辭。」尚書康誥之「要囚」，呂刑之「有要」，皆此義。合要，謂前此兩方相爭之罪狀、證辭等取而合之。王叔氏不能舉其契。契卽要辭之契券。蓋兩方相爭，周靈王助伯輿，其要辭亦必以王叔爲曲，王叔氏因不能舉出。王叔奔晉。蓋士匄使之，爲王叔留退路。不書，不告也。單靖公爲卿士以相王室。單靖公，據杜預世族譜，爲單頃公之子。頃公見三年傳。單靖公代王叔，則王叔不返周室矣。

經

十一年，己亥，公元前五六二年。周靈王十年、晉悼十二年、齊靈二十年、衞獻十五年、蔡景三十年、鄭簡四年、曹成十六年、陳哀七年、杞孝五年、宋平十四年、秦景十五年、楚共二十九年、吳壽夢二十四年、許靈三十年。

一一·一 十有一年春王正月，正月初十壬戌冬至，建子。作三軍。

一一·二 夏四月，四卜郊，不從，乃不郊。無傳。參僖三十一年經並注。

一一·三 鄭公孫舍之帥師侵宋。舍之，公子喜之子，字子展。

一一·四 公會晉侯、宋公、衞侯、曹伯、齊世子光、莒子、邾子、滕子、薛伯、杞伯、小邾子伐鄭。

一一·五 秋七月己未，己未，十日。同盟于亳城北。「亳」，公羊、穀梁俱作「京」，公羊疏且云：「左氏經作『亳城北』，服氏之經亦作『京城北』。」惠棟公羊古義云：「京，鄭地，在滎陽，隱元年傳謂之『京城大叔』是也。亳城無考，此傳寫之訛，當從公、穀是正。」臧壽恭左傳古義則謂「亳亦稱京」。然據續漢書郡國志，滎陽有薄亭，薄亭即亳亭。依文物參考資料一九五六年三期鄭州金水河南岸工地發現帶字戰國陶片及文物一九七七年一期鄭州商代城址發掘簡報、一九七八年二期鄒衡鄭州商城即湯都亳說，以地下實物證明杜注「亳城，鄭地」之不誤，則此亳城北，即商代遺址之北。

一一·六 公至自伐鄭。無傳。

一一·七 楚子、鄭伯伐宋。

一一·八 公會晉侯、宋公、衞侯、曹伯、齊世子光、莒子、邾子、滕子、薛伯、杞伯、小邾子伐鄭，會於蕭魚。

一一·九 公至自會。無傳。

11·10 楚人執鄭行人良霄。杜注：「良霄，公孫輒子伯有也。」

11·11 冬，秦人伐晉。

傳

11·1 十一年春，季武子將作三軍，前人據尚書費誓「魯人三郊三遂」，以爲魯國初年已有三軍，然論據不足。即伯禽曾作三軍，亦因「徐夷並興，東郊不開」，魯都曲阜大受威脅之故。其後是否繼續保持三軍，已無文獻可徵。據周禮軍伍之制，一萬二千五百人爲軍，杜注亦從此說。魯頌閟宮「公徒三萬」，若是三軍，則近四萬。舉成數應就大而不應縮小，似僖公之時亦二軍。又據哀十一年傳，孟孺子帥右師，冉求帥左師，則魯僅左右二師，二師即二軍。此是否即魯國之全部軍隊，亦難肯定。此謂「作三軍」，明非僅增加一軍而已，乃改組並重新編制，組成三軍。告叔孫穆子曰：「請爲三軍，各征其軍。」季氏欲作三軍，不向魯襄請示，而告叔孫，不僅由于魯襄僅十三四歲，而大有成人所不敢作不敢言者。叔孫世爲司馬，掌軍政，不能不告之。各征其軍，前人皆無確實解釋。據下文，不過由三家各有一軍耳。穆子曰：「政將及子，子必不能。」此時季武子尚少，叔孫豹穆子爲政，叔孫意謂不久政權將及於爾。蓋季文子以五年死，死且六年，叔孫亦老矣。季氏世爲魯之上卿，叔孫不能不讓位於季氏。子必不能，叔孫恐季孫一人專政權、軍權，不能團結三家。武子固請之。穆子曰：「然則盟諸？」諸，之乎之合音字。叔孫欲取信於盟誓。乃盟諸僖閎，諸，之於之合音字。閎音宏，本意爲里巷之門，此僖閎是僖公廟之大門。詛諸五父之衢。詛，祭神使之加禍于不守盟誓者。互參隱十一年傳注。既盟又詛，足見三家之互有猜疑。五父之衢又見定六年八年傳及檀弓、韓非子外儲說右上篇。據山東通志，五父之衢在曲阜縣東南五里。魯語下謂「季武子爲三軍，叔孫穆子曰不可」云云，與傳略異。

正月，作三軍，三分公室而各有其一。三分公室與作三軍相連，亦與下文相連，自是所言亦作三軍之事，前人有解爲三分魯公室之貨財或稅收者，自是謬誤。若三分魯襄公之貨財，豈不成爲公然叛亂？若三分魯襄公之稅收，則魯襄公何以爲魯襄公，如何生活？皆不合情理。蓋魯國之軍，本爲公室所有。今作三軍，以三軍改爲季孫、叔孫、孟孫三族所私有，各族各得一軍之指揮與編制之權，故云各有其一。其一者，其一軍也。三子各毁其乘。三氏本各有私家軍，今既得公室軍，則前此之私家軍無復存在之必要。且魯本無三軍，今作三軍，兵乘不足額，乃毁其私家軍以足之，而毁之之法又不同。季氏使其乘之人，以其役邑入者無征，不入者倍征。此以下僅就各毁其乘言。魯公室本二軍，改編爲三，三氏各有其一，其兵乘之來源，仍自魯之郊遂。不足之數，三氏各以原有之私乘補充。私乘之來源，則各自其私邑。季氏於其屬邑奴隸盡釋爲自由民。役邑卽提供兵役之鄉邑，入爲入于季氏，爲季氏服軍服役，則免其家之稅收。其不入於季氏者，則倍徵其稅，以補充其豁免之數，且以獎勵從軍者，懲罰不從軍者。孟氏使半爲臣，若子若弟。若，或也。其入軍籍皆年青力壯，或自由民之子，或自由民之弟，而皆以奴隸待之，其父兄則爲自由民。前人說多誤，不錄。叔孫氏使盡爲臣，不然不舍。叔孫氏則仍實行奴隸制，凡其私乘，本皆奴隸，今補入其軍中者亦皆奴隸。「不然不舍」僅就叔孫言之，謂不如此不改置。此乃左氏敍事之辭，杜注以爲盟詛之言，尤非。

一一·二 鄭人患晉、楚之故，鄭都在今新鄭縣，西北與周室鄰，南與蔡鄰，東與宋鄰，西南與楚鄰。欲稱霸中原，必先得鄭。當晉、秦爭霸時，鄭爲晉、秦所爭。今晉、楚爭霸，又爲晉、楚所爭。國境屢爲戰場，自襄公以來，幾至年年有戰事，故其大夫患之。鄭人，鄭卿大夫。諸大夫曰：「不從晉，國幾亡。幾音畿，今言幾乎，近也。楚弱於晉，晉不吾疾也。杜注：「疾，急也。」以九年傳知武子「何恃於鄭」之言證之，可通。若解疾爲怨恨，以荀罃（即知武子）「鄭何罪」之言證之，亦可通。晉疾，楚將辟之。辟同避，逃避也。何爲而使晉師致死於我，晉欲急得我，或極怨我，必致死力以攻我。楚弗敢敵，而後可固與也。」此鄭諸卿之謀，使楚不敢與晉敵，然後與晉固結。子展曰：「與宋爲惡，諸侯必至，吾從之盟。楚師至，吾又從之，從楚。則晉怒甚矣。故意惹起晉怒。晉能驟來，驟，屢也，頻繁也。九年傳敘知武子之計，三分晉軍，輪番禦楚，晉不罷勞，楚則不能敵。此計已見效。楚將不能，吾乃固與晉。」此子展因諸大夫之謀而爲具體計策。大夫說之，說同悅。使疆場之司惡於宋。使鄭宋國邊境官吏向宋挑釁。宋向戌侵鄭，大獲。此事不書于經，蓋在鄭子展計中。子展曰：「師而伐宋可矣。師，出師。若我伐宋，諸侯之伐我必疾，「之」字下、「伐」字上，金澤文庫本有一「師」字。疾，攻擊奮勇也。吾乃聽命焉，且告於楚。楚師至，吾乃與之盟，而重賂晉師，乃免矣。」免於年年遭兵患而亡國也。夏，鄭子展侵宋。此事經文必書，不然，無以說明諸侯伐鄭。

一一·三 四月，諸侯伐鄭。己亥，己亥，十九日。齊大子光、宋向戌先至于鄭，門于東門。經書齊世子光在于莒、邾、滕之上，即因此故，傳不再加說明。齊在鄭之東北，宋在鄭之東，故二國軍駐守於鄭東門。其莫，莫，暮本字。晉荀罃至于西郊，晉從鄭西方來，故先至西郊。東侵舊許。舊許有二説，一爲隱八年傳「以泰山之祊易許田」之許邑，一爲隱十一年經「鄭伯入許」之許國。許國於魯成公十五年遷於葉，地入于鄭，故稱舊許，在今許昌市東三十六里。主張後説者較多，其實二地亦相近。昭十二年傳楚靈王謂「昔我皇祖伯父昆吾舊許是宅」，此舊許亦是舊許國。衞孫林父侵其北鄙。衞在鄭之北，故進軍侵鄭北鄙。六月，諸侯會于北林，北林即棐，當在今新鄭縣北約四十里。又見宣元年傳並注。師于向。此向乃鄭地，與隱二年之向國及隱十一年傳周之向邑並不相同。據江永考實，在今河南尉氏縣西南四十里。右還，次于瑣。右還者，諸侯之師從向又西北行，逼近鄭國都也。瑣，鄭地，在新鄭縣北僅十餘里，與定七年、昭五年晉國、楚國之瑣地不同。圍鄭，鄭之各城皆有伐鄭之兵。觀兵于南門，于南門顯示軍力，向鄭與楚示威。西濟于濟隧。濟隧，水名，舊爲故黃河水道支流，今已堙，當在今原陽縣西。此蓋增兵或後續隊伍由濟隧來。鄭人懼，乃行成。

秋七月，同盟于亳。范宣子曰：「不愼，必失諸侯。姚鼐左傳補注云：「此有監於戲之盟，載書不愼，爲鄭所侮故也。」則不愼指盟辭。諸侯道敝而無成，能無貳乎？」杜注：「數伐鄭，皆罷（疲）於道路。」乃盟。載書曰：「凡我同盟，毋蘊年，説文：「年，穀熟也。」呂氏春秋任地篇高注：「年，穀也。」此謂毋積糧而不救鄰國之災。毋壅利，杜注：「專山川之利。」毋保姦，杜注：「藏罪人。」自是指庇護他國罪人。毋留慝，慝音忒，邪惡也。此謂邪惡者速去之。救災患，災患疑指自然災害。恤禍亂，禍亂則指權利鬭争。同好惡，善惡之標準統一，善者同好之，惡者同惡之。獎王室。杜注：「獎，助也。」或間茲命，間，犯也。司愼、司盟，儀禮覲禮疏云：「二司，天神。司愼，察不敬者；司盟，察盟者。」名山、名川，大山大川之神。羣神、羣祀，羣神，各種天神。羣祀，天神之外在于祀典者。先王、先公，杜注：「先王，諸侯之大祖，宋祖帝乙、鄭祖厲王之比也。先公，始封君。」七姓、十二國之祖，晉、魯、衞、曹、滕，姬姓；邾、小邾，曹姓；宋，子姓；齊，姜姓；莒，己姓；杞，姒姓；薛，任姓。十二國，此時鄭尚未與盟，故不數之。說本俞樾平議。服虔注則謂鄭與盟，晉主盟，不自數。明神殛之，殛音極，誅也。俾失其民，隊命亡氏，隊同墜，失落也。墜命猶言死其君主。氏，族氏。亡氏猶言滅族。然鄭樵通志氏族略序引此誓云：「氏所以別貴賤。貴者有氏，賤者有名無氏。今南方諸蠻此道猶存。以明亡氏則與奪爵失國同。」踣其國家。」踣音裴，斃也，滅也，亡也。

一一·四　楚子囊乞旅于秦。乞旅即乞師，求軍隊支援。秦右大夫詹帥師從楚子，將以伐鄭。將，去聲，率領。秦出少數軍隊以應付楚，並由楚王率領，因之經不言「秦」。鄭伯逆之。丙子，丙子，二十七日。伐宋。此固鄭子展之預謀。

一一·五　九月，諸侯悉師以復伐鄭，應「同好惡」之盟誓。鄭人使良霄、大宰石㚟如楚，㚟音與齞相近。大宰雖爲卿，有時執國之政權，有時則爲散卿。鄭之六卿，皆穆公之後，所謂七穆者。是時子孔以司徒當國，良霄爲正使，石㚟雖爲大宰，僅副使耳。告將服于晉，曰：「孤以社稷之故，不能懷君。君若能以玉帛綏晉，此云「以玉帛綏晉」，綏，安也，謂與晉和好也。餘詳僖五年傳「以德綏諸侯」。此句未完，其下文意本是我所最希望者。但鄭恐因此更觸楚共王之怒，故不言。不然，則武震以攝威之，文六年傳注云：「震，威也。」攝同懾，音哲。王引之述聞云「凡懾謂之懾，使人懾亦謂之懾」，則攝威爲同義詞連用。孤之願也。」楚人執之。執良霄與石㚟二人。書曰「行人」，言使人也。行人詳宣十二年傳注。

諸侯之師觀兵于鄭東門。鄭人使王子伯駢行成。甲戌，甲戌，二十六日。晉趙武入盟鄭伯。冬十月丁亥，丁亥，九日。鄭子展出盟晉侯。十二月戊寅，戊寅，初一。會于蕭魚。蕭魚，據江永考實，當在許昌市。庚辰，庚辰，三日。赦鄭囚，皆禮而歸之；納斥候；斥候卽偵察兵與巡邏兵。納，收回。卽杜注所云「不相備也」。禁侵掠。則前此對鄭國有侵凌掠奪可知。晉侯使叔肸告于諸侯。肸音夕。叔肸卽羊舌肸，字叔向，亦字叔譽，見禮記檀弓、逸周書太子晉解及唐書宰相世系表一下。傳世器有叔向父𣪘，吳闓生吉金文錄卷三云：「此或卽晉之叔向，未可知也。又有叔向父作姣㚸尊敦（𣪘）。」所告者乃赦鄭囚、納斥候、禁侵掠三事。公使臧孫紇對曰：「凡我同盟，小國有罪，大國致討，苟有以藉手，據服虔注，少有所得皆可言藉手。成二年傳「若苟有以藉口而復於寡君」，亦言少有所得可以回報我君。鮮不赦宥，寡君聞命矣。」

鄭人賂晉侯以師悝、師觸、師蠲；悝音虧，蠲音捐。三人皆樂師。古代樂師各專一藝，論語微子有鼓方叔、播鼗武、擊磬襄可證。此三人服虔以爲鐘師、鎛師、磬師，或據後文推而言之。廣車、軘車淳十五乘，廣車，鄭玄謂爲橫陳之車，與宣十二年楚之右廣左廣之廣同爲攻敵之車。軘音屯。軘車，服虔謂爲屯守之車。淳同純。古代投壺禮與射禮，一算爲奇，二算爲純。此淳亦耦義。意謂廣車與軘車相配爲一淳，各十五乘，合共三十乘。甲兵備，凡兵車百乘；杜注：「他兵車及廣、軘共百乘。」歌鐘二肆，此鐘爲懸列爲一排之鐘。據周禮小胥，「凡縣（同懸）鐘磬，半爲堵，全爲肆。」鄭玄注：「二八十六枚而在一虡（懸鐘磬之架）謂之堵，鐘一堵、磬一堵謂之肆。」但此文只言鐘，下文又言「及其鎛、磬」，則此二肆，磬不在列。且郘黛鐘銘云：「大鐘八肆，其竈四堵。」唐蘭因疑小胥本文當爲「全爲堵，半爲肆」。說詳燕京學報十四期古樂器小記。又考所出土之編鐘，肆、堵之數並不一定。容庚彝器通考樂器章謂如克鐘、邢人鐘、子璋鐘皆合兩鐘而成全文，則兩鐘爲一肆；虢叔編鐘合四鐘而成全文，則四鐘爲一肆；尸編鐘第一組合七鐘而成全文，則七鐘爲一肆云云。以銘文之長短爲肆，亦似可商。文物七四年十二期鄧少琴四川涪陵新出土的錯金編鐘謂信陽長臺關出土編鐘及洛陽出土之屭羌編鐘俱以十四枚爲一列。然一九七八年五、六月，在距隨縣（湖北省）城關西北五里擂鼓墩發掘一座戰國早期墓，其中有銅編鐘六十四件，包括鈕鐘十九件，甬鐘四十五件，分三層懸掛于鐘架。最大甬鐘通高一五四・四厘米，重二〇三・六公斤，形體與重量俱超出以往所出土編鐘。鐘架爲銅木結構，分上、中、下三層，呈曲尺形交叉沿中室西槨牆與南槨牆置放。西架長七・四八米，高二・六五米；南架長三・三五米，高二・七三米。木架梁滿飾彩繪花紋，兩端都套有浮雕或透雕之青銅套，起裝飾與加固作用。編鐘俱有錯金篆體銘文，總計二千八百餘字，多關音樂記載。鈕鐘銘文爲律名及階名，甬鐘正面隧、鼓部位（卽鐘口沿上部正中及兩角部位）銘文爲階名，如宮、商、角、徵、羽等。反面各部位銘文可以連讀，記載曾國（鐘爲曾侯乙作）與楚、周、齊、晉等地律名與階名相互對應關係。經測音及結合銘文研究，初步結果表明，鈕鐘可能用以定調，甬鐘則擊以發出音階，配合以成樂曲；下層甬鐘在演奏中起烘託及和聲作用。出土編鐘與鐘架，未有如此完整者。詳見七八年九月三日光明日報第三版。以實物證明，似可論斷，音調音階完備能演奏而成樂曲者始得爲一肆。宋陳暘樂書謂古者編鐘大架二十四，中架十六，小架十四云云，或得其彷彿。鄭玄等所注，以出土實物證之，皆不甚切合。及其鎛、磬，鎛音博，據國語周語下伶州鳩之言，鎛爲小鐘。鄭玄注周禮春官鎛師序官及儀禮大射儀謂鎛如鐘而大。此云「及其鎛、磬」，乃指其用爲配歌鐘也。女樂二八。女樂謂能歌舞之美女。古樂舞八人爲一列，謂之佾。二八卽二佾。晉語七謂鄭伯納女工妾三十人，女樂二八及寶鎛，輅車三十乘，與傳略異。

晉侯以樂之半賜魏絳，晉語七云：「公錫魏絳女樂一八，歌鍾一肆。」曰：「子教寡人和諸戎狄以正諸華，八年之中，自襄四年和戎至此八年。九合諸侯，五年會于戚，一；又會于城棣救陳，二；七年會于鄬，三；八年會于邢丘，四；九年盟于戲，五；十年會于柤，六；又戍鄭虎牢，七；十一年同盟于亳城北，八；又會于蕭魚，九。晉語七作「於今八年，七合諸侯」，孔疏引孔晁說，「不數救陳與戍鄭虎牢，餘爲七也。」劉師培古書疑義舉例補謂「九」爲虛數，誤。如樂之和，無所不諧，如音樂之和諧。請與子樂之。」樂音洛，快樂。辭曰：「夫和戎狄，國之福也；八年之中，九合諸侯，諸侯無慝，無慝謂皆順從。君之靈也，靈，威也。二三子之勞也，二三子指中軍帥佐以下之人。臣何力之有焉？抑臣願君安其樂而思其終也。抑，轉折連詞，然而。此時晉悼復霸之局已定，魏絳恐其驕怠，因作此言。詩曰：『樂只君子，殿天子之邦。樂只君子，福祿攸同。只，語中助詞。攸，所也。殿，鎮撫也。便蕃左右，亦是帥從。』詩見小雅采菽。毛詩「萬禄」作「萬福」，「便蕃」作「平平」，韓詩作「便便」，皆得治之意。左右據下文及鄭玄箋，皆謂附近小國。亦是帥從卽亦帥從是之倒裝。夫樂以安德，樂，音樂也。義以處之，杜注：「處位以義。」禮以行之，杜注：「行教令。」信以守之，杜注：「守所行。」仁以厲之，厲同勵，勉也。杜注云：「厲風俗。」杜注之意可用，而「之」字皆代「德」。而後可以殿邦國，同福祿，來遠人，點明所引詩句。遠人卽「左右」。所謂樂也。樂音洛，應晉悼「與子共樂之」。見姚鼐補注。書曰：『居安思危。』杜注：「逸書」。王鳴盛尚書後案謂僞古文周官「居寵思危」本此傳改「安」作「寵」。逸周書程典篇云：「於安思危，於始思終，於邇思備，於遠思近，於老思行。不備，無違嚴戒。」惠士奇補注引此。梁履繩左通補釋又云：「下傳云『思則有備，有備無患』，蓋括周書之義」但程典作于何時，殊難斷定，左傳作者亦未必得見，梁說僅資參考。戰國策楚策四虞卿言「臣聞之春秋，於安思危，危則慮安」，亦不言周書。思則有備，有備無患。敢以此規。」規正，規諫，規勸。公曰：「子之教，敢不承命！抑微子，寡人無以待戎，不能濟河。夫賞，國之典也，藏在盟府，詳僖五年及二十六年傳注。不可廢也。子其受之！」其，命令副詞。魏絳於是乎始有金石之樂，禮也。從「始有」推之，知大夫祭祀之樂，必有功始賜。阮元積古齋鐘鼎欵識載楚良臣余義鐘，銘文後云：「得吉金鑄鋁，以鑄龢鐘，以追孝先祖，樂我父兄。」阮元云：「此鐘蓋兒所作以祀其祖余義者。」此亦足證士大夫祭祀有樂。說參王紹蘭經說卷四。

二·六　秦庶長鮑、庶長武帥師伐晉以救鄭。庶長，秦爵名。商鞅作秦爵，分庶長爲四等，第十爵左庶長，十一爵右庶長，十七爵駟車庶長，十八爵大庶長。續漢志百官志五注引劉劭爵志云：「自左庶長已(以)上至大庶長皆卿大夫，皆軍將也。」史記秦紀于孝公用商鞅以前卽屢見庶長之名，秦寧公當春秋初期，卽有大庶長。秦孝公三年初見商鞅，拜之爲左庶長。則庶長及左庶長之名由來甚久，商鞅沿用，或略有變更。鮑先入晉地，士魴禦之，此時晉侯尚未返國，士魴居國爲留守。少秦師而弗設備。以秦軍爲少。壬午，壬午，五日。武濟自輔氏，輔氏，今陝西大荔縣東不足二十里。又詳宣十五年傳注。與鮑交伐晉師。己丑，己丑，十二日。秦、晉戰於櫟，晉世家索隱引釋例謂櫟在河北，地闕。是也。方輿紀要謂在臨潼縣北三十里，不可信。晉師敗績，易秦故也。易秦，輕視秦軍。年表及秦紀俱言秦敗晉於櫟，唯晉世家言「秦取我櫟」，梁玉繩志疑謂「疑『取』當作『敗』」。

十二年，庚子，公元前五六一年。周靈王十一年、晉悼十三年、齊靈二十一年、衞獻十六年、蔡景三十一年、鄭簡五年、曹成十七年、陳哀八年、杞孝六年、宋平十五年、秦景十六年、楚共三十年、吳壽夢二十五年、許靈三十一年。

經

一二·一 十有二年春王二月，二月，校勘記云：「石經、宋本、足利本『二』作『三』，不誤。」然金澤文庫本仍作「二」，今不改。正月二十一日丁卯冬至，建子，有閏。莒人伐我東鄙，圍台。書圍邑者自此始，詳宋高閌春秋集註。「台」，穀梁作「邰」。邰、台通。台在今山東費縣東南十二、三里。

一二·二 季孫宿帥師救台，遂入鄆。「鄆」，公羊作「運」，音同。餘詳文十二年經並注。

一二·三 夏，晉侯使士魴來聘。公羊、穀梁作「士彭」，說見成十八年經注。

一二·四 秋九月，吳子乘卒。乘卽壽夢。吳君書卒，以此爲始，蓋以其始與列國會同也。

一二·五 冬，楚公子貞帥師侵宋。

一二·六 公如晉。魯襄于晉悼無歲不會伐會盟。三年初朝，四年、八年及此年無事又朝，蓋未嘗有一年之安寧。

傳

一二·一 十二年春，莒人伐我東鄙，圍台。季武子救台，遂入鄆，皆詳經注。取其鐘以爲公盤。盤爲盛食器，僖二十三傳「乃饋盤飧」可證。又爲浴器，見禮記大學正義。

一二·二 夏，晉士魴來聘，且拜師。杜注：「謝前年伐鄭師。」

一二·三 秋，吳子壽夢卒，臨於周廟，禮也。周廟，杜注以爲周文王廟。吳祖泰伯，魯祖周公，魯或無泰伯之廟，故以文王廟爲周廟。禮記檀弓鄭注：「喪哭曰臨。」凡諸侯之喪，異姓臨於外，杜注云：「於城外向其國。」同姓於宗廟，宗廟即周廟。同宗於祖廟，祖廟，始封君之廟。同族於禰廟。杜注：「父廟也。同族謂高祖以下。」是故魯爲諸姬，臨於周廟；爲邢、凡、蔣、茅、胙、祭，臨於周公之廟。杜注：「即祖廟也。六國皆周公之支子，別封爲國，共祖周公。」

一二·四 冬，楚子囊、秦庶長無地伐宋，師于楊梁，呂氏春秋行論篇「宋殺文無畏於楊梁之隄」，即此。楊梁，今河南商丘縣東南三十里。以報晉之取鄭也。取鄭在去年。

一二·五 靈王求后于齊，齊侯問對於晏桓子。晏桓子，晏弱，見宣十四年傳注。桓子對曰：「先王之禮辭有之。天子求后於諸侯，諸侯對曰：『夫婦所生若而人，夫婦所生，謂己及嫡配所生。阮芝生杜注拾遺云：「若而人猶云若干人也。」妾婦之子若而人。』無女而有姊妹及姑姊妹，姊妹，同父所生。爾雅釋親：「父之姊妹爲姑。」其長于父者爲姑姊，少于父者爲姑妹，猶今之言大姑、小姑。則曰：『先守某公之遺女若而人。』」先守，猶言先君。若爲姊妹，則某公用其父之謚；若爲姑姊妹，則用其祖之謚。齊侯許婚。王使陰里結之。「結」，原作「逆」，今依校勘記訂正。杜注：「陰里，周大夫」，固不誤，蓋王之使必周大夫也。據管子輕重丁篇，齊地有陰里，自另是一事；而章炳麟讀因謂「陰里當是齊大夫」，不可信。結，結言。淮南子泰族篇「待媒而結言」，後漢書崔駰傳「有婚禮結言」，俱可爲證。公羊桓三年：「古者不盟，結言而退。」蓋即口頭約定之意。

三·六 公如晉朝，且拜士魴之辱，禮也。

三·七 秦嬴歸于楚。據傳下文及杜注，秦嬴爲秦景公妹，楚共王夫人，嫁于楚者已久，此因返秦省其母，因又歸于楚。楚司馬子庚聘于秦，爲夫人寧，杜注：「子庚，莊王子午也。」婦女既嫁，返回母家省親曰寧。禮也。

經

十三年，辛丑，公元前五六〇年。周靈王十二年、晉悼十四年、齊靈二十二年、衞獻十七年、蔡景三十二年、鄭簡六年、曹成十八年、陳哀九年、杞孝七年、宋平十六年、秦景十七年、楚共三十一年、吳諸樊遏元年、許靈三十二年。

一三·一　十有三年春，正月初二壬申冬至，建子。公至自晉。

一三·二　夏，取邿。「邿」，公羊作「詩」。釋文：邿音詩。據說文，爲附庸國。據山東通志，在今濟寧市南五十里。傳世彝器有邿伯鼎、邿遣毁。又有寺季鼎、寺季毁。寺當即邿。邿伯鼎銘文云「邿伯肇作孟妊膳鼎」，則邿爲妊姓。孟妊蓋其女。

一三·三　秋九月庚辰，庚辰，十四日。楚子審卒。杜注：「共王也。」國語楚語上：「莊王使士亹傅太子箴。」韋注：「箴，恭王名。」但春秋及史記皆作「審」。審與箴古音同韻。

一三·四　冬，城防。此防爲東防，見隱九年經注。莊二十九年曾城之，今又城之。襄十七年齊師圍臧孫于防，二十三年臧孫自邾如防，以求後於魯，皆此防也。

傳

一三·一　十三年春，公至自晉，孟獻子書勞于廟，禮也。孟獻子即仲孫蔑。周禮夏官司勳謂「王功曰勳，事功曰勞」，此蓋分別言之。古訓詁通例，對文則異，散文則通。此言書勞即桓二年傳之策勳。餘詳桓二年傳並注。

一三·二　夏，邿亂，分爲三。國小而内不和，分裂爲三。師救邿，魯師救邿。不言魯，此固魯史。遂取之。寺季毁銘云，「寺季故公作寶毁」云云。劉心源奇觚室吉金文述卷十六引阮元說：「寺，邿之省。邿季殆亡國寓公，故曰『故公』也。」凡書取，言易也；凡經書取國或取邑共十一事，魯取他國或他國之邑者七次；齊人取魯邑者，哀八年一次；他國互相伐取者三次。互詳宣九年傳並注。用大師焉曰滅，春秋書滅者三十一次，無一不是國，則邿雖小，亦一國也。餘詳文十五年傳注。弗地曰入。雖得其國，並不保有其地，有時用入字。互詳隱二年、文十五年傳並注。

一三・三 荀罃、士魴卒，晉軍將佐八人，今死二人。晉侯蒐于綿上以治兵。蒐，田獵並訓練軍隊。治兵，檢閱。俱見隱五年傳並注。綿上在今山西翼城縣西，參僖二十四年傳注。使士匄將中軍，士匄本中軍佐，荀罃本中軍將，既死，依次士匄當遞補。辭曰：「伯游長。伯游，荀偃字。九年傳亦云「范匄少於中行偃而上之」。昔臣習於知伯，是以佐之，非能賢也。習於知伯猶言與知罃互相了解，能密切合作，因此荀罃爲帥，我佐之，「能賢」卽「賢能」，詳隱三年傳注。今言賢能。請從伯游。」荀偃將中軍，王引之述聞引王念孫說，謂「荀偃」上當有「使」字。御覽兩引並有「使」字云云。其實此句乃敍已成事實，可不用使字。士匄佐之。使韓起將上軍，辭以趙武。又使欒黶，辭曰：「臣不如韓起，韓起願上趙武，君其聽之。」使趙武將上軍，韓起佐之；欒黶將下軍，魏絳佐之。趙武本爲新軍帥，于八卿之中，位第七；今則位第三。士匄、韓起、欒黶位皆如舊。魏絳超居第六代士魴。新軍無帥，晉侯難其人，使其什吏率其卒乘官屬，以從於下軍，禮也。襄二十五年傳云：「自六正、五吏、三十帥、三軍之大夫、百官之正長師旅及處守者皆有賂。」此什吏之吏，卽五吏之吏。五吏者，軍尉、司馬、司空、輿尉、候奄也。每軍皆有此五吏，五吏又各有佐（副手），故此云什吏。什吏卽十吏。說參左氏會箋。晉國之民是以大和，諸侯遂睦。遂睦者，因此皆服於晉也。

君子曰：「讓，禮之主也。范宣子讓，范宣子卽士匄，讓中軍帥與荀偃。其下皆讓。欒黶爲汰，

「汏」本作「汰」，今從阮元校勘記及金澤文庫本正。欒黶專横，見下年傳。弗敢違也。欒黶亦讓。晉國以平，平，和也。意即今之團結。數世賴之，刑善也夫！刑，法也。謂取法于善。賴，利也。一人刑善，百姓休和，尚書堯典「九族既睦，平章百姓。」百姓謂百官族姓，與今日言百姓意義不同。可不務乎！務謂盡力于此。書曰：『一人有慶，慶，善也。兆民賴之，其寧惟永。』一人，原指天子，此引書者不拘原意，泛指在上者。謂在上者一人有善，在下者億萬人皆受其利，國家之安定可以久長。句見尚書呂刑。其是之謂乎！周之興也，其詩曰：『儀刑文王，萬邦作孚。』儀刑，同義動詞連用，猶言效法。孚，信也，謂萬邦因此信之。詩爲大雅文王之句。言刑善也。及其衰也，其詩曰，『大夫不均，我從事獨賢』，詩爲小雅北山之句。此句本意是諷刺周幽王役使不平，自己所作獨多。賢，多也。但引此詩者則讀賢爲賢能，解詩意爲自誇而不相讓。言不讓也。世之治也，君子尚能而讓其下，小人農力以事其上，王引之述聞謂「農力猶努力，語之轉耳」。甚確。沈彤小疏謂唐石經初刻作展，後改作農。並引陳少章說，云宋本農作展，當從之。不確。是以上下有禮，而讒慝黜遠，由不争也，謂之懿德。懿，美也。及其亂也，君子稱其功以加小人，稱，誇張。加，駕陵。小人伐其技以馮君子，伐與稱同義。馮即憑，與加同義。是以上下無禮，亂虐並生，由争善也，杜注：「争自善也。」謂之昏德。國家之敝，恆必由之。」

一三·四 楚子疾，告大夫曰：大夫謂卿。「不穀不德，少主社稷。據下文，楚共王年十歲即爲楚君。生十年而喪先君，未及習師保之教訓而應受多福，先君，共王之父莊王。禮記文王世子謂「三王教世子，大傅在前，少傅在後；入則有保，出則有師，是以教喻而德成也。」古官制有太子太師、少師、大傅、少傅、太保、少保諸官以教導太子。師保卽統指此類官，亦可泛稱師傅、保傅。楚莊王曾使士亹教導共王，見楚語上，但此時共王年幼，未必真能習學古禮古訓，故自云未及習教訓。朱彬經傳考證謂「應讀爲膺」，是也。膺受同義詞連用。多福指君王之位。是以不德，以上解釋上文「不穀不德」，又起下文。而亡師于鄢；鄢陵之戰在成十六年。以辱社稷，爲大夫憂，其弘多矣。詩小雅節南山「喪亂弘多」，襄三十一年傳「讒慝弘多」，俱「弘多」連用。句意謂與晉戰而敗，國家受辱大，諸大夫爲憂實多。若以大夫之靈，獲保首領以歿於地，此當時套語，參隱三年傳並注。唯是春秋窀穸之事、所以從先君於禰廟者，「唯是」至此作一逗讀，意謂死後議謚。諸侯死後，有月祭，有四時之祭等，春秋指祭祀；窀穸指安葬。據禮記祭法，諸侯立五廟，卽考廟（父廟）、王考廟（祖父廟）、皇考廟（曾祖廟）、顯考廟（高祖廟）、祖考廟（始封祖之廟）。禰音獮猴之獮，説文：「親廟也。」禮記曲禮下謂「生曰父，死曰考」。死後其主入廟謂之考廟，亦謂之禰廟。如楚共王在，其父莊王之廟爲禰廟。共王死，其子康王繼位，楚共王之廟便爲禰廟，莊王之廟便爲王考廟，此卽是「從先君于禰廟」。以此上升，高祖主便依昭穆之次藏于始祖廟中。請爲『靈』若『厲』。謚號之起約在西周中葉以後。靈或厲皆惡謚。杜注：「欲受惡謚以歸先君也。」亂而不損曰靈，戮殺不辜曰厲。」若，或也。白虎通謚篇云：「所以臨葬而謚之何？因衆會欲顯揚之也。」楚語上敍此事亦云：「及葬，子囊議謚。」禮記檀弓下亦謂「公叔文子卒，其子戍請謚於君」云云，則知葬前便議謚。孔子家語謂「既死而議謚，謚定而卜葬，既葬而立廟」，僅得其大略。楚共謂所以從先君於禰廟者」卽指議謚而言。大夫擇焉。」靈或厲二謚中擇取其一。莫對。無人答對，示不同意。及五命，乃許。

五次命令，大夫始許之。

秋，楚共王卒。子囊謀謚。大夫曰：「君有命矣。」謂命謚靈或謚厲。子囊曰：「君命以共，若之何毁之？子囊欲謚之共，仍以君命答大夫。赫赫楚國，而君臨之，撫有蠻夷，奄征南海，詩大雅皇矣「奄有四方」，毛傳：「奄，大也。」亦謂廣大有四方。以屬諸夏，而知其過，可不謂共乎？請謚之『共』。」大夫從之。此事亦見楚語上。

一三·五 吳侵楚，養由基奔命，子庚以師繼之。奔命謂急行軍中爲前鋒。子庚即公子午，時爲司馬。養叔曰：養叔即養由基。「吳乘我喪，謂我不能師也，吳乘楚共王死而侵楚，以爲楚已不能整軍抗敵。必易我而不戒。易，輕視。說文作傷，云「輕也」。不戒，不存戒備警惕之心。子爲三覆以待我，三覆，三批伏兵。我請誘之。」子庚從之。戰于庸浦，杜注：「庸浦，楚地。」當在今安徽無爲縣南長江北岸。大敗吳師，獲公子黨。

君子以吳爲不弔，弔與淑字古本一字，淑，善也；弔亦善也。詩曰：「不弔昊天，亂靡有定。」昊音皓。昊天即蒼天，上天。「不弔昊天」爲倒裝句，意謂上天不以汝爲善，因之國家禍亂無有安定。詩見小雅節南山。

一三·六 冬，城防。書事，時也。於是將早城，臧武仲請俟畢農事，禮也。畢農事即時，即禮。

一三·七 鄭良霄、大宰石㚟猶在楚。兩人爲鄭國出使于楚被執，見十一年傳。石㚟言於子囊曰：「先王卜征五年，周禮春官太卜謂八事必卜，第一爲征。征，鄭衆解爲征伐，是；鄭玄解爲征行、巡守，非。然征伐於五年以前開始卜卦，似無此事理，他書亦無此記載。沈彤小疏謂「此蓋楚先王之故事，因楚子伐鄭不利，在不能修德，故援此立說」云云，似可通。**而歲習其祥，**「習」一本作「襲」。習與襲通用，重複也。祥，吉祥。歲習其祥，謂五年之中每年卜征都吉。**祥習則行。**每年吉兆重複於是行師。**不習，**有一年卜征不吉，卽不習。**則增修德而改卜。**增修德，卽今語更加修德。改卜，重新起卜。釋文謂「不習則增絶句」，恐非。**今楚實不競，**朱彬經傳考證云：「不競，言楚不能自强。」**行人何罪？**行人指良霄與自己。**止鄭一卿，**杜注：「一卿謂良霄。」止，留止。不言執，外交詞令。**以除其偪，**良霄爲人剛愎，足以偪鄭君臣。楚留之，是除其偪。**使睦而疾楚，以固於晉，**使鄭國內和睦而怨恨楚，則服晉之心堅固。**焉用之？**何益於楚？**使歸而廢其使，**「使」阮刻本作「所」，今從杜注、釋文及金澤文庫本正。廢，棄也。意謂使良霄歸，鄭必有以位置之。**怨其君以疾其大夫，**以，與也。例見詞詮。意謂良霄歸，將怨鄭君，並恨鄭之諸卿。**而相牽引也，**於是則鄭不睦而互相牽掣。**不猶愈乎？」**論語鄭玄注：「愈猶勝也。」言此策强于止良霄不歸。**楚人歸之。**其後良霄果爲鄭國之患。

十四年，壬寅，公元前五五九年。周靈王十三年、晉悼十五年、齊靈二十三年、衞獻十八年、蔡景三十三年、鄭簡七年、曹成十九年、陳哀十年、杞孝八年、宋平十七年、秦景十八年、楚康王昭元年、吳諸樊二年、許靈三十三年。

經

一四·一 十有四年春王正月，正月十三日丁丑冬至，建子。季孫宿、叔老會晉士匄、齊人、宋人、衞人、鄭公孫蠆、曹人、莒人、邾人、滕人、薛人、杞人、小邾人會吴于向。「蠆」，公羊作「囆」，囆即蠆之或體。向，杜注以爲鄭地，則在今河南尉氏縣西南，鄢陵縣西北；江永考實及沈欽韓地名補注皆謂此向爲吴地，當在今安徽懷遠縣西四十里。參見隱二年經注。書「人」、書名見傳，「伐秦」經例同。

一四·二 二月乙未朔，是年建子，二月初一當西曆一月十四日。日有食之。無傳。以今推測，爲日環蝕，經長江黄河間，魯能見之。

一四·三 夏四月，叔孫豹會晉荀偃、齊人、宋人、衞北宫括、鄭公孫蠆、曹人、莒人、邾人、滕人、薛人、杞人、小邾人伐秦。秦、晉交兵，自魯僖公三十三年殽之役開始，經歷六十八年，此後春秋再不書晉、秦征伐。

一四·四 己未，己未，二十六日。衞侯出奔齊。公羊作「衞侯衎」。毛奇齡春秋簡書刊誤及趙坦異文箋皆據禮記曲禮下「諸侯失地，名」之例，以爲經文應有「衎」字。而臧壽恭古義據孔疏云：「失地書名，傳無其事。禮記之文，或據公羊之義，不可通于左氏。」蓋得之矣。二十年傳引衞甯殖之言曰：「吾得罪於君，悔而無及也，名藏在諸侯之策，曰『孫林父、甯殖出其君』」云云，然則史策本作「衞孫林父、甯殖出其君」。甯殖又云：「君入則掩之。」則今作「衞侯出奔齊」者，蓋甯喜遵其父之遺囑，使衞侯衎復位，因而改史文乎。或云孔丘修春秋改之，不足信。

一四·五 莒人侵我東鄙。無傳。杜注：「報入鄆。」

一四·六 秋，楚公子貞帥師伐吳。

一四·七 冬，季孫宿會晉士匄、宋華閱、衞孫林父、鄭公孫蠆、莒人、邾人于戚。戚，孫林父采邑，今河南濮陽縣稍東而北十餘里。

傳

一四·一 十四年春，吳告敗于晉。吳爲楚所敗，見去年傳。晉、吳曾同盟，故吳告晉。會于向，向見經注。爲吳謀楚故也。杜注：「謀爲吳伐楚。」范宣子數吳之不德也，以退吳人。數，上聲，責也。此言會向共謀之結果。或諸侯多不欲伐楚，或晉亦以吳侵楚爲無理，因數吳不應乘楚喪而侵楚，此爲不道德之行爲，因以拒絕吳人。

執莒公子務婁，以其通楚使也。杜注：「莒貳於楚，故比年伐魯。」通楚使，言其使者往來楚國。

將執戎子駒支，杜注：「駒支，戎子名。」范宣子親數諸朝，在盟會之地亦佈置朝位。曰：「來！姜戎氏！昔秦人迫逐乃祖吾離于瓜州，瓜州，舊注皆以爲卽今甘肅敦煌。顧頡剛則以爲在今秦嶺高峯之南北兩坡，詳史林雜識瓜州。瓜州之戎本有二姓，一爲姜姓，此戎是也；一爲允姓，昭九年傳「故允姓之姦居于瓜州」是也。杜注混而一之，不確。說詳全祖望經史問答及錢大昕十駕齋養新録。乃祖吾離被苫蓋、蒙荊棘以來歸我先君，苫音山，苫蓋是同義詞，此處義爲白茅所編遮身物。被同披。蒙，冒也。蒙荊棘義爲頭戴用荊棘所織之物。我先君惠公有不腆之田，腆，多也。與女剖分而食之。今諸侯之事我寡君不如昔者，蓋言語漏洩，則職女之由。職，當也。句意謂當由于你。蓋承接上文表原因之詞。例見詞詮。詰朝之事，爾無與焉。與，將執女。」對曰：「昔秦人負恃其衆，貪于土地，逐我諸戎。西戎尚是部落社會，駒支爲各部落之首，故自言諸戎。惠公蠲其大德，蠲音捐，明也。謂我諸戎，是四嶽之裔冑也，杜注：「四嶽，堯時方伯，姜姓也。裔，遠也。冑，後也。」其實裔冑爲同義詞。離騷「帝高陽之苗裔兮」，王逸注：「裔，冑也。」毋是翦棄。此倒裝句，即勿翦棄是。詩召南甘棠毛傳：「翦，去也。」翦棄義近連用。賜我南鄙之田，狐狸所居，豺狼所嗥。嗥音豪，咆嗥也。狐狸所居，豺狼所嗥，爲後置形容句，形容上文「田」者。我諸戎除翦其荆棘，驅其狐狸豺狼，以爲先君不侵不叛之臣，至于今不貳。昔文公與秦伐鄭，秦人竊與鄭盟，而舍戍焉，舍，置也。即僖三十年傳「秦伯說，與鄭人盟，使杞子、逢孫、楊孫戍之」之事。於是乎有殽之師。見僖三十三年傳。晉禦其上，戎亢其下，亢音抗，抵當也。秦師不復，即公羊「匹馬隻輪無反者」。我諸戎實然。意謂我諸戎實使秦師如此。譬如捕鹿，晉人角之，諸戎掎之，角謂執其角。掎音羈，或羈上聲，謂拖其後足。引申之，凡當面迎擊曰角，從後牽引曰掎。角即上文「禦其上」，掎即上文「亢其下」。後漢書袁紹傳伐許宣檄云，「大軍汎黄河以角其前，荆州下宛、葉而掎其後」，即用傳義。說參焦循補疏。與晉踣之。踣，音義同仆。踣之，使之卧倒。戎何以不免？免，免于罪責。自是以來，是指殽之役。晉之百役，與我諸戎相繼于時，晉所有戰役，我諸戎無不按時與晉共同從事。相繼于時猶言未嘗間斷。以從執政，從，今言追隨。猶殽志也，言與支援殽之戰其心如一。豈敢離逷？逷同逖，遠也，違也。今官之師旅無乃實有所闕，官謂晉之執政。師旅見成十八年傳並注。官之師旅，即晉執政。不斥言，外交辭令。以攜諸侯，因而使諸侯攜貳。而罪我諸戎！我諸戎飲食衣服不與華同，贄幣不通，謂與諸侯不相往來。言語不達，達亦通也。何惡之能爲？不與於會，亦無瞢焉。」瞢音夢，悶也，愧也，憂也。賦青蠅而退。青蠅見詩小雅。中有句云：「愷悌君子，無信讒言。」宣子辭焉，辭，謝也，今言道歉。使即事於會，成愷悌也。杜注：「成愷悌，不信讒也。」不書者，戎爲晉屬，不得特達。」特達即獨立與會。

於是子叔齊子爲季武子介以會，子叔齊子即經之叔老。叔氏亦稱子叔氏，如昭二年傳，叔弓曰子叔子，昭二十一年傳叔輒曰子叔。禮記檀弓下有子叔敬叔。齊子杜注以爲叔老之字，顧炎武以爲是叔老之謚。或以叔老之父名嬰齊，其子不得以齊爲字。若不得以齊爲字，則亦不得以齊爲謚。嬰齊以二字爲名，禮記曲禮上、檀弓下並云「二名不偏諱」，是也。自是晉人輕魯幣而益敬其使。幣即幣帛，此代表一切獻禮。晉減輕魯國之獻禮。

一四·二 吳子諸樊既除喪，將立季札。吳子乘（壽夢）死于襄十二年秋九月，諸樊已于襄十三年正月即位，則讓位于季札在即位而除喪之後。春秋或行三年之喪，昭十五年傳「王一歲而有三年之喪二焉」，可爲明證。諸樊爲壽夢之長子。襄二十九年公羊傳云：「謁也、餘祭也、夷昧也，與季札同母者四。季子弱而才，兄弟皆愛之，同欲立之以爲君。謁曰：『今若是迮而與季子國，季子猶不受也。請無與子而與弟，弟兄迭爲君而致國乎季子。』皆曰：『諾。』」云云，則諸樊未嘗有除喪讓位之事。史記吳世家敘此事，一則以立季札，本壽夢之意，諸樊因父意而讓位；又全取此章傳文，其不以公羊傳爲然可知。公羊之謁，即左傳之遏，古音同相通。季札辭曰：「曹宣公之卒也，諸侯與曹人不義曹君，將立子臧。曹宣公死于魯成十三年。曹君指曹成公負芻，殺太子而自立，亦見成十三年傳。子臧去之，遂弗爲也，以成曹君。事又見成十五、十六年傳。君子曰『能守節』。能守節本子臧語，亦見成十五年傳。君，義嗣也，諸樊爲死君適長子，當繼承，故云義嗣。誰敢奸君？奸，犯也。有國，非吾節也。子臧辭君之言云「爲君非吾節也」，與此義同。札雖不才，願附於子臧，以無失節。」固立之，棄其室而耕，乃舍之。杜注：「傳言季札之讓，且明吳兄弟相傳。」

四·三　夏，諸侯之大夫從晉侯伐秦，以報櫟之役也。櫟役見十一年傳。晉侯待于竟，竟同境。使六卿帥諸侯之師以進。及涇，涇水有南北二源，二源會合後經陝西邠縣、涇陽、高陵入渭河。此涇水濟渡處當在涇陽縣南。不濟。杜注：「諸侯之師不肯渡也。」叔向見叔孫穆子，叔向即十一年傳之叔肸，詳彼注。叔孫穆子卽魯之叔孫豹。穆子賦匏有苦葉，叔向退而具舟。匏有苦葉見詩邶風。魯語下云：「晉叔向見叔孫穆子曰：『諸侯謂秦不恭而討之，及涇而止，於秦何益？』穆子曰：『豹之業及匏有苦葉矣，不知其他。』叔向退，召舟虞與司馬，曰：『夫苦匏不材於人，共濟而已。魯叔孫賦匏有苦葉，必將涉矣。』」匏卽瓠瓜，亦曰葫蘆，古人或寫作壺。不能食用，故叔向言「苦匏不材於人」；但浮渡深水時，可以作浮囊，免于沉溺，故叔向說「共濟而已」。鶡冠子學問篇「賤生於無所用，中流失船，一壺千金」，正取此義。魯人、莒人先濟。鄭子蟜見衞北宮懿子曰：「與人而不固，取惡莫甚焉，若社稷何？」北宮懿子卽北宮括。語意謂服從晉國而有他心，最使人厭惡，國家將奈之何也。懿子說。二子見諸侯之師而勸之濟。魯、莒已先濟，鄭、衞亦必濟，則諸侯之師乃齊、宋、曹、邾、滕、薛、杞及小邾。濟涇而次。秦人毒涇上流，師人多死。杜注：「飲毒水故。」鄭司馬子蟜帥鄭師以進，師皆從之，十九年子蟜死，晉侯請于周王賜以大路行葬，即因此之故。至于棫林，杜注：「棫林，秦地。」當在今涇陽縣涇水之西南。不獲成焉。杜注：「秦不服」，則用兵言獲成者，敵國屈服也。荀偃令曰：「鷄鳴而駕，塞井夷竈，塞井夷竈，便於佈陣，說詳成十六年傳並注。唯余馬首是瞻。」欒黶曰：「晉國之命，未是有也。言晉國從來無此種命令。余馬首欲東。」秦兵在西，東則歸矣。乃歸。下軍從之。左史謂魏莊子曰：「不待中行伯乎？」中行伯即荀偃。莊子，魏絳。左史，官名。逸周書史記解「維正月，王在成周，昧爽，召三公、左史、戎夫」；文選思玄賦注引古文周書，「周穆王問左史氏史豹、史良」；昭十二年傳有左史倚相。晉書職官志云：「著作郎，周左史之任也。」此左史蓋隨軍記述之官。前人解說多不明此。莊子曰：「夫子命從帥，夫子指荀偃。欒伯，吾帥也，欒黶，下軍帥。吾將從之。從帥，所以待夫子也。」左史之問「不待中行伯」，待謂等待，意謂中軍帥無退軍之令，擅自撤軍爲不宜。此「所以待」，待謂對待。同用一待字。伯游曰：「吾令實過，悔之何及，多遺秦禽。」多，祇也，適也。說詳王引之述聞。乃命大還。大還，全軍撤回。晉人謂之「遷延之役」。初則諸侯之師不濟涇，嗣則鄭師進而後進，至棫林因將帥不和而大撤退。遷延者，因循拖拉而無成就也。

欒鍼曰：「此役也，報櫟之敗也。役又無功，晉之恥也。吾有二位於戎路，欒鍼，欒黶弟，時爲戎右。戎路，將帥所乘之兵車，位次御者，故云在戎路之上，我居二位。杜注：「二位謂黶將下軍，鍼爲戎右。」敢不恥乎？」與士鞅馳秦師，死焉。士鞅，士匄之子。士鞅反。欒黶謂士匄曰：「余弟不欲往，而子召之。

而同爾。下二「而」字同。余弟死，而子來，是而子殺余之弟也。余，代詞，可用作主語，亦可用於領位。毛公鼎銘云「告余先王若德」，不用「之」字。且「余之弟」，金文無此用法。參燕京學報第六期容庚周金文中所見代名詞釋例。此云「余之弟」，猶尚書康誥之「朕其弟」。弗逐，余亦將殺之。」士鞅奔秦。

於是齊崔杼、宋華閱、仲江會伐秦。不書，惰也。仲江，宋公孫師之子。齊、宋皆大國，經例應書卿之名，以其臨事惰慢，如不肯濟涇之類，故只書「人」。向之會亦如之。向之會亦書齊人宋人，例同。衞北宮括不書於向，杜注：「亦惰。」書於伐秦，攝也。攝有整頓之義，亦有佐助之義，此處則兩義皆可通。沈欽韓補注主前義，俞樾平議主後義。

秦伯問於士鞅曰：「晉大夫其誰先亡？」對曰：「其欒氏乎！」秦伯曰：「以其汰乎？」對曰：「然。欒黶汰虐已甚，已甚，太甚。猶可以免，其在盈乎！」盈，黶之子。秦伯曰：「何故？」對曰：「武子之德在民，如周人之思召公焉，愛其甘棠，況其子乎？杜注：「武子，欒書，黶之父也。召公奭聽訟，舍於甘棠之下，周人思之，不害其樹，而作勿伐之詩，在召南。」欒黶死，盈之善未能及人，武子所施没矣，經年稍久，惠澤難存。而黶之怨實章，章，彰明。將於是乎在。」其亡將在於此。秦伯以爲知言，爲之請於晉而復之。十六年春士鞅爲公族大夫，則其返國當在十六年前。晉滅欒氏見二十一年傳。

一四·四 衞獻公戒孫文子、甯惠子食，戒食，謂約期與之共食。皆服而朝，杜注：「服朝服待命於朝。」朝服爲玄冠（黑而帶赤色之禮帽）、緇布衣、素積以爲裳（以生絹作裙，在裙腰處摺疊），衣與帽同玄色。裳白色。日旰不召，旰音幹，日晚也。而射鴻於囿。二子從之，杜注：「從公於囿。」不釋皮冠而與之言。皮冠，以白鹿皮所製帽，田獵時戴之。君見臣，臣若朝服，依當時儀節，應脱去皮冠。昭十二年傳敍楚子見子革去皮冠可證。卽羣臣相見，亦必脱皮冠或冑。成十六年傳「郤至見客免冑」是也。孫林父、甯殖着朝服，衞獻見之不脱皮冠，蓋故意辱之。呂氏春秋慎小篇「衞獻公戒孫林父、甯殖食，鴻集于囿，虞人以告。公如囿射鴻。二子待君，日晏，公不來至。來，不釋皮冠而見二子」云云，是二子未嘗從公于囿，與傳小異。二子怒。孫文子如戚，戚，孫氏采邑，今河南濮陽縣北。餘詳文元年經注。孫蒯入使。蒯，孫文子子。入朝請命也。公飲之酒，使大師歌巧言之卒章。大同太。大師，樂官之長。巧言，詩小雅篇名。其卒章（末章）云：「彼何人斯，居河之麋。無拳無勇，職爲亂階。」杜注：「公欲以喻文子，居河上而爲亂。」大師辭。大師知其必促使文子爲亂。師曹請爲之。師曹，大師所屬樂人。初，公有嬖妾，使師曹誨之琴，師曹鞭之。公怒，鞭師曹三百。故師曹欲歌之，以怒孫子，以報公。報復受鞭之恨。公使歌之，遂誦之。歌與誦不同。歌必依樂譜，誦僅有抑揚頓挫而已。周禮大司樂鄭玄注「以聲節之曰誦」，以聲節之，只是指諷誦之腔調，非指樂譜，故晉語三韋注云：「不歌曰誦。」杜注云「恐孫蒯不解故」，則讀爲孟子告子下「誦堯之言」之「誦」，誦讀也。蒯懼，告文子。文子曰：「君忌我矣，弗先，必死。」不先動手，必死衞獻公之手。

并帑於戚而入，舊讀「并帑於戚」爲句，「而入」屬下，不確。此從于鬯香草校書。帑音奴，當廣指子弟臣僕一切家衆。衞自成公已遷都帝丘，卽今濮陽縣西南二十許里之顓頊城。孫文子家衆本分二處，一在采邑戚，一在衞都帝丘。此時爲發動叛亂，將家衆聚於戚地，而後率領入帝丘。「而入」者，入都攻衞獻也。舊讀「而入見蘧伯玉」，不知蘧伯玉爲靈公臣，且與孔丘爲友。靈公爲獻公孫，魯昭公八年立，哀公二年死。自此年距衞靈之死六十七年矣。此時蘧伯玉年甚少，必不在高位，孫林父不必往見之也。見蘧伯玉，此係孫林父入都時偶然遇見伯玉，因伯玉見其率領兵衆，林父不得不與之言。伯玉名瑗，謚曰成子，蘧莊子無咎之子。曰：「君之暴虐，子所知也。大懼社稷之傾覆，將若之何？」對曰：「君制其國，臣敢奸之？奸，犯也。雖奸之，庸知愈乎？」庸，反問副詞，豈也。句意謂縱使廢舊君，立新君，豈知新君勝于舊君乎？遂行，從近關出。國界有關，衞四面皆鄰他國，蘧伯玉欲速出國境，以免禍亂，於是擇最近之國門出國。史記衞世家亦敘此事而較簡略。

公使子蟜、子伯、子皮與孫子盟于丘宮，子蟜三人皆衞之羣公子。丘宮當在衞都，孫氏之兵已迫臨公宮，故公不得不與孫氏求和解。杜注此數句多誤。孫子皆殺之。四月己未，子展奔齊，杜注：「子展，衞獻公弟。」蓋獻公欲奔齊，子展爲之先行。公如鄄。鄄音絹，今山東鄄城縣西北，餘詳莊十四年經注。使子行請於孫子，原無「請」字，今從金澤文庫本及阮氏校勘記增。據杜注，杜本亦有「請」字。孫子又殺之。杜注：「使往請和也。子行，羣公子。」公出奔齊，孫氏追之，敗公徒于河澤，「河澤」亦作「阿澤」，亦作「柯澤」，今山東陽穀縣東北，運河所經。鄄人執之。執衞獻公之敗兵。

初，尹公佗學射於庾公差，庾公差學射於公孫丁。二子追公，二子，佗與差。公孫丁御公。子魚曰：子魚，差之字。「射爲背師，不射爲戮，射爲禮乎？」射爲禮言在射與不射二者，射合於禮。杜注，「禮射不求中」，非傳意。射兩軥而還。軥音劬，又音遘，又音鉤。古代車駕四馬，當中兩馬謂之兩服，軶端有橫木曰衡，另有曲木縛于衡下，又住兩服之頸曰軥。尹公佗曰：「子爲師，爲，去聲。意謂汝因公孫丁爲師而不射中。我則遠矣。」公孫丁是其師祖，關係較遠。乃反之。回車再追衛獻。公孫丁授公轡而射之，貫臂。丁射佗，矢穿透佗臂。孟子離婁下云：「鄭人使子濯孺子侵衛，衛使庾公之斯追之。子濯孺子疾作，庾公之斯至，曰：『夫子何爲不執弓？』曰：『今日我疾作，不可以執弓。』庾公之斯曰：『小子學射於尹公之他，尹公之他學射於夫子。我不忍以夫子之道反害夫子。雖然，今日之事，君事也，我不敢廢。』抽矢，叩輪，去其金，發乘矢而後反。」孔疏引此文云：「其姓名與此略同，行義與此正反。不應一人之身有此二行。孟子辯士之說，或當假爲之辭，此傳應是實也。」

子鮮從公。杜注：「子鮮，公母弟。」及竟，公使祝宗告亡，且告無罪。杜注：「告宗廟。」于鬯以爲祝宗亦從公行，故即爲壇于境而使之告神。詳香草校書。定姜曰：「無神，何告？若有，不可誣也。有罪，若何告無？舍大臣而與小臣謀，舍同捨。一罪也。先君有家卿以爲師保，家卿指孫林父、甯殖。爲卿佐卽爲其師保，下傳文「有君而爲之貳使師保之」可證。而蔑之，蔑，輕視，鄙視。二罪也。余以巾櫛事先君，而暴妾使余，定姜爲定公嫡夫人，則爲獻公嫡母。雖非生母（獻公爲敬姒所生），亦當敬養。暴妾使余者，待余甚暴若婢妾也。參成十四年傳及注足以知之。馬宗璉補注引詩燕燕「先君之思，以勗寡人」，魯詩說，言獻公無禮于定姜，定姜作詩，言獻公當思先君定公以孝於寡人」，亦可證。列女傳母儀傳全用此段文字。三罪也。告亡而已，無告無罪！」上「無」字爲表禁止副詞，勿也。下「無」字爲有無之無。

公使厚成叔弔于衛，檀弓上正義引世本：「孝公生惠伯革（鄭注「革」作「鞏」），其後爲厚氏。」「厚」亦作「后」，潛夫論志氏姓云「魯之公族有后氏」，檀弓上有后木可證。左傳亦作「郈」，如昭二十五年傳「郈氏爲之金距」；魯語亦作「郈」，如「文公欲弛郈敬子之宅」。厚、后、郈三字皆通。曰：「寡君使瘠，聞君不撫社稷，而越在他竟，瘠，厚成叔名。撫，有也。不有社稷，謂失君位。越，播越，流亡。說詳王引之述聞。若之何不弔？弔，恤也。今言憐恤。以同盟之故，使瘠敢私於執事，敢，表敬副詞。杜注：「執事，衞諸大夫。」曰：『有君不弔，弔同淑，善也。有臣不敏；杜注：「敏，達也。」有君不善良，有臣不達於事。君不赦宥，臣亦不帥職，君對臣不寬恕，臣亦不盡爲臣之職責。增淫發洩，增淫言積久也，說見章炳麟讀。自衞定公死，獻公初立，孫林父便盡置其重器于戚而厚交晉國之卿。衞獻與孫氏之嫌隙，至此幾已十八年。嫌怨既久，發洩便大，以至逐君。其若之何？』」衞人使大叔儀對，大同太。太叔儀謚文子。襄二十九年經作「世叔儀」。經作「世」，傳多作「大」。曰：「羣臣不佞，佞，才也。得罪於寡君。寡君不以卽刑，不以羣臣就刑。而悼棄之，林堯叟句解謂悼爲傷悼。俞樾平議謂悼借爲卓；卓，遠也。遠棄羣臣，意卽指流亡。章炳麟讀謂悼，逃也。上逃其下曰逃。皆可通。以爲君憂。君不忘先君之好，辱弔羣臣，弔羣臣之失君。又重恤之。又加以哀憐羣臣之不敏，未盡職。敢拜君命之辱，一謝弔失君。重拜大貺。」又謝哀憐羣臣。厚孫歸，復命，語臧武仲曰：「衞君其必歸乎！有大叔儀以守，大叔儀在衞國。有母弟鱄以出。鱄卽子鮮，從獻公以出者。餘參成十四年傳。或撫其內，或營其外，國內有大叔儀爲之安撫，國外有子鮮爲之經營。能無歸乎！」

齊人以郲寄衞侯。郲卽襄六年「齊侯滅萊」之萊國，詳宣七年經注。寄，寓也。諸侯失國，寓居他國，稱寄公。儀禮喪服傳所謂「寄公者何也？失地之君也。」亦曰寓公，禮記郊特牲「諸侯不臣寓公」是也。馬宗璉補注因云：「齊以郲寄衞侯，是以寓公之禮待衞獻公。」及其復也，衞獻公返國復位在十二年之後，此探後言之。以郲糧歸。杜注：「言其貪。」

右宰穀從而逃歸，右宰穀，衞大夫。衞人將殺之。辭曰：「余不說初矣。說同悅。初指從衞獻公。

猶言我于從公之事亦我所不悅。余狐裘而羔袖。」此有兩解，皆可通。依杜預注意，狐貴重，以喻善；羔以喻惡。狐毛爲裘，小羊毛爲袖，「言一身盡善，唯少有惡，喻己雖從君出，其罪不多」。陶鴻慶別疏則謂「詩唐風『羔裘豹袪』，毛傳云：『本末不同，在位與民異心。』此云然者，亦謂身雖從君，而與君異心，猶裘之本末不同。」乃赦之。

衞人立公孫剽，剽音漂去聲，又音瓢。杜注：「剽，穆公孫。」孫林父、甯殖相之，以聽命於諸侯。杜注：「聽盟會之命。」蓋諸侯與之盟，則認可矣。

衞侯在郲，臧紇如齊唁衞侯。紇，武仲名。唁音彥，說文：「弔生也。」衞侯與之言，虐。原不重「衞侯」，今依石經、淳熙本、岳本及金澤文庫本增，文意始順。退而告其人曰：其人，臧紇下屬。「衞侯其不得入矣。其，殆也。表示不肯定之副詞。其言糞土也。以糞土比喻「虐」。亡而不變，何以復國？」子展、子鮮聞之，見臧紇，與之言，道。道即順也。管子君臣篇云：「順理而不失之謂道。」說詳楊樹達先生讀左傳。臧孫說，臧孫即紇。謂其人曰：「衞君必入。夫二子者，或輓之，或推之，在前牽引曰輓，在後推進曰推。欲無入，得乎？」杜注：「爲二十六年衞侯歸傳。」

一四・五 師歸自伐秦。各國之師皆歸。下文獨言晉事。晉侯舍新軍，禮也。舍同捨，廢也。成國不過半天子之軍。杜注：「成國，大國。」呂氏春秋貴因篇高注：「成國，成千乘之國也。」周爲六軍，諸侯之大者，三軍可也。周禮夏官序云：「凡制軍，萬有二千五百人爲軍。王六軍，大國三軍，次國二軍，小國一軍。」於是知朔生盈而死，史記趙世家索隱引世本云「逝遨生莊子首，首生武子罃，罃生莊子朔，朔生悼子盈」云云，則盈爲朔之子。杜預以盈爲朔之弟，誤。盈生六年而武子卒，武子，盈之祖知罃。知罃當政之末年，知朔已死，未及爲卿。彘裘亦幼，彘裘，士魴子。皆未可立也。新軍無帥，故舍之。十三年傳亦云「新軍無帥」，此又言其故。則晉之所謂無帥者，強宗世襲卿位，知氏、士氏皆強宗，而其嗣年弱小耳。

一四・六 師曠侍於晉侯。杜注：「師曠，晉樂大師子野。」晉侯曰：「衞人出其君，不亦甚乎？」對曰：「或者其君實甚。甚謂過度。良君將賞善而刑淫，養民如子，蓋之如天，容之如地；蓋覆民人如天之高大，容載民人如地之廣厚。民奉其君，愛之如父母，仰之如日月，敬之如神明，畏之如雷霆，其可出乎？其，用法同「豈」。夫君，神之主而民之望也。「而」本作「也」，今從石經、宋本、淳熙本、岳本及金澤文庫本正。若困民之主，主，新序雜事篇、説苑君道篇皆作「困民之性」，「主」當爲「生」字之形近誤。「生」與「性」古本可通用。周語上云「匱神乏祀而困民之財」，與此二句意同。困民之生即困民之財。匱神乏祀，匱乏義同，意即鬼神失主祀者。百姓絶望，社稷無主，將安用之？何必用君。弗去何爲？天生民而立之君，使司牧之，勿使失性。有君而爲之貳，杜注：「貳，卿佐。」使師保之，勿使過度。是故天子有公，諸侯有卿，卿置側室，大夫有貳宗，數句義俱詳桓二年傳注。士有朋友，桓二年傳云「士有隸子弟」，似此「朋友」即指「隸子弟」。以桓二年傳「各有分親」及此下文「皆有親暱」推之，朋友一詞，非今朋友之義。或其同宗，或其同出師門（見劉寶楠論語學而「有朋自遠方來」正義）。庶人、工、商、皁、隸、牧、圉皆有親暱，以相輔佐也。善則賞之，賞非賞賜之賞，以輔佐之人不能對正主行賞也。杜注：「賞謂宣揚。」晉語九云：「夫事君者諫過而賞善。」賞亦同此。韋注謂賞善爲將順其美，亦通。過則匡之，匡，正。患則救之，失則革之。革，更改。自王以下各有父兄子弟以補察其政。杜注：「補其愆過，察其得失。」史爲書，杜注：「謂大史君舉則書。」瞽爲詩，瞽謂樂師。周禮春官序官鄭玄注：「凡樂之歌，必使瞽矇爲焉，命其賢知（智）者以爲大師、小師。」周語上之「瞽獻曲」，即此之「瞽爲詩」，瞽歌詩必奏曲也。工誦箴諫，孔疏：「儀禮通謂樂人爲工。」誦，或歌或讀。箴諫皆規勸匡正之辭。大夫規誨，規，正也。誨，教導，開導。此與周語上「近臣盡規」同意。士傳言，杜注：「士卑不得徑達，聞君過失，傳告大夫。」庶人謗，此亦猶商書無逸「小人怨汝、詈汝」之意。周語上邵公曰：「故天子聽政，使公卿至於列士獻詩，瞽獻曲，史獻書，師箴，瞍賦，矇誦，百工諫，庶人傳語，近臣盡規，親戚補察，瞽史教誨」云云，與師曠所言相近。商旅于市，商旅同義詞連用，易復卦「商旅不行」、周禮考工記「通四方之珍異以資之謂之商旅」、禮記月令「易關市，來商旅」皆可證。此句「商旅于市」，承上省一動詞，漢書賈山傳「庶人謗於道，商旅議於市」，增一「議」字以解此句，是也。杜注謂「旅，陳也，陳其貨物」云云，王引之述聞則讀旅爲臚，謂卽傳言，皆誤以旅爲動詞。百工獻藝。百工，各種工匠。周禮考工記：「審曲面勢，以飭五材，以辨民器，謂之百工。」下文云「工執藝事以諫」，卽此「獻藝」之義。故夏書曰：『遒人以木鐸徇於路，遒人，尚書僞孔傳云：「宣令之官。」遒音酋。徇音殉，巡行而宣令也。木鐸，金口木舌之鈴。金口金舌則爲金鐸。金鐸用于武事，木鐸用于文教。官師相規，官師，一官之長，其位不甚高。襄十五年傳「官師從單靖公」，禮記祭法「官師一廟」，漢書賈誼傳「官師小吏」皆足證。說參宋王應麟困學紀聞卷二及王引之經義述聞。工執藝事以諫。』此爲逸書，作僞古文尚書者竄入今胤征篇。正月孟春，於是乎有之，諫失常也。蓋春秋以前天子諸侯有大臣及諫官，遇事可諫；至于在下位者以至百工等，唯正月道人徇路，始得有進言機會。天之愛民甚矣，豈其使一人肆於民上，以從其淫，肆，放恣。從同縱。而棄天地之性？必不然矣。」棄天地之性卽棄民。

一四·七　秋，楚子爲庸浦之役故，庸浦之役見去年傳並注。子囊師于棠，以伐吳。棠，今江蘇六合縣稍西而北二十五里。吳人不出而還。各本俱無「人」字，今依金澤文庫本增。子囊殿，以吳爲不能而弗儆。吳人自皐舟之隘要而擊之。杜注：「皐舟，吳險阸之道。」要，腰本字，此作動詞，截斷其腰。楚人不能相救，吳人敗之，獲楚公子宜穀。

一四·八　王使劉定公賜齊侯命，杜注：「將昏於齊故也。」定公，劉夏。曰：「昔伯舅大公右我先王，大同太，大公卽呂尚，姓姜，故又稱之爲姜太公。詩伐木正義引「右我先王」作「佐我先王」，右卽左助。股肱周室，師保萬民。世胙大師，胙，報酬也。大師卽太公，以周文王立呂尚爲師也。以表東海。表，表率之意，意謂爲東海諸國之表率也。與二十九年傳「表東海者其大公乎」之「表」同。王室之不壞，繄伯舅是賴。繄，發聲詞，無義，與隱元年傳「繄我獨無」之「繄」同。伯舅仍指大公。周王於異姓諸侯，無論其先後長幼，俱稱伯舅或舅氏。或以此伯舅指齊桓公，與上文不接，不足信。今余命女環，杜注：「環，齊靈公名。」茲率舅氏之典，茲借爲孳，孜孜不倦。說本吳闓生文史甄微。率，循也。典，常也，經也。異姓諸侯有佐助周室之常法。纂乃祖考，纂，繼也。無忝乃舊。忝，辱也。乃，對稱代詞領位。金文對稱代詞多用「乃」。舊即上文之祖考。管子牧民篇云「恭祖舊」，即此舊字之義。敬之哉！無廢朕命！」

一四·九 晉侯問衛故於中行獻子。故，事也。杜注：「問衛逐君當討否。」獻子，荀偃。」對曰：「不如因而定之。衛有君矣，杜注：「謂剽已立。」伐之，未可以得志，而勤諸侯。動諸侯之兵以伐衛，而衛已立君，未必能勝。史佚有言曰：『因重而撫之。』杜注：「重不可移，就撫安之。」重謂衛殤公已定位。仲虺有言曰：『亡者侮之，亂者取之。推亡、固存，國之道也。』杜注：「仲虺，湯左相。」虺音卉。荀偃語意在「固存」二字，即用古語申明「因而定之」。君其定衛以待時乎！」杜注：「待其昏亂之時乃伐之。」

一四·一〇 冬，會于戚，謀定衛也。孫林父與會，即上傳所謂「以聽命於諸侯」。

范宣子假羽毛於齊而弗歸，羽，鳥羽；毛又作旄，旄牛尾。羽及旄皆可用于舞，周禮樂師之羽舞旄舞可證；亦可作旗竿或儀仗之裝飾。孟子梁惠王下「見羽旄之美」是也。齊人始貳。

一四·一一 楚子囊還自伐吳，卒。呂氏春秋高義篇（說苑立節及渚宮舊事亦襲此文）謂「荊人與吳人將戰，荊師寡，吳師衆，將軍子囊不復於王而遁，遂伏劍而死」，與左傳不同。將死，遺言謂子庚：即公子午，繼子囊爲令尹。「必城郢！」據史記楚世家楚文王元年始都郢。據世本楚武王已都郢。莊十八年傳巴人「遂門於楚」，則其時已築城矣。故續漢郡國志劉昭注：「江陵縣北十餘里有紀南城，楚王所都。東南有郢城，子囊所城。」君子謂：「子囊忠。君薨，不忘增其名；詳十三年傳。將死，不忘衞社稷，可不謂忠乎？忠，民之望也。詩曰『行歸于周，萬民所望』，小雅都人士之首章。忠也。」鄭箋：「周，忠信也。」

十五年，癸卯，公元前五五八年。周靈王十四年、晉悼十六年、齊靈二十四年、衞獻十九年、殤公剽元年、蔡景三十四年、鄭簡八年、曹成二十年、陳哀十一年、杞孝九年、宋平十八年、秦景十九年、楚康二年、吴諸樊三年、許靈三十四年。

經

一五·一　十有五年春，正月二十四日癸未冬至，建子。宋公使向戌來聘。二月己亥，己亥，十一日。及向戌盟于劉。據孔疏，劉蓋魯都曲阜城外之近地。

一五·二　劉夏逆王后于齊。公羊以劉夏爲「天子之大夫」，穀梁則云「劉夏，士也」，左傳則稱「官師」，其非卿則可必。襄十四年傳稱其謚爲定公，或其後有升遷，死而賜謚乎。周制，天子娶妻不親迎，而使卿往迎，公監之。劉夏非卿，故古之説春秋者以爲譏。其實，春秋二百四十二年，周室歷十二王，而書逆王后者僅二次，一在桓八年，一即此。其餘十次何以不書，自不足究。

一五・三 夏，齊侯伐我北鄙，圍成。成，據山東通志，今山東寧陽縣東北九十里。亦作「郕」。公救成，至遇。遇，魯地，當在曲阜與寧陽之間。據下文帥師城成郛，則齊未得成，或魯出兵而圍解矣。

一五・四 季孫宿、叔孫豹帥師城成郛。齊兵或已毀其外城，故魯二卿帥師城之。郛，外城也。

一五・五 秋八月丁巳，日有食之。無傳。此年周正建子，無論據三統、四分以及大衍授時術推算，丁巳爲七月朔，杜注謂「八月無丁巳，丁巳七月一日也」，甚確。丁巳日食相當公曆五月三十一日之偏食，食甚時爲八時二十五分四秒。經書八月丁巳，馮澂謂「誤在多置一閏」，詳其所著春秋日食集證。然下月丙戌朔（王韜誤以爲丁亥朔）亦有偏食，中國不可見，仍從七月丁巳朔爲確。

一五・六 邾人伐我南鄙。

一五・七 冬十有一月癸亥，癸亥，九日。晉侯周卒。晉悼於魯成十八年即位，當時年已十四；即位整十六年，則死時三十歲耳。

傳

一五・一 十五年春，宋向戌來聘，且尋盟。杜注：「報二年豹之聘，尋十一年亳之盟。」見孟獻子，尤其室，杜注：「尤，責過也。」曰：「子有令聞而美其室，令聞，今言好名聲。聞，舊讀去聲。禮記檀弓上及韓非子外儲說左下有孟獻子節儉故事，新序刺奢篇有孟獻子養士故事，不知向戌所謂令聞即是指此否。非所望也。」對曰：「我在晉，吾兄爲之。毀之重勞，重讀輕重之重，言欲毀之，則又加重毀美室之勞。且不敢間。」方言：「間，非也。」不敢以兄之所爲爲非。

一五·二　官師從單靖公逆王后于齊。卿不行，非禮也。官師見上年傳注及此條經注。

一五·三　楚公子午爲令尹，說苑權謀篇有「楚公子午使於秦，秦囚之」事，在晉平公時。河南淅川下寺楚墓出王子午鼎，王子午卽此公子午。公子罷戎爲右尹，蔿子馮爲大司馬，正義引世本謂蔿艾獵是孫叔敖之兄，馮是艾獵之子。公子槖師爲右司馬，公子成爲左司馬，屈到爲莫敖，楚語上韋注云：「屈到，楚卿屈蕩子子夕也。」公子追舒爲箴尹，呂氏春秋高注云：「楚有箴尹之官，諫臣也。」杜注：「追舒，莊王子子南。」荆南萃古編有王孫遺者鐘，劉翔謂王孫遺者卽此公子追舒。屈蕩爲連尹，養由基爲宮廄尹，以靖國人。

君子謂：「楚於是乎能官人。官人，國之急也。能官人，則民無覦心。覦音渝，覬覦也。謂能擇能而安排以適當官職，則他人不存非分之心。其實九人之中，五人爲公子；屈爲大姓，本楚同族，蔿亦舊令尹之從子，皆世族也。詩云，『嗟我懷人，寘彼周行』，詩爲周南卷耳之句。原本爲婦女思念丈夫遠出之詩，謂卷耳之菜，採之又採，仍不滿一邪筐，蓋心歎所思之人，無心再採，於是將筐置于大道。左傳作者以己意解此詩，後人因之，如陳奐毛詩傳疏云「思君子，官賢人，置周之列位，皆本左氏說」云云。能官人也。王及公、侯、伯、子、男，甸、采、衞、大夫，各居其列，所謂周行也。」杜注：「言自王以下，諸侯大夫各任其職，則是詩人周行之志也。甸、采、衞，五服之名也。天子所居千里曰圻，其外曰侯服，次曰甸服，次曰男服，次曰采服，次曰衞服，五百里爲一服。不言侯男，略舉也。」

一五·四 鄭尉氏、司氏之亂，其餘盜在宋。亂見十年傳。鄭人以子西、伯有、子產之故，納賂于宋，子西之父子駟、伯有之父子耳、子產之父子國皆被尉氏、司氏等所殺。以馬四十乘，四匹爲乘。杜注：「百六十匹。」與師茷、師慧。師，樂師。茷、慧，其名。三月，公孫黑爲質焉。公孫黑，子駟子，字子皙。司城子罕以堵女父、尉翩、司齊與之，與鄭。良司臣而逸之，良，動詞意動用法，以司臣爲良。託諸季武子，託魯正卿保護司臣。武子寘諸卞。卞，在今山東泗水縣東五十里。鄭人醢之三人也。之三人，此三人也。之作指示形容詞用，詳詞詮。三人，堵女父、尉翩、司齊。

師慧過宋朝，朝，朝廷。將私焉。私，小便。其相曰：「朝也。」荀子成相：「如瞽無相，何倀倀。」盲人之扶持者亦曰相。慧曰：「無人焉。」相曰：「朝也，何故無人？」慧曰：「必無人焉。若猶有人，豈其以千乘之相易淫樂之矇？孔丘謂「鄭聲淫」，此謂「淫樂」，或鄭之樂曲固如此。千乘之相杜注謂子產等。言宋不爲子產等人主動送回堵女父等人，而必待賂以矇人馬匹而後歸之，此即以「相」易「矇」之意。以，因也。必無人焉故也。」人謂人才、賢人。子罕聞之，固請而歸之。固請於宋公。

一五·五 夏，齊侯圍成，貳於晉故也。齊、魯皆晉之同盟，齊以范宣子借羽旄而不歸還之故，貳于晉，因而侵犯魯邑。於是乎城成郛。合經二文爲一傳。

一五·六 秋，邾人伐我南鄙，杜注：「亦貳於晉故。」使告于晉。晉將爲會以討邾、莒，杜注：「十二年、十四年莒人伐魯，未之討也。」晉侯有疾，乃止。暫止不會，自亦不討。冬，晉悼公卒，遂不克會。

一五・七 鄭公孫夏如晉奔喪，子蟜送葬。據昭三十年傳鄭游吉之言，「先王之制，諸侯之喪，士弔，大夫送葬。唯嘉好、聘享、三軍之事，於是乎使卿」。實則諸侯於盟主，早已不行此先王之制。昭三年游吉又曾言「昔文、襄之霸也，其務不煩諸侯。君薨，大夫弔，卿共葬事」云云，又較先王之制超一級。今晉悼公死，鄭派公孫夏如晉奔喪，奔喪即往弔。公孫夏即子西，鄭卿也。又派子蟜送葬，送葬即共葬事。子蟜即鄭卿公孫蠆。

一五・八 宋人或得玉，獻諸子罕。子罕弗受。獻玉者曰：「以示玉人，杜注：「玉人，能治玉者。」玉人以爲寶也，故敢獻之。」子罕曰：「我以不貪爲寶，爾以玉爲寶。若以與我，皆喪寶也，不若人有其寶。」謂各人有各人之寶。稽首而告曰：「小人懷璧，不可以越鄉，杜注：「言必爲盜所害。」納此以請死也。」杜注：「請免死。」子罕寘諸其里，子罕所居之里。使玉人爲之攻之，杜注：「攻，治也。」富而後使復其所。服虔謂「賣玉得富」，復其所則謂送之回鄉里。淮南子精神訓用此事，高誘注引此文。

一五・九 十二月，鄭人奪堵狗之妻，而歸諸范氏。杜注：「堵狗，堵女父之族。狗娶於晉范氏。鄭人既誅女父，畏狗因范氏而作亂，故奪其妻歸范氏，先絶之。」

十六年，甲辰，公元前五五七年。周靈王十五年、晉平公彪元年、齊靈二十五年、衞獻二十年、殤二年、蔡景三十五年、鄭簡九年、曹成二十一年、陳哀十二年、杞孝十年、宋平十九年、秦景二十年、楚康三年、吳諸樊四年、許靈三十五年。

經

一六・一 十有六年春王正月，二月初五戊子冬至，實建亥，有閏月。葬晉悼公。

一六・二 三月，公會晉侯、宋公、衞侯、鄭伯、曹伯、莒子、邾子、薛伯、杞伯、小邾子于溴梁。齊侯不親來，僅派高厚來，高厚又逃盟，故無齊。溴音狊。溴梁，溴水之隄梁。爾雅釋地「梁莫大於溴梁」是也。溴水源出河南濟源縣西，東流經孟縣北，又東南入黃河。溴梁當亦在濟源縣西。戊寅，戊寅，二十六日。大夫盟。

一六・三 晉人執莒子、邾子以歸。

一六・四 齊侯伐我北鄙。無傳。

一六・五 夏，公至自會。無傳。

一六・六 五月甲子，甲子，十三日。地震。無傳。

一六・七 叔老會鄭伯、晉荀偃、衞甯殖、宋人伐許。

一六・八 秋，齊侯伐我北鄙，圍成。「成」或作「郕」，釋文亦作「郕」。今從石經、宋本、岳本作「成」，

一六・九 大雩。無傳。

一六・一〇 冬，叔孫豹如晉。

傳

一六·一　十六年春，葬晉悼公。平公卽位，羊舌肸爲傅，肸卽叔向。成十八年傳云士渥濁爲太傅，肸亦當是代士渥濁爲太傅。晉語七敍晉悼公以羊舌肸習於春秋，乃召叔向使傅太子彪。今彪嗣爲晉君，故以之爲太傅。太傅之官不常設，卿或大夫皆可爲之。宣十六年傳謂士會將中軍且爲太傅，則以中軍帥兼之。昭五年傳，楚靈王謂羊舌肸爲上大夫，則肸蓋以上大夫爲太傅。陽處父爲太傅，且能易中軍帥，見文六年傳。張君臣爲中軍司馬，杜注：「張老子，代其父。」祁奚、韓襄、欒盈、士鞅爲公族大夫，祁奚已于襄三年告老，而十三年後又爲公族大夫，二十一年傳救叔向。馬宗璉補注謂祁奚疑是祁午，恐誤。韓襄，韓無忌之子。韓無忌掌公族大夫見襄七年傳。通志氏族略五引世本云：「晉韓厥生無忌，無忌生襄，襄生子魚。」虞丘書爲乘馬御。廣韻丘字注謂虞丘爲複姓。通志氏族略三以虞丘爲晉邑，則書固以邑爲氏者。說見梁履繩左通補釋。改服、修官，脫喪服，穿吉服。修官，選賢能。俞樾平議謂「官與館古字通。修官卽修館。會于溴梁，所在館舍先修理」云云，亦通。烝于曲沃。烝，祭祀之名。桓五年傳云：「閉蟄而烝。」警守而下，會于溴梁。警守，於國都佈置守備。下，沿黃河而下。溴梁詳經注。命歸侵田。以我故，執邾宣公、莒犂比公，見去年傳。莒君多以地名爲號，犂比亦地名。說詳張聰咸杜注辨正。且曰：「通齊、楚之使。」責罪邾、莒二君之使者往來於齊、楚之間。

晉侯與諸侯宴于温，温，今治西南，溴水所經。使諸大夫舞，曰：「歌詩必類。」王紹蘭云：「古人舞必歌詩，故墨子（公孟篇）曰「舞詩三百」。」詳經說四。楚辭九歌東君亦云，「展詩兮會舞」，詩小雅車舝亦云「式歌且舞」，更足爲證。必類者，一則須與舞相配，而尤重表達本人思想。齊高厚之詩不類。荀偃怒，且曰：「諸侯有異志矣。」此由高厚所歌詩不類見出。使諸大夫盟高厚，高厚逃歸。於是叔孫豹、晉荀偃、宋向戌、衛甯殖、鄭公孫蠆、小邾之大夫盟，曰：「同討不庭。」不庭義詳隱十年傳注。此不庭係借用舊詞，實指不忠于盟主晉國而言，與成十二年傳不庭義近。

一六・二　許男請遷于晉。許本都今河南許昌市東三十六里之地，魯成十五年，許靈公爲逃避鄭國威脅，楚遷許國於葉，即今葉縣稍西而南三十里之葉縣舊城，從此許即爲楚附庸。此次許君請晉遷許，其意欲遠離楚而服從晉。諸侯遂遷許，實是將遷許而未成，故不言所遷之地。許大夫不可，晉人歸諸侯。此下是補敍初動諸侯事。使諸侯各自返國，唯以晉師伐許大夫。鄭子蟜聞將伐許，遂相鄭伯以從諸侯之師。穆叔從公。齊子帥師會晉荀偃。書曰「會鄭伯」，爲夷故也。經云「叔老會鄭伯、晉荀偃、衛甯殖、宋人伐許」，春秋爲魯史，自必以魯爲主，故先書叔老。鄭伯爲君，荀偃固爲各軍主帥，但究屬晉臣，故列在鄭伯後。夷，平也。言如此序列，方得平也。

夏六月，次于棫林。棫林，許地，今河南葉縣東北。與十四年傳秦地棫林同名異地。庚寅，庚寅，九日。伐許，次于函氏。函氏亦許地，在今葉縣北。

一六・三　晉荀偃、欒黶帥師伐楚，以報宋楊梁之役。諸侯之師已歸，晉師獨進。楊梁之役見十二年傳。楚公子格帥師，及晉師戰于湛阪。湛音諶，又音暫。湛水源出今河南寶豐縣東南，東經葉縣，至襄城縣境入於北汝河。湛水之北山有長坂，卽此湛阪，在今平頂山市北。楚師敗績。晉師遂侵方城之外，方城詳僖四年傳並注，本楚之北境。其後楚益擴張，方城之外又有屬楚者，晉師未入方城也。復伐許而還。許未遷之故。

一六·四　秋，齊侯圍成，「成」各本俱作「郕」，其實成、郕一地，今從監本，以求一律。孟孺子速徼之。孟孺子，獻子之子，名速，謚莊子。徼音驍，遮攔而截擊也。齊侯曰：「是好勇，是，此人，指孟孺子。論語憲問「卞莊子之勇」，趙坦寶甓齋札記以爲「卞莊子卽孟孺子」，不可信。去之以爲之名。」謂撤圍以成孟速勇猛名。據十八年傳，晏嬰謂齊靈公「固無勇」，則實膽怯而逃。速遂塞海陘而還。杜注僅云「海陘，魯隘道」。成在今山東寧陽縣北，已詳桓六年經注。成之北離齊境近，則海陘爲齊、魯間隘道。說文：「陘，山絕坎也。」段玉裁注謂「一山在兩川之間，故曰山絕坎」。所謂海陘者，以隘道有水耳。其地當成之北，大汶河與泗水之間。江永考實拘於海字，謂在諸城境，不確。

一六·五　冬，穆叔如晉聘，且言齊故。言齊再伐魯。晉人曰：「以寡君之未禘祀，禘祀，卽致晉悼公之主於大廟之吉禘，詳閔二年傳並注、僖三十三年傳並注。與民之未息，杜注：「新伐許及楚。」不然，不敢忘。」穆叔曰：「以齊人之朝夕釋憾於敝邑之地，是以大請。敝邑之急，朝不及夕，引領西望曰：『庶幾乎！』杜注：「庶幾晉來救。」比執事之間，比，去聲，及也，等待也。恐無及也。」見中行獻子，賦圻父。圻音其。圻父，今作祈父，詩小雅篇名。杜注：「詩人責圻父爲王爪牙，不修其職，使百姓受困苦之憂，而無所止居。」獻子曰：「偃知罪矣，敢不從執事以同恤社稷，而使魯及此！」見范宣子，賦鴻鴈之卒章。杜注：「鴻鴈，詩小雅。卒章曰：「鴻鴈于飛，哀鳴嗸嗸。唯此哲人，謂我劬勞。」言魯憂困嗸嗸然，若鴻鴈之失所。大曰鴻，小曰鴈。」

宣子曰：「匄在此，匄，宣子名。敢使魯無鳩乎！」晉語九韋注：「鳩，安也。」

十七年，乙巳，公元前五五六年。周靈王十六年、晉平二年、齊靈二十六年、衞獻二十一年、殤三年、蔡景三十六年、鄭簡十年、曹成二十二年、陳哀十三年、杞孝十一年、宋平二十年、秦景二十一年、楚康四年、吳諸樊五年、許靈三十六年。

經

一七·一 十有七年春王二月庚午，是年正月十六日癸巳冬至，建子。庚午，二十三日。邾子牼卒。無傳。杜注：「宣公也。」公羊、穀梁「牼」俱作「瞷」。端方陶齋吉金録卷一有邾公牼鐘四器，足證左氏經正確。邾子於去年爲晉所執，此書卒，當死於本國，故孫復云「晉人尋赦之也」。

一七·二 宋人伐陳。

一七·三 夏，衞石買帥師伐曹。杜注：「買，石稷子。」

一七·四 秋，齊侯伐我北鄙，圍桃。「桃」，公羊作「洮」，同從兆聲。地在今山東汶上縣北而稍東約三十五里。高厚帥師伐我北鄙，圍防。「高厚」上公羊、穀梁有「齊」字。臧壽恭云：「經在『圍桃』下，蒙上文，故不繫齊，疑公、穀誤衍「齊」字。」

一七·五 九月，大雩。無傳。

一七·六 宋華臣出奔陳。傳謂華臣出奔在十一月，經書在秋，不審其故。

一七·七 冬，邾人伐我南鄙。

傳

一七·一 十七年春，宋莊朝伐陳，獲司徒卬，卑宋也。杜注：「司徒卬，陳大夫。」卑宋，陳輕視宋，故敗。

一七·二 衛孫蒯田于曹隧，曹隧，曹地。杜注：「越竟而獵。孫蒯，林父之子。」飲馬于重丘，重丘古國名。逸周書史記解云：「績陽彊力四征，重丘遺之美女」。路史國名紀六引此傳以證之，是也。說見梁履繩補釋。重丘當今山東茌平縣西南約二十里。毀其瓶。玉篇：瓶，汲水器也。重丘人閉門而詢之，詢同詬，音構，詈罵也。曰：「親逐而君，而同爾。孫林父之逐衛獻公，緣于孫蒯之人使，故云親逐。事見十四年傳。說見楊樹達先生讀左傳。爾父爲厲。厲，惡也。說詳洪亮吉詁。是之不憂，而何以田爲？」

夏，衛石買、孫蒯伐曹，取重丘。孔疏云：「經書他國征伐，例書元帥而已。此經已書石買，縱蒯是卿，亦不書。」曹人愬于晉。杜注：「爲明年晉人執石買傳。」

一七·三 齊人以其未得志于我故，杜注謂去年圍成避孟孺子。秋，齊侯伐我北鄙，圍桃。高厚圍臧紇于防。齊分二軍，一由齊靈公自帥，圍桃；一由高厚帥領，圍防。防爲臧氏采邑。師自陽關逆臧孫，至于旅松。魯師自陽關出動迎接臧紇，至于旅松不進。陽關在今泰安縣偏東而南約六十里，旅松則距防不遠。防在今泗水縣西南二十八里，則陽關距防六十餘里。郰叔紇、臧疇、臧賈帥甲三百，宵犯齊師，送之而復。郰叔紇卽孔丘之父。臧疇、臧賈，臧紇之兄弟。餘詳襄二十三年傳。郰叔紇等三人本在被圍之防城中，夜突圍護送臧紇至于旅松，又回至防城守衛。則防外有援師，內有守軍。齊師去之。

齊人獲臧堅，杜注：「堅，臧紇之族。」齊侯使夙沙衛唁之，唁，弔生也。且曰「無死」。堅稽首曰：「拜命之辱。抑君賜不終，姑又使其刑臣禮於士。」抑，轉折連詞，但，然而。賜不終卽「曰無死」之變辭。前人說多不瞭。姑借爲故，故意。刑臣指夙沙衛，因其爲宦官。士，臧堅自謂。使奄宦命士，于當時爲非禮，士以爲恥。以杙抉其傷而死。杙音弋，小木樁，一端銳而斜者。抉音決，挖也，剔也。傷，傷口，創口。

一七·四 冬，邾人伐我南鄙，爲齊故也。杜注：「齊未得志於魯，故邾助之。」吳闓生甄微云：「邾人伐我，經在華臣出奔後，而傳類於此，足證左氏之文不盡依經次序及時月先後也。」

一七·五 宋華閱卒，華臣弱皋比之室，據杜注，華臣，華閱之弟。皋比，華閱之子。弱，以爲弱而侵害之。使賊殺其宰華吳，其宰，皋比家之總管。據宋程公說春秋分紀世譜七，華督二子，曰家，曰季老（成十五年疏作「秀老」）。季老生鄭，鄭生喜，喜生吳。賊六人以鈹殺諸盧門合左師之後。鈹音帔，形似刀，而兩邊有刃，寶劍屬。諸，之於合音字，殺華吳於合左師屋後也。盧門，宋城門。合左師卽向戌。其官爲左師，其采邑在合鄉，故稱爲合左師。合，當在今山東棗莊市與江蘇沛縣之間。左師懼，曰：「老夫無罪。」賊曰：「臯比私有討於吳。」此實謊言，假臯比之名，臯比乃主人也。遂幽其妻，幽，囚禁，關閉。其妻，華吳之妻。曰：「畀余而大璧。」畀，與也。宋公聞之，曰：「臣也不唯其宗室是暴，大亂宋國之政，言華臣不僅欺凌宗室，且大亂宋國之政令。必逐之。」左師曰：「臣也，亦卿也。大臣不順，順，和順。國之恥也。不如蓋之。」蓋，掩蓋。乃舍之。舍同捨。釋而不加罪。左師爲己短策，策，馬鞭。苟過華臣之門，必騁。騁音逞，快跑。孔疏：「助御者擊馬而馳，惡之甚也。必爲短策者，私助御者，不欲使人知也。」

十一月甲午，甲午，二十二日。國人逐瘈狗。瘈音計，又音制，說文及漢書五行志引俱作狾，古音同。瘈狗，狂犬，瘋狗。瘈狗入於華臣氏，國人從之。華臣懼，遂奔陳。杜注：「華臣心不自安，見逐狗而驚走。」

一七・六 宋皇國父爲大宰，爲平公築臺，妨於農收。「收」，本作「功」。杜注云，「周十一月，今九月，收斂時」，則杜所據作「收」，今從石經、宋本、淳熙本、岳本、纂圖本、足利本以及釋文與金澤文庫本訂正。子罕請俟農功之畢，公弗許。築者謳曰：「澤門之皙，實興我役。皙、役爲韻，古音同在錫部。澤門之皙指皇國父。居於澤門，而面白皙，因以呼之。澤門卽孟子盡心上之垤澤之門，宋東城南門也。邑中之黔，實慰我心。」黔、心爲韻，古音同在侵覃部。古謳歌多有韻。子罕居城內，其色黑，故時呼爲邑中之黔。子罕聞之，親執扑，扑，竹鞭。又見文十八年傳注。以行築者，行，巡行督察。而抶其不勉者，抶音秩，鞭打，笞擊。曰：「吾儕小人皆有闔廬以辟燥濕寒暑。闔本義爲木板門扇，此闔廬爲一詞，意卽屋宇、房舍。辟同避。今君爲一臺，而不速成，何以爲役？」謳者乃止。或問其故。問子罕何以抶不勉者。子罕曰：「宋國區區，區區，小貌。而有詛有祝，實興我役，詛罵之辭。實慰我心，歌頌之辭。詛祝猶言毀譽。禍之本也。」晏子春秋內篇諫下及雜上皆採此事以爲晏嬰事。

一七·七 齊晏桓子卒，桓子即晏弱，晏嬰之父。晏嬰麤縗斬，晏嬰，史記有傳。麤，通作粗。麤縗斬，即粗布之斬衰。縗同衰。古代喪服，子爲父斬衰三年。杜注以麤爲三升布，鄭玄注禮記雜記則云：「麤縗斬者，其縷在齊（音咨）斬之間，謂縷如三升半而三升不緝也。」古代之布，以麻爲主，即今之大麻或黃麻。雌雄異株。雄株曰枲，雌株曰苴（音疽）。苴不好，只用于喪服之斬衰、齊衰。布以八十縷爲一升，布幅寬二尺二寸（周尺，約合今四十四釐米），以三升，即二百四十縷織成，比之最細之布用三十升，即二千四百縷者，當極粗疏。鄭玄謂縷如三升半，意即縷數仍是三升，但縷之粗細可比三升半。斬即不緝，衣裳之邊不縫。齊衰則縫邊。苴絰、帶、杖，苴絰、苴帶、苴杖。絰音垤，指首絰，即服喪時戴于頭上用牝麻所織之物。苴帶，繫在腰上，象大帶。苴杖，竹杖。菅屨，菅音姦，多年生草本植物。菅屨即喪服着之草鞋。食鬻，鬻，今省作粥。未葬前孝子食粥。居倚廬，居喪時，臨時所搭草棚。倚木爲廬，在中門外東牆下，以草夾障，不塗泥，向北開户。既葬以後，再加高于內塗泥，向西開户。寢苫、枕草。苫音山，編禾稈爲席，孝子卧其上。以草爲枕。以上并是晏嬰所行之子喪父之禮。與儀禮士喪禮及喪服諸篇比較，僅麤縗斬與斬衰以及枕草與枕凷（同塊，土塊）不同。其老曰：「非大夫之禮也。」其老，晏氏之宰。昭十五年傳載叔向之言，一則曰「王一歲而有三年之喪二焉」，又曰「三年之喪，雖貴遂服，禮也」。禮記中庸載孔丘之言曰：「三年之喪達乎天子。父母之喪，無貴賤，一也。」孟子滕文公上載孟軻之言曰：「三年之喪，齊疏之服，飦粥之食，自天子達於庶人，三代共之。」似三年之喪，周代果有此事。然春秋已不實行，故晏嬰行之，而其老止之。曰：「唯卿爲大夫。」大夫之義，本有廣狹。廣義之大夫，卿亦可曰大夫。狹義之大夫，不包括卿。晏嬰「唯卿爲大夫」，不合此二義。沈欽韓補注云：「諸侯之卿當天子之大夫。晏子在齊非卿，故給以是説。」而鄭玄注禮記雜記上引此傳文，則曰「此平仲之謙也」。晏子春秋雜篇上亦載此事，引孔丘之評曰：「晏子可謂能遠害矣，不以己之是駁人之非，遜辭以避咎，義也夫！」僞孔子家語亦載此事。杜注因之亦云：「晏子惡直己以斥時失禮，故孫（遜）辭略答家老。」

十八年，丙午，公元前五五五年。周靈王十七年、晉平三年、齊靈二十七年、衞獻二十二年、殤四年、蔡景三十七年、鄭簡十一年、曹成二十三年、陳哀十四年、杞孝十二年、宋平二十一年、秦景二十二年、楚康五年、吳諸樊六年、許靈三十七年。

經

一八・一　十有八年春，正月二十七日戊戌冬至，建子。白狄來。杜注：「不言朝，不能行朝禮。」杜注乃取公羊義。

一八・二　夏，晉人執衞行人石買。杜注：「石買卽是伐曹者，宜卽懲治本罪；而晉因其爲行人之使執之，故書行人以罪晉。」

一八·三 秋，齊師伐我北鄙。「齊師」，穀梁作「齊侯」。杜注云：「不書齊侯，齊侯不入竟（境）。」則杜所據左氏春秋作「齊師」不誤。

一八·四 冬十月，公會晉侯、宋公、衞侯、鄭伯、曹伯、莒子、邾子、滕子、薛伯、杞伯、小邾子同圍齊。書「同圍」，春秋唯此一次，故杜注云：「齊數行不義，諸侯同心俱圍之。」合十二國，從晉諸侯無不至。

一八·五 曹伯負芻卒于師。無傳。杜注以爲葬禮當與僖四年之許男新臣同。詳僖四年傳。

一八·六 楚公子午帥師伐鄭。

傳

一八·一 十八年春，白狄始來。

一八·二 夏，晉人執衞行人石買于長子，長子在今山西長子縣西郊。執孫蒯于純留，純留，本留吁國，宣十六年晉滅之，謂之純留，亦曰屯留。今山西屯留縣南十里。爲曹故也。見去年傳。章炳麟左傳讀云：「劉子駿（歆）遂初賦曰：『哀衰周之失權兮，數辱而莫扶。執孫蒯於屯留兮，救王師於途。』據子駿說，似石買、孫蒯伐曹時，王師助曹，亦爲衞敗，曹人愬晉，晉爲救王師而執石、孫也。其事當據鐸、虞諸家所傳，乃左傳古說。」

一八·三 秋，齊侯伐我北鄙。中行獻子將伐齊，夢與厲公訟，弗勝。荀偃殺晉厲公，見成十七、十八年傳。公以戈擊之，首隊於前，戈爲勾兵，鈎敵人之頸，能斷其頭，故荀偃夢其頭墜於其前。隊同墜。跪而戴之，奉之以走，仍戴其頭而捧之，防其再墜落。見梗陽之巫皋。以上敍荀偃之夢。梗陽，晉邑，即今山西清徐縣治。皋，巫名。他日，見諸道，見巫皋於路途。與之言，同。荀偃告以夢，巫皋亦同時有此夢。巫曰：「今茲主必死。今茲，今年。晉語八云：「三世仕家君之，再世以下主之。」其意三代爲大夫家臣者，稱大夫爲君；一代或二代爲大夫家臣者則稱爲主。但就左傳而論，則不盡如此。成公以前，於大夫俱稱君。襄公而後，則對大夫屢稱主。不僅家臣於大夫稱主，如此巫皋於荀偃，又如曲沃人於欒盈，成鱄、魏戊於魏舒，史墨、公孫厖於趙鞅，皆非家臣，亦皆稱主。甚至欒祁於士匄，父也，於欒黶，夫也，皆稱主。秦醫和於趙武，衛太子蒯聵於趙鞅，他國之人也。亦稱人爲主。即同列之人，亦有稱主者，如士匄於荀偃、趙鞅於荀躒是也。若有事於東方，則可以逞。」逞，得志。荀偃雖死明年二月，乃是周正，晉用夏正，周正之明年二月，實夏正當年之十二月，仍合「今茲主必死」之言。獻子許諾。

晉侯伐齊，將濟河，獻子以朱絲繫玉二瑴，瑴音覺，雙玉也，亦作珏。而禱曰：「齊環怙恃其險，負其衆庶，負，仗恃。衆庶謂人多。棄好背盟，陵虐神主。杜注：「神主，民也。」曾臣彪將率諸侯以討焉，曾臣猶陪臣。曾與陪皆有重（平聲）義。天子於神稱臣，諸侯爲天子之臣，故於神稱曾臣。諸侯於天子稱臣，諸侯之臣於天子則稱陪臣。其取義相同。張文虎螺江日記、吳闓生文史甄微同此說。彪，晉平公名。其官臣偃實先後之。官臣，據周禮大宗伯「六命賜官」鄭玄注，受天子命能自置官吏以治家邑者爲官臣。說詳張聰咸杜注辨證、徐孝宦左傳鄭義。杜注「守官之臣」，不確。詩大雅緜「予曰有先後」，毛傳：「相導前後曰先後。」先後猶贊佐。苟捷有功，捷即有功，詞語重複，蓋足成一語。無作神羞，杜注：「羞，恥也。」官臣偃無敢復濟。荀偃信巫皋之言，知必死，故云無敢復濟。唯爾有神裁之。」有，詞頭，無義。沈玉而濟。

冬十月，會于魯濟，濟水在魯者曰魯濟。尋湨梁之言，湨梁之盟在十六年。言指盟辭「同討不庭」。齊本與晉爲同盟，而近四年之間，六伐魯鄙，四圍魯邑，此卽背叛盟言。同伐齊。齊侯禦諸平陰，平陰今山東平陰縣東北三十五里。塹防門而守之，廣里。塹音欠，挖壕溝。防門在舊平陰南，亦在今平陰縣東北約三十二里。廣里，杜注以爲所挖壕溝，其寬一里。而水經注濟水篇引京相璠云：「平陰城南有長城，東至海，西至濟，河道所由，名防門，去平陰三里，齊侯塹防門卽此也。防門北有光里，齊人言廣音與光同。」則以廣里爲地名，句應如此讀：「塹防門，而守之廣里。」但諸侯之師自魯濟向齊，則從南而北，而廣里在防門北，與諸侯之來向相反，且塹防門卽所以禦諸平陰，故下文言入平陰，不言廣里，足以說明廣里非地，是以不取。夙沙衞曰：「不能戰，莫如守險。」杜注：「謂防門不足爲險。」管子輕重丁篇云：「長城之陽，魯也；長城之陰，齊也。」沈欽韓謂管子所指長城，卽以泰山爲界。夙沙衞之意似宜固守泰山之險，而不當塹防門以爲據點。弗聽。諸侯之士門焉，門，攻防門。齊人多死。范宣子告析文子，杜注：「析文子，齊大夫子家。」曰：「吾知子，知，了解，相知。敢匿情乎？魯人、莒人皆請以車千乘自其鄉入，鄉同嚮，今作向。魯在齊都臨淄西南，莒在齊都東南。自其向入，則二國兵一往西北一往東北，而併攻齊都。既許之矣。若入，二千乘之兵力攻入齊都。君必失國。國，國家。國都破，各國之兵皆入境，則國必亡。子盍圖之！」盍，何不之合音字。此蓋恐嚇之詞。子家以告公。公恐。晏嬰聞之，曰：「君固無勇，而又聞是，弗能久矣。」杜注解此爲「不能久敵晉」，疑晏嬰本意謂齊侯命不久于世。

齊侯登巫山以望晉師。巫山在今山東肥城縣西北六十里(卽在平陰縣東北)一名孝堂山。晉人使司馬斥山澤之險，斥，開拓，排除。雖所不至，必旆而疏陳之。其險阻處，縱隊伍所不到者，亦建大旗，而疏爲之陣。使乘車者左實右僞，乘車之士三人，一居中，一在左，一爲戎右或車右。在左者實有人，在右者乃僞裝之人。以旆先，建大旗先行。輿曳柴而從之。使塵土飛揚，如大軍奔馳。僖二十八年城濮之戰晉亦曾用此計以誘楚。齊侯見之，畏其衆也，乃脱歸。脱歸，謂離開齊軍脱身而歸。丙寅晦，十月小，晦，二十九日。言晦者，乘無月光而逃。齊師夜遁。師曠告晉侯曰："鳥烏之聲樂，鳥烏祇是烏，猶禮記禮運之魚鮪祇是鮪。孫子行軍篇云："鳥集者虚也(烏或誤作鳥)。"莊二十八年傳云"楚幕有烏"，下傳亦云"城上有烏"，皆古人以鳥測敵營之法。齊師其遁。"邢伯告中行伯曰："杜注："邢伯，晉大夫邢侯。中行伯，獻子。""有班馬之聲，齊師其遁。"班馬，沈欽韓補注引易屯六二爻辭"乘馬班如"，謂卽馬盤桓不進。惠棟補注及馮登府十三經詁答問謂班還二字古通，班馬卽還馬。後説較長。叔向告晉侯曰："城上有烏，齊師其遁。"城，當指平陰城。

十一月丁卯朔，入平陰，遂從齊師。夙沙衛連大車以塞隧而殿。連借爲輦，此作動詞，謂拉車也。隧，山中小路。莊子馬蹄篇"山無蹊隧"可證。殖綽、郭最曰："子殿國師，齊之辱也。子姑先乎！"乃代之殿。衛殺馬於隘以塞道。據水經濟水注及元和郡縣志，今山東長清縣東南爲衛塞隘處，名隔馬山。晉州綽及之，追及。射殖綽，中肩，兩矢夾脰，脰音豆，頸項。州綽兩射，一中左肩，一中右肩，均近頸項，故云夾脰。曰："止，將爲三軍獲；不止，將取其衷。"衷，中心。其意曰若不再奔逃，則爲我三軍所俘虜。若仍奔逃，則我再射，取汝中心。」顧曰：「爲私誓。」個人與個人間之約言，故曰私誓。殖綽畏被殺也。州綽曰：「有如日！」乃弛弓而自後縛之。弛，弓解也。自後反縛殖綽之手。其右具丙亦舍兵而縛郭最，其右，州綽之車右。車右多用戈盾，舍兵，放下兵器。皆衿甲面縛，杜注：「衿甲，不解甲。」面縛，卽自後縛之。坐于中軍之鼓下。

晉人欲逐歸者，魯、衞請攻險。己卯，己卯，十三日。荀偃、士匄以中軍克京茲。京茲在今平陰縣東南。京茲、邿、盧皆在泰山山脈，此攻險也。乙酉，乙酉，十九日。魏絳、欒盈以下軍克邿；邿音詩。清一統志：邿山在平陰縣西十二里。趙武、韓起以上軍圍盧，盧，今長清縣西南二十五里。又見隱三年傳。弗克。十二月戊戌，戊戌，二日。及秦周，呂氏春秋權勳篇：達子又帥其餘卒以軍于秦周。惠棟左傳補注引惠士奇說及梁玉繩呂子校補均以秦周爲近雍門之地，可信。諸侯之師已達齊都臨淄外圍。伐雍門之萩。萩卽楸，亦作櫄，晏子春秋外篇：「景公登箐室而望，見人有斷雍門之櫄者」，卽此。爲落葉喬木，木料密緻，可作器具。雍門，戰國策齊策一及淮南子覽冥訓注並謂齊西門名。范鞅門于雍門，其御追喜以戈殺犬于門中；孟莊子斬其橁以爲公琴。橁音荀，木名，可爲琴，亦可爲車轅。亦作杶、櫄。見胡渭禹貢錐指七。公指魯襄公。惠士奇則謂公琴卽二年傳之頌琴，頌與公古字通。己亥，己亥，三日。焚雍門及西郭、南郭。劉難、士弱率諸侯之師焚申池之竹木。劉難、士弱，晉大夫。申池，在申門外。京相璠、杜預並言申門卽齊城南面第一門。晉書慕容德載記「謙庶老於申池」，卽此池。申池多竹木。壬寅，壬寅，六日。焚東郭、北郭，范鞅門于揚門。據元人于欽齊乘，揚門爲齊城西北門。州綽門于東閭，東閭，齊東門。左驂迫，迫，窘也，促也。謂由於兵車擁擠，道路不寬，左旁之馬被迫不能前。還于門中，本作「東門中」，今從校勘記刪「東」字。州綽之車在東門中盤旋。以枚數闔。二十一年傳云：「州綽曰：『東閭之役，臣左驂迫，還於門中，識其枚數。』」彼「枚」即此「枚」。周禮考工記鳧氏：「鍾帶謂之篆，篆間謂之枚。」鄭衆云：「枚，鍾乳也。」焦循左傳補疏云：「門闔之上，以鐵釘布之，有如鍾乳，故亦名枚。以枚數闔猶云數闔之枚。」後來城門宮門多以銅爲鍾乳。闔，門扇。

齊侯駕，將走郵棠。郵棠即六年傳之棠，疑在今山東平度縣東南。詳彼注。大子與郭榮扣馬，大子即太子光。郭榮，齊大夫。說文：扣，牽馬也。廣雅釋詁：扣，持也。王念孫疏證：「扣者，牽持之也。」曰：「師速而疾，略也。速者，諸侯之師行走快捷也；成十六年傳「其行速」可證。疾者，攻擊奮勇也；見襄十一年傳。略謂奪取物資。將退矣，如此行爲，便無久戰取地之意。君何懼焉？且社稷之主不可以輕，輕爲持重之反。輕謂輕動，逃走。輕則失衆。君必待之。」將犯之。齊靈公將凌突甚至踐踏二人而前。小爾雅廣言：「犯，突也。」檀弓下「犯人之禾」，注：「躐也。」大子抽劍斷鞅，鞅音央，馬頸之革。太子砍斷馬鞅，則居中兩馬與衡離，不能持車矣。乃止。甲辰，甲辰，八日。東侵及濰，濰水源出山東莒縣西北濰山，伏流至箕屋山復見，東流至諸城縣東北，折而北流，經昌邑入海。及濰者，軍抵濰水西岸及北岸也。南及沂。沂音宜。沂水即大沂河，源出山東蒙陰縣北，沂源縣西，經沂水、沂南、臨沂至江蘇邳縣入廢黃河。及沂者，軍抵齊境之沂水流境也。餘詳哀二年「沂西田」經注。晉世家、齊世家載此事與傳有異。

一八·四 鄭子孔欲去諸大夫，將叛晉而起楚師以去之。鄭之從晉，自襄十一年蕭魚之會，歷時八載，無會不與，無役不從。使告子庚，子庚，楚令尹公子午。子庚弗許。楚子聞之，使楊豚尹宜告子庚曰：「楊」亦作「揚」，二字古通用。楊豚尹宜其人姓名，有數說。宋人林堯叟春秋左傳補注以揚豚爲邑名，顧炎武日知録四以揚豚尹爲官名，俱不足信。梁履繩補釋據説苑奉使篇「楚莊王欲伐晉，使豚尹觀焉」，因疑豚尹如周官冢人、羊人之屬，揚其氏，宜其名。但又據昭十七年正義引世本「穆王生王子揚，揚生尹，尹生句（應作令尹包）」而謂尹下並當有「宜」字，世本有脱文云云，又自生糾葛。章炳麟左傳讀據定六年傳「獻楊楯六十於簡子」，謂楊豚尹即楊楯尹，即主楊楯者。此亦附會之談。唯説苑奉使楚有豚尹之官爲有據，豚尹爲使者，其非冢人、羊人之屬可知。楊其氏，宜其名，亦可信。世本所云，另是一事。尹爲穆王孫，而此時楚康王則爲穆王曾孫，年代亦有差異。「國人謂不穀主社稷而不出師，死不從禮。杜注：「不能承先君之業，死將不得從先君之禮。」不穀即位，於今五年，師徒不出，人其以不穀爲自逸而忘先君之業矣。杜注：「謂己未嘗統師自出。」業，霸業。大夫圖之，其若之何？」子庚歎曰：「君王其謂午懷安乎！懷安即楚王之謂自逸，貪圖安逸也。吾以利社稷也。」見使者，稽首而對曰：「諸侯方睦於晉，臣請嘗之。嘗，試探。若可，君而繼之。而，乃也。例見詞詮。不可，收師而退，可以無害，君亦無辱。」君不自出，故無辱。

子庚帥師治兵於汾。戰國策楚策一「楚北有汾陘之塞」，即此汾。杜注謂西晉之襄城縣東北有汾丘城，當在今許昌市西南，潁水南岸。於是子蟜、伯有、子張從鄭伯伐齊，杜注：「子張，公孫黑肱。」子孔、子展、子西守。二子知子孔之謀，杜注：「二子，子展、子西。」完守入保。完有堅固義，孟子離婁上「城郭不完」可證，詳孟子譯註。完守者，加強守備也。入保者，入城堡固守也。子孔不敢會楚師。因國內有備故。

楚師伐鄭，次於魚陵。舊以魚陵爲魚齒山，魚齒山在今平頂山市西北，楚伐鄭，治兵於許昌市西南，而軍反退至魯山縣一帶，顧炎武補正引苑守己説疑之，是也。魚陵，未詳。右師城上棘，遂涉潁。上棘當在今禹縣南。杜注所謂「將涉潁，故於水邊權築小城，以爲進退之備」。水經潁水注謂「潁水又逕上棘城西，又屈逕其城南」是也。次于旃然。旃然水出滎陽縣南三十五里，卽索水。蔿子馮、公子格率鋭師侵費滑、胥靡、獻于、雍梁，蔿子馮卽二十五年傳之薳子馮，蔿、薳二字通用。費滑，今偃師縣南之緱氏鎮，餘詳莊十六年經。胥靡在今偃師縣東。獻于，杜注謂鄭邑，而未詳其地。于鬯校書謂卽成十七年傳之虛，則是晉邑，但以偃師縣境言之，或此時屬鄭亦未可知。姑録以存參。雍，江永考實謂卽雍氏，在今禹縣東北。梁卽漢之梁縣，本周之小邑，在今臨汝縣東。顧棟高大事表以雍梁爲一地，卽三十年傳之雍梁，便在今禹縣東北。顧説較勝。右回梅山，梅山，今鄭州市西南，與新鄭縣接界。侵鄭東北，至于蟲牢而反。蟲牢，今封丘縣北。楚軍三路，左師次於魚陵，由令尹子庚率領。右師次於旃然，由十五年傳「楚公子午爲令尹，公子罷戎爲右尹，蔿子馮爲大司馬」推之，當由公子罷戎率領。蔿子馮則以大司馬帥鋭師，卽此至於蟲牢而返者。子庚門于純門，純門，鄭國都外郭門，見莊二十八年傳並注。信于城下而還，信，住宿二夜，以鄭軍固守不出戰。涉於魚齒之下。杜注：「魚齒山之下有溠水，故言涉。」魚齒山在今平頂山市西北。溠水，今名沙河。甚雨及之。淮南子説林訓「甚霧之朝可以細書」，莊子天下篇「沐甚雨，櫛疾風」，則甚霧甚雨謂大霧大雨。楚師多凍，役徒幾盡。役徒，軍中服雜役之人。

晉人聞有楚師，師曠曰：「不害。吾驟歌北風，又歌南風，驟，數也，屢也。風指曲調，詩有國風，即各國之樂曲。北風南風猶今云北曲南曲。成九年傳鍾儀鼓琴操南音，范文子謂之「樂操土風」，即操楚曲調也。南風不競，競，強也。多死聲。楚必無功。」古人迷信，多以樂律卜出兵之吉凶，周禮大師所謂「大師執同律以聽軍聲而詔吉凶」是也。師曠歌風亦類此。董叔曰：「天道多在西北。南師不時，必無功。」天道爲木星所行之道。此年木星在黃道帶經過娵訾，于十二支中爲亥，故云天道在西北，又云南師（即楚師）出征不合天時，而必無功。叔向曰：「在其君之德也。」杜注：「言天時、地利不如人和。」

十九年，丁未，公元前五五四年。周靈王十八年、晉平四年、齊靈二十八年、衞獻二十三年、蔡景三十八年、鄭簡十二年、曹武公滕元年、陳哀十五年、杞孝十三年、宋平二十二年、秦景二十三年、楚康六年、吳諸樊七年、許靈三十八年。

經

一九・一　十有九年春王正月，冬至在二月初九日甲辰，實建亥，有閏月。諸侯盟于祝柯。諸侯即去年圍齊之諸侯。「祝柯」，公羊作「祝阿」，柯、阿古音同從可聲，得相通。祝柯在今山東長清縣東北三十餘里。晉人執邾子。

一九·二 公至自伐齊。無傳。

一九·三 取邾田，自漷水。漷音郭。漷水今源出滕縣東北一百里之述山山麓，流逕滕縣南，即南沙河，入運河。但據杜注，晉時漷水出今嶧城（廢嶧縣治）西北合鄉故城西南，經魯國，至今魚臺縣東北入泗水。此或古漷水流徑。

一九·四 季孫宿如晉。

一九·五 葬曹成公。無傳。

一九·六 夏，衞孫林父帥師伐齊。

一九·七 秋七月辛卯，辛卯，二十八日。齊侯環卒。「環」，公羊作「瑗」。瑗、環古音同在寒部，義亦相近，故得通假。史記從左、穀作「環」。

一九·八 晉士匄帥師侵齊，至穀，聞齊侯卒，乃還。穀，今東阿縣南之東阿鎮，餘詳莊七年經並注。杜注：「詳錄所至及還者，善得禮。」

一九·九 八月丙辰，丙辰，二十三日。仲孫蔑卒。無傳。據論語公冶長正義引世本及杜氏世族譜，蔑爲慶父之曾孫。仲孫氏至蔑始書卒，其後仲孫速、仲孫羯、仲孫貜、仲孫何忌相繼執魯政，其死皆書卒。

一九·一〇 齊殺其大夫高厚。

一九·一一 鄭殺其大夫公子嘉。「嘉」，公羊作「喜」，趙坦異文箋云：「或字之譌。」

一九·一二 冬，葬齊靈公。無傳。

一九·一三 城西郛。杜注：「魯西郛。」

一九·一四 叔孫豹會晉士匄于柯。據清一統志，柯城在今河南內黃縣東北。與莊十三年之柯異地。

一九·一五 城武城。此近齊之武城，在今嘉祥縣界。詳顧棟高大事表列國地名考異引程啓生說。

傳

一九·一 十九年春，諸侯還自沂上，盟于督揚，督揚即祝柯，地見經並注。曰：「大毋侵小。」執邾悼公，以其伐我故。杜注：「伐魯在十七年。」遂次于泗上，即哀八年傳之泗上，在今曲阜縣東北，自泗水縣流入境。見大事表八上。疆我田。杜注：「正邾、魯之界也。泗，水名。」取邾田，自漷水歸之于我。蓋漷水以西之田，或本是魯田，而邾取之；或亦有本是邾田者。今劃定兩國疆土，以漷水爲界，凡漷水以西之田歸於魯，故經、傳皆云「取邾田」。

晉侯先歸。公享晉六卿于蒲圃，蒲圃見四年傳並注。賜之三命之服；軍尉、司馬、司空、輿尉、候奄皆受一命之服；參見成二年「賜三帥先路三命之服，司馬、司空、輿帥、候正、亞旅皆受一命之服」傳並注。賄荀偃束錦、加璧、乘馬，錦，有彩色花紋之絲織品。一束十端，二端爲一匹。束錦，則錦五匹。以璧加於錦，故云加璧。乘馬，馬四匹。四可曰乘。先吳壽夢之鼎。僖三十三年傳述弦高「以乘韋先，牛十二犒師」，此云「先吳壽夢之鼎」，句法不同，蓋弦高以乘韋爲先，此則以束錦等爲先。先吳壽夢之鼎者，先於吳壽夢之鼎也。猶二十六年傳「鄭伯享子展，賜之先路三命之服，先八邑」，亦以先路三命之服先于八邑。皆以輕物爲先。前人注此多不明此句法。

荀偃癉疽，生瘍於頭。癉音單，又音旦。癉疽，疑卽今之對口疽，亦名玉枕疽、腦後疽。發於枕骨下，與口相對。初起時如米粒，後漸堅硬，旣麻且癢，腫痛異常。腫大者可如圓茄，色紫，不易治。瘍音陽，卽指腦之癰疽。濟河，及著雍，病，目出。著雍已見十年傳注。病謂癉疽之疾加重。大夫先歸者皆反。士匄請見，弗內。士匄爲中軍佐，將領中位居第二。請後，使人問荀偃，立誰爲繼承人。曰：「鄭甥可。」鄭甥猶言鄭出。荀吳之母爲鄭國女子，故呼荀吳爲鄭甥。二月甲寅，甲寅，十九日。卒，而視，不可含。死後眼不閉而口閉。古代以珠玉米貝之類置於死者口中謂之含。本作唅。宣子盥而撫之，士匄自己盥洗然後撫尸。曰：「事吳敢不如事主！」猶言豈敢不如。猶視。欒懷子曰：杜注：「懷子，欒盈。」「其爲未卒事於齊故也乎？」伐齊之事未竟全功。乃復撫之曰：「主苟終，所不嗣事于齊者，有如河！」嗣事，繼續從事。乃瞑，受含。釋文引桓譚云：「荀偃病而目出，初死，其目未合，尸冷乃合，非其有所知也。」論衡死僞篇亦云：「荀偃之病，卒苦目出。目出則口噤，口噤則不可唅。宣子撫之早，故目不瞑，口不闓。少久氣衰，懷子撫之，故目瞑口受唅。此自荀偃之病，非死精神見恨於口目也。」桓、王之論固近事理，然未合傳意，傳則好言神鬼怪異之事。宣子出，曰：「吾淺之爲丈夫也。」杜注：「自恨以私待人。」此士匄自恨語，謂小視荀偃，未視之爲大丈夫。

晉欒魴帥師從衞孫文子伐齊。此是經文「夏，衞孫林父帥師伐齊」之傳，依經文次序，應在「季武子如晉拜師」之後，而左傳列於此，或因欒盈有「嗣事於齊」之言而連及之。傳言「欒魴帥師從衞孫文子」，足證孫林父爲主將，故經文只書孫林父，欒魴僅欒氏族人耳。

一九・三 季武子如晉拜師，杜注：「謝討齊。」或亦謝「取邾田自漷水。」晉侯享之。范宣子爲政，以中軍佐升任中軍將。賦黍苗。黍苗，詩小雅篇名。首二句云：「芃芃黍苗，陰雨膏之。」季武子興，興，從坐中起。再拜稽首，曰：「小國之仰大國也，如百穀之仰膏雨焉。若常膏之，膏，澤也，潤也。膏雨之膏爲形容詞，此爲動詞。其天下輯睦，其，將也。豈唯敝邑？」豈僅我國受此惠澤。賦六月。六月亦在小雅，爲尹吉甫佐周宣王征伐之詩。以晉侯比尹吉甫。

一九・四 季武子以所得於齊之兵作林鐘而銘魯功焉。林鐘即周語下「景王鑄無射而爲之大林」之大林，鐘銘常省稱林。詳楊樹達先生積微居金文説楚公鐘跋。臧武仲謂季孫曰：「非禮也。夫銘，天子令德，令爲動詞，令德即銘德。參章炳麟左傳讀。諸侯言時計功，杜注：「舉得時，動有功，則可銘也。」大夫稱伐。蔡邕集銘論云：「晉魏顆獲秦杜回於輔氏，銘功於景鐘，所謂大夫稱伐者也。」今稱伐，則下等也；計功，則借人也；杜注：「借晉力也。」言時，則妨民多矣，何以爲銘？三者無一可爲銘者。且夫大伐小，取其所得，以作彝器，説文：「彝，宗廟常器也。」鐘鼎爲宗廟之常器。銘其功烈，烈亦功也。功烈，同義詞連用。以示子孫，昭明德而懲無禮也。今將借人之力以救其死，將，殆也。本是事實，而言用不肯定之詞，蓋婉轉其辭。若之何銘之？小國幸於大國，小國指魯，大國指齊。幸者，僥幸戰而獲勝。而昭所獲焉以怒之，鑄鐘銘功，足以激怒齊國。亡之道也。」

一九·五

齊侯娶于魯，曰顏懿姬，無子。其姪鬷聲姬，生光，以爲大子。據杜注，二女皆姬姓。懿姬母本姓顏，聲姬母本姓鬷，因以爲號。懿、聲皆死後之諡。兄弟之子女曰姪。古代上層人物娶婦，除婦爲嫡妻外，婦家又以其妹或姪女陪嫁，曰媵。諸子仲子、戎子，管子戒篇有中婦諸子，房玄齡注云：「中婦諸子，內官之號。」內官者，諸侯、天子姬妾之別名，居宮內，有官階，故云內官。史記秦紀有唐八子，穰侯傳有羋八子，漢書外戚傳及廣陵厲王傳亦有八子、七子，八子、七子皆諸子也。齊世家作仲姬、戎姬，此姬爲姬妾之義，非姓。戎子、仲子，子則是姓。戎子嬖。仲子生牙，屬諸戎子。屬同囑，囑託。謂使戎子養之如己子，即所以嬖愛戎子。戎子請以爲大子，許之。杜注：「齊侯許之。」仲子曰：「不可。廢常，不祥；常猶言經常實行之規定、法則。立後先立嫡妻所生之長子。若嫡妻無子，則立庶出之年齡最大者，曰立長。昭二十六年傳「昔先王之命曰，王后無適，則擇立長」可證。顏懿姬爲嫡妻，無子，而公子光最長，立爲太子，此即「常」也。間諸侯，難。間，觸犯。難，難成功。光之立也，列於諸侯矣。三年盟雞澤，五年會于戚，又救陳，九年伐鄭，同盟于戲，十年會吴於柤，十一年伐鄭，同盟於亳城北，會於蕭魚，太子光皆參與，故云「列於諸侯」。今無故而廢之，故讀爲論語微子「故舊無大故則不棄也」之「大故」之故。大故謂大罪，惡逆。此故則亦罪惡義。是專黜諸侯，據齊世家集解引服虔說，謂光「數從諸侯征伐盟會」，則其爲太子，已爲諸侯公認。今廢之，是專擅而卑視諸侯。玉篇：「黜，下也。」而以難犯不祥也。以難成之事觸犯廢常之不祥。君必悔之。」公曰：「在我而已。」廢立由我，不顧諸侯。遂東大子光。徙太子光於東鄙。使高厚傅牙，以爲大子，夙沙衛爲少傅。高厚爲牙之大傅。

齊侯疾，崔杼微逆光，說文：微，隱行也。疾病而立之。齊侯病危，崔杼復立光爲太子。光殺戎子，尸諸朝，陳戎子之尸於朝廷。非禮也。婦人無刑。無刑，孔疏引服虔注謂無專爲婦女訂立之刑條。古代五刑，唯宮刑男女有異，餘爲男子設。婦女有罪，比照男子刑爲之。杜注則云「無黥刖之刑」。雖有刑，不在朝市。

夏五月壬辰晦，經書七月，傳書五月，齊用夏正，經爲魯史，改從周正。壬辰爲二十九日。齊靈公卒。莊公即位。莊公即太子光。執公子牙於句瀆之丘。句瀆之丘又見於二十一年、二十八年、桓十二年、哀六年傳，當在齊境。參高士奇地名考略三。以夙沙衛易己，光以爲己之被廢由於夙沙衛。衛奔高唐以叛。據清一統志，高唐城在今禹城縣西南，即在今高唐縣東三十五里。

一九·六　晉士匄侵齊，及穀，見經注。聞喪而還，禮也。公羊傳謂「大其不伐喪也」。

一九·七　於四月丁未，丁未，十三日。鄭公孫蠆卒，赴於晉大夫。此章敍周王追賜公孫蠆以大路，不能不追敍其死，首句祇是「鄭公孫蠆卒於四月丁未」之倒裝。范宣子言於晉侯，以其善於伐秦也。見十四年傳，蠆見諸侯之師而勸之濟涇。六月，晉侯請於王，王追賜之大路，使以行，詩小雅采薇孔疏引鄭玄箴膏肓云：「卿以上所乘車皆曰大路。詩云『彼路斯何？君子之車』，此大夫之車稱路也。」杜謂天子所賜車亦總名曰大路。行，行葬。士以上之葬，柩車在前，道車、槀車序從，大夫以上更有遣車。周王賜車使以行，沈欽韓補注云「謂從柩車行也」。禮也。

一九·六　秋八月，齊崔杼殺高厚於灑藍，灑藍，高士奇地名考略引或說，謂在臨淄城外。而兼其室。室，貨財采邑也。書曰「齊殺其大夫」，從君於昏也。齊靈公廢太子光而改立公子牙，事屬昏庸。而高厚爲之傅牙，使爲太子，故曰從君於昏。

一九·九　鄭子孔之爲政也專，杜注：「專權。」國人患之，乃討西宫之難與純門之師。西宫之難見十年傳。純門之師見去年傳。子孔當罪，當罪，古代刑法術語。漢書刑法志「以其罪名當報之」，楊惲傳「廷尉當惲大逆無道」，陳湯傳「廷尉增壽當是」，史記張釋之馮唐列傳「廷尉當是」皆可證。以其甲及子革、子良氏之甲守。杜注：「以自守也。」甲辰，甲辰，十一日。子展、子西率國人伐之，殺子孔，而分其室。書曰「鄭殺其大夫」，專也。

子然、子孔，宋子之子也；士子孔，圭嬀之子也。通志氏族略三云：「鄭公子嘉字子孔，又有公子志，謂之士子孔，並穆公之子。」杜注：「宋子、圭嬀皆鄭穆公妾。」圭嬀之班亞宋子，杜注：「亞，次也。」而相親也；二子孔亦相親也。「二」原作「士」，今從石經及宋本訂正。二子孔即公子嘉與公子志，同父異母兄弟。其母相親，其子亦相親。二十七年傳有二子石，以鄭之印段與公孫段俱字子石；昭三年傳有二宣子，以士匄、韓起俱謚宣而稱宣子。此亦同例。僖之四年，子然卒；鄭僖公四年相當魯襄公六年。簡之元年，士子孔卒。鄭簡公元年相當魯襄公八年。司徒孔實相子革、子良之室，司徒孔卽子孔，當襄十年前子駟當國時爲司徒，故謂司徒孔。子革，子然之子，爲子孔之胞姪。子良，士子孔之子，亦爲子孔之姪。三室如一，子孔、子革、子良三家皆由子孔，故云如一。故及於難。故子革、子良之甲爲子孔守，亦及于禍。子革、子良出奔楚。子革爲右尹。爲楚國之右尹，見昭十二年、十三年傳。一稱鄭丹，一稱然丹。稱鄭丹者，稱其本國也；稱然丹者，以其父之字爲氏也。鄭人使子展當國，子西聽政，立子產爲卿。

一九·一〇 齊慶封圍高唐，因夙沙衞奔高唐以叛。弗克。冬十一月，齊侯圍之。見衞在城上，號之，號，叫。乃下。夙沙衞下城。問守備焉，以無備告。齊莊問衞以守備，衞告齊莊以無備。揖之，乃登。古人使人進及與人別皆揖。齊侯揖衞，衞自答禮，然後登城。衞雖下城與齊侯語，蓋隔護城河，故不畏。聞師將傅，衞聞齊師將緣城進攻。食高唐人。衞欲高唐人盡力，故爲盛膳以食之。殖綽、工僂會夜縋納師，殖綽已見十八年傳，此時蓋已返齊。工僂爲姓，會其名。莊十七年傳有工婁氏，本遂人，其後或爲齊人。襄三十一年傳有工僂灑，廣韻引作工婁灑。夜縋納師，乘夜以繩垂下而使齊師入城。醢衞于軍。

一九·一一 城西郛，懼齊也。

一九·一二 齊及晉平，盟于大隧。高士奇地名考略三引或說，大隧在今高唐縣。故穆叔會范宣子于柯。穆叔見叔向，賦載馳之四章。杜注云：「四章曰：『控於大邦，誰因誰極？』控，引也。取其欲引大國以自救助。」餘詳文十三年傳注。叔向曰：「肸敢不承命！」杜注：「叔向度齊未肯以盟服，故許救魯。」穆叔歸，曰：「齊猶未也，未止其侵伐。不可以不懼。」乃城武城。

一九·一三 衞石共子卒，共子，石買。悼子不哀。悼子，買之子石惡。孔成子曰：孔成子，衞卿孔烝鉏。禮記祭統正義引世本云：「孔莊叔達生得閭叔穀，穀生成叔烝鉏。」「是謂蹷其本，杜注：「蹷猶拔也。」昭二十三年傳「推而蹷之」，是蹷有仆義，亦通。必不有其宗。」有，保有。二十八年，石惡出奔。

二十年，戊申，公元前五五三年。周靈王十九年、晉平五年、齊莊公光元年、衞獻二十四年、殤六年、蔡景三十九年、鄭簡十三年、曹武二年、陳哀十六年、杞孝十四年、宋平二十三年、秦景二十四年、楚康七年、吴諸樊八年、許靈三十九年。

經

二〇·一 二十年春王正月辛亥，正月十九日己酉冬至，建子。辛亥，二十一日。仲孫速會莒人盟于向。「速」

二〇·一 公羊作「遬」，後同。向在今莒縣南七十里。詳隱二年經並注。

二〇·二 夏六月庚申，庚申，三日。公會晉侯、齊侯、宋公、衞侯、鄭伯、曹伯、莒子、邾子、滕子、薛伯、杞伯、小邾子盟于澶淵。澶淵在今河南濮陽縣西北。姚鼐補注謂「此故衞地，是時已爲晉取」。

二〇·三 秋，公至自會。無傳。

二〇·四 仲孫速帥師伐邾。

二〇·五 蔡殺其大夫公子燮。燮，莊公子。穀梁作「濕」，詳八年經注。蔡公子履出奔楚。履，燮之同母弟。

二〇·六 陳侯之弟黄出奔楚。「黄」，公羊、穀梁並作「光」，後同。趙坦異文箋謂兩字古文形相似，音義亦相近。

二〇·七 叔老如齊。

二〇・八 冬十月丙辰朔，日有食之。無傳。此乃公曆八月三十一日之日環食。

二〇・九 季孫宿如宋。

傳

二〇・一 二十年春，及莒平。孟莊子會莒人盟于向，督揚之盟故也。督揚之盟在去年。莒數伐魯，二國又自相盟，結和好，自此後十五年不交兵。

二〇・二 夏，盟于澶淵，齊成故也。齊及晉平在去年。與盟之國已列於經文。

二〇・三 邾人驟至，驟，屢也。十五年及十七年俱曾伐魯。以諸侯之事弗能報也。魯因連年從事於參與諸侯之征伐盟會，不能報復。秋，孟莊子伐邾以報之。

二〇・四 蔡公子燮欲以蔡之晉，蔡人殺之。以蔡之晉猶言以蔡服晉。公子履，其母弟也，故出奔楚。杜注謂「與兄同謀故」，若真如此，則履當奔晉。或本未與聞，恐因兄弟之故受嫌受禍，故往楚以免嫌。

陳慶虎、慶寅畏公子黃之偪，二慶，陳國之卿。據潛夫論志氏姓，本嬀姓，慶其氏。世族譜謂慶虎爲桓公之五世孫。畏偪，畏黃偪奪其政權。愬諸楚曰：「與蔡司馬同謀。」蔡司馬即公子燮，曾爲蔡之司馬，參八年傳。

楚人以爲討，公子黃出奔楚。杜注：「奔楚自理。」

初，蔡文侯欲事晉，曰：「先君與於踐土之盟，杜注：「先君，文侯父莊侯甲午也。」踐土盟在僖二十八年。」晉不可棄，且兄弟也。」畏楚，不能行而卒。杜注：「宣十七年文侯卒。」楚人使蔡無常，使，役使徵發。無常，無一定限額、標準及時間、次數。公子燮求從先君以利蔡，不能而死。書曰「蔡殺其大夫公子燮」，言不與民同欲也；據蔡世家及他書推之，蔡莊之卒在魯文十五年初，其年六月晉郤缺伐蔡，十一月蔡侯及諸侯與晉盟於扈，則文侯矣。文侯之死至此年又已四十載。蔡近於楚而遠於晉，楚又日益強暴，其國之士大夫苟安於事楚，故公子燮欲變更而失敗。「陳侯之弟黃出奔楚」，言非其罪也。稱弟，罪陳侯任二慶。孔疏引釋例云：「兄而害弟者，稱弟以章兄罪。」故昭元年傳亦云：「書曰秦伯之弟鍼出奔晉，罪秦伯也。」公子黃將出奔，呼於國曰：「慶氏無道，求專陳國，暴蔑其君，暴蔑猶輕慢，說詳章炳麟左傳讀。而去其親，己爲陳侯之親。五年不滅，是無天也。」二十三年陳殺二慶。

二〇·五 齊子初聘于齊，禮也。齊子即經之叔老。此年莊公新即位，故曰初聘。去怨修好故曰禮。

二〇·六 冬，季武子如宋，報向戌之聘也。向戌聘魯在十五年。褚師段逆之以受享，褚師，官名，此以官爲氏。段字子石。武子受宋公之享。賦常棣之七章以卒。常棣，詩小雅篇名。王引之述聞云：「以猶與也。卒，卒章也。言賦常棣之七章與卒章也。卒下無章字者，蒙上而省。」七章云：「妻子好合，如鼓瑟琴。兄弟既翕，和樂且湛。」卒章云：「宜爾家室，樂爾妻帑。是究是圖，亶其然乎？」則季武子之意蓋以魯、宋婚姻之國，宜和睦相處，使各樂家室。宋人重賄之。歸，復命，公享之，賦魚麗之卒章。魚麗，詩小雅篇名。卒章云：「物其有矣，維其時矣。」喻公命之聘宋得時。公賦南山有臺。杜注：「南山有臺，詩小雅。取其『樂只君子，邦家之基』，『邦家之光』，喻武子奉使能爲國光輝。」武子去所，杜注：「去所，避席。」曰：「臣不堪也。」

二〇·七 衛甯惠子疾，召悼子曰：召借爲詔，告也。說詳楊樹達先生讀左傳。悼子，甯喜。「吾得罪於君，悔而無及也。名藏在諸侯之策，曰『孫林父、甯殖出其君』。君入，則掩之。若能掩之，則吾子也。謂汝能掩蓋此事，始爲我之子。若不能，猶有鬼神，猶，假設連詞，與若同。二假設句，用詞不同。吾有餒而已，不來食矣。」不來受祭，卽不認其爲子。悼子許諾，惠子遂卒。杜注：「爲二十六年衛侯歸傳。」

二十一年，己酉，公元前五五二年。周靈王二十年、晉平六年、齊莊二年、衛獻二十五年、蔡景四十年、鄭簡十四年、曹武三年、陳哀十七年、杞孝十五年、宋平二十四年、秦景二十五年、楚康八年、吳諸樊九年、許靈四十年。

經

二一·一 二十有一年春王正月，二月初一日甲寅冬至，實建亥，有閏月。公如晉。

二一·二 邾庶其以漆、閭丘來奔。漆在今山東鄒縣東北，閭丘又在漆東北十里。

二一·三 夏，公至自晉。無傳。

二一·四 秋，晉欒盈出奔楚。

二一·五 九月庚戌朔，日有食之。無傳。此公曆八月二十日之環食，西北至東南皆能見。

二〇·六 冬十月庚辰朔，日有食之。無傳。此日不入食限，史官誤記，或司天者誤認。兩月比食雖有之，惟皆爲偏食，而非同一地所能迭見。若全食、環食之後，決無兩月連食之理。九月朔既是環食，十月絕不能再食。

二〇·七 曹伯來朝。

二〇·八 公會晉侯、齊侯、宋公、衞侯、鄭伯、曹伯、莒子、邾子于商任。杜注：「商任，地闕。」顧祖禹方輿紀要謂古任城在今河北任縣東南，其地近商墟，故謂之商任。顧棟高大事表則謂今安陽縣有衞商任地。

傳

二一·一 二十一年春，公如晉，拜師及取邾田也。伐齊及取邾田俱見十八年傳。

二一·二 邾庶其以漆、閭丘來奔，杜注：「庶其，邾大夫。」季武子以公姑姊妻之，姑姊猶今云姑母，詳十二年傳注。襄公之姑，則宣公之女，成公之姊妹。成公即位後十四年始娶妻，則立時甚幼小，其女兄弟未必年老。惟宣公之死距此已三十九年，成公女兄弟亦當在四十以上。杜分姑與姊爲二人，固誤；但謂爲寡婦，不爲無理。顧炎武引邵寶說，謂姑姊爲魯之宗女於成公爲妹者，洪亮吉左傳詁則謂「蓋襄公之從姑或再從姑」，皆曲說。若非襄公之親姑，當時文例不得言「公姑姊」。皆有賜於其從者。於是魯多盜。季孫謂臧武仲曰：「子盍詰盜？」盍，何不之合音字。詰，治也，禁也，止也。武仲曰：「不可詰也。紇又不能。」武仲謂己無能詰之。季孫曰：「我有四封，四方邊界。而詰其盜，何故不可？子爲司寇，司寇爲刑官。或據周禮謂侯國司寇之事司空兼之，其下有大夫，爲小司寇，不知今之周禮不必盡合當時官制。將盜是務去，若之何不能？」武仲曰：「子召外盜而大禮焉，何以止吾盜？子爲正卿，而來外盜；使紇去之，之指國內之盜。將何以能？庶其竊邑於邾以來，子以姬氏妻之，而與之邑。另與他邑，非指漆與閭丘。其從者皆有賜焉。若大盜禮焉以君之姑姊與其大邑，焉，用法同之。其大邑，姑姊之大邑。則大邑似陪嫁物。其次皁牧輿馬，其小者衣裳劍帶，其次、其小者謂與庶其之禮物之次者與小者。或以爲其次其小係指庶其之從者。從者有高卑，賜亦有大小。是賞盜也。賞而去之，其或難焉。其或，不肯定副詞，語較婉轉。紇也聞之，在上位者洒濯其心，洗心，使之合於儀法。壹以待人，待人以誠，則壹而不二三。軌度其信，可明徵也，軌度作動詞，納之于軌範也。說文：「信，誠也。」明徵即僖二十七年傳「明徵其辭」之明徵。句意謂在上位者使其誠心合於法度，必表現于行動，可徵信於人。而後可以治人。夫上之所爲，民之歸也。上層人物之所爲，下層人物卽從而效之，猶「上有好者，下必有甚焉者矣」（孟子滕文公上）。金澤文庫本「歸」上有「所」字。上所不爲，而民或爲之，是以加刑罰焉，而莫敢不懲。懲戒。若上之所爲，而民亦爲之，乃其所也，禮記哀公問鄭注：「所猶道也。」乃其所猶言勢所必然。又可禁乎？夏書曰，『念茲在茲，釋茲在茲，名言茲在茲，允出茲在茲，所念而爲者在于此，所捨而不爲者在于此，所名（號令）所言者在于此，誠信所行者在于此。此皆指當時之軌範，以爲標準也。惟帝念功』，僅帝能録此成功。論語公冶長皇侃疏：「念，識録也。」以上爲逸書，僞古文羼入大禹謨篇。將謂由己壹也。將，殆也。信由己壹，而後功可念也。」誠由自己出于一致，而後功可以録。

庶其非卿也，以地來，雖賤，必書，重地也。

二一·三　齊侯使慶佐爲大夫，杜注：「慶佐，崔杼黨。」復討公子牙之黨，執公子買于句瀆之丘。公子鉏來奔。叔孫還奔燕。買、鉏、還，皆齊公族。

二一·四　夏，楚子庚卒。楚子使薳子馮爲令尹，訪於申叔豫。薳子馮訪問於申叔豫。與人商議曰訪。杜注：「叔豫，叔時孫。」叔豫曰：「國多寵而王弱，國不可爲也。」本意謂不可爲令尹，非謂不可爲國。但令尹乃國事之主持人，故云國不可爲。楊樹達先生讀左傳謂國字衍文，固于文爲順，但似乏的證。遂以疾辭。方暑，闕地，下冰而牀焉。住地下室，又置冰，而後置牀，寒氣特甚。重繭，繭謂新綿袍。重繭，兩層綿袍。衣裘，又着皮裘。鮮食而寢。鮮，少也。食少而臥。楚子使醫視之。復曰：「瘠則甚矣，而血氣未動。」醫回報謂子馮極瘦，但血氣正常，明其無病。乃使子南爲令尹。杜注：「子南，公子追舒也。爲二十二年殺追舒傳。」

二一·五　欒桓子娶於范宣子，桓子，欒黶。宣子，士匄。句謂娶士匄之女。生懷子。懷子，欒盈。范鞅以其亡也，怨欒氏，范鞅卽士鞅。士鞅被欒黶所迫奔秦，見十四年傳。故與欒盈爲公族大夫而不相能。二人同爲公族大夫見十六年傳。不相能，猶言不相得，不能共處。桓子卒，欒祁與其老州賓通，欒祁，欒黶之妻，士匄之女，欒盈之母。范氏傳爲堯之後代，本祁姓。周時婦女舉姓不氏，故曰欒祁。老卽室老，大夫家臣之長。幾亡室矣。欒氏之財貨幾全爲其宰州賓所佔。懷子患之。祁懼其討也，愬諸宣子曰：「盈將爲亂，以范氏爲死桓主而專政矣，此時范宣子將中軍，欒黶已死，故祁誣欒盈，謂盈以欒黶之死係出范氏毒手。曰：『吾父逐鞅也，不怒而以寵報之，吾父，盈謂黶。不怒謂士鞅返國而宣子不怒。寵報之謂爲公族大夫。又與吾同官而專之。同爲公族大夫而專任其事。吾父死而益富。范氏益富。死吾父而專於國，有死而已，吾蔑從之矣。』祁誣盈寧死而將作難。其謀如是，懼害於主，欒祁謂士匄爲主，此女稱父爲主。吾不敢不言。」范鞅爲之徵。徵，證也。懷子好施，施捨，與人以惠。士多歸之。宣子畏其多士也，信之。懷子爲下卿，下軍佐，位次第六。宣子使城著而遂逐之。高士奇地名考略疑著卽著雍。著雍見十年傳並注。秋，欒盈出奔楚。宣子殺箕遺、黃淵、嘉父、司空靖、邴豫、董叔、邴師、申書、羊舌虎、叔羆，杜注：「十子皆晉大夫，欒盈之黨也。羊舌虎，叔向弟。」梁履繩補釋引孔氏世族譜補疑箕遺爲文七年傳之箕鄭之後，先食采邑于箕，遂以邑爲氏。昭二十二年另有一箕遺。通志氏族略三謂「邴豫食邑于邴，因以爲氏」。據晉語九，董叔亦范氏之壻，士鞅嘗辱之。高士奇姓名同異考于羊舌氏不列叔羆，入之雜人中。至唐書宰相世系表云「虎字叔羆」，直以爲一人，更誤。囚伯華、叔向、籍偃。此蓋古人連坐罪，秦律爲收帑。呂氏春秋開春論云：「欒盈有罪於晉，晉誅羊舌虎，叔嚮爲之奴而朡。」晉語八載此事，與此有異，可參看。晉語八又載范宣子與伯華、籍偃問答，是三人後皆被釋。人謂叔向曰：「子離於罪，離同罹。其爲不知乎？」知同智。叔向曰：「與其死亡若何？比之于死亡如何，言雖受囚而勝于死亡。詩曰，『優哉游哉，聊以卒歲』，知也。」詩爲逸詩。今詩小雅采菽卒章有云：「優哉游哉，亦是戾矣。」不但末句不同，詩義亦異。人以叔向不附范氏爲不智，叔向以優游卒歲，于各大家族之争不介入爲智。叔向之被囚，僅因爲虎之兄耳。

樂王鮒見叔向，廣韻王字注謂「樂王」爲複姓，誤。下文襄二十三年傳稱其名爲王鮒，昭元年傳又稱爲樂桓子，則其氏樂可知。說詳梁履繩補釋。曰：「吾爲子請。」叔向弗應。出，樂王鮒出。不拜。叔向不拜。其人皆咎叔向。叔向曰：「必祁大夫。」杜注：「祁大夫，祁奚也。食邑於祁，因以爲氏。」句謂能救我者必祁大夫也。祁今山西祁縣東南。室老聞之，室老，羊舌氏家臣之長。曰：「樂王鮒言於君，無不行，求赦吾子，吾子不許。祁大夫所不能也，而曰必由之，何也？」叔向曰：「樂王鮒，從君者也，于君無不順從。何能行？祁大夫外舉不棄讎，內舉不失親，見三年傳。其獨遺我乎？其，用法同豈。詩曰：『有覺德行，四國順之。』詩爲大雅抑篇。毛傳云：「覺，直也。」其實有覺爲一詞，正直之貌，形容德行之正直。夫子覺者也。」夫子，對第三人之敬稱，此指祁奚。謂祁奚爲正直之人。

晉侯問叔向之罪於樂王鮒。對曰：「不棄其親，其有焉。」其親指羊舌虎。謂叔向不棄兄弟，可能同謀。此因叔向不應反而落井下石。於是祁奚老矣，祁奚請老在三年，十六年又出爲公族大夫，至此又六年，復告老家居。聞之，乘馹而見宣子，馹音日，傳車。當此時祁奚所居或距離晉都新絳遠，故乘傳，取其快速。曰：「詩曰：『惠我無疆，子孫保之。』詩周頌烈文。書曰：『聖有謩勳，明徵定保。』逸書文，僞古文纂入胤征。謩同謨，謀略。勳借爲訓，僞胤征即改作訓。句言有謀略、有訓誨者，當明信而安保之。夫謀而鮮過、惠訓不倦者，叔向有焉，社稷之固也，猶言國家之柱石。猶將十世宥之，宥之十代。以勸能者。今壹不免其身，以棄社稷，不亦惑乎？鯀殛而禹興；鯀治水無功，舜流放之，又用其子禹，卒成功。伊尹放大甲而相之，卒無怨色；伊尹本爲商湯之相。大甲，湯之孫，卽位荒淫，伊尹逐之居于桐宮三年，俟大甲改過而使之復位，己爲相，大甲終無怨色。管、蔡爲戮，周公右王。管叔、蔡叔、周公並爲兄弟，管、蔡叛周助殷之謀復國者，周公終殺管、蔡，平定叛亂，贊助成王。數句先言父子不相及，次言君臣不想怨，再言兄弟不相同。若之何其以虎也棄社稷？子爲善，誰敢不勉？多殺何爲？」宣子說，與之乘，祁奚乘傳車，不可以朝，故士匄與之乘。以言諸公而免之。向晉平公進言而赦免叔向。不見叔向而歸，祁奚已救叔向，不見之而歸，與欒王鮒未救叔向先市惠者正相反。叔向亦不告免焉而朝。叔向亦不向祁奚告己被赦而趨朝。呂氏春秋開春論亦敍祁奚往見范宣子以救叔向事，末僅言「宣子乃命吏出叔向」。說苑善說篇亦用呂覽文。

初，叔向之母妬叔虎之母美而不使，使侍寢也，由下文「使往侍寢」知之。亦單言使，昭二十五年傳「公若欲使余」與此義同。論衡言毒篇作「不使視寢」，蓋以己意增入。後人因于石經亦旁注「侍寢」二字，則不可信，說詳校勘記。其子皆諫其母。其母曰：「深山大澤，實生龍蛇。彼美，余懼其生龍蛇以禍女。女，敝族也。杜注：「敝，衰壞也。」龍蛇喻奇怪。國多大寵，杜注：「六卿專權。」不仁人閒之，閒，離閒。謂於六卿中挑撥。不亦難乎？余何愛焉？」愛，惜也。使往視寢，生叔虎，美而有勇力，欒懷子嬖之，故羊舌氏之族及於難。

欒盈過於周，周西鄙掠之。杜注：「劫掠財物。」辭於行人曰：周禮秋官之屬有大行人、小行人。小行人受賓客之申訴。說詳宋程公說春秋分紀職官書一。「天子陪臣盈杜注：「諸侯之臣稱於天子曰陪臣。」得罪於王之守臣，禮記玉藻「諸侯之於天子曰某土之守臣某」，守臣謂爲王室守土之臣。此指晉侯。洪亮吉等謂諸侯之命卿亦可曰守臣，簡稱曰守，僖十二年傳「有天子之二守國高在」可證，則指士匄，不如前說爲長。將逃罪。罪重於郊甸，杜注：「重得罪於郊甸，謂爲郊甸所侵掠也。郭外曰郊，郊外曰甸。」無所伏竄，敢布其死。杜注：「布，陳也。」布死，猶後代之冒死言。昔陪臣書能輸力於王室，輸力，可釋爲獻力、效力，亦可釋爲盡力。王施惠焉。欒書，盈之祖。書或曾爲王室盡力，王賞賜之。傳未載。其子黶不能保任其父之勞。說文廣雅並云，任，保也。保任，同義詞連用，猶言保守、保持、保全。周語上「亹亹怵惕，保任戒懼」。周禮大司徒「使之相保」，鄭注云：「保，任也。」亦可證保任同義。大君若不棄書之力，大君，杜注：「謂天王。」亡臣猶有所逃。若棄書之力，而思黶之罪，臣，戮餘也，逃亡之人幸免于被戮殺，故自云戮餘。將歸死於尉氏，漢書地理志尉氏下應劭注：「古獄官曰尉氏。」晉有軍尉，亦掌刑戮。漢以廷尉主刑名，秦蕙田五禮通考二一六謂「蓋因於此」。不敢還矣。敢布四體，杜注謂「布四體言無所隱」，或謂布四體言將受斧鉞。二說皆可通。唯大君命焉。」王曰：「尤而效之，杜注謂晉之逐盈，周王以爲非，己不能再效而掠奪之。尤本作訧，過也，罪也。此作動詞。其又甚焉。」其過更大。使司徒禁掠欒氏者，歸所取焉，沈欽韓補注云：「鄉遂都鄙皆司徒所掌。」使候出諸轘轅。候即候人。周禮夏官有候人，云：「若有方治，則帥而致于朝。及歸，送之于竟。」周語中亦云：「候人爲導。」詩曹風候人毛傳亦云：「候人，道路送迎賓客者。」轘轅，山名，在河南登封縣西北三十里，又跨鞏縣西南。險道也。

二·六 冬，曹武公來朝，始見也。杜注：「卽位三年，始來見公。」

二一·七 會於商任，與會諸侯已見於經，此不復敍。錮欒氏也。為禁錮欒盈，使諸侯不得受之。齊侯、衞侯不敬。叔向曰：「二君者必不免。會朝，禮之經也；諸侯相會與朝于天子或霸主或大國為禮之常。禮，政之輿也；政載禮而行。政，身之守也。杜注：「政存則身安。」禮記禮運「政者，君之所以藏身也」，亦此意。怠禮，失政；失政，不立，怠于禮則政治有失誤；政治有失，則難于立身。是以亂也。」杜注：「為二十五年齊弒光，二十六年衞弒剽傳。」

二一·八 知起、中行喜、州綽、邢蒯出奔齊，四子，晉大夫。皆欒氏之黨也。樂王鮒謂范宣子曰：「盍反州綽、邢蒯？勇士也。」宣子曰：「彼欒氏之勇也，余何獲焉？」獲，得也。言余無所得也。王鮒曰：「子為彼欒氏，乃亦子之勇也。」杜注：「言子待之如欒氏，亦為子用也。」據後文，士匄未用此計。

齊莊公朝，指殖綽、郭最曰：「是寡人之雄也。」說文：「雄，鳥父也。」此蓋以雄雞喻其勇，春秋時喜以鬬鷄博勝負。州綽曰：「君以為雄，誰敢不雄？謂誰敢不以為雄，雄下承上省之字。然臣不敏，不敏，謙詞。猶言不才。平陰之役，先二子鳴。」杜注：「十八年晉伐齊，及平陰，州綽獲殖綽、郭最，故自比於雞鬬勝而先鳴。」太平御覽九一八引尸子云：「戰如鬬雞，勝者先鳴。」莊公為勇爵，爵，古代飲酒器，則勇爵所以觴勇士者也。杜注則謂「設爵位以命勇士」，沈欽韓、姚鼐均以為猶如漢之武功爵。兩說未知孰是。殖綽、郭最欲與焉。州綽曰：「東閭之役，臣左驂迫，還於門中，識其枚數，見十八年傳。其可以與於此乎？」公曰：「子為晉君也。」對曰：「臣為隸新，言我初來為汝之臣。然二子者，譬於禽獸，臣食其肉而寢處其皮矣。」禮記坊記鄭注：「古者殺牲，食其肉，坐其皮。」州綽于十八年射中殖綽，故爲此言也。

二十二年，庚戌，公元前五五一年。周靈王二十一年、晉平七年、齊莊三年、衞獻二十六年、殤八年、蔡景四十一年、鄭簡十五年、曹武四年、陳哀十八年、杞孝十六年、宋平二十五年、秦景二十六年、楚康九年、吳諸樊十年、許靈四十一年。

經

二二·一　二十有二年春王正月，正月十二日己未冬至，建子。公至自會。無傳。

二二·二　夏四月。

二二·三　秋七月辛酉，辛酉，十六日。叔老卒。無傳。杜注：「子叔齊子。」參十四年經、傳並注。

二二·四　冬，公會晉侯、齊侯、宋公、衞侯、鄭伯、曹伯、莒子、邾子、薛伯、杞伯、小邾子于沙隨。公羊、穀梁于「邾子」下有「滕子」二字，此或左氏誤脱。沙隨，宋地，在今河南寧陵縣西北，亦見成十六年經並注。

二二·五　公至自會。無傳。

二二·六　楚殺其大夫公子追舒。追舒即去年爲令尹之子南，莊王子。後爲子南氏。

傳

三·一 二十二年春，臧武仲如晉。孔疏引服虔云：「武仲非卿，故不書。」洪亮吉詁證之云：「蓋魯卽同大國之例三卿，此時季孫斯、叔孫豹、仲孫遬並爲卿，故服云然。」雨，過御叔。御叔在其邑，杜謂御叔爲魯御邑大夫。據清一統志，御邑在今山東鄆城縣東十二里，今名御屯。將飲酒，曰：「焉用聖人？周禮大司徒鄭玄注云：「聖，通而先識也。」莊子胠篋：「夫妄意室中之藏，聖也。」蓋武仲多智，論語憲問孔丘亦云「若臧武仲之知」。料事常中，故當時謂之聖人。孔子家語顏回篇，回曰「武仲世稱聖人」，卽本此。我將飲酒，而已雨行，何以聖爲？」或讀「我將飲酒而已」爲句，此從梁履繩補釋引張彝說。陶鴻慶別疏說同。已爲自己之己，非而已之已，石經可證。御叔謂我正準備飲酒，而他自己卻雨中來此，聰明何用？穆叔聞之，曰：「不可使也，詩小雅雨無正：「云不可使，得罪于天子。」孔疏云：「不稱己意爲不可使。」此不可使亦不稱己意之謂。而傲使人，武仲蓋奉使如晉，故稱使人。國之蠹也。」令倍其賦。御蓋御叔之私邑。據周禮司勳鄭注，采邑之收入，以三分之一上繳，受邑者食三之二。今倍其賦，則以三之二上繳矣。

三·二 夏，晉人徵朝于鄭。杜注：「召鄭使朝。」鄭人使少正公孫僑對，少正卽亞卿。十九年傳謂「鄭人使子展當國，子西聽政，立子產爲卿」，則子產位次第三，而亞於聽政。國君以下握大權者謂之大政，昭十五年傳可證。大政，漢書五行志作大正，政正二字本可通作。少正對大正而言。公孫僑卽子產。曰：

在晉先君悼公九年，我寡君於是卽位。晉悼九年卽鄭簡元年。卽位八月，而我先大夫子駟從寡君以朝于執事，是時鄭簡公僅六歲，五月獻捷于邢丘，蓋卽往晉朝。經、傳不書，以非魯事，且又常禮也。執事，不敢斥言晉君之敬詞。執事不禮於寡君，此事未詳。寡君懼。因是行也，我二年六月朝于楚，經、傳亦未載。晉是以有戲之役。同盟于戲，見九年傳。楚人猶競，競，強也。而申禮於敝邑。晉數伐鄭，楚數救鄭，卽所謂申禮。敝邑欲從執事，而懼爲大尤，尤同訧，過也，罪也。曰，『晉其謂我不共有禮』，共同恭。有禮謂晉。不共有禮猶言不恭於有禮者。其實鄭分兩派，一派主從楚，一派主從晉。從楚者得勢，子產故飾辭以對。是以不敢攜貳於楚。我四年三月，先大夫子蟜又從寡君以觀釁於楚，此事經、傳亦未載。不曰朝，而曰觀釁，亦飾詞。觀釁，謂考察其有釁隙與否。晉於是乎有蕭魚之役。詳十一年傳。謂我敝邑，邇在晉國，譬諸草木，吾臭味也，而何敢差池？此實鄭人自謂，非晉告鄭。鄭人自議，鄭離晉近，且又同姓，晉爲草木，鄭爲氣味，事晉不敢差池。差池，不齊一。時而從楚，時而從晉，此卽差池。自蕭魚之役，鄭實心服晉。楚亦不競，寡君盡其土實，土實，土地所生。重之以宗器，重，平聲。猶言加之以宗器。宗器，用於宗廟如鼎、簋、鐘、磬之屬禮樂之器。以受齊盟。齊同齋。齊盟詳成十一年傳注。遂帥羣臣隨于執事，以會歲終。周禮天官宰夫「歲終，則令羣吏正歲會。」春秋尊事霸主，亦有此法。鄭簡從晉悼至晉會歲終，經、傳亦未載。貳於楚者，子侯、石盂，歸而討之。子侯、石盂蓋鄭之二大夫。杜注謂石盂卽石㚖，恐誤。石㚖與良霄在魯襄十一年往楚，爲楚所執，石㚖設計，始于十三年返鄭。十一年歲終，石㚖猶在楚。湨梁之明年，子蟜老矣，公孫夏從寡君以朝于君，湨梁之會與盟在十六年，其明年則十七年也。鄭朝晉，經、傳亦未載。子駟、子蟜稱字，以其死矣；公孫夏以生則稱名。見於嘗酎，酎音胄，廣韻「三重釀酒」，即連釀三次之醇酒。漢書景帝紀「高廟酎」，謂以新釀醇酒祭高帝廟。此云嘗酎，嘗亦祭名，在夏正七月，詳桓五年傳並注。嘗酎，蓋嘗祭以酎也。與執燔焉。燔同膰，音煩，祭肉。與音預，參預。句謂曾助祭，祭後分得膰肉，亦見成十三年傳「祀有執膰」注。間二年，聞君將靖東夏，十八年鄭會諸侯圍齊，二十年六月鄭又會諸侯盟于澶淵。曰湨梁之明年，曰間二年，表明鄭幾乎爲晉奔走不暇。圍齊與澶淵之盟皆晉欲服齊，齊在東，故曰靖東夏。四月，又朝以聽事期。澶淵盟在六月，鄭伯先二月往，聽會期也。不朝之間，無歲不聘，無役不從。以大國政令之無常，無常，無定準。國家罷病，病亦罷也，孟子公孫丑上「今日病矣」可證。罷病同義。不虞荐至，不虞謂憂患。漢書終軍傳注：「荐，屢也。」無日不惕，惕，懼也。豈敢忘職？職指朝于晉。

大國若安定之，其朝夕在庭，何辱命焉？辱命謂召鄭使朝。若不恤其患，而以爲口實，口實有二義。一爲口中之食物，如易頤卦卦辭「自求口實」，二十五傳「臣君者豈爲其口實」。一爲話柄、藉口，如楚語下「使無以寡君爲口實」及此是也。其無乃不堪任命，而翦爲仇讎？翦亦棄義，十四年傳「毋是翦棄」可證。敝邑是懼，其敢忘君命？「其」作「豈」用。委諸執事，齊策「願委之于子」，委，付也。執事實重圖之。呂氏春秋悔過篇高注：「重，深也。」重圖猶言深思。

三·三 秋，欒盈自楚適齊。欒盈晉世家及田敬仲世家俱作欒逞，盈、逞古同韻。晏平仲言於齊侯曰：「商任之會，受命於晉。受禁錮欒氏之命。今納欒氏，將安用之？小所以事大，信也。失信，不立。失信則難以立身立國。君其圖之。」弗聽。退告陳文子曰：陳文子名須無，田敬仲世家謂爲陳完之曾孫。「君人執信，臣人執共。共同恭。忠、信、篤、敬，上下同之，天之道也。君自棄也，弗能久矣。」杜注：「爲二十五年齊弒其君光傳。」齊世家及田齊世家並言陳文子亦諫。

二二・四 九月，鄭公孫黑肱有疾，黑肱字子張。歸邑于公，召室老、宗人立段，室老卽宰，家臣羣吏之長，見胡匡衷儀禮釋官。宗人亦稱宗老，由哀二十四年傳「使宗人釁夏獻其禮」、魯語下「公父文伯之母欲室文伯，饗其宗老，老請守龜卜室之族」觀之，宗人蓋掌宗室禮儀者。段，黑肱之子。說文作公孫碬。杜氏世族譜謂印段字子石，諡曰獻子。廣韻印字注云：「印段出自穆公子印，以王父字爲氏。」而使黜官、薄祭。沈欽韓補注云：「黜官者，減省其家臣，非謂黜段之受職也。」祭以特羊，祭謂四時之常祭。特羊，羊一隻。大夫常祭當如少牢饋食禮，此則從省。殷以少牢，殷，盛祭，卽禮記曾子問「服除而後殷祭」。殷祭亦省稱殷，謂祫禘。本應用大牢，省爲少牢，羊、豕。參孔疏。足以共祀，盡歸其餘邑，曰：「吾聞之，生於亂世，貴而能貧，民無求焉，可以後亡。敬共事君與二三子。共同恭。二三子指諸大臣。欲段以敬與恭事之。生在敬戒，敬讀爲儆，說文：「儆，戒也。」今作警。不在富也。」己巳，己巳，二十五日。伯張卒。君子曰：「善戒。詩曰『慎爾侯度，用戒不虞』，詩爲大雅抑篇。「慎」今詩作「謹」。侯度，公侯之法度。昭十二年傳「思我王度」，侯度與王度同例。鄭子張其有焉。」其，表示不肯定之副詞。

二二・五 冬，會于沙隨，復錮欒氏也。此會共有十二或十三國，晉士匄知欒盈在齊，故又會諸侯以禁錮之。

欒盈猶在齊。齊不受晉命。晏子曰：「禍將作矣。齊將伐晉，不可以不懼。」杜注：「爲明年齊伐晉傳。」

三·六　楚觀起有寵於令尹子南，未益祿而有馬數十乘。荀子彊國篇云：「大功已立，士大夫益爵，官人益秩，庶人益祿。」此云未益祿，則觀起乃庶人之在官者（語見孟子萬章下及禮記王制）。尚書大傳云：「庶人木車單馬。」今觀起有馬數十乘，子南之勢焰可知。楚人患之，王將討焉。子南之子棄疾爲王御士，御士，侍御之人。禮記緇衣引葉（當作祭）公之顧命云：「毋以嬖御士疾莊士大夫卿士」可證。互參僖二十四年傳注。王每見之，必泣。有淚無聲。棄疾曰：「君三泣臣矣，三次向我哭泣。敢問誰之罪也？」王曰：「令尹之不能，荀子勸學篇楊注、漢書百官公卿表顏注並云：「能，善也。」爾所知也。國將討焉，爾其居乎？」欲殺其父而留其子。居則不逃矣。對曰：「父戮子居，君焉用之？洩命重刑，臣亦不爲。」洩露楚君之命于父，其父或將抗命作亂，則其罰更重。王遂殺子南於朝，魯語上：「故大者陳之原野，小者致之市朝。」韋注云：「其死刑，大夫以上尸諸朝，士以下尸諸市。」轘觀起於四竟。轘音患，車裂也。分裂其體，徇于四境。子南之臣謂棄疾：「請徙子尸於朝。」廣雅釋詁：「子，君也。」此指子南。子南之臣欲爲棄疾偷盜子南之尸于朝。曰：「君臣有禮，唯二三子。」二三子謂諸大臣。棄疾謂楚君或大臣將移尸，此有禮也，不欲他人犯命盜尸。三日，棄疾請尸。惠棟補注引周禮掌戮曰：「凡殺人者，踣諸市，肆之三日。」則陳尸不過三日。今已三日，故棄疾請尸。王許之。既葬，其徒曰：「行乎？」曰：「吾與殺吾父，行將焉入？」曰：「然則臣王乎？」

爲王之臣。曰：「棄父事讎，吾弗忍也。」遂縊而死。

復使薳子馮爲令尹，公子齮爲司馬，屈建爲莫敖。楚語上韋注：「建，屈到之子子木也。」到見十五年。有寵於薳子者八人，皆無祿而多馬。他日朝，與申叔豫言，弗應而退。申叔不應而回走。從之，入於人中。薳子追隨之，申叔至於人羣中。又從之，遂歸。薳子又從之，申叔於是回家。退朝，見之，薳子退朝，至申叔家往見之。曰：「子三困我於朝，一困，弗應而退；二困，入於人中；三困，遂歸。吾懼，不敢不見。吾過，子姑告我，何疾我也？」疾，厭惡，嫌棄。對曰：「吾不免是懼，何敢告子？」吾懼不免于罪，何敢告子。曰：「何故？」對曰：「昔觀起有寵於子南，子南得罪，觀起車裂，何故不懼？」自御而歸，薳子馮親自駕車。不能當道。當道，車行正道。杜注：「薳子惶懼，意不在御。」至，謂八人者曰：「吾見申叔，夫子所謂生死而肉骨也。生死，使死者復生。肉骨，使白骨長肉。知我者如夫子則可；可留。不然，請止。」呂氏春秋下賢篇「亦可以止矣」，高注：「止，休也。」此「請止」乃絕交之婉辭。辭八人者，而後王安之。

三·七　十二月，鄭游眅將歸晉，眅音販，亦作「販」。游眅，據杜氏世族譜，公孫蠆之子，字子明，謚曰昭子。未出竟，遭逆妻者，古代娶妻者必親往迎接。奪之，奪其妻。以館于邑。卽在其邑留宿，不復行。丁巳，十二月無丁巳日。丁巳爲十一月十四日，疑上文十二月當作十一月。其夫攻子明，殺之，以其妻行。子展廢良而立大叔，良爲游眅之子。大叔卽游吉，亦公孫蠆子，游眅之弟。大叔亦作世叔。曰：「國卿，君之貳也，民之主也，不可以苟。苟且，不慎重。請舍子明之類。」舍同捨。子明之類指良，蓋父子均爲邪惡。求亡妻者，使復其所。失妻者殺子明必逃亡，子展求之，使回鄉里。使游氏勿怨，曰：「無昭惡也。」怨則互相報復，游販之惡昭彰。

二十三年，辛亥，公元前五五〇年。周靈王二十二年、晉平八年、齊莊四年、衞獻二十七年、殤九年、蔡景四十二年、鄭簡十六年、曹武五年、陳哀十九年、杞孝十七年、宋平二十六年、秦景二十七年、楚康十年、吳諸樊十一年、許靈四十二年。

經

二三·一 二十有三年春王二月癸酉朔，正月二十三日乙丑冬至，建子，有閏月。日有食之。無傳。此爲陽曆一月五日之環食，自新疆至福建皆能見之。

二三·二 三月己巳，己巳，二十八日。杞伯匄卒。

二三·三 夏，邾畀我來奔。無傳。公羊「畀」作「鼻」，畀、鼻古音同。

二三·四 葬杞孝公。無傳。

二三·五 陳殺其大夫慶虎及慶寅。

二三·六 陳侯之弟黄自楚歸于陳。

二三·七 晉欒盈復入于晉，入于曲沃。

二三·八 秋，齊侯伐衛，遂伐晉。

二三·九 八月，叔孫豹帥師救晉，次于雍榆。雍榆在今河南浚縣西南，滑縣西北。

二三·一〇 己卯，己卯，十日。仲孫速卒。

二三·一一 冬十月乙亥，乙亥，七日。臧孫紇出奔邾。

二三·一二 晉人殺欒盈。

二三·一三 齊侯襲莒。

傳

二三·一 二十三年春，杞孝公卒，晉悼夫人喪之。據成十八年傳「杞伯於是驟朝于晉而請爲婚」，其年杞桓公已老，晉悼年僅十四，或者以其少女爲晉悼夫人，杞孝之幼妹，晉平公之母。悼夫人服其兄喪，見下章「宣子墨縗冒絰」傳注。平公不徹樂，非禮也。禮，爲鄰國闕。闕卽徹樂。鄰國有喪，諸侯亦不舉樂。杞孝公于晉平公雖爲舅甥，但于古禮，諸侯于朞年之喪不服，故以鄰國責之。

二三·二 陳侯如楚，杜注：「朝也。」公子黄愬二慶於楚，二慶，慶虎、慶寅。二慶譖公子黄，黄奔楚自明，見二十年傳。楚人召之。使慶樂往，二慶不敢自往。殺之。慶氏以陳叛。夏，屈建從陳侯圍陳。屈建爲楚莫敖，見去年傳。陳人城，築城以拒。版隊而殺人。古代築城，用兩板夾土，以杵打夯，所謂板築也。隊同墜。板落于城下，慶氏因殺築城之役人。役人相命，互相傳令。各殺其長，役夫之長。此役夫起義。遂殺慶虎、慶寅。楚人納公子黃。君子謂慶氏：「不義，不可肆也。肆，放縱。謂不可以放縱不義之心。肆亦可釋爲赦，與襄九年傳「肆眚」之肆同。故書曰：『惟命不于常。』」書康誥文。禮記大學引此句釋之云：「道善則得之，不善則失之矣。」

二三・三 晉將嫁女于吳，齊侯使析歸父媵之，使析歸父送媵妾。以藩載欒盈及其士，杜注：「藩，車之有障蔽者。使若媵妾在其中。」納諸曲沃。杜注：「欒盈邑也。」曲沃本武公起家之地，故莊二十八年傳云「曲沃，君之宗也」，武宮在焉，不應封于他人爲私邑。欒氏固爲靖侯之孫欒賓之後（參桓二年傳），亦不應私據曲沃。或者如晉世家所云「曲沃大於翼」，封于欒氏者只是其一部分土地，亦名曲沃；或者如張琦戰國策釋地所云，桃林之塞一名曲沃。武宮之曲沃在今山西聞喜縣東；桃林塞之曲沃則在河南陝縣西南四十里，今之曲沃鎮。欒盈夜見胥午而告之。杜注：「胥午，守曲沃大夫。」對曰：「不可。不能舉事。天之所廢，誰能興之？子必不免。不免于死。吾非愛死也，愛，惜也。知不集也。」杜注：「集，成也。」知舉事不能成。盈曰：「雖然，因子而死，吾無悔矣。我實不天，子無咎焉。」言事不成，實由于我不爲天所祐，汝無過錯。許諾。胥午許之。伏之而觴曲沃人，胥午藏匿欒盈，而讌曲沃之衆士。樂作，午言曰：「今也得欒孺子何如？」欒孺子指盈，蓋欒黶之繼承人，故稱爲孺子，早已爲下軍佐，其年必不少也。禮記檀弓下舅犯亦稱重耳爲孺子，重耳以十七歲出亡，當魯僖五年；至九年晉獻公卒後，秦穆公始有意納重耳，其時重耳已二十餘，猶稱爲孺子，足見孺子非少小之稱。互參僖十五年「征繕以輔孺子」傳注。對曰：「得主而爲之死，猶不死也。」雖死猶生。皆歎，有泣者。爵行，猶言互相舉杯。又言。胥午又言。皆曰：「得主，何貳之有！」言有死無二。盈出，偏拜之。杜注：「謝衆之思己。」

四月，欒盈帥曲沃之甲，因魏獻子，以晝入絳。獻子，魏舒。絳，晉都，今山西侯馬市。初，欒盈佐魏莊子於下軍，莊子，魏絳，魏獻子父。獻子私焉，杜注：「私相親愛。」故因之。趙氏以原、屏之難怨欒氏。見成八年傳。趙莊姬譖原同、屏括于晉侯，而欒氏、郤氏爲之作證，原、屏因而被殺。韓、趙方睦。杜注：「韓起讓趙武，故和睦。」中行氏以伐秦之役怨欒氏，中行氏即荀氏之一支。伐秦之役見十四年傳。荀偃爲中軍帥，欒黶不肯聽命，因而大撤退。而固與范氏和親。杜注：「范宣子佐中行偃於中軍。」知悼子少，而聽於中行氏。悼子，知罃之子荀盈，時年十七。知氏、中行氏皆晉大夫逝遨之後（見趙世家索隱引世本），故知盈聽從中行吳。程鄭嬖於公。成十八年孔疏引世本謂程鄭爲荀氏別族。詳成十八年傳注。唯魏氏及七輿大夫與之。七輿大夫見僖十年傳注。此敍兩派力量。韓、趙、荀（知氏、中行氏皆荀氏）皆結成一派，欒氏甚孤立，唯魏氏及七輿大夫助之耳。

欒王鮒侍坐於范宣子。侍坐，宣子坐，欒王鮒亦坐侍。或告曰：「欒氏至矣。」以其白晝入絳，故人得知之。魏禧論此，以此爲欒盈失着關鍵。宣子懼。桓子曰：杜注：「桓子，欒王鮒。」「奉君以走固宮，固宮，晉侯之別宮。杜注謂其有臺觀守備，或然。必無害也。且欒氏多怨，子爲政，欒氏自外，自外來。子在位，其利多矣。在內與自外來不同，在位爲政與無權無勢不同，故云利多。既有利權，又執民柄，杜注：「賞罰爲民柄。」將何懼焉？欒氏所得，其唯魏氏乎，而可強取也。可用強力爭取爲己用。夫克亂在權，子無懈矣！」

公有姻喪，即上文晉悼夫人喪其兄杞孝公。王鮒使宣子墨縗、冒、絰，縗，衰服；冒，冒巾；絰，腰絰。三者皆墨色。此婦人喪服，悼夫人服之，使宣子僞爲悼夫人之侍御，其服亦如晉悼夫人之服。說參沈欽韓補注。二婦人輦以如公，與二婦人乘輦，非二婦人挽輦。古無婦人推輦之事。奉公以如固宮。范鞅逆魏舒，則成列既乘，部隊已排列，兵車皆有人。將逆欒氏矣。將迎欒盈兵與會合。趨進，曰：「欒氏帥賊以入，鞅之父與二三子在君所矣，二三子，諸大臣。使鞅逆吾子。鞅請驂乘。」此范鞅對魏舒之言。持帶，帶即綏。車上之帶，挽以上車。遂超乘。杜注：「跳上獻子車。」右撫劍，此即強力劫之。左援帶，命驅之出。出，出於行列。僕請，僕，駕車者。請，問所往。鞅曰：「之公。」宣子逆諸階，迎獻子。執其手，賂之以曲沃。許以欒氏邑與之。

初，斐豹，隸也，著於丹書。杜注：「蓋犯罪沒爲官奴，以丹書其罪。」丹書，以紅色書于簡牘。欒氏之力臣曰督戎，國人懼之。斐豹謂宣子曰：「苟焚丹書，我殺督戎。」宣子喜，曰：「而殺之，而同爾。所不請於君焚丹書者，有如日！」乃出豹而閉之。出豹于宮門而後關宮門。督戎從之。踰隱而待之，隱，短牆，矮牆。豹越入短牆，伏以待督戎。督戎踰入，豹自後擊而殺之。范氏之徒在臺後，杜注：「公臺之後。」欒氏乘公門。杜注：「乘，登也。」宣子謂鞅曰：「矢及君屋，死之！」言欒氏之箭若及于晉侯之屋，汝則死之。鞅用劍以帥卒，欒氏退，攝車從之。沈欽韓補注：「范鞅既步戰以退欒氏之攻，復乘車以追逐欒氏也。攝車猶超乘。」遇欒樂，杜注：「樂，盈之族。」曰：「樂免之。死，將訟女於天。」范鞅謂欒樂，令其不戰，免之，之字無義。若戰，如我死，將訴汝于天。樂射之，不中；又注，杜注：「注，屬矢於弦也。」則乘槐本而覆。槐本，槐樹根之凸出土上者。欒樂車之一輪觸之，以不平衡而傾倒。或以戟鉤之，斷肘而死。欒魴傷。欒盈奔曲沃。晉人圍之。晉世家、齊世家以齊莊遣欒盈與下傳伐晉爲一事。晉語八載此事，與傳有不同。又有俞辛者，傳未載。

三·四　秋，齊侯伐衞。先驅，杜注：「先驅，前鋒軍。」穀榮御王孫揮，召揚爲右；申驅，杜注：「申驅，次前軍。」成秩御莒恆，申鮮虞之傅摯爲右。杜注：「傅摯，申鮮虞之子。」曹開御戎，晏父戎爲右。此齊莊公之車。貳廣，上之登御邢公，盧蒲癸爲右；杜注：「貳廣，公副車。」啟，杜注：「左翼曰啟。」牢成御襄罷師，狼蘧疏爲右；胠，杜注：「右翼曰胠。」商子車御侯朝，桓跳爲右；大殿，杜注：「大殿，後軍。」商子游御夏之御寇，崔如爲右，燭庸之越駟乘。桂馥札樸卷二謂「啟」即「胥」，山海經郭注「胥，肥腸也」。三者皆取名於身。「殿」即「屍」（今之「臀」字），「胠」即「胳」，腋下也。杜注：「四人共乘殿車也。」此言齊莊之兵力與部署。自衞將遂伐晉。伐衞爲次，以行軍必過衞。伐晉爲主，乃有如此之部署。

晏平仲曰：「君恃勇力，以伐盟主。澶淵、商任、沙隨之會，齊並奉晉爲盟主。若不濟，國之福也。不德而有功，憂必及君。」事亦見晏子春秋內篇問上崔杼諫曰：「不可。臣聞之：『小國閒大國之敗而毁焉，閒，今俗語鑽空子。大國之敗，敗，壞也，指晉有欒氏之變。句謂齊趁晉有內亂，加以武力。必受其咎。』君其圖之。」弗聽。陳文子見崔武子，杜注：「武子，崔杼也。」曰：「將如君何？」武子曰：「吾言於君，君弗聽也。以爲盟主，以晉爲盟主。而利其難。羣臣若急，君於何有？何有於君，言有急則不顧君矣。子姑止之。」猶言子姑且罷休。之非賓語，例見文言語法。文子退，告其人曰：「崔子將死乎！謂君甚而又過之，謂君甚言指摘君主太狠；而又過之，謂急將殺君，其罪過於君之伐盟主。不得其死。謂不得善終。過君以義，猶自抑也，況以惡乎？」己行義超越君之行義，尚當自己抑制，何況己將行惡乎？

齊侯遂伐晉，取朝歌。朝歌，今河南淇縣。爲二隊，入孟門，登大行。二隊，二軍，亦可解爲二道，互參文十六年傳。孟門爲一道，大行爲一道。史記吳起傳「殷紂之國，左孟門，右太行」可證。孟門在今河南輝縣西，爲太行隘道。大行疑卽述征記及元和郡縣志之太行陘，曹操苦寒行所謂「北上太行山，艱哉何巍巍。羊腸阪詰屈，車輪爲之摧」者也。在今河南沁陽縣西北三十里，爲太行山八陘之一。高士奇地名考略云：「當時齊輕兵深入，既取朝歌，則分兵爲二部，一入白陘，由朝歌而扼其險隘；一登太行，自河內以瞰其腹心。」張武軍於熒庭，熒庭卽桓二年傳之陘庭，在今山西翼城縣東南七十五里，西距晉都不過百里。張武軍，杜注以爲築壘壁，疑誤。詳宣十二年傳並注。此亦收晉尸於熒庭而建表木。戍郫邵，郫邵卽文六年傳之郫，今河南濟源縣西一百里之邵源鎮。地名考略云：「郫邵在太行之南界，接鄭、衞，戍之以防退襲。」封少水，少水即今沁水，出山西沁源縣北緜山諸谷，南流經安澤、沁水、陽城至焦作市南入舊黃河道。此封尸處疑在今沁水縣附近。封即封尸，又收晉軍之尸合埋于一坑，而築高堆也。以報平陰之役，平陰役見十八年傳。乃還。趙勝帥東陽之師以追之，東陽乃泛指晉屬太行山以東之地，大略有今河北邢台地區及邯鄲地區一帶地。趙勝即魯語下邯鄲勝，趙旃之子，謚傾子，食采邑于邯鄲，邯鄲午之父。獲晏氂。晏氂即魯語下之晏萊。晏嬰生二子，一曰氂，一曰圉。圉見哀六年傳。魯語下云：「子服惠伯見韓宣子曰：『昔欒氏之亂，齊人間晉之禍，伐取朝歌。我先君襄公不敢寧處，使叔孫豹悉帥敝賦，踦跂畢行，無有處人，以從軍吏，次於雍渝。與邯鄲勝擊齊之左，掎止晏萊焉。齊師退而後敢還。』」八月，叔孫豹帥師救晉，次于雍榆，禮也。次于雍榆者，魯大軍駐于此，非不作戰也。晉趙勝追齊還師，魯亦夾擊，見上引魯語下文。

二三·五　季武子無適子，嫡妻未生子。公彌長，而愛悼子，欲立之。公彌即後文之公鉏。悼子名紇。二人皆姬妾之子。訪於申豐曰：申豐，季氏家臣。訪，問，商量。「彌與紇，吾皆愛之，欲擇才焉而立之。」古禮，無嫡則立長。此云擇才，乃欲立紇之藉口。申豐趨退，歸，盡室將行。申豐不欲參與此事，故不答而退，歸而擬全家他往。他日，又訪焉。又問申豐。對曰：「其然，將具敝車而行。」其，假設連詞，若也。言若如此，我將套我之車而出走。乃止。杜注：「止不立紇。」

訪於臧紇。臧紇曰：「飲我酒，吾爲子立之。」季氏飲大夫酒，臧紇爲客。杜注：「爲上賓。」既獻，向賓獻酒。臧孫命北面重席，新尊絜之。臧孫即臧紇。魯國于季、孟、叔、臧、郈五氏之嗣位者俱稱孫。

北面，爲悼子設位，使之南向，尊之也。重席，二層席。古代席地坐，席之層次，依其位之高低。儀禮鄉飲酒禮云：「公三重，大夫再重。」則重席，大夫之坐。「尊」本作「樽」，今據經典釋文訂正，説詳阮元校勘記。新尊，新酒杯。絜，今作潔。既用新尊，又加洗滌。召悼子，降，逆之。臧孫使人召紇，紇來，臧孫起，下階而迎之入坐。大夫皆起。大夫即衆賓。上賓既起，衆賓自必起。臧紇如此對待季紇，則季紇之爲季武子之繼承人，爲諸大夫所公認矣。及旅，旅，旅酬也。即主人使相安賓，賓酬主人，主人酬介，介勸衆賓酒，衆賓按長幼尊卑互相敬酒，同時排定席次。可單稱旅，或單稱酬。酬或作醻，詩小雅小弁「如或醻之」是也。禮記中庸「旅酬下爲上，所以逮賤也」，即此旅酬。而召公鉏，使與之齒。旅酬所以逮賤，始召公鉏，且使公鉏與一班賓客齒列坐次，則視公鉏爲庶子。沈欽韓補注云：「鄉飲酒禮云，既旅則士不入，士入當旅酬，節也。旅而召公鉏，以士禮待之，明其不得嗣爵。」季孫失色。杜注：「恐公鉏不從。」或者亦以臧紇此舉爲太突然。

季氏以公鉏爲馬正，季武子所以撫慰公鉏。馬正即大夫家之司馬，所以爲大夫主其土地之軍賦。見周禮夏官家司馬注。慍而不出。怨而不爲。閔子馬見之，閔子馬即閔馬父。長沙馬王堆三號墓出土帛書春秋事語，中有閔子辛，不知是此人否。曰：「子無然。無同毋，禁止之詞。然，如此。禍福無門，唯人所召。此蓋古時習語。荀子大略篇「禍與福鄰，莫知其門」，淮南子人間篇「夫禍之來也，人自生之；福之來也，人自成之。禍與福同門，利與害爲鄰」，文子微明篇亦有此語。其意相近。爲人子者，患不孝，不患無所。所猶言地位。敬共父命，何常之有？唯敬恭父親之命而已，事無一定，可以變化也。若能孝敬，富倍季氏可也。杜注：「父寵之，則可富。」俞樾因下文「禍倍下民」謂富當讀爲福，亦通。孔疏云：「悼子既爲適子，將承季氏之後，故謂悼子爲季氏。」姦回不軌，回，邪也，亂也。姦亦邪也，亂也。姦回同義詞連用。不軌，不合法度。禍倍下民可也。」公鉏然之，敬共朝夕，謂對其父朝夕問安視膳，參禮記文王世子。恪居官次。恪音客，本作愙，恭敬，謹慎。官次猶言官職，職位。季孫喜，使飲己酒，而以具往，盡舍旃。季武子使公鉏在公鉏家請己飲食，而攜帶饗宴之器具往公鉏家，留不帶回。旃，之焉合音字。故公鉏氏富，又出爲公左宰。出仕于魯君，爲魯公之左宰。

孟孫惡臧孫，季孫愛之。孟氏之御騶豐點好羯也，御騶，養馬兼駕車之官，成十八年傳有乘馬御，六騶屬焉。豐點蓋姓豐名點。羯，孟莊子之庶子，孺子秩之弟，亦稱孝伯。曰：「從余言，必爲孟孫。」爲孟莊子之繼承人。再三云，羯從之。孟莊子疾，豐點謂公鉏：「苟立羯，請讎臧氏。」因臧孫使計捨公鉏而立悼子，故豐點以爲其報仇動之。公鉏謂季孫曰：「孺子秩固其所也。既稱孺子，則已定爲孟氏後固。其所言本當爲孟氏繼承人。若羯立，廢秩而使羯立爲後。則季氏信有力於臧氏矣。」季孫本欲立悼子，臧氏僅助成之。至于孟氏，則已定秩爲後，若季氏廢之而立羯，其勢大于臧氏。弗應。季氏不允。己卯，孟孫卒。孟孫即經之仲孫速。孟、叔、季皆爲桓公之庶子，桓公之嫡長子同立爲莊公。莊公三弟，論長幼應爲孟、叔、季。但慶父亦稱共仲，其後便以仲爲氏。故經稱仲孫，傳稱孟孫，其實一也。公鉏奉羯立于户側。依古代喪禮，死者之户尚在室，爲後者便在户側南面而立以待貴賓來弔，禮記檀弓上謂「司寇惠子之喪，文子退扶適子南面而立」是也。據曾子問似喪本無二孤。檀弓下又云：「大夫之喪，庶子不受弔。」羯既立户側受弔，則孺子秩非繼承人矣。季孫至，入，哭，而出，曰：「秩焉在？」公鉏曰：「羯在此矣。」季孫問秩，仍以秩爲孟氏後。公鉏答以羯，則以羯爲後。季孫曰：「孺子長。」季孫仍稱秩爲孺子，則意未改。公鉏曰：「何長之有？唯其才也。」此以季孫擇立悼子之語還報季孫。且夫子之命也。」矯死人之命。夫子指孟莊子。遂立羯。秩奔邾。不逃，則有被殺之危。

臧孫入哭，甚哀，多涕。出，其御曰：「孟孫之惡子也，而哀如是。季孫若死，其若之何？」臧孫曰：「季孫之愛我，疾疢也；疢音趁，疾疢亦作疢疾，如孟子盡心上「人之有德慧術知者，恆存乎疢疾」，疾疢同義詞。孟孫之惡我，藥石也。藥謂草木之可治病者。石謂如鐘乳、礬、磁石之類可用治病者，或謂古針砭用石，謂之砭石。美疢不如惡石。美疢，如孟子梁惠王下云「寡人有疾，寡人好勇」、「寡人好色」之好勇好色。或以爲指無痛苦之病。惡石，以石爲鍼，刺之常苦痛。夫石猶生我，能治病，使我生。疢之美，其毒滋多。滋多，益多，更多。孟孫死，吾亡無日矣。」無日猶言無多日。孟氏閉門，告於季孫曰：「臧氏將爲亂，不使我葬。」杜注：「欲爲公鉏讐臧氏。」季孫不信。臧孫聞之，戒。杜注：「爲備也。」冬十月，孟氏將辟，杜注：「辟，穿藏也。」即挖坑道。辟與闢通，此處專作開闢墓道解。藉除於臧氏。藉，借也。除即昭十二年及十八年傳之除徒，開闢葬道之役夫。臧孫使正夫助之，正夫，魯都三鄉中之正卒，即襄九年傳宋之正徒。臧孫任司寇，或亦兼掌此事。除於東門，在東門闢墓道。甲從己而視之。臧孫又使甲士跟隨自己視察正卒除道。孟氏又告季孫。季孫怒，臧孫以甲從己者，防孟氏之攻己，非欲攻人也。季孫先受「將爲亂」之譖而不信，此時又受譖，並知其有甲士，因信之而怒。命攻臧氏。乙亥，臧紇斬鹿門之關以出，奔邾。鹿門，魯都南城東門。邾在曲阜東南，出此門爲捷徑。說文：「闑，以木横持門戶也。」賈誼新書：「豫讓曰，我事中行，與帷而衣之，與闑而枕之。」闑爲横木，故可枕，今謂之門栓。增韻曰門牡者，以其套入門牝也。

初，臧宣叔娶于鑄，呂氏春秋慎大覽：「武王勝殷，命封黄帝之後於鑄。」傳世有鑄公簠，銘云：「鑄公乍(作)孟妊車母朕(媵)簠。」又據晉語四，任姓爲黄帝之後，則鑄公簠卽此鑄國之器。又有鑄子叔黑臣簠，出土于齊東縣廢治境，不知是此國所鑄否。盛昱鬱華館金文則云：「此器出青州，尤合。」「鑄」亦作「祝」，古音平入對轉通假。鑄在今山東肥城縣南大汶河北岸，顧棟高大事表謂寧陽縣西北有鑄城。郭沫若兩周金文辭大系考釋謂「鑄終受齊人之壓迫而滅國於此」。昭公二十五年，公使昭子自鑄歸，亦卽此。生賈及爲而死。鑄國女死。繼室以其姪，穆姜之姨子也，李慈銘越縵堂日記云：「爾雅：『妻之姊妹同出爲姨。』至母之姊妹，則爾雅明言爲從母，儀禮喪服章皆同，未嘗有別稱。至劉熙(釋名)乃云母之姊妹爲姨，至晉杜預注左傳、孔疏云云，想當然語也。」證以莊十年傳「蔡侯曰吾姨也」，李說自確。但杜預以穆姜爲宣公夫人，不得有妻之姊妹，故改用劉熙說，以從母爲姨，而不知先秦無此稱也。穆姜之姨子卽宣公之姨子，穆姜之姊妹，緣丈夫之稱亦稱之曰姨。卽以莊十年傳「蔡侯曰吾姨也」爲證，呂氏春秋長攻篇則云：「蔡侯曰：『息夫人，吾妻之姨也。』」高誘注云：「妻之女弟爲姨。」「吾妻之姨」豈不與穆姜之姨同義？穆姜之姨子，卽穆姜妹之子。生紇，長於公宮。姜氏愛之，姜氏卽穆姜。故立之。立紇爲宣叔嗣。臧賈、臧爲出在鑄。退歸舅氏家。齊召南左傳考證云：「十七年傳，臧賈帥甲三百宵犯齊師，送之而復。是賈亦嘗還魯，紇奔邾時，賈又在鑄耳。」臧武仲自邾使告臧賈，賈，武仲之嫡長兄。且致大蔡焉，漢書食貨志云：「元龜爲蔡。」大蔡，大龜。古以龜爲卜，龜益大，則以爲益神靈。曰：「紇不佞，不佞，不才。失守宗祧，不能祭祀宗廟也。敢告不弔。古弔字即淑字，不淑，不善也。紇之罪不及不祀，杜注：「言應有後。」子以大蔡納請，其可。」納大蔡而請立臧氏後嗣，將可行。賈曰：「是家之禍也，非子之過也。賈聞命矣。」再拜受龜，使爲以納請，賈使爲爲己納龜以請。遂自爲也。爲不爲其兄賈請，而爲己請。臧孫如防，杜注：「防，臧孫邑。」使來告曰：「紇非能害也，知不足也。知同智。言使甲士從己，正中公鉏之誣告。非敢私請。爲氏族請，非爲個人請。苟守先祀，守，保存。無廢二勳，無，不也。杜注：「二勳，文仲、宣叔。」敢不辟邑！」辟同避，謂離防他適。論語憲問：「臧武仲以防求爲後於魯，雖曰不要君，吾不信也。」乃立臧爲。臧紇致防而奔齊。其人曰：「其盟我乎？」其人，臧武仲奔齊所從之人。盟出奔者，見成十六年傳並注。臧孫曰：「無辭。」爲被逐者盟必數其罪，其罪若在廢長立少，則季孫所不敢言，故曰無辭。將盟臧氏，季孫召外史掌惡臣而問盟首焉。惡臣，逃亡在外之臣。顧棟高云：「據尚書酒誥，諸侯得有內史，則亦有外史也。」周禮有外史，而職掌不同。杜注、孔疏謂史官身在外，故曰外史，非官名。盟首，王引之述聞以爲盟道，會箋謂首猶辭也，皆可通。參章炳麟國故論衡小學篇。對曰：「盟東門氏也，曰『毋或如東門遂不聽公命，殺適立庶』。東門遂即襄仲。殺適子惡立宣公，見文十八年傳。盟叔孫氏也，曰『毋或如叔孫僑如欲廢國常，蕩覆公室』。」見成十六年傳並注。季孫曰：「臧孫之罪皆不及此。」孟椒曰：「盍以其犯門斬關？」季孫用之，乃盟臧氏，曰：「毋或如臧孫紇干國之紀，干，犯也。犯門斬關！」「毋」原作「無」，今從經典釋文正，詳阮元校勘記。臧孫聞之，曰：「國有人焉，人謂人才。誰居？居，疑問助詞，義同歟。其孟椒乎！」杜注：「孟椒，孟獻子之孫子服惠伯。」魯語下韋注：「惠伯，仲孫他之子子服椒也。」

二三·六 晉人克欒盈于曲沃，盡殺欒氏之族黨。欒魴出奔宋。書曰「晉人殺欒盈」，不言大夫，言自外也。杜注：「自外犯君而入，非復晉大夫。」

二三·七 齊侯還自晉，不入，杜注：「不入國。」遂襲莒。門于且于，杜注：「且于，莒邑。」當在山東莒縣境內。傷股而退。杜注：「齊侯傷。」明日，將復戰，期于壽舒。杜注：「壽舒，莒地。」亦當莒縣境。齊侯與其軍旅約于壽舒集中也。杞殖、華還載甲夜入且于之隧，杞殖、華還爲齊大夫。且于之隧爲在且于之狹路，隘道。宿於莒郊。明日，先遇莒子於蒲侯氏。杜注：「蒲侯氏，近莒之邑。」昭十四年傳有莒大夫茲夫，號蒲餘侯，疑蒲餘侯即蒲侯。莒子重賂之，使無死，曰：「請有盟。」二人率甲夜自險道入于莒郊外之邑，而遇莒子所帥之大軍，勢必戰而死。莒子欲使無戰，故請盟而退之。華周對曰：華周即華還。漢書古今人表作華州，説苑立節篇作華舟。「貪貨棄命，亦君所惡也。昏而受命，昨夕受齊侯命而來。日未中而棄之，今日尚未至正午而背命。何以事君？」言必欲戰。莒子親鼓之，從而伐之，獲杞梁。此獲是死獲，即杞梁戰死。梁是杞殖之字，以其妻云「殖之有罪」知之。莒人行成。説苑立節篇載杞梁、華周事與傳有異。

齊侯歸，遇杞梁之妻於郊，使弔之。辭曰：「殖之有罪，何辱命焉？殖之有罪，係以子句爲假設句。言殖若有罪，何敢辱君之弔喪。若免於罪，猶有先人之敝廬在，下妾不得與郊弔。」服虔讀爲「猶有先人之敝廬在下」，不取。檀弓下亦載此事，文亦作「則有先人之敝廬在」可證。杞梁之妻迎杞梁之柩，於郊野遇齊侯。古禮，唯所謂賤者受郊弔。杞梁乃大夫，故其妻辭弔。禮記檀弓下：「哀公使人弔蕢尚，遇諸道，辟於路，畫宮而受弔焉。曾子曰：『蕢尚不如杞梁之妻之知禮也。』」鄭注：「行弔禮於野，非。」但檀弓下又云：「君遇柩於路，必使人弔之。」則齊莊之使人弔亦合古禮，杞梁之妻之辭弔亦合古禮。孟子告子下言「華周、杞梁之妻善哭其夫」，說苑善說篇及列女傳貞順篇演爲「向城而哭，隅爲之崩，城爲之阤」，則又誇言之，非史實。齊侯弔諸其室。

三・八 齊侯將爲臧紇田。杜注：「與之田邑。」臧孫聞之，見齊侯，與之言伐晉，杜注：「齊侯自道伐晉之功。」對曰：「多則多矣，周禮司勳「戰功曰多」，此謂戰功多也。說見劉履恂秋槎雜記。抑君似鼠。抑，轉折連詞，猶但也。夫鼠，晝伏夜動，不穴於寢廟，詩小雅巧言「奕奕寢廟」，則寢廟爲一詞，即宗廟。畏人故也。今君聞晉之亂而後作焉，杜注：「作，起兵也。」寧將事之，非鼠如何？」校勘記云：「如何即而何。」乃弗與田。杜注：「臧孫知齊侯將敗，不欲受其邑，故以比鼠，欲使怒而止。」

仲尼曰：「知之難也。有臧武仲之知，知同智。句亦見論語憲問。而不容於魯國，抑有由也，抑，語首助詞，無義。作不順而施不恕也。作事不順無適則立長之禮，施爲不恕被廢者之心。夏書曰：『念茲在茲』，順事、恕施也。」

二十四年，壬子，公元前五四九年。周靈王二十三年、晉平九年、齊莊五年、衞獻二十八年、殤十年、蔡景四十三年、鄭簡十七年、曹武六年、陳哀二十年、杞文公益姑元年、宋平二十七年、秦景二十八年、楚康十一年、吴諸樊十二年、許靈四十三年。

經

二四・一 二十有四年春，正月初四庚午冬至，建子。叔孫豹如晉。

二四・二 仲孫羯帥師侵齊。

二四・三 夏，楚子伐吴。

二四・四 秋七月甲子朔，日有食之，既。無傳。既，盡也。于公曆爲六月十九日之全食，經書「既」，蓋由目驗。

二四・五 齊崔杼帥師伐莒。

二四・六 大水。無傳。

二四・七 八月癸巳朔，日有食之。無傳。七月朔既已全蝕，八月朔決無再蝕之理。或以爲史官之誤。鄒伯奇鄒徵君遺書謂「蓋文十一年八月日食，脱簡於此」。馮澂集證亦云：「當是文公十一年八月癸巳朔日食，脱簡於此。」

二四・八 公會晉侯、宋公、衞侯、鄭伯、曹伯、莒子、邾子、滕子、薛伯、杞伯、小邾子于夷儀。「夷儀」，公羊作「陳儀」。說見僖元年經注。

二四・九 冬，楚子、蔡侯、陳侯、許男伐鄭。

二四·一〇 公至自會。無傳。

二四·一一 陳鍼宜咎出奔楚。杜注：「陳鍼子八世孫。」

二四·一二 叔孫豹如京師。

二四·一三 大饑。無傳。穀梁傳以爲五穀皆無收成爲大饑。

傳

二四·一 二十四年春，穆叔如晉，范宣子逆之，沈欽韓補注：「聘禮，賓至近郊，君使卿朝服、用束帛勞。」問焉，曰：「古人有言曰，『死而不朽』，晉語八亦載此事，韋注：「言身死而名不朽滅。」何謂也？」穆叔未對。宣子曰：「昔匄之祖，自虞以上爲陶唐氏，謂自虞以上，則陶唐氏於虞舜以後不復顯著。昭二十九年傳亦謂「及有夏孔甲，有陶唐氏既衰」云。或謂今山西清徐縣東南四十里有陶唐城，爲陶唐氏所居，蓋附會之談。在夏爲御龍氏，昭二十九年傳云：「及有夏孔甲，有陶唐氏既衰，其後有劉累，賜氏曰御龍。」據清一統志，今河南臨潁縣北十五里有御龍城，亦恐出附會。在商爲豕韋氏，昭二十九年傳云「賜氏曰御龍，以更豕韋之後」，此又云「在商爲豕韋氏」，杜預乃注「以更豕韋氏之後」云：「更，代也。以劉累代彭姓之豕韋。累尋遷魯縣，豕韋復國，至商而滅。累之後世復承其國爲豕韋氏。」唐書宰相世系表云：「韋氏出自風姓。顓頊孫大彭爲夏諸侯，少康封其別孫元哲於豕韋，其地滑州韋城是也。豕韋、大彭迭爲商伯。周王赧時始失國，徙居彭城，以國爲氏」云云，蓋本諸漢書韋賢傳韋孟諷諫詩。國語、左傳雖曾言及豕韋，詩商頌長發「韋、顧既伐」，鄭箋以韋爲豕韋，則豕韋已爲商滅，國已不存，僅存氏姓而已。自後書傳未見國名豕韋者，韋孟謂「至於有周，歷世會同」，疑是自誇其祖，未必合於史實。相傳河南舊滑縣治（今治移道口鎮，在舊治稍西）東南五十里有韋鄉，卽古豕韋國。在周爲唐杜氏，唐杜，杜注謂「二國名」，誤。實一國名，一曰杜，一曰唐杜，猶楚之稱荆楚。說詳孫詒讓籀高述林唐杜氏考。唐書宰相世系表十二上、通志氏族略二並謂杜氏亦曰唐杜氏，不從杜注。春秋前已絕滅。文六年傳「杜祁以君故」，足知杜國姓祁。彝器有杜伯鬲，銘云：「杜白（伯）乍（作）叔嫞障鬲」，嫞卽祁，說詳楊樹達先生金文說杜伯鬲跋。今陝西西安市東南，長安縣東北有杜陵，蓋卽唐杜故國。晉主夏盟爲范氏，晉雖諸侯，實爲華夏盟主，故以與虞、夏、商、周並列。山東通志謂晉范武子采邑在范縣（今舊范縣治，新范縣已移治櫻桃園）東南三十里之范城，卽故豢城，城墟如故，一塔孤存云。其是之謂乎！」穆叔曰：「以豹所聞，此之謂世祿，成八年傳，韓厥曰：「三代之令王皆數百年保天之祿。」非不朽也。魯有先大夫曰臧文仲，既沒，其言立，杜注：「立謂不廢絕。」金澤文庫本「立」下有「於世」二字，與釋文所謂俗本同。其是之謂乎！豹聞之：『大上有立德，其次有立功，其次有立言。』謂立德爲最高，立功次之，立言又次之。僖二十四年傳「大上以德撫民，其次親親以相及也」，淮南子泰族訓「治身太上養神，其次養形」，諸「大上」「其次」都同此義。俞正燮癸巳存稿「太上」條云：「蓋太上者，於人爲至尊，於德爲至美，於事爲至當，於時爲至古。」未必可信。雖久不廢，此之謂不朽。若夫保姓受氏，以守宗祊，宗祊猶宗廟，周語中「今將大泯其宗祊」同。或以爲宗社，不確。世不絕祀，無國無之。祿之大者，不可謂不朽。」

二四・二

范宣子爲政，諸侯之幣重，晉爲霸主，諸侯往朝聘，例須納幣。此幣指一切貢獻品。鄭人病之。二月，鄭伯如晉，子產寓書於子西，以告宣子，子西，公孫夏，公子騑之子。寓，寄也，託也。據下文，知子西相鄭伯如晉，故子產託之致宣子以書。曰：

子爲晉國，爲，治也。四鄰諸侯不聞令德，而聞重幣，僑也惑之。僑聞君子長國家者，非無賄之患，而無令名之難。難，患也。互文成義，說見王引之述聞。不患於無財貨，而患于無善名。賄，財貨也。夫諸侯之賄聚於公室，則諸侯貳。國君聚斂貨財，則內部分裂。若吾子賴之，賴，利也。以此爲己利。則晉國貳。范宣子因此亦聚斂貨財，則晉國內部亦分裂。諸侯貳，則晉國壞；諸侯國內有亂，晉爲盟主，亦將受害。晉國貳，則子之家壞，晉國內部分裂，則當道之臣受禍。何沒沒也！沒沒猶言昧昧，不明白，糊塗。將焉用賄？

夫令名，德之輿也；德，國家之基也。有基無壞，有基礎，則不致毀。無亦是務乎！無亦務是之倒裝句。無用法同不。務，專力。有德則樂，樂則能久。詩云『樂只君子，邦家之基』，只，語末助詞，無義。此倒裝句，言君子樂只也。詩見小雅南山有臺。有令德也夫！『上帝臨女，無貳爾心』，上帝監臨，須一心一德。詩爲大雅大明句。有令名也夫！恕思以明德，惠棟補注引周書程典「愼德必躬恕，恕以明德」，與此義同。所謂恕者，己所不欲勿施於人之謂。晉不欲納重幣於人，而欲人納重幣於己，則不恕矣。則令名載而行之，是以遠至邇安。遠方諸侯來朝，鄰近諸侯安心。毋寧使人謂子，

『子實生我』，毋寧即無寧；無寧，寧也。毋、無，語首助詞，無義。而謂『子浚我以生』乎？晉語九「浚民之膏澤」，與此浚字同義，今言剝削。象有齒以焚其身，孔疏引服虔云：「焚讀曰僨。僨，僵也。」賄也。」以象牙值錢。

宣子說，乃輕幣。

是行也，鄭伯朝晉，爲重幣故，且請伐陳也。鄭伯稽首，宣子辭。辭不敢受重禮。子西相，曰：「以陳國之介恃大國，介，因也。介恃猶言仗恃。大國指楚。而陵虐於敝邑，寡君是以請請罪焉，原不重「請」字，今依釋文及校勘記並據金澤文庫本重「請」字。請請罪猶言請求請罪於陳，即請伐陳也。敢不稽首？」杜注：爲明年鄭入陳傳。

二四·三 孟孝伯侵齊，晉故也。去年齊伐晉，魯爲晉侵齊。

二四·四 夏，楚子爲舟師以伐吳，杜注：「舟師，水軍。」不爲軍政，杜注：「不設賞罰之差。」然宣十二年傳云「軍政不戒而備」，孔疏以軍之政教釋軍政。無功而還。

二四·五 齊侯既伐晉而懼，將欲見楚子。楚子使薳啟彊如齊聘，「彊」，本作「疆」，諸侯之臣不宜以開疆辟土之義爲名，似以作「彊」爲原本，故今仍作「彊」。以下同。且請期。杜注：「請會期。」齊社，疑此社爲軍社，即定四年傳「君以軍行，祓社釁鼓」之社。周禮小宗伯云：「若大師，則帥有司而立軍社。」此行軍立社也。若軍隊大檢閱，恐亦立社主而祭之，即此社也。蒐軍實，軍實指車徒以及軍器。蒐軍實，即大檢閱。使客觀之。客即薳啟彊。陳文子曰：「齊

將有寇。吾聞之，兵不戢，必取其族。」杜注：「戢，藏也。族，類也。取其族，還自害也。」隱四年傳衆仲亦云
「夫兵猶火也，弗戢，將自焚也。」

二四·六 秋，齊侯聞將有晉師，杜注：「夷儀之師。」使陳無宇從薳啓彊如楚，辭，杜注：「辭有晉師，未得相
見。」且乞師。崔杼帥師送之，遂伐莒，侵介根。介根本莒舊都，在今山東高密縣東南四十里，即膠縣西南
七里，并參隱二年經注。

二四·七 會于夷儀，夷儀，今河北邢臺市西。此晉地。至遷邢之夷儀，則在山東聊城縣西南十二里，參閔二年傳注。與
會十二國見經。將以伐齊。水，不克。經云「大水」，則受災者不僅魯。不克，未能伐也。

二四·八 冬，楚子伐鄭以救齊，杜注：「以齊無宇乞師故也。」門于東門，次于棘澤。先攻鄭都東門，大軍駐於
棘澤。棘澤今河南新鄭縣東南，近長葛。詳水經注楊守敬淯水疏。諸侯還救鄭。晉侯使張骼、輔躒致楚
師，唐書宰相世系表二下謂周宣王卿士張仲之後事晉爲大夫，張侯（即解張，見成二年傳）生張老，（見成十八年傳），老
生趯（趯見昭三年傳），趯生骼。梁履繩補釋云：「晉有解張，字張侯，則因字以命氏無疑。唐表未可盡據。」致師即挑戰，
詳宣十二年傳並注。求御于鄭。杜注：「欲得鄭人自御，知其地利故也。」鄭人卜宛射犬，吉。射犬，鄭公孫，以
下文知之。食邑於宛，故曰宛射犬。宛在今許昌市西北。子大叔戒之曰：「大國之人不可與也。」與，敵也，
當也。不可與謂不可與之平行抗禮。對曰：「無有衆寡，其上一也。」言國之與國不在兵衆多少，我爲御，自在車
左、車右之上，各國相同。大叔曰：「不然。部婁無松柏。」部婁，說文引作附婁，云：「小土山也。」文選魏都賦李

善注又引作培塿。小土山不生大樹仍言小國不可與大國平行。二子在幄，二子，張骼、輔躒。幄卽昭十三年傳之幄幕，軍隊所用之帳篷、帳幕。坐射犬於外；使射犬坐於幕外。既食，而後食之。二子先食，食畢，而後使射犬食。使御廣車而行，廣車，攻敵之車，見十一年傳注。周禮春官車僕有廣車，卽此廣車。己皆乘乘車。己，二子自己。乘車，其平日所乘之戰車，非單車挑戰之廣車。將及楚師，而後從之乘，將近楚兵營，而後捨己車，從射犬所御之廣車登之。皆踞轉而鼓琴。二人皆蹲於轉上彈琴。轉，軫也。此軫爲車後橫木。說詳胡玉縉許廎學林。近，不告而馳之。已近楚兵營，射犬不告二人而馳車以入。皆取胄於櫜而胄，櫜音高，此謂盛甲胄之囊。胄，頭盔。下胄字爲動詞，戴頭盔也。皆，亦僅指二人。入壘，皆下，搏人以投，與楚兵搏鬭，捕之以向其他楚營之兵投擲。收禽挾囚。禽同擒，所擒獲之楚兵。此與囚異詞同義。或收之，或挾於腋下。弗待而出。射犬又不待二人，獨自馳車出敵壘。皆超乘，二人皆跳上車。抽弓而射。弓本插於兵車兩旁，二人既上車，爲抗擊追兵，故抽弓以射。既免，已脫離險區。復踞轉而鼓琴，曰：「公孫！同乘，兄弟也，胡再不謀？」「胡」，阮刻本作「故」，今從校勘記及金澤文庫本訂。同車作戰猶如兄弟，何故入馳、出壘兩次都不打招呼。對曰：「曩者志入而已，今則怯也。」曩者指「不告而馳」，心意專注於入敵人營壘，無暇及謀。今指「弗待而出」，心怯敵衆我寡，追不及待。皆笑，二人知其爲托詞。曰：「公孫之亟也！」杜注：「亟，急也。」言其性急，不能受屈。

楚子自棘澤還，使薳啓彊帥師送陳無宇。

吳人爲楚舟師之役故，召舒鳩人。舒鳩，楚屬國，今安徽舒城縣。方以智通雅卷十四謂在巢縣，不確。

舒鳩人叛楚。楚子師于荒浦，荒浦，舒鳩地。方輿紀要謂黃陂河在舒城縣東南十五里，周八里許。黃陂即荒浦之音轉。使沈尹壽與師祁犁讓之。杜注：「二子，楚大夫。」廣韻「師」字注謂師祁爲複姓，通志氏族略五云師祁以官名爲氏。而梁履繩補釋則疑潘尫字師叔，其後以字爲氏，祁犁是其名。然漢有郎中師祁番，亦以師祁爲複姓。讓，責備。舒鳩子敬逆二子，而告無之，且請受盟。二子復命。王欲伐之。薳子曰：杜注：「令尹薳子馮。」「不可。彼告不叛，且請受盟，而又伐之，伐無罪也。姑歸息民，以待其卒。卒而不貳，吾又何求？若猶叛我，無辭，有庸。」彼無辭，我伐之則有功矣。乃還。

二四·一〇 陳人復討慶氏之黨，鍼宜咎出奔楚。

二四·一一 齊人城郟。郟即郟鄏，詳宣三年傳並注。周語下云：「靈王二十二年，穀、洛鬭，將毁王宮。」則去年周王宮被毁。杜注云：「齊叛晉，欲求媚於天子，故爲王城之。」穆叔如周聘，且賀城。王嘉其有禮也，賜之大路。杜注：「大路，天子所賜車之總名。」

二四·一二 晉侯嬖程鄭，使佐下軍。杜注：「代欒盈也。」鄭行人公孫揮如晉聘，杜注：「揮，子羽也。」程鄭問焉，曰：「敢問降階何由？」降階猶降級。子羽不能對，歸以語然明。杜注：「然明，鬷蔑。」然明曰：「是將死矣。不然，將亡。亡，出奔。貴而知懼，懼而思降，乃得其階。得其階猶言得其適合其才德之官秩。下人而已，欲得其階，以位讓人，在人下而已。又何問焉？且夫既登而求降階者，知人也，既登高位，自感難保，而求下降者，乃明智之人也。不在程鄭。程鄭以佞媚嬖幸得升卿位，非此種明智之人。其有亡釁乎！亡釁，逃亡之迹象。不然，其有惑疾，惑疾即迷惑之疾，謂心神不安，疑神疑鬼。與昭元年傳之惑疾異義。將死而憂也。」杜注：「爲明年程鄭卒張本。」

二十五年，癸丑，公元前五四八年。周靈王二十四年、晉平十年、齊莊六年、衞獻二十九年、殤十一年、蔡景四十四年、鄭簡十八年、曹武七年、陳哀二十一年、杞文二年、宋平二十八年、秦景二十九年、楚康十二年、吳諸樊十三年、許靈四十四年。

經

二五・一 二十有五年春，正月十五日乙亥冬至，建子。齊崔杼帥師伐我北鄙。

二五・二 夏五月乙亥，乙亥，十七日。齊崔杼弑其君光。

二五・三 公會晉侯、宋公、衞侯、鄭伯、曹伯、莒子、邾子、滕子、薛伯、杞伯、小邾子于夷儀。

二五・四 六月壬子，壬子，二十四日。鄭公孫舍之帥師入陳。

二五・五 秋八月己巳，諸侯同盟于重丘。傳云：「秋七月己巳，同盟於重丘。」杜注云：「己巳，七月十二日，經誤。」可信。諸侯，會於夷儀之諸侯。重丘，齊地，方輿紀要謂在今山東聊城縣東南五十里。清一統志謂在今德州市東北境。沈欽韓地名補注則以爲故城應在今河北吳橋縣境。或又以爲在山東巨野縣西南。

二五・六 公至自會。無傳。

二五·七 衞侯入于夷儀。

二五·八 楚屈建帥師滅舒鳩。杜注：「傳在衞侯入夷儀上，經在下，從告。」

二五·九 冬，鄭公孫夏帥師伐陳。「夏」，公羊作「蠆」。此公羊之誤，據左傳「十九年四月丁未鄭公孫蠆卒」。

二五·一〇 十有二月，吴子遏伐楚，遏，諸樊也。公羊、穀梁作「謁」。門于巢，巢，今安徽巢縣東北五里之居巢故城址卽古巢國。餘詳文十二年經注。卒。

傳

二五·一 二十五年春，齊崔杼帥師伐我北鄙，以報孝伯之師也。去年孟孝伯侵齊。公患之，使告于晉。孟公綽曰：杜注：「孟公綽，魯大夫。」孔丘曰：「孟公綽爲趙、魏老則優，不可以爲滕、薛大夫。」見論語憲問。「崔子將有大志，不在病我，必速歸，何患焉？言不必憂慮。其來也不寇，杜注「不爲寇害。」使民不嚴，杜注：「欲得民心。」異於他日。」齊師徒歸。杜注：「徒，空也。」卽「不在病我」。

二五·二 齊棠公之妻，東郭偃之姊也。杜注：「棠公，齊棠邑大夫。」棠，江永考實謂卽十八年傳之郵棠，疑在今山東平度縣東南。大事表則以爲今之堂邑鎮（堂邑廢縣治）。列女傳孽嬖有東郭姜傳。東郭偃臣崔武子。爲崔杼之臣。棠公死，偃御武子以弔焉。見棠姜而美之，使偃取之。使偃爲己娶之。偃曰：「男女辨姓，辨，别也。卽同姓不婚。今君出自丁，臣出自桓，不可。」丁，齊丁公，大公子。丁公子乙公，乙公子癸公，皆用干支，此時猶無謚法。孔疏以丁公爲謚，誤。桓即桓公小白。崔氏出自丁公，東郭氏出自桓公，同爲姜姓，故不可嫁娶。武子筮之，遇困䷮坎下兌上爲困卦。之大過䷛。巽下兌上爲大過。此第三爻之六三變九三，即陰爻變爲陽爻，坎卦變爲巽卦。史皆曰「吉」。史僅就困卦言之，兌爲少女，坎爲中男，以少女配中男，故吉。示陳文子，文子曰：「夫從風，坎爲中男，故曰夫。變而爲巽，巽爲風，故曰從風。風隕妻，兌仍在上，故曰風隕妻。不可娶也。且其繇曰：『困于石，據于蒺梨，今易作「藜」。入于其宮，不見其妻，凶。』此困六三爻辭。宮、凶爲韻。因變在六三，筮用其繇。困于石，往不濟也；以困卦言之，坎又爲險，爲水，而爲石所困，雖往而不濟。據于蒺梨，所恃傷也；蒺梨果皮有尖刺，據而恃之必受傷。入于其宮，不見其妻，凶，無所歸也。」陳文子又就變卦及繇辭言之。崔子曰：「嫠也，何害？嫠音釐，寡婦也。先夫當之矣。」先夫謂棠公。意謂棠公已受其凶而死。遂取之。

莊公通焉，凡淫曰通。驟如崔氏，驟，屢也。以崔子之冠賜人。侍者曰：「不可。」公曰：「不爲崔子，其無冠乎？」其，用法同豈。言不用崔子之冠，豈無他冠可用乎。意在用崔子之冠與他冠無異。沈欽韓補注云：「言棠姜總不爲崔子之妻，何患於無冠賜人。」今在崔子之宮，適可費崔子之冠。」崔子因是，杜注：「因是怒公。」又以其間伐晉也，杜注：「間晉之難而伐之。」見二十三年傳。曰：「晉必將報。」欲弑公以說于晉，而不獲間。間，空隙，機會。公鞭侍人賈舉，莊公近臣有二賈舉，一爲侍人賈舉，一爲死難者之賈舉。而又近之，乃爲崔子間公。爲崔子找殺莊公之機會。

夏五月，莒爲且于之役故，見去年傳。莒子朝于齊。甲戌，甲戌，十六日。饗諸北郭。崔子稱疾，不視事。杜注：「欲使公來。」乙亥，公問崔子，杜注：「問疾。」據下文「不能聽命」，則莊公未嘗見崔杼。遂從姜氏。姜入于室，與崔子自側戶出。公拊楹而歌。拊，輕擊也。史記齊世家拊楹作擁柱，楹即柱。服虔云：「公以爲姜氏不知已在外，故歌以命之也。一曰，公自知見欺，恐不得出，故歌以自悔。」侍人賈舉止衆從者而入，閉門。閉莊公從者于門外。甲興，崔杼之甲兵起而攻莊公。韓非子姦劫弒臣作「崔子之徒賈舉率崔子之徒而攻公」。公登臺而請，齊世家作「請解」，謂請免于死也。弗許；請盟，弗許；請自刃於廟，弗許。此皆莊公緩兵之計，宜其爲所拒。戰國策楚策四亦載此事。皆曰：「君之臣杼疾病，疾甚也。不能聽命。杜注：「不能親聽公命。」近於公宮，崔子之居近於莊公之宮。陪臣干掫有淫者，崔杼之臣於莊公爲陪臣。干掫，即巡夜捕擊不法者。亦單稱掫，昭二十年傳：「賓將掫，主人辭。賓曰：『若不獲扞外役，是不有寡君也。』親執鐸，終夕，與於燎。」掫即扞外役，故連稱曰干掫。干掫有淫者即巡夜捕擊淫者。不知二命。」不知二命，唯知執行崔子之命，不知其他也。公踰牆，又射之，又字有二解。一曰甲興已射公，此再射之。俞樾平議謂又當讀有，則有射之卽或射之也。中股，反隊，隊同墜。反墜，仍跌於牆內。遂弒之。賈舉、州綽、邴師、公孫敖、封具、鐸父、襄伊、僂堙皆死。杜注：「八子皆齊勇力之臣爲公所嬖者，與公共死於崔子之宮。」州綽已見十八年及二十一年傳。祝佗父祭於高唐，杜注：「高唐有齊別廟也。」高唐今山東高唐縣東三十五里。至，復命，不說弁而死於崔氏。說同脫。弁，爵弁，祭服所戴。申蒯，侍漁者，梁履繩補釋云：「齊擅魚鹽之利，侍魚之官蓋監收魚稅者。」初學記人部上引劉向新序云『申鮒漁於海』是也。今新序無此文。」退，謂其宰曰：「爾以帑免，帑，鮒之妻子，託其宰保護之。杜注謂「帑，宰之妻子」，疑不確。我將死。」其宰曰：「免，是反子之義也。」杜注：「反死君之義。」與之皆死。皆借爲偕。崔氏殺鬷蔑于平陰。莊公之母曰鬷聲姬，此鬷蔑或其母黨，又守平陰，平陰爲臨淄外圍險邑，見十八年傳，故崔子殺之。史記齊世家敍崔杼殺莊公，未死一人，韓詩外傳則謂所殺十餘人，晏子春秋內篇雜上謂所殺十人，新序義勇、說苑立節皆敍申蒯（作邢蒯聵）與其僕皆死事。

晏子立於崔氏之門外，祝佗父及申蒯之死或在晏子立門外之後，因八人之死而連類及之。至晏子，杜云「聞難而來」，是也。其人曰：「死乎？」其人，晏子之隨從，晏子春秋內篇雜上作「從者」可證。曰：「獨吾君也乎哉，吾死也？」此句當爲「吾死也，獨吾君也乎哉」，因着重非獨一人之君，故先言之。曰：「行乎？」曰：「吾罪也乎哉，吾亡也？」曰：「歸乎？」曰：「君死，安歸？安，表處所之疑問代詞。安歸，歸于何處。君民者，爲民之君者。豈以陵民？豈用之駕陵於民上。社稷是主。主社稷者也。臣君者，豈爲其口實，社稷是養。臣於君者，豈爲俸祿，保養社稷也。故君爲社稷死，則死之；爲社稷亡，則亡之。若爲己死，而爲己亡，非其私暱，私暱，爲個人而暱愛之人。誰敢任之？敢與不敢，由於合理與不合理。不合理而死或亡，畏時人及後人議論，故云誰敢。且人有君而弑之，莊公之立，由於崔杼，故言「人有君」，人指崔杼。吾焉得死之？而焉得亡之？焉得，何能也。謂崔杼立之，又殺之，我何能爲之死爲之逃。將庸何歸？劉淇助字辨略卷一云：「庸何，重言也。」門啓而入，枕尸股而哭。興，哭時仆地，哭畢而起。三踊而出。人謂崔子：「必殺之！」殺晏子。崔子曰：「民之望也，民心所嚮望之人。舍之，得民。」釋而不殺，我得民心。晏子春秋內篇雜上載此事與傳有不同者，蓋戰國傳說。

盧蒲癸奔晉，王何奔莒。杜注：「二子，莊公黨。爲二十八年殺慶舍張本。」

叔孫宣伯之在齊也，杜注：「宣伯，魯叔孫僑如，成十六年奔齊。」叔孫還納其女於靈公，杜注：「還，齊羣公子，納宣伯女於靈公。」景公母，後稱穆孟姬，見昭十年傳。嬖，生景公。景公爲莊公同父異母弟。丁丑，丁丑，十九日。崔杼立而相之，慶封爲左相，盟國人於大宮，大宮，太公廟。曰：「所不與崔、慶者——」讀盟辭未畢，晏嬰插言改之。晏子仰天歎曰：「嬰所不唯忠於君、利社稷者是與，有如上帝！」乃歃。淮南子精神篇云：「晏子與崔杼盟，臨死地而不易其義。」又云：「故晏子可迫以仁，而不可劫以兵。」高誘注云「晏子不從崔杼之盟，將見殺。晏子曰：『句戟何不句？直矛何不摧？』」云云。辛巳，辛巳，二十三日。公與大夫及莒子盟。杜注：「莒子朝齊，遇崔杼作亂未去，故復與景公盟。」

大史書曰：「崔杼弒其君。」崔子殺之。其弟嗣書，而死者二人。太史之弟皆如此續書，因而死者又二人。其弟又書，乃舍之。南史氏聞大史盡死，執簡以往。仍書「崔杼弒其君」於簡，執之以往。聞既書矣，乃還。新序節士篇亦載此事。

閭丘嬰以帷縛其妻而載之，與申鮮虞乘而出，「縛」，各本作「縳」，金澤文庫本作「縛」。說文：「縛，束也。」「縳，白鮮色也。」音、義皆異，蓋形近易誤。今正作「縛」。沈欽韓補注云：「婦人乘車本有帷裳。氓詩『淇水湯湯，漸車帷裳』，所謂輜軿之蔽。今此倉卒逃難，非復常度，直以帷縛藏妻而置車中。」杜注：「二子，莊公近臣。」閭丘複姓，蓋以邑爲氏。鮮虞推而下之，杜注：「下嬰妻也。」曰：「君昏不能匡，危不能救，死不能死，而知匿其暱，杜注：「匿，藏也。暱，親也。」暱指其妻。其誰納之？」行及弇中，據方輿紀要，臨淄西南有弇中峪，界兩山間，至萊蕪縣，長三百里。將舍。舍，住宿。嬰曰：「崔、慶其追我。」鮮虞曰：「一與一，誰能懼我？」道狹，車不能並行，相鬬，只能一敵一，不足使我懼。與，敵也。遂舍，枕轡而寢，杜注：「恐失馬也。」食馬而食，先飼馬而後己食，備追者至，易逃也。駕而行。出弇中，謂嬰曰：「速驅之！崔、慶之衆，不可當也。」杜注：「道廣，衆得用，故不可當。」遂來奔。

崔氏側莊公于北郭。俞樾茶香室經說謂「側」與「堲」通。堲即禮記檀弓上「夏后氏堲周」之「堲周」，燒土爲甎，繞於棺之外。丁亥，丁亥，二十九日。葬諸士孫之里。杜注：「士孫，人姓，因名里。死十三日便葬，不待五月。」古代族人皆應葬於族墓，唯凶死者另葬，以示懲罰。周禮春官家人「凡死於兵者不入兆域」；哀二年傳趙簡子誓曰：「若其有罪，絞縊以戮，桐棺三寸，不設屬辟，素車樸馬，無入於兆，下卿之罰也。」此葬莊公於士孫之里，亦是「不入兆域」之葬。互詳成十八年傳注。四翣，翣音霎，爲一種長柄扇形之物，古代本以羽毛爲之，葬時隨柩車持之兩旁而行，葬則置立於墓坑中。漢制，翣以木爲之，廣三尺，高二尺四寸，方，兩角高，柄長五尺，衣以白布，白布塗畫，有二垂，與先秦稍異。據禮記禮器，天子八翣，諸侯六翣，大夫四翣。此用四翣，貶從大夫。不蹕，據周禮大司寇及士師，大事、大喪必蹕。蹕音畢，禁止通行，清除道路，並警戒非常。此不蹕，則不以大喪待之。下車七乘，不以兵甲。下車，古有兩解。服虔云是遣車，卽葬時載所奠祭之物，一併埋入墓穴中之木製車。杜預則以爲是送葬之車，齊舊依上公禮，本應九輛，今減爲七輛。本應用好車，今用粗惡之車，故云下車。以文義及古禮制論之，杜說長。蓋遣車諸侯本是七乘，今仍七乘，是無所降損。此傳本云崔杼不以人君禮葬莊公，故經亦不書葬莊公。遣車旣無減損，又何必云？古代大出殯，有甲兵。葬國君，當備列軍陣。如漢葬霍光，尚且發動幾種軍隊以送葬。此不用甲兵，亦貶降之。若如服釋，則是無甲兵土俑。近於秦始皇墓旁發現土製兵馬俑坑，春秋未必有。呂氏春秋安死篇云：「齊未亡而莊公冢抇。」莊公未厚葬，不可信。

二五・三 晉侯濟自泮，胡渭禹貢錐指謂泮水源出泰山分水嶺，卽北汶河。泰安州志謂之塹汶，在今泰安縣南。趙一清謂分水嶺一源兩分，半西南流，至界首村，北折入長清縣之中川，達於清河；半東南流，至桃花峪，因名泮水。詳梁履繩補釋。然按之地勢，此說可疑。下云會于夷儀，夷儀有三，無論聊城西南之夷儀，德州市北之夷儀，甚或邢臺市西之夷儀，皆在泰安西北，晉侯若先從泰安南濟，又折回而至夷儀會諸侯，恐無此理。會于夷儀，伐齊，以報朝歌之役。朝歌役見二十三年傳。齊人以莊公說，以殺莊公向晉解釋。說文：「說，說釋也。」使隰鉏請成，杜注：「隰鉏，隰朋之曾孫。」慶封如師。男女以班。男女以班卽下章之陳侯使其衆男女奴隸別而纍，哀元年傳之蔡人男女以辨，以示降服也。賂晉侯以宗器、樂器。杜注：「宗器，祭祀之器。樂器，鐘磬之屬。」自六正、五吏、三十帥、三軍之大夫、百官之正長、師旅及處守者皆有賂。六正謂六卿，卽三軍之將與佐。五吏疑爲軍尉、司馬、司空、輿尉、候奄，襄十九年傳皆受一命之服者也。三十帥，師帥也。據周禮夏官司馬，萬二千五百人爲軍，二千五百人爲師，師帥皆中大夫，則一軍五師。師帥或亦有正副，「故三軍十五師而三十帥。三軍之大夫，則每軍之職掌其他軍務者。百官之正長，則晉國各部門之負責者，師旅則其官屬。説參王引之述聞。晉侯許之。使叔向告於諸侯。公使子服惠伯對曰：「君舍有罪，以靖小國，君之惠也。寡君聞命矣。」史記年表、晉世家俱言「晉伐齊至高唐」，與傳不同。

二五·四 晉侯使魏舒、宛没逆衞侯，衞衎（獻公）於襄十四年奔齊。逆，迎也。將使衞與之夷儀。夷儀本邢國地，僖元年經「邢遷於夷儀」是也。衞滅邢，而爲衞邑。今晉迫衞分此邑以居衎。夷儀，今山東聊城縣西南十二里，互參閔二年傳並注。崔子止其帑，以求五鹿。杜注：「崔杼欲得衞之五鹿，故留衞侯妻子於齊以質之。」五鹿，今河南濮陽縣南。

二五·五 初，陳侯會楚子伐鄭，在去年冬。當陳隧者，井堙、木刊，隧，道路。堙音因，塞也。刊，除也。陳軍經過之地，井被塞，樹木被伐。鄭人怨之。六月，鄭子展、子産帥車七百乘伐陳，宵突陳城，説文：「突，犬從穴中暫出也。」繫傳云：「犬匿於穴中伺人，人不意之，突然而出也。」此處突字即今突然進攻之義。遂入之。陳侯扶其大子偃師奔墓，遇司馬桓子，疑即襄三年傳之袁僑。曰：「載余！」曰：「將巡城。」遇賈獲，杜注：「賈獲，陳大夫。」載其母妻，下之，使其母與妻下車。而授公車。以車交與陳侯。公曰：「舍而母。」舍，安置。欲其母與之同乘。辭曰：「不祥。」杜注：「雖急，猶不欲男女無别。」與其妻扶其母以奔墓，亦免。陳侯及其太子既免，賈獲等亦免。

子展命師無入公宫，與子産親御諸門。御，猶主也，制也。謂親自控制公宫之門。或讀御爲禦，亦通。陳侯使司馬桓子賂以宗器。陳侯免，擁社，免音問，着喪服。擁，説文：「抱也。」同邕，載也。當以抱義爲長。社，社主。此表示國將亡而降服。使其衆男女別而纍，以待於朝。其衆謂百官及將佐，自囚待命。子展執縶而見，再拜稽首，承飲而進獻。此外臣於戰勝時見敵國君之禮，成二年韓厥見齊侯，亦執縶，再拜稽首，奉觴加璧以進。承飲即奉觴。子美入，數俘而出。杜注：「子美，子產也。」但數其所獲人數，不將以歸。祝祓社，此鄭國之祝祓陳國之社，因軍入國，恐觸怒其國之鬼神，而祓除不祥。史記周本紀敍武王斬紂之明日，「除道修社」，亦此意。司徒致民，司馬致節，司空致地，乃還。三司亦皆鄭官。陳自以爲國已亡，鄭則收其人民、兵馬，並駐其土地而又歸之，示無所犯。故司徒致其民，司馬致其兵符，卽復其指揮權，司空歸其地，而後旋師。

二五·六 秋七月己巳，己巳，十二日。同盟于重丘，齊成故也。

二五·七 趙文子爲政，此時士匄已死，趙武代之。檀弓下「晉獻文子成室」云云，又云「文子曰武也得歌於斯」，則文子似複謚獻文，亦單稱文。令薄諸侯之幣，二十四年士匄已輕幣，此又輕之。薄卽輕。而重其禮。穆叔見之。謂穆叔曰：「自今以往，兵其少弭矣。弭音米，止也。齊崔、慶新得政，將求善於諸侯。武也知楚令尹。杜注：「令尹，屈建。」若敬行其禮，晉自依禮而行。道之以文辭，荀子榮辱篇楊注：「道，語也。」此謂與楚來往，外交辭令必善。以靖諸侯，兵可以弭。」

二五·八 楚薳子馮卒，屈建爲令尹，屈建，據下文，知字子木。此重丘盟以前事，趙武所認識了解之令尹卽此人。屈蕩爲莫敖。杜注：「代屈建。」宣十二年邲之役，楚有屈蕩，爲左廣之右。世本：『屈蕩，屈建之祖父。』今此屈蕩與之同姓名。」舒鳩人卒叛楚，原以「楚」字屬下讀，今從洪亮吉詁改。令尹子木伐之，及離城，杜注：「離城，舒鳩城」，則當在今舒城縣之西，爲楚軍至舒鳩所經之邑。洪亮吉詁謂即鍾離，不知鍾離在今安徽鳳陽縣東北二十里，遠在舒城東北，楚伐舒鳩，斷不至行軍至此。吳人救之。子木遽以右師先，遽，急也。杜注：「先至舒鳩。」子彊、息桓、子捷、子駢、子盂帥左師以退。吳人居其間七日。居楚右師與左師之間。子彊曰：「久將墊隘，墊隘猶羸弱，詳成六年傳注。隘乃禽也，士卒久居敵區，面臨敵人，身將孱弱，勢必被擒。隘即墊隘。不如速戰。請以其私卒誘之，私卒當是各將領之家兵，亦以參戰。簡師，陳以待我。子彊與息桓等四人謀，欲四人簡選精兵，佈列陣勢以等待之。我克則進，奔則亦視之，杜注：「視其形勢，而救助之。」乃可以免。免於成擒。不然，必爲吳禽。」從之。五人以其私卒先擊吳師，吳師奔；登山以望，見楚師不繼，楚本以私卒爲餌以誘吳軍。復逐之，吳逐私卒。傅諸其軍，傅，近也。近楚軍。簡師會之。楚所精選之兵與五人之私卒會攻吳師。吳師大敗。遂圍舒鳩，舒鳩潰。八月，楚滅舒鳩。杜注：「五子既敗吳師，遂前及子木，共圍滅舒鳩。」

二五・九　衞獻公入于夷儀。杜注：「爲下自夷儀與甯喜言張本。」

二五・一〇　鄭子產獻捷于晉，獻入陳之功。戎服將事。杜注：「戎服，軍旅之衣，異於朝服。」晉人問陳之罪。據下文，問者爲士弱。去年鄭曾請伐陳，晉人未許。對曰：「昔虞閼父爲周陶正，宋王應麟困學紀聞四云：「舜陶河濱，器不苦窳，周陶正猶以虞閼父爲之。」周禮考工記亦云：「有虞氏上陶。」陶正，主掌陶器之官。以服事我先王。先王指周武王。我先王賴其利器用也，與其神明之後也，賴，善也，此猶言嘉獎。神明指虞舜，與楚語上「若武丁之神明也」同義。閼父，舜後。庸以元女大姬配胡公，庸，承接連詞，乃也，例見詞詮。元女大姬，武王之長女，故謂之大姬。大同太。梁玉繩史記志疑十九云：「胡公是遏父（卽閼父）之子，唐書世系表（卽宰相世系表一下）謂武王以元女妻遏父，生胡公，妄也。」而封諸陳，以備三恪。禮記樂記云：「武王克殷，反商，未及下車，而封黃帝之後於薊，封帝堯之後於祝，封帝舜之後於陳。」禮記郊特牲孔疏引古春秋左氏說，周封黃帝、堯、舜之後謂之三恪。杜注以虞、夏、商之後爲三恪，孔疏爲之辯護，恐不合古人傳說。則我周之自出，至于今是賴。杜注：「言陳，周之甥，至今賴周德。」桓公之亂，蔡人欲立其出，杜注：「陳桓公鮑卒，於是陳亂，事在魯桓五年。蔡出，桓公之子厲公也。」我先君莊公奉五父而立之，杜注：「五父佗，桓公弟。殺大子免而代之，鄭莊公因就定其位。」蔡人殺之，杜注：「欲立其出故。」我又與蔡人奉戴厲公。至於莊、宣，皆我之自立。杜注：「陳莊公、宣公皆厲公子。」夏氏之亂，成公播蕩，又我之自入，君所知也。播蕩，流移失所。宣十年夏徵舒殺陳靈公，陳成公午之立在宣十一年，蓋自晉因鄭而入。今陳忘周之大德，蔑我大惠，蔑，棄也，滅也。棄我姻親，介恃楚衆，文六年傳「介人之寵」，杜注：「介，因也。」因與仗恃意義相近，介、恃義近詞連用。以馮陵我敝邑，不可億逞，億逞，滿足之意。見經義述聞及讀書雜志。我是以有往年之告。杜注：「謂鄭伯稽首告晉請伐陳。」未獲成命，杜注：「未得伐陳命。」則有我東門之役。去年陳從楚伐鄭東門。當陳隧者，井堙、木刊。敝邑大懼不競而恥大姬，大懼鄭國之削弱，而使大姬受辱於上天。不競，不强。天誘其衷，啓敝邑之心。開發我伐陳之心。陳知其罪，授手于我。授手卽授首，孔子家語卽作「授首」，謂罪人得其懲罰。説詳洪亮吉詁。用敢獻功。」晉人曰：「何故侵小？」鄭大陳小。侵，侵犯也。對曰：「先王之命，唯罪所在，各致其辟。辟，刑也。且昔天子之地一圻，圻音祈，又作畿。詩商頌玄鳥「邦畿千里」是也。一圻，方千里。列國一同，一同，方百里也。白虎通封公侯篇云：「諸侯封不過百里。」此與周禮地官大司徒「諸公之地，封疆方五百里，諸侯方四百里」云云者不同，當以左傳爲正。自是以衰。杜注：「衰，差降也。」孟子萬章下云：「天子之制，地方千里，公侯皆方百里，伯七十里，子、男五十里，凡四等。」七十、五十卽是差降。今大國多數圻矣，若無侵小，何以至焉？」晉人曰：「何故戎服？」對曰：「我先君武、莊爲平、桓卿士。隱三年傳云：「鄭武公、莊公爲平王卿士。」鄭莊公以平王二十八年立，立二十三年平王没，又爲桓王卿士。城濮之役，在僖公二十八年。文公布命，晉文公。曰：『各復舊職。』則鄭伯仍爲周王卿士。命我文公戎服輔王，以授楚捷——不敢廢王命故也。」此文句有省略。謂晉、楚城濮之役，鄭文公戎服授捷，我今亦戎服獻捷，由於不敢廢王命。士莊伯不能詰，杜注：「士莊伯，士弱也。」詰，詰問，詰責。復於趙文子。文子曰：「其辭順。順理成章。犯順，不祥。」乃受之。

冬十月，子展相鄭伯如晉，拜陳之功。杜注：「謝晉受其功。」子西復伐陳，陳及鄭平。

仲尼曰：「志有之：杜注：「志，古書。」『言以足志，文以足言。』不言，誰知其志？言之無文，行而不遠。晉爲伯，鄭入陳，非文辭不爲功。愼辭也。」

二五·二 楚蔿掩爲司馬，「蔿掩」漢書古今人表作「薳奄」，杜注：「蔿子馮之子。」子木使庀賦，數甲兵。庀音痞。

治也。 賦，據下文，既有田澤牧畜之税收，亦有供軍用之軍賦。此賦既有采邑之上繳於公者及庶民之被徵發者，亦有國家之本身收入。數，計也，又閱也。卽檢查計算。甲兵泛指一切武器。甲午，甲午，十月八日。蔿掩書土、田：據下文，書土田是總綱，下分九種言之，則土與田是二事。度山林，杜注：「度量山林之材，以共(供)國用。」鳩藪澤，鳩本作勼，聚也。 澤，水所鍾也。水稀曰藪。 山林藪澤之所出，如楚語下所云金、木、竹、箭、龜、珠、齒、角、皮、革、羽、毛，皆度量而聚集之。辨京陵，杜注：「辨，別也。 絶高曰京。大阜曰陵。」 測量區別各種高地，以備種植與行軍。表淳鹵，淳音純，淳鹵，今日鹽鹼地。 表，樹木爲標幟。數疆潦，疆當作彊。彊潦謂土性剛硬，受水則潦。 說詳梁履繩補釋。 亦計算之。 凡鹽鹼及水淹地，自必輕其賦。規偃豬，偃同堰，亦作匽、隁，周禮宮人：「爲其井匽。」後漢書董卓傳：「立隁以爲捕魚。」周禮稻人「以豬畜水」，豬亦作瀦。尚書僞孔傳：「水所停曰瀦。」則堰豬猶如陂池，畜水以備灌溉者。與疆潦之爲流水不同，偃豬乃畜水。 規，規畫也。町原防，町音挺。 急就篇注：「町，一曰，治田處也。」倉頡篇：「町，田區也。」此作動詞，謂畫分爲小塊田地。 爾雅釋地：「可食者曰原。」防，亦隄防，隄防間可耕之地。 原、防同義，俱謂隄防間之狹小耕地。牧隰皋，爾雅釋地：「下濕曰隰。」隰音習。 漢書賈山傳注：「皋，水邊淤地也。」隰皋多水草，可以牧牛羊。井衍沃，杜注：「衍沃，平美之地。」 則如周禮制以爲井田。 六尺爲步，步百爲畝，畝百爲夫，九夫爲井。」則楚國此時猶行井田。量入脩賦，量公私一切收獲數而修定賦税之法。 賦車、籍馬，孔疏云：「賦與籍俱是税也。税民之財，使備車馬。」賦車兵、徒兵、甲楯之數。「徒兵」各本作「徒卒」，今從石經、宋本訂正。洪亮吉詁同此。此兩兵字皆指兵器，車上之戰士與車下之徒卒所執兵器不同，故云車兵徒兵。 甲楯爲防護之具。 甲並盔(冑)言之。 楯卽盾，楯並干櫓言之。既成，以授子木，禮也。

二五・一二　十二月，吳子諸樊伐楚，以報舟師之役。舟師之役在去年夏。門于巢。今安徽巢縣東北五里。巢牛臣曰：「吳王勇而輕，若啓之，啓謂開城門，與隱元年傳「夫人將啓之」之啟同義。將親門。此門字謂入城門。我獲射之，必殪。杜注：「殪，死也。」是君也死，疆其少安。」「疆」阮刻作「彊」，今從宋本、淳熙本及金澤文庫本訂正。疆謂楚鄰吳之邊界。從之。吳子門焉，牛臣隱於短牆以射之，短牆即二十三年傳「踰隱」之隱。卒。吳越春秋謂諸樊欲傳位季札，仰天求死云云，不足信。

二五・一三　楚子以滅舒鳩賞子木。辭曰：「先大夫蒍子之功也。」以與蒍掩。杜注：「往年楚子將伐舒鳩，蒍子馮請退師以須其叛，楚子從之，卒獲舒鳩。故子木辭賞，以與其子。」

二五・一四　晉程鄭卒，子產始知然明，去年然明預言程鄭將死。問爲政焉。對曰：「視民如子。見不仁者，誅之，如鷹鸇之逐鳥雀也。」謂誅殺不仁者，不能存小仁小慈。子產喜，以語子大叔，且曰：「他日吾見蔑之面而已，今吾見其心矣。」然明姓名鬷蔑，其面醜惡，見昭二十八傳，而其心則甚有見識。子大叔問政於子產。子產曰：「政如農功，日夜思之，思其始而成其終，朝夕而行之。行無越思，行其已思者，其未思者不妄行。如農之有畔，畔音判，田塍。其過鮮矣。」

二五・一五　衛獻公自夷儀使與甯喜言，杜注：「求復國也。」甯喜許之。大叔文子聞之，杜注：「大叔儀也。」曰：「烏呼！詩所謂『我躬不說，遑恤我後』者，詩見邶風谷風及小雅小弁。「說」，今詩作「閱」，容也。「遑」，亦作「皇」，暇也。恤，說文：「憂也，收也。」又可作顧念解。詩意謂我身尚不能被容，何暇顧念我之後人乎。甯子可謂不恤其後矣。將可乎哉？殆必不可。殆，傳疑之詞；必，肯定之詞。二字連用，似不肯定，實肯定。君子之行，思其終也，想到結果。思其復也。想到能繼續再如此。書曰：『愼始而敬終，終以不困。』杜注：「逸書。」逸周書常訓篇云：「愼微以始而敬終，乃不困。」徐幹中論法象篇亦引書云：「愼始而敬，終以不困。」僞古文蔡仲之命剽竊此意而變其文云：「愼厥初，惟厥終，終以不困。」詩曰：『夙夜匪解，以事一人。』杜注：「一人以喻君。」文三年傳亦引此詩。夙夜猶言早晚、朝夕。解同懈，懈怠，懈惰。今甯子視君不如弈棋，其何以免乎？弈者舉棋不定，不勝其耦；耦即弈棋之對方。而況置君而弗定乎？必不免矣。九世之卿族，一舉而滅之，可哀也哉！」杜注：「甯氏出自衞武公，及喜九世也。」李慈銘越縵堂日記光緒壬午三月二十日有左傳九世之卿族解，較爲可信。其餘諸說，不數衞武公，不合杜注意。

二五·一六 會于夷儀之歲，杜注：「在二十四年。不直言會夷儀者，別二十五年夷儀會。」釋文云：「此傳本爲後年修成，當續前卷二十五年之傳，後簡編爛脫，後人傳寫，因以在此耳。」齊人城郟。郟即王城，故洛邑。其五月，秦、晉爲成，晉韓起如秦涖盟，秦伯車如晉涖盟。杜注：「伯車，秦伯之弟鍼也。」成而不結。杜注：「不結固也。傳爲後年修成起本，當繼前年之末，而特跳此者，傳寫失之。」俞樾左傳古本分年考曰：謂「此傳實當在『二十六年春』之上。蓋左氏作傳，本未嘗分每年爲一篇，後之編次者，因每年必欲以年冠首年上，不容更着一字，於是割置前年之末，而文義之不安者多矣。今以經文隔之，遂若孤懸卷首，無所繫屬，杜氏因以爲傳寫跳此。」俞說甚確，餘詳隱公元年經前傳之注。

二十六年，甲寅，公元前五四七年。周靈王二十五年、晉平十一年、齊景公杵臼元年、衞獻三十年（卽後元元年）、蔡景四十五年、鄭簡十九年、曹武八年、陳哀二十二年、杞文三年、宋平二十九年、秦景三十年、楚康十三年、吳餘祭元年、許靈四十五年。

經

二六·一 二十有六年春王二月辛卯，正月二十五日庚辰冬至，建子。辛卯，七日。衞甯喜弑其君剽。

二六·二 衞孫林父入于戚以叛。書叛始於此。經書叛者六次，凡十二人：此其一；昭二十一年之宋華亥、向寧、華定，其二；定十一年之宋公之弟辰及仲佗、石彄、公子地，其三；定十三年之晉趙鞅，其四；又晉之荀寅及士吉射，其五；哀十四年之宋向魋，其六。

二六·三 甲午，甲午，二月十日。衞侯衎復歸于衞。經書復歸者四，皆書其名。僖二十八年衞侯鄭及衞元咺、曹伯襄以及此耳。成十八年傳：「凡去其國，復其位曰復歸。」

二六·四 夏，晉侯使荀吳來聘。荀吳，荀偃子，見十九年傳並注。

二六·五 公會晉人、鄭良霄、宋人、曹人于澶淵。

二六·六 秋，宋公殺其世子痤。穀梁「痤」作「座」。同從坐得聲。

二六·七 晉人執衞甯喜。

二六·八 八月壬午，壬午，朔日。許男甯卒于楚。

二六·九 冬，楚子、蔡侯、陳侯伐鄭。

二六·一〇 葬許靈公。

傳

二六·一 二十六年春，秦伯之弟鍼如晉修成，此文應與去年末章連讀。叔向命召行人子員。行人子朱曰：「朱也當御。」當御猶今之值班，值班則當奉職。晉語八作「朱也在此」御，。進也。三云，叔向不應。子朱怒，曰：「班爵同，猶今言職位級別相同。何以黜朱於朝？」黜，退也，不用之也。撫劍從之。撫，持也。從叔向以威之。叔向曰：「秦、晉不和久矣。今日之事，幸而集，杜注：「集，成也。」晉國賴之。不集，三軍暴骨。言戰爭將起。子員道二國之言無私，無私，唯國家之利，無私心，無私見。子常易之。謂子朱道二國之言，常私改易。晉語八韋注云：「易，變也。」姦以事君者，吾所能御也。」御同禦，抗禦也。拂衣從之。拂衣，振衣。蓋將與鬥。人救之。說文：「救，止也。」平公曰：「晉其庶乎！杜注：「庶幾於治。」吾臣之所爭者大。」師曠曰：「公室懼卑。臣不心競而力爭，杜注：「謂二子不心競爲忠而撫劍拂衣。」不務德而爭善，私欲已侈，能無卑乎！」晉語八敍此事大同小異。

二六・二 衛獻公使子鮮爲復，子鮮，獻公之母弟鱄。爲復，爲己謀復君位。辭。敬姒强命之。敬姒，獻公及子鮮之母。對曰：「君無信，臣懼不免。」敬姒曰：「雖然，以吾故也。」許諾。初，獻公使與甯喜言，甯喜曰：「必子鮮在。不然，必敗。」故公使子鮮。子鮮不獲命於敬姒，不獲命者，敬姒僅强使子鮮往，未告以其他也。以公命與甯喜言，曰：「苟反，反，返國也。政由甯氏，祭則寡人。」甯喜告蘧伯玉。伯玉曰：「瑗不得聞君之出，杜注：「十四年孫氏欲逐獻公，瑗走，從近關出。」敢聞其入？」不敢與聞其入。遂行，從近關出。論語衛靈公有孔丘之論，曰：「君子哉蘧伯玉！邦有道，則仕；邦無道，則可卷（捲）而懷之。」蘧瑗兩次從近關出國，或即孔丘所謂卷而懷之之事。告右宰穀。杜注：「衛大夫。」右宰蓋以官爲氏。呂氏春秋觀表篇有右宰穀臣觴郈成子事，右宰穀臣即此右宰穀，馬王堆三號墓出土帛書述甯喜事仍作右宰穀。右宰穀曰：「不可。獲罪於兩君，杜注：「前出獻公，今弑剽。」天下誰畜之？」杜注：「畜猶容也。」悼子曰：「吾受命於先人，不可以貳。」杜注：「悼子，甯喜也。受命在二十年。」馬王堆三號墓出土帛書春秋事語亦載此事，作「甯召子」，召、悼古音相同。穀曰：「我請使焉而觀之。」遂見公於夷儀。反，曰：「君淹恤在外十二年矣，淹者，淹留。恤，憂也。淹留憂患即避難之意。杜以久訓淹，則與「十二年矣」意複，不確。而無憂色，亦無寬言，猶夫人也。夫音扶，今言那。句謂仍是此等之人。若不已，已，止也，謂如果不停止復公計劃。死無日矣。」悼子曰：「子鮮在。」右宰穀曰：「子鮮在，何益？多而能亡，於我何爲？」言子鮮縱在，亦無補于我輩之被殺。彼至多不過出奔而已，於我輩能作何事乎。而，猶則也。詞詮有例證。悼子曰：「雖然，不可以已。」

孫文子在戚，孫嘉聘於齊，孫襄居守。戚本孫氏食邑，故林父在戚。嘉與襄，林父之二子。居守，留守在衞都之家。二月庚寅，庚寅，六日。甯喜、右宰穀伐孫氏，不克，伯國傷。杜注：「伯國，孫襄也。」甯子出舍於郊。杜注：「欲奔。」伯國死，孫氏夜哭。國人召甯子，甯子復攻孫氏，克之。辛卯，殺子叔及大子角。子叔即衞侯剽，衞世家及年表號之曰殤公，蓋追謚也。剽之父爲子叔黑背，此或以其父之號稱之爲子叔。其大子角亦被殺，竟無後。書曰「甯喜弑其君剽」，言罪之在甯氏也。孫林父以戚如晉。書曰「入于戚以叛」，罪孫氏也。臣之祿，君實有之。義則進，否則奉身而退。專祿以周旋，戮也。專祿指孫林父以戚自隨。言其罪可戮殺。

甲午，衞侯入。書曰「復歸」，國納之也。大夫逆於竟者，執其手而與之言；道逆者，自車揖之；逆於門者，頷之而已。門不知謂城門抑宮門。頷，說文引作顉，云「低頭也」，即今點頭。公至，使讓大叔文子曰：「寡人淹恤在外，二三子皆使寡人朝夕聞衞國之言，杜注：「二三子，諸大夫。」吾子獨不在寡人。杜注：「在，存問之。」古人有言曰：『非所怨，勿怨。』寡人怨矣。」引古人言不怨非所怨，意謂我今之怨則是應怨者也。對曰：「臣知罪矣。臣不佞，不能負羈紲以從扞牧圉，猶言從君避難。臣之罪一也。有出者，有居者，杜注：「出謂衎，居謂剽也。」臣不能貳，通外內之言以事君，臣之罪二也。有二罪，敢忘其死？」乃行，從近關出。公使止之。

二六・四 衞人侵戚東鄙，孫氏愬于晉，晉戍茅氏。戚在衞都帝丘(今濮陽縣西南)東北，相距約八十里。杜注謂茅氏卽戚之東鄙。殖綽伐茅氏，杜注謂此殖綽卽齊之勇士殖綽。州綽死於崔杼之殺齊莊，殖綽或出奔衞。殺晉戍三百人。孫蒯追之，弗敢擊。文子曰：「厲之不如。」厲，惡鬼。晉戍三百人被殺而死，古人以爲皆當爲厲。今汝不敢擊，尚不如厲。遂從衞師，敗之圉。蒯爲文子之子，爲父言所激，復追衞師，而敗之於圉。圉在今濮陽縣東。昭五年傳之圉乃鄭地，非此圉。雍鉏獲殖綽。杜注：「雍鉏，孫氏臣。」復愬于晉。孫氏復向晉控訴。自孫林父置重器於戚而甚善晉大夫，於此三十餘年，宜其以邑屬晉而依事之。

二六·四　鄭伯賞入陳之功，三月甲寅朔，享子展，賜之先路三命之服，先八邑；賜子產次路再命之服，先六邑。先路，木路，見成二年傳注。古代送禮，先送以輕物，此以路服爲邑先，詳十九年傳注。子產辭邑，曰：「自上以下，降殺以兩，「降」，原作「隆」，今從石經、宋本、金澤文庫本訂正。漢書韋玄成傳引亦作「降殺」。王莽傳中王莽襲此文云：「自九以下，降殺以兩，至於一成」，謂九、七、五、三、一，各以二數遞減。禮也。臣之位在四，據二十七傳，鄭卿之次序爲子展、伯有、子西、子產，則子產位在四。且子展之功也，臣不敢及賞禮，請辭邑。」公固予之，予同與。乃受三邑。公孫揮曰：「子產其將知政矣。國語三見知政。宋魏了翁讀書雜抄云：「後世官制上知字始此。」讓不失禮。」

二六·五　晉人爲孫氏故，召諸侯，將以討衞也。夏，中行穆子來聘，中行穆子卽經之荀吳。淮南子繆稱篇作中行繆伯，謂其「手搏虎」，高誘注云爲晉臣。召公也。杜注：「召公爲澶淵會。」

二六·六　楚子、秦人侵吳，及雩婁，雩婁在今河南商城縣東，安徽金寨縣北。聞吳有備而還。遂侵鄭。五月，至于城麇。麇音軍，又音羣。城麇，杜無注，未詳。鄭皇頡戍之，出，與楚師戰，敗。穿封戌囚皇頡，戌音恤。公子圍與之爭之，正於伯州犁。伯州犁曰：「請問於囚。」乃立囚。伯州犁曰：「所爭，君子也，其何不知？」謂皇頡爲君子，何所不明白，此暗示也。上其手，高舉其手向公子圍。曰：「夫子爲王子圍，圍爲楚共王之子，在楚自稱王子，春秋經傳則多改稱公子。寡君之貴介弟也。」介，大也。貴介卽地位高貴。下其手，手向下，指穿封戌。曰：「此子爲穿封戌，方城外之縣尹也。誰獲子？」一上其手而稱夫子，一下其手而稱此子，相對之下，用意顯然。囚曰：「頡遇王子，弱焉。」弱，抗而不勝也。意卽爲王子所獲。戌怒，抽戈逐王子圍，弗及。楚人以皇頡歸。

印堇父與皇頡戍城麇，楚人囚之，囚印堇父。杜注：「印堇父，鄭大夫。」以獻於秦。鄭人取貨於印氏以請之，向印氏取財貨，請於秦以贖印堇父。子大叔爲令正，據杜注，乃主稿文件之官。以爲請。爲請贖之辭。子產曰：「不獲。不得獲堇父也。受楚之功，而取貨於鄭，不可謂國，秦不其然。出賣楚所獻之功而得鄭國之財，非國家所宜爲，秦不致如此。若曰『拜君之勤鄭國。微君之惠，楚師其猶在敝邑之城下』，其可。」鄭未嘗與秦師戰，秦雖出師，鄭反以爲惠，謂楚師之退實由於秦，則秦將感動而歸印堇父。弗從，遂行。秦人不予。以貨贖堇父，秦人不與。更幣，從子產，而後獲之。杜注：「更遣使執幣，用子產辭，乃得堇父。」

二六·七 六月，公會晉趙武、宋向戌、鄭良霄、曹人于澶淵，以討衞，疆戚田。取衞西鄙懿氏六十以與孫氏。懿氏在戚西北，今濮陽縣西北五十七里。六十，服虔云六十邑，可信。昭五年傳「取東鄙三十邑以與南遺」可證。邑有大小，國自稱敝邑，則國也；詩商頌殷武「商邑翼翼」，則京師也；此其大者。周禮小司徒「四井爲邑」，里宰「掌比其邑之衆寡」，鄭注「邑猶里也」，則是居民點或鄙野聚落，此六十邑亦是也。

趙武不書，尊公也。經書「晉人」，不書「晉趙武」，蓋君不與臣平等，故曰尊公。向戌不書，後也。經書「宋人」，不書「宋向戌。」鄭先宋，不失所也。經先書「鄭良霄」後書「宋人」。杜解「不失所」爲「如期至。」

於是衞侯會之。杜注：「晉將執之，不得與會，故不書。」晉人執甯喜、北宮遺，北宮遺，北宮括之子，謚曰成子。使女齊以先歸。高士奇左傳姓名同異考云：「女齊亦曰女叔侯，亦曰司馬侯」（並見二十九年傳）。使女齊領甯喜、北宮遺先回晉。衞侯如晉，晉人執而囚之於士弱氏。杜注：「士弱，晉主獄大夫。」氏，猶家也。

秋七月，齊侯、鄭伯爲衞侯故如晉，晉侯兼享之。晉侯賦嘉樂。嘉樂，詩大雅作假樂。杜注謂取其「嘉樂君子，顯顯令德，宜民宜人，受祿于天」，蓋嘉樂齊、鄭二君也。國景子相齊侯，杜注：「景子，國弱。」賦蓼蕭。蓼蕭，詩小雅篇名。齊既爲衞侯而來，則賦蓼蕭取其「既見君子，孔燕豈弟，宜兄宜弟」諸句之意。晉、鄭兄弟之國也。子展相鄭伯，賦緇衣。緇衣在鄭風。蓋取義于「適子之館兮，還，予授子之粲兮」，望晉能見齊侯、鄭伯之親來，晉能許其求。叔向命晉侯拜二君，命猶告也。曰：「寡君敢拜齊君之安我先君之宗祧也，敢拜鄭君之不貳也。」二君賦詩，本在釋衞侯，叔向明知之，而晉侯不欲釋之，叔向乃故意誤會其意，且使晉君拜。解詩本無達詁，各取所求。孔疏引劉炫云：「蓼蕭首章云『既見君子，燕笑語兮，是以有譽處兮』，言晉侯有聲譽，常處位，是得宗廟安也。」又引沈氏云：「緇衣首章云『緇衣之宜兮，敝，予又改爲兮。適子之館兮，還，予授子之粲兮』，欲常進衣服，獻飲食，是其不二心也。」國子使晏平仲私於叔向，私與叔向語。曰：「晉君宣其明德於諸侯，恤其患而補其闕，恤，憂也，又救也。正其違而治其煩，違謂違禮，說參論語譯注。煩，考工記鄭注：「亂也」。成二年傳亦云「治煩」。所以爲盟主也。今爲臣執君，若之何？」杜注：「謂晉爲林父執衛侯。」叔向告趙文子，文子以告晉侯。晉侯言衛侯之罪，使叔向告二君。國子賦轡之柔矣，杜注：「逸詩，見周書，義取寬政以安諸侯，若柔轡之御剛馬。」逸周書大子晉篇引詩云：「馬之剛矣，轡之柔矣。馬亦不剛，轡亦不柔。志氣麃麃，取予不疑。」當即此詩。子展賦將仲子兮，杜注：「將仲子，詩鄭風。義取衆言可畏，衛侯雖別有罪，而衆人猶謂晉爲臣執君。」蓋詩有句云：「豈敢愛之，畏人之多言。仲可懷也，人之多言，亦可畏也。」晉侯乃許歸衛侯。

叔向曰：「鄭七穆，據杜注及孔疏，鄭穆公十一子，子然、子孔、士子孔三族已亡，子羽不爲卿，所存而當政者七族，至于此時，則子展公孫舍之爲罕氏，子西公孫夏爲駟氏，子產公孫僑爲國氏，伯有良霄爲良氏，子大叔游吉爲游氏，伯石公孫段爲豐氏，子石印段爲印氏，故曰七穆。罕氏其後亡者也，子展儉而壹。」杜注：「子展，鄭子罕之子。居身儉而用心壹。」

二六·八　初，宋芮司徒生女子，杜注：「芮司徒，宋大夫。」通志氏族略二：芮氏，周同姓國，以國爲氏。其後有芮伯萬（桓三年），齊世家載齊景公妾有芮姬。赤而毛，棄諸堤下，共姬之妾取以入，杜注：「共姬，宋伯姬也。」宋共公夫人。名之曰棄。長而美。平公入夕，杜注：「平公，共姬子也。」入夕，即夕時入而問安。共姬與之食。

公見棄也，而視之，尤。莊子徐無鬼篇：「夫子，物之尤也。」蓋謂于人物之中，夫子爲絶。昭二十八年傳：「夫有尤物，足以移人。」故後世多以極美之婦女爲尤物。此尤字亦絶美之意，古人詞省耳。姬納諸御，共姬乃送于平公爲御妾。嬖，生佐，杜注：「佐，元公。」惡而婉。惡，面貌醜惡。婉，性情和順。大子痤美而很，美，貌美。很，今俗作狠，心狠毒。合左師畏而惡之。杜注：「合左師，向戌。」寺人惠牆伊戾爲大子內師而無寵。杜注：「惠牆，氏；伊戾，名。」內師，蓋太子宮內宦官之長，故爲寺人。秋，楚客聘於晉，過宋。大子知之，知，相識。請野享之，公使往。伊戾請從之。從太子往享客。公曰：「夫不惡女乎？」夫，人稱代詞，彼也，指太子。夫音扶。女同汝。對曰：「小人之事君子也，惡之不敢遠，好之不敢近，敬以待命，敢有貳心乎？縱有共其外，莫共其內，共同供，供事，供奉。句謂即使太子有在外服務之人，而無人服務于內。臣請往也。」遣之。至，則欿，用牲，加書，徵之，此伊戾所詐爲。欿亦作坎，挖坑。用羊或牛，加盟書於牲上，僞作太子曾與楚客盟之跡，而已驗之。徵，驗也。而騁告公，騁，馳也。曰：「大子將爲亂，既與楚客盟矣。」公曰：「爲我子，子謂嗣子，與哀二十七年傳「惡而無勇，何以爲子」之「子」同。又何求？」對曰：「欲速。」杜注：「言欲速得公位。」公使視之，則信有焉。信，誠也。真有與楚客相盟之驗。問諸夫人與左師，杜注：「夫人，佐母棄也。」則皆曰：「固聞之。」廣雅釋詁：「固，確也。」此猶言確實聞之。公囚大子。大子曰：「唯佐也能免我。」召而使請，召佐而使之請于公。曰：「日中不來，吾知死矣。」左師聞之，聒而與之語。聒音括，絮語不休也。過期，過日中而未至痤處。乃縊而死。佐爲大子。公徐聞其無罪也，乃亨伊戾。亨同烹。

左師見夫人之步馬者，步馬今日溜馬。漢書貢禹傳云，「廐馬食粟，苦其大肥，氣盛怒至，乃日步作之」，即此步馬義。問之。對曰：「君夫人氏也。」左師曰：「誰爲君夫人？余胡弗知？」棄以御妾而至君夫人，其出身低微，左師卑之，且欲令其重己，因故作此問。圉人歸，圉人即步馬者。以告夫人。夫人使饋之錦與馬，先之以玉，曰，「君之妾棄使其獻」。左師改命曰「君夫人」，改命詞中之「君之妾棄」爲「君夫人」。而後再拜稽首受之。

二六·九 鄭伯歸自晉，使子西如晉聘，辭曰：「寡君來煩執事，懼不免於戾，戾，罪戾。杜注：「言自懼失敬於大國而得罪。」使夏謝不敏。」杜注：「夏，子西名。」君子曰：「善事大國。」

二六·一〇 初，楚伍參與蔡大師子朝友，程公說春秋分記世族譜：「公子朝，文公子。」然則蔡景公弟也。其子伍舉與聲子相善也。聲子，子朝之子。即公孫歸生。伍舉，子胥祖父椒舉。伍舉娶於王子牟。王子牟曾爲申公，故下文又曰申公子牟。王子牟爲申公而亡，杜注：「獲罪出奔。」楚人曰：「伍舉實送之。」送，護送。伍舉奔鄭，將遂奔晉。聲子將如晉，遇之於鄭郊，班荊相與食，荊是草名，班荊，扯草而鋪於地，聊以代席，藉以爲坐。班，布也。布今俗作佈，即今鋪字。而言復故。故，事也。返回楚國之事。聲子曰：「子行也，吾必復子。」此是此年以前之事。國語楚語上且述椒舉（伍舉）納乘馬，聲子受之云云，餘則大體同傳。

及宋向戌將平晉、楚，聲子通使於晉，還如楚。晉、楚之和在明年，此是先作溝通工作，聲子亦參與。令尹子木與之語，問晉故焉，故，事也。且曰：「晉大夫與楚孰賢？」對曰：「晉卿不如楚，此一語先使子木高興。其大夫則賢，皆卿材也。如杞梓、皮革，自楚往也。雖楚有材，晉實用之。」子木曰：「夫獨無族、姻乎？」夫，彼也，指晉。族，同宗。姻，親戚。對曰：「雖有，而用楚材實多。歸生聞之：善爲國者，賞不僭而刑不濫。僭、濫，如僭越，泛濫，皆過差而不當之義，此謂不當賞而賞，不當罰而罰。賞僭，則懼及淫人；禮記坊記「刑以防淫」，呂氏春秋古樂篇「有正有淫矣」，淫，邪也。刑濫，則懼及善人。若不幸而過，寧僭，無濫。此數語亦見荀子致士篇，當本之左傳。與其失善，刑濫之過。寧其利淫。賞僭之失。無善人，則國從之。申明無濫之理。國無善人，國亦隨之受害。詩曰『人之云亡，邦國殄瘁』，詩大雅瞻卬句。云，語中助詞，無義，例見詞詮。詩毛傳云：「殄，盡也。瘁，病也。」殄、瘁蓋同義連用。周禮稻人鄭注：「殄，病也。」杜用毛傳義，誤。無善人之謂也。故夏書曰『與其殺不辜，寧失不經』，杜注：「逸書也。」漢書路溫舒傳載其尚德緩刑書及說苑貴德篇俱引此二句，或皆轉引自左傳。作僞古文尚書者羼入大禹謨。不經即不守正法之人。懼失善也。商頌有之曰『不僭不濫，不敢怠皇。怠，懈怠。皇，詩作「遑」，暇也。此謂不敢偷閒。命于下國，封建厥福』，詩商頌殷武句。封，大也。此湯所以獲天福也。古之治民者，勸賞而畏刑，呂氏春秋爲欲篇「則是三者不足以勸」，高誘注：「勸，樂也。」杜注：「樂行賞而憚用刑。」勸乃歡之借字。然如字讀作勸勉解較宜。恤民不倦。恤，憂也。賞以春夏，刑以秋冬。是以將賞，爲之加膳，加膳則飫賜，賞人者加膳，加膳則肴多，可用其有餘賜下飽餐。飫音預，飽也。此以知其勸賞也。以行賞爲樂。將刑，爲之不舉，莊二十年傳：「夫司寇行戮，君爲之不舉。」舉爲豐富飲食，兼以樂助食。詳莊二十年傳注。不舉則徹樂，此以知其畏刑也。夙興夜寐，朝夕臨政，此以知其恤民也。三者，禮之大節也。有禮，無敗。今楚多淫刑，其大夫逃死於四方，而爲之謀主，以害楚國，不可救療，杜注：「療，治也。」治乃今治病之治。所謂不能也。杜注：「所謂楚人不能用其材也。」此蓋增字太多而爲訓，未必確。能借爲耐，忍也。不能即不相忍，因多淫刑耳。子儀之亂，析公奔晉，杜注：「在文十四年。」晉人寘諸戎車之殿，殿，杜注以爲後軍。然戎車當是晉侯之軍，應在中軍，謀主不能在後軍，則戎車之殿，蓋晉侯戎車之後也。以爲謀主。繞角之役，見成六年傳。晉將遁矣，析公曰：『楚師輕窕，輕窕即輕佻，不厚重，不堅韌。易震蕩也。若多鼓鈞聲，杜注：「鈞同其聲。」以夜軍之，軍之，猶言全軍合攻之。楚師必遁。』晉人從之，楚師宵潰。晉遂侵蔡，襲沈，獲其君，獲沈子揖初，見成八年傳。敗申、息之師於桑隧，獲申麗而還。鄭於是不敢南面。不敢從楚。楚在鄭南，故云南面。楚失華夏，則析公之爲也。雍子之父兄譖雍子，君與大夫不善是也，不善是，杜注謂「不是其曲直」。按善有調解和適之義，禮記學記注：「善猶解也。」孟子盡心上注：「善猶濟也。」不善是即不能調解和濟之。雍子奔晉，晉人與之鄐，昭十四年傳「邢侯與雍子爭鄐田」，則鄐乃近邢之地。在今河南温縣附近。以爲謀主。彭城之役，見成十八年傳。晉、楚遇於靡角之谷。晉將遁矣，雍子發命於軍曰：『歸老幼，反孤疾，二人役，歸一人。老者幼者及孤兒病人，與兄弟二人同役者之一人皆回家。簡兵蒐乘，精選徒兵，檢閱車兵。秣馬蓐食，秣馬，餵馬使飽。蓐食，使兵士食飽。師陳焚次，軍隊擺列軍陣。焚燒所宿篷帳。明日將戰。』行歸者，歸者即老幼孤弱等。而逸楚囚。放鬆楚囚之看守，使之自逃逸。故意使楚知之。楚師宵潰，晉降彭城而歸諸宋，以魚石歸。見襄元年傳。楚失東夷，子辛死之，則雍子之爲也。子辛非以戰死，實于襄五年爲楚殺。子反與子靈争夏姬，子靈卽巫臣；曾爲申尹，故又謂之申公巫臣；氏屈，成二年傳又稱爲屈巫。襄三十一傳之屈狐庸，其子也。争夏姬見成二年傳。而雍害其事，雍同壅。壅害，阻礙，破壞。子靈奔晉，晉人與之邢，邢卽今河南温縣平皋故城。又見成二年經注。以爲謀主，扞禦北狄，通吴於晉，教吴叛楚，教之乘車、射御、驅侵，使其子狐庸爲吴行人焉。參成七年傳。吴於是伐巢、取駕、克棘、入州來，駕，今安徽無爲縣境，已見成十七年及襄三年傳注。州來，今安徽鳳臺縣，並詳成七年傳注。棘，今河南永城縣南。楚罷於奔命，至今爲患，則子靈之爲也。若敖之亂，伯賁之子賁皇奔晉，若敖之亂見宣四年傳。伯賁，宣四年傳作伯棼，古字通。晉人與之苗，苗，晉邑，據水經卷四湨水注，當在今河南濟源縣西。詳楊守敬、熊會貞水經注疏。以爲謀主。鄢陵之役，見成十六年傳。楚晨壓晉軍而陳。晉將遁矣，苗賁皇曰：『楚師之良在其中軍王族而已，若塞井夷竈，成陳以當之，欒、范易行以誘之，欒，欒書，時將中軍。范，士燮，時佐中軍。欒、范易行，楚語上作「若易中下」，韋昭依左傳解之云：「中下，中軍之下也。」孔疏引鄭衆謂「易行，中軍與下軍易卒伍也」。臧琳經義雜記謂中下軍相易。然此諸説皆難通。成十六年傳云「欒、范以其族夾公行」，則欒、范易行者，不夾公行，而各以己之家兵先進，以誘楚之大軍。中行、二郤必克二穆，中行卽荀偃，時佐上軍。二郤，郤錡、郤至也。錡時將上軍，至時佐新軍。二穆，楚之子重、子辛，子重爲左軍帥，子辛爲右軍帥。兩人皆出自楚穆王，故曰二穆。吾乃四萃於其王族，既敗其左右軍，則晉中、上、下、新四軍皆能集中攻擊楚之中軍王族。

參成十六年傳。必大敗之。』晉人從之，楚師大敗，王夷、師熸，夷，傷也。晉呂錡射楚共王中目，卽王傷也。熸音潛，火滅也，此喻楚師士氣不振。子反死之。鄭叛、吳興，楚失諸侯，則苗賁皇之爲也。」子木曰：「是皆然矣。」聲子曰：「今又有甚於此者。「者」字各本無。石經旁增「者」字。於文勢宜有，依金澤文庫本增。椒舉娶於申公子牟，子牟得戾而亡，戾，罪也。君大夫謂椒舉：楚君及其大夫也。『女實遣之。』懼而奔鄭，引領南望，曰：『庶幾赦余。』亦弗圖也。杜注：「言楚亦不以爲意。」今在晉矣。晉人將與之縣，以比叔向。明陸粲左傳附註謂「令其祿秩比叔向。」叔向上大夫，蓋以上大夫處伍舉。彼若謀害楚國，豈不爲患？」子木懼，言諸王，益其祿爵而復之。聲子使椒鳴逆之。椒鳴，伍舉之子，伍奢之弟。楚語上亦載此事，有同有異。

二六・二　許靈公如楚，請伐鄭，鄭與許有宿怨，十六年鄭伯又自帥師從晉伐許。曰：「師不興，孤不歸矣。」八月，卒于楚。楚子曰：「不伐鄭，何以求諸侯？」

冬十月，楚子伐鄭，鄭人將禦之。子產曰：「晉、楚將平，諸侯將和，楚王是故昧於一來。昧，今言冒昧。不如使逞而歸，使楚快意而歸。乃易成也。夫小人之性，釁於勇、嗇於禍、以足其性，而求名焉者，非國家之利也。釁卽釁隙之釁，見有釁隙，則憑血氣之勇，應曰勇於釁，此倒其句，言曰釁於勇。嗇，貪也。小人惟恐不亂，詩大雅桑柔「民之貪亂」，周語下「自我先王厲、宣、幽、平而貪天禍」，故嗇於禍卽貪禍之義。小人自指鄭人欲禦楚者，子產以爲無遠見，昧于大局。若何從之？」子展說，不禦寇。十二月乙酉，乙酉，五日。入南里，楚入南里。南里，今新鄭縣南五里蓋其故址。墮其城。涉於樂氏，樂氏亦在新鄭縣境，洧水濟渡口之名。從南渡向北。門于師之梁。師之梁，鄭城門。縣門發，鄭雖不禦寇，而内實有備。楚攻其城門，懸門因放下以堅守。獲九人焉。鄭人之在城門外者，以懸門下而不得入城，因爲楚獲。涉于氾而歸。氾卽南氾，今河南襄城縣南一里。氾城下卽汝水，從北向南涉汝水而歸。氾互詳僖二十四年傳注。而後葬許靈公。

二六・一二　衞人歸衞姬于晉，晉平公姬妾中，姬姓者四人，此其一也。乃釋衞侯。早數月晉雖許釋衞侯，猶未實行，至此獲女而後釋之。君子是以知平公之失政也。

二六・一三　晉韓宣子聘于周，王使請事。請事卽問事。古代朝聘之禮，初入境，主人若是天子，則使士請事，問爲何而來。及朝聘禮畢，主人又使擯者（接待賓客者）請事於廟門之次。此乃擯者請事，説詳沈欽韓補注。對曰：「晉士起將歸時事於宰旅，天子高于諸侯，則天子之臣亦高于諸侯之臣。天子上士三命，中士再命，下士一命。故禮記曲禮下云：「列國之大夫入天子之國曰某士。」天子上士三命，三命，列國之上卿。故韓起于晉爲卿，于周稱士。杜注：「時事，四時貢職。宰旅，冢宰之下士，言獻職貢於宰旅，不敢斥尊者。」無他事矣。」王聞之，曰：「韓氏其昌阜於晉乎！風俗通山澤篇：「阜者，茂也。」周禮大宰「商賈阜通貨賄」，注：「阜，盛也。」昌阜猶言昌盛。辭不失舊。」

二六・一四　齊人城郟之歲，在二十四年。其夏，齊烏餘以廩丘奔晉，杜注：「烏餘，齊大夫。」烏蓋氏，餘爲名。昭二十一年齊有烏枝鳴，二十三年莒有烏存，皆氏烏也。詳梁履繩補釋。廩丘，據清一統志，在舊范縣（今范縣治已移舊治西櫻桃園）東南，范縣志云，在縣東南七十里義東堡。廩丘本衞邑，或齊取之以與烏餘，故烏餘得以之奔晉。襲衞羊角，取之；據山東通志，羊角城在鄆城縣西北而與范縣接界，故范縣志亦載此城。遂襲我高魚。高魚在今鄆城縣北，羊角城東，鄄城縣東北。有大雨，自其竇入，竇，城之出水穴。亦作瀆，荀子修身「開其瀆」是也。大雨則開竇，烏餘率衆乘此而入城。介于其庫，入高魚之兵器庫，取其甲以介士卒。以登其城，克而取之。又取邑于宋。此皆二十四年事。於是范宣子卒，宣子卽士匄，又謂之范匄。卒于二十五年。諸侯弗能治也。及趙文子爲政，乃卒治之。則今年之事。文子言於晉侯曰：「晉爲盟主，諸侯或相侵也，則討而使歸其地。今烏餘之邑，皆討類也，皆侵奪而來，在討伐之列。而貪之，是無以爲盟主也。請歸之。」公曰：「諾。孰可使也？」對曰：「胥梁帶能無用師。」據程公說春秋分紀世譜，胥甲父（見文十二年、宣元年傳）生胥午（見二十三年傳），午生胥梁帶。無用師詳下年傳。晉侯使往。此段須與下年首章連讀，因「二十七年春」隔開。

二十七年，乙卯，公元前五四六年。周靈王二十六年、晉平十二年、齊景二年、衞獻三十一年（後元二年）、蔡景四十六年、鄭簡二十年、曹武九年、陳哀二十三年、杞文四年、宋平三十年、秦景三十一年、楚康十四年、吳餘祭二年、許悼公買元年。

經

二七・一 二十有七年春，二月七日丙戌冬至，建亥，有閏月。齊侯使慶封來聘。

二七・二 夏，叔孫豹會晉趙武、楚屈建、蔡公孫歸生、衞石惡、陳孔奐、鄭良霄、許人、曹人于宋。「孔奐」公羊作「孔瑗」，後同。奐、瑗古音同在寒部，音近相通。杜注：「案傳，會者十四國，齊、秦不交相見，邾、滕爲私屬，皆不與盟。宋爲主人，地於宋，則與盟可知。故經唯序九國大夫。楚先晉歃，而書先晉，貴信也。陳于晉會，常在衞上，孔奐非上卿，故在石惡下。」

二七・三 衞殺其大夫甯喜。

二七・四 衞侯之弟鱄出奔晉。「鱄」穀梁作「專」。以其字子鮮，則正字當作「鱄」。「專」乃借字。

二七・五 秋七月辛巳，辛巳，五日。豹及諸侯之大夫盟于宋。

二七・六 冬十有二月乙亥朔，日有食之。「亥」本作「卯」，今從阮元校勘記及金澤文庫本訂正。餘詳傳注。

傳

二七・一 二十七年春，胥梁帶使諸喪邑者具車徒以受地，必周。管子樞言篇云：「周者，不出於口，不見于色。」說文：「周，密也。」使烏餘具車徒以受封。仍具車徒者，防其餘黨作亂也。烏餘以其衆出，杜注：「出受封也。」使諸侯僞效烏餘之封者，杜注：「效，致也。使齊、魯、宋僞若致邑封烏餘者。」而遂執之，盡獲之。杜注：「皆獲其徒衆。」皆取其邑，而歸諸侯。以廩丘歸齊，以羊角歸衛，以高魚歸魯。諸侯是以睦於晉。

二七・二 齊慶封來聘，其車美。孟孫謂叔孫曰：「慶季之車，不亦美乎！」慶季卽慶封。禮記檀弓上「五十以伯仲」，蓋慶封行第最幼，故稱慶季。叔孫曰：「豹聞之：『服美不稱，必以惡終。』其人之衣着、車馬、裝飾不與其人相適應，必得惡果。此蓋古語。禮記表記云：「君子耻服其服而無其容。」又引詩曹風候人云：「彼記（詩原作其）之子，不稱其服。」又僖二十四年傳云：「君子曰，服之不衷，身之災也。詩曰：『彼己之子，不稱其服。』」美車何爲？」叔孫與慶封食，若今之便宴。不敬。爲賦相鼠，亦不知也。相鼠，詩鄘風。詩有云：「人而無儀，不死何爲？」「人而無止（恥），不死何俟？」「人而無禮，胡不遄死？」

二七・三 衞甯喜專，把持朝政。公患之，公孫免餘請殺之。杜注：「免餘，衞大夫。」公曰：「微甯子，不及此。吾與之言矣。「政由甯氏，祭則寡人」，此子鮮以公命告甯喜者。事未可知，殺之之事，未可必定成功。祇成惡名，止也。」不敢殺之。對曰：「臣殺之，君勿與知。」乃與公孫無地、公孫臣謀，使攻甯氏，弗克，皆死。無地及臣俱死。公曰：「臣也無罪，父子死余矣！」言父子爲余而死。杜注：「獻公出時，公孫臣之父爲孫氏所殺。」夏，免餘復攻甯氏，殺甯喜及右宰穀，尸諸朝。杜注以爲經文不書殺右宰穀，因穀非卿。呂氏春秋及孔叢子作「右宰穀臣」，有其託後於魯郈成子故事，可參看。石惡將會宋之盟，受命而出，衣其尸，枕之股而哭之。枕甯喜之尸而哭甯喜。欲斂以亡，衣其尸，已是小斂。則此斂是大斂。以尸入棺曰大斂，以棺入墓穴亦可曰斂。懼不免，畏不免于罪禍。且曰：「受命矣。」乃行。

子鮮曰：「逐我者出，孫林父逐獻公奔晉。納我者死。甯喜納獻公而被殺。賞罰無章，何以沮勸？沮，止也。止人爲惡。勸，勉也，勉人爲善。君失其信，而國無刑，不亦難乎？且鱄實使之。」使甯喜納獻公。遂出奔晉。公使止之，不可。及河，又使止之，止使者而盟於河。託於木門，託，寄寓而不仕也。杜注謂木門爲晉邑。太平寰宇記謂古木門城在今河北滄州市，然晉地未嘗至此，故不可信。顧棟高大事表謂在河北河間縣西北三里，較可信。至穀梁傳謂「出奔晉，織絇邯鄲」，然據定十三傳，邯鄲此時仍屬衞，非晉邑，故不可信。不鄉衞國而坐。公羊傳謂鱄與妻子盟，不履衞地，不食衞粟。穀梁傳謂「終身不言衞」。木門大夫勸之仕，不可，曰：「仕而廢其事，罪也；從之，卽不廢其事。昭吾所以出也。意謂仕而能治事，則出奔之罪在衞君已彰明于世。將誰愬乎？謂無可告訴者。吾不可以立於人之朝矣。」終身不仕。公喪之如稅服終身。衞獻公死于二十九年夏，子鮮或死于其稍前。依古禮，天子諸侯絕旁期，于兄弟不服喪。但子鮮死，衞獻公仍爲之服喪，僅不服朞服，而服繐服。稅服卽繐服，稅音退，亦可讀爲歲。繐音歲。繐服，布細而疏，如小功服之縷。則繐服不過小功五月，此云終身者，或不足五月，衞獻卽死矣。

公與免餘邑六十，辭曰：「唯卿備百邑，古代村落有土城堡，故亦謂之邑，此言百邑，實則一百村莊而已。論語公冶長、穀梁莊九年傳俱云「十室之邑」，足見其小。此亦是舊時規定，後來便成具文，唯需要時引用之。齊子仲姜鎛銘云：「侯氏錫之邑二百有九十有九邑」，則一次所賜已近三百邑。臣六十矣。我已有邑六十。下有上祿，亂也。免餘爲大夫，而有上卿之祿邑。臣弗敢聞。且甯子唯多邑，故死，臣懼死之速及也。」公固與之，受其半。以爲少師。公使爲卿，辭曰：「大叔儀不貳，廿六年傳載大叔儀之言曰「臣不能貳」。能贊大事，贊，佐也，助也。君其命之。」乃使文子爲卿。馬王堆三號墓出土帛書春秋事語亦載此事，末云：「伐甯召子（悼子）而僇之朝。公曰：『大叔儀（中六字模糊）不貳。』以爲卿。」

二七·四 宋向戌善於趙文子，又善於令尹子木，欲弭諸侯之兵以爲名。弭兵之意起自趙文子，見二十五年傳。醞釀已久，各國多知，見二十六年傳鄭子產之言。向戌欲成此事以得名譽。如晉，告趙孟。趙孟謀於諸大夫。韓宣子曰：「兵，民之殘也，殘害人民者。財用之蠹，耗費財用。說文：「蠹，木中蟲。」以後凡食物之害蟲曰蠹。昭三年傳「公聚朽蠹」可證。小國之大菑也。菑，同災。將或弭之，雖曰不可，兵未必能弭也。必將許之。弗許，楚將許之，以召諸侯，則我失爲盟主矣。」晉人許之。如楚，向戌至楚。楚亦許之。如齊，齊人難之。難之，不欲許弭兵。陳文子曰：「晉、楚許之，我焉得已？且人曰『弭兵』，而我弗許，則固攜吾民矣，使吾民對執政者攜貳。將焉用之？」齊人許之。告於秦，秦亦許之。皆告於小國，爲會於宋。

五月甲辰，甲辰，二十七日。晉趙武至於宋。丙午，丙午，二十九日。鄭良霄至。六月丁未朔，宋人享趙文子，叔向爲介。趙武爲主賓，叔向爲賓之副，謂之介。司馬置折俎，禮也。據周禮大司馬，司馬主管會同薦羞之事，此置折俎，故以司馬爲之。又宣十六年傳云：「王享有體薦，宴有折俎。公當享，卿當宴。」此是諸侯享卿，享法當用折俎。折俎，卽將牲體解成一節一段，置于俎中。見孔疏及宣十六年傳並注。仲尼使舉是禮也，以爲多文辭。杜注：「宋向戌自美弭兵之意，敬逆趙武，趙武、叔向因享宴之會，展賓主之辭，故仲尼以爲多文辭。」釋文引沈云：「舉謂記録之也。」孔丘生于襄公二十一年（公羊、穀梁説）或二十二年（孔子世家），至此不過七歲耳。當是以後讀此時史料，見賓主文辭甚多。晉、楚皆怠於大出兵，不被侵伐者，宋凡六十五年，魯凡四十五年，衞凡四十七年，曹凡五十九年；然小戰仍有，如魯帥師取鄆，晉帥師敗狄，楚伐吳滅賴，不如文辭之全部弭兵也。戊申，戊申，二日。叔孫豹、齊慶封、陳須無、衞石惡至。甲寅，甲寅，八日。晉荀盈從趙武至。趙武已先至，荀盈甲寅隨之而來，從趙武者，趙武爲主也。丙辰，丙辰，十日。邾悼公至。壬戌，壬戌，十六日。楚公子黑肱先至，先至，先于令尹子木而至。成言於晉。與晉相約。丁卯，丁卯，二十一日。宋向戌如陳，阮刻本脱「向」字，今從校勘記及金澤文庫本增。從子木成言於楚。楚令尹子木在陳，向戌至陳，共同約定弭兵之會有關楚之諸言。戊辰，戊辰，二十二日。滕成公至。子木謂向戌，請晉、楚之從交相見也。晉、楚各有盟國，楚請晉之盟國朝楚，楚之盟國朝晉。庚午，庚午，二十四日。向戌復於趙孟。趙孟曰：「晉、楚、齊、秦，匹也，當時四大國，地位相匹敵。晉之不能於齊，猶楚之不能於秦也。晉不能指揮齊，楚亦不能指揮秦。楚君若能使秦君辱於敝邑，寡君敢不固請於齊？」趙孟以此難楚。壬申，壬申，二十六日。左師復言於子木，左師卽向戌，左師其官。子木使馹謁諸王。馹音日，卽傳車，亦單稱傳。與後代之驛相同，不過驛用馬而已。謁，告也。王曰：「釋齊、秦，他國請相見也。」杜注：「經所以不書齊、秦。」秋七月戊寅，戊寅，二日。左師至。

杜注：「從陳還。」是夜也，趙孟及子皙盟，以齊言。子皙，楚公子黑肱。據杜注，以齊言者，統一盟辭，至盟時不得復訟爭也。庚辰，庚辰，四日。子木至自陳。陳孔奐、蔡公孫歸生至。杜注：「二國大夫與子木俱至。」曹、許之大夫皆至。以藩爲軍。雖盟會，亦有軍旅。藩，卽藩籬，籬笆編織爲牆。不爲壘塹，以示不相忌。晉、楚各處其偏。杜注：「晉處北，楚處南。」伯夙謂趙孟曰：伯夙，杜以爲卽荀盈，孔疏引服虔云，「伯夙，晉大夫」，則以爲非荀盈。王紹蘭經說云：「上云『晉荀盈從趙武至』，下云『晉荀盈遂如楚涖盟』，是杜據傳文知之。」「楚氛甚惡，懼難。」難，去聲，患難。晉語八云：「諸侯之大夫盟於宋，楚令尹子木欲襲晉軍，曰『若盡晉師而殺趙武，則晉可弱也』」云云，此或爲楚氛甚惡之解。趙孟曰：「吾左還，還與旋同，向左轉而行。入於宋，若我何？」辛巳，辛巳，五日。將盟於宋西門之外。楚人衷甲。甲在衣中。伯州犁曰：「合諸侯之師，以爲不信，無乃不可乎？夫諸侯望信於楚，是以來服。若不信，是棄其所以服諸侯也。」固請釋甲。子木曰：「晉、楚無信久矣，事利而已。唯行有利于我之事而已。苟得志焉，焉用有信？」大宰退，杜注：「大宰，伯州犁。」告人曰：「令尹將死矣，不及三年。謂三年之内必死。求逞志而棄信，志將逞乎？志以發言，言以出信，信以立志。志，意志，思想。有某種思想然後發于言論。既有某種言論，則須有合於言論之行爲，此謂之出信。言行相符，則其思想意志足以樹立。參以定之。言、信、志三者互相關聯，互信統一，然後能定。信亡，楚本與宋向戌及晉趙孟俱有成言。今廢成約而欲用武以快意求利，是無信也。何以及三？」志、言、信三者亡其信，則不能活到三年。趙孟患楚衷甲，以告叔向。叔向曰：「何害也？匹夫一爲不信，猶不可，單斃其死。單同殫，盡也。斃，踣也，向前倒也，今作仆。此言無信之人未有善終者。若合諸侯之卿，以爲不信，必不捷矣。捷，勝也，成功也。食言者不病，食言即不守信，與哀二十五年傳「是食言多矣」之食言同。不病蓋省文，言不足困人也。非子之患也。夫以信召人，而以僭濟之，僭，說文：「假也。」詩巧言鄭箋：「不信也。」易繫辭王弼注：「濟，利用也。」必莫之與也，必無人贊同之。安能害我？且吾因宋以守病，守病，守禦楚之病我。陸粲左傳附注及顧炎武左傳補正以「病」字屬下讀，不從。則夫能致死。夫指晉軍，夫猶言人人，與襄八年傳「夫人愁痛」之「夫人」義同。與宋致死，宋軍亦能盡死抗楚。雖倍楚可也，縱加一倍楚軍猶可抗拒。子何懼焉？又不及是。叔向估計楚不敢攻晉，故云。曰弭兵以召諸侯，而稱兵以害我，杜注：「稱，舉也。」吾庸多矣，庸，用也。言楚背信棄諸侯，于我大有用。非所患也。」晉語八亦載此，且云「子木欲襲晉軍」。叔向語亦有不同。

季武子使謂叔孫以公命曰：「視邾、滕。」季孫以魯公之命，謂叔孫豹，以魯國比于邾、滕。邾、滕小國，其賦輕，季孫恐既屬晉又屬楚，貢獻于兩國，非國力所勝。既而齊人請邾，宋人請滕，皆不與盟。齊以邾爲其屬國，宋以滕爲其屬國。屬國不參與盟會。叔孫曰：「邾、滕，人之私也；私屬他國，非獨立國。我，列國也，何故視之？宋、衞，吾匹也。」魯國與宋、衞可以相等。宋、衞與盟，魯自當與盟。乃盟。故不書其族，經書「豹及諸侯之大夫」，不書叔孫豹。言違命也。

晉、楚爭先。杜注：「爭先歃血。」晉人曰：「晉固爲諸侯盟主，未有先晉者也。」楚人曰：「子言晉、楚匹也，若晉常先，是楚弱也。且晉、楚狎主諸侯之盟也久矣，杜注：「狎，更也。」孔疏：「陳、蔡、鄭、許午南（服楚），午北（服晉），成二年楚公子嬰齊爲蜀之盟，諸夏之國大夫皆在，是晉、楚更代主諸侯之盟實久也。」豈專在晉？」叔向謂趙孟曰：「諸侯歸晉之德只，只，語末助詞，無義。非歸其尸盟也。杜注：「尸，主也。」子務德，無爭先。且諸侯盟，小國固必有尸盟者，或以「小國」屬上讀，誤。據哀十七年傳，盟主先歃血，而執牛耳諸事，則他國之大夫執事。楚爲晉細，謂楚爲小國之尸盟者。不亦可乎？」乃先楚人。晉語八亦載此事，叔向之言與此有異。書先晉，晉有信也。參見晉語八。

壬午，壬午，六日。宋公兼享晉、楚之大夫，趙孟爲客，客爲上賓，如後代讌客坐首席者。子木與之言，弗能對；使叔向侍言焉，子木亦不能對也。

乙酉，乙酉，九日。宋公及諸侯之大夫盟于蒙門之外。宋都東北有蒙城，則蒙門爲宋都之東北門，出此門至蒙城者。子木問於趙孟曰：「范武子之德何如？」范武子，士會。以賢聞於各國。對曰：「夫子之家事治，言於晉國無隱情，其祝史陳信於鬼神無愧辭。」信，誠也。鬼即下文之人，人死曰鬼。子木歸以語王。王曰：「尚矣哉！尚，崇也，高也。能歆神、人，歆，欣喜。周語上「民歆而德之」，又「事神保民，莫弗欣喜」，即此義。杜注「享也」，亦通。宜其光輔五君以爲盟主也。」杜注：「五君謂文、襄、靈、成、景。」晉語八云「世及武子，佐文、襄爲諸侯，諸侯無二心。及爲卿以輔成、景，軍無敗政。及爲成帥（帥原作師，從王引之說改）居太傅」云云，可爲佐證。子木又語王曰：「宜晉之伯也，有叔向以佐其卿，楚無以當之，不可與爭。」

二七・五　晉荀盈遂如楚涖盟。杜注：「重結晉、楚之好。」

鄭伯享趙孟于垂隴，趙武等自宋返國經過鄭國境。垂隴，在今滎陽縣東北。子展、伯有、子西、子產、子大叔、二子石從。杜注：「二子石，印段、公孫段。」積微居金文說鄭子石鼎跋謂爲二子石之一所鑄。趙孟曰：「七子從君，以寵武也。請皆賦，以卒君貺，謂七人跟隨鄭君來宴我，是尊貴我，請七位皆賦詩以完成鄭君之賜。貺音況，賜也。武亦以觀七子之志。」杜注：「詩以言志。」子展賦草蟲。杜注：「草蟲，詩召南。曰：『未見君子，憂心忡忡。亦既見止，亦既覯止，我心則降。』以趙孟爲君子。」趙孟曰：「善哉，民之主也！抑武也，不足以當之。」趙武知子展賦草蟲之意在于憂國而信晉。抑，但也。但自以爲不足以當君子。伯有賦鶉之賁賁。詩鄘風，今本作鶉之奔奔。據詩序，此詩爲刺衞宣姜淫亂而作，故趙孟以爲「牀笫之言」。而伯有賦此之意，實在「人之無良，我以爲君」兩句，故趙孟退而又云「誣其上而公怨之，以爲賓榮」。趙孟曰：「牀笫之言不踰閾，笫音滓，牀版。牀笫之言卽男女枕席之情話。閾音蜮，門坎。況在野乎？垂隴，鄭之一邑，故曰野。非使人之所得聞也。」使人，趙孟自指，言代表晉君與盟也。子西賦黍苗之四章。杜注：「黍苗，詩小雅。四章曰：『肅肅謝功，召伯營之。列列征師，召伯成之。』比趙孟於召伯。」趙孟曰：「寡君在，武何能焉？」謂營成之功在晉君，非我之能。子產賦隰桑。杜注：「隰桑，詩小雅。義取思見君子盡心以事之，曰，既見君子，其樂如何？」趙孟曰：「武請受其卒章。」杜注：「卒章曰：『心乎愛矣，遐不謂矣。中心藏之，何日忘之？』趙武欲子產之見規誨。」子大叔賦野有蔓草。杜注：「野有蔓草，詩鄭風。取其『邂逅相遇，適我願兮』。」蓋子大叔與趙孟乃初次相見，故云不意而會面。趙孟曰：「吾子之惠也。」印段賦蟋蟀。杜注：「蟋蟀，詩唐風。曰『無以大康，職思其居。好樂無荒，良士瞿瞿』，言瞿瞿然顧禮儀。」趙孟曰：「善哉，保家之主也！吾有望矣。」杜注：「能戒懼不荒，所以保家。」公孫段賦桑扈。以上五人俱稱其字，惟印段、公孫段稱名，蓋兩人皆字子石，稱字則無從分別矣。杜注：「桑扈，詩小雅。義取君子有禮文，故能受天之祜。」趙孟曰：「『匪交匪敖』，福將焉往？桑扈之最後兩句云：「彼交匪敖，萬福來求。」此作「匪」，「彼」與「匪」通。成十四年傳引此詩卽作「彼交匪敖」。趙孟取此兩句義。若保是言也，欲辭福祿，得乎？」

卒享，文子告叔向曰：「伯有將爲戮矣。詩以言志，志誣其上而公怨之，以爲賓榮，其能久乎？伯有賦詩實在「人之無良，我以爲君」。故趙文子退而爲此言。幸而後亡。」謂若僥幸，其後必逃亡。叔向曰：「然，已侈，已，太也。言伯有過於奢泰。所謂不及五稔者，夫子之謂矣。」五稔，五年。謂良霄五年之內必被殺。此以其行爲論之。文子曰：「其餘皆數世之主也。子展其後亡者也，在上不忘降。指其所賦草蟲「我心則降」。印氏其次也，樂而不荒。印段賦蟋蟀，有「好樂無荒」句。樂以安民，不淫以使之，後亡，不亦可乎！」

二七·六 宋左師請賞，曰：「請免死之邑。」左師卽向戌，有弭兵發起奔走之功，故請賞。免死有二解，杜注云「謙言免死之邑也」，會箋謂「此盟事體甚大，及將歃，嘖有煩言。若事破，向戌之罪不容於死。今也幸而成矣，故曰免死之邑」，此一解。沈欽韓補注謂「若後世封功臣有鐵券，身免三死，子孫免一死也」，此又一解。疑杜解較長。公與之邑六十，以示子罕。與邑必有文件，以文件示子罕也。子罕曰：「凡諸侯小國，晉、楚所以兵威之，畏而後上下慈和，慈和而後能安靖其國家，以事大國，所以存也。無威則驕，驕則亂生，亂生必滅，所以亡也。天生五材，杜注：「金、木、水、火、土也。」民並用之，並，徧也。廢一不可，誰能去兵？兵器用金與木，鑄造時用水火，且必載於土地，取於土地。兵之設久矣，原始人類即以石器爲兵。銅兵之起，今日所確知者，有商殷之兵甚多。所以威不軌而昭文德也。聖人以興，聖人以兵興。亂人以廢。亂人以兵廢。廢興、存亡、昏明之術，皆兵之由也，皆由兵。而子求去之，不亦誣乎！以誣道蔽諸侯，蔽，塞也，壅也，掩也。誣道一詞，猶言欺詐術。蔽謂使人不通明。或謂道蔽爲連讀，舉十一年傳「諸侯道蔽」爲例，不足信。罪莫大焉。縱無大討，而又求賞，無厭之甚也。」厭，滿足也。削而投之。古人書于竹簡或木札，誤書則以刀削去其字迹。此宋君以簡札示子罕，子罕則削去其字，而投簡札于地。左師辭邑。

向氏欲攻司城。子罕爲司城。左師曰：「我將亡，夫子存我，德莫大焉。又可攻乎？」君子曰：「『彼己之子，邦之司直』，詩鄭風羔裘句。己，今本作「其」。昔時均讀爲忌，語中助詞，無義。司直，毛傳云：「司，主也。」疏云：「一邦之人，主以爲直。」漢武帝時因置司直之官，佐丞相檢舉不奉法之官吏。樂喜之謂乎！樂喜即子罕。『何以恤我，我其收之』，杜注謂爲逸詩，實則周頌維天之命「假以溢我，我其收之」之變文。假即遐之借字，何也。遐之訓何，例見詞詮。恤，說文、廣韻引作「謐」，詩作「溢」，皆聲近相通，實皆爲「賜」之假字。詩意謂何以賜與我，我將接收之。向戌之謂乎！」杜注：「善向戌能知其過。」

二七·七 齊崔杼生成及彊而寡，小爾雅廣義：「凡無妻無夫通謂之寡。」墨子辭過篇云：「宮無拘女，故天下無寡夫。」

此寡與鰥同義。娶東郭姜，東郭氏，姜姓。亦見二十五年傳。生明。東郭姜以孤入，孤爲其前夫棠公之子。曰棠無咎，杜注：「無咎，棠公之子。」與東郭偃相崔氏。杜注：「東郭偃，姜之弟。」崔成有疾而廢之，而立明。成請老于崔，崔，今山東濟陽縣東而稍北三十五里。崔子許之，偃與無咎弗予，曰：「崔，宗邑也，必在宗主。」杜注：「宗邑，宗廟所在。宗主謂崔明。」成與彊怒，將殺之，告慶封曰：「夫子之身，亦子所知也，唯無咎與偃是從，父兄莫得進矣。大恐害夫子，杜注：「夫子謂崔杼。」敢以告。」慶封曰：「子姑退。吾圖之。」告盧蒲嫳。杜注：「嫳，慶封屬大夫。」封以成、彊之言告嫳。嫳音瞥。盧蒲嫳曰：「彼，君之讎也。彼指崔杼，殺齊莊公者。天或者將棄彼矣。彼實家亂，子何病焉？崔之薄，慶之厚也。」他日又告。崔成、崔彊又告慶封。慶封曰：「苟利夫子，必去之。此僞言也。意謂假若有利于崔杼，必消滅東郭偃與棠無咎。難，吾助女。」若有危難，吾將來救助。

九月庚辰，庚辰，五日。崔成、崔彊殺東郭偃、棠無咎於崔氏之朝。古者諸侯及大夫皆有外朝及內朝，此蓋崔杼之外朝。崔子怒而出，其衆皆逃，求人使駕，不得。使圉人駕，圉人本職養馬，今使之套車。寺人御而出，御者亦逃，宦官爲御。且曰：「崔氏有福，止余猶可。」杜注：「恐滅家，禍不止其身。」遂見慶封。慶封曰：「崔、慶一也。杜注：「言如一家。」是何敢然？請爲子討之。」使盧蒲嫳帥甲以攻崔氏。崔氏堞其宮而守之。釋名釋宮室：「城上垣或名堞，取其重疊之義也」，則堞有重疊之義。此堞其宮謂加築其宮牆也。說本洪亮吉詁。弗克，使國人助之，遂滅崔氏，殺成與彊，而盡俘其家，其妻縊。杜注：

「妻，東郭姜。」嬖復命於崔子，且御而歸之。歸之，送其歸家。至，則無歸矣。乃縊。杜注：「終』入於其宮，不見其妻，凶』。」崔明夜辟諸大墓。辟同避。大墓，崔氏羣墓兆域。此言崔明所以未死。辛巳，辛巳，六日。崔明來奔。唐書宰相世系表二下云：「崔杼爲齊正卿，子明，奔魯，生良。」慶封當國。

二七·八　楚薳罷如晉涖盟，晉侯享之。將出，賦既醉。杜注：「既醉，詩大雅。曰『既醉以酒，既飽以德。君子萬年，介爾景福』，以美晉侯，比之太平君子也。」叔向曰：「薳氏之有後於楚國也，宜哉！承君命，不忘敏。既醉既飽，謝享禮；萬年景福，頌晉侯；將出而賦此，甚得其時，所謂敏於事者也。子蕩將知政矣。子蕩卽薳罷。不久爲楚令尹。敏以事君，必能養民，政其焉往？」杜注：「言政必歸之。」

二七·九　崔氏之亂，卽二十五年殺齊莊公。申鮮虞來奔，亦見二十五年傳。僕賃於野，郊野有自由貧民可供雇傭。以喪莊公。爲齊莊公服喪。冬，楚人召之，遂如楚，爲右尹。

二七·一〇　十二月乙亥朔，日有食之。此是公曆十月十三日之日全蝕。經書「十二月乙亥朔」，江永羣經補義云：「經文傳寫訛耳。此年七月，經有辛巳，則乙亥朔，必是十一月矣。」王夫之春秋稗疏亦云：「十二月乙亥朔食，乃十一月。姜岌、大衍、授時皆同。」辰在申，司曆過也，再失閏矣。辰謂斗柄。斗柄指申，於周正爲九月。而日蝕傳書十一月，相差兩月，故左傳作者以爲當時主管曆法者有過誤，兩次應置閏而未置閏。吳守一春秋日食質疑云：「今以曆推之，建申、建酉之月，俱不入交，不食。非再失閏。」江永補義且云：「『辰在申，司曆過，再失閏矣。』此左氏之妄也。」

二十八年，丙辰，公元前五四五年。周靈王二十七年、晉平十三年、齊景三年、衞獻三十二年（後元三年）、蔡景四十七年、鄭簡二十一年、曹武十年、陳哀二十四年、杞文五年、宋平三十一年、秦景三十二年、楚康十五年、吳餘祭三年、許悼二年。

經

二八・一 二十有八年春，正月十八日辛卯冬至，建子。無冰。

二八・二 夏，衞石惡出奔晉。

二八・三 邾子來朝。

二八・四 秋八月，大雩。

二八・五 仲孫羯如晉。

二八・六 冬，齊慶封來奔。

二八・七 十有一月，公如楚。

二八・八 十有二月甲寅，甲寅，十六日。天王崩。周靈王。

二八・九 乙未，杜注：「十二月無乙未，日誤。」孔疏云：「甲寅之後四十二日始得乙未，則甲寅乙未不得同月。經有十一月、十二月，月不容有誤，知日誤也。」王韜云：「或云當在閏月，然以曆法推之，此年歲終不得有閏。」楚子昭卒。杜注：「康王也。」

傳

六・一　二十八年春，無冰。此年建子，卽以今農曆十一月、十二月、及次年正月爲春，正當今日之冬。曲阜一帶應有冰，而無冰，此天氣之反常。梓慎曰：杜注：「梓慎，魯大夫。」「今玆宋、鄭其饑乎！歲在星紀，而淫於玄枵。歲卽歲星，亦卽木星。木星公轉周期爲十一又百分之八六年，而古人（三統曆以前）則誤以爲十二年。既誤以爲十二年，因分周天爲十二次。次者，日月所會之處。日月每年十二會，因分十二次，與十二宮相當，每次三十度（周天三百六十度）。中國古天文家，初則以歲星紀年，而又以十二支配之，十二支又謂之太歲，不知歲星公轉不足十二年，而十二支則固定不變。又以十二支配十二次，則其與客觀天象宜其不合。十二次之次序爲：降婁、大梁、實沈、鶉首、鶉火、鶉尾、壽星、大火、析木、星紀、玄枵、娵訾。據梓慎推算，此年之歲星應在星紀，而觀察所得，實在玄枵。淫者，過也。故云「淫于玄枵」。星紀與黃道十二宮之摩羯宮相當，在二十八宿中爲斗宿與牛宿。在十二支中爲丑。玄枵則與黃道十二宮之寶瓶宮相當，在二十八宿中爲女、虛、危三宿，在十二支中爲子。若歲星公轉以古人十二年一周天（繞太陽一周）計之，與實際木星速度相較，每一周天歲星超過百分之十四，則七周（八十四年）之後，超過百分之九十八年，約等于一次。三統曆作者始察覺其差誤，謂一百四十四年，歲星行天一百四十五次，誤差仍不小。祖冲之曆議謂歲星行天七帀，輒超一位，僅不足百分之二，則較密矣。歲星紀年，不能與天象相合，故自東漢順帝以後卽廢而不行。以有時菑，菑通災。

時災謂天時不正常之災。陰不堪陽。古人謂寒冷爲陰，温暖爲陽。應有冰而無冰，卽應寒而暖，故曰陰不勝陽。蛇乘龍，古人以歲星爲木，木爲青龍。而次于玄枵，玄枵相當女、虛、危三宿。虛、危古以爲蛇。龍行疾而失位，出虛、危宿下，龍在下而蛇在上，故曰蛇乘龍。龍，宋、鄭之星也。此古分野之説，以土地疆域配天上星宿。史記天官書云：「天則有列宿，地則有州域。」又云：「宋、鄭之疆，候在歲星。」卽此「龍，宋、鄭之星」之意。宋、鄭必饑。玄枵，虛中也。玄枵有三宿，女、虛、危。虛宿在中。枵，秏名也。「秏」本作「耗」，今從宋本正。「耗」，俗體。正字通云：「凡物虛耗曰枵，人飢曰枵腹。」土虛而民秏，不饑何爲？」

六·二 夏，齊侯、陳侯、蔡侯、北燕伯、杞伯、胡子、沈子、白狄朝于晉，宋之盟故也。北燕，卽姬姓之燕，史記有燕召公世家。都薊，卽今北京市。北京琉璃河西周墓出土大量青銅器，據銘文，足證北燕初封，其都在今琉璃河董家林古城。北燕伯據世家爲燕懿公。胡有二，一爲姬姓之國，韓非子説難篇鄭武公謂胡爲兄弟之國，哀八年傳齊侯殺胡姬是也，爲鄭武公所滅，故城當在今河南漯河市一帶。此胡子則爲歸姓國，三十一年傳胡女敬歸可證。故城在今安徽阜陽縣治。定十五年爲楚所滅。此當是歸姓之胡。宋之盟謂晉、楚之從交相見，故蔡侯等朝晉。

齊侯將行，慶封曰：「我不與盟，宋之盟，齊、秦未參加。何爲於晉？」於晉謂朝於晉。陳文子曰：論語公冶長謂崔杼殺齊莊公，陳文子捨棄家產，離開齊國，而左傳未載。此時當早已回齊。「先事後賄，禮也。賄謂財貨，朝于晉必用不少財幣。陳文子蓋針對慶封惜財而言。其意謂以事晉爲先，而財幣則應在後打算。小事大，未獲事焉，謂宋之盟未參加。從之如志，之指晉。志謂晉國意圖。句謂順晉國意圖而往朝。禮也。雖不與盟，敢叛晉乎？重丘之盟，盟在二十五年。未可忘也。子其勸行！」

二八・三 衞人討甯氏之黨，故石惡出奔晉。衞人立其從子圃，從子，兄弟之子也。禮記檀弓上「兄弟之子猶子也」。故近人多稱從子爲猶子。今謂曰姪，從姑姪之稱。從子之名，自魏、晉以後始常見。以守石氏之祀，禮也。杜注：「石惡之先石碏有大功於衞國，惡之罪不及不祀，故曰禮。」石碏事見隱四年傳。

二八・四 邾悼公來朝，時事也。時事謂四時朝聘，經書此，表明與宋之盟無關。宋盟唯朝晉、楚。

二八・五 秋八月，大雩，旱也。

二八・六 蔡侯歸自晉，入于鄭。由晉（今侯馬市）回蔡（今河南上蔡縣西南），須經過鄭國國境。入于鄭，謂入鄭都，今新鄭縣。鄭伯享之，不敬。蔡侯不敬。子產曰：「蔡侯其不免乎！杜注：「不免禍。」日其過此也，日，往日，以前。過此，指往晉時經鄭。君使子展迋勞於東門之外，迋同往。勞，慰勞。而傲。吾曰猶將更之。更，改也。今還，受享而惰，乃其心也。君小國，爲小國之君。事大國，鄭大于蔡。而惰傲以爲己心，將得死乎？得死，善終。將得死乎，言豈將得死乎，謂不得善終。若以惡死，曰不得其死。襄二十三年傳之論崔杼，論語先進之論子路皆云「不得其死」。若不免，不免於被殺。必由其子。其爲君也，淫而不父。與兒媳通姦，非父所應爲，故云不父。僑聞之，如是者，恆有子禍。」杜注：「爲三十年蔡世子班弑其君傳。」

二八・七 孟孝伯如晉，告將爲宋之盟故如楚也。杜注：「魯，晉屬，故告晉而行。」

二八・八 蔡侯之如晉也，鄭伯使游吉如楚。及漢，漢，漢水。楚人還之，使游吉返回。曰：「宋之盟，君實親辱。君，鄭君。謂鄭伯親自參加宋之盟。今吾子來，寡君謂吾子姑還，吾將使馹奔問諸晉而以告。」杜注：「問鄭君應來朝否。」子大叔曰：「宋之盟，君命將利小國，而亦使安定其社稷，鎮撫其民人，以禮承天之休，杜注：「休，福祿也。」但金文中休字常作賜予解。此君之憲令，而小國之望也。杜注：「憲，法也。」寡君是故使吉奉其皮幣，古代朝聘，多用皮幣爲禮物，如孟子梁惠王下「事之以皮幣」是也。據孟子趙岐注皮爲狐貉之皮，幣爲繒帛之貨。周禮大宰有九貢，其中有幣貢，鄭玄注云：「幣貢，玉、馬、皮、帛也。」此乃幣之廣義。以歲之不易，三年傳云：「以歲之不易，不虞之不戒，寡君願與一二兄弟相見，以謀不協。」昭四年傳云：「以歲之不易，寡人願結驩於二三君。」皆首言「以歲之不易」，次言「相見」「結驩」。此首言「奉其皮幣」，次言「以歲之不易」者，楊樹達先生讀左傳以爲傳寫誤倒。杜解此歲之不易謂「歲有饑荒之難」。聘於下執事。不欲直言其君，謙辭曰執事。此又加下字，則謙之又謙矣。今執事有命曰：女何與政令之有？女指游吉，謂汝不足以與鄭之政令。必使而君棄而封守，而同爾。跋涉山川，山行曰跋，水行曰涉。蒙犯霜露，以逞君心。以快楚君之意。小國將君是望，敢不唯命是聽？無乃非盟載之言，載，載書，即盟書。盟載同義。以闕君德，而執事有不利焉，小國是懼。小國懼是之倒裝。不然，其何勞之敢憚？」言不敢畏任何勞苦，我君必來朝楚也。

子大叔歸，復命。告子展曰：「楚子將死矣。不修其政德，而貪昧於諸侯，貪昧與哀十一年傳「貪冒無厭」之「貪冒」同。言楚子貪諸侯之奉己也。以逞其願，欲久，得乎？不能久於人世。周易有之，在復䷗震下坤上。之頤䷚，震下艮上。曰『迷復，凶』，復卦變爲頤卦，只得第六爻陰爻變爲陽爻，故用復上六爻辭。其楚子之謂乎！欲復其願，復卽復言之復，實踐也。說參見論語譯注「言可復也」注。而棄其本，杜注：「不修德。」高亨左傳國語的周易說通解云：「迷復是迷了路而才想回來，希望回到自己所喜愛的地方，然而忘掉原來路徑，結果是無處可歸。」以忘掉原路解棄其本，亦通。復歸無所，是謂迷復，能無凶乎？君其往也，送葬而歸，以快楚心。楚不幾十年，未能恤諸侯也，幾，近也，復上六爻辭又云：「至于十年不克征。」子大叔謂楚不近十年未能恤諸侯，蓋本此。未能恤諸侯，卽未能争霸，此當時習慣語。恤，憂也。吾乃休吾民矣。」裨竈曰：「今茲周王及楚子皆將死。歲棄其次，卽不在星紀。而旅於明年之次，旅，行也。明年之次卽玄枵。以害鳥、帑，周、楚惡之。」杜注：「歲星所在，其國有福。失次於北，禍衝在南。南爲朱鳥，鳥尾曰帑。鶉火、鶉尾，周、楚之分，故周王、楚子受其咎。俱論歲星過次，梓愼則曰宋、鄭饑，裨竈則曰周、楚王死，傳故備舉以示卜占唯人所在。」朱鳥卽朱雀，南方井、鬼、柳、星、張、翼、軫七宿之總稱。鶉火在二十八宿中爲柳、星、張三宿，鶉尾爲翼宿與軫宿。

九月，鄭游吉如晉，告將朝于楚以從宋之盟。子產相鄭伯以如楚。舍不爲壇。古代國君至他國設壇以受郊勞。先清除野草，爲一坦坪，然後積土爲壇。坦坪亦曰場，亦曰墠，所謂除地爲場，除地爲墠也。壇在場内，尚書金縢「三壇同墠」可證。舍者，在郊爲帷宫，設旌門，受郊勞也。外僕言曰：「昔先大夫相先君適四國，外僕，官名，職主爲壇及舍者。先大夫、先君，泛指以前鄭國之君與大臣。四國，四方各國。未嘗不爲壇。自是至今亦皆循之。是指先大夫相先君之時。今子草舍，不除草而爲舍，謂草舍。無乃不可乎？」子產曰：「大適小，則爲壇；小適大，苟舍而已，大，大國。小，小國。焉用壇？僑聞之：大適小有五美：宥其罪戾，赦其過失，救其菑患，賞其德刑，刑，法也。有德可則，有刑可範。教其不及。此五美自非一國一時同時進行，而是擇其當爲者爲之。小國不困，懷服如歸，是故作壇以昭其功，宣告後人，無怠於德。小適大有五惡：說其罪戾，說，解說，解釋。大國自己文飾其罪過。請其不足，行其政事，杜注：「奉行大國之政。」共其職貢，共今作供。小國對大國有貢獻。從其時命。此以從其時命爲惡，則時命當與昭三十年傳「事大在共其時命」「時命」異義，蓋謂不時之命亦從之。不然，則重其幣帛，幣帛爲廣義，泛指一切貢賦。以賀其福而弔其凶，無論大國有喜有禍，皆加重小國之貢賦。皆小國之禍也，焉用作壇以昭其禍？所以告子孫，無昭禍焉可也。」鄭伯被迫朝楚，故子産所行所言如此。

二八・九 齊慶封好田而耆酒，田，打獵。耆同嗜。與慶舍政，杜注：「舍，慶封子。慶封當國，不自爲政，以付舍。」則以其內實遷于盧蒲嫳氏，杜注：「內實，寶物妻妾也，移而居嫳家。」易內而飲酒。內，妻妾也。數日，國遷朝焉。慶封雖以政付其子舍，但己仍任當國之名，諸大夫仍往就盧蒲嫳之家而朝。使諸亡人得賊者，以告而反之，亡人，避崔杼之難者。賊，孔疏謂是莊公之黨，誤。賊乃崔氏之黨。欲逃亡之人得崔氏之黨者，告于慶氏，以功除罪，令其返國。故反盧蒲癸。癸臣子之，子之，慶舍字。癸爲其臣。有寵，妻之。杜注：「子之以其女妻癸。」慶舍之士謂盧蒲癸曰：卿大夫之家臣，其長曰室老，曰宰，其餘皆可泛稱爲士。「男女辨姓，子不辟宗，何也？」古禮同姓不婚，故云男女辨姓。慶氏與盧蒲氏皆姜姓，同宗，故云不避宗。曰：「宗不余辟，此倒裝句，猶言宗不避余。因慶舍欲以女嫁之。余獨焉辟之？焉，疑問副詞，如何。賦詩斷章，余取所求焉，賦詩斷章，譬喻語。春秋外交常以賦詩表意，賦者與聽者各取所求，不顧本義，斷章取義也。惡識宗？」癸言王何而反之，言于慶舍，使王何返齊。二人皆嬖，使執寢戈而先後之。杜注：「寢戈，親近兵杖。」二人皆爲舍之近衞，或在舍先，或在舍後。

公膳日雙鷄，公膳爲一詞，卽在公朝辦事用餐，由朝廷供給伙食。六朝謂之客食，唐朝謂之堂饌。每日雙鷄，蓋大夫之膳食。饔人竊更之以鶩。饔人，主割烹之事者。鶩音木，又音務，家鴨。野鴨曰鳧。御者知之，御者，進食之人。則去其肉，而以其洎饋。洎音曁，肉汁。子雅、子尾怒。杜注：「二子皆惠公孫。」呂氏春秋慎行篇高注云：「公孫竈，惠公之孫，公子欒堅之子子雅也。蠆，惠公之孫，公子高祈（當作祈高）之子子尾也。」慶封告盧蒲嫳。公膳之事，當國者有責，子雅、子尾故怒慶封，慶封知之以告盧蒲嫳。盧蒲嫳曰：「譬之如禽獸，吾寢處之矣。」古者殺獸，食其肉而寢其皮。使析歸父告晏平仲。慶氏欲與晏嬰共謀殺子雅、子尾。平仲曰：「嬰之衆不足用也，知無能謀也。知同智。言弗敢出，不敢洩密。有盟可也。」晏嬰不與慶封之謀，飾辭以謝之。又懼禍及於己，故曰言弗敢出。子家曰：「子之言云，杜以此子家爲析歸父，但下文又有子家，則是慶封。同一文中出現同名之人，依左傳體例，必加氏號以資分別，如鄭之二子石，後文卽俱用名，印段與公孫段。此文同一子家，當是同一人，皆慶封也。蓋析歸父以晏嬰之言告慶封，封答之也。云，如此。又焉用盟？」告北郭子車。杜注：「子車，齊大夫。」此亦慶封或封使析歸父告之。子車曰：「人各有以事君，非佐之所能也。」杜注：「佐，子車名。」陳文子謂桓子曰：杜注：「桓子，文子之子無宇。」「禍將作矣，吾其何得？」對曰：「得慶氏之木百車於莊。」莊，臨淄城大街名。孟子滕文公下「引而置之莊、嶽之間」，即此莊。日知録引邵國寶云，「此陳氏父子爲隱語以相喻也。」木乃作屋之材，莊是京都之道，意謂慶氏必敗，我可得人得權。文子曰：「可慎守也已。」得之不可失也。

盧蒲癸、王何卜攻慶氏，示子之兆，子之，即慶舍。兆，龜之裂紋，由此裂紋以卜吉凶。曰：「或卜攻讎，敢獻其兆。」子之曰：「克，見血。」冬十月，慶封田于萊，萊，今山東昌邑縣東南。距臨淄約百五十里。陳無宇從。丙辰，丙辰，十七日。文子使召之，請曰：「無宇之母疾病，請歸。」慶季卜之，杜注：「季，慶封。」示之兆，曰：「死。」以兆示無宇，無宇曰死兆。奉龜而泣，無宇捧龜而假泣。無宇必欲歸，不惜僞言母將死。乃使歸。慶嗣聞之，杜注：「嗣，慶封之族。」曰：「禍將作矣。」聞陳無宇歸，知其必有禍。謂子家：「速歸，杜注：「子家，慶封字。」禍作必於嘗，杜注：「嘗，秋祭。」蓋齊用夏正，魯之冬，夏正之秋也。歸猶可及也。」子家弗聽，亦無悛志。悛，改過也。句謂無悔改之意。子息曰：子息，慶嗣字。「亡矣！幸而獲在吳、越。」陳無宇濟水，而戕舟發梁。自萊至臨淄，須渡濰水、彌河、淄水。戕，破壞。發，即撤去，見讀左傳。梁，橋梁。

盧蒲姜謂癸曰：杜注：「姜，癸妻，慶舍女。」「有事而不告我，必不捷矣。」癸告之。姜曰：「夫子愎，杜注：「夫子謂慶舍。」愎音必，倔强。莫之止，將不出。我請止之。」癸曰：「諾。」十一月乙亥，乙亥，七日。嘗于大公之廟，慶舍涖事。涖臨祭事。句省「將」字，謂將涖事也。盧蒲姜告之，且止之，弗聽，曰：「誰敢者？」遂如公。至公所，卽大公廟。麻嬰爲尸，古代祭祀，以活人代受祭者，曰尸。慶𦳝爲上獻。𦳝音瀉。上獻卽上賓，在屬吏中遴選。儀禮有司徹「上賓洗爵以升」是也。亦曰賓長。詳沈欽韓補注。盧蒲癸、王何執寢戈，慶氏以其甲環公宮。杜注：「廟在宮內。」陳氏、鮑氏之圉人爲優。圉人，養馬者。優卽俳優，演戲以及表演曲藝者。慶氏之馬善驚，善，荀子解蔽篇楊倞注：「猶喜也。」驚則跳躍奔馳。士皆釋甲束馬，杜注：「束，絆之也。」蓋不使馬驚跳奔逸。而飲酒，且觀優，至於魚里。杜注：「魚里，里名。優在魚里，就觀之。」顧棟高大事表七之一云：「魚里當近在宮門之外。」山東通志謂陳文子故居在此，不知何據。欒、高、陳、鮑之徒介慶氏之甲。杜注：「欒，子雅；高，子尾；陳，陳須無；鮑，鮑國。」蓋慶氏之士既釋甲，四族之徒因取而着之。子尾抽桷，桷音角，博雅：「榱也。」擊扉三，扉，門扇。盧蒲癸自後刺子之，王何以戈擊之，解其左肩。擊墜其左肩。猶援廟桷，桷，方形椽子。動於甍。甍音萌，棟梁也。釋名謂爲屋脊。以俎、壺投，俎，盛肉器。壺，盛酒器。殺人而後死。杜注：「言其多力。」遂殺慶繩、麻嬰。杜注：「慶繩，慶𦳝。」二人皆慶氏之黨。公懼，鮑國曰：「羣臣爲君故也。」杜注：「言欲尊公室，非爲亂。」陳須無以公歸，稅服而如內宮。稅，音義同脫。服，祭服。

慶封歸，遇告亂者。丁亥，丁亥，十九日。伐西門，弗克。還伐北門，克之。入，伐內宮，入城，攻內宮，以陳、鮑諸人在內宮。弗克。反，陳于嶽，山東通志謂嶽里在臨淄南街，未必可信。里巷狹小，不足以列陣，嶽當亦是大街。孟子滕文公下「引而置之莊、嶽之間」，顧炎武日知録亦謂嶽是里名，則與「之間」二字不切合，恐誤。請戰，弗許，遂來奔。獻車於季武子，美澤可以鑑。車有木有銅，木有漆。既華麗，又光澤，可以照人。展莊叔見之，杜注：「魯大夫。」曰：「車甚澤，人必瘁，文選陸機嘆逝賦李善注云：「瘁猶毁也。」瘁即憔瘁之瘁。人謂他人。意謂慶氏之車如此華美，必聚斂特甚，受其害者心憔悴。或以人與車對文，人指慶氏，則以瘁爲毁壞之意。宜其亡也。」叔孫穆子食慶封，便宴也。慶封汜祭。古代飲食必先祭，論語鄉黨「雖疏食菜羹必祭」，「侍食於君，君祭，先飯」是也。祭食之禮，凌廷堪禮經釋例及孫詒讓周禮春官大祝「辨九祭」正義言之極詳。蓋汜祭猶大祝之周祭，曲禮之徧祭，叔孫宴慶封，非慶封所宜爲，封不知禮也。穆子不説，使工爲之誦茅鴟，杜注：「工，樂師。茅鴟，逸詩，刺不敬。」去年傳謂「叔孫與慶封食，不敬，爲賦相鼠，亦不知也」，今年慶封又失禮，故不賦而誦茅鴟。亦不知。既而齊人來讓，責備魯國接受慶封避難。奔吴。吴句餘予之朱方，杜注：「句餘，吴子夷末也。朱方，吴邑。」服虔以句餘爲餘祭，孔疏云：「杜以爲夷末者，以慶封此年之末始來奔魯，齊人來讓，方更奔吴。明年五月而閽弑餘祭，計其間未得賜慶封以邑，故以句餘爲夷末也。」然慶封奔吴若在二十九年初，餘祭賜以邑，亦極可能，服虔較是。朱方，今江蘇鎮江市東丹徒鎮南。聚其族焉而居之，富於其舊。較在齊時更富。吴世家謂吴王以女妻慶封。子服惠伯謂叔孫曰：「天殆富淫人，慶封又富矣。」穆子曰：「善人富謂之賞，淫人富謂之殃。此二語賞、殃爲韻，古音同在陽唐部，此是成語。天其殃之也，其將聚而殲旃。」殲，盡殺之也。旃，之焉合音字。

二八·一〇 癸巳，癸巳，十一月二十五日。天王崩。未來赴，亦未書，禮也。

二八·二 崔氏之亂，喪羣公子，故鉏在魯，叔孫還在燕，賈在句瀆之丘。此二十一年齊莊公復討公子牙之黨之事。齊莊之立由崔杼，故溯其源曰崔氏之亂。二十一年傳云「執公子買于句瀆之丘」，此云賈，買、賈二字形近，阮元校勘記云：「未知孰是。」及慶氏亡，皆召之，具其器用，而反其邑焉。與晏子邶殿其鄙六十，邶殿，今山東昌邑縣西北郊。「其」作「之」用，例見詞詮。邶殿其鄙，邶殿之鄙也。邶殿齊之大邑，其郊鄙亦廣。六十，六十邑。參去年傳注。弗受。子尾曰：「富，人之所欲也。何獨弗欲？」對曰：「慶氏之邑足欲，故亡。吾邑不足欲也，益之以邶殿，乃足欲。足欲，亡無日矣。在外，不得宰吾一邑。言若逃亡在外，我連一邑都不能主宰之。不受邶殿，非惡富也，恐失富也。且夫富，如布帛之有幅焉。說文：「幅，布帛廣也。」富與幅俱從畐得聲，故以相譬喻。爲之制度，使無遷也。古代布寬二尺二寸，帛寬二尺四寸，此卽制度，不能增減。禮記王制：「幅廣狹不中量，不粥於市。」夫民，生厚而用利，生厚，謂生活享受欲豐厚。用利，謂器物財貨欲富饒。於是乎正德以幅之，端正道德以限制之。此幅字由布帛之幅引伸爲限制之義。使無黜嫚，黜，貶也，下也，退也。此用作不足之義。嫚，借爲漫，水滿而氾濫爲漫，此用爲過之之義。謂之幅利。限制其利。利過則爲敗。吾不敢貪多，所謂幅也。」與北郭佐邑六十，受之。與子雅邑，辭多受少。與子尾邑，受，而稍致之。廣雅釋詁：「稍，盡也。」盡還之于景公。公以爲忠，故有寵。釋盧蒲嫳于北竟。盧蒲嫳，本慶封之黨。釋，放也，謂逐之于北邊。昭三年傳又謂齊侯田獵于莒，嫳見之，又逐之于北燕。

求崔杼之尸，將戮之，不得。叔孫穆子曰：「必得之。武王有亂臣十人，說文：「亂，治也。」亂臣，治理天下之臣。論語泰伯篇：「武王曰：『予有亂臣十人。』」鄭玄注：「十人謂文母、周公、大公、畢公、榮公、大顛、閎夭、散宜生、南宮括。」崔杼其有乎？「其」用法同「豈」，謂崔杼無之。不十人，不足以葬。」邵寶左觿云：「無則不足以葬，未葬則尸可得。」既，崔氏之臣曰：「與我其拱璧，拱璧，大璧。崔杼有大璧，其人欲得之。吾獻其柩。」於是得之。十二月乙亥朔，十一月有乙亥、丁亥，則十二月朔不得爲乙亥。「乙」乃「己」之形近誤。齊世家作「秋，齊人徙葬莊公」，「秋」字恐誤。齊人遷莊公，遷葬也。殯于大寢。葬前先殯。說文：「殯，死（尸）在棺，將遷葬柩，賓遇之。」大寢卽路寢，天子諸侯之正室也。以其棺尸崔杼於市。用崔杼之棺，曝崔杼之尸。國人猶知之，知，認識。皆曰「崔子也」。言其尸體尚未腐朽。

二八·一三

爲宋之盟故，公及宋公、陳侯、鄭伯、許男如楚。公過鄭，鄭伯不在，杜注：「已在楚。」伯有迋勞於黃崖，異國之君過境而不入國都，則大夫出往勞之，上文「君使子展迋勞於東門之外」亦然。據水經注楊守敬疏，黃崖在今新鄭縣北。不敬。伯有不敬。穆叔曰：「伯有無戾於鄭，戾，罪也。鄭必有大咎。杜注：「伯有不受戮，必還爲鄭國害。」敬，民之主也，而棄之，何以承守？杜注：「言無以承先祖，守其家。」鄭人不討，必受其辜。辜猶殃也，禍也。濟澤之阿，渡口曰濟；水草之交曰澤；阿，水崖也。濟澤之阿猶言薄土。行潦之蘋、藻，行，道路。潦，積水。蘋，浮萍。藻，水草。寘諸宗室，杜注：「薦宗廟。」卽用作祭品。季蘭尸之，敬也。此數句義與詩召南采蘋同。詩有句云：「于以（何處）采蘋？南澗之濱。于以采藻？于彼行潦。」又云：「于以奠之？宗室牖下。誰其尸之？有齊季女。」季蘭卽詩之季女。俞樾平義謂季蘭卽詩小雅車舝「思孌季女逝兮」之思孌季女，蘭借爲變，似是而實非。汪之昌青學齋集季蘭尸之解謂季蘭實人名，尚可備一說。隱三年傳亦引此詩，唯此言敬，彼言忠信耳。敬可棄乎？」杜注：「爲三十年鄭殺良霄傳。」

及漢，楚康王卒。公欲反。叔仲昭伯曰：「我楚國之爲，豈爲一人？杜注：「昭伯，叔仲帶。」言我來乃爲楚國，非爲康王一人。行也！」子服惠伯曰：「君子有遠慮，小人從邇。飢寒之不恤，誰遑其後？誰暇顧及後果。此承上省動詞「恤」字。詩邶風谷風：「我躬不閱，遑恤我後？」則不省。下文「誰能恤楚」亦不省。不如姑歸也。」叔孫穆子曰：「叔仲子專之矣，杜注：「言足專用。」子服子，始學者也。」杜注：「言未識遠。」榮成伯曰：「遠圖者，忠也。」杜注：「成伯，榮駕鵞。」杜氏世族譜又云：「叔肸曾孫。」叔肸，宣公弟。公遂行。仍繼續往楚。宋向戌曰：「我一人之爲，非爲楚也。飢寒之不恤，誰能恤楚？恤楚爲宋患也。姑歸而息民，待其立君而爲之備。」宋公遂反。魯語下亦載此，敍昭伯之言甚詳，且有不同。

二八·一三 楚屈建卒，趙文子喪之如同盟，禮也。宋之盟，見二十七年傳。晉以趙武爲主，楚以屈建爲主，故如同盟。

二八·一四 王人來告喪，問崩日，以甲寅告，實死于癸巳。故書之，以徵過也。釋文：「徵，本或作懲。」讀徵爲懲，懲，罰也。

二十九年，丁巳，公元前五四四年。周景王貴元年、晉平十四年、齊景四年、衞獻三十三年、蔡景四十八年、鄭簡二十二年、曹武十一年、陳哀二十五年、杞文六年、宋平三十二年、秦景三十三年、楚郟敖麇元年、吳餘祭四年、許悼三年。

經

二九・一 二十有九年春王正月，正月二十九日丙申冬至，建子，有閏月。公在楚。

二九・二 夏五月，公至自楚。去年十一月魯襄公往楚，此年五月歸，凡歷七月。

二九・三 庚午，庚午，六月五日。此未書月，蓋史失之。衞侯衎卒。無傳。

二九・四 閽弒吳子餘祭。

二九・五 仲孫羯會晉荀盈、齊高止、宋華定、衞世叔儀、鄭公孫段、曹人、莒人、滕人、薛人、小邾人城杞。「儀」公羊作「齊」。「莒人」下公、穀有「邾（公羊例作邾婁）人」。

二九・六 晉侯使士鞅來聘。

二九・七 杞子來盟。汪克寬春秋胡傳附録纂疏云：「杞自莊二十七年稱伯，至僖二十三年、二十七年兩稱子。自後並稱伯，惟此年來盟稱子，厥後終春秋稱伯。」

二九・八 吳子使札來聘。吳聘始于此。

二九・九 秋九月，葬衞獻公。無傳。

二九・一〇 齊高止出奔北燕。北燕始見於春秋。

二八·二 冬，仲孫羯如晉。

傳

二九·一 二十九年春王正月，公在楚，釋不朝正于廟也。所以書「公在楚者」，蓋爲「不朝正于廟」作解釋。諸侯每月初一至祖廟，殺羊致祭，然後回朝聽政。前者謂之告朔、視朔或聽朔，後者謂之朝廟、朝享或朝正。告朔之禮大，但春秋中期以後，天子、諸侯均不親臨，僅殺羊而已，故「子貢欲去告朔之餼羊」（論語八佾）。此不言告朔，而言朝正，或者魯此時已不告朔矣。

楚人使公親襚，襚音遂，爲死者穿衣。含、襚、賵、臨爲諸侯使臣弔鄰國之喪之禮，詳禮記雜記上。此時魯公至楚，楚人竟欲魯公親爲之。禮記檀弓下亦載此事，云：「襄公朝于荆，康王卒。荆人曰：『必請襲。』」云云，鄭注：「欲使襄公衣之」，則襚卽襲。但魯襄公去年十二月往楚，及漢，楚康王卒。據下文祓殯，則康王已大斂而停柩矣。殯後致襚，亦見雜記上，將送死者之衣服置于柩東。甚至有死已十年而後致襚者，文九年傳「秦人來歸僖公、成風之襚」是也，則僅受之而已。公患之。穆叔曰：「祓殯而襚，則布幣也。」祓音拂，祓除不祥之祭。乃使巫以桃、茢先祓殯。以桃棒與苕帚先在柩上掃除不祥。先行祓殯，而後致襚，與朝而布幣無異。布幣，卽將朝聘之皮幣陳列之。茢音列，苕帚也。據禮記檀弓下「君臨臣喪，以巫祝桃茢執戈，惡之也」，則桃茢祓殯，乃君臨臣喪之禮。楚人弗禁，既而悔之。本欲視魯君爲臣，而反使魯君行臨臣喪之禮。

二九·二 二月癸卯，癸卯，六日。齊人葬莊公於北郭。杜注：「兵死不入兆域，故葬北郭。」

二九·三 夏四月，葬楚康王，公及陳侯、鄭伯、許男送葬，至於西門之外，諸侯之大夫皆至于墓。楚郟敖即位，杜注：「郟敖，康王子熊麇也。」王子圍爲令尹。杜注：「圍，康王弟。」鄭行人子羽曰：「是謂不宜，必代之昌。松柏之下，其草不殖。」此言王子圍强霸，而郟敖幼弱。圍爲松柏，郟敖僅其下之草而已。晉語九士茁亦云「松柏之地，其土不肥」，亦此義。杜注：「爲昭元年圍弒郟敖起本。」

二九·四 公還，及方城。季武子取卞，杜注：「取卞邑以自益。」卞今泗水縣東，洙水北岸。本魯公室邑，故魯語下載此事，謂襄公欲出楚師以伐魯，榮成伯力勸止之，乃歸。使公冶問，魯語下作「使季冶逆」。問爲問候，逆爲迎接。襄公未離楚境，且季武子亦難以知襄公還歸之日程，左傳較確。杜注以公冶爲「季氏屬大夫」，魯語下韋注則曰「季冶，魯大夫，季氏之族子冶也」。據下文，「致其邑於季氏」云云，則爲季氏屬大夫明矣。璽書追而與之，以印封書追與公冶，使之轉致襄公。璽，印章。蔡邕獨斷云：「古者尊卑共用之。」據韓非子外儲說左下，西門豹爲鄴令，魏文侯收其璽，是大夫之官印亦曰璽，卽尊卑共用璽名。秦始皇始以天子之印曰璽，然據漢書百官表師古注引漢舊儀，諸侯王之印亦稱璽。古時無印泥，封識用印，先以泥封口，然後按印，近世有所發現，謂之封泥。清人吳式芬、陳介祺曾合輯封泥考略，可參看。據于省吾雙劍誃古器物圖録，載殷商銅璽摹本三，一爲「商畀鉨（古璽字）」，一爲「商隼鉨」，一爲「商奇文鉨」。然此三璽，出自古董商，疑不可信。清徐堅西京職官印譜自序謂印「始於周，沿於秦，而法備于漢」。周禮秋官職金云，「楬而璽之」，亦用璽之證也。曰：「聞守卞者將叛，臣帥徒以討之，既得之矣。敢告。」此璽書內容。蓋季武子欲得卞，乘襄公不在國内，借口卞大夫將叛而自取之。公冶致使而退，致使，問魯公安，亦交璽書。及舍，而後聞取卞。公冶固不知璽書内容，襄公拆閱而後傳聞於外，始知之。公曰：「欲之而言叛，祇見疏也。」此襄公忿怒語。意謂季武子欲之，無妨與我言之。借口卞叛而取之，徒疏遠我。

公謂公冶曰：「吾可以入乎？」恐季氏於己有不利行爲。對曰：「君實有國，誰敢違君？」公冶估計國内無人敢拒襄公。公與公冶冕服。襄公知公冶不以季氏爲然。杜注：「以卿服玄冕賞之。」固辭，强之而後受。公欲無入。榮成伯賦式微，式微，詩邶風篇名。有云：「式微式微，胡不歸？」榮成伯勸之入國。式，語首詞。乃歸。五月，公至自楚。

公冶致其邑於季氏，退還季氏所與之邑，示不爲其臣。而終不入焉。杜注：「不入季孫家。」曰：「欺其君，何必使余？」公冶知季孫問公起居是假，致書告取卞是真。取卞是欺君，己受使亦見欺。季孫見之，則言季氏如他日，謂季氏與之相見，則一如既往與季孫言。不見，則終不言季氏。及疾，聚其臣，此臣謂爲公冶服務之人。曰：「我死，必無以冕服斂，非德賞也。公冶自恨爲季孫欺騙魯君，魯君賞之，則非以其有德，因不欲以所賞斂。且無使季氏葬我。」

二九・五　葬靈王，杜注：「不書，魯不會。」鄭上卿有事。時鄭伯猶在楚。鄭上卿子展守國不能離。子展使印段往。伯有曰：「弱，年少。不可。」子展曰：「與其莫往，莫，無人也，例見詞詮。弱，不猶愈乎？詩云：『王事靡盬，日知録三云：「凡交於大國，朝聘、會盟、征伐之事謂之王事，其國之事謂之政事。」靡，無也。盬，不堅固，不細緻也。不遑啓處。』句見詩小雅四牡。遑，暇也。啓，跪也。處，居也。古人以跪代坐。跪則以膝着地而直其身，處則以膝着地而臀下于足跟。此處跪處猶言安居。詩意謂從事王事應踏實細緻，則無暇安居。東西南北，誰敢寧處？堅事晉、楚，以蕃王室也。蕃通藩，古言蕃屏，扞衛也，保護也。王事無曠，曠，猶闕失也。何常之有？」言不如常例使上卿往。遂使印段如周。

二九・六 吳人伐越，獲俘焉，以爲閽，閽音昏，守門人。使守舟。吳子餘祭觀舟，閽以刀弒之。馬王堆三號墓出土帛書春秋事語云：「吳伐越，复（俘）其民，以歸，弗复（而又）刑之，使守其周（舟）。紀譆曰：『刑不咎，使守布周（舟），游其禍也。刑人恥刑而哀不辜，怨以司（伺）間，千萬必有辛矣。』吳子余蔡（餘祭）觀周（舟），閩（閽）人殺之。」

二九・七 鄭子展卒，子皮卽位。杜注：「子皮代父爲上卿。」據三十年駟、良之爭，子皮一言而決，又授子產政；昭元年傳敍鄭卿之位序，爲罕虎（子皮）、公孫僑（子產），則子產雖執政，子皮位仍在其上。於是鄭饑，而未及麥，民病。子皮以子展之命餼國人粟，戶一鍾，以子展之命者，杜注以爲「在喪，故以父命」，孔疏以爲「蓋死日近，死時民已饑，故假其生時之遺命也」。鍾，合當時六石四斗，合今日則僅一石又十分之三耳。是以得鄭國之民，故罕氏常掌國政，以爲上卿。宋司城子罕聞之，曰：「鄰於善，近於善也。民之望也。」民人所仰望者。宋亦饑，請於平公，司城子罕請也。出公粟以貸；使大夫皆貸。司城氏貸而不書，不書，不書借約，卽不求歸還。爲大夫之無者貸。子罕又爲大夫之無粟者，代之貸於民。宋無飢人。叔向聞之，曰：「鄭之罕，子展、子皮，罕氏。宋之樂，宋子罕，樂氏。其後亡者也，二者其皆得國乎！杜注：「得掌國政。」民之歸也。施而不德，樂氏加焉，以己粟爲他大夫貸，施而不爲己德。加猶勝也。其以宋升降乎！」以，與也。謂隨宋之盛衰而升降，與國同運也。

二九·八　晉平公，杞出也，晉悼公夫人爲杞國女。故治杞。杜注：「治，理其地，修其城。」據昭元年傳並杜注，杞遷都淳于，故城之。淳于今山東安丘縣東北三十餘里。六月，知悼子合諸侯之大夫以城杞，孟孝伯會之，鄭子大叔與伯石往。子大叔見大叔文子，杜注：「文子，衛大叔儀。」與之語。文子曰：「甚乎其城杞也！」爲舅家脩城而動員諸侯，故曰「甚乎」。子大叔曰：「若之何哉！晉國不恤周宗之闕，沈欽韓補注云：「周宗言周室也。」而夏肄是屏，杞爲夏之後，故曰夏肄。肄，餘也。屏，卽蕃屏，保護之義。此言晉不憂周室之衰弱而惟護助夏代剩餘之國。其棄諸姬，亦可知也已。周宗爲姬姓之本，周宗尚不憂而尊之，姬姓諸國之被晉所棄，自可知矣。魯、鄭、衛皆姬姓。諸姬是棄，其誰歸之？晉亦姬姓，同姓之國猶被拋擲，則他國更不歸之。吉也聞之，棄同、卽異，卽，就也。此言棄同姓之國，而親近異姓之國。是謂離德。詩曰：『協比其鄰，昏姻孔云。』詩小雅正月文。協比，親附。孔，甚也。云，毛傳：「旋也。」鄭箋：「猶友也。」鄰本意爲相近者，此指諸姬。詩謂親愛相近者，婚姻之人則將甚與周旋友好。餘詳僖二十二年傳注。晉不鄰矣，此鄰爲動詞，意晉不以同姓國爲同姓國矣。其誰云之？」誰與之周旋友好乎。

二九·九　齊高子容與宋司徒見知伯，女齊相禮。杜注：「子容，高止也。司徒，華定也。」知伯，荀盈也。女齊，司馬侯也。」大臣接見外賓自有司儀節之人員，卽相禮之事。賓出，司馬侯言於知伯曰：「二子皆將不免。子容專，專謂自以爲是而擅行之。司徒侈，奢侈。皆亡家之主也。」知伯曰：「何如？」對曰：「專則速及，及，及於禍。侈將以其力斃，有力反足以致斃。專則人實斃之，將及矣。」金澤文庫本作「侈將及矣」，與釋文所引誤本同。杜注：「爲此秋高止出奔燕、昭二十年華定出奔陳傳。」

二九·一〇 范獻子來聘，拜城杞也。杜注：「謝魯爲杞城。」公享之，展莊叔執幣。杜注：「公將以酬賓。」幣是束帛。在享禮中，主人勸賓飲酒，送之以束帛，名爲酬幣。據公食大夫禮，賓三飯之後，公受宰夫束帛以侑，則執幣是宰夫之事，莊叔或時爲宰夫歟。射者三耦。此因享而射。長由盉銘云「穆王才(在)下減应，穆王鄉豊(饗醴)，即井(邢)白(伯)大祝射」，謂穆王享邢伯之後，卽與邢伯射，可以爲證。二人爲耦。古代天子與諸侯射六耦，諸侯與諸侯射四耦，此諸侯與卿大夫射，則三耦。依古禮，三耦先射，每射四箭；詩齊風猗嗟「射則貫兮，四矢反兮」是也。然後主人與賓射。公臣不足，三耦有六人，此六人必須習于禮儀又善用弓矢者。時魯公室已卑，材能之士多在私門，故公室不能備六人。取於家臣。家臣，展瑕、展王父爲一耦，「王」本作「玉」，今從石經、金澤文庫本、宋本作王。此一耦或爲上耦。公臣，公巫召伯、仲顏莊叔爲一耦，此或爲次耦。據廣韻「公」字注及「仲」字注及通志氏族略四皆以公巫、仲顏爲複姓，路史高辛紀下又云公巫、仲顏皆公族，唯俞正燮癸巳存稿卷一謂「公巫，官也；召伯，氏也；仲，字也；一人也。顏，氏也；莊叔，謚字也，一人也。」今不取。鄫鼓父、黨叔爲一耦。此或爲下耦。

二九·一一 晉侯使司馬女叔侯來治杞田，女叔侯卽女齊，官司馬，故上文又謂之司馬侯。治杞田，使魯歸還前所取杞田。弗盡歸也。所歸不多。晉悼夫人慍曰：「齊也取貨，晉悼夫人卽平公母，杞國之女。慍，怒也，怨也。取貨，杜注謂受賄。然下文叔侯答辭不辯受賄事，杜注疑不確。取貨，仍是取杞田，田土亦貨也。先君若有知也，不尚取之。」尚，爾雅釋詁：「右也。」郝懿行義疏云：「詩抑云：『肆皇天弗尚』，言天命不佑助也。」此不尚取之，謂女齊不盡歸田於杞。先君有知，不佑助也。公告叔侯。叔侯曰：「虞、虢、焦、滑、霍、楊、韓、魏，皆姬姓也，「楊」本作「揚」，今從石經初刻、金澤文庫本及段玉裁說（阮氏校勘記引）作「楊」。此八國皆先後爲晉所滅。虞、虢等六國俱已前見。焦，今河南三門峽市東二里。據史記，周武王封神農之後於焦，此說不可信。蓋神農之名初見于易繫辭，史記封禪書言「古者封泰山禪梁父者七十二家，而夷吾所記者十有二焉，神農封泰山，禪云云」，亦託之管仲耳。焦爲姬姓國，左傳明言之，何得爲神農之後，且周武王時更不知有神農氏也。僖二十三年傳之焦爲陳邑，與此名同地異。楊國，一云周宣王子尚父，幽王時封爲楊侯；一云唐叔虞之後，至晉武公，遜于齊，生伯僑，歸周天子，封楊侯。晉滅之以爲羊舌氏之邑。顧棟高大事表五云：「今山西洪洞縣東南十八里有楊城。」晉是以大。若非侵小，將何所取？武、獻以下，兼國多矣，杜注：「武公、獻公，晉始盛之君。」誰得治之？杞，夏餘也，夏餘義同上文之夏肄。而卽東夷。杜注：「行夷禮。」魯，周公之後也，而睦於晉。以杞封魯猶可，而何有焉？焉，於是也。何有於是卽何有於杞，謂不當心目中有杞國在也。魯之於晉也，職貢不乏，玩好時至，公卿大夫相繼於朝，史不絕書，府無虛月。杜注：「無月不受魯貢。」如是可矣，何必瘠魯以肥杞？瘠，音積，說文作膌，云：「瘦也。」且先君而有知也，而，用法同如，假設之詞，如果，假如，假若。毋寧夫人，而焉用老臣？」服虔云：「毋寧，寧也。」句謂先君若有知，寧使夫人自爲之，何必用我爲之。寧使夫人自爲之者，古代婦女不外交，則意謂此事先君亦日不當爲也。

二九・二二 杞文公來盟，杜注：「魯歸其田，故來盟。」書曰「子」，賤之也。杜注：「賤其用夷禮。」杞凡六次朝魯，自此以後不再朝。

二九・二三 吳公子札來聘，札，亦曰季札，吳王壽夢第四子。見叔孫穆子，說之。說同悅。謂穆子曰：「子其不得死乎！不得死即非壽終，而以惡死。好善而不能擇人。不能選擇其人者，無能知人之善惡也。吾聞君子務在擇人。吾子爲魯宗卿，而任其大政，不慎舉，不慎重舉拔人。何以堪之？禍必及子！」杜注：「爲昭四年豎牛作亂起本。」

請觀於周樂。魯受周室虞、夏、商、周四代之樂舞，故季札請觀之。古禮于所聘之國，本有請觀之禮，說詳俞樾平議。使工爲之歌周南、召南，歌有徒歌與弦歌。此弦歌也，即以各國之樂曲伴奏歌唱。周南、召南爲詩之首二篇。南有二解，一曰南爲樂名，詩小雅鼓鍾「以雅以南」可證。一曰言周公旦、召公奭之風化自北而南，從岐周被于江、漢，南方之國亦可謂南，左傳成公九年「南冠而縶者」可證。且二南俱屢言江、漢，則此說亦有理。殷商文化據考古發掘，已至江西之清江，湖北之武漢，湖南之石門、寧鄉，甚至西南及于四川之劍川，則周初文化被及江、漢，更有可能。左傳僖二十八年言「漢陽諸姬」，漢水且有姬姓國，尤足以證周文化之廣被。曰：「美哉！始基之矣，猶未也，然勤而不怨矣。」基之，爲王業奠定基礎，猶未成功，而民雖勞而不怨。勤，勞也。參讀左傳。季札論詩論舞，既論其音樂，亦論其歌詞與舞象。此「美哉」，善其音樂也。「始基之」以下，則論其歌詞。爲之歌邶、鄘、衞，邶、鄘、衞，本三國，所謂三監，三監叛周，周公平定之，後併入于衛，故季札只言衛。邶在今河南湯陰縣東南約三十里。鄘在今河南新鄉市西南約三十里。衛國都城卽今河南淇縣，故朝歌。此三國之地本是殷紂王畿。其地域與分合可參陳啟源毛詩稽古篇卷四及孫詒讓籀高述林卷一邶鄘衛攷、卷九康侯鼎拓本跋。曰：「美哉淵乎！憂而不困者也。淵，深也。康叔時遭管叔、蔡叔以殷叛。衛武公，康叔九世孫，遭幽王褒姒之難，自是憂。然而不爲之困，武公曾將兵助周平戎。吾聞衛康叔、武公之德如是，是其衛風乎！」康叔，周公弟。周初無謚，康非謚。康叔初食采邑于康，據括地志，故康城在今河南禹縣西北三十五里。後徙封衛。爲之歌王，王乃東周雒邑王城之樂曲。曰：「美哉！思而不懼，杜注：「宗周隕滅，故憂思。猶有先王之遺風，故不懼。」其周之東乎！」謂此殆周東遷以後之樂詩。爲之歌鄭，曰：「美哉！此論樂。其細已甚，此論詩辭，所言多男女閒瑣碎之事，有關政治極少。已，太也。民弗堪也。風化如此，政情可見，故民不能忍受。是其先亡乎！」鄭亡於公元前三七六年，卽周安王二十六年。韓哀侯元年滅鄭，韓徙都于鄭，故戰國韓亦稱鄭。爲之歌齊，曰：「美哉，泱泱乎！大風也哉！此論樂。表東海者，其大公乎！爲東海諸國之表率者可能是姜太公之國。國未可量也。」爲之歌豳，豳風今詩在秦風後，豳風前尚有魏、唐、陳、檜、曹諸風，魯歌詩次序不與今本同。豳，音彬，周之舊國，公劉所都，太王避狄遷之，孟子梁惠王下所謂「昔者太王居邠（卽豳），邑于岐山之下居焉」是也。豳今陝西彬縣東北二十餘里。曰：「美哉，蕩乎！蕩乎猶論語泰伯之「蕩蕩乎」，博大貌。樂而不淫，其周公之東乎！」杜注：「樂而不淫，言有節也。周公遭管、蔡之變，東征三年，爲成王陳后稷先公不敢荒淫，以成王業，故言其周公之東乎。」季札一言「其周之東乎」，一言「其周公之東乎」意自不同，蓋王風爲東周作品，豳風則西周所作，故此周公之東杜解爲征東。爲之歌秦，曰：「此之謂夏聲。古指西方爲夏，呂氏春秋古樂篇「伶倫自大夏之西」，高誘注：「大夏，西方之山。」春秋時，陳公子少西字子夏，鄭公孫夏字子西，延至東晉時之赫連勃勃據內蒙之鄂爾多斯及陝西省等地，國號大夏，亦單稱夏，後魏以爲夏州，唐亦稱夏州。至宋時，趙元昊立國稱大夏，史稱西夏，則夏聲者，西方之聲也。夫能夏則大，方言：「夏，大也。自關而西，凡物之壯大者而愛偉之，謂之夏。」大之至也，其周之舊乎！」秦盡有周之舊地。爲之歌魏，魏，本姬姓國，在今山西芮城縣北，閔元年晉獻公滅之。曰：「美哉，渢渢乎！渢音馮，又音凡。漢書地理志：「美哉，渢渢乎！」師古注：「渢渢，浮貌也。」此亦論其樂曲。下數句似論詩辭。大而婉，大，粗也。魏風多刺詩，葛屨甚至明言「是以爲刺」，但其言較婉和，如汾沮如、園有桃等。險而易行，險、易爲相對之詞，如易繫辭上「卦有小大，辭有險易」。當季札時，魏早爲晉魏氏之采邑，此言其政令習俗，雖艱難而行之甚易也。說文：「險，阻難也。」集韻：「艱難也。」杜注謂「險當爲儉，字之誤也」，不確。以德輔此，則明主也。」吳世家作「盟主」，沈濤銅熨斗齋隨筆謂左傳亦當作「盟主」，不可信。爲之歌唐，唐叔虞之初封，今山西太原市。曰：「思深哉！其有陶唐氏之遺民乎！「民」，石經及王念孫說作「風」，但下文云「非令德之後」，則作「民」是。堯本封陶，後徙于唐，則唐舊爲堯都，故云有「陶唐氏之遺民」。至劉子風俗篇謂「晉有唐、虞之遺風」，不僅言唐，且連及虞，顯然不足爲證。不然，何其憂之遠也？「其」字本無，今從石經、唐風正義引、金澤文庫本增。非令德之後，誰能若是？」爲之歌陳，陳國之地今河南開封市以東，安徽亳縣以北。詩有宛丘，陳都宛丘，今河南淮陽縣。曰：「國無主，其能久乎！」哀公十七年傳云：「七月己卯，楚公孫朝帥師滅陳。」陳滅距此年不過六十五年。自鄶以下無譏焉。「鄶」亦作「檜」，鄶國相傳爲祝融之後，周初封此，在今河南鄭州市南，爲鄭武公所滅。鄶以下者，尚有曹風也。爲之歌小雅，曰：「美哉！思而不貳，杜注：「思文、武之德，無貳叛之心。」竹添光鴻會箋云：「思只是哀思，非思文、武。」似較長。怨而不言，杜注：「有哀音。」其周德之衰乎？猶有先王之遺民焉。」先王當指周代文、武、成、康諸王。服虔謂周德之衰疑其爲幽王、厲王之政。爲之歌大雅，曰：「廣哉，熙熙乎！熙熙，和樂貌。曲而有直體，言其樂曲有抑揚頓挫高下之妙，而本體則直。其文王之德乎！」爲之歌頌，曰：「至矣哉！直而不倨，説文：「直，正見也。」尚書洪範孔傳：「直，無私也。」倨，倨傲，不遜。曲而不屈，雖能委曲，而不屈折。邇而不偪，偪同逼，侵迫也。雖與君親近而不侵犯君。遠而不攜，雖相距甚遠，而于君于國不離貳。遷而不淫，淫，亂也（呂氏春秋古樂篇高注），傾邪也（禮記儒行鄭玄注）。雖經遷徙而不邪不亂。復而不厭，雖反復往來，而不厭倦。哀而不愁，杜注：「知命。」樂而不荒，杜注：「節之以禮。」用而不匱，用謂行其德，故杜注云「德弘大」。俞樾平議謂「用疑困字之誤」，不足信。廣而不宣，心寬廣而不自顯。施而不費，論語堯曰：「因民之所利而利之，斯不亦惠而不費乎？」施卽施惠。取而不貪，杜注：「義然後取。」雖有所取，易於足欲。處而不底，處，不動。底，停滯也，止也。杜注：「守之以道。」行而不流。此與「處而不底」正相對。行動而不流蕩。杜注：「制之以義。」五聲和，宮、商、角、徵、羽五聲和諧。八風平。八風見于呂氏春秋有始篇，亦見淮南子地形訓與説文，其名雖異，皆謂八方之風。隱五年傳云：「舞所以節八音而行八風」，則季札所謂八風平者，亦指樂曲協調耳。節有度，守有序，杜注：「八音克諧，節有度也。無相奪倫，守有序也。」此皆樂曲之節拍得其正，音階之調和得其體。盛德之所同也。」頌有周頌、魯頌、商頌。周頌爲周初作品，贊揚文、武、成諸王者；魯頌爲頌僖公之作，商頌爲頌宋襄公之作，皆宗廟之樂歌，詩大序所謂「美盛德之形容以其成功告于神明」者也。季札只論頌之樂曲，不論三頌所頌之人德之高下，功之大小，故曰「盛德之所同」。

見舞象箾、南籥者，周頌維清序云：「奏象舞也。」「箾」同「簫」。舞象箾，蓋奏簫而爲象舞。詩邶風簡兮云：「左手執籥，右手秉翟。」則籥與翟（野鷄毛）皆舞時所用具。籥音樂，形似笛之樂器，孟子梁惠王下「管籥之音」可證。舞南籥，蓋奏南樂以配籥舞。曰：「美哉！猶有憾。」象箾、南籥皆頌文王之舞，故杜注云：「美哉，美其容也。文王恨不及已致太平。」見舞大武者，杜注：「武王樂。」曰：「美哉！周之盛也，其若此乎！」見舞韶濩者，濩音護。韶濩，周禮春官大司樂謂之大濩。鄭玄注：「殷湯樂。」曰：「聖人之弘也，而猶有慙德，慙同慚，慚愧之德，季札或以商湯伐桀爲以下犯上，故云「猶有慙德」而表不滿。聖人之難也。」見舞大夏者，杜注：「禹之樂。」曰：「美哉！勤而不德，淮南子繆稱訓云：「禹無廢功，無廢財，自視猶觖如也」，可解此「勤而不德」。不德，不自以爲德也。非禹，其誰能修之？」修之謂創此樂舞。呂氏春秋古樂篇云：「禹立，勤勞天下，日夜不懈。命皐陶作爲夏籥九成，以昭其功。」見舞韶箾者，「箾」同「簫」。韶箾亦作簫韶，尚書益稷「簫韶九成」是也。相傳爲虞舜之樂舞。曰：「德至矣哉，大矣！如天之無不幬也，幬音導，又音陶，覆蓋也。如地之無不載也。雖甚盛德，雖同唯，參見詞詮。其蔑以加於此矣，觀止矣。盡善盡美至于最大限度，故曰觀止。若有他樂，吾不敢請已。」姜宸英湛園札記云：「季札觀樂，使工歌之，初不知其所歌者何國之詩也。聞聲而後別之，故皆爲想像之辭，曰：『此其衛風乎！』『其周之東乎！』至于見舞，則便知其爲何代之樂，直據所見以贊之而已，不復有所擬議也。」

其出聘也，通嗣君也。嗣君，杜注以爲餘祭，賈逵、服虔皆以爲夷昧。此時餘祭立歷四年，季札出使前餘祭已被殺，夷昧新立，則賈、服之説較可信。故遂聘于齊，説晏平仲，説同悦。謂之曰：「子速納邑與政。杜注：「納，歸之公。」無邑無政，乃免於難。齊國之政將有所歸，未獲所歸，難未歇也。」歇，息也。故晏子因陳桓子以納政與邑，是以免於欒、高之難。欒、高之難見昭十年傳。

聘於鄭，見子産，如舊相識。與之縞帶，縞音槁，白色生絹。帶，大帶，亦曰紳。子産獻紵衣焉。紵音佇，麻也。麻所織之衣曰紵衣。鄭世家云「子産厚遇季子」，即此互相贈物乎。謂子産曰：「鄭之執政侈，難將至矣，政必及子。子爲政，慎之以禮。不然，鄭國將敗。」執政指伯有。

適衞，説蘧瑗、蘧伯玉，其人也，論語憲問所謂「欲寡其過而未能」，淮南子原道所謂「年五十而知四十九年非」。史狗、杜注：「史朝之子文子。」史鰌、鰌音秋。即史魚，其人又見定十三年傳、論語衞靈公、大戴禮保傅諸書。公子荆、論語子路載孔丘謂之善居室。公叔發、杜注：「公叔文子。」禮記檀弓、論語憲問等書皆曾載其行事。公子朝，非昭二十年傳之公子朝。梁玉繩史記志疑疑爲「公孫朝」之誤。曰：「衞多君子，未有患也。」

自衞如晉，將宿於戚，戚爲孫文子之邑。季札蓋由吳（今蘇州市）先至曲阜，再至臨淄。由臨淄至今新鄭縣，北行至衞都帝丘，然後先北行經戚（今濮陽縣北而稍東），再西行適晉。吳世家作「將舍於宿」，誤。索隱强爲之解，不足信。

聞鐘聲焉，曰：「異哉！吾聞之也，辯而不德，梁履繩補釋謂辯讀爲變，以臣逐君，非正也。既爲變亂，而又不德。必加於戮。夫子獲罪於君以在此，懼猶不足，而又何樂？夫子之在此也，猶燕之巢于幕上。幕即帳幕，隨時可撤。燕巢于其上，至爲危險。君又在殯，此時獻公卒而未葬。而可以樂乎？」遂去之。杜注：「不止宿。」文子聞之，終身不聽琴瑟。杜注：「聞義能改。」琴瑟，樂之小者；鐘鼓，樂之大者。此以小概大。

適晉，說趙文子、韓宣子、魏獻子，曰：「晉國其萃於三族乎！」杜注：「言晉國之政，將集於三家。」說叔向。將行，謂叔向曰：「吾子勉之！君侈而多良，良謂良臣。大夫皆富，政將在家。謂政權將由公室落于大夫。吾子好直，必思自免於難。」

二九・一四 秋九月，齊公孫蠆、公孫竈放其大夫高止於北燕。杜注：「蠆，子尾；竈，子雅。」放，逐之出國。孔疏引杜預釋例云：「放者，受罪黜免，宥之以遠也。」乙未，乙未，二日。出。書曰「出奔」，罪高止也。高止好以事自爲功，好興事，且每以其事爲己之功。且專，故難及之。

二九・一五 冬，孟孝伯如晉，報范叔也。杜注：「范叔，士鞅也。此年夏來聘。」

二九・一六 爲高氏之難故，高豎以盧叛。盧，高氏邑，在今山東長清縣西南，平陰縣東北。杜注：「豎，高止子。」十月庚寅，庚寅，二十七日。閭丘嬰帥師圍盧。閭丘嬰曾於二十五年逃至魯，二十八年慶氏使諸逃亡者返，嬰或者亦以此時返齊。高豎曰：「苟使高氏有後，請致邑。」杜注：「還邑於君。」齊人立敬仲之曾孫酀，杜注：「敬仲，高傒。」酀即後之高偃，酀、偃音近可通。孔疏兩引世本，一謂高止是敬仲玄孫之子，一謂高偃爲敬仲玄孫。但古人于孫以後之子孫，無論隔若干代，皆可稱曾孫，不必孫之子始得稱曾孫。詩小雅信南山「畇畇原隰，曾孫田之」，孔疏引鄭玄箋謂「自孫之子而下，事先祖皆稱曾孫」，是也。良敬仲也。杜注：「良猶賢也。」十一月乙卯，乙卯，二十三日。高豎致盧而出奔晉，晉人城緜而寘旃。緜即緜上，亦即介山，今山西介休縣東南。旃，之焉之合音字。

二九・一七　鄭伯有使公孫黑如楚，杜注：「黑，子晳。」辭曰：「楚、鄭方惡，而使余往，是殺余也。」伯有曰：「世行也。」子晳曰：「可則往，難則已，何世之有？」可往則往，有危難則止，無所謂代代爲使者。伯有將强使之。子晳怒，將伐伯有氏，大夫和之。兩族將用武，其他大夫調和之。十二月己巳，己巳，七日。鄭大夫盟於伯有氏。裨諶曰：古今人表作「卑湛」，論語憲問仍作「裨諶」。「是盟也，其與幾何？即「其幾何歟」之變句，言不能久。詩曰『君子屢盟，亂是用長』，小雅巧言句。桓十二年傳亦引此。今是長亂之道也，禍未歇也，必三年而後能紓。」紓音舒，解除也。然明曰：「政將焉往？」裨諶曰：「善之代不善，以好人代替壞人。天命也，其焉辟子產？辟同避。杜注：「言政必歸子產。」舉不踰等，則位班也。若依班次，子產應執政。擇善而舉，則世隆也。若擇善人，則子產爲世所重。天又除之，除之，爲子產清除道路。奪伯有魄，大戴禮少閒篇：「若夏商者，天奪之魄，不生德焉。」則爲人作惡，謂之天奪魄。此謂伯有將不得善終。子西即世，以班次論，伯有正執政，而其人將以惡死。其次爲子西，子西又已死。將焉辟之？鄭之執政，子產無所辭其責。天禍鄭久矣，其必使子產息之，乃猶可以戾。戾，定也。不然，將亡矣。」

三十年，戊午，公元前五四三年。周景王二年、晉平十五年、齊景五年、衞襄公惡元年、蔡景四十九年、鄭簡二十三年、曹武十二年、陳哀二十六年、杞文七年、宋平三十三年、秦景三十四年、楚郟敖二年、吳夷末元年、許悼四年。

經

三〇·一 三十年春王正月，正月初十日辛丑冬至，建子。楚子使薳罷來聘。罷音皮，公羊作「頗」，後同。

三〇·二 夏四月，蔡世子般弒其君固。般音班。

三〇·三 五月甲午，甲午，五日。宋災，宋伯姬卒。公羊、穀梁「伯姬」上無「宋」字。

三〇·四 天王殺其弟佞夫。「佞夫」公羊作「年夫」。

三〇·五 王子瑕奔晉。

三〇·六 秋七月，叔弓如宋，葬宋共姬。穀梁「共姬」上無「宋」字。

三〇·七 鄭良霄出奔許，自許入于鄭，鄭人殺良霄。

三〇·八 冬十月，葬蔡景公。無傳。

三〇·九 晉人、齊人、宋人、衞人、鄭人、曹人、莒人、邾人、滕人、薛人、杞人、小邾人會于澶淵，宋災故。

傳

三〇·一 三十年春王正月，楚子使薳罷來聘，通嗣君也。杜注：「郟敖即位。」自文公九年楚使越椒聘魯，至此歷七十五年未嘗交聘。此年以後無論吳國、楚國俱不來聘矣。穆叔問王子圍之爲政何如。原無「圍」字，釋文一本有，杜預注本亦有，今從之增。杜注：「王子圍爲令尹。」對曰：「吾儕小人食而聽事，猶懼不給命，不給命，給，足也，謂不足完成使命也。而不免於戾，焉與知政？」固問焉，不告。穆叔告大夫曰：「楚令尹將有大事，謂將殺王而自立。子蕩將與焉助之，子蕩，薳罷之字。「助之」或屬下讀，今從會箋「將與焉助之」連讀，較長。匿其情矣。」

三〇·二 子產相鄭伯以如晉，叔向問鄭國之政焉。對曰：「吾得見與否，在此歲也。駟、良方爭，駟氏，子皙；良氏，伯有。未知所成。成即「大夫和之」之和，今曰調停。若有所成，吾得見，乃可知也。」叔向曰：「不既和矣乎？」對曰：「伯有侈而愎，驕泰奢侈而又倔强固執。子皙好在人上，莫能相下也。雖其和也，猶相積惡也，惡至無日矣。」言不久即將爆發。

三〇·三 二月癸未，「二月」原作「三月」，今從阮元校勘記及金澤文庫本訂正。癸未，二十二日。晉悼夫人食輿人之城杞者，輿人即城杞之役卒，與僖二十八年傳之輿人同義，而昭四年傳之輿人則爲賤吏。城杞在去年，此晉之築杞城之已歸者，晉悼夫人慰勞而食之。絳縣人或年長矣，或，有人也。此人不知姓名，惠棟補注以爲即孟子萬章下之亥唐，亦卽太平御覽三七二所引韓子之唐亥，穿鑿附會，不足信。無子而往，因其無子，故往城杞。與於食。有與疑年，據周禮地官鄉大夫，國中自七尺以及六十，野自六尺以及六十有五皆征之。而此人似過老，故疑其年齡。使之年。杜注：「使言其年。」曰：「臣，小人也，不知紀年。臣生之歲，正月甲子朔，四百有四十五甲子矣，六十日輪一次甲子，已歷四百四十五甲子。其季於今三之一也。」其季猶其末、其餘，四百四十五甲子，其最後之甲子到今日爲三分之一週甲，自甲子至癸未適二十日。吏走問諸朝。杜注：「皆不知，故問之。」師曠曰：「魯叔仲惠伯會郤成子于承匡之歲也。杜注：「在文十一年。」晉用夏正，文十一年寅月(正月)甲子朔，于周正則三月。是歲也，狄伐魯，叔孫莊叔於是乎敗狄于鹹，獲長狄僑如及虺也、豹也，而皆以名其子。文十一年傳僅言叔孫得臣(卽莊叔)獲長狄僑如，以名宣伯。宣伯之弟有叔孫豹，則名虺者蓋叔仲昭伯而字帶。七十三年矣。」絳人生于公元前六一六年周正三月初一，至此年虛歲爲七十四，古人歲盡增年，七十三歲爲實數。史趙曰：「亥有二首六身，下二如身，是其日數也。」說文亥作𠀅，李斯所書寫之碑，亥字旁𠀅皆作丁字形，故諸家多說亥有二首者，卽上兩筆之二，代表二萬，六身者，古人籌算，六或擺作⊥，或擺作丅，總之一橫爲五，一豎(直)爲一，五加一爲六。𠀅皆六之數字所構成。下二如身者，以上二置於下，若六身之身，則其形爲丅丅，于舊算碼爲二六六六。此種說法，僅就小篆字形而言，似近穿鑿。王端履重論文齋筆録又引王紹蘭說，謂商鐘銘「吉日丁亥」之「亥」作「𠀅」，正合二首六身云云，亦未必確。春秋戰國，各國字體本不甚統一，史趙或就晉國當時字體言之，今則不必强求其解矣。說此句者甚多，不具引。士文伯曰：「然則二萬六千六百有六旬也。」「六千」阮刻本誤作「二千」，今從金澤文庫本、石經、淳熙本訂正。老人自言歷四百四十五甲子，其末周甲僅歷三分之一，故實歷四百四十四个六十日又加二十日，共計二萬六千六百六十日。此言二萬六千六百，謂二萬六千六百日；又六旬，又六十日。趙孟問其縣大夫，問老人其縣大夫爲誰。則其屬也。即趙武之屬吏。召之而謝過焉，謝過，道歉。曰：「武不才，任君之大事，以晉國之多虞，虞，憂也。不能由吾子，杜注：「由，用也。」使吾子辱在泥塗久矣，武之罪也。敢謝不才。」遂仕之，使助爲政。辭以老。與之田，使爲君復陶，昭十二年傳「王皮冠，秦復陶」，杜注：「秦所遺羽衣也。」則復陶爲衣服名。杜注此云：「復陶，主衣服之官」，或即由此推之。癸巳存稿一云：「使爲君者，使人傳君命也。復者，賜復之復；陶爲臯陶之繇，通陶爲繇。言增其田，以君命復其繇役，而仕之爲絳縣師。」下文「爲絳縣師」，則不能兼爲晉君主衣服之官。蓋縣師在郊，主衣官在公宮。俞說雖可通，然以「爲君」爲「使人傳君命」，增字爲訓，似迂曲。爲君復陶者，爲君辦理免役之事，因而爲絳縣師。以爲絳縣師，杜注：「縣師掌地域，辨其夫家人民。」而廢其輿尉。廢，今之撤職，免職。輿尉，即主持徵役者，因役孤老，故免之。

於是魯使者在晉，歸以語諸大夫。季武子曰：「晉未可媮也。媮音偷，薄也，此作輕視義。有趙孟以爲大夫，此大夫義與卿大夫之大夫有別，趙武實主晉國之政，則大夫猶上卿也。有伯瑕以爲佐，伯瑕，士匄字，即士文伯。有史趙、師曠而咨度焉，咨度猶今言顧問、諮詢。有叔向、女齊以師保其君。晉語七載司馬侯對晉悼公之問曰，羊舌肸習於春秋。乃召叔向使傅大子彪（晉平公），則叔向于平公爲太子時即爲其傅。晉語八又云，「叔向見司馬侯之子，撫而泣之，曰：『自此其父之死，吾蔑與比而事君矣。昔者，此其父始之，我終之，我始之，夫子終之，無不可。』」此足證叔向、女齊同爲師保。其朝多君子，其庸可媮乎！庸，豈也。勉事之而後可。」

三〇·四 夏四月己亥，四月不當有己亥日。鄭伯及其大夫盟。杜注：「駟、良爭故。」君子是以知鄭難之不已也。去年諸大夫盟，今年鄭君臣共盟，由難不已。

三〇·五 蔡景侯爲大子般娶於楚，通焉。二十八年傳子產已言之。大子弑景侯。

三〇·六 初，王儋季卒，杜注：「儋季，周靈王弟。」其子括將見王，而歎。杜注：「括除服見靈王，入朝而歎。」單公子愆期爲靈王御士，過諸廷，御士，侍御之士。諸，作「於」用，介詞，見詞詮。杜注：「愆期行過王廷。」聞其歎，而言曰：「烏乎！必有此夫！」烏乎即嗚呼。杜注：「欲有此朝廷之權。」入以告王，且曰：「必殺之！不慼而願大，慼，說文作慽，憂也。其父死，初脫除喪服，已無餘哀；而至朝廷，願望甚大。視躁而足高，視躁，言其處處張望。足高猶桓十三年傳「舉趾高，心不固矣」。心在他矣。不殺，必害。」王曰：「童子何知！」童子指單愆期。成十六年傳范文子謂其子曰「童子何知焉」，晉語五隨武子謂其子「爾童子」，童子皆謂年幼無知者。及靈王崩，儋括欲立王子佞夫。杜注：「佞夫，靈王子，景王弟。」佞夫弗知。戊子，戊子，二十八日。儋括圍蔿，蔿邑見隱十一年傳注。逐成愆。馮繼先春秋名號歸一圖上謂按釋例單公子愆期、成愆爲一人。而今本世族譜雜人內則愆期與成愆並列。杜注：「成愆，蔿邑大夫。」成愆奔平時。杜注：「平時，周邑。」當亦離洛陽不遠。五月癸巳，癸巳，四日。尹言多、劉毅、單蔑、甘過、鞏成殺佞夫。杜注：「五子，周大夫。」梁履繩補釋謂「尹言多與劉、單同列，其爲尹氏世卿無疑。杜氏世族譜以尹言多爲雜人，豈因未詳其系耶？」萬氏氏族略則謂尹言多，武公之後，亦未知何據。括、瑕、廖奔晉。春秋只書「王子瑕奔晉」，不書儋括與廖，杜以爲括、廖賤。或以爲括是亂首，固應放逐，故書瑕而略括。書曰「天王殺其弟佞夫」，罪在王也。杜注：「佞夫不知故。經書在『宋災』下，從赴。」

三〇·七 或叫于宋大廟，叫，大呼。大廟即哀二十六年傳大尹殯公于大宮之大宮，當是微子之廟，春秋列國皆爲始封君立大廟也。曰：「譆譆，出出。」象聲之詞。鳥鳴于亳社，宋有亳社，蓋宋乃殷商之後。哀四年經「亳社災」，則魯之亳社。如曰「譆譆」。甲午，宋大災。宋伯姬卒，待姆也。杜注：「姆，女師。」公羊何休注：「禮，后夫人必有傅母，所以輔正其行，衞其身也。選老大夫爲傅，選老大夫妻爲母。」穀梁傳云：「伯姬之舍失火，左右曰：『夫人少辟火乎？』伯姬曰：『婦人之義，傅母不在，宵不下堂。』左右又曰：『夫人少辟火乎？』伯姬曰：『婦人之義，保母不在，宵不下堂。』遂逮乎火而死。」公羊傳云：「宋災，伯姬存焉。有司復曰：『火至矣，請出。』伯姬曰：『不可，吾聞之也，婦人夜出，不見傅母，不下堂。』傅至矣，母未至也，逮乎火而死。」君子謂宋共姬：「女而不婦。女待人，婦義事也。」未嫁曰女，已嫁曰婦。君子謂伯姬其行乃女道，非婦道。女應無保傅不下堂，婦則可以便宜行事，何必葬身火窟中。伯姬爲宋共公夫人，故又謂之宋共姬。其嫁于共公在成公九年，嫁六年而共公死，寡居三十四年，此時已六十左右。左氏舉當時人議論，不以共姬之行爲賢，與公羊、穀梁、淮南子泰族訓、列女傳等異。西漢張敞奏諫亦云「君母下堂則從傅母」，見漢書張敞傳，是亦用穀梁義。

三〇·八 六月，鄭子產如陳莅盟，歸，復命。告大夫曰：「陳，亡國也，不可與也。杜注：「不可與結好。」聚禾粟，繕城郭，恃此二者，而不撫其民。其君弱植，弱植猶言根基不固。哀公有廢疾。公子侈，謂公子留。大子卑，大子偃師。大夫敖，敖同傲，亦作傲。政多門，杜注：「政不由一人。」此四語參昭八年傳自知。以介於大國，杜注：「介，間也。」謂陳小而在大國之間。能無亡乎？不過十年矣。」杜注：「爲昭八年楚滅陳傳。」

三〇·九 秋七月，叔弓如宋，據世本、禮記檀弓下鄭玄注及杜預世族譜，叔弓爲叔老之子，魯宣公弟叔肸之曾孫，又稱子叔敬叔。葬共姬也。杜注：「傷伯姬之遇災，故使卿共葬。」據昭三年傳云：「國薨，大夫弔，卿共葬事；夫人，士弔，大夫送葬。」若按此禮，不當遣叔弓往宋，故杜預以爲此乃特例。

三〇·一〇 鄭伯有耆酒，爲窟室，窟室卽今地下室。而夜飲酒，擊鐘焉。朝至，未已。羣卿大夫先朝伯有，猶齊之大夫朝慶封。朝者已至，伯有飲尚未止。朝者曰：「公焉在？」公謂伯有。伯有之家臣尊其主稱伯有爲公，朝者亦因其稱問焉。其人曰：「吾公在壑谷。」其人，被問之伯有家臣。壑谷指窟室。皆自朝布路而罷。杜注：「布路，分散。」言自伯有之朝分路散歸。既而朝，伯有及羣臣共朝鄭君。則又將使子晳如楚，歸而飲酒。庚子，庚子，十一日。子晳以駟氏之甲伐而焚之。伯有奔雍梁，雍梁，今新鄭縣西南四十五里，長葛縣西北約四十里。亦卽十八年之雍梁，彼注在禹縣東北，實相同。醒而後知之。遂奔許。

大夫聚謀。子皮曰：「仲虺之志云：杜注：「仲虺，湯左相。」『亂者取之，亡者侮之。推亡、固存，國之利也。』十四年傳「利」作「道」。罕、駟、豐同生，杜注：「罕，子皮；駟，子晳；豐，公孫段也。三家本同母兄弟。」伯有汰侈，汰，驕傲。故不免。」杜注：「三家同出，而伯有孤特，又汰侈，所以亡。」人謂子產就直助彊。杜注：「時謂子皙直，三家彊。」此四字蓋概括他人向子產之建議，非原語。子產曰：「豈爲我徒？杜注：「徒，黨也。言不以駟、良爲黨。」國之禍難，誰知所敝？「敝」原作「儆」，疑誤。今從金澤文庫本正。敝借爲弊，周禮大司馬鄭注：「弊，止也。」或主彊直，難乃不生。乃，寧也。謂患難豈不生乎？詳王引之經義述聞。姑成吾所。」成，定也。所，意也。謂我姑且成我之意。說見楊樹達古書疑義舉例續補卷二。辛丑，辛丑，十二日。子產斂伯有氏之死者而殯之，殯卽論語鄉黨「於我殯」之殯，泛指停柩以及埋葬之事。不及謀而遂行。不及與諸大夫聚謀而卽行。印段從之。以子產爲善而從之行。子皮止之。衆曰：「人不我順，人不順我，謂其收伯有氏死者之尸而葬之。何止焉？」子皮曰：「夫子禮於死者，況生者乎？」遂自止之。止子產。壬寅，壬寅，十三日。子產入。癸卯，癸卯，十四日。子石入。子石卽印段。上言印段者，以鄭有兩子石。皆受盟于子皙氏。子皙之家。乙巳，乙巳，十六日。鄭伯及其大夫盟于大宮，大宮卽太廟，始封君桓叔之廟。盟國人于師之梁之外。杜注：「師之梁，鄭城門。」

伯有聞鄭人之盟己也，怒；爲己而國人相盟誓，是共同抗己也。聞子皮之甲不與攻己也，喜，曰：「子皮與我矣。」誤以爲子皮助之。癸丑，癸丑，二十四日。晨，自墓門之瀆入，陳風有墓門，王逸云「蓋陳城門」，故杜注此亦云「鄭城門」。瀆借爲竇，出水穴。楊樹達先生讀左傳云。因馬師頡介于襄庫，杜注：「馬師頡，子羽孫。」借頡之助，取襄庫之甲而使己衆着之。以伐舊北門。駟帶率國人以伐之。杜注：「駟帶，子西之子，子皙之宗主。」皆召子產。杜注：「駟氏、伯有俱召。」子產曰：「兄弟而及此，吾從天所與。」良霄、駟帶並穆公曾孫，則兄弟輩；子產、子皙、伯石並穆公孫，亦兄弟輩。從天所與，從天助之而勝者。伯有死於羊肆。賣羊之街。子產襚之，衣其尸，小斂也。枕之股而哭之，枕之股，枕其股也。之作其用。以伯有股爲枕。斂而殯諸伯有之臣在市側者，斂，大斂，以尸入棺。殯，停棺。既而葬諸斗城。斗城在今河南廢陳留縣（今陳留鎮）南三十五里，通許縣東北。子駟氏欲攻子產。子駟氏卽駟氏，猶叔弓、叔老亦稱子叔氏。駟氏召子產不往，而又葬伯有，故欲攻之。子皮怒之，曰：「禮，國之幹也。幹猶骨幹，支柱。殺有禮，有禮，有禮之人。禍莫大焉。」乃止。杜注：「斂葬伯有爲有禮。」

於是游吉如晉還，聞難，不入。復命于介。介，游吉之副手，使介入都代之復命。八月甲子，甲子，初六日。奔晉。駟帶追之，及酸棗。酸棗，今河南延津縣西南。與子上盟，用兩珪質于河。杜注：「子上，駟帶也。沈珪於河爲信也。」使公孫肸入盟大夫。公孫肸或卽介。己巳，己巳，十一日。復歸。杜注：「游吉歸也。」

書曰「鄭人殺良霄」，不稱大夫，言自外入也。

於子蟜之卒也，杜注：「子蟜，公孫蠆。卒在十九年。」將葬，公孫揮與裨竈晨會事焉。早晨二人共同商辦喪事。過伯有氏，其門上生莠。莠音有，本草：「狗尾草也。」子羽曰：「其莠猶在乎？」杜注：「子羽，公孫揮。以莠喻伯有，伯有侈，知其不能久存。」於是歲在降婁，降婁亦名奎婁，十二星次之一，與黃道十二宮之白羊宮相當。降婁中而旦。禮記月令：「季夏旦奎中。」月令之季夏，於周正爲八月，於夏正爲六月。公孫蠆以襄十九年周正四月十三日死，當于七月葬，或以事緩至八月葬，正降婁（奎）在中天而天初明。禆竈指之，之，降婁。此時日將出，天尚暗，故可見婁宿三星。曰：「猶可以終歲，終歲，歲星（木星）繞日一周終也。以木星在降婁計，須經大梁、沈實、鶉首、鶉火、鶉尾、壽星、大火、析木、星紀、玄枵、娵訾再及于降婁，爲一歲終。意謂伯有尚可苟存于木星此次繞日一周。歲不及此次也已。」當子羽、禆竈論伯有，時在襄十九年，卽木星次于降婁之年。禆竈又謂伯有不能再苟活于木星再次在于降婁。及其亡也，伯有被殺。歲在娵訾之口，二十八年木星在玄枵，則二十九年當在娵訾，三十年周正七月，卽伯有死之年月，木星正過娵訾，而未及降婁，故云「歲在娵訾之口」。其明年乃及降婁。證實禆竈之預言。

僕展從伯有，與之皆死。杜注：「僕展，鄭大夫，伯有黨。」羽頡出奔晉，羽頡卽馬師頡，馬師是其官，羽乃其氏，以其祖子羽爲氏。爲任大夫。任，晉邑，今河北任縣東南。

雞澤之會，杜注：「在三年。」鄭樂成奔楚，遂適晉。羽頡因之，與之比而事趙文子，言伐鄭之說焉。進言伐鄭。以宋之盟故，不可。杜注：「宋盟約弭兵故。」子皮以公孫鉏爲馬師。杜注：「鉏，子罕之子，代羽頡。」

三〇·一一 楚公子圍殺大司馬蔿掩而取其室。蔿掩爲大司馬與其行政見于二十五年傳。申無宇曰：「王子必不免。杜注：「無宇，芋尹。」善人，國之主也。王子相楚國，將善是封殖，謂宜封殖（培養）善人。而虐之，是禍國也。且司馬，令尹之偏，杜注：「偏，佐也。」而王之四體也。王之手足。絶民之主，去身之偏，艾王之體，艾讀爲刈，斬除也。楊樹達先生說。以禍其國，無不祥大焉。句與「不祥莫大焉」同。何以得免？」杜注：「爲昭十三年楚弒靈王傳。」

三〇·一三
爲宋災故，諸侯之大夫會，以謀歸宋財。歸假借爲饋，閔二年傳「歸公乘馬」、「歸夫人魚軒」，論語陽貨「歸孔子豚」，又微子「齊人歸女樂」。歸皆饋贈義。冬十月，叔孫豹會晉趙武、齊公孫蠆、宋向戌、衞北宮佗、杜注：「佗，北宮括（原無「括」字，今從阮元校勘記及金澤文庫本增）之子。」鄭罕虎及小邾之大夫會于澶淵。此澶淵仍是濮陽縣西北之澶淵，見二十年經注。後漢書郡國志謂沛國杼秋有澶淵聚，劉昭注引此年之文，蓋誤以此澶淵爲宋地。既而無歸於宋，故不書其人。經不書與會者姓名，唯云某人，而傳則詳列其人。

君子曰：「信其不可不慎乎！澶淵之會，卿不書，與會者皆列國上卿。不信也。夫諸侯之上卿，會而不信，寵、名皆棄，寵指其執政之位，寵，榮也，尊也。名謂其氏族與名字。不信之不可也如是。詩曰，『文王陟降，在帝左右』，詩大雅文王句。陟，登也，升也。謂文王或升或降，俱在天帝左右。信之謂也。又曰『淑慎爾止，無載爾僞』，杜注謂「逸詩也」，蓋詩無「無載爾僞」之句。然詩大雅抑云：「淑慎爾止，不愆于儀」，或以爲所引即此詩，蓋因傳授有異。淑，善也。慎，謹也。止，舉止也。句謂好好慎重汝之舉動，不要表現汝之欺詐。載，行也，爲也。不信之謂也。」書曰「某人某人會于澶淵，宋災故」，尤之也。尤，說文作「訧」，云：「罪也。」經書會，從未說明所會何事，而此獨言「宋災故」，而實于宋災無補，故云罪之。不書魯大夫，諱之也。經未嘗書「魯人」，而叔孫豹實與會。

三〇·一三 鄭子皮授子產政。杜注：「伯有死，子皮知政，以子產賢，故讓之。」辭曰：「國小而偪，杜注：「偪近大國。」族大、寵多，不可爲也。」爲讀爲論語爲政「子奚不爲政」之爲。杜注：「爲猶治也。」子皮曰：「虎帥以聽，誰敢犯子？子善相之。國無小，小能事大，國乃寬。」吳語韋注：「寬，緩也。」寬緩卽不逼急。

子產爲政，有事伯石，伯石卽公孫段，字子石。言伯石者，所以別于印段。有事於伯石者，欲使之完成任務也。賂與之邑。與之邑以賂之。子大叔曰：「國皆其國也，奚獨賂焉？」焉作之用。謂國爲大衆之國，何爲獨賂之。子產曰：「無欲實難。皆得其欲，以從其事，而要其成。要，平聲，音邀。取也，求也。非我有成，其在人乎？其作豈用。言若非我有成，豈在他人。其意謂國事之成敗，在于主政者之用人。何愛於邑，邑將焉往？」愛，惜也。言邑不足惜，國家之臣得邑，仍在國家，不能携之他往。子大叔曰：「若四國何？」四國，四方之鄰國。子大叔懼他國之議論。子產曰：「非相違也，而相從也，四國何尤焉？言我與之邑，非羣臣互相分裂，而是相順從，四鄰無可罪我。鄭書有之曰：鄭書，鄭國史籍。『安定國家，必大焉先。』必大焉先，必先大之倒裝句。焉是語中助詞，用於倒裝，例見詞詮。大，大族。孟子離婁上云「爲政不難，不得罪於巨室」，卽此意。姑先安大，以待其所歸。」姑且先安定大族，再看大族歸于何處。既伯石懼而歸邑，卒與之。伯有既死，使大史命伯石爲卿，辭。伯石不受。大史退，則請命焉。伯石請大史更命己。復命之，又辭。如是三，乃受策入拜。子產是以惡其爲人也，實欲得卿位，而三次僞辭。使次己位。杜注：「畏其作亂，故寵之。」

子產使都鄙有章，都有數義，說文：「有先君之舊宗廟曰都。」莊二十八年傳：「凡邑，有宗廟先君之主曰都，無曰邑。」此狹義也。公羊僖十六年傳何休注云：「人所聚曰都。」故隱元年左傳有「大都不過參國之一，中五之一，小九之一」之語，中都、小都未必有宗廟先君之主，猶孟子公孫丑下亦謂平陸爲都，平陸僅侯國小邑耳，此廣義之都也。此都、鄙對文，鄙即鄙野；則此都爲廣義，凡大夫之采邑，侯國之下邑皆可曰都。章，孔子家語子貢問「上下有章」，注：「別也。」蓋都多大夫士與工商，鄙多田與農，因而有所不同。上下有服，服，事也，職也。上下各有任使。田有封洫，封，田界。洫，水溝。說文謂廣四尺深四尺爲溝，廣八尺深八尺謂之洫，此洫亦包括溝，田間之水道，所以灌溉與排水者。何焯義門讀書記云：「十年子駟爲田洫，子產亦因子駟之故而修之。」但觀下文，子產之封洫，恐較子駟有所不同。廬井有伍。廬，廬舍。廬井一詞，爲田野之農舍。井田以九夫爲井，此則用水之井。耕田既改變疆界，又作大小水渠，則廬舍亦當另作佈置。伍即下文「取我田疇而伍之」之伍，賦稅也。大人之忠儉者，大人謂卿大夫。從而與之；與，親也，許也，舉也。謂親近、嘉許或舉拔之也。泰侈者因而斃之。泰侈即上文「伯有汰侈」之汰侈。斃，踣也，今言跌倒。謂罰而使之去職。

豐卷將祭，鄭穆公之子曰公子豐，則豐卷亦穆公之後，以豐爲氏者。杜預世族譜列豐卷入雜人，不知所據。請田焉。請允許其爲祭祖而田獵祭品。弗許，子產不許。曰：「唯君用鮮，衆給而已。」唯人君用新獵之獸以祭，衆人則視其有無，大致足够而已。子張怒，子張，豐卷字。退而徵役。徵召兵徒，欲攻子產。子產奔晉，子皮止之，而逐豐卷。豐卷奔晉。子產請其田、里，說文，里，居也。即住宅。詩鄭風將仲子「無踰我里」，毛傳：「里，居也。」杜注：「請於公，不沒入。」三年而復之，三年後仍使豐卷返國。反其田、里及其入焉。並將豐卷之田宅及三年以來之總收入送還豐卷。孟子離婁下：「有故而去，則君使人導之出疆，又先於其所往。去三年不反，然後收其田里。」此或是古禮。

從政一年，輿人誦之，周禮大司樂「興道諷誦言語」鄭注：「以聲節之曰誦。」曰：「取我衣冠而褚之，呂氏春秋樂成篇作「我有衣冠，而子產貯之」。褚即貯。楊寬古史新探謂貯是財物稅，可取。取我田疇而伍之。一切經音義引倉頡篇云：「疇，耕地也。」樂成篇作「我有田疇，而子產賦之」。此「伍」字亦「賦」之借字，納田稅也。昭四年又改作丘賦。孰殺子產，吾其與之。」其，將也。與，樂成篇高注：「猶助也。」褚、伍、與爲韻。及三年，又誦之，曰：「我有子弟，子產誨之；教誨也。我有田疇，子產殖之。殖，謂增加產量。子產而死，而，假設連詞，如也。誰其嗣之？」嗣，繼承。誨、殖、嗣爲韻。

三十一年，己未，公元前五四二年。周景王三年、晉平十六年、齊景六年、衞襄二年、蔡靈公般元年、鄭簡二十四年、曹武十三年、陳哀二十七年、杞文八年、宋平三十四年、秦景三十五年、楚郟敖三年、吳夷末二年、許悼五年。

經

三一·一　三十有一年春王正月。正月二十一日丁未冬至，建子。

三一·二 夏六月辛巳，辛巳，二十八日。公薨于楚宫。

三一·三 秋九月癸巳，癸巳，十一日。子野卒。

三一·四 己亥，己亥，十七日。仲孫羯卒。

三一·五 冬十月，滕子來會葬。

三一·六 癸酉，癸酉，二十一日。葬我君襄公。

三一·七 十有一月，莒人弑其君密州。校勘記云：「傳作買朱鉏。」段玉裁謂「此左經曰『密州』，左傳以『買朱鉏』釋之，豈非通夷夏之語互訓之歟？」詳其經韻樓集密州說。

傳

三一·一 三十一年春王正月，穆叔至自會。杜注：「澶淵會還。」見孟孝伯，語之曰：「趙孟將死矣。其語偷，偷爲苟且偷安之偷，謂所言毫無遠慮。互參文十七年「齊君之語偷」傳注。不似民主。趙孟爲晉之執政，而其言不似民人之主。且年未盈五十，杜注：「成二年，戰於鞌，趙朔已死，於是趙文子始生，至襄三十年會澶淵，年蓋四十七、八，故言未盈五十。」而諄諄焉如八、九十者，諄諄，語絮絮不休貌。弗能久矣。若趙孟死，爲政者其韓子乎！杜注：「韓子，韓起。」吾子盍與季孫言之，可以樹善，可以早與韓起結好。君子也。韓起爲君子人，自不忘魯之結好。晉君將失政矣，若不樹焉，樹卽樹善。使早備魯，使韓子早爲魯作預備工作。

既而政在大夫，韓子懦弱，大夫多貪，求欲無厭，齊、楚未足與也，齊、楚不足與交，則魯不得不事晉，將難以滿足晉大夫無厭之求。魯其懼哉！」魯將陷入可怕之困境。孝伯曰：「人生幾何，誰能無偷？朝不及夕，將安用樹？」穆叔出，而告人曰：「孟孫將死矣。吾語諸趙孟之偷也，而又甚焉。」又與季孫語晉故，故，事也。杜注：「如與孟孫言。」季孫不從。及趙文子卒，杜注：「在昭元年。」晉公室卑，政在侈家。侈家，與上文「大夫多貪，求欲無厭」相應。韓宣子爲政，不能圖諸侯。不能謀求爲諸侯霸主。魯不堪晉求，讒慝弘多，讒慝詳僖二十八年傳注。弘，亦多義。古人弘多亦常連言，如詩小雅節南山「喪亂弘多」。是以有平丘之會。杜注：「平丘會在昭十三年，晉人執季孫意如。」

三一·二　齊子尾害閭丘嬰，害，患也，恐其爲害也。欲殺之，閭丘嬰事見二十五年傳。其時奔魯，或慶封反諸亡人，嬰亦歸齊。使帥師以伐陽州。陽州，此時爲魯邑，與齊境接界。定公八年，魯侵齊，門于陽州，則已爲齊有。在今山東東平縣北境。我問師故。杜注：「魯以師往，問齊何故伐我。」夏五月，子尾殺閭丘嬰，以說于我師。說，解釋。推脱爲閭丘嬰之罪。工僂灑、渻竈、孔虺、賈寅出奔莒。杜注：「四子，嬰之黨。」工僂是氏，灑是名，十九年有工僂會，莊十七年傳之工婁氏即工僂氏。渻音省，釋文謂徐本作「省」，昭二十二年傳宋有省臧。出羣公子。杜注：「爲昭十年欒、高之難復羣公子起本。」

三一·三　公作楚宮。杜注：「適楚，好其宮，歸而作之。」秦始皇本紀謂秦每破諸侯，圖畫其宮室而仿效之，作于咸陽北阪上。此是其先例。穆叔曰：「大誓云：『民之所欲，天必從之。』杜注：「今尚書大誓亦無此文，故諸儒疑之。」

杜預所見大誓，乃西漢後得之大誓，馬融尚書傳序云：「其文似若淺露。」且云：「吾見書傳多矣，所引大誓而不在大誓者甚衆。」諸儒疑之者，馬融其一也。王肅亦云：「大誓近得，非其本經。」此又其一也。西漢後得之大誓已亡，東晉梅賾又獻古文尚書，其內有泰誓三篇，悉採記傳所引大誓，則更不足信矣。君欲楚也夫，故作其宮。若不復適楚，必死是宮也。」六月辛巳，公薨于楚宮。

叔仲帶竊其拱璧，拱璧，襄公之大璧。以與御人，納諸其懷，而從取之，由是得罪。杜注：「得罪謂魯人薄之，故子孫不得志於魯。」

立胡女敬歸之子子野，杜注：「胡，歸姓之國。敬歸，襄公妾。」次于季氏。秋九月癸巳，卒，毀也。杜注：「過哀毀瘠，以致滅性。」

三一·四 己亥，孟孝伯卒。

立敬歸之娣齊歸之子公子裯。裯音綢。穆叔不欲，曰：「大子死，有母弟，則立之；無，則立長。年鈞擇賢，義鈞則卜，鈞，同均。杜注：「義鈞謂賢等。」昭二十六年傳「年均以德，德均以卜」，足以證成杜解。古之道也。非適嗣，杜注：「言子野非適嗣。」何必娣之子？且是人也，居喪而不哀，在慼而有嘉容，慼，憂也。父母死曰在慼。有嘉容，容色喜悅。是謂不度。禮記祭統孔疏引孝經援神契云「天子之孝曰就，諸侯曰度」，則不度猶言不孝。不度之人，鮮不爲患。若果立之，必爲季氏憂。」武子不聽，卒立之。比及葬，三易衰，衰，孝服。衰衽如故衰。衽，衣襟。古代喪服衣襟較衣長，掩于裳際。三次換衣，所換新衣襟若舊衣襟，如未换者，可見嬉戲如兒童，衣服易髒。於是昭公十九年矣，猶有童心，君子是以知其不能終也。杜注：「爲昭二十五年『公孫於齊』傳。」魯世家用傳而較簡。

三一·五 冬十月，滕成公來會葬，惰而多涕。杜注：「惰，不敬也。」子服惠伯曰：「滕君將死矣。怠於其位，謂惰。而哀已甚，已，太也。謂多涕。兆於死所矣，死所，謂葬。兆，將死之預兆。能無從乎？」杜注：「爲昭三年『滕子卒』傳。」

三一·六 癸酉，葬襄公。

公薨之月，子產相鄭伯以如晉，晉侯以我喪故，未之見也。子產使盡壞其館之垣而納車馬焉。館即賓館。僖三十三年傳謂之客館。士文伯讓之，士文伯即士匄，廣韻引世本：「司功氏，士匄弟佗爲晉司功，因官爲氏。」則士匄此時或亦爲司功，諸侯賓館是其所職掌。曰：「敝邑以政刑之不修，寇盜充斥，充斥，充滿也。常用于貶義。無若諸侯之屬辱在寡君者何，聘禮記鄭注：「在，存也，謂存問之。」辱，表敬副詞。辱在猶言朝聘。是以令吏人完客所館，此館爲動詞，所館即爲名詞。高其閈閎，閈音扞。閈閎皆門義。厚其牆垣，以無憂客使。今吾子壞之，雖從者能戒，戒，戒備，警戒，防寇盜也。其若異客何？以敝邑之爲盟主，繕完、葺牆，完借爲院。墨子大取：「其類在院下之鼠。」（孫詒讓閒詁改院爲阬，誤）廣雅釋宫云：「院，垣也。」以待賓客。若皆毁之，其何以共命？共命謂供給所求。寡君使匄請命。」杜注：「請問毁垣之命。」

對曰：「以敝邑褊小，介於大國，誅求無時，杜注：「誅，責也。」責求即責其貢獻。是以不敢寧居，悉索敝賦，以來會時事。杜注：「隨時來朝會。」逢執事之不閒，不閒猶無暇。而未得見；又不獲聞命，未知見時。不敢輸幣，輸，送也。幣指禮物。謂送禮品于晉府庫。亦不敢暴露。日晒夜露。其輸之，其猶若也，假設連詞。則君之府實也，非薦陳之，不敢輸也。薦，進也。陳，設也。古代聘享之物，進陳于庭，即二十二年傳之「庭實」。其暴露之，則恐燥濕之不時而朽蠹，朽，物自腐朽。蠹則爲蟲所敗壞。以重敝邑之罪。僑聞文公之爲盟主也，杜注：「僑，子產名。文公，晉重耳。」宮室卑庳，庳音婢。卑庳同義。無觀臺榭，孔疏：「四方而高曰臺。臺上有屋曰榭。臺榭皆高可升之以觀望，言無觀望之臺榭也。」以崇大諸侯之館，館如公寢；孔疏：「言往前文公之客館如今日晉君之路寢也。」庫廐繕修，謂客館內之庫廐修理，可以藏幣帛、納車馬。司空以時平易道路，修理道路使之平坦曰平易。圬人以時塓館宮室；圬音烏。圬人，今之泥工。塓音覓，泥之也，塗也。諸侯賓至，甸設庭燎，杜注：「庭燎，設火於庭。」周語中「甸人積薪，火師監燎。」詩小雅庭燎「庭燎之光」，毛傳：「庭燎，大燭。」儀禮大射：「甸人執大燭於庭。」則庭燎有二說，一說燒柴於庭爲光，一說如今之大火把，用手執之於庭。甸即大射之甸人，亦即周禮天官之甸師。僕人巡宮，杜注：「巡宮行夜。」車馬有所，因馬廐已修繕。賓從有代，杜注：「代客役。」巾車脂轄，巾車有二義。一以爲巾爲動詞，周禮春官序官巾車鄭注云：「巾猶衣也。」則巾車以布覆蓋其車。一爲名詞，即周禮巾車之官。杜注謂「巾車，主車之官」，從後說，是也。哀三年傳云：「校人乘馬，巾車脂轄」，校人爲官名，則巾車亦爲官名無疑。轄音匣，亦作舝，車軸頭上穿着之小鐵棍，管住車輪使不脫落者。脂，膏脂，此作動詞，上油。脂轄，使轄不生銹並使車輪轉動滑利。隸人、牧、圉各瞻其事；隸人疑即周禮夏官之隸僕，掌五寢之埽除糞洒之事。此諸侯之隸人，亦兼管客館之洒掃。牧，昭七年傳「牛有牧」，說文因云「養牛人也」。實則凡放飼牲畜皆可曰牧，孟子公孫丑下「今有受人牛羊而爲之牧者」可證。圉，昭七年傳「馬有圉」，圉卽周禮夏官之圉人，掌養芻牧之事。瞻，說文：「視也。」此類人本各人之職責以接待賓客。百官之屬各展其物；杜注：「展，陳也，謂羣官各陳其物以待賓。」周語中「膳宰致饔，廩人獻餼」，乃瞻事；「司馬陳芻，工人展車，百官以物至」，乃展物。此段可與周語中所引周之秩官參看。公不留賓，賓來則見，不使賓無故滯留。而亦無廢事；辦事能速，則賓主皆不致有廢事。憂樂同之，事則巡之；巡，撫也。有事則撫之。教其不知，而恤其不足。賓至如歸，無寧菑患；杜注：「言見遇如此，寧當復有菑患邪？無寧，寧也。」不畏寇盜，而亦不患燥濕。今銅鞮之宮數里，杜注：「銅鞮，晉離宮。」銅鞮宮在山西沁縣南二十五里。沁縣西南四十里有銅鞮山，一名紫金山。又有銅鞮水，出沁縣北，東南流逕襄垣縣，入濁漳水，今名濁漳西源。而諸侯舍於隸人，住於隸人之舍。門不容車，而不可踰越；門狹小不容車之入，車又不能踰牆而入，駁士文伯「高其閈閎」。盜賊公行，而天厲不戒。「天」原作「夭」，今從校勘記引陳樹華說及金澤文庫本正。杜注：「厲猶災也，言水潦無時。」據哀元年傳「天有菑癘」，杜注又云「癘，疾疫也。」杜之兩說自相矛盾，宜以後說爲是。厲卽癘之借字。賓見無時，命不可知。命，晉君接見之命。若又勿壞，是無所藏幣以重罪也。敢請執事：請，請問。將何所命之？雖君之有魯喪，亦敝邑之憂也。若獲薦幣，杜注：薦，進也。修垣而行，君之惠也，敢憚勤勞！」文伯復命。趙文子曰：「信。杜注：「信如子產言。」我實不德，而以隸人之垣以贏諸侯，杜注：贏，受也。是吾罪也。」使士文伯謝不敏焉。

晉侯見鄭伯，有加禮，杜注：「禮加敬。」厚其宴、好而歸之。厚其宴好卽僖二十九年傳之「加燕好」，燕謂燕禮，好謂好貨。燕同宴。乃築諸侯之館。叔向曰：「辭之不可以已也如是夫！子產有辭，諸侯賴之，賴，利也。謂諸侯亦得其利。若之何其釋辭也？釋，捨棄也。詩曰『辭之輯矣，民之協矣；辭之繹矣，民之莫矣』，杜注：「詩大雅。言辭輯睦，則民協同；辭說繹，則民安定。莫猶定也。」句見詩大雅板。今本「協」作「洽」，列女傳引同左傳。「繹」作「懌」，釋文、說文同左傳。則今本詩經蓋從另本。繹可解作條理暢達。懌則解作心悅誠服。其知之矣。」

三一・七 鄭子皮使印段如楚，以適晉告，禮也。杜注：「得事大國之禮。」傳謂印段適楚，告以如晉，宋之盟交相見也。故曰「得事大國之禮」。如晉事已見上傳。

三一・八 莒犂比公生去疾及展輿，杜注：「犂比，莒子密州之號。」既立展輿，杜注：「立以爲世子。」又廢之。犂比公虐，國人患之。十一月，展輿因國人以攻莒子，因讀如論語學而「因不失其親」之因，依也。弒之，乃立。杜注：「展輿立爲君。」去疾奔齊，齊出也。杜注：「母，齊女也。」展輿，吳出也。杜注：「爲明年奔吳傳。」書曰「莒人弒其君買朱鉏」，言罪之在也。買朱鉏卽密州（參經注），買、密音近，「朱鉏」急讀音近於「州」，「州」緩讀音近「朱鉏」。

三一・九 吳子使屈狐庸聘于晉，杜注：「狐庸，巫臣之子也。成七年適吳爲行人。」可參成七年傳。通路也。杜注：「通吳、晉之路。」實則二十九年季札已適晉，此又令狐庸來，使吳、晉之間往來密也。趙文子問焉，曰：「延州來季子其果立乎？季子卽季札，初封延陵，故檀弓下及史記屢稱之爲延陵季子，此稱延，省稱也。延陵今江蘇常州市。後加封州來，故此稱延州來季子。州來，今安徽鳳臺縣，本楚邑，成七年入吳，後又爲楚有，故昭四年然丹城州來。昭十三年吳滅州來，後又爲楚得，哀二年蔡遷于州來。巢隕諸樊，二十五年傳，諸樊死于攻巢。閽戕戴吳，戴吳卽餘祭，爲閽人所殺，見二十九年傳。天似啓之，啓爲隱元年傳「夫人將啓之」之啟，意謂爲季子開爲君之門。何如？」對曰：「不立。是二王之命也，諸樊、餘祭之死，此爲二王之命。非啓季子也。若天所啓，其在今嗣君乎！杜注：「嗣君謂夷昧。」甚德而度。甚有品德，行有法度。德不失民，度不失事。民親而事有序，其天所啓也。有吳國者，必此君之子孫實終之。據吳世家，吳王僚爲餘昧之子，公子光（卽吳王闔廬）爲諸樊之子，公子光殺王僚而自立，傳太子夫差而滅于越。果如此說，終吳國者乃諸樊之子孫，非餘昧之子孫，史遷蓋據誤說。吳世家索隱云「此文以『光』爲諸樊子，系本（卽世本，唐人或諱世）以爲夷昧子也。」左傳昭二十七年孔疏引世本亦云「夷昧生光」，則光確爲夷昧之子，非諸樊之子。孔疏又引服虔云：「夷昧生光而廢之。僚者，夷昧之庶兄。夷昧卒，僚代立，故光曰我王嗣也。」服虔之說乃用公羊襄二十九年傳。李慈銘越縵堂日記亦云「闔閭爲夷昧子無疑」。則有吳國者，此君（夷昧）之子孫實終之也。季子，守節者也。雖有國，不立。」

三一・一〇　十二月，北宮文子相衞襄公以如楚，杜注：「文子，北宮佗也。襄公，獻公子。」獻公之卒與葬，傳俱不述，故杜注言之。宋之盟故也。晉、楚之從交相見。過鄭，印段迋勞于棐林，棐林卽北林，今新鄭縣北約四十里。亦單稱棐。如聘禮而以勞辭。儀節如聘問之禮，而用郊勞之辭。文子入聘。杜注：「報印段。」子羽爲

行人，據周禮，大行人掌大賓大客之禮儀，牢禮餼米饔食皆總之。馮簡子與子大叔逆客。杜注：「逆文子。」世
本：「馮氏，歸姓，鄭大夫馮簡子之後。」事畢而出，文子出。言於衞侯曰：「鄭有禮，其數世之福也，其無
大國之討乎！詩云：『誰能執熱，逝不以濯。』詩大雅桑柔。逝，語首助詞，無義。段玉裁經韻樓集詩執熱
解云：「尋詩意，執熱猶觸熱、苦熱，濯謂浴也。濯訓滌，沐以濯髮，浴以濯身，洗以濯足，皆得云濯。此詩謂誰能苦熱而不
澡浴以潔其體，以求涼快者乎？」禮之於政，如熱之有濯也。濯以救熱，何患之有？」
子產之從政也，擇能而使之：馮簡子能斷大事；上文亦言馮簡子，簡子類似謚，此人不復見，不知其
名與字。子大叔美秀而文，美秀謂其外貌舉止。文謂習典章制度詩樂，子犯曰「吾不如衰之文也」，即此文。說苑
政理篇作「善決而文」。公孫揮能知四國之爲，四國，四方諸侯。爲謂政令。而辨於其大夫之族姓、班位、
貴賤、能否，族姓，姓氏也。昭三十年傳「而寧吾族姓」，尚書呂刑「敬之哉官伯族姓」，皆族姓連言。辨，荀子富國篇
注：「明察也。」而又善爲辭令。裨諶能謀，謀於野則獲，謀於邑則否。獲，得也，謂得其當。否謂不得。
鄭國將有諸侯之事，子產乃問四國之爲於子羽，且使多爲辭令；與裨諶乘以適野，使謀可
否；而告馮簡子使斷之。事成，乃授子大叔使行之，以應對賓客，是以鮮有敗事。北宮文子
所謂有禮也。說苑政理篇襲此文而小異。論語憲問則云：「爲命，裨諶草創之，世叔討論之，行人子羽修飾之，東里
子產潤色之。」與傳不同。
三•二　鄭人游于鄉校，杜注：「鄉之學校。」孟子滕文公上：「設爲庠、序、學、校以教之。」疑國學（今之大學）惟天子有

之，諸侯惟庠、序、校而已。鄭之學則曰鄉校。孟子謂「夏曰校」，未必如此。以論執政。然明謂子產曰：「毀鄉校何如？」子產曰：「何爲？夫人朝夕退而游焉，以議執政之善否。其所善者，吾則行之；其所惡者，吾則改之，是吾師也。若之何毀之？我聞忠善以損怨，不聞作威以防怨。豈不遽止？作威防怨，怨可以急止。然猶防川。大決所犯，傷人必多，川若大決口，其所觸犯也大。吾不克救也。不如小決使道，道同導，引導使之流。國語韋注云：「道，通也。」亦可。不如吾聞而藥之也。杜注：「以爲己藥石。」藥借爲𤻲，說文，治也。然明曰：「蔑也今而後知吾子之信可事也。小人實不才，若果行此，其鄭國實賴之，豈唯二三臣？」新序雜事四採傳而略變其字句。

仲尼聞是語也，曰：「以是觀之，人謂子產不仁，吾不信也。」孔丘此時僅十一歲，當是以後聞而論此。

三一・三 子皮欲使尹何爲邑。尹何，子皮屬臣。爲邑，家邑之宰。子產曰：「少，未知可否。」杜注：「尹何年少。」子皮曰：「愿，杜注：「愿，謹善也。」吾愛之，不吾叛也。使夫往而學焉，杜注：「夫謂尹何。」夫亦愈知治矣。」子產曰：「不可。人之愛人，求利之也。今吾子愛人則以政，杜注：「以政與之。」猶未能操刀而使割也，其傷實多。杜注：「多自傷也。」子之愛人，傷之而已，其誰敢求愛於子？子於鄭國，棟也。棟折榱崩，僑將厭焉，厭通壓。子產爲政，實由子皮。子皮若敗，子產亦必受其影響，故云我亦將被壓。敢不盡言？子有美錦，錦，有彩色花紋之綢緞。不使人學製焉。不使非縫工以美錦學裁製。大官、大邑，身之所庇也，邑宰是子皮氏之大官，子皮受其庇蔭。而使學者製焉；其爲美錦不亦多乎？大官大邑之於美錦，實千萬美錦不足以比。僑聞學而後入政，即論語子張「學而優則仕」之意。未聞以政學者也。論語先進：「子路使子羔爲費宰。子曰：『賊夫人之子。』」亦此意。若果行此，必有所害。譬如田獵，射御貫，則能獲禽，爾雅釋詁：「貫，習也。」今作慣，習慣，熟習也。禽同擒。亦可作名詞，說文：「禽，走獸總名。」爾雅則以鳥爲禽。此禽字鳥獸之通稱。若未嘗登車射御，則敗績厭覆是懼，何暇思獲？」若未曾登車而駕車獵獸，則唯恐車翻人壓，無心思及于得禽獸。子皮曰：「善哉！虎不敏。吾聞君子務知大者、遠者，小人務知小者、近者。我，小人也。衣服附在吾身，我知而愼之；不使以美錦學製。大官、大邑所以庇身也，我遠而慢之。杜注：「慢，易也。」隱三年公羊傳「慢葬也」，何休注：「慢，薄。」慢有輕視薄視之義。微子之言，吾不知也。他日我曰，子爲鄭國，我爲吾家，爲，治也。以庇焉，其可也。今而後知不足。自今請，雖吾家，聽子而行。」子產曰：「人心之不同如其面焉，吾豈敢謂子面如吾面乎？抑心所謂危，抑，轉折連詞，今言不過。亦以告也。」子皮以爲忠，故委政焉，子產是以能爲鄭國。

三一·一三
衞侯在楚，北宮文子見令尹圍之威儀，王念孫謂「威」字衍，儀謂容儀也。漢書五行志引此無「威」字。言於衞侯曰：「令尹似君矣，「似君」，孔疏云：「言令尹威儀已是國君之容矣。」俞樾茶香室經說力主此說，且謂孔本蓋作「已君矣」。然孔疏又引服虔本作「以君」，「以」「似」古書多混，魯語下「抑君也」韋注「似君也」，蓋韋據左傳亦作「似」。如史記高祖本紀「鄉者夫人嬰兒皆似君」，漢書高帝紀則作「鄉者夫人兒子皆以君」，易明夷彖辭「文王以之」、「箕子以之」，釋文云：「『以』，荀、向本皆作『似』。」皆可爲證。此亦當作「以」。以通已，史記留侯世家「殷事以畢」，謂已畢也。晉語四「其聞之者，吾以除之矣」，謂已除之也，卽左僖二十三年傳「其聞之者，吾殺之矣」。莊子知北游篇「扁然而萬物自古以固存」，「聖人以斷之矣」，謂已固存，已斷之也。其例證尚多，不備列。此「令尹已君矣」，誠如孔疏所釋「已是國君之容矣」。將有他志。儀節已同于楚王，則固非殺王以代之不可。雖獲其志，不能終也。詩云：『靡不有初，鮮克有終。』詩大雅蕩篇。終之實難，令尹其將不免。」公曰：「子何以知之？」對曰：「詩云：『敬慎威儀，惟民之則。』詩大雅抑篇。今本「惟」作「維」。令尹無威儀，民無則焉。民所不則，以在民上，不可以終。」公曰：「善哉！何謂威儀？」對曰：「有威而可畏謂之威，有儀而可象謂之儀。此儀字與上文「見令尹圍之儀」之儀內涵不同。令尹圍之儀指其陳設儀式等而言，詩及此儀則指其儀容舉止言語瞻視而言。

君有君之威儀，其臣畏而愛之，則而象之，故能有其國家，令聞長世。臣有臣之威儀，其下畏而愛之，故能守其官職，保族宜家。順是以下皆如是，是以上下能相固也。衞詩曰『威儀棣棣，不可選也』，詩邶風柏舟。邶、鄘、衞皆可曰衞。棣棣，安和貌。選，算也，數也。言威儀之多，不可計數。言君臣、上下、父子、兄弟、內外、大小皆有威儀也。周詩曰『朋友攸攝，攝以威儀』，杜注：「詩大雅。攸，所也。攝，佐也。」句見大雅既醉篇。詩謂朋友之間所佐助者，以威儀也。言朋友之道必相教訓以威儀也。周書數文王之德，杜注：「逸書。」曰『大國畏其力，小國懷其德』，僞古文尚書竄入武成。言畏而愛之也。詩云『不識不知，順帝之則』，詩大雅皇矣。杜注：「又言文王行事無所斟酌，唯在則象上天。」言則而象之也。紂囚文王七年，今本竹書紀年謂紂之「二十三年囚西伯于羑里，二十九年釋西伯，諸侯逆西伯，歸于程」。賈誼新書亦云：「文王桎梏于羑里，七年而後得免。」然尚書大傳、史記周本紀及齊世家、淮南子等書所言皆不足七年，亦無諸侯從之之事。諸侯皆從之囚，紂於是乎懼而歸之，可謂愛之。文王伐崇，再駕而降爲臣，詳僖十九年傳並注。句應云降之爲臣，使崇侯降爲臣也。此省賓語。蠻夷帥服，可謂畏之。文王之功，天下誦而歌舞之，可謂則之。文王之行，至今爲法，可謂象之。有威儀也。故君子在位可畏，施舍可愛，昭十三年傳「施舍不倦」，與此施舍皆賜與之義。進退可度，度，說文：法制也。可度即可法，與可則同義。周旋可則，容止可觀，作事可法，德行可象，聲氣可樂；動作有文，言語有章，有章猶今言有條理。以臨其下，謂之有威儀也。」賈誼新書容經篇亦有此類語，蓋因傳文而略變。

春秋左傳注

昭公

名裯，史記魯世家亦作「裯」，但年表作「稠」，世本、漢書古今人表亦俱作「稠」。唯索隱引徐廣云「一作袑」。襄公之子，齊歸所生，去年傳已詳述之。周景王四年卽位，時年已過十九。在位二十五年，寄居于齊、晉八年，共三十三年，死時五十二。

元年，庚申，公元前五四一年。周景王四年、晉平十七年、齊景七年、衛襄三年、蔡靈二年、鄭簡二十五年、曹武十四年、陳哀二十八年、杞文九年、宋平三十五年、秦景三十六年、楚郟敖四年、吴夷末三年、許悼六年。

經

一・一 元年春王正月，二月初二日壬子冬至，建亥，有閏。公卽位。無傳。

一・二 叔孫豹會晉趙武、楚公子圍、齊國弱、宋向戌、衞齊惡、陳公子招、蔡公孫歸生、鄭罕虎、許人、曹人于虢。「國弱」，公羊「弱」作「酌」，弱、酌古音同韻，可相通。「罕虎」公羊作「軒虎」，罕、軒同從干聲，臧壽恭古義云：「定十五年經『罕達』，公羊亦作『軒達』；昭四年傳『渾罕』，韓子作『渾軒』，亦同音相假。」「虢」，公羊作「漷」，穀梁作「郭」。古義又云：「國策齊策『郭君』，高誘注云『古文言虢也』，是『虢』爲古文，『郭』爲今文，漷卽郭之假借。」「齊惡」，公羊作「石惡」。齊召南考證云：「二傳作『齊惡』是也，石惡已於襄二十八年出奔晉矣。」校勘記云：「釋文不云二傳作『齊惡』，是公羊古本與二傳同。」孫志祖說。虢爲東虢，周文王弟虢叔所封，後爲鄭所滅，平王卽以其地與鄭。故城在今河南鄭州市北古榮鎮。

一·三　三月，取鄆。「鄆」，公羊作「運」，音同通假。鄆在今山東沂水縣東北五十里，文十二年季孫行父城鄆，則鄆屬魯；成九年楚伐莒，入鄆，則又已屬莒。故傳謂「莒、魯爭鄆，爲日久矣」。餘詳文十二年經注。

一·四　夏，秦伯之弟鍼出奔晉。鍼音箝，非「針」字。

一·五　六月丁巳，丁巳，九日。邾子華卒。無傳。孔疏云：「華以襄十八年卽位，十九年盟于祝柯，二十年于澶淵，二十五年于重丘，皆邾、魯俱在，是三同盟。」傳世有邾公華鐘，據銘文，爲此人所鑄。

一·六　晉荀吳帥師敗狄于大鹵。公羊、穀梁俱作「大原」。公羊傳、穀梁傳謂中國名此地爲大原，夷狄則名之爲大鹵，其實一地。大鹵在今太原市西南約二十五里。宋翔鳳過庭録謂卽漢書地理志安定郡之鹵縣，今寧夏之固原縣，未必可信。

一·七　秋，莒去疾自齊入于莒。莒展輿出奔吳。公、穀無「輿」字。左一本亦無「輿」字。

一·八 叔弓帥師疆鄆田。杜注：「春取鄆，今正其封疆。」

一·九 葬邾悼公。無傳。

一·一〇 冬十有一月己酉，己酉，四日。楚子麇卒。麇音君。公、穀作「卷」，音權。古音近，可假。史記楚世家作「員」。

一·一一 楚公子比出奔晉。本無「楚」字，今從校勘記及金澤文庫本增。

傳

一·一 元年春，楚公子圍聘于鄭，公子圍卽襄二十九年、三十年傳之王子圍。或稱公子，或稱王子，固無一定。魯語下敍此亦稱公子圍。且娶於公孫段氏。伍舉爲介。杜注：「伍舉，椒舉。介，副也。」洪亮吉詁：「孫叔敖碑作『五舉』。案唐石經初刻亦作『五』，後加『人』旁，非也。」將入館，入城而住客館。鄭人惡之，杜注：「知楚懷詐。」使行人子羽與之言，乃館於外。杜注：「舍城外。」既聘，聘問之禮已畢。將以衆逆。逆，迎也。古代婚禮，最後爲親迎。衆，兵衆。率兵衆以迎新婦。子產患之，恐其因衆侵鄭。使子羽辭，辭謂拒絕。曰：「以敝邑褊小，不足以容從者，請墠聽命。」古代親迎，壻受婦於女家之祖廟。子產不欲其入城，欲除地爲墠，代豐氏之廟，行親迎之禮。墠音善。令尹命大宰伯州犁對曰：令尹卽公子圍，時爲楚令尹。「君辱貺寡大夫圍，貺賜也。寡大夫，州犁稱公子圍，猶異國人士稱其國君曰寡君。謂圍將使豐氏撫有而室。豐氏，卽公孫段。段時已賜氏爲豐，其後有豐卷、豐施。禮記文王世子鄭注：「撫，有也。」撫有，同義詞連用。而同爾。室，禮記曲禮「三十曰壯有室」鄭注：「有室，有妻也。」圍布几筵，告於莊、共之廟而來。古代席地而坐，几所以憑靠。禮記檀弓下孔疏：「几，依神也；筵，坐神席也。」布，陳列。莊王，圍之祖；共王，圍之父。句謂曾祭告于祖與父之廟而來娶婦。孔疏：「禮記文王世子：『取妻必告。』鄭玄注：『告於君也。』亦既告君，必須告廟。」若野賜之，墠僅係城外一平地，故曰野。是委君貺於草莽也，君指鄭君。應上文「君辱貺寡大夫圍」。草深曰莽。是寡大夫不得列於諸卿也。杜注：「言不得從卿禮。」不寧唯是，寧，語中助詞，無義。例見詞詮。言不僅此也。又使圍蒙其先君，杜注：「蒙，欺也。告先君而來，不得成禮於女氏之廟，故以爲欺先君。」將不得爲寡君老，禮記王制「屬於天子之老二人」，注：「老謂上公。」曲禮下「國君不名卿老世婦」，注：「卿老，上卿也。」儀禮聘禮「授老幣」，疏：「大夫家臣稱老」，則天子諸侯大夫之臣之長皆曰老。杜注：「大臣稱老。懼辱命而黜退。」其蔑以復矣。復，返也。作復命解亦可。言無以返國或復命。唯大夫圖之。」子羽曰：「小國無罪，恃實其罪。杜注：「恃大國而無備，則是罪。」將恃大國之安靖己，納豐氏之女，亦是仰仗大國安定己國。而無乃包藏禍心以圖之？直接點明圍乃包藏禍心以謀侵鄭。禍心即下文「禍人之心」。小國失恃，而懲諸侯，懲諸侯，使諸侯因此懲戒。使莫不憾者，距違君命，而有所壅塞不行是懼。自「小國失恃」至「是懼」爲長句，亦一倒裝句。言懼鄭國失楚之依靠，又使諸侯對楚懲戒，使諸侯無不恨楚國，因而抗拒叛離，楚國之命將壅塞不行。不然，敝邑，館人之屬也，敝國即是楚國館人之屬。其敢愛豐氏之祧？」其，用法同豈。敝邑已是楚國之客館守者，豈敢惜豐氏之祖廟？祧音挑。杜注：「遠祖廟。」但大夫不得祖諸侯，故沈欽韓補注云：「豐氏但得有禰廟（父廟），襄公冠於成公之廟，而云『以先君之祧處之』，然則祧是廟之通稱，不必爲遠祖廟也。」俞樾茶香室經說云：「公孫段爲子豐之子，子豐爲穆公之子，則子豐乃別子爲祖者也。子豐死而立廟，卽豐氏之祧矣。」此說甚確。伍擧知其有備也，請垂櫜而入。櫜音羔，古時裝兵器之口袋。垂櫜，表示內無兵器。許之。

正月乙未，乙未，十五日。入，逆而出。入，入城入廟。逆，迎婦。遂會於虢，虢見經注。尋宋之盟也。杜注：「宋盟在襄二十七年。」祁午謂趙文子曰：「宋之盟，楚人得志於晉。杜注：「得志謂先歃。午，祁奚子。」今令尹之不信，諸侯之所聞也。子弗戒，戒，警惕戒備。懼又如宋。子木之信稱於諸侯，猶詐晉而駕焉，詐謂衷甲。駕，駕陵。況不信之尤者乎？楚重得志於晉，重，平聲，再次。晉之耻也。子相晉國，以爲盟主，於今七年矣。趙武以襄二十五年執晉國之政，至此滿七年而稍多。再合諸侯，杜注：「襄二十五年會夷儀，二十六年會澶淵。」三合大夫，杜注：「襄二十七年會於宋，三十年會澶淵及今會虢也。」服齊、狄，寧東夏，東夏，華夏東方之國，實指齊。襄二十五年同盟于重丘，襄二十八年齊侯、白狄朝晉。平秦亂，自殽之戰以後秦、晉不和，故曰秦亂，非言秦有亂。襄二十六年秦、晉爲成。城淳于，杜注：「襄二十九年城杞之淳于，杞遷都。」淳于今山東安丘縣東北三十餘里。師徒不頓，頓，疲弊也，挫傷也。國家不罷，民無謗讟，讟音獨，誹謗也。諸侯無怨，天無大災，子之力也。有令名矣，而終之以耻，午也是懼，吾子其不可以不戒。」文子曰：「武受賜矣。杜注：「受午言。」然宋之盟，子木有禍人之心，武有仁人之心，是楚所以駕於晉也。今武猶是心也，楚又行僭，杜注：「僭，不信。」非所害也。武將信以爲本，循而行之。譬如農夫，是穮是蓘。穮音標，田中除草。蓘音滾，培土附苗根。雖有饑饉，必有豐年。言農夫勤勞不息，縱因水旱而饑饉，年年如此，終必有豐收之年。譬如已有仁信，楚雖一時駕陵晉國，晉終必得諸侯。且吾聞之，能信不爲人下，吾未能也。杜注：「自恐未能信也。」詩曰『不僭不賊，鮮不爲則』，詩大雅抑篇，僖九年傳亦引此二句。僭，不信也。不僭，則待人以信。賊，害也。鮮，上聲，少也。信也。能爲人則者，不爲人下矣。吾不能是難，此倒裝句，吾難於不能，言吾以不能信爲難。楚不爲患。」楚令尹圍請用牲讀舊書加于牲上而已，舊書卽宋之盟約。正本已埋于宋盟之坎，此所讀者蓋宋盟諸國所藏之副本也。杜注：「楚恐晉先歃，故欲從舊書加于牲上，不歃血。」經所以不書盟。」晉人許之。

三月甲辰，甲辰，二十五日。盟。楚公子圍設服、離衞。設，施陳也，今言設施、設立。服，凡衣飾器用品物皆可曰服，如周禮大行人「其貢服物」，謂玄纁絺纊；都宗人「正都禮與其服」，謂宮室車旗。此服泛指圍之一切陳設服飾。設服，設君服也。魯語下敍此事云「今大夫而設諸侯之服」，足爲明證。「離」與「麗」古音同在來母歌韻，可相通假。故易離彖辭：「離，麗也。」麗又與儷通。儷，並也，耦也（配偶卽伉儷），兩也。儀禮士昏禮鄭注：「儷皮，兩鹿皮也。」禮記曲禮上「離坐離立毋往參焉」、「離立者不出中閒」，離立、離坐謂兩人並坐、並立。離衞，衞卽今之衞兵，衞兵成雙成對者，謂之儷衞，亦作離衞。據下文，似王子圍前有執戈者二人，後可能亦有二衞兵。據襄二十八年傳，慶舍之衞，前後各一人，盧蒲癸、王何是也。叔孫穆子曰：「楚公子美矣，君哉！」言圍已用楚君之一切服飾設施。鄭子皮曰：「二執戈者前矣。」禮記喪服大記：「君卽位于阼，小臣二人執戈立于前，二人立于後。」杜注：「禮，國君行，有二執戈者在前。」蔡子家曰：「蒲宮有前，不亦可乎？」孔疏引服虔云：「蒲宮，楚君離宮。言令尹在國，已居君之宮，出有前戈，不亦可乎？」有前卽有前戈。楚伯州犁曰：「此行也，辭而假之寡君。」杜注：「聞諸大夫譏之，故言『假』以飾令尹過。」鄭行人揮曰：「假不反矣。」杜注：「言將遂爲君。」反同返，歸還。孟子盡心上：「久假而不歸，惡知其非有也。」伯州犁曰：「子姑憂子皙之欲背誕也。」杜注：「襄三十年鄭子皙殺伯有，背命放誕，將爲國難。言子且自憂此，無爲憂令尹不反戈。」子羽曰：「當璧猶在，假而不反，子其無憂乎？」子羽，卽行人揮之字。當璧謂楚平王，事見十三年傳。「其」用法同「豈」。句謂楚國將爲當璧者所有，今令尹假王之儀節品物而欲眞爲王，子豈無憂乎？齊國子曰：「吾代二子愍矣。」杜注：「國子，國弱也。二子謂王子圍及伯州犁。圍此冬便纂位，不能自終；州犁亦尋爲圍所殺，故言可愍。」愍音閔，服虔注：「憂也。」孔疏引服虔云：「代伯州犁憂公子圍，代子羽憂子皙。」則二子指州犁與子羽。左傳作者好以後來事實作預言，故預言多驗。子羽並無禍，則杜說是。陳公子招曰：「不憂何成？二子樂矣。」言憂而後成事，二子仍指圍與州犁，今二子不憂而樂，謂其事不能成也。衞齊子曰：「苟或知之，雖憂何害？」齊子卽齊惡，爲閔二年傳齊子之四世孫，見杜氏世族譜。時衞襄公名惡，而其臣有齊惡、石惡，君臣同名。禮記內則孔疏云：「先衞侯生，故得與衞侯同名，是知先生者不改也。」昭七年穀梁傳云：「此何爲君臣同名也？君子不奪人名，不奪人親之所名，重其所以來也，王父名子也。」杜注：「言先知爲備，雖有憂難，無所損害。」宋合左師曰：「大國令，小國共，吾知共而已。」共音恭，尚書舜典「汝共工」，共謂供職事。此謂大國發令，小國供職事。晉樂王鮒曰：「小旻之卒章善矣，吾從之。」小旻，小雅篇名。旻音民。其卒章云：「不敢暴虎，不敢馮河。人知其一，莫知其他。戰戰兢兢，如臨深淵，如履薄冰。」樂王鮒言此，意在不贊同諸大夫之公開譏評。退會，子羽謂子皮曰：「叔孫絞而婉，叔孫穆子之言恰切而婉轉，譏圍其「美矣君哉」也。宋左師簡而禮，「吾知共而已」，言簡而合于禮。樂王鮒字而敬，杜注：「字，愛也。」「字」即「慈」字，說文：「慈，愛也。」子與子家持之，杜注：「子，子皮；子家，蔡公孫歸生。」孔疏：「子皮直云『二執戈者前矣』，雖意知不可，而辭無譏切。子家云『蒲宮有前，不亦可乎』，意雖並譏蒲宮，言乃謂之爲可，不如子羽之譏評，不同伯州犁之飾辭。持其兩端，無所取與，是持之也。」奕棋謂不能相害爲持，意亦同於此也。皆保世之主也。齊、衞、陳大夫其不免乎！國子代人憂，子招樂憂，齊子雖憂弗害。夫弗及而憂，代人憂，不及己。與可憂而樂，公子招意本謂二人樂，非謂己樂，此曲意解之。與憂而弗害，雖憂何害。皆取憂之道也，憂必及之。大誓曰：『民之所欲，天必從之。』詳去年傳並注。三大夫兆憂，杜注：「開憂兆也。」憂能無至乎？原無「憂」字，依校勘記及金澤文庫本增。言以知物，禮記緇衣「言有物」，鄭注：「物謂事驗。」八年陳招殺太子。國弱之子國夏以哀六年奔魯。齊惡之子齊豹被滅，見昭二十年傳。其是之謂矣。」

一・三　季武子伐莒，取鄆。莒人告於會。取鄆在三月，趙孟入于鄭在四月，則莒人告于虢之會，正楚公子圍未歸國時。告于會，主要告于楚，故楚請戮魯使。楚告於晉曰：「尋盟未退，杜注：「尋弭兵之盟。」而魯伐莒，瀆齊盟，齊同齋，餘詳成十一年傳注。成十六年傳亦云「瀆齊盟而食話言」，瀆，褻瀆、輕慢之意。請戮其使。」杜注：

「時叔孫豹在會，欲戮之。」

樂桓子相趙文子，杜注：「桓子，樂王鮒。相，佐也。」欲求貨於叔孫，而爲之請。樂桓子欲賄，爲叔孫向趙武請免。使請帶焉，杜注：「難指求貨，故以帶爲辭。」弗與。梁其踁曰：「貨以藩身，子何愛焉？」杜注：「踁，叔孫家臣。」依杜注，以梁其爲複姓。廣韻梁字注云：「複姓，左傳有梁其踁，魯伯禽庶子梁其之後。」藩，保衞。愛，惜。叔孫曰：「諸侯之會，衞社稷也。我以貨免，魯必受師，杜注：「言不戮其使，必伐其國。」是禍之也，何衞之爲？人之有牆，以蔽惡也。惡猶盜賊之流。牆之隙壞，隙，裂縫。商君書修權篇「隙大而牆壞」，淮南子人間訓「牆之壞也於隙」，皆此意也。誰之咎也？衞而惡之，吾又甚焉。本衞社稷，今反使魯受伐，吾之罪又甚於牆隙。雖怨季孫，杜注：「怨季孫之伐莒。」魯國何罪？叔出季處，有自來矣，吾又誰怨？杜注：「季孫守國，叔孫出使，所從來久，今遇此戮，無所怨也。」自襄二十一年後，盟會聘問，皆書叔孫，而仲孫偶然參與，經未嘗書季孫，已十餘年矣。有自來，蓋就近年事言之。然鮒也賄，王鮒省稱鮒，雙名稱其一字，如蘧富獵稱獵，例甚多。賄，好賄賂。弗與，不已。」不與之，將不止。召使者，裂裳帛而與之，曰：「帶其褊矣。」撕裂裙帛以爲帶，且歉言，帶恐狹小矣，故裂裳也。說參楊樹達先生讀左傳。趙孟聞之，曰：「臨患不忘國，忠也；寧被戮，不使魯受伐。思難不越官，信也；杜注：「謂言叔出季處。」信，誠也。圖國忘死，貞也；杜注：「謂不以貨免。」謀主三者，義也。計謀以忠、信、貞爲主。有是四者，又可戮乎？」乃請諸楚曰：「魯雖有罪，其執事不辟難，執事謂叔孫豹。畏威而敬命矣。畏楚威，敬楚命。子若免之，以勸左右，左右謂楚之羣臣。可也。若子之羣吏，處不辟汚，汚謂困難之事。處謂在國，對出而言。出不逃難，其何患之有？國無患也。患之所生，汚而不治，難而不守，不守則逃。所由來也。能是二者，又何患焉？不靖其能，其誰從之？杜注：「安靖賢能，則衆附從。」魯叔孫豹可謂能矣，請免之，以靖能者。子會而赦有罪，不伐魯。又賞其賢，諸侯其誰不欣焉望楚而歸之，視遠如邇？楚國雖中原諸國雖遠，而諸侯視之如近。疆埸之邑，一彼一此，何常之有？杜注：「言今衰世，疆埸無定主。」埸音易，疆也。王、伯之令也，三王，夏禹、商湯、周文武。五伯，卽五霸，夏昆吾，商大彭、豕韋，周齊桓、晉文。令，善也。引其封疆，杜注：「引，正也。正封界。」而樹之官，舉之表旗，而著之制令，過則有刑，楊樹達先生讀左傳云：「官謂界上官寺。表旗卽後世界碑之類。制令卽後世所謂邊界章程。過謂越境。諸文皆承封疆而言。」猶不可壹。如此尚不能固定列國境界一成不變。於是乎虞有三苗，尚書舜典：「竄三苗于三危。」傳：「三苗，國名，縉雲氏之後，爲諸侯，號饕餮。」淮南子修務訓：「舜征三苗而道死蒼梧。」又有禹征三苗之說，出于墨子非攻篇下，蓋皆古代傳說。夏有觀、扈，觀，或謂卽楚語上「啟有五觀」之觀，則爲啟之子。然據傳義，似爲夏之敵。漢書地理志東郡畔觀縣，應劭云：「夏有觀、扈，世祖更名衞國。」後漢書郡國志亦云「衞，本觀故國，姚姓」，則觀非啓子矣。扈亦稱有扈，逸周書史記解：「有夏之方興也，扈氏弱而不恭，身死國亡。」呂氏春秋先己篇亦有啓與有扈戰之敍述，史記夏本紀且引甘誓，謂「有扈氏不服，大戰于甘」云云。古書尚有異說，不備引。據漢志，觀國在山東觀城廢縣治西，今范縣境內。扈，今陝西户縣北。顧頡剛、劉起釪則認爲「在夏代時已向東北遷至今范縣一帶」。見中國史研究第一期尚書甘誓校釋譯論。商有姺、邳，姺亦作侁，即呂氏春秋本味篇之有侁氏，高誘注「姺讀曰莘」，文選辨命論李善注即引作有莘氏。僖二十八年傳「晉侯登有莘之虛」即此。其地相傳即今山東曹縣北之莘塚集。邳亦古國，據杜注，即今江蘇之邳縣舊治邳城鎮。今本竹書紀年「外壬元年，邳人、姺人叛」，蓋襲取左傳此文爲之。周有徐、奄。徐即詩大雅常武「濯征徐國」、「徐方震驚」之徐方或徐國，故址當在今江蘇泗洪縣南，近洪澤湖。奄亦古國名，尚書序云：「成王東伐淮夷，遂踐奄，作成王政。」則奄被滅於成王。山東通志：「奄里在曲阜縣東境，古奄國。」相傳徐、奄皆嬴姓，伯益之後，俱亡于西周。自無令王，令，善也。諸侯逐進，逐，追逐，競爭也。進，前也，意謂侵掠擴己。狎主齊盟，狎，更也，代也。襄二十七年傳「且晉、楚狎主天下之盟也久矣」，即此狎。其又可壹乎？恤大舍小，杜注：「大謂篡弑滅亡之禍。」杜意謂諸侯有爲大禍亂者憂之，若小過則捨而免之。足以爲盟主，又焉用之？杜注：「焉用治小事。」封疆之削，削，被削小。何國蔑有？主齊盟者，誰能辯焉？杜注：「辯，治也。」吳、濮有釁，吳在楚之東。濮即文十六年傳之百濮，詳彼注。在楚之南。釁，釁隙，閒隙也。楚之執事豈其顧盟？意謂楚之鄰國有可乘之機，楚國豈將顧及盟約而不攻之？莒之疆事，楚勿與知，勿與知猶今言不要過問。諸侯無煩，不伐魯，則諸侯不勞動兵。不亦可乎？莒、魯爭鄆，爲日久矣。苟無大害於其社稷，可無亢也。亢與下文「亢身」、「亢宗」之義同，扞蔽、庇護之義。謂護莒。去煩宥善，去煩，免諸侯動衆之勞。宥善，赦免善人叔孫豹。莫不競勸。莫不競力爲善。子其圖之。」固請諸楚，楚人許之，乃免叔孫。魯語下及晉語八亦敍此事而有不同。

令尹享趙孟，賦大明之首章。杜注：「大明，詩大雅。首章言文王明明照於下，故能赫赫盛於上。令尹意在首章，故特稱首章，以自光大。」趙孟賦小宛之二章。杜注：「小宛，詩小雅。二章取其各敬爾儀，天命不又，言天命一去，不可復還，以戒令尹。」事畢，趙孟謂叔向曰：「令尹自以爲王矣，何如？」對曰：「王弱，令尹彊，其可哉！其猶殆也。可，可成。雖可，不終。」雖可爲王，終無善果。趙孟曰：「何故？」對曰：「彊以克弱而安之，彊不義也。恃己强而安心于殺弱者，彊而不義。不義而彊，其斃必速。詩曰『赫赫宗周，褒姒滅之』，彊不義也。杜注：「詩小雅。褒姒，周幽王后，幽王惑焉，而行不義，遂至滅亡。言雖赫赫盛彊，不義足以滅之。」令尹爲王，必求諸侯。晉少懦矣，杜注：「懦，弱也。」諸侯將往。若獲諸侯，其虐滋甚，其暴虐更甚。民弗堪也，將何以終？終謂善終。夫以彊取，不義而克，必以爲道。杜注：「以不義爲道。」道以淫虐，謂以淫虐爲方法。弗可久已矣。」杜注：「爲十三年楚弒靈王傳。」

一·四　夏四月，趙孟、叔孫豹、曹大夫入于鄭，鄭伯兼享之。同時享燕。子皮戒趙孟，戒，告也。公食大夫，先告以期。戒亦有禮節。禮終，戒禮畢。趙孟賦瓠葉。瓠葉，詩小雅。瓠音壺，又音護，葫蘆科植物，瓠果可食，葉則不食，而古代窮苦人或食之。瓠葉之詩，楊寬古史新探以爲「敍述低級貴族舉行飲酒禮的情況」。趙孟賦此詩，乃告子皮，享燕之食當從菲薄。子皮遂戒穆叔，且告之。告以趙孟賦瓠葉。穆叔曰：「趙孟欲一獻，據禮記樂記鄭玄注，一獻，士飲酒之禮。一獻，主人向賓進酒一次。進酒僅一次，其他食品儀節相應減少，減輕。餘詳下文「酬幣」注。子其從之。」子皮曰：「敢乎？」杜注：「言不敢。」穆叔曰：「夫人之所欲也，夫音扶，遠稱指示詞，今言那。又何不敢？」及享，具五獻之籩豆於幕下。據周禮秋官大行人，上公饗禮九獻，侯伯七獻，子男五獻。又春官典命，公侯伯之卿皆三獻。杜注此云「朝聘之制，大國之卿五獻」，不知何據。籩音邊，古代盛棗、桃、栗、梅、菱、芡、脯、脩、膴、鮑、糗、餌等類無羹之具，以竹爲之，形似豆，祭祀、享燕用之。豆則以木爲之，盛肉類之禮器，亦盛韲、醢、菹、醬等較濕之物。籩豆皆形如舊時代之燃植物油用燈芯草之燈。沈欽韓補注云：「幕下，東房也。」趙孟辭，以爲過於豐盛，不合己意。私於子產曰：「武請於冢宰矣。」私，私語。請，請求。冢宰非鄭官名，子皮爲鄭上卿，故稱之爲冢宰。乃用一獻。趙孟爲客。禮終乃宴。古人饗禮，饗後必宴，宴即燕。鄂侯鼎銘：「噩侯馭方內豊于王，乃祼之，馭方晉（侑）王。王休（賜也）宴。」可證饗禮終卽宴。饗禮只是形式，獻賓（向賓客進酒）不用酒而用醴（僅有酒味之甜汁），且不能飲盡，僅品嘗而已。是以饗後必宴，賓主始能盡歡。燕禮可以「無算爵」（不限杯數）。如果饗禮隆重，如九獻、七獻，則賓客向主人還敬次數相應增多，作樂與酬幣（主人勸客飲酒所給之禮品）亦繁重，爲時長，宴禮將隔日舉行，此次鄭君享趙孟，只用一獻，用時不長，故享禮完畢卽行宴禮。穆叔賦鵲巢，鵲巢，詩召南篇。詩云：「維鵲有巢，維鳩居之。之子于歸，百兩御之。」蓋嫁女之樂歌。穆叔意或比趙孟爲鵲，以己爲鳩。大國主盟，己得安居，免于楚之請殺之也。宴禮，主人之司正奉命請賓客升坐，撤去折俎，進牲肉，與宴者可以彼此相賦相語。趙孟曰：「武不堪也。」言我難以當此。又賦采蘩，亦召南詩篇。詩云「于以（以，何處）采（採）蘩？于沼于沚。于以用之？公侯之事」云云。蘩音繁，白蒿，菊科植物。曰：「小國爲蘩，言小國貢品菲薄。大國省穡而用之，穡通嗇，愛惜也。其何實非命？」杜注：「何敢不從命？」自賦自解，僅見於此傳。子皮賦野有死麕之卒章，野有死麕，亦詩召南篇名。麕亦作麇，音君，卽麞。其卒章云：「舒而脫脫兮，無感（通撼，撼動）我帨（佩巾）兮，無使尨（狗）也吠。」子皮賦此，杜云：「喻趙孟以義撫諸侯，無以非禮相加陵。」趙孟賦常棣，杜注：「常棣，詩小雅。取其凡今之人莫如兄弟，言欲親兄弟之國。」且曰：「吾兄弟比以安，説文：「比，密也。」段玉裁注云：「其本義謂相親密也。」句謂親密以安。尨也可使無吠。」穆叔、子皮及曹大夫興，拜，古宴禮皆坐席，興，起也，起而後拜。舉兕爵，爵，古代酒杯，形似雀。兕爵，以兕牛角爲之。曰：「小國賴子，知免於戾矣。」飲酒樂，趙孟出，曰：「吾不復此矣。」杜注：「不復見此樂。」

一·五 天王使劉定公勞趙孟於潁，天王，周景王。劉定公，劉夏。潁，本周邑，後屬鄭。隱元年傳「潁考叔爲潁谷封人」之潁谷則在河南登封縣西南，潁邑在登封縣東。館於雒汭。雒汭，雒同洛。洛水曲流處。洛水經洛陽及偃師縣東南，折而北逕鞏縣，又北而入黃河。則雒汭或在今鞏縣西。劉子曰：「美哉禹功！杜注：「見河、雒而思禹功。」此倒裝句，言禹功美哉。明德遠矣。微禹，吾其魚乎！吾與子弁冕、端委，弁冕，古時卿大夫之禮帽。端委，古時之禮衣。端，正也。古布寬二尺二寸（周尺），爲衣不裁剪，故謂之端。文服袖長，故謂之委。此種衣稱端委。以治民、臨諸侯，禹之力也。子盍亦遠績禹功而大庇民乎！」爾雅釋詁：「績，繼也。」對曰：「老夫罪戾是懼，焉能恤遠？吾儕偷食，偷，苟且。句謂苟且度日。朝不謀夕，何其長也？」言早尚不能爲夕計謀，何能念及長遠庇民。劉子歸，以語王曰：「諺所謂老將知而耄及之者，釋文謂「知音智」。趙孟此時年未滿五十，而似八十九十之人。八十曰耄。其趙孟之謂乎！爲晉正卿，以主諸侯，而儕於隸人，朝不謀夕，説文：「儕，等輩也。」句謂趙孟自同于隸人朝不謀夕。棄神、人矣。杜注：「民爲神主，不恤民，故神人皆去。」神怒、民叛，何以能久？趙孟不復年矣。不復終今年。神怒，不歆其祀；民叛，不即其事。即，就也。不即事猶不從事，怠工。祀、事不從，又何以年？」杜注：「爲此冬趙孟卒起本。」

一·六 叔孫歸，自虢會返魯。曾夭御季孫以勞之。姓纂十七登引世本「夏少康封少子曲烈於鄫，春秋時爲莒所滅，鄫太子巫仕魯，去邑爲曾氏。」曾夭，季孫之家臣。旦及日中不出。季孫以旦至叔孫家，候至中午，叔孫仍不出戶接見。杜注：「恨季孫伐莒，使己幾被戮。」曾夭謂曾阜，據通志氏族略二，曾阜爲鄫太子巫之子。杜注：「曾阜，叔孫家臣。」曰：「旦及日中，吾知罪矣。季孫久候，不怒不去，故云知罪。魯以相忍爲國也。忍其外，猶言「忍之於外」。不忍其內，猶言「忿之於內」。焉用之？」杜注：「欲受楚戮，是忍其外；日中不出，是不忍其內之也。」注文「內之」，「之」字疑衍。阜曰：「數月於外，杜注：「言叔孫勞役在外數月。」一旦於是，上文數月於外，此文一旦於是，二句皆省略動詞。庸何傷？庸亦何也。庸何並用，與襄二十五年傳「將庸何歸」同。賈而欲贏，而惡囂乎？」賈音古。言商賈欲求贏利，而厭惡市肆之喧囂乎？贏，有餘也。阜謂叔孫曰：「可以出矣。」叔孫指楹，曰：「雖惡是，其可去乎？」楹爲堂上之大柱，在兩階之間，房屋賴支柱，以比季孫。「其」作「豈」用。乃出見之。魯語下亦記此事而略有不同。

一·七 鄭徐吾犯之妹美，杜注：「犯，鄭大夫」，則徐吾爲複姓。成元年傳「王師敗績于徐吾氏」，廣韻「吾」字注：「鄭公子有食采於徐吾之鄉，後以爲氏。」公孫楚聘之矣，杜注：「楚，子南。穆公孫。」聘即近世之訂婚，古亦謂之成昏，見隱七年、昭三年傳。蓋已納幣。公孫黑又使強委禽焉。古代婚禮，第一事爲納采。納采用雁，故亦言委

禽。犯懼，告子產。子產曰：「是國無政，非子之患也。唯所欲與。」子產意國政不修，故二大夫爭女，
非女家之患，女欲與誰則與誰，聽其所欲。犯請於二子，請使女擇焉。皆許之。聽女自擇，二人皆同意。
子晳盛飾入，布幣而出。子晳卽公孫黑。盛飾，裝扮華麗。布幣，幣爲贄幣，初見時禮品，男用玉帛或禽鳥，陳
于堂上。子南戎服入，左右射，超乘而出。子南已聘，故不復納幣。射于中庭。・車在門外，超乘，一躍登上
車以出。女自房觀之，曰：「子晳信美矣，信，誠也，實也。抑子南，夫也。爲丈夫氣象。夫夫婦婦，上
夫字婦字爲名詞，指其身；下二字爲述語，此種句法同于論語顏淵「君君、臣臣、父父、子子」。此謂丈夫應有丈夫之行，
妻室應有妻室之德。所謂順也。」順古所謂理。適子南氏。子晳怒，既而櫜甲以見子南，周禮考工記函
人疏：「以衣裹著甲謂之櫜」，則此櫜甲卽襄二十年傳之衷甲，非藏甲于櫜中。釋文：「櫜本或作衷。」欲殺之而取其
妻。子南知之，執戈逐之，及衝，衝，大道四交之處。擊之以戈。子晳傷而歸，告大夫曰：「我好
見之，不知其有異志也，故傷。」
大夫皆謀之。子產曰：「直鈞，言各有理由。其實子晳無理，欲奪子南聘妻，不得，又欲殺其夫，子南不過
自衞而傷之耳。曲直自分明。子產以子晳大族，故佯聽子晳之訴，而以子南傷之爲無理。幼賤有罪，年少而位下者
有罪。罪在楚也。」乃執子南，而數之，僖二十八年傳「數之以其不用僖負羈而乘軒者三百人也」，數謂數其罪。
此同。曰：「國之大節有五，女皆奸之。杜注：「奸，犯也。」畏君之威，聽其政，聽，聽從。尊其貴，事
其長，養其親，五者所以爲國也。今君在國，女用兵焉，不畏威也；奸國之紀，紀，法紀。不聽

政也；子晳，上大夫；女，嬖大夫，晉、鄭、吳皆謂下大夫爲嬖大夫。而弗下之，不尊貴也；幼而不忌，忌，敬也。與下文引史佚之言「非羈何忌」之忌同義。杜彼注云：「敬也。」不事長也；兵其從兄，同祖或同伯叔之子年長于己者皆得曰從兄。不養親也。君曰：『余不女忍殺，倒裝句，卽不忍殺女。宥女以遠。』宥赦其死罪，逐于遠方以代死。勉，速行乎，無重而罪！」而同爾。不速行，則其罪加重。

五月庚辰，庚辰，二日。鄭放游楚於吳。游楚卽子南。將行子南，將使子南行。行爲動詞使動用法。子產咨於大叔。大叔卽游吉，爲游氏之宗主。古代宗主，一族之人皆聽之，大叔雖爲游楚之兄子，楚亦得順從之。故子產徵求其意見焉。大叔曰：「吉不能亢身，焉能亢宗？杜注：「亢，蔽也。」卽扞蔽、保護之義。游吉爲宗子，任卿大夫，有「保族宜家」（襄三十一年傳）之責。文十六年傳亦云「棄官則族無所庇」。彼，國政也，非私難也。言子南之傷子晳，屬于國之政紀，非個人之難。子圖鄭國，圖，廣雅釋詁：「謀也。」謂爲鄭國謀。利則行之，利於國，則執行之。又何疑焉？周公殺管叔而蔡蔡叔，據史記管蔡世家，管叔鮮、周公旦、蔡叔度俱爲周文王正妃子，武王同母弟。管叔爲周公之兄，蔡叔則其弟。成王少，周公旦專政，管叔、蔡叔乃挾殷紂之子武庚以作亂。周公旦伐誅武庚，殺管叔而放蔡叔。蔡蔡叔上一「蔡」字，說文作「𥻨」，亦音蔡，蔡、𥻨古音同。張參五經文字謂「𥻨，春秋傳多借『蔡』爲之」。後漢書樊儵傳李賢注引傳則仍作「周公殺管叔而𥻨蔡叔」，則亦有他本作「𥻨」者。杜注：「蔡，放也。」史記周本紀、管蔡世家亦俱云「放蔡叔」，流放之也。周書作雒篇則謂「管叔經而卒」，亦非周公殺之。夫豈不愛？豈不憐愛其兄與弟。王室故也。鞏固王室之故。吉若獲戾，戾，罪也。子將行之，子亦將行罰。何有於諸游？」言不必顧慮游氏諸人。杜注：「爲二年鄭殺公孫黑傳。」

一·八　秦后子有寵於桓，如二君於景。杜注：「后子，秦桓公子，景公母弟鍼也。其權寵如兩君。」其母曰：「弗去，懼選。」說文：「選，遣也。」段注引此傳爲證。癸卯，癸卯，二十五日。鍼適晉，其車千乘。書曰「秦伯之弟鍼出奔晉」，罪秦伯也。

后子享晉侯，造舟于河，爾雅釋水郭璞注：造舟，「比船爲橋」。邢昺疏：「比船於水，加版於上，即今之浮橋。」元和郡縣志：「同州朝邑縣橋本秦后子奔晉造舟于河，通秦、晉之道。」唐之朝邑縣即今陝西大荔縣東之朝邑廢縣治。十里舍車，每隔十里，停車若干乘。自雍及絳。雍，秦國都，今陝西鳳翔縣。絳，晉國都，今侯馬市。杜注謂「雍、絳相去千里」，蓋古人道路迂曲。千里則每十里停車十乘。歸取酬幣，古代享禮，先由主人敬酒，曰獻；次由賓還敬，曰酢；再由主人先酌酒自飲，即勸賓隨飲，曰酬。獻、酢、酬合稱一獻。酬必主人贈禮物于賓以勸酒，謂之酬幣。終事八反。后子享晉侯，係用最隆重九獻之禮。九獻之禮，春秋時亦曾用之，皆招待國君，如僖二十二年，「楚子入于鄭，九獻。」晉重耳亡至楚，楚成王亦以國君禮待之，據晉語四，亦用九獻。九獻則須用酬幣九次。第一次酬幣，后子先載于車，餘八次酬幣，則須一次一次取於車，或后子欲藉酬幣而多獻賄於晉侯。終事八反者，終享禮，取幣往返八次也。司馬侯問焉，曰：「子之車盡於此而已乎？」對曰：「此之謂多矣。若能少此，吾何以得見？」言己車若少，則不致奔晉而見女也。女叔齊以告公，杜注：「叔齊，司馬侯。」且曰：「秦公子必歸。臣聞君子能知其過，必有令圖。令，善也。令圖，天所贊也。」

后子見趙孟。趙孟曰：「吾子其曷歸？」曷，何時。對曰：「鍼懼選於寡君，是以在此，將待嗣君。」趙孟曰：「秦君何如？」對曰：「無道。」趙孟曰：「亡乎？」君既無道，國將滅亡乎？對曰：「何爲？爲何滅亡。一世無道，國未艾也。杜注：「艾，絕也。」國於天地，有與立焉。立國於天地，必有與助之者。不數世淫，弗能斃也。」若非連續幾代君主淫亂，不能滅亡之。趙孟曰：「夭乎？」夭本作「天」，依校勘記、金澤文庫本及孔疏與錢大昕等人說改正。夭謂短命。對曰：「有焉。」趙孟曰：「其幾何？」對曰：「鍼聞之，國無道而年穀和熟，天贊之也。鮮不五稔。」杜注：「鮮，少也。」「鮮」實爲「斯」之借字，此也。杜說可商。秦景實於魯昭五年死，不過五年。趙孟視蔭，曰：「朝夕不相及，誰能待五？」言己不能等待五年。后子出，而告人曰：「趙孟將死矣。主民，翫歲而愒日，說文：「翫，習猒也。」同玩。愒音慨，急也。此言趙孟之習猒于日月之流逝又急于己之難長久。其與幾何？」其幾何歟之變句。

一·九　鄭爲游楚亂故，游楚即子南。六月丁巳，丁巳，九日。鄭伯及其大夫盟于公孫段氏。罕虎、公孫僑、公孫段、印段、游吉、駟帶私盟于閨門之外，實薰隧。杜注：「閨門，鄭城門。薰隧，門外道名。實之者，爲明年子產數子晳罪稱薰隧盟起本。」公孫黑強與於盟，使大史書其名，且曰「七子」。杜注：「自欲同於六卿，故曰七子。」子產弗討。

一·一〇　晉中行穆子敗無終及羣狄于大原，無終詳襄四年傳並注。崇卒也。崇，尚也。將戰，魏舒曰：「彼徒我車，所遇又阨，杜注：「地險不便車。」以什共車，必克。據六韜均兵篇，有平坦地作戰法，則一車當步卒八十人，八十人當一車。有險阻隘道作戰法，則一車當步卒四十人，四十人當一車。今魏舒之戰法，則以十人當一車，蓋此十人乃極精鋭之兵，其地又狹小也。管子大匡篇云：「大侯車二百乘，卒二千人；小侯車百乘，卒千人。」則似其時每車之徒兵亦十人。**困諸阨，又克。**諸，之於之合音。困敵衆於阨地也。**請皆卒，自我始。」**不用車，純用步兵，自我開始。**乃毁車以爲行，**毁非破壞，乃去而不用。行，步卒行列。襄三年傳「亂行于曲梁」，亦謂步卒之行列，非車陳。晉早有步兵，僖十年傳有左行、右行，二十八年傳又作「三行以禦狄」。此蓋先用車兵，故臨時改車爲徒；或晉因少狄禍，已棄三行。**五乘爲三伍。**每乘三人，五乘十五人，改編爲三個伍。伍乃戰鬥之最小組織。**荀吴之嬖人不肯卽卒，**卽，就也。卽卒，就步兵行列。**斬以徇。**魏舒斬之，且以巡行示衆。**爲五陳以相離，**離通麗，附麗也。五陳卽五種陣勢。**兩於前，伍於後，專爲右角，參爲左角，偏爲前拒，**兩、伍、專、參、偏皆陳名。此步兵陣法，其詳已不可知。服虔引司馬法謂「五十乘爲兩，百二十乘爲伍，八十一乘爲專，二十九乘爲參，二十五乘爲偏」云云，乃車戰法，非傳意。疑此五陣，乃誘敵之陳，其徒卒必少，或以徒卒之數爲陣名。兩者，兩個伍，十人也；伍者，或一伍，或伍爲五之誤，五人或二十五人也；專，獨也，一也，卽一伍，五人也；參，通三，三伍十五人也；偏，司馬法及周禮小司徒，百人爲卒，宣十二年傳謂卒爲二偏，則偏五十人，杜注亦如此。則五陣不過百許人耳，故翟人笑之。不知其後尚有大兵，使敵困于阨，而後又克之。**以誘之。翟人笑之。**翟同狄。**未陳而薄之，**待狄人未及結陣而迫近攻之。**大敗之。**

一·二 **莒展輿立，而奪羣公子秩。**秩，俸禄，與莊十九年傳「收膳夫之秩」同意。古代秩禄，或以田，或以穀。公子召去疾于齊。公子卽羣公子。餘詳去年傳。秋，齊公子鉏納去疾，展輿奔吳。其母爲吳國女。

叔弓帥師疆鄆田，因莒亂也。疆有兩解，杜注謂「正其疆界」。竹添光鴻會箋云：「疆者聚土爲塹，其外溝之，爲關以通出入也。周禮封人，凡封國，封其四疆。造都邑之封域亦如之。」此說雖辯，而傳凡四言疆田，文元年「晉侯疆戚田」、成四年「鄭帥師疆許田」、襄八年「莒人疆鄫田」及此，其義應同。前此皆作定疆界解，此不應獨異。且周禮封人言封爲聚土，疆仍是疆界義，竹添氏之說似是而非。自後鄆長爲魯所有，昭二十五年齊侯取鄆以居公，卽此鄆也。於是莒務婁、瞀胡及公子滅明以大厖與常儀靡奔齊。瞀音茂，又音謀。務婁、瞀胡及滅明三人皆展輿之黨與。大厖、常儀靡，莒之二邑。當在今山東莒縣之西北。

君子曰：「莒展之不立，棄人也夫！展輿省稱展，猶晉重耳省稱重，古有此例。人可棄乎？詩曰『無競維人』，善矣。」詩句在周頌烈文。競，強也。無爲發語詞，無義。句言能強者惟人才。若競作争義，無競猶無與相争，卽無敵之意，亦通。

一・三 晉侯有疾，鄭伯使公孫僑如晉聘，且問疾。問疾，猶今言探視疾病。叔向問焉，叔向如子産所住處問之。曰：「寡君之疾病，卜人曰『實沈、臺駘爲祟』，史莫之知。敢問此何神也？」子産曰：「昔高辛氏有二子，據雷學淇所輯世本：「黄帝生玄囂，玄囂生僑極，僑極生高辛，是爲帝嚳。帝嚳生堯。」故杜注云「高辛，帝嚳」。然古史傳說，異說紛歧，不必深論。伯曰閼伯，閼音遏。季曰實沈，居于曠林，杜以「曠林」爲地名而不知所在，賈逵以爲曠，大也。文選注引作「曠野」。不相能也，不相能卽不相得，不和睦。日尋干戈，杜

注：「尋，用也。」以相征討。后帝不臧，杜注：「后帝，堯也。臧，善也。」堯不以爲善。遷閼伯于商丘，主辰。杜注：「辰，大火也。」大火卽心宿，亦名商星，有星三顆，卽天蠍座σ，α，τ三星。心宿二爲赤色一等星，故因名曰大火。主辰及下文主參，謂以大火及參爲辰星而定時節，卽襄九年傳「而火紀時焉」。參鄭文光中國天文學源流第一章第四節閼伯與實沈。商人是因，故辰爲商星。襄九年傳亦云，「陶唐氏之火正閼伯居商丘，祀大火」，可與此相印證。遷實沈于大夏，據杜注，大夏卽今太原市。服虔以爲「大夏在汾、澮之間」，則當今山西翼城、隰縣、吉縣之區。主參，參宿，有星七顆，卽獵户座ζ，ε，δ，α，γ，κ，β等星。唐人是因，以服事夏、商。其季世曰唐叔虞。此唐叔虞，乃唐國末期之君，服事殷商者也。當武王邑姜方震大叔，武王邑姜者，武王之邑姜也，以表明邑姜乃武王之后。其人爲齊大公之女。十二年傳言及呂伋，又云「齊，王舅也」可證。震，説文作娠，懷孕也。夢帝謂己：『余命而子曰虞，己謂邑姜，史記晉世家謂「夢天謂武王曰」云云，誤，孔疏已駁之。命，名也。而同爾。將與之唐，屬諸參，而蕃育其子孫。』唐，今山西太原市。顧炎武謂在今山西翼城縣南。餘詳隱五年傳「曲沃莊伯」注。參星屬之。及生，有文在其手曰虞，文，字也。據隱元年傳孔疏，石經古文「虞」作「炛」，則掌紋或有此形。遂以命之。命，名也。及成王滅唐，而封大叔焉，大叔卽叔虞，成王同母弟。據晉世家，叔虞封唐侯，子燮父改爲晉侯。故參爲晉星。由是觀之，則實沈，參神也。昔金天氏有裔子曰昧，雷學淇所輯世本云：「少昊，黄帝之子，名契，字青陽。黄帝殁，契立，王以金德，號曰金天氏。」杜注亦云：「金天氏，帝少皞。」昊、皞、皡俱相通。裔，遠也。爲玄冥師，杜注：「玄冥，水官。昧爲水官之長。」生允格、臺駘。駘音待，又音臺。臺駘能業其官，

業，世也，謂能繼其世業也。竹添光鴻會箋云：「業讀爲𦘦。方言曰：𦘦，續也。」亦通。宣汾、洮，杜注：「宣猶通也。汾、洮，二水名。」宣謂疏通。汾水源出山西寧武縣西南管涔山，東南流經太原市至新絳縣折西流，至河津縣入於黄河。洮水在山西聞喜縣東南，與陳村峪水合。陳村峪水卽涑水。障大澤，清一統志云：「臺駘澤在太原府南十里，舊爲晉水匯處，蒲魚所鍾，今久涸。」障卽築堤防。以處大原。此大原非地名，乃指汾水流域高平之地。杜注以爲卽今太原，可商。帝用嘉之，封諸汾川，服虔、杜預皆以帝爲顓頊。據雷學淇所輯世本，黄帝生昌意，昌意生高陽，是爲帝顓頊。則顓頊與金天氏，僅一輩之隔；而昧爲金天氏之遠子，臺駘又爲昧之子，故孔穎達疑之，疏云：「臣世多而帝世少。史籍散亡，無可檢勘。」其實，古代傳説，言人人殊，不足深究。用，因也。汾川卽汾水流域。沈、姒、蓐、黄實守其祀。杜注：「四國，臺駘之後。」此四國都在晉國境内，已不能指其國境。姜宸英湛園未定稿卷五謂魏策犀首伐黄過衛卽此黄國，亦疑似穿鑿之言。今晉主汾而滅之矣。主汾，爲汾水流域之主。杜注：「滅四國。」由是觀之，則臺駘，汾神也。抑此二者，二者，實沈與臺駘。不及君身。與晉君之疾病無關。山川之神，則水旱癘疫之災於是乎禜之；實沈、臺駘乃山川之神。癘疫謂傳染病。後漢獻帝建安二十二年曾流行傳染病，曹植集説疫氣云：「建安二十二年癘氣流行，家家有僵屍之痛，室室有號泣之哀。或闔户而殪，或覆族而喪。或以爲疫者鬼神所作」云云，曰癘曰疫，足徵此文癘疫之義。禜音營。説文：「設綿蕝爲營，以禳風雨、雪霜、水旱、癘疫于日月、星辰、山川也。」周禮春官大祝「掌六祈以同鬼神示，四曰禜。」賈逵以爲營攢用幣。杜注卽用賈義，與説文同。蓋卽聚草木而束之，設爲祭處，以祭品求神鬼，去禍祈福。祭品中有牲，有圭璧，以詩大雅雲漢「靡愛斯牲，圭璧既卒」可以知之。日月星辰之神，則雪霜風雨之不時，於是乎禜之。杜注：「星辰之神，若實沈者。」其實祭日月星辰與山川之神俱爲水旱癘疫，俱爲禜。子産分別言之者，蓋臺駘爲山川之神，實沈爲星辰之神耳。若君身，則亦出入、飲食、哀樂之事也，孔疏引家語「飲食不時、逸勞過度者，病共殺之」證此出入指逸勞。山川、星辰之神又何爲焉？杜注：「言實沈、臺駘不爲君疾。」僑聞之，君子有四時：朝以聽政，晝以訪問，夕以脩令，脩通修，修令謂確定政令。夜以安身。於是乎節宣其氣，氣謂血氣、體氣，孟子公孫丑上「氣，體之充也」之氣。節宣，有節制地散發。勿使有所壅閉湫底以露其體，壅閉湫底四字義近，意謂勿使血氣集中壅塞不通。露同羸，使身體羸弱。茲心不爽，而昏亂百度。上句「於是乎節宣」貫串至此。茲，若解爲此，固可通。然王引之經傳釋詞謂此茲字爲「承上起下之詞，猶今人言致令如此也」。楊樹達先生則云：「此種用法，乃是『茲用』之省略。」昭二十六年傳「師有濟也，君而繼之，茲無敵矣」；又「晉爲不道，是攝是贊，思肆其罔極，茲不穀震盪播越，竄在荆蠻」，諸茲字皆同此用法，義同「是以」。今無乃壹之，則生疾矣。壹之，專一之；謂人生精氣專用之於某一處，而生病也。僑又聞之，內官不及同姓，其生不殖。內官謂國君之姬妾。僖二十三年傳「男女同姓，其生不蕃」，晉語四「同姓不婚，惡不殖也」，禮記大傳「百世而昏姻不通者，周道然也」，則同姓不婚自西周始。美先盡矣，則相生疾，周時之禮，同姓不婚，今取同姓，必其人甚美，美者盡于一人，則生疾。君子是以惡之。惡娶同姓之女。故志曰：『買妾不知其姓，則卜之。』不知其女之姓，則問之龜卜。禮記曲禮上云：「取妻不取同姓，故買妾不知其姓則卜之。」坊記亦云：「取妻不取同姓，以厚別也。故買妾不知其姓，則卜之。」違此二者，古之所慎也。二者，一謂晝夜昏亂，一謂娶同姓之美女。男女辨姓，禮之大司也。司，主也。今君內實有四姬焉，襄二十八年傳「則以其內實遷于盧蒲嫳氏」，與此內實同義，皆謂宮內姬妾。有姬姓者四人，襄二十六年傳，衞歸衞姬于晉，或四姬之一。其無乃是也乎？若由是二者，弗可爲也已。杜注：「爲，治也。」言疾不可治療。四姬有省猶可，無則必生疾矣。」杜注：「據異姓，去同姓，故言省。」叔向曰：「善哉！肸未之聞也，此皆然矣。」言所言皆是。

叔向出，行人揮送之。揮卽子羽，送叔向。叔向問鄭故焉，故，事也。問鄭之政情。且問子晳。對曰：「其與幾何！其幾何歟之變句，言其不能久也。無禮而好陵人，怙富而卑其上，弗能久矣。」不行禮節而喜駕陵人上，仗恃富足而輕賤其長上，不能久存。

晉侯聞子產之言，曰：「博物君子也。」博物謂事物知識淵博。重賄之。贈送以厚禮。此卽贈賄之禮，爲聘禮之終，互參僖三十三年、昭五年傳。

晉侯求醫於秦，秦伯使醫和視之，曰：「疾不可爲也，是謂近女，室疾如蠱。王念孫謂當如此讀：「是謂近女，生疾如蠱。」女、蠱爲韻；下文則食、志、祐爲韻。蠱，惑也。王闓運湘綺樓日記同治八年十一月三日云：「室疾，今言房勞也。」非鬼非食，惑以喪志。言病非由于鬼神，非由于飲食，而是迷惑于女色，以喪失心志。良臣將死，天命不佑。」公曰：「女不可近乎？」對曰：「節之。先王之樂，所以節百事也，故有五節；杜注：「五聲之節。」遲速本末以相及，中聲以降。宮商角徵羽五聲，調和而得中和之聲，然後降于無聲。五降之後，不容彈矣。五聲皆降，不可再彈。杜注：「降，罷退。」於是有煩手淫聲，慆堙心耳，中和之聲既息，再奏，則變爲繁複之手法，靡靡之音。凡過度曰淫。慆音滔，又音陶，淫也。使心淫。堙音因，塞也，沒也。使耳塞。蓋謂久聽嘈雜之音使耳沒而難禁。乃忘平和，君子弗聽也。平和之聲即上文之中聲，過此，君子不聽。物亦如之。杜注：「言百事皆如樂，不可失節。」至于煩，煩謂過度。乃舍也已，舍同捨，捨棄，罷止。無以生疾。君子之近琴瑟，詩關雎「窈窕淑女，琴瑟友之」，又小雅常棣「妻子好合，如鼓瑟琴」，此亦以琴瑟比女色。以儀節也，儀節謂以禮節制。非以慆心也。天有六氣，氣，氣象。杜注：「謂陰陽、風雨、晦明也。」降生五味，五味辛、酸、鹹、苦、甘。發爲五色，白、青、黑、赤、黃。發謂表現。徵爲五聲。杜注：「徵，驗也。」淫生六疾。五色五聲，凡過度則生六疾。六疾即下文之寒、熱、末、腹、惑、心諸疾。六氣曰陰、陽、風、雨、晦、明也，分爲四時，四時有二解，孔疏謂春夏秋冬，依上文則一日有朝晝夕夜四時。序爲五節，杜謂五節爲五行之節，後人解爲金木水火配秋春冬夏，每時七十二日，餘日配土，是爲五節。此解甚牽强，非傳意，依上文，似應爲五聲之節。過則爲菑：陰淫寒疾，陽淫熱疾，風淫末疾，杜注：「末，四支(肢)也。」雨淫腹疾，晦淫惑疾，明淫心疾。女，陽物而晦時，據杜注，女陰常隨男陽，故云陽物。疑陽物當解作陽之物，女陰男陽，女待男而成室家，育子孫，故女爲陽之事。物，事也。顧炎武則以爲女，陰也。陰中有陽，其物屬火，故爲陽物。杜說較合常理。男女同寢常以夜，故云晦時。淫則生內熱惑蠱之疾。今君不節、不時，不節，謂女色過度。不時，謂近女無分晦明。能無及此乎？」

出，告趙孟。趙孟曰：「誰當良臣？」和前言「良臣將死」，故趙武問之。對曰：「主是謂矣。主相晉國，於今八年，晉國無亂，諸侯無闕，可謂良矣。和聞之，國之大臣，榮其寵祿，任其大節。

「大節」，阮刻本誤作「寵節」，今從校勘記及金澤文庫本訂正。有菑禍興，災禍指晉侯好色。而無改焉，既任國之大節，必須改其招災禍之行爲，今汝無所改正之。必受其咎。今君至於淫以生疾，將不能圖恤社稷，禍孰大焉？主不能禦，爾雅釋言：「禦，禁也。」又邢疏：「禦，止也。」吾是以云也。」趙孟曰：「何謂蠱？」對曰：「淫溺惑亂之所生也。沈迷惑亂于某一事物。於文，文，字也。皿蟲爲蠱。穀之飛亦爲蠱。論衡商蟲篇：「穀蟲曰蠱，蠱若蛾矣。」積穀生蟲而能飛者爲蠱。在周易，女惑男、風落山謂之蠱䷑。杜注：「巽下艮上蠱。巽爲長女，爲風；艮爲少男，爲山。少男而說長女，非匹，故惑。山木得風而落。」皆同物也。」杜注：「物猶類也。」趙孟曰：「良醫也。」厚其禮而歸之。贈以重禮而返之秦。晉語八亦敍此，較略，且有所不同。

一·三　楚公子圍使公子黑肱、伯州犁城犫、櫟、郟。杜注：「黑肱，王子圍之弟子晳也。」犫、郟本鄭邑，後已屬楚。犫在今河南魯山縣東南五十里，即葉縣西。櫟今河南新蔡縣北二十里。郟今三門峽市西北之郟縣舊治。鄭人懼。子產曰：「不害。令尹將行大事，而先除二子也。禍不及鄭，何患焉？」

冬，楚公子圍將聘于鄭，伍舉爲介。未出竟，聞王有疾而還。伍舉遂聘。十一月己酉，公子圍至，至郢。入問王疾，縊而弒之，杜注引孫卿曰：「以冠纓絞之。」今荀子無此文。韓非子姦劫弒臣篇則云「因入問病，以其冠纓絞王而殺之」。戰國策楚策四文同。遂殺其二子幕及平夏。二子之名。右尹子干出奔晉，杜注：「子干，王子比。」宮廄尹子晳出奔鄭。杜注：「因築城而去。」殺大宰伯州犁于郟。葬王於郟，謂之郟敖。楚人于楚子麇不爲謚，乃以其葬地稱之。楚世家中號王爲敖者四，熊儀爲若敖，熊坎爲霄敖，此二人在有謚法以前；而杜敖（卽天問之堵敖）、郟敖則在有謚後。馬融鄭玄以敖爲獒，卽今之酋長；顧頡剛以敖爲丘陵，某敖卽某陵。詳顧頡剛史林雜識。使赴于鄭，赴今作訃。爲楚王之死訃告鄭國。伍擧問應爲後之辭焉，問於訃告使者。對曰：「寡大夫圍。」伍擧更之曰：「共王之子圍爲長。」

子干奔晉，從車五乘，叔向使與秦公子同食，杜注：「食祿同。」晉語八：「叔向爲大傅，實賦祿。」皆百人之餼。晉語八載叔向之言云：「大國之卿，一旅之田；上大夫，一卒之田。夫二公子者，上大夫也，皆一卒可也。」韋注：「上大夫一命，百人爲卒，爲田百畝。」趙文子曰：「秦公子富。」叔向曰：「厎祿以德，杜注：「厎，致也。」杜注「厎」本作「底」，今從阮元校勘記及金澤文庫本正。厎音旨。德鈞以年，年同以尊。公子以國，此謂授來奔者之祿田。若公子來奔，則以其國之大小。不聞以富。且夫以千乘去其國，秦公子鍼也。彊禦已甚。彊禦猶彊梁。詩大雅蕩「曾是彊禦」，公羊莊十二年傳「仇牧可謂不畏彊禦矣」，餘詳昭十二年傳注。已，太也。詩曰：『不侮鰥寡，不畏彊禦。』詩大雅烝民句。鰥，今詩作「矜」，定四年傳引亦作「矜」，矜、鰥通。秦、楚，匹也。」秦楚同爲大國。使后子與子干齒，隱十一年傳「不敢與諸任齒」，卽此齒字之義，並列也。辭曰：「鍼懼選，楚公子不獲，孟子離婁上「居下位而不獲於上」，卽此獲字之義。亦可作得，離婁上「不得乎親」、萬章上「不得於君」皆可證。不獲、不得皆謂被疑、被厭惡。是以皆來，亦唯命。唯命是聽。且臣與羈齒，后子先來，已仕晉爲臣。子干初至晉，猶羈旅之客。無乃不可乎？后子以主人自居，不敢與客並列。史佚有言曰：『非羈，何忌？』」杜注：「忌，敬也。欲謙以自別。」

一・一四 楚靈王卽位，薳罷爲令尹，罷音皮。薳啓彊爲大宰。杜注：「靈王，公子圍也。卽位易名熊虔。」鄭游吉如楚葬郟敖，且聘立君。聘新立之君。歸，謂子產曰：「具行器矣。準備行裝爲盟會之用。楚王汏侈，「汏」本作「汰」，汏汰本二字，古書多以形近互用，今從阮元校勘記。汏，驕也，侈也。而自說其事，說同悅，喜也。必合諸侯，吾往無日矣。」言不久將往與楚會。子產曰：「不數年未能也。」言數年之後始能合諸侯。杜注：「爲四年會申傳。」

一・一五 十二月，晉既烝，杜注：「烝，冬祭也。」趙孟適南陽，將會孟子餘。會讀爲禬。說文：「禬，會福祭也。」楊樹達先生讀左傳說。杜注：「孟子餘，趙衰，趙武之曾祖。其廟在南陽溫縣。」子餘乃趙衰之字，趙氏世稱趙孟，故謂其祖爲孟某某以明之。甲辰朔，甲辰上距十一月己酉五十六日。十一月有己酉，則十二月初一不得是甲辰。且以經、傳紀日推之，正月有乙未，三月有甲辰，五月有庚辰、癸卯，六月有丁巳，則十一月不得有甲辰。卽其中有閏月，十一月得有己酉，（王韜春秋長曆考正謂閏十月大，己酉爲十一月四日），而十二月則不得有甲辰朔。杜因以十二月誤，說詳孔疏。王韜謂「甲辰朔爲明年正月朔，傳特終言之」。以上文「十二月晉既烝」論之，似有理。然晉用夏正，寅月雖於周正爲今年，但不在年終，與上文「趙孟不復年矣」仍不合。禮記王制疏引服虔說，以甲辰朔爲夏正十一月，顧棟高以爲最有理，亦不可信。烝于溫，溫，今河南溫縣西南。庚戌，若以甲辰朔推之，庚戌，七日。卒。鄭伯如晉弔，及雍乃復。杜注：「弔趙氏，蓋趙氏辭之而還。」雍在今河南修武縣西，詳僖二十四年傳並注。

二年，辛酉，公元前五四〇年。周景王五年、晉平十八年、齊景八年、衛襄四年、蔡靈三年、鄭簡二十六年、曹武十五年、陳哀二十九年、杞文十年、宋平三十六年、秦景三十七年、楚靈王虔元年、吳夷末四年、許悼七年。

經

二·一 二年春，正月十四日丁巳冬至，建子。晉侯使韓起來聘。

二·二 夏，叔弓如晉。杜注：「叔弓，叔老子。」

二·三 秋，鄭殺其大夫公孫黑。

二·四 冬，公如晉，至河乃復。杜注：「弔少姜也，晉人辭之，故還。」

二·五 季孫宿如晉。杜注：「致襚服也。公實以秋行，冬還乃書。」

傳

二·一 二年春，晉侯使韓宣子來聘，杜注：「公即位故。」且告爲政，而來見，禮也。杜注：「代趙武爲政，雖盟主，而脩好同盟，故曰禮。」孔疏：「五年傳曰，韓起之下有趙成、中行吳、魏舒、范鞅、知盈，則六者，三軍之將佐也。韓起代趙武將中軍，趙成繼父爲卿，代韓起也。」觀書於大史氏，氏猶保氏、師氏、南史氏之氏。大史掌文獻檔案策書。見易、象與魯春秋，易乃周易，其六十四卦與卦辭、爻辭作于西周初，十翼則戰國至西漢之作品，韓起不及見。人多以「易象」連讀，爲一事，今從宋王應麟困學紀聞卷六說分讀，與易爲二事。象卽哀三年傳「命藏象魏」之象魏，因其懸掛于象魏，故以名之，亦省稱象。象魏亦名象闕，亦名魏闕，又曰觀，爲宮門外懸掛法令俾衆周知之地。據周禮大宰，正月一日公佈政治法令于象魏，此法令謂之治象；地官亦懸教象，爲教育法令；夏官公佈政象，秋官公佈刑象，卽軍政法令，司法法令。公佈十日，然後藏之，此象當是魯國歷代之政令。魯春秋卽孟子離婁下「魯之春秋」。春秋爲列國史之通名，墨子明鬼下篇有周之春秋、燕之春秋、宋之春秋、齊之春秋，故魯史曰魯春秋。下言「吾乃今知周公之德與周之所以王」，則韓起所見魯春秋，必自周公姬旦以及伯禽敍起，今春秋起隱公，訖哀公，自惠公以上皆無存。公羊傳又有所謂不修春秋，卽未經孔丘所改定之春秋。萬一其言可信，韓起所見必魯春秋簡策原本。曰：「周禮盡在魯矣，吾乃今知周公之德與周之所以王也。」公享之，季武子賦緜之卒章。緜，詩大雅篇名。卒章云：「虞、芮質厥成，文王蹶厥生。予曰有疏附，予曰有先後，予曰有奔奏，予曰有禦侮。」率下親上曰疏附，相道前後曰先後，喻德宣譽曰奔奏，武臣折衝曰禦侮。杜注謂「義取文王有四臣，故能以緜緜致興盛。以晉侯比文王，以韓子比四輔」。韓子賦角弓。角弓，詩小雅篇名。杜注：「取其『兄弟昏姻，無胥遠矣』，言兄弟之國宜相親。」季武子拜，享禮不坐，故拜不必起。曰：「敢拜子之彌縫敝邑，寡君有望矣。」杜注：「彌縫猶補合也。謂以兄弟之義。」僖二十六年傳「彌縫其闕」，亦此義。武子賦節之卒章。杜注：「節，詩小雅。卒章取『式訛爾心，以畜萬邦』，以言晉德可以畜萬邦。」節，今詩節南山。既享，宴于季氏。有嘉樹焉，宣子譽之。譽卽讚美。武子曰：「宿敢不封殖此樹，以無忘角弓。」封殖猶培殖，九年傳「后稷封殖天下」，吳語「今天王既封殖越國」，皆此義。韋注吳語云：「壅本曰封」，即今之培土。遂賦甘棠。杜注：「甘棠，詩召南。召伯息於甘棠之下，詩人思之，而愛其樹。武子欲封殖嘉樹如甘棠，以宣子比召公。」宣子曰：「起不堪也，無以及召公。」

宣子遂如齊納幣。杜注：「爲平公聘少姜。」見子雅。子雅召子旗，杜注：「子旗，子雅之子。」使見宣子。宣子曰：「非保家之主也，不臣。」蓋觀其言語動作有不順之心。見子尾。子尾見彊，杜注：「彊，子尾之子。」使彊見韓宣子也。宣子謂之如子旗。杜注：「亦不臣。」大夫多笑之，唯晏子信之，曰：「夫子，君子也。杜注：「夫子，韓起。」君子有信，其有以知之矣。」杜注：「爲十年齊欒施、高彊來奔張本。」

自齊聘於衛，衛侯享之。北宮文子賦淇澳，杜注：「淇澳，詩衛風，美武公也。言宣子有武公之德。」宣子賦木瓜。杜注：「木瓜亦衛風。義取於欲厚報以爲好。」

二·三

夏四月，韓須如齊逆女。逆，迎也。諸侯不親迎，使韓須迎之。所逆爲少姜，又非晉侯之正夫人。須，史記韓世家謂之貞子，索隱引世本謂謚平子，說苑敬慎篇亦有韓平子與叔向問答語，漢書古今人表又作「悼子」，梁玉繩史記志疑卷二十四因謂：「豈須有三謚乎？」齊陳無宇送女，致少姜。送女，女即少姜。但此送與致不同。說文：「送，遣也。」禮記曲禮上「拜送於門外」，詩邶風燕燕「之子于歸，遠送于野」，皆此送義。儀禮士昏禮：「父送女，命之曰」云云，則又是一種遣嫁之禮。致則不然。說文：「致，送詣也。」即護送達到目的地，而致于受者，有時亦曰送。昭五年傳云「晉韓宣子如楚送女，叔向爲介」，遺啓彊則云，「求昏而薦女，君親送之，上卿及上大夫致之」，足見送與致不同，此言送，又言致，即此之故。少姜有寵於晉侯，晉侯謂之少齊。于當時之禮，婦應稱母家姓。今不稱姜，而以其國名爲稱，所以表示寵異。謂陳無宇非卿，桓三年傳云：「凡公女嫁于敵國，姊妹則上卿送之，以禮於先君；公子，則下卿送之。於大國，雖公子，亦上卿送之。」此或以諸侯娶正室而言，少姜則姬妾。執諸中都。江永云：「按一統志，中都城有二，一在介休東北五十里，一在榆次縣東十五里，俱云晉執陳無宇於此。」少姜爲之請，曰：「送從逆班。若非娶正夫人，則如此。逆班，迎女者位次之高下也。送者從迎者之位次，卽迎者位高，送者同之。畏大國也，猶有所易，韓須僅公族大夫，陳無宇乃上大夫。齊畏晉，不敢亦使公族大夫送，而使上大夫送，故云尚有所改易。是以亂作。」亂謂陳無宇被執。少姜之語甚委婉。

二·三　叔弓聘于晉，報宣子也。杜注：「此春韓宣子來聘。」晉侯使郊勞，聘禮有郊勞，見僖三十三年傳注。辭曰：「寡君使弓來繼舊好，固曰『女無敢爲賓』，受命不敢受迎賓之禮。徹命於執事，敝邑弘矣，杜注：「徹，達也。」敢辱郊使？請辭。」致館，使居賓館。辭曰：「寡君命下臣來繼舊好，好合使成，使命完成。臣之祿也。說文：「祿，福也。」敢辱大館！」不敢居館。叔向曰：「子叔子知禮哉！吾聞之曰：『忠信，禮之器也；無忠無信，禮無所載。卑讓，禮之宗也。』杜注：「宗猶主也。」辭不忘國，忠信也；一再曰寡君繼舊好，又言敝邑，故云不忘國。先國後己，卑讓也。杜注：「始稱敝邑之弘，先國也；次稱臣之祿，後己也。」詩曰：『敬慎威儀，以近有德。』詩大雅生民句。夫子近德矣。」

二·四　秋，鄭公孫黑將作亂，欲去游氏而代其位，游氏指游吉。游吉爲游氏宗主，故欲去游吉，必伐其宗。傷疾作而不果。去年爲子南所傷，正欲作亂，傷又發。駟氏與諸大夫欲殺之。駟氏，黑之族。亦欲殺之者，諸大夫皆惡之，恐其禍族。子産在鄙，聞之，懼弗及，乘遽而至。遽即傳車。路有驛站，換車馬，故速。使吏數之，杜注：「責數其罪。」曰：「伯有之亂，詳襄三十年傳，伯有爲黑所攻。以大國之事，而未爾討也。杜注：「務共大國之命，不暇治女罪。」爾有亂心無厭，國不女堪。專伐伯有，而罪一也；昆弟争室，而罪二也；杜注：「謂争徐吾犯之妹。」事在昭元年。薰隧之盟，女矯君位，而罪三也。亦見昭元年傳。有死罪三，何以堪之？不速死，大刑將至。」史記魯世家集解引馬融曰：「大刑，死刑。」再拜稽首，辭曰：「死在朝夕，無助天爲虐。」謂創傷復發，不久即將死，無需助天虐待自己。子産曰：「人誰不死？凶人不終，命也。不終，謂不得善終。作凶事，爲凶人。不助天，其助凶人乎！」其作豈用。請以印爲褚師。黑請也。杜注：「印，子晳之子。褚師，市官。」子産曰：「印也若才，君將任之；不才，將朝夕從女。謂不久亦將受刑。女罪之不恤，而又何請焉？不速死，司寇將至。」七月壬寅，壬寅，七月朔。縊。尸諸周氏之衢，桓十五年、僖三十三年傳並有周氏之汪。此又有周氏之衢，蓋同一地。有池，亦有道。加木焉。杜注：「書其罪於木，以加尸上。」

二·五　晉少姜卒，公如晉，及河，晉侯使士文伯來辭，曰：「非伉儷也，非正室，不能與夫相匹敵，即非伉儷。請君無辱。」依當時之禮，縱諸侯嫡配之喪，諸侯亦無親弔者。明年傳述游吉之言可以爲證。公還。季孫宿遂致服焉。杜注：「致少姜之襚服。」叔向言陳無宇於晉侯曰：「彼何罪？君使公族逆之，公族，即公族大夫韓須，如齊迎少姜。齊使上大夫送之，猶曰不共，共同恭。君求以貪。以同已，太也。貪猶奢也。國則不共，而執其使。國謂己國，言晉使公族大夫逆婦爲不恭。君刑已頗，已，太也。頗，偏也。何以爲盟主？且少姜有辭。」少姜生前曾請釋陳無宇。冬十月，陳無宇歸。杜注：「晉侯赦之。」

十一月，鄭印段如晉弔。杜注：「弔少姜。」

三年，壬戌，公元前五三九年。周景王六年、晉平十九年、齊景九年、衞襄五年、蔡靈四年、鄭簡二十七年、曹武十六年、陳哀三十年、杞文十一年、宋平三十七年、秦景三十八年、楚靈二年、吳夷末五年、許悼八年。

經

三·一 三年春王正月丁未，正月二十四日壬戌冬至，建子。丁未，九日。滕子原卒。公羊「原」作「泉」。原即滕成公，據孔疏引杜預世族譜，是文公之子。文公死于成十六年，經書「滕子卒」，未書名。卽隱七年書「滕侯卒」。宣九年昭公死，亦僅書「滕子卒」。昭公爲宣公之子，魯僖十九年宣公爲宋所執，未書卒。魯桓公二年滕子來朝，莊十六年盟于幽，此人當爲宣公之上一代，亦未書卒。自滕子原之死皆書卒、書名。原自襄五年于戚、九年于戲、十一年于亳城北、十九年于祝柯、二十年于澶淵、二十五年于重丘，凡與盟者六次。襄公卒，原來會葬；其葬，魯卿亦往會，相親好如此。

三·二 夏，叔弓如滕。

三·三 五月，葬滕成公。

三·四 秋，小邾子來朝。

三·五 八月，大雩。

三·六 冬，大雨雹。無傳。杜注：「記災。」

三·七 北燕伯款出奔齊。

傳

三·一 三年春王正月，鄭游吉如晉，送少姜之葬。梁丙與張趯見之。趯音逖。二人，晉大夫。梁丙曰：「甚矣哉，子之爲此來也！」杜注：「卿共妾葬，過禮甚。」子大叔曰：「將得已乎！將猶殆。已，止也。言不得不如此。昔文、襄之霸也，杜注：「晉文公、襄公。」其務不煩諸侯，令諸侯三歲而聘，五歲而朝，有事而會，不協而盟。列國間有事則會，有不和睦而相衝突則盟，無定期。十三年傳：「叔向曰：『是故明王之制，使諸侯歲聘以志業（每年相聘），間朝以講禮（三年一朝），再朝而會以示威（六年一會），再會而盟以顯昭明（十二年一盟），自古以來未之或失也。』」與此不同，或者叔向假託古制以使齊國聽命也。君薨，大夫弔，卿共葬事；夫人，士弔，大夫送葬。三十年傳游吉又言「先王之制，諸侯之喪，士弔，大夫送葬」，與此言文、襄之霸不同。蓋春秋時霸主之令又過於古。足以昭禮、命事、謀闕而已，此句總結朝聘盟會以及弔喪送葬之目的，足以昭明禮節、有所命令、謀議補救闕失，如此而已。無加命矣。除此而外，不再有令煩諸侯。今嬖寵之喪，不敢擇位，而數於守適，嬖寵之喪指少姜之喪。少姜僅寵姬耳。不敢擇位，謂來弔者不敢如禮制及舊例選擇適當職位之人。數，禮數也。守適謂君之正夫人，爲嫡配，守內宮爲長，故名爲守適。依古禮甚至文、襄故事，夫人之喪僅士弔而大夫送葬，今鄭使卿來弔送妾喪，是禮數過于適夫人。唯懼獲戾，豈敢憚煩？少姜有寵而死，齊必繼室。今茲吾又將來賀，不唯此行也。」張趯曰：「善哉，吾得聞此數也！聞此朝會弔喪之禮數。然自今子其無事矣。譬如火焉，火，大火，即心宿二，天蝎座α星。火中，寒暑乃退。心宿二爲一等星，夏末于黃昏時在天空中，暑氣漸消；冬末在將天明時在天空中，寒氣漸消。此其極也，言晉平公於此已達極盛點，古人以爲盛極必衰，猶火中寒暑乃退。此亦古代樸素辯證法。能無退乎？晉將失諸侯，諸侯求煩不獲。」諸侯縱欲求麻煩而不得。二大夫退。子大叔告人曰：「張趯有知，其猶在君子之後乎！」論語先進與憲問，孔丘兩言「以吾從大夫之後」，即自謂曾列大夫之班。此言在君子之後，亦謂其在君子之類。杜注謂「譏其無隱諱」，蓋不解「之後」之義。

三·二 丁未，滕子原卒。同盟，故書名。詳經注。

三·三 齊侯使晏嬰請繼室於晉，杜注：「復以女繼少姜。」曰：「寡君使嬰曰：『寡人願事君朝夕不倦，將奉質幣以無失時，將猶欲也。無失時謂按時朝聘。則國家多難，是以不獲。杜注：「不得自來。」不腆先君之適以備內官，腆，厚也。不腆，當時常用之謙詞，如僖三十三年傳「不腆敝邑」。少姜或爲齊莊公嫡夫人之女，故云先君之適。備內官亦謙詞，充晉國內宮之數也。焜燿寡人之望，焜音昆。焜，明也。燿音曜，照也。焜燿猶鄭語之「淳燿」。句謂照明我之所望。則又無祿，早世隕命，寡人失望。君若不忘先君之好，惠顧齊國，辱收寡人，收，綏輯也。與戰國策秦策「內收百姓，循撫其心」之收義同。徼福於大公、丁公，此種語均當時常用辭令，詳文十二年傳「寡人願徼福於周公、魯公以事君」注。徼，求也。照臨敝邑，鎮撫其社稷，則猶有先君之適及遺姑姊妹若而人。先君之適謂嫡配所生，遺姑姊妹則非嫡配所生。姑姊妹蓋靈公所生，則景公之大姑小姑也，互詳襄二十一年傳。若而人，卽若干人，沈欽韓補注云。君若不棄敝邑，而辱使董振擇之，董振，同義詞連用。爾雅釋詁：「董，正也。」隱五年傳「入而振旅」注：「振，整也。」薛綜文選西京賦注：「振，整理也。」董振猶今慎重之意。以備嬪嬙，嬪音頻，嬙音詳。嬪嬙皆天子諸侯姬妾。句與上「以備內官」同義。寡人之望也。』」韓宣子使叔向對曰：「寡君之願也。寡君不能獨任其社稷之事，未有伉儷，在縗絰之中，孔疏云：「少姜本非正夫人，而云未有伉儷者，蓋晉侯當時無正夫人，其繼室者，使韓起上卿逆之，鄭罕虎如晉賀之，則後娶者爲夫人也。」在縗絰之中，卽在喪服中。古制，爲妻齊衰杖朞，貴賤同之，或晉侯以正夫人之禮禮少姜之喪，或僅外交辭令耳。是以未敢請。君有辱命，惠莫大焉。若惠顧敝邑，撫有晉國，賜之內主，正夫人爲內官之主，故云內主。豈唯寡君，舉羣臣實受其貺，其自唐叔以下實寵嘉之。」杜注：「唐叔，晉之祖。」齊言大公、丁公，故答言唐叔。

既成昏，成昏卽近代之定婚，互詳隱七年、昭元年傳並注。晏子受禮，杜注：「受賓享之禮。」叔向從之宴，享而後宴。相與語。叔向曰：「齊其何如？」晏子曰：「此季世也，季世猶言末代，衰微之世。吾弗知齊其爲陳氏矣。此猶云我不保齊其爲陳氏也。「弗知」古人成語，猶今人云「不保」。詳楊樹達先生積微居小學金石論叢及讀左傳。公棄其民，而歸於陳氏。齊舊四量，四種容積單位與量具。豆、區、釜、鍾。四升爲豆，各自其四，以登於釜。杜注：「四豆爲區，區，斗六升。四區爲釜，釜，六斗四升。登，成也。」疑登卽升，由小量升至大量也。自，用也。以升至釜，各用四倍。釜十則鍾。杜注：「六斛四斗。」周禮考工記鄭注：「四升曰豆，四豆曰區，四區曰鬴，鬴十曰鍾。」鬴卽釜，古同音。陳氏三量皆登一焉，鍾乃大矣。杜注：「登，加也。加一謂加舊量之一也。以五升爲豆，五豆爲區，五區爲釜。則區二斗，釜八斗，鍾八斛。」讀左傳云：「管子輕重丁篇云：『今齊西之粟釜百泉（錢），則鏂二十也；齊東之粟釜十泉，則鏂二泉也。』尹知章云：『五鏂爲釜。』鏂與區同。據管子五區爲釜，與傳文陳氏登一之說正合，此又足證明管子書晚出。」積微居金文說餘說子禾子釜再跋有陳介祺所藏齊量器實測數。以家量貸，而以公量收之。杜注：「貸厚而收薄。」山木如市，弗加於山；魚、鹽、蜃、蛤，弗加於海。蜃音腎，大蛤。蛤音鴿，蛤蜊。句意謂山上之木料運至市場，其價與在山同，魚鹽以及海內可食動物，在市場，其價亦不加于海上。但究爲陳氏收買人心，抑齊君強令奴隸爲之，以剥削其勞動價值？前人多主前說，惟郭沫若奴隸制時代主後說。似以前說較合理。民參其力，二入於公，而衣食其一。人民三分其力，以其二之所得入于齊公，自己及全家僅以其一用于衣食。杜注：「言公重賦斂。」公聚朽蠹，齊君所蓄聚以其太多，年久而腐朽，或生蛀蟲。而三老凍餒，三老舊有三解，杜注云：「三老謂上壽、中壽、下壽，皆八十已上，不見養遇。」孔疏引服虔云：「三老者，工老、商老、農老。」以上二說皆不足信。禮記樂記云：「食三老五更於大學。」文王世子云：「遂設三老五更，羣老之席位焉。」鄭注：「三老五更各一人，皆年老更事致仕者也。天子以父兄養之，示天下之孝悌也。」諸侯亦養三老，卽此三老之義。惠棟補注以三老卽三壽，引晉姜鼎銘「保其孫子，三壽是利」，魯頌「三壽作朋」爲證。但三壽，宗周鐘作「參壽」，猶高壽，郭沫若謂以參星之高比壽，後人更轉變爲山壽。因之不取。國之諸市，屨賤踊貴。屨，麻或革所製之鞋。踊，脚被斷者所用，一說爲假足，一說爲挾持之杖。此言被刑者之多。民人痛疾，而或燠休之。釋文引賈逵云：「燠，厚也。」休，賜也，見楊樹達先生積微居金文說。此謂陳氏于民人之痛苦，因厚賜之。杜注「燠休，痛念之聲」，服虔謂：「燠休，痛其痛而念之，若今時小兒痛，父母以口就之曰噢休，代其痛也。」皆不確。其愛之如父母，而歸之如流水。欲無獲民，將焉辟之？辟同避。言無處可避民之歸陳氏。箕伯、直柄、虞遂、伯戲，杜注：「四人皆舜後，陳氏之先。」遂見八年傳，餘人無可考。其相胡公、大姬已在齊矣。」杜注：「胡公，四人之後，周始封陳之祖；大姬，其妃也。」言陳氏雖爲人臣，然將有國，其先祖鬼神已與胡公共在齊。孔疏引服虔云：「相，隨也。」叔向曰：「然。雖吾公室，今亦季世也。戎馬不駕，卿無軍行，公乘無人，卒列無長。四句言晉公室之軍備廢弛。作戰之馬已不駕兵車，諸卿已不率領公室之軍，公室之車乘亦無御者與戎右；百人爲卒，與軍之行列皆無可用之長。庶民罷敝，而宮室滋侈。杜注：「滋，益也。」道殣相望，殣音覲。說文云：「道中死人，人所覆也。」此言餓死于路者多。而女富溢尤。杜注：「女，嬖寵之家。」楊樹達先生讀左傳：「尤當讀爲訧。說文：『訧，罪也。』」民聞公命，如逃寇讎。欒、郤、胥、原、狐、續、慶、伯降在皂隸，此八氏之先，欒枝、郤缺、胥臣、先軫、狐偃五氏皆卿，續簡伯、慶鄭、伯宗皆大夫。本皆姬姓，王符潛夫論志氏姓曾略及之。政在家門，韓、趙諸氏專政。民無所依。君日不悛，以樂慆憂。詩唐風蟋蟀「日月其慆」，毛傳：「慆，過也。」言以娛樂度過憂患。說見竹添光鴻會箋。公室之卑，其何日之有？言公室不日將卑微。讒鼎之銘曰：楊樹達先生讀左傳云：「說文云：『鬵，大鬴也。一曰鼎大上小下若甑曰鬵。讀若岑。』讒鼎蓋即鬵鼎，鬵、讒音近通假耳。」讒鼎本是魯所有，韓非子說林上謂齊伐魯，索讒鼎云云，呂氏春秋審己篇、新序節士篇皆作「岑鼎」，不知是此鼎否。然魯之讒鼎早已在齊，叔向未必能暗誦其銘文，此或晉之鬵鼎銘也。『昧旦丕顯，後世猶怠』，昧旦，欲明未明之時。言凌晨即起，可以大顯赫，而後世猶懈怠不勵。況日不悛，其能久乎？」晏子曰：「子將若何？」叔向曰：「晉之公族盡矣。肸聞之，公室將卑，其宗族枝葉先落，則公室從之。原無「室」字，于文于義當有，今依金澤文庫本增。隨之而落。肸之宗十一族，杜注：「同祖爲宗。」與叔向同祖者共十一氏族，惟未知出何公。唯羊舌氏在而已。孔疏引杜氏世族譜云：「羊舌，食邑名。」毛奇齡經問云：「氏與族原無分別，肸之宗十一族，惟羊舌氏在而已。夫叔向以叔爲族，以羊舌爲氏，今并羊舌而族之。」肸又無子，詳二十八年傳並注。公室無度，幸而得死，得死即獲死、獲終，以老壽而善終也。豈其獲祀？」其，將也。言必不得享祀。晏嬰與叔向之論齊、晉，作晏子春秋者採入內篇問下，其文與傳文大同。

初，景公欲更晏子之宅，曰：「子之宅近市，湫隘囂塵，湫音剿，下濕也。隘，狹小。囂，喧鬧。塵，塵土飛揚。不可以居，請更諸爽塏者。」爽，明亮。塏音愷。說文：「高燥也。」辭曰：「君之先臣容焉，猶言我之先代居之。臣不足以嗣之，於臣侈矣。意謂我祖我父居之，我不足以繼承父祖，而我猶居之，于我尚以爲過份。侈，說文：「掩脅也。」段玉裁注云：「掩者，掩蓋其上；脅者，脅制其旁。凡自多以陵人曰侈，此侈之本義也。」又莊子駢拇篇「而侈於德」，釋文引崔注：「侈，過也。」且小人近市，朝夕得所求，小人之利也，敢煩里旅？」里旅即周語中、魯語上之司里，亦即魯語上之里人。其職掌卿大夫之家宅。説參左傳會箋及讀左傳。據景公云「子之宅近市」云云，似欲另擇地爲晏子另築宅，故韓非子難二篇云：「景公過晏子，曰：『子宮小，近市，請徙子家豫章之圃。』」孔疏亦引晏子春秋「將更於豫章之圃」（今晏子春秋無此文）。然觀左傳下文，景公以晏嬰近市之利之言，并未徙地，僅於原居毀他人之宅爲晏子築宅。公笑曰：「子近市，識貴賤乎？」對曰：「既利之，敢不識乎？」公曰：「何貴？何賤？」於是景公繁於刑，有鬻踊者，鬻音育，賣也。故對曰：「踊貴，屨賤。」既已告於君，故與叔向語而稱之。景公爲是省於刑。

君子曰：「仁人之言，其利博哉！晏子一言，而齊侯省刑。詩曰『君子如祉，亂庶遄已』，小雅巧言句。祉，喜也。遄，疾速也。已，止也。宣十七年傳亦嘗引此，參彼注。其是之謂乎！」

及晏子如晉，公更其宅。反，則成矣。新居已築成。既拜，向齊景拜謝新宅。乃毀之，而爲里室，皆如其舊，曾毀壞若干鄰户以擴大晏子新居，晏子仍毀新居，恢復所拆毀之鄰屋。則使宅人反之，使舊宅之居者仍返居舊宅。曰：「日」原作「且」，沈彤小疏謂：「或且字爲曰字之誤。」金澤文庫本「且」正作「曰」，太平御覽一五七、初學記二十四並引左傳俱不作「且」，而作「曰」，今依以訂正。並參王引之述聞、汪之昌青學齋集且諺曰解。水經淄水注：齊城「北門外東北二百步有齊相晏嬰冢、宅。左傳，晏子之宅近市，景公欲易之，而嬰弗更。爲誠曰：『吾生則近市，死豈易志？』乃葬故宅。後人名之清節里。」「諺曰：『非宅是卜，唯鄰是卜。』二三子先卜鄰矣。杜注：「二三子謂鄰人。」違卜不祥。君子不犯非禮，小人不犯不祥，古之制也。君子小人兩語蓋當時所傳古人之言，晏子用之，重在不犯非禮、不犯不祥。吾敢違諸乎？」諸作之用。卒復其舊宅，公弗許；因陳桓子以請，乃許之。晏子春秋內篇雜下採此文而較略。

三·四 夏四月，鄭伯如晉，公孫段相，甚敬而卑，禮無違者。晉侯嘉焉，授之以策，杜注：「策，賜命之書。」曰：「子豐有勞於晉國，子豐，公孫段之父。鄭僖公即位之年，曾偕之適晉，見襄七年傳。余聞而弗忘。賜女州田，州，今河南沁陽東稍南五十里，即溫縣東北。隱十一年周桓王賜鄭，後晉得之。以胙乃舊勳。」胙，酬報也。伯石再拜稽首，受策以出。君子曰：「禮，其人之急也乎！伯石之汰也，杜注：「汰，驕也。」伯石欲爲卿而僞讓者三，子產惡之，見襄三十年傳。一爲禮於晉，猶荷其祿，況以禮終始乎！詩曰『人而無禮，胡不遄死』，詩鄘風相鼠句。其是之謂乎！」

初，州縣，欒豹之邑也。杜注：「豹，欒盈族。」及欒氏亡，見襄二十三年傳。范宣子、趙文子、韓宣子皆欲之。文子曰：「溫，吾縣也。」杜注：「州本屬溫，溫，趙氏邑。」然據隱十一年傳，溫、州爲二邑，或屬晉後，曾併爲一縣。州在今溫縣北，溫在今溫縣南，其後又分爲二。二宣子曰：「自郤稱以別，三傳矣。郤稱爲晉大夫，劃州與溫爲二，始受州，又傳于趙氏，又傳于欒豹，故云三傳。晉之別縣不唯州，晉將一縣區分爲二，不僅州邑。誰獲治之？」杜注：「言縣邑既別甚多，無有得追而治取之。」文子病之，范、韓二人之言，文子甚以爲愧。乃舍之。二宣子曰：「二宣子」原作「二子」，然據下文「二子」，杜始出注曰「二子，二宣子也」，則杜據本作「二宣子」。今從石經及金澤文庫本。「吾不可以正議而自與也。」皆舍之。及文子爲政，趙獲曰：「可以取州矣。」杜注：「獲，趙文子之子。」文子曰：「退！二子之言，義也。杜注：「二子，二宣子也。」違義，禍也。余不能治余縣，又焉用州，其以徼禍也？君子曰：『弗知實難。』杜注：「患不知禍所起。」知而弗從，禍莫大焉。有言州必死！」

豐氏故主韓氏，豐氏即公孫段之氏族，以子豐爲氏。主，住於其家也。列國大夫至他國，或住國之客館，謂公館；或住友朋之私宅，曰私館。禮記曾子問「自卿大夫之家曰私館，公館與公所爲曰公館」是也。此主即私館。定六年傳宋樂祁聘晉，「陳寅曰，昔吾主范氏，今子主趙氏」，亦主私館。孟子萬章上「吾聞觀近臣，以其所爲主；觀遠臣，以其所主」，即此主字義。伯石之獲州也，韓宣子爲之請之，爲其復取之之故。杜注：「後若還晉，因自欲取之。爲七年豐氏歸州張本。」

三·五　五月，叔弓如滕，葬滕成公，據三十年傳「先王之制，諸侯之喪，士弔，大夫送葬」，叔弓以卿送葬，蓋滕近魯，且恭，故厚禮。子服椒爲介。及郊，遇懿伯之忌，敬子不入。禮記檀弓下云：「滕成公之喪，使子叔敬叔弔，進書，子服惠伯爲介。及郊，爲懿伯之忌不入。」一謂弔喪，傳謂送葬，略異。檀弓孔疏引世本，叔肸生聲伯嬰齊，齊生叔老，老生叔弓。又云，慶父生穆伯敖，敖生文伯穀，穀生獻子蔑。又據杜氏世族譜，蔑生莊子速及懿伯叔仲，懿伯叔仲生惠伯椒。據此，懿伯乃子服椒（惠伯椒）之父。忌，逝世之日，亦曰忌日。禮記檀弓上：「故君子有終身之憂，而無一朝之患，故忌日不樂。」又祭義：「君子有終身之喪，忌日之謂也。忌日不用，非不祥也。」則古人于父母逝世紀念日，不作他事，不舉音樂，謂之不用。此時兩人已至滕、魯兩國相接之郊，又逢副使（介）父親之忌，正使（敬子，卽叔弓）因之不入滕境，入滕境，則子服椒必受滕之郊勞、授館等禮儀，故爲之稍緩一日。惠伯曰：「公事有公利，無私忌。椒請先入。」乃先受館。惠伯不以己父之忌日廢公事。忌日不用，乃指私事言。若公事，則無私忌。敬子從之。檀弓下續云：「『政也，不可以叔父之私不將公事。』遂入。」依上所引世本及世族譜，懿伯于叔弓爲叔父。叔父之私卽懿伯私忌也。

三·六 晉韓起如齊逆女。爲晉平公迎夫人。公孫蠆爲少姜之有寵也，以其子更公女，古人男女俱可稱子，詩周南桃夭「之子于歸」可證。而嫁公子。公孫蠆以己女換公之女嫁平公，而嫁公女于他人。人謂宣子：「子尾欺晉，晉胡受之？」子尾，公孫蠆之字。以己女換公女，是欺晉也。胡，何故。宣子曰：「我欲得齊，而遠其寵，寵，寵幸之人，指子尾。不受其女，是遠之也。寵將來乎？」

三·七 秋七月，鄭罕虎如晉，賀夫人，且告曰：「楚人日徵敝邑以不朝立王之故。楚靈王新立，鄭未嘗往，故楚日問之。徵，問也。敝邑之往，此以子句作假設句。則畏執事其謂寡君而固有外心；其不往，則宋之盟云。杜注：「云交相見。」進退，罪也。進退指朝楚或不朝。寡君使虎布之。」宣子使叔向對曰：「君若辱有寡君，有謂有心，下文可證。詩王風葛藟「亦莫我有」，謂無心于我。在楚何害？脩宋盟也。君苟思盟，寡君乃知免於戾矣。君若不有寡君，不有寡君謂心無我君。雖朝夕辱於敝邑，寡君猜焉。杜注：「猜，疑也。」君實有心，何辱命焉。杜注：「言若有事晉心，至楚可不須告。」君其往也！苟有寡君，在楚猶在晉也。」

張趯使謂大叔曰：「自子之歸也，小人糞除先人之敝廬，曰：『子其將來。』前傳游吉云「今茲吾又將來賀」。今子皮實來，小人失望。」大叔曰：「吉賤，不獲來，杜注：「賤，非上卿。」畏大國，尊夫人也。且孟曰『而將無事』，孟謂張趯，其語見前傳。吉庶幾焉。」庶幾可以無事也。

三·八 小邾穆公來朝，季武子欲卑之。杜注：「不欲以諸侯禮待之。」穆叔曰：「不可，曹、滕、二邾實不忘我好，敬以逆之，猶懼其貳，又卑一睦，杜注：「一睦謂小邾。」焉逆羣好也？杜以「焉」字屬上讀，今改屬下。其如舊而加敬焉。志曰：『能敬無災。』又曰：『敬逆來者，天所福也。』」季孫從之。小邾于魯，朝莊公、僖公、襄公各一次，至此復來朝。

三·九 八月，大雩，旱也。春秋魯書「雩」者共二十一次，而昭公占其七，三之一矣。二十五年且旱甚而大雩，足見當時氣象之變化。

三·一〇 齊侯田於莒，杜注：「莒，齊東境。」十年傳陳桓子請老於莒，杜注「莒，齊邑」，當即此。盧蒲嫳見，泣，且請曰：「余髮如此種種，余奚能爲？」杜注：「嫳，慶封之黨，襄二十八年放之於境。種種，短也。自言衰老不能復爲害。」種種，疊字連緜詞，短貌。公曰：「諾。吾告二子。」杜注：「二子，子雅、子尾。」歸而告之。子尾欲復之，子雅不可，曰：「彼其髮短而心甚長，此「其」字與莊子山木篇「彼其道遠而險，又有江山，我無舟車，奈何」

相近，可有兩讀，「彼」作一逗，左傳之彼指盧蒲嫳，莊子之「彼」指南越建德之國，特提一筆，爲大主語，下文「其髮」「其道」則爲小主語。就此兩句言之，甚順。然稽之他文，則不足取。莊子人間世篇云：「彼其所保與衆異，而以義譽之，不亦遠乎？」史記屈原傳云：「又怪屈原以彼其材游諸侯，何國不容，而自令若是！」「彼其」皆「彼之」意，「其」作「之」用。且「彼之」亦不乏句例。最早見於詩邶風柏舟「薄言往愬，逢彼之怒」。莊子天道篇云：「悲夫！世人以形色名聲爲足以得彼之情。」淮南子道應訓云：「若彼之所相者，乃有貴乎馬者。」皆足爲證，則此「彼其」，以「其」作「之」用爲確。「心長」與「髮短」對言，心長謂工於心計也。其或寢處我矣。」其、或皆表不肯定之副詞，其或連用，與襄二十一年傳「其或難焉」同。襄二十八年傳述慶封聞子雅、子尾怒，告盧蒲嫳。嫳曰：「譬之如禽獸，吾寢處之矣。」子雅此時亦以其語拒絶之。九月，子雅放盧蒲嫳于北燕。杜注：「恐其復作亂。」

三·二　燕簡公多嬖寵，欲去諸大夫而立其寵人。史記燕世家謂「惠公多寵姬，公欲去諸大夫而立寵姬宋」云云，與傳有異。燕之世系，傳僅見其一二，史記雖有之，不與傳同，亦與世本有異，如史記謂「簡公十二年卒，獻公立」，索隱則云：「王劭按紀年，簡公後次孝公，無獻公。」傳謂燕簡公多嬖寵，史記則云「惠公多寵姬」，以史記論之，簡公後於惠公四代。索隱云：「與春秋經傳不相協，未可强言也。」冬，燕大夫比以殺公之外嬖。論語爲政，「君子周而不比，小人比而不周」，則比乃勾結、朋比之義。比，舊讀去聲。外嬖謂寵臣，如莊二十八年傳晉有外嬖梁五；亦可謂外寵，閔二年傳「外寵二政」、昭二十年傳「外寵之臣僭令於鄙」可證。公懼，奔齊。書曰「北燕伯款出奔齊」，罪之也。

三·三 十月，鄭伯如楚，子產相。楚子享之，賦吉日。杜注：「吉日，詩小雅，宣王田獵之詩。楚王欲與鄭伯共田，故賦之。」既享，子產乃具田備，備，具也。田備卽田獵用具。王以田江南之夢。以，與也。杜注：「楚之雲夢跨江南北。」然以近日科學考察，當時實無跨江南北之雲夢澤。

三·一三 齊公孫竈卒。杜注：「竈，子雅。」司馬竈見晏子，杜注：「司馬竈，齊大夫。」曰：「又喪子雅矣。」晏子曰：「惜也！惜子雅之死。子旗不免，子旗，子雅之子。去年傳韓起謂之非保家之主，此晏嬰亦預料其不免禍。殆哉！謂欒氏之族危殆。姜族弱矣，而嬀將始昌。杜注：「嬀，陳氏。」餘詳莊二十二年傳。二惠競爽猶可，杜注：「子雅、子尾皆齊惠公之孫也。競，彊也。爽，明也。」又弱一个焉，姜其危哉！」

四年，癸亥，公元前五三八年。周景王七年、晉平二十年、齊景十年、衞襄六年、蔡靈五年、鄭簡二十八年、曹武十七年、陳哀三十一年、杞文十二年、宋平三十八年、秦景三十九年、楚靈三年、吳夷末六年、許悼九年。

經

四·一 四年春王正月，二月初五丁卯日冬至，建亥，有閏月。大雨雹。

四·二 夏，楚子、蔡侯、陳侯、鄭伯、許男、徐子、滕子、頓子、胡子、沈子、小邾子、宋世子佐、淮夷會于申。杜注：「楚靈王始合諸侯。」申，今河南南陽市北二十里。

四·三　楚人執徐子。

四·四　秋七月，楚子、蔡侯、陳侯、許男、頓子、胡子、沈子、淮夷伐吴，執齊慶封，殺之。齊慶封奔吴見襄二十八年傳。禮記曲禮下云：「去國三世，爵禄無列於朝，出入無詔於國，唯興之日，從新國之法。」鄭玄注云：「興言起爲卿大夫。」慶封奔吴雖歷八年，而未嘗爲吴卿大夫，故仍稱「齊慶封」。遂滅賴。「賴」，公羊作「厲」。賴卽桓二年傳之賴國，今湖北隨縣東北之厲山店。

四·五　九月，取鄫。鄫本國，姒姓，襄六年滅于莒，今爲莒邑。鄫在今山東棗莊市東七十餘里。杜注：「傳例曰，克邑不用師徒曰取。」

四·六　冬十有二月乙卯，乙卯，二十八日。叔孫豹卒。

傳

四·一　四年春王正月，許男如楚，楚子止之，止，留之不使歸也。杜注：「欲與俱田。」遂止鄭伯，復田江南，許男與焉。

使椒舉如晉求諸侯，椒舉卽伍舉，伍舉見襄二十六年傳。通志氏族略謂「伍參食邑於椒，故其後爲椒氏」，雖伍舉之子亦稱椒鳴（楚語下作湫舉、湫鳴，湫與椒古音可通轉），但其後尚有伍尚、伍員等，仍以伍爲氏。二君待之。杜注：「二君，鄭、許。」椒舉致命曰：「寡君使舉曰：日君有惠，賜盟于宋，日謂昔日。杜注：「宋盟在襄二十七年。」曰：『晉、楚之從交相見也。』以歲之不易，不易言多難，見襄三年傳注。寡人願結驩於二三君，驩同歡。使舉請間。間，暇也。請間，請其于閒暇時聽此言。君若苟無四方之虞，虞，戒備也，憂慮也，欺也。則願假寵以請於諸侯。」杜注：「欲借君之威寵以致諸侯。」其實，楚欲會諸侯爲盟主，徵晉同意。假寵，借其光耀也，乃外交辭令。晉侯欲勿許。司馬侯曰：「不可。楚王方侈，天或者欲逞其心，以厚其毒，而降之罰，未可知也。其使能終，能終卽得終，得善終也。亦未可知也。晉、楚唯天所相，當時唯晉、楚爭霸。不可與爭。君其許之，而修德以待其歸。歸，今言歸宿。若歸於德，吾猶將事之，況諸侯乎？若適淫虐，楚將棄之，吾又誰與爭？」無誰與爭，則不爭自爲霸主。公曰：原無「公」字，從校勘記及金澤文庫本增。「晉有三不殆，杜注：「殆，危也。」其何敵之有？國險而多馬，齊、楚多難；有是三者，何鄉而不濟？」鄉同嚮，今作向。對曰：「恃險與馬，而虞鄰國之難，楊樹達先生讀左傳云：「虞讀爲娛。說文：『娛，樂也。』」是三殆也。四嶽、東嶽泰山，在今山東泰安縣北，高一千五百二十四公尺。西嶽華山，在今陝西潼關西，高一千九百九十七公尺。南嶽衡山，一說卽今安徽霍山縣之天柱山，高一千七百五十一公尺；一說卽今湖南衡山縣西之衡山，高一千二百六十六公尺。北嶽恆山，今山西渾源縣西，高二千零五十二公尺。三塗、杜注：「在河南陸渾縣南。」如杜注，則今河南嵩縣西南十里伊水北之三塗山，俗名崖口，又名水門者也。周本紀云「我南望三塗」，當卽此。服虔則謂太行、轘轅、崤澠，總名曰三塗。陽城、古陽城在今河南登封縣東南，俗名曰城山嶺。一九七七年曾數次勘察其遺址，詳見一九七七年十二月文物。大室、卽今河南登封縣北之嵩山。荆山、今湖北南漳縣西八十里之荆山。

中南，即今陜西西安市南之終南山，又名中南、南山、秦山、秦嶺。九州之險也，古代分中國爲九州，而其說不一，可參尚書禹貢、爾雅釋地、周禮職方。是不一姓。諸險要之地，亦有滅亡者，亦有興國者，言險要不足恃。冀之北土，馬之所生，冀，冀州。冀之北土，杜注謂卽燕、代。初學記八引盧毓冀州論云「冀州北接燕、代」，杜注本此。宋孫奕示兒編十五云：「冀北出良馬，則名馬曰驥。」說詳惠棟補注。無興國焉。以上言多馬不足恃。恃險與馬，不可以爲固也，從古以然。以同已。是以先王務修德音以亨神、人，亨卽享，新序善謀篇節録此文卽作「享神人」。襄二十七年傳「能歆神、人」，人謂鬼（祖先）。不聞其務險與馬也。鄰國之難，不可虞也。或多難以固其國，啓其疆土；或無難以喪其國，失其守宇，荀子王制篇「雖守者益」，注云：「守者謂地也。守國以地爲本，故曰守者。」宇，杜注「於國則四垂爲宇」，則邊境也。其實守宇與上文「疆土」同義。詩大雅卷阿「爾土宇昄章」，則土宇連言。若何虞難？齊有仲孫之難，事見莊八年、九年傳。仲孫卽公孫無知也。而獲桓公，至今賴之。齊猶襲齊桓公之餘蔭。晉有里、丕之難，里，里克；丕，丕鄭。事見僖九年傳。而獲文公，是以爲盟主。衞、邢無難，敵亦喪之。喪，亡也，此謂亡其國。杜注：「閔二年狄滅衞，僖二十五年衞滅邢。」故人之難，不可虞也。恃此三者，而不修政德，亡於不暇，猶云不暇於救亡。又何能濟？君其許之！紂作淫虐，文王惠和，汲冢周書序云：「紂作淫亂，民散無性習常（盧文弨羣書拾補謂六字中疑尚脱二字），文王惠和化服之」，卽用此語。殷是以隕，周是以興，夫豈爭諸侯？」乃許楚使。使叔向對曰：「寡君有社稷之事，是以不獲春秋時見。杜注：「言不得自往，謙辭。」諸侯，君實有之，何辱命焉？」言不必來徵求同意。

椒舉遂請昏，杜注：「蓋楚子遣舉時，兼使求昏。」晉侯許之。

楚子問於子產曰：「晉其許我諸侯乎？」對曰：「許君。晉君少安，不在諸侯。杜注：「安於小，小不能遠圖。」其大夫多求，莫匡其君。在宋之盟又曰如一。即「晉、楚之從交相見」之謂。若不許君，將焉用之？」杜注：「焉用宋盟。」王曰：「諸侯其來乎？」對曰：「必來。從宋之盟，承君之歡，不畏大國，杜注：「大國，晉也。」何故不來？不來者，其魯、衞、曹、邾乎！曹畏宋，邾畏魯，魯、衞偪於齊而親於晉，爲齊所逼，不得不與晉親。唯是不來。唯，因也。其餘，君之所及也，誰敢不至？」王曰：「然則吾所求者無不可乎？」對曰：「求逞於人，不可；杜注：「逞，快也。求人以快意，人必違之。」與人同欲，盡濟。」己所爲者，亦人之所期望于己者，則同欲而無不成。

四·二

大雨雹。季武子問於申豐曰：「雹可禦乎？」襄二十三年傳杜注謂申豐爲季氏屬大夫。禦，止也。對曰：「聖人在上，無雹。雖有，不爲災。古者日在北陸而藏冰，北陸指虛宿（有星二顆，即寶瓶座β和小馬座α）與危宿（有星三顆，寶瓶座α和飛馬座θ及ε）。地球公轉至此爲小寒與大寒。是時爲夏正十二月，正極冷之時。詩豳風七月「二之日鑿冰沖沖」，足證西周于夏正十二月挖冰塊。周禮凌人，「正歲十有二月令斬冰」，周禮稱歲，即用夏正。禮記月令亦云：「季冬，冰方盛，水澤腹堅，命取冰。」皆足證古代取冰在十二月。西陸朝覿而出之。西陸指昴宿和畢宿。昴宿有星七顆，即金牛座17、19、21、20、23、η、27諸星。畢宿有星八顆，即金牛座ε、68、δ、γ、α、θ、71、λ諸星。諸星早晨出現，則出藏冰，其時應是清明、穀雨，當夏正四月。然據豳風七月及下文，似二月即開冰窖，此乃惟君王如此。若他人用冰，則三、四月移藏于冰窖。杜注謂在夏正三月，服虔以爲在二月，皆據奎星朝見而言。其藏冰也，深山窮谷，固陰沍寒，固，凝涸。陰，卽寒氣。沍音互，凝也。固陰沍寒卽寒氣凝涸。於是乎取之。此謂藏冰於深山窮谷，寒氣閉塞凝涸，取冰於此。其出之也，朝之祿位，賓、食、喪、祭，於是乎用之。朝之祿位謂卿大夫士。賓謂迎賓，食謂君之日食，喪謂大喪共夷盤冰，祭謂祭祀共冰鑑。參見周禮淩人並注。其藏之也，黑牡、秬黍以享司寒。黑牡，據下文，知是黑毛公羊。秬音巨，黑色黍子。據禮記月令，司寒爲冬神玄冥。冬在北陸，故用黑色。其出之也，桃弧、棘矢以除其災。出冰時，用桃木爲弓，以棘爲箭，置于儲冰室之户以禳災。其出入也時。食肉之祿，冰皆與焉。食肉之祿卽其祿足以食肉者，莊十年傳「肉食者謀之」、哀十三年傳「肉食者無墨」之「肉食者」卽是。大夫命婦喪浴用冰。大夫及命婦也。命婦，大夫之妻。既小斂，先置冰于盤中，乃設牀於盤上，不施席而移尸於堂，乃爲尸浴身。祭寒而藏之，寒卽上文「以享司寒」之司寒，詩七月鄭箋及初學記七引作「祭司寒而藏之」。獻羔而啟之，詩豳風七月「四之日其蚤，獻羔祭韭」，故杜注云：「謂二月春分獻羔祭韭，始開冰室」。公始用之，杜注：「公先用，優尊。」火出而畢賦，十七年傳云：「火出，於夏爲三月，於商爲四月，於周爲五月。」則夏正三月，天蝎座α星于黄昏時出現，於是食肉者皆可以得冰。然此時雖分得冰，未必用之，至夏季始用。自命夫命婦至於老疾，無不受冰。山人取之，山人，小官，春秋分紀職官書一謂卽周禮地官之山虞。取冰于深山。縣人傳之，縣人，杜注云「遂屬」，據周禮遂人，五縣爲遂，地官亦有縣正，縣人或卽縣正。輿人納之，隸人藏之。春秋分紀職官書一云：「夏官之屬有隸僕，卽輿人之類。」杜注：「輿、隸皆賤官。」夫冰以風壯，杜注：「冰因風寒而堅。」壯卽壯實。而以風出。杜注：「順春風而散用。」其藏之也周，杜注：「周，密也。」其用之也徧，杜注：「及老疾。」則冬無愆陽，杜注：「愆，過也。謂冬溫。」夏無伏陰，杜注：「伏陰謂夏寒。」春無淒風，杜注：「淒，寒也。」秋無苦雨，雷出不震，鳴雷而雹不擊傷。無菑霜雹，菑霜菑雹，卽有霜有雹，而不爲災。癘疾不降，癘疾卽今之流行病。民不夭札。夭，短命而死。札，流行病死亡。周禮大司徒鄭玄注：「札，大疫病也。」今藏川池之冰棄而不用，風不越而殺，雷不發而震。杜注：「越，散也。」風不散而草木凋零，雷不鳴而雹傷亡人畜。雹之爲菑，誰能禦之？七月之卒章，藏冰之道也。」杜注：「七月，詩豳風。卒章曰：『二之日鑿冰沖沖』，謂十二月鑿而取之；『三之日納于凌陰』，凌陰，冰室也；『四之日其蚤，獻羔祭韭』，謂二月春分蚤開冰室，以薦宗廟。」

四·三　夏，諸侯如楚，魯、衛、曹、邾不會。曹、邾辭以難，國家不安定。公辭以時祭，祀祖。魯世家謂「稱病不往」，年表同，與傳異。衛侯辭以疾。鄭伯先待于申。六月丙午，丙午，十六日。楚子合諸侯于申。椒舉言於楚子曰：「臣聞諸侯無歸，禮以爲歸。大國之中，諸侯歸服于有禮者。今君始得諸侯，其愼禮矣。霸之濟否，在此會也。夏啟有鈞臺之享，鈞臺當卽史記夏本紀桀因湯之夏臺，在今河南禹縣境。地名大辭典謂在禹縣南，日講春秋解義及春秋傳說彙纂謂在禹縣北門外，續漢郡國志二注引帝王世紀則云「在縣西」，不知孰是，或近人說長。商湯有景亳之命，景亳，據史記殷本紀正義：「宋州北五十里大蒙城爲景亳，湯所盟地，因景山爲名。河南偃師爲西亳，帝嚳及湯所都，盤庚亦徙都之。」則景亳在今商丘市北五十里，山東曹縣南。杜注及彙纂均謂景亳卽河南偃師之亳，王國維觀堂集林說亳已駁之。周武有孟津之誓，周武王兩次會諸侯于盟津，第二次會作太誓，見周本紀。孟津卽盟津，在今河南孟縣南十八里。成有岐陽之蒐，杜注：「周成王歸自奄，大蒐於岐山之陽。」晉語八：「昔成王盟諸侯于岐陽。」岐陽卽今陝西岐山縣治。康有酆宮之朝，古書皆未載周康王酆宮之朝，惟鄭樵通志及僞本竹書紀年有之，蓋本于此傳。酆宮卽豐宮，當爲文王廟，在今陝西户縣東五里。穆有塗山之會，周穆王會塗山亦僅見僞本紀年。塗山卽哀七年傳「禹合諸侯于塗山」之塗山，在今安徽懷遠縣東南八里，淮河東岸。齊桓有召陵之師，杜注：「在僖四年。」晉文有踐土之盟。杜注：「在僖二十八年。」君其何用？宋向戌、鄭公孫僑在，諸侯之良也，良，能也。此謂二人習於禮而多聞。君其選焉。」杜注：「選擇所用。」王曰：「吾用齊桓。」服虔注：「召陵之役，齊桓退舍以禮，楚靈王今感其意，是以用之。」王使問禮於左師與子產。左師曰：「小國習之，大國用之，敢不薦聞？」薦，進獻也。杜注：「言所聞，謙示所未行。」獻公合諸侯之禮六。杜注：「其禮六儀也（六種儀節）。宋爵公，故獻公禮。」孔疏：「不知六者何謂也。」子產曰：「小國共職，共同供。敢不薦守？」守，職守。獻伯子男會公之禮六。向戌所獻是盟主主會之儀節，子產所獻是諸侯會盟主之儀節，相合而全。君子謂合左師善守先代，宋襄公嘗欲稱霸，故有其禮儀，而向戌能守而進于楚。子產善相小國。鄭于春秋時，只是服于大國，故獻小國與會之儀。

王使椒舉侍於後以規過，楚王恐己于儀節有誤，使椒舉糾正之。卒事不規。王問其故，對曰：「禮，吾所未見者有六焉，阮刻本無「所」字，今依石經、宋本、淳熙本、纂圖本及金澤文庫本增。又何以規。」杜注：「左師、子產所獻六禮，楚皆未嘗行。」然左師、子產獻禮各六，椒舉未見者六，僅一半耳。

宋大子佐後至，王田於武城，武城當在今河南南陽市北。久而弗見。椒舉請辭焉。杜注：「請王辭謝之。」王使往，曰：「屬有宗祧之事於武城，杜注：「言爲宗廟田獵。」屬，適也。寡君將墮幣焉，服虔注：「墮，輸也。」王念孫云：「言將輸受宋之幣於宗廟。」敢謝後見。」

徐子，徐國在今安徽省泗縣西北五十里。吳出也，其母爲吳國女。以爲貳焉，故執諸申。杜注：「言楚子以疑罪執諸侯。」

楚子示諸侯侈。侈卽下文之汏。椒舉曰：「夫六王、二公之事，六王，啟、湯、武、成、康、穆。二公，齊桓、晉文。皆所以示諸侯禮也，諸侯所由用命也。夏桀爲仍之會，有緡叛之。韓非子十過篇云：「昔者桀爲有戎之會，而有緡叛之。」「仍」誤作「戎」。仍卽任，太昊風姓後，見雷學淇竹書紀年義證卷十。仍國當在今山東濟寧市附近。有緡卽緡國，雷學淇云，帝舜後，姚姓。十一年傳「桀克有緡，以喪其國」，卽此。並詳僖二十三年經並注。商紂爲黎之蒐，東夷叛之；韓非子十過篇：「紂爲黎丘之蒐，而戎狄叛之。」黎見宣十五年傳並注。周幽爲大室之盟，戎狄叛之，大室卽嵩山。皆所以示諸侯汏也，諸侯所由棄命也。今君以汏，以同已，太也。無乃不濟乎！」王弗聽。子產見左師曰：「吾不患楚矣。汏而愎諫，周書謚法解注云：「去諫曰愎。」不過十年。」左師曰：「然。不十年侈，其惡不遠。遠惡而後棄。猶言其惡遠流而後見棄。善亦如之，德遠而後興。」諸遠字自指時間，因亦及地域。爲惡行善，時間長久，影響自亦深遠。杜注：「爲十三年楚弑其君傳。」

四・四 秋七月，楚子以諸侯伐吳，定四年傳云：「若嘉好之事（杜注：「謂朝會」），君行師從，卿行旅從」，則諸侯與盟皆各有師旅，此楚子所以帥也。宋大子、鄭伯先歸，宋華費遂、鄭大夫從。使屈申圍朱方，朱方，吳邑，今江蘇鎮江市丹徒鎮南，吳以賜齊慶封，詳襄二十八年傳。杜注：「屈申，屈蕩之子。」八月甲申，八月不應有甲申日，杜注：「日誤。」克之，執齊慶封而盡滅其族。將戮慶封，椒舉曰：「臣聞無瑕者可以戮人。慶封唯逆命，敦煌殘卷李鳴南藏本作「逆君命」。逆命即指下文之「弒其君，弱其孤」等。是以在此，其肯從於戮乎？其作豈用。杜注：「言不肯默而從戮。」播於諸侯，播揚醜惡也。焉用之？」王弗聽，負之斧鉞，大斧曰鉞。太公六韜云：「大柯斧，重八斤，一名天鉞。」以徇於諸侯，於諸侯各居處巡行以示衆。使言曰：「無或如齊慶封弒其君，弱其孤，以盟其大夫！」無同毋，禁止之詞。杜注：「齊崔杼弒君，慶封其黨也，故以弒君罪責之。」孤謂齊景公，慶封以其幼小而輕弱之。襄二十五年傳載盟國人於大宮，其初辭曰「所不與崔、慶者」，國人即大夫。慶封曰：「無或如楚共王之庶子圍弒其君——兄之子麇——而代之，以盟諸侯！」麇即郟敖，爲楚君，亦爲圍兄康王之子。圍殺郟敖見元年傳。王使速殺之。

遂以諸侯滅賴。克朱方與滅賴蓋以兩支軍同時進行。以地理言之，會于申，申在今南陽市北。賴在今湖北隨縣稍東而北；若朱方，則在鎮江市南。斷無先克朱方，又回師滅賴，軍旅來往數千里之理。依地理推測，楚師返郢，今湖北江陵縣北紀南城，可以經賴而滅之，然後沿清發水至今武漢市，循江東下至朱方，則師旅不至過於疲勞。傳先敍克朱方，由屈申爲帥，而滅賴，則楚子自帥，故知分爲二支軍。賴子面縛銜璧，士袒，輿櫬從之，造於中軍。杜

注：「中軍，王所將。」王問諸椒舉，對曰：敦煌殘卷重「椒舉」二字。「成王克許，許僖公如是。事見僖六年傳。王親釋其縛，受其璧，焚其櫬。」王從之。杜注：「從舉言。」遷賴於鄢。鄢今湖北宜城縣南，桓十三年傳「及鄢」，即此。

楚子欲遷許於賴，使鬬韋龜與公子棄疾城之而還。杜注：「爲許城也。韋龜，子文之玄孫。」申無宇曰：「楚禍之首將在此矣。召諸侯而來，伐國而克，城，竟莫校，築城於邊境而諸侯無與争者。王心不違，王有何心，其事皆成，不違其意。民其居乎？呂氏春秋上農篇「無有居心」，高誘注：「居，安也。」此謂楚君將勞民，民不得安居。民之不處，處猶居，亦安居之意。其誰堪之？不堪王命，乃禍亂也。」

四·五 九月，取鄫，言易也。莒亂，著丘公立而不撫鄫，鄫叛而來，故曰取。凡克邑，不用師徒曰取。

四·六 鄭子産作丘賦，丘賦疑與魯成公元年之丘甲同意，謂一丘之人出軍賦若干。參成元年傳並注。國人謗之，曰：「其父死於路，杜注：「謂子國爲尉氏所殺。」事詳襄十年傳。己爲蠆尾，蠆爲蠍屬，通俗文「長尾爲蠆，短尾爲蠍」是也。後腹狹長如尾，其末端有毒鉤，孝經緯「蜂蠆垂芒，其毒在後」是也。此謗子産重賦毒害「國人」。以令於國，國將若之何？」子寬以告。杜注：「子寬，鄭大夫。」子産曰：「何害？苟利社稷，死生以之。以，由也。此作動詞，謂無論生死，不計較矣。且吾聞爲善者不改其度，説文：「度，法制也。」故能有濟也。民不可逞，逞，縱也。度不可改。詩曰：『禮義不愆，何恤於人言？』愆，過失。杜注：「逸詩也。」荀子正名篇載此詩云：「長夜漫兮，永思騫兮。大古之不慢兮，禮義之不愆兮，何恤人之言兮？」漢書匡衡傳成帝引此詩作「傳」，以其不在三百篇中也。吾不遷矣。」遷移猶言變更。渾罕曰：杜注：「渾罕，子寬。」「國氏其先亡乎！鄭之公族，其人若是公孫，常以父之字爲氏。子產父字子國，此曰國氏；故子游之子稱游楚，子然之子稱然丹，子罕之子展稱罕氏。君子作法於涼，杜注：「涼，薄也。」涼薄卽不厚道。其敝猶貪。敝，終也，今言後果。餘詳楊樹達先生讀左傳。作法於貪，敝將若之何？言後果不堪設想。姬在列者，杜注：「在列國也。」蔡及曹、滕其先亡乎，偪而無禮。鄭先衞亡，偪而無法。蔡偪於楚，曹、滕偪於宋，鄭、衞偪於晉與楚。十一年楚滅蔡，十三年復封之，春秋後二十一年楚終滅之。哀八年宋滅曹，滕於春秋後六世爲齊所滅。鄭於春秋後六世九十一年爲韓所滅。衞於春秋後十三世二百五十八年爲秦所滅，最後亡。左傳於衞預言皆不中。政不率法，而制於心。渾罕所謂政，卽政策。實指子產之作丘賦；所謂法，乃其先代之法。言子產丘賦不循舊法，而由己心制訂。民各有心，何上之有？」民有不同階級與階層，利害不同，故各有其心願。其言謂子產制政由己心，則民心不同，將無上矣。上謂執政者。

四·七

冬，吳伐楚，入棘、櫟、麻，棘，今河南永城縣南，亦見于襄二十六年傳。櫟，今河南新蔡縣北二十里。麻，在今安徽碭山縣東北二十五里，舊有麻成集。以報朱方之役。卽此年秋楚克朱方。楚沈尹射奔命於夏汭，沈，縣名，卽故沈國地，今安徽臨泉縣，見文三年經注。楚名縣長曰尹。射，其人之名。夏汭，杜注謂爲夏口，恐不確。今之西淝河古亦稱夏肥水，見漢書地理志城父縣。其下游入淮水處在今安徽鳳臺縣西南，此夏汭及五年傳「會于夏汭」，皆指此處，非漢口。箴尹宜咎城鍾離，「箴」，阮刻本作「咸」，或本作「箴」，今從校勘記及金澤文庫本。杜注：「宜咎本陳大夫，襄二十四年奔楚。」鍾離今安徽鳳陽縣東北二十里，詳成十五年傳注。薳啟彊城巢，巢即居巢，在今壽縣南約一百里。然丹城州來。杜注：「然丹，鄭穆公孫，襄十九年奔楚。」州來，今安徽鳳臺縣。詳成七年經並注。東國水，楚以東部地區爲東國，鍾離、巢、州來以及賴皆東國地邑。不可以城。彭生罷賴之師。杜注：「彭生，楚大夫。罷鬭韋龜城賴之師。」

四·八　初，穆子去叔孫氏，穆子即魯之叔孫豹，據傳及杜氏世族譜，莊叔得臣生宣伯僑如及穆叔豹。得臣死，僑如嗣立爲魯卿，而與成公母穆姜私通，謀去季孫行父與孟孫蔑，詳成十六年傳。穆子（即穆叔）離魯適齊，或預見其兄之所爲將引患禍，私離其族，必在成十六年以前，傳未載耳。及庚宗，庚宗，魯地，當在今山東泗水縣東。見地名考略。遇婦人，僞孔子家語截取此傳，改「婦人」爲「寡婦」，不知何據。使私爲食而宿焉。與此婦人私通，故杜氏世族譜稱之爲叔孫豹外妻。問其行，婦人問叔孫豹。告之故，哭而送之。杜注：「婦人聞而哭之。」適齊，娶於國氏，生孟丙、仲壬。夢天壓己，弗勝，杜注：「穆子夢也。」顧而見人，黑而上僂，僂音褸。上僂謂肩頸部向前彎曲。深目而豭喙，豭音加，公豬。喙音替，嘴。杜注：「口象豬。」號之曰：「牛！助余！」乃勝之。以上敍夢境。旦而皆召其徒，杜注：「徒，從者。」蓋隨行之人頗多，且有平日所不識者，不然，何必召而認其貌？無之。無所夢之人。且曰：「志之！」囑其徒記牛之貌。及宣伯奔齊，饋之。杜注：「宣伯，僑如，穆子之兄。成十六年奔齊。穆子饋宣伯。」宣伯曰：「魯以先子之故，杜注：「先子，宣伯先人。」將存吾宗，謂將仍使叔孫氏之人爲卿。必召女。召女，何如？」對曰：「願之久矣。」

魯人召之，不告而歸。不告僑如也。僑如此時或已與齊聲孟子又私通，穆子更惡之。成十六年傳云「召叔孫豹於齊而立之」，然叔孫豹之名，襄二年始見春秋經，蓋召之在成十六年末，其歸必在第二年。既立，立爲卿也。所宿庚宗之婦人獻以雉。庚宗婦人或爲穆子召而來。古禮，士執雉，此婦人獻雉，示其有子矣，故穆子問其子。問其姓，廣雅及小爾雅俱云：「姓，子也。」王引之經義述聞謂詩周南麟之子「振振公姓」，公姓即公子。檀弓上「唯天子之喪，有別姓而哭」，別姓即別子，皆可證。對曰：「余子長矣，能奉雉而從我矣。」叔孫豹爲魯卿，當在成公十七年後，襄公二年前，經、傳無明文，其召庚宗婦人，又在爲魯卿之後。杜云「襄二年豎牛五六歲」，蓋以叔孫豹見經之年即爲卿之年，未必然也。此等處不必深究。召而見之，則所夢也。未問其名，號之曰：「牛！」曰：「唯。」禮記曲禮上：「父召無諾，唯而起。」鄭注：「應辭，唯恭於諾。」玉藻亦云：「父命呼，唯而不諾。」孟子公孫丑下「禮云：父召無諾。」豎牛應曰唯，則以子應父也。皆召其徒使視之，遂使爲豎。杜注：「豎，小臣。」周禮天官序官內豎，注云：「豎，未冠者之官名。」段玉裁云：「豎之言孺也。」此蓋未冠爲官之義。有寵，長使爲政。杜注：「爲家政。」公孫明知叔孫於齊，杜注：「公孫明，齊大夫子明也，與叔孫相親知。」歸，未逆國姜，子明取之，國姜，孟丙、仲壬母。故怒，其子長而後使逆之。怒，怒其妻改嫁。子，孟丙、仲壬。

田於丘蕕，杜注：「丘蕕，地名。」遂遇疾焉。豎牛欲亂其室而有之，強與孟盟，不可。杜注：「欲使從己，孟不肯。」叔孫爲孟鐘，曰：「爾未際，際即孟子萬章下「交際」之際，莊子則陽篇謂衞靈公「田獵畢弋，不應諸侯之際」，即此際字之義。此謂以卿之適長子與當時卿大夫之酬應周旋。饗大夫以落之。」落與釁不同。古代凡器用，如鍾、鼓之類，及宗廟，先以豬、羊或雞之血祭之，曰釁（孟子梁惠王上謂以牛釁鐘，乃特例，詳焦循正義）。然後饗宴，則名之曰落，猶今言落成典禮。釁不必享，落則享客，此云「饗諸大夫」，七年傳「楚子成章華之臺，願與諸侯落之」，「楚子享公于新臺」，俱足爲證也。叔孫欲於此確定孟爲繼承人。既具，享禮準備已好。使豎牛請日。請穆子訂享日。因須先訂饗日，然後戒賓，享日讌賓。入，弗謁；入，入穆子室。爾雅釋詁：「謁，告也。」弗謁，不以請日之事白之。出，命之日。自穆子室出，詐以穆子命訂饗日。及賓至，聞鐘聲。釁鐘享賓，必撞鐘。穆子不知享日，聞而怪之。牛曰：「孟有北婦人之客。」杜注：「北婦人，國姜也。客謂公孫明。」蓋享禮有上賓，牛謬言公孫明以激怒叔孫。怒，將往，牛止之。賓出，使拘而殺諸外。杜注：「殺孟丙。」牛又強與仲盟，不可。仲與公御萊書觀於公，杜注：「萊書，公御士名。仲與之私游觀於公宮。」公與之環，杜注：「賜玉環。」使牛入示之。杜注：「示叔孫。」入，不示；出，命佩之。詐以叔孫之命命仲佩之。牛謂叔孫：「見仲而何？」杜注：「而何，如何。」言使仲壬見昭公，確立其承嗣地位，如何也。叔孫曰：「何爲？」杜注：「怪牛言。」曰：「不見，既自見矣，杜注：「言仲已自往見公。」公與之環而佩之矣。」遂逐之，奔齊。仲奔齊。韓非子內儲說上云「叔孫怒而殺壬」，與傳異。疾急，命召仲，牛許而不召。杜洩見，告之飢渴，授之戈。杜注：「杜洩，叔孫氏宰也。牛不食叔孫，叔孫怒，欲使杜洩殺之。」對曰：「求之而至，又何去焉？」言叔孫嘗求牛其人，牛已至，又何故去之。蓋杜洩憤懣語。杜注謂「蓋杜洩力不能去，設辭以免」，或者如此。豎牛曰：「夫子疾病，不欲見人。」使寘饋于个而退。杜注：「寘，置也。个，東西廂。」廂，今曰廂房，卽正室兩旁之耳房。此个當爲東廂房，詳金鶚求古録禮說。沈欽韓補注則謂「个猶隔也」，亦作閣，置物之處。牛弗進，則置虛命徹。據杜注，置虛爲傾倒所送食品，令盛具空虛，表示叔孫已食，然後命徹去之。十二月癸丑，癸丑，二十六日。叔孫不食；乙卯，乙卯，二十八日。卒。絶食三日。牛立昭子而相之。立昭子婼亦在明年，由明年傳知之。

公使杜洩葬叔孫，豎牛賂叔仲昭子與南遺，杜注：「昭子，叔仲帶也。南遺，季氏家臣。」使惡杜洩于季孫而去之。杜洩將以路葬，且盡卿禮。杜注：「路，王所賜叔孫車。」南遺謂季孫曰：「叔孫未乘路，葬焉用之？且冢卿無路，介卿以葬，不亦左乎？」杜注：「冢卿謂季孫。介，次也。」左，邪也，不正也。季孫曰：「然。」使杜洩舍路。舍同捨，棄去不以葬。不可，杜洩不肯。曰：「夫子受命於朝而聘於王，杜注：「在襄二十四年。」王思舊勳而賜之路，杜注：「感其有禮以念其先人。」復命而致之君。杜注：「豹不敢自乘。」君不敢逆王命而復賜之，禮記玉藻：「君賜車馬，乘以拜賜；衣服，服以拜賜。君未有命，弗敢卽乘服也。」鄭玄注：「謂卿大夫受賜於天子者，歸必致於其君，君有命乃服之。」與傳意同。使三官書之。吾子爲司徒，實書名；杜注：「謂季孫也。書名，定位號。」夫子爲司馬，與工正書服；杜注：「謂叔孫也。服，車服之器，工正所書。」孟孫爲司空以書勳。杜注：「勳，功也。」今死而弗以，以，用也，用之葬也。是棄君命也。書在公府而弗以，是廢三官也。若命服，生弗敢服，死又不以，將焉用之？」乃使以葬。葬在明年，此終言之。

季孫謀去中軍，豎牛曰：「夫子固欲去之。」杜注：「誣叔孫以媚季孫。」韓非子內儲說上：「叔孫已死，豎牛因不發喪也，徙其府庫重寶，空之而奔齊。」與傳亦異，不足信。

五年，甲子，公元前五三七年。周景王八年、晉平二十一年、齊景十一年、衞襄七年、蔡靈六年、鄭簡二十九年、曹武十八年、陳哀三十二年、杞文十三年、宋平三十九年、秦景四十年、楚靈四年、吳夷末七年、許悼十年。

經

五・一 五年春王正月，正月十六日癸酉冬至，建子。舍中軍。杜注：「襄十一年始立中軍。」餘詳襄十一年傳注。

五・二 楚殺其大夫屈申。

五・三 公如晉。

五・四 夏，莒牟夷以牟婁及防、兹來奔。牟婁即隱四年經「莒人伐杞，取牟婁」之牟婁，在今山東諸城縣西。據彙纂，防在今山東省安丘縣西南六十里。兹在今諸城縣北，安丘縣稍西而南。

五・五 秋七月，公至自晉。昭公至晉凡七次，被留不遣歸者一次，及黄河而返者五次，惟此次得成禮而歸；然以受牟夷爲莒控訴于晉，幾乎又被扣，歷數月始返。

五・六 戊辰，戊辰，十四日。叔弓帥師敗莒師于蚡泉。「蚡」，公羊作「濆」，穀梁作「賁」。分、賁古音同，故從分聲與從賁聲之字得通假。蚡泉蓋莒、魯交界之地名。

五·七 秦伯卒。無傳。經未書其名，史記秦本紀亦無景公之名，徐廣引世本云「景公名后伯車也」，似名后，字伯車，然景公之母弟又名后子，則景公不致名后。索隱云：「景公以下，名又錯亂。」

五·八 冬，楚子、蔡侯、陳侯、許男、頓子、沈子、徐人、越人伐吳。

傳

五·一 五年春王正月，舍中軍，卑公室也。哀十一年傳魯有右師、左師，不知是臨時編制，或罷中軍後，以中軍之卒乘分別增爲右軍、左軍，右師、左師即右軍、左軍也。毁中軍于施氏，成諸臧氏。施氏爲公子施父之族，臧氏爲公子子臧之族。毁中軍於施氏者，於施氏之家討論此謀也。成之於臧氏者，立約於臧氏之家也。臧氏時爲司寇，古者兵獄同制之故。説參惠棟補注。初，作中軍，三分公室，而各有其一。三家各有一軍。季氏盡征之，魯國之兵，無論士卒車乘，皆出於國都近郊，於定八年傳陽虎於壬辰戒都車、令癸巳至可以知之。三家之私族兵，則出自其采邑。無論采邑或近郊之民，出卒乘者，季氏免其田賦；不出卒乘者，加倍征其田賦，見襄十一年傳。此所謂盡征之，或征卒乘，或徵田賦也。叔孫氏臣其子弟，江永羣經補義云：「所謂子弟者，兵之壯者也；父兄者，兵之老者也。」臣者，仍以爲奴隸兵，其老弱者則爲自由民，蓋行半奴隸半封建制。孟氏取其半焉。一半爲自由民，或出軍賦，或出田賦；一半仍爲奴隸，或爲奴隸兵，或爲農業奴隸。及其舍之也，四分公室，季氏擇二，二子各一，皆盡征之，而貢于公。分公室，分魯公室之郊遂也。季氏得其半，孟孫、叔孫各得其四之一，而皆爲自由民，或征軍賦，或征田賦，各家以其所入之若干貢於公。

以書使杜洩告於殯，杜注：「告叔孫之柩。」曰：「子固欲毁中軍，既毁之矣，故告。」因豎牛之言，見上年傳。杜洩曰：「夫子唯不欲毁也，故盟諸僖閎，詛諸五父之衢。」見襄十一年傳。受其書而投之，杜注：「投，擲地。」帥士而哭之。

叔仲子謂季孫曰：「帶受命於子叔孫曰：『葬鮮者自西門。』」句省動詞，言柩車自西門出。此與論語憲問「奚自」「自孔氏」，省動詞同例。杜注：「不以壽終爲鮮。西門非魯朝正門。」叔孫豹飢渴三日而死，雖其年齡或在七十左右（自其父莊叔死至此年已六十七年），仍可謂非壽終。章炳麟左傳讀引尚書大傳「西方者何也？鮮方也」，故葬鮮自西。「西」、「鮮」古音近，漢、唐猶然。曹丕燕歌行、曹植吁嗟篇之押韻，匡謬正俗卷八之「西」字條皆可證。季孫命杜洩。杜注：「命使從西門。」杜洩曰：「卿喪自朝，魯禮也。禮記檀弓下云：「喪之朝也，順死者之孝心也。其哀離其室也，故至於祖考之廟而後行。殷朝而殯於祖，周朝而遂葬。」則周代之禮，葬前必移柩於宗廟，從朝出正門，正門卽爾雅釋宮之應門，郭璞注之朝門。由朝之路，出國都之南門。說參李貽德賈服注輯述。吾子爲國政，未改禮而又遷之。杜注：「遷，易也。」改變禮儀必有一定手續程序，季氏無此程序，故云未改禮而以己意變之。羣臣懼死，不敢自也。」杜注：「自，從也。」既葬而行。據唐書宰相世系表，「杜洩避季子之難奔於楚」。

仲至自齊，杜注：「聞喪而來。」季孫欲立之。南遺曰：「叔孫氏厚，則季氏薄。彼實家亂，子勿與知，不亦可乎？」南遺使國人助豎牛以攻諸大庫之庭，杜注：「攻仲壬也。魯城內有大庭氏之虛，於其上作庫。」江永考實及楊樹達先生讀左傳，並據杜注及昭十八年傳「大庭氏之庫」，謂此文誤倒，當作「大庭之庫」；而俞樾平議則謂「疑魯國別有大庫，大庫猶長府（長府見論語先進）」。自六朝抄本以來俱作「大庫之庭」，文自可通，今從俞說。司宮射之，楊寬古史新探謂此司宮當爲季氏家臣。梁履繩補釋引周氏附論則云：「襄九年杜解『司宮，奄臣』，蓋內官也。宋、鄭（昭十八）、楚（昭五）並有之。」則公宮之人亦助豎牛，似不然。司宮，蓋季或叔之奄臣。中目而死。仲壬亦死。豎牛取東鄙三十邑以與南遺。

昭子即位，朝其家衆，曰：「豎牛禍叔孫氏，使亂大從，從，順也。謂其亂重要之順道也。說詳惠棟補注及王引之經義述聞。殺適立庶，又披其邑，披，析也。將以赦罪，赦與釋同，僞孔子家語正論篇作「以求舍罪」，舍即釋也。說見述聞成十三年傳「赦罪于穆公」條。罪莫大焉。必速殺之！」豎牛懼，奔齊。孟、仲之子殺諸塞關之外，塞關，據杜注，爲齊、魯界上關，則關外已入齊境。投其首於寧風之棘上。杜注：「寧風，齊地。」蓋亦齊邊境地。仲尼曰：「叔孫昭子之不勞，勞謂酬勞，蓋昭子爲豎牛所立，不酬其立己之功，而反殺之。不可能也。言難能。周任有言曰：『爲政者不賞私勞，不罰私怨。』私謂个人。詩云：『有覺德行，四國順之。』」詩大雅抑篇。覺，直也。

初，穆子之生也，莊叔以周易筮之，杜注：「莊叔，穆子父得臣也。」遇明夷䷣之謙䷎，離下坤上爲明夷，初九陽爻變陰爻，卽艮下坤上爲謙卦。以示卜楚丘。閔二年傳載卜楚丘之父占季友於文姜胎內，得臣死于宣公五年，楚丘之卜當在前。楚丘曰：本無「楚丘」二字，敦煌殘卷伯三七二九及金澤文庫本重「楚丘」二字，今從之增。

「是將行」，杜注：「行，出奔。」而歸爲子祀。杜注：「奉祭祀。」以讒人入，猶言率讒人入於國。其名曰牛，卒以餒死。讒人名曰牛，穆子終以飢死。明夷，日也。明夷，離下坤上。離爲火爲日，坤爲地。日在地下，故曰明夷。日之數十，古代傳説謂堯時十日並出，然論衡説日篇謂儒者以日爲一，則「日有十」之説非左氏義。杜注：「甲至癸。」是以十干解「日之數十」。古人誤以日繞地，故以太陽之日與地球自轉一周之日混爲一。古人分一晝夜爲十時，靈樞經謂「漏水下百刻，以分晝夜」，説文謂「漏，以銅受水，晝夜百節」，百刻卽百節，十節爲一時。據易、詩、書、三禮、左傳諸書考之，大概有鷄鳴（亦曰夜鄉晨、鷄初鳴）、昧爽（亦曰昧旦）、旦（亦曰日出、見日、質明）、大昕（亦曰晝日）、日中（亦曰日之方中）、日昃（亦曰日下昃）、夕、昏（亦曰日旰、日入）、宵（亦曰夜）、夜中（亦曰夜半）等名。古無一日分十二時之説。至以十二支紀時，南齊書天文志始有之。故有十時，亦當十位。自王已下，其二爲公，其三爲卿。日上其中，杜注：「日中盛明，故以當王。」食日爲二，杜注：「公位。」旦日爲三。杜注：「卿位。」據史記天官書「旦至食」，則旦而後食。而據杜注，日中爲王，食日爲公，旦日爲卿，豈不先後倒次？蓋日上其中者，日由地中上，雞初鳴也；食日者，昧爽也；旦日者，日初出也。如此始得其序。杜預謂日中爲王，則以日中爲第一時，蓋想當然之辭。

謂第一時爲王，其次爲公，其三爲卿，則第四時爲士。

明夷之謙，明而未融，服虔注云：「融，高也。」其當旦乎，故曰『爲子祀』。居卿位，必嗣莊叔而後可能。日之謙，當鳥，故曰『明夷于飛』。杜注：「離爲日，爲鳥。離變爲謙，日光不足，故當鳥。鳥飛行，故曰于飛。」明而未融，故曰『垂其翼』。杜注：「於日爲未融，於鳥爲垂翼。」象日之動，故曰『君子于行』。杜注：「明夷初九，得位有應，君子象也。在明傷之世，居謙下之位，故將辟難而行。」

當三在旦，故曰『三日不食』。離，火也；艮，山也。離爲火，火焚山，山敗。於人爲言。杜注：「艮爲言。」敗言爲讒，故曰『有攸往。主人有言』。言必讒也。此解明夷初九爻辭「明夷于飛，垂其翼。君子于行，三日不食，有攸往。主人有言」。純離爲牛，焦循補疏云：「明夷上坤下離，以坤配離，故云『純離』。純，耦也，謂與離相耦者坤也，卽牛也。易以坤爲牛。」世亂讒勝，勝將適離，故曰『其名曰牛』。謙不足，飛不翔；杜注：「謙道沖退，故飛不遠翔。」垂不峻，翼不廣。杜注：「峻，高也。翼垂下，故不能廣遠。」故曰『其爲子後乎』。杜注：「不遠翔，故知不遠去。」吾子，亞卿也；莊叔父子世爲魯亞卿。抑少不終。」抑，但也。少不終，言穆子雖老壽，而仍不得善死。少，小也。

五·二
楚子以屈申爲貳於吳，「申」本作「伸」，今從昭四年傳、五年經及敦煌伯三七二九殘卷、石經、宋本、金澤文庫本、淳熙本、岳本、足利本訂正。乃殺之。以屈生爲莫敖，杜注：「生，屈建子。」使與令尹子蕩如晉逆女。過鄭，鄭伯勞子蕩于氾，勞屈生于菟氏。杜注：「氾、菟氏皆鄭地。」氾在今河南襄城縣南，詳僖二十四年傳並注。菟氏在今河南尉氏縣西北四十里。據儀禮聘禮，他國之使過境，先由使者之副助手（次介）用束帛請求借道，東道國則由下大夫取其束帛入朝報告。若同意借道，便接受束帛，並給以飲食。今由國君親往慰勞，而且勞令尹於氾，勞莫敖於菟氏，是對楚表示特別恭敬。晉侯送女于邢丘。據桓三年傳，各國嫁女，國君皆不自送。又據儀禮士昏禮，父母送女不下堂。今晉侯親送女出國境，想亦是敬楚之故。子產相鄭伯會晉侯于邢丘。邢丘，今河南溫縣東北。

五·三 公如晉，自郊勞至于贈賄，無失禮。小國君朝大國之君，至郊，先有郊迎。行朝聘之禮已畢，臨行，主國又有贈送。此言魯昭公於禮之始終、揖讓周旋皆合儀節。晉侯謂女叔齊曰：「魯侯不亦善於禮乎？」對曰：「魯侯焉知禮！」公曰：「何爲？自郊勞至于贈賄，禮無違者，何故不知？」對曰：「是儀也，不可謂禮。禮，所以守其國，行其政令，無失其民者也。今政令在家，大夫曰家。魯國此時之政權已在三家。不能取也；有子家羈，弗能用也；杜注：「羈，莊公玄孫懿伯也。」荀子大略篇有子家駒，公羊昭二十五年傳亦有子家駒，則羈爲名，駒爲字。奸大國之盟，陵虐小國；奸，犯也。凌虐小國謂伐莒取鄆。利人之難，謂去年利用莒國之亂取鄫。不知其私。杜注：「不自知有私難。」公室四分，見上傳。民食於他。二十五年傳，子家子曰：「政自之出久矣，隱民多取食焉。」以政令由季氏等，季氏等三家又瓜分公室，民故賴大夫爲生。思莫在公，民心已不在魯公，所謂失民者也。不圖其終。昭公本人亦不念及後果。爲國君，難將及身，不恤其所。不以其地位可危爲憂。禮之本末將於此乎在，將在於此乎之倒裝句。在守國、行政、無失民。而屑屑焉習儀以亟。後漢書崔駰傳注：「屑屑猶區區也。」亟，急也。言善於禮，不亦遠乎？」君子謂叔侯於是乎知禮。

五·四 晉韓宣子如楚送女，傳世器有晉公𥂕，銘有云「𨾊今小子，整辪爾容，宗婦楚邦」云云，方濬益綴遺齋彝器考釋卷二十八云：「晉公者，晉平公也。晉嫁女於楚，作器以爲媵也。」叔向爲介。鄭子皮、子大叔勞諸索氏。索氏在今河南滎陽縣（屬鄭州市）稍西。大叔謂叔向曰：「楚王汏侈已甚，已甚，太甚也。子其戒之！」叔向曰：「汏侈已甚，身之災也，焉能及人？若奉吾幣帛，愼吾威儀；守之以信，信，誠也。行之以禮，敬始而思終，終無不復。杜注：「事皆可復行。」從而不失儀，順從主人而不失儀度，順從而不過度。敬而不失威；恭敬主人而不失晉爲大國之風采，恭敬而有節制。道之以訓辭，道，引導也。訓辭謂前賢之言語。奉之以舊法，國語晉語二「是之不果奉」，韋注：「奉，行也。」舊法謂故事、舊禮。考之以先王，考，稽考。以先王之事稽考之。度之以二國，衡量晉、楚二國之強弱、利害、得失之關係。雖汏侈，若我何？」無奈我何。

及楚。楚子朝其大夫，曰：「晉，吾仇敵也。苟得志焉，無恤其他。恤，顧慮也。今其來者，上卿、上大夫也。韓起爲上卿，叔向爲上大夫。若吾以韓起爲閽，閽，守門人。莊十九年傳述鬻拳自刖，楚人以爲大閽，杜注謂楚亦將刖韓起之足，則未必然。以羊舌肸爲司宮，司宮爲宮內之官，故杜注云「加宮刑」。足以辱晉，吾亦得志矣。可乎？」大夫莫對。無答對者。薳啟彊曰：「可。苟有其備，何故不可？恥匹夫不可以無備，況恥國乎？是以聖王務行禮，不求恥人。朝聘有珪，珪，說文作圭，玉制禮器，手執之。享覜有璋，享，釋文云：「鄭、服皆以享爲獻。」覜亦作頫，音糶，見也。璋，圭屬禮器，據聘禮記及禮記雜記，剡圭之上部左右各寸半，即爲璋。圭以見國君，璋以見后夫人。小有述職，小，小國。小國朝于大國，猶諸侯朝于天子。孟子梁惠王下：「諸侯朝於天子曰述職。述職者，述所職也。」大有巡功。大，大國。大國適小國，猶天子之巡守。梁惠王下又云：「天子適諸侯曰巡狩。巡狩者，巡所守也。」巡守即巡功。設机而不倚，机同几，賈公彥儀禮燕禮疏即作几。古人席地而坐，坐即屈膝而臀在踵上，几置側以倚靠。爵盈而不飲；宴有好貨，杜注：「宴飲以貨爲好，衣服車馬在客所無」。周禮太宰「九日好用之式」，鄭玄注：「好用，燕好所賜予。」杜言「在客所無」，據孔疏「謂衣服車馬在客所無者與之也」。飧有陪鼎，杜注：「熟食曰飧。陪，加也。加鼎所以厚殷勤。」據儀禮聘禮，賓始入客館，宰夫即設飧，有九鼎，牛鼎一、羊鼎一、豕鼎一、魚鼎一、腊鼎（乾肉鼎）一、腸胃鼎一、膚鼎（切肉之鼎）一、鮮魚鼎一、鮮腊鼎一。陪鼎一曰羞鼎，有三，牛羹鼎、羊羹鼎、豕羹鼎各一。入有郊勞，杜注：「賓至，逆勞之於郊。」出有贈賄，杜注：「去則贈之以貨賄。」禮之至也。國家之敗，失之道也，之，此也。失此道也。則禍亂興。杜注：「失朝聘宴好之道。」城濮之役，見僖二十八年傳。晉無楚備，晉勝楚而不再設備。以敗於邲。見宣十二年傳。邲之役，楚無晉備，以敗於鄢。見成十六年傳。自鄢以來，晉不失備，而加之以禮，重之以睦，明陸粲左傳附注：「睦於楚。」是以楚弗能報，報鄢陵戰敗之恥。而求親焉。既獲姻親，又欲恥之，以召寇讎，備之若何，若何即如何。誰其重此？重猶任也。說參俞樾平議、章炳麟左傳讀。若有其人，恥之可也。杜注：「謂有賢人以敵晉，則可恥之。」若其未有，君亦圖之。晉之事君，臣曰可矣：求諸侯而麇至；杜注：「麇，羣也。」此指楚使椒舉如晉求諸侯，晉許之而楚會諸侯於申，見去年傳。求昏而薦女，杜注：「薦，進也。」君親送之，上卿及上大夫致之。猶欲恥之，君其亦有備矣。不然，奈何？韓起之下，趙成、中行吳、魏舒、范鞅、知盈；杜注：「五卿位在韓起之下，皆三軍之將佐也。成，趙武之子。吳，荀偃之子。」羊舌肸之下，祁午、張趯、籍談、女齊、梁丙、張骼、輔躒、苗賁皇，八人皆晉大夫。皆諸侯之選也。皆諸侯所應選拔之良臣。杜注：「言非凡人。」韓襄爲公族大夫，韓須受命而使矣；杜注：「襄，韓無忌子也，爲公族大夫。」

須，起之門子，年雖幼，已任出使。」孔疏：「三年傳云『韓須如齊逆少姜』，是受命出使之事。」又據三年傳叔向語，韓須亦公族大夫。箕襄、邢帶、杜注：「二人，韓氏族。」叔禽、叔椒、子羽，杜注：「皆韓起庶子。」然孔疏引劉炫說，以爲叔禽等亦是韓起之族。皆大家也。韓賦七邑，皆成縣也。韓氏收七邑之賦，此七邑皆大縣。釋名釋言語：「成，盛也。」襄十四年傳「成國不過半天子之軍」，杜曰「成國，大國也」。說詳俞樾平議。羊舌四族，皆彊家也。杜注：「四族，銅鞮伯華、叔向、叔魚、叔虎兄弟。」叔魚名鮒，後見；叔虎以襄二十一年見殺。俞樾平議謂傳文「羊舌四族」，本作「羊舌三族」，韓氏七，羊舌氏三，其數正十。晉人若喪韓起、楊肸，羊舌肸采邑爲楊，今山西洪洞縣東南十五里，以邑爲氏，因又曰楊肸。說參洪亮吉左傳詁。五卿、八大夫輔韓須、楊石，杜注：「石，叔向子食我也。」因其十家九縣，韓氏七縣，楊氏二縣。長轂九百，長轂爲兵車，每縣百乘，九縣九百乘。其餘四十縣，遺守四千，杜注：「計遺守國者尚有四千乘。」奮其武怒，以報其大恥。伯華謀之，杜注：「伯華，叔向兄。」中行伯、魏舒帥之，杜注：「伯，中行吳。」其蔑不濟矣。君將以親易怨，實無禮以速寇，而未有其備，使羣臣往遺之禽，謂羣臣往敵晉，是遺晉以俘虜。以逞君心，逞君心應楚王「吾亦得志矣」語。何不可之有？」王曰：「不穀之過也，大夫無辱。」杜注：「謝薳啓彊。」厚爲韓子禮。王欲敖叔向以其所不知，敖同傲。而不能，杜注：「言叔向之多知。」亦厚其禮。

韓起反，鄭伯勞諸圉。據明一統志，圉在今河南杞縣南五十里。今名圉鎮。然江永考實云：「韓起自楚返晉，鄭勞諸圉，其地當近鄭都，不得經杞縣之圉。疑非是。」辭不敢見，禮也。陶鴻慶別疏云：「『不敢當國君親勞，與六年楚公子棄疾不敢見鄭伯例同。」

五·五 鄭罕虎如齊，娶於子尾氏。此時罕虎年已老，疑再娶，至齊親迎。晏子驟見之。驟，屢也。陳桓子問其故。對曰：「能用善人，民之主也。」杜注「謂授子產政」，則以子產爲善人；如成十五年傳以伯宗爲善人，襄三十年傳以蔿掩爲善人，皆經時濟世之才。

五·六 夏，莒牟夷以牟婁及防、茲來奔。三地詳經注。牟夷非卿而書，書，書其名。尊地也。

莒人愬于晉，杜注：「愬魯受牟夷。」晉侯欲止公。扣留魯昭公不返國。范獻子曰：「不可。人朝而執之，誘也；似引誘其來而執之。討不以師，而誘以成之，惰也。怠慢于用兵以討伐不義。爲盟主而犯此二者，無乃不可乎！請歸之，間而以師討焉。」杜注：「間，暇也。」乃歸公。秋七月，公至自晉。據經，魯昭至晉在春，牟夷叛莒奔魯，魯受之在夏；此時魯昭在晉，受牟夷者三家也。

五·七 莒人來討，杜注：「討受牟夷。」不設備。莒不設備。戊辰，叔弓敗諸蚡泉，莒未陳也。莊十一年傳云：「凡師，敵未陳曰敗某師。」與此同例。

五·八 冬十月，楚子以諸侯及東夷伐吳，胡渭禹貢錐指五謂東夷，即淮南之夷，在今江蘇清江市至揚州市以東近海之夷。以報棘、櫟、麻之役。見四年傳。薳射以繁揚之師會於夏汭。杜注：「會楚子。」繁揚，定六年亦作「繁揚」，襄四年則作「繁陽」，漢書地理志亦作「繁陽」。梁履繩左通補釋引陳氏集解考證謂「應劭曰『在繁水之陽』，則作『陽』爲正。」繁揚在今河南新蔡縣。越大夫常壽過帥師會楚子于瑣。通志氏族略四謂常壽爲複姓，吳仲雍之後。瑣在今安徽霍丘縣東，楚地。聞吳師出，薳啟彊帥師從之，杜注：「從吳師也。」遽不設備，吳人敗諸鵲岸。鵲岸在今安徽無爲縣南至銅陵市北沿長江北岸一帶。楚子以馹至於羅汭。水經汨水注謂羅汭卽汨羅江，在今湖南汨羅縣。而高士奇則云：「河南羅山縣舊有羅水，北入淮，楚子當至此。當時出師蓋分南北二道，所以楚子至羅汭也。」說詳地名考略九。

吳子使其弟蹶由犒師，犒勞楚師。韓非子說林下作沮衞、蹶融二人，蹶融卽蹶由。漢書古今人表又作厥由。楚人執之，將以釁鼓。殺之以其血祭新鼓也。王使問焉，曰：「女卜來吉乎？」對曰：「吉。寡君聞君將治兵於敝邑，卜之以守龜，據下文「國之守龜」及哀二十三年傳「卜之以守龜於宗祧」，似天子、諸侯之龜曰守龜。互詳定元年傳注。曰：『余亟使人犒師，亟，急也。請行以觀王怒之疾徐，而爲之備，尚克知之！』尚，庶幾也。例詳詞詮。此卜龜時命辭。龜兆告吉，曰：『克可知也。』君若驩焉好逆使臣，滋敝邑休怠，滋，益也。休怠猶言懈怠。而忘其死，亡無日矣。今君奮焉震電馮怒，杜注：「馮，盛也。」楚辭天問「康回馮怒」，盛怒也。馮同憑。虐執使臣，將以釁鼓，則吳知所備矣。敝邑雖羸，若早脩完，脩城郭器備使堅固。其可以息師。杜注：「息楚之師。」難易有備，易讀爲禮記中庸「君子居易以俟命」之「易」，猶平安也。句謂無論患難或平安俱有所準備。可謂吉矣。且吳社稷是卜，豈爲一人？所卜者國家之吉凶，非一人之吉凶。使臣獲釁軍鼓，而敝邑知備，以禦不虞，不虞猶言意外，此指楚師之來。其爲吉，孰大焉？國之守龜，其何事不卜？一臧一否，臧否猶言吉凶。其誰能常之？常，一定。言吉凶所在無人能定其常在某事。城濮之兆，其報在邲。城濮晉、楚之戰，楚卜吉，而實敗，則此吉兆應在邲之勝。今此行也，其庸有報志？」其庸，反詰副詞連用，豈也。豈有報志，謂卜來雖吉，而已被殺，則吉之應驗在於戰而吳勝。乃弗殺。說苑奉使篇「秦楚轂兵」章與此情節相類似。

楚師濟於羅汭，沈尹赤會楚子，次於萊山，高士奇春秋地名考略九云：「河南光山縣南一百五十里有天臺山，或云即萊山。」薳射帥繁揚之師先入南懷，楚師從之，及汝清。彙纂謂南懷、汝清應在今江、淮間。吳不可入。杜注：「有備。」楚子遂觀兵於坻箕之山。觀兵，檢閱示威。坻箕山在今安徽巢縣南三十七里，即踟蹰山。

是行也，吳早設備，楚無功而還，以蹶由歸。楚子懼吳，使沈尹射待命于巢，巢，今安徽巢縣東北五里居巢城。薳啟彊待命于雩婁，雩婁在今安徽金寨縣北，亦見於襄二十六年傳並注。禮也。杜注：「善有備。」

五·九　秦后子復歸於秦，杜注：「元年奔晉。」景公卒故也。

六年，乙丑，公元前五三六年。周景王九年、晉平二十二年、齊景十二年、衛襄八年、蔡靈七年、鄭簡三十年、曹武十九年、陳哀三十三年、杞文十四年、宋平四十年、秦哀公元年、楚靈五年、吳夷末八年、許悼十一年。

經

六·一 六年春王正月，正月二十七日戊寅冬至，建子，有閏月。杞伯益姑卒。

六·二 葬秦景公。秦君之葬至此始書。

六·三 夏，季孫宿如晉。

六·四 葬杞文公。無傳。

六·五 宋華合比出奔衞。

六·六 秋九月，大雩。

六·七 楚薳罷帥師伐吳。

六·八 冬，叔弓如楚。

六·九 齊侯伐北燕。

傳

六·一 六年春王正月，杞文公卒。弔如同盟，禮也。杜注：「魯怨杞因晉取其田，而今不廢喪紀，故禮之。」

六·二 大夫如秦，葬景公，禮也。杜注：「合先王士弔、大夫送葬之禮。」

六·三　三月，鄭人鑄刑書。杜注：「鑄刑書於鼎，以爲國之常法。」孔疏：「二十九年傳云『晉趙鞅、荀寅賦晉國一鼓鐵，以鑄刑鼎，著范宣子所爲刑書焉』，彼是鑄之於鼎，知此亦是鼎也。」叔向使詒子產書，杜注：「詒，遺也。」曰：

始吾有虞於子，廣雅：「虞，望也。」洪亮吉詁、吳闓生文史甄微並主此義。今則已矣。杜注：「已，止也。」昔先王議事以制，議讀爲儀；儀，度也。制，斷也。謂度量事之輕重，而據以斷其罪。說詳王引之述聞。不爲刑辟，辟，法也。刑辟卽刑律。懼民之有爭心也。猶不可禁禦，是故閑之以義，杜注：「閑，防也。」今猶言防閑，防備與限制也。糾之以政，周禮大司寇「以五刑糾萬民」，鄭玄注：「糾猶察異之。」蓋謂糾有約束之義。行之以禮，守之以信，奉之以仁；杜注：「奉，養也。」制爲祿位，以勸其從；立官品高下俸祿厚薄之制以勉勵順從教誨者。嚴斷刑罰，以威其淫。嚴厲判刑以威脅放縱者。懼其未也，猶恐未能奏效。故誨之以忠，聳之以行，王念孫云：「謂舉善行以奬勸之。故楚語（上）『教之春秋而爲之聳善而抑惡焉，以戒勸其心』，韋注曰：『聳，奬也。』漢書刑法志作『㦼』，師古注曰：『㦼謂奬也。』」說詳王引之述聞。教之以務，務謂其專業。使之以和，杜注：「說（悅）以使民。」臨之以敬，敬卽論語學而「敬事」之「敬」，謂嚴肅認真。涖之以彊，涖亦臨也。彊謂威嚴。言臨民嚴肅而有威。斷之以剛，有違犯者則堅決判刑。斷，卽今之裁決、判斷，周禮秋官士師「司寇斷獄弊訟」可證。亦曰斷制，尚書呂刑「惟時庶威奪貨，斷制五刑」。猶求聖哲之上、明察之官、上謂執政之卿，官謂主事之官，如周禮秋官有鄉士，主六鄉之獄者。亦曰官司，隱五年傳「官司之守」是也；亦曰有司，論語泰伯「則有司存」、禮記曾子問「則有司將書之以遺後世」皆足證。忠信之長、長如墨子尚同篇之鄉長，尚同云：「鄉長，固一鄉之賢者也。」慈惠之師，禮記樂記謂「古之教者，家有塾黨有庠」，此掌教者之師也。民於是乎可任使也，而不生禍亂。民知有辟，則不忌於上。說文：「辟，法也。」謂民將依據法律，而於統治者不敬。忌，敬也。並有爭心，以徵於書，王引之述聞謂並，徧也。人人有相爭之心，各引刑律以爲己證。而徼幸以成之，弗可爲矣。此意可與宣十六年傳羊舌職「善人在上，則國無幸民。諺曰『民之多幸，國之不幸也』」等語相參。

夏有亂政，亂政謂民有犯政令者。而作禹刑，尚書呂刑序云：「呂命穆王訓夏贖刑，作呂刑。」曾運乾尚書正讀：「命，告也。訓夏贖刑者，申訓夏時贖刑之法耳。」是相傳夏有贖刑，亦曰禹刑，未必爲禹所作耳。商有亂政，而作湯刑，墨子非樂篇云：「湯之官刑有之曰，其恒舞於宮，是謂巫風，其刑，君子出絲二衞。」呂氏春秋孝行覽引商書曰「刑三百，罪莫重於不孝」，高誘注：「商湯所制法也。」韓非子內儲說上七術篇亦云：「殷之法，棄灰於公道者，斷其手。子貢曰：古人何太毅也？」是皆商湯有刑之說。周有亂政，而作九刑，文十八年傳引史克之言「在九刑不忘」。周書嘗麥解云：「四年孟夏，王命大正正刑書，太史筴刑書九篇以升，授大正。」則周初本有刑書，名曰九刑，故史克引誓命及之，至成王而又正之，至穆王又作呂刑。互參文十八年傳並注。三辟之興，皆叔世也。三辟，指禹刑、湯刑、九刑三種刑律。叔世前人解爲衰亂之世，服虔且云「踰(愈)於季世」。其實不然。左傳凡三言「季世」，二處皆易「末世」「衰世」之義，「叔世」唯此一見。漢書刑法志引此文，師古注：「叔世言晚時也。」刑法志又云：「禹承堯、舜之后，自以德衰而制肉刑，湯、武順而行之者，以俗薄於唐、虞也。」王先謙補注云：「據此文，班以肉刑始於夏禹，而叔向所云叔世，對上世言之。」刑律古已有之，但由統治者掌握，高下由心。公佈於大衆，或自子産開始。此由奴隸社會過渡到封建社會應有之事，故二十九年晉亦鑄范宣子之法。今吾子相鄭國，作封洫，見襄三十年傳。立謗政，指作丘賦，鄭人謗之，見四年傳。制參辟，參同三，晏子諫篇下云「三辟著於國」，雖晏子之三辟，據蘇輿晏子春秋校注乃指行暴、逆明、賊民三事，未必同於子産所制訂之三辟，疑子産之刑律亦分三大類。或者如晉書刑法志所云「大刑用甲兵，中刑用刀鋸，薄刑用鞭扑」，或者亦如刑法志所述魏文侯師李悝著法經六篇，此僅三篇耳。吴闓生文史甄微謂「參辟與封洫、謗政並言，亦子産所作之法」，是也。三辟爲刑書之内容，鑄於鼎而宣佈之，又一事也，故分别言之。鑄刑書，將以靖民，靖，安也。不亦難乎？詩曰：『儀式刑文王之德，日靖四方。』詩周頌我將。「德」，今詩作「典」。儀、式、刑，皆法也，三字同義連用。又曰：『儀刑文王，萬邦作孚。』詩大雅文王。孚，信也。如是，何辟之有？言不必有法律。民知争端矣，争端指刑書。將棄禮而徵於書，徵引刑書以争論。錐刀之末，將盡争之。鑄刑書須先刻字於范，錐刀乃刻字之具。錐刀之末謂刑書之每字每句。沈欽韓補注引吕氏春秋下賢篇「錐刀之遺於道者莫之舉也」、韓非子外儲説左上「錐刀遺道，三日可反」以解此句，於上下文甚不恰切。亂獄滋豐，顧炎武補正云：「豐者，繁多之意。」賄賂並行。並亦偏也。終子之世，鄭其敗乎？肸聞之，『國將亡，必多制』，杜注：「數改法。」其此之謂乎！

復書曰：

若吾子之言——此語未竟。若，順也。言順吾子之言，吾不能。僑不才，不能及子孫，應上「終子之世鄭其敗」語。吾以救世也。既不承命，不受其言。敢忘大惠！杜注：「以見箴誡爲惠。」

士文伯曰：「火見，火卽心宿。十七年傳云：「火出，於夏爲三月，於商爲四月，於周爲五月。」則周五月心宿昏見。鄭其火乎！火災也。火未出，此時尚是周正三月。而作火以鑄刑器，鑄鼎須熔青銅而用火。藏爭辟焉。言刑書將起爭端，故謂刑書爲爭辟，而藏於鼎。火如象之，如，用法同而，漢書五行志作「而」。不火何爲？」

六・四　夏，季孫宿如晉，拜莒田也。杜注：「謝前年受牟夷邑不見討。」晉侯享之，有加籩。杜注：「籩豆之數多於常禮。」武子退，使行人告曰：「小國之事大國也，苟免於討，不敢求貺。杜注：「貺，賜也。」得貺不過三獻。今豆有加，上文云「有加籩」，此則云「豆有加」，蓋有加籩必有加豆，豆盛濕物，籩盛乾食。下臣弗堪，無乃戾也？」杜注：「懼以不堪爲罪。」韓宣子曰：「寡君以爲驩也。」驩同歡。杜注：「以加禮致驩心。」對曰：「寡君猶未敢，杜注：「未敢當此加也。」況下臣，君之隸也，敢聞加貺？」固請徹加，而後卒事。晉人以爲知禮，重其好貨。杜注：「宴好之貨。」蓋卽酬幣、侑幣之屬。行享宴之禮畢。

六・五　宋寺人柳有寵，杜注：「有寵於平公。」大子佐惡之。華合比曰：「我殺之。」杜注：「欲以求媚大子。」柳聞之，乃坎、用牲、埋書，挖坑，殺牲，置盟書於牲上而埋之，僞爲盟處。而告公曰：「合比將納亡人之族，亡人之族指華臣出奔陳者，詳襄十七年傳。既盟于北郭矣。」公使視之，有焉，有盟處。遂逐華合比。合比奔衞。於是華亥欲代右師，杜注：「亥，合比弟。」時合比爲右師，未出奔，亥卽欲代之。乃與寺人柳比，從爲之徵，徵，證也。曰：「聞之久矣。」杜注：「聞合比欲納華臣。」公使代之。見於左師，杜注：「左師，向戌。」左師曰：「女夫也必亡。女夫，輕視之詞。亦作「而夫」，莊子列御寇篇「如而夫者」，郭象注云：「而夫謂凡夫也。」參章炳麟左傳讀。女喪而宗室，宗室猶言宗子、宗主。於人何有？人亦於女何有？言於人無益，人於女則輕賤之。詩曰：『宗子維城，善鼎銘云：「余其用各我宗子雩（與）百生（姓）。」郭沫若云：「宗子而與百姓對列，似言本宗之子弟。」説誤。此以華合比爲華氏之宗子，卽華族之城垣也。毋俾城壞，毋獨斯畏。』詩大雅板。言若使此城傾壞，女則孤獨而足有可畏者。女其畏哉！」杜注：「爲二十年華亥出奔傳。」

六・六　六月丙戌，丙戌，七日。鄭災。火災也。杜注：「終士文伯之言。」

六・七　楚公子棄疾如晉，報韓子也。韓宣子去年如楚致女，此答禮。過鄭，鄭罕虎、公孫僑、游吉從鄭伯以勞諸柤，杜注：「柤，鄭地。」江永考實謂近鄭都。辭不敢見。杜注：「不敢當國君之勞。」固請，見之。鄭堅決請相見，棄疾乃從而相見。見如見王。杜注：「見鄭伯如見楚王，言棄疾共而有禮。」以其乘馬八匹私面。私面卽私覿，謂外臣以私人身份見東道國之君。聘禮有私覿，可參劉寶楠論語鄉黨正義。但此棄疾乃過道而私覿。見子皮如上卿，子皮卽罕虎，鄭之上卿，棄疾見之如楚上卿。以馬六匹；見子產以馬四匹；公孫僑乃亞卿，故以馬四匹見。見子大叔以馬二匹。游吉位次于子產，爲下卿，以馬二匹贈之。自八匹至二匹，所謂「降殺以兩」也。禁芻牧採樵，不入田，不樵樹，不伐樹爲柴。不采蓺，蓺今作藝，種植曰蓺。此謂不採摘所種植之菜果。不抽屋，襄二十八年傳「子尾抽桷擊扉」，詩小雅楚茨「言抽其棘」，抽皆拔出之義。此謂不撤屋宇之木爲用。不强匄。不就人强行乞討。誓曰：「有犯命者，君子廢，小人降！」君子謂有官職者，如上介、次介之類；小人謂給雜役者。廢謂撤職，降謂更使降級。小人亦有等級，如七年傳「皁臣輿，輿臣隸，隸臣僚，僚臣僕，僕臣臺」。聘禮：「若過邦，至於竟，使次介假道，誓於其境。賓南面，上介西面，衆介北面。史讀書(誓約)，司馬執策立於其後。」鄭注云：「此使次介假道止而誓也。史於衆介之前北面讀書，以勑告士衆，爲其犯禮暴掠也。」沈欽韓補注云：「傳所云與禮合。」蓋一切皆聽東道國供給，不私取用。舍不爲暴，寄宿於東道國不作暴行。主不慁賓。杜注：「慁，患也。」此謂東道國不以過客爲患。往來如是，鄭三卿皆知其將爲王也。杜注：「三卿，罕虎、公孫僑、游吉。」

韓宣子之適楚也，楚人弗逆。不郊迎。公子棄疾及晉竟，晉侯將亦弗逆。叔向曰：「楚辟，我衷，杜注：「辟，邪也。衷，正也。」若何效辟？詩曰：『爾之教矣，民胥效矣。』詩小雅角弓。效，今詩作「傚」，而白虎通義、潛夫論、羣書治要引皆作「效」。胥，皆也。謂上以所行爲教，民皆效之。從我而已，焉用效人之辟？書曰：『聖作則。』杜注：「逸書。」則，法也。」作僞古文尚書者取入說命。無寧以善人爲則，杜注：「無寧，寧也。」無乃語首助詞，無義。而則人之辟乎？匹夫爲善，民猶則之，況國君乎？」晉侯說，乃逆之。

六·八 秋九月，大雩，旱也。

六·九 徐儀楚聘于楚，清光緒十四年四月江西高安縣出土有郐王義楚鍴，見羅振玉貞松堂吉金圖。銘云：「郐王義楚睪(擇)余吉金自酢(作)祭鍴。」一九七九年江西靖安縣發現郐王義楚盤。郐王義楚卽此徐儀楚。聘楚時或尚爲太子，其後繼承王位。杜注「儀楚，徐大夫」，臆說。徐國本在今江蘇泗洪縣南，昭三十年被吳所滅，楚遷之於城父，今安徽亳縣東南七十里。又有儠兒鐘，銘云「余義⿰楚阝之良臣」，義⿰楚阝卽此儀楚。楚子執之，逃歸。懼其叛也，使薳洩伐徐。杜注：「薳洩，楚大夫。」吳人救之。令尹子蕩帥師伐吳，師于豫章，左傳凡八言豫章，據成瓘篛園日札春秋豫章考，當起自今安徽之霍丘、六安、霍山諸縣之間，西逕河南光山、固始二縣，抵信陽市及湖北應山縣之東北。而次于乾谿。乾谿在今安徽亳縣東南七十里，與城父村相近。吳人敗其師於房鍾，房鍾卽今安徽蒙城縣西南，西淝水北岸之闞疃集。獲宮廄尹棄疾。杜注：「鬭韋龜之父。」子蕩歸罪於薳洩而殺之。

六·一〇　冬，叔弓如楚，聘，且弔敗也。杜注：「弔爲吳所敗。」

六·一一　十一月，齊侯如晉，請伐北燕也。杜注：「告盟主。」士匄相士鞅逆諸河，禮也。杜注：「士匄，晉大夫。相，爲介，得敬逆來者之禮。」據釋文，古本「士匄」或作「王正」，董遇、王肅本同。且謂士匄與士鞅之父同名，士鞅不應取之爲介，當作「王正」，今傳本作「士匄」者誤。但自唐石經至北宋諸本均作「士匄」，無作「王正」者。張聰咸杜注辨證云：「檢漢書古今人表有兩士鞅，一列中上，一列中下，正疑士匄卽范宣子，而士鞅非宣子之子明甚。」亦未必然。晉侯許之。十二月，齊侯遂伐北燕，將納簡公。杜注：「簡公，北燕伯，三年出奔齊。」晏子曰：「不入。燕有君矣，民不貳。吾君賄，左右諂諛，作大事不以信，未嘗可也。」杜注：「爲明年暨齊平傳。」此當與下年傳文連讀。史記燕世家謂「齊高偃如晉，請共伐燕，入其君」，則至晉者非齊侯也，又非請許而請共出師。燕世家又云：「晉平公許，與齊伐燕，入惠公。」則非納而未成也。晉世家、年表與燕世家同。近年長沙馬王堆三號墓所出帛書春秋事語云：「燕大夫子□率師以禦晉人，勝之。歸而飲至，而樂。（下文殘缺）處十一月，晉人□燕南，大敗〔燕〕人。」或即此事傳聞之異。

七年，丙寅，公元前五三五年。周景王十年、晉平二十三年、齊景十三年、衞襄九年、蔡靈八年、鄭簡三十一年、曹武二十年、陳哀三十四年、杞平公郁釐元年、宋平四十一年、秦哀二年、楚靈六年、吳夷末九年、許悼十二年。

經

七·一 七年春王正月，正月初八癸未冬至，建子。暨齊平。穀梁傳以爲魯與齊平，賈逵、何休主此說，許惠卿、服虔及杜預皆以爲燕與齊平，說詳孔疏。據傳文，當是燕與齊平，說詳李貽德賈服註輯述。崔應榴吾亦廬稿謂「當是齊、魯之平」，誤。

七·二 三月，公如楚。

七·三 叔孫婼如齊涖盟。無傳。「婼」，公羊作「舍」，蓋古韻部爲平入通轉。毛奇齡簡書刊誤謂公羊好作異，誤取武叔之子叔孫舒（見哀二十六年傳），「舒」「舍」轉音，可以別出，而作昭子（叔孫婼之謚）云云。亦未免武斷。蓋哀二十六年後此年六十七年，絶不致以叔孫舒當之。杜注：「公將遠適楚，故叔孫如齊尋舊好。」

七·四 夏四月甲辰朔，日有食之。此公曆三月十八日之日全蝕。

七·五 秋八月戊辰，戊辰，二十六日。衞侯惡卒。

七·六 九月，公至自楚。

七·七 冬十有一月癸未，癸未，十三日。季孫宿卒。

七·八 十有二月癸亥，癸亥，二十三日。葬衞襄公。

傳

七·一 七年春王正月，暨齊平，齊求之也。杜注：「齊伐燕，燕人賂之，反從求平，如晏子言。」癸巳，癸巳，十八日。齊侯次于虢。杜注：「虢，燕竟。」在今河北任丘縣西北。燕人行成，曰：「敝邑知罪，敢不聽命？先君之敝器請以謝罪。」請以先君之敝器謝罪也，先言敝器者，重之也。公孫晳曰：「受服而退，俟釁而動，可也。」杜注：「晳，齊大夫。」應晏子所言「左右諂諛」。二月戊午，戊午，十四日。盟于濡上。杜注：「濡水出高陽縣東北，至河間鄚縣入易水。」晉之高陽縣即今河北高陽縣東二十五里之古城，鄚縣即今任丘縣北三十五里之鄚州鎮。則濡上當在任丘縣西北，與齊師駐地不遠。其他異説紛歧，皆不足爲據，因不具引。燕人歸燕姬，杜注：「嫁女與齊侯。」北燕，姬姓國。賂以瑶罋、玉櫝、斝耳。詩衞風木瓜「報之以瓊瑶」，毛傳：「瓊瑶，美玉。」儀禮聘禮「醯醢百罋」，罋亦作甕，禮記檀弓上即作「醯醢百甕」，本陶器，以盛酒漿，此則以美玉爲之。論語季氏「龜玉毁於櫝中」，櫝音獨，即今之櫃，此亦以玉爲飾。斝音賈，孔疏云：「以玉爲之。言耳者，蓋此器旁有耳，若今之杯。」不克而還。

林堯叟左傳句解云：「不克納簡公而歸。」卽去年傳晏子所云「不入」也。

七·二 楚子之爲令尹也，爲王旌以田。旌，旗幟之一種。據周禮春官司常及鄭玄注，此種旗用五色鳥羽分開置于竿上。王旌，楚王所用。楚稱王，據新序義勇篇「臣以君旗拽地」之語，是楚王用周天子之旌。據左傳孔疏引禮緯稽命徵，又周禮夏官節服氏疏引禮緯含文嘉並謂旌有飄帶，古謂之旒。天子之旗，十二旒，長九仞（七尺曰仞），插於田車，旒曳地；諸侯旌九旒七仞，下端與軫（車後橫木）齊高；卿大夫旌七旒五仞，下端與車較（車兩旁之橫木，亦名車耳）齊高。王念孫頗疑此說，詳其廣雅疏證釋天旌旗。若此說可信，則楚令尹只能用七旒五仞之旌，而楚靈王爲令尹時却用十二旒九仞之旌，與昭元年傳述其「設服離衞」同意。芋尹無宇斷之，芋尹爲官名，哀公十五年傳陳國亦有芋尹。新序義勇篇誤作芋尹，云：「芋尹文者，荆之歐鹿彘者也。」新序所述人名雖不同，事實却類似，則芋尹爲毆獸之官。斷之，可能一則斷去五旒，一則斷其旒長。曰：「一國兩君，其誰堪之？」及卽位，靈王卽位。爲章華之宮，吳語謂楚靈王築宮於章華之上，韋注以章華爲地名。文選東京賦薛綜注謂章華之臺在乾谿，俞正燮癸巳類稿章華臺考力主此說。然乾谿在今安徽亳縣東南，離楚都太遠，恐不確。依杜注及宋范致明岳陽風土記，章華宮當在今湖北監利縣西北離湖上。寰宇記則謂在江陵縣東三十三里，未詳孰是。納亡人以實之。無宇之閽入焉。杜注：「有罪，亡入章華宮。」無宇執之，有司弗與，有司指管理章華宮之官員。曰：「執人於王宮，其罪大矣。」執而謁諸王。杜注：「執無宇也。」王將飲酒，杜注：「遇其歡也。」無宇辭曰：辭，申訴其理也。詳僖四年傳注。「天子經略，經，經營也，治理也。略，據下文「封略之內」，略與封同義，小爾雅廣詁云：「略，界也。」劉逵注文選吳都賦及孔疏、馬宗連左傳補注皆以略為界，惜未舉證。諸侯正封，正，治也。呂氏春秋順民篇「湯克夏而正天下」可證。經略與正封同義。古之制也。封略之內，何非君土？食土之毛，杜注：「毛，草也。」公羊宣十二年傳「不毛之地」，據何休注，毛謂五穀。此謂食生產於土者。誰非君臣？故詩曰：『普天之下，莫非王土；率土之濱，莫非王臣。』詩小雅北山。普同溥，徧也。率，循也，言循土之涯也。天有十日，與五年傳「日之數十」同義，不能以「堯時十日並出」解此，說見五年傳注。人有十等。下所以事上，上所以共神也。故王臣公，公臣大夫，大夫臣士，士臣皁，皁臣輿，輿臣隸，隸臣僚，僚臣僕，僕臣臺。俞正燮癸巳類稿僕臣臺義云：「皁者，趙策所云『補黑衣之隊』，衞士無爵而有員額者，非今皁役也。士則衞士之長，輿則衆也，謂衞士無爵又無員額者。隸則罪人，周官所謂『入於罪隸』，漢之城旦舂輸作。僚，勞也，入罪隸而任勞者，其分益下，若今充當苦差。僕則三代奴戮，今罪人爲奴矣。謂之臺者，罪人爲奴，又逃亡復獲之，則爲陪臺。自皁以下得相役使，故曰臣曰等也。」馬有圉，牛有牧，杜注：「養馬曰圉，養牛曰牧。」圉牧不在十等內。以待百事。今有司曰：『女胡執人於王宮？』將焉執之？人逃至王宮，而不能執之，將何處執之。周文王之法曰，『有亡，荒閱』，范文瀾通史簡編第三章謂自皁至臺是各級奴隸，馬夫牛牧不列等，比臺更賤。此「有亡」，謂奴隸之有逃亡者。荒，大也。閱，今言搜索。所以得天下也。吾先君文王，杜注：「楚文王。」作僕區之法，服虔云：「僕，隱也。區，匿也。」今言窩藏。杜注：「僕區，刑書名。」所注未切。曰『盜所隱器，杜注：「隱盜所得器。」與盜同罪』，所以封汝也。杜注：「行善法，故能啟疆，北至汝水。」哀十七年傳云：「彭仲爽，申俘也，文王以爲令尹，實縣申、息，朝陳、蔡，封畛於汝。」若從有司，是無所執逃臣也。

逃而舍之，舍同捨。是無陪臺也。陪臺義見前引俞正燮說。王事無乃闕乎？昔武王數紂之罪以告諸侯曰：『紂為天下逋逃主，萃淵藪。』天下逃亡者，紂為窩藏主，故羣集之，如淵為魚之所藏、藪為獸之所聚處。僞古文尚書武成篇云「今商王受無道，暴殄天物，害虐烝民，為天下逋逃主，萃淵藪」，蓋取左傳此語。故夫致死焉。「夫」下金澤文庫本有「人」字，然六朝鈔本服注左傳及石經、宋本皆無「人」字，故不取。夫猶人也。杜注云：「人欲致死討紂。」君王始求諸侯而則紂，無乃不可乎？若以二文之法取之，二文，周文王與楚文王。盜有所在矣。」杜注：「言王亦為盜。」因其窩藏逃亡者。王曰：「取而臣以往。許其執王宮之逃臣。往，去也。盜有寵，未可得也。」杜注：「盜有寵，王自謂。為葬靈王張本。」說文：「寵，尊居也。」易師象辭「承天寵也」，孔疏謂恩寵，以解此「寵」字，亦通。遂赦之。無宇本被執，王乃赦之。

七·三 楚子成章華之臺，願與諸侯落之。王念孫解「落」為「始」，引楚語上為證，詳述聞。王引之則謂此「落」與四年傳「饗大夫以落之」之「落」同義，詳四年傳注。亦見述聞。水經沔水注云：「臺高十丈，基廣十五丈。」大宰薳啟彊曰：「臣能得魯侯。」薳啟彊來召公，辭曰：「昔先君成公命我先大夫嬰齊曰：『吾不忘先君之好，將使衡父照臨楚國，鎮撫其社稷，以輯寧爾民。』輯，安也。嬰齊受命于蜀。事詳成二年經傳。楚公子嬰齊侵衞，遂侵魯於蜀。魯請盟，公衡（即衡父）為質。衡父逃歸。奉承以來，弗敢失隕，而致諸宗祧。杜注：「言奉成公此語以告宗廟。」日我先君共王引領北望，孔疏：「日，謂往日也。」日月以冀，杜注：「冀魯朝。」傳序相授，於今四王矣。杜注：「四王，共、康、郟敖及靈王。」嘉惠未至，唯襄公之辱臨我喪。

杜注：「襄公二十八年如楚臨康王喪。」孤與其二三臣悼心失圖，孤指康王之子郟敖。悼當讀爲掉。說文：「掉，搖也。」掉心失圖，謂心搖撼不定失其所圖也。說詳楊樹達先生讀左傳。然悼如字讀亦通，杜注：「在哀喪故。」社稷之不皇，況能懷思君德？杜注：「皇，暇也。言有大喪，多不暇。」實則襄公臨楚康王之喪，在郟敖即位之初，而後靈王殺之自立，啟彊故詭言不能懷襄公如楚之德，以應上文「於今四王矣」。今君若步玉趾，辱見寡君，寵靈楚國，廣雅云：「靈，福也。」凡傳稱「以君之靈」、「以大夫之靈」，靈皆謂福也。三十二年傳曰「今我欲徼福假靈於成王」，哀二十四年傳曰「寡君欲徼福於周公，願乞靈於臧氏」，靈亦福也。說詳王引之述聞。以信蜀之役，吳闓生文史甄微云：「信當讀伸。」致君之嘉惠，是寡君既受貺矣，何蜀之敢望？杜注：「言但欲使君來，不敢望如蜀復有質子。」其先君鬼神實嘉賴之，豈唯寡君？君若不來，使臣請問行期，王引之述聞謂「行期當謂會盟之期」，其實非也。下文云「而見於蜀」，蜀之盟，實楚侵魯，魯以賂請和而會盟，所云「將承質幣」云云，直是外交辭令，實則恐嚇魯，楚又將出兵耳。則此所謂「行期」，表面上言楚王出行會盟之期。杜注：「問魯見伐之期。」楚伐魯，固不必問魯；然魯若被楚兵，又不得不請盟，魯君不得不行，杜注言其實，惟所言不詳耳。寡君將承質幣而見于蜀，質，贄也。以請先君之貺。」杜注：「請，問也。」

公將往，夢襄公祖。杜注：「祖，祭道神。」古代出行必祭路神，孔疏引詩大雅韓奕「韓侯出祖」及烝民「仲山甫出祖」爲證，至漢以後因稱餞行爲祖道或祖餞。祖亦曰軷、軷祭，詩大雅生民「取羝以軷」可證。祖亦曰道，孔疏又云：「（禮記）曾子問曰諸侯適天子與諸侯相見皆云道而出，是祖與道爲一。」梓慎曰：「君不果行。襄公之適楚也，夢周公祖而行。今襄公實祖，君其不行。」子服惠伯曰：「行！先君未嘗適楚，故周公祖以道之；據此句意，似周公曾經至楚。道之，導之行也。逸周書作雒篇謂「武王崩，周公立，相成王，三年作師旅，凡所征熊、盈族十有七國」云云，盈爲淮夷之姓，熊爲楚人之氏。則周公之適楚，或在此時。襄公適楚矣，而祖以道君。不行，何之？」

三月，公如楚。楚語上云：「靈王爲章華之臺，數年乃成，願得諸侯與始升焉。諸侯皆距，無有至者。而後使大宰啟彊請於魯侯，懼之以蜀之役，而僅得以來。」可爲此事之證。昭公至楚實在七年，史記魯世家及年表書在八年，疑誤。鄭伯勞于師之梁。杜注：「鄭城門。」孟僖子爲介，杜注：「僖子，仲孫貜。」宋趙鵬飛春秋經筌云：「貜，蔑之子，速之弟。速無適子，以弟貜爲後。貜幼，速庶子羯攝之。襄三十一年，羯卒，貜乃嗣爵。」然宋程公說春秋分紀世譜又以貜爲孝伯羯之子。杜注所不知，宋人所言蓋臆說。不能相儀。及楚，不能答郊勞。

七·四 夏四月甲辰朔，日有食之。見經注。晉侯問於士文伯曰：「誰將當日食？」古人迷信，以日食爲天譴，人將受其禍。孔疏已詳論而駁之。對曰：「魯、衞惡之。杜注：「受其凶惡。」衞大，魯小。」衞受禍大，魯受禍小。公曰：「何故？」對曰：「去衞地如魯地，古代將天空星宿分爲十二次，配屬於各國，用以占卜其吉凶，名曰分野。娵訾爲衞之分野，降婁爲魯之分野。去衞地者，士文伯以此次日食，先始於娵訾之末。如魯地者，日行至降婁之始然後見日。孔廣森春秋公羊通義亦云，「日食於娵訾、降婁之交」，即本此義。於是有災，魯實受之。杜注：「災發於衞，而魯受其餘禍。」其大咎其衞君乎！魯將上卿。」杜注：「八月衞侯卒，十一月季孫宿卒。」公曰：「詩所謂『彼日而食，于何不臧』者，何也？」詩小雅十月之交。「彼日」，今詩作「此日」。杜注：「感日食而問詩。」對曰：「不善政之謂也。國無政，不用善，無政，無善政也。不用善，不用善人也。則自取讁于日月之災，故政不可不慎也。務三而已：一曰擇人，杜注：「擇賢人。」二曰因民，杜注：「因民所利而利之。」三曰從時。」杜注：「順四時之所務。」說苑政理篇襲取此文而有變易。

七·五　晉人來治杞田，杜注：「前女叔侯不盡歸，今公適楚，晉人恨，故復來治杞田。」季孫將以成與之。成即郕，本杞田，後爲孟氏邑。今山東寧陽縣東北，並見隱五年經注。謝息爲孟孫守，爲成宰。不可，曰：「人有言曰：『雖有挈缾之知，守不假器，禮也。』知同智。缾今作瓶，古爲汲器。挈，垂也。挈缾即垂缾者，汲水者。挈缾之智猶言小智小慧。保守之而不與人爲禮。戰國策趙策一上黨守靳黈亦爲此言。夫子從君，而守臣喪邑，杜注：「夫子，謂孟僖子，從公如楚。」守臣，謝息自指。雖吾子亦有猜焉。」猜，猜疑。杜注「言季孫亦將疑我不忠。」季孫曰：「君之在楚，於晉罪也。又不聽晉，不以所取杞田還杞。魯罪重矣。晉師必至，吾無以待之，待，禦也。說見宣十二年傳注。不如與之。間晉而取諸杞。杜注：「俟晉間隙可復伐杞取之。」吾與子桃，桃，今山東汶上縣東北三十五里之桃鄉，亦見襄十七年經注。成反，應「間而取諸杞」句，其後成果復屬魯，但經傳未載取之之年月；定公八年傳有「成宰公斂處父告孟孫」語，足知定公時成又歸爲孟氏邑矣。誰敢有之？是得二成也。魯無憂，晉師不至。而孟孫益邑，子何病焉？」辭以無山，謝息言桃無山也。與之萊、柞。水經淄水注引應劭（當作闞駰，劭誤）十三州記謂太山萊蕪縣魯之萊柞邑。顧棟高大事表八上云：「萊柞在今萊蕪縣。萊、柞二山名，蓋邑有二小山也。」乃還于桃。杜注：「謝息還也。」晉人爲杞取成。

7.6 楚子享公于新臺，杜注：「章華臺也。」使長鬣者相。杜注：「鬣，鬚也」。楚語上韋注：「長鬣，美須頷也。」梁履繩補釋云：「北史，許惇美鬚下垂至帶，省中號爲長鬣公，本此。」然説文引作儠，云「長壯儠儠也。」證以十七年傳文，長鬣者當爲長壯之人。説詳焦循補疏、馬宗璉補注。國語楚語上云：「使富都、那豎贊焉，而使長鬣之士相焉。」富都，貴族中美子弟；那豎，綽約少年。好以大屈。杜注：「宴好之賜。大屈，弓名。」孔疏引魯連書曰：「楚子享魯侯於章華之臺，與大曲之弓」云云，孔云：「大屈即大曲也。」梁簡文帝樂府詩「右把蘇合彈，旁持大屈弓」，即本此，而又以大屈爲彈弓。既而悔之。薳啟彊聞之，見公。往見魯公。公語之，拜賀。公曰：「何賀？」對曰：「齊與晉、越欲此久矣。寡君無適與也，適，劉淇助字辨略云：「專主之辭。」讀如「目的」之「的」。僖五年傳：「一國三公，吾誰適從？」詩衞風伯兮：「豈無膏沐，誰適爲容？」皆其例。並參詞詮。而傳諸君。傳，授也，送也。君其備禦三鄰，杜注：「言齊、晉、越將伐魯而取之。」慎守寶矣，敢不賀乎？」公懼，乃反之。

7.7 鄭子產聘于晉。晉語八作「鄭簡公使公孫成子來聘」云云，説苑辨物篇亦作公孫成子。子產謚成，春秋經、傳未嘗言之。晉侯有疾，韓宣子逆客，私焉，杜注：「私語。」曰：「寡君寢疾，於今三月矣，並走羣望，並，偏也。詳王引之述聞。杜注：「晉所望祀山川，皆走往祈禱」，晉語八作「上下神祇，無不徧諭（祭祀告謝）也」，與傳意可互證。有加而無瘳。瘳，音抽，病愈曰瘳。又，減損也。晉語二：「君不度，而賀大國之襲於己也，何瘳？」韋昭注：「瘳，猶減也。」今夢黃熊入于寢門，釋文謂「熊」亦作「能」，作「能」者勝，王引之述聞已駁之。史通雜説篇引汲冢瑣語晉春秋謂「平公疾夢朱羆窺屏」，與傳略異。其何厲鬼也？」對曰：「以君之明，子爲大政，大政，正卿。成六年傳亦云「子爲大政」，杜注：「中軍元帥。」說詳王念孫讀書雜志。其何厲之有？厲鬼卽惡鬼，亦單稱厲，襄二十六年傳「厲之不如」可證。昔堯殛鯀于羽山，說文：「殛，殊也。」山海經海內經云：「洪水滔天，鯀竊帝之息壤以堙洪水，不待帝命。帝令祝融殺鯀於羽郊。」此類傳說紀載甚多，不備引。羽山亦有數說，江永考實云：「要之，此山在沂州（今山東臨沂縣）之東南，海州（今江蘇海州，卽東海縣舊治）之西北，贛榆（江蘇贛榆縣新治西北之贛榆城）之西南，郯城（今山東郯城縣）之東北，實一山跨四州縣之境。」而四縣之間實無此大山。寰宇記謂在今山東蓬萊縣東南三十里。然此本傳說，不必實指何處，姑略引二說。其神化爲黃熊，以入于羽淵，羽山流水滙爲淵。實爲夏郊，三代祀之。孔疏云：「祭法云『夏后氏禘黃帝而郊鯀』，言郊祭天而以鯀配，是夏家郊祭之也。殷、周二代自以其祖配天，雖復不以鯀配郊，鯀有治水之功，又通在羣神之數，並亦見祀，通夏世爲三代祀之也。」晉爲盟主，其或者未之祀也乎！」晉語八云：「今周室少卑，晉實繼之，其或者未舉夏郊耶？」韓子祀夏郊。晉語八云：「宣子以告，祀夏郊，董伯爲尸。」說苑辨物篇襲晉語。晉侯有間，病漸痊愈。賜子產莒之二方鼎。杜注：「方鼎，莒所貢。」孔疏引服虔云：「鼎三足則圓，四足則方。」沈欽韓補注云：「以宣和博古圖驗之，其文王鼎、南宮中鼎，皆四足方鼎，如服說。」今存世最大之司母戊鼎卽爲方鼎，現藏中國歷史博物館。

七・八　子產爲豐施歸州田於韓宣子，杜注：「豐施，鄭公孫段之子。三年晉以州田賜段。」襄三十年傳云「罕、駟、豐同生。」杜注：「豐，公孫段。」據十六年傳及杜氏世族譜，豐施字子旗。曰：「日君以夫公孫段爲能任其事，而賜之州田。今無祿早世，據下傳，公孫段死於此年正月。不獲久享君德。韓非子二柄篇云「慶賞之謂德。」則久享君德猶言久享君賜，指州田。其子弗敢有，不敢以聞於君，私致諸子。」宣子辭。子產曰：「古人有言曰：『其父析薪，詩齊風南山：「析薪如之何？匪斧不克。」則析薪猶言劈柴。此譬喻語，猶其父勤勞以興家立業。其子弗克負荷。』施將懼不能任其先人之祿，其況能任大國之賜？任即負荷之意。縱吾子爲政而可，可免於罪。後之人若屬有疆埸之言，屬，副詞，會適，碰巧。疆埸之言謂以晉之州田與鄭人。敝邑獲戾，而豐氏受其大討。大討謂大治罪。吾子取州，是免敝邑於戾，而建置豐氏也。敢以爲請。」宣子受之，以告晉侯。晉侯以與宣子。宣子爲初言，病有之，初言指與趙文子爭州田之言，見三年傳。以有州田爲愧。以易原縣於樂大心。樂大心，宋大夫。宣十五年傳有樂嬰齊，程公說春秋分紀世譜三謂大心爲嬰齊四世孫。此蓋以州田與樂大心換取原縣。原本晉邑，不知何時屬宋樂氏。

七·九 鄭人相驚以伯有，曰：「伯有至矣！」伯有被殺見襄三十年傳。蓋有人呼伯有之鬼來矣，衆人因而驚也。則皆走，走猶今之跑。不知所往。人各無一定方向而亂跑。鑄刑書之歲二月，去年二月。或夢伯有介而行，介，著甲。曰：「壬子，去年三月二日。余將殺帶也。帶，駟帶，助子皙殺伯有。亦見襄三十年傳。明年壬寅，今年正月二十七日。余又將殺段也。」段，公孫段。亦攻伯有。及壬子，駟帶卒，國人益懼。齊、燕平之月，此年正月。壬寅，公孫段卒，國人愈懼。其明月，段死之第二月。子產立公孫洩及良止以撫之，乃止。撫，安撫。「之」謂伯有之靈。公孫洩，子孔之子。子孔被殺，見襄十九年傳。良止，伯有之子。

立者，立二人爲大夫，使得祭祀其父。子大叔問其故。子產曰：「鬼有所歸，鬼、歸古音同韻部，聲亦近。爾雅釋訓：「鬼之爲言歸也。」郭璞注及邢昺疏並引尸子云：「古者謂死人爲歸人。」（今本尸子無此文，汪繼培曾輯入之。）然子產謂鬼有所歸，言鬼有其歸宿處也。乃不爲厲，吾爲之歸也。」立其子爲大夫，則能受祭祀，有歸宿。大叔曰：「公孫洩何爲？」杜注：「子孔不爲厲，何爲復立洩。」子產曰：「說也。說同悅，謂取得歡心。爲身無義而圖說，言伯有、子孔皆身爲不義，而伯有爲鬼而求得歡。從政有所反之，以取媚也。子產從政，政者，正也，應依當時之禮義而行。子孔、伯有爲惡而被殺，宜無祀，今若僅立伯有子，是反當時禮義而行，同時立子孔之子，蓋以取愛於國人。媚，說（悅）也，愛也。不媚，不信。不得民歡悅，則民不信執政。不信，民不從也。」

及子產適晉，趙景子問焉，杜注：「景子，晉中軍佐趙成。」曰：「伯有猶能爲鬼乎？」子產曰：「能。人生始化曰魄，化猶死也。淮南子精神篇「故形有摩而神未嘗化者」，化即死也。佛教言坐化，道家言羽化，化皆此義。既生魄，陽曰魂。說文謂「魄，陰神也」，「魂，陽氣也」，蓋用此義。用物精多，物謂養生之物，衣食住所資者。既精美且多。則魂魄強，是以有精爽至於神明。匹夫匹婦強死，匹夫匹婦，指庶民中之個人。強死，不得善終。亦見文十年傳注。其魂魄猶能馮依於人，以爲淫厲，況良霄，良霄即伯有。我先君穆公之胄，胄，後代。子良之孫，子良，公子去疾。子耳之子，子耳，公孫輒。敝邑之卿，從政三世矣。鄭雖無腆，腆，厚也。此言鄭雖小國也。抑諺曰『蕞爾國』，杜注：「蕞，小貌。」後人亦以「蕞爾」爲細小、狹小形容詞組，可參朱起鳳辭通卷十二。而三世執其政柄，其用物也弘矣，弘猶多也，故古人弘多常連言，如詩小雅節南山「喪亂弘多」，襄三十一年傳「讒慝弘多」。其取精也多矣，取物之精亦多矣。其族又大，良氏爲鄭大族。所馮厚矣，所馮恃之勢力厚。而强死，能爲鬼，不亦宜乎！」子產不信天道，不禳火災，見昭十八年傳，而信鬼神，詳夢，甚爲矛盾。疑鬼神詳夢之言皆非子產之事，作左傳者好鬼神，好預言，妄加之耳。或者子產就當時人心而遷就爲之。

七·10 子皮之族飲酒無度，故馬師氏與子皮氏有惡。杜注：「馬師氏，公孫鉏之子罕朔也。」襄三十年馬師頡出奔，公孫鉏代之爲馬師，與子皮俱同一族。」馬師氏惡子皮氏飲酒無度。齊師還自燕之月，杜注：「在此年二月。」罕朔殺罕魋。公孫鉏，子展之弟。展生子皮，鉏生罕朔。朔與魋爲從父兄弟。罕朔奔晉。韓宣子問其位於子產。此時子產正在晉。杜注：「問朔可使在何位。」子產曰：「君之羈臣，玉篇：「羈，旅也，寄止也。」苟得容以逃死，何位之敢擇？卿違，違讀爲論語公冶長「棄而違之」之違，離開本國。從大夫之位；杜注：「謂以禮去者，降位一等。」罪人以其罪降，有罪於本國，逃奔他國，則受之者依其罪之輕重降其位之多少。古之制也。朔於敝邑，亞大夫也；其官，馬師也，杜注：「大夫，位。馬師，職。」獲戾而逃，唯執政所寘之。執政指韓宣子，時爲晉中軍帥。得免其死，爲惠大矣，又敢求位？」宣子爲子產之敏也，敏，審也，今言恰當。使從嬖大夫。嬖大夫亦見昭元年傳，卽下大夫。亞大夫與嬖大夫僅降一等，不以罪降。從猶論語先進「以吾從大夫之後」之從，隨也。此謂隨此班位。

七·一一 秋八月，衞襄公卒。晉大夫言於范獻子曰：「衞事晉爲睦，說文：「睦，目順也。一曰，敬和也。」尚書堯典注：「睦，親也。」晉不禮焉，庇其賊人而取其地，賊人指孫林父。據襄二十六年傳，晉疆戚田，取懿氏邑六十以與林父。故諸侯貳。詩曰：『鶺鴒在原，兄弟急難。』詩小雅常棣。鶺鴒亦作脊令、鵸鴒，鳴禽類鳥，翼尾均長，飛行爲波狀。巢營水濱石隙間。鶺鴒本水濱鳥，今在平原，則互相救助。又曰：『死喪之威，兄弟孔懷。』亦常棣句。威，畏也。孔，甚也。懷，思也。言有死喪，兄弟甚懷念。兄弟之不睦，於是乎不弔；不弔即不淑，不善。況遠人，誰敢歸之？衞、晉本兄弟之國，而不相親睦，遠人誰敢服晉。今又不禮於衞之嗣，嗣即繼位之君。晉不往弔，是不禮於嗣君也。衞必叛我，是絶諸侯也。」獻子以告韓宣子。宣子說，使獻子如衞弔，且反戚田。襄公十四年，衞孫林父甯殖逐其君獻公衎，而立殤公剽，時荀偃爲晉中軍帥，聽而承認之。襄二十六年，甯喜殺其君剽，孫林父以戚如晉，獻公復位，晉又疆戚田，取衞西鄙懿氏六十以與孫氏，時趙武執晉政，至此蓋十三年矣。

衞齊惡告喪于周，且請命。王使郕簡公如衞弔，「郕」，原誤作「臣」，或本作「成」，今從金澤文庫本訂正。且追命襄公曰：「叔父陟恪，陟恪猶言登假，同義詞連用，謂升天也。説詳王引之述聞。在我先王之左右，以佐事上帝，余敢忘高圉、亞圉？」據史記周本紀，高圉爲公非之子，而據索隱引世本「高圉侯侔」，又集解引系(世)本「亞圉雲都」，蓋侯侔、雲都皆字。周本紀又云「高圉卒，子亞圉立。」皆周之先代，殷時賢諸侯。此是追命，與莊公元年「王使榮叔來錫桓公命」應相同。追命，春秋經、傳僅見此二次。

七・三 九月，公至自楚。孟僖子病不能相禮，釋文：「本或作『病不能禮』。」惠士奇春秋説、臧琳左傳雜記、王引之經義述聞俱謂「相」爲衍文。乃講學之，苟能禮者從之。及其將死也，杜注：「二十四年孟僖子卒，傳終言之。」召其大夫，杜注：「僖子屬大夫。」曰：「禮，人之幹也。無禮，無以立。吾聞將有達者曰孔丘，僖子死時，孔丘年三十四。據二十年傳載孔丘責琴張將往弔事，時年三十。聖人之後也，聖人指弗父何及正考父，說詳王引之述聞。而滅於宋。杜注：「孔子六代祖孔父嘉爲宋督所殺，其子奔魯。」杜此說取於服虔（服說見後漢書孔融傳注），然詩商頌那疏引世本謂「正考父生孔父嘉，爲宋司馬，華督殺之，而絶其世。其子木金父降爲士。木金父生祁父，祁父生防叔，爲華氏所偪，奔魯，爲防大夫，故曰防叔。防叔生伯夏，伯夏生叔梁紇，叔梁紇生仲尼。」然明陸粲左傳附註及李貽德賈服注輯述俱謂服虔說可信，世本說不可信，是也。其祖弗父何以有宋而授厲公。詩商頌那疏引服虔云：「弗父何，宋湣公世子，厲公之兄。以『有宋』言，湣公之適嗣當有宋國，而讓與弟厲公也。」杜注略同。李貽德輯述云：「史記宋世家云：『湣公共卒，弟煬公熙立。湣公子鮒祀弒煬公而自立，是爲厲公。』按此則厲公實自立，非弗父何讓之，與傳違異。猗那詩序疏云：『何是湣公世子，父卒，當立，而煬公篡之。蓋厲公既殺煬公，將立弗父何，而何讓與厲公也。』孔氏之言雖由臆決，以傳所云，當有其事。史不敍讓國者，以世家於春秋以前諸君，僅撮世系，不甚詳事實故也。」宋世家索隱云：「據左氏，〔鮒祀〕即湣公庶子也。弒煬公，欲立太子弗父何，何讓不受。」即本此。及正考父，杜注：「弗父何之曾孫。」佐戴、武、宣，杜注：「三人皆宋君。」三命茲益共，茲同滋，滋益，同義詞連用。劉師培左盦集古用複詞考可參閱。共同恭。杜注：「三命，上卿也。言位高益共。」故其鼎銘云：杜注：「考父廟之鼎。」『一命而僂，再命而傴，三命而俯，杜注：「俯共於傴，傴共於僂。」循牆而走，循牆，避道中央。急趨曰走，示恭敬。亦莫余敢侮。饘於是，鬻於是，以餬余口。』此文僂、傴、俯、走、口，古音俱在侯部，爲韻。惟侮字在模部，韻亦相近。杜

注：「於是鼎中爲饘鬻，饘鬻餬屬，言至儉。」餬口又見隱十一年傳。其共也如是。臧孫紇有言曰：杜注：「紇，武仲也。」『聖人有明德者，若不當世，聖人仍指弗父何及正考父。當世，爲國君。其後必有達人。』今其將在孔丘乎！我若獲沒，必屬說與何忌於夫子，夫子指孔丘。使事之，而學禮焉，以定其位。」杜注：「知禮則位安。」故孟懿子與南宮敬叔師事仲尼。孟懿子爲何忌，敬叔名閱。二人師事孔丘在昭公二十四年以後。史記孔子世家：「孔子年十七，孟釐子卒，懿子與魯人南宮敬叔往學禮焉。」太史公蓋誤以此年孟僖子（卽釐子）卒，不知懿子及敬叔生於昭十一年，杜注且以爲似雙生子，昭七年，二人尚未生。卽昭二十四年，二人亦年僅十三耳。梁玉繩史記志疑云：「是史公疏處，索隱、古史並糾其誤。」崔述洙泗考信錄言之甚詳。仲尼曰：「能補過者，君子也。詩曰『君子是則是效』，詩小雅鹿鳴。效，今詩作「傚」。效、傚同。孟僖子可則效已矣。」

七・一三　單獻公棄親用羈。杜注：「獻公，周卿士，單靖公之子，頃公之孫。羈，寄客也。」冬十月辛酉，辛酉，二十日。襄、頃之族殺獻公而立成公。杜注：「襄公，頃公之父。成公，獻公弟。」

七・一四　十一月，季武子卒。禮記檀弓下云：「季武子寢疾，蟜固不說（脫）齊衰而入見，曰：『斯道也，將亡矣。士唯公門說齊衰。』武子曰：『不亦善乎！君子表微。』及其喪也，曾點倚其門而歌。」此事若確，足見季武子專制魯政，爲儒士所惡。晉侯謂伯瑕曰：杜注：「伯瑕，士文伯。」「吾所問日食，從矣。可常乎？」漢書五行志下之下注，師古曰：「從謂如士文伯之言也。可常謂常可以此占之不。」對曰：「不可。六物不同，民心不壹，事序不類，官職不則，王引之云：「則猶等也。官職不則，謂賢否不同也。同也、壹也、類也、則也，皆謂同也。」說詳述聞。同始異終，胡可常也？詩曰『或燕燕居息，或憔悴事國』，詩小雅北山。憔悴，今毛詩作「盡瘁」，漢書五行志引作「盡顇」，周禮小司寇注云「憔悴以事國」，與傳同。其異終也如是。」公曰：「何謂六物？」對曰：「歲、時、日、月、星、辰，是謂也。歲有二義，一，說文云：「歲，木星也。」二，爾雅釋天云：「夏曰歲，商曰祀，周曰年，唐、虞曰載。」其實，商亦用歲，如甲骨文錄五七四「乙丑卜王貞，今歲受年十二月」可證。服虔、杜預並云：「時謂四時也。」日，服虔、杜預並以爲「天有十日」之日，即自甲至癸。服虔、杜預並云：「月，十二月也。」星，服虔、杜預並云：「星，二十八宿也。」然當時所見之星，實不僅二十八宿，即行星則不在二十八宿之內。詩小雅大東「東有啓明，西有長庚」，啓明、長庚皆金星。故星實指當時天空所能見之星。辰之義甚多，詳下文及注。公曰：「多語寡人辰而莫同，當時對辰有多種概念，如論語爲政之「北辰」，則北極也；公羊傳昭十七年云「大辰者何？大火也」，則心宿也；桓二年傳「三辰旂旗」則日、月、星也；成九年傳「浹辰之間」，浹辰，十二日，疏謂「從子至亥爲十二辰」。僖五年傳「龍尾伏辰」，則日月之會也。何謂辰？」對曰：「日月之會是謂辰，此辰似又指從子至亥之十二支。故以配日。」日即自甲至癸之十干。自殷商以來即以甲子、乙丑六十干支紀日，春秋猶然。

七·一五 衞襄公夫人姜氏無子，杜注：「姜氏，宣姜。」嬖人婤始生孟縶。孔成子夢康叔謂己：「立元，康叔，衞之始封祖。杜注：「成子，衞卿，孔達之孫烝鉏也。元，孟縶弟，夢時元未生。」余使羈之孫圉與史苟相之。」羈，孔成子烝鉏之子。圉，亦曰仲叔圉，亦曰孔文子，禮記祭統則稱曰文叔。史苟，史朝之子，亦曰文子，亦作史狗。見襄二十九年傳。史朝亦夢康叔謂己：「余將命而子苟與孔烝鉏之曾孫圉相元。」史朝見成子，告之夢，夢協。杜注：「協，合也。」晉韓宣子爲政聘于諸侯之歲，杜注：「在二年。」婤姶生子，名之曰元。孟縶之足不良能行。據二十年傳「無則取之」杜注「縶足不良」云云，杜以「不良」斷句，「能行」另爲句，似不確。當以「孟縶之足不良能行」爲句，良，善也，謂不善能行也。說本校勘記及朱彬經傳攷證。孔成子以周易筮之，曰：「元尚享衞國，主其社稷。」此命筮之辭。尚，表希冀之副詞。遇屯䷂。杜注：「震下坎上，屯。」又曰：「余尚立縶，尚克嘉之。」筮立元，又筮立縶，此亦命筮之辭。上尚字，猶也。下尚字，表希冀。嘉，善也。遇屯䷂之比䷇。杜注：「坤下坎上，比。屯初九爻變。」以示史朝。史朝曰：「『元亨』，又何疑焉？」「元亨」爲屯卦卦辭。史朝解「元」爲「元尚享衞國」之「元」。成子曰：「非長之謂乎？」孔成子則以爲「元亨」之「元」謂年長，乃指縶，非名元。對曰：「康叔名之，可謂長矣。元者，善之長也。康叔名之，則善之長。孟非人也，非人猶言非其人。將不列於宗，不可謂長。杜注：「足跛非全人，不可列爲宗主。」且其繇曰：『利建侯。』「利建侯」亦屯卦卦辭。嗣吉，何建？建非嗣也。言若立孟縶，是爲嗣位，不爲建侯，則「利建侯」無所指。既云建侯，則非縶嗣位。二卦皆云，初得屯卦，用屯卦辭「元亨，利建侯」；又筮得屯之比，用屯初九爻辭，亦云「利建侯」。子其建之！康叔命之，二卦告之，筮襲於夢，筮與夢相合。武王所用也，國語周語下引大誓曰：「朕夢協朕卜，襲於休祥，戎商必克。」此武王之辭。弗從何爲？爲何不從之。弱足者居。杜注：「跛則偏弱，居其家，不能行。」此用屯初九爻辭「磐桓利居」，磐桓猶盤跚，跛行貌。侯主社稷，臨祭祀，奉民人，事鬼神，從會朝，又焉得居？各以所利，不亦可乎？」杜注：「孟跛利居，元吉利建。」故孔成子立靈公。十二月癸亥，葬衞襄公。史記衞世家敍此較簡略。

八年，丁卯，公元前五三四年。周景王十一年、晉平二十四年、齊景十四年、衞靈公元年、蔡靈九年、鄭簡三十二年、曹武二十一年、陳哀三十五年、杞平二年、宋平四十二年、秦哀三年、楚靈七年、吳夷末十年、許悼十三年。

經

八·一 八年春，正月十九日戊子冬至，建子，有閏月。陳侯之弟招殺陳世子偃師。

八·二 夏四月辛丑，辛丑，三日。陳侯溺卒。

八·三 叔弓如晉。

八·四 楚人執陳行人干徵師殺之。杜注：「稱行人，明非行人罪。」鄒安周金文存卷四有干氏叔子盤，不知是此干氏所作不。

八·五 陳公子留出奔鄭。杜注：「留爲招所立，未成君而出奔。」

八·六 秋，蒐于紅。詳傳注。

八·七 陳人殺其大夫公子過。杜注：「與招共殺偃師，書名，罪之。」然據傳，實公子招委罪於過而殺之。春秋書某人殺者若干次，桓六年、九年，莊二十二年，文七、八、九三年，宣十一年、襄二十四年及此，又哀十四年可比觀以求其義。

八·八 大雩。無傳。杜注：「不旱而秋雩，過也。」

八·九 冬十月壬午，壬午，十七日。楚師滅陳。執陳公子招，放之于越。傳未載此事。殺陳孔奐。金澤文庫本作「公奐」。「奐」，公羊作「瑗」，古音相近可通。此事傳亦未載，杜注以奐爲招之黨，不知其據。

八·一〇 葬陳哀公。杜注：「嬖人袁克葬之，魯往會，故書。」然孔疏引賈逵、服虔以爲楚葬哀公。傳明云「輿嬖袁克殺馬毀玉以葬」，則杜據傳言之。

傳

八·一 八年春，石言于晉魏榆。杜注：「魏榆，晉地。」戰國時屬趙，史記秦紀：莊襄王三年攻趙榆次，即此魏榆，在今山西榆次市西北。晉侯問於師曠曰：「石何故言？」對曰：「石不能言，或馮焉。謂有物憑依之而言也。漢書五行志作「神或馮焉」，說苑辨物篇作「有神馮焉」。不然，民聽濫也。杜注：「濫，失也。」說苑辨物篇亦載此事，仍作「濫」，論衡紀妖篇「濫」作「偏」，義相同。抑臣又聞之曰：『作事不時，違農時。怨讟動于民，則有非言之物而言。』今宮室崇侈，民力彫盡，彫通凋，論語子罕「松柏之後彫」，釋文謂彫，依字當作凋。凋，廣韻，力盡貌。彫盡同義詞連用。怨讟並作，莫保其性，性之言生也，莫保其生，言無人能保其生活或生存。說本王引之述聞引王念孫說。石言，不亦宜乎？」於是晉侯方築虒祁之宮，虒音斯。水經汾水注云：「汾水西逕虒祁宮北，橫水有故梁截汾水中，凡有三十柱，柱徑五尺，裁與水平，蓋晉平公之故梁也。物在水，故能持久而不敗也。」又澮水注云：「又西南過虒祁宮南，其宮也背汾面澮，西則兩川之交會也。」則當在今侯馬市附近。韓非子十過篇謂「晉平公觴之於施夷之臺」，盧文弨謂施夷之臺似即左傳虒祁之宮。王先慎云：「御覽引作虒祁之臺。」叔向曰：「子野之言君子哉！杜注：「子野，師曠字。」君子之言，信而有徵，故怨遠於其身。小人之言，僭而無徵，僭與信爲對文，不信也。故怨咎及之。詩曰『哀哉不能言，匪舌是出，唯躬是瘁。楊樹達先生讀左傳云：「『匪』當讀爲『彼』，詩意謂彼言出於舌，而惟病其身也。」哿矣能言，巧言如流，俾躬處休』，小雅雨無正。其是之謂乎！杜注：「哿，嘉也。巧言如流謂非正言而順敍以聽言見答者，言其可嘉以信而有徵，自取安逸。師曠此言，緣問流轉，終歸于諫，故以比巧言如流也。當叔向時，詩義如此，故與今說詩者小異。」是宮也成，諸侯必叛，十三年傳云：「晉成虒祁，諸侯朝而歸者皆有貳心。」君必有咎，夫子知之矣。」杜注：「爲十年晉侯彪卒傳。」

八・二　陳哀公元妃鄭姬生悼大子偃師，杜注：「元妃，嫡夫人也。」悼，偃師之謚。二妃生公子留，下妃生公子勝。禮記檀弓上云：「舜葬於蒼梧之野，蓋三妃未之從也。」則舜有三妃，陳亦立三妃。說本章炳麟左傳讀。大戴禮帝繫篇謂「帝嚳卜其四妃之子」，四妃有上妃，其餘三妃皆曰次妃。則元妃亦曰上妃，次妃則包括二妃下妃。二妃嬖，留有寵，屬諸司徒招與公子過。本無「司」字，今從校勘記及金澤文庫本增。杜注：「招及過皆哀公弟也。」哀公有癈疾，「癈」原作「廢」，今從校勘記及金澤文庫本正。說文：「癈，固病也。」三月甲申，甲申，十六日。公子招、公子過殺悼大子偃師而立公子留。

夏四月辛亥，哀公縊。經書「辛丑」，杜注云「從赴」。辛亥後辛丑十日，孔疏云：「經、傳異者，多是傳實經虛。」干徵師赴于楚，且告有立君。有讀爲又。公子勝愬之于楚。杜注：「以招、過殺偃師告愬也。」楚人執而殺之。杜注：「殺干徵師。」公子留奔鄭。書曰「陳侯之弟招殺陳世子偃師」，罪在招也；「楚人執陳行人干徵師殺之」，罪不在行人也。

八・三　叔弓如晉，賀虒祁也。杜注：「賀宮成。」游吉相鄭伯以如晉，亦賀虒祁也。史趙見子大叔，子太叔，游吉。曰：「甚哉其相蒙也！杜注：「蒙，欺也。」可弔也，而又賀之。」可弔而不弔，則已矣；而又賀之，相欺實甚。子大叔曰：「若何弔也？其非唯我賀，將天下實賀。」蓋謂非但我賀，諸侯皆將來賀，我如何不賀而弔？一則自解，一則微言。臧琳雜記誤讀「我」字句斷，俞樾平議、于鬯校書皆云當作「若可弔也」，俱未得確解。

八・四　秋，大蒐于紅，自根牟至于商、衞，革車千乘。大檢閱。諸侯有遍境出軍之法。根牟，魯東境，今山東莒縣西南五十餘里。商卽宋，惠士奇謂此文當紀於定公時，故避定公諱，不曰宋而曰商。魯西南邊境與宋鄰，西北邊境與衞鄰。自東至西，全國動員，而大蒐於紅，革車千乘。參馬宗璉春秋左傳補注。五年傳薳啓彊言晉事云：「因其十家九縣，長轂九百。其餘四十縣，遺守四千。」是晉每縣各有兵車百乘。魯亦自有地方兵，故全國大蒐。

八・五　七月甲戌，甲戌，八日。齊子尾卒。子旗欲治其室。杜注：「子旗，欒施也。欲並治子尾之家政。」丁丑，丁丑，十一日。殺梁嬰。杜注：「梁嬰，子尾家宰。」八月庚戌，庚戌，十四日。逐子成、子工、子車，杜注：「三子，齊大夫，子尾之屬。子成，頃公子固也；子工，成之弟鑄也；子車，頃公之孫捷也。」梁履繩左通補釋引梁英書云：「十年傳『反子城、子公、公孫捷』，『成』與『城』、『工』與『公』古並通用。」子車亦稱子淵捷，見二十六年傳，新序義勇篇誤作「子淵棲」。皆來奔，杜注：「不書，非卿。」而立子良氏之宰。杜注：「子良，子尾之子高彊也。子旗爲子良立宰。」其臣曰：「孺子長矣，杜注：「孺子謂子良。」而相吾室，欲兼我也。」杜注：「兼，並也。」授甲，將攻之。授甲，卽授甲兵，文從省。下同。將攻子旗。陳桓子善於子尾，亦授甲，將助之。將助子良氏之舊臣而攻子旗。或告子旗，子旗不信，不信子良氏攻己。則數人告。將往，孔疏：「將往子良之家。」又數人告於道，遂如陳氏。孔疏：「不復敢向子良之家，遂如陳氏。」桓子將出矣，將率甲出。聞之而還，聞子旗來而返家。游服而逆之，脫去戎衣，改着游服以迎接子旗。游服，燕游之服，玄端深衣之類。說見沈韓欽補注。請命。子旗問陳桓子有何意。對曰：「聞彊氏授甲將攻子，子聞諸？」彊氏卽高彊，子良也。諸，「之乎」之合音字。曰：「弗聞。」「子盍亦授甲，無宇請從。」盍，何不也。無宇，陳桓子之名。此桓子試探子旗。子旗曰：「子胡然？何故如此。彼，孺子也。彼指子良。吾誨之，猶懼其不濟，吾又寵秩之——杜注：「謂爲之立宰。」其若先人何？」此句上有省略。本意是，我若如你所言，亦出兵與子良氏戰，將無以對祖宗。因欒氏、高氏同出自惠公，詳下文並注釋。子盍謂之。子旗請陳無宇向子良氏言之，使勿攻己。周書曰『惠不惠，茂不茂』，尚書康誥文。茂，今書作「懋」，相同，勉也。言當惠其所不惠，勉其所不勉者。子旗引此，蓋謂子良氏雖不惠不勉，我仍惠之勉之，望無宇向其言之。康叔所以服弘大也。」康誥又云：「汝惟小子，乃服惟弘。」言汝（康叔）雖小子，所作當寬大。服，事也。弘同宏，寬大也。此句卽所以釋康誥此句。桓子稽顙曰：「頃、靈福子，稽顙本凶禮之最重者，舊社會謂之磕響頭。無宇稽顙者，感于子旗之言，而已本擬助子良攻子旗有愧于心也。惠公生頃公及公子欒、公子高，頃公生靈公。公子欒之子公孫竈即欒施之父子雅；公子高之子公孫蠆即高彊之父子尾，靈公與子雅、子尾爲從兄弟。頃公則子雅、子尾之伯父。故曰頃、靈福子。福子者，其神佑助子也。吾猶有望。」杜注：「望子旗惠及己。」遂和之如初。杜注：「和欒、高二家。」

八・六 陳公子招歸罪於公子過而殺之。九月，楚公子棄疾帥師奉孫吳圍陳，杜注：「孫吳，悼大子偃師之子惠公。」孫吳猶言太孫吳。宋戴惡會之。杜注：「戴惡，宋大夫。」冬十一月壬午，經作「冬十月壬午」，傳作「冬十一月」，誤。滅陳。參十一年傳晉叔向語。輿嬖袁克殺馬毁玉以葬。顧炎武日知録二十七云：「輿嬖，嬖大夫也。言輿者，掌君之乘，如晉七輿大夫之類。」邵寶左觿云：「以馬玉爲殉。馬不殺，玉不毁，不可以殉。」楚人將殺之，請寘之，寘同置。説文：「置，赦也。」華嚴音義引廣雅云：「置，捨也。」謂袁克請赦己。既又請私。襄十五年傳「將私焉」，私謂小便，此私義同。説本俞樾茶香室經説。私於幄，杜注：「幄，帳也。」加絰於顙而逃。經爲首絰。加首絰，爲哀公服喪。

使穿封戌爲陳公，杜注：「戌，楚大夫。滅陳爲縣，使戌爲縣公。」曰：「城麇之役不諂。」城麇之役，戌囚皇頡，時靈王爲公子，與之争之，詳襄二十六年傳。侍飲酒於王，王曰：「城麇之役，女知寡人之及此，女其辟寡人乎！」杜注：「及此謂爲王。」辟同避，謂避讓不與争。對曰：「若知君之及此，臣必致死禮以息楚。」杜注：「息，寧静也。」孔疏：「致死禮者，欲爲郟敖致死殺靈王也。」

晉侯問於史趙曰：「陳其遂亡乎！」對曰：「未也。」公曰：「何故？」對曰：「陳，顓頊之族也，晉語四韋注：「族，嗣也。」言陳爲顓頊之後代。杜注：「陳祖舜，舜出顓頊。」陳祖舜，史記陳世家言之。舜出顓頊，大戴禮帝繫篇言之。歲在鶉火，是以卒滅。孔疏云：「顓頊崩年，歲星在鶉火之次，於時猶有書專言之，故史趙得而知也。」陳將如之。今在析木之津，猶將復由。爾雅釋天：「析木之津，箕、斗之間漢津也。」漢津即銀河，古亦謂天河。由即說文之甹，木生條也。尚書盤庚「若顛木之有甹枿」可證。此謂尚將復生也。說本顧炎武引宋魏了翁說。且陳氏得政于齊而後陳卒亡。自幕至于瞽瞍無違命，幕爲顓頊之後，舜之祖先，見魯語上。漢劉耽呂梁碑謂「顓頊生幕，幕生窮蟬，窮蟬生敬康，敬康生喬牛，喬牛生瞽瞍」，大戴禮帝繫篇則謂「顓頊產窮蟬」，與魯語展禽之言不合。上古傳說各異，不足深究。舜重之以明德，寘德於遂。杜注：「遂，舜後。蓋殷之興，存舜之後而封遂。言舜德乃至於遂。」遂亦見三年傳，曰虞遂。遂世守之。及胡公不淫，杜注以不淫爲「胡公滿遂之後」，李慈銘則以爲不淫即滿之字。見越縵堂讀書記，但不知李氏何以不解「遂」字。故周賜之姓，使祀虞帝。襄二十五年傳云：「庸以元女大姬配胡公，而封諸陳。」孔本疏云：「世本，舜姓姚氏。」哀元年傳稱夏后少康奔虞，虞思妻之以二姚，虞思猶姓姚也。至胡公，周乃賜姓爲嬀耳。陳世家謂胡公之前已姓嬀矣，是馬遷之妄也。」臣聞盛德必百世祀。虞之世數未也，繼守將在齊，其兆既存矣。」存，在也，有也。莊二十二年傳述懿氏卜妻敬仲，言「八世之後，莫之與京」；昭三年傳又述晏嬰之言，「齊其爲陳氏矣」，皆兆存之謂。

九年，戊辰，公元前五三三年。周景王十二年、晉平二十五年、齊景十五年、衞靈二年、蔡靈十年、鄭簡三十三年、曹武二十二年、杞平三年、宋平四十三年、秦哀四年、楚靈八年、吳夷末十一年、許悼十四年。

經

九・一 九年春，正月初一甲午冬至，建子。叔弓會楚子于陳。杜注：「以事往，非行會禮。」孔疏：「此與宣十五年『公孫歸父會楚子於宋』，其事同也。楚子在彼，魯敬大國，自往會之。」

九・二 許遷于夷。杜注：「許畏鄭欲遷，故以自遷爲文。」夷，今安徽亳縣東南七十里城父故城。許初立國于今河南許昌市與鄢陵縣之間，離鄭較近，可云畏鄭。成十五年遷於葉，在今葉縣南，則距鄭較遠矣。此復由葉遷夷，未必畏鄭也。十八年又遷于析，即今河南内鄉縣西北。定四年又遷於容城，則又在葉縣西。許凡四遷，俱楚所爲。

九・三 夏四月，陳災。公羊、穀梁「災」作「火」。

九・四 秋，仲孫貜如齊。

九・五 冬，築郎囿。囿，苑也。郎已見隱元年及九年。

傳

九・一 九年春，叔弓、宋華亥、鄭游吉、衞趙黶會楚子于陳。經僅書叔弓，傳書四國之大夫，杜注謂「非盟主所召，不行會禮，故不總書」。孔疏云：「服虔以爲此會宋、鄭、衞之大夫不書，叔弓後也。」孔疏主杜，李貽德輯述主服。

九·二 二月庚申，此月無庚申日，當係干支有誤。楚公子棄疾遷許于夷，實城父。楚有兩城父，此所謂夷城父，取自陳。僖二十三年楚伐陳，取焦、夷。杜云「夷一名城父」，即此。又有北城父，見十九年及哀六年傳，詳顧棟高大事表七之四。取州來淮北之田以益之，州來卽今安徽鳳臺縣，亦在淮水北岸。淮北範圍甚廣，疑此僅指州來田之在淮北者。伍舉授許男田。然丹遷城父人於陳，城父之人本陳人，楚故遷之以實陳縣。以夷濮西田益之。杜注：「以夷田在濮水西者與城父人。」據水經淮水注，濮水卽沙水之兼稱，舊在亳縣西境，今已堙。詳地名攷略。遷方城外人於許。杜注：「成十五年許遷於葉，因謂之許。今許遷於夷，故以方城外人實其處。傳言靈王使民不安。」

九·三 周甘人與晉閻嘉爭閻田。甘人，據下文，指甘大夫襄。甘在今洛陽市西南，亦見僖二十四年傳注。閻嘉，晉閻縣大夫。閻地未詳，據傳文及定四年傳「取於有閻之土以共王職」，當距甘不遠。晉梁丙、張趯率陰戎伐潁。陰戎，杜注謂卽陸渾之戎。後漢書西羌傳云：「齊桓公徵諸侯戍周。後九年，陸渾戎自瓜州遷於伊川，允姓戎遷於渭汭，東及轘轅，在河南山北者號曰陰戎。」江永考實則謂陸渾近陰地，故曰陰戎。陰地詳宣二年傳並注。潁見隱元年傳並注，在今河南登封縣西南。王使詹桓伯辭於晉，據路史國名紀五，詹桓伯爲詹父（見桓十年傳）後。辭，杜注：「責讓之。」曰：「我自夏以后稷，魏、駘、芮、岐、畢，吾西土也。杜注：「在夏世以后稷功，受此五國，爲西土之長。」魏，據毛詩魏譜，「其封域南枕河曲，北涉汾水」，孔疏亦引汾沮洳「彼汾一曲」及伐檀「寘諸河之干兮」以證之，則其地當在汾水之南，黃河之北，大概當今山西芮城縣至萬榮縣之間。駘即邰，詩大雅生民「即有邰家室」，蓋后稷始封地，今陝西武功縣西南。芮，見桓三年，今山西芮城縣西二十里。岐，今陝西岐山縣。畢，亦見僖二十四年，今陝西咸陽市北。**及武王克商，蒲姑、商奄，吾東土也；**蒲姑亦作薄姑，今山東博興縣東南十五里。商奄即墨子耕柱篇「周公東處於商蓋」之商蓋，亦見定四年傳，在今山東曲阜縣東。**巴、濮、楚、鄧，吾南土也；**巴，疑即巴人之巴，或云今四川重慶市。濮，即文十六年傳之百濮，今湖北石首縣一帶。楚，即楚都，今湖北江陵縣。鄧，今河南鄧縣。**肅慎、燕、亳，吾北土也。**燕是北燕，都於今北京市，已爲解放後考古發掘所證實。由北京往北，經承德、凌源、寧城、喀左，再沿大淩河至朝陽、北票，通向遼闊之東北地區，此一帶爲周初由燕去肅慎之重要通道，又多有商、周遺物出土。舊以黑龍江寧安縣以北直至混同江南北岸之地爲肅慎國（混同江爲松花江會黑龍江以下之水域名），閻若璩尚書古文疏證五則又以爲肅慎之地即今寧古塔，恐皆不確。讀史方輿紀要一謂亳在陝西北境，秦紀寧公與亳戰者是也。亦未必確。當時以「亳」爲地名者甚多，蓋殷商都亳，而都城屢徙，亳名不變。如今河南商丘東南之南亳、偃師縣之西亳、商丘縣北之北亳，皆不足以爲「北土」之亳。**吾何邇封之有？**言周之封疆甚遠而不近。**文、武、成、康之建母弟，以蕃屏周，**建母弟，封母弟以土建國也。虢仲、虢叔爲文王母弟；管、蔡、郕、霍、魯、衞、毛、聃，史記以爲武王母弟；唐叔，成王母弟；惟康王母弟不見書傳。詳孔疏。**亦其廢隊是爲，**隊同墜。建母弟者，防周室之廢壞與墜落耳。**豈如弁髦，而因以敝之。**弁髦有二說，小爾雅廣服云，「弁髦，太古布冠冠而敝之者也」，則以弁髦即緇衣冠，爲一物。另一說，大多數注家則以弁爲緇布冠，古代男子行冠禮，先用緇布冠，次加皮弁，次加爵弁。三加之後，棄去緇布冠不復用矣。據儀禮既夕禮鄭注，「兒生三月，剪髮爲鬌（留而不翦者）。」如此，則剪去者爲髦。至詩鄘風柏舟「髧彼兩髦」，此乃假髮爲之，父母死則取去者，非此之髦。則弁、髦爲二物。敝，棄也，棄而不用也。禮記郊特牲「冠而敝之可也」，敝卽棄義。**先王居檮杌于四裔，以禦螭魅，**杜注：「言檮杌，略舉四凶之一。下言四裔，則三苗在其中。」四凶詳文十八年傳。**故允姓之姦居于瓜州。**杜注：「允姓，陰戎之祖。」瓜州詳襄十四年傳注。**伯父惠公歸自秦，而誘以來，**此周王稱晉之先君惠公爲伯父，亦猶十五年傳景王稱晉先祖唐叔爲叔父。當時天子於同姓諸侯，無論其生其死，皆稱伯父或叔父。僖十五年晉惠公自秦歸，二十二年秦、晉始遷陸渾之戎于伊川，非自秦歸卽遷戎。**使偪我諸姬，入我郊甸，**杜注：「邑外爲郊，郊外爲甸。」言戎取周郊甸之地。**則戎焉取之。**焉，於是也。**戎有中國，誰之咎也？**杜注：「咎在晉。」**后稷封殖天下，今戎制之，不亦難乎？**二年傳「封殖此樹」，封是培土，殖是生長五穀。此言后稷教天下之民稼穡，今爲戎狄制爲牧地，於我爲天子者甚難爲也。吳語：「天王既封殖越國」，封殖爲締造，創立之義，則此句亦可解爲后稷創立天下，而今爲戎狄割據，於我甚難爲也。說本沈欽韓補注。**伯父圖之！我在伯父，**在猶於也。**猶衣服之有冠冕，木水之有本原，民人之有謀主也。伯父若裂冠毀冕，拔本塞原，專棄謀主，雖戎狄，其何有余一人？」**言晉本是保護周室之國，尚心目中無天子，戎狄更視我若不存在也。**叔向謂宣子曰：「文之伯也，**伯同霸。**豈能改物？**晉文爲霸主，周王尚不許其請隧，晉文亦不能改禮。**翼戴天子，**翼，輔佐。戴，擁戴。**而加之以共。**共同恭。**自文以來，世有衰德，而暴蔑宗周，**「蔑」本作「滅」，今從石經、宋本及惠士奇、洪亮吉說改。襄二十年傳「暴蔑其君」亦可證。宗周謂周王室，尚書多方「王來至奄，至于宗周」，宗周雖指鎬京，實乃王室所在。詩小雅正月「赫赫宗周」，則不僅鎬京而已。禮記祭統衞孔悝之鼎銘「即宫於宗周」，雖指洛邑，亦借周王室所在言之。以宣示其侈；說文：「侈，掩脅也。一曰奢泰也。」段注：「凡自多以陵人曰侈，此侈之本義也。」諸侯之貳，不亦宜乎！且王辭直，直謂有理。曲則無理。子其圖之。」宣子說。王有姻喪，杜注：「外親之喪。」服虔謂王之后喪父，於王亦有服。通典引馬融說，壻從妻而服緦，則王亦服緦麻。然古禮，天子無服緦麻之文，服說未必可信。使趙成如周弔，且致閻田與襚，襚，送死者之衣。反潁俘。遣返攻潁時之俘虜。王亦使賓滑執甘大夫襄以說於晉，杜注：「賓滑，周大夫。」說同悦。說於晉，討晉喜悦。晉人禮而歸之。

九·四 夏四月，陳災。鄭裨竈曰：「五年陳將復封，封五十二年而遂亡。」子產問其故。對曰：「陳，水屬也；杜注：「陳，顓頊之後，故爲水屬。」火，水妃也。妃同配。火與水相輔相成，故曰配。服虔以易卦解之，謂離爲火，爲中男；坎爲水，爲中女，故火爲水妃。十七年傳「水，火之牡也」與此同。而楚所相也。杜注：「相，治也。」楚之先祝融，爲高辛氏火正，主治火事。今火出而火陳，火出之火指心宿。據十七年傳，火出，於周爲五月，而此時則四月而火出，杜預謂以長曆推之，去年誤置閏月。逐楚而建陳也。逐出楚人而復建陳國。妃以五成，古代講陰陽，亦講易數，亦講五行。所謂天以一生水，地以二生火，天以三生木，地以四生金，天以五生土；五位皆以五而合，而陰陽易位，故曰妃以五成。其他解釋尚多，不備舉。故曰五年。歲五及鶉火，而後陳卒亡，楚克有之，天之道也，故曰五十二年。」杜注：「是歲歲在星紀，五歲及大梁，而陳復封。自大梁四歲而及鶉火。後四周四十八歲，凡五及鶉火，五十二年。天數以五爲紀，故五及鶉火，火盛水衰。」陳復封於魯昭公十三年，自去年冬楚滅陳至十三年歷五年。陳亡於魯哀公十七年，即公元前四七八年，自復封於公元前五二九年至又爲楚所滅，歷五十二年。

九・五 晉荀盈如齊逆女，杜注：「自爲逆。」還，六月，卒于戲陽。戲陽，今河南内黃縣北。殯于絳，未葬。晉侯飲酒，樂。樂爲音樂之樂，此作動詞，奏樂也。禮記檀弓下亦載此事，所云「聞鐘聲」是也。說詳王引之述聞。膳宰屠蒯趨入，王觀國學林云：「檀弓作杜蕢，左傳作屠蒯，蓋本是杜蕢，而左傳訛其字耳。」然袁文甕牖閒評謂：「屠者，屠宰也。蒯爲庖人，職主屠宰，故曰屠蒯。如巫咸之巫，師曠之師也。則左傳所云屠蒯，乃其本字，而檀弓訛以爲杜蕢耳。」馬宗璉補注云：「屠、杜音同。史記（趙世家）晉大夫有屠岸賈，左傳晉有屠黍，是屠乃晉大夫之氏。」蕢、蒯古音亦同。請佐公使尊，尊爲古之酒杯。沈欽韓補注以燕禮釋之，不知晉平飲酒非宴賓也，膳宰不過請助公酌酒耳。許之。杜注：「公許之。」而遂酌以飲工，杜預據檀弓下云：「工，樂師，師曠也。」工乃樂工，未必師曠。傳例，若是師曠，必舉其名。曰：「女爲君耳，將司聰也。杜注：「樂所以聰耳。」辰在子、卯，謂之疾日，甲子爲商紂滅亡死日，見漢書律曆志引武成與史記商本紀。乙卯爲夏桀亡日，見孔疏。當時人因此以甲子、乙卯爲疾日。疾日即忌日。禮記玉藻謂于此二日食粗糧菜湯，亦可證甲子、乙卯爲忌日。君徹宴樂，學人舍業，學人謂學習音樂者。舍同捨。舍業，則停止習樂。說詳梁履繩補釋。業爲樂器覆飾栒上之版，刻如鋸齒狀者。爲疾故也。君之卿佐，是謂股肱。股肱或虧，何痛如之？股肱或虧卽卿佐有死者，指荀盈之喪，其痛甚于甲子、乙卯之忌。女弗聞而樂，勿聞，謂不使晉平公知之。樂亦奏樂之義。是不聰也。」又飲外嬖嬖叔，檀弓下作李調，孔疏、洪亮吉等因謂嬖叔卽李調，似牽強。曰：「女爲君目，將司明也。服以旌禮，杜注：「旌，表也。」禮以行事，事有其物，杜注：「物，類也。」物有其容。杜注：「容，貌也。」今君之容，非其物也；杜注：「有卿佐之喪，無哀戚之容，而作樂歡會，故曰非其物。」謂當哀而樂。而女不見，是不明也。」亦自飲也，曰：「味以行氣，口味以使血氣流通。氣以實志，杜注：「氣和則志充。」志以定言，杜注：「在心爲志，發口爲言。」言以出令。臣實司味，膳宰爲司味之官。二御失官，二御指工與嬖叔，失官謂未能司耳、司目。而君弗命，司味者使二御失官，而君不發命以罪之。臣之罪也。」公說，徹酒。孔疏：「禮記（檀弓下）記此事，飲酒事同，而其言盡別。記是傳聞，故與此異。二者必有一謬，當傳實而記虛也。」高士奇紀事本末亦云「記之傳信不如傳之傳疑」。

初，公欲廢知氏而立其外嬖，荀盈卽知盈。爲是悛而止。悛，改也。秋八月，使荀躒佐下軍以說焉。杜注：「躒，荀盈之子，知文子也。佐下軍，代父也。說，自解說。」

九·六　孟僖子如齊殷聘，周禮大行人云：「凡諸侯之邦交，歲相問也，殷相聘也。」殷相聘卽此殷聘，易豫卦象辭「殷薦之上帝」，馬融注：「殷，盛也。」此謂用盛樂祭上帝。凡豐盛之舉古多曰殷，如大行人之「殷同」（全體諸侯朝天子），春官宗伯之「殷見」（諸侯分別於四季朝見天子），禮記曾子問之「殷事」（比之朝夕奠爲盛）等皆可證。魯自叔老聘齊，至此二十年，兩國之間聘問閒闊既久，故此聘特爲豐盛。餘參周禮大行人孫詒讓正義。禮也。

九·七　冬，築郎囿。書，時也。言不誤農時，詳下。季平子欲其速成也，季平子卽季孫意如，悼子之子，武子之孫。悼子見於襄二十三年，先於武子死。七年十一月季武子卒，平子以嫡孫嗣位。叔孫昭子曰：「詩曰：『經始勿亟，庶民子來。』詩大雅靈臺。言文王營造靈臺，命以「營造開始不必急於爲之」，百姓却踴躍而來，如同兒子。焉用速成，其以勦民也？杜注：「勦，勞也。」無囿猶可；無民，其可乎？」說苑反質篇載此，詞句頗有變動。

經

十年，己巳，公元前五三二年。周景王十三年、晉平二十六年、齊景十六年、衞靈三年、蔡靈十一年、鄭簡三十四年、曹武二十三年、杞平四年、宋平四十四年、秦哀五年、楚靈九年、吳夷末十二年、許悼十五年。

一〇·一 十年春王正月。正月十二日己亥冬至，建子。

一〇·二 夏，齊欒施來奔。「齊」，公羊誤作「晉」。

一〇·三 秋七月，季孫意如、叔弓、仲孫貜帥師伐莒。「意如」，公羊作「隱如」。萬斯大學春秋隨筆云：「自舍中軍之後，止二軍矣，何以三卿並將乎？季之一軍，己爲將而叔（叔弓氏也）爲佐。偏師而出，則迭將之，後凡書叔某帥師或季孫某帥師，皆季氏之偏師也；悉師以行，則同帥之，此行季孫意如、叔弓同帥師是也。二子之一軍，不分將佐，而各主其偏，或專行，或並出，不相隸也。」

一〇·四 戊子，七月三日。晉侯彪卒。

一〇·五 九月，叔孫婼如晉，「婼」，公羊作「舍」。葬晉平公。

一〇·六 十有二月甲子，甲子，二日。宋公成卒。杜注謂無「冬」字，是史之闕文。「成」公羊作「戌」。博古圖録卷二十二有宋公戌鐘六器，銘云：「宋公戌之謌（歌）鐘」。阮元積古齋鐘鼎彝器欵識引吳東發云：「今觀是銘，當以公羊爲正，是平公器也。左昭二十年傳『公子城』，杜注『平公子』。『成』與『城』同。若平公名成，其子不得名城也。」郭沫若兩周金文辭大系考釋云：「古文辰戌之『戌』與『成』字之差僅一筆，古器中每互譌。」

傳

一〇·一 十年春王正月，有星出于婺女。婺女卽女宿，有星四顆，卽寶瓶座 ϵ、μ、3 等星。此是古所謂客星從婺女宿出現。客星或爲新星，卽特殊變星，光度突然增加，數日間，增加數千倍甚至數萬倍；不久又減小光度，終於成爲微光之星。亦可能爲變星，卽光度強弱有時間性變化之恒星。杜注云：「客星也。不書，非孛。」蓋指此。鄭裨竈言於子産曰：「七月戊子，晉君將死。今茲歲在顓頊之虚，今茲，今年。歲，木星。顓頊之虚謂玄枵，見爾雅釋天。在二十八宿中爲女、虚、危三宿，與寶瓶宫相當。姜氏、任氏實守其地，杜注：「姜，齊姓；任，薛姓。齊、薛二國守玄枵之地。」居其維首，二十八宿分爲十二次，維卽星次。古有分野之説，玄枵爲齊之分野。而婺女（女宿）又爲玄枵三宿之首也。而有妖星焉，妖星卽客星，無論新星或變星，皆非常天象，古人乃以爲妖星。告邑姜也。邑姜，齊太公女，晉始封祖唐叔之母。古以婺女爲已嫁女，故言將告於邑姜。邑姜，晉之妣也。春秋以前皆以祖妣對言，如詩小雅斯干「似續妣祖」、周頌豐年及載芟「烝畀祖妣」、易小過六二爻辭「過其祖，遇其妣」皆可證。祖妣亦指先代祖宗夫婦，晉平公去邑姜已二十世。天以七紀，二十八宿分佈四方，每方七宿。戊子逢公以登，星斯於是乎出，二十年傳有晏嬰之言，謂齊地，「昔爽鳩氏始居此地，季萴因之，有逢伯陵因之，蒲姑氏因之，而後大公因之」，則逢公卽有逢，齊地以前之諸侯。周語下則云：「則我皇妣大姜之姪，伯陵之後，逢公之所憑神也。」故杜注云：「逢公，殷諸侯，居齊地者。」然古史傳說紛紜，甚難究詰。登謂登天，卽死。句謂逢公於戊子日死，而妖星出現。吾是以譏之。」譏同卟。說文：「卟，卜以問疑也。」此謂以星象卜之，吾因此知晉侯死日。

10·二 齊惠欒、高氏皆耆酒，欒氏、高氏皆出於齊惠公，故此云「齊惠欒、高氏」。昭三年傳「二惠競爽猶可」，杜注：「子雅、子尾皆齊惠公之孫也。」此欒氏謂欒施，字子旗；高氏謂高彊，字子良。一爲子雅之子，一爲子尾之子，則齊惠公之曾孫。耆，今作嗜。信內，多怨，杜注：「說婦人言，故多怨。」彊於陳、鮑氏而惡之。惠棟補注：「爾雅：『彊，當也。』言其族盛與陳、鮑相當值。」彊訓盛亦可。杜注：「惡陳、鮑。」

夏，有告陳桓子曰：朱彬經傳攷證：「有，或也。」實則「有」與「或」古音極相近，相通。「子旗、子良將攻陳、鮑。」亦告鮑氏。桓子授甲而如鮑氏。一面準備作戰，一面親往鮑氏。遭子良醉而騁，杜注：「欲及子良醉，故騁告鮑文子」，則當讀爲「遭子良醉，而騁」。實則子良因醉而馳騁於路，陳桓子遇之也。說本俞樾平議及吳闓生文史甄微、李慈銘讀書記。遂見文子，杜注：「文子，鮑國。」則亦授甲矣。使視二子，杜注：「二子，子旗、子良。」則皆將飲酒。「將」本作「從」，今從校勘記及金澤文庫本訂正。桓子曰：「彼雖不信，杜注：「彼，傳言者。」

信，實也。聞我授甲，則必逐我。及其飲酒也，先伐諸？」諸，之乎之合音字。陳、鮑方睦，遂伐欒、高氏。子良曰：「先得公，陳、鮑焉往？」杜注：「欲以公自輔佐。」此蓋欲挾齊景公以令國人。遂伐虎門。杜注：「欲入，公不聽，故伐公門。」周禮師氏「居虎門之左」鄭注：「虎門，路寢門也。」水經穀水注云：「路門，一曰畢門，亦曰虎門也。」據章炳麟左傳讀，周王宮，西門爲虎門；齊爲侯國，路寢但有南門云云，則此虎門爲齊景公路寢之南門。

晏平仲端委立于虎門之外，杜注：「端委，朝服。」端委亦見元年傳並注及哀七年傳。晏嬰着朝服者，示不與兵事。四族召之，杜注：「四族，欒、高、陳、鮑。」無所往。皆不往。其徒曰：「助陳、鮑乎？」曰：「何善焉？」杜注：「言無善義可助。」「助欒、高乎？」曰：「庸愈乎？」庸，豈也。陸粲云：「愈猶勝也。」言欒、高庸勝於陳、鮑乎。「然則歸乎？」曰：「君伐，君被子良攻伐。焉歸？」公召之，而後入。公卜使王黑以靈姑銔率，吉，請斷三尺焉而用之。據章炳麟左傳讀謂齊語述周王賞齊桓公以大輅、龍旗九旒，此靈姑銔即桓公之龍旗。王黑請斷三尺者，顧炎武補正引考工記輿人疏：「禮緯，『諸侯旗齊軫，大夫齊較。』軫至較五尺五寸，斷三尺得至較者，蓋天子與其臣乘重較之車，諸侯之車不重較，故有三尺之較也，或可服君誤與。」又引李雲霑曰：「此如芊尹無宇之斷王旌，斷其斿也。」然據禮緯含文嘉，諸侯之旗七仞九旒，齊軫；大夫五仞五旒（初學記卷二十二引作七旒，是也），齊較。王黑以大夫而用齊侯旗，實奉齊侯命，故不斷二仞，而請斷三尺，示恭敬而已耳。餘詳七年傳並注。五月庚辰，五月無庚辰日。戰于稷，昭二十二年傳「莒子如齊涖盟，盟於稷門之外」，杜注：「稷門，齊城門也。」當即此稷。杜此注謂「稷，祀后稷之處」，恐誤。據水經淄水注，齊宣王時之稷下，亦即此處。當在今山東淄博市舊臨淄西。欒、高敗，又敗諸莊。「諸」

字用法同「於」。莊卽孟子告子下「引而置之莊嶽之間」之莊。杜注「莊，六軌之道」，本爾雅釋宮，而於此則不確切。莊，蓋鬧市名。國人追之，又敗諸鹿門。襄二十三年傳有鹿門，乃魯城關；此則齊城門。高士奇地名攷略謂「東南門曰鹿門」，或然。欒施、高彊來奔。杜注：「高彊不書，非卿。」陳、鮑分其室。

晏子謂桓子：「必致諸公！陳氏取於欒、高者，必交給齊景公。讓，德之主也。讓之謂懿德。本無「讓之」二字，今從阮元校勘記及金澤文庫本補。凡有血氣，皆有争心，故利不可强，杜注：「不可强取。」思義爲愈。義，利之本也。蘊利生孼。說文：「蘊，積也。」大戴禮四代篇稱孔丘語作「委利生孼」，委亦積也。晏子春秋雜篇下作「怨利生孼」，怨借爲宛，方言「宛，蓄也。」說參章炳麟左傳讀。孼，杜注：「妖害也。」姑使無蘊乎！可以滋長。」桓子盡致諸公，依晏嬰之言行之。而請老于莒。莒，齊邑，見三年傳注。晏子春秋雜下作「劇」。孫星衍晏子春秋音義云：「左傳作『莒』，與『劇』不同。括地志『故劇城在青州壽光縣南三十一里，故紀國。密州莒縣，故莒子國。』」章炳麟則謂「莒卽借爲劇」，見左傳讀，恐不確。

桓子召子山，杜注：「子山、子商、子周，襄三十一年子尾所逐羣公子。」私具幄幕、器用、從者之衣屨，杜注：「私具，不告公。」而反棘焉。據春秋輿圖，棘在今臨淄區西北，與稷門相近，說詳梁履繩左通補釋。子商亦如之，而反其邑。子周亦如之，而與之夫于。夫于在今山東長山廢縣附近。反子城、子公、公孫捷，杜注：「三子，八年子旗所逐。」而皆益其禄。凡公子、公孫之無禄者，私分之邑。杜注：「以己邑分之。」國之貧約孤寡者，私與之粟。曰：「詩云『陳錫載周』，詩大雅文王。今毛詩「載」作「哉」。詩言文王布陳所得賞賜以賜予人，所以載周，即造周也。能施也。桓公是以霸。」十三年傳謂齊桓施舍不倦，晉語二亦謂齊侯將施如出責，故杜注云：「齊桓亦能施以致霸。」公與桓子莒之旁邑，辭。杜注：「讓不受。」穆孟姬爲之請高唐，杜注：「穆孟姬，景公母。」高唐，今山東高唐縣東三十五里。陳氏始大。

10·三 秋七月，平子伐莒，取郠。杜注：「郠，莒邑。取郠不書，公見討於平丘，魯諱之。」郠音梗，在今山東沂水縣界。獻俘，始用人於亳社。古代獻俘於太廟，魯獻俘應于周公廟，故下文云「周公饗義」，則祭亳社時，周公或亦同享。臧武仲在齊，聞之，曰：「周公其不饗魯祭乎！周公饗義，合於義者，周公受其祭享。魯無義。殺人以祭爲無義。詩曰：『德音孔昭，視民不佻。』詩小雅鹿鳴。鄭玄箋云：「孔，甚；昭，明也。」視古示字。先王德教甚明，可以示天下之民，使之不愉（偷薄）於禮義。佻之謂甚矣，言殺人以爲犧牲，比人於牛羊，可謂偷薄甚矣。而壹用之，說文：「壹，專壹也。」杜注謂「壹，同也」，誤。說見楊樹達先生讀左傳。將誰福哉？」

10·四 戊子，晉平公卒。鄭伯如晉，及河，晉人辭之。杜注：「禮，諸侯不相弔，故辭。」三年傳曾載鄭游吉之言：「君薨，大夫弔，卿共葬事。」游吉遂如晉。九月，叔孫婼、齊國弱、宋華定、衞北宮喜、鄭罕虎、許人、曹人、莒人、邾人、滕人、薛人、杞人、小邾人如晉，本無「滕人」二字，今從石經、宋本及金澤文庫本等本增。葬平公也。鄭子皮將以幣行，杜注：「見新君之贄。」子產曰：「喪焉用幣？用幣必百兩，杜注：「載幣用車百乘。」俞樾茶香室經說讀「兩」爲兩端爲一兩之「兩」（今曰匹），誤。百兩必千人。據賈子大政篇，百乘必從以千人，平時則養之，出行則從之。詳章炳麟左傳讀。千人至，將不行。呂氏春秋貴因篇「膠鬲行」，高誘注云：「行猶還也。」此亦謂千人從百輛之重將不能返還也。不行，必盡用之。幾千人而國不亡？」百輛車之幣甚多，若如此浪費數次，國將亡也。子皮固請以行。

既葬，諸侯之大夫欲因見新君。叔孫昭子曰：「非禮也。」弗聽。叔向辭之，辭，婉言拒絕。曰：「大夫之事畢矣，杜注：「送葬禮畢。」而又命孤。孤，晉新君昭公自謂，叔向辭之，不過代昭公言。命孤，令我與諸國之卿相見。孤斬焉在衰絰之中，斬讀爲慚，說文：「慚，痛也。」斬焉，哀痛貌。說詳王引之述聞。其以嘉服見，此假設句，其爲假設連詞。則喪禮未畢；其以喪服見，是重受弔也，大夫將若之何？」皆無辭以見。

子皮盡用其幣。歸，謂子羽曰：「非知之實難，將在行之。夫子知之矣，我則不足。夫子指子產。杜注：「言己由子產之戒，既知其不可，而遂行之，是我之不足。」書曰『欲敗度，度，法度。縱敗禮』，縱謂縱心所欲而行。論語爲政「七十而從心所欲」從卽縱。杜注：「逸書。」作僞古文尚書者取入太甲中篇。我之謂矣。夫子知度與禮矣。我實縱欲，而不能自克也。」克，克制。

昭子至自晉，大夫皆見，高彊見而退。杜注：「高彊，子良。」定十三年高彊在晉，不知何年去魯。昭子語諸大夫曰：「爲人子不可不慎也哉！昔慶封亡，子尾多受邑，而稍致諸君，諸，之於之合音字。君，齊君。君以爲忠，而甚寵之。將死，疾于公宮，杜注：「在公宮被疾。」輦而歸，君親推之。杜

注：「推其車而送之。」其子不能任，是以在此。忠爲令德，其子弗能任，罪猶及之，難不慎也？難爲奈何之合音，例見詞詮。喪夫人之力，夫人指子尾。力謂功勞。棄德、曠宗，顧炎武日知録卷二十七云：「曠宗謂使其廟曠而不祀。」以及其身，不亦害乎？本無「亦」字，今從阮元校勘記及金澤文庫本增。詩曰『不自我先，不自我後』，詩並見小雅正月、大雅瞻卬。其是之謂乎！」

10·五 冬十二月，宋平公卒。初，元公惡寺人柳，欲殺之。杜注：「元公，平公大子佐也。」及喪，柳熾炭于位，將至，則去之。位，太子佐之喪位。此時已漸涼，熾炭以暖地；去之，則元公便於坐。比葬，又有寵。杜注：「言元公好惡無常。」一九八〇年北京發現一戈，銘云：「宋公差之所𨍭（造）柳□戈。」「差」卽「佐」，「柳」卽此「柳」。

十一年，庚午，公元前五三一年。周景王十四年、晉昭公夷元年、齊景十七年、衞靈四年、蔡靈十二年、鄭簡三十五年、曹武二十四年、杞平五年、宋元公佐元年、秦哀六年、楚靈十年、吳夷末十三年、許悼十六年。

經

一一·一 十有一年春王二月，正月二十二日甲辰冬至，建子，有閏。叔弓如宋。公羊作「正月」，毛奇齡簡書刊誤、惠士奇春秋説皆以爲當作「二月」。

一一·二 葬宋平公。

一一·三 夏四月丁巳，丁巳，七日。楚子虔誘蔡侯般殺之于申。「虔」，穀梁或作「乾」，乾、虔古音極近。楚子虔即靈王，即位後改名虔。

一一·四 楚公子棄疾帥師圍蔡。

一一·五 五月甲申，甲申，四日。夫人歸氏薨。杜注：「昭公母，胡女，歸姓。」據襄三十一年傳，此乃襄公嫡夫人敬歸之娣齊歸。

一一·六 大蒐于比蒲。比蒲，杜無注，不知在今何地。定十三、十四年均大蒐於比蒲。李貽德賈服注輯述云：「以叔向論魯事曰『君有大喪（昭公生母死），國不廢蒐。國不恤君，不忌君也』，云『不忌君』，可見蒐事出於三家，明大衆盡在三家。」

一一·七 仲孫貜會邾子，盟于祲祥。「祲祥」公羊作「侵羊」，古同音通假。杜注：「祲祥，地闕。」據彙纂，或在今山東曲阜縣境。

一一·八 秋，季孫意如會晉韓起、齊國弱、宋華亥、衛北宮佗、鄭罕虎、曹人、杞人于厥慭。「厥慭」公羊作「屈銀」，皆以音近而通假。杜注：「厥慭，地闕。」高士奇地名考略七云「厥慭，衛地。或曰在今河南新鄉縣境」，不知何據。

一一·九 九月己亥，己亥，二十一日。葬我小君齊歸。杜注：「齊，謚。」齊歸本是襄公嫡夫人之娣，而書卒書葬，敬歸反不書者，或敬歸早死，其子又以毀，未即位而卒，齊歸則以娣繼爲夫人，且爲昭公母也。

一一·一〇 冬十有一月丁酉，丁酉，二十日。楚師滅蔡，執蔡世子有以歸，「有」，穀梁作「友」，史記蔡世家及集解引世本亦作「友」。兩字古同音通用。用之。蔡世家云：「平侯立而殺隱太子。」隱太子即太子友（有），是有爲蔡所殺，且在楚平王、蔡平侯之世，不在此年爲楚靈王用作犧牲，與經、傳異，蓋司馬遷採異說也。

傳

一一·一 十一年春王二月，叔弓如宋，葬平公也。

一一·二 景王問於萇弘曰：萇弘又見定四年、周語下、淮南子、史記封禪書、漢書五行志等書篇。「今茲諸侯何實吉？何實凶？」杜注：「萇弘，周大夫。」對曰：「蔡凶。此蔡侯般弒其君之歲也，對周王，故於諸侯稱名。歲在豕韋，杜注：「襄三十年蔡世子般弒其君，歲（木星）在豕韋，至今十三歲，歲復在豕韋。般即靈侯也。」豕韋，廣雅云：「營室謂之豕韋。」營室即二十八宿之室宿，有星二顆，即飛馬座 α、β。弗過此矣。杜注：「言蔡凶不過此年。」楚將有之，然壅也。下文子產云「楚大而不德，天將棄楚以壅楚，盈而罰之」，是壅有積聚之義，謂積其惡德使其盈滿而後罰之。杜注：「蔡近楚，故知楚將有之。楚無德而享大利，所以壅積其惡。」亦以壅積連言，是也。顧炎武補正謂「壅如以土壅水，積之多而後決之驟也」，似嫌迂曲。至章炳麟左傳讀謂「蓋是時水火二星方合，萇弘以天道論之」云云，尤爲曲說，不可信。歲及大梁，蔡復，楚凶，天之道也。」杜注：「楚靈王弒立之歲，歲在大梁。到昭十三年，歲復在大梁。美惡周必復，故知楚凶。」大梁爲十二星次之一，與黃道十二宮之金牛宮相當，在二十八宿爲胃、昴、畢三宿。此事詳十三年傳並注。

楚子在申，召蔡靈侯。楚策四鮑彪注謂召蔡侯者蓋子發。子發伐蔡，見荀子彊國篇、楚策四及淮南子道應訓、人間訓。與傳不同。靈侯將往，蔡大夫曰：「王貪而無信，唯蔡於感。杜注：「蔡，近楚之大國，故楚常恨其不服順。」感爲憾之省，故杜以恨字解之。說見焦循補疏。此句猶云「唯恨於蔡」。今幣重而言甘，誘我也，句亦見僖十年傳。不如無往。」蔡侯不可。三月丙申，「三」原作「五」，今依阮元校勘記及金澤文庫本訂。丙申，十五日。楚子伏甲而饗蔡侯於申，醉而執之。夏四月丁巳，殺之。刑其士七十人。公子棄疾帥師圍蔡。

韓宣子問於叔向曰：「楚其克乎？」對曰：「克哉！蔡侯獲罪於其君，杜注：「謂弒父而立。」而不能其民，朱駿聲說文通訓定聲云：「能猶得也。」天將假手於楚以斃之，杜注：「借楚手以討蔡。」何故不克？然肸聞之，不信以幸，不可再也。由於不信而得利，此種事不可以再有。楚王奉孫吳以討於陳，參八年傳，與下文所言可以互相補充。曰：『將定而國。』陳人聽命，而遂縣之。今又誘蔡而殺其君，以圍其國，雖幸而克，必受其咎，弗能久矣。桀克有緡，以喪其國。晉語一云：「昔夏桀伐有施，有施人以妹喜女焉。妹喜有寵，於是乎與伊尹比而亡夏。」四年傳云：「夏桀爲仍之會，有緡叛之。」餘則未聞。紂克東夷，而隕其身。此有卜辭可證，見郭沫若卜辭通纂及董作賓殷曆譜。楚小、位下，楚比之夏桀、商紂爲國既小，位亦卑下。而亟暴於二王，亟，屢也。二王謂夏桀、商紂。能無咎乎？天之假助不善，假疑借爲嘏，廣韻，「福也。」若如字讀，卽假手於不善之楚君以伐蔡，亦通。非祚之也，厚其凶惡而降之罰也。且譬之如天其有五材，而將用之，五材，金、木、水、火、土也。力盡而敝之，五材之力既盡，人則棄之。敝，棄也。是以無拯，杜注：「拯猶救助也。」不可沒振。」小爾雅廣言：「沒，終也。」振猶興也。猶云不可終興。句法與易序卦傳「物不可以終通，物不可以終否」等句相同。說詳俞樾茶香室經說。

一一·三　五月，齊歸薨。大蒐于比蒲，非禮也。

一一·四　孟僖子會邾莊公，盟于祲祥，修好，禮也。泉丘人有女，據彙纂，泉丘當在今山東寧陽泗水兩縣間。夢以其帷幕孟氏之廟，遂奔僖子，其僚從之。鄰女爲僚友者隨而奔僖子。此兩女自奔，不必以古禮解之。盟于清丘之社，清丘當去泉丘不遠。社爲土神之木主，此指土地廟。詳俞正燮癸巳類稿。古代凡村里皆可立社，周禮地官州長，大夫以下，其社之大者則二千五百家爲之，其小則二十五家亦爲之。傳有清丘之社、次睢之社（僖十九年傳）、亳社。禮記月令有民社，則人民有立社者，足見人民立社不始于秦。曰：「有子，無相棄也！」此蓋二女與僖子盟，杜注謂「二女自共盟」，不確。僖子使助薳氏之簉。沈欽韓補注云：「薳氏當是僖子正室，使二女助之，爲其簉。或薳氏是僖子別邑，使二女別居於此爲簉也，故下宿於薳氏。小爾雅廣言：『簉，倅也。』」沈後說較長，簉，卽妾，後人稱妾爲簉室，卽本於此。杜注謂「薳氏之女爲僖子副妾，別居在外，故僖子納泉丘人女令副助之」，蓋隨文生義。反自祲祥，宿于薳氏，生懿子及南宮敬叔於泉丘人。僖子宿薳氏不久，不得舉二子，故杜注及各家俱謂似雙生。其僚無子，使字敬叔。禮記檀弓上謂「南宮敬叔反，必載寶而朝」，鄭注云：「敬叔，魯孟僖子之子仲孫閱。」杜注：「字，養也。」

二·五 楚師在蔡，晉荀吳謂韓宣子曰：「不能救陳，又不能救蔡，物以無親。顧炎武云：「物，人也。」晉之不能亦可知也已。爲盟主而不恤亡國，將焉用之？」

秋，會于厥憖，謀救蔡也。

鄭子皮將行。子產曰：「行不遠，不能救蔡也。蔡小而不順，楚大而不德，天將棄蔡以壅楚，盈而罰之，杜注：「盈楚惡。」蔡必亡矣。且喪君而能守者鮮矣。三年，王其有咎乎！美惡周必復，言無論美或惡，吉或凶，逢歲星繞一周必有報。復，報也，酬也，答也。王惡周矣。」謂將至歲星繞一周矣。杜注：「元年，楚子弒君而立，歲在大梁。後三年，十三歲，歲星周復於大梁。」

晉人使狐父請蔡于楚，弗許。杜注：「狐父，晉大夫。」

二·六 單子會韓宣子于戚，杜注：「單子，單成公。」或者本赴厥憖之會，因遲行，至戚始會。下文「命事於會」，蓋單子代表周景王宣命於諸侯也。視下，言徐。叔向曰：「單子其將死乎！朝有著定，詩齊風著「俟我於著乎而」，毛傳：「門屏之間曰著。」「著」亦作「宁」，爾雅釋宮「門屏之間謂之宁」。無論天子或諸侯之朝廷，卿、大夫、士各級官職皆有一定位置，都在門內屏外，周禮司士所謂「正朝儀之位，辨其貴賤之等」是也。朝位既定，故曰著定。餘詳孫詒讓周禮夏官司士正義。會有表；無論天子於野設宮會諸侯，或諸侯之霸主會諸侯，諸侯皆依次設位，位有標幟，周禮秋官司儀「諸侯皆就其旂而立」是也。衣有襘，襘音怪，衣衿交會之處。據方言及注，左右衿相交當胸。帶有結。帶繫於腰間，沈欽韓補注據禮記玉藻注，古人帶之交結處用組，並以物穿組，所以固之。會朝之言必聞于表著之位，言無論會或朝，出言必使在座者皆能聞之。所以昭事序也；事序猶言事理。序，緒也，今言條理。此謂吐辭明朗，所以表白言有條理。視不過結襘之中，禮記曲禮下「天子視，不上於袷，不下於帶」，即此。袷即謂襘。所以道容貌也。廣雅釋詁「道，治也。」言以命之，容貌以明之，失則有闕。今單子爲王官伯，漢書五行志中之上用此句，師古注「伯，長也。」而命事於會，在盟會宣告王命。視不登帶，視下，目光不高于帶。言不過步，言徐，其聲細小，過一步即聽不到。貌不道容，容、貌二字有時同義，有時有別。上文「容貌以明之」，則係同義詞連用；此文「貌不道容」，則義有別。貌指外相，容指威儀。周書芮良夫「王貌受之」，注云「貌謂外相。」禮記雜記下「戚容稱其服」，鄭注「容，威儀也。」可證。王引之述聞謂「貌」爲「視」字之訛，無據。而言不昭矣。不道，不共；不昭，不從。不道猶言不整肅，即上文「道容貌」、此即「不道容」之道。共同恭。昭謂明晳、明朗，即上文「昭事序」、此文「言不昭」之昭。言語不明晳，則人不順從。無守氣矣。」守氣謂保守身體之氣。古代生理醫學知識自不如今日，如孟子公孫丑上云「夫志，氣之帥也；氣，體之充也。」無守氣言其將死，故杜注「爲此年冬單子卒起本」。

二·七　九月，葬齊歸，公不慼。晉士之送葬者，孔疏云「傳稱文、襄之制，夫人喪，士弔，大夫送葬（見昭三年傳）。此言晉士送葬者，蓋大夫來而士爲介，未必士獨行也。」此蓋揣測之言。三十年傳云「先王之制，諸侯之喪，士弔，大夫送葬。」若晉以霸主送魯夫人葬，遣士亦未嘗不合所謂「先王之制」。歸以語史趙。史趙曰「必爲魯郊。」杜注「言昭公必出在郊野，不能有國。」章炳麟左傳讀駁之，謂據荀子禮論及春秋繁露「聖王無後者，寄食于後王之郊。

昭公寄食齊、晉，亦猶此也。言魯郊者，魯有郊祭，舉近者爲言耳」。昭公之後不立。侍者曰：「何故？」曰：「歸姓也，姓即四年傳「問其姓」之姓，子也。歸姓也，言係齊歸之子。不思親，母死無慼容。祖不歸也。」歸，依也，附也。謂祖不助佑。

叔向曰：「魯公室其卑乎！君有大喪，國不廢蒐；杜注：「謂蒐比蒲。」有三年之喪，而無一日之慼。國不恤喪，恤，憂也，哀也。不忌君也；杜注：「忌，畏也。」若解爲敬也，亦通。君無慼容，不顧親也。國不忌君，君不顧親，能無卑乎？殆其失國。」殆將失國也。杜注：「爲二十五年公孫於齊傳。」

一一·八 冬十一月，楚子滅蔡，四月楚棄疾圍蔡，楚靈王又以全師繼之，蔡固難支。用隱大子于岡山。用，殺之以祭。隱太子即蔡靈公之太子，堅守蔡者，蔡侯廬之父。隱，其追謚。申無宇曰：「不祥。五牲不相爲用，杜注：「五牲，牛、羊、豕、犬、雞。」據爾雅，加馬則爲六畜。僖十九年傳「古者六畜不相爲用」，亦即此意。餘詳彼傳並注。況用諸侯乎！隱太子雖未即蔡君之位，以太子帥國人以抗楚，可以諸侯待之也。王必悔之！」十三年傳述楚靈王之言云「余殺人子多矣」，即悔之也。

一一·九 十二月，單成公卒。杜注：「終叔向之言。」

一一·10 楚子城陳、蔡、不羹。不羹有二，據清一統志，在今河南襄城縣東南二十里者爲西不羹；在今舞陽縣北者，爲東不羹。使棄疾爲蔡公。王問於申無宇曰：「棄疾在蔡何如？」對曰：「擇子莫如父，擇臣莫如君。管子大匡篇云：「先人有曰：『知子莫若父，知臣莫若君。』」晉語七亦云：「人有言曰：『擇臣莫若君，擇子莫若父。』」戰國策趙策二亦云：「選子莫若父，論臣莫若君。」此乃古語，無字用之耳。鄭莊公城櫟而寘子元焉，使昭公不立。子元，左傳除此外，先見於隱五年，又見於桓五年。據隱五年傳「鄭二公子敗燕師於北制」之文，則子元爲鄭莊公之子。馬宗璉補注云：「疑子元卽厲公之字，當日實自有櫟侵鄭事，昭公出而厲公始入，故曰『使昭公不立』。」此說是也。鄭衆以子元爲檀伯，蓋拘於桓十五年傳「鄭伯因櫟人殺檀伯而遂居櫟」之文，固誤。劉炫又以子元爲曼伯，尤誤。櫟卽今河南禹縣，亦見桓十五年傳注。齊桓公城穀而寘管仲焉，至于今賴之。莊三十二年傳云：「城小穀，爲管仲也。」則此穀卽小穀，亦卽莊七年之穀，在今山東東阿縣新治東南之東阿鎮。臣聞五大不在邊，賈逵云：「五大謂太子、母弟、貴寵公子、公孫、累世正卿也。」孔疏又引鄭衆云：「大子，晉申生居曲沃是也；母弟，鄭共叔段居京是也；貴寵公子，若棄疾在蔡是也；貴寵公孫，若無知食渠丘是也；累世正卿，衞甯殖居蒲、孫氏居戚是也。」李貽德輯述云：「下文歷引京、櫟、蕭、亳、渠丘、蒲、戚者，正爲五大之證。」杜注謂「五大言五官之長」，誤。五細不在庭。五細，孔疏引鄭衆說，卽隱三年傳「賤妨貴，少陵長，遠間親，新間舊，小加大」之賤、少、遠、新與小者。親不在外，羈不在內。羈謂他國來此寄居之臣。今棄疾在外，鄭丹在內，杜注：「襄十九年丹奔楚。」謂鄭丹乃羈旅之臣，五細之內，而爲右尹。君其少戒！」王曰：「國有大城，何如？」言有大城，足禦叛亂。對曰：「鄭京、櫟實殺曼伯，竹添光鴻會箋，疑曼伯爲昭公之字，然昭公之死，實爲高渠彌所殺，見桓十七年傳，故此說不足信。阮芝生杜註拾遺謂曼伯卽子儀，據莊十四年傳文，可信。宋蕭、亳實殺子游，見莊十二年傳。齊渠丘實殺無知，渠丘卽葵丘，今山東淄博市西三十里。鄭衆以渠丘爲無知之邑，江永考實云：「齊僖公寵之大邑，是以致亂而雍廩殺之。」此乃曲說。莊公九年傳云「雍廩殺無知」，故杜注謂渠丘「齊大夫雍廩邑」。齊世家「雍廩」作「雍林」，謂爲地名，與傳異。衞蒲、戚實出獻公。杜注：「蒲，甯殖邑；戚，孫林父邑。出獻公在襄十四年。」若由是觀之，則害於國。謂五大據大城實於國有害。末大必折，韓非子揚榷篇云：「枝大本小，將不勝春風；不勝春風，枝將害心。」戰國策秦策三云：「木實繁者披其枝，披其枝者傷其心。」賈子大都篇云：「本細末大，弛必至心。」皆用此義。尾大不掉，說文：「掉，搖也。」楚語上云：「夫邊境者，國之尾也。譬之如牛馬，處暑之既至，虻䖟之既多，而不能掉其尾。」雖有發揮，未必盡合傳義。君所知也。」杜注：「爲十三年陳、蔡作亂傳。」楚語上亦載此事，有同有異。

十二年，辛未，公元前五三〇年。周景王十五年、晉昭二年、齊景十八年、衞靈五年、鄭簡三十六年、曹武二十五年、杞平六年、宋元二年、秦哀七年、楚靈十一年、吳夷末十四年、許悼十七年。

經

十有二年春，正月初四己酉冬至，建子。齊高偃帥師納北燕伯于陽。高偃即襄二十九年傳之高酀，孔疏引世本「敬仲生莊子，莊子生傾子，傾子之孫酀」，故杜注謂「高偃，高傒(敬仲)玄孫」，襄二十九年傳云「敬仲之曾孫酀」者，凡曾孫以下皆可名曾孫，詩周頌維天之命「曾孫篤之」，鄭玄箋云「自孫之子而下，事先祖皆稱曾孫」是也。亦見襄二十九年傳注。宋高閌春秋集註云：「三年，北燕伯出奔齊；六年，齊將納之而不果。款播越在外蓋十年矣，不能自復，而藉齊之力，僅能納之於別邑而已。」「陽」，傳作「唐」，故杜注謂「陽卽唐」。據杜注，則在今河北完縣西，唐縣東北。王夫之春秋稗疏以爲「唐縣在燕之西，自齊而往，絶燕而過之，高偃不能懸軍深入；與齊遠，燕伯不能恃以爲援。漢志涿郡有陽鄉縣，當是燕地，在文安、大城之間，爲燕、齊孔道，此陽是也。」公羊傳謂「伯于陽」當作「公子陽生」，妄說。

一二·二　三月壬申，壬申，二十七日。鄭伯嘉卒。

一二·三　夏，宋公使華定來聘。杜注：「定，華椒孫。」

一二·四　公如晉，至河乃復。杜注：「晉人以莒故辭公。」

一二·五　五月，葬鄭簡公。

一二·六　楚殺其大夫成熊。穀梁「成熊」作「成虎」，傳亦作「成虎」，王引之春秋名字解詁及趙坦春秋異文箋俱以爲「熊」爲名，「虎」爲字。傳及穀梁俱用其字。公羊作「成然」，王引之、趙坦俱謂字形之誤。杜注：「傳在葬簡公上，經從赴。」

一二·七　秋七月。

一二·八　冬十月，公子慭出奔齊。公羊「慭」作「整」。

一二·九　楚子伐徐。

一二·一〇　晉伐鮮虞。鮮虞，白狄別種之國，今河北正定縣北四十里新城鋪卽其國都所在。戰國時爲中山國。據史記六國年表，魏文侯十七年擊守中山。魏世家亦云：「十七年，伐中山，使子擊守之」，則中山于戰國初已亡于魏；而趙武靈王所滅之中山，則魏之中山也。公元前四一年中山武公初立，都城在顧，在今河北定縣。其後遷靈壽，據考古發掘，在今平山縣三汲公社。一九八二年河北學刊創刊號載夏自正、謝忠厚中山國史簡述，可參。

傳

三·一 十二年春，齊高偃納北燕伯款于唐，因其衆也。杜注：「言因唐衆欲納之，故得先入唐。」款以後情況，經、傳無載。

三·二 三月，鄭簡公卒。將爲葬除，爲葬埋清除道路障礙。及游氏之廟，游氏之祖廟，故杜注：「游氏，子大叔族。」將毁焉。毁之以便喪車通過。子大叔使其除徒執用以立，除徒，清除道路之徒衆。用，毁廟工具，若今鍬鎬之類。而無庸毁，備而不毁。曰：「子產過女，而問何故不毁，而，猶如，假設連詞。乃曰：『不忍廟也。因係祖廟，不忍毁之。諾，將毁矣。』」此子大叔教除徒之語。既如是，子產乃使辟之。辟同避。避開游氏之廟，另走他道。司墓之室有當道者，杜注：「簡公別營葬地，不在鄭先公舊墓，故道有臨時迂直也。」司墓之室，鄭之掌公墓大夫徒屬之家。」孔疏云：「周禮『墓大夫，下大夫二人，中士八人，掌凡邦墓之地域，爲之圖，令國民族葬。』鄭之司墓亦當如彼，此是掌公墓大夫也。」以下文「而民不害」推之，知是徒屬之家。毁之，則朝而塴；塴音泵，同堋。說文：「堋，喪葬下土也。春秋傳曰『朝而堋』。禮記謂之封，周官謂之窆。」段注：「謂葬時下棺于壙中也。」餘參徐孝宓春秋左傳鄭義。弗毁，則日中而塴。喪車須繞道，故遲至正午下棺。子大叔請毁之，曰：「無若諸侯之賓何？」諸侯之賓，各國所使來會葬者。遲至正午下棺，恐其不願。子産曰：「諸侯之賓能來會吾喪，豈憚日中？無損於賓，而民不害，何故不爲？」遂弗毁，日中而葬。君子謂子産於是乎知禮。禮，無毁人以自成也。

三・三 夏，宋華定來聘，通嗣君也。杜注：「宋元公新即位。」享之，爲賦蓼蕭，蓼音六。蓼蕭，詩小雅篇名。弗知，又不答賦。昭子曰：「必亡。謂華定必將逃奔。宴語之不懷，蓼蕭有句云：「燕笑語兮，是以有譽處兮。」懷，思念也。寵光之不宣，又有句云：「爲龍爲光。」龍卽寵，見惠棟周易古義下。杜注：「宣，揚也。」令德之不知，詩又云：「宜兄宜弟，令德壽凱(愷)。」令德，善德，以此讚美華定而彼不知。同福之不受，詩又云：「萬福攸同。」華定不答賦，是不受也。將何以在？」朱彬經傳攷證云：「在，存也。」翟灝爾雅補郭上云：「在，終也。左傳『將何以在』，言何以終其位。」翟説較勝。洪亮吉詁亦引爾雅：「在，終也。」華定於二十二年奔楚。

三・四 齊侯、衛侯、鄭伯如晉，朝嗣君也。杜注：「晉昭公新立。」公如晉，杜注：「亦欲朝嗣君。」至河，乃復。取郠之役，見十年傳。莒人愬于晉，晉有平公之喪，未之治也，故辭公。辭，不受也。公子憖遂如晉。

晉侯享諸侯，子産相鄭伯，辭於享，請免喪而後聽命。鄭伯，鄭定公，簡公之子，時有父喪未畢，杜注謂「簡公未葬」，不確。説詳後，故請不參加享禮。晉人許之，禮也。

晉侯以齊侯宴，以猶與。與齊景公宴。中行穆子相。杜注：「穆子，荀吴。」投壺，古代主客讌飲娛樂，有投壺之禮。壺所以受矢，有口較大，有頸長而狹，有腹較大。腹中盛堅且滑之小豆。投以矢，矢用棘（莖似荊之植物）或棘爲之，不去皮，取其堅且重。矢中壺內，被小豆彈出。多中者勝，勝者酌飲負者。大戴禮、小戴禮各有投壺篇，可參。晉侯先，先投也。穆子曰：「有酒如淮，有肉如坻。詩小雅甫田「如坻如京」，坻音池，水中高地。桂馥札樸卷二謂：「坻當爲阺，說文：『秦謂陵阪曰阺。』傳下文云『有肉如陵』，則知坻當作陵阪之阺矣。」亦通。寡君中此，矢中壺。爲諸侯師。」師，長也。淮、坻、師古韻部同，押韻。中之。齊侯舉矢，曰：「有酒如澠，澠水出山東今淄博市西北古齊城外，西北流，經博興縣入時水。齊乘謂卽申池水（見文十八年傳）。澠音繩。有肉如陵。寡人中此，與君代興。」代之而强盛。澠、陵、興古音同韻。亦中之。伯瑕謂穆子曰：杜注：「伯瑕，士文伯。」「子失辭。吾固師諸侯矣，壺何爲焉，其以中儁也？杜注：「言投壺中，不足爲儁異。」邵寶左觿云：「壺何爲焉，微讀（逗）不句。壺何爲焉而以其中爲異哉，言無與於師諸侯之事也。」此得其讀。齊君弱吾君，歸弗來矣。」杜注：「欲與晉君代興，是弱之。」穆子曰：「吾軍帥彊禦，詩大雅烝民「不畏彊禦」，蕩「曾是彊禦」，亦作「彊圉」，漢書王莽傳「不畏彊圉」，敍傳「曾是彊圉」，卽用詩句。彊禦猶彊梁，後漢書蘇竟傳「彊梁不能與天争」，老子「強梁者不得其死」是也。卒、乘競勸，朱彬經傳考證云：「競，争也。勸，勉也，助也。」今猶古也，齊將何事？」顧炎武補正云：「言晉強不異於昔，齊將何所爲。」公孫傁趨進，曰：「日旰君勤，旰音幹，日晚也。勤，勞也。可以出矣！」以齊侯出。以猶與也。杜注：「傁，齊大夫。」蓋公孫傁在堂下，聞晉卿相對之言，懼有變，故趨而與齊侯出。

二·五　楚子謂成虎，若敖之餘也，若敖，若敖氏也。杜注：「成虎，令尹子玉之孫，與鬬氏同出於若敖。」宣四年鬬椒作亂，今楚子信譖，而託討若敖之餘。」若敖氏之滅在宣四年，距此年七十餘年矣，故楚靈以若敖之餘殺成虎爲託詞。遂殺之。或譖成虎於楚子，成虎知之，而不能行。書曰「楚殺其大夫成虎」，懷寵也。

三・六 六月，葬鄭簡公。杜注：「經書『五月』，誤。」惠棟補注則謂當從經作五月，「古文左傳當在『齊侯、衛侯、鄭伯如晉』之前」。兩說俱無據。姚範援鶉堂筆記云：「經書五月葬鄭簡公，傳言六月，或策書、簡書並有其文，抑或五月、六月，月有互異。傳書之以志其參差。」

三・七 晉荀吳僞會齊師者，假道於鮮虞，遂入昔陽。昔陽在今河北晉縣西，孔疏引劉炫說，謂昔陽即是鼓國之都城。此入而未滅，至二十二年乃滅鼓。秋八月壬午，壬午，十日。滅肥，肥，國名，蓋鼓與肥皆鮮虞屬國，故經言「晉伐鮮虞」；十五年「圍鼓」，傳亦云「伐鮮虞，圍鼓」，皆以「鮮虞」貫之。肥在今河北藁城縣西南七里。或云，今山西昔陽縣東冶頭鎮有肥子故國城。以肥子緜皐歸。今河北盧龍縣西北有肥如城，山東有肥城縣，蓋皆晉滅肥後，肥民散處之地。江永考實謂燕封肥子于盧龍，不足據。

三・八 周原伯絞虐，其輿臣使曹逃。杜注：「原伯絞，周大夫原公也。」輿，衆也。曹，羣也。」冬十月壬申朔，原輿人逐絞，而立公子跪尋。杜注：「跪尋，絞弟。」絞奔郊。杜注：「郊，周地。」據二十二年傳，郊與鄩邑相近。

三・九 甘簡公無子，立其弟過。杜注：「甘簡公，周卿士。」過將去成、景之族。杜注：「成公、景公，皆過之先君。」成、景之族賂劉獻公，杜注：「欲使殺過。」劉獻公亦周卿士，劉定公子。」丙申，丙申，二十五日。殺甘悼

公，杜注：「悼公卽過。」而立成公之孫鰌。杜注：「鰌，平公。」鰌音秋。丁酉，丁酉，二十六日。殺獻大子之
傅庾皮之子過，庾皮爲獻大子之傅，過爲庾皮子。杜注謂「過，劉獻公大子之傅」，有二誤。劉獻公大子不得謂獻大
子，獻似太子之謚，或疑卽十五年死之王大子壽。此一誤也。過明是庾皮之子，庾皮爲太子傅，此二誤也。殺瑕辛于
市，及宮嬖綽、王孫沒、劉州鳩、陰忌、老陽子。杜注：「六子，周大夫，及庾過，皆甘悼公之黨。」二十六年傳
周又有陰忌，高亨老子年譜謂卽此陰忌，因謂「『及』乃『反』之誤」云云。不知當時同姓名者多，二十六年傳之陰忌，非此
陰忌。如衞有二甯跪，一在莊六年，爲衞大夫；一在哀四年，世本列于雜人。

三·10 季平子立，而不禮於南蒯。杜注：「蒯，南遺之子，季氏費邑宰。」南蒯謂子仲：杜注：「子仲，公子慭。」
「吾出季氏，而歸其室於公，子更其位，杜注：「更，代也。」此謂代季平子爲卿。我以費爲公臣。」子仲
許之。南蒯語叔仲穆子，且告之故。杜注：「穆子，叔仲帶之子，叔仲小也。語以欲出季氏以不見禮故。」
季悼子之卒也，叔孫昭子以再命爲卿。悼子，季武子之子，平子之父。悼子之卒，經未書，又謚悼，張
文檒螺江日記則謂悼子立未久而卒，然論語季氏「自大夫出，五世希不失矣」，註家俱指季友、文子、武子、平子、桓子，而
不數悼子，疑未嗣位爲卿。季武子死于七年冬，疑平子以孫繼祖。叔孫昭子于五年卽位，七年春見于經，季悼子當死于
五年後，七年前。及平子伐莒克之，更受三命。據十年經，魯之季孫意如、叔弓、仲孫貜皆率師伐莒，不過季平
子爲主帥而已。昭子雖未與師，其四分公室所得之師必出，或由叔弓率之，故亦以功受三命。杜注云「昭子不伐莒，亦以
例加爲三命」，可商。叔仲子欲構二家，杜注：「欲構使相憎。」構乃離間義。叔仲子卽叔仲小。二家，季平子與叔孫

昭子。謂平子曰：「三命踰父兄，非禮也。」父兄指父輩兄輩，古代禮制，一命之官于鄉里中依年齡大小爲次，二命之官于父輩中論年齡大小，三命之官則不論年齡，其官大，可以在父輩兄輩之先，周禮地官黨正所謂「壹命齒于鄉里，再命齒于父族，三命而不齒」（文亦見禮記祭義）是也。叔仲子此言蓋以爲昭子伐莒未參加，不得有三命。平子曰：「然。」故使昭子。杜注：「使昭子自貶黜。」昭子曰：「叔孫氏有家禍，殺適立庶，故婼也及此。事見四年及五年傳。若因禍以斃之，則聞命矣。杜注：「言因亂討己，不敢辭。」若不廢君命，則固有著矣。」杜注：「著，位次。」此即去年傳「朝有著定」之著。昭子朝，而命吏曰：「婼將與季氏訟，書辭無頗。」辭，訴訟之辭。杜注：「頗，偏也。」季孫懼，而歸罪於叔仲子。故叔仲小、南蒯、公子憖謀季氏。憖告公，而遂從公如晉。杜注：「憖，子仲。」南蒯懼不克，姚鼐補注云：「公子憖與蒯蓋初謀假晉援以去季氏，故憖從公如晉。值晉拒公不得入，蒯所以懼不克而更叛附齊。」以費叛如齊。子仲還，及衞，聞亂，逃介而先。杜注：「介，副使也。」句謂棄介先逃還國。及郊，聞費叛，遂奔齊。

南蒯之將叛也，其鄉人或知之，過之而歎，且言曰：「恤恤乎，湫乎攸乎！俞樾平議謂「恤，憂也。湫即愁之假字。攸即悠之假字。愁，憂也；悠，憂也。恤恤乎愁乎悠乎三句一意，深憂之，故重言之」。深思而淺謀，欲去累年專政之季氏，深思也。謀援於遠且惡魯之晉，則淺謀矣。邇身而遠志，身爲季氏家臣，而志欲去之，是身近志遠也。家臣而君圖，己爲家臣，而爲魯君謀以費及季氏室奉公。有人矣哉！」人謂人才，如詩小雅節南山「人之云亡」、論語雍也「女得人焉耳乎」、憲問「人也」，諸「人」字皆人才義。句言若如此，須大有爲之人，而南蒯非其人也。南蒯枚筮之，杜注：「不指其事，汎卜吉凶。」蓋古代卜筮必先述所卜筮之事，如儀禮特牲饋食禮有命筮之辭；若卜，則有命龜之辭。若不言所卜所筮之事，則曰枚卜或枚筮。俞樾平議謂：「枚當讀爲微，微，匿也。匿其事而使之筮，故爲微筮。哀十七年傳『王與葉公枚卜子良以爲令尹』，義亦同此。」遇坤䷁杜注：「坤下坤上，坤。」之比䷇杜注：「坤下坎上，比。坤六五爻變。」曰，「黃裳元吉」，坤六五爻辭。以爲大吉也。示子服惠伯，曰：「卽欲有事，卽，假設連詞，若也。何如？」惠伯曰：「吾嘗學此矣，謂學易。忠信之事則可，可如筮也。不然，必敗。外彊內温，忠也，以卦言之，比外卦爲坎，坎，險也，故彊。內卦爲坤，坤，順也，故温。彊于外而温于內，故爲忠。和以率貞，信也，以比卦言之，坤爲水，坎爲土，水土相合則和。貞，卜問也。率，行也。以和順行卜問之事，故爲信。故曰『黃裳元吉』。黃，中之色也；此中字有雙關義，按下文有上中下之義，此則借爲衷，謂裏衣，褻衣。裳，下之飾也；古代男子着裳，猶今之裙。元，善之長也。中不忠，此中謂中心。不得其色；下不共，共同恭，謂爲下不恭。不得其飾；杜注：「不爲裳。」事不善，不得其極。極猶今標準、準則。外內倡和爲忠，外彊內温比如古俗之夫婦倡和。率事以信爲共，杜注：「率猶行也。」信，誠也。供養三德爲善，惠棟補注云：「三德謂黃、裳、元也。」疑不確。三德謂忠、信、極。杜注以「正直、剛克、柔克」（尚書洪範）解之，尤無關連。非此三者弗當。且夫易，不可以占險，將何事也？南蒯僅言「有事」，惠伯明知而故問，易不可以占險事，汝將舉何事。且可飾乎？謂爲下恭乎不恭乎。中美能黃，能猶乃也，例證見詞詮。上美爲元，下美則裳，參成可筮。杜注：「參（三）美盡備，吉可如筮。」可卽上文「忠信之事則可」之可。猶有闕也，猶，假設連詞，如果。句言若于三德有缺失。筮雖吉，未也。」

將適費，飲鄉人酒。鄉人或歌之曰：「我有圃，生之杞乎！圃卽論語子路學圃之圃，謂種菜地。杞柳生于水旁，圃不生菜蔬而長杞柳。喻所得違其所欲。從我者子乎，子爲男子之美稱，意謂順從我者不失爲男子漢。去我者鄙乎，去猶違也。鄙謂鄙陋之人。倍其鄰者恥乎！倍與背通。杜注：「鄰猶親也。」意謂背叛其親（指季氏）將有恥。已乎已乎！論語公冶長：「已矣乎，吾未見能見其過而內自訟也。」又衞靈公：「已矣乎！吾未見好德如好色者也。」楚辭離騷：「已矣哉！國無人莫我知兮，又何懷乎故都？」已乎、已矣乎、已矣哉，皆絕望之詞。非吾黨之士乎！」此歌以杞、子、鄙、恥、已、士爲韻，古音同在咍部。

平子欲使昭子逐叔仲小。小離間二家，平子失理，欲逐小以自說解。小聞之，不敢朝。昭子命吏謂小待政於朝，曰：「吾不爲怨府。」季平子不自逐之，而使昭子逐之，故昭子云「不爲怨府」。杜注：「言不能爲季氏逐小，生怨禍之聚。爲明年叔弓圍費傳。」

三·二　楚子狩于州來，杜注：「狩，冬獵也。」州來，今安徽鳳臺縣。次于潁尾，潁水入淮處，亦曰潁口，今安徽正陽關。使蕩侯、潘子、司馬督、囂尹午、陵尹喜帥師圍徐以懼吳。杜注：「五子，楚大夫。徐，吳與國，故圍之以偪吳。」春秋分紀世譜二以潘子爲叔黨之子。據四年傳「徐子，吳出也」之文，則吳、徐爲舅甥之國。楚子次于乾谿，乾谿在今安徽亳縣東南七十五里，又見六年傳。以爲之援。雨雪，王皮冠，秦復陶，杜注：「秦所遺羽衣也。」疑復陶乃以禽獸毛絨爲之，衣以禦寒者。翠被，杜注：「以翠羽飾被。」被當讀爲帔，釋名釋衣服云：「帔，披也，披之肩背不及下也。」蓋以翠毛爲之，所以禦雨雪，若今之斗蓬或清時婦女所著之披風。俞正燮癸巳存稿以復陶翠被爲一名。以襄三十年傳「使爲君復陶」及説苑善説篇「襄成君始封之日衣翠衣」證之，俞説不確。豹舄，杜注：「以豹皮爲履。」執鞭以出。僕析父從。馬宗璉補注云：「析父爲大僕，故時在王左右。楚語作『僕夫』，虞箴曰『獸臣司原，敢告僕夫』，卽太僕也。」右尹子革夕，杜注：「子革，鄭丹。夕，莫（暮）見。」王見之，去冠、被，舍鞭，杜注：「敬大臣。」衞獻公不脱皮冠與孫、甯言，二子怒，見襄十四年傳。與之語，曰：「昔我先王熊繹杜注：「楚始封君。」與呂伋、王孫牟、燮父、禽父並事康王，呂伋，姜太公子丁公。王孫牟，衞康叔子康伯。世本：「衞康伯名髡」，宋衷云：「卽王孫牟也。」馬融、王肅尚書傳皆云：「康，國名，在千里之畿内。既滅管叔，更封爲衞侯。」燮父，唐叔子。禽父卽伯禽，姬旦子。康王，周成王子。四國皆有分，杜注：「四國，齊、晉、魯、衞。分，珍寶之器。」定四年傳述魯、衞、晉三國之分，齊之分未聞。我獨無有。今吾使人於周，求鼎以爲分，王其與我乎？」王謂周王。對曰：此子革之對，史記楚世家作「析父對曰」，索隱已指其誤。「與君王哉！昔我先王熊繹辟在荆山，楚熊繹都于丹陽，卽今湖北秭歸縣東，荆山在其北。荆山又見昭四年傳。篳路藍縷以處草莽，宣十二年傳云「篳路藍縷以啓山林」，與此意略同。跋涉山林以事天子，跋履山林以事天子。唯是桃弧、棘矢以共禦王事。共同供，禦同御。供御猶言進奉、貢獻。説詳俞樾平議。齊，王舅也；成王母邑姜，齊大公女，故呂伋爲成王舅。晉及魯、衞，王母弟也。魯姬旦、衞康叔皆武王母弟；唐叔則成王母弟。楚是以無分，而彼皆有。今周與四國服事君王，將唯命是從，豈其愛鼎？」王曰：「昔我皇祖伯父昆吾，舊許是宅。據史記楚世家，陸終生子六人，一曰昆吾，六曰季連。季連爲芈姓，楚其後也，是昆吾爲楚遠祖之兄，故曰「皇祖伯父」。哀十七年傳云衞侯夢見人登昆吾之觀，是昆吾本在衞。國語鄭語「昆吾爲夏伯矣」，韋昭注：「其後夏衰，昆吾爲夏伯，遷於舊許。」舊許卽許國，今河南許昌市，後遷于葉，又遷于夷，故其地爲鄭所得，謂之舊許。今鄭人貪賴其田，賴，利也。而不我與。我若求之，其與我乎？」對曰：「與君王哉！周不愛鼎，鄭敢愛田？」愛，惜也。王曰：「昔諸侯遠我而畏晉，「遠我」之「遠」爲動詞意動用法，以我爲僻遠也。詳文言語法。今我大城陳、蔡、不羹，不羹，二不羹也。詳上年傳注。賦皆千乘，子與有勞焉，諸侯其畏我乎！」對曰：「畏君王哉！是四國者，國謂大都大邑，蓋國之廣義。專足畏也。杜注：「四國，陳、蔡、二不羹。」然楚語上云「今吾城三國」，劉炫謂「四當爲三」，詳孔疏。賈子新書大都篇作「大城陳、蔡、葉與不羹」，顧炎武補正、洪亮吉詁等書俱謂上文「大城陳、蔡、不羹」「蔡」下脱「葉」字，王引之述聞力駁之，是也。然亦謂「四」爲「三」之誤，恐亦不確。閻若璩主杜注，說詳尚書古文疏證六上。汪中經義知新記亦申杜義。專，獨也，單也。謂僅此四國，已足可畏。又加之以楚，敢不畏君王哉！」工尹路請曰：「君王命剥圭以爲鏚柲，杜注：「鏚，斧也。柲，柄也。破圭玉以飾斧柄。」敢請命。」杜注：「請制度之命。」王入視之。析父謂子革：「吾子，楚國之望也。今與王言如響，應對王言若回聲。國其若之何？」言國將不堪也。子革曰：「摩厲以須，厲同礪，摩今作磨。謂磨刀劍以待之也。王出，吾刃將斬矣。」杜注：「以己喻鋒刃，欲自摩厲以斬王之淫慝。」王出，復語。左史倚相趨過，杜注：「倚相，楚史名。」倚相亦見國語楚語上、下。過王而趨，示恭敬。王曰：「是良史也，子善視之！是能讀三墳、五典、八索、九丘。」杜注：「皆古書名。」古今解此四種書者甚多，其書既早已隻字無存，臆說何足據？對曰：「臣嘗問焉，昔穆王欲肆其心，穆王，周穆王。肆，放縱。周行天下，將皆必有車轍馬跡焉。汲冢書有穆天子傳。開元占經四引竹書紀年：「穆王東征天下二億二千五百里，西征億有九萬里，南征億有七百三里，北征二億七里。」又晉郭璞注山海經序頗述紀年穆王周遊事，足見戰國時據此作神怪之說。祭公謀父作祈招之詩以止王心，雷學淇竹書紀年義證云：「祭公謀父者，周公之孫。其父武公與昭王同没于漢。謀父，其名也。」逸周書有祭公篇，禮記緇衣引葉公之顧命，所云卽見祭公篇。「葉」乃「祭」字之誤。「祈招」何義，馬融、王肅以及俞樾茶香室經說皆有說，糾葛紛紜，不必強求確解。王是以獲没於祗宮。穆天子傳注引竹書紀年：「穆王元年築祗宮于南鄭。」南鄭在今陝西華縣北。臣問其詩而不知也。若問遠焉，其焉能知之？」王曰：「子能乎？」對曰：「能。其詩曰：『祈招之愔愔，杜注：「愔愔，安和貌。」式昭德音。式，助動詞，應該之義，參史語所集刊六本四分丁聲樹文。思我王度，式如玉，式如金。杜注：「金玉取其堅重。」顧炎武補正：「猶言如金如錫，如圭如璧，謂令德也。」形民之力，而無醉飽之心。』」王引之述聞云：「形當讀爲刑，刑猶成也。言惟成民是務，而無縱欲之心也。」惠棟補注云：「家語『形』作『刑』。」李富孫春秋左傳異文釋云：「形爲型之假借字。謂程量其力之所能爲而不過也。」李說勝。王揖而入，饋不食，寢不寐，數日，不能自克，克制。以及於難。

仲尼曰：「古也有志：『克己復禮，仁也。』信善哉！信，誠也。楚靈王若能如是，豈其辱於乾谿？」

一二·三　晉伐鮮虞，因肥之役也。蓋以滅肥歸而伐之。

十三年，壬申，公元前五二九年。周景王十六年、晉昭三年、齊景十九年、衞靈六年、蔡平公廬元年、鄭定公寧元年、曹武二十六年、陳惠公吴元年、杞平七年、宋元三年、秦哀八年、楚靈十二年、吴夷末十五年、許悼十八年。

經

一三・一 十有三年春，正月十五日乙卯冬至，建子。叔弓帥師圍費。

一三・二 夏四月，楚公子比自晉歸于楚，弒其君虔于乾谿。「谿」，穀梁作「溪」，「谿」、「溪」同。章炳麟云：「古書重字，亦有不作二畫，但就本字重讀之者。則經文『歸于楚』，『楚』字當重讀，云『楚弒其君虔于乾谿』。」説詳左傳讀。

一三・三 楚公子棄疾殺公子比。「殺」，公羊作「弒」。元汪克寬春秋胡傳附録纂疏云：「夫弒者，下殺上之辭。故雖里克弒君之子，猶書曰殺，安有書公子某弒公子某之文哉？」

一三・四 秋，公會劉子、晉侯、齊侯、宋公、衞侯、鄭伯、曹伯、莒子、邾子、滕子、薛伯、杞伯、小邾子于平丘。據太平寰宇記，平丘在今河南封丘縣東四十里，卽長垣縣南五十里。

一三・五 八月甲戌，甲戌，七日。同盟于平丘。公不與盟。

一三・六 晉人執季孫意如以歸。

一三・七 公至自會。無傳。

一三·八 蔡侯廬歸于蔡。漢書地理志「汝南郡新蔡縣」，班固自注：「蔡平公自蔡徙此，後二世徙下蔡。」王先謙補注引錢坫云：「吳遷昭侯於州來，即下蔡也。」又引吳卓信云：「平侯徙此（新蔡），事不見經、傳，惟見杜氏釋例。」傳世器有蔡子匜，楊樹達先生謂爲蔡平公所製，詳積微居金文說卷六。陳侯吳歸于陳。

一三·九 冬十月，葬蔡靈公。

一三·一〇 公如晉，至河乃復。杜注：「晉人辭公。」汪克寬胡傳附録纂疏云：「公之如晉，蓋以請季孫也。」

一三·一一 吳滅州來。杜注：「州來，楚邑。用大師焉曰滅。」王夫之稗疏云：「州來書『入』，又書『滅』，則其爲國無疑。」前漢地理志：『下蔡，故州來國。』」

傳

一三·一 十三年春，叔弓圍費，弗克，敗焉。杜注：「爲費人所敗，不書，諱之。」平子怒，令見費人執之，令叔弓之軍見費人則執之。以爲囚俘。冶區夫曰：「非也。若見費人，寒者衣之，飢者食之，爲之令主，而共其乏困，共同供。費來如歸，言費邑之人來投季氏者如歸家然。南氏亡矣。南遺及南蒯相繼控制費邑。民將叛之，誰與居邑？誰與南氏居于圍城之中。若憚之以威，懼之以怒，民疾而叛，爲之聚也。若季氏執費人爲囚俘，費民將憎恨季氏而叛，是爲南氏聚民也。若諸侯皆然，然，如此。謂諸侯皆虐民。費人無歸，無歸依之處。不親南氏，將焉入矣？」言必親南蒯。平子從之，費人叛南氏。杜注：「費叛南氏在明年，傳善區夫之謀，終言其效。」

一三・二　楚子之爲令尹也，殺大司馬薳掩，而取其室。杜注：「在襄三十年。」及卽位，奪薳居田；杜注：「居，掩之族。言薳氏所以怨。」遷許而質許圍。杜注：「遷許在九年。圍，許大夫。」蔡洧有寵於王，王之滅蔡也，其父死焉，杜注：「楚滅蔡在十一年。洧仕楚，其父在國，故死。」馬宗璉補注云：「父死，故怨王。」王使與於守而行。杜注：「使洧守國，王行至乾谿。」申之會，越大夫戮焉。杜注：「申會在四年。」史記楚世家：「初，靈王會兵於申，僇越大夫常壽過。」索隱：「僇，辱也。」戮、僇同。王奪鬬韋龜中犫，杜注：「韋龜，令尹子文玄孫。中犫，邑名。」顧棟高大事表七之四疑中犫在今河南南陽地區，無確證。又奪成然邑，而使爲郊尹。杜注：「成然，韋龜子。郊尹，治郊竟(郊區)大夫。」通志氏族略三：「楚有鬬成然，食采于蔓，曰蔓成然。」蔓成然故事蔡公。杜注：「蔡公，棄疾也。故猶舊也。韋龜以棄疾有當璧之命，故使成然事之。」故薳氏之族及薳居、許圍、蔡洧、蔓成然，皆王所不禮也，因羣喪職之族啟越大夫常壽過作亂，啓，今言開導。楚世家云：「起子從亡在吴，乃勸吴王伐楚，爲間越大夫常壽過而作亂。」與傳有異。圍固城，克息舟，城而居之。顧炎武補正謂固城與息舟爲二城名，江永考實亦引之，是也。杜謂固城「城之堅固者」，不足信。梁履繩引某氏說謂息卽申、息之息，與舟爲二邑，亦誤。

觀起之死也，其子從在蔡，事朝吴，杜注：「觀起死在襄二十二年。朝吴，故蔡大夫聲子之子。」曰：「今不封蔡，蔡不封矣。謂今不謀恢復蔡國，蔡將永遠被滅亡。我請試之。」杜注：「觀從以父死怨楚，故欲試作亂。」此說不確，觀從在報父仇，朝吳尤在恢復祖國。以蔡公之命召子干、子晳，杜注：「二子皆靈王弟，元年子干奔晉，子晳奔鄭。」子干卽公子比，子晳卽公子黑肱。及郊，二子至于蔡郊。而告之情，觀從以真相告之。强與之盟，入襲蔡。蔡公將食，見之而逃。杜注：「不知其故，驚起辟之。」觀從使子干食，坎，挖坑。用牲，殺牲。加書，加盟書于牲上。而速行。使子干居蔡公之位，食蔡公之食，並以僞與蔡公盟之徵驗示衆。己徇於蔡，杜注：「己，觀從也。」曰：「蔡公召二子，將納之，送入楚。與之盟而遣之矣，將師而從之。」杜注：「詐言蔡公將以師助二子。」蔡人聚，將執之。杜注：「執觀從。」辭曰：「失賊成軍，而殺余，何益？」杜注：「賊謂子干、子晳也。言蔡公已成軍，殺己不解罪。」乃釋之。朝吳曰：「二三子若能死亡，則如違之，如卽僖二十二年傳「若愛重傷，則如勿傷」之如，應當也。可參詞詮。下「如」字同。之指蔡公。以待所濟。杜注：「言若能爲靈王死亡，則可違蔡公之命，以待成敗所在。」若求安定，則如與之，以濟所欲。與之，贊助蔡公也。所欲，恢復祖國也。且違上，何適而可？」杜注：「言不可違上也。上謂蔡公。」衆曰：「與之！」乃奉蔡公，召二子而盟于鄧，鄧在今河南漯河市東南，蔡國舊都今上蔡縣西北。依陳、蔡人以國。依，依賴。陳人、蔡人皆思乘機恢復祖國，依賴其復國之心。楚公子比、公子黑肱、公子棄疾、卽蔡公。蔓成然、蔡朝吳帥陳、蔡、不羹、許、葉之師，因四族之徒，杜注：「四族，薳氏、許圍、蔡洧、蔓成然。」以入楚。及郊，陳、蔡欲爲名，故請爲武軍。傳凡三見武軍，宣十二年「君盍築武軍而收晉尸以爲京觀」，此蓋以收晉尸，封土爲築武軍。襄二十三年「張武軍於熒庭」，杜注謂築壁壘，實則同于宣十二年。此請爲武軍，則築壁壘，樹陳、蔡軍旗。蔡公知之，曰：

「欲速，且役病矣，築壁壘須勞役，而役人已疲勞。請藩而已。」乃藩爲軍。軍營以籬圍之。蔡公使須務牟與史猈先入，因正僕人殺大子禄及公子罷敵。杜注：「須務牟、史猈，楚大夫，蔡公之黨也。正僕，太子之近官。」周書序有太僕正，儀禮大射儀有僕人正，此正僕人，卽僕人正，僕人之長也。公子比爲王，公子黑肱爲令尹，次于魚陂。魚陂，在今湖北天門縣西北，秦策三「楚南有符離之塞，北有甘魚之陂」，卽此魚陂。公子棄疾爲司馬，此蓋以長幼爲序，共王有寵子五人，康王爲長，靈王次之，然皆或死或廢，次則比，再次則黑肱，棄疾（平王）最幼。先除王宫，驅除靈王之親信，而安排一己之黨羽。使觀從從師于乾谿，而遂告之，杜注：「從乾谿之師，告使叛靈王。」據去年傳，靈王在乾谿，乃爲伐徐之師之後援，公羊則謂「作乾谿之臺，三年不成」，不可據信。且曰：「先歸復所，後者劓。」左傳屢言復所，襄十五年及二十二年傳「使復其所」，昭二十年傳「余知而無罪也，入復而所」皆是，謂復其禄位、居室、田里、資財也。杜注：「劓，截鼻。」俞樾平議謂「劓當讀爲劊，割也」，雖劓、劊古音難相通，俞説不可盡從，而劓本有割義。尚書多方「劓割夏邑」，劓割乃同義詞連用。盤庚中「我乃劓殄滅之無遺育」，劓亦割也。哀十一年傳「劓殄無遺育」，卽用盤庚，杜注亦云「劓，割也」。師及訾梁而潰。杜注：「靈王還至訾梁而衆散。」據顧棟高大事表七之四，訾梁，梁名，在今河南信陽縣。衆潰者，固由靈王之侈泰而虐，亦由觀從之言，争欲先歸而復所。

王聞羣公子之死也，太子禄及公子罷敵。自投于車下，曰：「人之愛其子也，亦如余乎？」侍者曰：「甚焉，小人老而無子，知擠于溝壑矣。」擠，一曰墜也，一曰排也。蓋老而無子，將勢窮受逼至溝壑。王曰：「余殺人子多矣，能無及此乎？」右尹子革曰：「請待于郊，以聽國人。」欲靈王至郢郊聽國人之所擇。王曰：「衆怒不可犯也。」曰：「若入於大都，而乞師於諸侯。」若，傳疑副詞，或也。參見詞詮。「大都」，楚世家作「大縣」，義同。林堯叟解：「如陳、蔡、不羹、許、葉之屬。」王曰：「皆叛矣。」曰：「若亡於諸侯，以聽大國之圖君也。」王曰：「大福不再，大福謂爲君王。祇取辱焉。」然丹乃歸于楚。杜注：「然丹，子革。棄王歸。」王沿夏，將欲入鄢。杜注：「夏，漢別名。順流爲沿。順漢水南至鄢。」服虔云：「鄢，楚別都。」在今湖北宜城縣西南九里。鄢水北岸。芋尹無宇之子申亥曰：「吾父再奸王命，杜注：「謂斷王旌，執人於章華宮。」二事見七年傳。王弗誅，惠孰大焉？君不可忍，反慈爲忍，今言狠心。謂靈王有難，吾不可忍而不助。惠不可棄，吾其從王。」乃求王，遇諸棘闈以歸。「闈」本作「圍」，依阮氏校勘記及金澤文庫本正。杜注：「棘，里名。闈，門也。」國語吳語謂「王親獨行，屏營彷徨於山林之中，三日，乃見其涓人疇。王呼之，曰：『余不食三日矣。』疇趨而進，王枕其股以寢於地。王寐，疇枕王以墣而去之。王覺而無見也，乃匍匐將入於棘闈，棘闈不納，乃入芋尹申亥氏焉。」此申胥進諫夫差之言，故有誇大。楚世家作「遇王飢于釐澤，奉之以歸」。江永考實及汪遠孫國語發正俱以棘闈爲地名，是也。夏五月癸亥，癸亥，二十五日。王縊于芋尹申亥氏。杜注：「癸亥在乙卯、丙辰後，傳終言之。經書四月，誤。」阮芝生杜註拾遺云：「經書四月，從赴也。平王殺囚以欺國人，自必詭爲日月以赴列國。芋尹未以柩告之先，靈王之定死與否尚未知。日以四月，地以虔谿，一皆平王假設以赴者。及既得其實，又無重赴之理，故列國所書俱仍初告之日月耳。」賈子大都篇謂靈王「遂死於乾谿芋尹申亥之井」。淮南子泰族篇作「餓于乾谿，食莽飲水，枕塊而死」，皆傳說之異。申亥以其二女殉而葬之。吳語云：「王縊，申亥負王以歸而土埋之其室。」無以二女殉事。

觀從謂子干曰：「不殺棄疾，雖得國，猶受禍也。」子干曰：「余不忍也。」子玉曰：「人將忍子，杜注：「子玉，觀從。」吾不忍俟也。」乃行。國每夜駭曰：「王入矣！」時靈王生死不知，故以靈王至驚擾之。乙卯夜，乙卯，十七日。棄疾使周走而呼曰：「王至矣！」杜注：「周，徧也。」楚世家作「棄疾使船人從江上走呼曰」。章炳麟讀謂「此大史公讀傳文『周』爲『舟』也」。國人大驚。使蔓成然走告子干、子晳曰：「王至矣，國人殺君司馬，將來矣。君若早自圖也，可以無辱。衆怒如水火焉，不可爲謀。」又有呼而走至者，曰：「衆至矣！」二子皆自殺。丙辰，丙辰，十八日。棄疾卽位，名曰熊居。據楚世家，楚君之名多用「熊」字，如其先有鬻熊、熊麗、熊狂、熊繹、熊艾、熊𪏆、熊勝、熊楊、熊渠、熊延、熊勇、熊嚴、熊霜、熊徇、熊儀、熊坎。入春秋後，武王名熊通，文王名熊貲，成王名熊惲。曾侯鐘銘稱楚王熊章，卽哀六年傳「逆越女之子章立之」之「章」，足見楚大子或公子爲王後多冠以「熊」字。隨縣出土楚王鎛「熊章」作「酓章」，「酓」卽「熊」。葬子干于訾，實訾敖。楚君王無謚者，多以葬地冠「敖」字，如楚世家有杜敖，僖二十八年傳有若敖，昭元年傳有郟敖。顧棟高大事表謂訾在河南信陽縣境。殺囚，衣之王服，而流諸漢，乃取而葬之，以靖國人。楊樹達讀左傳云：「時靈王之柩未出，恐國人疑靈王未死，或有異志，故爲此使國人安定也。」使子旗爲令尹。杜注：「子旗，蔓成然。」

楚師還自徐，卽去年圍徐之師。吳人敗諸豫章，豫章詳六年傳並注。焦循補疏謂豫章爲水名，不確。獲其五帥。卽去年傳之率師伐徐者，蕩侯、潘子、司馬督、囂尹午、陵尹喜是也。

平王封陳、蔡，復遷邑，蔡都新蔡，見經注。致羣賂，杜注：「始舉事時所貨賂。」疑卽賞有功之臣以財物。

施舍、寬民，施舍，賜予也，詳宣十二年傳注。寬民，無苛政。宥罪、舉職。赦罪臣。舉職，杜注：「修廢官。」或云，選賢才。召觀從，王曰：「唯爾所欲。」觀從勸子干殺棄疾，而棄疾召而用之，卽宥罪舉職之例。對曰：「臣之先佐開卜。」詩大雅緜「爰契我龜」，毛傳：「契，開也。」周禮春官卜師「掌開龜之四兆」，鄭玄注：「開，開出其占書也，書金縢曰『開籥見書』。」則開有二義，刻龜曰開，取閱卜占書亦曰開。佐謂爲卜師之助手。乃使爲卜尹。楚世家集解引賈逵云，卜尹，卽卜師，大夫官。使枝如子躬聘于鄭，廣韻「枝」字注，枝如，複姓。且致犨、櫟之田。杜注：「犨、櫟本鄭邑，楚中取之。平王新立，故還以賂鄭。」元年傳云「楚公子圍使公子黑肱、伯州犁城犨、櫟、郟」，杜注：「三邑本鄭地。」則楚取三邑在魯昭公卽位前。事畢弗致。石韞玉讀左卮言云：「大夫出疆，苟利社稷，專之可也。」鄭人請曰：「聞諸道路，將命寡君以犨、櫟，命亦有賜予之義，禮記中庸「天命之謂性」，猶言自然所予者爲性。敢請命。」此命接上文命字，亦有雙關義，予也，令也。對曰：「臣未聞命。」未聞楚王有此令，詭言答之。既復，王問犨、櫟，降服而對，杜注：「降服，如今解冠也。謝違命。」然僖二十三年傳云「公子懼，降服而囚」，杜注謂「降服，去上服」，兩注不同。此降服亦請罪之表示，當同去上服之義，非漢、晉之免冠也。曰：「臣過失命，孔疏：「言臣罪過，漏失君命。」過與故爲雙聲，古韻讀亦近，疑此過猶言故意。未之致也。」王執其手，曰：「子毋勤！王念孫云：「勤猶辱也。」說詳王引之述聞。此辱指降服言。姑歸，不穀有事，其告子也。」其猶將也。杜注：「王善其有權，有事將復使之。」

他年，芋尹申亥以王柩告，乃改葬之。

初，靈王卜曰：「余尚得天下！」杜注：「尚，庶幾。」表希冀之副詞。此命龜之辭。不吉。投龜，詬天而呼曰：「是區區者而不余畀，杜注：「區區，小天下。」余必自取之。」民患王之無厭也，所欲無滿足時，既與晉爭霸，又屢興師、興役，又奪諸臣田邑。故從亂如歸。

初，共王無冢適，據襄十二年傳「秦嬴歸于楚。楚司馬子庚聘于秦，爲夫人寧」，則共王嫡配爲秦嬴，無子。有寵子五人，無適立焉。適，專主也。五人中不知立誰。乃大有事于羣望，偏祭名山大川。名山大川爲羣望。大有事，徧祭也。而祈曰：「請神擇於五人者，使主社稷。」乃徧以璧見於羣望，曰：「當璧而拜者，神所立也，誰敢違之？」既，既，盡也，謂望事已畢。乃與巴姬密埋璧於大室之庭，杜注：「巴姬，共王妾。大室，祖廟。」使五人齊，齊同齋。而長入拜。長本有次弟之義，長入拜者，依長幼次第入拜也。說見章炳麟左傳讀。康王跨之，跨謂騎之，兩足各跨璧一邊。說詳李貽德輯述。靈王肘加焉，子干、子晳皆遠之。離璧遠。平王弱，弱，幼小。抱而入，再拜，皆厭紐。紐，廣雅釋器云：「印謂之璽，紐謂之鼻。」凡器物之隆起如鼻者皆謂之鼻，考工記玉人：「駔琮七寸，鼻寸有半寸。」鼻有孔，所以穿組。此璧當亦有鼻。厭同壓，壓紐即當璧。鬬韋龜屬成然焉，韋龜知平王必將爲楚君，故囑託其子蔓成然于平王。且曰：「棄禮違命，楚其危哉！」杜注：「棄立長之禮，違當璧之命，終致靈王之亂。」然共王死，康王立，是立長也。杜誤。疑棄禮違命言不當祈神立嗣也。

子干歸，韓宣子問於叔向曰：「子干其濟乎！」對曰：「難。」宣子曰：「同惡相求，如市賈焉，何難？」服虔謂「國人共惡靈王者如市賈之人求利也」，則同惡泛指惡靈王之人。顧炎武補正引傳遜曰：「同惡謂同謀造亂之人，如薳居、蔓成然之屬。」此又一說。杜注謂「棄疾親侍子干，共同好惡」。然召子干者非棄疾，其說更不足信。召子干者乃蔡之觀從，從求子干、子晳以復蔡。同惡固泛指惡靈王者，亦包括子干。對曰：「無與同好，誰與同惡？服虔曰：「言無黨於內，當與誰共同好惡。」取國有五難：有寵而無人，一也；杜注：「寵須賢人而固。」有人而無主，二也；杜注：「雖有賢人，當須內主爲應。」有主而無謀，三也；杜注：「謀，策謀也。」有謀而無民，四也；杜注：「民，衆。」有民而無德，五也。杜注：「四者既備，當以德成。」子干在晉，十三年矣。自昭元年至此，歷十三年。晉、楚之從，不聞達者，可謂無人。杜注：「晉、楚之士從子干游，皆非達人。」族盡親叛，可謂無主。杜注：「無親族在楚。」無釁而動，可謂無謀。杜注：「召子干時，楚未有大釁。」爲羈終世，可謂無民。杜注：「終身羈客在晉，是無民。」亡無愛徵，可謂無德。杜注：「楚人無愛念之者。」王虐而不忌，俞樾平議：「靈王雖暴虐，而尚不忌刻，觀其赦芋尹無宇及使穿封戌爲陳公二事，殊有君人之度。」楚君子干，言楚以子干爲君。涉五難以弒舊君，誰能濟之？言無人能使之成功。有楚國者，其棄疾乎！君陳、蔡，城外屬焉。杜注：「城，方城。時穿封戌既死，棄疾並領陳、蔡。」楚世家作「方城外屬焉」。苛慝不作，苛，瑣細煩細；慝，邪惡污穢。此等事無有。盜賊伏隱，私欲不違，違，違禮，見論語譯註爲政「無違」注。此謂雖有私欲，而不違禮。民無怨心。先神命之，謂「再拜皆厭紐」。國民信之。羋姓有亂，必季實立，楚之常也。文元年傳云：「楚國之舉，恆在少者。」平王爲共王幼子。獲神，一也；杜注：「當璧拜。」有民，二也；杜注：「民信之。」令德，三也；杜注：「無苛慝。」寵貴，四也；杜注：「貴妃子。」或以當璧拜而特見寵愛。居常，五也。寵子五人，棄疾最幼，而楚以立幼者爲常。有五利以去五難，五難卽子干之無人、無主、無謀、無民、無德。誰能害之？子干之官，則右尹也；數其貴寵，則庶子也；以神所命，則又遠之。其貴亡矣，其寵棄矣。民無懷焉，國無與焉，將何以立？」宣子曰：「齊桓、晉文不亦是乎？」服虔云：「皆庶子而出奔。」對曰：「齊桓，衞姬之子也，有寵於僖；杜注：「衞姬，齊僖公妾。」此謂齊桓公有寵於其父齊僖公。有鮑叔牙、賓須無、隰朋以爲輔佐；管子小匡篇：「管仲曰：『升降揖讓進退閑習，辯辭之剛柔，臣不如隰朋，請立爲大行。決獄折中，不殺不辜，不誣無罪，臣不如賓須無，請立爲大司理。』」又見韓非子外儲說。鮑叔牙已見莊八年傳。有莒、衞以爲外主；杜注：「齊桓出奔莒，衞有舅氏之助。」有國、高以爲內主；杜注：「國氏、高氏，齊上卿。」從善如流，下善齊肅；古有上善、下善。老子：「上善若水，水利萬物而不爭。」此「下善」似指一般行動。齊、肅並有疾速之義，故傳以齊肅連文。國語楚語下曰：「敬不可久，民力不堪，故齊肅以承之」，韋注云：「肅，疾也。」王引之云「齊亦當訓爲疾」，是也。禮記玉藻云：「君子之容舒遲，見所尊者齊遬。」齊肅、齊遬義並同。說詳楊樹達先生讀。不藏賄，杜注：「清也。」不從欲，從讀爲縱，意與上文「私欲不違」義近。說本朱彬經傳考證。施舍不倦，求善不厭。是以有國，不亦宜乎？我先君文公，狐季姬之子也，有寵於獻；晉獻公，文公之父。好學而不貳，杜注：「言篤志。」生十七年，有士五人。杜注：「狐偃、趙衰、顛頡、魏武子、司空季子五士從出。」有先大夫子餘、子犯以爲腹心，杜注：「子餘，趙衰。子犯，狐偃。」有魏犨、賈佗以爲股肱，有齊、宋、秦、楚以爲外主，杜注：「齊妻以女，宋贈以馬，楚王享之，秦伯納之。」有欒、郤、狐、先以爲內主，杜注：「謂欒枝、郤縠、狐突、先軫也。」亡十九年，僖二十八年傳亦云：「晉侯在外，十九年矣。」守志彌篤。惠、懷棄民，杜注：「惠公、懷公不恤民也。」僖二十四年傳云：「惠、懷無親，外内棄之。」民從而與之。獻無異親，獻公之子九人，唯文公在，見僖二十四年傳。民無異望。天方相晉，將何以代文？此二君者，異於子干。以下論子干。共有寵子，謂棄疾。子干已無寵。國有奧主；奧謂深祕不易窺見，即今言深奧之奧。杜注奧主「謂棄疾」，是也。無施於民，無援於外；去晉而不送，晉不送之。歸楚而不逆，楚無迎接子干者。何以冀國？」謂子干以何希冀得享楚國。

一三·三 晉成虒祁，杜注：「在八年。」諸侯朝而歸者皆有貳心。杜注：「賤其奢也。」爲取郠故，杜注：「取郠在十年。」晉將以諸侯來討。叔向曰：「諸侯不可以不示威。」杜注：「知晉德薄，欲以威服之。」然杜所謂德薄，含義不明。楚靈與晉爭霸，晉不敢與鬬；楚滅陳滅蔡，晉不能救。子產謂「晉政多門，貳偷之不暇」，此合諸侯所以必示威也。晉合諸侯止於此，其後唯定公四年有召陵之會。乃並徵會，徵，召也。並，徧也，說本王引之。告于吳。不敢召楚而告吳，吳，楚之敵也。秋，晉侯會吳子于良，約會而未會。良，據杜注，在今江蘇省邳縣新治東南約百里。或曰，在今邳縣東南十餘里。水道不可，吳都今江蘇蘇州市，由吳至良，須船上溯邗溝，至今清江市轉入淮水，再上溯泗水入沂水，其道難通。吳子辭，乃還。吳辭不會，晉侯乃返。

七月丙寅，丙寅，二十九日。治兵于邾南。邾南，邾國之南境。甲車四千乘。所謂示威也。羊舌鮒攝司馬，杜注：「鮒，叔向弟也。」攝，假也，代也。遂合諸侯于平丘。平丘已見經注。子產、子大叔相鄭伯以會，子產以幄、幕九張行，杜注：「幄幕，軍旅之帳。」孔疏引周禮幕人鄭玄注，「在旁曰帷，在上曰幕，皆以布爲之。四合象宮室曰幄，王所居之帳也。」又鄭玄注云：「以綬連繫焉。」孔疏又云：「幄幕九張，蓋九幄九幕也。」子大叔以四十，幄與幕各四十張。既而悔之，每舍，損焉。每住宿一次，減少幄幕一次。及會，亦如之。則鄭所携帶幄幕各共十八張，鄭伯及其隨從共居之。

次于衞地，叔鮒求貨於衞，淫芻蕘者。朱彬經傳考證引文選陸機演連珠李善注，「淫，侵也。」則芻蕘者謂衞之刈草伐薪人，不確。楊樹達先生讀左傳云：「淫，縱也。」則芻蕘者指晉軍之刈草砍柴人，馬宗璉補注亦云「司馬執軍法者，執策示罰。叔鮒攝司馬，不禁樵採之事」，以「不禁」解「淫」，卽放縱也，此義較勝。從下文「芻蕘者異於他日」，足知是晉之芻蕘者。衞人使屠伯饋叔向羹與一篋錦，篋，說文作匧，云：「藏也。」因藏物之器曰篋。據鄭玄儀禮士冠禮注，篋，狹長而方形。曰：「諸侯事晉，未敢攜貳；況衞在君之宇下，宇，屋邊，房檐。宇下亦見哀二十七年傳，義相類似，一喩相隔甚近，二喩受其庇護。而敢有異志？芻蕘者異於他日，敢請之。」杜注：「請止之。」叔向受羹反錦，杜注：「受羹示不逆其意，且非貨。」曰：「晉有羊舌鮒者，瀆貨無厭，朱駿聲說文通訓定聲云：「瀆又爲黷。」黷貨，謂貪求財物污辱其身。亦將及矣。杜注：「將及禍。」爲此役也，杜注：「役，事也。」子若以君命賜之，其已。」謂以衞君之命賜叔鮒以此篋錦，放縱芻蕘之事將止。客從之，客指屠伯，于晉爲客。未退而禁之。屠伯未退出叔鮒之庭，而叔鮒已禁芻蕘者。

晉人將尋盟，齊人不可。杜注：「有貳心故。」晉侯使叔向告劉獻公曰：杜注：「獻公，王卿士劉子。」「抑齊人不盟，抑，語首助詞，無義。說詳詞詮。若之何？」對曰：「盟以底信，杜注：「底，致也。」君苟有信，諸侯不貳，何患焉？告之以文辭，董之以武師，雖齊不許，君庸多矣。」杜注：「董，督也。庸，功也。討之有辭，故功多也。」天子之老請帥王賦，詩小雅采芑「方叔元老」，毛傳：「方叔，卿士，受命而爲將。」孔疏因云「是卿士稱老也」，又云：「曲禮云『五官之長曰伯，自稱於諸侯曰天子之老』，彼謂三公也。曲禮又云『諸侯使人於諸侯，使者曰寡君之老。』諸侯之使尚得稱老，明知天子之卿得稱天子之老也。」王賦謂王軍。『元戎十乘，以先啓行』，此引詩小雅六月。啓行猶言開道，願爲先鋒。遲速唯君。」杜注：「欲佐晉討齊。」叔向告于齊，曰：「諸侯求盟，已在此矣。今君弗利，弗利，不以盟爲利，猶言不欲參與盟。寡君以爲請。」對曰：「諸侯討貳，則有尋盟。若皆用命，何盟之尋？」杜注：「託用命以拒晉。」叔向曰：「國家之敗，有事而無業，事則不經；杜注：「業，貢賦之業。」據下文，指聘問。貢賦有或無，多或少，不經常。有業而無禮，經則不序；徒有一定之貢賦，而不行禮，則失高下之序。有禮而無威，序則不共；有禮而無威嚴，雖能分別高下，而不能恭敬。有威而不昭，共則不明。有威嚴而不顯著，其恭敬亦不明。據襄九年傳「昭大神要言焉」，則昭威者，告神也。明共者，信義著也。仍指尋盟。不明棄共，不明則棄恭。不明指不「昭大神」。百事不終，各項事業無結果。所由傾覆也。應上文「國家之敗」。是故明王之制，使諸侯歲聘以志業，杜注：「志，識也。歲聘以修其職業。」間朝以講禮，杜注：「三年而一朝，正班爵之義，率長幼之序。」再朝而會以示威，杜注：「六年而一會，以訓上下之則，制財用之節。」再會而盟以顯昭明。杜注：「十二年而一盟，所以昭信義也。凡八聘、四朝、再會，王一巡守，盟於方嶽之下。」志業於好，杜注：「聘也。」講禮於等，杜注：「朝也。」示威於衆，杜注：「會也。」昭明於神。杜注：「盟也。」自古以來，未之或失也。此種聘、朝、會、盟之數，據禮記王制孔疏，賈逵、服虔以爲朝天子之法，鄭玄則謂不知何代之禮，崔靈恩以爲朝霸主之法。此文及杜注與周禮大行人、禮記王制等文俱不合，張聰咸杜注辨證云：「叔向之語蓋舉文、襄時法而託言明王之制耳。」然又與三年傳所言文、襄霸時之制之不合。尚書周官孔疏則云：「叔向盛陳此法以懼齊人使盟，若周無此禮，叔向妄說，齊人當以辭拒之，何所畏懼而敬以從命乎？」但周官爲僞古文，左傳疏及尚書疏皆孔穎達所主編，其言未必盡是，而叔向此言亦未必盡妄，惟古代文獻缺佚，不足確證之耳。存亡之道，恆由是興。晉禮主盟，杜注：「依先王先公舊禮主諸侯盟。」懼有不治；奉承齊犧，齊同齋。盟會謂之齊盟，見成十一年傳，則盟之犧牲亦謂之齊犧。而布諸君，求終事也。求其事得良好效果。君曰『余必廢之』，何齊之有？齊亦同齋，猶言何盟之有。唯君圖之。寡君聞命矣。」齊人懼，對曰：「小國言之，大國制之，小國，齊自謂。言指上「何盟之尋」。大國指晉。制，裁也，斷也。敢不聽從？既聞命矣，敬共以往，遲速唯君。」叔向曰：「諸侯有間矣，謂諸侯于晉有嫌隙，非真親睦也。間，隙也。不可以不示衆。」上文云：「示威于衆。」八月辛未，辛未，四日。治兵，建而不旆。杜注：「建立旌旗，不曳其旆。旆，游也。」游即旒，旌旗飄帶。馬衡凡將齋金石叢稿金石學概要上云：「余得一器，其體爲筩形，長今尺一寸七分(營造尺)，圍徑四分半，空其中以待冒。兩旁有小穿，可以施丁(釘)。穿之上層，圍以蟬翼紋。頂上平處有旋紋。頸間綴以長方形之銅格，可以旋轉，格間又有一小鍵縱貫之，此蓋斿飾也。蓋古者旗旌之斿，可繫可解。觀此器銅鍵，一端綴於格間，而他端不相屬。知斿末亦必有一鍵，貫於格間，而互相爲固。」建而不旆者，建立旌旗而解其斿也。不復旆者，僅檢閱也。壬申，壬申，五日。復旆之。復旆，卽再繫其飄帶(斿)。此蓋晉之先鋒旗，示將用兵。參僖二十八年傳「狐毛設二旆而退之」注。諸侯畏之。

邾人、莒人愬于晉曰：「魯朝夕伐我，幾亡矣。朝夕伐我猶言經常伐我。經、傳所載，昭公時僅取鄟、取郠二事，餘多未載，蓋小戰也。我之不共，魯故之以。」共同供，指貢賦。魯故之以猶言因魯之故。晉侯不見公。使叔向來辭曰：「諸侯將以甲戌盟，寡君知不得事君矣，請君無勤。」杜注：「託謙詞以絕魯。」勤，勞也。子服惠伯對曰：「君信蠻夷之訴，杜注：「蠻夷謂邾、莒。」以絕兄弟之國，棄周公之後，亦唯君。寡君聞命矣。」叔向曰：「寡君有甲車四千乘在，雖以無道行之，必可畏也。況其率道，率，循也。其何敵之有？牛雖瘠，僨於豚上，其畏不死？杜注：「僨，仆也。」其作豈用，反詰詞。此譬喻語，瘦牛仆於小豕上，小豕必死。晉雖衰，加於魯，魯豈不懼？南蒯、子仲之憂，見十二年傳。其庸可棄乎？其庸二字同義，豈也。杜注：「棄猶忘也。」若奉晉之衆，用諸侯之師，因邾、莒、杞、鄫之怒，杜注：「四國近魯，數以小事相忿。鄫已滅，其民猶存，故並以恐魯。」以討魯罪，間其二憂，杜注：「因南蒯、子仲二憂爲間隙。」何求而弗克？」魯人懼，聽命。杜注：「不敢與盟。」

甲戌，同盟于平丘，齊服也。杜注：「經所以稱『同』。」令諸侯日中造于除。杜注：「除地爲壇，盟會處。」癸酉，癸酉，六日。退朝。六日朝晉而退，七日盟。子產命外僕速張於除，張，張幄幕。子大叔止之，使待明日。及夕，子產聞其未張也，使速往，乃無所張矣。杜注：「地已滿也。」傳言子產每事敏于大叔。」

及盟，子產爭承，杜注：「承，貢賦之次。」曰：「昔天子班貢，輕重以列。班貢，定貢獻之次序。班，次也，序也。杜注：「列，位也。」謂依位爲次。列尊貢重，周之制也。杜注：「公侯地廣，故所貢者多。」卑而貢重者，甸服也。杜注：「甸服謂天子畿内共職貢者。」詩商頌玄鳥「邦畿千里」，禮記王制「千里之内曰甸」。然則甸服在王畿内。禹貢謂「五百里甸服」，與王制不同。鄭伯，男也，此語極費解，古今約有數說。公羊桓十一年傳云「春秋伯子男一也，辭無所貶。」何休注云：「春秋改周之文，從殷之質，合伯子男爲一。」然孟子萬章下云：「天子一位，公一位，侯一位，伯一位，子、男同一位。」至于殷商卜辭，不見伯子男同位之言，則此說不可信矣。詩鄭譜疏引鄭志答趙商云：「此鄭伯男者，非男爵，乃謂畿内子男也。先鄭之于王城，爲在畿内之諸侯。雖爵爲侯伯，周之舊俗皆食子男之地，故云鄭伯男也。」此又一說，然孔疏駁之云：「若西鄭之時食子男之地，則今爲大國，自當貢重。子產不得遠言上世國小以距今之貢重。」則此說又不足信。周語中富辰曰：「鄭伯南也，王而卑之，是不尊貴也。」劉台拱國語補校謂「南、男通」。韋昭注云：「子產爭貢曰，『爵卑而貢重者，甸服也。』鄭伯，男也，而使從公侯之貢，懼弗給也』。以此言之，鄭在南服明矣。周公雖制土中，設九服，至康王而西都鄗京，其後衰微，土地損減，車服改易，故鄭在南服。」周禮夏官職方氏有九服，謂侯服、甸服、男服、采服、衞服、蠻服、夷服、鎮服、藩服。自王畿千里之外，每五百里依次爲別。服謂服事天子。孫詒讓正義云：「自采服以内，與書禹貢五服里數同，而服名則異。」此說雖未必精確，而較諸說爲圓通。證之以尚書康誥、酒誥、召誥、顧命及周公子明保尊俱有「侯甸男」或「侯田（卽甸）侯」，足證諸服之分是西周史實。至朱熹文集卷三十七答程可久書、左暄三餘偶筆卷六諸侯稱王稱公俱謂鄭自貶其爵，固不可通。俞樾春在堂全書經課續篇下鄭伯稱男解謂「鄭疑始封在宣王時，止爲男爵；至幽王時始賜伯爵」云云，實爲無據。至于古書疑義舉例因此及彼例舉王肅說，謂「鄭，伯爵而連男言之」，男爲「足內辭」，無義，尤不可信。范文瀾中國通史簡編謂「侯、甸、男、衞稱外服，鄭爲伯爵，在外服」。而使從公侯之貢，懼弗給也，給，足也。恐不能足此數。敢以爲請。諸侯靖兵，杜注：「靖，息也。」好以爲事。以友好爲事。行理之命無月不至，行理亦作行旅，謂使人。言晉國使人來催問貢賦之命無月不至。貢之無藝，服虔云：「藝，極也。」卽下文「貢獻無極」。小國有闕，所以得罪也。諸侯修盟，存小國也。貢獻無極，亡可待也。大國對小國之求無止境，則小國之危亡將立至。存亡之制，將在今矣。」自日中以爭，至于昏，晉人許之。既盟，子大叔咎之曰：「諸侯若討，其可瀆乎？」其作豈用。瀆，杜注：「易也。」孔疏以「輕易」解之。章炳麟左傳讀云：「瀆借爲贖。若晉率諸侯討罪，雖增貢以爲賄賂，其可贖今之罪乎？」楊樹達先生讀左傳云：「瀆謂數而不敬。意言諸侯若見討於晉，子其能爲此瀆數之爭乎？」三說仍以杜注孔疏爲較長。子產曰：「晉政多門，杜注：「政不出一家。」貳偷之不暇，何暇討？因政出多家，故不一致，因曰貳。偷，苟且。意謂晉政不一致而苟且，如是則無閒暇，更無暇出兵。國不競亦陵，何國之爲？」杜注：「不競爭則爲人所侵陵，不成爲國。」

公不與盟。晉信邾、莒之控訴，不使魯與盟。晉人執季孫意如，以幕蒙之，杜注：「蒙，裹也。」姚鼐左傳補注云：「蓋晉以在行無牢獄，故以幕蒙閉之以爲獄，不必裹之也。」使狄人守之。司鐸射懷錦，奉壺飲冰，以蒲伏焉。司鐸射，杜注：「魯大夫。」蓋司鐸爲官名，其官署亦曰司鐸，哀三年「司鐸火」，杜注「宮名」可證。說本吳闓生文史甄微。冰有二說，杜注「冰，箭筩蓋，可以取飲」，實則冰卽矢筩，卽掤之借字。詩鄭風大叔于田「抑釋掤忌」，廣雅釋器云：「掤，矢藏也。」二十五年傳「公徒釋甲執冰而踞」，冰即掤。郭沫若兩周金文辭大系考釋且云：「效父𣪘銘云『休王易(錫)效父仌三』，掤與冰實即蔔之音變，『蔔』字典籍多作『箙』，又多省作『服』。」明陸粲左傳附注云：「此夏至六月，晉人以幕蒙季孫，故當不堪其熱，而飲之以冰，不當以爲箭筩也。」亦有理。蒲伏即匍匐，謂爬行，懼人見而阻之也。守者御之，御同禦，阻止之。乃與之錦而入。晉人以平子歸，子服湫從。湫即三年傳之「椒」，湫、椒古音相近，能通作。杜注：「湫，子服惠伯，從至晉。」

子產歸，未至，聞子皮卒，哭，且曰：「吾已！無爲爲善矣。沈彤小疏云：「無爲，無助也。言無人助我爲善矣。」唯夫子知我。」

仲尼謂子產：「於是行也，足以爲國基矣。詩曰：『樂只君子，邦家之基。』詩小雅南山有臺。「樂只君子」爲倒裝句，即「君子樂只」，只爲語末助詞，無義。君子之所以樂，以其能爲國家之根基也。子產，君子之求樂者也。」且曰：「合諸侯，藝貢事，禮也。」藝貢事，即制定對霸主貢獻之極限，防止之貪求無厭。

一三·四　鮮虞人聞晉師之悉起也，杜注：「五年傳曰遺守四千，今甲車四千乘，故爲悉起。」而不警邊，且不修備。晉荀吳自著雍以上軍侵鮮虞，著雍見襄十年傳並注。晉邑。及中人，中人，今河北唐縣西北十三里。驅衝競，杜注：「驅衝車與狄爭逐。」呂氏春秋召類篇高誘注：「衝車，所以衝突敵之軍能陷破之也。」大獲而歸。杜注：「爲十五年晉伐鮮虞起。」

一三·五　楚之滅蔡也，靈王遷許、胡、沈、道、房、申於荊焉。杜注：「滅蔡在十一年。許、胡、沈，小國也。道、房、申，皆故諸侯，楚滅以爲邑。」遷許于夷，見昭九年經傳並注，雖平王爲之，實靈王命之。胡，歸姓，故國在今安徽阜陽市及阜陽縣。沈，姬姓，故國在今河南沈丘縣東南沈丘城，卽安徽阜陽市西北。又見文三年經注。道見僖五年傳並注。房，故國，在今河南遂平縣治。申，姜姓，故國，在今河南南陽市北。荆卽楚。平王卽位，既封陳、蔡，而皆復之，禮也。隱大子之子廬歸于蔡，禮也。杜注：「隱大子，大子有也。廬，蔡平侯。」此時蔡已都于新蔡，卽今河南新蔡縣，傳未書。悼大子之子吳歸于陳，禮也。杜注：「悼大子，偃師也。吳，陳惠公。」

一三·六 冬十月，葬蔡靈公，禮也。杜注：「國復，成禮以葬也。」

一三·七 公如晉。荀吳謂韓宣子曰：「諸侯相朝，講舊好也。講，習也。講習猶尋溫。執其卿而朝其君，有不好焉，不如辭之。」乃使士景伯辭公于河。杜注：「景伯，士文伯之子彌牟也。」

一三·八 吳滅州來，州來見成七年經注。襄十三年傳云：「用大師焉曰滅。」令尹子旗請伐吳。王弗許，曰：「吾未撫民人，未事鬼神，未修守備，未定國家，而用民力，敗不可悔。州來在吳，猶在楚也。子姑待之。」

一三·九 季孫猶在晉，子服惠伯私於中行穆子曰：「魯事晉，何以不如夷之小國？夷之小國謂邾、莒。魯，兄弟也，魯與晉同出于周文王，故言兄弟之國也。土地猶大，所命能具。晉所命之貢賦皆能具備。若爲夷棄之，使事齊、楚，事齊或事楚。其何瘳於晉？杜注：「瘳，差也。」差卽病稍痊可之差。瘳音抽。意謂魯事齊、楚不減于事晉，於晉有何好處。說文：「瘳，疾瘉也。」此僅有愈義。親親、與大，親其所當親之兄弟國，贊助土地猶大之國。賞共、罰否，獎賞能供貢者，魯自謂也；懲罰其不供者，謂邾、莒也。否即不共。所以爲盟主也。子其圖之！諺曰：『臣一主二。』杜注：「言一臣必有二主，道不合，得去事他國。」吾豈無大國？」杜注：「言非獨晉可事。」穆子告韓宣子，且曰：「楚滅陳、蔡，不能救，而爲夷執親，將焉用之？」謂無所用之也。乃歸季孫。惠伯曰：「寡君未知其罪，合諸侯而執其老。老指季孫，諸侯之卿亦稱老。若猶有罪，猶，若也。若猶，同義詞連用。死命可也。杜注：「死晉命也。」若曰無罪而惠免之，諸侯不聞，是逃命也，何免之爲？言不爲免也。請從君惠於會。」杜注：「欲得盟會見遣，不欲私去。」宣子患之，晉若許與魯盟而後歸季孫以告諸侯，不啻自認執季孫爲非。謂叔向曰：「子能歸季孫乎？」歸季孫，使季孫歸魯也。歸爲動詞使動用法。今晉欲歸季孫，而子服惠伯欲得盟會而後歸。對曰：「不能。鮒也能。」乃使叔魚。叔魚即鮒。叔魚見季孫，往見季孫。曰：「昔鮒也得罪於晉君，自歸於魯君，杜注：「蓋襄二十一年坐叔虎與欒氏黨，并得罪。」微武子之賜，不至於今。武子，季武子，季平子之祖父。雖獲歸骨於晉，猶子則肉之，言其祖實使之返晉，感恩其祖，因及其孫，猶平子使之再生也。敢不盡情？歸子而不歸，晉欲使子返魯，而子不肯行。鮒也聞諸吏，將爲子除館於西河，西河，今陝西大荔縣、華陰縣一帶，在黃河之西也。禮記檀弓上言子夏退而老于西河之上；戰國時魏有西河之地，吳起爲西河守，皆此地。武億左傳義證云：「西河是晉之西鄙，益遠于魯，故下文遂云『平子懼』，懼其遠。」除，修治也。此句猶言使子居住于西河。其若之何？」且泣。沈欽韓補注云：「孔叢子儒服篇『大姦之人，以泣自信』，故平子信以爲真。」平子懼，先歸。惠伯待禮。杜注：「待見遣之禮。」

十四年，癸酉，公元前五二八年。周景王十七年、晉昭四年、齊景二十年、衞靈七年、蔡平二年、鄭定二年、曹武二十七年、陳惠二年、杞平八年、宋元四年、秦哀九年、楚平王熊居元年、吳夷末十六年、許悼十九年。

經

一四·一　十有四年春，正月二十五日庚申冬至，建子。意如至自晉。

一四·二　三月，曹伯滕卒。無傳。

一四·三　夏四月。

一四·四　秋，葬曹武公。無傳。

一四·五　八月，莒子去疾卒。彙纂云：「在位十四年。子郊公嗣。」

一四·六　冬，莒殺其公子意恢。

傳

一四·一　十四年春，意如至自晉，尊晉、罪己也。此解釋經文不書「季孫意如」，僅書「意如」。杜注：「以舍族爲尊晉、罪己。」吳闓生文史甄微云：「此亦一事再見之恆例。」尊晉、罪己，禮也。

一四·二 南蒯之將叛也，盟費人。欲與費邑之有關諸官吏相盟誓，同心反季氏。司徒老祁、慮癸僞廢疾，孔疏引世族譜謂司徒老祁爲一人。司徒，服虔以爲姓，馬宗璉補注則云，「此司徒蓋即小司徒，季氏家臣爲之」，亦有據。慮癸爲又一人。馬宗璉又云：「蓋老祁、慮癸二人皆爲司徒也。」二人服虔以爲皆季氏家臣，杜注以爲「南蒯家臣」，當從服說。杜預據下文二人於南蒯稱臣，故云「南蒯家臣」。顧炎武補正云：「其請於南蒯亦稱臣者，古人之謙辭爾。史記高祖紀注張晏曰：『古人相與言多自稱臣。』」此說是。俞樾平議云：「廢當讀爲發。僞發疾者，言僞爲疾發也。下文云『臣願受盟而疾興』，興即發也。若廢疾，則是痼病矣，豈能即愈乃曰『請待間而盟乎』？」此說是。使請於南蒯曰：「臣願受盟而疾興。若以君靈不死，請待間而盟。」間即論語子罕「病間」之間，病稍稍痊愈也。許之。二子因民之欲叛也，請朝衆而盟。衆即民，疑爲費城內自由民。遂劫南蒯曰：「羣臣不忘其君，杜注：「君謂季氏。」畏子以及今，三年聽命矣。子若弗圖，費人不忍其君，忍，今言狠心，謂不能對季氏狠心。將不能畏子矣。杜注：「不能復畏子。」子何所不逞欲？言到處可以快其意願，不必在費。請送子。」杜注：「送使出奔。」請期五日。杜注：「南蒯請期，冀有變。」遂奔齊。侍飲酒於景公。公曰：「叛夫！」杜注：「戲之。」對曰：「臣欲張公室也。」杜注：「張，強也。」子韓晳曰：杜注：「齊大夫。」梁履繩補釋引周氏附論謂「七年傳齊有公孫晳，子韓疑是其字」。章炳麟左傳讀以周說爲是。「家臣而欲張公室，罪莫大焉。」司徒老祁、慮癸來歸費，杜注：「歸魯。」齊侯使鮑文子致之。費人爲季氏采邑，南蒯以費叛季氏而致齊，費人不欲從南蒯，故齊景公亦僞爲好，使人還費于魯。

一四·三 夏，楚子使然丹簡上國之兵於宗丘，襄三年傳「爲簡之師」杜注：「簡，選練。」簡練者，選擇而治之也，與簡閱同義。杜注：「上國，在國都之西。西方居上流，故謂之上國。」下言「東國」，則此「上國」即謂楚之西部。兵，疑包括一切武備與卒乘。杜注：「宗丘，楚地。」據彙纂，當在今湖北秭歸縣。且撫其民。分貧，振窮；杜注：「分，與也。振，救也。」長孤幼，養老疾，收介特，杜注：「介特，單身民也。收聚不使流散。」馬宗璉補注謂介特爲傑出之材，則與下文「舉淹滯」重複，亦與「救災患」不連係，不可信。救災患，宥孤寡，說文：「宥，寬也。」故杜注云：「寬其賦稅」。孔疏云：「服虔以宥爲寬赦其罪，杜以下云『赦罪戾』，則此宥非寬罪，故以爲寬其賦稅也。」赦罪戾，詰姦慝，詰即襄二十一年傳「詰盜」之詰，禁而治之也。舉淹滯；杜注：「淹滯，有才德而未敍者。」禮新，敍舊；杜注：「新，羇旅也。」祿勳，合親；杜注：「勳，功也。親，九族。」此即賞有功，睦宗族。任良，物官。賈逵云：「物官，量能授官也。」俞樾平議云：「物謂物色之也。」物色，意即尋找難得之人才。使屈罷簡東國之兵於召陵，杜注：「兵在國都之東者。」西周策「令楚割東國以與齊」，高誘注：「楚東國，近齊南境者也。」義與此異。召陵，在今河南郾城縣東三十五里。亦見僖四年傳。亦如之。杜注：「如然丹。」好於邊疆。杜注：「結好四鄰。」然十七年吳伐楚，戰于長岸，則楚雖欲結好，而於吳未能。息民五年，而後用師，十七年長岸之役，非平王本意。至十九年，楚始主動出兵伐濮，城州來，則息民五年矣。禮也。

一四·四 秋八月，莒著丘公卒，郊公不慼。杜注：「郊公，著丘公子。」國人弗順，欲立著丘公之弟庚輿。「輿」原作「與」，今從阮元校勘記及金澤文庫本訂正。杜注：「庚輿，莒共公。」蒲餘侯惡公子意恢，而善於庚輿，杜注：「蒲餘侯，莒大夫茲夫也。意恢，莒羣公子。」郊公惡公子鐸，而善於意恢。杜注：「鐸亦羣公子。」公子鐸因蒲餘侯而與之謀，曰：「爾殺意恢，我出君而納庚輿。」許之。杜注：「爲下冬殺意恢傳。」

一四・五 楚令尹子旗有德於王，杜注：「有佐立之德。」詳去年傳。不知度，與養氏比，而求無厭。杜注：「養氏，子旗之黨，養由基之後。」王患之。九月甲午，甲午，三日。楚子殺鬬成然，鬬成然亦曰蔓成然，卽子旗。而滅養氏之族。使鬬辛居鄖，以無忘舊勳。杜注：「辛，子旗之子鄖公辛。」鄖詳桓十一年傳並注。舊勳恐不僅指子旗佐立之功，令尹子文曰鬬穀於菟，爲楚令尹者二十八年，楚莊所謂「子文無後，何以勸善」者也。楚平蓋亦指此。

一四・六 冬十二月，蒲餘侯茲夫殺莒公子意恢。郊公奔齊。公子鐸逆庚輿於齊，齊隰黨、公子鉏送之，有賂田。杜注：「莒賂齊以田。」

一四・七 晉邢侯與雍子爭鄐田，杜注：「邢侯，楚申公巫臣之子也。雍子，亦故楚人。」馬宗璉補注云：「襄二十六年傳，『雍子奔晉，晉人與之鄐。』說文：『鄐，晉邢侯邑。』是雍子、邢侯共有鄐田，故二人爭其田界。下文又言『罪在雍子』，是邢侯兼有鄐田之證。」久而無成。成，平也。謂歷時甚久，調解無成。士景伯如楚，杜注：「士景伯，晉理官。」叔魚攝理。杜注：「攝代景伯。」韓宣子命斷舊獄，罪在雍子。雍子納其女於叔魚，叔魚蔽罪邢侯。杜注：「蔽，斷也。」周禮大司寇鄭司農注：「弊之，斷其獄訟也。」蔽、弊音近通作。邢侯怒，殺叔魚與雍子於朝。宣子問其罪於叔向。叔向曰：「三人同罪，施生戮死可也。晉語三「秦人殺冀芮而施之」，韋注：「陳尸曰施。」雍子自知其罪，而賂以買直；以女嫁于叔魚而得勝訴，故曰買直，購買勝訴也。鮒也鬻獄；鬻，賣也。司法官受賄而不以情理判曲直曰鬻獄。周書酆保之「佞說鬻獄」，亦此義。邢侯專殺，其罪一也。其罪相同。己惡而掠美爲昏，杜注：「掠，取也。昏，亂也。」貪以敗官爲墨，杜注：「墨，不潔之稱。」殺人不忌爲賊。杜注：「忌，畏也。」昏謂雍子，墨謂叔魚，賊謂邢侯。夏書曰『昏、墨、賊，殺』，杜注：「三者皆死刑。」所引夏書自晉即已亡逸。皋陶之刑也，請從之。」乃施邢侯而尸雍子與叔魚於市。邢侯先殺之而後陳尸，雍子與叔魚則已死，故僅言陳尸。晉語九亦載此事，列女羊叔姬傳末段大致襲用晉語。

仲尼曰：「叔向，古之遺直也。杜注：「言叔向之直有古人遺風。」治國制刑，不隱於親。制刑亦治國之大事，而於其親不包庇隱蔽也。三數叔魚之惡，不爲末減。杜注：「末，薄也。減，輕也。」曰義也夫，王引之述聞謂「『曰』當爲『由』字之脫誤。家語正論篇載此正作『由』，則『曰』字亦當作『由』，寫者脫一直畫耳。由義，行義也。」可謂直矣！平丘之會，數其賄也，杜注：「謂言贖貨無厭。」數，責也。以寬衞國，晉不爲暴。歸魯季孫，稱其詐也，杜注：「謂言鮒也能。」以寬魯國，晉不爲虐。邢侯之獄，言其貪也，以正刑書，晉不爲頗。頗，偏也。三言而除三惡，加三利。三言謂言三次。杜注：「三惡，暴、虐、頗也。三惡除則三利加。」殺親益榮，殺親謂其弟叔魚因其言雖死而陳尸。益榮謂其名益顯著。猶義也夫」！猶讀爲由。由義，行義也。

十五年，甲戌，公元前五二七年。周景王十八年、晉昭五年、齊景二十一年、衞靈八年、蔡平三年、鄭定三年、曹平公須元年、陳惠三年、杞平九年、宋元五年、秦哀十年、楚平二年、吳夷末十七年、許悼二十年。

經

一五·一　十有五年春王正月，二月初七乙丑冬至，實建亥。有閏月，在八月後。吳子夷末卒。無傳。「夷末」，公羊作「夷昧」。夷末繼餘祭卽位，當立于襄三十年，爲君十七年。吳越春秋謂餘昧（卽夷末）立四年卒，不足信。

一五·二　二月癸酉，癸酉，十五日。有事于武宮。有事，祭祀之通稱。禮記明堂位：「魯公之廟，文世室也；武公之廟，武世室也。」鄭玄注：「此二廟象周有文王、武王之廟也。世室者，不毁之名。魯公，伯禽也；武公，伯禽之玄孫也，名敖。」至于成公六年所築之武宮，另是一事，詳彼注。籥入，叔弓卒。孔疏云：「祭必有樂，樂有文舞、武舞。文執羽籥，武執干鍼。其入廟也，必先文而後武。當籥始入，叔弓暴卒。」叔弓暴卒，疑今之腦溢血或心肌梗死病。去樂，卒事。撤去音樂，繼續祭祀完畢。

一五·三　夏，蔡朝吳出奔鄭。「朝吳」，公羊作「昭吳」；又無「出」字。

一五·四　六月丁巳朔，日有食之。無傳。此公元前五二七年四月十八日之日環蝕。此年實以周正之十二月爲正月，若以周正計算，當五月丁巳朔。去年應有閏月而未閏，因當時曆法固不甚精密。説見元史曆志二。

一五·五　秋，晉荀吳帥師伐鮮虞。

一五·六　冬，公如晉。

傳

一五·一　十五年春，將禘于武公，顧炎武補正云：「此乃時禘，記所謂『春禘秋嘗』（禮記祭義）之禘，而非五年大祭追遠之禘也。二十五年將禘於襄公，定八年禘于僖公並同。唯閔二年吉禘于莊公是大祭以審昭穆謂之禘。」戒百官。先期告戒百官，使之準備並齋戒。戒，儀禮士冠禮「主人戒賓」鄭注云：「警也，告也。」梓慎曰：「禘之日其有咎乎！吾見赤黑之祲，非祭祥也，祲，杜注以爲妖惡之氣。赤黑，其色也。喪氛也。其在涖事乎！」杜注：「涖，臨也。」蓋指當時主持祭禮之人。二月癸酉，禘。叔弓涖事，籥入而卒。去樂，卒事，禮也。杜注：「大臣卒，故爲之去樂。」

一五·二　楚費無極害朝吴之在蔡也，費無極，楚世家、伍子胥傳及淮南子俱作「費無忌」。極、忌古音相近。杜注：「朝吴，蔡大夫，有功於楚平王，故無極恐其有寵，疾害之。」欲去之，乃謂之曰：「王唯信子，故處子於蔡。子亦長矣，而在下位，辱，必求之，吾助子請。」杜注：「請求上位。」又謂其上之人曰：其上之人，蔡人在朝吴位上者。「王唯信吴，故處諸蔡，二三子莫之如也，而在其上，不亦難乎？弗圖，必及於難。」

夏，蔡人逐朝吴，朝吴出奔鄭。王怒，曰：「余唯信吴，故寘諸蔡。且微吴，吾不及此。女何故去之？」此平王對費無極之言，蓋平王已知朝吴之出奔，由于無極也。無極對曰：「臣豈不欲吴？然而前知其爲人之異也。前猶早也。異，謂有異心，不忠于楚。意謂我早知朝吴之爲人之有異心。吴在蔡，蔡必一五・三 速飛。去吳，所以翦其翼也。」杜注：「以鳥喻也。言吳在蔡，必能使蔡速强而背楚。」

一五・四 六月乙丑，乙丑，九日。王大子壽卒。杜注：「周景王子。」

一五・五 秋八月戊寅，戊寅，二十二日。王穆后崩。杜注：「大子壽之母也。傳爲晉荀躒如周葬穆后起。」

晉荀吳帥師伐鮮虞，圍鼓。鼓，國名，姬姓，白狄之別種，時屬鮮虞。國境即今河北晉縣。鼓人或請以城叛，穆子弗許。左右曰：「師徒不勤，而可以獲城，何故不爲？」穆子曰：「吾聞諸叔向曰：『好惡不愆，愆，過也。好其所當好，惡其所當惡，是謂不愆。民知所適，杜注：「適，歸也。」此猶言民知行動方向。事無不濟。』或以吾城叛，吾所甚惡也；人以城來，吾獨何好焉？賞所甚惡，此謂或以吾城叛，固己之所惡；人以城叛，亦當爲己之所惡而不當賞。若所好何？若其弗賞，是失信也，何以庇民？僖二十五年傳載晉文公之言曰：「信，國之寶也，民之所庇也。得原失信，何以庇之？所亡滋多。」與此意同。力能則進，否則退，量力而行。吾不可以欲城而邇姦，所喪滋多。」使鼓人殺叛人而繕守備。圍鼓三月，鼓人或請降。使其民見，穆子使鼓國人民來見。曰：「猶有食色，姑修而城。」軍吏曰：「獲城而弗取，勤民而頓兵，襄四年傳「甲兵不頓」孔疏「頓謂挫傷折壞」，此同。兵指兵器。何以事君？」穆子曰：「吾以事君也。獲一邑而教民怠，將焉用邑？邑以賈怠，猶言雖得邑，而買來者吏民懈怠。不如完舊。杜注：「完猶保守。」舊指不怠，勤慎。賈怠無卒，杜注：「卒，終也。」無卒謂事無好結果。棄舊不祥。鼓人能事其君，我亦能事吾君。率義不爽，率義，循義而行。爾雅釋言：「爽，忒也，差也。」好惡不愆，城可獲而民知義所，杜注：「知義所在也。」荀吳必其能獲，故因以示義。有死命而無二心，不亦可乎？」鼓人告食竭、力盡，而後取之。克鼓而反，不戮一人，以鼓子鳶鞮歸。杜注：「鳶鞮，鼓君名。」鳶同鳶，音沿。

一五·六 冬，公如晉，平丘之會故也。杜注：「平丘會，公不與盟，季孫見執。今既得免，故往謝之。」

一五·七 十二月，晉荀躒如周，葬穆后，籍談爲介。既葬，除喪，姚鼐左傳補注云：「古人喪服，由重受輕，皆曰除喪。故曰『期而除喪，道也』（禮記喪服小記）。此除喪是除疏衰四升，受以成布七升，及除麻，服葛。齊景公卒于哀五年，公羊傳於哀六年曰除景公之喪。」以文伯宴，以，與也。文伯即荀躒。樽以魯壺。杜注：「魯壺，魯所獻壺樽。」樽即尊，古代盛酒器，壺亦爲古代盛酒器，但二者形狀不同。樽以魯壺，謂以魯所貢于周室之壺爲尊。孔疏云：「周禮司尊彝云：『秋嘗冬烝，其饋獻用兩壺樽。』鄭玄云：『壺者，以壺爲尊。』」王曰：「伯氏，諸侯皆有以鎮撫王室，晉獨無有，何也？」杜注：「感魯壺而言也。」鎮撫王室謂貢獻之物。周禮大宰之職，「以九貢致邦國之用」，「三曰器貢」，即所謂鎮撫王室者。文伯揖籍談。杜注：「文伯無辭，揖籍談使對。」對曰：「諸侯之封也，皆受明器於王室，明器有二義，杜注此「謂明德之分器」。另一義，殉葬之器物亦曰明器，禮記檀弓上「孔子謂爲明器者，知喪道矣」是也。以鎮撫其社稷，故能薦彝器於王。杜注：「薦，獻也。」說文：「彝，宗廟常器也。」以青銅器銘文觀之，彝字用爲大共名，凡禮器至食用器皆曰彝。晉居深山，戎狄之與鄰，而遠於王室，王靈不及，拜戎不暇，靈，福也。焦循左傳補疏云：「拜，服也。拜戎不暇謂服戎不暇也。」據定四年傳，魯、衞之封，皆疆以周索，而晉則疆以戎索，乃知晉之先君自常與戎狄周旋。其何以獻器？」王曰：「叔氏，景王稱荀躒爲伯氏，稱籍談爲叔氏，自以二人皆姬姓之後，而伯、叔之稱，不論因其位之尊卑，抑年之大小。而忘諸乎！而同爾。諸作之用。姚鼐補注云：「晉世家載曲沃武公伐晉侯緡，滅之，盡以其寶器賄獻於周釐王，釐王命武公爲晉君，則唐叔昔之分器，當籍談時，晉已無有矣，故談忘之」云云。然器雖不在，籍談之遠祖職掌典籍，應知此事，故下云數典忘祖。叔父唐叔，成王之母弟也，周王于諸侯，同姓者，無論行輩，俱稱伯父或叔父。于晉侯稱叔父者，或以唐叔而稱「叔」歟？僖二十八年、成二年傳皆用「叔父」之稱。昭九年、三十二年傳則用「伯父」之稱，蓋沿同姓大國之例。其反無分乎？其，豈也。密須之鼓與其大路，文所以大蒐也；密須卽密，詩大雅皇矣「密人不恭，敢距大邦」，尚書大傳「文王受命，三年伐密須」，皆足證。國語周語中「密須由伯姞」，則密爲姞姓國。在今甘肅省靈台縣西五十里。互參僖十七年傳「密姬」注。周文王伐密須，得其鼓與大路（車），因以田獵檢閱。闕鞏之甲，武所以克商也，杜注：「闕鞏國所出鎧。」西周僅有皮甲而無金屬鎧，杜注不確。參文物一九七七年十期楊泓甲和鎧一文。宋羅泌路史國名紀六謂「闕鞏，周世侯伯之國」，說文作「䂬」。蓋本舊國，周武王滅之，爲周族卿之采邑，昭二十二年傳有鞏簡公可證。唐叔受之，以處參虛，杜注：「參虛，實沈之次，晉之分野。」匡有戎狄。匡疑當讀爲疆，卽今之疆，謂其國境内有戎狄。其後襄之二路，杜注：「周襄王所賜晉文公大路、戎路。」鏚鉞、秬鬯，杜注：「鏚，斧也；鉞，金鉞也。秬，黑黍；鬯，香酒。」賜鏚鉞者，奉王命得專殺戮也；賜秬鬯者，使之祭先祖也。彤弓、虎賁，周襄賜物可與僖二十八年傳互參。文公受之，以有南陽之田，撫征東夏，撫，安撫。或安撫或征伐。晉服齊、魯、鄭、宋諸國，皆在晉東，故云東夏。非分而何？夫有勳而不廢，杜注：「加重賞。」有績而載，杜注：「書功於策。」奉之以土田，杜注：「有南陽。」撫之以彝器，旌之以車服，旌，表彰，表揚。車服謂襄之二路。明之以文章，杜注：「旌旗。」子孫不忘，所謂福也。福祚之不登，叔父焉在？顧炎武日知錄卷二十七云：「言忘其彝器，是福祚之不登，惡在其爲叔父乎？」且昔而高祖孫伯黶司晉之典籍，以爲大政，故曰籍氏。顧炎武日知錄二十四云：「漢儒以曾祖之父爲高祖，考之於傳，高祖者，遠祖之名耳。」閻若璩潛丘劄記四下云：「左傳昭公十七年，郯子曰『我高祖少皞摯之立也』，則以始祖爲高祖。昭公十五年王謂籍談曰『昔而高祖孫伯黶』，則謂其九世祖爲高祖。案周書康王之誥『無壞我高祖寡命』，高祖，文、武也。在康王之世稱文、武爲高祖，是又以曾祖父、祖父爲高祖矣。」孔疏引世本：「黶生司空頡，頡生南里叔子，子生叔正官伯，伯生司徒公，公生曲沃正少襄，襄生司功大伯，伯生侯季子，子生籍游，游生談，談生秦。」王符潛夫論志氏姓云：「孫黶，晉姬姓也。」

及辛有之二子董之晉，辛有，平王時人，出僖二十二年傳。日人安井衡左傳輯釋云：「二子，次子也，謂第二子。文十八年傳，文公二妃敬嬴，生宣公；昭八年傳，陳哀公元妃鄭姬，生悼太子偃師；二妃生公子留，下妃生公子勝。皆謂次妃。次妃可言二妃，則次子亦可言二子。」沈欽韓補注云：「晉語(四)『秦伯納公子，董因迎公于河』，韋昭注：『董因，晉大夫，周太史辛有之後。傳曰，辛有之二子董之晉，故晉有董史』，則『董』是人名顯然。」於是乎有董史。章炳麟左傳讀卷七云：「董氏世爲晉史官。晉語(九)，董安于曰『方臣之少也，進秉筆贊爲名命，稱於前世，立義於諸侯』是也，不止一董狐。」女，司典之後也，司典指孫伯黶。何故忘之？」籍談不能對。賓出，賓，荀躒、籍談等人。王曰：「籍父其無後乎！數典而忘其祖。」數典即下文之舉典，典即上文之「典籍」。亦可解爲典故。孔疏云：「定十四年，晉人敗范、中行氏之師於潞，獲籍秦。秦即談之子，是無後。」

籍談歸，以告叔向。叔向曰：「王其不終乎！吾聞之：『所樂必卒焉。』所樂何事，必以何事死。今王樂憂，若卒以憂，不可謂終。終，善終，壽終也。王一歲而有三年之喪二焉，指太子壽卒與穆后死。王爲太子服三年喪，今儀禮喪服有明文；然夫于妻，則期而已矣，無服三年之文。唯墨子節葬下、非儒下、公孟篇俱有夫爲妻喪之三年之文，與儀禮異，與左傳合。惠棟補注引墨子而不得其說，顧頡剛史林雜識則謂：「喪服一經當有二本，甲本如墨子及左傳作者之所見，乙本則漢以來誦習者也。」於是乎以喪賓宴，又求彝器，樂憂甚矣，且非禮也。彝器之來，嘉功之由，由于嘉功之倒裝句。非由喪也。三年之喪，雖貴遂服，禮也。遂，終也，竟也。遂服謂如禮服喪三年。王雖弗遂，宴樂以早，以同已，太也，甚也。謂王雖不終三年喪服，與賓讌樂亦太早。亦非禮也。禮，王之大經也。一動而失二禮，顧炎武引朱申說及姚鼐補注俱謂失二禮爲以喪求器及宴樂太早。無大經矣。言以考典，杜注：「考，成也。」典謂典則。典以志經。經即禮。忘經而多言，忘經即失二禮。舉典，將焉用之？」舉典，即數舉典籍。與上文「考典」之「典」相應而義不同。

十六年，乙亥，公元前五二六年。周景王十九年、晉昭六年、齊景二十二年、衞靈九年、蔡平四年、鄭定四年、曹平二年、陳惠四年、杞平十年、宋元六年、秦哀十一年、楚平三年、吳僚元年、許悼二十一年。

經

一六·一 十有六年春，正月十七日庚午冬至，建子。齊侯伐徐。

一六·二 楚子誘戎蠻子殺之。「蠻」公羊作「曼」。蠻、曼古音近。

一六·三 夏，公至自晉。

一六·四 秋八月己亥，己亥，二十日。晉侯夷卒。

一六·五 九月，大雩。

一六·六 季孫意如如晉。

一六·七 冬十月，葬晉昭公。

傳

一六·一 十六年春王正月，公在晉，晉人止公。不書，諱之也。

一六·二 齊侯伐徐。石韞玉讀左卮言云：「『齊侯伐徐』四字應接『二月丙申』之文，中間楚取蠻氏一段，別是一事而錯簡在此。經文本不相蒙，傳亦無所蟬聯也。」楊樹達先生讀左傳說同。

楚子聞蠻氏之亂也與蠻子之無質也，杜注：「質，信也。」使然丹誘戎蠻子嘉殺之，遂取蠻氏。蠻氏已見成六年傳並注，其國當在今河南汝陽縣東南，臨汝縣西南。餘參哀四年傳注。既而復立其子焉，禮也。自「楚子」至「禮也」三十八字，應另是一傳，在「其是之謂乎」後。錯簡已久，不復移訂。

二月丙申，丙申，十四日。應移上，「齊侯伐徐」在此下。齊師至于蒲隧，蒲隧在今江蘇睢寧縣西南。徐人行成。徐子及郯人、莒人會齊侯，郯國已見襄七年經并注。盟于蒲隧，賂以甲父之鼎。甲父，古國名，清一統志謂在今山東金鄉縣南，山東通志則謂在金鄉縣西北境。沈濤銅熨斗齋隨筆卷二謂「甲父」當作「父甲」，爲人名，不足信。杜注：「徐人得甲父鼎，以賂齊。」叔孫昭子曰：「諸侯之無伯，害哉！杜注：「爲小國害。」齊君之無道也，興師而伐遠方，吳闓生文史甄微云：「當以『而伐遠方』爲句。」今從之。會之，會徐也。有成而還，莫之亢也。無有抗禦之者。無伯也夫！由于無霸主。詩曰，『宗周既滅，靡所止戾。正大夫離居，莫知我肄』，詩小雅雨無正。「宗周」，今詩作「周宗」，詩小雅正月「赫赫宗周，褒姒滅之」，亦作「宗周」，于省吾澤螺居詩義解結（載文史二期）謂本當作「宗周」是也。「肄」，今詩作「勩」。杜注：「戾，定也；肄，勞也。言周舊爲天下宗，今乃衰滅，亂無息定。執政大夫離居異心，無有念民勞者。」其是之謂乎！」杜注：「傳言晉之衰。」

一六·二　三月，「三」原作「二」，據金澤文庫本正。晉韓起聘于鄭，鄭伯享之。子產戒曰：「苟有位於朝，無有不共恪！」孔張後至，孔張，子孔之孫，以祖父字爲氏，字子張，故曰孔張。名申，又曰公孫申。其父公孫洩，見昭七年傳。後至，言賓已至，主與賓皆已至，孔張始至。立於客間，諸侯享賓之禮，儀禮不見，但可於公食大夫禮推之。此以晉韓起爲主客，其隨從爲一般賓客。子張爲鄭臣，應就其原有之位。姚鼐補注云：「公族在宗廟之中，如外朝之位。享行於廟，而於外朝位同。故子產曰『其祭在廟，已有著位』，其位蓋皆西面北上。」執政禦之；執政，杜注「掌位列者」，俞正燮癸巳類稿二執政解謂：「主司其事者，猶大射儀之爲政，謂爲射政者。」蓋亦猶鄉飲酒禮之司正。禦，拒也。

今言阻擋。適客後，又禦之；適縣間。縣同懸，懸掛鐘、磬等樂器者也。樂器在西，子張先誤至客間，被拒，又誤後退，在客後；又被拒，又後退，不得已而至鐘磬之懸間。客從而笑之。笑其張皇失措，不知應至何處。事畢，富子諫曰：杜注：「富子，鄭大夫，諫子產也。」「夫大國之人，不可不慎也，幾爲之笑，而不陵我？幾，反詰副詞，豈也。例證見詞詮。言豈有被笑而不欺我之事。服虔解「幾」爲「近」；杜注云「數見笑」，顧炎武補正申之，皆誤。于鬯香草校書謂「若云爲之笑而幾不陵我」，仍未得。我皆有禮，夫猶鄙我。夫指韓起等晉人。國而無禮，何以求榮？孔張失位，吾子之恥也。」子產怒曰：「發命之不衷，杜注：「衷，當也。」出令之不信，刑之頗類，孔疏云：「服虔讀類爲纇。解云：『頗，偏也。纇，不平也。』」獄之放紛，杜注：「放，縱也。紛，亂也。」會朝之不敬，謂國無禮敬之心。使命之不聽，杜注：「下不從上命。」取陵於大國，罷民而無功，罪及而弗知，僑之恥也。孔張，君之昆孫子孔之後也，杜注：「昆，兄也。子孔，鄭襄公兄，孔張之祖父。」邵晉涵爾雅釋親正義則云：「孔張爲鄭穆公之曾孫，今云『昆孫』者，散文言之，遠孫俱得稱昆孫也。」執政之嗣也，杜注：「子孔嘗執鄭國之政。」爲嗣大夫，承命以使，周於諸侯，謂曾受命徧使于各國。國人所尊，諸侯所知。立於朝而祀於家，立於朝謂朝有官爵，祀於家謂家有祖廟。至于祖廟所祀，服虔以爲「祀其所自出之君，於家以爲太祖」，則鄭穆公也。孔穎達疏駁之，而李貽德輯述、武億義證又申之，今已不必究詰。有祿於國，杜注：「受祿邑。」有賦於軍，有采邑之卿大夫皆出軍賦，在國家戰爭時，率屬邑軍隊作戰。如襄二十五年傳敍楚、吳之戰，楚子彊「請以其私卒誘之」，宣十二年傳楚、晉邲之戰，晉知莊子以其族反戰，十七年傳敍郤克請以其私屬伐齊。「私卒」、「其族」、「私屬」皆卿大夫之采邑之軍賦。說詳宣十二年傳並注。喪、祭有職，國有大喪、大祭，孔張俱有職事。受脤、歸脤。俞樾茶香室經說云：「成十三年傳『成子受脤於社，不敬。劉子曰：「國之大事，在祀與戎。祀有執膰，戎有受脤。」』是左氏說以宗廟之肉曰膰，社稷之肉曰脤。禮記祭法篇『諸侯自爲立社曰侯社，大夫以下成羣立社曰置社』，然則諸侯有諸侯之社，大夫有大夫之社。諸侯祭社，以祭肉賜大夫，是曰受脤；大夫祭社，亦歸肉於公，是曰歸脤。」俞說可信，其餘諸說不錄。其祭在廟，已有著位。杜注：「其祭在廟，謂助君祭。」著位，著卽位也。在位數世，世守其業，而忘其所，僑焉得恥之？辟邪之人而皆及執政，是先王無刑罰也。杜注：「言爲過謬者，自應用刑罰。」子寧以他規我。」杜注：「規，正也。」

宣子有環，其一在鄭商。王國維觀堂集林說環玦云：「余讀春秋左氏傳『宣子有環，其一在鄭商』，知環非一玉所成。歲在己未，見上虞羅氏所藏古玉一，共三片，每片上侈下斂，合三而成規。片之兩邊各有一孔，古蓋以物繫之，余謂此卽古之環也。環者，完也；對玦而言，闕其一則爲玦。玦者，缺也。以此讀左氏，乃得其解。後世日趨簡易，環與玦皆以一玉爲之，遂失其制。」宣子謁諸鄭伯，杜注：「謁，請也。」子產弗與，曰：「非官府之守器也，寡君不知。」言不與聞。子大叔、子羽謂子產曰：「韓子亦無幾求，幾，猶言不多。晉國亦未可以貳。晉國、韓子不可偷也。杜注：「偷，薄也。」不可偷猶言不可輕視。若屬有讒人交鬬其間，屬，適也，表時間，猶正當此時。交鬬意卽交構，謂離間晉、鄭。鬼神而助之，朱彬經傳攷證云：「而，如也。」以興其凶怒，悔之何及？吾子何愛於一環，愛，惜也。其以取憎於大國也？盍求而與之？」子產曰：「吾非偷晉而有二心，將終事之，是以弗與，忠信故也。僑聞君子非無賄之難，立而無令名之患。難，患也。意謂君子不患無財賄，而患立爲卿而無善名。説詳王引之述聞。僑聞爲國非不能事大、字小之難，無禮以定其位之患。難亦患也。意謂治理國家，不患不能服事大國，字養小國，而患無禮以安定其位。「之難」「之患」諸「之」字皆作「是」用。夫大國之人令於小國，而皆獲其求，將何以給之？一共一否，爲罪滋大。大國有求必應，必求而不止，終不能滿其欲，勢必拒之。或供給，或拒絶，得罪更大。大國之求，無禮以斥之，言不依禮以駁斥之。何饜之有？吾且爲鄙邑，且，將也。爲鄙邑意謂爲晉邊鄙之縣。則失位矣。杜注：「不復成國。」若韓子奉命以使，而求玉焉，貪淫甚矣，獨非罪乎？獨，豈也。例證見詞詮。出一玉以起二罪，吾又失位，韓子成貪，將焉用之？且吾以玉賈罪，不亦鋭乎？」杜注：「鋭，細小也。」

韓子買諸賈人，既成賈矣。成賈疑即今之成交。陸德明釋文以賈即今之價字，成賈謂貨價議定。然就下文「辭玉」言，以成交義爲勝。商人曰：「必告君大夫！」沈欽韓補注據此以爲「蓋列國時亦有財物闌出界外之禁」，其實非也。據下文子産之言，乃韓宣子欲「强奪商人」也。韓子請諸子産曰：「日起請夫環，執政弗義，弗義，不以爲義也。弗敢復也。今買諸商人，商人曰『必以聞』，敢以爲請。」子産對曰：「昔我先君桓公與商人皆出自周，鄭語韋注：「桓公，鄭始封之君，周厲王之少子，宣王之弟桓公友也。」宣王封之於鄭，在西都畿内棫林之地，即今陝西華縣西北。周幽王之亂，桓公將家室財寶寄存於虢、鄶之間，其後因取二國之地，都于今之河南新鄭縣。杜注云：「桓公東遷，並與商人俱。」庸次比耦以艾殺此地，庸次比耦猶言共同合作。艾同刈。艾殺猶言清除。斬之蓬、蒿、藜、藋，之作其用，斬其蓬蒿藜藋也。蓬即詩衞風伯兮「首如飛蓬」之飛蓬，多年生菊科草本植物。蒿即詩小雅鹿鳴「食野之蒿」之蒿，亦稱青蒿，亦多年生菊科植物。藜，一年生草本，新葉及嫩苗可食，莖之堅老者可以爲杖。藋音調，一名灰藋，與藜同類異種。四名代表各種野生草木。而共處之；世有盟誓，以相信也，曰：『爾無我叛，我無強賈，杜注：「無強市其物。」毋或匄奪。不乞求，不掠奪。爾有利市寶賄，我勿與知。』利市猶言好買賣，寶賄猶言奇貨。恃此質誓，哀二十年傳「先主與吳王有質」，杜注：「質，盟信也。」故能相保，以至于今。今吾子以好來辱，而謂敝邑強奪商人，是教敝邑背盟誓也，毋乃不可乎！吾子得玉，而失諸侯，必不爲也。若大國令，而共無藝，若晉國有命令，使我供貢無法則。鄭鄙邑也，謂此乃視鄭國若晉邊鄙之邑。亦弗爲也。杜注：「不欲爲鄙邑之事。」僑若獻玉，不知所成。禮記少儀鄭注：「成，善也。」不知所成，猶言不知有何道理與好處。或云，周禮太宰有八法，五曰官成，鄭玄注：「成謂官府之成事品式也。」此猶鄭之官府無此條例與故事。敢私布之。」韓子辭玉，曰：「起不敏，敢求玉以徼二罪？敢辭之。」辭玉猶退玉，不受玉也。

夏四月，鄭六卿餞宣子於郊。杜注：「餞，送行飲酒。」宣子曰：「二三君子請皆賦，二三君子猶今言諸位大臣。起亦以知鄭志。」六卿，鄭之大臣。六卿之志即足以表示鄭國之志。杜注：「詩言志也。」子齹賦野有蔓草。杜注：「子齹，子皮之子嬰齊也。」野有蔓草，詩鄭風。取其『邂逅相遇，適我願兮』。」宣子曰：「孺子善哉！子皮死於昭十三年，子齹嗣位，未滿三年喪，故宣子稱爲「孺子」，非以其年幼也。吾有望矣。」子產賦鄭之羔裘。詩有羔裘者三，鄭風有羔裘，唐風、檜風亦各有羔裘。言鄭之羔裘，所以別于唐、檜之羔裘。羔裘有云：「彼其之子，舍命不渝。」「彼其之子，邦之司直。」「彼其之子，邦之彥兮。」子產用以贊美韓起。宣子曰：「起不堪也。」不足以受此。子大叔賦褰裳。杜注：「褰裳詩曰：『子惠思我，褰裳涉溱。子不我思，豈無他人？』言宣子思己，將有褰裳之志；如不我思，亦豈無他人？」褰裳，撩起裙子。溱，鄭國之水。宣子曰：「起在此，敢勤子至於他人乎？」勤，勞也。言我在晉執政，不致使汝勞累服事他國，必能護鄭。子大叔拜。杜注：「謝宣子之有鄭。」宣子曰：「善哉，子之言是！杜注：「是，褰裳。」不有是事，其能終乎？」顧炎武補正引傅遜云：「人情相與翫習，恆不善其終。惟有是警戒，當能終於好。」子游賦風雨。杜注：「子游，駟帶之子駟偃也。風雨詩取其『既見君子，云胡不夷』。」子旗賦有女同車。杜注：「子旗，公孫段之子豐施也。有女同車取其『洵美且都』，愛樂宣子之志。」洵，誠也，信也。都，嫻雅也。言其貌既美好且風度嫻雅。子柳賦蘀兮。杜注：「子柳，印段之子印癸也。蘀兮詩取其『倡予和女』，言宣子倡，己將和從之。」宣子喜，曰：「鄭其庶乎！杜注：「庶幾於興盛。」二三君子以君命貺起，賦不出鄭志，鄭志即鄭詩，此經、傳以志爲詩也。說詳楊樹達先生積微居小學金石論叢釋詩。皆昵燕好也。杜注：「昵，親也。賦不出其國，以示親好。」二三君子，數世之主也，可以無懼矣。」宣子皆獻馬焉，而賦我將。我將，詩周頌。杜注：「取其『日靖四方，我其夙夜，畏天之威』，言志在靖亂畏懼天威。」蓋亦取「于時保之」，保小國也。子產拜，使五卿皆拜，曰：「吾子靖亂，敢不拜德！」

宣子私覲於子產以玉與馬，爾雅釋詁：「覲，見也。」曰：「子命起舍夫玉，舍同捨。是賜我玉而免吾死也，賜我玉謂賜我金玉良言。敢不藉手以拜！」原脱「不」字，今據阮元校勘記及金澤文庫本訂增。杜注：「以玉馬藉手拜謝子產。」藉手者，借此手持或牽之贈品也。此蓋餞行前事，補敘於文末。

一六·四 公至自晉，杜注：「晉人聽公得歸。」子服昭伯語季平子曰：杜注：「昭伯，惠伯之子子服回也。隨公從晉還。」「晉之公室其將遂卑矣。君幼弱，六卿彊而奢傲，奢傲卽侈泰。將因是以習，習實爲常，梁履繩補釋引尚靜齋經説云：「周書常訓解曰：『好惡生變，變習生常。』又曰：『民生而有習有常，以習爲常。』序曰：『積習生常。』傳義本此。」大戴禮保傳篇引孔子曰：「少成若天性，習貫之爲常。」漢書賈誼傳作：「少成若天性，習貫成自然。」貫，今作慣。能無卑乎！」平子曰：「爾幼，惡識國？」

一六·五 秋八月，晉昭公卒。

一六·六 九月，大雩，旱也。鄭大旱，使屠擊、祝款、豎柎有事於桑山。杜注：「三子，鄭大夫。有事，祭也。」杜氏世族譜列屠擊于雜人。僖二十八年傳另一屠擊，則晉人也。章炳麟左傳讀卷九云：「荀子宥坐云『子產誅鄧析、史付』。史付疑卽豎柎。」斬其木，不雨。子產曰：「有事於山，蓺山林也；杜注：「蓺，養護令繁殖。」而斬其木，其罪大矣。」漢書貢禹傳，禹言「斬伐林木，亡有時禁，水旱之災，未必不繇此也」。楊樹達先生讀左傳云：「森林足以防旱，古人蓋知之矣。」奪之官邑。之，其也。

一六·七 冬十月，季平子如晉葬昭公。平子曰：「子服回之言猶信。杜注：「自往見之，乃信回言」子服氏有子哉！」杜注：「有賢子也。」

十七年，丙子，公元前五二五年。周景王二十年、晉頃公去疾元年、齊景二十三年、衞靈十年、蔡平五年、鄭定五年、曹平三年、陳惠五年、杞平十一年、宋元七年、秦哀十二年、楚平四年、吳僚二年、許悼二十二年。

經

一七・一 十有七年春，正月二十九日丙子冬至，建子。小邾子來朝。元汪克寬纂疏云：「魯既卑矣，小國猶有朝者；晉亦卑矣，諸侯猶有往者。此不畏其君，而畏彊臣耳。」

一七・二 夏六月甲戌朔，日有食之。此年六月無日食，日食在周正九月癸酉朔，而據傳文，亦在周正六月。傳文或是錯簡。此年應有閏，若閏在十月以後，則爲周正十月癸酉朔。餘參傳注。

一七・三 秋，郯子來朝。

一七・四 八月，晉荀吳帥師滅陸渾之戎。公羊作「賁渾戎」。穀梁亦無「之」字。說見宣三年經注。

一七・五 冬，有星孛于大辰。

一七・六 楚人及吳戰于長岸。宋陳傅良春秋後傳云：「五年，吳嘗敗楚於鵲岸，不書；六年，敗楚於房鍾，不書，書『伐吳』而已。於是始書『戰』，則以吳、楚敵言之也。」長岸見傳注。

傳

一七·一 十七年春，小邾穆公來朝，公與之燕。季平子賦采叔，「采叔」今詩作「采菽」。杜注：「采叔，詩小雅。取其『君子來朝，何錫與之』，以穆公喻君子。」穆公賦菁菁者莪。杜注：「菁菁者莪，亦詩小雅。取其『既見君子，樂且有儀』，以答采叔。」昭子曰：「不有以國，不有，假設連詞，說見文言語法。此言若無治國之人才。以，爲也。其能久乎？」其，豈也。杜注：「嘉其能答賦，言其賢，故能久有國。」徐灝通介堂經說謂當從「以」字斷句。或謂以訓此。以固可以訓此，而無作賓語者，故不可信。

一七·二 夏六月甲戌朔，日有食之。祝史請所用幣。杜注：「禮，正陽之月日食，當用幣於社，故請之。」古人以夏正四月爲正陽之月，周正六月卽夏正四月也。請所用幣卽請示用何種物祭社。昭子曰：「日有食之，天子不舉，杜注：「不舉盛饌。」伐鼓於社；杜注：「責羣陰。」諸侯用幣於社，杜注：「請上公。」伐鼓於朝，杜注：「退自責。」禮也。」平子禦之，杜注：「禦，禁也。」曰：「止也。唯正月朔，慝未作，日有食之，於是乎有伐鼓、用幣，禮也。其餘則否。」大史曰：「在此月也。杜注：「正月謂建巳正陽之月也，於周爲六月，於夏爲四月。慝，陰氣也。四月純陽用事，陰氣未動而侵陽，災重，故有伐鼓用幣之禮也。」平子以爲六月非正月，故大史答言在此月也。古人迷信，常以天象與人事相連，以夏正四月爲純陽之月，謂之正月，亦見于詩小雅正月。正月云：「正月繁霜，我心憂傷。」夏正四月不應繁霜，故繁霜則憂傷。若周正正月，卽夏正十一月，本應繁霜，何必憂傷？日過分而未至，杜注：「過春分而未夏至。」三辰有災，杜注：「三辰，日、月、星也。日月相侵，又犯是宿，故三辰皆爲災。」古人已知日食必在朔，是時日、月與地球成一直線，日光爲月所蔽。但不知地球爲行星，繞日而行，誤謂日環行地球耳。於是乎百官降物，杜注：「降物，素服。」君不舉，辟移時，辟同避。杜注：「辟正寢，過日食時。」樂奏鼓，杜注：「伐鼓。」祝用幣，杜注：「用幣於社。」史用辭。杜注：「用辭以自責。」古人迷信日食爲上天示譴，故自責。故夏書曰『辰不集于房，杜注：「逸書也。」今僞古文尚書胤征作「辰弗集于房」。杜又云：「集，安也。房，舍也。日月不安其舍，則食。」杜未知日食，故誤注。周語「辰在斗柄」，韋注：「辰，日月之會。」此辰字亦此義。每月朔日，日月與地球成一直線，若月遮蔽日光，卽月球中心離白道（月繞地球軌道平面與天球相交之大圓）與黄道（地球公轉軌道平面與天球相交之大圓）相交點入食限，則日食。若相交點在上限（十八度三十一分）外，則無蝕。瞽奏鼓，嗇夫馳，嗇夫之名見於儀禮覲禮、管子臣道篇上、鶡冠子王鈇篇等。鄭玄注覲禮，以爲司空之屬官；尹知章注管子，則以吏嗇夫爲檢束羣吏之官，人嗇夫爲檢束百姓之官；漢書五行志下之上則謂「嗇夫，掌幣吏」。韓非子說林下亦有嗇夫，爲縣邑官。疑此嗇夫爲鄉邑官。庶人走』，此月朔之謂也。當夏四月，是謂孟夏。」平子弗從。昭子退，曰：「夫子將有異志，不君君矣。」杜注：「安君之災，故曰有異志。」孔疏：「日食，陰侵陽，臣侵君之象。救日食，所以助君抑臣也。平子不肯救日食，劉炫云『乃是不復以君爲君矣。』」江永補義云：「蓋明十五年有夏六月丁巳朔日有食之事。祝史之請、太史之言、平子之不從，皆彼年之事。左氏不審，誤繫之於此年。」王韜春秋日食辨正亦云：「不知此章傳文當在前十五年六月丁巳朔日食之下，乃由錯簡之誤。」江、王兩說皆臆說，蓋十五年六月丁巳朔日有食之，有經無傳。此年經亦載夏六月甲戌朔，日有食之，則非十五年之錯簡可知。此年本應有日食，惟在周正九月癸酉朔，不在六月朔耳。鄒伯奇則疑此簡在十二年，而脱於此。馮澂集證云：「當從鄒説爲是。」

一七・三 秋，郯子來朝，郯見宣四年傳並注。公與之宴。昭子問焉，曰：「少皞氏鳥名官，何故也？」少皞氏，古代傳説中之帝王，古書所載互有矛盾，今唯以左傳證左傳。左傳凡四言少皞氏，文十八年傳「少皞氏有不才子」、昭二十九年傳「少皞氏有四叔」及此傳兩言之。餘則互參文十八年傳、昭元年傳「昔金天氏有裔子曰昧」注。此皆不足爲信史，其他紀載不引矣。據定四年左傳，魯封於少皞之墟，郯子又爲少皞之後，故昭子問焉。郯子曰：「吾祖也，祖即下文所言之高祖。我知之。昔者黄帝氏以雲紀，故爲雲師而雲名；杜注：「黄帝，姬姓之祖也。黄帝受命有雲瑞，故以雲紀事，百官師長皆以雲爲名號，縉雲氏蓋其一官也。」縉雲氏見文十八年傳並注。史記五帝本紀集解引應劭曰：「黄帝受命有雲瑞，故以雲紀事也。春官爲青雲，夏官爲縉雲，秋官爲白雲，冬官爲黑雲，中官爲黄雲。」服虔説同。此亦傳説。師，長也。意謂各官之長皆以雲爲名。炎帝氏以火紀，故爲火師而火名；杜注：「炎帝，神農氏，姜姓之祖也。亦有火瑞，以火紀事，名百官。」孔疏引服虔云：「炎帝以火名官，春官爲大火，夏官爲鶉火，秋官爲西火，冬官爲北火，中官爲中火。」其實關于炎帝與神農，古代文獻説各不同，不必深究。服虔此説亦無據。共工氏以水紀，故爲水師而水名；杜注：「共工以諸侯霸有九州者，在神農前，大皞後，亦受水瑞以水名官。」孔疏引服虔説：「共工以水名官，春官爲東水，夏官爲南水，秋官爲西水，冬官爲北水，中官爲中水。」服虔以東南西北中配春夏秋冬中，純是受後人五行影響之説。大皞氏以龍紀，故爲龍師而龍名。杜注：「大皞，伏犧氏，風姓之祖也，有龍瑞，故以龍命官。」漢書律曆志以炎帝爲神農，以大皞爲包犧（卽伏犧），杜注本之，而後之人爭論不休，古代傳說，已無可信史料足證。至孔疏引服虔說，「大皞以龍名官，春官爲青龍氏，夏官爲赤龍氏，秋官爲白龍氏，冬官爲黑龍氏，中官爲黃龍氏」，亦受五行說而作此臆測。**我高祖少皞摯之立也，**卜辭有「高祖夔」、「高祖亥」、「高祖乙」，尚書盤庚下「肆上帝將復我高祖之德」，陳侯因資敦銘文云：「其惟因資揚皇考，邵緟高祖黃帝」，諸高祖皆謂遠祖或始祖。互詳十五年傳並注。**鳳鳥適至，故紀於鳥，爲鳥師而鳥名：鳳鳥氏，曆正也；**杜注：「鳳鳥知天時，故以名曆正之官。」**玄鳥氏，司分者也；**玄鳥卽燕。分謂春分、秋分。燕以春分來，秋分去，故名。**伯趙氏，司至者也；**伯趙卽伯勞，一名博勞，一名鵙。秋月以所捕動物貫於小枝，儲作冬糧。鳴聲甚壯。杜注云：「以夏至鳴，冬至止。」**青鳥氏，司啓者也；**杜注：「青鳥，鶬鴳也，以立春鳴，立夏止。」孔疏云：「立春、立夏謂之啓。」青鳥不知今何名，文選西京賦李善注引杜注謂「青鳥，鶬鶊也。」鶬鶊今作倉庚，俗稱黃鶯，然西京賦云「況青鳥與黃雀」，黃雀卽黃鶯（據陸璣毛詩草木鳥獸蟲魚疏），則分青鳥與黃雀爲二，李注所引亦不足據也。**丹鳥氏，司閉者也。**杜注：「丹鳥，鷩雉也。」鷩雉今名錦鷄，亦名天鷄。杜又云：「以立秋來，立冬去。入大水爲蜃。」據此，則不似天鷄。天鷄出中國西南，山東未必能有之。杜說存疑。杜又云：「上四鳥皆曆正之屬官。」**祝鳩氏，司徒也；**杜注：「祝鳩，鷦鳩也。鷦鳩孝，故爲司徒，主教民。」鷦鳩卽鵓鴣，爾雅釋鳥謂之鳺鴀，天將雨，鳴聲甚急。亦卽詩小雅四牡「翩翩者鵻」之鵻。杜注謂之性孝，恐傅會之說。**鴡鳩氏，司馬也；**杜注：「鴡鳩，王鴡也。鷙而有別，故爲司馬主法制。」王鴡，鵰類，亦謂之鶚，毛詩草木鳥獸蟲魚疏云「幽州人謂之鷲」，是猛武之禽。杜注云「有別」，則未必如此。**鳲鳩氏，司空也；**杜注：「鳲鳩，鴶鵴也。鳲鳩平均，故爲司空平水土。」詩曹風鳲鳩序云：「鳲鳩，刺不壹也。」不壹即不平。毛傳云：「鳲鳩之養其子，朝從上下，莫（暮）從下上，平均如一。」鳲鳩即今之布穀，每穀雨後始鳴，夏至後乃止，農民以爲候鳥，其聲似布穀。爽鳩氏，司寇也；杜注：「鷞鳩，鷹也。鷙，故爲司寇，主盜賊。」鶻鳩氏，司事也。鶻鳩亦名鶌鳩、鶻鵃，杜注謂「鶻鳩，鶻鵰也。」鵰即鵃字，非鵰類禽。杜又云「春來冬去」，則司事蓋指農事，春夏秋忙，冬閑。五鳩，鳩民者也。杜注：「鳩，聚也。治民上聚，故以鳩爲名。」五鳩即上文之祝鳩、鴡鳩、鳲鳩、鷞鳩、鶻鳩。五雉爲五工正，杜注：「五雉，雉有五種，西方曰鷷雉，東方曰鶅雉，南方曰翟雉，北方曰鵗雉，伊、洛之南曰翬雉。」五工正，賈逵、樊光俱謂攻木之工、摶埴之工、攻金之工、攻皮之工、設五色之工。然此據爾雅釋鳥配考工記（考工記尚有刮摩之工，凡六工，此僅言五工正，故省其一）爲說，蓋漢人相傳之說，不足以釋此，故杜不用。詳孔疏。利器用、正度量，夷民者也。孔疏云：「雉聲近夷（古同韻部），雉訓夷，夷爲平，故以雉名工正之官，使其利便民之器用，正丈尺之度、斗斛之量，所以平均下民也。」九扈爲九農正，沈欽韓補注云：「扈，說文作雇，或作鶚，籀文作鳸。蔡邕獨斷：『春扈氏農正，趣民耕種；夏扈氏農正，趣民芸除；秋扈氏農正，趣民收斂；冬扈氏農正，趣民蓋藏；棘扈氏農正，常謂茅氏，一曰掌人百果；行扈氏農正，晝爲民驅鳥；宵扈氏農正，夜爲民驅獸；桑扈氏農正，趣民養蠶；老扈氏農正，趣民收麥。』」其餘異說尚多，皆不足憑，姑引此說。扈民無淫者也。杜注：「扈，止也。止民使不淫放。」焦循補疏云：「扈，止；見小爾雅，與户訓止同也。」自顓頊以來，不能紀遠，乃紀於近。爲民師而命以民事，則不能故也。」楚語下云：「少皞之衰也，九黎亂德，顓頊受之，乃命南正重司天以屬神，命火正黎司地以屬民。」則顓頊乃繼少皞爲帝，其官有南正、火正，不用鳥、雲、龍、火、水等名爲官名，即「爲民師而命以民事」，其不能以龍、鳥紀者，無遠來之天瑞，故以就近之民事爲官名。

仲尼聞之，見於郯子而學之。此時孔丘年二十七。既而告人曰：「吾聞之，『天子失官，官學在四夷』，梁履繩補釋云：「案石經重一『官』字。家語辨物篇王肅注云：『孔子稱官學在四夷』似正文本有官字。轉寫脱去。」金澤文庫重「官」字，與王肅本合，今依訂增。猶信。」宋家鉉翁春秋詳説云：「所謂夷，非夷狄其人也。言周、魯俱衰，典章闕壞，而遠方小國之君乃知前古官名之沿革，蓋録之也。亦如孟子謂舜爲東夷之人，文王爲西夷之人，爲言遠也。或者遂以郯爲夷國，失之矣。」孔疏亦引王肅云：「郯，中國也。故吳伐郯，季文子歎曰：『中國不振旅，蠻夷入伐，吾亡無日矣。』」章炳麟左傳讀云：「劉子駿讓大常博士書云，『夫禮失求之於野』，此左傳家釋官在四夷之義也。後漢書朱浮傳，浮上書曰『語曰，中國失禮，求之於野』，卽本此。」

一七·四 晉侯使屠蒯如周，請有事於雒與三塗。屠蒯已見九年傳。杜注：「屠蒯，晉侯之膳宰也，以忠諫見進。」雒卽雒水，今作洛水，段玉裁經韻樓集有伊雒字古不作洛考，亦見其説文解字注。三塗山在今河南嵩縣西南，伊水之北，詳四年傳注。有事，祭祀也。雒與三塗皆在成周，故請于周。萇弘謂劉子曰：淮南子氾論訓云：「昔者萇弘，周室之執數者也，天地之氣、日月之行、風雨之變、律曆之數，無所不通，然而不能自知，鈹（本作車，今從王念孫讀書雜志訂正）裂而死。」「客容猛，非祭也，其伐戎乎！陸渾氏甚睦於楚，陸渾氏卽陸渾之戎，詳僖二十二年傳並注。必是故也。君其備之！」君爲敬稱之詞，不必國君始稱君。此於劉子稱君。此劉子當是劉獻公，卽二十二年傳之劉子摯。乃警戎備。九月丁卯，丁卯，二十四日。晉荀吳帥師涉自棘津，棘津，顧棟高大事表據水經注以爲在今河南汲縣南七里，沈欽韓左傳地名補注引元和志，說與顧同。或又以爲卽今汲縣南延津縣北之胙城。唯江永考實謂汲縣與陸渾戎相距甚遠，又非所由之道，乃從水經河水五注引服虔說，謂棘津猶孟津也。**使祭史先用牲于雒。**顧棟高大事表十謂「祭史」卽「祝史」。**陸渾人弗知，師從之。庚午，**庚午，二十七日。**遂滅陸渾，數之以其貳於楚也。**數謂數其罪，句法與僖二十八年傳「數之以其不用僖負羈而乘軒者三百人也」相同。**陸渾子奔楚，其衆奔甘鹿。**顧祖禹方輿紀要及彙纂謂甘鹿在今河南宜陽縣東南五十里。水經甘水注謂鹿蹏山在河南陸渾故城西北，則甘鹿在今河南嵩縣西北，江永考實謂「以傳文證之，似亦可據」，其實兩者相距不遠。**周大獲。**杜注：「先警戎備，故獲。」周大獲所奔之戎衆爲俘囚。**宣子夢文公攜荀吳而授之陸渾，故使穆子帥師，**穆子卽荀吳。**獻俘于文宮。**杜注：「欲以應夢。」文宮卽晉文公廟。

一七・五

冬，有星孛于大辰，古人孛、彗不分，至晉書天文志始以光芒四射者爲孛，長尾者爲彗。此乃是彗星，卽俗所謂掃帚星。大辰卽心宿二，又名大火。**西及漢。**漢卽銀河。謂彗星長尾光芒西及于銀河。**申須曰：「彗所以除舊布新也。**杜注：「申須，魯大夫。」彗爲掃帚，所以去塵，故云除舊布新。**天事恆象，**周語上內史過亦云「夫天事恆象」，韋昭注曰：「恆，常也。事善象吉，事惡象凶也。」此蓋古代迷信常用語。**今除於火，**言此時大火之星將不見。**火出必布焉，**大火星再出現，必布散爲災。**諸侯其有火災乎！」梓愼曰：「往年吾見之，是其徵也。**言去年亦見彗星，徵兆已見。**火出而見，**去年大火出現時而見彗星。**今茲火而章，**今年大火星出而彗星更明亮。**必火入而伏，**秋季大火始入，火災亦卽無有。**其居火也久矣，**彗星與大火相居二年來已二次。**其與不然乎？」**

其作豈用，與作句中助詞，無義。例證見詞詮。杜注：「言必然也。」火出，於夏爲三月，言夏正三月大火星昏見。於商爲四月，商正以丑月爲正月。於周爲五月。夏數得天，言夏正與自然氣象適應。夏正大體以立春之月爲正月，故周書周月云：「萬物春生、夏長、秋收、冬藏，天地之正，四時之極（猶言標準），不易之道。夏數得天。」互參白虎通三正篇、史記曆書、蔡邕獨斷。若火作，其四國當之，在宋、衞、陳、鄭乎！宋，大辰之虚也；古代將星宿分爲十二次，配屬于各國，謂之分野。大火爲宋分野。陳，大皞之虚也，大皞氏舊居陳。僖二十一年傳云：「任、宿、須句、顓臾，風姓也，實司大皞與有濟之祀。」陳爲舜後，任、宿諸國始是大皞之後，不過相傳大皞居陳而已。杜注，「木，火所自出」，不得其解，恐傅會之談。鄭，祝融之虚也，杜注：「祝融，高辛氏之火正，居鄭。」皆火房也。杜注：「房，舍也。」星孛及漢，「及」原作「天」，今從校勘記及金澤文庫本正。漢，水祥也。杜注：「天漢，水也。」漢本水名。衞，顓頊之虚也，故爲帝丘，衞此時早已徙居帝丘，即今河南濮陽縣西南之顓頊城，相傳爲顓頊所居。其星爲大水，杜注：「衞星營室。營室，水也。」水，火之牡也。言水火相配，水爲雄，火爲雌。其以丙子若壬午作乎！若，或也。作謂發火災。水火所以合也。杜注：「丙午，火；壬子，水。水火合而相薄，水少而火多，故水不勝火。」若火入而伏，必以壬午，不過其見之月。」杜注：「火見，周之五月。」以上申須、梓慎之言，皆以天象關連人事迷信之語，早已不可解，且極不科學，亦不必解。杜注不得已而解之，亦未必確。

鄭裨竈言於子産曰：「宋、衞、陳、鄭將同日火。若我用瓘斝玉瓚，鄭必不火。」瓚，杓也。玉瓚卽圭瓚。尚書文侯之命「圭瓚」傳云：「以圭爲杓柄，謂之圭瓚。」孔疏引鄭云：「圭瓚之狀，以圭爲柄，黄金爲勺，青金爲外，朱中央。」王國維觀堂集林說斝云：「斝，古人不獨以爲飲器，又以爲灌尊。周禮司尊彝『秋嘗冬烝，祼用斝彝黄彝』。余見日本住友男爵家所藏一斝，其器至大，殆與壺尊之大者所受同，蓋卽古之灌尊。則斝彝者，其器卽以斝爲之。明堂位『灌尊，夏后氏以雞夷，殷以斝，周以黄目』。左氏昭十七年傳『若我用瓘斝玉瓚』，案瓘當作灌，灌斝卽灌尊。斝所以盛鬯，瓚所用以灌也。」裨竈請用瓘斝玉瓚，卽用以祭神，禳除火災。子產弗與。杜注：「爲明年宋、衞、陳、鄭災傳。」

一七・六　吳伐楚，陽匄爲令尹，卜戰，不吉。杜注：「陽匄，穆王曾孫，令尹子瑕。」孔疏引世本「穆王生王子揚，揚生尹，尹生令尹匄。」司馬子魚曰：「我得上流，何故不吉？杜注：「子魚，公子魴也。順江而下，易用勝敵。」且楚故，楚故猶言楚國舊例。司馬令龜，楊樹達先生讀左傳云：「周禮春官大卜有『命龜』，令龜卽命龜也。令、命同義。」卜前告以所卜之事曰命龜。我請改卜。」令曰：「魴也以其屬死之，楚師繼之，其屬，子魚之私卒。楚師，則國家師旅。尚大克之！」尚，表希冀副詞。吉。戰于長岸，張洽春秋集傳引地譜謂此乃水戰。長岸，大事表七之四謂今安徽當塗縣西南三十里有西梁山，與和縣南七十里東梁山夾江相對，如門之闕，亦曰天門山。據太平寰宇記，當塗西南有二山夾大江曰博望，楚獲吳餘皇於此。子魚先死，楚師繼之，大敗吳師，獲其乘舟餘皇。杜注：「餘皇，舟名。」使隨人與後至者守之，環而塹之，及泉，盈其隧炭，陳以待命。此楚人防吳人竊取餘皇。蓋移舟于岸，四周挖深溝，以至泉水。溝有出入道曰隧，以其及地下水而濕，故以炭填滿之，爲陣以待吳人。吳公子光請於其衆，杜注：「光，諸樊子闔廬。」光乃夷末子。杜預蓋據史記吳世家而誤。詳襄三十一年傳並注。曰：「喪先王之乘舟，豈唯光之罪，衆亦有焉。請藉取之以救死。」杜注：「藉衆之力以取舟。」

衆許之。使長鬣者三人潛伏於舟側，長鬣者，長壯之人，參昭七年傳並注。曰：「我呼餘皇，「餘」字本無，據校勘記及金澤文庫本增。則對。師夜從之。」杜注：「師，吳師也。」三呼，皆迭對。杜注：「迭，更也。」楚人從而殺之。謂楚師追逐吳之呼應者，光率師殺楚師。楚師亂，吳人大敗之，取餘皇以歸。

十八年，丁丑，公元前五二四年。周景王二十一年、晉頃二年、齊景二十四年、衞靈十一年、蔡平六年、鄭定六年、曹平四年、陳惠六年、杞平十二年、宋元八年、秦哀十三年、楚平五年、吳僚三年、許悼二十三年。

經

一八·一　十有八年春王三月，正月初十辛巳冬至，建子。曹伯須卒。

一八·二　夏五月壬午，壬午，十三日。宋、衞、陳、鄭災。

一八·三　六月，邾人入鄅。鄅音禹。據顧棟高大事表，鄅國，妘姓，子爵，在今山東臨沂縣北十五里。明年宋以婚姻之國伐邾，邾盡歸鄅俘，則鄅又復存。不知何年其地入于魯，哀三年魯城啓陽，啓陽即鄅國。

一八·四　秋，葬曹平公。

一八·五　冬，許遷于白羽。成十五年許遷于葉，自後常以葉爲都。昭九年自葉遷于夷，十一年遷許于楚境内，十三年平王復之，又歸于葉。傳云「葉在楚方城之外蔽」，則足證楚自葉遷許。白羽在今河南西峽縣西關外。

傳

一八・一 十八年春王二月乙卯，乙卯，十五日。周毛得殺毛伯過，而代之。杜注：「代居其位。」萇弘曰：「毛得必亡。是昆吾稔之日也，詩商頌長發云：「韋顧既伐，昆吾、夏桀」，故尚書湯誓孔疏引皇甫謐云：「左氏以爲昆吾與桀同以乙卯日亡。」昆吾本人名，韋昭鄭語「昆吾爲夏伯矣」注謂「昆吾，祝融之孫，陸終第一子」。呂氏春秋君守篇「昆吾作陶」，卽此人也。又詳十二年傳「昔我皇祖伯父昆吾」注。初封于帝丘，故哀十七年傳衞有昆吾之觀、昆吾之虛。其後國仍名昆吾，其君亦曰昆吾。續漢書郡國志一注「安邑」下引帝王世紀曰：「縣西有鳴條陌，湯伐桀，戰昆吾亭。左傳，昆吾與桀同日亡。」尚書湯誓孔疏解之云：「明昆吾亦來安邑，欲以衞桀，故同日亡，而安邑有其亭也。」杜注：「稔，熟也，侈惡積熟。」卽惡貫滿盈意。侈故之以。卽「以侈之故」倒裝句，與十三年傳「魯故之以」同。而毛得以濟侈於王都，不亡，何待？」杜注：「爲二十六年毛伯奔楚傳。」

一八・二 三月，曹平公卒。杜注：「爲下會葬見原伯起本。」然亦說明經之曹伯須卽曹平公。蓋左氏傳例，如於經無所補充或解釋，則不爲傳，故有有經無傳者。

一八・三 夏五月，火始昏見。火卽大火，心宿二。丙子，丙子，七日。風。梓愼曰：「是謂融風，火之始也；淮南子地形訓曰：「東北曰炎風。」高誘曰：「艮氣所生也，一曰融風。」張晏曰：「融風，立春木風也，火之母也，火所始生也。」七日，其火作乎！」杜注：「從丙子至壬午七日。壬午，水火合之日，故知火當作。」戊寅，戊寅，九日。風甚。壬午，大甚。宋、衞、陳、鄭皆火。梓愼登大庭氏之庫以望之，杜注：「大庭氏，古國名，在魯城內，魯於其處作庫，高顯，故登以望氣。」莊子胠篋篇謂「昔者容成氏、大庭氏」云云，則大庭氏爲相傳古帝之名，或後以爲國也。續漢書郡國志亦云：「魯國有大庭氏之庫。」曰：「宋、衞、陳、鄭也。」數日皆來告火。

裨竈曰：「不用吾言，鄭又將火。」杜注：「前年（去年）裨竈欲用瓘斝禳火，子產不聽，今復請用之。」鄭人請用之，子產不可。子大叔曰：「寶以保民也，楊樹達先生讀左傳云：「寶、保古音同，此以聲爲訓。」若有火，有同又。國幾亡。幾，殆也。可以救亡，子何愛焉？」愛，惜也。子產曰：「天道遠，人道邇，非所及也，何以知之？自然之理幽遠，人世之理切近，兩不相關，如何由天道而知人道。竈焉知天道？是亦多言矣，是，此人，指裨竈。豈不或信？」亦有偶爾言中者。遂不與。亦不復火。

鄭之未災也，里析告子產曰：「將有大祥，杜注：「里析，鄭大夫。祥，變異之氣。」民震動，國幾亡。吾身泯焉，泯，滅也，盡也，猶言死亡。弗良及也。杜注：「言將先災死。」孔疏引服虔云：「良，能也。」國遷，國謂都城，卽隱元年傳「大都不過參國之一」之「國」。此謂遷都。其可乎？」子產曰：「雖可，吾不足以定遷矣。」蓋謂遷都乃大事，一人不足以決定。吳闓生以子產死于二十年，因謂「子產亦將死，故不足以定遷也」，不知子產於後二年始病，病數月始死，此時何由預知其死。及火，里析死矣，未葬，子產使輿三十人遷其柩。

火作，子產辭晉公子、公孫于東門，晉在鄭西，而辭于東門者，蓋東門鄭之繁華區市，詩鄭風「出其東門，有女如雲」、「東門之墠」、「東門之栗」，屢言東門而不言西、南、北門，蓋雖有此三門，而不若東門道路之平易也。使司寇出新客，新客，杜注：「新來聘者。」禁舊客勿出於宮。舊客，諸侯之大夫已來者。宮猶宅也。自秦以後始以帝王所居擅宮名。禁之者，恐火而亂因受害也。其所居蓋已防火及之矣。使子寬、子上巡羣屏攝，至于大宮。子寬，游吉之子游速。子上，世族譜列于雜人，非駟帶也。駟帶字子上，已死于六年。杜注：「二子，鄭大夫。屏攝，祭祀之位。大宮，鄭祖廟。巡行宗廟，不得使火及之。」使公孫登徙大龜，杜注：「登，開卜大夫。」使祝史徙主祏於周廟，告於先君。祏音石。杜注：「祏，廟主石函。周廟，厲王廟也。有火災，故合羣主於祖廟，易救護。」使府人、庫人各儆其事。杜注：「儆，備火也。」禮記曲禮下「在府言府，在庫言庫」，鄭玄注：「府謂寶藏貨賄之處也，庫謂車馬兵甲之處也。」蓋府庫亦可互通，周禮有大府、內府等而無掌庫之官。商成公儆司宮，杜注：「商成公，鄭大夫。司宮，巷伯、寺人之官。」亦子產使之。出舊宮人，寘諸火所不及。杜注：「舊宮人，先公宮女。」司馬、司寇列居火道，一則救火，一則禁盜。行火所焮。焮音欣，集韻：「爇也。」火所燒處，行而救助之。城下之人伍列登城。杜注：「爲部伍登城，備姦也。」楊寬古史新探謂「城下之人，當即鄉中的正卒」。明日，使野司寇各保其徵，杜注：「野司寇，縣士也。火之明日，四方乃聞災，故戒保所徵役之人。」孔疏云：「周禮司寇屬官有縣士，各掌其縣之民數而聽其獄訟。若邦有大役，聚衆庶。」各保其徵，使所徵發之徒役不散。郊人助祝史，除於國北，楊寬云：「郊人卽是郊內鄉的長官。」杜注：「爲祭處於國北者，就大陰禳火。」除，除地爲祭祀之壇。禳火于玄冥、回祿，杜注：「玄冥，水神。回祿，火神。」祈于四鄘。杜注：「鄘，城也。城積土，陰氣所聚，故祈祭之，以禳火之餘災。」書焚室而寬其征，與之材。登記被燒之房舍，減免其賦稅，與以築室之材。三日哭，國不市。杜注：「示憂戚，不會市。」使行人告於諸侯。宋、衞皆如是。陳不救火，許不弔災，君子是以知陳、許之先亡也。哀十七年楚滅陳，定六年鄭滅許。

一八·四 六月，鄅人藉稻，鄅人卽鄅君。藉有數說：孔疏引服虔云：「藉，耕種於藉田也。」卽古代天子爲藉田千畝，諸侯爲藉田百畝，一般于立春前後，君王親耕一次，純係形式，掘發土塊而已，謂之藉禮。然此時已是夏正四月，種稻之時，非行藉禮之時，服說不可從。杜注云：「其君自出藉稻，蓋履行之。」孔疏云：「藉，踐履之義，故爲履行之。」卽巡行踏勘其藉田以督農奴耕種。此說較可信。或謂藉卽襄二十五年傳「賦車藉馬」之藉，謂督收田稅。然一則此非收割之時，二則收稅有專官，人君不親往。此妄說。邾人襲鄅。鄅人將閉門，闔閉城門。邾人羊羅攝其首焉，杜注：「斬得閉門者頭。」孔疏：「攝訓爲持也，斬得閉門者首而持其頭。」焦循補疏亦云：「攝首者，手提其頭。」俞樾平議則云：「此蓋以手相搏，而攝持其頭，非斬之也。閉門者既爲所持，不能自脫，邾衆遂乘間而入耳。」竹添光鴻會箋云：「論語：『千乘之國攝乎大國之間。』攝，夾攝。羊羅攝其首，亦言其首爲門扇所夾攝也。蓋羅先鄅人未閉門，急以己首內於門，門扇爲首所礙，不得閉，因遂入之也。」然城門之扇甚重，頭伸入而爲城門所夾，必將破碎，此說不合情理。遂入之，盡俘以歸。鄅，國小民少，故邾人能盡俘其人。鄅子曰：「余無歸矣。」從帑於邾，其妻室亦被俘，故從之而至邾。邾莊公反鄅夫人，而舍其女。舍，據孔疏，止而留之。

一八·五 秋，葬曹平公。往者見周原伯魯焉，杜注：「原伯魯，周大夫。」與之語，不說學。說同悅。歸以語閔子馬。閔子馬曰：「周其亂乎！夫必多有是說，是說，不學之說。而後及其大人。杜注：「大人，在位者。」言不好學之說多，然後影響及在位者。大人患失而惑，患失卽論語陽貨篇之「患失之」，患失位也。章炳麟左傳讀謂患借爲慣，失通佚；患失意卽慣于安逸，不可信。惑，不明理也。又曰：『可以無學，無學不害。』不害而不學，以無知爲無害，因而不學。則苟而可，則一切政務苟且卽可。於是乎下陵上替，在下者駕陵于上。替，廢也，惰也，弛也。在上者廢弛也。能無亂乎？夫學，殖也。殖，種植。言學習譬如種植。不學，將落，孔疏云：「夫學如殖草木也，不學則才知日退，將如草木之隊(墜)落枝葉也。」原氏其亡乎！」此章應王室亂，及二十九年殺原伯魯之子。

一八·六　七月，鄭子產爲火故，大爲社，竹添光鴻會箋云：「爲火特祭，蓋禮物備具，大於常祭，故稱大也。」然祭社未有作爲社者，此解無據。周禮典同注：「爲，作也。」句謂大築社廟也。祓禳於四方，祭四方之神以解除災患。振除火災，說文：「振，舉救之也。」易萃象辭「君子以除戎器，戒不虞」，孔疏：「除者，治也。脩治戎器。」振除猶言救治。禮也。乃簡兵大蒐，精選車乘徒兵，將大檢閱，大演習。將爲蒐除。爲檢閱清除場地。子大叔之廟在道南，其寢在道北，禮記喪大記云「君夫人卒於路寢，大夫世婦卒於適寢」，則此寢卽適寢，子大叔家所居也。其庭小，其庭謂子大叔廟寢之庭。因其小，故必須拆毁其廟或寢。過期三日，清除檢閱之場地，必須拆毁若干建築物，而有限期。使除徒陳於道南廟北，除徒，子大叔所命清除場地之徒卒。陳，列也。曰：「子產過女，而命速除，乃毁於而鄉。」鄉同向。除徒所向，子大叔之廟也。欲拆毁廟。子產朝，過而怒之。杜注：「怒不毁。」除者南毁。拆廟垣。子產及衝，衝，四通八達之處，卽街道交叉之中心點。使從者止之，曰：「毁於北方。」

不毁廟而毁其居室。

火之作也，子產授兵登陴。授以兵器，登于城牆。子大叔曰："晉無乃討乎？"杜注："辭晉公子公孫，而授兵，似若叛晉。"子產曰："吾聞之，小國忘守則危，況有災乎？國之不可小，國家之不可被人輕視。有備故也。"既，晉之邊吏讓鄭曰："鄭國有災，晉君、大夫不敢寧居，晉君及其大夫不敢安居。卜筮走望，走爲動詞，望爲名詞。哀六年傳"江、漢、睢、漳，楚之望也"，昭七年傳"並走羣望"，二十六年傳"並走其望以祈王身"皆可證。走望，謂四出祭祀名山大川。不愛牲玉。祭祀必用犧牲玉帛，晉不吝惜。鄭之有災，寡君之憂也。今執事撊然授兵登陴，孔疏引服虔云："撊然，猛貌也。"將以誰罪？邊人恐懼，不敢不告。"子產對曰："若吾子之言，敝邑之災，君之憂也。敝邑失政，天降之災，又懼讒慝之間謀之，以啓貪人，荐爲敝邑不利，杜注："荐，重也。"重即再次。以重君之憂。幸而不亡，猶可説也；授兵之事，尚可解釋。不幸而亡，君雖憂之，亦無及也。也作矣用。鄭有他竟，望走在晉。顧炎武日知録二十七云："言鄭有他竟之憂也，則望晉走晉以救助之。"既事晉矣，其敢有二心？"

一八·七 楚左尹王子勝言於楚子曰："許於鄭，仇敵也，而居楚地，以不禮於鄭。十三年平王復遷邑，許自楚境還居葉，恃楚而不事鄭。葉亦楚邑。晉、鄭方睦，鄭若伐許，而晉助之，楚喪地矣。君盍遷許。許不專於楚，許若遷出楚境，則不爲楚所專有。鄭方有令政，令，善也。許曰：『余舊國也。』許舊在許昌市，後爲鄭所有。襄十一年傳言諸侯伐鄭，"東侵舊許"，昭十二年傳楚靈王云，"伯父昆吾舊許是宅，今鄭人貪賴其田」，並可爲證。鄭曰：『余俘邑也。』隱十一年鄭莊公滅許而復存之，許遷後，鄭仍得其地。葉在楚國，方城外之蔽也。杜注：「爲方城外之蔽障。」會箋云：「是年楚子遷許于析，更以葉封沈諸梁，號曰葉公。定五年葉公始見于傳，哀四年再見，十六年又見，蓋自是爲楚重鎮矣。」土不可易，杜注：「易，輕也。」言國土不可輕視。國不可小，杜注：「謂鄭。」許不可俘，讎不可啓，君其圖之！」楚子説。説同悦。冬，楚子使王子勝遷許於析，實白羽。杜注：「於傳時，白羽改爲析。」蓋以經言白羽，則白羽爲舊名，析則作傳時名。

十九年，戊寅，公元前五二三年。周景王二十二年、晉頃三年、齊景二十五年、衞靈十二年、蔡平七年、鄭定七年、曹悼公午元年、陳惠七年、杞平十三年、宋元九年、秦哀十四年、楚平六年、吴僚四年、許悼二十四年。

經

一九・一　十有九年春，正月二十一日丙戌冬至，建子。宋公伐邾。杜注：「爲鄅。」

一九・二　夏五月戊辰，戊辰，五日。許世子止弒其君買。

一九・三　己卯，己卯，十六日。地震。無傳。

一九・四　秋，齊高發帥師伐莒。

一九・五　冬，葬許悼公。無傳。

一九·一 十九年春，楚工尹赤遷陰于下陰，陰謂陰地之戎。陰本周邑，見二十二年傳並注。昭九年傳有陰戎，杜注謂卽陸渾之戎，蓋屬晉矣。或者其散居伊川之外者，楚猶能遷之。下陰在今湖北光化縣（今已改爲老河口市）西，漢水北岸。令尹子瑕城郟。郟本鄭邑，後屬楚。元年楚城犨、櫟、郟三邑，鄭人懼。郟卽今河南三門峽市稍西北舊郟縣治。叔孫昭子曰：「楚不在諸侯矣，其僅自完也，以持其世而已。」遷陰城郟，皆是防禦性措施，故云「僅自完」。完，保守也。持，守也，保也。

一九·二 楚子之在蔡也，郹陽封人之女奔之，生大子建。杜注：「蓋爲大夫時往聘蔡。」孔疏云：「賈逵云：『楚子在蔡，爲蔡公時也。』杜以楚子十一年爲蔡公，十三年而卽位，若在蔡生子，唯一二歲耳，未堪立師傅也。至今七年，未得云『建可室矣』，故疑爲大夫時聘蔡也。」郹陽，郹音決。蔡邑，亦卽二十三年傳之郹，當在今河南新蔡縣境。娶女不依禮曰奔，猶近代之姘居。及卽位，使伍奢爲之師，杜注：「伍奢，伍舉之子，伍員（音云）之父。」費無極爲少師，無寵焉，太子建不喜之。欲譖諸王，曰：「建可室矣。」杜注：「室，妻也。」此作動詞，猶云成家，卽娶妻。王爲之聘於秦，無極與逆，迎娶也。勸王取之。正月，楚夫人嬴氏至自秦。杜注：「王自取之，故稱『夫人至』，爲下拜夫人起。」

一九·三 鄎夫人，宋向戌之女也，向戌已見成十五年傳並注。故向寧請師。杜注：「寧，向戌子也。」請於宋公伐郳。」程公説春秋分紀云：「戌生五子，曰勝，曰宣，曰鄭，曰行，曰寧。」二月，宋公伐邾，圍蟲。蟲，邾邑，當今山東濟寧縣境。三月，取之，乃盡歸鄅俘。

一九・四 夏，許悼公瘧。患瘧疾。五月戊辰，飲大子止之藥卒。大子奔晉。書曰「弒其君」，君子曰：「盡心力以事君，舍藥物可也。」服虔曰：「禮，醫不三世不使。君有疾，飲藥，臣先嘗之；親有疾，飲藥，子先嘗之。公疾未瘳，而止進藥，雖嘗而不由醫而卒，故國史書『弒』告於諸侯。」萬斯大學春秋隨筆云：「夫瘧非必死之疾，治瘧無立斃之劑。今藥出自止，飲之卽卒，是有心毒殺之也。」

一九・五 邾人、郳人、徐人會宋公。乙亥，乙亥，五月十二日。同盟于蟲。杜注：「終宋公伐邾事。」

一九・六 楚子爲舟師以伐濮。杜注：「濮，南夷也。」詳見文十六年傳「百濮」注。費無極言於楚子曰：「晉之伯也，邇於諸夏，而楚辟陋，辟同僻。故弗能與爭。若大城城父，春秋同名異地者多，城父亦有二，昭九年傳之城父，本陳國夷邑，漢于此置城父縣。此城父則本屬楚之邑，在今河南寶豐縣東四十里，漢以避同名故，改名父城縣，今名曰父城保。段玉裁校本、王引之述聞、孔廣林校經録、江永地理考實、沈欽韓地名補注皆據漢志、晉志、水經汝水注諸書説漢以後地理者謂此「城父」爲「父城」之誤倒，實難依據，況史記楚世家及張守節正義引括地志亦並作「城父」耶？唯顧棟高大事表謂楚有兩城父，甚確。史記正義引服虔説亦作「城父」。而寘大子焉，以通北方，王收南方，是得天下也。」王説，從之。故大子建居于城父。

令尹子瑕聘于秦，拜夫人也。

一九・七 秋，齊高發帥師伐莒，杜注：「莒不事齊故。」莒子奔紀鄣。杜注：「紀鄣，莒邑也。」當在今江蘇贛榆縣北，
或在今柘汪與海頭之間。使孫書伐之。杜注：「孫書，陳無宇之子子占也。」初，莒有婦人，莒子殺其夫，已
爲嫠婦。杜注：「寡婦爲嫠。」嫠音釐。及老，託於紀鄣，託，寄居。與襄二十七年傳「託於木門」義同。紡焉以
度而去之。紡綫或葛絲爲繩索也。度，量城之高度也。去，藏也，亦作弆，音莒。漢書陳遵傳「皆藏去以爲榮」，師
古注：「去亦藏也。」説詳顧炎武補正下。及師至，則投諸外。孔疏：「當是繫繩城上而投其所垂於外。」杜注以爲「隨
之而出」，劉炫云「婦人不出」，此則難追究，亦不必追究矣。或獻諸子占，子占使師夜縋而登。杜注：「縁繩登
城。」登者六十人，縋絕。師鼓譟，城上之人亦譟。莒共公懼，啓西門而出。七月丙子，丙子，
十四日。齊師入紀。孔疏云：「此紀即上紀鄣也。」釋例土地名於莒地有紀鄣、紀二名。
一九・八 是歲也，鄭駟偃卒。子游娶於晉大夫，生絲，弱，杜注：「子游，駟偃也。」弱，幼少。其父兄立子
瑕。孔疏引世本，「子游、子瑕並公孫夏之子」，則子瑕乃絲之叔父。世族譜云：「子瑕，駟乞，獻子。」子產憎其爲人
也，杜注：「憎子瑕。」且以爲不順，應立子而立弟，非春秋時繼承之常法。弗許，亦弗止。杜注：「許之爲違禮，
止之爲違衆，故中立。」駟氏聳。杜注：「聳，懼也。」他日，絲以告其舅。其舅卽晉之大夫。冬，晉人使以幣
如鄭，問駟乞之立故。駟氏懼，駟乞欲逃，子產弗遣；請龜以卜，亦弗予。大夫謀對，商量如何
對答晉問。子產不待而對客曰：「鄭國不天，杜注：「不獲天福。」寡君之二三臣札瘥夭昏，因疫癘而死
曰札，見周禮大司樂「大札令弛縣」鄭玄注。爾雅釋詁云：「瘥，病也」，則病死曰瘥。短命而死曰夭。昏，王念孫云：「昏之

言泯，没也。」詳王引之述聞。實則尚書益稷「下民昏墊」鄭玄卽云：「昏，没也。」亦作殙。廣雅：「殙，死也。」今又喪我先大夫偃。其子幼弱，其一二父兄懼隊宗主，隊同墜，落也，絶也。大夫之繼承者，爲一宗之主。駟偃，駟氏宗主。偃死，必有繼承之者。私族於謀，卽謀於私族之倒文，陸粲附註已言之，王引之述聞言之更詳。而立長親。長親謂駟乞，親子之年長者。寡君與其二三老曰：孔疏云：「二三老者，鄭之卿大夫也。」儀禮聘禮記「延及二三老拜」，鄭注亦云：「大夫曰老。」實則天子、諸侯、卿大夫之用事臣均可曰老，詳元年傳注。此二三老，猶言二三大臣。『抑天實剥亂是，吾何知焉？』剥猶亂也，見後漢書董卓傳「因遭崩剥之勢」注。剥亂，同義詞連用。二十六年傳「單旗、劉狄剥亂天下」同。句言天欲亂繼承常法，吾等何能與聞。抑，語首助詞。諺曰『無過亂門』，二十二年傳，「人有言曰：『唯亂門之無過。』」周語下亦云：「人有言曰：『無過亂人之門。』」呂氏春秋原亂篇則云「故詩曰，『毋過亂門』，所以遠之也」，以諺爲詩。民有亂兵，石經、宋本作「兵亂」，金澤文庫本作「亂兵」。猶懼過之，而況敢知天之所亂？今大夫將問其故，抑寡君實不敢知，抑，轉接連詞，猶而也。其誰實知之？平丘之會，杜注：「在十三年。」君尋舊盟曰：『無或失職！』若寡君之二三臣，其卽世者，卽世猶去世。晉大夫而專制其位，是晉之縣鄙也，何國之爲？」內政而爲他國干涉，是他國之縣邑也，鄭何爲國家？辭客幣而報其使，辭幣，示拒絶其責問。報使，示以禮待其人。晉人舍之。舍同捨，置而不再問也。

一九・九　楚人城州來，沈尹戌曰：惠棟補注云：「沈尹戌，杜注：『莊王曾孫，葉公諸梁父也。』王符潛夫論曰：『左司馬戌者，莊王之曾孫；葉公諸梁者，戌之第三弟也。』高誘呂覽注曰：『沈尹戌，莊王之孫，沈諸梁葉公子高之父也。』三說不同。」「楚人必敗。昔吳滅州來，杜注：「在十三年。」子旗請伐之。王曰：『吾未撫吾民。』今亦如之，而城州來以挑吳，能無敗乎？」侍者曰：「王施舍不倦，息民五年，可謂撫之矣。」戌曰：「吾聞撫民者，節用於內，而樹德於外，民樂其性，性同生。而無寇讎。今宮室無量，民人日駭，勞罷死轉，轉卽孟子梁惠王下「老弱轉乎溝壑」之轉，尸體拋棄也。亦作轉尸，淮南子主術訓云：「死無轉尸。」死轉卽死而轉尸也。忘寢與食，非撫之也。」杜注：「傳言平王所以不能霸。」

一九·一〇 鄭大水，龍鬬于時門之外洧淵，洧水源出河南登封縣東北陽城山，流經密縣，過新鄭縣南，爲洧淵。顧棟高大事表七之二云：「洧水在鄭城南，知〔時門〕是城南門也。」水經洧水注云：「洧水又東爲洧淵水，春秋傳曰『龍鬬于時門之外洧淵』，卽此潭也。」國人請爲禜焉。孔疏云：「禜，祭名。元年傳曰：『山川之神，則水旱癘疫之不時，於是乎禜之。』」子產弗許，曰：「我鬬，龍不我覿也；龍鬬，我獨何覿焉？覿，見也。禳之，則彼其室也。顧炎武補正云：「言淵固龍之室也，豈能禳而去之？」彼其，其作之用。吾無求於龍，龍亦無求於我。」乃止也。

一九·一一 令尹子瑕言蹶由於楚子，杜注：「蹶由，吳王弟，五年，靈王執以歸。」曰：「彼何罪？諺所謂『室於怒市於色』者，楚之謂矣。室於怒市於色乃倒句，戰國策韓策二云「語曰，『怒于室者色于市』」，卽正常句。杜注：「言靈王怒吳子而執其弟，猶人忿於室家而作色於市人。」舍前之忿可也。」乃歸蹶由。

二十年，己卯，公元前五二二年。周景王二十三年、晉頃四年、齊景二十六年、衞靈十三年、蔡平八年、鄭定八年、曹悼二年、陳惠八年、杞平十四年、宋元十年、秦哀十五年、楚平七年、吳僚五年、許男斯元年。

經

二〇・一 二十年春王正月。二月初一己丑冬至，實建亥。此年有閏，詳傳注。

二〇・二 夏，曹公孫會自鄸出奔宋。無傳。「鄸」，穀梁作「夢」。杜注：「鄸，曹邑。」據山東通志，在今山東菏澤縣西北三里。會，宣公之孫，子臧之子。新序節士篇記子臧讓國之事，與成十五年傳同，唯末云「故春秋賢而褒其後」，章炳麟左傳讀謂公羊傳曰：「曷爲不書其畔，爲公子喜時之後諱也。」亦即新序「褒其後」之義。

二〇・三 秋，盜殺衞侯之兄縶。「縶」，公羊、穀梁作「輒」，縶、輒二字古音相近。王夫之稗疏云：「出公不應與伯祖父同名，左氏爲是。」

二〇・四 冬十月，宋華亥、向寧、華定出奔陳。「寧」，公羊作「甯」。

二〇・五 十有一月辛卯，辛卯，七日。蔡侯廬卒。無傳。「廬」本作「盧」，今從石經、宋殘本、金澤文庫本。

傳

二〇・一 二十年春王二月己丑，據隋書律曆志引張冑玄説、新唐書曆志一行説及王韜、新城新藏推算，朔日實爲庚寅，王韜且謂己丑爲正月晦。是年冬至，據張冑玄推算在辛卯，王韜、新城新藏同，則己丑爲二月初二也。日南至。孔疏：「曆法十九年爲一章，章首之歲必周之正月朔旦冬至。僖五年『正月辛亥朔日南至』，是章首之歲年也。計僖五年至往年合一百三十三年，是爲七章。今年復爲章首，故云是歲朔日冬至之歲也。朔日冬至，謂正月之朔，當言正月己丑朔日南至。今傳乃云『二月己丑日南至』，曆之正法，往年十二月宜置閏月，即此年正月當是往年閏月；此年二月乃是正月，故朔日己丑日南至也。時史失閏，往年錯不置閏，閏更在二月之後，傳於八月之下乃云閏月戊辰殺宣姜，是閏在二月後也。」但古曆粗疏，於天象未盡相合。王韜春秋朔閏日至考謂此年建亥，即認爲去年若置閏月，則此年建子矣。何幼琦左氏日南至辨惑論此甚詳。梓愼望氛，杜注：「氛，氣也。」墨子迎敵祠篇、史記文帝紀皆言望氣以覘吉凶。梓愼，魯之日官，故登臺望氣。曰：「今茲宋有亂，國幾亡，三年而後弭。蔡有大喪。」杜注：「爲宋華、向出奔，蔡侯卒傳。」叔孫昭子曰：「然則戴、桓也。杜注「戴族，華氏；桓族，向氏。」汏侈，無禮已甚，已甚，太甚也。亂所在也。」

二〇・二 費無極言於楚子曰：「建與伍奢將以方城之外叛，自以爲猶宋、鄭也，言將割據，自成一國。齊、晉又交輔之，將以害楚，其事集矣。」襄二十六年傳「今日之事幸而集」杜注：「集，成。」此言將成矣。王信之，問伍奢。伍奢對曰：「君一過多矣，杜注：「一過，納建妻。」說文：「多，重也。」何信於讒？」王執伍奢，使城父司馬奮揚殺大子。顧棟高大事表十云：「周禮夏官有都司馬，鄭云『都，王子弟所封及三公采地也；司馬主其軍賦』，則此城父司馬即周禮都司馬之職也。」通志氏族略四云：「奮氏，高辛氏才子八元伯奮之後。楚有奮揚。」未至，而使遣之。杜注：「知大子寃，故遣令去。」三月，大子建奔宋。王召奮揚，奮揚使城父人執己以至。服虔云：「城父人，城父大夫也。」王曰：「言出於余口，入於爾耳，誰告建也？」對曰：「臣告之。君王命臣曰：『事建如事余。』臣不佞，杜注：「佞，才也。」不能苟貳。奉初以還，杜注：「奉初命以周旋。」不忍後命，後命謂殺之。故遣之。既而悔之，亦無及已。」王曰：「而敢來，何也？」對曰：「使而失命，使命未完成故曰失命。召而不來，是再奸也。杜注：「奸，犯也。」再奸猶二次違命。逃無所入。」王曰：「歸，從政如他日。」杜注：「善其言，舍使還。」還歸城父仍爲司馬也。說苑立節篇襲取此段。

無極曰：「奢之子材，若在吳，必憂楚國，盍以免其父召之。彼仁，必來。不然，將爲患。」王使召之，曰：「來，吾免而父。」而同爾。棠君尚謂其弟員曰：棠，地名，路史國名紀三謂今之江蘇南京市之六合縣，恐不確。沈欽韓地名補注謂卽棠谿城，據方輿紀要，在今河南遂平縣西北百里，或然。「棠君」釋文云：「君或作尹。」王引之述聞以爲作「尹」者是，或謂「傳文本無『尚』字」，皆未必確。伍員，員音云，國語吳語作申胥，蓋以申爲氏，其字爲子胥。史記有伍子胥傳。「爾適吳，我將歸死。吾知不逮，知同智。自以爲才智不及其弟。我能死，爾能報。報謂報殺父之仇。聞免父之命，不可以莫之奔也；親戚爲戮，不可以莫之報也。王念孫謂「親戚謂其父也」，說詳王引之述聞。親戚古有多義，說詳顧炎武日知錄卷二十四。奔死免父，孝也；度功而行，仁也；杜注：「仁者貴成功。」擇任而往，知也；員擇復仇之任，此爲智。知死不辟，勇也。尚自知往必死而仍往，爲勇。父不可棄，杜注：「俱去爲棄父。」名不可廢，杜注：「俱死爲廢名。」爾其勉之！相從爲愈。」從讀爲縱，各不相強也。從如字讀亦通，謂從我之言。伍尚歸。奢聞員不來，曰：「楚君、大夫其旰食乎！」旰音幹，晚也。謂楚之君臣將有吳國來攻之憂患，不得早食。楚人皆殺之。

員如吳，傳言伍員逕至吳，與費無極及伍尚之言合。而伍子胥傳、呂氏春秋異寶首時諸篇、吳越春秋、越絕書多言伍員經歷宋、鄭、許諸國，最後適吳，與傳異。言伐楚之利於州于。杜注：「州于，吳子僚。」吳、越之君無謚有號，吳子乘即壽夢，諸樊即遏，光即闔廬。史記吳世家以僚爲夷末子，然據公羊傳襄二十九年傳，則以僚（州于）爲壽夢庶長子。公子光曰：「是宗爲戮，而欲反其讎，不可從也。」反讎即報讎。言伍員之父兄被殺，伍員欲報其仇，伐楚非爲吳。員曰：「彼將有他志，杜注：「光欲弒僚，不利員用事，故破其議，而員亦知之。」余姑爲之求士，而鄙以待之。」杜注：「許未得用，故進勇士以求入於光。」王念孫云：「鄙以待之謂退處於野以待之也。」說詳王引之述聞。乃見鱄設諸焉，鱄音專，或即作「專」。「設」爲語詞，猶孟子離婁下庚公之斯、尹公之他諸「之」字，公孫丑上孟施舍之「施」字。公羊、史記、吳越春秋等書即作專諸。而耕於鄙。伍員事，又見呂氏春秋及諸子，而吳越春秋更多怪異之說，恐難信。

二〇·三
宋元公無信多私，而惡華、向。華定、華亥與向寧謀曰：「亡愈於死，先諸？」亡，逃亡。杜注：「恐元公殺己，欲先作亂。」華亥僞有疾，以誘羣公子。公子問之，問疾病。則執之。夏六月丙申，丙申，九日。殺公子寅、公子御戎、公子朱、公子固、公孫援、公孫丁，通志氏族略三：「宋平公子御戎字子邊。」拘向勝、向行於其廩。杜注：「八子皆公黨。」程公說春秋分紀世譜七云：「戌生五子，曰勝、曰宜（字子祿）、曰鄭、曰行（四子並無後）、曰寧。」互參十九年傳並注。公如華氏請焉，弗許，遂劫之。癸卯，癸卯，十六日。取大子欒與母弟辰、公子地以爲質。杜注：「欒，景公也。」宋博古圖録三有宋公欒之鼎蓋，銘云：「宋公欒之餗鼎」，一九七八年河南固始縣掘得銅簠，銘云：「又(有)殷天乙唐(湯)孫宋公緣乍其妹句吴夫人季子媵簠。」緣即欒。史記宋世家謂宋景公名頭曼，或另一名。辰爲太子欒之同母弟，地是辰兄，皆宋元公之子，詳孔穎達疏及陸德明經典釋文。公亦取華亥之子無慼、向寧之子羅、華定之子啓，與華氏盟，以爲質。杜注：「爲此冬華、向出奔傳。」

二〇·四 衞公孟縶狎齊豹，杜注：「公孟，靈公兄也。齊豹，齊惡之子，爲衞司寇。狎，輕也。」奪之司寇與鄄。之猶其也。鄄，齊豹之邑，在今山東鄄城縣西北。互參莊十四年經注。有役則反之，無則取之。杜注：「縶足不良，故有役則以官邑還豹使行。」公孟惡北宫喜、褚師圃，欲去之。杜注：「喜，貞子。」公子朝通于襄夫人宣姜，杜注：「宣姜，靈公嫡母。」懼，而欲以作亂。故齊豹、北宫喜、褚師圃、公子朝作亂。

初，齊豹見宗魯於公孟，見音現，推薦也，介紹也。爲驂乘焉。杜注：「爲公孟驂乘。」馬宗璉補注：「月令鄭注：『人君之車必使勇士衣甲居右而參乘，備非常也。』」宗魯爲公孟驂乘，亦是取其有勇力。將作亂，而謂之曰：「公孟之不善，子所知也，勿與乘，吾將殺之。」對曰：「吾由子事公孟，子假吾名焉，故不吾遠也。假吾名猶言借我以善名譽，即爲我宣揚。不吾遠，不遠吾，即公孟親近我。雖其不善，吾亦知之；抑以利故，抑猶但也。不能去，是吾過也。今聞難而逃，是僭子也。僭，不信也。杜注：「使子言不信也。」子行事乎，吾將死之，以周事子；杜注：「周猶終竟也。」謂使殺公孟事成功。俞樾平議引説文，解「周」爲密，不泄言，亦通。而歸死於公孟，其可也。」

丙辰，丙辰，二十九日。衞侯在平壽。杜注：「平壽，衞下邑。」公孟有事於蓋獲之門外，杜注：「有事，祭也。蓋獲，衞郭門。」齊子氏帷於門外，而伏甲焉。使祝鼃寘戈於車薪以當門，鼃同蛙。使一乘從公孟以出；使華齊御公孟，宗魯驂乘。及閎中，杜注謂「閎，曲門中」。蓋祝鼃以薪車當門，故從曲門出。齊氏用戈擊公孟，宗魯以背蔽之，斷肱，以中公孟之肩。皆殺之。公孟及宗魯皆被殺。

公聞亂，乘，驅自閱門入。慶比御公，公南楚驂乘。梁履繩補釋云：「謂公者，即公子、公孫之號，故傳又稱南楚。其後即以公南爲氏。潛夫論志氏姓云：『衞之公族公南氏。』廣韻『公』字下所引姓苑『衞大夫公南文子』是也。」使華寅乘貳車。杜注：「公副車。」及公宮，鴻駵魋駟乘于公。通志氏族略四云：「鴻氏，大鴻氏之後也。」杜注：「鴻駵魋復就公乘，一車四人。」公載寶以出。褚師子申遇公于馬路之衢，顧棟高大事表七之云：「此當爲城門內之衢路。」遂從。杜注：「從公出。」過齊氏，使華寅肉袒，執蓋以當其闕，杜預謂「肉袒示不敢與齊氏爭」，顧炎武補正則謂「肉袒示必死」，後說較長。蓋，形似今之傘，本以遮日光或雨，此以擋兵器。闕，空闕處。齊氏射公，中南楚之背，公遂出。寅閉郭門，杜注：「不欲令追者出。」踰而從公。杜注：「踰郭出。」公如死鳥。顧棟高云：「死鳥當是郭門外東向適齊之地也。」析朱鉏宵從竇出，徒行從公。杜注：「朱鉏，成子，黑背孫。」魯亦有析朱鉏，見哀八年傳。

齊侯使公孫青聘于衞。杜注：「青，頃公之孫。」字子石，見下文。既出，聞衞亂，使請所聘。上文既出，是公孫青出齊都或齊境。塗中聞衞侯已出，不知應聘問否，及向誰聘問，故遣使問齊侯。公曰：「猶在竟內，則衞君也。」未出國境，仍是國君。乃將事焉，杜注：「將事，行聘事。」遂從諸死鳥。請將事。行聘禮。辭曰：「亡人不佞，失守社稷，越在草莽，吾子無所辱君命。」賓曰：「寡君命下臣於朝曰：『阿下執事。』顧炎武補正引傅遜云：「阿下，親附而卑之。」執事指衞侯，説詳于鬯校書。臣不敢貳。」杜注：「貳，違命也。」主人曰：「君若惠顧先君之好，照臨敝邑，「照」原作「昭」，今從阮元校勘記及金澤文庫本正。鎮撫其社稷，則有宗祧在。」杜注：「言受聘當在宗廟也。」乃止。杜注：「止不行聘事。」衞侯固請見之。欲見公孫青。不獲命，以其良馬見，公孫青不得已，以己之良馬爲見衞侯之禮。爲未致使故也。杜注：「未致使，故不敢以客禮見。」未致使卽未行聘禮，致使命。衞侯以爲乘馬。杜注：「喜其敬己，故貴其物。」乘馬，駕乘之馬。賓將掫，説文：「掫，夜戒有所擊也。」詳襄二十五年「干掫」傳並注。主人辭曰：「亡人之憂，不可以及吾子；草莽之中，不足以辱從者。從者卽指公孫青，猶言執事，客套語。敢辭。」賓曰：「寡君之下臣，君之牧圉也。若不獲扞外役，是不有寡君也。臣懼不免於戾，請以除死。」親執鐸，説文：「鐸，大鈴也。」終夕與於燎。杜注：「設火燎以備守。」章炳麟讀燎爲僚，謂與于衞侯之巡夜者。

齊氏之宰渠子召北宮子。杜注：「北宮喜也。」北宮氏之宰不與聞，謀殺渠子，遂伐齊氏，滅之。丁巳晦，六月大，丁巳，三十日。公入，與北宮喜盟于彭水之上。杜注：「喜本與齊氏同謀，故公先與喜盟。」彭水當近衞都，今無存。秋七月戊午朔，遂盟國人。八月辛亥，辛亥，二十五日。公子朝、褚師圃、子玉霄、子高魴出奔晉。通志氏族略三：「子玉氏，姬姓，衞大夫子玉霄之後。」路史高辛紀下：「衞有子高、子玉之氏。」世族譜列霄、魴二人入雜人。杜注：「皆齊氏黨。」閏月戊辰，戊辰，十二日。殺宣姜。杜注：「與公子朝通謀故。」衞侯賜北宮喜謚曰貞子，賜析朱鉏謚曰成子，而以齊氏之墓予之。杜謂皆死而賜謚及墓田。然證以洹子孟姜壺銘，郭沫若謂陳無宇生時卽稱洹子，謚可以生時卽有，詳積微居金文說洹子孟姜壺跋。

衞侯告寧于齊，且言子石。杜注：「子石，公孫青，言其有禮。」孔疏引世本：「頃公生子夏勝，勝生子石青。」齊侯將飲酒，徧賜大夫曰：「二三子之教也。」杜注：「喜青敬衞侯。」苑何忌辭，不受賜酒。曰：「與於青之賞，必及於其罰。杜注：「何忌，齊大夫。言青若有罪，亦當並受其罰。」在康誥曰，父子兄弟，罪不相及，今尚書康誥文不同。所引乃其意，非原文。況在羣臣？臣敢貪君賜以干先王？」杜注：「言受賜則犯康誥之義。」先王指成王，成王封康叔爲衞之始封君，康誥乃爲此作。

琴張聞宗魯死，此琴張非孔丘弟子，此時孔丘年三十一，據史記仲尼弟子列傳，子張少孔丘四十餘歲，則此時猶未生。將往弔之。仲尼曰：「齊豹之盜，而孟縶之賊，女何弔焉？杜注：「言齊豹所以爲盜，孟縶所以見賊，皆由宗魯。」據孔丘止琴張之弔宗魯，或友朋相規勸。章炳麟讀引莊子大宗師篇以證琴張卽子張，然莊子不足據也。君子不食姦，杜注：「如公孟不善而受其祿，是食姦也。」不受亂，杜注：「許豹行事，是受亂也。」不爲利疚於回，杜注：「疚，病；回，邪也。以利故不能去，是病身於邪。」不以回待人，陶鴻慶別疏云：「宗魯知死公孟，而不能諫阻齊豹使不爲難，以公孟之不善爲可殺，是以邪待公孟也。知齊豹將殺公孟而聽之，是以邪待齊豹也。皆所謂以回待人。」不蓋不義，蓋卽掩蓋，齊豹殺公孟，不義也。而宗魯不洩其謀，蓋不義也。或曰：「廣雅釋言：『蓋，黨也。』言宗魯與齊豹爲黨也。」説本朱彬攷證及章炳麟左傳讀。雖可通，不如取掩蓋義。不犯非禮。」杜注：「以二心事繫，是非禮。」

二〇·五 宋華、向之亂，公子城、公孫忌、樂舍、司馬彊、向宜、向鄭、楚建、郳甲出奔鄭。杜注：「八子，宋大夫，皆公黨，辟難出。」公子城，杜注謂「平公子」，通志氏族略三謂「字子邊」。樂舍，杜注謂「樂喜孫」。向宜、向鄭，杜注謂「皆向戌子」。楚建，即楚平王之太子建，時逃亡在宋。郳甲，杜注謂「小邾穆公子」。其徒與華氏戰于鬼閻，杜注：「八子之徒衆也。」杜氏土地名云：「宋地鬼閻。」據彙纂，在今河南西華縣東北三十里。敗子城。子城適晉。杜注：「子城爲華氏所敗，別走至晉。爲明年子城以晉師至起本。」

華亥與其妻，必盥而食所質公子者而後食。所質公子卽太子欒及其母弟辰與公子地。公與夫人每日必適華氏，食公子而後歸。華亥患之，欲歸公子。向寧曰：「唯不信，宋元公無信。故質其子。若又歸之，死無日矣。」公請於華費遂，將攻華氏。杜注：「費遂，大司馬，華氏族。」對曰：「臣不敢愛死，愛，惜也。無乃求去憂而滋長乎！杜注：「恐殺大子，憂益長。」臣是以懼，敢不聽命？」公曰：「子死亡有命，子謂太子欒及其弟公子辰、公子地。余不忍其訽。」杜注：「訽，恥也。」釋文：「本或作詬。」音候，又音冓。冬十月，公殺華、向之質而攻之。戊辰，戊辰，十三日。華、向奔陳，華登奔吳。杜注：「登，費遂之子，黨華、向者。」向寧欲殺大子。華亥曰：「干君而出，干，犯也。又殺其子，其誰納我？且歸之有庸。」杜注：「可以爲功善。」使少司寇牼以歸，杜注：「以三公子歸公也。牼，華亥庶兄。」據説文「牼」字引春秋傳，牼字牛。曰：「子之齒長矣，不能事人。言其年老，不能逃至他國爲人臣。以三公子爲質，杜注「質，信也。送公子歸，可以自明不叛之信。」必免。」免於罪罰。公子既入，華牼將自門行。杜注：「從公門去。」公遽見之，執其手，曰：「余知而無罪也，入，復而所。」而同爾。杜注：「所，所居官。」

二〇·六 齊侯疥，疥音戒，卽疥癬蟲寄生之傳染性皮膚病。梁元帝以爲當作痎，爲二日一發之瘧，顏子推家訓書證篇信之，孔疏亦引梁人袁狎語以明之，其實不可信。陸德明釋文既已駁之，王引之述聞、焦循補疏、沈欽韓補注、蘇輿晏子春秋校注皆申明陸說，是也。遂痁，痁音苦，又音店。說文：「有熱瘧。」正字通云：「多日之瘧爲痁。」此非由疥轉瘧，晏子春秋內諫上作「疥且痁」，明疥是疥，痁是痁，兩病同時有，非因此疾轉彼疾。期而不瘳。期同朞，一年也。諸侯之賓問疾者多在。杜注：「多在齊。」梁丘據與裔款言於公曰：梁丘據與裔款，據杜注，皆景公所寵倖之大夫。通志氏族略三云：「梁丘氏，齊大夫，食采梁丘。」然莊三十二年經「宋公、齊侯遇梁丘」，通志以梁丘爲宋邑，距齊都八百里，中間又隔魯國，此時未必入于齊，鄭樵此說未必可信。晏子春秋內諫上裔款作會譴，當另一人。裔款亦見晏子內篇與外篇。「吾事鬼神豐，於先君有加矣。今君疾病，爲諸侯憂，是祝、史之罪也。諸侯不知，其謂我不敬，君盍誅於祝固、史嚚以辭賓？」杜注：「欲殺嚚、固以辭謝來問疾之賓。」孔疏引服虔說，解固爲固陋，嚚爲嚚闇，非人名，不確，孔穎達已駁之。公說，告晏子。晏子曰：「日宋之盟，杜注：「日，往日也。」宋盟在襄二十七年。屈建問范會之德於趙武。范會，卽士會。趙武曰：『夫子之家事治；言於晉國，竭情無私。其祝、史祭祀，陳信不愧；其家事無猜，其祝、史不祈。』杜注：「家無猜疑之事，故祝、史無求於鬼神。」建以語康王。杜注：「楚王。」康王曰：『神、人無怨，宜夫子之光輔五君以爲諸侯主也。』」杜

注：「五君，文、襄、靈、成、景。」公曰：「據與款謂寡人能事鬼神，故欲誅于祝、史，子稱是語，何故？」疑晏嬰所答非其所問。對曰：「若有德之君，外內不廢，外指國事，內指宮中。不廢，無廢事也。上下無怨，孔疏引服虔云：「上下謂人神。」孔則云：「此猶如孝經『上下無怨』也，言人臣及民上下無相怨耳。」動無違事，違事，違禮之事。其祝、史薦信，薦信猶言陳其實情。薦，進也，此謂進言。無愧心矣。杜注：「君有功德，祝、史陳說之，無所愧。」是以鬼神用饗，用，因也。饗，饗其祭祀。國受其福，祝、史與焉。杜注：「與受國福。」其所以蕃祉老壽者，爲信君使也，其言忠信於鬼神。其適遇淫君，外內頗邪，上下怨疾，動作辟違，從欲厭私，吳闓生文史甄微云：「從音縱。」杜注：「使私情厭足。」高臺深池，撞鐘舞女。「鐘」原作「鍾」，今從石經、宋本、宋殘本、岳本、金澤文庫本。斬刈民力，哀二年傳云：「斬艾百姓。」淮南子覽冥訓高注：「斬艾百姓，以草木論也，不養之也。」斬刈即斬艾。輸掠其聚，章炳麟云：「輸讀爲愉。詩山有樞『他人是愉』，箋云：『愉，取也。』輸亦掠也。」說詳左傳讀。以成其違，不恤後人。暴虐淫從，從讀爲縱，放縱也。肆行非度，無所還忌，杜注：「還猶顧也。」秦策三「盡公不還私」，史記蔡澤傳作「盡公而不顧私」，可以證成杜義。不思謗讟，不憚鬼神。神怒民痛，無悛於心。其祝、史薦信，是言罪也；杜注：「以實白神，是爲言君之罪。」其蓋失數美，是矯誣也。孔疏云：「掩蓋愆失，妄數美善，是矯詐誣罔也。」進退無辭，則虛以求媚。杜注：「作虛辭以求媚於神。」虛謂虛辭，卽與實際無關之言。是以鬼神不饗其國以禍之，俞樾平議云：「『之』字衍文也。」此當以『鬼神不饗』爲句，『其國以禍』爲句。」然作一句讀可通，不必無據删字。祝、史與焉。所以夭昏孤疾者，爲暴君使也，其言

僭嫚於鬼神。」說文：「僭，假也。」「嫚，侮傷（從段玉裁注）也。」僭嫚猶欺詐輕侮。公曰：「然則若之何？」對曰：「不可爲也。山林之木，衡鹿守之；楊樹達先生讀左傳云：「鹿讀爲麓。說文：『麓，守山林吏也。』」澤之萑蒲，萑音完，詩豳風七月「八月萑葦」，萑蒲卽蘆葦之類，可以作葺屋、製簾、編席之用。舟鮫守之；莊述祖五經小學述、段玉裁說文解字注、沈欽韓補注、王紹蘭經說均謂「舟鮫」爲「舟魰」之誤。魰爲⿲彳魚卩之重文。魯語下有舟虞，蓋卽舟魰。晏子春秋外篇亦作「舟鮫」，乃後人據左傳竄本改之，非舊文。宋翔鳳過庭録云：「唐文粹二十一卷王維京兆尹張公德政碑云『舟漁、衡麓之守廢』，漁與魰通，知唐人所見本尚未誤也。」藪之薪蒸，薪蒸卽柴木，釋文：「麤曰薪，細曰蒸。」虞候守之；海之鹽、蜃，蜃，大蛤也。祈望守之。杜注：「衡鹿、舟鮫、虞候、祈望皆官名也。言公專守山澤之利，不與民共。」縣鄙之人，入從其政；偪介之關，「偪介」本作「偪尒」，尒卽邇字。此謂迫近國都之關卡。說詳王引之述聞。暴征其私；言私有財物過國都關卡，苛征雜稅重。承嗣大夫，强易其賄。承嗣大夫，謂大夫之世襲其位者。強易猶言強買。易，交易。賄，財物也。布常無藝，布謂公佈，常指政令。藝，準則。言所布政令毫無準則。徵斂無度；宮室日更，淫樂不違。違，離也。內寵之妾，肆奪於市；肆，放肆。外寵之臣，僭令於鄙。杜注：「詐爲教令於邊鄙。」私欲養求，竹添光鴻會箋云：「養謂口體之奉，求謂玩好之類，皆私欲也。」不給則應。杜注：「所求不給，則應之以罪。」民人苦病，夫婦皆詛。祝有益也，詛亦有損。聊、攝以東，杜注：「聊、攝，齊西界也。」聊在今山東聊城縣西北。「攝」亦作「聶」，僖元年經「次于聶北救邢」是也，當在今聊城縣境內。姑、尤以西，杜注：「姑、尤，齊東界也。」姑卽今大姑河，源出山東招遠縣會仙山，南流經萊陽縣西南。尤卽小姑河，源出掖縣北馬鞍山，南流注入大姑，合流南經平度縣爲沽河。至膠縣與膠萊河合流入海。其爲人也多矣。雖其善祝，豈能勝億兆人之詛？禮記內則孔疏云：「億之數有大小二法，其小數以十爲等，十萬爲億，十億爲兆也；其大數以萬爲等，萬萬爲億，萬億曰兆。」君若欲誅於祝、史，修德而後可。」公說，使有司寬政，毁關，去禁，山澤之利與民共。薄斂，已責。杜注：「除逋責。」責同債。李平心卜辭金文中所見社會經濟史實考釋云：「左傳之『已責』，實卽豁免積欠租稅。後漢書光武紀載建武二十二年九月地震詔，『其口賦逋稅而廬宅尤破壞者勿收責』，正可與『已責』互證。」晏子春秋外篇上襲取此傳，而末有「公疾愈」三字。

二〇·七　十二月，齊侯田于沛，杜注：「言疾愈行獵。沛，澤名。」梁履繩補釋引尚靜齋經說云：「沛卽莊八年『田于貝丘』，史記作『沛丘』是也。蓋地多水草，故常田獵于此。」則在今山東博興縣南。江永考釋云：「水經注，『時水至梁鄒城，入於沛』，則沛亦近齊國都之水名。」章炳麟左傳讀則云：「十二諸侯年表，魯昭公二十年『齊景公與晏子狩，入魯，問禮』，是年卽齊景公二十六年，云獵魯界，因入魯，然則沛在齊、魯界上。凡水草相半者皆可言沛，非必一地矣。」然以文論，沛仍是地名。招虞人以弓，不進。杜注：「虞人，掌山澤之官。」公使執之。辭曰：「昔我先君之田也，旃以招大夫，弓以招士，皮冠以招虞人。孔疏云：「周禮，孤卿建旃，大夫尊，故麾旃以招之也。逸詩『翹翹車乘，招我以弓』，古者聘士以弓，故弓以招士也。諸侯服皮冠以田，虞人掌田獵，故皮冠以招虞人也。」然孟子萬章下謂招虞人「以皮冠，庶人以旃，士以旂，大夫以旌」。除招虞人以皮冠外，餘皆不同，不知其故。孔子家語襲此傳作「旌以招大夫」，乃據孟子改之。臣不見皮冠，故不敢進。」乃舍之。仲尼曰：「守道不如守官。」賈子道術云：「道者所從接物也。」實亦由君臣相接爲義，故所招不當其官，則可以不守是道。說詳章炳麟左傳讀。君子韙之。此句有兩解。如此用引號，則孔丘僅云「守道不如守官」，君子以其言爲是。若引號在「韙之」下，則孔丘引「守道不如守官」，而又謂「君子韙之」。

二〇·八 齊侯至自田，晏子侍于遄臺，沈欽韓地名補注云：「肇域志，遄臺在臨淄縣東一里。通志，在縣西五十里，今名歇馬亭。」總之，當在今山東臨淄區附近。江永考實則以爲在今博興縣東北。據「至自田」，至謂至國都，則遄臺當在臨淄不遠處。子猶馳而造焉。杜注：「子猶，梁丘據。」公曰：「唯據與我和夫！」晏子對曰：「據亦同也，焉得爲和？」公曰：「和與同異乎？」對曰：「異。和如羹焉，水、火、醯、說文：「醯，酢也。」酢卽醋字。醢、醢音海，肉醬也。詩大雅行葦「醓醢以薦」，毛傳：「以肉曰醓醢。」爾雅李巡注：「以肉作醬曰醢。」鹽、梅，梅，梅味酸，古人調味亦用梅醢。以烹魚肉，燀之以薪，燀音闡，音諂。說文：「炊也。」宰夫和之，調和其味。齊之以味，濟其不及，以洩其過。齊音劑，齊之，使酸鹹適中也。不及謂酸鹹不足，則加梅鹽。濟，增益之義。過謂太酸太鹹，則加水以減之。洩，減也。君子食之，以平其心。君臣亦然。君所謂可而有否焉，杜注：「否，不可也。」可中而有不可。臣獻其否以成其可；獻謂指出並糾正之，使去其不可，而得純可。君所謂否而有可焉，臣獻其可以去其否，獻謂指出並加益之，去其不可，轉否爲可。是以政平而不干，干，犯也。此可有兩解，一義政令本身不違禮制，一義民人不致違犯政令。民無爭心。故詩曰：『亦有和羹，既戒既平。鬷嘏無言，時靡有爭。』詩見商頌烈祖篇。和羹，調和之羹。戒，戒宰夫也。平，其味適中也。鬷，中庸引作奏，聲之轉也。嘏，今詩作「假」。鬷假即奏格，奏，獻薦；格，神至也。無言，無所指謫。因此則朝野皆無所争。或謂奏假爲奏嘉樂，不確。先王之濟五味、和五聲也，五味，辛、酸、鹹、苦、甘。五聲，宮、商、角、徵、羽。以五味、五聲喻政。以平其心，平心則不致意氣用事，而從事宜。成其政也。聲亦如味，一氣，杜注：「須氣以動。」二體，杜注：「舞者有文、武。」古代奏樂多配以舞，文舞執羽籥，武體執干戚。三類，杜注：「風、雅、頌。」四物，杜注：「雜用四方之物以成器。」孔疏云：「樂之所用八音之器，金、石、絲、竹、匏、土、革、木，其物非一處能備，故雜用四方之物以成器。」五聲，六律，杜注：「黄鍾、大蔟、姑洗、蕤賓、夷則、無射也。陽聲爲律，陰聲爲吕。」律吕所以分别聲音之清濁、高下；樂器之音，以此爲準則。七音，釋文：「七音，宮、商、角、徵、羽、變宮、變徵也。」七音即今之音階，do，le，mi 等。八風，杜注：「八方之風。」吕氏春秋古樂篇云：「顓頊登爲帝，惟天之合，正風乃行，其音若熙熙淒淒鏘鏘，帝顓頊好其音，乃令飛龍作效八風之音。」九歌，杜注：「九功之德皆可歌也。六府三事謂之九功。」九歌、九功又見文七年傳。以相成也；清濁、小大，短長、疾徐，哀樂、剛柔，遲速、高下，出入、周疏，以相濟也。杜注：「周，密也。」高下疑即今之高音低音。君子聽之，以平其心。心平，德和。故詩曰『德音不瑕』。詩豳風狼跋。杜注：「義取心平則德音無瑕闕。」今據不然。君所謂可，據亦曰可；君所謂否，據亦曰否。若以水濟水，誰能食之？若琴瑟之專壹，禮記樂記孔疏云：「言琴瑟專一，唯有一聲，不得成樂。」誰能聽之？同之不可也如是。」晏子春秋外篇上襲取此段，末有「公曰善」三字，蓋後加。

飲酒樂。公曰：「古而無死，其樂若何！」而猶如也，假設連詞。晏子對曰：「古而無死，則古之樂也，君何得焉？昔爽鳩氏始居此地，杜注：「爽鳩氏，少皞氏之司寇也。」季萴因之，杜注：「季萴，虞、夏諸侯，代爽鳩氏者。」有逢伯陵因之，杜注：「逢伯陵，殷諸侯，姜姓。」據山東通志，逄陵城在今山東淄川廢治西南四十里。「有」爲名詞詞頭，如有周、有夏之類。蒲姑氏因之，「蒲姑」亦作「薄姑」，故城在今臨淄區西北五十里。而後大公因之。漢書地理志下師古注曰：「武王封太公于齊，初未得爽鳩氏之地，成王以益之也。」古若無死，「若」原作「者」，從阮元校勘記改正。爽鳩氏之樂，非君所願也。」韓詩外傳十、列子力命篇載類此。

二〇·九 鄭子產有疾，謂子大叔曰：「我死，子必爲政。唯有德者能以寬服民，其次莫如猛。夫火烈，民望而畏之，故鮮死焉；水懦弱，民狎而翫之，杜注：「狎，輕也。」翫借爲玩，弄也。則多死焉，故寬難。」杜注：「難以治。」疾數月而卒。自襄公三十年子皮授子產政，至此已二十一年有餘，呂氏春秋謂子產相鄭十八年，誤。子產墓在陘山，今新鄭縣西南，見晉書杜預傳、水經潩水注及寰宇記。韓詩外傳三有鄭哭子產事。大叔爲政，不忍猛而寬。鄭國多盜，取人於萑苻之澤。取讀爲聚，人卽盜也，謂羣盜聚於澤中。說詳王引之述聞。楊樹達先生讀左傳則云：「疑傳文本只作『聚於萑苻之澤』，『聚』下半字壞，故誤分爲『取人』二字耳。」萑苻之澤，舊說多謂卽僖三十三年傳之原圃。然凡叢生蘆葦之水澤皆可謂之萑苻之澤，不必原圃。上章云「澤之萑蒲」，萑苻卽萑蒲。大叔悔之，曰：「吾早從夫子，不及此。」興徒兵以攻萑苻之盜，盡殺之，盜少止。

仲尼曰：「善哉！政寬則民慢，慢則糾之以猛。猛則民殘，殘則施之以寬。寬以濟猛，猛以濟寬，政是以和。詩曰『民亦勞止，汔可小康；惠此中國，以綏四方』，施之以寬也。詩大雅民勞。止，語末助詞。汔，庶幾也。綏，安也。『毋從詭隨，「從」，毛詩作「縱」。詭隨，不顧是非而妄隨人者。以謹無良；吳闓生詩義會通云：「謹者，約敕之意。」式遏寇虐，憯不畏明』，式，助動詞，應也。遏，止也。「憯」，毛詩作「憯」，曾也。句謂寇虐不畏明法者，則應遏止之。糾之以猛也。『柔遠能邇，以定我王』，金文常以「康能」爲一詞，如毛公鼎「康能四或（國）」，又以「康柔」爲一詞，如晉姜鼎「用康𩚵（柔）妥褱（懷）遠埶君子」，則「能」「柔」同義。大克鼎「𩚵遠能𤞷」，即此詩之「柔遠能邇」，皆安遠定邇之意。參孫詒讓籀高述林三及王國維觀堂古金文考釋。平之以和也。又曰『不競不絿，不剛不柔，布政優優，百祿是遒』，詩商頌長發。競，強也。絿，音求，緩也。詩毛傳、說文俱謂「絿，急也」，則競與絿義近。然下文「不剛不柔」，剛柔相反，則競絿義亦當相反。徐灝箋知其相反成義，而不得其解。優優，寬裕之貌。遒，聚也。和之至也。」韓非子內儲說上亦載此事，而無「仲尼曰」云云。及子產卒，仲尼聞之，出涕曰：「古之遺愛也。」王念孫云：「愛卽仁也，謂子產之仁愛，有古人之遺風。」說詳王引之述聞。

二十一年，庚辰，公元前五二一年。周景王二十四年、晉頃五年、齊景二十七年、衞靈十四年、蔡悼公東國元年、鄭定九年、曹悼三年、陳惠九年、杞平十五年、宋元十一年、秦哀十六年、楚平八年、吳僚六年、許男斯二年。

經

二一・一 二十有一年春王三月，正月十三日丁酉冬至，建子。葬蔡平公。

二一・二 夏，晉侯使士鞅來聘。彙纂云：「書聘止此。」

二一・三 宋華亥、向寧、華定自陳入于宋南里以叛。「叛」，公羊作「畔」，音同相通。杜注：「南里，宋城內里名。」見宣三年傳並注。

二一・四 秋七月壬午朔，日有食之。此爲公元前五二一年六月十日之日全蝕。

二一・五 八月乙亥，乙亥，二十五日。叔輒卒。「輒」公羊作「痤」。杜注：「叔弓之子伯張。」

二一・六 冬，蔡侯朱出奔楚。「朱」，穀梁作「東」，蓋以爲東國也。朱與東國爲兩人，穀梁誤。史記蔡世家僅云：「靈侯般之孫東國攻平侯子而自立，是爲悼侯。」一則未言「平侯子」之名，二則不言其已爲君，似未曾嗣位者。春秋書蔡侯朱，傳亦云「蔡侯始卽位」，據出土之蔡侯朱之缶證之，春秋及左傳皆足信，穀梁乃妄說，史記亦不足全信。詳陳夢家蔡器三記蔡侯朱之缶，載於考古一九六三年七期。

二一・七 公如晉，至河乃復。杜注：「晉人辭公，故還。」

傳

二一・一 二十一年春，天王將鑄無射，杜注：「周景王也。無射，鐘名，律中無射。」射音亦。無射，蓋大鐘，景王初鑄于王城，敬王移之洛陽。秦滅周，徙于咸陽，漢至晉常在今西安市。及劉裕滅姚泓，又遷之于今南京市，歷宋、齊、梁、陳，其鐘猶在。東魏使魏收聘梁，收作聘遊賦，有云「珍是淫器，無射高懸」，卽是鐘也。隋開皇九年平陳，又遷于西安，置之于太常寺；至十五年，敕毁之。泠州鳩曰：「王其以心疾死乎！杜注：「泠，樂官；州鳩，其名也。」釋文：「泠或作伶。」夫樂，天子之職也。杜注：「職，所主也。」夫音，樂之輿也；此以車爲喻，輿爲車牀，所以居人。杜注：「樂因音而行。」而鐘，音之器也。杜注：「音由器以發。」天子省風以作樂，杜注：「省風俗，作樂以移之。」漢書五行志下之上注：「應劭曰：『風，土地風俗也。省中和之風以作樂，然後可移惡風、易惡俗也。』師古曰：『省，觀也。』」器以鍾之，「鍾」，原作「鐘」，今從校勘記及金澤文庫本訂。杜注：「鍾，聚也。以器聚音。」器謂各種樂器，備具各種樂音。輿以行之。杜注：「樂須音而行。」小者不窕，杜注：「窕，細不滿。」此謂小樂器而音不細。大者不槬，杜注：「槬，橫大不入。」此謂大樂器而音不洪大難入耳。槬音化。則和於物。物，泛指人物、事物、器物。物和則嘉成。杜注：「嘉樂成也。」故和聲入於耳而藏於心，心億則樂。杜注：「億，安也。」樂，快樂，愉悦。窕則不咸，咸，徧也。莊子知北遊篇：「周、徧、咸三者，異名同實，其指一也。」此謂音細則能聞者不周徧。槬則不容，音太響而難容。心是以感，感借爲憾，不安也。感實生疾。今鐘槬矣，鐘聲粗大。王心弗堪，其能久乎！」杜注：「爲明年天王崩傳。」事亦載國語周語下。

二・二　三月，葬蔡平公。蔡大子朱失位，位在卑。杜注：「不在適子位，以長幼齒。」儀禮士喪禮及既夕禮、禮記喪服大記俱載有父死，適子應在之位，而國君之葬，太子亦應有固定之位。而蔡平公葬，其太子朱不在其應在之位。大夫送葬者歸，見昭子。昭子，魯叔孫舍。昭子問蔡故，故，事也。以告。昭子歎曰：「蔡其亡乎！

若不亡，是君也必不終。詩曰：『不解于位，民之攸塈。』詩大雅假樂。解同懈。失位則是懈怠不嚴肅。塈，息也。今蔡侯始即位，而適卑，所往非嗣承之位，而是卑位。身將從之。」杜注：「爲蔡侯朱出奔傳。」

二・三 夏，晉士鞅來聘，叔孫爲政。爲政有四義，國君治理國家曰爲政，文十四年傳「齊公子元不順懿公之爲政也，終不曰公」是也。公卿主持國政曰爲政，宣元年傳「趙宣子爲政」是也。某人主持某一事亦可曰爲政，此叔孫主持接待士鞅也。宣二年宋羊斟謂華元曰「疇昔之事子爲政，今日之事我爲政」，亦即此義。服官亦可曰爲政，論語爲政「子奚不爲政」是也。季孫欲惡諸晉，諸，「之於」之合音。「之」指叔孫。使有司以齊鮑國歸費之禮爲士鞅。杜注：「鮑國歸費在十四年。」魯人失禮，爲鮑國七牢。鮑國本不當七牢，故杜云「魯人失禮」。據儀禮聘禮，鮑國僅當五牢。士鞅怒，曰：「鮑國之位下，其國小，而使鞅從其牢禮，是卑敝邑也，猶言輕視我國。將復諸寡君。」魯人恐，加四牢焉，爲十一牢。哀十一年吳徵魯百牢，即以此爲口實。

二・四 宋華費遂生華貙、華多僚、華登。貙音魚。貙爲少司馬，多僚爲御士，杜注：「公御士也。」與貙相惡，乃譖諸公曰：「貙將納亡人。」杜注：「亡人，華亥等。」亟言之。亟音器，屢也。公曰：「司馬以吾故，亡其良子。杜注：「司馬謂費遂，爲大司馬。良子謂登。」華登奔吳，見二十年傳。死亡有命，吾不可以再亡之。」宋元公仍信譖言，但不願傷華費遂之心，再逐其子貙，故云彼雖納亡人，我之死亡有命。對曰：「君若愛司馬，則如亡。杜注：「言若愛大司馬，則當亡走失國。」死如可逃，何遠之有？」杜注：「言亡可以逃死，勿慮其遠，以恐動公。」公懼，使侍人召司馬之侍人宜僚，飲之酒，而使告司馬。杜注：「告司馬使逐貙。」司馬歎曰：「必多僚也。吾有讒子，而弗能殺，因宋公寵信之。吾又不死。華費遂蓋已年老而仍在世。抑君有命，可若何？」言無可奈何，唯從君命耳。乃與公謀逐華貙，將使田孟諸而遣之。公飲之酒，厚酬之，之，指宜僚。杜注：「酬，酒幣。」酬即勸酒，主人當給客人以禮品。厚酬言其禮物重。賜及從者。司馬亦如之。華費遂于宜僚及從者亦有厚賜。張匄尤之，杜注：「張匄，華貙臣。尤，怪賜之厚。」小爾雅云：「尤，怪也。」曰：「必有故。」使子皮承宜僚以劍而訊之。杜注：「子皮，華貙。訊，問也。」宜僚盡以告。盡以告者，自多僚之譖讒至公與費遂謀逐貙，無不告也。張匄欲殺多僚。子皮曰：「司馬老矣，登之謂甚，杜注：「言登亡傷司馬心已甚。」吾又重之，不如亡也。」言殺多僚則又傷老父之心，不若主動逃奔。五月丙申，丙申，十四日。子皮將見司馬而行，則遇多僚御司馬而朝。張匄不勝其怒，遂與子皮、臼任、鄭翩殺多僚，杜注：「任、翩亦貙家臣。」劫司馬以叛，而召亡人。壬寅，壬寅，二十日。華、向入。華氏、向氏。樂大心、豐愆、華牼禦諸橫。高士奇地名考略謂今商丘縣西南有橫城，世謂之光城。華氏居盧門，以南里叛。盧門，宋郊之城門，詳桓十四年傳並注。六月庚午，庚午，十九日。宋城舊鄘及桑林之門而守之。杜注：「舊鄘，故城也。桑林，城門名。」太平御覽五十五引帝王世紀謂湯時大旱，禱於桑林之野。後漢書張衡傳注及周舉傳注引帝王世紀俱作「禱於桑林之社」。是殷商早有桑林之地，立社于此。呂氏春秋誠廉篇「立湯後于宋，以奉桑林」，則此桑林之門，桑林社之園城門也。當在宋都郊外，作外城據點以守之。

二一・五　秋七月壬午朔，日有食之。公問於梓慎曰：「是何物也？杜注：「物，事也。」魏、晉六朝常以「何物」作「何」字用，竊疑本此，惜「何物」于傳中僅此一見。禍福何爲？」言爲何種禍或何種福也。對曰：「二至二分，杜注：「二至，冬至、夏至。二分，春分、秋分。」日有食之，不爲災。日月之行也，分，同道也；至，相過也。談遷國榷引明李天經曰：「太陽行黃道中線，迨二分而黃道與赤道相交，是爲同道。二至則過赤道內外各二十三度，是謂相過。」黃道爲人類所見太陽于一年內在恆星之間行走之視路徑，赤道則爲與地球南北兩極距離相等之大圓，黃道與赤道成二十三度二十七分之角，相交于春、秋二分兩點。其他月則爲災，陽不克也，故常爲水。」古人知日蝕是日光爲月所蔽，又以爲日爲火爲陽，月爲水爲陰，故梓慎以爲日蝕是陽不勝陰，而常爲水災。今日視之，固爲妄謬，卽以二十四年日蝕言之，梓慎曰「將水」，昭子曰「旱也」，雖俱爲妄謬，而其年八月大雩，亦足證梓慎之說誤。

於是叔輒哭日食。杜注：「意在於憂災。」昭子曰：「子叔將死，非所哭也。」八月，叔輒卒。

二一·六 冬十月，華登以吳師救華氏。華登去年奔吳。齊烏枝鳴戍宋。杜注：「烏枝鳴，齊大夫。」據廣韻「烏」字注，烏，姓。廚人濮曰：杜注：「濮，宋廚邑大夫。」「軍志有之：『先人有奪人之心，後人有待其衰。』先人有奪人之心已見文七年、宣十二年傳並注。後人有待其衰，周禮大司馬賈公彥疏引左傳注云：「待敵之衰乃攻。」盍及其勞且未定也伐諸！若入而固，入謂入南里。固謂軍心已定，軍陣已列，且內外二師會合，衆心難移。則華氏衆矣，華氏私族之軍加以華登所率吳師，則衆多矣。悔無及也。」從之。丙寅，丙寅，十七日。齊師、宋師敗吳師于鴻口，鴻口，今河南虞城縣西北。獲其二帥公子苦雂、偃州員。雂音箝。華登帥其餘以敗宋師。公欲出，杜注：「出奔。」廚人濮曰：「吾小人，可藉死，杜注：「可借使死難。」而不能送亡，不能護送君之逃亡。君請待之。」杜注：「請君待復戰決勝負。」服虔以「君」字屬上讀，今不從。乃徇曰：「揚徽者，公徒也。」杜注：「徽，識也。」識只是標識，究竟爲何物，古人有兩説。孔疏引禮記大傳「殊徽號」鄭玄注云：「徽號，旌旗之名也。」則以徽爲旗幟。張衡東京賦「戎士介而揚揮」，薛綜注云：「揮爲肩上絳幟，如燕尾。」或又引尉繚子兵教篇「左軍章左肩，右軍章右肩，中軍章胸前，書其章曰某甲某士」以爲證，則徽爲肩章或胸章。然肩章胸章難以揮揚，鄭玄義似較勝。衆從之。揮舞軍旗。公自揚門見之，「揚」原作「楊」，今從宋本及金澤文庫本。杜注：「見國人皆揚徽。睢陽正東門名揚門。」睢陽即今商丘縣。下而巡之，巡閱。曰：「國亡君死，二三子之恥也，豈專孤之罪也？」也作耶用。齊烏枝鳴曰：「用少莫如齊致死，齊致死莫如去備。二十三年傳云：「請先者去備薄威，後者敦陳整旅。」杜彼注云「示之以不整以誘之」。此去備若與彼義同，則乃不列陣，撤去守備之義。杜注此謂「備，長兵也」，蓋因下文用劍而云云，不知此去備與下文用劍並無密切關連，此去備仍當與二十三年傳之「去備」同義。彼兵多矣，請皆用劍。」此短兵相接，以勇者勝。從之。華氏北，復卽之。杜注：「北，敗走。」卽，就也，從也，卽復追之。廚人濮以裳裹首，而荷以走，曰：「得華登矣！」此詐言。遂敗華氏于新里。杜注：「新里，華氏所取邑。」疑新里與南里同爲宋里名。翟僂新居于新里，新里，或以爲在今開封市，未必然。既戰，説甲于公而歸。説同脱。居華氏地，不助華氏而歸于宋公。華妵居于公里，亦如之。妵音偷上聲，與黈同音。華妵亦華族，不從華氏而從公。

十一月癸未，癸未，四日。公子城以晉師至。杜注：「城以前年奔晉，今還救宋。」曹翰胡會晉荀吳、齊苑何忌、衞公子朝救宋。翰胡爲曹大夫，率曹軍者。荀吳即中行穆子，率晉師者。苑何忌，齊大夫。衞公子朝去年奔晉，此時已還衞國。各率其國之救兵。丙戌，丙戌，七日。與華氏戰于赭丘。杜注：「赭丘，宋地。」以下文「大敗華氏，圍諸南里」推之，赭丘蓋離南里不遠宋都郊外丘名。據清一統志，赭丘在今河南西華縣十八里，未必確。詳考實。鄭翩願爲鸛，其御願爲鵝。鸛音灌。杜注：「鄭翩，華氏黨。鸛、鵝皆陳名。」宋陸佃埤雅釋鳥云：「鵝自然有行列，故聘禮曰『出如舒鴈』(鴈即鵝)。古者兵有鸛、鵝之陳也。舊説江、淮謂羣鸛旋飛爲鸛井，則鸛善旋飛，盤薄霄漢，與鵝之成列正異，故古之陳法或願爲鸛也。」子祿御公子城，莊堇爲右。杜注：「子祿，向宜。」干犨御呂封人華豹，據江南通志，呂城在今徐州市北五十里。張匄爲右。杜注：「呂封人華豹，華氏黨也。」相遇，城還。華豹曰：「城也！」大聲呼其名以挑之。城怒，而反之。杜注：「怒其呼己，反還戰也。」將注，豹則關矣。注是置矢于弓上。關是已注引滿弓。曰：「平公之靈，尚輔相余！」此公子城臨戰祈禱之辭。平公爲公子城之父。豹射，出其間。華豹之箭出于子城、子祿之間。將注，城注矢。則又關矣。豹又發射。曰：「不狎，鄙。」杜注：「狎，更也。」孔疏：「城謂豹，女頻射我，不使我得更遞，是爲鄙也。豹服此言，故抽矢而止。」襄二十七年傳：「且晉、楚狎主諸侯之盟也久矣。」兩狎字義同。抽矢，杜注：「豹止不射。」豹自弓抽下其矢。城射之，殪。杜注：「豹死。」張匄抽殳而下，杜注：「殳長丈二，在車邊。」殳音殊。周緯中國兵器史稿云：「周時用戈、戟、殳、酋矛、夷矛五兵爲長兵，周官亦以爲車之五兵。今戈、戟、矛均易考實，而殳獨缺如。惟殳無刃，類于有首之杖以錘人，則似可信也。」射之，城射之。折股。扶伏而擊之，釋文：「扶伏或作匍匐，同。」折軫。杜注：「折城車軫。」又射之，死。杜

注：「匄死。」干犨請一矢，杜注：「求死。」城曰：「余言汝於君。」杜注：「欲活之。」對曰：「不死伍乘，軍之大刑也。杜注：「同乘共伍，當皆死。」惠棟補注：「尉繚子(兵教上)云：『凡伍臨陳，若一人有不進死於敵，則教者如犯法者之罪。』」干刑而從子，君焉用之？子速諸！」乃射之，殪。杜注：「犨又死。」大敗華氏，圍諸南里。華亥搏膺而呼，搏膺猶椎胸。見華貙，曰：「吾爲欒氏矣！」杜注：「晉欒盈還入，作亂而死，事在襄二十三年。」貙曰：「子無我迋，杜注：「迋，恐也。」不幸而後亡。」王引之述聞云：「言子毋以是言恐懼我，今日之事，不幸而後死亡，幸猶不亡也。」使華登如楚乞師，華貙以車十五乘、徒七十人犯師而出，杜注：「犯公師出送華登。」食於睢上，睢水本舊蒗蕩渠支津，舊自河南杞縣流經睢縣北，東逕寧陵、商丘、夏邑、永城及安徽之蕭縣、宿縣、靈璧，入江蘇境，至宿遷縣南入泗水。今僅存惠濟河一段，餘俱堙。此睢上當在商邱縣境。哭而送之，乃復入。杜注：「入南里。」楚薳越帥師將逆華氏，大宰犯諫曰：「諸侯唯宋事其君。當時諸侯，政權多下移，如魯有三家，甚至陪臣干國政；晉政多門，國君僅虛名耳；唯宋之臣民事其君。今又爭國，釋君而臣是助，無乃不可乎！」王曰：「而告我也後，既許之矣。」杜注：「爲明年華、向出奔楚傳。」

二·七 蔡侯朱出奔楚。費無極取貨於東國，杜注：「東國，隱大子之子，平侯廬之弟，朱叔父也。」而謂蔡人曰：「朱不用命於楚，君王將立東國。若不先從王欲，楚必圍蔡。」蔡人懼，出朱而立東國。朱愬于楚，楚子將討蔡。無極曰：「平侯與楚有盟，故封。杜注：「盟于鄧，依陳、蔡人以國。」其子有二心，故廢之。杜注：「子謂朱也。」靈王殺隱大子，其子與君同惡，德君必甚。其子，東國也。靈王殺東國之父，楚平王又殺靈王，是與東國同惡靈王，且德其爲父復仇。又使立之，不亦可乎！且廢置在君，蔡無他矣。」杜注：「言權在楚，則蔡無他心。」

二一·八 公如晉，及河。鼓叛晉，杜注：「叛晉屬鮮虞。」晉將伐鮮虞，故辭公。

經

二十二年，辛巳，公元前五二〇年。周景王二十五年、晉頃六年、齊景二十八年、衞靈十五年、蔡悼二年、鄭定十年、曹悼四年、陳惠十年、杞平十六年、宋元十二年、秦哀十七年、楚平九年、吳僚七年、許男斯三年。

二二·一 二十有二年春，正月二十四日壬寅冬至，建子。齊侯伐莒。

二二·二 宋華亥、向寧、華定自宋南里出奔楚。

二二·三 大蒐于昌間。無傳。「間」公羊作「姦」。古音同，通假。江永考實云：「括地志，『昌平山在泗水縣南六十里，有昌平鄉，故山爲名。』然則昌間其在泗水縣境歟？」

二二·四 夏四月乙丑，乙丑，十八日。天王崩。

二二·五 六月，叔鞅如京師，葬景王。杜注：「叔鞅，叔弓子。三月而葬，亂，故速。」

二二·六 王室亂。

三·七　劉子、單子以王猛居于皇。皇當在今洛陽市東，鞏縣西南。

三·八　秋，劉子、單子以王猛入于王城。王城在今洛陽市西北隅。

三·九　冬十月，王子猛卒。杜注：「未即位，故不言崩。」經書「十月」，傳書「十一月乙酉」，杜于傳注云：「經書『十月』，誤。雖未即位，周人謚曰悼王。」

三·10　十有二月癸酉朔，日有食之。無傳。今年應置閏于五月，而史誤置閏于十二月，于傳文見之。以傳文所載甲子推之，癸酉爲閏十二月朔。陳厚耀補春秋長曆云：「經失一『閏』字」，是也。此是公元前五二〇年十一月二十三日之日全蝕，魯未能見全蝕。

傳

三·一　二十二年春王二月甲子，甲子，十六日。齊北郭啓帥師伐莒。杜注：「啟，齊大夫北郭佐之後。」北郭佐見于襄二十八年，通志氏族略三謂「佐生北郭啓」，或可信。莒子將戰，苑羊牧之諫曰：杜注：「牧之，莒大夫。」王引之周秦名字解詁云：「昭二十年有苑何忌，則苑乃其氏，名牧之，字羊。古姓名與字並稱者，恆先字而後名。」「齊帥賤，其求不多，不如下之，大國不可怒也。」弗聽，敗齊師于壽餘。壽餘，據顧棟高大事表七之二，當在今山東安丘縣境內。齊侯伐莒，齊景公怒敗，故親率大軍。莒子行成。司馬竈如莒涖盟；杜注：「竈，齊大夫。」莒子如齊涖盟，盟于稷門之外。齊地記謂爲齊城西門。高士奇春秋地名考略則謂稷門爲齊國都南門。互參十年傳並注。惠棟補注云「稷，齊地」，則以地爲門名。莒於是乎大惡其君。杜注：「爲明年莒子來奔傳。」莒國小，齊初使北郭啟來伐，其求不多，易于講和。莒子好戰，不計後果，竟使齊侯親率師，然後求和，則所失甚大。齊使涖盟，不于城內，而于城外，是有意辱之，故莒大夫大惡莒子。

三·二 楚薳越使告于宋曰：「寡君聞君有不令之臣爲君憂，不令之臣，詳宣十四年傳注。無寧以爲宗羞，無寧，無乃也。馬瑞辰毛詩傳箋通釋云：「寧、乃一聲之轉，詩中寧字多用爲乃。」其解詩雖不盡可信，但寧有時作乃用，則無疑。杜注：「言華氏爲宋宗廟之羞恥。」寡君請受而戮之。」楚欲接納華、向。對曰：「孤不佞，不能媚於父兄，杜注：「華、向，公族也，故稱父兄。」韓非子八姦篇云：「何謂父兄？曰：側室公子，人主之所親愛也。」戰國策韓策三：「今韓之父兄得衆者毋相。」公族言父兄可證杜義。以爲君憂，拜命之辱。抑君臣日戰，君曰『余必臣是助』，亦唯命。人有言曰：『唯亂門之無過。』十九年傳：「無過亂門。」君若惠保敝邑，無亢不衷，亢卽元年傳「吉不能亢身，焉能亢族」之亢，扞蔽、保護之義。不衷，猶言不善、不誠、不忠，卽上文之不令。以奬亂人，孤之望也。唯君圖之！」楚人患之。杜注：「患宋以義距之。」諸侯之戍謀曰：「若華氏知困而致死，楚恥無功而疾戰，非吾利也。楚索華、向諸人而不得，故恥無功。不如出之，撤圍使之出。以爲楚功，其亦無能爲也已。「無能」，本作「能無」，今從宋本、淳熙本、岳本及金澤文庫本。杜注：「言華氏不能復爲宋患。」救宋而除其害，諸侯之戍若荀吳等皆救宋者。出華氏，是宋害已除也。又何求？」乃固請出之，宋人從之。己巳，己巳，二十一日。宋華亥、向寧、華定、華貙、華登、皇奄傷、省臧、士平出奔楚。杜

注：「華貙以下五子不書，非卿也。」宋公使公孫忌爲大司馬，杜注：「代華費遂。」邊卬爲大司徒，通志氏族略三云：「宋平公子禦戎（見昭二十年）字子邊，以王父字爲氏，孫卬爲司徒。」樂祁爲司城，杜注：「祁，子罕孫樂祁犂。」仲幾爲左師，杜注：「幾，仲江（見襄十四年）孫，代向寧。」通志氏族略四云：「幾字子然。」樂大心爲右師，杜注：「代華亥。」樂輓爲大司寇，杜注：「輓，子罕孫。」以靖國人。杜注：「終梓慎之言，三年而後弭。」

二二・三　王子朝、賓起有寵於景王，杜注：「子朝，景王之長庶子。賓起，子朝之傅。」漢書古今人表及五行志「朝」均作「鼂」，亦猶漢之朝錯亦作鼂錯。釋文云：「或云朝錯是王子朝之後。」王與賓孟說之，欲立之。杜注：「孟即起也。」王語賓孟，欲立子朝爲大子。說，同悅，杜注不確。劉獻公之庶子伯蚠事單穆公，杜注：「獻公，劉摯。伯蚠，劉狄。穆公，單旗。」蚠音汾。惡賓孟之爲人也，願殺之；又惡王子朝之言，以爲亂，願去之。杜注：「子朝有欲位之言，故劉蚠惡之。」賓孟適郊，見雄雞自斷其尾。問之，侍者曰：「自憚其犧也。」周禮地官牧人，「祭祀共犧牲，以授充人繫之」。鄭玄注：「犧牲，毛羽完具也。授充人者，當殊養之。」雄雞自斷其尾，或拔奮毛當改變者。侍者答以自懼養爲祭品，而自殘毀。遽歸告王，且曰：「雞其憚爲人用乎！用，用爲祭品，即十一年傳「用隱大子于岡山」、論語雍也「雖欲勿用」之「用」。無論殺人、殺禽獸以祭皆可曰「用」。人異於是。杜注：「雞犧雖見寵飾，然卒當見殺。若人見寵飾，則當貴盛，故言異於雞。」犧者實用人，實用人，實用于人也，猶言爲犧牲者實被人用。人犧實難，己犧何害？」爲人之犧實難，趙孟能貴之，趙孟能賤之也。爲己之犧，則無害，立子朝，子朝必立也。王引之述聞云：「人犧實難者，言唯他人爲犧是患也（人喻子猛，犧喻見寵）。」恐未必確。王弗應。杜注：「十五年大子壽卒，王立子猛，後復欲立子朝而未定。賓孟感雞，盛稱子朝，王心許之，故不應。」荀子解蔽篇云：「昔賓孟之蔽者，亂家是也。」楊倞注以此事當之。夏四月，王田北山，使公卿皆從，將殺單子、劉子。杜注：「北山，洛北芒也。王知單、劉不欲立子朝，欲因田獵先殺之。」王有心疾，乙丑，崩于榮錡氏。杜注：「河南鞏縣西有榮錡澗。」榮錡蓋周大夫姓名，氏謂其家。蓋心臟病急死。戊辰，戊辰，二十一日。劉子摯卒，無子，魏了翁讀書雜鈔謂「按傳，劉蚠爲劉子摯之庶子，未嘗無子。古人無適子者便謂之無子」，是也。單子立劉蚠。五月庚辰，庚辰，四日。見王，杜注：「見王猛。」景王死，猛即承嗣，但踰年未及改稱元年即死矣。遂攻賓起，殺之，盟羣王子于單氏。杜注：「王子猛次正，故單、劉立之，懼諸王子或黨子朝，故盟之。」

三·四 晉之取鼓也，杜注：「在十五年。」既獻而反鼓子焉。謂獻捷于廟，獻後又使鼓子歸國爲君。又叛於鮮虞。鼓本屬鮮虞，與鮮虞同爲白狄。晉既勝而入鼓，故改屬晉。鼓子歸後，叛晉復屬鮮虞。

六月，荀吳略東陽，略，巡行也。東陽猶南陽，其地甚廣，凡在太行山之東，河南北部、河北南部之屬晉者，皆晉東陽地。參見襄二十三年傳並注。使師僞糴者負甲以息於昔陽之門外，昔陽，今河北晉縣西，互詳十二年傳並注。遂襲鼓，滅之，以鼓子鳶鞮歸，使涉佗守之。杜注：「守鼓之地。涉佗，晉大夫。」鼓之所在，昔人辯論紛紜，如顧炎武日知録卷三十一有昔陽，莊述祖、孫星衍春秋釋例輯本校語説又與顧不同，今從顧棟高大事表。

三·五 丁巳，丁巳，十一日。葬景王。王子朝因舊官、百工之喪職秩者與靈、景之族以作亂。百工之工乃工匠之工，哀十七年傳「石圃因匠氏攻公」、二十五年傳「諸師比、公孫彌牟、公文要、司寇亥、司徒期因三匠與拳彌以作亂，皆執利兵，無者執斤」，王子朝因百工作亂，與衞事正相類。說詳俞樾平議。靈、景之族，靈王、景王之子孫也。帥郊、要、餞之甲，杜注：「三邑，周地。」郊卽十二年傳「原伯絞奔郊」之郊。據水經河水四注，畛水出新安青要山，疑要卽青要山，則其地當在今新安縣境。餞地不詳。以逐劉子。杜注：「逐伯蚠。」壬戌，壬戌，十六日。劉子奔揚。揚卽僖十一年傳「揚、拒、泉、皐、伊、雒之戎」之揚，當距偃師縣不遠。說本江永考實。單子逆悼王于莊宮以歸。杜注：「悼王，子猛也。」莊宮在王城。歸，歸于單旗之家。王子還夜取王以如莊宮。杜注：「王子還，子朝黨也。不欲使單子得王猛，故取之。」癸亥，癸亥，十七日。單子出。杜注：「失王，故出奔。」王子還與召莊公謀，杜注：「莊公，召伯奐，子朝黨也。」曰：「不殺單旗，不捷。杜注：「旗，單子也。」與之重盟，前已盟羣王子于單氏，此爲再盟。必來。背盟而克者多矣。」此王子還之謀，欲以再盟召單旗，因殺之，故曰背盟。從之。召伯奐聽從之。樊頃子曰：「非言也，必不克。」杜注：「頃子，樊齊，單、劉黨。」馬宗璉補注謂樊在東都之畿內，頃子蓋樊仲山甫之後。詩小雅賓之初筵「匪言勿言」，鄭箋以「非所當說」解「匪言」，則言謂善言，猶人謂善人。遂奉王以追單子，杜注：「王子還奉王。」及領，領蓋轘轅山，一名崿嶺。領借爲嶺。說詳洪亮吉詁。大盟而復。杜注：「欲重盟令單子、劉子復歸。」殺摯荒以說。杜注：「委罪於荒。」劉子如劉，自揚歸其采邑。劉，今河南偃師縣西南，緱氏西北。單子亡。蓋樊齊告以王子還之陰謀，故出逃。乙丑，乙丑，十九日。奔于平畤。平畤亦見襄三十年傳，釋例並闕，不知所在，要當離洛陽不遠。羣王子追之，單子殺還、姑、發、弱、鬷、延、定、稠，杜注：「八子，靈、景之族，因戰而殺之。」上文云「羣王子」，則此八人皆王子，故僅稱其名。子朝奔京。杜注：「其黨死故。」江永考實謂京非隱元年傳鄭邑之京。以傳文考之，當近前城，在伊水之南，洛陽之西南也。丙寅，丙寅，二十日。伐之。杜注：「單子伐京。」京人奔山。山疑即上傳「田北山」之北山，即邙山。劉子入于王城。杜注：「子朝奔京，故得入。」辛未，辛未，二十五日。鞏簡公敗績于京。乙亥，乙亥，二十九日。甘平公亦敗焉。杜注：「甘、鞏二公，周卿士。」甘即平公采邑，在今洛陽市南郊。

叔鞅至自京師，杜注：「葬景王還。」言王室之亂也。閔馬父曰：「子朝必不克。其所與者，天所廢也。」杜注：「閔馬父，閔子馬，魯大夫。天所廢，謂羣喪職秩者。」

單子欲告急於晉。因鞏、甘之敗。秋七月戊寅，戊寅，三日。以王如平時，遂如圃車，次于皇。杜注：「出次，以示急也。戊寅，七月三日。經書六月，誤。」江永考實云：「圃車，周地，當近鞏縣之皇。」皇，據彙纂，當在今鞏縣西南。劉子如劉。單子使王子處守于王城。杜注：「王子處，子猛黨。守王城，距子朝。」盟百工于平宮。杜注：「平宮，平王廟。」辛卯，辛卯，十六日。鄩肸伐皇。杜注：「鄩肸，子朝黨。」說文：「鄩，周邑。」京相璠土地名云：「今鞏洛渡北有鄩谷水，東入洛。又有鄩城，蓋周大夫鄩肸之舊邑。」段玉裁說文注云：「今河南鞏縣（此指鞏縣廢治，今鞏縣治已移至孝義鎮，在舊治西）西南五十八里有故鄩城。」大敗，獲鄩肸。壬辰，壬辰，十七日。焚諸王城之市。杜注：「焚鄩肸。」八月辛酉，辛酉，十六日。司徒醜以王師敗績于前城。杜注：「醜，悼王司徒。前城，子朝所得邑。」前城在今洛陽市東南三十里，伊水東岸，闕塞稍南。百工叛。杜注：「司徒醜敗故。」己巳，己巳，二十四日。伐單氏之宮，敗焉。杜注：「百工伐單氏，爲單氏所敗。」庚午，庚午，二十五日。

反伐之。辛未，辛未，二十六日。伐東圉。東圉，在成周東，今偃師縣西南。冬十月丁巳，丁巳，十三日。晉籍談、荀躒帥九州之戎及焦、瑕、溫、原之師，杜注：「九州戎，陸渾戎。十七年滅屬晉。州，鄉屬也。五州爲鄉。」又云：「焦、瑕、溫、原，晉四邑。」焦，今河南陝縣西郊。瑕，今山西芮城縣南。詳僖三十年傳及文十三年傳並注。溫，在今河南溫縣西南，見隱三年傳並注。原，今河南濟源縣西北，詳隱十一年傳並注。十五年傳謂荀躒如周，籍談爲介。左傳敍人，俱依國之大小、位之高卑爲先後次序，此敍籍談于荀躒之上，或談已爲卿。以納王于王城。杜注：「丁巳在十月，經書秋，誤。」庚申，庚申，十六日。單子、劉盆以王師敗績于郊，杜注：「爲子朝之黨所敗。」前城人敗陸渾于社。杜注：「前城子朝衆。社，周地。」彙纂云：「黃河西自偃師界入鞏縣，洛水入之。有五社渡，又爲五社津。光武遣耿弇等軍五社，備滎陽以東，卽此。」則在今鞏縣東北。十一月乙酉，乙酉，十二日。王子猛卒。杜注：「乙酉在十一月，經書十月，誤。雖未卽位，周人謚曰悼王。」史記周本紀云：「子朝攻殺猛」，與傳異。不成喪也。杜注：「釋所以不稱『王崩』。」己丑，己丑，十六日。敬王卽位。杜注：「敬王，王子猛母弟王子匄。」館于子旅氏。杜注：「子旅，周大夫。」十二月庚戌，庚戌，七日。晉籍談、荀躒、賈辛、司馬督帥師軍于陰，司馬督卽司馬烏。杜注：「籍談所軍。」此賈辛與成十八年傳「右行賈辛」非一人。陰卽二十三傳之平陰，在今河南孟津縣北，依黃河南岸。于侯氏，杜注：「荀躒所軍。」侯氏卽今緱氏鎭。于谿泉，杜注：「賈辛所軍。鞏縣西南有明谿泉。」彙纂云：「水經注，洛水又東，明樂泉注之，水出南原下，五泉並導，故世謂之五道泉，卽古明谿泉也。」則谿泉當今洛陽市東南。次于社。杜注：「司馬督所次。」王師軍于氾，于解，次于任人。此氾非僖二十四年「王出適鄭，處于氾」之氾，亦非僖三十年傳「秦軍氾南」之氾，因皆距洛陽遠。疑卽成四年傳「取氾」之氾，在今鞏縣東北，詳成四年傳注。解，杜云「洛陽西南有大解、小解」。據續漢書郡國志，大解城在洛陽南，小解城在洛陽西南。任人當卽洛陽附近地。閏月，晉箕遺、樂徵、右行詭濟師取前城，杜注：「三子，晉大夫。濟師，渡伊、洛。」晉師先渡洛，再渡伊，由西向東。軍其東南。王師軍于京楚，江永考實謂是近洛陽之地。辛丑，辛丑，二十九日。伐京，毁其西南。杜注：「京（本作「京楚」，今依段玉裁說删「楚」字），子朝所在。」顧炎武九經誤字云唐石經有「子朝奔郊」，監本脱。

二十三年，壬午，公元前五一九年。周敬王元年、晉頃七年、齊景二十九年、衞靈十六年、蔡悼三年、鄭定十一年、曹悼五年、陳惠十一年、杞平十七年、宋元十三年、秦哀十八年、楚平十年、吳僚八年、許男斯四年。

經

二三·一 二十有三年春王正月，公羊無「有」字，當是誤脱。正月初六丁未冬至，建子。叔孫婼如晉。「婼」公羊作「舍」。下同。「婼」與「舍」古音韻部爲平入對轉。杜注：「謝取邾師。」

二三·二 癸丑，癸丑，十二日。叔鞅卒。無傳。汪克寬纂疏云：「叔弓之子，輒之弟也。子詣嗣爲大夫。」

二三·三 晉人執我行人叔孫婼。杜注：「稱『行人』，譏晉執使人。」

二三·四 晉人圍郊。杜注：「討子朝也。郊，周邑。圍郊在叔鞅卒前，經書後，從赴。」

二三・五 夏六月，蔡侯東國卒于楚。無傳。

二三・六 秋七月，莒子庚與來奔。

二三・七 戊辰，戊辰，二十九日。吴敗頓、胡、沈、蔡、陳、許之師于雞父。「父」，穀梁作「甫」。「父」「甫」二字古本通。杜注：「雞父，楚地，安豐縣南有雞備亭。」西晉之安豐縣在今河南固始縣東，則雞父又在其南。胡子髠、沈子逞滅，「逞」，公羊作「楹」，穀梁作「盈」。杜注：「國雖存，君死曰滅。」胡國嬀姓，故城卽今安徽阜陽市。定十五年楚滅之。獲陳夏齧。杜注：「大夫死、生通曰獲。」杜注本公羊傳。孔疏：「宣二年，鄭人獲華元，生獲也；哀十一年，獲齊國書，死獲也，故云大夫死、生通曰獲。」又引世本：「宣公生子夏，夏生御叔，叔生徵舒，舒生惠子晉，晉生御寇，寇生悼子齧。齧是徵舒曾孫。」程公説春秋分紀又謂悼子齧生夏區夫。

二三・八 天王居于狄泉。杜注：「敬王辟（避）子朝也。狄泉，今洛陽城内大倉西南池水也，時在城外。」孔疏云：「狄泉若在城内，宜云王居成周，知此時在城外也。今在城内者，土地名云，或曰，定元年城成周，乃遶之入城内也。」狄泉卽僖二十九年經之翟泉，互詳彼注。池水今已堙。尹氏立王子朝。杜注：「尹氏，周世卿也。書尹氏立子朝，明非周人所欲立。」

二三・九 八月乙未，乙未，二十六日。地震。

二三・一〇 冬，公如晉，至河，有疾，乃復。「至河」下公洋、穀梁又有「公」字。

傳

二三・一 二十三年春王正月壬寅朔，二師圍郊。此文應與上年傳文「伐京，毀其西南」連讀。杜注：「二師，王師、晉師也。」經僅書「晉人圍郊」，不書王師，蓋晉師爲主力。癸卯，癸卯，二日。郊、鄩潰。杜注：「河南鞏縣西南有地，名鄩中。郊、鄩二邑，皆子朝所得。」丁未，丁未，六日。晉師在平陰，王師在澤邑。史記周本紀謂敬王居澤，即此澤邑，亦即狄泉，王師隨敬王也。王使告間，病好轉曰間，論語子罕「病間」是也。此告間，告晉師以子朝之亂稍平，欲晉師撤回，謂己力足以勝子朝也。庚戌，庚戌，九日。還。杜注：「晉師還。」

二三・二 邾人城翼，杜注：「翼，邾邑。」翼即隱元年傳「及邾人、鄭人盟于翼」之翼，今山東費縣西南九十里。還，將自離姑。杜注：「離姑，邾邑。從離姑，則道徑魯之武城。」離姑在翼之北，武城又在離姑之北。此時邾已遷都于繹，在今鄒縣東南二十五里，見文十三年傳並注。由翼經離姑，必過武城。武城屬魯，過隣國境必假道。公孫鉏曰：「魯將御我。」杜注：「鉏，邾大夫。」宣十四年傳華元曰：「過我而不假道，鄙我也。」古代有假道之禮，詳宣十四年傳注。邾兵過武城而不假道，武城人必抗禦之。御同禦。欲自武城還，循山而南。杜注：「至武城而還，依山南行，不欲過武城。」自翼至邾，須經今沂蒙山區。此公孫鉏之謀。徐鉏、丘弱、茅地曰：杜注：「三子，邾大夫。」「道下，遇雨，將不出，是不歸也。」杜注：「謂此山道下濕。」遂自離姑。杜注：「遂過武城。」武城人塞其前，杜注：「以兵塞其前道。」斷其後之木而弗殊，廣雅：「殊，斷也。」又云：「殊，絕也。」此謂砍伐樹木而不使斷絕。邾師過之，乃推而蹷之，蹷亦作蹶。推欲斷之樹木使仆倒。襄十九年傳「是謂蹷其本」，孔疏：「蹶者，倒也。」前有兵擋之，後有樹木阻之，邾師進退皆難。遂取邾師，獲鉏、弱、地。此皆去年事，追言之，以敍叔孫婼如晉之故。

邾人愬于晉，晉人來討。問罪也。魯實無罪，晉偏袒邾，聽其訴。叔孫婼如晉，晉人執之。書曰「晉人執我行人叔孫婼」，言使人也。晉人使與邾大夫坐，杜注：「坐訟曲直。」孔疏云：「周禮小司寇云：『命夫命婦不躬坐獄訟。』凡斷獄者，皆令競者坐而受其辭。」古代訴訟雙方互相辯論曰坐。辯論者亦曰坐，僖二十八年傳「鍼莊子爲坐」是也，互詳彼注。叔孫曰：「列國之卿當小國之君，固周制也。邾又夷也。寡君之命介子服回在，杜注：「子服回，魯大夫，爲叔孫之介副。」介亦奉君命，故云命介。請使當之，不敢廢周制故也。」乃不果坐。

韓宣子使邾人聚其衆，將以叔孫與之。叔孫聞之，去衆與兵而朝。無隨從，無武器，隻身朝晉君。杜注：「示欲以身死。」士彌牟謂韓宣子曰：杜注：「彌牟，士景伯。」「子弗良圖，言其計謀不善。而以叔孫與其讎，叔孫必死之。魯亡叔孫，必亡邾。邾君亡國，將焉歸？杜注：「時邾君在晉，若亡國，無所歸，將益晉憂。」子雖悔之，何及？已不及矣。所謂盟主，討違命也。若皆相執，魯執邾之三大夫，而晉又使邾執叔孫。焉用盟主？」乃弗與。使各居一館。孔疏云：「賈逵云：『使邾、魯大夫各居一館。』鄭衆云：『使叔孫、子服回各居一館。』」杜用鄭衆說，以下文推之，鄭衆義是。士伯聽其辭，而愬諸宣子，乃皆執之。杜注：「二子辭不屈，故士伯愬而執之。」士伯御叔孫，從者四人，過邾館以如吏。杜注：「欲使邾人見叔孫之屈辱。」

先歸邾子。先使邾君返國。士伯曰：「以芻蕘之難，從者之病，將館子於都。」柴薪難以供給，侍者
辛勞過甚，皆係託辭。杜注：「都，別都，謂箕也。」都卽邑，散文相通。叔孫旦而立，期焉。杜注：「立，待命也。」期，
待也，卽待命。乃館諸箕。箕，今山西蒲縣東北，餘詳僖三十三年經注。舍子服昭伯於他邑。舍亦館也。卽
今隔離軟禁。

范獻子求貨於叔孫，使請冠焉。杜注：「以求冠爲辭。」取其冠法，不知范獻子冠之大小，故使人取范
爲冠之模法。而與之兩冠，曰：「盡矣。」叔孫明知求冠是假，求財貨是真；僞爲不知，取獻子作冠之尺寸而爲兩
冠以與之，且曰「盡矣」，以塞其口。爲叔孫故，申豐以貨如晉。杜注：「欲行貨以免叔孫。」叔孫曰：「見我，
吾告女所行貨。」見，而不出。申豐往見叔孫，叔孫不令外出，不欲以賄免。吏人之與叔孫居於箕者，
晉之吏人與叔孫同館者，卽軟禁中看守叔孫者。請其吠狗，其狗善吠，故云吠狗。弗與。亦叔孫不欲行賄於小
吏。及將歸，殺而與之食之。表示前之不與，非吝惜。叔孫所館者，雖一日，必葺其牆、屋，杜注：「葺，
補治也。」屋謂屋頂，哀三年傳「蒙葺公屋」可證。去之如始至。杜注：「不以當去而有所毀壞。」叔孫明春始歸。

三·三 夏四月乙酉，乙酉，十四日。單子取訾，據明年傳「與之東訾」，則訾有東訾、西訾，皆在鞏縣。東訾在鞏縣
舊城西南四十里。此僅言訾，下言牆人在新安，此疑是西訾。亦在今鞏縣西南。劉子取牆人、直人。杜注：「三邑，
屬子朝者。」彙纂云：「今新安縣東北有白牆村，疑是其處。」直人當亦在新安縣境。六月壬午，壬午，十二日。王子
朝入于尹。杜注：「自京入尹氏之邑。」孔疏：「前年子朝在京，王師雖毀其西南，不言克京。又今年二師圍郊，不言子

朝在郊，故云自京入尹。」尹，江永考實據水經洛水注，疑尹以尹谿、尹谷得名，尹邑宜在宜陽縣境。然後魏之宜陽，在今治西五十里。尹邑或在今洛寧縣境。癸未，癸未，十三日。尹圉誘劉佗殺之。杜注：「尹圉，尹文公也。劉佗，劉盆族，敬王黨。」丙戌，丙戌，十六日。單子從阪道，劉子從尹道伐尹。偃師東南有鄂里阪，鞏縣舊治東南有轘轅阪，宜陽東南有九曲阪。此阪疑鄂里阪或轘轅阪。尹道，入尹之道。陶鴻慶云：「廣雅釋詁：『阪，邪也。』阪道爲僻道。釋言：『尹，正也。』尹道爲正道也。」詳別疏。亦通。單子先至而敗，劉子還。杜注：「單子敗故。」己丑，己丑，十九日。召伯奐、南宮極以成周人戍尹。杜注：「二子，周卿士。奐，召莊公。」庚寅，庚寅，二十日。單子、劉子、樊齊以王如劉。杜注：「辟子朝，出居劉子邑。」樊齊即樊頃子，自此不再見傳。甲午，甲午，二十四日。王子朝入于王城，次于左巷。杜注：「近東城。」秋七月戊申，戊申，九日。鄩羅納諸莊宮。杜注：「鄩羅，周大夫，鄩肸之子。」尹辛敗劉師于唐。杜注：「尹辛，尹氏族。唐，周地。」據續漢書郡國志，唐在今洛陽市東。丙辰，丙辰，十七日。又敗諸鄩。甲子，甲子，二十五日。尹辛取西闈。彙纂引晉地道記，謂西闈在洛陽縣西南。然晉之洛陽縣在今洛陽市東北二十里，則西闈或未必在今洛陽市西南。丙寅，丙寅，二十七日。攻蒯，蒯在今洛陽市稍西北。蒯潰。杜注：「於是敬王居狄泉，尹氏立子朝。」此時劉師屢敗，尹師屢勝，敬王王位又不穩矣。

二三・四

莒子庚輿虐而好劍。庚輿，犁比公子，著丘公弟，見昭十四年傳，當立于昭十五年。苟鑄劍，必試諸人。殺人以試劍之利鈍。國人患之。又將叛齊。去年與齊盟。烏存帥國人以逐之。杜注：「烏存，莒大夫。」庚輿將出，聞烏存執殳而立於道左，懼將止死。杜注：「殳長丈二而無刃。」庚輿畏懼將被止而死之。苑羊牧之曰：「君過之！杜注：「牧之亦莒大夫。」烏存以力聞可矣，何必以弑君成名？」牧之諒其不致殺庚與。遂來奔。庚與在位九年，奔魯。齊人納郊公。杜注：「郊公，著丘公之子，十四年奔齊。」依禮，明年卽位，改稱元年，在位三十八年。名狂。莒自襄三十一年展輿殺其父犂比公自立，經著丘公、庚輿、郊公，四世皆有內亂。魯、莒爭戰，自此不復見于經、傳。

二三・五 吳人伐州來，十三年傳楚平王猶云「州來在吳猶在楚」，而十九年楚人城州來，則不知何年楚又取之，經、傳失載。至哀二年，吳師入蔡，逼蔡遷于州來，乃爲蔡都。楚薳越帥師及諸侯之師奔命救州來。杜注：「令尹以疾從戎，故薳越攝其事。」令尹爲陽匄，字子瑕。薳越爲司馬。奔命，奉楚平王之命率師奔赴也。吳人禦諸鍾離。鍾離，今安徽鳳陽縣稍北而東，淮水南岸。子瑕卒，楚師熸。杜注：「子瑕卽令尹，不起所疾也。吳、楚之間謂火滅爲熸。軍之重主喪亡，故其軍人無復氣勢。」襄二十六年傳「楚師大敗，王夷師熸」，定十年傳「衞侯伐邯鄲午於寒氏，城其西北而守之，宵熸」，熸未必僅吳、楚間語。吳公子光曰：「諸侯從於楚者衆，而皆小國也，畏楚而不獲已，是以來。吾聞之曰：『作事威克其愛，雖小，必濟。』杜注：「克，勝也。軍事尚威。」吳師比諸楚及諸侯之師自爲弱少，但用威，故云「雖小必濟」。胡、沈之君幼而狂，杜注：「狂，無常。」集韻：「狂，躁也。」此義較勝。陳大夫齧壯而頑，頑固不通權變。頓與許、蔡疾楚政。楚令尹死，其師熸。帥賤、多寵，政令不壹。七國同役而不同心，杜注：「七國，楚、頓、胡、沈、蔡、陳、許。」帥賤而不能整，無大威命，楚可敗也。若分師先以犯胡、沈與陳，必先奔。三國敗，諸侯之師乃搖心矣。諸侯乖亂，楚必大奔。請先者去備薄威，杜注：「示之以不整以誘之。」惠棟補注引尉繚子（攻權篇）曰：「兵有去備徹威而勝者，以其有法故。」後者敦陳整旅。」杜注：「敦，厚也。」吳子從之。戊辰晦，戰于雞父。杜注：「七月二十九日。違兵忌晦戰，擊楚所不意。」七月小，王韜春秋長曆考正以爲七月大，則戊辰非晦日，顯與傳違，誤。吳子以罪人三千先犯胡、沈與陳，杜注：「囚徒不習戰，以示不整。」三國爭之。爭獲得吳兵以爲俘。吳爲三軍以繫於後，中軍從王，杜注：「從吳王。」光帥右，掩餘帥左。杜注：「掩餘，吳王壽夢子。」吳之罪人或奔或止，三國亂，爭多獲，行陳不整。吳師擊之，吳師卽吳之三軍。三國敗，獲胡、沈之君及陳大夫。舍胡、沈之囚使奔許與蔡、頓，曰：「吾君死矣！」師譟而從之，吳師大鳴鼓而從所釋囚以擊許與蔡、頓。孔子家語相魯篇「齊使萊人以兵鼓譟」，注云：「雷鼓曰譟。」若作呼喊義亦通。一切經音義引聲類云：「譟，羣呼煩擾也。」三國奔，杜注：「三國，許、蔡、頓。」楚師大奔。

書曰「胡子髡、沈子逞滅，獲陳夏齧」，君臣之辭也。杜注：「國君，社稷之主，與宗廟共其存亡者，故稱『滅』；大夫輕，故曰『獲』。獲，得也。」不言戰，楚未陳也。

二三・六　八月丁酉，丁酉，二十八日。南宮極震。杜注：「經書乙未地動，魯地也。丁酉南宮極震，周地亦震也。爲屋所壓而死。」南宮極見上傳。萇弘謂劉文公曰：「君其勉之！先君之力可濟也。杜注：「文公，劉盆也。先君謂盆之父獻公也。獻公亦欲立子猛，未及而卒。」此見去年傳。周之亡也，其三川震。杜注：「謂幽王時也。三川，涇、渭、洛水也。地動，川岸崩。」周語上：「幽王二年，西周三川皆震。」今西王之大臣亦震，天棄之矣。杜注：

「子朝在王城，故謂西王。」東王必大克。」杜注：「敬王居狄泉，在王城之東，故曰東王。」王城本在洛陽西北，敬王此時居在洛陽城外。

二三·七 楚大子建之母在郥，杜注：「郥，郥陽也。平王娶秦女，廢太子建，故母歸其家。」郥陽在今河南新蔡縣境，互見十九年傳並注。召吳人而啟之。啟，開城門。冬十月甲申，甲申，十六日。吳大子諸樊入郥，此時吳王爲僚，其伯父爲諸樊，魯襄二十五年死，則僚之太子不得名諸樊。史記吳世家云：「吳使公子光伐楚，敗楚師，迎楚故太子建母於居巢以歸。」雖情節與傳有不同，而作公子光，較確。陸粲附注亦云。又可參俞樾曲園雜纂卷十八。取楚夫人與其寶器以歸。楚司馬薳越追之，不及。將死，衆曰：「請遂伐吳以徼之。」徼同儌，儌倖也。謂伐吳儌幸求勝。薳越曰：「再敗君師，救州來已一敗，此次若求儌幸，恐再敗。死且有罪。亡君夫人，不可以莫之死也。」乃縊於薳澨。說文：「澨，埤增水邊土，人所止者。」水經禹貢山水澤地所在注云：「文公十有六年，楚軍次于句澨以伐諸庸；宣公四年，楚令尹子越師于漳澨；定公四年，左司馬戌敗吳師于雍澨；昭公二十三年，司馬薳越縊于薳澨。服虔或謂之邑，又謂之地。京相璠、杜預亦云，水際及邊地名也。」據彙纂，薳澨在今湖北京山縣西百餘里漢水東岸。呂氏春秋、吳越春秋諸書，又有兩國邊邑爭桑相攻事，未見于傳。

二三·八 公爲叔孫故如晉，及河，有疾，而復。杜注：「此年春晉爲邾人執叔孫，故公如晉謝之。」

二三·九 楚囊瓦爲令尹，杜注：「囊瓦，子囊之孫子常也，代陽匄。」城郢。杜注：「楚用子囊遺言，已築郢城矣。今畏吳，復增脩以自固。」郢都卽在江陵縣北十里之紀南城。漢書地理志云：「南郡江陵，故楚郢都，楚文王自丹陽徙此，後九世平王城之」，即指此。沈尹戌曰：「子常必亡郢。苟不能衛，城無益也。古者，天子守在四夷；杜注：「德及遠。」會箋：「亦言其和柔四夷以爲諸夏之衛也。」天子卑，守在諸侯。杜注：「政卑損。」謂以諸侯禦四夷之侵。諸侯守在四鄰；杜注：「鄰國爲之守。」諸侯卑，守在四竟。杜注：「裁自完。」愼其四竟，結其四援，杜注：「結四鄰之國爲援助。」民狎其野，杜注：「狎，安習也。」三務成功。杜注：「春、夏、秋三時之務。」民無內憂，而又無外懼，國焉用城？今吳是懼，謂懼吳也，賓語倒在動詞前，「是」爲助詞。而城於郢，守已小矣。卑之不獲，卑則守在四境，今僅城國都，故云「不獲」。能無亡乎？昔梁伯溝其公宮而民潰，事見僖十九年傳。民棄其上，不亡，何待？夫正其疆埸，修其土田，險其走集，杜注：「走集，邊竟之壘壁。」親其民人，明其伍候，杜注：「使民有部伍，相爲候望。」逸周書程典篇亦云：「固其四援，明其伍候。」信其鄰國，愼其官守，守其交禮，杜注：「交接之禮。」不僭不貪，哀五年傳「不僭不濫」與此同意。僭，差也。呂氏春秋權勳篇「虞公濫於寶與馬」，注：「濫，貪也。」不懦不耆，杜注：「懦，弱也。耆，强也。」完其守備，以待不虞，又何畏矣？詩曰：『無念爾祖，聿修厥德。』無念，念也。無，發語詞，無義。聿亦發語詞。句謂念爾祖，修其德。詩大雅文王。無亦監乎若敖、蚡冒至于武、文，杜注：「四君皆楚先君之賢者。」土不過同，杜注：「方百里爲一同，言未滿一圻。」愼其四竟，猶不城郢。今土數圻，杜注：「方千里爲圻。」而郢是城，不亦難乎？」杜注：「言守若是，難以爲安也。爲定四年吳入楚傳。」

二十四年，癸未，公元前五一八年。周敬王二年、晉頃八年、齊景三十年、衞靈十七年、蔡昭公申元年、鄭定十二年、曹悼六年、陳惠十二年、杞平十八年、宋元十四年、秦哀十九年、楚平十一年、吳僚九年、許男斯五年。

經

二四·一 二十有四年春王二月丙戌，正月十六日壬子冬至，建子。「二月」本作「三月」，今正。丙戌，二十日。仲孫貜卒。無傳。汪克寬纂疏云：「孟僖子也。子何忌，嗣爲大夫，是謂懿子。」

二四·二 婼至自晉。公羊作「叔孫舍至自晉」。據傳文，無「叔孫」二字是也。杜注：「喜得赦歸，故書至。」然會箋云：「內卿見執，必書其終，例也。杜云喜書，臆斷。」

二四·三 夏五月乙未朔，日有食之。公元前五一八年四月九日日環食，起于西伯利亞西部，略偏東，即向西北而入北冰洋，魯都不能見。諸家皆以爲入食限，僅推算得之。參朱文鑫歷代日食考及馮澂春秋日食集證。

二四·四 秋八月，大雩。

二四·五 丁酉，杞伯郁釐卒。杜注：「無傳。丁酉，九月五日，有日無月。」

二四·六 冬，吳滅巢。巢詳文十二年經並注。

二四·七 葬杞平公。無傳。

傳

二四・一 二十四年春王正月辛丑，辛丑，五日。召簡公、南宮嚚以甘桓公見王子朝。杜注：「簡公，召莊公之子召伯盈。嚚，南宮極之子。桓公，甘平公之子。」劉子謂萇弘曰：「甘氏又往矣。」對曰：「何害？同德度義。竹添光鴻會箋云：「度與宅通，猶在也。言所謂同德者，惟在於義耳。」文十八年傳「不度於善」，杜注：「度，居也。」卽此義。大誓曰『紂有億兆夷人，夷爲語中助詞，無義。詩大雅瞻卬「蟊賊蟊疾，靡有夷屆。罪罟不收，靡有夷瘳」，兩「夷」字亦同。見詞詮。亦有離德；亦借爲奕，說文：「大也。」詩周頌豐年「豐年多黍多稌，亦有高廩」，亦卽此義。或謂亦爲語首助詞，亦通。余有亂臣十人，同心同德』，杜注：「武王言：『我有治臣十人，雖少，同心也。』今大誓無此語。」論語泰伯引武王曰：「予有亂臣十人。」蓋亦本太誓。今僞古文泰誓爲僞中之僞。此周所以興也。君其務德，無患無人。」戊午，戊午，二十二日。王子朝入于鄔。鄔在今河南偃師縣南。又見隱十一年傳並注。

二四・二 晉士彌牟逆叔孫于箕。叔孫使梁其踁待于門內，杜注：「踁，叔孫家臣。」梁其踁曾隨叔孫豹使于晉，見昭元年傳。曰：「余左顧而欬，欬同咳，咳嗽。乃殺之。杜注：「疑士伯來殺己，故謀殺之。」右顧而笑，乃止。」叔孫見士伯。接見士彌牟。士伯曰：「寡君以爲盟主之故，是以久子。久子，久留子于晉也。不腆敝邑之禮，將致諸從者，將釋叔孫歸于魯，致以贈賄餞行之禮。從者實指叔孫。古人常言「執事」、「從者」、「左右」，意謂其下屬，不直指其人，亦表敬之方式。使彌牟逆吾子。」叔孫受禮而歸。二月，「婼至自晉」，尊晉也。此解經。杜注：「貶婼族（不稱叔孫），所以尊晉。婼行人，故不言罪已。」杜注未必合傳意，姑仍之。

二四·三 三月庚戌，庚戌，十五日。晉侯使士景伯涖問周故。杜注：「涖，臨也。就問子朝、敬王，知誰曲直也。」士伯立于乾祭，而問於介衆。杜注：「乾祭，王城北門。介，大也。」俞樾云：「古『立』『位』同字。小司寇職掌外朝之法以致萬民而詢焉。一曰詢國危，二曰詢國遷，三曰詢立君。士景伯蓋用此禮。」餘詳其茶香室經說。王引之述聞謂「介」當作「其」，不取。晉人乃辭王子朝，不納其使。杜注：「衆言子朝曲故。」

二四·四 夏五月乙未朔，日有食之。梓慎曰：「將水。」據杜注，日食是陰勝陽，水屬陰，故曰「將水」。昭子曰：「旱也。日過分而陽猶不克，克必甚，能無旱乎？據杜注，昭子以爲日已行過春分點，陽氣盛時，而猶不勝月，光爲月所蔽，是不勝陰，此時陽氣鬱積。待日復時，鬱積之陽氣必甚發，不能不旱。陽不克莫，莫，暮本字。已過其時爲暮，此與「日過分而陽猶不克」同意。將積聚也。」此兩句補充說明「克必甚」之故。

二四·五 六月壬申，壬申，八日。王子朝之師攻瑕及杏，皆潰。杜注：「瑕、杏，敬王邑。」瑕，未詳在今何處。高士奇地名攷略據洛陽記「禹州城北有杏山」，則杏在今禹縣北。兩邑皆潰敗。

二四·六 鄭伯如晉，子大叔相，見范獻子。獻子曰：「若王室何？」對曰：「老夫其國家不能恤，老夫，子大叔自指。子大叔（游吉）初見于襄二十二年傳，至此已歷三十三年，其年當在五十以上，故自稱老夫。敢及王室？抑人亦有言曰：『嫠不恤其緯，杜注：「嫠，寡婦也。織者常苦緯少，寡婦所宜憂。」而憂宗周之隕，爲將及焉。』杜注：「恐禍及己。」今王室實蠢蠢焉，杜注：「蠢蠢，動擾貌。」說文引作「惷」，云：「亂也」。吾小國懼矣；然大國之憂也，吾儕何知焉？吾子其早圖之！詩曰：『缾之罄矣，惟罍之恥。』詩小雅蓼莪。缾、罍皆古代盛酒器，缾亦作瓶，器小；罍，器大，盛酒多。瓶中酒空，表示罍中酒不注入于瓶，故曰恥。此以瓶喻王室，以罍喻晉。晉雖諸侯，實强大。王室之不寧，晉之恥也。」獻子懼，而與宣子圖之。杜注：「宣子，韓起。」時執晉政。乃徵會於諸侯，期以明年。杜注：「爲明年會黄父傳。」

二四·七　秋八月，大雩，旱也。此年建子，秋八月，實夏正六月，秋收作物正需雨而旱，故作求雨之祭。杜注：「終如叔孫之言。」

二四·八　冬十月癸酉，癸酉，十一日。王子朝用成周之寶珪沈于河。「沈」字原無，今從金澤文庫本、史記周本紀正義引傳、漢書五行志及阮元校勘記增。杜注：「禱河求福。」黄河經成周（洛陽東四十里）及王城（洛陽）北境，故王子朝獻珪于河神以求福。甲戌，甲戌，十二日。津人得諸河上。以津人得之，則寶珪當沈于成周東北之盟津。陰不佞以温人南侵，杜注：「不佞，敬王大夫。」晉以温兵助敬王，南侵子朝。」拘得玉者，取其玉。將賣之，則爲石。此當時人故神其說。王定而獻之，杜注：「不佞獻玉。」與之東訾。據王隱晉地道記，東訾在今鞏縣東。

二四·九　楚子爲舟師以略吳疆。杜注：「略，行也。行吳界，將侵之。」沈尹戌曰：「此行也，楚必亡邑。不撫民而勞之，吳不動而速之，速之謂使吳速出兵也。吳踵楚，踵謂追逐。而疆埸無備，邑，能無亡乎？」

越大夫胥犴勞王於豫章之汭，杜注：「汭，水曲。」朱翔鳳過庭録謂豫章之汭斷在當塗之地，秦以其地置鄣郡，漢改爲丹楊。春秋時，豫章與桐、巢俱在二百里内。互詳六年傳「師于豫章」注。安徽考古學會會刊第三期陳懷荃豫章考謂豫章之汭在合肥市南肥河流入巢湖北岸一帶。越公子倉歸王乘舟。歸讀爲饋，贈送也。倉及壽夢帥師從王，杜注：「壽夢，越大夫。」王及圉陽而還。杜注：「圉陽，楚地。」顧棟高大事表七之四謂圉陽應在今安徽巢縣南境。吴人踵楚，而邊人不備，遂滅巢及鍾離而還。鍾離，今安徽鳳陽縣東而稍北。又詳成十五年傳並注。

沈尹戌曰：「亡郢之始於此在矣。王一動而亡二姓之帥，「二」或作「壹」。杜注：「二姓之帥，守巢、鍾離大夫。」幾如是而不及郢？此與十年傳「幾千人而不亡」句法相同。幾，幾次。詩曰『誰生厲階？至今爲梗』，詩大雅桑柔。厲，惡也。階所以升堂，以喻禍亂所由進，故杜注云「階，道」。此作名詞，隱三年傳「階之爲禍」則作動詞，其義相同。梗，病也。其王之謂乎！」杜注：「爲定四年吴入郢傳。」

二十五年，甲申，公元前五一七年。周敬王三年、晉頃九年、齊景三十一年、衛靈十八年、蔡昭二年、鄭定十三年、曹悼七年、陳惠十三年、杞悼公成元年、宋元十五年、秦哀二十年、楚平十二年、吴僚十年、許男斯六年。

經

二五·一 二十有五年春，正月二十七日戊午冬至，建子，有閏。叔孫婼如宋。

二五·二 夏，叔詣會晉趙鞅、宋樂大心、衞北宮喜、鄭游吉、曹人、邾人、滕人、薛人、小邾人于黃父。「詣」，公羊、穀梁作「倪」，後同。「大心」，公羊作「世心」，後同。黃父在今山西沁水縣西北、翼城縣東北，詳文十七年傳注。

二五·三 有鸜鵒來巢。鸜同鴝，音劬。鸜鵒卽今之八哥，中國各地多有之，春秋記此，以爲昭公出走之先兆，蓋古代迷信。後人因作各種解釋，如考工記「鸜鵒不濟」，以爲魯在濟水之南，不應巢于魯也。公羊傳竟謂此鳥「宜穴」，穀梁傳亦謂「鸜鵒穴者而曰巢」，杜預合此二説而注云：「此鳥穴居，不在魯界，故曰『來巢』，非常，故書。」此杜注怪誕之甚者。

二五·四 秋七月上辛，大雩；季辛，又雩。上辛，第一旬之辛日，卽辛卯，三日。季辛，下旬之辛日，卽辛亥，二十三日。

二五·五 九月己亥，己亥，十二日。公孫于齊，孫同遜。杜注：「諱奔，故曰孫，若自孫讓而去位者。」次于陽州。「己亥」，穀梁作「乙亥」，九月戊子朔，不得有乙亥，乙乃己字形近誤。「陽州」公羊作「楊州」，音同。陽州本魯邑，襄三十一年傳「齊子尾害閭丘嬰，使帥師以伐陽州」可證。此時已爲齊有，定八年傳「公侵齊，門于陽州」，尤爲明證。陽州，在今山東東平縣北境，蓋齊、魯交界邑。齊侯唁公于野井。野井，今山東齊河縣東南，濟水東；今黃河東岸。

二五·六 冬十月戊辰，戊辰，十一日。叔孫婼卒。

二五·七 十有一月己亥，己亥，十三日。宋公佐卒于曲棘。曲棘當在今河南蘭考縣東南，民權縣西北，爲由宋適晉之道。

二五·八 十有二月，齊侯取鄆。杜注：「取鄆以居公也。」傳言十二月二十四日圍鄆，明年正月五日取之。經則終言之。

傳

二五·一 二十五年春，叔孫婼聘于宋，桐門右師見之。杜注：「右師，樂大心，居桐門。」地名考略云：「襄十年，楚及鄭圍宋，門于桐門。哀二十六年杜注：『桐門，北門。』」通志氏族略三云：「宋樂大心爲右師，食采桐門，因氏焉。」語，卑宋大夫而賤司城氏。杜注：「司城，樂氏之大宗也。卑、賤，謂其才德薄。」梁履繩補釋引周氏附論云：「襄九年樂喜爲司城。喜孫祁，祁孫茷世爲司城（見昭二十二年及哀二十六年傳）。此時祁居是官，蓋與大心有隙，故賤之，觀定九年祁子溷譖逐桐門右師可見。」昭子告其人曰：「右師其亡乎！君子貴其身，而後能及人，是以有禮。先自尊貴，然後能尊貴他人，於是爲有禮。今夫子卑其大夫而賤其宗，是賤其身也，昭子爲魯人，樂大心于他國人卑本國之大夫，又輕視其宗族，此即不自尊重也。能有禮乎？無禮，必亡。」

宋公享昭子，賦新宮。杜注：「逸詩。」江永羣經補義謂即今小雅斯干。昭子賦車轄。杜注：「詩小雅。

周人思得賢女以配君子。昭子將爲季孫迎宋公女，故賦之。」「轄」，毛詩作「舝」，韓詩作「轄」。明日宴，飲酒，樂，宋公使昭子右坐，杜注：「坐宋公右以相近，言改禮坐。」依古代宴禮設坐，宋公坐于阼階上，面向西；昭子則坐于西階，面向南。如此，相隔較遠，不便交談，故杜云「改禮坐」，使昭子移坐于東階，坐于宋公之右，同向西。此本臨時偶然之舉動，不可以禮論之。俞樾平議駁杜及孔疏，非也。語相泣也。樂祁佐，杜注：「助宴禮。」退而告人曰：「今茲君與叔孫其皆死乎！吾聞之：『哀樂杜注：「可樂而哀。」而樂哀，杜注：「可哀而樂。」皆喪心也。』心之精爽，精爽猶言精明。是謂魂魄。魂魄去之，何以能久？」杜注：「爲此冬叔孫、宋公卒傳。」新書容經語下篇亦敍此事，而于宋元公與叔孫婼之死期不與春秋經、傳合，蓋賈誼誤記。

二五・二　季公若之姊爲小邾夫人，杜注：「平子庶姑，與公若同母，故曰公若姊。」生宋元夫人，則宋元夫人爲父之姊妹嫁于小邾君所生。生子，古代女亦謂子，故儀禮有「男子子」「女子子」之名。以妻季平子。昭子如宋聘，且逆之。季孫不親迎，而使叔孫代迎，蓋春秋時之變禮。公若從，謂曹氏勿與，魯將逐之。曹，小邾君之姓。曹氏卽宋元夫人。古代姓與氏本有別，但散文亦可通。公若于宋元夫人爲舅，故告以不遣女嫁季平子，魯將逐平子。曹氏告公。公告樂祁。樂祁曰：「與之。如是，謂如魯君逐季平子。魯君必出。政在季氏三世矣，杜注：「文子、武子、平子。」平子之父悼子先武子死，未爲卿。魯君喪政四公矣。杜注：「宣、成、襄、昭。」論語季氏孔丘曰「祿之去公室五世矣」，此言當在定公時，故多一世。說本毛奇齡論語稽求篇。無民而能逞其志者，未之有也，國君是以鎮撫其民。詩曰：『人之云亡，心之憂矣。』詩大雅瞻卬。人謂人才、賢者。

云，語中助詞，無義。詩本義蓋謂人才喪失爲心之憂慮。而樂祁之引此句，人指人民，卽傳所謂民或民人，應上語「無民」意。魯君失民矣，焉得逞其志？請以待命猶可，靖，安也，靜也。命謂天命。動必憂。」杜注：「爲下公孫傳。」

二五・二 夏，會于黄父，謀王室也。杜注：「王室有子朝亂，謀定之。」趙簡子令諸侯之大夫輸王粟、具戍人，杜注：「簡子，趙鞅。」具備戍周敬王王朝之卒乘與率領者。曰：「明年將納王。」

子大叔見趙簡子，簡子問揖讓、周旋之禮焉。對曰：「是儀也，非禮也。」簡子曰：「敢問，何謂禮？」對曰：「吉也聞諸先大夫子產曰：『夫禮，天之經也，地之義也，民之行也。』孝經三才章襲此語，改「禮」爲「孝」。說詳梁履繩補釋及周中孚鄭堂札記卷四。天地之經，而民實則之。則天之明，杜注：「日、月、星辰，天之明也。」因地之性，杜注：「高下、剛柔，地之性也。」生其六氣，杜注：「謂陰陽、風雨、晦明。」用其五行。杜注：「金、木、水、火、土。」氣爲五味，杜注：「酸、鹹、辛、苦、甘。」發爲五色，杜注：「青、黄、赤、白、黑。」發，表現之義。章爲五聲。杜注：「宫、商、角、徵、羽。」淫則昏亂，民失其性。杜注：「滋味聲色，過則傷性。」淫，過也。是故爲禮以奉之：杜注：「制禮以奉其性。」爲六畜、杜注：「馬、牛、羊、雞、犬、豕。」五牲、十一年傳「五牲不相爲用」杜注：「五牲，牛、羊、豕、犬、雞。」三犧，始養曰畜，將用曰牲，毛羽完具曰犧。三犧卽牛、羊、豕也。蓋由六畜中遞爲減殺。說詳武億義證。杜注云，「祭天、地、宗廟三者謂之犧」，蓋以牛、羊、豕用于祭天、祭地、祭宗廟，犬與雞不用也。無論大牢、少牢或特牲，皆不數犬、雞。以奉五味；爲九文、九種文彩：龍、山、華（花）蟲、火（爲半圓形似火）、宗彝（虎與蜼——長尾猴）此五者皆畫于衣上。藻（水草）、粉米（白米）、黼（考工記曰，白與黑謂之黼。僞孔安國尚書注：黼若斧形，謂刀白身黑）、黻（杜注：「若兩已相戾。」考工記曰，黑與青相次文）。黻實若兩弓相背亞。此四者繡于裳上。六采、六種彩色。杜注：「畫繢之事，雜用天地四方之色：青與白、赤與黑、玄與黃皆相次，謂之六色。」五章，杜注：「青與赤謂之文，赤與白謂之章，白與黑謂之黼，黑與青謂之黻，五色備謂之繡。」亦考工記文。以奉五色；爲九歌、八風、七音、六律，以奉五聲。杜注：「解見二十年。」爲君臣上下，以則地義；杜注：「君臣有尊卑，法地有高下。」爲夫婦外內，以經二物；外內即夫婦。二物謂陰陽，亦即剛柔。經，法也。爲父子、兄弟、姑姊、甥舅、昏媾、姻亞，以象天明，父之姊妹爲姑，姑與姊妹皆嫁給外姓爲親者。母之兄弟爲舅；謂我舅者，我謂之甥。昏媾即婚姻關係，婚媾爲同義詞，古人常連用，如易屯六二爻辭「匪寇，婚媾」。姻，說文「婿家也。女之所因，故曰姻。」兩壻相謂曰亞，亦作婭，今曰連襟。杜注：「六親和睦，以事嚴父，若衆星之共（拱）辰極也。」爲政事、庸力、行務，以從四時；杜注：「在君爲政，在臣爲事；民功曰庸，治功曰力；行其德教，務其時要，禮之本也。」政與事有別，亦見論語子路。行爲日常工作，務爲一時措施。爲刑罰威獄，使民畏忌，以類其震曜殺戮；依杜注，震謂雷震，曜謂電曜，可以殺人。意謂古人作刑罰牢獄，是以雷電諸天象爲法而象之。爲温慈惠和，以效天之生殖長育。民有好惡、喜怒、哀樂，生于六氣，杜注：「此六者，皆稟陰陽、風雨、晦明之氣。」是故審則宜類，以制六志。杜注：「爲禮以制好惡、喜怒、哀樂六志，使不過節。」哀有哭泣，樂有歌舞，喜有施舍，怒有戰鬬；喜生於好，怒生於惡。是故審行信令，禍福賞罰，以制死生。審，慎也。統治者慎其所行。政令出，必使國人信之。晉語四：「信於令則時無廢功。」生，好物也；死，惡物也。好物、惡物猶言所喜好事、所厭惡事。惠棟補注引周書度訓云：「凡民之所好惡，生物是好，死物是惡。」惡亦厭惡之惡。好物，樂也；惡物，哀也。哀樂不失，意謂不失於禮。乃能協于天地之性，是以長久。」簡子曰：「甚哉，禮之大也！」對曰：「禮，上下之紀、天地之經緯也，天地之經緯猶言天經地義。民之所以生也，是以先王尚之。尚之猶言以之爲第一等事。故人之能自曲直以赴禮者，謂之成人。曲直赴禮，謂人有委屈其情以赴禮者，亦有本其情性以赴禮者。大，不亦宜乎！」簡子曰：「鞅也，請終身守此言也。」

宋樂大心曰：「我不輸粟。我於周爲客，杜注：「二王後爲賓客。」謂周王朝以賓客之禮待之。若之何使客？」使謂指使，令其輸粟也。晉士伯曰：「自踐土以來，踐土之盟見僖二十八年傳。此晉國始霸之盟。宋何役之不會，而何盟之不同？曰『同恤王室』，子焉得辟之？子奉君命，以會大事，大事謂救王室。而宋背盟，無乃不可乎？」右師不敢對，受牒而退。牒，簡札。書宋輸粟具成之事。士伯告簡子曰：「宋右師必亡。奉君命以使，而欲背盟以干盟主，無不祥大焉。」古人多言「不祥莫大焉」，改「莫」爲「無」，句法變。言再無凶惡之事大于此。亦可言不祥莫大焉。杜注：「爲定十年宋樂大心出奔傳。」

二五·四 「有鸜鵒來巢」，鸜鵒，即八哥。書所無也。論衡遭虎篇云：「魯昭公且出，鸜鵒來巢。」王充云「魯昭公且出」，未知其所據。師己曰：「異哉！吾聞文、成之世，「文成」本作「文武」，今從石經、宋本、岳本、史記宋世家、漢書五行志、論衡異虛篇、文選幽通賦注、史通雜説上篇及惠棟説訂正。此謂魯文公、宣公、成公之世，不言宣，舉其首尾耳。杜注：「師己，魯大夫。」童謡有之，曰：『鸜之鵒之，公出辱之。鵒、辱爲韻，古音同在屋部。鸜鵒之羽，公在外野，往饋之馬。會箋云：「與季平子每歲買饋之應。」羽、野、馬爲韻，古音同在模部。鸜鵒跦跦，公在乾侯，杜注：「跦跦，跳行貌。」乾侯，晉邑。二十八年經：「公如晉，次于乾侯。」在今河北成安縣東南。漢書地理志顏師古注：「乾音干，言其地水常涸也。」昭公死于乾侯，故以爲言。徵褰與襦。杜注：「褰，袴。」徵，求也。襦，短衣也。會箋：「與平子每歲歸從者之衣屨應。」跦、侯、襦爲韻，古音同在侯部。鸜鵒之巢，遠哉遥遥，裯父喪勞，「裯父」本作「稠父」，今從石經、宋本、岳本、足利本、金澤文庫本及漢書五行志訂正。裯，昭公名也。史記及漢書古今人表作「裯」。杜注：「死外，故喪勞。」父亦作甫，男子之通號。宋父以驕。杜注：「宋父，定公，代立，故以驕。」巢、遥、勞、驕爲韻，古音同在豪部。鸜鵒鸜鵒，往歌來哭。』杜注：「昭公生出，歌；死還，哭。」鵒、哭爲韻，古音同在屋部。童謡有是。今鸜鵒來巢，其將及乎！」杜注：「將及禍也。」

二五・五　秋，書再雩，旱甚也。

二五・六　初，季公鳥娶妻於齊鮑文子，杜注：「公鳥，季公亥之兄，平子庶叔父。」生甲。洪亮吉詁云：「甲猶言某甲，失其名耳。」公鳥死，季公亥與公思展與公鳥之臣申夜姑相其室。杜注：「公亥即公若也。展，季氏族。相，治也。」三人共同經理其家道。及季姒與饔人檀通，杜注：「季姒，公鳥妻，鮑文子女。饔人，食官。」此乃季氏家臣之主飲食者，名檀。而懼，懼公亥等責討之。乃使其妾抶己，妾，婢女。抶音叱，扑打。以示秦遄之妻，杜注：「秦遄，魯大夫。妻，公鳥妹秦姬也。」曰：「公若欲使余，使卽襄二十一年傳「美而不使」之使，使其視寢也。此蓋當時所用詞義。余不可而抶余。」又訴於公甫，杜氏世族譜云：「公父氏，公甫靖穆伯，季孫紇子。」穆伯見魯語下。程公説春秋分記世譜六云：「公紇生三子，曰意如(平子)，曰公甫靖(後爲公甫氏)，曰公之(無後)。」曰：「展與夜姑將要余。」要謂要挾，要脅。脅迫之盟曰要盟，襄九年傳「且要盟無質」、公羊莊十三年傳「要盟可犯」並可證。此謂公思展、申夜姑將逼脅我以從公若與之通。皆誣辭。秦姬以告公之。公之名鞅，見通志氏族略三。公之與公甫告平子，平子拘展於卞，卞見僖十七年經並注，在今山東泗水縣東五十里。而執夜姑，將殺之。公若泣而哀之，曰：「殺是，是殺余也。」哀夜姑被冤，且己亦被冤。若殺夜姑，是證實本無之事爲有，於己亦不堪，故言「殺余」。將爲之請，平子使豎勿内，左右小吏皆可曰豎，僖二十八年傳「曹伯之豎侯獳貨筮史」，淮南子人間訓「豎陽穀奉酒而進之」可證。内同納，不使入内，平子不欲見之。日中不得請。有司逆命，杜注：「執夜姑之有司，欲迎受殺生之命。」公之使速殺之。故公若怨平子。

季、郈之雞鬭。古代鬭雞猶後代之鬭蟋蟀，下賭注争勝負。季氏介其雞，介其雞古有兩説，賈逵、服虔、杜預皆以介爲芥，謂擣芥子爲粉末，播散于雞翼，可以迷郈氏雞之目。鄭衆則云：「介，甲也，爲雞著甲。」據吕氏春秋察微篇注，云「作小鎧著雞頭」，此説較長。郈氏爲之金距。説文：「距，雞距也。」漢書五行志「雌雞化爲雄，而不鳴不將無距」注：「距，雞附足骨，鬭時所用刺之。」即雞跗蹠骨後方所生之尖突起部，中有硬骨質之髓，外被角質鞘，故可爲戰鬭之用。郈氏蓋于雞脚爪又加以薄金屬所爲假距。平子怒，季氏之雞敗。吕氏春秋察微篇載此事，作「魯季氏與郈氏鬭雞，郈氏介其雞，季氏爲之金距。季氏之雞不勝，季平子怒」云云，與傳略異，但有「季氏之雞不勝」句，文意較明。益宮於郈氏，杜注：「侵郈氏室以自益。」且讓之。杜注：「讓，責也。」故郈昭伯亦怨平子。王引之述聞謂前後「郈」字皆當作「后」，引潛夫論志氏姓、禮記檀弓鄭玄注及孔疏引世本爲證，雷學淇世本校輯云：「厚與后、郈同」，此說是也，王氏說失之拘。

臧昭伯之從弟會爲讒於臧氏，賈逵曰：「昭伯，臧孫賜也。」魯世家索隱引世本：「臧會，臧頃伯也，宣叔許之孫，與昭伯賜爲從父昆弟也。」而逃於季氏。此事詳於傳末。臧氏執旃。旃，之焉之合音字。平子怒，拘臧氏老。將禘於襄公，萬者二人，其衆萬於季氏。沈欽韓補注云：「傳通言數事爲啟怨之由，不必定在當年。此禘即是祭，不必定爲大祭。蓋諸侯五廟，次及襄公之禰廟，而萬舞不足也。所以不足，緣季氏亦有私祭召其衆也。禮，君祭孟月，臣祭仲月。季氏與君同日祭，又矯用樂舞，論語（八佾）所謂『八佾舞于庭』，以私廢公，此大夫所以怨也。」萬見隱五年傳並注。「二人」，傅遜謂當作「二八」，有理而無據。臧孫曰：「此之謂不能庸先君之廟。」庸作動詞，功曰庸，酬功亦曰庸，意謂不能使昭公祭祀其父以報襄公之功。大夫遂怨平子。

公若獻弓於公爲，杜注：「公爲，昭公子務人。」且與之出射於外，而謀去季氏。公爲告公果、公賁。杜注：「果、賁皆公爲弟。」公果、公賁使侍人僚柤告公。僚柤當是昭公之侍者。釋文謂本亦作「寺人」。公寢，公就寢以告，恐旁人聞之。將以戈擊之，戈謂寢戈，寢時以防萬一者。乃走。公曰：「執之！」亦無命也。口雖云執僚柤，實無旨令。懼而不出，僚柤懼。數月不見。不見公。公不怒。此可以知昭公前此之擊以寢戈，乃佯怒也。又使言，公執戈以懼之，乃走。僅使之害怕而已，非欲殺之。又使言，公曰：「非小人之所及也。」僚柤侍者，昭公謂之小人。昭公前此懼之者，以僚柤位卑人微，無能有所爲也。公果自言，公果知公亦有此意，乃自告公。公以告臧孫，知臧、季有隙。臧孫以難。以爲難成事。告郈孫，公亦知郈、季交惡。郈孫以可，以爲逐季氏可爲。勸。慫恿昭公爲之。告子家懿伯。杜注：「子家羈，莊公之玄孫。」懿伯曰：「讒人以君徼幸，讒人指公若、郈孫之徒，讒毁季氏，以昭公行徼倖萬一之事。事若不克，君受其名，杜注：「受惡名。」不可爲也。舍民數世，自文公以來，政權不在公室，民心亦即不在公室，故云舍民。以求克事，克，成也。上文單言克。不可必也。今言無把握，質言難成，即上文「不可爲」。且政在焉，政權在是人。其難圖也。」公退之。杜注：「退，使去。」辭曰：「臣與聞命矣，言若洩，臣不獲死。」不獲死亦云不得死，不得好死。乃館於公宮。「宮」字各本無，今從金澤文庫本增。

叔孫昭子如闞，闞，魯邑，在今山東南旺湖中，詳桓十一年經並注。公居於長府。長府即論語先進之「長府」，藏財貨之府庫。九月戊戌，戊戌，十一日。伐季氏，殺公之于門，遂入之。平子登臺而請曰：梁履繩補釋引尚靜齋經説云：「此臺疑即定十二年所云武子之臺也。遇難者每登臺而請，乃知古人作游觀之具皆有深意。」「君不察臣之罪，使有司討臣以干戈，臣請待於沂上以察罪。」沂，水名。源出山東鄒縣東北，西經曲阜，與洙水合，入於泗水。詳論語譯注先進篇「浴乎沂」注。非小沂河。弗許。請囚于費，費，季氏采邑。使之往費，是放虎歸山也。弗許。請以五乘亡，弗許。五乘，其從者不多。去國，其餘衆可逐漸收拾，故子家羈以爲可許。子家子曰：「君其許之！政自之出久矣，隱民多取食焉，杜注：「隱，約，窮困。」即貧民之投靠季氏者。爲之徒者衆矣。日入慝作，弗可知也。杜注：「慝，奸惡也。日冥，姦人將起，叛君助季氏，不可知。」衆怒不可蓄也，三請而不得許，季氏之衆必蓄怒。蓄而弗治，將薀。衆積怒於心而弗予以妥善處理，怒氣將盛。廣雅釋詁：「薀，盛也。」薀蓄，盛怒之氣蓄積。民將生心。生叛變公室之心。生心，同求將合。與季氏同求叛君者將會合。君必悔之！」弗聽。郈孫曰：「必殺之。」

公使郈孫逆孟懿子。杜注：「懿子，仲孫何忌。」叔孫氏之司馬鬷戾言於其衆曰：王引之云：「言猶問也。曲禮『君言不宿於家』，注：『言謂有故所問也』。曾子問『召公言於周公』，正義：『言猶問也』。哀公問：『寡人願有言然，冕而親迎，不已重乎？』」說見讀漢書雜志。「若之何？」莫對。又曰：「我，家臣也，不敢知國。猶言不敢考慮及國事。凡有季氏與無，說文：「凡，最括而言也。」於我孰利？」皆曰：「無季氏，是無叔孫氏也。」鬷戾曰：「然則救諸！」諸，之乎之合音字。之指季氏。帥徒以往，陷西北隅以入。事亦見韓非子內儲說下。公徒釋甲執冰而踞，杜注：「言無戰心也。」冰卽詩鄭風大叔于田之掤，十三年傳「奉壺飲冰」亦同，本是箭筒之蓋，可以臨時作飲器。遂逐之。孟氏使登西北隅，孟氏之西北隅，蓋公使郈孫迎孟孫助己，孟氏之家蓋在季氏東南，登西北角以望。以望季氏。探看形勢。見叔孫氏之旌，以告。知叔孫助季氏矣。孟氏執郈昭伯，殺之于南門之西，示與公決絕。遂伐公徒。孟懿子此時年僅十四，蓋其家臣爲之。子家子曰：「諸臣僞劫君者，而負罪以出，君止。表示昭公被他人逼使，伐季氏者出逃，而公仍留宮中。意如之事君也，不敢不改。」杜注：「意如，季平子名。」公曰：「余不忍也。」不能忍受季氏之僭越欺辱。與臧孫如墓謀，杜

注：「辭先君，且謀奔所。」禮記檀弓下：「去國則哭于墓而後行。」遂行。

己亥，公孫于齊，次于陽州。齊侯將唁公于平陰，平陰已見襄十八年傳注，在今山東平陰縣東北三十五里。公先至于野井。昭公且越過平陰迎齊景。齊侯曰：「寡人之罪也。使有司待于平陰，爲近故也。」此齊侯致歉意之辭。謂本擬唁公于平陰，以其距陽州近，不意公竟先至野井候己。書曰「公孫于齊，次于陽州。齊侯唁公于野井」，禮也。將求於人，則先下之，禮之善物也。杜注：「物，事也。」謂先往至野井。齊侯曰：「自莒疆以西，請致千社，杜注：「二十五家爲社。千社，二萬五千家，欲以給公。」社，哀十五年傳謂之書社，蓋書每社之户籍于社簿也。至史記封禪書之里社，則民間私立之土地廟耳。以待君命。杜注：「待君伐季氏之命。」寡人將帥敝賦以從執事，唯命是聽。君之憂，寡人之憂也。」公喜。子家子曰：「天禄不再。既得千社，不能再君魯國。天若胙君，不過周公。周公即魯國之義，魯以周公受封也。以魯足矣。失魯而以千社爲臣，誰與之立？杜注：「爲齊臣。」受齊千社，是爲臣于齊矣，誰爲君復位？立與位古文同。且齊君無信，不如早之晉。」弗從。

臧昭伯率從者將盟，載書曰：「戮力壹心，好惡同之。信罪之有無，杜注：「信，明也。處者有罪，從者無罪。」繾綣從公，據毛詩大雅民勞孔疏，繾綣猶今言堅決。無通外内！」以公命示子家子。子家子曰：「如此，吾不可以盟。羈也不佞，不能與二三子同心，而以爲皆有罪。杜注：「從者陷君，留者逐君，皆有罪也。」或欲通外内，且欲去君。或猶言或者，言己可能欲與國内國外交談，且欲離君奔走。二三子好亡而惡定，焉可同也？謂爾等好逃亡而惡公復國定位，我則惡逃亡，而欲定君之位，如何可同好惡。陷君於難，罪孰大焉？通外内而去君，君將速入，弗通何爲？爲何不通。而何守焉？」逃亡寄居，無所守也。乃不與盟。

昭子自闞歸，見平子。平子稽顙，稽顙爲凶拜，此平子示己逐君之哀戚。曰：「子若我何？」昭子曰：「人誰不死？子以逐君成名，子孫不忘，不亦傷乎？悲傷。將若子何？」平子曰：「苟使意如得改事君，改變態度以事君。所謂生死而肉骨也。」生死，使死者復生。肉骨，使白骨長肉。昭子從公于齊，與公言。子家子命適公館者執之。執他人入魯公之館者，防洩密。公與昭子言於幄内，曰：「將安衆而納公。」杜注：「昭子請歸安衆。」公徒將殺昭子，不欲使昭公歸。伏諸道。伏兵于道，將殺昭子。左師展告公。杜注：「展，魯大夫。」公使昭子自鑄歸。鑄今山東肥城縣南之鑄鄉。詳見襄二十三年傳並注。改道以避伏兵。平子有異志。杜注：「不欲復納公。」冬十月辛酉，辛酉，四日。昭子齊於其寢，齊同齋，齋戒。使祝宗祈死。戊辰，戊辰，十一日。卒。杜注：「恥爲平子所欺，因祈而自殺。」左師展將以公乘馬而歸，杜注、孔疏及陸德明釋文皆謂此爲騎馬，王應麟困學紀聞四亦言之。宋翔鳳過庭録卷九則云：「乘讀去聲，言以車一乘歸魯。」疑宋説較近事實。左傳凡五言乘馬，如六年傳云：「以其乘馬八匹私面。」公羊、穀梁亦各言乘馬，俱見隱元年傳，皆駕車馬。公徒執之。

二五・七 壬申，壬申，十五日。尹文公涉于鞏，焚東訾，弗克。杜注：「文公，子朝黨。於鞏縣涉洛水也。」東訾，敬王邑。」

二五·八 十一月，宋元公將爲公故如晉，杜注：「請納公。」夢大子欒即位於廟，「欒」，宋世家作「頭曼」，漢書人表作「兜欒」。梁玉繩史記志疑謂「兜、頭古通，欒與曼聲相近。其所以或稱兜欒，或稱欒者，呼之有單複耳」。己與平公服而相之。杜注：「平公，元公父。」服，服朝服。旦，召六卿。公曰：「寡人不佞，不能事父兄，杜注：「父兄謂華、向。」以爲二三子憂，寡人之罪也。若以羣子之靈，護保首領以歿，唯是楄柎所以藉幹者，楄音駢，柎音附。楄柎，古時棺中墊屍體之木板，晏子春秋外篇作偏柎。亦謂之笭牀，王先謙釋名釋船疏證補以木船底上之櫬版譬之，甚恰當。幹，杜注：「骸骨也。」藉，即漢書董賢傳「嘗晝寢，偏藉上袖」之藉，謂身臥其上。幹，身體。請無及先君。」杜注：「欲自貶損。」元公雖僅言棺木，實指一切葬具。仲幾對曰：「君若以社稷之故，私降昵宴，羣臣弗敢知。杜注：「昵，近也。降昵宴謂損親近聲樂飲食之事。」羣臣弗敢知猶言臣等不敢與聞。若夫宋國之法，死生之度，制度。先君有命矣，有成文規定。羣臣以死守之，弗敢失隊。隊同墜。謂不敢違背。臣之失職，不守先君之命即失職也。常刑不赦。臣不忍其死，謂不能因失職而受常刑。君命祇辱。」杜注：「言命必不行。祇，適也。」宋公遂行。己亥，卒于曲棘。傳世器有宋公差戈，方濬益云：「宋公差者，宋元公也。春秋傳作『佐』，古今字。」詳綴遺齋彝器考釋卷三十。

二五·九 十二月庚辰，庚辰，二十四日。齊侯圍鄆。

二五·一〇 初，臧昭伯如晉，臧會竊其寶龜僂句，杜注：「僂句，龜所出地名。」會箋云：「僂句只是龜名。」以卜爲信與僭，杜注：「僭，不信也。」僭吉。臧氏老將如晉問，杜注：「問昭伯起居。」會請往。杜注：「代家老行。」昭伯問家故，杜注：「故，事也。」盡對。及內子與母弟叔孫，則不對。昭伯問及其妻與其同母弟，會不答，似有難言之隱者。再三問，不對。歸，及郊，昭伯歸魯，至于郊。會逆。問，又如初。杜注：「又不對。」至，至魯城。次於外而察之，昭伯心生疑惑，先宿于外以察其妻與母弟。皆無之。皆無可疑之事。執而戮之，執臧會而將殺之。逸，奔郈。臧會逃走，至郈。郈在今山東東平縣東南四十里。郈魴假使爲賈正焉。杜注：「魴假，郈邑大夫。賈正，掌貨物，使有常價，若市吏。」孔疏云：「賈正如周禮之賈師也。此郈邑大夫使爲郈市之賈正。郈在後爲叔孫私邑，此時尚爲公邑，故使賈正通計簿於季氏。」計於季氏，杜注：「送計簿於季氏。」賈正爲司徒屬官，據昭四年傳，季武子爲司徒，季氏當世襲此職，故臧會送其賬本于季氏。臧氏使五人以戈楯伏諸桐汝之閭，杜注：「桐汝，里名。」閭，里門也。會出，臧會自季氏家出。逐之，反奔，執諸季氏中門之外。平子怒，曰：「何故以兵入吾門？」拘臧氏老。季、臧有惡。互相有惡感也。及昭伯從公，平子立臧會。杜注：「立以爲臧氏後。」會曰：「僂句不余欺也。」

二五·一一　楚子使薳射城州屈，復茄人焉；杜注：「還復茄人於州屈。」據高士奇地名考略，州屈在今安徽省鳳陽縣西。茄音加，近淮水小邑。城丘皇，遷訾人焉。杜注：「移訾人於丘皇。」顧棟高大事表七之四謂丘皇在今河南信陽縣。使熊相禖郭巢，季然郭卷。杜注：「使二大夫爲巢、卷築郭也。」禖音梅。卷音權，今河南葉縣西南有建城故城，即其地。子大叔聞之，曰：「楚王將死矣。使民不安其土，民必憂，憂將及王，弗能久矣。」杜注：「爲明年楚子居卒傳。」

二十六年，乙酉，公元前五一六年。周敬王四年、晉頃十年、齊景三十二年、衞靈十九年、蔡昭三年、鄭定十四年、曹悼八年、陳惠十四年、杞悼二年、宋景公欒元年、秦哀二十一年、楚平十三年、吳僚十一年、許男斯七年。

經

二六・一 二十有六年春王正月，正月初八日癸亥冬至，建子。葬宋元公。

二六・二 三月，公至自齊，居于鄆。此西鄆，今山東鄆城縣東十六里。詳成四年「城鄆」經並注。

二六・三 夏，公圍成。杜注：「成，孟氏邑。不書齊師，帥賤衆少，重在公。」

二六・四 秋，公會齊侯、莒子、邾子、杞伯，盟于鄟陵。杜注：「鄟陵，地闕。」鄟音專。或謂鄟陵即鄟，鄟在今山東郯城縣東北，恐不合。

二六・五 公至自會，居于鄆。無傳。

二六・六 九月庚申，庚申，九日。楚子居卒。十三年傳云棄疾即位，名曰熊居。此單稱居，以熊爲楚君世代之名，故略之，猶楚靈王名熊虔，亦但稱虔。

二六・七 冬十月，天王入于成周。傳謂在十一月。尹氏、召伯、毛伯以王子朝奔楚。據傳，召伯實未奔，且迎敬王；奔者召氏之族耳。杜注因云「『召伯』當爲『召氏』」。傳謂王子朝先奔，王後入。

傳

二六·一 二十六年春王正月庚申，庚申，五日。齊侯取鄆。

二六·二 葬宋元公，如先君，禮也。去年傳敍宋元公請葬「無及先君」，宋臣不從。

二六·三 三月，公至自齊，處于鄆，言魯地也。「至自齊」，至爲至本國。又言「居」言「處」，皆明所居所處是本國之地。若在齊則云「次于陽州」；而在晉，則云「在乾侯」，所用動詞不同。但下年經言「居于鄆」，則齊地也。

二六·四 夏，齊侯將納公，命無受魯貨。申豐從女賈，杜注：「豐、賈二人皆季氏家臣。」以幣錦二兩，古代布帛，皆以古尺二丈爲一端，二端爲一兩。二兩類似今之二匹。錦爲有雜色花紋之厚重絲織物。饋贈品古皆可曰幣，此以錦爲幣。縛一如瑱，瑱即瑱圭之瑱，亦作鎮。謂此以二兩錦緊縛束爲一，狀如鎮圭，易于懷藏。鎮圭可參吳大澂古玉圖考。適齊師，謂子猶之人高齮：子猶，梁丘據，齊景公之寵臣。高齮，魯世家作高齕，王引之名字解詁謂高齕字齮。梁丘據之臣。不得見據，乃見高齮。「能貨子猶，爲高氏後，粟五千庾。」意謂爾能收買梁丘據，我將使汝爲高氏之宗主，致粟五千庾。據十年傳，高彊已奔魯，齮乃高氏族，僅爲梁丘氏家臣，故誘之以爲之設法繼高彊爲齊卿。齮音椅。程公說分記世譜二謂爲高弱(見成十七年傳)子。庾，古代量名，據考工記，容量當時爲二斗四升，約合今日四升八合。五千庾約爲今日之二百四十石。「子猶」，魯世家作「子將」。高齮以錦示子猶，子猶欲之。

齡曰「魯人買之，百兩一布。布，列也。謂百匹爲一堆。以道之不通，先入幣財。」古人送禮，先以輕物，後以重物。此因在戰時，且有齊侯「無受魯貨」令，故以「道不通」爲言，先入二兩耳。子猶受之，言於齊侯曰：「羣臣不盡力于魯君者，非不能事君也。杜注：「欲行其說，故先示欲盡力納魯君。」然據有異焉。杜注：「異猶怪也。」宋元公爲魯君如晉，卒於曲棘；叔孫昭子求納其君，無疾而死。不知天之棄魯邪，抑魯君有罪於鬼神故及此也？也作邪用。君若待于曲棘，孔疏云：「土地名，齊地無曲棘。十年傳，桓子召子山而反棘焉，此卽彼棘也。本無『曲』字，涉上『卒于曲棘』誤加『曲』耳。」棘見成四年傳並注。使羣臣從魯君以卜焉。試探戰爭情況以測可勝與否，亦謂之卜。若可，師有濟也，君而繼之，而，乃也，始也。茲無敵矣。茲字義見昭元年傳注，則也，因此也。若其無成，君無辱焉。」謂若出師無成，不煩君親自統帥。齊侯從之，使公子鉏帥師從公。梁履繩補釋引江聲云：「鉏卽景公子，哀五年奔魯，亦稱南郭且于（哀六年）。」

成大夫公孫朝謂平子曰：成本孟氏邑，今山東寧陽縣北，餘詳桓六年經並注。此役蓋以季氏爲主，且孟懿子年幼，故朝問季平子。「有都，以衞國也，都義詳莊二十八年傳「有宗廟先君之主曰都」注。請我受師。」杜注：「以成邑禦齊師。」許之。請納質，公孫朝爲孟氏臣，恐見疑，故請納質。弗許，曰：「信女，足矣。」謂相信汝，則足矣，何必納質。告於齊師曰：「孟氏，魯之敝室也。杜注：「敝，壞也。」用成已甚，弗能忍也，謂孟氏用成邑之民力與財貨太甚，民不能忍受。請息肩于齊。」杜注：「公孫朝詐齊師，言欲降，使來取成。」齊師圍成。成人伐齊師之飲馬于淄者，此淄水非臨淄之淄。清一統志謂此卽今小汶河，胡渭禹貢錐指謂卽柴汶水，皆是也。源出山東新泰縣東北龍堂山，經縣南，西至泰安縣東南，入大汶河。今已涸。曰：「將以厭衆。」杜注：「以厭衆心，不欲使知己降也。」魯成備而後告曰：「不勝衆。」杜注：「告齊言衆不欲降，己不能勝。」

師及齊師戰于炊鼻。江永考實謂炊鼻當在今寧陽縣境。齊子淵捷從洩聲子，潛夫論志氏姓，「子淵氏，姜姓也。」八年傳「子車來奔」杜注：「子車，頃公之孫捷也。」則子淵是其氏，捷爲其名，字子車。新序義勇篇敍「陳恒弑君，使勇士六人劫子淵棲」，「棲」蓋「捷」之形近誤字。此時已返齊。洩聲子，魯大夫，下文作野洩，蓋氏野，名洩，聲子，其謚號。射之，中楯瓦，盾爲當時防禦敵人兵刃矢石之具，中間有脊，謂之瓦。此子淵捷射洩聲子，中其盾。繇朐汰輈，匕入者三寸。繇同由。朐同軥，音鉤，段玉裁說文注謂即軛下曲之木。朱駿聲說文通訓定聲云：「輈端之衡，轅端之槅，皆名軛；以其下缺處爲軥，所以扼制牛馬領而稱也。」輈卽車轅。以所見出土古戰車之殘損物及古代壁畫推之，春秋戰車，蓋單轅，轅端有橫木，另有曲木以制兩服，曰軥。互詳襄十四年「射兩軥而還」注。汰，矢激也。匕，矢鏃也。此言子淵捷弓强力猛，其矢由軥而上馳于轅，直入聲子擋箭之盾脊三寸。聲子射其馬，斬鞅，殪。鞅音央，馬頸之革。此言聲子亦善射，其矢先斷鞅，尚殺馬。改駕，子淵捷兵車馬死，改駕他車以戰。人以爲鬷戾也，而助之。杜注：「人，魯人。鬷戾，叔孫氏司馬。」子車曰：「齊人也。」魯人誤認敵爲己兵，子車卽子淵捷，實告之。將擊子車，子車射之，殪。其御曰：「又之。」杜注：「又欲使射餘人。」子車曰：「衆可懼也，而不可怒也。」不欲再射，足見齊師無意于大敗季氏。子囊帶從野洩，叱之。杜注：「囊帶，齊大夫。野洩卽聲子。」洩曰：「軍無私怒，報乃私也，將亢子。」杜注：「欲以公戰禦之，不欲私報其叱。」亢同抗，敵也。又叱之，杜注：「子囊復叱之。」亦叱之。杜注：「野洩亦叱也。言齊無戰心，但相叱。」冉豎射陳武子，中手，杜注：「冉豎，季氏臣。」陳武子，陳無宇子，名開，字子彊。無宇生三子，長曰開，次曰乞，卽僖子（史記例作「釐子」）；季曰書，見十九年傳及哀十一年傳。書爲孫氏，孫武其後也。失弓而罵。手被矢鏃，弓自落失。以告平子，曰：「有君子白皙鬒鬚眉，甚口。」白皙言其膚色。釋文：「鬒，黑也。」說文作「㐱」，云：「稠髮也。」此言鬚眉黑且密。甚口，善罵。平子曰：「必子彊也，無乃亢諸？」對曰：「謂之君子，何敢亢之？」林雍羞爲顏鳴右，下。杜注：「皆魯人。羞爲右，故下車戰。」苑何忌取其耳。杜注：「何忌，齊大夫。不欲殺雍，但截其耳以辱之。」顏鳴去之。「之」指林雍。苑子之御曰：「視下！」顧。沈彤小疏云：「視下，句絶。顧者，記御者言時，既視苑子，又視林雍之足也。」苑子剕林雍，斷其足，剕音拂，廣雅：「斫也。」鑋而乘於他車以歸。鑋音卿。說文「鑋」下引作「𨈖」。杜注：「一足行。」顏鳴三入齊師，呼曰：「林雍乘！」杜注：「言魯人皆致力於季氏，不以私怨而相棄。」

二六·五 四月，單子如晉告急。五月戊午，戊午，五日。劉人敗王城之師于尸氏。二十三年王子朝入王城，尹氏立以爲王。尸氏在今河南偃師縣西，與下傳「遂次于尸」之尸是一地。戊辰，戊辰，十五日。王城人、劉人戰于施谷，劉師敗績。高士奇地名考略一謂施谷、萑谷皆大谷之支徑。大谷在洛陽市東，連亘至于今潁陽廢縣，長九十里。

二六·六 秋，盟于鄟陵，謀納公也。杜注：「齊侯謀。」

二六·七 七月己巳，己巳，十七日。劉子以王出。杜注：「師敗，懼而出。」孔疏：「蓋自劉而出也。」劉卽劉子采邑，今河南偃師縣西南。庚午，庚午，十八日。次于渠。彙纂：「渠即周陽渠也。在今洛陽縣，劉澄之永初記言『城西有陽渠，周公制之』，是也。亦謂之九曲瀆。」王城人焚劉。杜注：「燒劉子邑。」丙子，丙子，二十四日。王宿于褚氏。褚氏，據續漢書郡國志，在今洛陽市東。丁丑，丁丑，二十五日。王次于萑谷。萑音丸。萑谷見上「施谷」注。庚辰，庚辰，二十八日。王入于胥靡。胥靡在今偃師縣東。亦見于襄十八年傳。辛巳，辛巳，二十九日。王次于滑。滑即今偃師縣南之緱氏鎭，詳莊十六年傳並注。晉知躒、趙鞅帥師納王，使女寬守闕塞。「女」，原作「汝」，今從釋文、杜注及金澤文庫本。「闕」本作「關」，從校勘記及金澤文庫本正。國語晉語九韋注：「叔寬，女齊之子叔褒也。」女寬即叔寬。闕塞即伊闕，亦即今洛陽市南三十里之龍門。

六・八 九月，楚平王卒。陸賈新語無爲篇：「楚平王奢侈縱恣，不能制下、檢民以德。增駕百馬而行，欲令天下人餒。財富利明(此二字疑有誤)不可及。於是楚國逾奢，君臣無別。」令尹子常欲立子西，楚世家：「子西，平王之庶弟也。」服虔則云：「子西，平王之長庶宜申。」傳世有王子申盞，阮元積古齋鐘鼎彝器欵識卷七斷爲子西所作器。曰：「大子壬弱，杜注：「壬，昭王也。」據十九年傳，正月其母至，即當年生壬，亦八歲耳，故曰弱，幼小也。哀六年經云「楚子軫卒」，楚王即位例改名，軫亦昭王即位後之改名。史記楚世家及十二諸侯年表「軫」作「珍」，伍子胥傳又作「軫」。其母非適也，王子建實聘之。見十九年傳。子西長而好善。立長則順，建善則治。王順、國治，可不務乎？」子西怒曰：「是亂國而惡君王也。杜注：「言王子建聘之，是彰君王之惡。」國有外援，不可瀆也；壬之母爲秦女，外援指秦。瀆，輕慢。王有適嗣，不可亂也。壬爲適嗣，子西爲庶，廢嫡立庶，當時謂之亂。

敗親、速讎、親指其父平王。以平王娶兒媳所生之子而廢之，是毀敗其名，卽上文「惡君王」之義。讎指秦，秦將來討，是召讎仇。亂嗣，不祥。此三者皆不祥之事。我受其名。杜注：「受惡名。」賂吾以天下，吾滋不從也，杜注：「滋，益也。」楚國何爲？必殺令尹！」令尹懼，乃立昭王。

二六·九 冬十月丙申，丙申，十六日。王起師于滑。辛丑，辛丑，二十一日。在郊，杜注：「郊，子朝邑。」遂次于尸。尸，卽上傳之尸氏。十一月辛酉，辛酉，十一日。晉師克鞏。杜注：「知躒、趙鞅之師。」召伯盈逐王子朝，杜注：「伯盈本黨子朝，晉師克鞏，知子朝不成，更逐之而逆敬王。」召伯盈卽召簡公。王子朝及召氏之族、毛伯得、尹氏固、南宮嚚奉周之典籍以奔楚。陰忌奔莒以叛。杜注：「陰忌，子朝黨。莒，周邑。」大事表云，其地未詳。召伯逆王于尸，及劉子、單子盟。杜注：「召伯新還，故盟。」遂軍圉澤，據彙纂，圉澤卽東圉之澤，今洛陽市東境。次于隄上。杜云：「隄上，周地。」癸酉，癸酉，二十三日。王入于成周。甲戌，甲戌，二十四日。盟于襄宮。杜注：「襄王之廟。」晉師使成公般戍周而還。原無「使」字，從校勘記及金澤文庫本增。杜注「般，晉大夫。」十二月癸未，癸未，四日。王入于莊宮。杜注：「莊宮在王城。」

王子朝使告于諸侯曰：

昔武王克殷，成王靖四方，「武」原作「成」，從校勘記及金澤文庫本訂。謂平定武庚、管叔、蔡叔叛亂。康王息民，並建母弟，以蕃屏周，亦曰：「吾無專享文、武之功，杜注：「不敢專，故建母弟。」且爲後人之迷敗傾覆而溺入于難，則振救之。」至于夷王，王愆于厥身，杜注：「夷王，厲王父也。愆，惡疾也。」諸侯莫不並走其望，以祈王身。謂夷王身患惡疾，諸侯皆遍祭其國之名山大川，爲王祈禱。至于厲王，王心戾虐，萬民弗忍，居王于彘。弗忍，不堪其暴虐。國語周語上云：「厲王虐，國人謗王。邵公告王曰：『民不堪命矣。』王怒，得衞巫，使監謗者，以告，則殺之。國人莫敢言，道路以目。王喜。三年，乃流王於彘。」彘，今山西霍縣。諸侯釋位，以間王政。杜注以爲諸侯各去其位，參與王朝之政。周本紀云：「召公、周公二相行政，號曰共和。」索隱引汲冢紀年云：「共伯和干王位。」莊子讓王篇釋文引同。呂氏春秋開春論且謂共伯和修其行，好賢仁，周厲之難，天下來謁。則諸侯釋位者，本紀謂周公、召公，而十二諸侯年表謂「大臣共和行政」。俞樾羣經賸義有説。積微居金文説師獸𣪘跋再跋詳證共伯和攝政且稱王。宣王有志，而後效官。杜注：「宣王，厲王子。彘之亂，宣王尚少，召公虎取而長之。效，授也。」會箋：「周禮鄭注：『志，古文識。』有志謂長而有知識也。」沈欽韓補注：「效官，致天子之位于宣王也。」沈説較勝。至于幽王，天不弔周，王昏不若，用愆厥位。杜注：「幽王，宣王子。若，順也。愆，失也。」弔古淑字，淑，善也，謂天不佑周，使王昏亂不順，因失其位。幽王嬖愛褒姒，立其子伯服爲太子，而廢太子宜臼及其母申后，申侯怒，與繒、西戎犬戎攻幽王，殺幽王于驪山下，虜褒姒，盡取周室財貨而去。攜王奸命，諸侯替之，而建王嗣，用遷郟鄏。——孔疏引汲冢書紀年云：「先是，申侯、魯侯及許文公立平王於申，以本大子，故稱天王。幽王既死，而虢公翰又立王子余臣於攜。周二王並立。二十一年，攜王爲晉文公（當作文侯）所殺。以本非適，故稱攜王。」替，廢也。郟鄏即今洛陽市。則是兄弟之能用力於王室也。至于惠王，天不靖周，生頽禍心，施于叔帶。惠、襄辟難，越去王都。杜注：「惠王，平王六世孫。頹，惠王庶叔也。莊十九年作亂，惠王適鄭。襄王，惠王子。叔帶，襄王弟。僖二十四年，叔帶作難，襄王處氾。」施，舊讀難易之易。延也。則有晉、鄭咸黜不端，杜注：「黜，去也。晉文殺叔帶，鄭厲殺子頹，爲王室去不端直之人。」依杜意，咸，皆也。孔疏又謂「諸本『咸』或作『減』」，則「減黜」爲同義詞連用。王引之述聞謂「減黜」爲滅絶之意。此說較勝。以綏定王家。則是兄弟之能率先王之命也。在定王六年，杜注：「定王，襄王孫。定王六年，魯宣八年。」秦人降妖，曰：「周其有頾王，說文：「頾，口上須也。」亦克能修其職，諸侯服享，二世共職。共，同恭。王室其有間王位，諸侯不圖，而受其亂災。」此王子朝用妖語爲己謀。王室中人間王位者先指王猛，今指敬王。諸侯不圖，自指晉、魯、宋、衛諸國。至于靈王，生而有頾。杜注：「靈王，定王孫。」王甚神聖，無惡於諸侯。靈王、景王克終其世。杜注：「景王，靈王子。」

今王室亂，單旗、劉狄剝亂天下，剝亦亂義。剝亂同義詞連用。壹行不若，杜注：「單旗，穆公也。劉狄，劉蚠也。壹，專也。」若，順也。謂「先王何常之有，唯余心所命，其誰敢討之」，「討」，原作「請」，今依阮元校勘記及金澤文庫本正。此王子朝述單旗、劉狄之意，謂立王即古昔亦無成法，今日唯我所立，人不敢討。帥羣不弔之人，不弔即不淑，不善，不祥。以行亂于王室。侵欲無厭，規求無度，孔疏云：「俗本作『規』，服、王、孫皆注云：『玩，貪也。』則此言貪求無限度。本或作『規』，謬也。」然規求亦通，謂謀求無限。貫瀆鬼神，楊樹達先生讀左傳云：「『瀆』當讀爲『嬻』，說文：『嬻，媟嬻也。』」意謂習慣于侮慢鬼神。慢棄刑法，倍奸齊盟，倍同背。背奸卽背而觸犯之。齊盟不詳何所指，想當時王室或有盟約也。傲很威儀，其意蓋謂單、劉于子朝輕慢無視威儀。傲很詳文十八年傳注。矯誣先王。其意蓋謂「先王何常之有」卽矯誣先王之命。晉爲不道，是攝是贊，攝、贊皆佐助之義。思肆其罔極。杜注：「肆，放也。」罔極，無準則，無限度也。詩小雅青蠅「讒人罔極，交亂四國」，此無準則之義。何人斯「有靦面目，視人罔極」、蓼莪「欲報之德，昊天罔極」，則無限度、無準則二義皆可。此謂欲放縱其無道無厭之欲也。茲不穀震盪播越，竄在荆蠻，杜注：「茲，此也。」竊疑「茲」爲「今」字之義。不穀，王子朝自稱，詳僖四年傳「豈不穀是謂」注。未有攸厎。杜注：「厎，至也。攸，所也。」若我一二兄弟甥舅獎順天法，無助狡猾，以從先王之命，兄弟，指同姓諸侯，如上文稱鄭厲公、晉文公爲兄弟。甥舅，異姓諸侯。獎卽僖二十八年傳「皆獎王室」之獎，成也。荀子臣道篇云：「從命而利君謂之順。」狡猾，自指單旗、劉盆甚至敬王。毋速天罰，應上文「諸侯不圖，而受其亂災」。赦圖不穀，杜注：「赦其憂而圖其難。」則所願也。敢盡布其腹心及先王之經，先王之經卽先王之命。而諸侯實深圖之。

昔先王之命曰：「王后無適，則擇立長。年鈞以德，德鈞以卜。」鈞同均。襄三十一年傳穆叔曰：「大子死，有母弟則立之，無則立長。年鈞擇賢，義鈞則卜，古之道也。」公羊傳隱元年云：「立適以長不以賢，立子以貴不以長。桓何以貴？母貴也。」王子朝不言母弟，僅言立長，以敬王爲王猛母弟，已則年長。王不立愛，公卿無私，國語晉語一晉獻公曰：「寡人聞之，立大子之道三，身鈞以年，年同以愛，愛疑決之以卜筮。」王子朝有寵景王，尚不言「立愛」，則晉獻之言，蓋爲奚齊言之，僅私意耳。古之制也。穆后及大子壽早夭卽世，俱見十五年傳。蓋王子朝不以王猛爲太子也。卽世卽去世，詳成十三年傳「獻公卽世」注。單、劉贊私立少，以間先王。間，犯也，違也。詳僖三十一年傳「間成王、周公之命祀」注。亦唯伯仲叔季圖之！亦語首助詞，無義。杜注：「伯仲叔季，總謂諸侯。」

閔馬父聞子朝之辭，曰：「文辭以行禮也。子朝干景之命，景王雖愛王子朝，而已立王猛爲太子。

二六・一〇 遠晉之大，以專其志，謂心專欲爲王，無他思慮。無禮甚矣，文辭何爲？」杜注：「傳終王室亂。」

齊有彗星，齊侯使禳之。以彗星有災禍，欲禳祭以消災也。晏子曰：「無益也，祇取誣焉。祇音支，適也，僅也。誣，欺也，罔也。天道不諂，釋文：「諂本又作『慆』。」音滔。杜注：「疑也。」蓋言天命不可疑。不貳其命，王引之云：「貳當作『貣』，說苑權謀篇引詩『皇皇上帝，其命不忒』是也。」貣卽忒，差也。說詳述聞。若之何禳之？且天之有彗也，以除穢也。彗卽今之掃帚。彗之形亦略似掃帚。世之掃帚以除穢物，晏子以爲天亦如此。君無穢德，又何禳焉？若德之穢，禳之何損？謂於其穢德無減損也。詩曰：『惟此文王，小心翼翼。翼翼，恭敬貌。昭事上帝，聿懷多福。聿，語首助詞，無義。懷，思也。懷多福卽大雅假樂「干祿百福」之意，以德受福。厥德不回，以受方國。』回，違也。杜注：「言文王德不違天人，故四方之國歸往之。」詩見大雅大明。詩以翼、福、德爲韻。君無違德，方國將至，何患於彗？詩曰：『我無所監，夏后及商。用亂之故，民卒流亡。』杜注：「逸詩也。言追監夏、商之亡，皆以亂故。」監卽大雅蕩「殷鑒不遠，在夏后之世」之「鑒」，以夏、商之亂亡爲鏡鑒。若德回亂，民將流亡，祝史之爲，無能補也。」公說，乃止。新序雜事四及論衡變虛篇全採此文，唯有數字不同。

二六·二 齊侯與晏子坐于路寢。公歎曰：「美哉室！其誰有此乎？」杜注：「景公自知德不能久有國，故歎也。」言其死後誰有此也。晏子曰：「敢問，何謂也？」公曰：「吾以爲在德。」對曰：「如君之言，其陳氏乎！陳氏雖無大德，而有施於民。豆、區、釜、鍾之數，豆、區、釜、鍾，均量器。其取之公也薄，杜注：「謂以公量收。」陳氏采邑采田，皆齊侯之賜，其收賦稅日取之公，實則取之人民。其施之民也厚。杜注：「謂以私量貸。」互參昭三年傳。公厚斂焉，陳氏厚施焉，民歸之矣。詩曰：『雖無德與女，式歌且舞。』詩小雅車舝。式，當也。說詳丁聲樹式字說（歷史語言所集刊第六本第四分）。陳氏之施，民歌舞之矣。後世若少惰，陳氏而不亡，而猶如也，假設之詞。則國其國也已。」公曰：「善哉！是可若何？」對曰：「唯禮可以已之。已，止也。謂陳氏不代齊君。在禮，家施不及國，民不遷，農不移，工賈不變，杜注：「守常業。」士不濫，杜注：「不失職。」官不滔，杜注：「滔，慢也。」大夫不收公利。」杜注：「不作福。」公曰：「善哉！我不能矣。吾今而後知禮之可以爲國也。」對曰：「禮之可以爲國也久矣，與天地並。杜注：「有天地則禮義興。」君令、臣共，父慈、子孝，兄愛、弟敬，夫和、妻柔，姑慈、婦聽，禮也。婦謂兒媳。君令而不違，臣共而不貳；父慈而教，子孝而箴；兄愛而友，弟敬而順；夫和而義，妻柔而正；姑慈而從，婦聽而婉：禮之善物也。」賈誼新書禮篇作「君仁則不厲，臣忠則不貳；父慈則教，子孝則協；兄愛則友，弟敬則順；夫和則義，妻柔則正；姑慈則從，婦聽則婉。」公曰：「善哉，寡人今而後聞此禮之上也！」此十一字作一讀，謂聞此尊尚禮。對曰：「先王所禀於天地以爲其民也，是以先王上之。」杜注：「禀，受也。」句意與上文「禮之可以爲國也久矣，與天地並」同。

二十七年，丙戌，公元前五一五年。周敬王五年、晉頃十一年、齊景三十三年、衞靈二十年、蔡昭四年、鄭定十五年、曹悼九年、陳惠十五年、杞悼三年、宋景二年、秦哀二十二年、楚昭王軫元年、吴僚十二年、許男斯八年。

經

二七·一 二十有七年春，正月十九日戊辰冬至，實建亥。公如齊。杜注：「自鄆行。」

二七·二 公至自齊，居于鄆。

二七·三 夏四月，吴弑其君僚。

二七·四 楚殺其大夫郤宛。

二七·五 秋，晉士鞅、宋樂祁犂、衞北宫喜、曹人、邾人、滕人會于扈。此扈乃鄭國之扈，即文七年經「盟於扈」之扈，當在今河南原陽縣西約六十里。

二七·六 冬十月，曹伯午卒。無傳。

二七·七 邾快來奔。無傳。孔疏：「邾是小國，其臣見於經者甚少，唯此與襄二十三年『邾畀我來奔』，書者二次而已。釋例云：『魯之叔孫，父兄再命而書於經；晉之司空、亞旅，一命而經不書。推此，知諸侯大夫再命以上皆書於經，自一命以下，大夫及士，經皆稱人，名氏不得見，皆典策之正文也。』」

二七·八 公如齊。杜注：「自鄆行」。

二七·九 公至自齊，居于鄆。無傳。

傳

二七·一 二十七年春，公如齊。公至自齊，處于鄆，言在外也。據去年傳，「齊侯取鄆」，雖用以居昭公，而地屬齊，故云「在外」。

二七·二 吴子欲因楚喪而伐之，去年楚平王死。使公子掩餘、公子燭庸帥師圍潛，賈逵、杜預皆以掩餘、燭庸爲王僚母弟，杜氏世族譜又謂皆壽夢子。孔疏謂當是傳説，未必有正文。潛，彙纂謂今安徽霍山縣東北三十里。使延州來季子聘于上國，杜注：「季子本封延陵，後復封州來，故曰延州來。」州來爲吴有，在昭二十三年，季子封州來，乃近年之事。上國，吴于中原諸國之稱。遂聘于晉，以觀諸侯。楚莠尹然、王尹麇帥師救潛，「王尹」原作「工尹」，據孔疏引服虔云「王尹主宫内之政」，則服本作「王尹」。阮元校勘記引孫志祖云：「下文别有『工尹壽』，此當作『王尹』。」今從纂圖本、閩本、監本、毛本改正。左司馬沈尹戌帥都君子與王馬之屬以濟師，都君子之

「都」當即詩小雅都人士之「都」，亦即隱元年傳「大都不過參國之一」之「都」，都邑之通稱。君子即國語吳語「越王以其私卒君子六千人爲中軍」之「私卒君子」，史記越世家作「君子六千人」，則「都君子」爲親軍之稱號徵發自都邑者。王馬疑即周禮校人「掌王馬之政」之「王馬」。楚語下云：「國馬足以行軍，公馬足以稱賦。」似平日作戰僅用國馬。此「王馬」亦即楚語之「公馬」。韓非子解老篇云：「戎馬乏，則將馬出。」孫詒讓周禮校人正義謂「彼戎馬蓋即指國馬，將馬即指王馬、公馬也。」　濟師見桓十一年傳，增援也。與吳師遇于窮，「窮」下唐石經旁增「谷」字，金澤文庫本亦有「谷」字。窮谷又見定七年傳，另是一地。窮在今安徽霍丘縣西南。令尹子常以舟師及沙汭而還。水經渠水注，「汴、沙到浚儀而分，汴東注，沙南流，至義城縣西南入於淮，謂之沙汭，楚東地也。」則沙汭在今安徽懷遠縣東北。左尹郤宛、工尹壽帥師至于潛，吳師不能退。楚在窮之師阻吳于前，至潛之師又截吳于後，楚師强，使吳師進退兩難。

吳公子光曰：「此時也，弗可失也。」孔疏引世本云：「夷昧生光。」又引服虔云：「夷昧生光而廢之。僚者，夷昧之庶兄。夷昧卒，僚代立，故光曰：『我，王嗣也。』」惠棟補注云：「服氏之説是也。襄公卅一年傳，吳屈狐庸曰：『若天所啓，其在今嗣君乎！有吳國者，必此君之子孫實終之。』注云：『嗣君爲夷昧。』則光，夷昧之子審矣。」此説亦與襄二十九年公羊傳合。史記吳世家説與此異，誤。杜注：「欲因其師徒在外，國不堪役，以弑王。」告鱄設諸曰：「上國有言曰：『不索，何獲？』上國指中原諸國。索，求也。謂己不索求，則無從獲王位。古音索、獲同在鐸部，爲韻。我，王嗣也，吾欲求之。事若克，季子雖至，不吾廢也。」鱄設諸，史記刺客列傳作「專諸」，「設」蓋語詞，猶孟子公孫丑上孟施舍之「施」，僖二十四年傳介之推之「之」。可參僖二十四年傳注。杜注：「至謂聘還。」鱄設諸曰：「王可弑也。母老、子弱，是無若我何？」杜注：「猶言我無若是何，欲以老弱託光。」杜注甚合上下文意，然此種句法，實罕見。若解爲母老子弱不能阻我，亦寓託孤意，亦通。光曰：「我，爾身也。」杜注：「言我身猶爾身。」

夏四月，光伏甲於堀室而享王。堀室亦作窟室，即今地下室。王使甲坐於道及其門。荀子正論篇曰：「庶士介而坐道。」楊倞注：「庶士，軍士也。被甲坐於道側以禦非常也。」說見惠棟補注。此則由路旁坐至公子光之門。門、階、户、席，皆王親也，從門至階，從階至户以至户內之席，皆王僚之親兵。夾之以鈹。鈹音帔。說文：「鈹，劍而刀裝者。」秦始皇陵秦俑坑出土銅鈹，見文物八二年三期。羞者獻體改服於門外。羞，進食也。獻爲呈見，獻體謂呈現其體，即赤身露體，然後改换服裝，再入門進食品。執羞者坐行而入，羞爲名詞，食品。執羞者即上文之羞者，同謂進食之人。坐行，即膝行。入，入王僚坐處以進食。執鈹者夾承之，及體，以相授也。孔疏云：「鈹之鋒刃及進羞者體也。」王之左右必以鈹夾承專諸以進，故言相授也。專諸前進，無時不被鈹承。光僞足疾，入于堀室。杜注：「恐難作，王黨殺己，素（豫先）辟之。」鱄設諸寘劍於魚中以進，杜注：「全魚炙。」抽劍刺王，鈹交於胷，杜注：「交鱄諸胷。」一面刺王，同時爲兩旁之鈹兵刺胸以死。胷即胸。遂弑王。事亦見史記吳世家、刺客列傳及吳越春秋王僚使公子光傳。金樓子雜記上載此事更爲怪誕。闔廬以其子爲卿。杜注：「闔廬，光也。以鱄諸子爲卿。」此蓋公子光即位後之事。一九六四及七九年俱發現吳王光劍。

季子至，曰：「苟先君無廢祀，民人無廢主，社稷有奉，國家無傾，乃吾君也，吾誰敢怨？哀死事生，以待天命。哀死者，謂王僚。事生者，謂闔廬。非我生亂，立者從之，之指立者，即光。言余服從立爲君者。先人之道也。」復命哭墓，杜注：「復使命於僚墓。」復位而待。杜注：「復本位，待光命。」吳公子掩餘奔徐，公子燭庸奔鍾吾。杜注：「鍾吾，小國。」徐及鍾吾皆因此爲吳所滅，見三十年傳。鍾吾在今江蘇省宿遷縣東北。楚師聞吳亂而還。杜注：「言聞吳亂，明郤宛不取賂而還。」

二七·三 郤宛直而和，國人説之。正直而温和，故國人喜之。鄢將師爲右領，杜注：「右領，官名。」楚有右領之官亦見哀十七年傳。與費無極比而惡之。比即論語爲政「小人比而不周」之比，相勾結也。杜注：「惡郤宛。」令尹子常賄而信讒，賄，貪求賄賂。元年傳「鮒也賄」、二十八年傳「主以不賄聞」，皆此用法。無極譖郤宛焉，謂子常曰：「子惡欲飲子酒。」杜注：「子惡，郤宛。」又謂子惡：「令尹欲飲酒於子氏。」子氏，呂氏春秋愼行作「子之家」，乃用傳而易以當時語。吳越春秋闔閭内傳謂無忌（即無極）譖郤宛於平王，自應以傳爲信。子惡曰：「我，賤人也，不足以辱令尹。令尹將必來辱，爲惠已甚，吾無以酬之，若何？」杜注：「酬，報獻。」無極曰：「令尹好甲兵，子出之，吾擇焉。」杜注：「擇取以進子常。」取五甲五兵，五領甲，五種兵器。曰：「寘諸門。令尹至，必觀之，而從以酬之。」此無極語子惡之言。及饗日，帷諸門左。以布爲帷，帷五甲五兵。無極謂令尹曰：「吾幾禍子。子惡將爲子不利，甲在門矣。子必無往！且此役也，杜注：「此春救潛之役。」吳可以得志。謂楚可以得志於吳。子惡取賂焉而還；又誤羣帥，使退其師，曰『乘亂不祥』。吳乘我喪，我乘其亂，不亦可乎？」令尹使視郤氏，則有甲焉。不往，召鄢將師而告之。將師退，遂令攻郤氏，且爇之。杜注：「爇，燒也。」與僖二十八年傳「爇僖負羈氏」之爇同義。子惡聞之，遂自殺也。國人弗爇，令曰：「不爇郤氏，與之同罪。」或取一編菅焉，或取一秉秆焉，菅，多年生草本植物，亦名白華，古人編之以蓋屋頂。秆同稈，禾莖。杜注：「秉，把也。」儀禮聘禮「四秉曰筥」，據鄭玄注，即四把禾謂之筥。國人投之，遂弗爇也。令尹炮之，此句有二解，孔疏引服虔云：「民不肯爇也，鄢將師稱令尹使女燔炮之。燔、炮、爇皆是燒也。」然「令尹炮之」四字爲句，上文無所承，於文法不得如服解。俞樾云：「尹即里尹，國人既不肯爇，鄢將師乃令閭胥里宰之屬舉火然之。」詳茶香室經說。盡滅郤氏之族、黨，殺陽令終與其弟完及佗杜注：「令終，陽匄子。」與晉陳及其子弟。杜注：「晉陳，楚大夫，皆郤氏之黨。」晉陳之族呼於國曰：「鄢氏、費氏自以爲王，時昭王年僅七、八歲，故諸人得以王自居。專禍楚國，弱寡王室，蒙王與令尹以自利也，杜注：「蒙，欺也。」令尹盡信之矣，國將如何？」令尹病之。杜注：「爲下殺無極張本。」

二七·四　秋，會于扈，令戍周，且謀納公也。宋、衞皆利納公，固請之。范獻子取貨于季孫，謂司城子梁與北宮貞子曰：杜注：「子梁，宋樂祁也。貞子，衞北宮喜。」「季孫未知其罪，而君伐之。請囚、請亡，於是乎不獲，君又弗克，而自出也。夫豈無備而能出君乎？言者昭公是季氏逐出，季氏必早有準備。今季氏無備，此非季氏逐君，君自出耳。請囚，請亡，尚不得許，而季氏仍不失其位勢，故曰復。休公徒之怒，杜注：「休，息也。」而啓叔孫氏之心。不然，豈其伐人而說甲執冰以游？叔孫氏懼禍之濫，濫即泛濫之濫，此借用詞，猶言禍之延及。而自同於季氏，天之道也。參二十五年傳。魯君守齊，三年而無成。楊樹達先生讀左傳：「漢書外戚傳云『數守大將軍光爲丁外公求侯』，顏注云：『守，求請之。』後漢書竇融傳云『融於是日往守萌』，李注云：『守猶求也。』」季氏甚得其民，淮夷與之，有十年之備，有齊、楚之援，杜注：「公雖在齊，言齊不致力。」有天之贊，有民之助，有堅守之心，有列國之權，言季氏之權勢若諸侯。而弗敢宣也，宣揚，公開。謂不自立爲君或別立君。楊樹達先生釋爲驕奢，亦通，詳讀左傳。事君如在國。當時諸侯出奔，即別立君；唯魯不然，而季孫意如猶每歲買馬，具從者之衣屨而歸之於公，故范鞅以爲言。說見日知錄卷二十七。故鞅以爲難。二子皆圖國者也，而欲納魯君，鞅之願也，請從二子以圍魯。無成，死之。」二子懼，皆辭。乃辭小國，而以難復。杜注：「以難納白晉君。」

二七·五 孟懿子、陽虎伐鄆，陽虎即論語陽貨之陽貨，季氏家臣。據昭十一年傳，孟懿子生，則此年尚不足十六歲，蓋陽虎爲主，孟懿子以卿位爲名耳。疑季氏聞扈之會，謀納昭公，而昭公居鄆，故先伐之。鄆人將戰。子家子曰：「天命不慆久矣，謂天命在季氏無可疑已久矣。慆、謟二字通用，疑也。二十六年傳作「天道不謟」，哀十七年傳作「天命不謟」，義同。使君亡者，必此衆也。此衆謂將戰之衆。天既禍之，而自福也，不亦難乎！子家羈以昭公之出歸於天命，實則當時形勢，昭公實處劣勢，其人又不足以有爲，觀其十九歲猶有童心，且屢不納子家羈之言，可以知之。既已如是，而求戰以僥倖，故云難也。猶有鬼神，此必敗也。猶，如果。烏呼！爲無望也夫！其死於此乎！」公使子家子如晉。公徒敗于且知。杜注：「且知，近鄆地。」

二七·六 楚郤宛之難，國言未已，國言，國人之謗言。進胙者莫不謗令尹。僖九年傳「王使宰孔賜齊侯胙」，胙爲祭廟肉，亦曰膰、燔。凡諸侯祭祀，祭後，必致祭肉於有關卿大夫，孟子告子下所謂「孔子爲魯司寇，不用，從而祭，燔肉不至，不稅冕而行」者也。此進胙者蓋卽分致諸人之膰肉者。沈尹戌言於子常曰：「夫左尹與中廐尹，杜注：「左尹，郤宛也。中廐尹，陽令終。」莫知其罪，莫，無人也。例證見詞詮。而子殺之，以興謗讟，讟音獨，方言：「謗也。」至于今不已。戌也惑之：仁者殺人以掩謗，猶弗爲也。今吾子殺人以興謗，而弗圖，不圖謀補救之策。不亦異乎！異，怪也。言可怪也。夫無極，楚之讒人也，民莫不知。去朝吳，見十五年傳。出蔡侯朱，見二十一年傳。喪大子建，殺連尹奢，見二十年傳。屏王之耳目，屏，蔽也。使不聰明。耳不聰，目不明。不然，平王之溫惠共儉，有過成、莊，無不及焉。所以不獲諸侯，邇無極也。「極」原作「及」，依金澤文庫本正。今又殺三不辜，以興大謗，杜注：「三不辜，郤氏、陽氏、晉陳氏。」幾及子矣。幾，幾乎，言其近也。子而不圖，將焉用之？謂有讒人如此，禍將及汝，汝如不謀對策，則何必用國相？論語季氏「危而不持，顛而不扶，則將焉用彼相矣」，句意與此類似。夫鄢將師矯子之命，以滅三族。三族，國之良也，原不重「三族」二字，於文意應有，今依金澤文庫本、日本石山寺藏本（楊守敬定爲六朝人手書；以其避「忠」字諱，實隋人寫本）、敦煌唐寫本（巴黎藏本二五四〇）增「三族」二字。而不愆位。杜注：「在位無愆過。」吳新有君，杜注：「光新立也。」疆埸日駭。楚國若有大事，大事謂兵事，承上疆埸日駭言。子其危哉！知者除讒以自安也，今子愛讒以自危也，甚矣，其惑也！」上文「戌也惑之」，惑謂疑惑。此惑謂迷惑、昏亂。子常曰：「是瓦之罪，囊瓦字子常。敢不良圖！」良圖猶言善謀之。九月己未，十四日。子常殺費無極與鄢將師，盡滅其族，以說于國。「說」可有二解，一爲解說，將以前種種罪惡行爲歸罪於此二人。一同悅，使國人喜悅。謗言乃止。

二七·七 冬，公如齊，齊侯請饗之。杜注：「設饗禮。」子家子曰：「朝夕立於其朝，又何饗焉，其飲酒也。」古代享禮最隆重，諸侯間相聘問行之。今魯君在齊，猶寓公也，經常在齊之朝廷，齊景之漸不尊重魯昭可知。此請饗禮，僅以享名招其飲酒耳，故子家子先辭之，使名實相符，免受輕侮。乃飲酒，使宰獻，而請安。依古禮，諸侯相飲酒，身份相等，則自獻，即酌酒飲客。若君燕臣，則使宰向賓敬酒。今使宰獻，是齊侯以齊臣待魯昭。請安，古燕禮有安賓之儀節，此則是齊侯請自安，離席而去。子仲之子曰重，爲齊侯夫人，曰：「請使重見。」杜注：「子仲，魯公子慭也。十二年謀逐季氏，不能而奔齊。今行飲酒禮，而欲使重見，從宴媟也。」子家子乃以君出。杜注：「辟齊夫人。」

二七·八 十二月，晉籍秦致諸侯之戍于周，魯人辭以難。杜注：「經所以不書戍周。籍秦，籍談子。」墨子所染篇：「中行寅染於籍秦、高彊。」昭十五年傳孔疏引世本：「侯季子生籍游，游生談，談生秦。」

二十八年，丁亥，公元前五一四年。周敬王六年、晉頃十二年、齊景三十四年、衞靈二十一年、蔡昭五年、鄭定十六年、曹聲公野元年、陳惠十六年、杞悼四年、宋景三年、秦哀二十三年、楚昭二年、吳闔廬元年、許男斯九年。

經

二八・一 二十有八年春王三月，二月初一日癸酉冬至，建亥，有閏月。葬曹悼公。無傳。此歷時六月始葬。據隱元年傳及禮記禮器與雜記下，諸侯五月而葬。然多三月卽葬者。六月始葬，則爲緩矣。

二八・二 公如晉，次于乾侯。乾音干。乾侯，在今河北成安縣東南十三里。

二八・三 夏四月丙戌，十四日。鄭伯寧卒。無傳。

二八・四 六月，葬鄭定公。無傳。如隱八年葬蔡宣公、桓十一年葬鄭莊公、十七年葬蔡桓侯、僖二十七年葬齊孝公、襄十六年葬晉悼公、昭十年葬晉平公、十二年葬鄭簡公、十六年葬晉昭公及此葬鄭定公，皆三月而葬者。固有五月而葬者。亦有遲至十一月始葬者，如僖十八年葬齊桓公，以國亂，孝公立而後得葬；甚有遲至二十二月者，如宣十二年葬陳靈公，歷三十一月，如昭十三年葬蔡靈公，皆以國亡復國然後葬。

二八・五 秋七月癸巳，二十三日。滕子寧卒。無傳。

二八・六 冬，葬滕悼公。無傳。

傳

二八・一 二十八年春，公如晉，將如乾侯。齊景輕視魯昭，不得已而如晉。子家子曰：「有求於人，而卽其安，即其安有二解，一謂指在齊三年而安于齊；一謂先往乾侯。以晉人答語觀之，當以安于齊爲是。人孰矜之？矜，憐也，惜也。其造於竟。」其竟疑指由魯至晉、魯之邊境。造，適也，往也。弗聽，使請逆於晉。請晉人往迎至晉國都，此時魯昭已至晉界乾侯。晉人曰：「天禍魯國，君淹恤在外，君亦不使一个辱在寡人，一个謂使者。一个又見襄八年傳，一个人也。在，存問。隱十一年傳「君與滕侯辱在寡人」，即此義。然此處用當時慣語，而實際表示通知求援。而即安於甥舅，齊、魯常爲婚姻，故互爲甥舅，此指齊國。其亦使逆君？」其猶豈。言君既安於齊，豈亦使我逆君乎。使公復于竟，回至魯境。而後逆之。仍迎至乾侯，未至晉都也。史記年表書此事之年與經、傳合，唯于晉世家統言爲晉頃公九年事，欠確切。

六·二 晉祁勝與鄔臧通室。杜注：「二子，祁盈家臣也。通室，易妻。」會箋：「通室，通共其室而無間隔也，尤見其淫縱。」祁盈將執之，杜注：「盈，祁午子。」訪於司馬叔游。杜注：「叔游，司馬叔侯之子。」叔游曰：「鄭書有之：襄三十年傳子產亦引鄭書，蓋鄭國先代之書也。『惡直醜正，實蕃有徒。』惡、醜同義，直、正同義，惡直即醜正，同義複語。言嫉害正直者，寔多有也。蕃，多也，盛也。僞古文尚書仲虺之誥採「實繁有徒」。徒，黨類也。無道立矣，子懼不免。言世亂無道之人在位，子當顧慮不免于禍害。詩曰：『民之多辟，無自立辟。』詩大雅板。辟，邪也。言民已多邪僻，毋再自陷於邪僻。姑已，若何？」暫且不執如何？盈曰：「祁氏私有討，國何有焉？」杜注：「言討家臣，無與國事。」遂執之。祁勝賂荀躒，荀躒爲之言於晉侯。晉侯執祁盈。以其不告而執人。祁盈之臣曰：「鈞將皆死，鈞，同也。玩句意，謂殺祁勝與否，同將與祁盈皆被殺。慭使吾君聞勝與臧之死也以爲快。」說文：「憖，甘也。」趙坦寶甓齋札記云：「憖與寧相近。」吾君，祁盈之臣謂盈。乃殺之。夏六月，晉殺祁盈及楊食我。杜注：「楊，叔向邑。食我，叔向子伯石也。」食我，祁盈之黨也，而助亂，故殺之，遂滅祁氏、羊舌氏。楊氏即羊舌氏，以叔向食邑於楊，故其子稱楊食我。論衡本性篇「楊食我」即作「羊舌食我」。

初，叔向欲娶於申公巫臣氏，娶巫臣與夏姬所生女。申公巫臣本是巫臣在楚時之稱，奔晉爲邢大夫，而仍舊稱，古人多有此類事。其母欲娶其黨。欲叔向娶其母家人。據昭三年孔疏引世族譜云「羊舌氏，晉之公族也」，潛夫論志氏姓亦云羊舌氏姬姓。其母，列女傳仁智傳作羊舌姬，論衡本性篇作叔姬，是叔向之父與同姓通婚。俞樾諸子平議疑羊舌氏非公族，不知當時同姓爲婚已非大禁，晉獻公娶驪姬，並不避姬字可證。魯昭公娶于吳，亦同姓爲婚，改稱吳孟子者，魯猶秉周禮故也。叔向曰：「吾母多而庶鮮，吾懲舅氏矣。」懲即「懲前毖後」之懲，謂以前事爲鑑戒也。其父多妾媵而庶子鮮少，故不欲娶舅氏家人。謂舅氏家女不生育也。其母曰：「子靈之妻殺三夫、子靈即巫臣，其妻即夏姬。成二年傳巫臣謂夏姬「夭子蠻，殺御叔」，則子蠻是其初嫁夫，御叔是其再嫁夫，巫臣則其三嫁夫。一君、杜注：「陳靈公。」一子，杜注：「夏徵舒。」而亡一國、杜注：「陳也。」兩卿矣，杜注：「孔寧、儀行父。」可無懲乎？吾聞之：『甚美必有甚惡。』是鄭穆少妃姚子之子，子貉之妹也。「貉」，唐寫本作「貊」。杜注：「子貉，鄭靈公夷。」靈公于魯宣四年立，即爲公子歸生所殺。子貉早死，無後，而天鍾美於是，將必以是大有敗也。即甚美必有甚惡意。昔有仍氏生女，黰黑，有仍，古代諸侯。黰即鬒。詩鄘風君子偕老「鬒髮如雲」，言其髮稠密而烏黑也。而甚美，光可以鑑，謂其髮之光澤可以照人，故下文云玄妻。名曰玄妻。杜注：「以髮黑故。」樂正后夔取之，生伯封，實有豕心，貪惏無饜，惏音嵐，說文：「貪也。」忿纇無期，纇，亦作類，戾也。說文段注：「凡人之愆尤皆曰纇。」無期，期通綦，極也。謂之封豕。封，大也。封豕，大豬。有窮后羿滅之，夔是以不祀。且三代之亡、共子之廢，皆是物也，夏桀寵末喜，殷紂寵妲己，周幽寵褒姒，皆因之被滅亡。共子卽晉太子申生，以晉獻公寵驪姬廢。是物卽美色。女何以爲哉？言汝娶之何爲。夫有尤物，足以移人。尤物指特美之女。苟非德義，則必有禍。」德義謂有德有義之人。此謂若非德義之人娶之，必有禍殃。叔向懼，不敢取。平公強使取之，生伯石。伯石始生，子容之母走謁諸姑，杜注：「子容母，叔向嫂，伯華妻也。姑，叔向母。」謁，爾雅釋詁：「告也。」曰：「長叔姒生男。」長叔謂叔向，伯華之長弟。兄弟之妻爲娣姒，年長者爲姒，稚者爲娣，以婦之年齡言，不以兄弟之年言。夏姬女是弟婦，而其嫂稱之爲姒，明其年大于伯華之妻。姑視之。叔向母往視之，未及視。及堂，聞其聲而還，曰：「是豺狼之聲也。狼子野心。非是，莫喪羊舌氏矣。」遂弗視。昭三年傳叔向自謂無子，或此時伯石尚未生。杜注彼言「無賢子」，則伯石當生于襄公時。晉平立于魯襄十六年，若叔向娶夏姬女于此時，翌年生子，至昭三年，伯石不過十七歲耳。杜注未必確。

六·三 秋，晉韓宣子卒，魏獻子爲政，杜注：「獻子，魏舒。」分祁氏之田以爲七縣，杜注：「七縣，鄔、祁、平陵、梗陽、塗水、馬首、盂也。」分羊舌氏之田以爲三縣。杜注：「銅鞮、平陽、楊氏。」司馬彌牟爲鄔大夫，邑長稱大夫。鄔在今山西介休縣東北二十七里。賈辛爲祁大夫，祁今山西祁縣東南。亦見成八年傳並注。司馬烏爲平陵大夫，平陵今山西文水縣東北二十里。魏戊爲梗陽大夫，梗陽在今山西太原市清徐縣。知徐吾爲塗水大夫，塗水在今山西榆次市西南二十里。韓固爲馬首大夫，杜注：「固，韓起孫。」馬首，今山西平定縣東南十五里。孟丙爲盂大夫，顧炎武補正、王念孫讀漢書雜志皆謂「孟丙」當作「盂丙」，然漢書古今人表及水經汾水注皆作「孟丙」，唯漢書地理志作「盂丙」，字形相近，易誤。盂，今山西盂縣。樂霄爲銅鞮大夫，銅鞮在今山西沁縣南，又見成九年傳注。趙朝爲平陽大夫，杜注：「朝，趙勝曾孫。」平陽，今山西臨汾市。僚安爲楊氏大夫。楊氏在今山西洪洞縣東南十八里，亦見襄二十九年傳。晉世家云：「晉之宗家祁傒孫、叔嚮子相惡於君，六卿欲弱公室，乃遂以法盡滅其族，而分其邑爲十縣，各令其子爲大夫，晉益弱，六卿皆大。」謂賈辛、司馬烏爲有力於王室，二十二年傳晉賈辛、司馬督帥師助敬王，則司馬烏卽司馬督。故舉之；謂知徐吾、趙朝、韓固、魏戊，餘子之不失職、能守業者也；杜注：「卿之庶子爲餘子。」孔疏：「宣二年傳注云：『餘子，適子之母弟也；庶子，妾子。』彼餘子與庶子爲異，此無所對，故總謂庶子爲餘子也。」其四人者，皆受縣而後見於魏子，以賢舉也。杜注：「四人，司馬彌牟、孟丙、樂霄、僚安也。受縣而後見，言采衆而舉，不以私也。」

魏子謂成鱄：杜注：「鱄，晉大夫。」「吾與戊也縣，人其以我爲黨乎？」對曰：「何也！戊之爲人也，遠不忘君，近不偪同；杜注：「不偪同位。」居利思義，杜注：「不苟得。」在約思純，杜注：「無濫心。」有守心而無淫行，守謂保持當時禮義，淫行則謂過犯禮義。雖與之縣，不亦可乎！昔武王克商，光有天下，光、廣古音同，光借爲廣。尚書堯典序「光宅天下」，卽此之「光有天下」。其兄弟之國者十有五人，姬姓之國者四十人，皆舉親也。孔疏：「由武王克商得封建諸國，歸功於武王耳。僖二十四年傳稱『周公弔二叔之不咸，故封建親戚以蕃屏周』，亦以周公爲制禮之主，故歸功於周公耳。九年傳曰『文、武、成、康之封建母弟』，則康王之世尚有封國。宣王方始封鄭，非獨武王、周公封諸國也。」惠棟補注云：「荀子（儒效篇及君道篇）以爲天下立七十一國，姬姓獨居五十三人。」夫舉無他，唯善所在，親疏一也。詩曰：『惟此文王，詩大雅皇矣。今本毛詩作「維此王季」，陳啓源毛詩稽古篇、陳奐毛詩傳疏皆以傳作「文王」爲是。韓詩亦作「文王」。帝度其心。莫其德音，其德克明。莫，今毛詩作「貊」，靜也。禮記樂記、韓詩外傳皆作「莫」，與左傳同。克明克類，克長克君。王此大國，毛詩及樂記引詩「國」均作「邦」。敦煌唐寫本殘卷亦作「邦」。克順克比。比于文王，其德靡悔。既受帝祉，說文：「祉，福也。」施于孫子。』施，延及也。孫子猶子孫。心能制義曰度，杜注：「帝度其心。」德正應和曰莫，杜注：「莫然清靜。」莫然卽漢書馮奉世傳「玄成等漠然莫有對者」之「漠然」，顏師古注：「漠然，無聲也。」音莫。照臨四方曰明，勤施無私曰類，杜注：「施而無私，物得其所，無失類也。」教誨不倦曰長，杜注：「教誨長人之道。」賞慶刑威曰君，杜注：「作威作福，君之職也。」慈和偏服曰順，杜注：「唯順，故天下偏服。」擇善而從之曰比，杜注：「比方善事，使相從也。」經緯天地曰文。杜注：「經緯相錯，故織成文。」九德不愆，作事無悔，杜注：「九德，上九曰也。皆無愆過，則動無悔吝。」故襲天祿，子孫賴之。杜注：「襲，受也。」主之舉也，近文德矣，所及其遠哉！」杜注：「舉魏戊等，勤施無私也。其四人者，擇善而從，故曰近文德，所及遠也。」然晉世家謂晉六卿以法盡滅祁氏、羊舌氏，「分其邑爲十縣，各令其子爲大夫。晉益弱，六卿皆大」。

賈辛將適其縣，見於魏子。魏子曰：「辛來！昔叔向適鄭，鬷蔑惡，杜注：「惡，貌醜。」欲觀叔向，從使之收器者，杜注：「從，隨也。隨使人應斂俎豆者。」而往，立於堂下，一言而善。叔向將飲酒，聞之，曰：『必鬷明也！』鬷明卽鬷蔑，又稱然明，參襄二十五年傳並注。下，執其手以上，曰：『昔賈大夫惡，杜注：「賈國之大夫。惡亦醜也。」桓九年傳有賈伯，姬姓國，詳彼注。娶妻而美，三年不言不笑。御以如皋，杜注：「爲妻御之皐澤。」射雉，獲之，其妻始笑而言。賈大夫曰：「才之不可以已。我不能射，女遂不言不笑夫！」今子少不颺，杜注：「顏貌不揚顯。」子若無言，吾幾失子矣。言之不可以已也如是！』遂如故知。今女有力於王室，吾是以舉女。行乎！敬之哉！毋墮乃力！」杜注：「墮，損也。」晉語二韋注：「力，功也。」

仲尼聞魏子之舉也，以爲義，曰：「近不失親，杜注：「謂舉魏戊。」遠不失舉，舉其所當舉，或以功，或以賢。可謂義矣。」又聞其命賈辛也，以爲忠，「詩曰『永言配命，自求多福』，忠也。詩大雅文王。言，語中助詞，無義，詳詞詮。配，合也。命，天命。魏子之舉也義，其命也忠，其長有後於晉國乎！」

二六・四　冬，梗陽人有獄，魏戊不能斷，以獄上。杜注：「上魏子。」其大宗賂以女樂，杜注：「訟者之大宗。」大宗蓋宗子所在之宗，詩大雅板「大邦維屏，大宗維翰，懷德維寧，宗子維城」可證。魏子將受之。魏戊謂閻沒、女寬曰：事亦載晉語九，「女寬」作「叔寬」。韋注：「閻沒，閻明。叔寬，女齊之子叔褒，皆晉臣也。」二十六年傳「女寬守闕塞」，杜注亦云：「女寬，晉大夫。」定元年傳謂之女叔寬。閻沒戍周又見定六年傳，則二人爲晉大夫明矣。杜此注謂「二人，魏子之屬大夫」，未必確。「主以不賄聞於諸侯，若受梗陽人，賄莫甚焉。吾子必諫！」皆許諾。退朝，待於庭。杜注：「魏子朝君退，而待於魏子之庭。」蓋魏舒執政，或單人朝君；或雖同朝而晚歸，二人先退，待于魏子之庭。饋入，召之。杜注：「召二大夫食。」比置，比，及也。置，置食器、食品。三歎。既食，使坐。魏子曰：「吾聞諸伯叔，諺曰：『唯食忘憂。』禮記曲禮上「當食不歎」，與此意同。吾子置食之間三歎，何也？」同辭而對曰：「或賜二小人酒，不夕食。謂昨夕有人賜我二人酒，我二人因未晚餐，此時甚餓矣。饋之始至，恐其不足，是以歎。中置，中置，上菜之半也。自咎曰：『豈將軍食之而有不足？』杜注：「魏子中軍帥，故謂之將軍。」晉語四「鄭人以詹伯爲將軍」，吴語「十行一嬖大夫，十旌一將軍」，似春秋時已有「將軍」之官名。或謂「將軍」之官始于戰國，則禮記檀弓上「將軍文子之喪」，亦以戰國官名爲春秋官名乎？疑「將軍」于春秋雖非一定武職之官名，然獨將一軍者，俗稱爲「將軍」。此亦俗稱，衞有公孫彌牟，檀弓稱爲「將軍文子」，可見春秋末有「將軍」之稱。至戰國時乃更有上將軍、大將軍之名耳。參日知録卷廿四。是以再歎。及饋之畢，願以小人之腹爲君子之心，屬厭而已。」屬，適也。厭，足也。已，止也。獻子辭梗陽人。拒不受賄。

二十九年，戊子，公元前五一三年。周敬王七年、晉頃十三年、齊景三十五年、衞靈二十二年、蔡昭六年、鄭獻公蠆元年、曹聲二年、陳惠十七年、杞悼五年、宋景四年、秦哀二十四年、楚昭三年、吴闔廬二年、許男斯十年。

經

二九・一 二十有九年春，正月十二日己卯冬至，建子。公至自乾侯，居于鄆。據杜注，因魯昭雖至乾侯，晉國並不歡迎，又未能見晉頃公，失望而歸。齊侯使高張來唁公。杜注：「唁公至晉不見受。高張，高偃子。」穀梁傳謂「唁公不得入于魯也」，昭公出，不入魯，齊侯已唁于野井，不必再唁。杜注較合情理。

二九・二 公如晉，次于乾侯。齊侯唁公，蓋譏之去齊適晉仍不見受。公或者因此再適晉，仍不見受，留于乾侯而已。

二九・三 夏四月庚子，五日。叔詣卒。無傳。「詣」，公、穀並作「倪」。穀梁傳，季孫意如曰：「叔倪無病而死，是皆無公也，是天命也，非我罪也。」高士奇紀事本末云：「此言則叔詣殆忠於公者，亦叔孫昭子之流與？」

二九・四 秋七月。

二九・五 冬十月，鄆潰。無傳。杜注：「民逃其上曰潰。潰散叛公。」公羊傳以爲昭公使民爲鄆築外城而潰。穀梁傳亦云：「昭公出奔，民如釋重負。」

傳

二九・一 二十九年春，公至自乾侯，處于鄆。齊侯使高張來唁公，稱主君。稱昭公爲主君。魯世家云：「齊景公使人賜昭公書，自（「自」字當依年表刪）稱主君。」據晉語八所載欒氏家臣辛俞之言，「三世事家（卿大夫），君之；

再世以下，主之」，則春秋時卿大夫家臣稱卿大夫爲主爲君，今齊侯稱魯侯爲主君，故杜注謂「比公於大夫」，子家子云「齊卑君」，尤明證。戰國時有稱卿大夫爲主君者，如齊策一，齊王謂蘇秦「今主君以趙王之教詔之」，墨子貴義篇墨子稱穆賀爲主君是也。孫詒讓閒詁又引魯問篇，墨子稱魯君亦曰主君，秦策二樂羊對魏文侯、魏策魯君對梁惠王亦並稱主君，因云，「則戰國時，主君之稱蓋通於上下」。並參困學紀聞卷六及注。子家子曰：「齊卑君矣，君祇辱焉。」公如乾侯。

二九・二　三月己卯，十三日。京師殺召伯盈、尹氏固及原伯魯之子。杜注：「皆子朝黨也。」原伯魯之子，蓋不書其名，杜注謂「終不説學」，原伯魯不説學，見十八年傳，與其子何關，杜注不足信。尹固之復也，杜注：「二十六年尹固與子朝俱奔楚，而道還。」有婦人遇之周郊，尤之，曰：「處則勸人爲禍，行則數日而反，是夫也，其過三歲乎？」其用法同豈，言其生存不能過三年也。夏五月庚寅，二十五日。王子趙車入于鄻以叛，杜注：「趙車，子朝之餘黨也。見王殺伯盈等，故叛。鄻，周邑。」鄻音輦。陰不佞敗之。

二九・三　平子每歲賈馬，具從者之衣屨，而歸之于乾侯。公執歸馬者，賣之，杜注：「賣其馬。」蓋執其人而賣其馬。乃不歸馬。歸同饋。衞侯來獻其乘馬，曰啓服，杜注：「啓服，馬名。」爾雅釋畜「馬前右足白，啓」，或此爲服馬（駕車之中二馬），故名啓服歟。塹而死。墮于塹（坑）而死。公將爲之櫝。杜注：「爲作棺也。」子家子曰：「從者病矣，請以食之。」乃以帷裹之。禮記檀弓下云：「敝帷不棄，爲埋馬也。」蓋古禮以敝帷裹馬。

公賜公衍羔裘，使獻龍輔於齊侯，說文：「瓏，禱旱玉，龍文。」沈欽韓以爲卽此龍輔，詳補注。遂入羔裘。亦獻納羔裘于齊侯。齊侯喜，與之陽穀。杜注：「陽穀，齊邑。」公衍、公爲之生也，其母偕出。據禮記內則，古代貴族婦人將生子，出居于側室。側室又謂之產舍，大戴禮保傅篇謂之宴室。此同出居產舍也。公衍先生。公爲之母曰：「相與偕出，請相與偕告。」謂一同出居產舍，生子便一同向公報告。三日，公爲生。其母先以告，公爲爲兄。公私喜於陽穀，而思於魯，回憶及在魯國爲君公衍、公爲之事。曰：「務人爲此禍也。杜注：「務人，公爲也。始與公若謀逐季氏。」「務人」，哀十一年傳作「公叔務人」，禮記檀弓下作「公叔禺人」。且後生而爲兄，其誣也久矣。」乃黜之，而以公衍爲大子。

二九・四 秋，龍見于絳郊。杜注：「絳，晉國都。」卽今山西侯馬市。魏獻子問於蔡墨曰：杜注：「蔡墨，晉大史。」下文稱之蔡史墨，三十一年傳稱爲史墨，哀二十年傳有史黯，據杜注及晉語九、鄭語韋注，卽史墨。呂氏春秋召類篇又作史默。說苑尊賢篇、宋書樂志並見其人。蓋其人姓蔡，官大史，墨其名，黯其字，默則同音假借。「吾聞之，蟲莫知於龍，知同智。以其不生得也，因人不能活捕之。謂之知，信乎？」對曰：「人實不知，非龍實知。古者畜龍，故國有豢龍氏，有御龍氏。」杜注：「豢、御，養也。」豢音患。獻子曰：「是二氏者，吾亦聞之，而不知其故，本無「不」字，今從校勘記及金澤文庫本增。是何謂也？」對曰：「昔有飂叔安，杜注：「飂，古國也。叔安，其君名。」飂音了，漢書地理志作「廖」，在今河南唐河縣南八十里。亦卽蓼，見桓十一年傳並注。有裔子曰董父，杜注：「裔，遠也，玄孫之後爲裔。」卽屈原離騷「帝高陽之苗裔」之「裔」。實甚好龍，能求其耆欲以飲食之，耆同嗜。龍多歸之，乃擾畜龍，擾，馴服之也。以服事帝舜，帝賜之姓曰董，氏曰豢龍，杜注：「豢龍，官名，官有世功，則以官氏。」封諸鬷川，鬷夷氏其後也。左傳謂豢龍鬷川爲一，豢龍爲氏，鬷川爲封地，而鄭語云「董姓鬷夷、豢龍，則夏滅之矣」，鬷夷、豢龍似是二。潛夫論志氏姓「鬷」並作「騣」，字體不同而已。「鬷」當作「鬷」。鬷川舊云在今山東定陶縣北二十里。故帝舜氏世有畜龍。據古代傳説，帝舜僅一世，卽傳於夏禹，此云「世有畜龍」者，蓋自帝舜之後，夏孔甲之前，代代有馴畜之龍也。及有夏孔甲，擾于有帝，杜注：「孔甲，少康之後九世君也。其德能順於天。」孔疏引帝王世紀云：「少康子帝杼，杼子帝芬，芬子帝芒，芒子帝世，世子帝不降，不降弟帝扃，扃子帝廑也。至帝孔甲，孔甲，不降子。」杜以孔甲順於天，而周語下云「孔甲亂夏，四世而殞」，史記夏本紀亦謂「帝孔甲立，好方鬼神事，淫亂，夏后氏德衰，諸侯畔之」，與杜注義不同。擾可訓順，亦可訓亂，從下文「帝賜之」推之，杜説是。帝賜之乘龍，河、漢各二，易乾文言：「時乘六龍，以御天也。」坤上六爻辭：「龍戰於野，其血玄黃。」則此「乘龍」，駕車之龍。古有六馬之車，春秋時多駕四馬，此則駕四龍，黃河之龍二，漢水之龍二。江、淮、河、漢，古謂之四瀆，見爾雅釋水。各有雌雄。孔甲不能食，食，音寺，飼養也。卽上文「能求其耆欲以飲食之」。而未獲豢龍氏。有陶唐氏既衰，其後有劉累，杜注：「陶唐，堯所治地。」陶唐氏蓋丹朱之後，以其所治地爲氏，餘詳襄二十四年傳注。學擾龍于豢龍氏，以事孔甲，能飲食之。夏后嘉之，賜氏曰御龍。杜注：「夏后，孔甲。」以更豕韋之後。豕韋爲祝融之後，見國語鄭語。以劉累代豕韋之後。詳襄二十四年傳注。龍一雌死，潛醢以食夏后。夏后饗之，饗之，食之也。既而使求之。夏后不知已所食爲已死之龍，以其美味，不久又求此種食物，不知其不可再得。或謂求之，非求所食之醢，而是求四匹駕車之龍，然於上文「夏后饗之」文義不接。懼而遷于魯縣，杜注：「不能致龍，故懼遷魯縣，自貶退也。」史記夏本紀亦載此事，作「懼而遷去」。魯縣在今河南魯山縣東北。范氏其後也。」獻子曰：「今何故無之？」對曰：「夫物，物有其官，官修其方，杜注：「方，法術。」朝夕思之。一日失職，則死及之。杜注：「失職有罪。」失官不食。杜注：「不食祿。」官宿其業，杜注：「宿猶安也。」會箋云：「小爾雅廣詁曰：『宿，久也。』言官久於其職業也。下文曰『世不失職』，卽官宿其業之義。」其物乃至。若泯棄之，物乃坻伏，杜注：「泯，滅也。」坻音旨，又音抵。坻伏，隱伏。說詳王引之述聞。鬱湮不育。劉師培古書疑義舉例補一云：「鬱湮卽鬱伊之轉音，又轉爲鬱邑。不申之貌。」故有五行之官，是謂五官，實列受氏姓，封爲上公，杜注：「爵上公。」祀爲貴神。社稷五祀，是尊是奉。社爲地神、稷爲穀神，百穀生于土，社稷爲地神，說詳金鶚求古錄禮說。五祀，見周禮春官大宗伯，以傳文觀之，卽木、火、金、水、土五官之神，下文之句芒、祝融、蓐收、玄冥、后土。月令亦云。皆地祇。若五官之有功者，配食于此五祀。亦此金鶚說，參見孫詒讓周禮正義。至于禮記祭法、王制、呂氏春秋孟冬紀之五祀，說各不同。孟冬紀高誘注與月令同。餘則與此不同。木正曰句芒，杜注：「正，官長也。」火正曰祝融，金正曰蓐收，水正曰玄冥，土正曰后土。龍，水物也，水官棄矣，杜注：「棄，廢也。」故龍不生得。不然，周易有之：在乾䷀之姤䷫，杜注：「巽下乾上，姤。乾初九變。」傳不言九、六，但言所變卦與變卦。曰『潛龍勿用』；杜注：「乾初九爻辭。」其同人䷌曰『見龍在田』；離下乾上爲同人卦，九二陽爻變爲陰爻，用乾九二爻辭。其大有☲☰曰『飛龍在天』；乾下離上爲大有，乾卦第五爻陽變陰，用乾九五爻辭。其夬☱☰曰『亢龍有悔』，乾下兑上爲夬卦，乾第六爻陽變陰，用乾上九爻辭。亢龍，直龍，龍欲曲而不欲直，故有悔。說詳聞一多周易義證類纂。其坤☷☷曰『見羣龍無首，吉』；坤下坤上爲坤，乾之六爻皆陽變陰，用乾用九爻辭。坤之剝☶☷曰『龍戰于野』。坤下艮上爲剝卦，坤第六爻陰變陽，用坤上六爻辭。若不朝夕見，誰能物之？」史墨引周易言龍者，有潛伏之龍，有在田之龍，有飛天之龍，有直伸之龍，有無頭領之羣龍，有野戰之龍，證明龍古實有之，且經常見之。不然，誰能描寫如此細緻？物謂述其形。獻子曰：「社稷五祀，誰氏之五官也？」誰氏卽上古帝者曰氏，如下文少皞氏、烈山氏之類。此問何帝之五官也。對曰：「少皞氏有四叔，定四年傳「五叔無官」，杜注謂管叔、蔡叔等，皆稱叔，亦皆武王之弟。又云「三者皆叔也」，三叔指周公、康叔、唐叔。此四叔疑少皞氏之弟輩。曰重、曰該、曰修、曰熙，實能金、木及水。使重爲句芒，該爲蓐收，修及熙爲玄冥，世不失職，遂濟窮桑，此其三祀也。尸子仁意篇「少昊金天氏，邑于窮桑」。帝王世紀云：「少昊邑于窮桑以登帝位，都曲阜，故或謂之窮桑帝。」顓頊氏有子曰犂，爲祝融；杜注：「犂爲火正。」共工氏有子曰句龍，爲后土，孔疏云：「祭法曰：『共工氏之霸九州也，其子曰后土，能平九州，故祀以爲社。』能平九州，是能平水土也。言共工有子，謂後世子耳。亦不知句龍之爲后土，在於何代。」此其二祀也。后土爲社；稷，田正也。有烈山氏之子曰柱爲稷，沈欽韓補注云：「祭法云：『厲山氏之有天下也，其子曰農，能殖百穀。』注：『厲山氏，炎帝也，起于厲山，或曰有烈山氏。』農卽柱。」厲山在今湖北隨縣北四十里。自夏以上祀之。周棄亦爲稷，杜注：「棄，周之始祖，能播百穀，湯既勝夏，廢柱而以棄代之。」自商以來祀之。」顧頡剛史念海中國疆域沿革史：「則知棄本商稷。」

二九・五 冬，晉趙鞅、荀寅帥師城汝濱，杜注：「趙鞅，趙武孫也。荀寅，中行荀吳之子。汝濱，晉所取陸渾地。」汝水出河南嵩縣東南天息山，東北流經汝陽、臨汝，又東南經郟縣、襄城與沙河（古溵水）合。遂賦晉國一鼓鐵，以鑄刑鼎，鼓爲衡名，亦爲量名。禮記曲禮上「獻米者操量鼓」；管子地數篇「武王立重泉之戍，令曰，民有百鼓之粟者不行」，注云「鼓，十二斛」，此鼓爲計容量之單位與器皿。孔子家語正論篇亦載此事，注云：「三十斤爲鈞，鈞四爲石，石四爲鼓。」則以鼓爲重量單位，當時之四百八十斤。小爾雅說同。許慎五經異義以四十斤爲斛，若如此，則十二斛亦四百八十斤，衡量與容量相合。倪倬讀左瑣言略明此而不敢肯定。著范宣子所爲刑書焉。

仲尼曰：「晉其亡乎！失其度矣。夫晉國將守唐叔之所受法度，以經緯其民，卿大夫以序守之，杜注：「序，位次也。」民是以能尊其貴，貴是以能守其業。貴賤不愆，所謂度也。文公是以作執秩之官，爲被廬之法，杜注：「僖二十七年文公蒐被廬，修唐叔之法。」以爲盟主。今棄是度也，而爲刑鼎，民在鼎矣，在讀爲察，謂民察鼎以知刑。何以尊貴？杜注：「棄禮徵書，故不尊貴。」貴何業之守？貴賤無序，何以爲國？且夫宣子之刑，夷之蒐也，晉國之亂制也，杜注：「范宣子所用刑，乃夷蒐之法也。夷蒐在文六年，一蒐而三易中軍帥，賈季、箕鄭之徒遂作亂，故曰亂制。」若之何以爲法？」蔡史墨曰：「范氏、中行氏其亡乎！杜注：「蔡史墨即蔡墨。」中行寅爲下卿，而干上令，擅作刑器，以爲國法，是法姦也。又加范氏焉，易之，亡也。杜注：「范宣子刑書，中既廢矣，今復興之，是成其咎。」依杜注意，易謂改變。范氏之法本廢，今中行寅復行之，是改易也。但范氏之法廢，經、傳未載，不知是否杜氏揣測之言。易之，謂范氏改易被廬之法。其及趙氏，趙孟與焉。趙孟謂趙鞅。然不得已，若德，可以免。」杜注：「鑄刑鼎本非趙鞅意，不得已而從之。若能修德可以免禍。爲定十三年荀寅、士吉射入朝歌以叛〔傳〕。」注文脱「傳」字，依文義增補。

三十年，己丑，公元前五一二年。周敬王八年、晉頃十四年、齊景三十六年、衞靈二十三年、蔡昭七年、鄭獻二年、曹聲三年、陳惠十八年、杞悼六年、宋景五年、秦哀二十五年、楚昭四年、吳闔廬三年、許男斯十一年。

經

三〇·一 三十年春王正月，正月二十三日甲申冬至，建子，有閏月。公在乾侯。杜注：「釋不朝正于廟。」

三〇·二 夏六月庚辰，二十二日。晉侯去疾卒。

三〇·三 秋八月，葬晉頃公。

三〇·四 冬十有二月，吳滅徐，徐子章羽奔楚。「章羽」，傳作「章禹」，公羊亦作「章禹」，「羽」「禹」古音同。漢書古今人表、五行志以及韓愈徐偃王廟碑並作「章禹」。

傳

三〇·一 三十年春王正月，公在乾侯，不先書鄆與乾侯，非公，且徵過也。杜注：「徵，明也。二十七年、二十八年公在鄆，二十九年公在乾侯，而經不釋朔正之禮者，所以非責公之妄，且明過謬猶可掩，故不顯書其所在，使若在國然。自是鄆人潰叛，齊、晉卑公；子家忠謀，終不能用；內外棄之，非復過誤所當掩塞，故每歲書公所在。」

夏六月，晉頃公卒。秋八月，葬。鄭游吉弔，且送葬。魏獻子使士景伯詰之，曰：「悼公之喪，子西弔，子蟜送葬。事見襄十五年傳。晉平公死，游吉弔，罕虎送葬，省略未言。今吾子無貳，於當時之禮，送葬重于弔喪，則弔喪者爲一人，送葬者其位必高于弔喪者。今游吉兼弔喪與送葬之使，故云「無貳」。何故？」對曰：「諸侯所以歸晉君，禮也。謂諸侯歸服晉君者，以晉有禮也。禮也者，小事大、大字小之
三〇・二 謂。小國服事大國，大國撫愛小國。事大在共其時命，襄二十八年傳子產謂「小適大有五惡」，而「從其時命」爲一惡；此則以「共其時命」爲小事大之禮。左傳「時命」一詞，僅此二見，而義不同。僖七年傳管仲謂「守命共時之謂信」，此「共其時命」或即管仲之「守命共時」，謂承大國之命，恭于時事，弔喪送喪亦時事也。字小在恤其所無。以敝邑居大國之間，共其職貢，與其備御不虞之患，與讀爲參與之與，蓋同盟國，必同其戰備。御同禦。備御不虞之患，卽被伐防備。豈忘共命？共命卽共時命，言依時貢獻，又求其救助，共同攻戰，不致忘弔喪送葬之禮。先王之制：諸侯之喪，士弔，大夫送葬；唯嘉好、聘享、三軍之事於是乎使卿。嘉好謂朝會，見定四年傳。聘問必有享宴，故聘享連文。三軍指戰爭。晉之喪事，敝邑之間，先君有所助執紼矣。紼音弗，挽柩車之大繩，又作綍，音義相同。據周禮地官遂人及禮記喪大記、雜記等書篇，天子之葬，用六根大繩挽車，謂之六綍；鄭玄謂挽者蓋千人。諸侯葬用四綍，挽者五百人；大夫葬二綍，挽者三百人。送葬者一定執綍。敝邑之間謂國家

閒暇，安定無事也，孟子公孫丑上「今國家閒暇」是也。傳雖未載，鄭國先君必有親自送晉君之葬者，故游吉言之。若其不問，雖士、大夫有所不獲數矣。日本石山寺藏本「獲」上有「禮」字，作「有所不禮獲數矣」。杜注云「不得如先王禮數」，以有「禮」者爲長。士弔，大夫送葬，言若國家在戰爭中，卽士、大夫亦難派遣。大國之惠，亦慶其加，杜注：「慶，善也。」加謂加于禮例，如君自行，或上卿行。而不討其乏，乏，缺乏，卽不備禮數，恤其所無也。明厎其情，厎音指，致也。明白致其誠心。情謂忠誠，情實。荀子禮論「文理繁，情用省」，楊倞注「情用謂忠誠」；禮記大學「無情者不得盡其辭」，鄭玄注云：「情猶實也。」取備而已，備，具也，謂取其備具禮儀而已，不責其如禮數也。以爲禮也。靈王之喪，周靈王死于魯襄二十八年十二月，葬于二十九年。鄭使印段會葬，見二十九年傳。我先君簡公在楚，我先大夫印段實往，——敝邑之少卿也。沈欽韓補注云：「少卿，下卿也。」印段位在公孫段之下。」王吏不討，恤所無也。今大夫曰：『女盍從舊？』杜注：「盍，何不也。」舊有豐有省，不知所從。從其豐，則寡君幼弱，此時鄭獻公卽位不足二年。是以不共。從其省，則吉在此矣。唯大夫圖之！」晉人不能詰。子產卒于魯昭二十一年，游吉繼之爲政，以上卿而弔喪送葬，而晉人乃欲鄭獻公自行。

三〇・二 吳子使徐人執掩餘，使鍾吾人執燭庸，杜注：「二十七年奔故。」二公子奔楚。楚子大封，而定其徙，杜注：「大封，與土田，定其所徙之居。」使監馬尹大心逆吳公子，使居養，杜注：「二子奔楚，楚使逆之於竟也。」養卽所封之邑。養當在今河南沈丘縣今治南沈丘城之東，臨安徽界首縣界。莠尹然、左司馬沈尹戌城之，杜注：「城養。」取於城父與胡田以與之，城父卽夷，其田蓋城父境內田之一部分耳，在養東北；胡卽今阜陽沛，胡田在養東南。將以害吴也。子西諫曰：「吴光新得國，而親其民，視民如子，辛苦同之，將用之也。若好吴邊疆，與吴、楚相交界處之吴人修好。使柔服焉，猶懼其至。至謂軍旅至。吾又彊其讎，以重怒之，杜注：「讎謂二公子。」重怒即僖十五年傳「不圖晉憂，重其怒也」之「重怒」，加重其怒。無乃不可乎！吴，周之胄裔也，說文：「胄，胤也。」胄裔同義，亦可曰裔胄，襄十四年傳「是四岳之裔胄也」可證。而棄在海濱，不與姬通，不與中原諸同姓之國如魯、衛、鄭、晉等來往。今而始大，而猶乃也。比于諸華。自比于文化發達之國，非蠻夷落後國。光又甚文，將自同於先王。文謂有知識。杜注：「先王謂大王、王季，亦自西戎，始比諸華。」不知天將以爲虐乎，使翦喪吴國而封大異姓乎，昭二十八年傳「封豕」，封，大也。封、大同義詞連用。其抑亦將卒以祚吴乎，其終不遠矣。謂不知天意何在，或者使闔廬爲暴虐于鄰國；或者使闔廬自滅亡其國，而使鄰國擴大土地；或者終福佑吴國而爲害鄰國，其結果不久可以知之。我盍姑億吾鬼神，杜注：「億，安也。」而寧吾族姓，以待其歸，等待其結果何如。將焉用自播揚焉？」杜注：「播揚猶勞動也。」王弗聽。楚昭王之母于魯昭十九年至楚，楚昭最早生于此年冬，此時僅十一歲。子西爲其庶長兄，王拒諫者。

三〇·四　吴子怒。冬十二月，吴子執鍾吾子。「鍾吾」，原作「鍾吴」，今從毛本及金澤文庫本。遂伐徐，防山以水之。杜注：「防壅山水以灌徐。」此蓋利用堤防以山水攻城最早紀載。己卯，二十三日。滅徐。徐子章禹斷其髮，哀七年傳云「仲雍嗣之，斷髮文身，贏以爲飾」，十一年傳又云「吴髮短」，則徐子之斷髮，示從吴俗爲吴民也。攜其夫人以逆吴子。吴子唁而送之，使其邇臣從之，邇臣，親近之臣。遂奔楚。楚沈尹戌帥師救徐，弗及。遂城夷，使徐子處之。杜注：「夷，城父也。」

三〇·四 吴子問於伍員曰：「初而言伐楚，見二十年傳。余知其可也，而恐其使余往也，又惡人之有余之功也。人指吴王僚。今余將自有之矣。自有伐楚之功與利。伐楚何如？」問伐楚之戰略戰術。對曰：「楚執政衆而乖，莫適任患。乖謂互相違戾。無敢負擔責任者。若爲三師以肄焉，肄讀爲肆，卽文十二年傳「若使輕者肆焉」之肆，突然襲擊而又退也。説本陸粲附注。一師至，至楚境内。彼必皆出。楚不明敵情，且無制訂戰略能負責之人，必全軍出而應戰，唯恐敗而任咎。彼出則歸，彼歸則出，楚必道敝。奔走于道路而疲敝。亟肄以罷之，亟，屢也。多方以誤之。用多種方法使楚軍失誤。既罷而後以三軍繼之，必大克之。」闔廬從之，楚於是乎始病。杜注：「爲定四年吴入楚傳。」

三十一年，庚寅，公元前五一一年。周敬王九年、晉定公午元年、齊景三十七年、衛靈二十四年、蔡昭八年、鄭獻三年、曹聲四年、陳惠十九年、杞悼七年、宋景六年、秦哀二十六年、楚昭五年、吴闔廬四年、許男斯十二年。

經

三一·一 三十有一年春王正月，正月初四己丑冬至，建子。公在乾侯。

三一·二 季孫意如會晉荀躒于適歷。「躒」公羊、穀梁俱作「櫟」，後同。杜注：「適歷，晉地。」

三一·三 夏四月丁巳，三日。薛伯穀卒。杜注：「襄二十五年盟重丘。」

三一·四 晉侯使荀躒唁公于乾侯。

三一·五 秋，葬薛獻公。無傳。

三一·六 冬，黑肱以濫來奔。杜注：「黑肱，邾大夫。不書邾，史闕文。」濫，據杜注在晉之東海昌慮縣，則在今山東滕縣東南。

三一·七 十有二月辛亥朔，日有食之。此爲公元前五一一年十一月十四日之日全蝕。

傳

三一·一 三十一年春王正月，公在乾侯，言不能外內也。杜注：「公內不容於臣子，外不容於齊、晉，所以久在乾侯。」

三一·二 晉侯將以師納公。范獻子曰：「若召季孫而不來，則信不臣矣，然後伐之，若何？」晉人召季孫。獻子使私焉，使其代表本人言于季孫。曰：「子必來，我受其無咎。」會箋云：「受其無咎猶保其無咎也。尚書召誥曰『保受王威命明德』，儀禮士冠禮字辭曰『永受保之』，是受與保義相近。」季孫意如會晉荀躒于適歷。荀躒曰：「寡君使躒謂吾子：『何故出君？有君不事，周有常刑。子其圖之！』」季孫練冠、麻衣，跣行，練冠蓋喪服斬衰喪十三月服練時所着之冠。禮記問傳「期而大祥，素縞麻衣」，麻衣即麻質之衣，古謂之布衣，無采飾。禮記問喪「親始死徒跣」，即赤足。季孫如此，表憂戚之深。伏而對曰：「事君，臣之所不得也，敢逃刑命？君若以臣爲有罪，請囚於費，以待君之察也，亦唯君。若以先臣之故，不絕季氏，而賜之死。而賜之死與上文意不貫，服虔謂「言賜不使死」，固不確；杜注謂「雖賜以死，不絕其後」，勉强可通。然下無所承。此段疑有錯簡。姚鼐左傳補注謂當移「死且不朽」四字于「賜之死」下，陶鴻慶别疏則云「亦唯命」三字當在此下。若弗殺弗亡，君之惠也，死且不朽。若得從君而歸，則固臣之願也，敢有異心？」杜注：「君皆謂魯侯也。」蓋季孫探言罪己輕重以答荀躒。

夏四月，季孫從知伯如乾侯。知伯即荀躒，蓋偕往迎魯侯歸魯。子家子曰：「君與之歸。一慙之不忍，而終身慙乎？」公曰：「諾。」衆曰：「在一言矣，君必逐之！」衆人誤以爲魯昭一言可使晉逐季氏。荀躒以晉侯之命唁公，且曰：「寡君使躒以君命討於意如，意如不敢逃死，君其入也！」公曰：「君惠顧先君之好，施及亡人，施，延也。將使歸糞除宗祧以事君，說文：「糞，棄除也。」則不能見夫人。己所能見夫人者，有如河！」所，假設連詞，誓辭中用之。夫人指季孫，發誓不見之。荀躒掩耳而走，曰：「寡君其罪之恐，敢與知魯國之難！臣請復於寡君。」退而謂季孫：「君怒未怠，未怠猶言未鬆弛。子姑歸祭。」襄二十六年傳記子鮮代衞獻公之言云，「苟反，政由甯氏，祭則寡人」，則國君主祭。故杜注謂「歸攝君事」。子家子曰：「君以一乘入于魯師，單車而入季孫之軍，以擺脫衆人。季孫必與君歸。」公欲從之。衆從者脅公，不得歸。

三一・三　薛伯穀卒，同盟，故書。杜注：「謂書名也。入春秋來，薛始書名，故發傳。」經在荀躒唁公上，傳在下者，欲魯事相次。」莊三十一年經書「薛伯卒」，無其名。此後定十二年「薛伯定卒」、哀十年「薛伯夷卒」皆書名。自成二年魯卽與薛同盟于蜀，由成二年至此年，歷七十九年，其間薛伯必有死亡者，何以經不書，則難索解人矣。

三一・四　秋，吳人侵楚，伐夷，侵潛、六。夷卽楚安置徐子之城，見去年傳。潛見二十七年傳「帥師圍潛」注。六，今安徽六安縣北，詳文五年經「楚人滅六」注。楚沈尹戌帥師救潛，吳師還。楚師遷潛於南岡而還。潛本在今安徽霍山縣南，南岡則在霍山縣北，蓋距沈較近也。吳師圍弦，弦在今河南息縣南，互見僖五年經「楚人滅弦」注。左司馬戌、右司馬稽帥師救弦，及豫章，吳師還。——始用子胥之謀也。子胥卽伍員，謀見去年傳。吳世家、楚世家、伍子胥傳及吳越春秋並謂「取六與潛」或「拔六與潛」，然子胥謀在弱楚，不在取地，故說「取」或「拔」者不可信。

三一・五　冬，邾黑肱以濫來奔。賤而書名，重地故也。君子曰：「名之不可不愼也如是：夫有所有名而不如其已。有所有名猶言有時有名，說詳王引之經義述聞。此謂有時雖有名尚不如無名。以地叛，雖賤，必書地，以名其人，終爲不義，弗可滅已。是故君子動則思禮，行則思義；不爲利回，回卽違，違禮也。謂不爲利而違禮。不爲義疚。見義勇爲，不因不爲而內疚。或求名而不得，或欲蓋而名章，懲不義也。懲罰不義者。齊豹爲衞司寇，守嗣大夫，守嗣大夫卽二十年傳之「承嗣大夫」，亦可單稱「嗣大夫」，見十六年傳，謂世襲而爲卿大夫者。作而不義，其書爲『盜』。二十年，衞齊豹殺衞侯之兄，經書「盜殺衞侯之兄縶」，此求名而不得者也。邾庶其、莒牟夷、邾黑肱以土地出，庶其見襄二十一年經並傳，牟夷見昭五年經並傳。此三人皆奔魯者。求食而已，不求其名。賤而必書。三人皆小國大夫，故曰賤。此欲蓋而名彰者。此二物者，所以懲肆而去貪也。杜注：「物，事也。」肆，放也。齊豹書盜，懲肆也。三叛人名，去貪也。若艱難其身，杜注：「身爲艱難。」以險危大人，杜注：「大人，在位者。」險危同義，使其上危險。而有名章徹，杜注：「謂得勇名。」章徹同義，明也。周語中「其何事不徹」，華嚴經音義引賈逵曰：「徹，明也。」攻難之士將奔走之。杜注：「攻猶作也。奔走猶赴趣也。」若竊邑叛君以徼大利而無名，杜注：「謂不書其人名。」貪冒之民將寘力焉。貪冒即貪墨，與二十八年傳「貪惏無饜」之貪惏同義。寘猶致也。杜注謂「盡力」，乃解其意。是以春秋書齊豹曰『盜』，三叛人名，以懲不義，數惡無禮，其善志也。數，責也。善志謂善于記述。故曰，春秋之稱微而顯，晉語八韋注：「稱，述也。」謂敍述史事。杜注：「文微而義著。」婉而辨。杜注：「辭婉而旨別。」上之人能使昭明，善人勸焉，淫人懼焉，是以君子貴之。」互詳成十四年傳並注。上之人能使昭明，疑指作傳者使春秋之義明顯。

三一·六　十二月辛亥朔，日有食之。是夜也，古以過夜半爲翌日之晨，猶今言零時。其夢當在下半夜，故爲十二月朔之夜。趙簡子夢童子羸而轉以歌，羸，今作裸，赤身露體。沈欽韓補注云：「轉者，舞之節以應歌也。淮南齊俗訓『古者歌樂而無轉』，又修務訓『動容轉曲』。」旦占諸史墨，曰：「吾夢如是，今而日食，何也？」杜注：「簡子夢適與日食會，謂咎在己，故問之。」對曰：「六年及此月也，吳其入郢乎，終亦弗克。周禮春官占夢賈公彦疏引服虔左傳此注，用占夢之法釋此夢，據鄭志張逸問，鄭玄之說大致與服虔同，因其無此事理，杜預不取，是也。杜注："「史墨知夢非日食之應，故釋日食之咎，而不釋其夢。」吴入郢在定四年十一月，史墨言六年，謂經歷六年，實僅五年後也。史墨又云「及此月」，應爲建子之十二月，卽亥月；而定四年傳則謂十一月庚辰吴入郢，杜以長曆推之，定四年閏十月，並閏月數之，定四年之戌月實亥月。入郢必以庚辰，古干支惟紀日，庚辰日也。日月在辰尾。杜注："「辰尾，龍尾也。周十二月今之十月，日月合朔於辰尾而食。」史墨之意，此次日食，日行黄道正在東方蒼龍七宿之尾，禮記月令「孟冬之月(夏正十月)日在尾」是也。而龍尾爲大辰，爾雅釋天「大辰，房、心、尾也」是也。尾宿爲蒼龍之第六宿。庚辰之辰是紀日十二支之一，龍辰、辰尾是星名，雖同用「辰」字，所指不同，毫不相涉。而古人喜附會牽合以圓其說，此亦一例。庚午之日，日始有謫。庚午爲十月十九日，離辛亥四十一日。日始有謫，成瓘篛園日札謂「日有他災」，是也，疑指其他天象變化，與日食自無關係。史墨謂日食于十二月初一，而開始于十月十九，是亦古人附會之談。火勝金，故弗克。」火勝金，古人解釋多是以干支配五行言之，杜預亦謂「午，南方，楚之位也。午，火；庚，金也。日以庚午有變，故災在楚。楚之仇敵唯吴，故知入郢必吴。火勝金者，金爲火妃(配)，食在辛亥，亥，水也。水數六，故六年也」，解釋亦不圓通。此皆不足深究，置之可也。定四年庚午，吴敗楚于柏舉；庚辰，吴入郢。申包胥哭于秦庭，秦師出，卒敗吴師。史墨所言似皆靈驗。

三十二年，辛卯，公元前五一〇年。周敬王十年、晉定二年、齊景三十八年、衞靈二十五年、蔡昭九年、鄭獻四年曹聲五年、陳惠二十年、杞悼八年、宋景七年、秦哀二十七年、楚昭六年、吳闔廬五年、許男斯十三年。

經

三二·一 三十有二年春王正月，正月十四日甲午冬至，建子。公在乾侯。

三二·二 取闞。無傳。杜注：「公別居乾侯，遣人誘闞而取之，不用師徒。」公羊傳以闞爲邾國之邑，宋翔鳳過庭録謂即上年冬「黑肱以濫來奔」之「濫」。高士奇左傳紀事本末云：「是時昭公失國，取闞以自封，疑闞爲魯邑，非邾邑也。」桓十一年經「公會宋公于闞」，昭二十五年傳「叔孫昭子如闞」，疑即此「闞」，在今南旺湖中。

三二·三 夏，吳伐越。

三二·四 秋七月。

三二·五 冬，仲孫何忌會晉韓不信、齊高張、宋仲幾、衞世叔申、鄭國參、曹人、莒人、薛人、杞人、小邾人城成周。杜注：「世叔申，世叔儀孫也。國參，子產之子。」

三二·六 十有二月己未，十四日。公薨于乾侯。

傳

三二·一 三十二年春王正月，公在乾侯，言不能外內，又不能用其人也。杜注：「其人謂子家羈也。言公不能用其人，故於今猶在乾侯。」五年傳女叔齊言魯昭「今政令在家，不能取也；有子家羈，弗能用也」，則昭公不能用人久矣。

三二·二　夏，吳伐越，始用師於越也。史記越世家云：「允常之時，與吳王闔廬戰而相怨伐。」史墨曰：「不及四十年，越其有吳乎！越得歲而吳伐之，必受其凶。」歲，木星。盛百二左傳歲星超辰辨云：「歲星自有超辰，而春秋傳所言歲星，未嘗超辰也。」史墨何以言「不及四十年」，據杜預注，古人以爲預測一國之存亡，不能超過木星周行三遍，即三十六年，史墨稍加寬限，乃言「不及四十年」。其實哀二十二年越滅吳，自此年算起，歷三十八年。左傳預言皆後加，故「不及四十年」，並未言其根據，亦未見有根據。據周禮春官保章氏鄭玄注分星（分野）云：「今其存可言者，十二次之分也。星紀，吳、越也；玄枵，齊也；娵訾，衞也；降婁，魯也；大梁，趙也；實沈，晉也；鶉首，秦也；鶉火，周也；鶉尾，楚也；壽星，鄭也；大火，宋也；析木，燕也。」吳、越同屬星紀。吳、越兩國既同屬一次，則應禍福相同，何以此云「越得歲」而吳「必受其凶」？顧炎武日知録云：「吳、越雖同星紀，而所入星度不同，故歲獨在越。」集釋引錢岳源云：「漢志以後皆以斗爲吳分野，牛、女爲越分野。時歲星初入星紀，反是吳得歲矣。惟越絶書云：『越，南斗也；吳，牛、須女也。』然後越獨得歲。淮南子以須女爲吳，與越絶書正同。」錢綺亦云：「星紀之次，起斗十二度初，終女七度末。斗宿凡二十六度，餘去十一度，尚餘十五度；牛八度並女七度，亦十五度。是歲前半年歲星在斗宿，後半年在牛、女二宿。傳文云『夏吳伐越』，則其時歲星尚在斗宿。斗爲越分野，故史墨言越得歲。越絶書、淮南子與史墨之言合。」惟盛百二謂「夫史墨但云『越得歲』，不云歲在星紀。以爲在星紀者，特據分野斷之耳。是年果在星紀，則哀公十七年癸亥當在鶉尾，何以仍在鶉火乎？是知越得歲者，亦謂在析木。蓋析木木越分，以爲燕者，乃後人易之。徐圃臣天元曆理辨之詳矣。」

三二·三 秋八月，王使富辛與石張如晉，請城成周。杜注：「子朝之亂，其餘黨多在王城，敬王畏之，徙都成周。成周狹小，故請城之。」天子曰：「天降禍于周，俾我兄弟並有亂心，我兄弟當指王子朝之黨，如二十二年傳所云「靈、景之族」。王于宗室，小功以上皆稱兄弟。並，遍也。以爲伯父憂。杜注：「伯父謂晉侯。」我一二親暱甥舅不遑啓處，於今十年。不遑啓處當時常語，又見於詩小雅四牡、采薇，亦見于襄八年傳。啓即今之坐；處，居也，謂無暇安居。自王室亂至此十一年，云十年，舉成數。勤戍五年。二十七年十二月晉籍秦致諸侯戍周之兵于周，至周當在二十八年，至此五年。余一人無日忘之，杜注：「念諸侯勞。」閔閔焉如農夫之望歲，懼以待時。閔閔，憂愁貌。歲謂豐收。時謂收割之時。伯父若肆大惠，復二文之業，弛周室之憂，杜注：「肆，展放也。二文，謂文侯仇、文公重耳。弛猶解也。」晉文侯助平王，有書文侯之命。文公助襄王，見僖二十八年傳。徼文、武之福，謂晉求文王、武王賜之福佑。以固盟主，宣昭令名，則余一人有大願矣。昔成王合諸侯城成周，以爲東都，崇文德焉。成王城成周，有書洛誥。論語季氏「故遠人不服，則修文德以來之」之文德與此同義，言非武功也。今我欲徼福假靈于成王，修成周之城，徼福與假靈義相近，謂求其福，廣雅：「靈，福也。」亦見哀二十四年傳。俾戍人無勤，諸侯用寧，諸侯之戍可以撤回，則諸侯可因此而安寧。蝥賊遠屏，洪頤煊經義叢鈔云：「蝥賊喻人。詩瞻卬『蝥賊蝥疾，靡有夷屆』，召旻『天降罪罟，蝥賊内訌』，成十三年傳『帥我蝥賊以來蕩搖我邊疆』，皆謂賊害之人。」屏，卽禮記王制「屏之遠方」之屏，逐放也。晉之力也。其委諸伯父，使伯父實重圖之，俾我一人無徵怨于百姓，杜注：「徵，召也。」而伯父有榮施，施，惠也，功也。先王庸之。」庸，此作動詞，酬功也。謂先王將酬汝之功而福佑之。

范獻子謂魏獻子曰：「與其戍周，不如城之。天子實云，杜注：「云欲罷戍而城。」雖有後事，晉勿與知可也。從王命以紓諸侯，罷諸侯戍周之兵。晉國無憂，是之不務，而又焉從事？」魏獻子曰：「善。」使伯音對曰：杜注：「伯音，韓不信。」據定元年傳及杜注，不信爲韓起孫，謚簡子。「天子有命，敢不奉承以奔告於諸侯，遲速衰序，於是焉在。」杜注：「衰，差也。」遲速謂工作之時與進度，差序謂工作量及分配各國之等級。於是焉在，在於此也。杜注：「在周所命。」

冬十一月，晉魏舒、韓不信如京師，合諸侯之大夫于狄泉，狄泉卽僖二十九年經之翟狄，詳彼注及昭二十三年經並注。尋盟，杜注：「尋平丘盟。」且令城成周。魏子南面。杜注：「居君位。」衞彪傒曰：杜注：「彪傒，衞大夫。」「魏子必有大咎。干位以令大事，非其任也。謂以卿而居君位，頒命於諸侯，非其位任。詩曰『敬天之怒，不敢戲豫；戲，遊戲也。豫亦遊也。孟子梁惠王下「吾王不遊，吾王不豫」可證。戲豫今言遊戲，猶輕嫚也。敬天之渝，不敢馳驅』，詩大雅板。今詩「不」作「無」。渝，變也。變謂改變常態，亦怒意。況敢干位以作大事乎？」大事謂爲天子興土功。魏舒明年未及返晉而死。

己丑，十四日。士彌牟營成周，此謂定設計方案。計丈數，杜注：「計所當城之丈數。」揣高卑，杜注：「度高曰揣。」度厚薄，仞溝洫，杜注：「度深曰仞。」物土方，議遠邇，杜注：「物，相也。相取土之方面、遠近之宜。」相，今言考察。量事期，杜注：「知事幾時畢。」計徒庸，杜注：「知用幾人功。」慮材用，杜注：「知費幾材用。」書餱糧，杜注：「知用幾糧食。」以令役於諸侯。屬役賦丈，隨國之大小，分囑出役若干，完成工程若干丈。書以授帥，杜注：「帥，諸侯之大夫。」而效諸劉子。杜注：「效，致也。」劉子，劉文公。韓簡子臨之，監督此工程。以爲成命。成命，定命，今日既定方案。

三二・四 十二月，公疾，偏賜大夫，杜注：「從公者。」大夫不受。賜子家子雙琥、琥音虎，據周禮大宗伯及禮記禮器並注，琥爲禮神之玉器，又以爲酬幣。蓋以玉爲之，虎形。一環、一璧、輕服，據爾雅釋器，四周有玉部分與中間空孔其徑寬相同謂之環，四周徑寬倍于中間空孔則謂之璧。輕服，杜注：「細好之服。」受之。大夫皆受其賜。己未，公薨。子家子反賜於府人，府人蓋掌管魯侯貨藏之官。曰：「吾不敢逆君命也。」大夫皆反其賜。書曰「公薨于乾侯」，言失其所也。失所謂出亡死于外地也。

趙簡子問於史墨曰：「季氏出其君，而民服焉，諸侯與之；君死於外而莫之或罪，何也？」「何」字各本無，今從金澤文庫本增。對曰：「物生有兩、有三、有五、有陪貳。故天有三辰，三辰，日、月、星。亦見桓二年傳「三辰旂旗」。地有五行，體有左右，杜注：「謂有兩。」各有妃耦，謂各人俱夫妻相爲配偶。王有公，諸侯有卿，皆有貳也。天生季氏，以貳魯侯，爲日久矣。民之服焉，不亦宜乎！魯君世從其失，從讀爲縱，失讀爲佚，佚與勤對。謂魯君代代縱其安逸。説詳王引之述聞。季氏世修其勤，民忘君矣。雖死於外，其誰矜之？矜，憐惜也。社稷無常奉，奉祀社稷者不一定某姓某氏之人。

君臣無常位，自古以然。以同已。故詩曰：『高岸爲谷，深谷爲陵。』詩小雅十月之交。此言地尚有變易。三后之姓於今爲庶，三后，虞、夏、商。姓卽四年傳「問其姓」之姓，子也，此謂子孫。庶，庶民。主所知也。「主」，原作「王」，今從校勘記及金澤文庫本訂。在易卦，雷乘乾曰大壯䷡，杜注：「乾下震上，大壯。震在乾上，故曰『雷乘乾』。」天之道也。杜注：「乾爲天子，震爲諸侯，而在乾上。君臣易位，猶大臣強壯，若天上有雷。」昔成季友，桓之季也，季友爲桓公季子。文姜之愛子也。始震而卜，詩大雅生民「載震載夙」，震，娠也。卜人謁之，謁，告也，告於桓公。事見閔二年傳。曰：『生有嘉聞，杜注：「嘉名聞於世。」其名曰友，爲公室輔。』及生，如卜人之言，有文在其手曰『友』，遂以名之。既而有大功於魯，杜注：「立僖公。」受費以爲上卿。至於文子、武子，杜注：「文子，行父；武子，宿。」世增其業，不廢舊績。「廢」原作「費」，校勘記云：「當作廢。」今從金澤文庫本訂正。魯文公薨，而東門遂殺適立庶，魯君於是乎失國，魯世家作「失國政」，蓋司馬遷增字以明其義。政在季氏，於此君也四公矣。閻若璩潛丘劄記云：「僖十六年季友卒而臧文仲執政，文十年臧孫辰卒而東門襄仲執政，宣八年仲遂卒而季文子執政。故成之世，文子曰相二君；襄之世，文子曰相三君。文子始見文六年，是文子初立猶未相也。」民不知君，何以得國？是以爲君愼器與名，不可以假人。」成二年傳引仲尼語云：「唯器與名，不可以假人。」此或古人語，故史墨及孔丘皆言之。

春秋左傳注

定公

名宋，襄公之子，昭公之弟。孔疏云：「史傳不言其母，不知誰所生也。」公羊定公釋文謂何休以定公爲昭公子，恐不確。

元年，壬辰，公元前五〇九年。周敬王十一年、晉定三年、齊景三十九年、衞靈二十六年、蔡昭十年、鄭獻五年、曹隱公通元年、陳惠二十一年、杞悼九年、宋景八年、秦哀二十八年、楚昭七年、吳闔廬六年、許男斯十四年。

經

一・一 元年春王。杜注：「公之始年而不書『正月』，公卽位在六月故。」正月二十六日庚子冬至，建子。

一・二 三月，晉人執宋仲幾于京師。

一・三 夏六月癸亥，癸亥，二十一日。公之喪至自乾侯。杜注：「告於廟，故書至。」據隱元年傳及禮記禮器、雜記下，諸侯五月而葬。案之春秋經、傳，三月而葬者亦多。昭公死于去年十二月十四日，至此已踰六月，合傳文季平子之擬議推之，其辦喪事遲緩。

一·四 戊辰，戊辰，二十六日。公卽位。

一·五 秋七月癸巳，癸巳，二十二日。葬我君昭公。

一·六 九月，大雩。無傳。

一·七 立煬宮。重建煬公之廟。

一·八 冬十月，隕霜殺菽。無傳。周之十月，今農曆之八月，而霜重至于傷害豆苗，乃異常之災，蓋禮記月令謂九月霜始降，菽又耐霜之穀物。

傳

一·一 元年春王正月辛巳，辛巳，七日。晉魏舒合諸侯之大夫于狄泉，將以城成周。魏子涖政。杜注：「涖，臨也。代天子大夫爲政。」衞彪傒曰：「將建天子，杜注：「立天子之居。」而易位以令，易位，謂魏舒本臣，去年傳云「魏子南面」，是改居君位以命令諸侯大夫。非義也。大事奸義，奸義卽犯義違義。必有大咎。晉不失諸侯，魏子其不免乎！」此段紀事與去年傳大致相同，王引之述聞謂此段所載皆去年十一月事，成周築城，「計當始于昭三十二年冬十一月十五日庚寅，畢于十二月十五日己未，非自定元年正月築城，至二月始畢」云云。顧炎武亦以爲傳兩收而失删其一。而日人安井衡左傳輯釋則謂「三十二年會於狄泉之大夫，特聞徵會之命而來。及既盟之後，始知城成周，徒庸未至，材用未具，而今日屬役賦丈，明日卽使栽，諸侯安能應其命哉？前年冬令之，至此年春城之，分明是兩事，傳各從實而書之，經則書令而不書事。若夫魏舒兩奸位，而衞彪傒兩譏之，不足怪也。」安井衡之說不過就沈欽韓補注之說而發揮耳。是行也，魏獻子屬役於韓簡子及原壽過，杜注：「簡子，韓起孫不信也。原壽過，周大夫。」而田於大陸，大陸，今河南獲嘉縣西北，舊名吳澤陂。焚焉，還，卒於甯。甯，今獲嘉縣西，近吳澤。周語下云：「是歲也，魏獻子合諸侯之大夫於狄泉，遂田於大陸，焚而死。」與傳意不同。依傳，焚謂燒藪澤之草木便于田獵，非死于火。其死在獵畢返還途中。范獻子去其柏椁，以其未復命而田也。杜注：「范獻子代魏子爲政，去其柏椁，示貶之。」據禮記喪大記，人君以松木爲椁，大夫以柏木爲椁，士以雜木爲椁。

孟懿子會城成周，庚寅，栽。庚寅，十六日。杜注：「栽，設板築。」然詩大雅緜「縮板以載」，縮板卽設板築，載乃旁土。古「載」、「栽」同音互通。互參莊二十九年傳「水昏正而栽」注。宋仲幾不受功，攈古録有仲幾毁，恐非此人。曰：「滕、薛、郳，吾役也。」杜注：「欲使三國代宋受功役也。」郳，小邾。薛宰曰：「宋爲無道，絕我小國於周，以我適楚，楚與諸國盟，始于僖十九年，而其時宋未與盟。宋、薛與楚，在成二年。時屬晉，時屬楚，或晉、楚俱盟，則在襄二十七年以後。故我常從宋。晉文公爲踐土之盟，杜注：「在僖二十八年。」曰：『凡我同盟，各復舊職。』若從踐土，若從宋，亦唯命。」若，或也。或從踐土盟約，復舊職，直屬周天子；或從宋，爲其屬役，唯晉之命。亦爲語首助詞。仲幾曰：「踐土固然。」固然者固如此，謂復舊職之意，薛仍爲宋役。薛宰曰：

「薛之皇祖奚仲居薛，以爲夏車正，奚仲爲薛之始祖。世本、文選演連珠注引尸子、荀子解蔽篇、呂氏春秋君守篇、淮南子修務篇並謂奚仲作車，譙周古史考則謂黄帝作車，其後少昊時駕牛，禹時奚仲駕馬。古史渺茫，俱未可信。薛，今山東省滕縣南四十里。奚仲遷于邳，邳，今江蘇邳縣東北邳城鎮，卽邳縣舊治。仲虺居薛，以爲湯左相。杜注：「仲虺，奚仲之後。」若復舊職，將承王官，何故以役諸侯？」杜注：「承，奉也。」役諸侯，役於諸侯也。仲幾曰：「三代各異物，物猶事也。時不同，事各異。薛焉得有舊？杜注：「言居周世，不得以夏、殷爲舊。」爲宋役，亦其職也。」宋爲微子之後，故云亦其職。士彌牟曰：「晉之從政者新，上文云「魏獻子屬役於韓簡子」，則韓不信主持築成周城之事，此指韓不信新爲卿。子姑受功，歸，吾視諸故府。」故府蓋藏檔案之所，歸而查檔案以決之。仲幾曰：「縱子忘之，山川鬼神其忘諸乎？」其作豈用。杜注：「山川鬼神，盟所告。」士伯怒，謂韓簡子曰：「薛徵於人，杜注：「典籍故事，人所知也。」宋徵於鬼。杜注：「取證於鬼神。」宋罪大矣。且己無辭，而抑我以神，以山川鬼神向我施加壓力。誣我也。『啟寵納侮』，其此之謂矣。啟寵納侮蓋古語，故士伯引之。意謂己先寵宋，宋反壓己，是開寵端而終受侮也。必以仲幾爲戮。」戮，辱也。乃執仲幾以歸。三月，歸諸京師。此傳經「晉人執宋仲幾于京師」，先言其故，後言其終。俞樾平議云：「是時晉侯不在會，故先歸諸晉，而後以晉侯之命歸諸京師。」

城三旬而畢，乃歸諸侯之戍。齊高張後，不從諸侯。杜注：「後期不及諸侯之役。」晉女叔寬曰：「周萇弘、齊高張皆將不免。萇叔違天，高子違人。天之所壞，不可支也；周語下云「敬王十年，劉文公與萇弘欲城周，爲之告晉。魏獻子爲政，說萇弘而與之。衞彪傒適周，聞之，見單穆公曰：『萇、劉其不歿乎！周詩有之曰，『天之所支，不可壞也；其所壞，亦不可支也』云云，與此傳略異。衆之所爲，不可奸也。」高張違人，違人卽犯衆，指其後期。杜注：「爲哀三年周人殺萇弘、六年高張來奔起。」

一·二 夏，叔孫成子逆公之喪于乾侯。杜注：「成子，叔孫婼之子。」季孫曰：「子家子亟言於我，未嘗不中吾志也。中，去聲，讀爲仲，合也。中吾志卽合于吾心。吾欲與之從政，子必止之，留其不往他國。且聽命焉。」杜注：「衆事皆諮問子家子。」子家子不見叔孫，易幾而哭。詩小雅楚茨「如幾如式」毛傳：「幾，期也。」古代喪禮，初喪，朝夕哭同在中庭北面。子家子不欲見叔孫，故改易己之哭時，或較早或較晚。說本沈欽韓補注。叔孫請見子家子。子家子辭，曰：「羈未得見，而從君以出。杜注：「出時成子未爲卿。」君不命而薨，羈不敢見。」杜注：「言未受昭公之命，託辭以距叔孫。」叔孫使告之曰：「公衍、公爲實使羣臣不得事君，據二十九年傳昭公之言，公爲實謀去季氏，公衍未嘗與聞。二十五年傳敍去季氏事亦無公衍。而季氏不欲立昭公之子，故誣公衍。若公子宋主社稷，則羣臣之願也。杜注：「宋，昭公弟定公。」凡從君出而可以入者，將唯子是聽。子家氏未有後，季孫願與子從政。子家羈爲歸父之子，歸父爲季文子所逐，見宣十八年傳及公羊成十五年傳。子家羈若不返魯，則其族或無人能嗣立者。「後」讀爲論語憲問「臧武仲以防求爲後於魯」之「後」，謂立其子孫繼承爲大夫，以奉其祀。此皆季孫之願也，立公子宋，一事；從昭公出者誰可以入，由子家羈決之，二事；願與羈從政，使子家氏有後于魯，三事。使不敢以告。」杜注：「不敢，叔孫成子名。」對曰：「若立君，則有卿士、大夫與守龜在，羈弗敢知。卿士爲一詞，書洪範「謀及卿士」、隱三年傳「鄭武公、莊公爲平王卿士」是也。此守龜又見昭五年、哀二十三年傳，書洪範謂有大疑，謀及卜筮。龜，古以卜而決疑者，據周禮，龜人守之，故曰守龜。此謂不立太子公衍而另立君，則當謀及卿士與大夫，並卜之以守龜，周禮春官大卜所謂「卜立君」者也。若從君者，則貌而出者，入可也；則，假設連詞，若也。貌而出，謂表面從君以出，心未必忠于君。寇而出者，行可也。杜注：「與季氏爲寇讎者，自可去。」若羈也，若，今言至于。則君知其出也，而未知其入也，羈將逃也。」喪及壞隤，壞隤在今曲阜縣境內，互見成十六年傳「公出于壞隤」注。公子宋先入，從公者皆自壞隤反。反謂不入而返行。杜注：「出奔。」則無一從者入國矣。

一・三 六月癸亥，公之喪至自乾侯。戊辰，公卽位。禮記王制：「天子七日而殯，諸侯五日而殯。」杜注因云：「殯則嗣子卽位。」癸亥至戊辰凡六日。古代卽位受命於殯，行奠殯之禮。尚書顧命乃周成王死，康王卽位之文。成王死于乙丑，四月十七日；康王卽位于癸酉，四月二十五日，除去死日，七日也。此亦除去癸亥，五日定公卽位。踰年始改元，朝正後，再行卽位之禮，經所書「元年春王正月公卽位」是也。至于昭公，去年死于國外，第二年六月柩至于國，則定公卽位不能不于六月，而此年又不得不改元，以昭公並無三十三年也。此卽經不書「正月」之故。季孫使役如闞公氏，闞，魯之羣公墓地名，以其爲公墓所在，故曰闞公氏。或以闞字斷句，誤。將溝焉。杜注：「季孫惡昭公，欲溝絶其兆域，不使與先君同。」榮駕鵝曰：「生不能事，死又離之，以自旌也？杜注：「駕鵝，魯大夫榮成伯也。旌，章也。」榮成伯見襄二十八年傳。也讀爲耶，謂如此，豈非自己彰明其惡？縱子忍之，謂狠心爲之。後必或恥之。」謂日後必有以爲恥者。乃止。季孫問於榮駕鵝曰：「吾欲爲君謚，使子孫知之。」杜注：「爲惡謚。」對曰：「生弗能事，死又惡之，以自信也？信同申、伸，也同耶，猶言以此自己表明己之惡公乎，與上「以自旌也」意義同。說見楊樹達先生讀左傳。將焉用之？」乃止。古禮，葬乃加謚，此是未葬而先議之。

一·四 秋七月癸巳，葬昭公於墓道南。諸墓在北，季孫葬昭公於道南，則雖不溝而實與魯諸先公墓相隔較遠。孔子之爲司寇也，溝而合諸墓。杜注：「明臣無貶君之義。」孔丘爲司寇，韓詩外傳八載其命辭曰：「宋公之子弗甫何孫魯孔丘，命爾爲司寇。」此事在何年，前人頗有爭論。江永孔子年譜定在定公十年，較近事理。司寇是卿位，詳毛奇齡西河經問。溝者，於昭公之墓外爲溝，擴大墓域，表示昭公墓與魯羣公之墓同一兆域。

一·五 昭公出故，季平子禱於煬公。據史記魯世家，伯禽卒，子考公酋立；考公四年卒，立弟熙，是謂煬公。然則煬公乃以弟繼兄位者。季氏亦欲廢公衍而立昭公之弟，效煬公嗣位故事，故禱之。九月，立煬宮。煬宮卽煬公廟，早已廢毁，禱時僅于祧（遠祖之廟）中取出煬公神主爲祭。此時定公已卽位，故别新立煬宮，以表示兄終弟及，魯有先例，非己私意。說本元趙汸春秋集傳引萬孝恭說。

一·六 周鞏簡公棄其子弟而好用遠人。杜注：「簡公，周卿士。遠人，異族也。」此句當與下傳「二年夏四月辛酉，鞏氏之羣子弟賊簡公」連讀，因經文分年而截爲兩節。

二年，癸巳，公元前五〇八年。周敬王十二年、晉定四年、齊景四十年、衞靈二十七年、蔡昭十一年、鄭獻六年、曹隱二年、陳惠二十二年、杞悼十年、宋景九年、秦哀二十九年、楚昭八年、吳闔廬七年、許男斯十五年。

經

二·一　二年春王正月。正月初七乙巳冬至，實建亥，有閏月。

二·二　夏五月壬辰，壬辰，二十五日。雉門及兩觀災。無傳。禮記明堂位：「雉門，天子應門。」此謂諸侯之雉門相當于天子之應門，諸侯宮之南門也。說文：「雉，古文作䧺。」或省作「弟」，亦作「第」，魯世家、韓非子外儲說右上、說苑至公篇皆有「茅門」，實即雉門。諸侯三門，庫門、雉門、路門是也。兩觀在雉門之兩旁，積土爲臺，臺上爲重屋曰樓（非今居人之樓），可以觀望，故曰觀。釋名釋宮室云：「觀，觀也，於上觀望也。」懸法於其上，故亦曰象魏。互詳莊二十一年「闕西辟」注。

二·三　秋，楚人伐吳。楚伐吳七次，止于此矣。

二·四　冬十月，新作雉門及兩觀。無傳。爲火所燒，不得不作。

傳

二·一　二年夏四月辛酉，辛酉，二十四日。鞏氏之羣子弟賊簡公。此句本與上年傳末「周鞏簡公棄其子弟而好用遠人」連讀。

二·二　桐叛楚。據宋王存等元豐九域志，桐，古國，世屬於楚。今安徽桐城縣北有古桐城，即其地。吳子使舒鳩氏誘楚人，舒鳩于襄二十四年叛楚，二十五年楚滅之。今安徽舒城縣即其地，在桐北。曰：「以師臨我，杜注：「教舒鳩誘楚，使以師臨吳。」我伐桐，爲我使之無忌。」杜注：「吳伐桐也。僞若畏楚師之臨己，而爲其伐叛國以取媚者也，欲使楚不忌吳，所謂『多方以誤之』。」

秋，楚囊瓦伐吳，師于豫章。杜注：「從舒鳩言。」吳人見舟于豫章，杜注：「僞將爲楚伐桐。」而潛師于巢。杜注：「實欲以擊楚。」冬十月，吳軍楚師于豫章，軍，動詞，擊也。敗之。杜注：「楚不忌故。」遂圍巢，克之，獲楚公子繁。杜注：「繁，守巢大夫。」

二·三　邾莊公與夷射姑飲酒，私出。杜注：「射姑，邾大夫。」私，小便。閽乞肉焉，奪之杖以敲之。杜注：「奪閽杖以敲閽頭也。」奪之杖，奪其杖也。惠棟補注引儀禮燕禮「賓醉，北面坐，取其薦脯以降，奏陔。賓所執脯以賜鐘人于門內霤」釋此，未必然。彼是賓醉而出，出時且奏陔；此則因小便而出。但閽人以爲亦取脯，故向之乞肉，小便而出，豈能執脯？且脯以賜鐘人，非與閽者，故敲之。此段本與下年傳「三年春二月辛卯邾子在門臺」云云相連，爲經文所隔開。

三年，甲午，公元前五〇七年。周敬王十三年、晉定五年、齊景四十一年、衞靈二十八年、蔡昭十二年、鄭獻七年、曹隱三年、陳惠二十三年、杞悼十一年、宋景十年、秦哀三十年、楚昭九年、吳闔廬八年、許男斯十六年。

經

三·一 三年春王正月，正月十七日庚戌冬至，建子。公如晉，至河，乃復。無傳。孔疏：「三傳皆無其說，不知何故乃復。」魯君如晉止于此。

三·二 二月辛卯，辛卯，二十九日。邾子穿卒。「二月」，公羊、穀梁作「三月」，此年正月十七日庚戌冬至，二月癸亥朔，三月癸巳朔，則三月不得有辛卯。「三」字誤。

三·三 夏四月。

三·四 秋，葬邾莊公。

三·五 冬，仲孫何忌及邾子盟于拔。「拔」，傳作「郯」，江永考實謂卽宣四年經「平莒及郯」之「郯」，在今山東郯城縣西南。杜注云「拔，地闕」。互詳宣四年經注。

傳

三·一 三年春二月辛卯，邾子在門臺，杜注：「門上有臺。」蓋卽今之門樓。臨廷。諸侯三門，唯雉門有觀臺，似今之城門樓。雉門內爲治朝，外爲外朝，此廷蓋外朝廷。此傳當與去年傳「邾莊公與夷射姑飲酒，私出，閽乞肉焉，奪之杖以敲之」連讀。閽以缾水沃廷，以瓶盛水灑于廷也。邾子望見之，怒。閽曰：「夷射姑旋焉。」杜注：

「旋，小便。」此謂因有尿而噴水。命執之。此言邾莊公之好潔而急躁。若夷射姑小便于飲酒私出時，則早已乾矣。且事隔較久，外廷未有不打掃清潔之事，因其好潔，聞小便而怒；因其卞急，故于事不加思索而信讒言。弗得，滋怒，自投于牀，廢于鑪炭，爛，遂卒。杜注：「廢，隋（墮）也。」蓋皮膚被灼燒，因感染細菌而死。先葬以車五乘，殉五人。杜注：「欲藏中之潔，故先內車及殉，別爲便房，蓋其遺命。」便房卽墓中之耳房，猶正殿之有便殿。莊公卞急而好潔，故及是。杜注：「卞，躁疾也。」

三・二 秋九月，鮮虞人敗晉師於平中，顧棟高大事表謂昭十三年傳侵鮮虞，及中人，中人在今河北唐縣西北十三里，此平中當亦相近。獲晉觀虎，恃其勇也。謂觀虎之被俘，由于恃一人之勇故。杜注：「爲五年士鞅圍鮮虞張本。」

三・三 冬，盟于郯，杜注：「郯卽拔也。」修邾好也。杜注：「公卽位，故修好。」

三・四 蔡昭侯爲兩佩與兩裘以如楚，杜注：「佩，佩玉也。」獻一佩一裘於昭王。昭王服之，以享蔡侯。蔡侯亦服其一。子常欲之，子常，楚令尹囊瓦。弗與，三年止之。猶言止之三年，留之于楚三年也。公、穀于四年傳作「拘昭公于南郢數年」可證。唐成公如楚，有兩肅爽馬，子常欲之，杜注：「成公，唐惠侯之後。肅爽，駿馬名。」唐，楚附庸小國，昭王時滅之，故國在今湖北隨縣西北之唐縣鎮，詳宣十二年傳注。弗與，亦三年止之。唐人或相與謀，請代先從者，許之。孔疏以爲請楚，楚許之。或以爲請于唐成公，此時成公尚在扣留中，不得楚之許可，無能爲也。飲先從者酒，醉之，竊馬而獻之子常。子常歸唐侯。自拘於司敗，杜注：「竊馬者自拘。」司敗即司寇，詳文十年傳注。曰：「君以弄馬之故，弄，玩也。馬本玩弄之物，因曰弄馬。隱君身，隱有隱蔽、窮困之義，此諱言被拘，婉曲言之曰隱。棄國家。羣臣請相夫人以償馬，必如之。」杜注：「相，助也。夫人謂養馬者。」言必得好馬如舊馬以償唐侯。唐侯曰：「寡人之過也。二三子無辱！」無辱，不令其自拘也。皆賞之。蔡人聞之，固請，而獻佩于子常。楚語下有闕且論子常蓄貨聚馬語，可參閱。子常朝，見蔡侯之徒，從蔡侯者。命有司曰：「蔡君之久也，官不共也。言蔡侯之所以久留于楚，由于有司不供給餽贈餞別之禮品。明日禮不畢，畢謂完備，將遣送蔡侯也。將死。」蔡侯歸，及漢，執玉而沈，曰：「余所有濟漢而南者，有若大川！」誓不再朝楚。公羊作：「天下諸侯苟有能伐楚者，寡人請爲之前列。」穀梁亦同此意。蓋因四年蔡隨吳伐楚而以意爲此辭，非原辭也。蔡侯如晉，以其子元與其大夫之子爲質焉，而請伐楚。杜注：「爲明年會召陵張本。」六年傳衞公叔文子云：「公子與二三臣之子，諸侯苟憂之，將以爲之質。」此大夫之子亦執政大臣之子，所謂「二三臣之子」也。

四年，乙未，公元前五〇六年。周敬王十四年、晉定六年、齊景四十二年、衞靈二十九年、蔡昭十三年、鄭獻八年、曹隱四年、陳惠二十四年、杞悼十二年、宋景十一年、秦哀三十一年、楚昭十年、吳闔廬九年、許男斯十七年。

經

四·一 四年春王二月癸巳，正月二十八日乙卯冬至，建子，有閏月。癸巳，正月六日，書二月，杜注：「從赴。」陳侯吳卒。無傳。

四·二 三月，公會劉子、晉侯、宋公、蔡侯、衞侯、陳子、鄭伯、許男、曹伯、莒子、邾子、頓子、胡子、滕子、薛伯、杞伯、小邾子、齊國夏于召陵，侵楚。召陵在今河南郾城縣東，參僖四年經注。

四·三 夏四月庚辰，庚辰，二十四日。蔡公孫姓帥師滅沈，以沈子嘉歸，殺之。「姓」，公羊作「歸姓」。

四·四 五月，公及諸侯盟于皐鼬。杜注：「召陵會劉子、諸侯，總言之也。復稱『公』者，會、盟異處故。」鼬音柚。皐鼬今河南臨潁縣南。

四·五 杞伯成卒于會。無傳。「成」，公羊作「戊」，蓋字形相近致誤。

四·六 六月，葬陳惠公。無傳。

四·七 許遷于容城。無傳。容城在今河南魯山縣南稍東約三十里。參隱十一年經注。

四·八 秋七月，公至自會。無傳。

四·九 劉卷卒。無傳。劉卷卽劉蚠。

四·一〇 葬杞悼公。無傳。

四·一一 楚人圍蔡。

四·一二 晉士鞅、衞孔圉帥師伐鮮虞。無傳。「圉」公羊作「圄」。杜注：「孔圉，孔羈孫。士鞅卽范鞅。」

四·一三 葬劉文公。無傳。

四·一四 冬十有一月庚午，庚午，十八日。蔡侯以吳子及楚人戰于柏舉，柏舉，據彙纂引名勝志，在今湖北麻城縣東北。「柏舉」，公羊作「伯莒」，穀梁作「伯舉」。淮南子詮言作「柏莒」，而兵略仍作「柏舉」。楚師敗績。楚囊瓦出奔鄭。庚辰，庚辰，二十八日。吳入郢。「郢」，公羊、穀梁俱作「楚」。

傳

四·一 四年春三月，劉文公合諸侯于召陵，謀伐楚也。晉荀寅求貨於蔡侯，弗得，言於范獻子曰：「國家方危，諸侯方貳，將以襲敵，不亦難乎！水潦方降，疾瘧方起，中山不服，中山卽鮮虞，戰國時爲中山國。一九七四至七七年于河北平山縣三汲公社發現中山王墓，當是戰國時墓，出土文物豐富。棄盟取怨，無損於楚，杜注：「晉、楚同盟，伐之爲取怨。」而失中山，不如辭蔡侯。吾自方城以來，杜注：「晉敗楚，侵方城，在襄十六年。」楚未可以得志，謂晉未可以得志于楚。祇取勤焉。」勤，勞也。意謂僅勞師費財耳。乃辭蔡侯。蔡侯以己子與大夫之子爲質，請晉伐楚，見去年傳。晉竟合諸侯而不伐楚。

晉人假羽旄於鄭，羽旄，亦作羽毛，可用作旌旗之裝飾，參襄十四年傳並注。鄭人與之。明日，或旆以會。旆，裝飾羽毛於旗桿首。晉於是乎失諸侯。襄十四年晉借羽毛于齊不歸，此年又借于鄭，且當時用之，又不歸還矣。

將會，衛子行敬子言於靈公曰：杜注：「子行敬子，衛大夫。」「會同難，杜注：「難得宜。」嘖有煩言，嘖，說文：「大呼也。」荀子正名篇「嘖然而不類」，楊倞注：「爭言也。」又作讀，忿怒而責備之義。煩言，爭論不一。句謂互相怒爭而言論分歧。莫之治也。其使祝佗從！」杜注：「祝佗，大祝子魚。」論語雍也「不有祝鮀之佞」，鮀、佗同音。可見其人口才甚好。公曰：「善。」乃使子魚。子魚辭，曰：「臣展四體，論語微子「四體不勤」，蓋四體當時常語，謂四肢也。展四體謂從事工作。以率舊職，率，循也。舊職謂繼承其先人之職。大祝爲世襲職位。猶懼不給而煩刑書。不給即襄三十年傳之「不給命」，彼云「猶懼不給命而不免於戾」，此與彼意同。若又共二，共今作供。共二，供二種職務。徼大罪也。且夫祝，社稷之常隸也。杜注：「隸，賤臣。」社稷謂社稷之神，大祝亦掌管祭宗廟之鬼，論語憲問「祝鮀治宗廟」可以爲證。社稷不動，祝不出竟，官之制也。官制即職官之法規。君以軍行，祓社、釁鼓，祝奉以從，於是乎出竟。謂有戰事，君率領軍旅出國，先祭社，並殺牲以血塗鼓，然後大祝奉社主從軍，此時始出國境。若嘉好之事，杜注：「謂朝會。」君行師從，杜注：「二千五百人。」卿行旅從，杜注：「五百人。」此師、旅僅以守衛及預防萬一。臣無事焉。」社稷宗廟之主不動也。公曰：「行也！」

及皐鼬，杜注：「將盟。」將長蔡於衛。杜注：「欲令蔡先衛歃。」衛侯使祝佗私於萇弘曰：「聞諸道路，不知信否。若聞蔡將先衛，信乎？」信，今言實在、真實。萇弘曰：「信。蔡叔，康叔之兄也，蔡叔，蔡國始封君；康叔，衛國始封君。此萇弘藉口，謂以始祖長幼爲次序。實則先蔡者，一則蔡本從楚，今改從晉；二則蔡請伐楚，而晉辭之，以此略慰之耳。先衛，不亦可乎？」子魚曰：「以先王觀之，則尚德也。貴德而不貴齒。昔武王克商，成王定之，選建明德，以蕃屏周。選明德之人，建立國家，爲周室藩屏。故周公相王室，以尹天下，說文：「尹，治也。從又丿，握事者也。」段注：「又爲握，丿爲事。」故主管其事曰尹。於周爲睦。杜注：「睦，親厚也。以盛德見親厚。」分魯公以大路、大旂，魯公，伯禽也。據周禮春官巾車及司常並鄭注，大路爲金路，卽以銅飾車中各零件之末者，王子母弟出封國以賜之。大旂，上畫交龍，建于金路。夏后氏之璜，禮記明堂位：「大璜，天子之器。」淮南子氾論訓及精神訓高誘注云：「半圭曰璋，半璧曰璜，夏后氏之珍器也。」封父之繁弱，禮記明堂位鄭玄注：「封父，國名。」唐書宰相世系表一下云：「封氏出自姜姓，至夏后氏之世，封父列爲諸侯。其地汴州封丘有封父亭，卽封父所都。至周失國，子孫爲齊大夫。」封父國當卽今河南封丘縣。荀子性惡篇云：「繁弱、鉅黍，古之良弓也。」殷民六族，條氏、徐氏、蕭氏、殷本紀索隱及隱元年傳孔疏引世本，商之後有蕭氏。索氏、或云，爲繩索之工。長勺氏、尾勺氏，或云，長勺氏、尾勺氏皆爲酒器之工。使帥其宗氏，輯其分族，宗氏，其大宗，卽嫡長房之族。分族，其餘小宗之族。輯，集合也。將其類醜，類醜，同義詞連用，此謂附屬此六族之奴隸。以法則周公。棄殷商之法命，而服從周公之法命。用卽命于周。用，因也。卽命，受命也。此謂因此受周王庭之使命。是使之職事于魯，爲魯之工作者。以昭周公之明德。分之土田陪敦，之指魯。土田培敦卽詩魯頌閟宮「乃命魯公，俾侯于東，錫之山川，土田附庸」之「土田附庸」，亦卽召伯虎簋之「僕墉土田」。附庸，或謂卽孟子萬章下「不能五十里，不達於天子，附於諸侯，曰附庸」之「附庸」。楊寬古史新探論西周時代的奴隸制生產關係則謂爲「附着於土田的被奴役、被剝削者」。恐仍以舊說爲可靠。參見孫詒讓古籀餘論及王國維毛公鼎考釋。祝、宗、卜、史，祝謂大祝，卽祝鮀、之祝。宗謂宗人，周禮春官有都宗人，掌都宗祀之禮。卜謂大卜，周禮春官有大卜，爲卜筮之長，據鄭玄注，爲殷時制，周繼之。史爲大史，卽太史，記史事並掌典籍、星曆者。襄二十五年傳有齊大史書「崔杼弒其君」、宣二年傳晉太史董狐書「趙盾弒其君」及昭三十二年傳敍晉史墨，皆大史職。備物、典策，備物卽服物，備與服古通用，說詳王引之述聞。國語周語中「亦唯是死生之服物采章」「服物昭庸」，服物不僅指生與死所服所佩之物，且指所用之禮儀，亦卽周語中「縮取備物以鎭撫百姓」之「備物」。典策謂典籍簡册，周禮盡在魯，必有典籍簡册賜之。官司、彝器；官司，百官。此謂賜魯應有若干卿、大夫、士。孟子滕文公上「百官有司莫敢不哀」，百官有司之義與此同中有異。彝器，杜注云「常用器」，或云「宗廟祭祀之器」，以今所見金文考之，杜說較長，宗廟器亦在常用器中。因商奄之民，杜注：「商奄，國名也。」馬宗璉云：「說文：『䣍國在魯。』括地志：『曲阜縣奄里卽奄國之地。』奄本殷諸侯，故曰『商奄』。」詳補注。命以伯禽而封於少皞之虛。顧炎武日知録二引孫寶侗說云：「祝佗告萇弘，其言魯也，曰『命以伯禽而封於少皞之虛』；其言衞也，曰『命以康誥而封於殷虛』；其言晉也，曰『命以唐誥而封於夏虛』；是則伯禽之命、康誥、唐誥，周書之三篇，今獨康誥存而二書亡。」此說並參梁履繩補釋、沈欽韓補注、馬宗璉補注及武億羣經義證。杜注：「少皞虛，曲阜也，在魯城内。」分康叔以大路、少帛、綪茷、旃旌、大呂，少白卽小白，旗名，逸周書克殷篇「縣（懸）諸小白」是也。說詳王引之述聞。詩小雅六月釋文「繼旐曰茷」，爾雅釋天「繼旐曰旆」，是旆卽茷也。說詳馬宗璉補注。綪音倩，大赤色。綪茷，卽大赤色之旗。旃旌，皆旗幟，用帛製而無裝飾者爲旃，用析羽爲飾者爲旌。大呂，鐘名。殷民七族，陶氏、或曰陶工。施氏、或曰爲旌旗之工。繁氏、或曰爲馬纓之工。錡氏、或曰銼刀工，又曰釜工。樊氏、或曰籬笆工。

饑氏、終葵氏，周禮考工記鄭玄注：「終葵，椎也。」封畛土略，自武父以南及圃田之北竟，詩周頌載芟毛傳：「畛，埸也。」土，封土。略，界也。武父未詳，桓十二年經、傳有武父，乃鄭地，非此武父。圃田亦見僖三十三年傳之原圃，亦鄭地。此圃田，以地望推之，或即鄭之原圃，蓋鄭、衞本交界。取於有閻之土以共王職；杜注：「有閻，衞所受朝宿邑，蓋近京畿。」江永考實謂「昭九年周甘人與晉閻嘉爭閻田，及閻地近甘，則有閻之土亦當近其地」。當在今河南洛陽市附近。取於相土之東都以會王之東蒐。杜注：「爲湯沐邑，王東巡狩，以助祭泰山。」相土，殷商之祖，見襄九年傳「相土因之」注。太平御覽八十二引竹書紀年云：「后相即位，居商丘。」相土之東都爲今河南商丘市。然通鑑地理通釋四云：「商丘當作帝丘。」則東都當爲今河南濮陽縣。朱右曾汲冢紀年存真亦謂當作「帝丘」。聃季授土，杜注：「聃季，周公弟，司空。」史記管蔡世家作冉季載，並云「冉季載最少」。正義云：「冉亦作冄，音奴甘反。冄，國名；季載，人名也。」陶叔授民，杜注：「陶叔，司徒。」陶叔疑即曹叔振鐸，雷學淇竹書紀年義證「曹伯夷薨」下云「叔之封近定陶，故左傳又謂之陶叔」，此說是也。命以康誥而封於殷虛。杜注：「康誥，周書。殷虛，朝歌也。」今河南淇縣治。濬縣出土沬司徒逘簋銘「王來伐商邑，征(誕)令康叔鄙于衞」，可證殷墟之封。皆啓以商政，疆以周索。杜注：「皆，魯、衞也。啓，開也。居殷故地，因其風俗，開用其政。疆理土地以周法。索，法也。」據康誥，「紹聞衣(殷)德言，往敷求于殷先哲王，用保乂民」，「王應保殷民」，「汝陳時臬事罰，蔽殷彝，用其義刑義殺」，禮記表記云：「殷人尊神，率民以事神。先鬼而後禮，先罰而後賞，尊而不親。」皆足爲「啓以商政」之證。疆以周索，依周制畫經界、分地理也。疆即詩小雅信南山「我疆我理」，陳奐毛詩傳疏云：「凡井牧其邱、甸、縣、都之田野，營造徑、畛、涂、道之通路，皆我疆事也。」

分唐叔以大路、密須之鼓、密須，國名，在今甘肅靈臺縣西五十里。闕鞏、昭十五年傳作「闕鞏之甲」，闕鞏國出鎧甲，此以闕鞏代甲。密須、闕鞏並詳昭十五年傳並注。沽洗，杜注：「鐘名。」亦作姑洗。懷姓九宗，據杜注，懷姓爲唐之餘民。王國維觀堂集林鬼方昆夷玁狁考則認爲懷姓即隗國，云：「此隗國者，殆指晉之西北諸族，卽唐叔所受之懷姓九宗，春秋隗姓諸狄之祖也。原其國姓之名，皆出於古之鬼方。案春秋左傳，凡狄女稱隗氏而見於古金文中，則皆作媿。」李亞農西周與東周西周幾個國家的奴隸制云：「懷姓九宗雖與隗姓諸狄同源，但他們早在西周初期，已是爲周族所奴役的未開化或半開化的蠻族。」從褱聲之字與從鬼聲之字古音相近，卽謂懷姓爲隗姓之一支，未嘗不可。職官五正。杜注：「五官之長。」但若以隱六年傳「翼九宗五正頃父之子嘉父」論之，則五正只是一官。命以唐誥而封於夏虛，杜注：「唐誥，誥命篇名也。」國策楚策一云：「陳軫，夏人也，習於三晉之事。」陳軫三晉人而謂之夏人，足證晉封夏墟之說。夏墟，杜注以爲卽太原。今太原西南晉祠，本爲祭祀唐叔之所。全祖望經史答問云：「燮父之改號曰晉，以晉水，則自在太原。」顧炎武日知錄三十一則云：「竊疑唐叔之封以至侯緡之滅，並在於翼（今山西翼縣東二十里）。」洪亮吉詁亦從此說。互參隱六年傳注。啟以夏政，夏政究竟如何，雖文獻稍有紀載，然未必全可信，以無出土文物可證。越絕書外傳記寶劍謂「禹穴之時，以銅爲兵」，然訖今未曾發現夏代銅兵。孟子滕文公上云：「夏后氏五十而貢。」則夏代施行定額貢納稅制。禮記表記云：「夏道尊命，事鬼敬神而遠之，近人而忠焉。先祿而後威，先賞而後罰，親而不尊」云云，則與商政不同。以商代卜辭推之，夏代恐尚無文字典籍，上列諸說，只是傳聞而已。疆以戎索。襄四年傳魏絳云：「戎狄荐居，貴貨易土。」則晉周圍之戎狄，尚處遊牧時代，逐水草而居，則田間小徑大路，自必與其遊牧生活相適應。相傳以建寅之月爲歲首者爲夏正，大戴禮記且有夏小正之篇。晉用夏正，左傳極爲明白，前人亦已言之詳矣。但四季仍用周法。商周彝器通考下册著録晉軍缶，銘云：「正月季春，元日己丑。」周正季春三月，正當夏正之正月，可爲明證。國語周語中引夏令，史記夏本紀謂「學者多傳夏小正」，凡此皆證夏正不絶于民間。三者皆叔也，三者，周公、康叔、唐叔也，或爲武王之弟，或爲成王之弟。而有令德，故昭之以分物。昭，顯也。以分物顯著其德。分物卽上文「分之以」某物。不然，文、武、成、康之伯猶多，此謂四王之子年長于三叔者尚多，如周公兄有管叔（見史記管蔡世家），武王之子甚多，唐叔虞應有庶兄，故云。而不獲是分也，唯不尚年也。管、蔡啟商，惎間王室，惎，謀也；間，犯也；謂謀犯王室也。說詳王引之述聞。王於是乎殺管叔而蔡蔡叔，上「蔡」字說文作「𥻍」，詳昭元年傳並注。孟子公孫丑下云：「周公使管叔監殷，管叔以殷畔。」管蔡世家云：「管叔、蔡叔疑周公之爲不利於成王，乃挾武庚以作亂。周公旦承成王命伐誅武庚，殺管叔，而放蔡叔，遷之。」以車七乘、徒七十人。杜注：「與蔡叔車徒而放之。」其子蔡仲改行帥德，帥同率，史記卽作「率」，循也。周公舉之，以爲己卿士，卿士有二義，一爲周王朝六卿之長，詩大雅常武「王命卿士，南仲大祖。大師皇父」，卿士在大師之上。小雅十月之交「皇父卿士，番維司徒」，卿士在司徒之上。周語上「既榮公爲卿士，諸侯不享」，爲卿士則執政矣。故江永羣經補義云：「周初官制，總百官者謂之卿士。」一爲卿大夫之通稱，書洪範「汝則有大疑，謀及乃心，謀及卿士，謀及庶人」，此卿士則兼指上文「八正」，卽八大官職。此用第二義，言周公舉之，立于王朝，爲己助手也。見諸王，而命之以蔡。杜注：「命爲蔡侯。」其命書云：『王曰：「胡！無若爾考之違王命也！」』杜注：「胡，蔡仲名。」管蔡世家云：「蔡叔度既遷而死，其子曰胡。胡乃改行，率德馴善。周公聞之，而舉胡以爲魯卿士。魯國治，於是周公言於成王，復封胡於蔡，以奉蔡叔之祀，是爲蔡仲。」書序有蔡仲之命，鄭玄云：「蔡仲之命亡。」今尚書蔡仲之命爲僞作。**若之何其使蔡先衞也？武王之母弟八人，周公爲大宰，康叔爲司寇，聃季爲司空，五叔無官，**杜注：「五叔，管叔鮮、蔡叔度、成叔武、霍叔處、毛叔聃也。」然管蔡世家云：「餘五叔皆就國，無爲天子吏者。」索隱：「五叔，管叔、蔡叔、成叔、曹叔、霍叔。」無毛叔而有曹叔，蓋以霍叔爲三監之一而尚書顧命有毛公，卽毛叔，則毛叔固以三公兼領卿職，疑司馬貞說較妥。參李惇羣經識小五叔無官條。**豈尚年哉？曹，文之昭也；**杜注：「文王子，與周公異母。」史記有曹叔世家，附管蔡世家後，僅云「曹叔振鐸者，周武王弟也」，不言異母。杜或另有所據。**晉，武之穆也。**杜注：「武王子。」**曹爲伯甸，**杜注：「以伯爵居甸服。」然桓二年傳言「晉，甸侯也」，此又以晉、曹相比，而謂曹在甸服，似兩「甸」字義有不同。晉甸侯之甸已詳桓二年傳注。周禮大行人：「邦畿千里。其外方五百里謂之侯服，又其外方五百里謂之甸服。」以地望言之，曹在今山東定陶縣，距周初王畿較遠，與大行人甸服合。**非尚年也。**曹叔長于唐叔虞，而封地遠，故非尚年。**今將尚之，是反先王也。晉文公爲踐土之盟，衞成公不在，夷叔，其母弟也，猶先蔡。**杜注：「踐土、召陵二會，經書蔡在衞上，霸主以國大小爲（「爲」本作「之」，依金澤文庫本訂正）序也。子魚所言，盟歃之次。」**其載書云：『王若曰，晉重、**杜注：「文公。」晉文公名重耳，此省稱重，顧炎武日知錄二十三云：「晉語四曹僖羈稱叔振鐸爲先君叔振，亦二名而稱其一也。」楊樹達先生古書疑義舉例續補因云：「蓋古人記二名，本有省稱一字之例。」會箋以爲「載書首冠『王若曰』，何等鄭重，豈得從省。蓋此時合諸侯于召陵，晉爲盟主，祝鮀之言雖告萇弘，而晉定公實在會，故爲盟主諱，單舉『重』字，正『二名不偏諱』之意」。

阮芝生杜注拾遺説同。魯申、杜注：「僖公。」衞武、杜注：「叔武。」趙坦寶甓齋札記謂此祝鮀述其文，爲本國諱一字。蔡甲午、杜注：「莊侯。」鄭捷、杜注：「文公。」齊潘、杜注：「昭公。」宋王臣、杜注：「成公。」莒期。』杜注：「茲丕公也。」齊序鄭下，周之宗盟，異姓爲後。」祝佗僅舉歃血之人，其盟辭無關本題，故不言。藏在周府，可覆視也。吾子欲復文、武之略，杜注：「略，道也。」而不正其德，將如之何？」萇弘説，告劉子，與范獻子謀之，乃長衞侯於盟。

四・二 反自召陵，鄭子大叔未至而卒。未至鄭國，死于道。晉趙簡子爲之臨，甚哀，曰：「黄父之會，杜注：「在昭二十五年。」夫子語我九言，曰：『無始亂，無怙富，無恃寵，無違同，無敖禮，敖同傲。謂勿向有禮傲。無驕能，杜注：「以能驕人。」無復怒，杜注：「復，重也。」無謀非德，杜注：「非所謀也。」謂不合德義者勿謀之。無犯非義。』」阮刻本「義」作「禮」，今從金澤文庫本。不義之事勿觸犯之。

四・三 沈人不會于召陵，晉人使蔡伐之。夏，蔡滅沈。

秋，楚爲沈故，圍蔡。伍員爲吴行人以謀楚。

楚之殺郤宛也，杜注：「在昭二十七年。」伯氏之族出。杜注：「郤宛黨。」伯州犂之孫嚭爲吴大宰以謀楚。吴越春秋闔閭内傳「伯嚭」作「白喜」，且誤以郤宛即伯州犂。楚自昭王即位，無歲不有吴師，蔡侯因之，以其子乾與其大夫之子爲質於吴。

冬，蔡侯、吴子、唐侯伐楚。杜注：「唐侯不書，兵屬於吴、蔡。」蓋唐國小力弱，邲之戰，唐惠侯從楚，亦不書。舍舟于淮汭，杜注：「吳乘舟從淮來，過蔡而舍之。」自豫章與楚夾漢，左司馬戌謂子常曰：「子沿漢而與之上下，杜注：「沿，緣也。緣漢上下，遮使勿度(渡)。」我悉方城外以毁其舟，杜注：「以方城外人毁吳所舍舟。」還塞大隧、直轅、冥阸。「冥阸」阮刻本作「寘阸」，今從釋文、石經、宋本，詳校勘記。杜注：「三者，漢東之隘道。」今豫鄂交界三關，東爲九里關，即古之大隧；中爲武勝關，即直轅；西爲平靖關，即冥阸。冥阸有大小石門，鑿山通道，極爲險隘。冥阸亦曰黽塞。子濟漢而伐之，我自後擊之，必大敗之。」吳越春秋闔閭內傳云：「遂使孫武、伍胥、白喜伐楚。子胥陰令宣言於楚曰：『楚用子期爲將，吾即侍而殺之；子常用兵，吾即去之。』」子期即公子結，此次抗吳，未嘗爲將帥，足見子胥畏之，而知囊瓦之無能也。沈尹戌此一戰略，足操勝算，而囊瓦敗之。既謀而行。

武城黑謂子常曰：杜注：「黑，楚武城大夫。」武城，今河南信陽市東北。「吳用木也，我用革也，不可久也，不如速戰。」用木用革蓋指戰車而言。吳車無飾，純以木爲之。楚車以革漫之，須加膠筋。用革者滑易而固，然不耐雨濕，膠革解散，反不如徒木之無患，故曰不可久。說詳姚鼐補注。史皇謂子常：「楚人惡子而好司馬。杜注：「史皇，楚大夫。司馬，沈尹戌。」若司馬毁吳舟于淮，塞城口而入，杜注：「城口，三隘道之總名。」是獨克吳也。子必速戰！不然，不免。」乃濟漢而陳，自小別至于大別。洪亮吉云：「大別、小別皆淮南、漢北之山。」大別山，據鄭玄書禹貢注、漢書地理志、京相璠春秋土地名，俱謂即今安徽霍丘縣西南九十里之安陽山。今湖北英山縣北有大別山，亦此大別山脈之峯。小別則在今河南光山縣與湖北黃岡縣之間。洪亮吉卷施閣甲集釋大別及漢水釋言之甚詳。汪之昌青學齋集小別大別考謂今湖北天門縣城東南有大別山，土名大月山，其西有二小山，小別當在其中。似二山相距太近，未必確。三戰，子常知不可，欲奔。杜注：「知吳不可勝。」史皇曰：「安，求其事；杜注：「求知政事。」難而逃之，將何所入？子必死之，初罪必盡說。」杜注：「言致死以克吳，可以免貪賄致寇之罪。」

十一月庚午，二師陳于柏舉。杜注：「二師，吳、楚師。」闔廬之弟夫槩王晨請於闔廬曰：「楚瓦不仁，杜注：「瓦，子常名。」其臣莫有死志。先伐之，其卒必奔；而後大師繼之，必克。」弗許。夫槩王曰：「所謂『臣義而行，不待命』者，臣義而行不待命，蓋舊有此語，故加「所謂」。其此之謂也。今日我死，楚可入也。」此楚指楚國都郢。以其屬五千先擊子常之卒。子常之卒奔，楚師亂，吳師大敗之。子常奔鄭。春秋啖趙集傳纂例一引劉貺書引紀年云：「楚囊瓦奔鄭。」又引釋云：「是子常。」史皇以其乘廣死。杜注：「以戰死。」楚王或主帥所率之兵車曰乘廣，宣十二年傳「楚子爲乘廣三十乘，分爲左右」可證。吳從楚師，及清發，杜注：「清發，水名。」清水爲溳水支流，卽清發，見水經溳水注，楊守敬水經注疏卷三十一謂溳水卽清發水。在今湖北安陸縣。將擊之。夫槩王曰：「困獸猶鬭，況人乎？若知不免而致死，必敗我。若使先濟者知免，後者慕之，蔑有鬭心矣。半濟而後可擊也。」從之，又敗之。楚人爲食，吳人及之，說文：「及，逮也，从又人。」甲骨作[illegible]、[illegible]，象追逐及而持之。殷墟書契前編卷五二十七頁之四云：「貞王追，及？」劉鶚鐵雲藏龜一一六頁之四云：「貞乎（呼）□追寇，及？」此皆「及」之本義，此「及」字亦本義。奔。吳師追及之，楚師棄食而奔。此從俞樾平議讀。食而從之，吳師食楚師所爲之食而後又追逐之。敗諸雍澨。據彙纂，今湖北京山縣西南有三澨水，春秋之雍澨其一也。洪亮吉云：「今澨水在京山縣西南，南流入天門縣爲汊水。」疑雍澨即入天門河之支流。五戰，及郢。呂氏春秋簡選篇：「吳闔廬選多力者五百人，利趾者三千人，以爲前陳。與荆戰，五戰五勝，遂有郢。」

己卯，己卯，十一月二十七日。楚子取其妹季芈畀我以出，季卽伯仲叔季之季，芈，楚之姓，畀我，其名。季芈畀我實一人。涉睢。睢水卽今之沮水，楚子自紀南城西逃，渡沮水，當在今枝江縣東北。鍼尹固與王同舟，鍼尹亦作箴尹，固又見哀十六及十八年傳。王使執燧象以奔吳師。杜注：「燒火燧繫象尾，使赴吳師驚卻之。」殷商時，中原有象，故呂氏春秋古樂篇謂「商人服象」。殷墟遺物有鏤象牙禮器、象齒及以象骨爲卜骨，一九七五年湖南醴陵縣曾發掘得殷商時象形青銅制酒器，尤爲確證。春秋時，象尚未絶跡于長江流域，楚語云「巴浦之犀、犛、兕、象，其可盡乎」及此有燧象，均可爲證。戰國楚尚有象，楚策三，楚王曰：「黄金、珠璣、犀、象出于楚，寡人無求於晉國。」至長江以北，象則絶跡。孟子滕文公下「驅虎、豹、犀、象而遠之」，魏策三「白骨疑象」，韓非解老篇「人希見生象」，均足爲證。此燧象猶史記田單列傳之火牛。廣雅釋言：「執，脅也。」此謂迫使火象入吳軍使之奔逃。

庚辰，吳入郢，以班處宮。杜注：「以尊卑班次，處楚王宮室。」穀梁傳云：「君居其君之寢而妻其君之妻，大夫居其大夫之寢而妻其大夫之妻。」吳越春秋闔閭内傳亦謂「闔閭妻昭王夫人，伍胥、孫武、白喜亦妻子常、司馬城（戍）之妻，以辱楚之君臣也。」傳無此説。子山處令尹之宮，杜注：「子山，吳王子。」夫槩王欲攻之，懼而去之，夫槩王入之。杜注：「入令尹宮也。」吳入郢，傳僅敍子山、夫槩王之事，不及伍員。後人書如淮南子、吳越春秋，甚至史記俱言伍員掘平王之墓，鞭其尸；列女傳且敍伯嬴之貞節，皆不足信。且云伯嬴爲秦穆公女，縱穆公晚年生女，亦過百歲矣，不辯自明。

左司馬戌及息而還，息即今河南息縣西南，亦見隱十一年傳並注。敗吳師于雍澨，傷。初，司馬臣闔廬，故恥爲禽焉，杜注：「司馬嘗在吳，爲闔廬臣，是以今恥於見禽。」謂其臣曰：「誰能免吾首？」謂不使吳得其尸與首也。吳句卑曰：「臣賤，可乎？」下文僅言「句卑」，似句卑爲吳人，而從司馬戌者。司馬曰：「我實失子，可哉！」杜注：「失不知子賢。」三戰皆傷，曰：「吾不可用也已。」阮刻本無「可」字，今從校勘記及金澤文庫本增正。言將死也。句卑布裳，剄而裹之，杜注：「司馬已死，剄取其首。」藏其身，而以其首免。

楚子涉雎，即今湖北之沮水。濟江，入于雲中。楚昭蓋由今枝江縣渡長江，傳說雲夢澤跨江南北，此江南之雲夢。王寢，盜攻之，以戈擊王，王孫由于以背受之，哀十八年傳有寢尹，杜注謂即由于，又曰吳由于，則不知其故。中肩。王奔鄖。鄖今湖北京山縣安陸縣一帶，詳桓十一年傳「鄖人軍於蒲騷」注。至雲夢縣志謂雲夢縣有楚王城，爲昭王奔鄖時所築，未審確否。此時昭王復由江南至江北。鍾建負季芈以從。杜注：「鍾建，楚大夫。」萬氏氏族略以成九年傳楚有泠人鍾儀，因疑鍾建以事爲氏。梁履繩通釋且云「鍾子期楚人，鍾儀之族，蓋世擅知音者也」。由于徐蘇而從。杜注：「以背受戈，故當時悶絕。」字書以死而復生曰蘇，此謂蘇醒。鄖公辛之弟懷將弒王，曰：「平王殺吾父，我殺其子，不亦可乎？」杜注：「辛，蔓成然之子鬬辛也。昭十四年楚平王殺成然。」辛曰：「君討臣，誰敢讎之？君命，天也。若死天命，將誰讎？詩曰『柔亦不茹，剛亦不吐。不侮矜寡，不畏彊禦』，詩大雅烝民。茹，食也。食與吐爲對文。矜同鰥。意謂不欺弱者、不畏強者。唯仁者能之。違彊陵弱，非勇也；彊指平王殺其父時。違，迴避也。乘人之約，非仁也；約指昭王此時正處困境。乘今作趁。滅宗廢祀，非孝也；杜注：「弒君罪應滅宗。」動無令名，非知也。必犯是，余將殺女。」鬭辛與其弟巢以王奔隨。隨今湖北隨縣南，詳桓六年傳並注。吳人從之，謂隨人曰：「周之子孫在漢川者，楚實盡之。僖二十八年傳云：「漢陽諸姬，楚實盡之。」吳、隨皆姬姓，故作此語。天誘其衷，致罰於楚，而君又竄之，杜注：「竄，匿也。」周室何罪？君若顧報周室，施及寡人，以獎天衷，杜注：「獎，成也。」意謂助成天意。君之惠也。漢陽之田，君實有之。」楚子在公宮之北，吳人在其南。子期似王，杜注：「子期，昭王兄公子結也。」史記楚世家及說苑「期」作「綦」，蓋本字。逃王，逃於王，逃至王所。而己爲王，着王衣飾。曰：「以我與之，王必免。」隨人卜與之，不吉，乃辭吳曰：「以隨之辟小，辟同僻。而密邇於楚，楚實存之。世有盟誓，至于今未改。若難而棄之，何以事君？執事之患不唯一人，不僅在昭王一人，而在楚衆。若鳩楚竟，杜注：「鳩，安集也。」安集卽安輯。敢不聽命？」吳人乃退。鑪金初宦於子期氏，「鑪」原作「鑢」，「宦」原作「官」，今從阮元校勘記訂正。爲子期家臣。實與隨人要言。要，約也。杜注：「要言無以楚王與吳，並欲脫子期。」王使見，杜注：「王喜其意，欲引見之以比王臣，且欲使盟隨人。」辭，曰：「不敢以約爲利。」謂不敢因王之困約而圖己之私利。說詳王引之述聞。王割子期之心以與隨人盟。杜注：「當心前割取血以盟，示其至心。」莊三十二年傳敍孟任割臂盟公，亦僅破膚取血。

初，伍員與申包胥友。其亡也，謂申包胥曰：「我必復楚國。」史記伍子胥傳作「我必覆楚」，復卽覆，傾覆也。此復乃假借字。俞樾平議亦云。申包胥曰：「勉之！子能復之，我必能興之。」及昭王在隨，申包胥如秦乞師，戰國策楚策一作棼冒勃蘇，蓋卽申包胥之異稱。棼冒卽蚡冒，楚武王之兄，而申包胥之所自出。勃蘇疑其名。又稱申包胥者，或食邑于申，因以爲氏，包胥則其字乎。楚策所敍，亦與傳有同有異，自以傳爲據。說苑至公篇用左傳。曰：「吳爲封豕、長蛇，淮南子本經訓云：「堯之時，封豨、脩蛇爲民害，乃使羿斷脩蛇於洞庭，擒封豨於桑林。」「封豨」，文選辨命論注引作「封豕」。淮南子不用「長」字，改「長」爲「脩」，避其父諱。脩蛇卽長蛇。此以喻吳之爲害。以荐食上國，杜注：「荐，數也。言吳貪害如蛇、豕。」虐始於楚。寡君失守社稷，越在草莽，使下臣告急，曰：『夷德無厭，若鄰於君，杜注：「吳有楚，則與秦鄰。」疆埸之患也。逮吳之未定，君其取分焉。杜注：「與吳共分楚地。」若楚之遂亡，君之土也。若以君靈撫之，杜注：「撫，存恤也。」世以事君。』」秦伯使辭焉，曰：「寡人聞命矣。子姑就館，將圖而告。」謂計議後再告之。對曰：「寡君越在草莽，未獲所伏，杜注：「伏猶處也。」處謂居處。下臣何敢卽安？」就館卽卽安，意言往安逸之居。立，依於庭牆而哭，日夜不絕聲，勺飲不入口七日。此言或太過，以生理言之，七日不飲水，不能生存。秦哀公爲之賦無衣。杜注：「詩秦風。取其王于興師，修我戈矛，與子同仇；與子偕作；與子偕行。」據詩序及杜注，無衣乃秦早有此詩，秦哀賦之以表示將出師耳。若以傳隱三年「衞人所爲賦碩人也」、文六年「國人哀之，爲之賦黃鳥」文法例之，似無衣乃秦哀專爲救楚而作。詳阮芝生杜註拾遺。九頓首而坐。古無九頓首之禮，申包胥求救心切，秦哀肯出師，故特別感謝以至九頓首。閻若璩潛丘劄記卷五所謂「此禮之至變也」。秦師乃出。杜注：「爲明年包胥以秦師至張本。」公羊傳、穀梁傳、呂氏春秋、史記伍子胥傳、淮南子脩務訓及吳越春秋、越絶書等書敍此事有溢出左傳外者，或另有據，或非實録。

五年，丙申，公元前五〇五年。周敬王十五年、晉定七年、齊景四十三年、衞靈三十年、蔡昭十四年、鄭獻九年、曹靖公露元年、陳懷公柳元年、杞僖公過元年、宋景十二年、秦哀三十二年、楚昭十一年、吳闔廬十年、許男斯十八年。

經

五・一 五年春三月辛亥朔，正月初九庚申冬至，建子。日有食之。無傳。「三月」，公羊作「正月」，誤。此爲公元前五〇五年二月十六日之日環食。

五・二 夏，歸粟于蔡。春秋例，不書主者，魯史自不書「魯」也。杜注謂「蔡爲楚所圍，飢乏，故魯歸之粟也」，甚知經旨。公羊、穀梁兩傳皆謂「諸侯歸之」，謬妄不足信。

五・三 於越入吳。杜注：「於，發聲也。」

五・四 六月丙申，丙申，十七日。季孫意如卒。

五・五 秋七月壬子，壬子，四日。叔孫不敢卒。無傳。

五・六 冬，晉士鞅帥師圍鮮虞。

傳

五·一 五年春，王人殺子朝于楚。杜注：「因楚亂也。終閔馬父之言。」

五·二 夏，歸粟于蔡，以周亟，周卽賙，救也，給也。亟，杜注：「急也」。此謂救濟急難。矜無資。矜，憐憫也。資卽僖三十三年傳「脯資餼牽竭矣」之「資」，杜彼注云：「資，糧也。」僖四年傳「共其資糧屝屨其可也」，資糧連文，尤可證。

五·三 越入吴，吴在楚也。此當越允常之世。昭三十二年吴始用師於越，越乃乘吴師在外而入吴。

五·四 六月，季平子行東野。行，巡行視察。杜注：「東野，季氏邑。」彙纂以爲近費之地。俞樾平議以爲東野非邑名，乃東鄙之義，經、傳皆無此文例，不足信。還，未至，丙申，卒于房。房卽防，古房、防二字常通用，顧炎武日知録卷二十七已言之。魯有數防，江永以爲此卽隱九年之防，不可信。隱九年經會齊侯之防在費縣東北，季平子歸途未至魯都而死，則其死必離曲阜較近，疑卽僖十四年經、傳之防，在今曲阜縣東二十里，參阮芝生杜注拾遺。陽虎將以璵璠斂，璵璠音餘煩。説文：「璵璠，魯之寶玉。」杜注以爲「君所佩」，蓋據吕氏春秋安死篇高注。仲梁懷弗與，杜注：「懷亦季氏家臣。」據杜注，仲梁爲複姓。曰：「改步改玉。」杜注：「昭公之出，季孫行君事，佩璵璠，祭宗廟。今定公立，復臣位，改君步，則亦當去璵璠。」周語中，先民有言，改玉改行，亦此意。步卽行步。據禮記玉藻，君與尸行接武，大夫繼武，士中武。據鄭注及孔疏，越是尊貴之人，步行越慢越短。接武者，第一步開始後第二步徐行過前半步；繼武者，第一步與第二步緊接；中武者，第一步第二步間須容一足之地，以其步履須廣闊。因其步履不同，故佩玉亦不同；改其步履之急徐長短，則改其佩玉之貴賤，此改步改玉之義。陽虎欲逐之，告公山不狃。不狃曰：「彼爲君也，子何怨焉？」杜注：「不狃，季氏臣費宰子洩也。爲君，不欲使僭。」論語陽貨篇「公山弗擾以費畔」，卽此公山不狃。但所敍與傳文有異，詳論語譯注。潛夫論志氏姓：「魯之公族有公山氏，姬姓也。」通志氏族略：「公山氏以字爲氏。」既葬，桓子行東野，杜注：「桓子，意如子季孫斯。」及費。子洩爲費宰，逆勞於郊，桓子敬之。勞仲梁懷，仲梁懷弗敬。杜注：「懷時從桓子行，輕慢子洩。」子洩怒，謂陽虎：「子行之乎？」杜注：「行，逐懷也。爲下陽虎囚桓子起。」

五·五 申包胥以秦師至。秦子蒲、子虎帥車五百乘以救楚。淮南子修務訓謂「秦王乃發車千乘，步卒七萬人，屬之鍼虎」云云，自難信從。鍼虎爲三良之一，已殉秦穆，當爲子虎之誤。或本作「子虎」，不誤。楚策一謂「出革車千乘，卒萬人，屬之子滿與子虎」云云，「滿」蓋「蒲」之字誤。新序節士篇亦誤作「滿」。千乘、萬人，合一車十卒之制。子蒲曰：「吾未知吴道。」杜注：「道猶法術。」卽指戰法戰術。使楚人先與吴人戰，而自稷會之，稷當在今河南桐柏縣境。大敗夫槩王于沂。沂今河南正陽縣境，參宣十一年「城沂」傳並注。吴人獲薳射於柏舉，杜注：「薳射，楚大夫。」其子帥奔徒以從子西，杜注：「奔徒，楚散卒。」敗吴師於軍祥。軍祥當在隨縣西南。

秋七月，子期、子蒲滅唐。唐卽今湖北棗陽縣東南唐縣鎮。

九月，夫槩王歸，自立也，以與王戰，而敗，杜注：「自立爲吴王，稱夫槩王。」前此稱夫槩王，蓋緣此。奔楚，爲堂谿氏。杜注：「傳終言之。」潛夫論志氏姓：「堂谿，谿谷名也，在汝南西平。」汪繼培箋謂「西平」當作「吴房」，蓋據水經灈水注，實不必。堂谿在今河南遂平縣西北，見楊守敬水經注疏卷三十一灈水。與後漢之西平接界，王符時或屬西平縣也。廣韻作「棠谿」，「堂」、「棠」字通。吳師敗楚師于雍澨。乃指楚師因秦兵至，反攻而敗。秦師又敗吳師。吳師居麇，據下文「父兄親暴骨焉」，則麇是吳、楚苦戰之地，疑在雍澨附近。清人續通典云「麇，當陽也」，亦未確。子期將焚之，子西曰：「父兄親暴骨焉，不能收，又焚之，不可。」收謂收斂楚師戰死之尸骨。杜注：「前年楚人與吳戰，多死麇中，言不可并焚。」子期曰：「國亡矣，死者若有知也，可以歆舊祀，豈憚焚之？」可借爲何，言國亡，死者若有知，何以享舊祭？因不畏焚之。詩小雅大東「糾糾葛屨，可以履霜」，何以履霜也。苕之華「牂羊墳首，三星三罶，人可以食，鮮可以飽」，人何以食，此何以飽也。陳風衡門「衡門之下，可以棲遲？泌之洋洋，可以樂飢」，何以棲遲，何以療飢也。焚之，而又戰，吳師敗，又戰于公壻之谿。楚策一云秦師「與吳戰於濁水而大敗之」，淮南子修務訓亦謂「擊吳濁水之上，果大破之」。高誘注淮南云：「濁水蓋江水，傳曰敗吳於公壻之谿。」則高誘疑公壻之谿爲近長江之地，不確。水經淯水注謂濁水即弱溝水，蓋當今白河入漢水處，在今襄樊市東。吳師大敗，吳子乃歸。囚闉輿罷。闉輿罷請先，遂逃歸。杜注：「輿罷，楚大夫。請先至吳，而逃歸，言吳唯得楚一大夫，復失之，所以不克。」葉公諸梁之弟后臧從其母於吳，不待而歸。杜注：「諸梁，司馬沈尹戌之子，葉公子高也。吳入楚，獲后臧之母。楚定，臧棄母而歸。」元和姓纂引應劭風俗通云：「楚沈尹戌生諸梁，食采於葉，因氏焉。」餘如呂氏春秋愼行篇高誘注、楚語下韋昭注皆以諸梁爲司馬戌之子，唯王符潛夫論志氏姓云：「葉公諸梁者，戌之第三弟也。」汪繼培箋謂「弟當作子」，竊謂王符自存異說，不足信，而非字誤。葉公終不正視。杜注：「不義之。」

五·六 乙亥，乙亥，二十八日。陽虎囚季桓子及公父文伯，杜注：「文伯，季桓子從父昆弟也。」陽虎欲爲亂，恐二子不從，故囚之。」而逐仲梁懷。冬十月丁亥，丁亥，十日。殺公何藐。杜注：「藐，季氏族。」己丑，己丑，十二日。盟桓子于稷門之內。杜注：「魯南城門。」庚寅，庚寅，十三日。大詛。詛，祭神以加禍于某某。大詛者，與詛者多也。逐公父歜及秦遄，皆奔齊。杜注：「歜即文伯也。秦遄，平子姑壻也。傳言季氏之亂。」

五·七 楚子入于郢。杜注：「吳師已歸。」初，鬭辛聞吳人之爭宮也，曰：「吾聞之：『不讓，則不和；不和，不可以遠征。』吳爭於楚，必有亂；有亂，則必歸，焉能定楚？」

王之奔隨也，將涉於成臼。成臼即臼水，亦名臼成河。臼成河源出湖北京山縣聊屈山，古時此河西南流入于沔，據水經沔水注，昭王奔隨，即于此渡河，竊疑即今鍾祥縣南之舊口。臼成河今已改道。藍尹亹涉其帑，杜注：「亹，楚大夫。」其帑謂亹之妻子，楚語下亦載此事而較詳，可以爲證。廣韻「其」字下引世本以其帑爲人名，蓋誤讀世本。不與王舟。及寧，杜注：「寧，安定也。」王欲殺之。子西曰：「子常唯思舊怨以敗，君何效焉？」王曰：「善。使復其所，吾以志前惡。」前惡即子常爲政，使楚幾被滅亡，其時昭王不過十五歲。王賞鬭辛、王孫由于、王孫圉、鍾建、鬭巢、申包胥、王孫賈、宋木、鬭懷。杜注：「九子皆從王有大功者。」王孫圉，楚語下載其聘晉事。子西曰：「請舍懷也。」杜注：「以初謀弒王也。」王曰：「大德滅小怨，道也。」杜注：「終從其兄，免王大難，是大德。」申包胥曰：「吾爲君也，非爲身也。君既定矣，又何求？且吾尤子旗，其又爲諸？」杜注：「子旗，蔓成然也。以有德於平王，求欲無厭，平王殺之，在昭十四年。」諸，之乎合音字。遂逃賞。新序節士篇亦載此事，戰國策楚策一則云「自棄於磨山」，磨山亦作歷山，今湖北當陽縣東有磨山。王將嫁季芈，季芈辭曰：「所以爲女子，遠丈夫也。丈夫猶今言男子漢。鍾建負我矣。」以妻鍾建，以爲樂尹。杜注：「司樂大夫。」韓詩外傳卷八載屠羊説辭賞事。

王之在隨也，子西爲王輿服以保路，國于脾洩。杜注：「脾洩，楚邑也。失王，恐國人潰散，故僞爲王車服，立國脾洩，以保安道路人。」彙纂以爲脾洩當在今湖北江陵縣附近。聞王所在，而後從王。王使由于城麇，杜注：「於麇築城。」復命。子西問高厚焉，弗知。子西曰：「不能，如辭。杜注：「言自知不能，當辭勿行。」城不知高厚，小大何知？」言城牆之高低厚薄猶不能知，何由知其周圍之大小。此從孔疏引王肅讀。據上文只問高厚，此讀可從。對曰：「固辭不能，子使余也。人各有能有不能。王遇盜於雲中，余受其戈，其所猶在。」袒而示之背，「示」，阮刻本作「視」，校勘記且謂「古皆作視」，但今仍從金澤文庫本、宋本等作「示」。曰：「此余所能也。脾洩之事，余亦弗能也。」

晉士鞅圍鮮虞，報觀虎之敗也。「敗」，原作「役」，今從阮元校勘記及金澤文庫本訂正。杜注：「三年鮮虞獲晉觀虎。」

五・八

六年，丁酉，公元前五〇四年。周敬王十六年、晉定八年、齊景四十四年、衞靈三十一年、蔡昭十五年、鄭獻十年、曹靖二年、陳懷二年、杞僖二年、宋景十三年、秦哀三十三年、楚昭十二年、吳闔廬十一年、許男斯十九年。

經

六·一 六年春王正月癸亥，正月二十一日丙寅冬至，建子。癸亥，十八日。鄭游速帥師滅許，以許男斯歸。「速」，公羊作「遬」，後同。

六·二 二月，公侵鄭。

六·三 公至自侵鄭。無傳。

六·四 夏，季孫斯、仲孫何忌如晉。魯卿聘晉，始見于僖三十年之公子遂，終于此，共二十四次。此後無聞。

六·五 秋，晉人執宋行人樂祁犂。

六·六 冬，城中城。無傳。杜注：「公爲晉侵鄭，故懼而城之。」中城，内城。亦見成九年經並注。

六·七 季孫斯、仲孫忌帥師圍鄆。無傳。杜注：「何忌不言何，闕文。鄆貳於齊，故圍之。」公羊傳云：「此仲孫何忌也，曷爲謂之仲孫忌，譏二名。二名，非禮也。」此妄説，前人駁之多矣。

傳

六·一 六年春，鄭滅許，因楚敗也。是時許在容城，見四年經並注。鄭既滅舊許，吞併其地，今又滅其新都。容城在河南魯山縣東南約三十里，距許昌市不足四百里，故鄭能滅之。哀元年及十三年又皆書「許男」，孔疏以爲「許復見者，以許屬楚，故疑蓋楚封之」云云，或如此。

六·二　二月，公侵鄭，取匡，匡，今河南長垣縣之匡城，詳文元年傳「伐緜、訾及匡」注。爲晉討鄭之伐胥靡也。鄭伐胥靡見後傳。胥靡在今河南偃師縣東，亦見襄十八年傳並注。往不假道於衞；及還，陽虎使季、孟自南門入，出自東門，季謂季桓子，孟謂孟懿子。論語季氏孔丘所謂「陪臣執國命」，此時陽虎當權，故能强使魯之世卿。舍於豚澤。據傳文，豚澤蓋衞東門外小地名。衞侯怒，使彌子瑕追之。彌子瑕，衞靈公寵倖之臣，亦見韓非子諸書。哀二十五年傳謂之彭封彌子。世族譜列之雜人。公叔文子老矣，杜注：「文子，公叔發。」禮記檀弓下謂之貞惠文子。輦而如公，曰：「尤人而效之，非禮也。僖二十四年及襄二十一年傳俱云「尤而效之」，詳僖二十四年傳注。昭公之難，魯昭爲季氏所逐居外。君將以文之舒鼎，何焯義門讀書記謂「衞爲狄滅，大路、少帛埽地無遺，故言宗器自文公始」。文，衞文公。成之昭兆，杜注：「寶龜也。」衞成公，文公子，嗣文公立。定之鞶鑑，定，衞定公，文公曾孫。鞶鑑，詳莊二十一年傳注。苟可以納之，擇用一焉。言誰能使魯昭復入魯國，三寶可擇用其一。公子與二三臣之子，諸侯苟憂之，將以爲之質。杜注：「爲質求納魯昭公。」此羣臣之所聞也。今將以小忿蒙舊德，杜注：「蒙，覆也。」覆謂掩蓋。追魯兵是掩舊德。無乃不可乎？大姒之子，杜注：「大姒，文王妃。」詩大雅思齊「大姒嗣徽音，則百斯男」可以爲證。唯周公、康叔爲相睦也，周公、康叔，魯、衞之始祖，其和睦於書康誥猶能見之。而效小人以棄之，小人，據下文，實指陽虎。不亦誣乎？此實陽虎小人爲之，非魯本意，故曰誣妄。天將多陽虎之罪以斃之，君姑待之，若何。」乃止。杜注：「止不伐魯師。」

六·三 夏，季桓子如晉，獻鄭俘也。杜注：「獻此春取匡之俘。」陽虎強使孟懿子往報夫人之幣，當時諸侯夫人亦得派使者致聘。儀禮聘禮云「受夫人之聘璋享玄纁」，又云「夫人之聘享亦如之」，則聘君與夫人可以一使兼之，陽虎特強孟懿子專報晉夫人之聘，蓋欲求媚于晉。晉人兼享之。同時享讌季桓子與孟懿子。孟孫立于房外，謂范獻子曰：「陽虎若不能居魯，而息肩於晉，所不以爲中軍司馬者，有如先君！」孟孫知陽虎專權橫強太甚，不能久在魯，乃因其取匡獻俘之功，私請于晉，爲之留一去路，而以誓言出之。獻子曰：「寡君有官，將使其人，杜注：「擇得其人。」鞅何知焉？」獻子謂簡子曰：「魯人患陽虎矣。孟孫知其釁，釁，兆也。知陽虎有不容于魯之預兆。以爲必適晉，故強爲之請，出以誓言，故云強請。以取入焉。」求得入他國之祿位，故云取入。孟子離婁下述君之於臣云：「有故而去，則君使人導之出疆，又先於其所往。」陽虎逃亡，雖無導出疆者，此則孟孫先爲之佈置。陽虎後果逃往晉國。

六·四 四月己丑，己丑，十五日。吳大子終纍敗楚舟師，杜注：「終纍，闔廬子，夫差兄。」陸廣微吳地記云：「闔閭三子，長曰終纍。」獲潘子臣、小惟子及大夫七人。據杜注，潘子臣、小惟子爲楚舟師之帥。呂氏春秋察微篇誤以爲昭二十三年雞父之役。「小惟子」作「小帷子」。楚國大惕，懼亡。子期又以陵師敗于繁揚。杜注：「陵師，陸軍。」繁揚即襄四年傳之繁陽，在今河南新蔡縣北。令尹子西喜曰：「乃今可爲矣。」杜注：「言知懼而後可治。」於是乎遷郢於鄀，鄀，今湖北宜城縣東南九十里，據路史國名紀，又名北郢。而改紀其政，紀，治理。以定楚國。楚仍遷回紀南城，見漢書地理志。阮元積古齋鐘鼎彝器款識有楚曾侯鐘，吳闓生吉金文録載其銘文云，

「唯王五十六祀徙自西陽」云云，似楚之復都紀南城在楚惠王五十六年，入戰國矣。然楚世家云：「楚昭王滅唐。九月，歸入郢。」而不載惠王遷都事。昭王仍都紀南城。吴世家誤大子終累爲夫差，又謂獲潘子臣爲「取番」。

六・五　周儋翩率王子朝之徒因鄭人將以作亂于周，杜注：「儋翩，子朝餘黨。」萬氏氏族略云：「周簡王之後爲儋氏，王儋季（簡王子，靈王弟，見襄三十年傳）、儋括（季子，亦見襄三十年）、儋翩。」鄭於是乎伐馮、滑、胥靡、負黍、狐人、闕外。杜注：「鄭伐周六邑，在魯伐鄭取匡前。於此見者，爲戍周起也。」後漢書馮魴傳注引東觀漢記謂魏之别封曰華侯，華侯孫長卿食采馮城，即此馮，當在洛陽市不遠之處。滑，今河南偃師縣緱氏鎮。詳莊十六年經、僖二十年傳並注。負黍，今河南登封縣西南。狐人，在今河南臨潁縣。闕外，即洛陽市南伊闕外地。當在今伊川縣北。

六月，晉閻没戍周，且城胥靡。杜注：「爲下天王出居姑蕕起。」

六・六　秋八月，宋樂祁言於景公曰：「諸侯唯我事晉，自城濮之戰以來，宋事晉最無二心。今使不往，晉其憾矣。」樂祁告其宰陳寅。杜注：「以與公言告之。」陳寅曰：「必使子往。」他日，公謂樂祁曰：「唯寡人説子之言，子必往！」唯寡人悦其言，則無他人可使。陳寅曰：「子立後而行，吾室亦不亡，杜注：「寅知晉政多門，往必有難，故使樂祁立後而行。」唯君亦以我爲知難而行也。」見溷而行。杜注：「溷，樂祁子也。見於君，立以爲後。」趙簡子逆，而飲之酒於緜上，緜上即山西翼城縣西之小緜山，説詳顧炎武補正及僖二十四年傳並注。獻楊楯六十於簡子。古代盾或以木爲之，此楊木非水楊。本草謂楊枝硬而揚起，柳枝弱而垂流，則此楊楯之楊或即黄楊，木材黄色，質堅緻，故以爲盾。陳寅曰：「昔吾主范氏，今子主趙氏，又有納焉，以楊楯賈禍，弗可爲也已。然子死晉國，子孫必得志於宋。」杜注：「以其爲國死。」范獻子言於晉侯曰：「以君命越疆而使，自宋至晉，必經鄭，故曰越疆。未致使而私飲酒，不敬二君，二君謂晉定公與宋景公。不可不討也。」乃執樂祁。

六·七 陽虎又盟公及三桓於周社，盟國人于亳社，詛于五父之衢。周社自是魯之國社，以其爲周公後也。魯因商奄之地，並因其遺民，故立亳社。餘詳閔二年傳「間於兩社」注。五父之衢在曲阜東南五里，餘詳襄十一年「詛諸五父之衢」注。

六·八 冬十二月，天王處于姑蕕，杜注：「姑蕕，周地。」辟儋翩之亂也。杜注：「爲明年單、劉逆王起。」

七年，戊戌，公元前五〇三年。周敬王十七年、晉定九年、齊景四十五年、衛靈三十二年、蔡昭十六年、鄭獻十一年、曹靖三年、陳懷三年、杞僖三年、宋景十四年、秦哀三十四年、楚昭十三年、吳闔廬十二年。

經

七·一 七年春王正月。二月初二辛未冬至，建亥，有閏月。

七·二 夏四月。

七·三 秋，齊侯、鄭伯盟于鹹。鹹在今河南濮陽縣東南六十里，餘詳僖十三年經注。

七·四 齊人執衞行人北宮結以侵衞。

七·五 齊侯、衞侯盟于沙。「沙」，傳作「瑣」，古音同也。公羊作「沙澤」，彙纂疑與成十二年之瑣澤同一地。據杜注，在今河北大名縣東。王夫之稗疏謂即今河北涉縣，此地離齊遠，恐不確。

七·六 大雩。無傳。

七·七 齊國夏帥師伐我西鄙。杜注：「夏，國佐孫。」

七·八 九月，大雩。無傳。

七·九 冬十月。

傳

七·一 七年春二月，周儋翩入于儀栗以叛。杜注：「儀栗，周邑。」高士奇地名考略以爲儀栗在今河南蘭考縣境，周王室僅七邑，絶不能越鄭而有鄭以東之地，此不待辯而明。

七·二 齊人歸鄆、陽關，陽虎居之以爲政。杜注：「鄆、陽關皆魯邑，中貳於齊，齊今歸之。」陽關在今山東寧陽縣東北八十餘里，泰安縣南約六十里，并參襄十七年傳「師自陽關」注。

七·三 夏四月，單武公、劉桓公敗尹氏于窮谷。據杜注，武公爲穆公子；桓公爲文公子。尹氏復黨儋翩，共爲亂。窮谷，江永考實謂即昭二十六年傳萑谷施谷之類，在洛陽市東，詳彼注。或謂即襄四年傳之窮石，窮石在今洛陽市南，相距甚近。

七·四 秋，齊侯、鄭伯盟于鹹，徵會于衞。衞侯欲叛晉，杜注：「屬齊、鄭也。」諸大夫不可。使北宮結如齊，而私於齊侯曰：「執結以侵我。」齊侯從之，乃盟于瑣。杜注：「瑣即沙也。爲明年涉佗捘衞侯手起。」

七·五 齊國夏伐我。杜注：「齊叛晉故。」陽虎御季桓子，公斂處父御孟懿子，杜注：「處父，孟氏家臣，成宰公斂陽。」廣韻「公」字注，公斂，複姓。將宵軍齊師。言將夕擊齊軍。齊師聞之，墮，伏而待之。杜注：「墮毁其軍以誘敵而設伏兵。」處父曰：「虎不圖禍，而必死。」杜注：「而，女也。」苫夷曰：「虎陷二子於難，不待有司，余必殺女。」有司，謂執掌軍法者。虎懼，乃還，不敗。

七·六 冬十一月戊午，戊午，二十三日。單子、劉子逆王于慶氏。杜注：「慶氏，守姑蕕大夫。」晉籍秦送王。己巳，杜注：「己巳，十二月五日。有日無月。」王入于王城，館于公族黨氏，杜注：「黨氏，周大夫。」黨氏實義爲黨某之家。而後朝于莊宮。杜注：「莊王廟也。」

八年，己亥，公元前五〇二年。周敬王十八年、晉定十年、齊景四十六年、衞靈三十三年、蔡昭十七年、鄭獻十二年、曹靖四年、陳懷四年、杞僖四年、宋景十五年、秦哀三十五年、楚昭十四年、吴闔廬十三年。

經

八·一 八年春王正月，正月十三日丙子冬至，建子。公侵齊。杜注：「報前年伐我西鄙。」

八·二 公至自侵齊。無傳。

八·三 二月，公侵齊。杜注：「未得志故。」

八·四 三月，公至自侵齊。無傳。

八·五 曹伯露卒。無傳。

八·六 夏，齊國夏帥師伐我西鄙。

八·七 公會晉師于瓦。瓦即今河南滑縣南之瓦崗集。

八·八 公至自瓦。無傳。

八·九 秋七月戊辰，戊辰，七日。陳侯柳卒。無傳。

八·一〇 晉士鞅帥師侵鄭，遂侵衞。

八·一一 葬曹靖公。無傳。

八·一二 九月，葬陳懷公。無傳。

八·一三 季孫斯、仲孫何忌帥師侵衞。

八・一四 冬，衞侯、鄭伯盟于曲濮。無傳。杜注：「結叛晉。曲濮，衞地。」曲濮，彙纂云：「蓋濮水曲折之處，猶言河曲、汾曲也。」然古濮水有二，一出今山東濮縣廢治（濮縣已併入范縣）南，菏澤縣北，今之臨濮集，水已堙。彙纂以此濮水當之，恐不確。一出河南滑縣與延津縣境，本黄河支流，自黄河決遷後，亦堙。疑曲濮之濮即此。

八・一五 從祀先公。杜注：「從，順也。先公，閔公、僖公也。將正二公之位次，所順非一，親盡，故通言先公。」參文二年「躋僖公」經、傳。

八・一六 盜竊寶玉、大弓。杜注：「盜謂陽虎也。家臣賤，名氏不見，故曰盜。寶玉，夏后氏之璜。大弓，封父之繁弱。」

傳

八・一 八年春王正月，公侵齊，門于陽州。杜注：「攻其門。」陽州，今山東東平縣北境，亦見昭二十五年經注。士皆坐列，杜注：「言無鬭志。」曰：「顔高之弓六鈞。」史記仲尼弟子列傳有顔高，自另一人。崔應榴吾亦廬稿謂此卽孔丘弟子，不確。當時以三十斤爲一鈞，六鈞則百八十斤，合今亦不過六十斤。謂張滿弓用力六鈞。皆取而傳觀之。陽州人出，顔高奪人弱弓，籍丘子鉏擊之，與一人俱斃。杜注：「子鉏，齊人。斃，仆也。」謂顔高及其他一人俱被擊而仆地。偃，且射子鉏，中頰，殪。偃，自爲一讀，或連下文，誤。此謂顔高雖倒地，尚有弱弓，卧而仰射，中子鉏面頰，死之。顔息射人中眉，杜注：「顔息，魯人。」退曰：「我無勇，吾志其目也。」言吾本意在射其眼，而誤中其眉。無勇，不善射也。師退，冉猛僞傷足而先。杜注：「猛，魯人，欲先歸。」其兄會乃呼曰：「猛也殿！」杜注：「會見師退而猛不在列，乃大呼詐言猛在後爲殿。」然亦可解會不欲猛先行，呼之殿後。

八·二 二月己丑，二月無己丑，己丑，三月二十六日，疑「二」乃「三」之誤。單子伐穀城，穀城在今河南洛陽市西北，當時穀水、澗水、瀍水三者混稱，實則穀水爲澗水上游，澗河下流亦稱穀水。穀水出河南陝縣東崤山穀陽谷，東流經澠池，合澠水，又東合澗水爲澗河。當時則誤以其地臨穀水。劉子伐儀栗。杜注：「討儋翩之黨。」辛卯，三月二十八日。單子伐簡城，高士奇地名考略云：「周有簡師父（僖二十四年傳），簡城當是其食邑。」其地當王城不遠之處。劉子伐盂，盂卽隱十一年傳之邘，今河南沁陽縣西北。以定王室。

八·三 趙鞅言於晉侯曰：「諸侯唯宋事晉，好逆其使，猶懼不至；今又執之，是絶諸侯也。」將歸樂祁，士鞅曰：「三年止之，謂扣留之三年。無故而歸之，宋必叛晉。」杜注：「執樂祁在六年。」獻子私謂子梁曰：杜注：「獻子，范鞅。子梁，樂祁。」「寡君懼不得事宋君，是以止子。子姑使溷代子。」杜注「溷，樂祁子。」子梁以告陳寅。陳寅曰：「宋將叛晉，是棄溷也，不如待之。」杜注：「留待，勿以子自代。」樂祁歸，卒于大行。杜注：「大行，晉東南山。」大行詳襄二十三年傳並注。士鞅曰：「宋必叛，不如止其尸以求成焉。」乃止諸州。州在今河南沁陽縣東南五十里，餘詳昭三年傳並注。

八·四 公侵齊，攻廩丘之郛。廩丘，今山東鄆城縣東北約四十里。主人焚衝，主人，廩丘統治者。衝，說文作輴，云：「陷陳車也。」然此文言攻齊廩丘外城，則衝爲攻城之車。詩大雅皇矣「與爾臨衝，以伐崇墉」，則臨車、衝車皆可用作攻城。淮南子覽冥訓「隆衝以攻」，高誘注：「隆，高也。衝車大鐵著其轅端，馬被甲，車被兵，所以衝於敵城也。」當時城郭皆是夯土築成，尚無磚石結構，故不用砲火卽可陷城。**或濡馬褐以救之，**馬褐，漢、晉人謂之馬衣，卽以粗麻布所製之短衣，賤者所服。**遂毁之。**毁廩丘外城。**主人出，師奔。**廩丘守將出戰，魯師奔逃。**陽虎僞不見冉猛者，曰：「猛在此，必敗。」**言冉猛在此，必能敗廩丘之軍。**猛逐之，**猛受此激勵，故逐廩丘人。**顧而無繼，僞顛。虎曰：「盡客氣也。」**杜注：「言皆客氣，非勇。」客氣者言非出于衷心。冉猛之逐廩丘人，固激于陽虎一言；而廩丘人不殺冉猛，亦非真欲戰，故云「盡客氣」。

八·五 **苫越生子，將待事而名之。陽州之役獲焉，**有所俘獲。**名之曰陽州。**陽州之役見本年首章。

八·六 **夏，**金澤文庫本作「夏四月」，多「四月」二字。**齊國夏、高張伐我西鄙。**杜注：「報上二侵。」**晉士鞅、趙鞅、荀寅救我。**杜注：「救不書，齊師已去，未入竟。」**公會晉師于瓦，范獻子執羔，趙簡子、中行文子皆執鴈。魯於是始尚羔。**杜注據周禮大宗伯之文，謂「禮，卿執羔，大夫執雁（鵝），魯則同之，今始知執羔之尊也」。孔疏又引賈逵、鄭衆二説，不同于杜預，故皆駁之。俞樾亦云「以文義言，亦知賈、鄭兩説之皆非矣」。此古代贄見禮，卽來賓須依自己身份與任務，手執某種禮物，舉行例行之相見儀式。儀禮士相見禮云：「上大夫相見以羔。」又云：「下大夫相見以雁。」此所謂上大夫、下大夫者，諸侯之卿當天子之大夫也。白虎通瑞贄篇云：「卿大夫贄，古以麑鹿，今以羔雁。」然則早于春秋時代以野生小鹿爲贄，其後改用家禽。用家禽中，魯有三卿，本俱執羔。晉有六卿，唯首卿執羔，其餘執鴈。魯自此始以羔爲貴，唯上卿執之。

八・七　晉師將盟衞侯于鄟澤，杜注：「自瓦還，就衞地盟。」鄟澤屬衞，不詳今所在。趙簡子曰：「羣臣誰敢盟衞君者？」杜注：「前年衞叛晉屬齊，簡子意欲摧辱之。」涉佗、成何曰：「我能盟之。」杜注：「二子，晉大夫。」衞人請執牛耳。盟法已略見于隱元「盟于蔑」經注。孔疏據襄二十七年及哀十七年傳，知「盟用牛耳，卑者執之，尊者涖之」，是也。衞國固小，且弱於晉，但與衞侯相盟者爲晉之大夫，則衞侯爲尊。此句衞人請執牛耳者，請晉臣執牛耳，衞侯涖之。成何曰：「衞，吾溫、原也，焉得視諸侯？」杜注：「言衞小，可比晉縣，不得從諸侯禮。」視讀爲孟子萬章下「天子之卿受地視侯」之視，比擬也。將歃，涉佗捘衞侯之手，及捥。說文：「捘，推也。」音尊去聲。及捥，杜注謂「血至捥」。捥今作腕。若如此，則衞侯已醮血，涉何推之，血順流及腕。衞侯怒，王孫賈趨進，杜注：「賈，衞大夫。」春秋分紀世譜七謂「王孫牟（見昭十二年傳）之後曰賈，賈子齊。」（見哀二十六年傳）。論語憲問謂「王孫賈治軍旅」。說苑權謀篇作「王孫商」，商或其字。曰：「盟以信禮也，杜注「信猶明也」，不確。信當讀爲伸。有如衞君，詩大雅召旻：「昔先王受命，有如召公，日辟國百里。」此言盟以伸禮有如衞君，亦謂衞君來盟伸禮，而晉之所爲，則非伸禮也。其敢不唯禮是事而受此盟也？」其用法同豈。言外之意將不受此盟。衞侯欲叛晉，而患諸大夫。王孫賈使次于郊。衞侯駐郊不入城。大夫問故，杜注：「問不入故。」公以晉詬語之，杜注：「詬，恥也。」謂受晉之恥辱。且曰：「寡人辱社稷，國君受辱猶社稷受辱。其改卜嗣，寡人從焉。」杜注：「使改卜他公子以嗣先君，我從大夫所立。」大夫曰：「是衞之禍，豈君之過也？」公曰：「又有患焉，謂寡人『必以而子與大夫之子爲質』。」衛君述晉人之言。而同猶。爾子，衛君之子。大夫曰：「苟有益也，公子則往，則猶假若，假設連詞。羣臣之子敢不皆負羈絏以從？」「負羈絏」傳凡數見，僖二十四年傳云「行者爲羈絏之僕」，足知此爲從行者之常語。將行，王孫賈曰：「苟衛國有難，工商未嘗不爲患，使皆行而後可。」公以告大夫，乃皆將行之。行有日，已定起程之期。公朝國人，使賈問焉，曰：「若衛叛晉，晉五伐我，病何如矣？」謂危及國家將如何。周禮小司寇之職「掌外朝之政以致萬民而詢焉，一曰詢國危」，此即其證。詳孫詒讓周禮正義。皆曰：「五伐我，猶可以能戰。」可以能連用，强調之辭。賈曰：「然則如叛之，如，當也。謂應當先叛晉。病而後質焉，何遲之有？」乃叛晉。晉人請改盟，弗許。說苑權謀篇云「趙氏聞之，縛涉佗而斬之，以謝於衛。成何走燕」云云，此因十年傳並言之。

八·八　秋，晉士鞅會成桓公侵鄭，杜注：「桓公，周卿士。」經不書成桓公，杜以爲「監帥，不親侵」，未必可信。士鞅專晉政，執宋樂祁，且扣留其尸，何用周卿士監督之？蓋此役亦爲周報鄭仇，成桓公僅以個人臨師，例不書。圍蟲牢，蟲牢，今河南封丘縣北，亦見成五年經、傳並經注。報伊闕也。六年鄭伐周闕外，晉因以師爲其報復。遂侵衛。杜注：「討叛。」

八·九　九月，師侵衛，晉故也。杜注：「魯爲晉討衛。」

八·一〇　季寤、公鉏極、公山不狃皆不得志於季氏，杜氏世族譜：「季寤，子言，意如子。」杜注：「季桓子之弟。」公鉏極，杜注：「公彌曾孫，桓子族子。」據襄二十三年傳「季武子無適子，公彌長」注「公彌，公鉏」，則公彌之後以公鉏爲氏。春秋分紀世譜六云：「公彌生頃伯，頃伯生隱侯伯，隱侯伯生公鉏極」，與杜注合。叔孫輒無寵於叔孫氏，杜注：「輒，叔孫氏之庶子。」叔仲志不得志於魯，杜氏世族譜：「叔仲志，定伯帶之孫。」梁履繩補釋：「帶，叔仲昭伯名，見襄七。」襄三十一年傳謂「叔仲帶竊其拱璧」，昭十二年傳敍帶之子小與南蒯、公子慭謀逐季氏，而季氏薄於叔仲帶之子與孫。故五人因陽虎。論語學而「因不失其親」，因有依靠、憑藉之義。陽虎欲去三桓，以季寤更季氏，杜注：「代桓子。」以叔孫輒更叔孫氏，杜注：「代武叔。」己更孟氏。杜注：「陽虎自代懿子。」冬十月，順祀先公而祈焉。杜注：「將作大事，欲以順祀取媚。」順祀即經之從祀，仍以閔公在僖公上，參經注。辛卯，辛卯，二日。禘于僖公。禘爲合祭羣先公之禮，宜于太廟行之，此于僖公廟行之者，杜注謂因順祀「當退僖公，懼於僖神，故於僖廟行順祀也」。或謂禘祭仍于太廟，此謂于僖公者，猶閔二年傳「吉禘于莊公」，爲莊公也。說亦有理有據。壬辰，壬辰，三日。將享季氏于蒲圃而殺之，蒲圃，魯城東門外地，亦見襄四年、十九年傳。戒都車，戒卽宣十二年傳「軍政不戒而備」之戒，勅令也。曰「癸巳至」。癸巳，四日。杜注：「都邑之兵車也。陽虎欲以壬辰夜殺季孫，明日癸巳以都車攻二家。」

成宰公斂處父告孟孫，曰：「季氏戒都車，陽虎戒都車，此言季氏，以陽虎爲季氏宰且劫持季氏也。何故？」孟孫曰：「吾弗聞。」處父曰：「然則亂也，必及於子，先備諸。」諸，之乎也。與孟孫以壬辰爲期。杜注：「處父期以兵救孟氏。壬辰先癸巳一日。」

陽虎前驅。將享季氏，前驅至蒲圃。林楚御桓子，虞人以鈹、盾夾之，據周禮山虞澤虞，每大山大澤俱有中士四人，下士若干。故能以鈹盾夾之。鈹爲長刃兵，盾爲防護牌。陽越殿。將如蒲圃。公羊此年傳云：「陽越者，陽虎之從弟也。」桓子咋謂林楚曰：咋同乍，卽孟子公孫丑上「今人乍見孺子將入於井」之乍，突然也。說參錢大昕十駕齋養新錄。「而先皆季氏之良也，良卽良臣。季桓子謂林楚，爾之先輩皆我家之良臣。爾以是繼之。」桓子已知陽虎之謀，欲林楚使之脫於禍。對曰：「臣聞命後。謂桓子告之已遲。陽虎爲政，魯國服焉，違之徵死，徵，召也。言違陽虎之命，招死而已。死無益於主。」桓子曰：「何後之有？而能以我適孟氏乎？」對曰：「不敢愛死，愛，惜也。言死猶不惜。懼不免主。」桓子曰：「往也！」孟氏選圉人之壯者三百人以爲公期築室於門外。據僖十七年傳「男爲人臣，女爲人妾。故名男曰圉，女曰妾」，可知圉已成男奴通稱。此圉人亦奴隸，說詳楊寬古史新探。杜注：「實欲以備難，不欲使人知，故僞築室於門外，因得聚衆。」公期，孟氏支子。林楚怒馬，怒馬，使馬怒。馬怒則奔馳，故公羊傳作「驟馬」。及衢而騁。陽越射之，不中。築者闔門。有自門間射陽越，殺之。陽虎劫公與武叔，杜注：「武叔，叔孫不敢之子州仇也。」以伐孟氏。公斂處父帥成人自上東門入，杜注謂上東門爲魯東城之北門。與陽氏戰于南門之內，弗勝；又戰于棘下，杜注：「城內地名。」陽氏敗。陽虎說甲如公宮，取寶玉、大弓以出，舍于五父之衢，寢而爲食。已寢而命人爲食也。其徒曰：「追其將至。」虎曰：「魯人聞余出，喜於徵死，此徵死與上文徵死不同。此徵字當讀爲紓，緩也。卽文十六年傳、定十四年傳之「紓死」。說詳楊樹達先生讀左傳。何暇追余？」從者曰：「嘻！速駕，公斂陽在。」陽，處父名。公斂陽請追之，孟孫弗許。陽欲殺桓子，孟孫懼而歸之。歸季桓子於季氏。子言辨舍爵於季氏之廟而出。杜注：「子言，季寤。辨猶周徧也。」徧實酒於爵，以置于祖禰之前，此古人將出奔告别之禮。公羊傳所敍與此有異。陽虎入于讙、陽關以叛。讙在今山東寧陽縣北而稍西，詳桓三年經注。陽關今山東泰安縣東南，詳襄十七年傳注。

八・二 鄭駟歂嗣子大叔爲政。杜注：「歂，駟乞子，子然也。爲明年殺鄧析張本。」

九年，庚子，公元前五〇一年。周敬王十九年、晉定十一年、齊景四十七年、衛靈三十四年、蔡昭十八年、鄭獻十三年、曹伯陽元年、陳閔公越元年、杞僖五年、宋景十六年、秦哀三十六年、楚昭十五年、吳闔廬十四年。

經

九・一 九年春王正月。正月二十三日辛巳冬至，建子。

九・二 夏四月戊申，戊申，二十二日。鄭伯蠆卒。無傳。「蠆」公羊作「囆」。

九・三 得寶玉、大弓。

九・四 六月，葬鄭獻公。無傳。

九・五 秋，齊侯、衛侯次于五氏。據彙纂，五氏在今河北邯鄲市西。

九・六 秦伯卒。無傳。既無月日，又不書名，蓋未來告。

九·七 冬，葬秦哀公。無傳。

傳

九·一 九年春，宋公使樂大心盟于晉，且逆樂祁之尸。辭，僞有疾；乃使向巢如晉盟，且逆子梁之尸。子梁即樂祁。據杜注，向巢爲向戌曾孫，然禮記檀弓孔疏引世本云：「向戌生東鄰叔子超，超生左師�」眇即巢，則爲向戌孫。顧棟高大事表十二下云：「未知孰是。」子明謂桐門右師出，杜注：「子明，樂祁之子溷也。右師，樂大心，子明族父也。」出謂出國迎尸。曰：「吾猶衰絰，此子明謂樂大心之言。樂祁以八年客死于晉，尚未歸葬，故子明雖逾年仍不除首絰。而子擊鐘，何也？」此蓋樂大心辭去晉而未另派向巢時之言。樂大心辭以疾，子明知其疾僞裝，故激而責之，使其迎父喪。意謂我在喪中，不能出國，汝則擊鐘爲樂，何故不出國。右師曰：「喪不在此故也。」言喪在晉。既而告人曰：「己衰絰而生子，余何故舍鐘？」此樂大心告人之言，謂子明雖自言在衰絰之中，而仍生子。父未葬而已生子，我爲兄弟者自不必捨鐘。子明聞之，怒，言於公曰：「右師將不利戴氏。戴氏指宋國，與呂氏春秋壅塞篇「此戴氏所以絶也」之「戴氏」同義。說詳楊樹達先生積微居小學金石論叢左傳戴氏考。不肯適晉，將作亂也。不然，無疾。」意謂若不欲作亂，何故無疾而辭以疾。乃逐桐門右師。據春秋經，逐右師在明年，傳終言之耳。

九·二 鄭駟歂殺鄧析，而用其竹刑。鄧析作刑律，書於竹簡，故名曰竹刑。魯昭六年子產曾鑄刑書，竹刑後出，或較子産所鑄爲强，故駟歂用之。荀子宥坐篇、吕氏春秋離謂篇、淮南子氾論訓、説苑指武篇以及僞列子力命篇俱言子産殺鄧析，張湛注列子云：「此傳云子産誅鄧析，左傳云駟歂殺鄧析而用其竹刑，子産卒後二十年而鄧析死也。」任大椿列子釋文考異謂辨鄧析非子産所殺始於張湛。然今所傳劉歆校上鄧析子敍引春秋左氏傳亦辯之。氾論訓高誘注亦引傳「鄭駟歂殺鄧析」，但未辨非子産殺之。漢書藝文志名家有鄧析二篇，而今本鄧析子則僞作。君子謂子然：「於是不忠。子然，駟歂字。苟有可以加於國家者，棄其邪可也。杜注：「加猶益也。棄，不責其邪惡也。」鄧析邪惡，吕氏春秋離謂篇曾載之，然未可盡信。靜女之三章，取彤管焉。詩邶風有靜女三章，此乃男女私約之詩，二章云：「静女其孌，貽我彤管。」杜注：「彤管，赤管筆，女史記事規誨之所執。」竿旄『何以告之』，取其忠也。竿旄在詩鄘風中，末云：「彼姝者子，何以告之？」此君子謂取作詩者之忠心。故用其道，不棄其人。詩云：『蔽芾甘棠，勿翦勿伐，召伯所茇。』甘棠，在詩召南中。詩蓋思念召公而作。甘棠，爾雅謂之杜或棠。爲喬木，高達十公尺。蔽芾爲樹高大覆貌。翦、伐義近，謂去枝或砍伐。茇，説文作「废」，舍也。思其人，猶愛其樹，況用其道而不恤其人乎！恤，顧也。不顧其人卽棄其人。子然無以勸能矣。」

九·三　夏，陽虎歸寶玉、大弓，書曰「得」，器用也。此釋經「得寶玉、大弓」。凡獲器用曰得，得用焉曰獲。意謂得一般器物，經用「得」字；得生物曰獲。孔疏云：「春秋書獲，唯有囚俘。除囚俘之外，唯有獲麟。」囚俘，人也；麟，獸也。

六月，伐陽關。杜注：「討陽虎也。」陽虎使焚萊門。杜注：「陽關邑門。」師驚，魯師驚駭。犯之而出，奔齊，陽虎因魯師之驚，突圍出而奔齊。請師以伐魯，曰：「三加，必取之。」謂三次加兵於魯，必取魯。齊侯將許之。鮑文子諫曰：「臣嘗爲隸於施氏矣，杜注：「施氏，魯大夫。文子，鮑國也。成十七年，齊人召而立之，至今七十四歲，於是文子蓋九十餘矣。」爲隸猶言爲臣。魯未可取也。上下猶和，衆庶猶睦，能事大國，而無天菑，菑，同災。若之何取之？陽虎欲勤齊師也，勤，勞也。齊師罷，大臣必多死亡，己於是乎奮其詐謀。己謂陽虎。夫陽虎有寵於季氏，而將殺季孫，以不利魯國，而求容焉。求容謂博取喜悅。說苑權謀篇云：「異日吾好音，此子遺吾琴；吾好佩，又遺吾玉，是不非吾過者也，自容於我者也，吾恐其以我求容也。」即此義。親富不親仁，孟子滕文公上引陽虎語曰：「爲富，不仁矣；爲仁，不富矣。」如此則陽虎乃爲富不仁。君焉用之？君富於季氏，而大於魯國，茲陽虎所欲傾覆也。謂陽虎欲傾覆齊侯之國。魯免其疾，疾猶言禍害。而君又收之，無乃害乎？」齊侯執陽虎，將東之。置之齊國東方。陽虎願東，杜注：「陽虎欲西奔晉，知齊必反己，故詐以東爲願。」乃囚諸西鄙。盡借邑人之車，鍥其軸，麻約而歸之。鍥即契，刻也。深刻車軸，以麻束之，而後還于借主。蓋知己逃，必用其車以追之，車軸被深刻，易折，則難追矣。載葱靈，寢於其中而逃。葱靈爲裝載衣物之車，此請裝載衣物於葱靈，而己寢于衣物之中，不使人見。追而得之，囚於齊。又以葱靈逃，奔宋，遂奔晉，阮刻本無「宋遂奔」三字，今從石經、宋本、淳熙本等及金澤文庫本增訂。適趙氏。此事亦見韓非子難四篇及說苑權謀篇。較此簡略。仲尼曰：「趙氏其世有亂乎！」韓非子外儲說左下云：「陽虎議曰：『主賢明，則悉心以事之；不肖，則飾姦而試之。』逐於魯，疑於齊，走而之趙，趙簡主迎而相之。左右曰：『虎善竊人國政，何故相也？』簡主曰：『陽虎務取之，我務守之。』遂執術而御之，陽虎不敢爲非，以善事簡主，興主之强，幾至於霸也。」

九·四 秋，齊侯伐晉夷儀。杜注：「爲衞討也。」夷儀，今河北邢臺市西，餘詳襄二十四年傳注。敝無存之父將室之，辭，以與其弟，杜注：「無存，齊人也。室之，爲取婦。」曰：「此役也，不死，反，必娶於高、國。」杜注：「高氏、國氏，齊貴族也。無存欲必有功，還取卿相之女。」先登，求自門出，死於霤下。先登城牆，又欲自其城門出，戰死于城門檐溝之下。東郭書讓登，讓登者，搶登耳，讓借爲攘，實已欲先登。杜注謂「讓衆使後，而已先登」，不確。犂彌從之，曰：「子讓而左，我讓而右，使登者絶而後下。」犂彌告東郭書，書争登而向左，己争登而向右，登者盡而後齊下。書左，彌先下。書信其言而左行，犂彌則先下。書與王猛息。王猛卽犂彌。杜注：「戰訖共止息。」猛曰：「我先登。」書斂甲，曰：「曩者之難，今又難焉！」東郭書取甲欲着而與王猛相鬬，且曰，昔汝欲我左，使我爲難；今日以此驕我，又使我爲難！猛笑曰：「吾從子，如驂之有靳。」古代戰車駕四馬，兩旁之馬曰驂。中間二馬曰服。服背有靳，靳亦曰游環，詩秦風小戎「游環脅驅」是也。兩驂之轡由外貫于游環中，而總於御者。則靳所以使驂隨服，不致外出或前行。王猛之意，吾必如驂，行在服馬後。

晉車千乘在中牟，中牟有二説，彙纂、江永考實、顧祖禹方輿紀要、高士奇地名考略、洪亮吉詁俱從史記趙世家正義之説，謂在今河南湯陰縣西。而顧棟高大事表九則謂約當在河北邢臺市與邯鄲市之間。衞侯將如五氏，五氏，今河北邯鄲市西。卜過之，經過中牟。龜焦。灼龜而龜焦，則不成兆。衞侯曰：「可也！衞車當其半，寡人當其半，敵矣。」衞車五百輛，衞侯自謂己能當五百輛，則敵晉中牟之車千輛矣。乃過中牟。中牟人欲伐之。衞褚師圃亡在中牟，曰：「衞雖小，其君在焉，未可勝也。齊師克城而驕，杜注：「城謂夷儀。」其帥又賤，率齊師者不知何人，杜注謂爲東郭書，未必確。遇，必敗之，不如從齊。」乃伐齊師，敗之。杜注：「獲齊車五百乘，事見哀十五年。」齊侯致禚、媚、杏於衞。杜注：「三邑皆齊西界，以答謝衞意。」禚，疑在今山東長清縣境，餘詳莊二年經注。杏當在今山東在平縣南博平廢治境內。媚在今山東禹城縣。

齊侯賞犂彌，犂彌辭，曰：「有先登者，臣從之，皙幘而衣貍製。」蓋犂彌與東郭書本不相識，故僅言其衣著。幘，說文：「髮有巾曰幘。」段玉裁注引方言：「覆髻謂之幘巾。」皙，白色。杜注以幘爲𪙊，謂齒上下相值。製，今之斗篷，以貍爲之，故曰貍製。說見俞正燮癸巳類稿卷三製解。公使視東郭書，曰：「乃夫子也——吾貺子。」言以齊侯之賞與之。「乃夫子也」係對他人語。「吾貺子」係向東郭書言。公賞東郭書，辭，曰：「彼，賓旅也。」阮芝生杜註拾遺云：「觀犂彌與書同事而不相識，疑係他國之人初仕于齊者，故書以賓旅稱之。」陶鴻慶別疏：「賓旅，猶言羈旅之臣。」乃賞犂彌。

齊師之在夷儀也，齊侯謂夷儀人曰：「得敝無存者，以五家免。」杜注：「給其五家，令常不共役事。」乃得其尸。公三襚之，說文：「襚，衣死人也。」三襚，遷尸於襲上而衣之，爲一襚；小斂又衣之，二襚；大斂又衣，三襚。與之犀軒與直蓋，軒乃高貴者所乘之車，犀軒，則以犀皮爲飾者。直蓋，高蓋，卽今之長柄傘，與之以殉葬。而先歸之。坐引者，以師哭之，出葬時，軍隊哭臨，挽車者不敢立，乃坐。古之坐，似今之跪。親推之三。親推喪車三次。

十年，辛丑，公元前五〇〇年。周敬王二十年、晉定十二年、齊景四十八年、衞靈三十五年、蔡昭十九年、鄭聲公勝元年、曹陽二年、陳閔二年、杞僖六年、宋景十七年、秦惠公元年、楚昭十六年、吳闔廬十五年。

經

10・1 十年春王三月，三月初五丁亥冬至，建亥，有閏月。及齊平。杜注：「平前八年再侵齊之怨。」

10・2 夏，公會齊侯于夾谷。公羊、穀梁作「頰谷」。杜注：「平故。」夾谷有三，此夾谷乃今山東萊蕪縣之夾谷峪，詳顧炎武日知録卷三十一夾谷。

10・3 公至自夾谷。無傳。

10・4 晉趙鞅帥師圍衞。

10・5 齊人來歸鄆、讙、龜陰田。杜注：「三邑，皆汶陽田也。」鄆，在今山東鄆城縣東十六里，餘詳成四年經注。讙在今山東寧陽縣西北三十餘里，參桓三年經注。龜陰，在新泰縣西南、泗水縣東北處。

10・6 叔孫州仇、仲孫何忌帥師圍郈。杜注：「郈，叔孫氏邑。」

10・7 秋，叔孫州仇、仲孫何忌帥師圍郈。圍郈兩次，而季節不同，故兩言之。「郈」公羊作「費」，不足據。

10·八 宋樂大心出奔曹。公羊作「樂世心」。傳于去年已言之。

10·九 宋公子地出奔陳。「地」，公羊作「池」，後同。楊峴春秋左氏古義云：「『地』與『池』隸變形近，古書多渾。」

10·10 冬，齊侯、衞侯、鄭游速會于安甫。無傳。「安」公羊作「牽」。杜注：「安甫，地闕。」

10·11 叔孫州仇如齊。

10·12 宋公之弟辰暨仲佗、石彄出奔陳。「暨」下，公羊、穀梁俱有「宋」字，金澤文庫本亦有。傳文叔孫州仇如齊在此後，乃依時紀實。經書辰奔在聘後，杜預謂「從告」。

傳

10·1 十年春，及齊平。

10·2 夏，公會齊侯于祝其，實夾谷。杜注：「夾谷即祝其也。」孔丘相，杜注：「相會儀也。」全祖望經史答問謂夾谷之相，正孔丘爲卿之證。春秋時，所重莫如相，凡相其君而行者，非卿不出。魯十二公之中，自僖而下，其相君者皆三家，皆卿也。魯之卿，非公族不得任。而是時以陽虎諸人之亂，孔丘遂由庶姓儼然得充其使，是破格而用之者也。犂彌言於齊侯曰：「孔丘知禮而無勇，若使萊人以兵劫魯侯，必得志焉。」杜注：「萊人，齊所滅萊夷也。」萊夷原在今山東煙臺地區一帶，今黃縣東南萊子城，爲萊國故城。襄公六年，齊滅萊，遷萊于郳。水經淄水注云「萊蕪故城在萊蕪谷。舊說云，齊靈公滅萊，萊民播流此谷，邑落荒蕪，故曰萊蕪」云云。則夾谷本爲萊人流落之地，齊侯可就地召用之。犂彌，齊世家作犂鉏。齊侯從之。孔丘以公退，曰：「士兵之！令魯戰士擊萊人。春秋時，雖盟會，亦有軍旅從，四年傳「君行師從」是也。兩君合好，而裔夷之俘以兵亂之，范文瀾通史簡編云：「裔指夏以外的地，夷指華以外的人。」據下文，此說可信。非齊君所以命諸侯也。裔不謀夏，夷不亂華，俘不干盟，萊人本齊國戰俘，故稱之爲俘。干，犯也。兵不偪好——於神爲不祥，杜注：「盟將告神，犯之爲不善。」於德爲愆義，於人爲失禮，君必不然。」齊侯聞之，遽辟之。使萊兵去。

將盟，齊人加於載書曰：「齊師出竟而不以甲車三百乘從我者，有如此盟！」此句乃齊單方面加于載書之辭。孔丘使茲無還揖對，杜注：「無還，魯大夫」，則杜預以茲爲姓。廣韻「茲」字注同。然通志氏族略五謂茲毋爲複姓，舉此茲毋還爲例。「毋」、「無」二字古通用。曰：「而不反我汶陽之田，吾以共命者，亦如之！」杜注：「須齊歸汶陽田，乃當共齊命。」

齊侯將享公。孔丘謂梁丘據曰：「齊、魯之故，吾子何不聞焉？杜注：「故，舊典。」事既成矣，杜注：「會事成。」而又享之，是勤執事也。且犧、象不出門，嘉樂不野合。杜注：「犧、象，酒器，犧尊、象尊也。嘉樂，鐘、磬也。」南史劉杳傳：「杳嘗於沈約坐，語及宗廟犧尊。杳曰：『魏時，魯郡地中得齊大夫子尾送女器，有犧尊作犧牛形。晉永嘉中，賊曹嶷於青州發齊景公冢，又得二尊，形亦爲牛、象，二處皆古之遺器。』約大以爲然。」饗而既具，既，盡也。意謂在此夾谷行享禮，犧尊、象尊，鐘、磬盡備。是棄禮也；因犧、象不出國門，鐘、磬不合奏於野之故。若其不具，用秕稗也。杜注：「秕，穀不成者。稗，草之似穀者。言享不具禮，穢薄若秕稗。」用秕稗，君辱；

君指齊侯。謂享不具禮，有辱齊君。棄禮，名惡。子盍圖之！夫享，所以昭德也。不昭，不如其已也。」已，止也。謂不如不享。乃不果享。江永鄉黨圖考云：「夾谷事以左氏爲信，穀梁、史記、家語皆有斬侏儒事，後儒僞造也。」梁玉繩史記志疑云：「夾谷之會，左、穀述此事各異，史合採二傳又不同。家語但竊二傳、史記以成文。」張文鱻螺江日記續編云：「夾谷之會，史記孔子世家又添出晏子一人，實屬誣罔。晏子代父桓子爲大夫，在魯襄十七年，是時孔子尚未生。乃閱五十六年，而會於夾谷時，孔子已五十有二，晏子恐未必尚在。左氏記晏子事極詳，乃自魯昭二十六年以後，竟無一言見於內、外傳，意其人在昭、定之間已經物故。」其餘據左傳以駁穀梁、史記者，崔述洙泗考信録最詳。

一〇·三 齊人來歸鄆、讙、龜陰之田。陽虎于去年以此奔齊。經敍歸田於「晉趙鞅帥師圍衛」後，傳敍于此，蓋因夾谷之會而傳其終，不以時爲次。

晉趙鞅圍衛，報夷儀也。因去年齊爲衛取夷儀，故晉圍衛以報復。

一〇·四 初，衛侯伐邯鄲午於寒氏，午爲晉邯鄲大夫。邯鄲本衛邑，後屬晉，午爲宰。戰國時趙肅侯都此，在今河北邯鄲市西南三十里。寒氏卽去年經之五氏。城其西北而守之，城爲動詞，攻城也。謂攻破寒氏城西北隅而以兵守之。宵熸。杜注：「午衆宵散。」及晉圍衛，午以徒七十人門於衛西門，殺人於門中，曰：「請報寒氏之役。」衛取寒氏爲過去事，故去年衛侯將去寒氏。今年午參與晉圍衛之役，乃以步兵七十人攻衛西門，衛不懼午，開門與之鬭，午曾殺傷衛兵，反自得意，言報寒氏之敗。涉佗曰：「夫子則勇矣，然我往，必不敢啓門。」言衛人畏己甚於畏午。亦以徒七十人旦門焉，步左右，皆至而立，如植。杜注：「至其門下，行步門左右，然後立待，如立木不動，以示整。」日中不啓門，乃退。衛人畏之不敢開門，於是退。反役，圍衛而不能破之，又不敢久留，故兵返。晉人討衛之叛故，討，責問。曰：「由涉佗、成何。」見八年傳。於是執涉佗，以求成於衛。衛人不許。晉人遂殺涉佗，成何奔燕。此燕不知是南燕否。若是，則南燕尚存。然自桓十三年以後，南燕已不見于經；自莊十九、二十年後，亦不見于傳，恐此是北燕也。君子曰：「此之謂棄禮，必不鈞。欲辱衛侯，本趙鞅之意，涉佗、成何不過自告奮勇而往耳。成何言衛僅比晉之縣邑，涉佗則推衛侯之手，皆無禮，而罪之輕重不同，涉佗爲重。詩曰：『人而無禮，胡不遄死？』詩鄘風相鼠。杜注：「遄，速也。」涉佗亦遄矣哉！」

一〇·五 初，叔孫成子欲立武叔，公若藐固諫，曰：「不可。」成子立之而卒。公南使賊射之，不能殺。杜注：「公南，叔孫家臣，武叔之黨。」但楊樹達先生讀左傳以公南黨公若而射武叔，録以存參。公南爲馬正，使公若爲郈宰。武叔既定，使郈馬正侯犯殺公若，不能。其圉人曰：杜注：「武叔之圉人。」于鬯香草校書謂：「順文讀之，自是知爲侯犯之圉人矣。周禮校人職，掌王馬之政。王官校人之下有圉人，故家臣馬正之下亦有圉人。」「吾以劍過朝，朝謂郈宰之朝。公若必曰：『誰之劍也？』吾稱子以告，必觀之。吾僞固而授之末，則可殺也。」據禮記少儀，授人以刀劍，必以刀劍柄或環向受者，而以刀劍鋒刃向己。此圉人僞爲固陋不知禮者，而以劍刃授公若。使如之。公若曰：「爾欲吳王我乎？」吳王謂吳王僚，爲鱄設諸所殺，見昭二十七年傳。公若見圉人以劍鋒向己，便呵斥之，謂爾欲以我爲吳王僚乎，即刺殺己也。遂殺公若。侯犯以郈叛，武叔、懿子圍郈，弗克。懿子即經文之「仲孫何忌」，孟懿子也。

秋，二子及齊師復圍郈，弗克。叔孫謂郈工師駟赤曰：杜注：「工師，掌工匠之官。」姚鼐補注云：「孔子弟子有壤駟赤，字子徒。」然鄭玄以其爲秦人，未必即此駟赤。「郈非唯叔孫氏之憂，社稷之患也，將若之何？」對曰：「臣之業在揚水卒章之四言矣。」業，事也。揚水即揚之水，釋文云：「或作揚之水。」在今詩唐風。杜注解四言爲「我聞有命」四字，是也，即許之之意。或謂揚之水末章四句，四言即末章之四句，不確。叔孫稽首。杜注：「謝其受己命。」駟赤謂侯犯曰：「居齊、魯之際而無事，必不可矣。無事，杜注：「無所服事。」子盍求事於齊以臨民？不然，將叛。」謂將有叛之者。侯犯從之。齊使至。駟赤與郈人爲之宣言於郈中曰：郈人，郈邑之羣吏而黨于駟赤者。爲之，因之也，因齊使至。「侯犯將以郈易于齊，易謂易地，下文「倍與子地」可證。杜注「謂易其民人」，誤。齊人將遷郈民。」衆兇懼。杜注：「不欲遷。」駟赤謂侯犯曰：「衆言異矣。異謂不與侯犯同。子不如易於齊，與其死也，此倒裝句，本應作「與其死也，不如易於齊」。猶是郈也，謂以郈換齊他邑，他邑亦郈也。而得紓焉，紓，禍害緩和。何必此？此指郈。齊人欲以此偪魯，必倍與子地。且盍多舍甲於子之門以備不虞。」甲，古代護身之衣。置甲於門，有事易於取用，故云備不虞。侯犯曰：「諾。」乃多舍甲焉。侯犯請易於齊，齊有司觀郈。將至，駟赤使周走呼曰：「齊師至矣！」時郈在被圍後，齊有關方面來觀察郈邑者必率多人，故駟赤能使人徧跑呼齊師至。郈人大駭，介侯犯之門甲，郈人取侯犯所置門內之甲而着之。以圍侯犯。駟赤將射之，杜注：「僞爲侯犯射郈人。」侯犯止之，曰：「謀免我。」侯犯請行，許之。駟赤先如宿，宿，齊邑，在今山東東平縣東南二十里。由郈往宿，不過西行十餘里。餘詳隱元年經注。侯犯殿。每出一門，郈人閉之。閉其已出之門，恐其復入也。及郭門，止之，曰：「子以叔孫氏之甲出，有司若誅之，杜注：「誅，責也。」之，指失叔孫之甲。羣臣懼死。」駟赤曰：「叔孫氏之甲有物，杜注：「物，識也。」謂叔孫氏之甲有標記。吾未敢以出。」犯謂駟赤曰：「子止而與之數。」杜注：「數甲以相付。」駟赤止，而納魯人。侯犯奔齊。齊人乃致郈。侯犯請易地時，曾以郈邑之地圖戶籍等簿册與齊，此時齊人仍與魯。

10·6 宋公子地嬖蘧富獵，據下文，知地爲景公之庶母弟，景公胞弟辰之兄。十一分其室，而以其五與之。杜注：「與富獵也。」公子地有白馬四，公嬖向魋，魋欲之。杜注：「向魋，司馬桓魋也。」禮記檀弓上稱之爲桓司馬。公取而朱其尾、鬣以與之。鬣，馬頸上之長毛。地怒，使其徒抶魋而奪之。魋懼，將走，公閉門而泣之，向魋泣以留之。目盡腫。母弟辰曰：景公同母弟辰謂公子地曰。「子分室以與獵也，而獨卑魋，亦有頗焉。重獵而輕魋，故云有不公平。子爲君禮，杜注：「禮辟君也。」于鬯校書云：「爲君禮當指其平日事君以禮。」又一說，讀禮爲體，儀禮喪服傳云：「昆弟一體也。」不過出竟，君必止子。」公子地出奔陳，公弗止。辰爲之請，弗聽。辰曰：「是我迋吾兄也。迋，說文作誑，欺也。吾以國人出，君誰與處？」冬，母弟辰暨仲佗、石彄出奔陳。杜注：「佗，仲幾子；彄，褚師段子，皆宋卿，衆之所望，故言國人。」

10·7 武叔聘于齊，杜注：「謝致郈也。」經書辰奔在聘後者，從告。」齊侯享之，曰：「子叔孫！若使郈在君之他竟，寡人何知焉？意謂他國可能取之，我不能預料。屬與敝邑際，際，交界。故敢助君憂之。」杜注：「以致郈德叔孫。」君皆指魯君。對曰：「非寡君之望也。意謂魯君不以此爲德。所以事君，封疆社稷是以，杜注：「以猶爲也。」意謂爲國家土地之安全，於是事齊。敢以家隸勤君之執事？家隸即家臣，此指侯犯。言中之意，侯犯之叛，齊亦參與。夫不令之臣，令，善也。天下之所惡也，君豈以爲寡君賜？」杜注：「言義在討惡，非所以賜寡君。」

十一年，壬寅，公元前四九九年。周敬王二十一年、晉定十三年、齊景四十九年、衞靈三十六年、蔡昭二十年、鄭聲二年、曹陽三年、陳閔三年、杞僖七年、宋景十八年、秦惠二年、楚昭十七年、吴闔廬十六年。

經

一一·一　十有一年春，正月十六日壬辰冬至，建子。宋公之弟辰及仲佗、石彄、公子地自陳入于蕭以叛。蕭，宋邑，今安徽蕭縣治西北十五里。參見莊十二年傳、宣十二年經並注。

一一·二　夏四月。

一一·三　秋，宋樂大心自曹入于蕭。

一一·四　冬，及鄭平。杜注：「平六年侵鄭取匡之怨。」叔還如鄭涖盟。杜注：「還，叔詣曾孫。」孔疏云：「世族譜云：

『叔還，叔弓曾孫也。』又世本云：『叔弓生定伯閱，閱生西巷敬叔，叔生成子還。』還爲叔弓曾孫，杜云『叔詣曾孫』，傳寫誤耳。」

傳

一一・一 十一年春，宋公母弟辰暨仲佗、石彄、公子地入于蕭以叛。秋，樂大心從之，大爲宋患，寵向魋故也。

一一・二 冬，及鄭平，始叛晉也。杜注：「魯自僖公以來，世服於晉，至今而叛，故曰始。」晉因趙、范內鬨，同盟解體，於是齊、鄭、衛、魯四國之好逐漸形成，晉遂失諸侯。

十二年，癸卯，公元前四九八年。周敬王二十二年、晉定十四年、齊景五十年、衛靈三十七年、蔡昭二十一年、鄭聲三年、曹陽四年、陳閔四年、杞僖八年、宋景十九年、秦惠三年、楚昭十八年、吳闔廬十七年。

經

一二・一 十有二年春，薛伯定卒。無傳。

一二・二 夏，葬薛襄公。無傳。

一二·三 叔孫州仇帥師墮郈。杜注：「墮，毀也。患其險固，故毀壞其城。」

一二·四 衞公孟彄帥師伐曹。杜注：「彄，孟縶子。」孔疏：「世族譜云：『孟縶無子，靈公以其子彄爲之後也。』爲後則爲其子。縶字公孟，故即以公孟爲氏。」

一二·五 季孫斯、仲孫何忌帥師墮費。

一二·六 秋，大雩。無傳。

一二·七 冬十月癸亥，癸亥，二十七日。公會齊侯盟于黄。無傳。「齊侯」，公羊作「晉侯」。毛奇齡簡書刊誤云：「魯定與齊景同謀叛晉，故爲此盟，乃又改『齊』作『晉』，茫然不知矣。」黄在今山東淄博市東北，互詳桓十七年及宣八年經並注。

一二·八 十有一月丙寅朔，日有食之。無傳。此爲公元前四九八年九月二十二日之日環食。王韜春秋日食辨正云：「是年正月二十七日丁酉冬至，中間有閏，推得十月丙寅朔日食。經書十一月，蓋失一閏也。」王夫之稗疏説同。馮澂春秋日食集證並云：「失五月一閏耳。」

一二·九 公至自黄。無傳。

一二·一〇 十有二月，公圍成。

一二·一一 公至自圍成。無傳。杜注：「國内而書『至』者，成彊若列國，興動大衆，故出入皆告廟。」並參孔疏引杜氏釋例。

傳

一二·一 十二年夏，衛公孟彄伐曹，克郊。杜注：「郊，曹邑。」據彙纂在今山東菏澤縣界。還，滑羅殿。杜注：「羅，衛大夫。」未出，不退於列。未出者，未出曹國邊境也，則殿後之師應退列在其他部隊之後，而羅不如此。其御曰：「殿而在列，其爲無勇乎！」滑羅之御者謂滑羅，斷後之部隊而在各部隊行列之中，將認爲無勇。羅曰：「與其素厲，寧爲無勇。」杜注：「素，空也。厲，猛也。」蓋斷後，意在敵兵追襲，掩護前進部隊。滑羅知曹不敢追，則斷後爲徒猛。與其如此，寧被無勇之名。

一二·二 仲由爲季氏宰，仲由字子路，論語記載其言行甚多，史記仲尼弟子列傳亦傳之。將墮三都，三都，魯三桓之采邑，季孫氏之費、叔孫氏之郈、孟孫氏之成也。此時三都之宰又各控制三都以凌三家，如南蒯以費叛，季孫甚苦之；侯犯據郈，兩次圍攻不能克，子路因勢利導，故叔孫、季氏能從其言。於是叔孫氏墮郈。季氏將墮費，公山不狃、叔孫輒帥費人以襲魯。杜注：「不狃，費宰也。輒不得志於叔孫氏。」蓋此時子路已率兵墮費，魯都空虛，不狃等因得而入魯。公與三子入于季氏之宮，論語憲問述魯哀公答孔丘請討陳恒之言曰「告夫三子」，則季孫、叔孫、孟孫三人稱爲「三子」，乃當時習語。登武子之臺。水經泗水注：「阜上有季氏宅，宅有武子臺。今雖崩夷，猶高數丈。」顧祖禹方輿紀要云：「季武子臺在曲阜城東北五里，舊志云在魯東門内。」費人攻之，弗克。入及公側，杜注：「至臺下。」俞樾茶香室經說謂「疑此『入』字乃『矢』字之誤。言費人自臺下仰攻，故矢及公側也。襄二十三年傳『矢及君屋』可以爲例。」仲尼命申句須、樂頎下，伐之，杜注：「二子，魯大夫。仲尼時爲司寇。」費人北。國人追之，敗諸姑蔑。姑蔑卽隱元年經、傳之蔑，在今山東泗水縣東四十五里。此孔丘敗公山不狃，論語陽貨篇有「公山弗擾以費畔，召，子欲往」一事，則與此相反。前人論之者甚多。弗擾卽不狃，確無可疑。雖係一人，事則兩時。某氏云：「要之，不狃可以召孔子，而孔子實未往，其事當在定公八、九年之間」云云，或然也。二子奔齊，杜注：「二子，不狃、叔孫輒。」遂墮費。

將墮成，公斂處父謂孟孫：服虔云：「公斂處父，成宰也。」「墮成，齊人必至于北門。成在今山東寧陽縣東北九里，在魯都稍西而北五十餘里，魯北境。且成，孟氏之保障也。無成，是無孟氏也。子僞不知，我將不墮。」孔子世家全採此傳。

冬十二月，公圍成，弗克。

經

十三年，甲辰，公元前四九七年。周敬王二十三年、晉定十五年、齊景五十一年、衞靈三十八年、蔡昭二十二年、鄭聲四年、曹陽五年、陳閔五年、杞僖九年、宋景二十年、秦惠四年、楚昭十九年、吳闔廬十八年。

一三·一 十有三年春，正月初八壬寅冬至，建子。齊侯、衞侯次于垂葭。公羊作「垂瑕」。穀梁無「衞侯」二字，趙坦異文箋云「脫」。沈欽韓地名補注云：「山東通志，垂葭在曹州府鉅野縣西南境。按：葭密城在菏澤縣西北二十五里葭密寨。疑垂葭即葭密，非是二處。」鉅野縣今作巨野縣。

一三・二 夏，築蛇淵囿。無傳。據水經汶水注，囿當在今肥城縣南汶河北岸。

一三・三 大蒐于比蒲。無傳。昭十一年亦大蒐于比蒲，明年亦大蒐于比蒲。

一三・四 衞公孟彄帥師伐曹。無傳。

一三・五 秋，晉趙鞅入于晉陽以叛。晉陽在今太原市西南二十餘里。

一三・六 冬，晉荀寅、士吉射入于朝歌以叛。公羊荀寅下有一「及」字，趙坦異文箋謂「衍」。杜注：「吉射，士鞅子。」朝歌，今河南淇縣治。

一三・七 晉趙鞅歸于晉。

一三・八 薛弒其君比。無傳。

傳

一三・一 十三年春，齊侯、衞侯次于垂葭，實郥氏。「郥」本作「郹」，誤，今從阮元校勘記及金澤文庫本訂。郥音決。使師伐晉。將濟河，諸大夫皆曰不可，邴意茲曰：「可。銳師伐河內，河內本衞國，衞遷楚丘後，河內屬晉，今河南汲縣。見大事表七之三。傳必數日而後及絳。傳謂傳車，即驛傳。河內距絳遠，驛車奔馳，亦必歷數日而後到。絳不三月不能出河，言絳聞警，整頓軍馬，且師行緩慢，至少三個月始能渡河。則我既濟水矣。」此時，我已返師回黄河之東矣。此時之黄河，經河南原陽、延津諸縣西北而東北流，又經濮陽西而北，齊、衛皆在河東。乃伐河内。

齊侯皆斂諸大夫之軒，唯邴意茲乘軒。以諸大夫皆言不可伐晉，唯邴意茲能料敵而主伐河内。齊侯欲與衛侯乘，同乘一戰車。與之宴而駕乘廣，乘廣，本楚戰車名，齊亦有之。駕乘廣之駕與孟子梁惠王下「今乘輿已駕矣」之駕同義，謂車馬已套好。載甲焉。使告曰：「晉師至矣！」齊侯曰：「比君之駕也，寡人請攝。」言及君車駕好，我請攝御。攝，代也。代其駕御也。此乃齊侯明知晉師未至，作鎮定語，亦表面謙虚之辭。衛君在讌會中，戰車已解馬，突聞晉師至，自不待衛車之駕，而與齊侯共載。于鬯校書、陶鴻慶別疏、吴闓生文史甄微皆糾纏于「比」字之義，仍未得其解，故不述。楊樹達先生讀左傳始粗得其義。乃介而與之乘，介，着所載之甲。驅之。驅馳欲臨陣，齊侯僞示勇。或告曰：「無晉師。」乃止。

一三・二 晉趙鞅謂邯鄲午曰：孔疏引世族譜，「趙衰，趙夙之弟也。衰生盾，盾生朔，朔生武，武生成，成生鞅，其家爲趙氏。夙孫穿，穿生旃，旃生勝，勝生午，其家爲耿氏。」孔疏又云：「計衰至鞅、夙至午皆六代，今俗所謂五從兄弟，是同族也。別封邯鄲，世不絶祀。」「歸我衛貢五百家，吾舍諸晉陽。」午許諾。杜注：「十年，趙鞅圍衛，衛人懼，貢五百家，鞅置之邯鄲。今欲徙著晉陽。晉陽，趙鞅邑。」歸告其父兄。服虔云：「午之諸父兄卽邯鄲中長老。」詳見李貽德賈服注輯述。父兄皆曰：「不可。衛是以爲邯鄲，言衛因此助邯鄲也。若五百家徙走，衛將仇邯鄲。而寘諸晉陽，絶衞之道也。絶和好往來之道。不如侵齊而謀之。」杜注：「侵齊，則齊當來報，欲因齊而從，則衞與邯鄲好不絶。」乃如之，而歸之于晉陽。侵齊而後歸五百家於晉陽。姚鼐補注謂「乃侵齊，虜略齊人，歸之晉陽，以替衞貢」云云，傳所未言，可謂横生支節。趙孟怒，召午，而囚諸晉陽，杜注：「趙鞅不察其謀，謂午不用命，故囚之。」蓋午侵齊而後歸衞貢，鞅嫌其遲耳。使其從者説劍而入，涉賓不可。杜注：「涉賓，午家臣。」不肯解劍。乃使告邯鄲人曰：「吾私有討於午也，二三子唯所欲立。」趙鞅使人告邯鄲人，欲殺午，而聽邯鄲另立午之宗親以安之。遂殺午。趙稷、涉賓以邯鄲叛。杜注：「稷，趙午子。」夏六月，上軍司馬籍秦圍邯鄲。邯鄲午，荀寅之甥也；荀寅，范吉射之姻也，杜注：「壻父曰姻。荀寅子娶吉射女。」而相與睦，故不與圍邯鄲，將作亂。杜注：「作亂，攻趙鞅。」董安于聞之，韓非子十過篇：「董閼于，簡主之才臣。」閼于即安于，韓非子難言、觀行兩篇均作「安于」。董安于事散見韓非子各篇，亦見于史記趙世家、扁鵲倉公列傳、戰國策、吕氏春秋、淮南子及論衡率性篇等書中。告趙孟，曰：「先備諸？」趙孟曰：「晉國有命，始禍者死，爲後可也。」安于曰：「與其害於民，寧我獨死。杜注：「懼見攻，必傷害民。」請以我説。」杜注云：「晉國若討，可殺我以自解説。」則杜以安于勸趙鞅先於荀、范發難。以明年傳梁嬰父言觀之，趙氏實先發難，而安于亦死。趙孟不可。

秋七月，范氏、中行氏伐趙氏之宫，趙鞅奔晉陽，晉人圍之。范氏，士吉射也；中行氏，荀寅也。

范皋夷無寵於范吉射，而欲爲亂於范氏。杜注：「皋夷，范氏側室子。」梁嬰父嬖於知文子，賈逵云：「梁嬰父，晉大夫也。」杜注：「文子，荀躒。」文子欲以爲卿。韓簡子與中行文子相惡，杜注：「簡子，韓起孫不信也。中行文子，荀寅也。」魏襄子亦與范昭子相惡。杜注：「襄子，魏舒孫曼多也。昭子，士吉射。」故五子謀，杜注：「五子，范臯夷、梁嬰父、知文子、韓簡子、魏襄子。」將逐荀寅，而以梁嬰父代之；逐范吉射，而以范臯夷代之。荀躒言於晉侯曰：「君命大臣，始禍者死，載書在河。杜注：「爲盟書沈之河。」今三臣始禍，賈逵云：「范、中行、趙也。」而獨逐鞅，刑已不鈞矣。請皆逐之。」冬十一月，荀躒、韓不信、魏曼多奉公以伐范氏、中行氏，弗克。

二子將伐公。二子，范氏、中行氏。齊高彊曰：杜注：「高彊，齊子尾之子，昭十年奔魯；遂適晉。」高彊離齊三十六年，猶稱齊高彊，此例亦有之。「三折肱知爲良醫。此蓋古人常語，孔叢子嘉言篇「三折肱爲良醫」，說苑雜言篇「三折肱而成良醫」，楚辭惜誦「九折臂而成醫兮」，猶今言久病知醫。唯伐君爲不可，民弗與也。我以伐君在此矣。以己之教訓告之。三家未睦，杜注：「三家，知、韓、魏。」可盡克也。克之，君將誰與？言若盡克三家，晉公自與范、中行。若先伐君，是使睦也。」弗聽，遂伐公。國人助公，二子敗，從而伐之。三家從而伐范、中行。丁未，十八日。荀寅、士吉射奔朝歌。

韓、魏以趙氏爲請。爲趙氏請歸。十二月辛未，辛未，十二日。趙鞅入于絳，盟于公宫。

一三·三
初，衞公叔文子朝，世本：「衞獻公生成子當，當生文子拔（傳作發），拔生朱，爲公叔氏。」鄭玄云：「朱，春秋作『戌』。」據檀弓下，其謚全文應爲「貞惠文子」，「文子」蓋其省稱。而請享靈公。杜注：「欲令公臨其家。」退，見史鰌而告之。杜注：「史鰌，史魚。」論語衞靈公篇：「子曰：『直哉史魚！邦有道，如矢；邦無道，如矢。』」韓詩外傳七曾載其「尸諫」事。史鰌曰：「子必禍矣！子富而君貪，其及子乎！」言禍將及衛。文子曰：「然。吾不先告子，是吾罪也。君既許我矣，其若之何？」史鰌曰：「無害。子臣，可以免。杜注：「言能執臣禮。」于鬯校書謂「臣者，屈服之義也」，亦通。富而能臣，必免於難。上下同之。杜注：「言尊卑皆然。」戍也驕，杜注：「戍，文子之子。」「戍」各本多誤作「戌」，依校勘記正。其亡乎！富而不驕者鮮，吾唯子之見。言唯見子富而不驕。驕而不亡者，未之有也。戍必與焉。」及文子卒，衛侯始惡於公叔戍，以其富也。公叔戍又將去夫人之黨，杜注：「靈公夫人，南子。黨，宋朝之徒。」夫人愬之曰：「戍將爲亂。」當與下年傳連讀，本經自經，傳自傳，自經傳相插，此傳遂爲經所隔開。

十四年，乙巳，公元前四九六年。周敬王二十四年、晉定十六年、齊景五十二年、衛靈三十九年、蔡昭二十三年、鄭聲五年、曹陽六年、陳閔六年、杞僖十年、宋景二十一年、秦惠五年、楚昭二十年、吳闔廬十九年、越句踐元年。

經

一四・一　十有四年春，正月十九日戊申冬至，建子，有閏。衛公叔戍來奔。衛趙陽出奔宋。「衛趙陽」公羊、穀梁俱作「晉趙陽」。毛奇齡簡書刊誤云：「趙陽，衛大夫趙氏名陽者，以其黨于公叔文子之子公叔戍，故衛侯並逐之。杜氏謂趙陽即趙黶之孫，而正義據世本謂『懿子兼（即趙黶）生昭子舉，舉生趙陽』，是顯有明據。而公、穀極陋，祇知晉有趙氏，他國未必有，遂奮筆改此。此與前『齊欒施來奔』改『晉欒施』，同一笑話。」

一四·二 二月辛巳，辛巳，二十三日。楚公子結、陳公孫佗人帥師滅頓，以頓子牂歸。「二月」公羊作「三月」，誤。「公孫」作「公子」。「牂」作「牄」，蓋音近可通作。頓國即今河南項城縣稍西之南頓故城，餘詳僖二十三年傳注。

一四·三 夏，衛北宮結來奔。

一四·四 五月，於越敗吳于檇李。「檇李」公羊作「醉李」。楊峴古義云：「公羊釋文云『醉李本又作「檇」，音同』，是公羊經亦有作『檇』之本，二字音同，故相通假。」於越，於爲發聲詞。檇李在今浙江嘉興縣南四十五里，舊有檇李城。

一四·五 吳子光卒。

一四·六 公會齊侯、衛侯于牽。「牽」公羊作「堅」，趙坦異文箋云：「牽、堅音相近，故公羊作『堅』。」牽，今河南浚縣北十餘里之地。

一四·七 公至自會。無傳。

一四·八 秋，齊侯、宋公會于洮。杜注：「洮，曹地。」馬宗璉補注云：「酈元曰：『今甄城西南五十里有桃城，或謂之洮。』」餘詳僖八年經注。

一四·九 天王使石尚來歸脤。無傳。杜注：「石尚，天子之士。脤，祭社之肉，盛以蜃(本作『脤』，今從段玉裁校本正)器，以賜同姓諸侯，親兄弟之國，與之共福。」徐孝宦左傳鄭義云：「周禮掌蜃：『祭祀共蜃器之蜃。』注：『飾祭器之屬也。蜃之器以蜃飾，因名焉。』又大宗伯：『以脤膰之禮親兄弟之國。』注：『脤膰，社稷宗廟之肉，以賜同姓之國，同福祿也。兄弟，有共先王者。』」王夫之稗疏則云：「若以蜃飾器，字當作蜃，大蛤也，蓋似今之螺飾。祭祀之器，未聞以蜃飾之。卽令有之，亦不當捨肉而言器，捨器而言其飾。按：祭禮有胥，鄭司農云，胥，俎實也。禮所云先王之胥，折脅一、膚一是也。」王說不可取。脤，說文作祳，餘詳閔二年傳注。

一四・一〇 衞世子蒯聵出奔宋。

一四・一一 衞公孟彄出奔鄭。

一四・一二 宋公之弟辰自蕭來奔。無傳。

一四・一三 大蒐于比蒲。無傳。

一四・一四 邾子來會公。無傳。杜注：「會公于比蒲，來而不用朝禮，故曰會。」

一四・一五 城莒父及霄。無傳。杜注：「公叛晉，助范氏，故懼而城二邑也。此年無『冬』，史闕文。」據山東通志，今莒縣卽莒國，一云，卽魯之莒父邑。霄，江永考實謂亦在莒縣境。

傳

一四・一 十四年春，衞侯逐公叔戍與其黨，故趙陽奔宋，戍來奔。此文當與上年傳末章連讀，本是一傳。

一四・二 梁嬰父惡董安于，謂知文子曰：「不殺安于，使終爲政於趙氏，趙氏必得晉國，盍以其先發難也討於趙氏？」文子使告於趙孟曰：「范、中行氏雖信爲亂，安于則發之，是安于與謀亂也。晉國有命，始禍者死。二子既伏其罪矣，敢以告。」杜注：「告使討安于。」趙孟患之。安于曰：「我死而晉國寧，趙氏定，定猶安也。將焉用生？人誰不死？吾死莫矣。」莫，暮本字。言吾死遲矣，蓋此時董安于年已甚老。乃縊而死。趙孟尸諸市，而告於知氏曰：「主命戮罪人安于，既伏其罪矣，敢以告。」知伯從趙孟盟，杜注：「知伯，荀躒。」知氏主逐范、中行，而不與韓、魏之爲趙請，則其心可以知矣。而後趙氏定，祀安于於廟。杜注：「趙氏廟。」尚書盤庚上云：「茲予大享於先王，爾祖其從與享之。」僞孔安國傳：「古者天子錄功臣配食於廟。」此趙鞅亦行配食之禮。趙鞅與趙稷等爭，近年出土侯馬盟書可參看。

一四·三 頓子牂欲事晉，背楚而絕陳好。二月，楚滅頓。

一四·四 夏，衞北宮結來奔，公叔戍之故也。

一四·五 吳伐越，杜注：「報五年越入吳。」越世家云：「允常卒，子句踐立，是爲越王。元年，吳王闔廬聞允常死，乃興師伐越。」越子句踐禦之，陳于檇李。檇李當是越地，杜氏土地名「越地檇李」是也。高士奇攷略據吳越春秋，謂「與闔廬戰時越境猶未至檇李，檇李當爲吳地」云云，不知吳越春秋乃近小說家言，不可盡信。句踐患吳之整也，使死士再禽焉，死士，賈逵以爲「死罪人」，鄭衆以爲「欲以死報恩者」，戰國策秦策一蘇秦曰「厚養死士」，高注爲「勇戰之士」，此以鄭、高說爲長。墨子兼愛下云：「昔者越王句踐好勇，教其士臣三年，以其知（智）爲未足以知之也，焚舟失火，鼓而進之，其士偃前列，伏水火而死者不可勝數也。」亦足爲證。不動。顧炎武補正引傅遜云：「禽如鷙鳥之發，急持以衝其陳，吳陳堅不可動。」此以禽爲鷩鳥，而作動詞用。此種訓詁，未免過于曲折。吳世家、越世家解此句均作「使死士挑戰」，以「挑戰」解「禽」，恐出於司馬遷意測。杜注則云：「使敢死之士往，輒爲吳所禽，欲使吳師爲取之，而吳不動。」俞樾平議云：「禽謂禽吳之士卒也。蓋句踐使敢死之士再犯吳陳，禽其前列者以歸，欲使吳師驚亂，而吳竟不動。」此說較妥。使罪人三行，屬劍於頸，杜注：「以劍注頸。」而辭曰：「二君有治，杜注：「治軍旅。」臣奸旗鼓。杜注：「犯軍令。」不敏於君之行前，不敢逃刑，敢歸死。」歸，自首。漢書申屠嘉傳「自歸上」，師古注：「歸首於天子。」遂自剄也。師屬之目，吳師皆注目視之。越子因而伐之，大敗之。靈姑浮以戈擊闔廬，杜注：「姑浮，越大夫。」闔廬傷將指，取其一屨。杜注：「其足大指見斬，遂失屨，姑浮取之。」古手足指皆曰指，足以大指爲將指，手以中指爲將指，見宣四年傳孔疏。還，卒於陘，去檇李七里。

夫差使人立於庭，杜注：「夫差，闔廬嗣子。」苟出入，必謂己曰：「夫差！而忘越王之殺而父乎？」則對曰：「唯。不敢忘！」三年乃報越。此所謂三年，三個年頭而已，即此年、明年、後年耳。

一四·六　晉人圍朝歌，公會齊侯、衞侯于脾、上梁之間，杜注：「脾、上梁間卽牽。」謀救范、中行氏。析成鮒、小王桃甲率狄師以襲晉，杜注：「二子，晉大夫，范、中行氏之黨。」萬氏氏族略云：「通志略云，複姓析成氏，左傳晉有析成鮒。而傳又稱士鮒，蓋卽士吉射之族。」通志氏族略四云：「小王氏，以族爲氏。」戰于絳中，不克而還。士鮒奔周，小王桃甲入于朝歌。

一四·七　秋，齊侯、宋公會于洮，范氏故也。杜注：「謀救范氏。」

一四・八 衞侯爲夫人南子召宋朝。莊子則陽篇云：「夫靈公有妻三人，同濫而浴。」南子蓋其最寵幸者。杜注：「南子，宋女也。朝，宋公子，舊通于南子，在宋呼之。」論語雍也「不有祝鮀之佞，而有宋朝之美」云云，足見其美。衞亦有公子朝，襄二十九年傳謂爲吴季札所悦，且稱之爲君子，當非此人。昭二十年傳通于襄夫人宣姜之公子朝疑亦非此人。宋另有公子朝，早卒于文公十八年。會于洮，大子蒯聵獻盂于齊，過宋野。杜注：「蒯聵，衞靈公大子。盂，邑名也。就會獻之，故自衞行而過宋野。」此時衞都帝丘，即今河南濮陽縣西南之顓頊城，距洮不過五十餘里，其經過宋國之郊野，或有他故，不然，不致繞道也。盂，江永考實謂「蓋衞東境之邑」，高士奇地名攷略疑即僖二十八年之斂盂，則即今濮陽縣東南之斂盂聚，必不可信。衞豈肯以國都郊外之地獻于他國？野人歌之曰：「既定爾婁豬，盍歸吾艾豭？」杜注：「婁豬，求子豬，以喻南子。艾豭喻宋朝。」孟子萬章上：「知好色，則慕少艾。」少艾，年輕美貌之人。秦始皇會稽刻石「夫爲寄豭」，史記索隱云：「豭，牡豬也。」大子羞之，謂戲陽速曰：杜注：「速，大子家臣。」「從我而朝少君，少君即小君，論語季氏「邦君之妻，邦人稱之曰君夫人，稱諸異邦曰寡小君」，禮記曲禮下「公侯有夫人，夫人自稱於諸侯曰寡小君」。少君見我，我顧，乃殺之。」速曰：「諾。」乃朝夫人。夫人見大子。大子三顧，速不進。夫人見其色，啼而走，杜注：「見大子色變，知其欲殺己。」曰：「蒯聵將殺余。」公執其手以登臺。大子奔宋。劉向列女孽嬖傳僅言南子讒太子於靈公，不述謀殺南子事。章炳麟讀卷九云：「子政爲孽嬖作傳，深惡南子，故以讒言之耳。」盡逐其黨，故公孟彄出奔鄭，自鄭奔齊。

大子告人曰：「戲陽速禍余。」戲陽速告人曰：「大子則禍余。大子無道，使余殺其母。

蒯聵必非南子所生，謂之母者，儀禮喪服子夏傳所謂「繼母如母」也。且南子既已爲其父夫人，則前妻之子不得不謂之母。余不許，將戕於余；杜注：「戕，殘殺也。」若殺夫人，將以余說。殺而歸罪於己以解脱其罪。余是故許而弗爲，以紓余死。諺曰『民保於信』，吾以信義也。」杜注：「使義可信，不必信言。」衞世家述此事則云戲陽後悔，未果。傳不載。

一四·九 冬十二月，晉人敗范、中行氏之師於潞，潞，今山西潞城縣東北四十里，餘詳宣十五年經注。獲籍秦、高彊。墨子所染篇：「范吉射染於長柳朔、王胜，中行寅染於籍秦、高彊。」呂氏春秋當染篇作「黄藉秦」，梁玉繩呂子校補及俞樾呂氏春秋平議皆謂「黄」字衍文。又敗鄭師及范氏之師于百泉。杜注：「鄭助范氏，故並敗。」百泉，在今河南輝縣西北七里。

十五年，丙午，公元前四九五年。周敬王二十五年、晉定十七年、齊景五十三年、衞靈四十年、蔡昭二十四年、鄭聲六年、曹陽七年、陳閔七年、杞僖十一年、宋景二十二年、秦惠六年、楚昭二十一年、吳夫差元年、越句踐二年。

經

一五·一 十有五年春王正月，正月朔癸丑冬至，建子。邾子來朝。

一五·二 鼷鼠食郊牛，牛死，改卜牛。無傳。凡三書鼷鼠，成七年曰食角，此及明年云食郊牛，則食其膚與肉。

一五・三 二月辛丑，辛丑，十九日。楚子滅胡，以胡子豹歸。胡見襄二十八年傳胡子朝于晉傳注，故國即今安徽阜陽縣治。

一五・四 夏五月辛亥，推得應爲朔日，而經不言朔，恐當時不以爲朔。郊。無傳。

一五・五 壬申，二十二日。公薨于高寢。説苑修文篇云：「春秋曰：『壬申，公薨于高寢。』傳曰：『高寢者何？正寢也。曷爲或言高寢，或言路寢？曰：諸侯正寢三，一曰高寢，二曰左路寢，三曰右路寢。高寢者，始封君之寢也；二路寢者，繼體之君寢也。其二何？曰：子不居父之寢，故二寢。繼體君世世不可居高祖之寢，故有高寢名曰高也。路寢其立柰何？高寢立中，路寢左右。』」劉向所謂「傳曰」，三傳皆無。公羊於此經無傳，左氏亦無貶責語，唯穀梁傳有「非正也」三字，劉氏習穀梁，此段或係闡明穀梁傳義。而胡培翬燕寢考則謂「魯有楚宮，晉有周宮，皆是隨意所欲爲之，不在燕寢之數。魯之高寢亦似此」。

一五・六 鄭罕達帥師伐宋。「罕」，公羊作「軒」。毛奇齡簡書刊誤云：「此鄭公子罕後，爲鄭穆七族之一，焉得有別出字？」「罕」、「軒」同從「干」聲，音近可通。

一五・七 齊侯、衞侯次于渠蒢。「渠」，公羊作「蘧」。傳亦作「蘧挐」。渠蒢，地未詳。

一五・八 邾子來奔喪。無傳。當時諸侯無相奔喪之禮，前此亦無言諸侯奔喪者。

一五・九 秋七月壬申，壬申，二十三日。姒氏卒。「姒」，穀梁作「弋」，古音平入對轉。姒氏，經書其卒之月日，劉師培春秋左氏傳答問云：「薨卒舊例，賵弔厚者，日月詳；薄者則從略。姒氏書日，亦以賵弔厚爲例，所謂緣人子之義也。」

然依左傳文，姒氏不僅爲哀公母，且爲定公夫人，杜注亦云。公羊亦以爲夫人，唯穀梁傳以爲妾，恐不然。

一五・一〇 八月庚辰朔，日有食之。無傳。此公元前四九五年七月二十二日之日全蝕。

一五・一一 九月，滕子來會葬。無傳。

一五・一二 丁巳，九日。葬我君定公，雨，不克葬。戊午，十日。日下昃，乃克葬。「昃」，穀梁作「稷」。說文：「昃，日在西方時側也。从日，仄聲。」然漢人隸書多以「稷」字爲之。靈臺碑「日稷不夏」，郙閣頌「劬勞日稷」，費鳳別碑「乾乾日稷」，日稷皆日昃也。詳趙坦異文箋。當時葬禮用朝時，第二日日夕始葬，不得已也。

一五・一三 辛巳，葬定姒。杜注：「辛巳，十月三日。有日無月。」

一五・一四 冬，城漆。杜注：「邾庶其邑。」襄二十一年經云：「邾庶其以漆、閭丘來奔。」漆在今山東鄒縣北。杜注本襄二十一年經傳，然此時恐已非庶其邑矣。

傳

一五・一 十五年春，邾隱公來朝。杜注：「邾子益。」子貢觀焉。子貢（或作子贛），端木（或作沐）賜，衛人，孔丘弟子。其言行除見于論語外，史記仲尼弟子列傳及貨殖列傳並有之，又散于十二諸侯年表、樂書、吳世家、魯世家、孔子世家、伍子胥傳、儒林列傳中，先秦及兩漢人書亦津津樂道之。邾子執玉高，其容仰；公受玉卑，其容俯。杜注：「玉，朝者之贄。」據周禮典瑞及禮記曲禮，諸侯相見，公、侯、伯執圭，子、男執璧，珪、璧形狀不同，均以玉爲之，故此云執玉。參見孔疏及徐孝宦春秋左傳鄭義。子貢曰：「以禮觀之，二君者，皆有死亡焉。夫禮，死生存亡之體也，將左右、周旋，進退、俯仰，於是乎取之；朝、祀、喪、戎，於是乎觀之。今正月相朝，而皆不度，杜注：「不合法度。」心已亡矣。嘉事不體，何以能久？杜注：「嘉事，朝禮。」漢書五行志中之上師古注云：「不體，不得身體之節。」然據上文禮爲死生存亡之體，此體字卽上文體，體卽禮也。禮與體古本可通，易繫辭上「知崇體卑」，集解云「今本體爲禮」可證。顏但就字解之，不切。高、仰，驕也；卑、俯，替也。漢書五行志中之上師古注：「替，廢惰也。」驕近亂，替近病，疾病，近者言非在病中，而有病兆。君爲主，其先亡乎！」死亡也。五月定公死，哀七年以邾子益歸。

一五·二　吳之入楚也，見四年傳。胡子盡俘楚邑之近胡者。俘虜楚邑近胡者之人民。楚既定，胡子豹又不事楚，曰：「存亡有命，事楚何爲？多取費焉。」多猶衹也，適也。參見楊樹達先生詞詮。二月，楚滅胡。

一五·三　夏五月壬申，公薨。仲尼曰：「賜不幸言而中，魯公死，不幸事也，故云「不幸言而中」。是使賜多言者也。」

一五·四　鄭罕達敗宋師于老丘。杜注：「罕達，子齹之子。」老丘，宋地。宋公子地奔鄭，鄭人爲之伐宋，欲取地以處之，事見哀十二年。」老丘，當在今開封市東南，陳留鎮東北四十五里。

一五·五　齊侯、衞侯次于蘧挐，蘧挐卽渠蒢，音近而異字，非一地二名。謀救宋也。

一五・六 秋七月壬申，姒氏卒。不稱夫人，不赴，且不祔也。此解經不稱夫人之故。孔疏云：「夫人初薨，赴於同盟之國，其辭當云『夫人某氏薨』，是赴則成夫人也。禮，適妻祔於適祖姑，妾祔於妾祖姑。若得祔祖姑，則亦成夫人矣。此赴同祔姑，皆是夫人之禮。二者皆闕，故不曰夫人薨。二者課行一事，則得稱夫人。故此以不赴兼又不祔，解不稱夫人也。」

一五・七 葬定公，雨，不克襄事，禮也。杜注：「襄，成也。雨而成事，若汲汲於欲葬。」

一五・八 葬定姒，不稱小君，不成喪也。杜注：「公未葬而夫人薨，煩於喪禮，不赴不祔，故不稱小君，臣子怠慢也。反哭於寢，故書葬。」

一五・九 冬，城漆，書，不時告也。修築城邑，除非特殊情況，一般應在農閒時。此時以秋城漆，但不敢於秋日修築城時告祖廟，故意遲至冬閒始告祖，故經書「冬城漆」。

春秋左傳注

哀公

名蔣，魯世家「蔣」作「將」，定公之子。陸德明釋文云：「蓋夫人定姒所生。」梁玉繩史記志疑云：「人表於魯悼公下注云『出公子』，是哀公亦有出公之稱，以孫于越故也。」

元年，丁未，公元前四九四年。周敬王二十六年、晉定十八年、齊景五十四年、衞靈四十一年、蔡昭二十五年、鄭聲七年、曹陽八年、陳閔八年、杞僖十二年、宋景二十三年、秦惠七年、楚昭二十二年、吴夫差二年、越句踐三年。

經

一·一 元年春王正月，正月十二日戊午冬至，建子。公卽位。無傳。

一·二 楚子、陳侯、隨侯、許男圍蔡。經書隨，僅見於僖二十年。定四年吴入郢，隨保護昭王有功，楚或復使隨列于諸侯，故經再見。

一·三 鼷鼠食郊牛，改卜牛。「郊牛」下穀梁有「角」字。夏四月辛巳，辛巳，六日。郊。無傳。據杜注，改卜牛及郊係一條，或作二條，誤。郊之時日詳桓五年傳並注。

一·四 秋，齊侯、衞侯伐晉。

一·五 冬，仲孫何忌帥師伐邾。無傳。

傳

一·一 元年春，楚子圍蔡，報柏舉也。柏舉之戰，吳幾乎滅楚，而蔡實啓之，見定四年經並傳。里而栽，里，離蔡都一里。栽，設版築爲保壘。廣丈，高倍。據杜注：「壘厚當時長度一丈，高則二丈，即于蔡城之外，楚攻城兵又築一城。」恐不然。此固可以防援蔡之兵，而阻礙己兵之進退。疑非築城，築碉堡耳。夫屯晝夜九日，如子西之素。杜注以夫爲兵，劉炫謂楚兵須攻須守，不能分散，「夫屯謂夫役屯聚」。沈欽韓補注謂「古者版築之役，卽士卒爲之。劉謂別有城夫，非」。素，預定計劃，宣十一年傳「事三旬而成，不愆于素」是也。沈欽韓補注引儀禮士喪禮鄭注：「形法定爲素。」蔡人男女以辨。杜注：「辨，別也。男女各別係纍而出降。」惠棟補注云：「辨讀曰班，襄二十五年傳云『男女以班賂晉侯』，劉炫曰：『哀元年蔡人男女以辨與此同。』」使疆于江、汝之間而還。杜注：「楚欲使蔡徙國在江水(長江)之北，汝水之南，求田以自安也。蔡權聽命，故楚師還。」蔡於是乎請遷于吳。杜注：「楚既還，蔡人更叛楚就吳。爲明年蔡遷州來傳。」

一·二 吴王夫差敗越于夫椒，賈逵謂夫椒爲越地，是也。杜注謂「夫椒，吴郡吴縣西南大湖中椒山」，不足信。椒山即今太湖之西洞庭山，距吴國都近，越縱敗于此，退路仍寬廣。且此非越伐吴，乃吴報越，戰地自不應在吴都近地。沈欽韓地名補注云：「越絶越地記『夫山者，句踐絶糧困地，去山陰縣十五里』，此夫椒在越之證矣。」夫椒蓋在今紹興縣北。報檇李也。檇李之役見定十四年傳，夫差之父死焉。遂入越。越子以甲楯五千保于會稽，會稽山也，在今浙江紹興縣東南十二里。使大夫種因吴大宰嚭以行成。據吴越春秋、吕氏春秋當染篇高誘注、吴世家索隱及太平寰宇記，大夫爲官名，文其氏，種，其名，字禽，楚之南郢人，楚平王時曾爲楚之宛令。吴子將許之。伍員曰：「不可。臣聞之：『樹德莫如滋，去疾莫如盡。』戰國策秦策三引書「樹德莫如滋，除害莫如盡」，今在僞古文泰誓中。昔有過澆殺斟灌以伐斟鄩，襄四年傳云寒浞殺羿，因其室而生澆，處澆于過。故此云「有過澆」。傳又云「澆用師滅斟灌」，此言「殺斟灌」，言殺其君而滅其國，二文各言其一。說詳孔疏。夏本紀太史公稱禹分封，用國爲姓，有斟尋氏、斟戈氏，即此斟鄩、斟灌。滅夏后相，杜注：「夏后相，啓孫也。后相失國，依於二斟，復爲澆所滅。」太平御覽八十二引紀年云：「后相即位，居商丘。」又水經巨洋水注、漢書地理志注、路史後紀十三俱引紀年云「相居斟灌」，則斟灌被滅，后相亦亡矣。后緡方娠，逃出自竇，杜注：「后緡，相妻也。娠，懷身也。」娠音震。歸于有仍，杜注：「后緡，有仍氏女。」生少康焉。服虔云：「少康，后緡遺腹子。」爲仍牧正，杜注：「牧官之長。」惎澆能戒之。杜注：「惎，毒也。戒，備也。」釋文：「惎音忌。」澆使椒求之，杜注：「椒，澆臣。」逃奔有虞，有虞，據云是虞舜之後一部落國家，相傳在今河南商丘地區虞城縣西南三里。馬宗璉補注則以爲應在山西平陸縣，不確。爲之庖正，爲有虞酋長掌管飲食之官。以除其害。其指少康，猶言以避己害也。虞思於是妻之以二姚，思，有虞酋長之名，姚姓，妻以二女，故謂之二姚。而邑諸綸，綸在今虞城縣東南三十里，與鄭國之綸氏不同，詳閻若璩尚書古文疏證六下。有田一成，有衆一旅。杜注：「方十里爲成，五百人爲旅。」能布其德，而兆其謀，杜注：「兆，始。」以收夏衆，撫其官職；杜注：「襄四年傳曰：『靡自有鬲氏收二國之燼，以滅浞，而立少康。』」使女艾諜澆，杜注：「女艾，少康臣。」言使女艾打入澆處爲間諜。使季杼誘豷。杜注：「豷，澆弟也。」魯語上云：「杼能帥禹者也，夏后氏報焉。」韋昭注：「杼，禹後七世，少康之子季杼也，能興夏道。」遂滅過、戈，復禹之績，杜注：「過，澆國。戈，豷國。」祀夏配天，不失舊物。依古禮，祀天以先祖配之，此則祀夏祖而同時祀天帝也。朱彬攷證謂「配天謂受天命爲天子」，可商。今吳不如過，而越大於少康，或將豐之，或者天將使越豐大。不亦難乎！若吳與越和，吳將難爲也。句踐能親而務施，施不失人，杜注：「所加惠賜，皆得其人。」親不棄勞。有功勞者不棄而親愛之。與我同壤，共五湖三江，今之浙江、江蘇同壤。而世爲仇讎。於是乎克而弗取，將又存之，違天而長寇讎，違天謂不取越。國語越語下范蠡曰：「臣聞之：『得時無怠，時不再來。天予不取，反爲之災。』」漢書蕭何傳亦云：「周書曰：『天予不取，反受其咎。』」皆此意。不取其國，則實使仇生長。後雖悔之，不可食已。不可食猶今言吃不消。于鬯校書謂「此食字蓋讀爲得」，舉秦策「後雖悔之，不可得也」爲證，似失之拘滯。姬之衰也，日可俟也。杜注：「姬，吳姓。」言可計日而待。介在蠻夷，吳居越與楚之間。而長寇讎，以是求伯，夫差有爲霸主之心。必不行矣。」弗聽。退而告人曰：「越十年生聚，而十年教訓，越語上云：「『今寡人將帥二三子夫婦以蕃。』令壯者無取老婦，令老者無取壯妻；女子十七不嫁，其父母有罪；丈夫二十不娶，其父母有罪；將免者以告，公令醫守之」云云，此生聚事也。韓非子內儲說上云：「越王句踐見怒鼃而式（軾）之，曰：『鼃有氣如此，可無爲式乎！』士人聞之，曰：『鼃有氣，王猶爲式，況士人有勇者乎？』」此教訓之一例也。二十年之外，吳其爲沼乎！」杜注：「謂吳宮室廢壞，當爲污池。」爲二十二年越入吳起本。」三月，越及吳平。吳越春秋有句踐歸國外傳及句踐陰謀外傳，越絕書亦有敍述，皆後人傳說，多不足信，故不錄。吳入越，不書，吳不告慶、越不告敗也。

一・三 夏四月，齊侯、衞侯救邯鄲，圍五鹿。杜注：「趙稷以邯鄲叛，范、中行氏之黨也。五鹿，晉邑。」五鹿有二，此今河北大名縣東之沙麓。互詳僖二十三年傳注。

一・四 吳之入楚也，杜注：「在定四年。」使召陳懷公。懷公朝國人而問焉，曰：「欲與楚者右，欲與吳者左。陳人從田，無田從黨。」杜注：「都邑之人無田者隨黨而立，不知所與，故直從所居。田在西者居右，田在東者居左。」陳侯南面，其右爲楚，其左爲吳。田在西者鄰楚，在東者鄰吳。逢滑當公而進，杜注：「當公，不左不右。」曰：「臣聞，國之興也以福，其亡也以禍。今吳未有福，楚未有禍，楚未可棄，吳未可從。而晉，盟主也；若以晉辭吳，若何？」公曰：「國勝君亡，楚國爲吳所勝，楚君逃亡。非禍而何？」駁楚未有禍。對曰：「國之有是多矣，何必不復？小國猶復，況大國乎？臣聞，國之興也，視民如傷，是其福也；其亡也，以民爲土芥，是其禍也。孟子離婁下「君之視民如土芥」及「文王視民如傷」，焦循正義以爲孟軻本諸逢滑，實則以「臣聞」二字觀之，逢滑前已有此語。楚雖無德，亦不艾殺其民。艾同刈。吳日敝於兵，暴骨如莽，如草莽，言其多。而未見德焉。天其或者正訓楚也，禍之適吳，其何日之有？」言不久將至。陳侯從之。及夫差克越，乃修先君之怨。召陳者爲闔廬，陳不應召，故曰先君之怨。秋八月，吳侵陳，修舊怨也。禮記檀弓下云：「吳侵陳，斬祀殺厲。師還，出竟。陳大宰嚭使於師。夫差謂行人儀曰：『是夫也多言，盍嘗問焉。師必有名，人之稱斯師也者則謂之何？』大宰嚭曰：『古之侵伐者不斬祀，不殺厲，不獲二毛。今斯師也，殺厲與，其不謂之殺厲之師與？』曰：『反爾地，歸爾子，則謂之何？』曰：『君王討敝邑之罪，又矜而赦之，師與，有無名乎？』」鄭玄注及孔疏皆謂卽此役。

一·五 齊侯、衞侯會于乾侯，救范氏也。師及齊師、衞孔圉、鮮虞人伐晉，取棘蒲。經僅言「齊侯、衞侯伐晉」，不書魯與鮮虞。杜注：「孔圉，孔烝鉏曾孫。」棘蒲，今河北趙縣治。

一·六 吳師在陳，楚大夫皆懼，曰：「闔廬惟能用其民，以敗我於柏舉。今聞其嗣又甚焉，將若之何？」子西曰：「二三子恤不相睦，無患吳矣。昔闔廬食不二味，居不重席，居卽今之坐。古之坐若今之跪。席地而坐，地面有席。唯士僅一層席，此闔廬亦一層席。室不崇壇，古代貴族爲室，必先有壇，高于平地，然後起屋。闔廬平地作室，不起壇，言其儉。器不彤鏤，杜注：「彤，丹也。鏤，刻也。」此言器物不漆紅色，不雕刻花紋。陸粲附注後録謂「彤當作雕，文相近而譌」，校勘記又引惠棟云「彤，古彫字」，王引之述聞駁之甚力，是也。胡玉縉許廎學林有左傳器不彤鏤解，申陸、惠而駁王，不可信。宮室不觀，宮室不築樓臺亭閣。舟車不飾；衣服財用，擇不取費。杜注：「選取堅厚，不尚細靡。」在國，天有菑癘，僖十三年傳「天災流行」，天災謂水旱之災。

癘，流行病疫。親巡孤寡而共其乏困。阮刻本「親巡」下有「其」字，今依石經、宋本、淳熙本、足利本等及金澤文庫本刪。巡謂巡行安撫之。在軍，熟食者分而後敢食，惠棟補注云：「說苑載此事云，在軍，食熟者半而後食，故服虔注云：『以其半分軍士而後自食其餘。』杜注則云：『必須軍士皆分熟食，不敢先食。』杜說較勝。」分謂人人得其份，杜注：「分猶徧也。」其所嘗者，卒乘與焉。杜注：「所嘗，甘珍非常食。」宣四年傳「嘗異味」、「嘗之而出」，卽此嘗。勤恤其民，而與之勞逸，是以民不罷勞，死知不曠。本作「死不知曠」，今從校勘記及金澤文庫本「不知」乙正。杜注：「知身死不見曠棄。」顧炎武補正云：「曠，空也。言不爲徒死，知上必有以恤之。」顧說勝。吾先大夫子常易之，所以敗我也。杜注：「易猶反也。」今聞夫差，次有臺榭陂池焉，吳語云：「今王高高下下以罷民於姑蘇。」韋昭注：「高高，起臺榭；下下，深污池。姑蘇，臺名，在吳西，近湖。」墨子非攻中亦云：「至夫差之身，遂築姑蘇之臺，七年不成。」宿有妃嬙、嬪御焉；杜注：「妃嬙，貴者；嬪御，賤者，皆內官。」一日之行，所欲必成，玩好必從；珍異是聚，觀樂是務；視民如讎，而用之日新。使用民力，一事剛完，又有役使，無有完時，似以前未曾使用者。夫先自敗也已，安能敗我？」楚語下載此較略，唯首云「子西歎於朝，藍尹亹曰」云云，與傳不同。說苑權謀篇則襲此文，唯首云「吳王夫差破越，又將伐陳」，與傳稍異。

一·七　冬十一月，校勘記云：「石經、宋本、淳熙本、岳本、足利本無『一』字。」金澤文庫本則作「十二月」。晉趙鞅伐朝歌。杜注：「討范、中行氏。」

二年，戊申，公元前四九三年。周敬王二十七年、晉定十九年、齊景五十五年、衞靈四十二年、蔡昭二十六年、鄭聲八年、曹陽九年、陳閔九年、杞僖十三年、宋景二十四年、秦惠八年、楚昭二十三年、吴夫差三年、越句踐四年。

經

二·一 二年春王二月，正月二十三日癸亥冬至，建子，有閏月。季孫斯、叔孫州仇、仲孫何忌帥師伐邾，取漷東田及沂西田。杜注：「邾人以賂，取之易也。」襄十九年取邾田，自漷水。則當時漷西田屬魯，今則並漷東田魯亦得之。沂有三，此邾之沂，亦即流經曲阜南之上游，論語先進「浴乎沂」，即此水之下游，入于泗水者也。一爲源出沂源縣西東南流入廢黄河者，襄十八年傳晉「東侵及濰，南及沂」者是也。一出滕縣，東流入費縣，至顓臾村之東北注於浚河，又東南入於大沂河，又名小沂河者。此河水源離小邾近，離邾較遠，然與漷水相望，顧棟高謂此即邾之沂，疑未能明。癸巳，癸巳，二十三日。叔孫州仇、仲孫何忌及邾子盟于句繹。句繹在今山東鄒縣東南嶧山之東南，距今鄒縣治不足四十里，此時或已爲邾所都。然此地鄰近小邾，故其田有屬小邾者，十四年經、傳「小邾射以句繹來奔」可證。劉炫及王夫之稗疏以句繹爲小邾邑，固誤。魯、邾相盟，何至以小邾爲盟地，且捨近就遠乎？孔疏謂「句繹所屬亦無定準」，亦屬臆測。

二·二 夏四月丙子，丙子，七日。衞侯元卒。

二·三 滕子來朝。無傳。彙纂云：「滕朝止此，諸侯來朝亦止此。」

二·四 晉趙鞅帥師納衛世子蒯聵于戚。蒯聵出奔見定十四年傳，至哀十六年，孔悝始納而立之。在位僅二年，復爲晉所逐。謚曰莊。　戚，在今河南濮陽縣北。

二·五 秋八月甲戌，甲戌，七日。晉趙鞅帥師及鄭罕達帥師戰于鐵。「鐵」公羊作「栗」，釋文：「栗，一本作秩。」鐵、栗、秩，古皆同韻部。杜注：「鐵在戚城南。罕達，子皮孫。」　鐵，在今濮陽縣西北五里。鄭師敗績。杜注：「大崩曰敗績。」

二·六 冬十月，葬衛靈公。無傳。　七月而葬，蓋有晉師故。

二·七 十有一月，蔡遷于州來。蔡本都上蔡，今河南上蔡縣；後遷都新蔡，今河南新蔡縣；今則入吴，因吴師遷州來，今安徽鳳臺縣，亦曰下蔡。蔡殺其大夫公子駟。國家遷徙，大非易事，依吴依楚，俱是賴人。哀四年傳云諸大夫恐其又遷，則羣臣蓋不欲遷徙。是年遷州來，公子駟亦爲反對者之一。參傳注。

傳

二·一 二年春，伐邾，將伐絞。杜注：「絞，邾邑。」顧棟高春秋輿圖謂在今滕縣北。邾人愛其土，故賂以漷、沂之田而受盟。

二·二 初，衛侯遊于郊，子南僕。杜注：「子南，靈公子郢也。」禮記檀弓上孔疏引世本亦云「靈公生昭子郢」云云，則郢爲靈公子無疑。姚鼐補注以下文有「公曰余無子」，乃謂「郢當是公庶弟」，不知靈公言「余無子」者，以太子蒯聵出奔，無其他適子也。郢則庶子耳。　僕，駕御。　公曰：「余無子，阮芝生拾遺：「謂無良子也。此自古人恒語，如叔向云肸又無子是也。」此有理。　然郢不貪君位，可云良子，此僅云無他適子耳。　十七年傳「將以杞姒之子非我爲子」，杜注謂「爲適子」，尤可證。　將立女。」不對。　他日又謂之，對曰：「郢不足以辱社稷，　君其改圖。　君夫人在堂，三揖在下，杜注：「三揖，卿、大夫、士。」孔疏「周禮司士云：『孤卿特揖，大夫以其等旅揖，士旁三揖。』鄭玄云：『特揖，一一揖之。旅，衆也，大夫爵同者，衆揖之。三揖者，士有上、中、下。』」因王揖上士、中士、下士，士位低下，不敢受，皆逡遁避開，故王從旁揖之。　君命祇辱。」此言君不商之夫人與卿大夫而私命我爲嗣位者，我受之，祇辱君命耳。

夏，衞靈公卒。　夫人曰：「命公子郢爲大子，君命也。」　對曰：「郢異於他子，此意有二釋，杜注：「言用意不同。」蓋謂郢不欲居君位，以節操自高，吳季札所謂「守節」者也。　竹添光鴻會箋云：「蓋郢母賤，不敢自同於他子，故云異於他子耳。」且君没於吾手，　若有之，郢必聞之。　杜注：「言當以臨没爲正。」且亡人之子輒在。」亡人指大子蒯聵。　杜注：「輒，蒯聵之子出公也，靈公適孫。」乃立輒。

六月乙酉，乙酉，十七日。　晉趙鞅納衞大子于戚。　宵迷，臨夜迷路。　陽虎曰：「右河而南，　必至焉。」漢書溝洫志云：「周譜云『定王五年（公元前六〇二年）河徙』，則今所行，非禹之所穿也。」當時黄河流徑自河南滑縣東北流經浚縣、内黄、館陶之東。　是時晉軍尚未渡河，其軍當自晉境直東行至今内黄縣南，其右爲河，渡河而南行卽戚，再南行卽鐵與帝丘。　使大子絻，絻同免，音問，禮記檀弓上「公儀仲子之喪，檀弓免焉」，謂免冠也。　免冠而後括髮。　括髮者，釋文云：「以布廣一寸，從項中而前交於額上，又卻向後繞於髻。」八人衰絰，僞自衞逆者。　服虔云：

「衰絰，爲(僞)若從衞來迎大子也。」告於門，蒯聵使此八人告戚之守門者，開門迎之。哭而入，遂居之。史記衞世家云：「六月乙酉，趙簡子欲入蒯聵，乃令陽虎詐命衞十餘人衰絰歸。簡子送蒯聵。衞人聞之，發兵擊蒯聵，蒯聵不得入。入宿而保(宿卽戚)，衞人亦罷兵。」此輒與親生父争君位，後人于此議論分歧。漢書雋不疑傳云：「不疑曰：『昔蒯聵違命出奔，輒距而不納，春秋是之。』」此乃公羊傳義。以當時情勢言之，衞、齊諸國俱反趙鞅，趙鞅之納蒯聵，實欲衞順己，衞人拒趙鞅，自不得不拒蒯聵。

二·三 秋八月，齊人輸范氏粟，鄭子姚、子般送之。杜注：「子姚，罕達；子般，駟弘。」士吉射逆之，趙鞅禦之，遇於戚。陽虎曰：「吾車少，以兵車之旆與罕、駟兵車先陳。沈欽韓補注云：「兵車之旆，所謂大將旗鼓也。先建旆于兵車，示中軍精鋭在是，則罕、駟兵車來者不得不分良列陣以當我。」罕、駟自後隨而從之，彼見吾貌，吾貌，陽虎自謂其容貌也。蓋陽虎專魯政時，齊、鄭實曾畏之。必有懼心，於是乎會之，杜注：「會，合戰。」必大敗之。」從之。卜戰，龜焦。杜注：「兆不成。」樂丁曰：杜注：「樂丁，晉大夫。」「詩曰：『爰始爰謀，爰契我龜。』詩大雅緜句。上二爰字爲語首助詞，無義。例證見詞詮。下爰字作焉字用，乃也，於是也。見中國語文六二年二期爰作焉字用。契，刻也。契龜卽卜。謀協，以故兆詢可也。」武億經讀考異云：「釋文『謀協以故兆』絶句，愚謂上承詩言『爰始爰謀』，則『謀協』一讀，於義爲順。」杜注：「詢，諮詢也。故兆，始納衞大子，卜得吉兆。言今既謀同，可不須更卜。」詢，信也。杜誤。簡子誓曰：「范氏、中行氏反易天明，天明卽天命，明與命，依江有誥二十一部諧聲表，古音同，自能通用。斬艾百姓，欲擅晉國而滅其君。寡君恃鄭而保焉。今鄭爲不道，棄君助臣，二三子順天明，從君命，經德義，宣十二年傳「武之善經也」注云：「經，法也。」除詬恥，在此行也。克敵者，上大夫受縣，下大夫受郡，杜注：「周書作雒篇：『千里百縣，縣有四郡。』」春秋以前，縣大于郡，戰國時，則郡大于縣。戰國策秦策四及史記甘茂傳俱言「宜陽大縣，其實郡也」，則郡大于縣矣。餘詳顧炎武日知録二十二。士田十萬，十萬下無單位詞，古人習以爲常。張政烺謂爲十萬步，百步一畝，則千畝。詳見文史二十九輯士田十萬新解。國語晉語二載夷吾私於公子縶曰：「中大夫里克與我矣，吾命之以汾陽之田百萬；丕鄭與我矣，吾命之以負蔡之田七十萬。」庶人、工、商遂，杜注：「得遂進仕。」近人嵇文甫中國古代社會的早熟性（新建設四卷一期）謂遂爲「得遂其自由」，則與下文「免」無别。襄九年傳楚子囊論晉云：「其庶人力於農穡，商工皂隸不知遷業。」則此種人皆不得仕進，此則可因戰功而得入仕途也。並參俞樾平議。人臣隸圉免。人臣爲「男爲人臣」之「人臣」，謂奴隸。隸圉，亦奴隸，隸服雜役，圉養馬。襄二十三年傳：「斐豹，隸也，謂宣子曰：『苟焚丹書，我殺督戎。』」免即焚丹書，使爲自由民。說本武億義證。自「上大夫」至「隸圉」，當指克敵所獲各種身份之俘虜。志父無罪，君實圖之！志父即鞅，杜注謂一名志父，服虔及國語晉語九韋昭注均謂趙鞅入晉陽叛後改名志父。經、傳始終稱「鞅」，惟十七年傳，鞅自稱曰志父，二十年，其子無恤亦曰「先臣志父」。曲禮下「君子已孤不更名」，改名之說不足信也。崔杼、陳恆皆不更名，何況趙鞅？若其有罪，絞縊以戮，絞縊同義。桐棺三寸，荀子禮論：「刑餘罪人之喪，不得合族黨，獨屬妻子，棺椁三寸，衣衾三領，不得飾棺。」楊倞注：「刑餘，遭刑之餘死者。墨子（節葬下）曰：『桐棺三寸，葛以爲緘。』趙簡子亦云，然則厚三寸，刑人之棺也。」不設屬辟，古代天子、諸侯及卿大夫之棺，皆有數重。椑爲親身之棺，音闢，此作「辟」，音近通借。椑從卑聲，與辟爲平入對轉。屬爲大棺內之次大棺，連于大棺。禮記喪服大記「君，大棺八寸（棺木厚八寸），屬六寸，椑四寸。上大夫，大棺八寸，屬六寸」云云，則上大夫無椑，此趙鞅云不設椑，可見當時諸侯之大臣善終亦有椑，蓋當時不依舊制，所謂「僭」。素車、樸馬，杜注：「以載柩。」孔疏謂「素車不以翣、柳飾車」。翣乃以羽毛爲傘形或扇形之物，有柄，靈車行時，持之兩旁隨行。說文謂天子八翣，諸侯六，大夫四。漢代則不用羽毛，而以木爲框，衣以畫布。柳，覆于柩車上下者，詳周禮天官縫人孫詒讓正義。樸馬，孔疏引禮記曲禮下「大夫士去國，爲位而哭，乘髦馬」，鄭玄注：「髦馬，不鬄落也。」孔疏以樸馬卽髦馬，不翦飾馬鬣毛之馬。然荀子臣道篇「若馭樸馬」，楊倞注：「未調習之馬。」惠棟補注引之，蓋主張此說。無入于兆，古代同族之人叢葬一處，叢葬之地，其範圍曰兆域。孔疏云：「此言不入兆域，亦罰也。」楊樹達先生讀左傳云：「定元年季孫欲溝昭公之墓，亦是此意。」下卿之罰也。」杜注：「爲衆設賞，自設罰，所以能克敵。」齊召南注疏考證云：「此役簡子將兵，必已爲上卿，故其自誓以下卿之罰。」

甲戌，將戰，郵無恤御簡子，衞大子爲右。杜注：「郵無恤，王良也。」孟子滕文公下「昔者趙簡子使王良與嬖奚乘」，卽此人。晉語九作「郵無正御」，王引之春秋名字解詁以「正」爲誤字，或謂趙襄子亦名無恤，其嗣簡子爲卿時，無恤乃改名無政。更名之說不足信，已見上文注。登鐵上，杜注：「鐵，丘名。」望見鄭師衆，大子懼，自投于車下。子良授大子綏，子良卽郵無恤，荀子正論篇、論衡命義篇之王梁，卽王良，論衡率性篇又作王良，可爲明證。至韓非子喻老篇「趙襄主學御於王子期」，外儲說右下「王子於期爲趙簡主取道爭千里之表」，王子期與王子於期皆王良，說詳劉師培韓非子斠補。綏，孔疏云：「挽以上車之索。」論語鄉黨「升車，必正立，執綏」是也。而乘之，使之登車也。曰：「婦人也。」諷刺其畏怯。簡子巡列，巡列，猶言視察隊伍。曰：「畢萬，匹夫也，七戰皆獲，經七次戰争，皆俘馘。有馬百乘，死於牖下。畢萬爲晉獻公右，見閔元年傳「畢萬爲右」注。孔疏：「襄二十七年傳曰『唯卿備百邑』注云：『一乘之邑也。』坊記云：『家富不過百乘。』百乘，卿之極制也。」然此時大國之卿已大大超過百乘。死于牖下謂得善終。簡子述此，勉人立功。羣子勉之！死不在寇。」言勇戰未必死于敵。繁羽御趙羅，程公説春秋分紀世譜六：「武生二子，曰獲（見昭三年傳）曰成（見昭七年傳），獲之孫曰羅。」宋勇爲右。杜注：「二子，晉大夫。」羅無勇，麇之。洪亮吉詁：「説文：『稛，絭束也。』廣雅：『稛，束也。』案：稛、麇字同。」俞樾平議説同。吏詰之，御對曰：「痁作而伏。」杜注：「痁，瘧疾也。」衛大子禱曰：「曾孫蒯聵敢昭告皇祖文王、詩周頌維天之命「駿惠我文王，曾孫篤之」，鄭玄箋云：「曾猶重也，自孫之子而下，事先祖皆稱曾孫。」詩周頌閔予小子「念兹皇祖」，魯頌閟宮「皇祖后稷」，金文如晉邦𥂴、秦公𣪘、齊陶子綸鎛皆有「皇祖」。烈祖康叔、詩商頌那「奏鼓簡簡，衎我烈祖」，烈祖「嗟嗟烈祖」，烈祖皆謂商湯，商之始祖也。康叔亦衛之始封君。文祖襄公：杜注：「繼業守文，故曰文祖。」蒯聵，襄公之孫。」書堯典：「受終于文祖。」鄭勝亂從，杜注：「勝，鄭聲公名。」昭五年傳「豎牛禍叔孫氏，使亂大從」，謂亂順道。晉午在難，杜注：「午，晉定公名。」傳世有晉公𥂴，銘文有云「⿰午隹今小子」，楊樹達先生積微居金文説定爲晉定公所制器，「午」作「⿰午隹」。不能治亂，使鞅討之。蒯聵不敢自佚，佚同逸。備持矛焉。杜注：「戎右持矛。」以所發掘戰車觀之，車右不僅持矛，亦備弓矢與刀劍。備字詳十五年傳「備使」注。敢告無絶筋，無折骨，無面傷，國語晉語三韓之誓「將止不面夷，死」，韋昭注：「夷，傷也。」然彼不畏面傷，此求己不傷面耳。以集大事，杜注：「集，成也。」

無作三祖羞。作，爲也。三祖，皇祖、烈祖、文祖。大命不敢請，大命謂死生之命，孔疏云：「謂己之身命，不敢私請苟以求生。」佩玉不敢愛。」孔疏云：「尚書金縢稱周公植璧秉珪以告大王、王季、文王，是禱請用玉也。在軍無珪璧，故以佩玉。」

鄭人擊簡子中肩，斃于車中，杜注：「斃，踣也。」獲其蠭旗。杜注：「蠭旗，旗名。」大子救之以戈。鄭師北，獲温大夫趙羅。于鬯校書云：「此趙羅蓋范氏之黨羽，與上趙羅異人也。故不第曰趙羅，而曰温大夫趙羅，乃所以別于上文之趙羅非温大夫也。此正與襄十九年傳有兩子孔，而一於子孔上特著『士』字。又二十五年傳有兩賈舉，而一於賈舉上特着『侍人』二字者同例。」大子復伐之，鄭師大敗，獲齊粟千車。趙孟喜曰：「可矣。」顧炎武補正云：「以中行氏失援糧竭，必將亡。」傅傁曰：「雖克鄭，猶有知在，憂未艾也。」杜注：「傅傁，簡子屬也。」言知氏將爲難，後竟有晉陽之患。

初，周人與范氏田，公孫尨稅焉，杜注：「尨，范氏臣，爲范氏收周人所與田之稅。」趙氏得而獻之。杜注：「得尨以獻簡子。」吏請殺之。趙孟曰：「爲其主也，何罪？」止而與之田。此事疑在鐵戰前，定十三年荀寅、士吉射奔朝歌後。公孫尨爲范氏收田稅，趙氏得之，不但不殺，且留之，與之田。及鐵之戰，以徒五百人宵攻鄭師，取蠭旗於子姚之幕下，獻，曰：「請報主德。」此趙鞅所以勝鄭師者之一因。追鄭師，姚、般、公孫林殿而射，姚，子姚。般，子般。三人率掩護退却之軍以射追軍。前列多死。趙鞅追軍前鋒多戰死。趙孟曰：「國無小。」言不能輕視小國，雖小國，亦有善戰者。既戰，猶言戰罷。簡子曰：「吾伏弢嘔血，弢，盛弓之袋。嘔，吐也。鼓音不衰，今日我上也。」杜注：「我功爲上。」大子曰：「吾救主於車，退敵於下，我，右之上也。」郵良曰：「我兩靷將絶，吾能止之，靷當作靳，見僖二十八年傳「韅靷鞅靽」注。兩靷若斷絶，則驂馬必外出，不能約制。王良善御，能以將斷靳控制驂馬。我，御之上也。」駕而乘材，兩靷皆絶。王良恐人不信，材爲細小之木，復駕馬，而載細小之木，兩靷皆斷矣。

二·四　吴洩庸如蔡納聘，而稍納師。吴越春秋四、漢書董仲舒傳、王褒四子講德論皆以此洩庸即二十六年傳之舌庸，吴闓生文史甄微亦主之，實誤。杜氏世族譜以洩庸爲吴雜人，不言即舌庸。説詳梁履繩補釋引俞葆寅説。師畢入，吴師畢入新蔡。衆知之。蔡侯告大夫，殺公子駟以説。蔡侯欲遷于吴，故與吴謀，因聘而納吴師。諸大夫不欲遷者，蔡侯殺公子駟以向吴解説，於是無人敢阻止矣。哭而遷墓。杜注：「將遷，與先君辭，故哭。」冬，蔡遷于州來。

三年，己酉，公元前四九二年。周敬王二十八年、晉定二十年、齊景五十六年、衛出公輒元年、蔡昭二十七年、鄭聲九年、曹陽十年、陳閔十年、杞僖十四年、宋景二十五年、秦惠九年、楚昭二十四年、吴夫差四年、越句踐五年。

經

三·一　三年春，正月初四己巳冬至，建子。齊國夏、衛石曼姑帥師圍戚。蒯聵居戚故也。

三·二 夏四月甲午，朔日。經不書朔，或當時不以爲朔。地震。無傳。

三·三 五月辛卯，辛卯，二十八日。桓宮、僖宮災。

三·四 季孫斯、叔孫州仇帥師城啓陽。無傳。「啟」公羊作「開」。趙坦異文箋云：「公羊疏引戴宏序云：『子夏傳與公羊高，高傳與其子平，平傳與其子地，地傳與其子敢，敢傳與其子壽。至漢景帝時，壽乃共弟子齊人胡母子都著于竹帛，與董仲舒皆見于圖讖。』是公羊經、傳正當景帝時出，故傳寫者遂改『啟』爲『開』。」漢景帝名啟也。啟陽，據彙纂，今山東臨沂縣北十五里有開陽故城，本鄅國，後屬魯，名啟陽也。彙纂亦據水經沂水注。

三·五 宋樂髡帥師伐曹。無傳。

三·六 秋七月丙子，丙子，十四日。季孫斯卒。

三·七 蔡人放其大夫公孫獵于吴。無傳。杜注以爲獵爲公子駟之黨。

三·八 冬十月癸卯，癸卯，十三日。秦伯卒。無傳。秦惠公也。不書其名，不知何故。

三·九 叔孫州仇、仲孫何忌帥師圍邾。無傳。去年受邾漷、沂之田而相盟，僅隔一年有餘而又伐之，傳不書，闕疑可也。

傳

三·一 三年春，齊、衞圍戚，求援于中山。杜注：「中山，鮮虞。」戰國有中山國。

三・二 **夏五月辛卯，司鐸火。**杜注以司鐸爲宮名。章炳麟讀云：「司鐸，蓋官署之在宮城中者也，猶考工記所云『外有九室，九卿朝焉』，卽後世之郎署也。其地宜在公宮之西，故火踰公宮而東，桓、僖災也。」**火踰公宮，桓、僖災。**桓公廟與僖公廟。桓公于哀公爲八世祖，僖公則六世祖。若據禮記王制「諸侯五廟，二昭二穆，與大祖之廟而五」及文王世子「五廟之孫，祖廟未毁」，則桓、僖之廟早應破毁。其猶存者，或者季、叔孫、孟三卿皆桓公之後，三家用事，尊其始祖也。三家之用事，始于僖公，僖廟不毁，亦報德之舉乎！春秋之時，祖廟當毁而不毁者，不僅魯國。晉悼之立，朝於武宮，自武公至悼公，已歷十君。晉自曲沃武公滅晉侯緡，其後君晉者皆其後代，晉已不以唐叔虞爲太祖，而以武公爲太祖矣。晉頃公時，獻俘於文宮，文公至頃公亦十君，不僅以文公爲當時盟主，且頃公用事之大臣，若韓起、荀吳、魏舒、范鞅、荀躒、趙鞅，其先代皆文公之所親任者也。**救火者皆曰顧府。**府庫，財物所在。**南宮敬叔至，命周人出御書，俟於宮，**杜注：「敬叔，孔子弟子南宮閱。周人，司周書典籍之官。御書，進於君者也。使待命於宮。」俞樾茶香室經說、章炳麟左傳讀俱謂周讀爲疇，家家世世相傳爲疇。然兩周之官，多世代相傳，豈典籍之官獨名疇人耶？亦不可通矣。章炳麟知其難通，又謂「或曰借爲壽人。禮樂志（漢書）『周有房中樂，至秦名曰壽人』，蓋春秋時相傳之舊稱」云云，則壽人爲樂官，不得掌進御之典籍也，亦難信。**曰：「庀女，而不在，死。」**杜注：「庀，具也。」然此義用于此實費解。吳闓生文史甄微謂「庀蓋譏察之意」，乃臆說。疑庀借爲庇，周禮地官遂師「庀其委積」，釋文謂「庀又作庇」，則庀、庇通用。省介詞於字，庇於女也。卽以此寄託于汝保護之。不在卽有失，則死罪。**子服景伯至，**禮記檀弓上鄭注：「子服伯子，蓋仲孫蔑之玄孫子服景伯。」孔疏引世本：「獻子蔑生孝伯（名它，見魯語上），孝伯生惠伯（名椒，見襄二十三年傳)、惠伯生昭伯(名回,見昭十六年傳),昭伯生景伯。」哀十三年傳,「景伯曰,『何也立後於魯矣』」,則景伯名何。詳梁履繩補釋。命宰人出禮書,宰人疑卽周禮之宰夫。周禮天官宰夫,「凡禮事,贊小宰比官府之具」,又云「凡朝覲、會同、賓客以牢禮之灋掌其牢禮」云云,卽「掌治朝之灋」也。既掌其法與禮數,必有其書。又春官太史云「大祭祀,與執事卜日戒及宿之日,與羣執事讀禮書而協事」,卽此之禮書也。平日或由宰夫掌之,故此命宰夫出之。以待命。命不共,有常刑。命不共卽書甘誓之「不恭命」。言奉命不盡職,則有一定之刑。此與襄三十一年傳「共命」意義有別。校人乘馬,巾車脂轄,周禮夏官校人,掌王馬之政,魯亦有此官,晉國、宋國則謂之校正,見成十八年及襄九年傳,故此命其駕好車馬以待。春官巾車云「掌公車之政令」,鄭玄注:「巾車,車官之長。」轄爲車軸兩頭之鍵,塗之以脂。古無機油,以動物脂肪代之,使車行滑利也。魯、晉皆有此官,參襄三十一年傳並注。百官官備,各種官吏無不在職位。府庫愼守,防有趁火盜竊者。官人肅給。俞樾平議謂古官、館同字,此謂司主館舍者。肅給,謂肅敬供給。濟濡帷幕,鬱攸從之。章炳麟左傳讀云:「濟亦濡也。」濟濡帷幕,謂以透濕之帷幕覆蓋近火處,使之勿被火。杜注謂鬱攸爲火氣,王紹蘭經說謂:「蓋救火具,從帷幕也。」疑『火氣』卽『火器』之譌」云云,亦可備一說。蒙葺公屋,杜注:「以濡物冒覆公物。」蓋先以濕幕冒覆近火或將火之處,再覆公屋。自大廟始,外內以悛。此言蒙葺公屋,先大廟,先內後外,依次覆蓋。杜注:「悛,次也。先尊後卑,以次救之。」助所不給。其人力物力有不足者,他人助之。有不用命,則有常刑,無赦。公父文伯至,會箋云:「定五年被陽虎逐,意虎敗乃歸也。」命校人駕乘車。杜注:「乘車,公車。」季桓子至,御公立于象魏之外,太廟在雉門之內,火時在雉門之內,象魏在雉門之外,一時火所難及，故季桓子爲哀公執轡立于象魏外。命救火者傷人則止，財可爲也。人命重，財物輕，寧焚物而勿傷人。命藏象魏，曰：「舊章不可亡也。」此象魏可以藏，非指門闕。「象魏」爲門闕見莊二十一年傳注及定二年經注。當時象魏懸掛法令使萬民知曉之處，因名法令亦曰象魏，卽舊章也。服虔主此說。富父槐至，杜注：「槐，富父終生之後。」曰：「無備而官辦者，猶拾瀋也。」無備謂滅火之備，官辦指上百官官辦諸事，事事有人負責，然不能滅火，猶羹汁傾覆於地，無法撿拾。於是乎去表之槀，說文：「槀，木枯也。」今作槁。此泛指一切乾枯易燃之物。表謂火之所向，表火道者。道還公宮。道，今謂火巷，隔絕火勢者。還同環，釋文：「還，本又作環。」謂環繞公宮開闢火巷，使火不致延及公宮。襄九年傳敍宋被火災，火所未至，徹小屋，亦隔火也。古代火災不易撲滅，此敍當時滅火部署，井然有序，可與襄九年宋災參看。

孔子在陳，聞火，曰：「其桓、僖乎！」王肅僞作孔子家語，記孔子對陳侯之言曰：「禮，祖有功而宗有德，故不毀其廟焉。今桓、僖之親盡矣，又功德不足以存其廟，而魯不毀，是以天災加之」云云，亦本此而衍作。家語且有孔子在齊，聞周先王廟災，曰：「此必僖王之廟」云云，亦是此意。

三·三　劉氏、范氏世爲昏姻，「昏」，原作「婚」，今從金澤文庫本、石經、宋本正。杜注：「劉氏，周卿士；范氏，晉大夫。」萇弘事劉文公，杜注：「爲之屬大夫。」故周與范氏。趙鞅以爲討。杜注：「責周與范氏。」周語下云：「及范、中行之難，萇弘與之。晉人以爲討。」似趙鞅所討者僅萇弘。六月癸卯，癸卯，十一日。周人殺萇弘。莊子胠篋篇、韓非子難言篇及淮南子氾論俱謂萇弘被裂而死。史記樂書、天官書、封禪書及蔡世家俱載萇弘言行，散見于先秦兩漢書者亦多。呂氏春秋必己篇且謂「萇弘死，藏其血三年而爲碧」，自屬不經。

三·四 秋，季孫有疾，命正常曰：「無死！杜注：「正常，桓子之寵臣，欲付以後事，故敕令勿從己死。」南孺子之子，男也，則以告而立之；杜注：「南孺子，季桓子之妻。」然俞正燮癸巳類稿：「秦策一云『某父某孺子納某士』，漢書王子侯表云『東城侯遺爲孺子所殺』，則王公至士民妾通名孺子。」章炳麟左傳讀卷七：「韓非子八姦云：『貴夫人，愛孺子，便僻好色，此人主之所惑也。』外儲說右上云：『齊威王夫人死，中有十孺子，皆貴於王。薛公欲知王所欲立，而請置一人以爲夫人。』然則君之孺子尊亞夫人，蓋猶禮之世婦，卿之妻尊與之等也。」又自注云：「春秋繁露爵國篇言孺子在夫人、世婦、左右娣、良人之下。此則甚卑，與傳及韓非所言皆異。」漢書外戚傳上謂太子有妃，有良娣，有孺子，凡三等，則孺子最下。女也，則肥也可。」杜注：「肥，康子也。」章炳麟讀云：「下文云『季孫卒，康子卽位。既葬，康子在朝。』南氏生男，而正常猶稱季孫遺言生男則立之，康子遂請辟位，然則康子之卽位，特攝位耳。」季孫卒，康子卽位。既葬，康子在朝。南氏生男，正常載以如朝，告曰：「夫子有遺言，命其圉臣曰：圉臣，正常自稱。正常於魯君，陪臣之不若，圉臣猶言賤臣也。『南氏生男，則以告於君與大夫而立之。』今生矣，男也，敢告。」遂奔衞。告畢卽奔，知康子不能奉父遺言，正常畏被害也。康子請退。杜注：「退，辟位也。」公使共劉視之，杜注：「共劉，魯大夫。」則或殺之矣。自是康子使人爲之。乃討之。杜注：「討殺者。」召正常，正常不反。

三·五 冬十月，晉趙鞅圍朝歌，師于其南，重軍在朝歌南。荀寅伐其郛，荀寅被圍在朝歌城內，而伐南門外城，欲使趙鞅兵力聚集于此。使其徒自北門入，已犯師而出。北門趙鞅兵力已減，荀寅之徒在朝歌外來救者因易攻入，荀寅乃轉徙兵力自北門突圍而出。此言荀寅，士吉射亦在其中。癸丑，癸丑，二十三日。奔邯鄲。趙稷仍堅守邯鄲。

十一月，趙鞅殺士皐夷，士皐夷卽定十三年傳之范皐夷。惡范氏也。杜注：「惡范氏而殺其族，言遷怒。」杜注失之迂。此時范氏之敗局已定，皐夷雖爲首亂者之一，然終是范氏之族，趙鞅殺之，所以防其爲禍于後也。

四年，庚戌，公元前四九一年。周敬王二十九年、晉定二十一年、齊景五十七年、衞出二年、蔡昭二十八年、鄭聲十年、曹陽十一年、陳閔十一年、杞僖十五年、宋景二十六年、秦悼公元年、楚昭二十五年、吳夫差五年、越句踐六年。

經

四·一　四年春王二月庚戌，正月十五日甲戌冬至，建子。庚戌，二十一日。盜殺蔡侯申。「二月」公羊作「三月」，誤。此年二月庚寅朔，三月不得有庚戌。「殺」，公羊、穀梁俱作「弒」，「殺」「弒」二字古書混亂者多矣。宣十七年經「蔡侯申卒」，蔡文侯也，于此蔡昭侯是曾祖，曾祖與曾孫同名，孔穎達疏以爲「必有誤者」。不知若以世次計，則相距六代；若以廟次計，則相距七公，其同名不足怪異。若魯武公名敖，亦魯不祧宗也，然而慶父之子名公孫敖。若周武王發爲周人共祖一代開國，而衞有公孫發，鄭有公子發。

四·二　蔡公孫辰出奔吳。據傳，乃殺蔡昭侯之黨。

四·三 葬秦惠公。無傳。

四·四 宋人執小邾子。無傳。

四·五 夏，蔡殺其大夫公孫姓、公孫霍。「公孫姓」公羊作「公孫歸姓」。據傳，亦殺蔡侯之黨。

四·六 晉人執戎蠻子赤歸于楚。「蠻」，公羊作「曼」。蠻、曼二字古同韻。

四·七 城西郛。無傳。杜注：「魯西郭，備晉也。」

四·八 六月辛丑，辛丑，十四日。亳社災。無傳。「亳」，公羊作「蒲」。禮記郊特牲「薄社」，釋文，「薄，本又作『亳』。」餘詳趙坦異文箋。定六年傳「陽虎盟國人于亳社」，即此社也。公羊、穀梁二傳俱謂亳社爲亡國之社，即殷都亳之社，杜注因云「諸侯有之，所以戒亡國」。其實亳社，魯因商奄遺民立之，詳定六年傳注。亳社所在，詳閔二年傳注。

四·九 秋八月甲寅，甲寅，二十八日。滕子結卒。無傳。

四·一〇 冬十有二月，葬蔡昭公。無傳。杜注：「亂故，是以緩。」

四·一一 葬滕頃公。無傳。

傳

四·一 四年春，蔡昭公將如吳。諸大夫恐其又遷也，承公孫翩逐而射之，入於家人而卒。詩秦風權輿毛傳云：「承，繼也。」屬下句。謂諸大夫跟隨公孫翩而逐蔡昭公。惠棟補注、洪亮吉詁、俞樾平議皆以承爲一字讀，惠引詩魯頌閟宮「則莫我敢承」毛傳「承，止也」，謂諸大夫皆欲止之也，雖強勉可通，但全部左傳無此句法。洪訓「承」爲「恐」，則與上「恐」字義複。俞謂「承字當爲乘（承、乘古音同，俞未言），乘謂乘車。昭侯乘車，即將如吳」云云，不知「承」字承「諸大夫」言，非承「蔡昭公」。若如俞氏此解，傳文當作「蔡昭公將如吳，承」。而如傳文，俞解顯不足信。沈欽韓補注以「承」屬下讀是也；謂「承，佐也」，則非。公孫翩，據下文乃蔡昭之黨，故以兩矢守門，而被殺。若諸大夫佐助之，則不致與諸大夫爲敵矣。諸大夫蓋尾隨公孫翩，公孫翩乃從後掩護蔡昭之人。蔡昭侯入于庶民家而死。沈欽韓補注云：「家人言民家。」又參楊樹達先生漢書窺管卷一。以兩矢門之，衆莫敢進。公孫翩以兩矢守蔡昭所入民家之門，蔡昭之衆畏死而不敢進。文之鍇後至，文之鍇，蔡昭之臣。曰：「如牆而進，多而殺二人。」告蔡昭之衆，併行如牆向前，翩只二矢，最多不過死二人。鍇執弓而先，翩射之，中肘；鍇遂殺之。故逐公孫辰而殺公孫姓、公孫盱。杜注：「盱，即霍也。」一九五五年發現安徽壽縣蔡侯墓，疑即昭侯墓。

四·二 夏，楚人既克夷虎，杜注：「夷虎，蠻夷叛楚者。」乃謀北方。左司馬眅、眅音攀上聲。申公壽餘、葉公諸梁致蔡於負函，杜注：「三子，楚大夫也。此蔡之故地人民，楚因以爲邑。致之者，會其衆也。」負函，據彙纂，當在今河南信陽市、縣境。致方城之外於繒關，據江永考實，繒關在今河南方城縣。曰：「吳將泝江入郢，泝音素，逆流而上曰泝。或作溯。此謂逆長江而上。將奔命焉。」爲一昔之期，襲梁及霍。昔、夕古音同，此昔字即作夕用。杜注：「僞辭當備吳，夜結期，明日便襲梁、霍，使不知之。」梁在今河南臨汝縣西，與僖十九年傳之梁在今陝西韓城縣南者不同。霍在梁之西南，離臨汝縣稍遠。單浮餘圍蠻氏，蠻氏潰。蠻氏已見成六年、昭十六年傳並注，其地在霍之西三十餘里。蠻子赤奔晉陰地。陰地，在今河南盧氏縣東北。司馬起豐、析與狄戎，起，漢謂之興，徵召卒乘也。此謂徵召豐、析及狄戎之民爲兵。豐，據顧棟高大事表七之四，在今河南淅川縣廢治（今爲舊淅川）西南，與湖北十堰市相接界。今淅川縣及内鄉縣之西北境皆楚析地。以臨上雒。上雒即今陝西商縣。據敔毁銘上雒本屬周，後屬晉。左師軍于菟和，菟和山，據沈欽韓地名補注引商州志，在今陝西商縣東一百一十里。右師軍于倉野，倉野一作蒼野，據清一統志，在商縣東南一百四十里。使謂陰地之命大夫士蔑曰：命大夫者，曾經周王或晉侯所親命之大夫。命即一命、二命、三命之命，與一般守縣邑之大夫不同。陰地爲晉南之要道，此地失守，晉都新絳，即今山西侯馬市，門户大開，故士蔑以命大夫守之。「晉、楚有盟，好惡同之。此蓋晉、楚盟誓之辭。引之以逼晉交出蠻子。若將不廢，寡君之願也。不然，將通於少習以聽命。」少習山在今商縣東一百八十五里，山下即武關。打通少習山，即可西脅秦國，而與秦聯軍，東取陰地，北渡黃河，以逼晉都。士蔑請諸趙孟。趙孟曰：「晉國未寧，安能惡於楚？必速與之！」杜注：「未寧，時有范、中行之難。」士蔑乃致九州之戎，九州之戎亦見昭二十二年傳。杜注：「九州戎，在晉陰地、陸渾者。」致，猶言召集，謂召集九州戎各部落之長。將裂田以與蠻子而城之，杜注：「以詐蠻子。」且將爲之卜。書洛誥序云：「召公既相宅，周公往營成周，使來告卜，作洛誥。」文云：「予惟乙卯，朝至于洛師。我卜河朔黎水。我乃卜澗水東、瀍水西，惟洛食。」足見自古至春秋，築城必先卜龜。蠻子聽卜，遂執之與其五大夫，執蠻子赤及其五大夫也。五大夫，杜無注。疑此與莊十九、二十、二十一年傳及襄元年傳之「五大夫」不同。彼五大夫，大夫五人也。此或是一人，秦爵有五大夫，蓋本此。以畀楚師于三户。三户城在今河南淅川縣西南丹江之南。楊樹達先生讀左傳云：「時晉不競，畏楚殊甚，故有此事。金文有晉公盦，乃晉定公嫁女於楚事，以此文合勘，知嫁女所以求歡於楚。」又參其積微居金文説晉公盦與再跋。司馬致邑立宗焉，以誘其遺民，杜注：「楚復詐爲蠻子作邑，立其宗主。」而盡俘以歸。

秋七月，齊陳乞、弦施、衛甯跪救范氏。杜注：「陳乞，僖子。弦施，弦多。」梁履繩補釋引孔廣栻云：「説苑復恩篇衛有甯文子，與智伯同時，疑即此甯跪。」庚午，十四日。圍五鹿。五鹿在今河北大名縣東，見元年傳注。

九月，趙鞅圍邯鄲。冬十一月，邯鄲降。荀寅奔鮮虞，趙稷奔臨。臨故城址在今河北臨城縣西南十里。時屬晉。十二月，弦施逆之，遂墮臨。拆毁臨邑城牆。國夏伐晉，取邢、任、欒、鄗、逆時、陰
四·三 人、盂、壺口，邢即今河北邢臺市，參見隱四年傳並注。任，在今河北任縣東南，亦見襄三十年傳並注。欒，據江永考實，今河北欒城縣及趙縣北境皆古欒邑地。鄗，據江永考實，今河北高邑縣、柏鄉縣皆鄗邑地。逆時，江永考實謂酈道元水經滱水注以逆時爲曲逆，今曲逆故城在河北保定地區完縣東南二十里。陰人，江永考實謂「地無考」，沈欽韓地名補注以陰地關當之，陰地關即今山西靈石縣西南之南關村，齊師恐難遠至此處，未可信也。盂，高士奇地名攷略、江永考實皆主即昭二十八年傳「孟丙爲盂大夫」之盂，則在今山西太原市東北八十里，顧棟高大事表謂「晉爲大國，齊不應深入至此」，是也。又引顧炎武説，謂當在河北邢臺市與永年縣之間，亦無據。疑即今山西黎城縣東北二十八里太行山口吾兒峪。壺口，即今山西長治市東南之壺關。會鮮虞，納荀寅于柏人。柏人即今河北隆堯縣西南之堯城鎮。

五年，辛亥，公元前四九〇年。周敬王三十年、晉定二十二年、齊景五十八年、衞出三年、蔡成公朔元年、鄭聲十一年、曹陽十二年、陳閔十二年、杞僖十六年、宋景二十七年、秦悼二年、楚昭二十六年、吳夫差六年、越句踐七年。

經

五·一 五年春，正月二十六日己卯冬至，建子，有閏月。城毗。無傳。「毗」，公羊作「比」，音同相通假，其地無考。

五·二 夏，齊侯伐宋。無傳。

五·三 晉趙鞅帥師伐衞。

五·四 秋九月癸酉，癸酉，二十四日。齊侯杵臼卒。公羊作「處臼」，史記齊世家與左氏經同。

五·五 冬，叔還如齊。無傳。蓋弔齊景公之喪且會葬。

五·六 閏月，葬齊景公。無傳。

傳

五·一 五年春，晉圍柏人，荀寅、士吉射奔齊。

初，范氏之臣王生惡張柳朔，惠棟補注云：「墨子所染篇云：『范吉射染於長柳朔、王勝。』王勝即王生也。古『張』字省作『長』，見楚相孫叔敖碑。」孔廣森經學卮言六云：「長柳卽張柳，古複姓，漢書藝文志有長柳占夢。」言諸昭子，使爲柏人。杜注：「爲柏人宰也。」昭子，范吉射也。昭子曰：「夫非而讎乎？」對曰：「私讎不及公，杜注：「公家之事也。」好不廢過，惡不去善，禮記曲禮上云：「愛而知其惡，憎而知其善」，即此兩語意。義之經也，臣敢違之？」言不敢違也。及范氏出，杜注：「出柏人，奔齊。」張柳朔謂其子：「爾從主，勉之！我將止死，王生授我矣，杜注：「授我死節。」吾不可以僭之。」楊樹達先生讀左傳云：「僭，不信也。」遂死於柏人。杜注：「爲吉射距晉戰死。」

五·二 夏，趙鞅伐衞，范氏之故也，杜注：「衞助范氏故也。」遂圍中牟。中牟當卽定九年傳「晉車千乘在中牟」之「中牟」，地詳彼注。江永考實云：「中牟嘗屬晉趙氏矣，而此時屬衞，豈因佛肸叛而中牟遂屬衞歟？」

五·三 齊燕姬生子，服虔云：「燕姬，齊景公嫡夫人；昭七年燕人所歸。」餘詳李貽德輯述。不成而死。據服虔及杜預說，不成卽未成年，未及行冠禮。諸子鬻姒之子荼嬖，諸子，天子、諸侯姬妾之官稱，詳襄十九年傳「諸子仲子、戎子」注。晏子春秋內篇諫上云：「淳于人納女于景公，生孺子荼，景公愛之。」史記齊世家云：「景公五十八年夏，景公夫人燕姬適子死，景公寵妾芮姬生子荼。」或作「淳于人納女」，或作「芮姬」，皆與傳異。且晏子春秋敍晏子進諫事，此時晏嬰早死矣。齊世家敍燕姬所生子死與荼之生似爲同年事，亦難憑信。諸大夫恐其爲大子也，言於公曰：「君之齒長矣，未敢言其老，僅言其年長，實則景公立已五十八年，實老矣。未有大子，若之何？」公曰：「二三子閒於憂虞，則有疾疢，閒，參與，閒厠之義，與莊十年傳「又何閒焉」之「閒」同。此言汝等若有憂慮，則生疾病。憂、虞同義，疾、疢亦同義，孟子盡心上「恆存乎疢疾」，疢疾亦疾疢也。說本武億義證。亦姑謀樂，何憂於無君？」

此或非此年語，但亦非早年語，因傳文無「初」字也。杜注：「景公意欲立荼而未發，故以此言塞大夫請。」公疾，使國惠子、高昭子立荼，杜注：「惠子，國夏；昭子，高張。」寘羣公子於萊。萊，杜注「齊東鄙邑」，則非萊國之萊。今山東煙臺地區黄縣東南萊山。秋，齊景公卒。冬十月，公子嘉、公子駒、公子黔奔衞，「嘉」，史記齊世家作「壽」。公子鉏、公子陽生來奔。萊人歌之曰：「景公死乎不與埋，三軍之事乎不與謀，師乎師乎，何黨之乎？」杜注：「師，衆也。黨，所也。之，往也。稱謚，蓋葬後而爲此歌，哀羣公子失所。」此歌以埋、謀、之爲韻。王引之述聞謂第二句衍「之」字，第三句末衍「乎」字，不足信。梁書文學下劉杳傳謂「晉永嘉賊曹嶷於青州發齊景公冢」云云，則齊景之墓爲曹嶷所掘。

五·四　鄭駟秦富而侈，嬖大夫也，嬖大夫即下大夫，亦見昭七年傳。而常陳卿之車服於其庭。鄭人惡而殺之。子思曰：杜注：「子思，子産子國參也。」「詩曰：『不解于位，民之攸塈。』詩大雅假樂文。解同懈。攸，所也。塈，息也，安寧也。此謂百官勤于職守，民所以得安寧。不守其位而能久者鮮矣。不守其位，即僭越失度。商頌曰：『不僭不濫，不敢怠皇，命以多福。』」詩商頌殷武文。今詩作：「不僭不濫，不敢怠遑。命于下國，封建厥福。」孔疏謂「命以多福，不復具引詩文，取其意而言之。」杜注：「僭，差也。濫，溢也。皇，暇也。言駟秦違詩商頌，故受禍。」

六年，壬子，公元前四八九年。周敬王三十一年、晉定二十三年、齊安孺子荼元年、衞出四年、蔡成二年、鄭聲十二年、曹陽十三年、陳閔十三年、杞僖十七年、宋景二十八年、秦悼三年、楚昭二十七年、吳夫差七年、越句踐八年。

經

六·一　六年春，正月初七甲申冬至，建子。城邾瑕。無傳。「邾瑕」，公羊作「邾婁葭」。邾，公羊例作邾婁；「瑕」「葭」同從叚得聲，可相通借，亦猶定十三年經左之「垂葭」，公羊作「垂瑕」。邾瑕據杜注，在今山東濟寧市南十里，則未必爲邾邑，疑此說不足信，闕疑可也。定、哀十六年間，魯爲縣邑築城者凡八，杜多以「備晉」爲言，實則晉亦國内諸卿内争甚烈，無暇及外。

六·二　晉趙鞅帥師伐鮮虞。

六·三　吳伐陳。

六·四　夏，齊國夏及高張來奔。

六·五　叔還會吳于柤。無傳。柤本楚地，此時或已爲吳有，即今邳縣北之泇口。又見襄十年經注。

六·六　秋七月庚寅，庚寅，十六日。楚子軫卒。軫卽昭二十六年之太子壬。壬其本名，楚君卽位後例改名，軫其所改名。史記十二諸侯年表及楚世家俱作「珍」，「珍」、「軫」形音均近。

六·七　齊陽生入于齊。陽生，景公庶子，卽悼公，去年孺子荼卽位後奔魯者。

六·八　齊陳乞弑其君荼。「荼」公羊作「舍」，古音同，相通假。據傳，荼實爲陽生使朱毛殺之，而經書陳乞者，以其迎立陽生，荼不得不被殺，且陳氏欲藉此擅權也。

六·九 冬，仲孫何忌帥師伐邾。無傳。

六·一〇 宋向巢帥師伐曹。無傳。

傳

六·一 六年春，晉伐鮮虞，治范氏之亂也。杜注：「四年，鮮虞納荀寅于柏人。」晉曾數伐鮮虞，終春秋之世未能得之，戰國策有中山策，其後爲趙所滅。

六·二 吳伐陳，復修舊怨也。元年傳云：「吳侵陳，修舊怨也。」然而未能得志，故此年又用兵，復修舊怨。會箋云：「夫差之所以亡也。定五年傳云：『子常唯思舊怨以敗。』」楚子曰：「吾先君與陳有盟，昭十三年，楚平王禮送陳侯吳歸于陳，必有盟。不可以不救。」乃救陳，師于城父。此乃北城父，詳昭十九年傳「大城城父」注，在今河南寶豐縣東，平頂山市西北。

六·三 齊陳乞僞事高、國者，杜注：「高張、國夏受命立荼，陳乞欲害之，故先僞事焉。」每朝，必驂乘焉。言與之同車上朝，已在車右。所從，從往之處。必言諸大夫曰：言於高、國，所言乃誣問諸大夫。「彼皆偃蹇，杜注：「偃蹇，驕敖。」彼指諸大夫。將棄子之命。皆曰：『高、國得君，荼爲高、國所立，高、國實掌政權。荼幼小，高、國足以挾之以令于國，即得君也。必偪我，盍去諸？』固將謀子，子早圖之！圖之，莫如盡滅之。需，事之下也。」杜注：「需，疑也。」孔疏：「需是懦弱之意。」説文：「需，顉也，遇雨不進止顉也。」卽今言等待。此是陳乞在高、國之前誣告諸大夫之語。「彼」指諸大夫。言諸大夫皆自高自大，將不受子（高、國）之命。諸大夫且謀逐除高、國，因勸高、國盡滅諸大夫，遲疑等待乃下策。田齊世家敍此語僅撮取大意。及朝，則曰：「彼，虎狼也。又向高、國言，謂諸大夫是虎狼。見我在子之側，殺我無日矣，請就之位。」杜注：「欲與諸大夫謀高、國，故求就之。」蓋此時在朝，高、國在卿位，陳乞僞事高、國，在其側，不得與諸大夫言，因以己畏被殺，而請往諸大夫行列，就而與言。又謂諸大夫曰：「二子者禍矣，二子卽高、國。禍矣，言將爲禍亂。恃得君而欲謀二三子，曰：『國之多難，貴寵之由，此僞造高、國之言而述于諸大夫，言高、國云，國之多患難，由于貴寵也。諸大夫中必有爲景公所貴寵者。盡去之而後君定。』既成謀矣，盍及其未作也，先諸？脅諸大夫先發難。作而後，悔亦無及也。」作卽上文「未作」之作。言如高、國先發動，諸大夫後悔亦不及。大夫從之。

夏六月戊辰，戊辰，二十三日。陳乞、鮑牧及諸大夫以甲入于公宮。杜注：「牧，鮑國孫。」昭子聞之，與惠子乘如公。戰于莊，敗。莊，臨淄城內大街，詳昭十年傳「又敗諸莊」注。杜注：「高、國敗也。」國人追之，國夏奔莒，遂及高張、晏圉、弦施來奔。杜注：「圉，晏嬰之子。圉、施不書，非卿。」田齊世家云：「田乞、鮑牧乃與大夫以兵入公宮，攻高昭子。昭子聞之，與國惠子救公。公師敗。田乞之徒追之，奔莒，遂反殺高昭子。晏孺子奔魯。」田乞卽陳乞，史記于齊之陳氏例作田。司馬遷所記與傳有不同，當依傳爲實。

六·四 秋七月，楚子在城父，將救陳。卜戰，不吉；卜退，不吉。王曰：「然則死也。再敗楚師，不如死；據杜注及孔疏，定四年吳敗楚於柏舉，是一敗；此次卜戰、卜退皆不吉，則戰固必敗，退亦不易，是再敗。棄盟、逃讎，不救陳，是拋棄盟國，且逃避讎敵吳國之兵。亦不如死。死一也，其死讎乎！」言同是死，將死于讎敵。命公子申爲王，不可；申，子西。則命公子結，結，子期。亦不可；則命公子啓，啓，子閭。五辭而後許。杜注以申等三人「皆昭王兄」，然列女節義傳謂「王病甚，讓位於三弟，三弟不聽」，又云「王弟子閭與子西、子期謀」，則申等三人劉向以爲昭王弟。將戰，王有疾。庚寅，昭王攻大冥，大冥，據彙纂，在今河南周口地區項城縣境。卒于城父。子閭退，曰：「君王舍其子而讓，羣臣敢忘君乎？從君之命，順也；杜注：「從命，許立。」立君之子，亦順也。二順不可失也。」與子西、子期謀，潛師，閉塗，潛師，秘密轉移師旅。閉塗，封閉有關道路，不使己情外洩。王引之述聞謂「『塗』當爲『壁』，字相似而誤」，不可信。逆越女之子章立之，越女，越王勾踐之女，即十六年傳之昭夫人。列女節義傳謂其于昭王死前自殺，傳說不可信。「章」列女傳作「熊章」，楚王名常冠「熊」字，而左傳則省之。而後還。

是歲也，有雲如衆赤鳥，夾日以飛三日。楚子使問諸周大史。服虔于此有二說，一謂諸侯皆有太史，主周所賜典籍，故曰周太史。此說甚誤，周未嘗賜典籍與楚，王子朝奉周典籍奔楚，亦不得謂之周太史，如宣二年傳「大史書曰」、襄二十五年傳「大史書」，皆晉、齊本國之太史，楚有大史，亦不得稱周大史。一謂是時往問周太史，沈欽韓補注舉說苑君道篇爲證，是也。說苑云：「昭王患之，使人乘馹，東而問諸太史州黎。」且此時昭王在城父，距周室近，距楚反遠，故至王城問也。周大史曰：「其當王身乎！若禜之，杜注：「禜，禳祭。」秦蕙田五禮通考三十六云：

「周禮(大宗伯)但言祀風師、雨師，無有言祭雲、雷神者，然觀左傳、楚辭九歌雲中君，則雲神之祭，三代已有之，唯雷神未見明文耳。」可移於令尹、司馬。」王曰：「除腹心之疾，而寘諸股肱，腹心，王自比；股肱，比令尹與司馬。說苑述昭王之言有云「楚國之有不穀也，由(猶)身之有匈脅也；其有令尹、司馬也，由身之有股肱也」，與此同意。何益？不穀不有大過，天其夭諸？言己有大過，天則夭折我。昭王幼年即位，在位二十七年，此時不過三十餘歲，故云夭折。有罪受罰，又焉移之？」遂弗禜。

初，昭王有疾，卜曰：「河爲祟。」王弗祭。大夫請祭諸郊。於郊野祭黃河之神。王曰：「三代命祀，祭不越望。江、漢、睢、漳，楚之望也。江見宣十二年傳，漢見莊四年傳，睢水見定四年傳並注，漳水見宣四年傳並注。禍福之至，不是過也。不穀雖不德，河非所獲罪也。」遂弗祭。

孔子曰：「楚昭王知大道矣。其不失國也，宜哉！夏書曰：『惟彼陶唐，帥彼天常，帥同率，循行也。天常，上天制予人之恆道。有此冀方。冀方即中國，說詳顧炎武日知錄卷二。今失其行，亂其紀綱，乃滅而亡。』此逸書文，作僞古文尚書者輯入五子之歌。杜注謂「滅亡謂夏桀」。閻若璩據離騷「啓九辯與九歌兮，夏康娛以自縱」，謂指太康，說詳尚書古文疏證五下。又曰：『允出茲在茲。』此亦逸書，在今僞古文大禹謨中。由己率常，可矣。」楚世家全採左傳，唯讓王事敍在疾病時，與說苑同，自當以左傳爲依據。劉向或亦參史記。

六·五 八月，齊邴意茲來奔。杜注：「高、國黨。」參定十三年傳。齊世家云：「八月，齊秉意茲、田乞敗二相，乃使人之魯召公子陽生。」則司馬遷所見左傳無「奔」字。但列秉(邴)意茲於田乞上，且冠以「齊」字，非世家例，甚可疑。

陳僖子使召公子陽生。陽生駕而見南郭且于，杜注：「且于，齊公子鉏，在魯南郭。」曰：「嘗獻馬於季孫，八年傳云：「齊悼公之來也，季康子以其妹妻之。」然則此時已是季孫妹夫。不入於上乘，故又獻此，請與子乘之。」杜注：「畏在家，人聞其言，故欲二人共載，以試馬爲辭。」出萊門而告之故。定九年傳「陽虎使焚萊門」，彼爲陽關邑門，此或不然。杜注：「魯郭門也。」江永考實謂與陽關邑門同名異地，是也。闞止知之，先待諸外。杜注：「闞止，陽生家臣子我也。待外，欲俱去。」仲尼弟子列傳、呂氏春秋愼勢篇、淮南子人間訓、鹽鐵論殊路篇、頌賢篇、說苑正諫篇、指武篇俱以闞止即孔丘弟子宰予，李斯上秦二世書（李斯傳）亦云：「田常爲簡公臣，陰取齊國，殺宰予於庭，即弒簡公於朝。」然史記弟子列傳索隱云：「左傳闞止字子我，爲陳恆所殺，字與宰予相涉，因誤。」主此說者，有蘇軾志林、蘇轍古史、孔平仲談苑、洪邁容齋隨筆、孫奕示兒篇以及清人閻若璩四書釋地又續、趙翼陔餘叢考、惠棟左傳補注等。然亦有信闞止即宰予者，如全祖望經史問答、宋翔鳳過庭録。總之，紀載淩亂，是非紛紜，置之不究可也。公子曰：「事未可知，反，與壬也處。」杜注：「壬，陽生子簡公。」戒之，戒闞止也。陽生不知陳僖子召之何意，心存疑惑，故于往齊前有所囑咐。遂行。逮夜，至於齊，國人知之。杜注：「故以昏至，不欲令人知也。國人知而不言，言陳氏得衆。」僖子使子士之母養之，杜注：「隱於僖子家內。子士母，僖子妾。」與饋者皆入。杜注：「陳僖子又令陽生隨饋食之人入處公宮。」

冬十月丁卯，丁卯，二十四日。立之。將盟，杜注：「盟諸大夫。」鮑子醉而往。其臣差車鮑點曰：杜注：「點，鮑牧臣也。差車，主車之官。」「此誰之命也？」陳子曰：「受命于鮑子。」遂誣鮑子曰：「子之命也！」杜注：「見其辭，故誣之。」鮑子曰：「女忘君之爲孺子牛而折其齒乎，而背之也？」孺子謂已立之齊君荼，以其年幼小，故曰孺子，尚書金縢「武王既喪，管叔及其羣弟乃流言于國曰：『公將不利于孺子』」，時成王年幼，周公攝政，故以孺子稱成王。公羊僖十年傳「爾既殺夫二孺子矣」，二孺子謂奚齊及卓子，俱爲里克所殺也。孺子另一義，已見僖十五年傳注。蓋景公愛荼，嘗己爲牛，令荼牽之，仆，景公折齒。「也」讀爲「耶」亦可。悼公稽首，杜注：「悼公，陽生。」曰：「吾子，奉義而行者也。若我可，不必亡一大夫；杜注：「言己可爲君，必不怨鮑子。」亡一大夫，卽殺鮑子也。若我不可，不必亡一公子。杜注：「公子，自謂也。恐鮑子殺己，故要之。」義則進，否則退，敢不唯子是從？廢興無以亂，廢謂廢荼，興謂立己。亡一大夫，亡一公子，皆亂。言廢立之際，勿使流血。則所願也。」鮑子曰：「誰非君之子？」言凡景公子皆可爲齊君，不必荼也。乃受盟。使胡姬以安孺子如賴，胡姬，胡國之女，姬姓，景公妾。胡見襄二十八年傳注。安孺子卽荼，在位不及一年，且幼小卽被殺，無謚，號之爲安孺子。賴，在今山東章丘縣西北。去鬻姒，杜注：「荼之母。」去蓋遣送他處。殺王甲，拘江說，囚王豹于句瀆之丘。杜注：「三子，景公嬖臣，荼之黨也。」孟子告子下云：「昔者王豹處於淇，而河西善謳。」趙岐以爲衞人，萬氏氏族略「疑卽此人」，鄭珍巢經巢文集亦以爲卽此人，且以爲齊人。

公使朱毛告於陳子，杜注：「朱毛，齊大夫。」曰：「微子，則不及此。然君異於器，不可以二。器二不匱，君二多難，敢布諸大夫。」僖子不對而泣，曰：「君舉不信羣臣乎？杜注：「舉，皆也。」顧炎武補正云：「悼公忌荼，恐諸大夫復立荼而廢己，欲使除之，故僖子以爲疑己。」以齊國之困，困又有憂，杜注：「內有飢荒之困，又有兵革之憂。」少君不可以訪，是以求長君，庶亦能容羣臣乎！不然，夫孺子何罪？」毛復命，公悔之。杜注：「悔失言。」毛曰：「君大訪於陳子，而圖其小可也。」杜注：「大謂國政，小謂殺荼。」使毛遷孺子於駘。駘，顧棟高大事表七之一云：「或曰，在今山東青州府臨朐縣界。」臨朐縣今屬山東昌濰地區。不至，殺諸野幕之下，葬諸殳冒淳。杜注：「殳冒淳，地名。」公羊傳與此略異。

七年，癸丑，公元前四八八年。周敬王三十二年、晉定二十四年、齊悼公陽生元年、衞出五年、蔡成三年、鄭聲十三年、曹陽十四年、陳閔十四年、杞僖十八年、宋景二十九年、秦悼四年、楚惠王章元年、吳夫差八年、越句踐九年。

經

七·一 七年春，正月十八日庚寅冬至，建子，有閏月。宋皇瑗帥師侵鄭。

七·二 晉魏曼多帥師侵衞。

七·三 夏，公會吳于鄫。「鄫」，穀梁作「繒」。釋文：「本又作『繒』。」鄫故城在今山東棗莊市東，蒼山縣西稍北，餘詳僖十四年經並注。

七·四 秋，公伐邾。八月己酉，己酉，十一日。入邾，以邾子益來。杜注：「他國言『歸』，於魯言『來』，內外之辭。」

七·五　宋人圍曹。

冬，鄭駟弘帥師救曹。

傳

七·一　七年春，宋師侵鄭，鄭叛晉故也。杜注：「定八年鄭始叛。」會箋云：「定十四年經，齊侯、宋公會於洮，是始從齊也。然經書鄭、衞之盟，而宋則無盟齊文，蓋宋雖叛晉，與鄭、衞自異。今觀齊之不競，又去齊即晉也。」所言似有據，然此時中原諸國已無霸主，強凌弱，大併小之風益甚，觀魯之伐邾可知。況定十五年鄭罕達曾敗宋師于老丘，鄭、宋相距不遠，糾紛時起耶？

七·二　晉師侵衞，衞不服也。杜注：「五年晉伐衞，至今未服。」蓋晉趙鞅欲納蒯聵，未得。即十四年、十五年兩次伐衞，亦欲納蒯聵，樹立事己之國。十六年蒯聵入國，趙鞅便欲使蒯聵朝晉。

七·三　夏，公會吳于鄫。杜注：「吳欲霸中國。」吳來徵百牢。子服景伯對曰：「先王未之有也。」吳人曰：「宋百牢我，杜注：「是時吳過宋，得百牢。」然吳若會魯哀于鄫，實不必繞道過宋，杜說不知何據。或宋享吳以百牢是以前事。魯不可以後宋。後宋猶言下於宋或薄于宋。且魯牢晉大夫過十，魯禮士鞅以十一牢，見昭二十一年傳。吳王百牢，不亦可乎？」景伯曰：「晉范鞅貪而棄禮，以大國懼敝邑，懼，使動用法，謂以晉爲大國使我恐懼也，見昭二十一年傳。故敝邑十一牢之。君若以禮命於諸侯，則有數矣。孔疏引周禮秋官大行人云「上公九牢，侯伯七牢，子男五牢，是常數也。」若亦棄禮，則有淫者矣。有讀爲又。杜注：「淫，過也。」謂此棄禮之又過者。周之王也，制禮，上物不過十二，陸粲附注云：「上物亦通言之，如冕與旗俱十二旒，玉路樊纓十二就之類皆是。」據周禮秋官掌客「王合諸侯而饗禮，則具十有二牢」，鄭玄注謂「饗諸侯而用王禮之數」。以爲天之大數也。古代以天空唯十二次，故制禮以十二爲極數。今棄周禮，而曰必百牢，亦唯執事。」吳人弗聽。景伯曰：「吳將亡矣，棄天而背本。謂天只十二次，今徵百牢，故云棄天。吳本泰伯之後，違周禮，故云背本。不與，必棄疾於我。」說文：「棄，捐也。」棄疾猶今言加害。乃與之。

大宰嚭召季康子，杜注：「嚭，吳大夫。」定四年傳云：「伯州犂之孫嚭爲吳大宰。」康子使子貢辭。大宰嚭曰：「國君道長，長，說文云：「久遠也。」此謂國君稽留于道路甚久遠。蓋吳王自吳至鄫，路途千餘里；即魯哀自曲阜至鄫，亦四百餘里。而大夫不出門，此何禮也？」對曰：「豈以爲禮，畏大國也。杜注：「畏大國，不敢虛國盡行。」大國不以禮命於諸侯，苟不以禮，豈可量也？言其無事不可爲，非小國所能測量。寡君既共命焉，其老豈敢棄其國？其老謂季氏。魯君既親行，其大臣必留守國內。大伯端委以治周禮，端，玄端之衣；委，委貌之冠，皆周統一前禮服，其後仍之。大伯初至吳，或仍其舊服，即所謂治周禮也。仲雍嗣之，斷髮文身，翦斷其髮，身上刺畫魚龍。臝以爲飾，臝，說文作「嬴」，或作「裸」。仲雍不得已而從吳之舊俗。豈禮也哉？有由然也。」反自鄫，以吳爲無能爲也。楊樹達先生讀左傳謂「反自鄫」二語在此節之末，文氣未安，當移在次節「季康子欲伐邾」云云之首，乃申明康子以吳爲無能爲，而欲伐邾，傳文記其因耳。

七·四　季康子欲伐邾，乃饗大夫以謀之。子服景伯曰：「小所以事大，信也；大所以保小，仁也。背大國，不信，傳未嘗言邾屬吳，蓋鄫之會有約言，據下文茅成子請救於吳，且云「夏盟於鄫衍，秋而背之」可知。伐小國，不仁。民保於城，城保於德。城保民，德保城。失二德者，危，將焉保？」杜注：「二德，信與仁也。」孟孫曰：「二三子以爲何如？惡賢而逆之？」以六年經「仲孫何忌帥師伐邾」及八年傳景伯對孟孫「且召之而至」，知孟孫亦主伐邾。此問諸大夫之意，且言何者爲賢，我則迎之。惡音烏，何也。逆，迎也。杜注固誤，姚鼐補注、沈欽韓補注、于鬯校書、吳闓生文史甄微俱未得其解。對曰：「禹合諸侯於塗山，唐蘇鶚蘇氏演義及宋王楙野客叢書均謂塗山有四，一在會稽（今浙江紹興縣西北四十五里），一在渝州（今四川重慶市），一在濠州（今安徽懷遠縣東南八里），一在當塗（今安徽當塗縣）。國語、史記以及吳越春秋俱謂塗山在會稽，杜注左傳則謂「在壽春東北」，即今懷遠縣之當塗山，梁玉繩史記志疑卷二力主之，並舉柳宗元塗山銘、蘇軾塗山詩爲證，清一統志亦以在懷遠者爲正。然皆傳說，不必深究。而水經謂「伊水歷崖口，崖上有塢，伊水逕其下，歷峽北流」注：「卽古三塗山也。」方輿紀要亦謂：「三塗山在河南嵩縣西南十里。」似禹之塗山卽三塗山。執玉帛者萬國。此以當時禮制說古史，卽有大禹，與相會者不過部落酋長而已，不成爲國，亦必不執玉執帛相朝。今其存者，無數十焉，此所謂數十，依上文推之，乃禹時之部落，齊召南考證云：「晉書地理志（上）『春秋之初，尚有千二百國；迄獲麟之末，二百四十二年，見於經傳者百七十國。百三十九知其所居，三十一國盡亡其處』，此總論經、傳中所載國名耳，至哀公時，國之存者，原不過數十也。」齊氏引晉志以周封諸侯並計之，似非傳旨。荀子富國篇謂「古有萬國，今有十數焉」，則據周時所封國及以後所興國（如田齊、韓、趙、魏）併計之。戰國策齊策四顏斶云「大禹之時，諸侯萬國；及湯之時，諸侯三千；今之世南面稱寡者乃二十四」，所謂二十四者，以戰國初期計之，除七雄外，尚有宋、衞、中山、魯、鄒、滕、郳、莒、鄭、陳、許、蔡、杞、隨、任、郯、越等，然大都非禹時之舊。唯大不字小、小不事大也。知必危，何故不言？魯德如邾，而以衆加之，可乎？」諸大夫亦反對伐邾，同意景伯。不樂而出。與季、孟之意相反，賓主不相投，故享畢不歡而散。

秋，伐邾，及范門，杜注：「邾郭門也。」猶聞鐘聲。杜注：「邾不禦寇。」大夫諫，不聽。此句可作兩解，依上文意，似是魯大夫勸阻季康子，不可伐其無備，免遺吳來報復之禍。依下句，亦可解爲邾大夫諫邾君，遠止樂，整兵抵抗。茅成子請告於吳，杜注：「成子，邾大夫茅夷鴻。」不許，曰：「魯擊柝聞於邾；言相距太近。周禮天官宮正「夕擊柝而比之」，易繫辭下「重門擊柝以待暴客」，皆古以擊柝爲巡夜警戒之證。柝音託。孔疏引鄭玄云：「手持兩木以相敲，是爲擊柝。」吳二千里，不三月不至，何及於我？謂遠水救不得近火。且國內豈不足？」杜注：「言足以距魯。」成子以茅叛，茅，在今山東金鄉縣西北四十里，詳僖二十四年傳並注。師遂入邾，處其公宮。衆師晝掠，言衆師，則不止一軍，各軍皆如此，足見魯軍無紀律。杜注：「虜掠取財物也。」邾衆保于繹。今山東鄒縣東南之嶧山，詳文十三年傳「卜遷于繹」注。師宵掠，以邾子益來，杜注：「益，邾隱公也。」獻于亳社，杜注：「以其亡國與殷同。」囚諸負瑕，據彙纂，負瑕在今山東兗州縣西二十五里。負瑕故有繹。吳闓生文史甄微云：「此記者旁插之筆，因邾子之囚，故負瑕至今有繹民也。」

邾茅夷鴻以束帛乘韋自請救於吳，杜注：「無君命，故言『自』。」束帛，帛十端，即五匹爲一捆。乘韋，熟牛皮四張，亦見僖三十三年傳並注。儀禮聘禮「若有言，則以束帛如享禮」鄭玄注：「有言，有所告請。」又惠棟補注據謂：「告請者無庭實，此云乘韋者，賈公彥（儀禮疏）曰：『求救非法，故有乘韋爲庭實也。』」曰：「魯弱晉而遠吳，弱、遠皆動詞意動用法，謂以晉國爲弱，以吳國爲遠。馮恃其衆，而背君之盟，鄫之會當有不伐邾之盟。辟君之執事，杜注：「辟，陋。」謂以吳君爲淺陋、鄙陋。雖言「執事」，實指其君。左傳辭令如此。以陵我小國。邾非敢自愛也，懼君威之不立。君威之不立，小國之憂也。若夏盟於鄫衍，杜注：「鄫衍即鄫也。」秋而背之，成求而不違，杜注：「言魯成其所求，無違逆也。」四方諸侯其何以事君？且魯賦八百乘，賦謂軍賦，卽論語公冶長「可使治其賦也」之「賦」。魯此時兵力僅八百輛兵車。君之貳也；貳卽陪貳、副貳之貳。吳軍力大於八百乘，故魯僅足以爲吳之佐助，爲佐助者未必忠。邾賦六百乘，君之私也。以私奉貳，唯君圖之！」吳子從之。

七·五 宋人圍曹，鄭桓子思曰：「宋人有曹，鄭之患也，不可以不救。」杜注：「桓，謚。」冬，鄭師救曹，侵宋。

初，曹人或夢衆君子立于社宮，社是曹之國社，宮乃社之圍牆。禮記儒行「儒有一畝之宮」鄭玄注：「宮爲牆垣也。」而謀亡曹。曹叔振鐸請待公孫彊，史記曹叔世家云：「曹叔振鐸者，周武王弟也。武王已克殷紂，封叔振鐸於曹。」許之。旦而求之，曹無之。「曹」屬上讀亦可，謂明晨于曹求彊其人。戒其子曰：「我死，爾聞公孫彊爲政，必去之。」言離曹也。及曹伯陽卽位，好田弋。曹鄙人公孫彊好弋，獲白鴈，獻之，據說文，鴈爲鵝，雁爲候鳥，鴻雁之雁。然古書雁、鴈以音同形近，經常混亂。此當爲鴻雁之雁。雁一般爲茶褐色，惟腹部白。此獲蓋體色純白，稀見，故獻于曹君也。且言田弋之說，田弋有技巧，說謂其技巧也。說之。因訪政事，大說之。有寵，使爲司城以聽政。桓六年傳「宋以武公廢司空」，因改司空曰司城，曹或以宋故，亦改司空爲司城。聽政卽上文「爲政」。夢者之子乃行。

彊言霸說於曹伯，曹伯從之，乃背晉而奸宋。背叛晉國。奸同干，犯也，侵犯宋國。宋人伐之，晉人不救，築五邑於其郊，曰黍丘、揖丘、大城、鍾、邘。此宋伐鄭，宋師退，公孫彊於曹郊築五城也。據杜注，黍丘在今河南夏邑縣西南，沈欽韓地名補注云：「曹是小國，既云築邑于其郊，必不得遠至梁國之下邑（今夏邑縣），彙纂及顧棟高表亦依仍之，恐誤後人。」沈說甚是。且此時曹都在今山東定陶縣，宋都在今河南商丘縣，夏邑又在商丘之東南九十餘里，曹不得而有之。揖丘，據彙纂，在今山東曹縣界。大城，據彙纂，在今菏澤縣界。鍾，據彙纂，在今定陶縣界。邘，據彙纂，亦在今定陶縣界，卽曹郊。此段當與明年傳「八年春，宋公伐曹」連讀。

八年，甲寅，公元前四八七年。周敬王三十三年、晉定二十五年、齊悼二年、衞出六年、蔡成四年、鄭聲十四年、曹陽十五年、陳閔十五年、杞僖十九年、宋景三十年、秦悼五年、楚惠二年、吳夫差九年、越句踐十年。

經

八・一 八年春王正月，去年閏十二月二十九日乙未冬至，建丑。宋公入曹，以曹伯陽歸。

八・二 吳伐我。

八・三 夏，齊人取讙及闡。「闡」，公羊作「僤」，後同。讙在今山東泰安地區寧陽縣北而稍西，亦見桓三年經並注。闡，今寧陽縣東北三十里有堽城，卽古剛城，闡又在其北。

八・四 歸邾子益于邾。

八・五 秋七月。

八・六 冬十有二月癸亥，癸亥，三日。杞伯過卒。無傳。此杞僖公，據杞世家，乃悼公之子。

八・七 齊人歸讙及闡。

傳

八・一 八年春，宋公伐曹將還，褚師子肥殿。杜注：「子肥，宋大夫。」曹人詬之，杜注：「詬，詈辱也。」不行。杜注：「殿兵止也。」師待之。宋大軍等待後軍。公聞之，怒，命反之，遂滅曹，執曹伯陽及司城彊以歸，原無「陽」字，今從石經、金澤文庫本、文選運命論注引及錢綺左傳札記說增。殺之。史記曹世家採此文，並云

「曹遂絶其祀」。戰國策魏策四謂曹恃齊而晉亡曹，與傳異，不足信。孟子告子下有曹交，趙岐注謂「曹交，曹君之弟」，似曹國猶存，梁玉繩庭立記聞卷二云：「墨子魯問篇有曹公子，是別封曹國之一證。」

八·二 吳爲邾故，將伐魯，問於叔孫輒。孔疏云：「定十二年叔孫輒與公山不狃帥費人以襲魯，兵敗，奔于齊；後自齊奔吳。」吳子自問之，下文「退」字可見。叔孫輒對曰：「魯有名而無情，情，實也。伐之，必得志焉。」退而告公山不狃。公山不狃曰：「非禮也。君子違，論語公冶長：「崔子弑齊君，陳文子有馬十乘，棄而違之。」違謂離開。不適讎國。不往與祖國爲讎之國。未臣而有伐之，未臣言于魯未盡臣禮。有同又。前人解此句多誤。奔命焉，卽爲吳效力。死之可也。此言于魯未盡爲臣之道，又勸他國伐之，復爲效力，則不如死也。所託也則隱。託謂囑託，委任。所託卽任以伐魯之役。沈欽韓補注云：「隱者，身不與焉。」若鄭公子蘭無與圍鄭也。後漢書任光傳注：『隱，避也。』且夫人之行也，不以所惡廢鄉。鄉謂鄉土、家鄉。雖于祖國之人有所惡，但不因此禍害國家。今子以小惡而欲覆宗國，不亦難乎？宗國有二義，一謂祖國，此及哀十五年傳子貢見公孫成曰「利不可得而喪宗國」是也。一謂同姓之國，孟子滕文公上「吾宗國魯先君」是也。說參劉書年劉貴陽經說及焦循孟子正義。若使子率，此率字義非統率軍隊，乃是引道率領先行，說見孔疏。子必辭。王將使我。」子張疾之。杜注：「子張，輒也。」疾之猶言自恨前言之誤。王問於子洩。杜注：「子洩，不狃。」對曰：「魯雖無與立，言平日無可靠盟國。必有與斃；言急時必有同仇敵愾，願與同抵抗侵略而亡之國。諸侯將救之，未可以得志焉。晉與齊、楚輔之，是四讎也。若此，魯與晉、齊、楚變爲吳之四敵國。夫魯，齊、晉之脣。脣亡齒寒，君所知也，不救何爲？」

三月，吴伐我，子洩率，孔疏：「率謂在軍前引道率領先行，非爲軍之將帥。」故道險，故意從險道行軍。從武城。此武城爲南武城，卽論語雍也子游爲宰之邑；又見昭二十三年傳。其地多山，故云險道。在今山東費縣西南，沂蒙山區之縣。初，武城人或有因於吴竟田焉，武城有人在吴邊界内種田。拘鄫人之漚菅者，菅爲禾本科植物，泡浸其莖，而後剥之，以爲繩索或編草鞋，細者又可以葺屋，詩陳風東門之池「可以漚菅」是也。曰：「何故使吾水滋？」漚菅之水流污武城種吴田人所飲用之水，蓋由沂水、泗水流入吴境。滋讀爲滓。説文：「滓，澱也。」段玉裁注：「釋名：『緇，滓也。泥之黑者曰滓，此色然也。』」沉澱者黑，楚辭「皭然泥而不滓」、太玄更化「白于泥滓」，諸「滓」字皆此義。及吴師至，拘者道之以伐武城，拘者卽被拘之鄫人，吴師至，被拘者故得出。克之。王犯嘗爲之宰，杜注：「王犯，吴大夫，故嘗奔魯爲武城宰。」澹臺子羽之父好焉，杜注：「澹臺子羽，武城人，孔子弟子也，其父與王犯相善。」國人懼。武城之被吴攻克，由于被拘鄫人引導吴師。魯都之人不知此情，誤以爲王犯助吴，且涉及子羽之父，故甚恐慌。懿子謂景伯：懿子卽孟孫。「若之何？」對曰：「吴師來，斯與之戰，斯爲承接連詞，則也，乃也。何患焉？且召之而至，又何求焉？」杜注：「言犯盟伐邾，所以召吴。」吴師克東陽而進，東陽，彙纂及顧祖禹讀史方輿紀要俱謂卽今之關陽鎮，則在今費縣西南八十里，清時曾設巡司于此，此説可疑。今費縣西北平邑縣南數里有東陽鎮，不知是否卽此，待考。舍於五梧。五梧當在東陽西北。江永考實云：「哀二十五年五梧，杜注，魯南鄙。」據明日舍于蠶室，又明日舍于庚宗推之，其地當今平邑縣西，蠶室之東。明日，舍於蠶室。彙纂：「或曰，今滕縣東三十里有鹽母山是也。案春秋滕不屬魯，亦應在費縣西北境。」以明日舍于庚宗推之，當在庚宗東南，今平邑縣境內。公賓庚、公甲叔子與戰于夷，公賓、公甲俱複姓，見廣韻「公」字注。梁履繩補釋云：「後漢書劉玄傳有東海人公賓就，注引風俗通曰：『魯大夫公賓庚之後。』」夷非閔二年傳之夷，此夷乃魯地，當在庚宗不遠處。獲叔子與析朱鉏，此蓋死獲。杜注：「公賓庚、公甲叔子并析朱鉏爲三人，皆同車，傳互言之。」吳闓生文史甄微云：「析朱鉏乃從衞靈公出走而有功者，今死于此。」獻於王。王曰：「此同車，必使能，國未可望也。」杜注：「同車能俱死，是國能使人，故不可望得。」望猶覬覦也。明日，舍于庚宗，庚宗在今泗水縣東，又見昭四年傳並注。遂次於泗上。泗上，今泗水縣。微虎欲宵攻王舍，杜注：「微虎，魯大夫。」私屬徒七百人三踊於幕庭，杜注：「於帳前設格，令士試躍之。」屬今作囑，私自令其徒七百人於帳幕外之庭三踊也。于鬯校書謂「私屬徒」三字爲一詞，則句無動詞，誤說。卒三百人，有若與焉。杜注：「卒，終也，終得三百人任行。」于鬯復謂此卒三百人爲在上文七百人之外者，共千人，亦誤說。杜注又云：「有若，孔子弟子，與在三百人中。」及稷門之內，杜注：「三百人行至稷門。」或謂季孫曰：「不足以害吳，而多殺國士，多，衹也。國士，有知識者，說見孝經孝治章宋邢昺疏。不如已也。」乃止之。吳子聞之，一夕三遷。杜注：「畏微虎。」

吳人行成，將盟，杜注：「求與魯成。」顧炎武云：「此魯求成爾，而言『吳人行成』者，內外之辭。」疑顧說不確。吳知魯不可滅，因行成，而條件苛刻，盟約有如城下之盟，故景伯云云。景伯曰：「楚人圍宋，易子而食，析骸而爨，杜注：「在宣十五年。」猶無城下之盟；我未及虧，而有城下之盟，是棄國也。吳輕而遠，不能久，將歸矣，請少待之。」弗從。景伯負載，造於萊門。萊門爲魯郭門，亦見哀六年傳。負載，杜注謂「以言不見從，故負載書，將欲出盟」。乃請釋子服何於吳，吳人許之，以王子姑曹當之，而後止。杜注：「釋，舍也。魯人不以盟爲了，欲因留景伯爲質於吳，既得吳之許，復求吳王之子以交質，吳人不欲留王子，故遂兩止。」吳人盟而還。

八·三 齊悼公之來也，杜注：「在五年。」季康子以其妹妻之，卽位而逆之。季魴侯通焉，杜注：「魴侯，康子叔父。」女言其情，弗敢與也。齊侯怒。夏五月，齊鮑牧帥師伐我，取讙及闡。魯世家及年表俱云「取三邑」，而齊世家仍云「取讙、闡」，疑「三」乃「二」之誤字。

八·四 或譖胡姬於齊侯曰：杜注：「胡姬，景公妾。」卽六年傳「以安孺子如賴」者。「安孺子之黨也。」六月，齊侯殺胡姬。

八·五 齊侯使如吳請師，將以伐我，乃歸邾子。杜注：「齊未得季姬，故請師也。吳前爲邾討魯，懼二國同心，故歸邾子。」邾子又無道，吳子使大宰子餘討之，杜注：「子餘，大宰嚭。」囚諸樓臺，栫之以棘。栫音薦，廣韻：「圍也。」廣雅釋宮：「籬也。」此謂以棘鍼爲籬以圍之也。使諸大夫奉大子革以爲政。杜注：「革，邾大子，桓公也。爲十年邾子來奔傳。」

八·六 秋，及齊平。九月，臧賓如如齊涖盟。杜注：「賓如，臧會子。」齊閭丘明來涖盟，杜注：「明，閭丘嬰之子也。」且逆季姬以歸，嬖。杜注：「季姬，魴侯所通者。」

鮑牧又謂羣公子曰：「使女有馬千乘乎？」杜注：「有馬千乘，使爲君也。」鮑牧本不欲立陽生，故諷動羣公子。」論語季氏「齊景公有馬千駟」，千駟卽千乘。公子愬之。公謂鮑子：「或譖子，子姑居於潞以察之。高士奇地名攷略謂此潞卽哀十七年傳之潞，或曰，在齊郊外。若有之，則分室以行；若無之，則反子之所。」出門，使以三分之一行，半道，使以二乘。及潞，麇之以入，杜注：「麇亦束縛。」遂殺之。

八・七 冬十二月，齊人歸讙及闡，季姬嬖故也。

九年，乙卯，公元前四八六年。周敬王三十四年、晉定二十六年、齊悼三年、衞出七年、蔡成五年、鄭聲十五年、陳閔十六年、杞閔公維元年、宋景三十一年、秦悼六年、楚惠三年、吳夫差十年、越句踐十一年。

經

九・一 九年春王二月，正月初十庚子冬至，建子。葬杞僖公。無傳。「僖」，史記例作「釐」。

九・二 宋皇瑗帥師取鄭師于雍丘。雍丘，今河南杞縣治。

九・三 夏，楚人伐陳。

九・四 秋，宋公伐鄭。

九・五 冬十月。

傳

九·一 九年春，齊侯使公孟綽辭師于吳。杜注：「齊與魯平，故辭吳師。」吳子曰：「昔歲寡人聞命，今又革之，革，更也，改也。不知所從，將進受命於君。」杜注：「爲十年吳伐齊傳。」

九·二 鄭武子賸之嬖許瑕求邑，武爲謚；子賸，其字，又曰子姚，亦卽罕達。許瑕，武子之屬。無以與之。請外取，杜注：「瑕請取於他國。」許之，故圍宋雍丘。雍丘本杞所封，史記杞世家索隱云「春秋時，杞已遷東國，僖十四年傳云杞遷緣陵」，故雍丘爲宋所得。宋皇瑗圍鄭師，杜注：「許瑕師。」每日遷舍，每日作一堡壘，挖一壕溝，成則遷於他處又作。壘合。鄭師哭。內不能取雍丘，外又宋軍合圍，斷其援與糧。子姚救之，大敗。杜注：「子姚，武子賸也。」二月甲戌，甲戌，十四日。宋取鄭師于雍丘，使有能者無死，杜注：「惜其能也。」以郟張與鄭羅歸。杜注：「鄭之有能者。」

九·三 夏，楚人伐陳，陳卽吳故也。六年吳伐陳，楚救之而不得。

九·四 宋公伐鄭。宋已敗鄭師，再伐鄭，下文晉趙鞅卜救鄭卽爲此也。

九·五 秋，吳城邗，溝通江、淮。邗音寒，邗城當在今揚州市北，運河西岸。邗江卽水經注之韓江，吳于邗江旁築城挖溝，連通長江與淮水，大致自今揚州市南長江北岸起，至今清江市淮水南岸止，今之運河卽古邗溝水。

九·六 晉趙鞅卜救鄭，遇水適火，此古代龜卜之術語。卜法已早無傳，何謂「水適火」，難解釋。孔疏引服虔云：

「兆南行適火。卜法：橫者爲土，立者爲木，邪向經者爲金，背經者爲火，因兆而細曲者爲水。」以兆象言之固不誤；然以五行言之，則未必爲古法。若如此，則灼龜之兆，先細曲，又背經而南行，故云「水適火」。**占諸史趙、史墨、史龜。**杜注：「皆晉史。」成六年傳引商書「三人占，從二人」，此亦然。互參彼注。**史龜曰：「『是謂沈陽，**杜注：「水陽，得水故沈。」**可以興兵，利以伐姜，**「以」作「於」用，言利於伐姜姓之國。**不利子商。』**杜注：「姜，齊姓。子商謂宋。」子乃宋之姓，宋乃商後，亦稱曰商，僖二十二年傳「天之棄商久矣」可證。阮元積古齋鐘鼎彝器款識載子商甗，云「子商謂殷商，在春秋時則謂宋耳」。四語疑卜書之辭，陽、兵、姜、商爲韻，古音同在陽唐部。下文乃斷語。閻若璩潛丘劄記謂變文協韻，不確。**伐齊則可，敵宋不吉。」史墨曰：「盈，水名也；子，水位也。**據杜注及孔疏，趙氏之先與秦同祖，同姓嬴，嬴、盈二字古音同，趙姓盈，盈卽嬴也。盈何以爲水名，子何以爲水位，古今未有確解。**名位敵，**敵，猶言相當。**不可干也。**干，犯也。以宋爲水，謂不可伐宋。**炎帝爲火師，**此蓋古代傳說。杜注謂「神農有火瑞，以火名官」，蓋本于昭十七年傳「炎帝氏以火紀」。呂氏春秋孟夏紀、禮記月令及淮南子天文訓皆謂孟夏：「其帝炎帝，其神祝融。」祝融，後世謂爲火神。**姜姓其後也。水勝火，伐姜則可。」史趙曰：「是謂如川之滿，不可游也。**盈而水，則云如川之水滿，游泅必溺。**鄭方有罪，不可救也。**杜注：「鄭以嬖寵伐人，故以爲有罪。」**救鄭則不吉，不知其他。」**救鄭必伐宋。其他謂伐齊也。**陽虎以周易筮之，遇泰䷊之需䷄，**杜注：「乾下坤上，泰；乾下坎上，需。泰，六五變。」第五爻陰爻變爲陽爻。**曰：「宋方吉，不可與也。**杜注：「泰六五曰：『帝乙歸妹，以祉，元吉。』帝乙，紂父，五爲天子，故稱帝乙。陰而得中，有似王者嫁妹，得如其願，受福祿而大吉。」妹，少女之稱也，非姊妹之妹，見高亨周易古經今注。不可與謂不可當，不可敵。襄二十五年傳「一與一，誰能懼我？」一與一即一敵一也。微子啓，帝乙之元子也。史記殷本紀云，「帝乙長子曰微子啓」；宋世家亦云，「微子開者（索隱云：「今此名開者，避漢景帝諱也」），殷帝乙之首子」，是司馬遷解元子爲長子、首子。宋、鄭，甥舅也。宋女嫁于鄭，應「帝乙歸妹」之辭。祉，祿也。若帝乙之元子歸妹而有吉祿，我安得吉焉？」乃止。止不救鄭。

九·七 冬，吴子使來儆師伐齊。杜注：「前年齊與吴謀伐魯，齊既與魯成而止，故吴恨之，反與魯謀伐齊。」說文：「儆，戒也。」即今警戒字，此作告戒義。吴與魯嘗爲盟，故戒告魯出軍也。

十年，丙辰，公元前四八五年。周敬王三十五年、晉定二十七年、齊悼四年、衞出八年、蔡成六年、鄭聲十六年、陳閔十七年、杞閔二年、宋景三十二年、秦悼七年、楚惠四年、吴夫差十一年、越句踐十二年。

經

10·1 十年春王二月，正月二十日乙巳冬至，建子，有閏月。邾子益來奔。

10·2 公會吴伐齊。

10·3 三月戊戌，十四日。齊侯陽生卒。

10·4 夏，宋人伐鄭。無傳。

10·五 晉趙鞅帥師侵齊。無傳。

10·六 五月，公至自伐齊。無傳。

10·七 葬齊悼公。無傳。

10·八 衞公孟彄自齊歸于衞。無傳。元李廉春秋諸傳會通云：「彄，蒯聵之黨，今歸于衞，必從輒而叛蒯聵，故十五年蒯聵入國，彄復奔齊。」

10·九 薛伯夷卒。無傳。「夷」公羊作「寅」。夷與寅僅同聲紐耳。

10·10 秋，葬薛惠公。無傳。

10·11 冬，楚公子結帥師伐陳。

10·12 吴救陳。春秋于吴，除與魯有關者，如襄二十九年經「吴子使札來聘」，例不書其卿大夫之名。此亦季札帥師，而不書名，非魯事也。

傳

10·1 十年春，邾隱公來奔；齊甥也，故遂奔齊。

10·2 公會吴子、邾子、郯子伐齊南鄙，師于鄎。鄎，齊南鄙邑。杜注：「邾、郯不書，兵并屬吴，不列於諸侯。」

10.3 齊人弒悼公，史記齊世家、衞世家、年表並謂殺悼公者爲鮑子，伍子胥傳則云「鮑氏」，田齊世家直云「鮑牧」，而據八年傳，鮑牧已爲悼公所殺。梁玉繩志疑據晏子春秋諫上篇「田氏殺陽生」，疑殺者爲陳恒。存疑可也。赴于師。杜注：「以說吴。」吴子三日哭于軍門之外。服虔云：「諸侯相臨之禮。」徐承帥舟師將自海入齊，齊人敗之，吴師乃還。杜注：「承，吴大夫。」

10.4 夏，趙鞅帥師伐齊，大夫請卜之。趙孟曰：「吾卜於此起兵，杜注：「謂往歲卜伐宋不吉，利以伐姜，故今興兵。」事不再令，令，命龜也。謂一事不再次卜。易蒙卦辭云：「初筮，告。再三，瀆；瀆則不告。」筮如此，卜亦同。卜不襲吉。杜注：「襲，重也。」謂再卜亦不致又得吉兆。行也！」於是乎取犂及轅，犂卽二十三年傳之犂丘，在今山東德州地區臨邑縣西。轅，據顧祖禹方輿紀要，在今山東德州地區禹城縣西北，一云在禹城縣南百里。毁高唐之郭，高唐今禹城縣西南，亦見襄十九年傳注。侵及賴而還。賴卽六年傳之賴，在今山東章丘縣西北，濟南市東。或云在聊城縣西者，不確。

10.5 秋，吴子使來復儆師。杜注：「伐齊未得志故，爲明年吴伐齊傳。」

10.6 冬，楚子期伐陳，杜注：「陳卽吴故。」吴延州來季子救陳，杜注：「季子，吴王壽夢少子也。壽夢以襄十二年卒，至今七十七歲。壽夢卒，季子已能讓國，年當十五六，至今蓋九十餘。」此延州來季子未必卽季札本人，以近百歲老翁帥師，恐情理所難，或其子孫，仍受延、州來之封，故仍其稱乎。本孔疏引孫毓說。謂子期曰：「二君不務德，杜注：「二君，吴、楚。」而力争諸侯，民何罪焉？我請退，以爲子名，務德而安民。」乃還。

十一年，丁巳，公元前四八四年。周敬王三十六年、晉定二十八年、齊簡公壬元年、衞出九年、蔡成七年、鄭聲十七年、陳閔十八年、杞閔三年、宋景三十三年、秦悼八年、楚惠五年、吳夫差十二年、越句踐十三年。

經

一一・一 十有一年春，正月初二日辛亥冬至，建子。齊國書帥師伐我。

一一・二 夏，陳轅頗出奔鄭。「轅」，公羊作「袁」。

一一・三 五月，公會吳伐齊。甲戌，二十七日。齊國書帥師及吳戰于艾陵，艾陵，據江永考實，在今山東泰安縣南六十里；據沈欽韓地名補注引山東通志，即艾邑，在萊蕪縣東境，此説較確。齊師敗績，獲齊國書。楊樹達先生積微居金文説餘説國書鼎跋謂「戒者乍(作)旅鼎」，即此國書所作鼎。

一一・四 秋七月辛酉，辛酉，十五日。滕子虞毋卒。無傳。

一一・五 冬十有一月，葬滕隱公。無傳。

一一・六 衞世叔齊出奔宋。據傳，齊奔宋在向魋得寵時，當在此時，傳則終言其以後至死事耳。

傳

一一・一 十一年春，齊爲鄎故，鄎之役見去年傳。國書、高無丕帥師伐我，程公説春秋分記世譜二謂國書爲國夏子，國夏見定七年傳；高無平爲高張子；高張見昭二十九年傳。及清。據水經濟水注，清在今長清縣東，高士奇地名考略、江永考實皆主此説。沈欽韓地名攷略引山東通志，謂在今東阿縣，大清河西。以下文季孫謂冉求語推之，沈説較合理。季孫謂其宰冉求曰：杜注：「冉求，魯人，孔子弟子。」仲尼弟子列傳有傳，論語亦載其言行。「齊師在清，必魯故也，若之何？」求曰：「一子守，二子從公禦諸竟。」一子，二子，謂季、孟、叔三孫也。三人之中，一人留兵維持國内，二人從哀公至國境抗敵。季孫曰：「不能。」杜注：「自度力不能使二子禦諸竟。」求曰：「居封疆之間。」杜注：「封疆，竟内近郊地。」季孫告二子，杜注：「二子，叔孫、孟孫也。」二子不可。求曰：「若不可，則君無出。一子帥師，背城而戰，不屬者，非魯人也。杜注：「屬，臣屬也，言不戰爲不臣。」吳闓生甄微楊樹達先生讀左傳則謂「屬，會也」。兩義皆可。魯之羣室衆於齊之兵車，杜注：「羣室，都邑居家。」吳闓生甄微云：「羣室即謂三家。」會箋則以爲「羣室蓋指國都之大夫、士也」。據論語先進「以吾從大夫之後，不可徒行」，則大夫皆有車，士未必能專有車。羣室者，卿大夫之家也。一室敵車優矣，此一室指季氏，四分公室而有其二，見昭五年傳，則季孫之兵車獨多，而齊師所出少，故云以季孫之兵力敵齊甚有餘裕。子何患焉？二子之不欲戰也宜，政在季氏。杜注：「言二子恨季氏專政，故不盡力。」當子之身，齊人伐魯而不能戰，子之恥也，大不列於諸侯矣。」會箋以「大」字屬上讀，亦通。季氏專魯政，魯被大恥，不能與諸侯並列，卽季氏不能列於諸侯。季孫使從於朝，杜注：「使冉求隨己之公朝。」俟於黨氏之溝。江永考實云：「莊三十二年，公築臺，臨黨氏，則近公宮有黨氏。」黨氏溝，宮與黨氏間之溝也。武叔呼而問戰焉。杜注：「問冉求。」武叔名州仇，叔孫也。對曰：「君子有遠慮，小人何知？」懿子強問之，懿子，仲孫何忌也。對曰：「小人慮材而言，量力而共者也。」慮材、量力之材力，名指己，實指問方，謂考慮、衡量聽者之材力而後言，則我之不言，由對方不足與言也。武叔曰：「是謂我不成丈夫也。」杜注：「知冉求非己不欲戰，故不對。」退而蒐乘。杜注：「蒐，閱。」孟孺子洩帥右師，孟孺子，孟懿子之子，懿子不自率師，以其子帥，必已立爲後，故稱孺子，名彘，謚武伯。洩其字。顏羽御，邴洩爲右。杜注：「二子，孟氏臣。」冉求帥左師，管周父御，樊遲爲右。杜注：「樊遲，魯人，孔子弟子樊須。」仲尼弟子列傳有傳，論語亦載其言行。季孫曰：「須也弱。」弱謂少幼。據仲尼弟子列傳，樊須少孔丘三十六歲，則此時已三十二，不可謂弱。孔子家語謂須少孔丘四十六歲，則此時僅二十二，宜謂之弱。王肅作此書，或有所本。馬宗璉補注謂「愚懦不壯毅曰弱」，不確。有子曰：有子即冉求，說詳沈欽韓補注。「就用命焉。」杜注：「雖年少，能用命。」季氏之甲七千，冉有以武城人三百爲己徒卒，老幼守宮，次于雩門之外。杜注：「南城門也。」五日，右師從之。杜注：「五日乃從，言不欲戰。」公叔務人見保者而泣，杜注：「務人，公爲，昭公子。」禮記檀弓下作「公叔禺人遇負杖入保者息」。曰：「事充，杜注：「徭役煩。」政重，杜注：「賦稅多。」政讀爲征。上不能謀，士不能死，士謂戰士。何以治民？吾既言之矣，敢不勉乎！」杜注：「既言人不能死，己不敢不死。」

師及齊師戰于郊。齊師自稷曲，杜注：「稷曲，郊地名。」此謂自稷曲攻魯師。師不踰溝。魯衆不越溝迎戰。樊遲曰：「非不能也，不信子也，請三刻而踰之。」據家語王肅注及此杜注，刻有戒約之義，蓋謂申明號令者三次而冉有先踰溝。如之，衆從之。依樊遲之言行之，衆皆踰溝。師入齊軍。杜注：「冉求之師。」

右師奔，孟孺子所率師，既後五日，又無戰意，故奔。齊人從之。杜注：「逐右師。」陳瓘、陳莊涉泗。杜注：「二陳，齊大夫。」陳瓘，陳恒之兄子玉；陳莊，成子之兄弟昭子，俱見顧棟高大事表十二上。泗，經魯都城北及西。孟之側後入以爲殿，抽矢策其馬，曰：「馬不進也。」杜注：「之側，孟氏族也，字反。」論語雍也敍此事云：「孟之反不伐，奔而殿，將入門，策其馬，曰『非敢後也，馬不進也』。」林不狃之伍曰：「走乎？」杜注：「不狃，魯士。五人爲伍，敗而欲走。」杜以不狃爲伍長，故云「魯士」；實則伍有多義，昭元年傳「伍於後」，服虔則以百二十五乘爲伍，雖未必合于彼傳義，然古有此義，服乃言之。行列亦可謂伍，猶今言行伍。此伍字之義，似可解爲同軍營者，不狃未必是伍長。于鬯校書謂林不狃即公山不狃，尤不足信。不狃曰：「誰不如？」章炳麟左傳讀卷七云：「能、如聲通，言走誰不能，豈我所爲乎？」然「如」通「能」，甚缺例證。疑如，當也。不狃言，我若走，誰不當走？曰：「然則止乎？」止謂留而抗敵。不狃曰：「惡賢？」杜注：「言止戰惡足爲賢，皆無戰志。」徐步而死。此敍右師雖有林不狃、孟之側，然主帥孟孺子不欲戰，終敗。

師獲甲首八十，杜注：「冉求所得。」齊人不能師。杜注：「不能整其師。」宵諜曰：「齊人遁。」冉有請從之三，請追逐齊師者三次。季孫弗許。此復接上文「師入齊軍」敍左師之勝。

孟孺子語人曰：「我不如顏羽，而賢於邴洩。杜注：「二子與孟孺子同車。」子羽銳敏，杜注：「子羽，顏羽。銳，精也。敏，疾也。言欲戰。」我不欲戰而能默，杜注：「心雖不欲，口不言奔。」洩曰『驅之』。」杜注：「言驅馬欲奔。」此及下文皆雜敍戰時戰後情況與評論。公爲與其嬖僮汪錡乘，皆死，皆殯。孔子曰：

「能執干戈以衛社稷，可無殤也。」檀弓下亦載此事，云「戰于郎」，郎當是魯郊地名，但公爲屬右師，戰場必不與左師同。齊亦分兩師，國書爲一師，高無丕爲一師，故魯亦以二師禦之。檀弓下且云「魯人欲勿殤汪踦，問於仲尼」云云，較傳爲詳。殤音商，未成人而死，其喪服降于成人，詳儀禮喪服大功章。冉有用矛於齊師，故能入其軍。孔子曰：「義也。」冉有用矛，非其一人用矛也，蓋冉有知齊軍之情，以用矛爲利，左師俱用矛也。

二·二　夏，陳轅頗出奔鄭。據梁履繩引萬氏氏族譜，杜預世族譜惟轅濤塗（僖四年傳）、轅選（文二年傳）列爲轅氏，餘並入雜人內。唐書宰相世系表以轅頗爲轅選之曾孫，與杜譜異，蓋附會之說。初，轅頗爲司徒，賦封田以嫁公女；杜注：「封內之田悉賦稅之。」有餘，以爲己大器。杜注：「大器，鐘鼎之屬。」國人逐之，故出。道渴，其族轅咺進稻醴、粱糗、腶脯焉。族，屬也。稻醴，以稻米所釀之甜酒。粱糗，以精細小米所爲之乾飯。腶脯，雜有姜與桂所醃之乾肉。糗，求上聲。喜曰：「何其給也？」給，足也。言其不唯有酒，且有肉與飯。對曰：「器成而具。」意謂余早知將被逐，故大器鑄成，即具備食品。曰：「何不吾諫？」對曰：「懼先行。」杜注：「恐言不從，先見逐。」

二·三　爲郊戰故，公會吳子伐齊。去年吳夫差卽欲伐齊，使來儆師；今又以齊師至郊，更欲應吳報齊。五月，克博。博，今泰安縣東南三十里舊縣村，本張雲璈說。壬申，二十五日。至于嬴。嬴在萊蕪縣西北，參桓三年經並注。中軍從王，杜注：「吳中軍。」胥門巢將上軍，胥門，吳城門名，以所居地爲氏，如魯有東門遂，宋有桐門右師，見日知錄三十一。王子姑曹將下軍，展如將右軍。杜注：「三將，吳大夫。」魯師未書，蓋哀公及三卿俱在軍中。齊國書將中軍，高無丕將上軍，宗樓將下軍。陳僖子謂其弟書：「爾死，我必得志。」杜注：「書，子占也。欲獲死事之功」。宗子陽與閭丘明相厲也。杜注：「相勸厲致死。子陽，宗樓也。」桑掩胥御國子。杜注：「國子，國書。」公孫夏曰：「二子必死。」二子，當指桑掩胥與國書。下文死者不言掩胥，以其非將帥，僅御耳。將戰，公孫夏命其徒歌虞殯。虞殯即送葬之挽歌，唱之以示必死。挽歌之起，譙周法訓謂起于漢初田橫之從者，見文選「挽歌」注引，其實不然。晉書禮志中摯虞引詩小雅四月「君子作歌，維以告哀」，爲不廢葬歌之證，實則虞殯真葬歌也。參李貽德輯述、何焯義門讀書記。陳子行命其徒具含玉。杜注：「子行，陳逆也。具含玉，亦示必死。」公孫揮命其徒曰：「人尋約，吴髮短。」杜注：「約，繩也。八尺爲尋。吴髮短，欲以繩貫其首。」沈欽韓補注云：「蓋斬首數級，皆以髮結聯，吴髮短，則用繩耳。公孫揮欲以多獲爲功。北史爾朱榮傳令其衆辦長繩，至便縛取是也。」章炳麟左傳讀卷七云：「尋約者，每人各持八尺繩也。蓋縛人者，或散其髮使垂及背膂，因繫以數尺之繩，復反屈其兩臂于背，因以繫髮之繩交結之，則手首連而不得脱矣。今吴人鬋首短髮，繩繫于髮，但在首而不在背，故必用長八尺者乃得下垂于背而反縛其手也。」八尺繩或細敵首，或細敵人，皆可，但未必能聯于短髮。東郭書曰：「三戰必死，於此三矣。」東郭書曾歷三次戰爭，傳所載者僅夷儀與此役而已。三戰必死，或當時有此語，或古代相傳之語。使問弦多以琴，杜注：「弦多，齊人也，六年奔魯。」孔疏云：「禮以物遺人謂之問。二十六年，衞出公使以弓問子贛，論語（鄉黨）云『問人於他邦』皆是也。」問即問好，兼饋禮品。曰：「吾不復見子矣。」陳書曰：「此行也，吾聞鼓而已，不聞金矣。」杜注：「鼓以進軍，金以退軍。不聞金，言將死也。傳言吴師彊，齊人皆自知將敗。」淮南子繆稱訓云：「艾陵之戰也，夫差曰：『夷聲陽，句吳其庶乎！』」吳聲昂揚，傳所未敍。齊聲低沉，則傳詳言之，惟公孫揮異耳。

甲戌，戰于艾陵。展如敗高子，杜注：「齊上軍敗。」國子敗胥門巢，杜注：「吳上軍亦敗。」王卒助之，王卒，中軍及王自率之卒，助胥門巢。大敗齊師，獲國書、公孫夏、閭丘明、陳書、東郭書，越世家云：「虜齊高、國以歸」，傳未言獲高無平。革車八百乘，甲首三千，以獻于公。杜注：「公以兵從，故以勞公。」

將戰，吳子呼叔孫，杜注：「叔孫，武叔州仇。」曰：「而事何也？」杜注：「問何職。」對曰：「從司馬。」從司馬猶言爲司馬，言「從」者，當時謙詞，晉語九董安于自稱「以從司馬」，論語先進、憲問孔丘並自言「從大夫之後」，皆可爲證。說參馬宗璉補注、沈欽韓補注、錢綺札記。王賜之甲、劍鈹，甲爲護身具。劍鈹爲一物，說文：「鈹，大鍼也；一曰，劍而刀裝者。」段玉裁注：「劍兩刃，刀一刃，而裝不同。實劍而用刀削(袋)裹之，是曰鈹。」曰：「奉爾君事，敬無廢命！」叔孫未能對。君賜臣劍，是欲其死，疑古無受劍鈹之禮，故叔孫不知所對。下文子貢代對，亦只言受甲。衞賜進，杜注：「賜，子貢，孔子弟子。」孔疏：「子貢衞人，故稱衞賜。」論語載其言行甚多。曰：「州仇奉甲從君。」而拜。杜注：「拜受之。」

公使大史固歸國子之元，杜注：「歸於齊也。元，首也。吳以獻魯。」寘之新篋，褽之以玄纁，杜注：「褽，薦也。」此謂以紅黑色與淺紅色之帛作墊。加組帶焉。組帶即編絲爲組之帶，不知加于國書之頭顱上，抑篋上，文意不明。寘書于其上，曰：「天若不識不衷，何以使下國？」衷，正也。杜注：「言天識不善，故殺國子。」會箋云：「不衷，斥齊侯也，非斥國子；使下國者，使下國得克也。」吳語，夫差釋言於齊曰：「『天若不知有罪，則何以使下國勝？』此亦爲吳王之辭必矣。」會箋謂不衷指齊侯，是也。至引吳語因謂此加書爲吳王之辭，恐未必然。書爲魯所加，自是魯人語，何以爲吳王之辭？

二・四　吳將伐齊，越子率其衆以朝焉，越子，越王句踐也。一九六五年在湖北江陵縣楚墓出土有越王鳩淺自作用劍，鳩淺即句踐。以青銅鑄，鳥篆文。王及列士皆有饋賂。吳人皆喜，唯子胥懼，曰：「是豢吳也夫！」杜注：「豢，養也。若人養犧牲，非愛之，將殺之。」吳世家「豢」作「棄」，章炳麟讀謂爲誤字。諫曰：「越在我，心腹之疾也，壤地同，而有欲於我。夫其柔服，求濟其欲也，不如早從事焉。得志於齊，猶獲石田也，王肅云：「石田不可耕。」無所用之。越不爲沼，吳其泯矣。猶言吳不亡越，越將滅吳。使醫除疾，而曰『必遺類焉』者，類同纇，戾也，即指所患之疾。未之有也。盤庚之誥曰『其有顛越不共，則劓殄無遺育，無俾易種于茲邑』，與今尚書盤庚中較，似引文有節略，古人常如是。「不共」，今作「不恭」；以今字改古字也。僞孔傳云：「劓，割也。殄，絕也。」曾運乾尚書正讀云：「育讀爲胄。易，延易也。」文意謂若有狂亂不聽命者，卽割絕之，不遺留其後裔，毋使其延種於此地。是商所以興也。今君易之，易之，違之也，反之也。將以求大，大謂強大，意實指霸業。不亦難乎！」弗聽。使於齊，顧炎武補正云：「子胥爲吳王使於齊也。古者兵交，使在其間。」屬其子於鮑氏，爲王孫氏。顧炎武補正云：「傳終言之，亦猶夫概王爲堂谿氏也。」杜氏世族譜謂伍員子，其在齊爲王孫氏，顧棟高大事表十二下謂伍員子名豐，梁履繩補釋云：「不知所據。」反役，王聞之，使賜之屬鏤以死。杜注：「艾陵役也。屬鏤，劍名。」章炳麟左傳讀引荀子成相篇「恐爲子胥身離凶，進諫不聽，剄而獨鹿棄之江」，謂屬鏤、獨鹿一也；又引周書王會及漢書武帝紀，以獨鹿爲山名，在涿郡，因云「然則獨鹿，蓋其地所出之劍，以地名劍」云云。其言雖不盡可信，據淮南子氾論訓「大夫種身伏屬鏤而死」，則屬鏤非一劍之專名可知。**將死，曰：「樹吾墓檟，檟可材也。**檟即楸，落葉喬木，幹高三丈許，木材密緻，古人常以爲棺槨；襄二年傳穆姜使擇美檟以自爲櫬，又四年傳季孫爲己樹六檟俱足爲證。史記吴世家及伍子胥列傳「榎」作「梓」，梓木質輕，自古爲琴瑟良材，雖亦可供建築及製器具之用，然今江蘇不產此樹，或古今之異。**吴其亡乎！三年，**謂三年後。**其始弱矣。盈必毁，天之道也。」**杜注：「越人朝之，伐齊勝之，盈之極也。爲十三年越伐吴起。」此事又見于吴語、吕氏春秋知化篇、史記吴、越世家、伍子胥列傳、仲尼弟子列傳、説苑正諫篇、吴越春秋、越絶書等書篇，説有同有異，甚有近小説家言不足信者。

一一·五 **秋，季孫命修守備，曰：「小勝大，**魯小齊大，且魯以吴師勝。**禍也，齊至無日矣。」**杜注：「善有備。」

一一·六 **冬，衞大叔疾出奔宋。**杜注：「疾即齊也。」經書「世叔齊」。**初，疾娶于宋子朝，**娶子朝之女也。子朝參定十四年傳「子朝」注。**其娣嬖。子朝出，**杜注：「出奔。」**孔文子使疾出其妻，而妻之。**孔文子即衞卿孔圉。出其妻，出子朝之女及其媵，其娣亦出。「妻之」之「妻」，舊讀去聲，動詞，以女嫁之也，如論語公冶長「以其子妻之」。**疾使侍人誘其初妻之娣寘於犂，**杜注：「犂，衞邑。」一統志謂在今山東鄆城縣西，江永考實謂在今河南安陽地區范縣境，疑江説是，以距衞都較近也。初妻即所出之妻。**而爲之一宫，如二妻。**以待妻之禮待初妻之娣，則孔文子之女爲其妻，同時初妻之娣亦爲其妻。**文子怒，欲攻之，仲尼止之。**文子欲攻大叔疾，而孔丘勸阻之。孔丘曾稱文子「敏而好學，不恥下問」，見論語公冶長。遂奪其妻。孔文子奪回其女。或淫于外州，謂疾又與他女通奸于外州。外州亦衞地，不詳所在。外州人奪之軒以獻。「之」作「其」用，奪疾所乘之軒，蓋往外州淫某女時奪之。于鬯校書謂「之」字句，「軒以獻」句，且云「卽指其妻之淫於外州，非指疾也」。若指被奪之妻，與疾何涉？疾何必出？故知不然。恥是二者，以妻被奪，軒又被奪爲恥。故出。衞人立遺，使室孔姞。杜注：「遺，疾之弟。孔姞，孔文子女，疾之妻。」桓十八年傳「女有家，男有室」，室爲名詞；此則爲動詞，謂以孔姞爲其室，卽娶其嫂。疾臣向魋，杜注：「爲宋向魋臣。」此出奔宋時事。納美珠焉，與之城鉏。疾獻美珠于向魋，向魋與疾城鉏。城鉏本宋邑，後屬衞，高士奇地名考略謂卽襄四年傳「后羿自鉏」之鉏，在今河南滑縣東十五里。哀二十五年傳衞侯乃適城鉏，及二十六年傳衞以城鉏與越人，皆此城鉏。宋公求珠，魋不與，由是得罪。呂氏春秋必己篇云：「宋桓司馬有寶珠，抵罪出亡，王使人問珠之所在，曰：『投之池中。』於是竭池而求之，無得，魚死焉。」傳謂向魋以珠得罪出亡，呂覽謂向魋因出亡而宋公求珠。及桓氏出，杜注：「出在十四年。」城鉏人攻大叔疾，衞莊公復之，杜注：「聽使還。」莊公立于十六年。使處巢，舊說謂巢在今河南睢縣，則當爲宋邑，不得爲衞邑。近年所出周原甲骨有「征巢」語，此巢若爲衞邑，必不在今安徽。死焉。殯於鄖，葬於少禘。杜注：「巢、鄖、少禘皆衞地。」此乃以後事，傳終言之。

初，晉悼公子憖亡在衞，使其女僕而田，杜注：「僕，御田獵。」以未聘女子駕御獵車，古所罕見。大叔懿子止而飲之酒，杜注：「懿子，大叔儀之孫。」昭三十二年經有衞世叔申，據杜世族譜，卽此人，則其人名申。遂聘之，聘爲妻也。生悼子。杜注：「悼子，大叔疾。」悼子卽位，故夏戊爲大夫。杜注：「夏戊，悼子之甥。」會箋云：「懿子娶懋女，生悼子及一女。女適夏氏，生戊，故戊是懿子之外孫（於悼子爲甥舅）。二十五年彌子飲公酒，納夏戊之女，嬖，以爲夫人；其弟期，大叔疾之從孫甥也。前後相照，而夏戊爲悼子姊妹之子審矣。」悼子亡，衞人翦夏戊。杜注：「翦，削其爵邑。」二十五年傳云「初，衞人翦夏丁氏」，夏戊字丁。以二十五年傳文觀之，翦不僅削其爵邑而已，且以其家室財産賜彌子瑕也。

孔文子之將攻大叔也，訪於仲尼。仲尼曰：「胡簋之事，則嘗學之矣；胡簋即簠簋，阮元積古齋鐘鼎欵識雖言之而未詳。簠，金文作匿或𠥩，與「胡」音同。積微居金文説叔家簠再跋謂「匿字古代之音讀，於唇音讀法外，別有淺喉一讀」。傳世器簋（即㲃）多而簠少，簋皆圓腹，簠則長方，與周禮地官舍人鄭玄注「方曰簠，圓曰簋」合。簋有商、周、春秋、戰國時器，簠則不但未見殷器，即西周前期之簠亦未曾見，禮記明堂位言「殷之六瑚」，存疑可也。疑簋先則黍稷稻粱並盛，有簠以後，簠盛稻粱，周金文存載曾伯霥簠，其銘文云「用盛稻粱」，攈古録金文又載叔家父簠，銘文亦云「用成（盛）稻粱」，皆可證；簋則盛黍稷矣。文物一九八二年六期高明𥂕簠考辨可參看。甲兵之事，未之聞也。」論語衞靈公篇載衞靈公問陳，與此不同，蓋一事相傳而歧異。退，命駕而行，曰：「鳥則擇木，木豈能擇鳥？」文子遽止之，曰：「圉豈敢度其私，杜注：「圉，文子名。度，謀也。」訪衞國之難也。」孔子家語「訪」作「防」，于文義爲順。將止，杜注：「仲尼止。」魯人以幣召之，乃歸。可參看孔子世家。

一一·七 季孫欲以田賦，以田賦即下年之「用田賦」。宣十五年初税畝，乃田畝税之改革；成元年之作丘甲，乃兵役法之改革，此則兩者皆有之。古今人于此異説紛紜，賈逵以爲「欲令一井之間出一丘之税，井別出馬一匹、牛三頭」，孔疏

「若其如此，則一丘之內有一十六井（據司馬法，方里爲井，四井爲邑，四邑爲丘），其出馬、牛乃多於常一十六倍，且直云用田賦，何知使井爲丘也？」孔駁賈有理，賈說不足信。杜預以爲此乃分別田賦與家財，但古代人民，其財富多出于田畝，田畝之外，又計其家財抽同等賦稅，不論加重負擔一倍，人民所不堪，亦實無此理，杜說亦不可信。張聰咸杜注辨證謂「田當讀爲甸，季孫欲令一丘之間出一甸車乘之賦」，說雖可通，然四丘爲甸，一丘出一甸之賦，無端四倍于常賦，亦不可能。其他如俞樾茶香室經說、劉師培左盦題跋引吳敏樹用田賦解，異說尚多，俱難相信，不具引。據下文孔丘語「則以丘亦足矣」，可知此爲兵役法改革，重于成元年之丘賦；據論語顏淵篇哀公之言「二，吾猶不足」及魯語下孔丘私於冉有之言，可知此爲田畝稅，爲十分抽二，或者甚于此。其他則無由臆測矣。沈欽韓補注引公羊何休注，謂爲貨幣地稅，今人有取此說者，則與兵役無關矣。使冉有訪諸仲尼。仲尼曰：「丘不識也。」論語孔丘答學生之問，無自稱己名者；此因冉有代表季孫，故仲尼自稱名。三發，杜注：「三發問。」卒曰：「子爲國老，「國老」見僖二十七年傳「國老皆賀子文」注。待子而行，若之何子之不言也？」仲尼不對，杜注：「不公答。」而私於冉有曰：「君子之行也，杜注：「行政事。」度於禮：施取其厚，事舉其中，斂從其薄。如是，則以丘亦足矣。杜注：「丘，十六井，出戎馬一疋，牛三頭，是賦之常法。」然自成元年作丘甲之後，兵役法已變，此當指成元年以後行之至今之兵役法。燕京學報十一期錢穆周官著作時代考云：「『以丘亦足矣』即是『丘不識也』之丘。是說照我看來也儘够了。」若不度於禮，而貪冒無厭，則雖以田賦，將又不足。且子季孫若欲行而法，則周公之典在；金澤文庫本作「則有周公之典在」。若欲苟而行，又何訪焉？」弗聽。此當與下年傳「用田賦」連讀。

十二年，戊午，公元前四八三年。周敬王三十七年、晉定二十九年、齊簡二年、衞出十年、蔡成八年、鄭聲十八年、陳閔十九年、杞閔四年、宋景三十四年、秦悼九年、楚惠六年、吳夫差十三年、越句踐十四年。

經

三·一 十有二年春，正月十三日丙辰冬至，建子。用田賦。

三·二 夏五月甲辰，甲辰，三日。孟子卒。禮記坊記引魯春秋亦曰「孟子卒」。

三·三 公會吳于槖皋。槖皋，吳地，即今安徽巢縣西北六十里拓皋鎮。

三·四 秋，公會衞侯、宋皇瑗于鄖。「鄖」，公羊作「運」。據杜注，鄖當在今江蘇如皋縣東，彙纂且謂即立發壩。王夫之稗疏以爲此地「僻在江海之隅，方春秋時，爲蹄輪之所不至，必非會盟之所。京相璠曰：『琅邪姑幕縣南四十里有員亭。』姑幕今莒州，乃吳、魯所繇通之徑。」依王說，則在今山東莒縣南。據傳文「侯伯致禮，地主歸餼」，會所自不在吳國，莒縣不屬吳，王說較可信。

三·五 宋向巢帥師伐鄭。

三·六 冬十有二月，螽。

傳

一二·一 十二年春王正月，用田賦。應與上年傳文連讀。用田賦之内容如何，其説不一。王夫之稗疏、章炳麟左傳讀亦皆有説，均未脱出舊説，上傳注已申明，不具引。總之，臆測之説多，皆不能舉出確鑿證據，存而不論可也。

一二·二 夏五月，昭夫人孟子卒。昭公娶于吴，故不書姓。論語述而陳司敗言曰：「君取於吴，爲同姓，謂之吴孟子。」陳司敗之言若在昭公時，則吴孟子爲當時稱號，死後亦以此稱之。國君夫人必繫以母家之姓，詳隱元年「孟子」傳注，此昭公夫人若稱「吴姬」或「孟姬」，顯然違「同姓不婚」之禮，故改稱「吴孟子」。禮記坊記亦云：「魯春秋猶去夫人之姓曰吴，其死曰『孟子卒』。」死不赴，故不稱夫人。杜注：「不稱夫人，故不言薨。」不反哭，故不言葬小君。此釋經不稱夫人、不書葬之故。何以不赴(訃)告諸侯，何以不書葬，傳以爲皆爲諱同姓之故，因赴告諸侯，必依禮依例稱其母家姓。其實，此時昭公死已十二年，孟子又非哀公生母，哀公又無實權，國政全由季氏，而昭公又以季氏之故，晚年寄居于外，實皆季氏敵視昭公之故而爲此也。餘參隱三年「君氏卒」傳並注。孔子與弔，孔丘嘗爲昭公臣，且哀公嫡母死，孔丘自必往弔。適季氏。季氏不絻，絻，詳哀二年傳注，此乃始發喪之禮，儀禮士喪禮亦云「主人免於房」，參武億義證。季氏不絻者，不行喪夫人之禮。放絰而拜。孔丘去絰而答拜也。絰亦喪服，以葛麻爲之。戴於頭者爲首絰，繫於腰者爲腰絰，腰絰亦曰帶。孔丘弔孟子時必去冠，括髮，着絰，適季氏亦如此。據杜注、孔疏，以爲季氏不行喪禮，孔丘從主人(孔丘往季氏家，則季氏爲主人)，故亦去其絰。古代喪禮，主人拜，賓不答拜。季氏既不行喪禮，孔丘亦拜。武億義證引禮記檀弓上「公儀仲子之喪，檀弓免焉」及「司寇惠子之喪，子游爲之麻衰牡麻絰」鄭玄注皆以爲譏主人，因云「放絰而拜，亦用此意，以譏季氏」。

一二·三 公會吴于橐臯，吴子使大宰嚭請尋盟。杜注：「尋鄫盟。」魯哀會吴于鄫，見七年經、傳，傳云「夏盟於鄫衍」是也。公不欲，鄫盟，吴徵百牢，且召季康子，故哀公及季氏皆不欲。使子貢對曰：「盟，所以周信也，杜注：「周，固。」故心以制之，玉帛以奉之，言以結之，明神以要之。四「之」字皆指盟。心制盟者，心不忘盟而自克制也。盟會必用玉帛，故云玉帛奉盟。盟必有辭，故云言以結盟。盟辭每誓明神，如僖二十八年傳云「有渝此盟，明神殛之」、「明神先君，是糾是殛」是也。以鬼神約束使信守盟辭。成九年傳「明神以要之」，「之」指諸侯，義實同。寡君以爲苟有盟焉，弗可改也已。若猶可改，日盟何益？謂盟約可不信守，即每日相盟，亦無益。今吾子曰『必尋盟』，若可尋也，亦可寒也。」尋與寒相反爲義。尋，温煖之義；寒，寒涼也。盟約毁廢，即是寒涼，故尋盟以温煖之，此尋盟之由。若不廢盟，何必尋盟？若必尋盟，則亦可寒盟。乃不尋盟。

一二·四 吴徵會于衞。初，衞人殺吴行人且姚而懼，謀於行人子羽。杜注：「子羽，衞大夫。」子羽曰：「吴方無道，無乃辱吾君，不如止也。」子木曰：杜注：「子木，衞大夫。」「吴方無道，國無道，必棄疾於人。棄疾猶言加害，亦見七年傳並注。吴雖無道，猶足以患衞。往也！長木之斃，無不摽也；長木今言大樹。説文：「摽，擊也。」此言大樹死而倒，所遇無不被擊。國狗之瘈，無不噬也，莊子徐無鬼：「是國馬也，而未若天下馬也。」國狗與國馬同，一國之名馬，一國之名狗也。瘈即襄十七年傳「國人逐瘈狗」之瘈，狂也。瘈狗今曰瘋狗，爲其所咬，血中毒，得恐水病，死極慘。而況大國乎！」

秋，衞侯會吳于鄖。公及衞侯、宋皇瑗盟，杜注：「盟不書，畏吳，竊盟。」而卒辭吳盟。吳人藩衞侯之舍。藩猶圍也。子服景伯謂子貢曰：「夫諸侯之會，事既畢矣，侯伯致禮，地主歸餼，侯伯謂盟主，此指吳。致禮，禮賓也，與會諸侯爲賓。歸餼亦曰致餼，見桓十四年傳，詳桓六年「饋之餼」注。地主，會地所在國之諸侯。以相辭也。辭別，告別。今吳不行禮於衞，吳于魯、宋蓋已致禮，而不致禮於衞。而藩其君舍以難之，難之，今言使之爲難。子盍見大宰？」乃請束錦以行。語及衞故，故，事也。若本不爲衞來，閒談中及此事。大宰嚭曰：「寡君願事衞君，衞君之來也緩，寡君懼，故將止之。」止之，不許其歸，今言扣留。子貢曰：「衞君之來，必謀於其衆，其衆或欲或否，有欲其來者，有不欲其來者。是以緩來。其欲來者，子之黨也；其不欲來者，子之讎也。若執衞君，是墮黨而崇讎也，杜注：「墮，毁也。」夫墮子者得其志矣。會箋云：「衞不欲來者其言驗，故得志也。」且合諸侯而執衞君，誰敢不懼？墮黨、崇讎，而懼諸侯，使諸侯懼。或者難以霸乎！」大宰嚭說，乃舍衞侯。舍，同捨，釋放。衞侯歸，效夷言。夷言，吳語。子之尚幼，杜注：「子之，公孫彌牟。」禮記檀弓上孔疏引世本：「靈公生昭子郢，郢生文子木及惠叔蘭。」杜氏世族譜亦云：「子之，公孫彌牟文子。」然則彌牟、子之是其人之名與字，文則其謚。梁履繩補釋云：「彌牟官衞之將軍，故檀弓稱將軍文子。」曰：「君必不免，其死於夷乎！執焉而又説其言，從之固矣。」杜注：「出公輒後卒死於越。」俞樾平議云：「固猶必也。」

三·五 冬十二月，螽，螽，公羊例作「蠓」，即今蝗蟲爲災，已詳桓五年經注。春秋經、傳凡十次書螽，穀梁僖十五年傳云：「螽，蟲災也。」蝗蟲羣飛蔽空，落地如雨，故文三年傳云：「雨螽于宋，隊(墜)而死也。」然其時多在秋八月或九月，至遲爲冬十月(文八年)，無在十二月者。此次及明年蝗災俱在十二月，即今農曆之十月，于當時爲罕見，故季孫問。季孫問諸仲尼。仲尼曰：「丘聞之，火伏而後蟄者畢。火爲心宿二，一般夏正十月即不見于天空，此時天已寒冷，昆蟲盡蟄入地下。今火猶西流，司曆過也。」孔丘之意，謂時已十月，天空應不見心宿二，昆蟲應皆蟄伏，然心宿二猶遥見于西方天空，逐見沉没，乃司曆者之誤。杜注因之謂此年應閏而未閏，其實此年不當閏，明年亦十二月仍有飛蝗，而閏當在十二月後。

三·六 宋、鄭之間有隙地焉，杜注：「隙地，閒田。」即可墾而未墾之田。曰彌作、頃丘、玉暢、嵒、戈、錫。據彙纂，今河南杞縣東北三十里有玉帳，或云古玉暢。杞縣爲春秋宋地，北與陳留接壤(陳留，舊縣，今已廢)，傳云「宋、鄭之間」，或即是也。錫音羊。其餘五地或皆在今杞縣、通許縣與陳留鎮三角地區。子産與宋人爲成，曰，「勿有是」。杜注：「俱棄之。」史記匈奴傳云「東胡與匈奴間，中有棄地，莫居，千餘里，各居其邊爲甌脱」，似類此。及宋平、元之族自蕭奔鄭，定十四年宋景公之弟奔魯，十五年鄭罕達敗宋師于老丘，蓋以處宋公子地。宋平公、元公之子孫奔鄭當在定十五年。鄭人爲之城嵒、戈、錫。九月，宋向巢伐鄭，取錫，殺元公之孫，遂圍嵒。十二月，鄭罕達救嵒。丙申，丙申，二十八日。圍宋師。此當與下年傳連讀。經書宋伐鄭在前，螽在後；傳書螽在前，宋伐鄭在後，以宋伐鄭連及明年也。

十三年，己未，公元前四八二年。周敬王三十八年、晉定三十年、齊簡三年、衞出十一年、蔡成九年、鄭聲十九年、陳閔二十年、杞閔五年、宋景三十五年、秦悼十年、楚惠七年、吴夫差十四年、越句踐十五年。

經

一三・一 十有三年春，正月二十四日辛酉冬至，建子，有閏月。鄭罕達帥師取宋師于嵒。據傳，救師主帥向魋逃歸，明年向巢亦奔魯，則知鄭所取者無主帥之師也。

一三・二 夏，許男成卒。無傳。「成」，公羊作「戍」，趙坦異文箋謂「或字形相似而譌」。會箋云：「元公也，國滅後楚立之。」姚彥渠春秋會要云：「何人復封，何年所立，失考。」

一三・三 公會晉侯及吴子于黃池。吴世家作「春」，蓋吴用夏正。吴語云：「闕爲深溝，通於商、魯之間，北屬之沂，西屬之濟，以會晉公午於黃池。」如此説確實，則吴夫差又增長邗溝通沂水與濟水。黃池當在今河南封丘縣南，濟水故道南岸。傳世器，輝縣出土有趙孟庎壺二器，銘云：「禺（遇）邗王于黃池，爲趙孟庎（介），邗王之惖（錫）金，以爲祠器。」二器皆作于此時。詳積微居金文説趙孟庎壺跋。清同治中，山西代縣出土吴王夫差鑑，銘云：「攻吴王夫差擇厥吉金自作御監。」則不知作于何時。出土于代縣者，爲後人所埋藏也。彙纂云：「書會止此。」

一三・四 楚公子申帥師伐陳。無傳。

一三・五 於越入吳。

一三・六 秋，公至自會。無傳。

一三・七 晉魏曼多帥師侵衞。無傳。公羊無「曼」字。彙纂云：「霸國侵伐止此。」

一三・八 葬許元公。無傳。會箋云：「卒葬日月皆不具，史略。」

一三・九 九月，螽。無傳。杜注：「書，災也。」原無「也」字，依金澤文庫本增。

一三・10 冬十有一月，有星孛于東方。無傳。杜注：「平旦衆星皆没，而孛乃見，故不言所在之次。」會箋云：「蓋長星亙天之類也。雖見於旦，必有宿可言，今曰東方，則初昏見東方，所加徧及東方諸宿，不可以宿名也。」公羊傳云：「孛者何？彗星也。其言于東方何？見於旦也。」日出于東方，若非陰沉雲厚，彗星光芒不易見，公羊之説可疑，而杜取之。

一三・一一 盜殺陳夏區夫。無傳。「區」公羊作「彄」。杜注：「稱盜，非大夫也。」「非大夫也」、「也」字依金澤文庫本增。宋趙鵬飛春秋經筌云：「春秋書盜者四，殺君者一，殺兄者一，殺大夫者二。」

一三・一二 十有二月，螽。無傳。

傳

一三・一 十三年春，宋向魋救其師。此當與上年傳末章合讀。吳闓生文史甄微謂「左氏古本，每事自爲一章；分傳者依經次第，割散傳文」，殊爲有識。鄭子賸使徇曰：「得桓魋者有賞。」魋也逃歸。左傳叙事中人名下加「也」字，前已多見。會箋謂僅此一見，國語亦僅見一次，晉語三「鄭（丕鄭）也與客將行」是也。實誤。遂取宋師于嵒，獲成讙、郜延。杜注：「二子，宋大夫。」以六邑爲虛。杜注：「空虛之，各不有。」

一三・二　夏，公會單平公、晉定公、吳夫差于黃池。杜注：「平公，周卿士也。不書，尊之，不與會也。」顧棟高大事表十二上云：「單平公，武公子。」

一三・三　六月丙子，丙子，十一日。越子伐吳，爲二隧，杜注：「隧，道也。」顧炎武補正云：「隧卽古隊字。」兩説義異而實同，出兵異道，自各爲一隊。疇無餘、謳陽自南方，杜注：「二子，越大夫。」章炳麟左傳讀卷八云：「漢地理志會稽郡烏程有歐陽亭，蓋卽謳陽所封之地也。古字謳、歐通。」先及郊。至吳國都郊區。吳大子友、王子地、王孫彌庸、壽於姚自泓上觀之。杜注：「觀越師。泓，水名。」江永考實云：「吳地之水。」沈欽韓地名補注謂胥門西五里有越來溪，越兵自此溪入吳。泓上卽今之横山。横、泓聲近。横山在今江蘇吳縣西南。吳語云：「越王句踐乃命范蠡、舌庸率師沿海泝淮以絕吳路，敗王子友於姑熊夷。越王句踐乃率中軍泝江（卽今松江）以襲吳。」與傳所云稍有不同，自以傳爲可信。彌庸見姑蔑之旗，杜注：「姑蔑，越地今東陽大末縣。」據清一統志，姑蔑故城在今浙江衢州市龍游鎮之北。惠棟補注引墨子旗職篇云：「建旗其署，令皆明白知之，曰某子旗。」曰：「吾父之旗也。杜注：「彌庸父爲越所獲，故姑蔑人得其旌旗。」旌旗爲彌庸之父者，但已改署姑蔑。不可以見讎而弗殺也。」大子曰：「戰而不克，將亡國，請待之。」彌庸不可，屬徒五千，杜注：「屬，會也。」今言集合。王子地助之。乙酉，乙酉，二十日。戰，彌庸獲疇無餘，地獲謳陽。越子至，王子地守。丙戌，丙戌，二十一日。復戰，大敗吳師，獲大子友、王孫彌庸、壽於姚。杜注：「地守，故不獲。」越世家作「殺吳太子」，伍子胥傳作「襲殺」，吳越春秋作「虜殺」，而吳世家作「虜」，足見司馬遷見歧異而並存。丁亥，丁亥，二十二日。入吳。吳人告敗于王。王惡其聞也，杜注：「惡諸侯聞之。」卽不欲使敗訊傳于外。其指「越入吳」，非指「諸侯」。自剄七人於幕下。滅知此事者之口。幕，會盟時于野，各國自立帳幕。

一三·四 秋七月辛丑盟，辛丑，六日。吳、晉爭先。杜注：「爭歃血先後。」先歃血者爲盟主也。吳人曰：「於周室，我爲長。」杜注：「吳爲大伯後，故爲長。」太伯爲古公亶父之長子，季歷之長兄，文王之大伯父，論語泰伯所謂「三以天下讓」者也。晉人曰：「於姬姓，我爲伯。」吳人、晉人，皆兩方談判之代表，非其君主，亦非卿，故稱「人」。伯卽霸，晉文公之後，歷襄公以至悼公、平公皆稱霸。趙鞅呼司馬寅曰：杜注：「寅，晉大夫。」司馬蓋其官，吳語作「董褐」，韋注謂卽司馬寅。「日旰矣，杜注：「旰，晚也。」大事未成，二臣之罪也。杜注：「大事，盟也。二臣，鞅與寅。」建鼓整列，二臣死之，長幼必可知也。」長幼猶言先後，謂先歃後歃。趙鞅欲以將戰之勢逼吳，不得已而戰，勝者自先歃。吳世家云「趙鞅怒，將伐吳」，卽本此。吳語則敍夫差先爲戰勢。對曰：「請姑視之。」暫且觀察吳營。反，曰：「肉食者無墨。肉食者卽莊十年傳「肉食者謀之」之肉食者，大夫以上之人，詳彼注。今吳王有墨，國勝乎？杜注：「國爲敵所勝。」吳語云「大則越入吳」。大子死乎？且夷德輕，不忍久，請少待之。」杜注：「少待無與爭。」乃先晉人。吳語敍事與傳異，云「吳公先歃」，公羊傳謂「吳主會」，史記于秦紀、晉、趙世家均言「長晉定公」，吳世家則言「長吳」，司馬遷存異說。

吴人將以公見晉侯，子服景伯對使者曰：「王合諸侯，則伯帥侯牧以見於王；杜注：「伯，王官伯；侯牧，方伯。」伯即諸侯之長，僖二十八年傳「王策命晉侯爲侯伯」是也。伯合諸侯，則侯帥子、男以見於伯。杜注：「伯，諸侯長。」自王以下，朝聘玉帛不同；故敝邑之職貢於吴，有豐於晉，無不及焉，自吴夫差崛起，晉霸益衰，魯以齊故事吴。以爲伯也。以吴爲侯伯，爲霸主。今諸侯會，而君將以寡君見晉君，則晉成爲伯矣，敝邑將改職貢：魯賦於吴八百乘，見七年傳「魯賦八百乘」注。若爲子、男，則將半邾以屬於吴，上文云「侯帥子、男以見於伯」，今若吴率魯見於晉，是魯爲子、男矣。若魯爲子、男，則將以三百乘之所賦者貢吴。七年傳云「邾賦六百乘」，半邾是三百乘也。而如邾以事晉。杜注：「如邾，六百乘。」且執事以伯召諸侯，而以侯終之，何利之有焉？」吴人乃止。既而悔之，將因景伯。景伯曰：「何也立後於魯矣，杜注：「何，景伯名。」立後者，有不返魯之準備。將以二乘與六人從，一乘三人，二乘六人，皆從者。遲速唯命。」遂囚以還。及户牖，户牖，今河南蘭考縣東北。謂大宰曰：「魯將以十月上辛有事於上帝、先王，述聞引王念孫説，謂「先王」當從桓五年孔疏引作「先公」。魯固無祭先王之禮，然景伯純作謊言，云祭「先王」，則吴之祖亦受祭，可以恐吴。家語辯物篇亦作「先王」，足知非誤字。孔疏俱作「先公」，蓋以當時典禮繩之。知其爲虚言，而又校以當時典禮，是知二五而不知一十也。季辛而畢，何世有職焉，自襄以來，未之改也。孔疏云：「祭禮終朝而畢，無上辛盡於季辛之事，景伯以吴信鬼，皆虚言以恐吴耳。」襄謂魯襄公，據杜氏世族譜，子服氏出自孟氏，襄二十三年有孟椒，椒生昭伯回，回生景伯何，則子服氏之共祭事，在魯襄之世，迄于此時猶世世襲職。若不會，不與于祭上帝與先王。祝宗將曰『吳實然』，魯之祝宗將以吳囚子服何告鬼神。且謂魯不共，而執其賤者七人，何損焉？」何與從者六，皆非卿，故云「賤者七人」。魯縱不恭于吳，而吳僅執其賤者。大宰嚭言於王曰：「無損於魯，所執者賤者七人而已。而祇爲名，杜注：「適爲惡名。」不如歸之。」乃歸景伯。

吳申叔儀乞糧於公孫有山氏，杜注：「申叔儀，吳大夫；公孫有山，魯大夫，舊相識。」馬宗璉補注引王符曰：「有山氏，魯公族，姬姓。」（潛夫論志氏姓於魯未言有山氏，未審馬氏何據。然姓考云：「有山，魯大夫采邑，因氏。」）曰：「佩玉縈兮，余無所繫之；縈音銳上聲，下垂貌。言有佩玉而無繫着處。旨酒一盛兮，盛卽盛器，一盛猶一杯，說見述聞。余與褐之父睨之。」褐，賤者之服。褐之父，着褐之老翁。睨，邪視也。此以「繫」「睨」爲韻。義在下句，言雖有甜酒一杯，我與老翁僅邪視而不得飲也。對曰：「粱則無矣，粱，精細小米，古以稻粱、膏粱并稱。麤則有之。麤同粗，謂麤糲、粗糙，與精細相反，此與粱相對。粱爲細糧，麤爲粗糧。若登首山以呼曰『庚癸乎』，河南襄城縣南五里有首山，不知是此首山不。則諾。」越絶書計倪内經分貨爲十等，甲乙爲高等貨，庚爲下等貨，癸更下。

一三·五　王欲伐宋，殺其丈夫而囚其婦人。杜注：「以不會黃池故。」大宰嚭曰：「可勝也，而弗能居也。」言不能久留于宋。乃歸。

冬，吳及越平。孔疏云：「終伍員所謂三年始弱也。」

十四年，庚申，公元前四八一年。周敬王三十九年、晉定三十一年、齊簡四年、衛出十二年、蔡成十年、鄭聲二十年、陳閔二十一年、杞閔六年、宋景三十六年、秦悼十一年、楚惠八年、吴夫差十五年、越句踐十六年。

經

一四·一 十有四年春，正月初五丙寅冬至，建子。西狩獲麟。公羊、穀梁皆終于此。公羊傳且云：「西狩獲麟，孔子曰：『吾道窮矣。』」麟卽麒麟，何法盛徵祥説：「牡曰麒，牝曰麟。」説文本公羊，謂爲仁獸。爾雅釋獸作「麐」，云：「麕身，牛尾，一角。」然中國實無此獸，今非洲有名奇拉夫(Giraffa)之長頸鹿，有人疑卽古之麒麟。杜預注云：「麟者仁獸，聖王之嘉瑞也。時無明王，出而遇獲。仲尼傷周道之不興，感嘉瑞之無應，故因魯春秋而修中興之教，絶筆於獲麟之一句，所感而作，固所以爲終也。」杜之此説本于史記三代世表序、十二諸侯年表序及孔子世家。夫春秋之文，記二百四十二年之事，豈能因獲麟而作，又因獲麟而止？公羊傳昭十二年傳徐彦疏引春秋説云：「孔子作春秋一萬八千字，九月而書成」，亦不可信。顧棟高大事表春秋絶筆獲麟論則謂「因是年請討陳恆之不行而絶筆也」，且引宋家鉉翁春秋詳説「陳恆弑君，孔子沐浴請討，公不能用，是歲春秋以獲麟絶筆」云云以「明余之非臆説」，實則皆臆説也。

一四·二 小邾射以句繹來奔。杜注：「射，小邾大夫。」賈逵、服虔、杜預皆以此下至十六年皆魯史記之文，孔丘弟子欲存「孔子卒」，故并録以續孔丘所修之經，亦臆説也。句繹詳二年經注。

一四·三 夏四月，齊陳恆執其君，寘于舒州。「舒州」，魯世家作「俆州」，亦作「徐州」。江永考實謂舒州在今河北廊坊地區大城縣界，此齊之極北，與燕界者也。此說有理。

一四·四 庚戌，庚戌，二十日。叔還卒。無傳。

一四·五 五月庚申朔，日有食之。無傳。此乃四月十九日之日全食。

一四·六 陳宗豎出奔楚。無傳。

一四·七 宋向魋入于曹以叛。杜注：「曹，宋邑。」哀八年曹爲宋滅，因以爲魋采邑。

一四·八 莒子狂卒。無傳。狂，釋文云「其廷反」，音情，則從壬得聲，非狂字。他書無此字。

一四·九 六月，宋向魋自曹出奔衞。

一四·一〇 宋向巢來奔。

一四·一一 齊人弒其君壬于舒州。

一四·一二 秋，晉趙鞅帥師伐衞。無傳。

一四·一三 八月辛丑，辛丑，十三日。仲孫何忌卒。

一四·一四 冬，陳宗豎自楚復入于陳，陳人殺之。無傳。疑非善入，亦非善殺。

一四·一五 陳轅買出奔楚。無傳。疑與宗豎被殺有關。

一四·一六 有星孛。無傳。杜注：「不言所在，史失之。」

一四·一七 饑。無傳。

傳

一四・一 十四年春，西狩於大野，沈欽韓地名補注引山東通志等書謂巨野縣東十里鋪有麟臺，臺側有獲麟渡，縣東南三十里有麟冢云云，可能爲後人附會之談。古大野澤在巨野縣北，且跨東西兩郊野，又入嘉祥縣西北境。叔孫氏之車子鉏商獲麟，杜注以「車子」連文，鉏商爲人名。服虔以「車」爲御車者，「子」爲姓，「鉏商」爲名。王肅孔子家語用服說。王引之述聞則以「子鉏」爲氏，「商」爲名。王說有據有理，可從。以爲不祥，以賜虞人。杜注：「時所未嘗見，故怪之。虞人，掌山澤之官。」仲尼觀之，曰：「麟也」，然後取之。

一四・二 小邾射以句繹來奔，曰：「使季路要我，吾無盟矣。」季路即子路，論語顏淵謂「子路無宿諾」，足見季路之誠信素著，故射寧與子路相約，而不欲與魯盟誓。要，約也。使子路，子路辭。季康子使冉有謂之曰：「千乘之國，不信其盟，其指千乘之國，即魯。謂不信魯國之盟約。而信子之言，子何辱焉？」謂子言重于魯盟，此乃光榮，于子無辱。對曰：「魯有事于小邾，有事，戎事，謂與小邾戰。不敢問故，故，戰事起因及其曲直。死其城下可也。彼不臣，以其國之地奔魯，是不臣於其國與君。而濟其言，杜注：「濟，成也。」射必有言，欲與子路相約。是義之也，此乃以其「不臣」爲義。由弗能。」

一四・三 齊簡公之在魯也，闞止有寵焉。杜注：「簡公，悼公陽生子壬也。闞止，子我也。事在六年。」參六年傳並注。及即位，使爲政。陳成子憚之，驟顧諸朝。杜注：「成子，陳常；心不安，故數顧之。」沈欽韓補注引禮記曲禮下云：「輟朝而顧，不有異事，必有異慮。」諸御鞅言於公曰：杜注：「鞅，齊大夫。」史記齊世家索隱引世本：「陳桓子無宇（見于襄六年傳）產子亹，亹產子獻，獻產鞅也。」若如此，則鞅亦陳氏。鞅蓋一般僕御之官，故曰諸御。「陳、闞不可並也，君其擇焉。」杜注：「擇用一人。」弗聽。

子我夕，子我即闞止。夕謂暮見齊君，昭十二年傳「子革夕」，杜注「夕，暮見」是也。說詳俞樾平議。陳逆殺人，逢之，遂執以入。陳逆字子行，劉體智小校經閣金文有陳逆作元配季姜簠，即此人爲其妻所作之祭器，亦見楊樹達先生積微居金文說增訂本陳逆簠跋。此器即阮元積古齋鐘鼎彝器款識之陳逆簠。句言闞止因公暮見齊簡公，于路中逢陳逆殺人，因執陳逆以入公宮。陳氏方睦，謂陳乞、陳恆等團結族人，全族同心。陳氏即陳族。睦，親睦。使疾，而遺之潘沐，備酒肉焉，杜注：「使詐病，因內（納）潘沐，并得內酒肉。潘，米汁，可以沐頭。」禮記內則云：「三日具沐，其間面垢，燂潘請靧。」潘即今淘米汁，古人熱之以洗頭洗面，謂可以去垢。饗守囚者，醉而殺之，而逃。陳逆以酒肉享看守者，使之醉而殺之以逃。子我盟諸陳於陳宗。杜注：「失陳逆，懼其反爲患，故盟之。」陳宗，陳氏宗主之家，說詳李貽德輯述。

初，陳豹欲爲子我臣，杜注：「豹亦陳氏族。」春秋分記世譜二云：「陳豹字子皮，文子（見襄二十三年傳）之孫。」使公孫言己，賈逵云：「公孫，齊大夫也。」言己，謂使公孫推薦自己。已有喪而止，已，已而，言不久。陳豹有喪，公孫遂不言。既，而言之，杜注：「既，終喪也。」曰：「有陳豹者，長而上僂，長謂身高。杜注以上僂爲「肩背僂」，蓋謂背上部曲屈也。于鬯校書謂「上僂無義，疑二字誤倒」云云，無證據，不可信。望視，望視，仰視貌，詳梁履繩補釋引紀昀說。大概背駝者目皆向上。事君子必得志，言必得君子之意。欲爲子臣。吾憚其爲人也，使杜注：「恐多詐。」爲人，指其作風與品德，于鬯謂指其貌，誤。故緩以告。」子我曰：「何害，是其在我也。」使爲臣。他日，與之言政，說，遂有寵，子我與陳豹言及國事，陳豹投合子我，子我悅，陳豹因有寵于子我。謂之曰：「我盡逐陳氏而立女，若何？」陳豹之事子我，蓋爲陳恆內諜；今盡得子我之心，子我安得不死。此子我之言。對曰：「我遠於陳氏矣，陳豹僅陳氏族人，陳完于莊二十二年，即齊桓十四年奔齊，至此已一百九十年。據田齊世家，陳文子生陳桓子，桓子生武子與僖子，陳恆爲僖子之子，程公說謂陳豹爲陳文子之孫，疑爲僖子之異母弟。而猶爲陳氏，足證「陳氏方睦」。且其違者不過數人，服虔云：「違者，不從子我者。」何盡逐焉？」此僞語，蓋以慰子我也。遂告陳氏。子行曰：「彼得君，弗先，必禍子。」陳氏既得陳豹所告消息，因此謀議。子行之言，服虔云：「彼謂闞止也，子謂陳常也。」子行舍於公宮。子行遷居于公宮，據下文子行在幄及殺侍人，蓋將爲內應。杜注謂「隱於公宮」，誤。參梁履繩補釋。

夏五月壬申，壬申，十三日。成子兄弟四乘如公。四乘有二解，杜注，「成子之兄弟，昭子莊、簡子齒、宣子夷、穆子安、廩丘子意茲、芒子盈、惠子得，凡八人，二人共一乘」，則四乘爲四輛車。顧炎武補正引傅遜說、惠棟補注、沈欽韓補注皆用史記田齊世家索隱說駁之，謂四乘即駟乘，乘四人耳。此又一解。子我在幄，杜注：「幄，帳也，聽政之處。」出，逆之，遂入，閉門。杜注：「成子入，反閉門，不內子我。」侍人禦之，侍人爲齊簡公之侍人，杜注以爲「子我侍人」，誤，服虔謂「閹豎以兵御陳氏」是也。蓋簡公侍者見陳恆等來勢不善，故加抵抗。子行殺侍人。

陳恆于公宮必先佈置私人，子我入宮爲內應，亦必率其私人。簡公侍者非一，若子我不率衆徒，安得殺之？公與婦人飲酒于檀臺，馬宗璉補注引史記田齊世家正義謂檀臺在臨淄東北一里。成子遷諸寢。服虔云：「欲徙公令居寢也。」公執戈，將擊之。杜注：「疑其欲作亂。」卽不疑其作亂，依當時之禮，欲強迫使君主遷居，亦足使公怒。大史子餘曰：惠棟補注云：「子餘，陳氏黨，爲太史。」「非不利也，將除害也。」杜注：「言將爲公除害。」成子出舍于庫，杜注：「以公怒故。」聞公猶怒，將出，服虔云：「出奔也。」曰：「何所無君？」言各國皆有君，李貽德輯述云：「是欲奔異國之辭。」子行抽劍，曰：「需，事之賊也。六年傳云：「需，事之下也。」此與同意，言遲疑不決反害大事。誰非陳宗？此時陳恆爲陳氏宗主，子行阻陳恆出奔，故言人人可得爲陳氏宗主。所不殺子者，有如陳宗！」杜注：「言子若欲出，我必殺子，明如陳宗。」有如某，誓辭常用語。此陳宗蓋指陳氏自陳完以下歷代宗主，猶言「有如先君」，說參孔穎達疏。乃止。不出奔。

子我歸，屬徒，子我不得入宮，乃歸而集中私卒。屬，會合也。攻闈與大門，闈，門之小者也，此非宮內之小門，乃宮牆之小門。宮牆四周皆有大門與小門，據周禮天官宮伯及地官保氏，大門、小門皆宮伯、保氏所輪流把守，說詳金鶚求古錄禮說。皆不勝，乃出。陳氏追之，失道於弇中，弇中見襄二十五年傳並注，卽臨淄西南之弇中峪。適豐丘。杜注：「豐丘，陳氏邑。」豐丘人執之，以告，告陳恆。殺諸郭關。高士奇地名攷略云：「齊郭門也。」成子將殺大陸子方，杜注：「子方，子我臣。」據下文，卽東郭賈。通志氏族略云：「大陸氏，姜姓，齊太公之後，食邑陸鄉，因號大陸氏。」陳逆請而免之。以公命取車於道，杜注：「子方取道中行人車。」及耏，衆知而東之，彪卽時，齊與魯交界之地，蓋子方擬奔魯、衞，因西行。衆，陳氏之人，知其假公命取車，故逼使東返。出雍門，杜注：「齊城門也。」陳豹與之車，弗受，曰：「逆爲余請，豹與余車，余有私焉。事子我而有私於其讎，何以見魯、衞之士？」子方將奔魯或衞，故云「何以見魯、衞之士」。東郭賈奔衞。杜注：「賈卽子方。」庚辰，庚辰，二十一日。陳恆執公于舒州。公曰：「吾早從鞅之言，不及此。」杜注：「悔不誅陳氏。」

四·四　宋桓魋之寵害於公，杜注：「恃寵驕盈。」疑不僅驕盈而已，蓋已勢不兩大。公使夫人驟請享焉，而將討之。杜注：「夫人，景公母也。數請享飲，欲因請討之。」吳闓生甄微云：「驟，急也。注訓數，非。」吳説是。未及，未及請享魋。魋先謀公，請以鞌易薄。杜注：「鞌，向魋邑；薄，公邑。欲因易邑爲公享宴而作亂。」鞌有二，成二年鞌之戰乃齊地，詳彼注；此爲宋邑。薄卽亳，亦卽莊十二年傳公子御説所奔之亳，在今河南商丘市北四、五十里，接山東曹縣界。湯都于此，故宋景公謂之宗邑，參王國維觀堂集林説亳。王國維又云：「鞌，桓魋之邑，地雖無考，當與薄近。是歲魋人於曹以叛，時曹地新入於宋，雖未必爲魋采邑，亦必與魋邑相近。」則鞌當在今山東定陶縣之南，河南商邱市之北之某地。公曰：「不可。薄，宗邑也。」宗邑詳莊二十八年傳「曲沃君之宗也」注。曲沃于晉，亦猶亳之于宋，皆祖廟所在。乃益鞌七邑，疑以七邑併于鞌，而鞌爲縣。而請享公焉，杜注：「僞喜於受賜。」以日中爲期，家備盡往。謂魋以其私家之兵甲盡往享所。武億義證亦云：「此魋家衆也。」公知之，告皇野曰：杜注：「皇野，司馬子仲。」據世族譜，野爲皇瑗兄弟。皇瑗見七年經。「余長魋也，謂向魋從小爲我所養育長大。今將禍余，請卽救。」司馬子仲曰：子仲卽皇野，司馬其現任官職。「有臣不順，神之所惡也，而況人乎？敢不承命。不得左師不可，杜注：「左師，向魋兄向巢也。」請以君命召之。」左師每食，擊鐘。聞鐘聲，公曰：「夫子將食。」既食，又奏。食畢又奏樂。公曰：「可矣。」以乘車往，皇野往。曰：「迹人來告曰：周禮夏官有迹人，掌管田獵足跡，知禽獸之處。爾雅釋獸亦言各種獸跡不同。『逢澤有介麇焉。』逢澤在今商丘縣南，卽水經睢水注之逢洪陂，今已涸。介卽莊子庚桑楚篇「夫函車之獸介而離山，則不免於罔罟之患」之「介」，方言「獸無耦曰介。」公曰：『雖魋未來，得左師，吾與之田，若何？』杜注：「皇野稱公命。」君憚告子，杜注：「難以游戲煩大臣。」野曰：『嘗私焉。』謂以私人身份試與左師言。君欲速，故以乘車逆子。」與之乘，至，同乘至公所。公告之故，告魋將害己，己請之救。拜，不能起。向巢聞之，向公拜，恐而不能起。司馬曰：「君與之言。」皇野告公與向巢盟誓。言，誓也。成十三年傳「言誓未就」，言誓蓋同義詞連用。公曰：「所難子者，難子，今言使子爲難，或謂使子遭禍難也。俞樾平議謂「難子猶儺子也」，曲說不可從。上有天，下有先君。」天謂天神，故言上。先君爲鬼，故言下。對曰：「魋之不共，宋之禍也，敢不唯命是聽。」司馬請瑞焉，杜注：「瑞，符節，以發兵。」周禮春官有典瑞，云「牙璋以起軍旅」，據鄭衆說，牙璋者，璋邊爲鋸齒，似漢時之銅虎符，用之以發兵，卽此瑞也，故說文云：「瑞，以玉爲信也。」段注謂信卽符節。以命其徒攻桓氏。杜注：「桓氏，向魋。」其父兄故臣曰「不可」，其新臣曰「從吾君之命」。遂攻之。子頎騁而告桓司馬。杜注：「子頎，桓魋弟。桓司馬卽魋也。」司馬欲入，此司馬爲向魋，非皇野。杜注：「入攻君。」子車止之，杜注：「車亦魋弟。」曰：「不能事君，而又伐國，民不與也，祇取死焉。」向魋遂入于曹以叛。杜注：「哀八年宋滅曹以爲邑。」六月，使左師巢伐之，欲質大夫以入焉。杜注：「巢不能克魋，恐公怒，欲得國內大夫爲質還入國。」不能，亦入于曹，取質。杜注：「不能得大夫，故入曹劫曹人子弟而質之，欲以自固。」魋曰：「不可。既不能事君，又得罪于民，劫曹人爲質，是得罪民。將若之何？」乃舍之。杜注：「舍曹子弟。」民遂叛之。向魋奔衞。韓詩外傳二謂奔魯。向巢來奔，宋公使止之，曰：「寡人與子有言矣，不可以絶向氏之祀。」止向巢出奔。「有言」指上文之誓辭。辭曰：「臣之罪大，盡滅桓氏可也。若以先臣之故，而使有後，君之惠也。若臣，則不可以入矣。」

司馬牛致其邑與珪焉，而適齊。杜注：「牛，桓魋弟也。珪，守邑符信。」此司馬牛前人皆謂卽論語顏淵篇自歎「人皆有兄弟，我獨無」之司馬牛，恐不然，一則仲尼弟子列傳未嘗言及，二則兩人名不相同，詳論語譯注。向魋出於衞地，公文氏攻之，王符潛夫論志氏姓謂衞之公族有公文氏。求夏后氏之璜焉。梁玉繩瞥記云：「周分魯公以夏后氏之璜，此有一無二之寶也。乃哀十四年傳衞公文氏求向魋夏后氏之璜，豈流傳不止一璜耶？」蓋所謂夏后氏之璜，未必真爲夏代之物，不過當時有此稱耳，何爲不可以有二？與之他玉，而奔齊，以他玉與公文氏，然后奔齊。呂氏春秋必己篇云「宋桓司馬有寶珠，抵罪出亡，王使人問珠所在」云云，高誘注引此傳證之，蓋卽由此相傳之誤。陳成子使爲次卿，司馬牛又致其邑焉，牛奔齊在魋先，已得邑，魋爲齊次卿，牛又致邑。而適吳。吳人惡之，而反。反宋國。趙簡子召之，陳成子亦召之，卒於魯郭門之外，阬氏葬諸丘輿。杜注：「阬氏，魯人也。」據彙纂，丘輿在今山東費縣西。清一統志謂費縣南有司馬牛墓，未可信。

一四·五 甲午，甲午，六月五日。齊陳恆弒其君壬于舒州。孔丘三日齊，齊同齋，齋戒也。而請伐齊三。公曰：「魯爲齊弱久矣，子之伐之，將若之何？」對曰：「陳恆弒其君，民之不與者半。以魯之衆加齊之半，可克也。」公曰：「子告季孫。」孔子辭，退而告人曰：「吾以從大夫之後也，故不敢不言。」論語憲問亦載此事，而謂孔丘曾告三卿，三卿不可，而後告人云云，蓋當時傳聞之異。

一四·六 初，孟孺子洩將圉馬於成，杜注：「洩，孟懿子之子孟武伯也。」圉，畜養也。成，孟氏邑。成宰公孫宿不受，曰：「孟孫爲成之病，孟孫指孟懿子。不圉馬焉。」杜注：「病謂民貧困。」孺子怒，襲成，從者不得入，乃反。成有司使，孺子鞭之。杜注：「恨恚，故鞭成有司之使人。」秋八月辛丑，孟懿子卒，成人奔喪，成人，成宰也。弗內；袒、免，哭于衢，聽共，杜注：「請聽命共使。」弗許；懼，不歸。杜注：「不敢歸成。」此當與下年傳文連讀。

十五年，辛酉，公元前四八〇年。周敬王四十年、晉定三十二年、齊平公鶩元年、衞出十三年、蔡成十一年、鄭聲二十一年、陳閔二十二年、杞閔七年、宋景三十七年、秦悼十二年、楚惠九年、吳夫差十六年、越句踐十七年。

經

一五·一 十有五年春王正月，正月十六日壬申冬至，建子。成叛。

一五·二 夏五月，齊高無丕出奔北燕。無傳。

一五·三 鄭伯伐宋。無傳。

一五·四 秋八月，大雩。無傳。

一五·五 晉趙鞅帥師伐衞。無傳。

一五·六 冬，晉侯伐鄭。無傳。

一五·七 及齊平。杜注：「魯與齊平。」

一五·八 衞公孟彄出奔齊。無傳。

傳

一五·一 十五年春，成叛于齊。武伯伐成，不克，遂城輸。杜注：「以偪成。」江永考實云：「輸蓋近成之地。」此段當與上年最後一章傳文連讀。

一五·二 夏，楚子西、子期伐吳，及桐汭，桐汭即今桐水，源出安徽廣德縣，折西北流經郎溪縣南，匯於南綺湖，北入江蘇高淳縣，注入丹陽湖。陳侯使公孫貞子弔焉，杜注：「弔爲楚所伐。」孟子萬章上謂孔丘曾住司城貞子家，爲陳侯周之臣。司城貞子卽此公孫貞子，陳侯周卽陳閔公，說詳孟子譯註。及良而卒，公孫貞子死于良也。良，江永考實云：「疑近吳國都地，未必是昭十三年之良城。」江說可採，昭十三年傳之良，在今江蘇邳縣，距吳遠，難以尸入。將以尸入。禮記曲禮下謂「在牀曰尸，在棺曰柩」；李貽德輯述則以隱元年傳「贈死不及尸」爲證，「呼未葬之柩爲尸」，是也。據儀禮聘禮，使者死于所使國境而未入朝，所使國爲死者殯殮，上介代使者致命。至死者之柩，據王紹蘭經說，當造于殿門之外，故必以其柩入城。吳子使大宰嚭勞，且辭曰：「以水潦之不時，無乃廩然隕大夫之尸，廩當讀爲濫，謂恐或泛濫而隕大夫之尸也。說詳楊樹達先生讀左傳。以重寡君之憂，寡君敢辭。」釋文以下句首二字「上介」連此句讀，讀爲「寡君敢辭上介」。據杜注，吳所辭者非上介，而是「以尸將事」，觀下文上介答語自明。「上介」屬下讀爲是。若辭上介，是拒絕使團，失禮甚矣。上介芋尹蓋對曰：上介乃臨時之職，芋尹乃其本職，楚有芋尹之官；蓋乃其人名。「寡君聞楚爲不道，荐伐吳國，楚屢與吳戰，故言荐。荐，屢也。滅厥民人，寡君使蓋備使，說文有「葥」字，云，具也，如近代「具文」之具。哀二年傳「蒯聵備持矛焉」，魯語上「辰也備卿」，又下「使僮子備官」，皆此義。「備使」、「備持矛」，皆自謙之詞，言無其才德，僅列其位而已。說本楊樹達先生讀左傳。弔君之下吏。無祿，使人逢天之慼，慼同慽，憂也。大命隕隊，隊同墜。絕世于良。杜注：「絕世猶言棄世。」廢日共積，一日遷次。今君命逆使人曰『無以尸造于門』，是我寡君之命委于草莽也。王紹蘭經說云：「公孫貞子此行，是弔禮恤禍災事。雖非聘，爲賓則同。聘禮：『賓入竟而死，遂也。主人爲之具而殯，介攝其命。君弔，介爲主人。』又云：『若賓死，未將命，則既殮于棺，造于朝，介將命。』鄭注：『具謂始死至殯所當用。雖有臣子親因，猶不爲主人，以介與賓並命于君，尊也。未將命，謂俟閒之後也。以柩造朝，以已至朝，志在達君命。』此聘，賓死之禮也。今貞子及良而卒，是入境而死，吳子不親弔，乃使嚭辭其尸入，則非禮矣。嚭勞且辭，在將以尸入之後，則始死至殯之共積，皆賓所自爲，非吳爲之具殯，又非禮矣。一日遷次，卽禮所謂『入竟則遂也』。侯閒之後而賓死時，已致館，未將命，以柩造朝；則入境賓死，更在侯閒之前，亦未將命，明當以柩造門。故禮云『歸介復命，柩止于門外』。鄭注：『門外，大門外也。』卽知賓死而聘，其柩當造于主國君大門之外，以介將命，皆所以重君命也。吳人乃云『無以尸造于門』，更非禮矣。」大門外卽宮門外。若柩不入城門，自不能以柩至宮門外，而無由致命，是棄君命。且臣聞之曰：『事死如事生，禮也。』梁履繩補釋引周氏附論云：「禮記祭義曰：『文王之祭也，事死者如事生，思死者如不欲生。』中庸曰：『事死如事生，事亡如事存，孝之至也。』此傳又引之，蓋古禮經之文。」於是乎有朝聘而終、以尸將事之禮，據上引王紹蘭說，乃以尸將事之禮。又有朝聘而遭喪之禮。此謂受聘國遭喪。聘禮云：「聘遭喪，入竟則遂也，不郊勞，不筵几，不禮賓，主人畢歸禮，不賄，不禮玉，不贈。」此乃聘而遭主國君喪之禮。文六年傳敍季文子將聘於晉，使求遭喪之禮以行，而果遇晉襄公之喪。若不以尸將命，是遭喪而還也，受朝聘國有喪，則不以尸將命；唯聘國使者死，始以尸將命，故蓋爲此言。無乃不可乎！以禮防民，猶或踰之，今大夫曰『死而棄之』，是棄禮也，其何以爲諸侯主？先民有言曰：『無穢虐士。』杜注：「虐士，死者。」于鬯校書謂『虐』爲『虛』字形近之誤，說文『魖，秏鬼也。』故死者得有虛士之稱。」吳拒絕已死之使者入城，是以死者爲汚穢也。備使奉尸將命，苟我寡君之命達于君所，雖隕于深淵，則天命也，非君與涉人之過也。」沈欽韓補注云：「涉人猶津吏。」吳人內之。

一五・三　秋，齊陳瓘如楚，據下文陳瓘「子使告我弟」之言，則知爲陳恆兄，字子玉。過衞，仲由見之，杜注：「仲由，子路。」曰：「天或者以陳氏爲斧斤，既斲喪公室，而他人有之，不可知也；其使終饗之，齊國終爲陳氏享有。亦不可知也。若善魯以待時，不亦可乎！何必惡焉？」杜注：「仲由事孔子，故爲魯言。」子玉曰：「然。吾受命矣，子使告我弟。」杜注：「弟，成子也。」

一五・四
冬，及齊平。子服景伯如齊，子贛爲介，見公孫成，杜注：「公孫成，成宰公孫宿也。」曰：「人皆臣人，而有背人之心，況齊人雖爲子役，其有不貳乎？杜注：「言子叛魯，齊人亦將叛子。」其作豈用。子，周公之孫也，孫猶後代之義，公孫宿之于周公，已六七百年矣。多饗大利，猶思不義。利不可得，而喪宗國，杜注：「喪宗國謂以邑入齊，使魯有危亡之禍。」宗國卽祖國，公孫宿已在齊也，義見八年傳並注。將焉用之？」成曰：「善哉！吾不早聞命。」

陳成子館客，會箋云：「館客，就館見客也。」曰：「寡君使恆告曰：『寡人願事君如事衞君。』」杜注：「言衞與齊同好而魯未肯。」景伯揖子贛而進之，景伯向子貢揖，使子貢進而致答辭。對曰：「寡君之願也。昔晉人伐衞，杜注：「在定八年。」齊爲衞故，伐晉冠氏，冠氏地有今河北館陶縣及山東冠縣。據清一統志，冠氏故城址在今冠縣北。喪車五百。杜注：「在定九年。」因與衞地，自濟以西，禚、媚、杏以南，書社五百。書社卽昭二十五年傳「請致千社」之「社」，賈逵、杜預皆以二十五家爲社，書其户籍。「書社」一詞又見管子小稱篇、晏子春秋內篇雜下、荀子仲尼篇、商君書賞刑篇、呂氏春秋愼大覽及知接篇、史記封禪書及孔子世家等，其說可參閻若璩四書釋地。高士奇地名攷略云：「言『以南』，則是割三邑之南境以與衞，非全致也。」吳人加敝邑以亂，杜注：「在八年。」齊因其病，取讙與闡，杜注：「亦在八年。」寡君是以寒心。若得視衞君之事君也，則固所顧也。」成子病之，乃歸成，杜注：「病其言也。」公孫宿以其兵甲入于嬴。杜注：「嬴，齊邑。」當在今山東萊蕪縣西北，泰安縣東稍北。

一五·五 衛孔圉取大子蒯聵之姊，孔圉詳昭七年傳並注。生悝。禮記祭統有衛孔悝之鼎銘。孔氏之豎渾良夫長而美，據釋文，長，平、上兩聲皆可。若讀上聲，則謂良夫本豎子，長大而美；若讀平聲，則言其身高。孔文子卒，文子卽孔圉。通於內。內卽孔文子之妻，蒯聵之姊，下文之孔姬、孔伯姬。大子在戚，孔姬使之焉。杜注：「使良夫詣大子所。」大子與之言曰：「苟使我入獲國，服冕、乘軒，三死無與。」杜注：「冕，大夫服；軒，大夫車。三死，死罪三。」渾良夫本孔氏家奴，以通于孔文子之妻，故蒯聵求助其獲國，許其成事封爲大夫，並赦其三死罪。與之盟，爲請於伯姬。杜注：「良夫爲大子請。」

閏月，閏十二月。良夫與大子入，舍於孔氏之外圃。外圃，家外之菜園也。昏，二人蒙衣而乘，二人，蒯聵與渾良夫。禮記內則：「女子出門，必擁蔽其面。」下文云「稱姻妾以告」，則知蒙衣蓋以巾蒙頭僞裝爲婦人。說見李貽德輯述。寺人羅御，如孔氏。孔氏之老欒寧問之，稱姻妾以告，爾雅釋親：「壻之父爲姻，婦之父爲婚。」然古常以婚姻連言，如詩小雅我行其野「昏姻之故」、正月「昏姻孔云」、儀禮士昏禮「某以得爲外婚姻之數」。妾者，婢妾也。晉語七「納女工妾三十人」，卽此義。此謂姻家之妾來耳。若是姻家來，孔氏之宰必先知之，不勞其問矣。遂入，服虔云：「入孔氏家。」適伯姬氏。服虔云：「適伯姬所居。」既食，孔伯姬杖戈而先，大子與五人介，賈逵云：「介，被甲也。」輿豭從之。蓋欲劫孔悝與之盟。諸侯盟用牛耳之血，亦有臨時不得牛而不用，如莊三十二年傳孟任割臂以盟莊公；亦有更示誠意者，如定四年傳楚昭王割子期之心以與隨人盟皆是也。此不以牛而以牡豬者，孔疏引鄭玄說，謂下人君一等，蓋其時蒯聵尚未得衞國也。孔疏則謂一時迫促難于得牲，不可以禮論。今日觀之，不必究其孰是孰非矣。迫孔悝於厠，強盟之，杜注：「孔氏專政，故劫孔悝，欲令逐輒。」厠非盟所，俞樾平議讀厠爲側，謂「迫之至邊側之處，使無可走避，乃得與之盟」，其說是也。遂劫以登臺。登孔氏之家臺，非登衞宮中之臺也。說詳于鬯校書。欒寧將飲酒，炙未熟，聞亂，使告季子；仲尼弟子列傳云：「子路爲衞大夫孔悝之邑宰。」季子卽子路，是時在外。召獲駕乘車，獲乃人名，不得其姓，亦欒寧召之。杜注以「召獲」爲衞大夫姓名，誤。此從俞樾平議。行爵食炙，王俅嘯堂集古録有周叔邦父簠，銘云：「叔邦父作簠，用征用行，用從君王。」又有叔夜鼎，銘云：「叔夜鑄其饋鼎，以征以行，用饎用羹。」可知古人有于行路中飲酒食肉之事。此行爵食炙而行，亦無懼也。說詳惠棟補注。奉衞侯輒來奔。欒寧奉衞侯奔魯，非獲奉之，舊注誤，當從俞樾說。

季子將入，遇子羔將出，杜注：「子羔，衞大夫高柴，孔子弟子，將出奔。」其人亦見仲尼弟子列傳及論語諸書。曰：「門已閉矣。」仲尼弟子列傳謂門爲城門，是也。或以爲宮門，于鬯校書以爲孔氏家門，皆不確。至洪亮吉詁據莊子盜跖篇「子路欲殺衞君，而事不成，身菹於東門之上」，因謂「子路所入之門，蓋東門也」，亦不然。子路死于孔氏臺下，非死于城門。季子曰：「吾姑至焉。」欲至孔悝處而救之。子羔曰：「弗及，不踐其難！」不作勿用，禁止之詞。衞世家敍此多用此傳文字，惟此作「不及，莫踐其難」，乃以「莫」譯「不」，可證。詩小雅甫田云：「曾孫不怒，農夫克敏」，此田畯向曾孫之報告，勸曾孫勿怒也；孟子滕文公上「我且往見，夷子不來」，謂夷子勿來也，皆佐證。季子曰：

「食焉，不辟其難。」子路謂食其祿，則不當逃避其難。子羔遂出，子路入。入城門。及門，此乃孔氏家門。公孫敢門焉，杜注：「守門。」曰：「無入爲也。」以下文子路答語觀之，公孫敢蓋亦孔悝之臣，此時守門，勸子路勿入，以孔悝已與蒯聵盟，不及救矣。季子曰：「是公孫也，原無「也」字，今從阮元校勘記及金澤文庫本增。會箋云：「敢從門內言焉，子路識其聲，故曰是聲是公孫也」，衞世家作「公孫敢闔門曰」，亦可謂敢見子路至乃閉門，且勸其勿入。求利焉，而逃其難。指爲蒯聵守門。由不然，利其祿，必救其患。」有使者出，乃入，杜注：「因門開而入。」曰：「大子焉用孔悝？雖殺之，必或繼之。」且曰：「大子無勇，若燔臺，半，必舍孔叔。」孔叔即孔悝。大子聞之，懼，下石乞、盂黶敵子路，盂黶，弟子列傳作「壺黶」，衞世家仍作「盂黶」。會箋以石乞、盂黶爲介者五人之二人，或然。子路未着甲胄，故不能敵二人。以戈擊之，斷纓。子路曰：「君子死，冠不免。」禮記曲禮上云「冠毋免」，蓋本此。結纓而死。帽帶緊結，死仆地而帽不落，即不免。孔子聞衞亂，曰：「柴也其來，由也死矣。」

孔悝立莊公。杜注：「莊公，蒯聵也。」梁玉繩史記志疑云：「蒯聵之謚，史與左傳同，而人表（漢書）作『簡公』，豈有二謚歟？」莊公害故政，杜注：「故政，輒之臣。」政即成六年、昭七年傳「子爲大政」之「政」，大政即正卿，此政亦指卿也。故政即舊大臣。欲盡去之，先謂司徒瞞成曰：梁履繩補釋云：「下年經書『子還成』，杜云『即瞞成』，蓋子還其氏。」「寡人離病於外久矣，離同罹，今言遭遇。與僖二十三年傳「離外之患」之「離」字同義。子請亦嘗之。」歸告褚師比，欲與之伐公，不果。此當與下年傳「瞞成、褚師比出奔宋」連讀。

十六年，壬戌，公元前四七九年。周敬王四十一年、晉定三十三年、齊平二年、衞莊公蒯聵元年、蔡成十二年、鄭聲二十二年、陳閔二十三年、杞閔八年、宋景三十八年、秦悼十三年、楚惠十年、吳夫差十七年、越句踐十八年。

經

一六·一 十有六年春王正月己卯，正月二十七日丁丑冬至，建子，有閏月。己卯，二十九日。衞世子蒯聵自戚入于衞，衞侯輒來奔。

一六·二 二月，衞子還成出奔宋。杜注：「即瞞成。」

一六·三 夏四月己丑，十一日。孔丘卒。春秋經止于此。孔丘生年，左傳無文，公羊、穀梁俱謂生于魯襄二十一年，史記孔子世家謂生于二十二年。依前説，則孔丘終年七十三；依後説，則七十二。一歲之差，而古今聚訟二千餘年莫能定，亦不必也。

傳

一六·一 十六年春，瞞成、褚師比出奔宋。此句當與上年傳文末連讀。

一六·二 衞侯使鄢武子告于周曰：杜注：「武子，衞大夫肸也。」「蒯聵得罪于君父、君母，逋竄于晉。晉以王室之故，不棄兄弟，晉、衞同爲姬姓之國，故云兄弟。寘諸河上。杜注：「河上，戚也。」天誘其衷，獲嗣守封焉，使下臣肸敢告執事。」王使單平公對，曰：「肸以嘉命來告余一人，往謂叔父：叔父指衞侯蒯聵。余嘉乃成世，杜注：「繼父之世。」復爾禄次。禄次猶禄位，此指爲君。敬之哉！方天之休。詩召南鵲巢「維鳩方之」毛傳：「方，有之也。」說詳俞樾平議。休，賜也。弗敬弗休，言己若不敬，則天不賜福。悔其可追？」「其」作「豈」用，言不可追悔也。

一六·三　夏四月己丑，孔丘卒。禮記檀弓上有記孔丘死前及臨死一章，可參看。公誄之曰：孔疏引鄭衆周禮大祝注：「誄謂積累生時德行以賜之，命主爲其辭。」誄猶今之致悼辭。「旻天不弔，弔卽金文叔字，善也。不憖遺一老，憖，姑且，暫且。十一年傳魯謂孔丘爲國老。俾屏余一人以在位，杜注：「俾，使也。屏，蔽也。」僖二十四年傳「故封建親戚以蕃屏周」，此屏卽扞蔽義。煢煢余在疚。梁履繩補釋引路史發揮五云：「不弔昊天，節南山也；不憖遺一老，俾守我王，十月之交也；嬛嬛在疚，閔予小子也。哀公顧亦集詩而誄之乎！」嗚呼哀哉尼父！稱尼父者，孔丘字仲尼，父猶仲山甫之甫也。且此時哀公年尚幼，其卽位年齡傳固未言，然其父定公，爲昭公弟，襄公子。襄公在位三十一年，昭公在位三十二年，定公在位十五年，哀公雖非幼小，然于一七十餘老翁，宜其以父稱之。無自律。」杜注：「律，法也。言喪尼父，無以自爲法。」檀弓上：「魯哀公誄孔丘，曰：『天不遺耆老，莫相予位焉，嗚呼哀哉尼父！』」孫希旦禮記集解云：「檀弓所載與左傳不同者，皆當以左氏爲確。」

子贛曰：「君其不没於魯乎！夫子之言曰：『禮失則昏，名失則愆。』失志爲昏，失所爲愆。生不能用，死而誄之，非禮也；稱一人，非名也。一人，余一人之省稱，當時天子之自稱詞。然齊侯鎛鐘銘有云「女敗余于龔(艱)卹，虔卹不易，左右余一人」云云，是齊侯亦自稱余一人。君兩失之。」失禮又失名也。孔子世家採此傳而無「君兩失之」句。

一六·四 六月，衞侯飲孔悝酒於平陽，據清一統志，平陽在今河南滑縣東南。距衞都約七十餘里。重酬之。禮記祭統有衞孔悝之鼎銘云「六月丁亥，公假于大廟」云云，鄭玄注云：「公，衞莊公蒯聵也，得孔悝之立己，依禮褒之，以靜國人自固也。假，至也。至于大廟，謂以夏之孟夏禘祭。」考六月己卯朔，丁亥爲初九，疑飲於平陽或在丁亥前後。大夫皆有納焉。衞侯使大夫皆納悝財貨。醉而送之，夜半而遣之。載伯姬於平陽而行，杜注：「載其母俱去。」及西門，杜注：「平陽門。」使貳車反祏於西圃。杜注：「使副車還取廟主。」西圃，孔氏廟所在。祏，藏主石函。」魯語下云：「天子有虎賁，習武訓也；諸侯有旅賁，禦災害也；大夫有貳車，備承事也；士有陪乘，告奔走也。」則大夫之副車謂之貳車。副車乃後世之通稱，史記留侯世家「良與客狙擊秦皇帝博浪沙中，誤中副車」，則皇帝之虎賁亦曰副車。許愼五經異義謂「卿大夫無主」，鄭玄雖駁異義，亦云「禮，大夫無主」；然魏書禮志載清河王懌議有云：「孔悝反祏，載之左史；饋食設主，著於逸禮。大夫及士既得有廟，何得無主？」足以說明孔悝有廟有主，非當時特禮。子伯季子初爲孔氏臣，新登于公，據楊樹達先生讀左傳，登卽論語憲問「公叔文子之臣大夫僎與文子同升諸公」之「升」。子伯季子本爲孔悝之臣，衞莊卽位卽升之爲己臣也。請追之，遇載祏者，殺而乘其車。杜注：「子伯殺載祏者。」許公爲反祏，杜注：「孔悝恠載祏者久不來，使公爲反逆之。」遇之，曰：「與不仁人爭明，杜注以「明」字屬下，讀，誤，今從王念孫讀，詳王引之述聞。爭明，爭強也。杜注：「不仁人謂子伯季子也。」無不勝。」必使先射，射三發，皆遠許爲。子伯季子先射，三矢皆距許爲遠。許爲射之，殪。一箭而中，子伯季子死。或以其車從，杜注：「從公爲。」得祏於橐中。孔悝出奔宋。

一六·五 楚大子建之遇讒也，自城父奔宋；太子建居城父在昭十九年，奔宋在二十年。又辟華氏之亂於鄭。杜注：「在昭二十年。」鄭人甚善之。又適晉，與晉人謀襲鄭，乃求復焉。求復居鄭國。鄭人復之如初。待之如未適晉以前。晉人使諜於子木，請行而期焉。子木即建之字。請行，晉之間諜請行回晉也。期，相約襲鄭之期也。俞樾平議謂「而字衍文，本作請行期焉」云云，不可信。子木暴虐於其私邑，邑人訴之。鄭人省之，省，今言考察。得晉諜焉，遂殺子木。建爲鄭所殺始末，俱以前事，此追敍之。其子曰勝，在吳，子西欲召之。葉公曰：「吾聞勝也詐而亂，無乃害乎？」杜注：「葉公，子高，沈諸梁也。」子西曰：「吾聞勝也信而勇，不爲不利。舍諸邊竟，使衞藩焉。」邊防之任。葉公曰：「周仁之謂信，周乃密合之義，謂密合仁道始謂之信。杜注：「周，親也。」率義之謂勇。率，循行也，謂循義而行始謂之勇，駁子西謂勝信而勇。杜注：「率，行也。」吾聞勝也好復言，復言，出口爲言，必實踐之也。此當時常語，詳論語譯注學而篇。而求死士，殆有私乎！有私心。復言，非信也，與周仁不合。論語學而亦云：「信近於義，言可復也。」則不仁不義之言而復之，非信。期死，非勇也。杜注：「期，必也。」循義而行始謂勇，非義之死則非勇。——子必悔之。」猶言若召勝，子必後悔。弗從。召之，使處吳竟，爲白公。吳竟，楚與吳接界之境，非吳境內也。王念孫未明此理，舉七證謂「吳字乃涉上文『在吳』而衍」，說詳王引之述聞，實強言而辯，不可從。楚語上靈王時有白公子張，楚號縣邑之長曰尹曰公，白亦鄰吳之縣邑，據杜注，當在今河南息縣東七十餘里。楚世家云「惠王二年，子西召故平王太子建之子勝於吳，以爲巢大夫，號曰白公」，楚惠王二年，魯哀八年，巢已於昭二十四年爲吳所滅，且白公非巢公也。請伐鄭，子西曰：「楚未節也。「節」字義詳襄九年傳「國乃有節」注。不然，吾不忘也。」他日，又請，許之，未起師。晉人伐鄭，會箋云：「去年冬晉侯伐鄭蓋是也。」楚救之，與之盟。此事未見于經與傳。勝怒，曰：「鄭人在此，讎不遠矣。」勝以鄭有殺父之仇，子西救鄭，且與之盟，於是比子西如殺父仇人。

勝自厲劍，荀子性惡篇「鈍金必待礱厲然後利」，注：「厲，磨也。」子期之子平見之，曰：「王孫何自厲也？」勝爲平王之嫡孫，故稱之爲王孫。問之何故自己磨劍。曰：「勝以直聞，不告女，庸爲直乎？庸，豈也，反詰副詞。將以殺爾父。」爾父謂子期，仇子西，必仇子期。平以告子西。不告己父而告子西者，子西爲令尹也。子西曰：「勝如卵，余翼而長之。杜注：「以鳥爲喻。」楚國，第我死，令尹、司馬，非勝而誰？」杜預以「楚國第」爲句，注云「用士之次第」，實誤。今從武億經讀考異。第爲假設連詞，謂在楚國，若我死，令尹或司馬必勝也。子西不知勝在復父仇，而誤以爲僅在奪權，因以爲不必奪而自有之，故不信勝有殺心。勝聞之，曰：「令尹之狂也！得死，乃非我。」杜注：「言我必殺之。若得自死，我乃不復成人。」子西不悛。小爾雅廣言：「悛，覺也。」勝謂石乞曰：杜注：「石乞，勝之徒。」淮南子道應訓作「石乙」。「王與二卿士，杜注：「二卿士，子西、子期。」皆五百人當之，皆，今言共。則可矣。」乞曰：「不可得也。」曰：「市南有熊宜僚者，若得之，可以當五百人矣。」此亦石乞之言，說見俞樾古書疑義舉例一人之辭而加「曰」字例。乃從白公而見之。與之言，說。石乞與宜僚言，石乞悦也。主語承上省。告之故，以殺二卿士之事告之。故，事也。辭。宜僚拒絶。承之以劍，不動。勝曰：「不爲利諂、諂，勸也。說詳章炳麟讀。不爲威惕、不洩人言以求媚者，去之。」淮南子主術訓云：「市南宜僚弄丸，而兩家之難無所關其辭。」高誘注卽引此事以解之。莊子山木、徐無鬼、則陽諸篇俱載市南宜僚事，山木篇又謂之市南子。

吳人伐愼，據漢書地理志王先謙補注，今安徽潁上縣北江口集卽古愼城。白公敗之。請以戰備獻，杜注：「與吳戰之所得鎧杖兵器皆備而獻之，欲因以爲亂。」杜解「備」字可商。惠棟補注引其父士奇說，謂「戰備猶家備」是也。此亦獻捷，然不於廟而於朝，則非大捷可知，故作戰所用之甲兵亦獻之。許之，遂作亂。秋七月，殺子西、子期于朝，而劫惠王。子西以袂掩面而死。杜注：「慙於葉公。」子期曰：「昔者吾以力事君，不可以弗終。」抉豫章以殺人而後死。抉，拔取也。豫章卽今樟木，可爲建築材，亦可作器物，朝廷自無此樹，或生于庭，子期多力，拔取此樹以殺人而死。石乞曰：「焚庫、弒王。不然，不濟。」白公曰：「不可。弒王，不祥；「弒」原作「殺」，今從石經、宋本、金澤文庫本并據上文改正。焚庫，無聚，將何以守矣？」乞曰：「有楚國而治其民，以敬事神，可以得祥，且有聚矣，何患？」弗從。淮南子道應訓云：「白公勝得荆國，不能以府庫分人。七日，石乙入，曰：『不義得之，又不能布施，患必至矣。不能予人，不若焚之，毋令人害我。』白公弗聽也。九日，葉公入，乃發大府之貨以予衆，出高庫之兵以賦民，因而攻之，十有九日而禽白公。」可與此說互參。

葉公在蔡，杜注：「蔡遷州來，楚并其地。」方城之外皆曰：「可以入矣。」謂入郢平禍亂也。子高曰：「吾聞之，以險徼幸者，以犯險而求得逞于萬一者。其求無饜，偏重必離。」偏重，不平也。不平乃私心所致，衆心不附。聞其殺齊管脩也，惠棟補注引風俗通曰：「管脩自齊適楚，爲陰大夫。」梁履繩補釋引後漢書陰識傳云：「陰識，其先出自管仲。管仲七世孫脩自齊適楚，爲陰大夫，因而氏焉。」又引三國魏志管寧傳注引傅子曰：「昔田氏有齊，而管氏去之，或適魯，或適楚。」而後入。

白公欲以子閭爲王，杜注：「子閭，平王子啟，五辭王者。」事詳哀六年傳，嘗許爲王。子閭不可，遂劫以兵。子閭曰：「王孫若安靖楚國，匡正王室，而後庇焉，啓之願也，敢不聽從？若將專利以傾王室，不顧楚國，有死不能。」寧死而不從之。遂殺之，而以王如高府。淮南子泰族訓「闔閭伐楚，五戰入郢，燒高府之粟」云云，未審可信不，因戰國至兩漢諸書言吴入郢事者多夸張之談。若彼焚高府可信，則此高府係重新建造者。石乞尹門。主守高府之門也。圉公陽穴宮，負王以如昭夫人之宮。杜注：「公陽，楚大夫。昭夫人，王母，越女。」杜謂越女，蓋本六年傳「逆越女之子章立之」，列女傳載越姒自殺事不可信。梁玉繩瞥記謂哀六年之越女爲昭王妾，不得稱夫人，不知其子已立爲王，自得稱夫人，古所謂「母以子貴」也。

葉公亦至，及北門，或遇之，曰：「君胡不胄？國人望君如望慈父母焉，盜賊之矢若傷君，是絶民望也，若之何不胄？」乃胄而進。又遇一人曰：「君胡胄？國人望君如望歲焉，杜注：「歲，年穀也。」日日以幾，幾同冀，望君來也。若見君面，是得艾也。杜注：「艾，安也。」民知不死，其亦夫有奮心，謂人人有奮戰之心。猶將旌君以徇於國；杜注：「旌，表也。」而又掩面以絶民望，不亦甚乎！」古之頭盔兩旁長以掩面頰。章炳麟讀引荀子非相篇謂葉公子高微小短瘠，故戴胄且至掩面云云，葉公縱矮小，豈無適合之盔甲，章説不可信。乃免胄而進。遇箴尹固帥其屬，將與白公。與，從也，助也。子高曰：「微二子者，楚不國矣。杜注：「二子，子西、子期也。柏舉之敗，二子功多。」棄德從賊，其可保乎？」德指子西、子期；賊自指白公勝。箴尹固于柏舉之敗曾與昭王同舟，見定四年傳，故葉公以此動之。若固與葉公爲敵，是棄有德于楚之二卿士而從賊也。其義同豈。保，安也。乃從葉公。使與國人以攻白公，白公奔山而縊。其徒微之。微謂藏匿其尸體。吕氏春秋精諭篇謂「此白公之所以死于法室」，淮南子道應訓及列子説符篇俱謂白公死于浴室。無論死于法室或浴室，皆難以藏匿其尸。且精諭篇等書篇言白公欲與孔丘密談（微言），孔丘無與勝相見之可能，自是傳説，不足信。生拘石乞而問白公之死焉。死即尸，史記伍子胥傳作「而虜石乞，而問白公尸處」，是司馬遷以尸解死也。對曰：「余知其死所，而長者使余勿言。」杜注：「長者謂白公也。」曰：「不言，將烹。」乞曰：「此事克則爲卿，不克則烹，固其所也，何害？」乃烹石乞。王孫燕奔頯黄氏。杜注：「燕，勝弟。頯黄，吴地。」頯音逵。據春秋輿圖，頯黄在今安徽蕪湖地區宣城縣境。

沈諸梁兼二事，阮刻本無「沈」字，今從校勘記及金澤文庫本增。杜注：「二事，令尹、司馬。」國寧，乃使寧爲令尹，杜注：「子西之子子國也。」使寬爲司馬，杜注：「子期之子。」高士奇左傳姓名同異考云：「公孫寬亦曰魯陽文子（見楚語下），亦曰魯陽公（見楚語下注、淮南子覽冥訓及注）。」而老於葉。杜注：「傳終言之。」

一六・六　衛侯占夢，嬖人求酒於大叔僖子，杜以「嬖人」屬首句，不通，今從武億經讀考異。杜注：「僖子，大叔遺。」不得，與卜人比，而告公曰：「君有大臣在西南隅，蓋大叔遺住其地。弗去，懼害。」乃逐大叔遺。遺奔晉。

一六・七　衛侯謂渾良夫曰：「吾繼先君而不得其器，若之何？」杜注：「國之寶器，輒皆將去。」良夫代執火者而言，杜注：「將密謀，屏左右。」執火即執燭，古不用蠟，而用荆燋，禮記少儀「主人執燭抱燋」是也。大概用荆條束之，灌以膏脂，小者用手執之，檀弓上「童子隅坐而執燭」、儀禮燕禮「宵則庶子執燭于阼階上」、管子弟子職「昏將舉火，執燭隅坐」皆可證；大則鋪之于地，曰燎，亦曰大燭，詩小雅庭燎「庭燎之光」，毛傳「庭燎，大燭」是也。宋玉招魂「蘭膏明燭，華鐙錯些」，則燭之有座在春秋後矣。積古齋鐘鼎彝器款識等書所收及余所見傳世古器物似無先秦燭座。兩漢有鐙，其後鐙傳世者尤多。曰：「疾與亡君，皆君之子也，召之而擇材焉可也。杜注：「召輒。」若不材，器可得也。」杜注：「輒若不材，可廢其身，因得其器。」豎告大子。杜注：「大子疾。」會箋云：「輒立時，公子郢第云亡人之子輒在，不言及疾，蓋疾與父俱亡也。至是輒亡，疾因有大子之稱。又惡良夫之欲召輒，故必殺之。」大子使五人輿豭從己，劫公而強盟之，杜注：「盟求必立己。」且請殺良夫。公曰：「其盟免三死。」曰：「請三之後有罪殺之。」公曰：「諾哉！」此與下年傳實爲一傳，應連讀。

十七年，癸亥，公元前四七八年。周敬王四十二年、晉定三十四年、齊平三年、衛莊二年、蔡成十三年、鄭聲二十三年、陳閔二十四年、杞閔九年、宋景三十九年、秦悼十四年、楚惠十一年、吳夫差十八年。越句踐十九年。

傳

一七・一　十七年春，衞侯爲虎幄於藉圃，杜注：「於藉田之圃新造幄幕，皆以虎獸爲飾。」惠棟補注云：「藉圃，圃名。」證之以二十五年傳「衞侯爲靈臺于藉圃」，惠說是也。會箋云：「幄幕可弛張移動，傳言『於藉圃』，又言『成』，是一定不動，非幄幕也。幄當讀爲楃。楃，木帳也。蓋衞侯作小屋於藉圃，其形如楃而刻虎。」成，求令名者而與之始食焉。大子請使良夫。杜注：「以良夫應爲令名。」良夫乘衷甸兩牡，杜注：「衷甸，一轅，卿車。」說文「佃」字下引春秋傳曰「乘中佃」，是許慎所據本「衷甸」作「中佃」。克鐘云：「易(錫)克佃車馬乘」，「佃車」當即此「衷甸」。金文無「甸」字，唯有「佃」字，林義光文源及容庚金文編謂甸、佃一字，是也。古代駕皆一轅四馬，十五年傳蒯聵與良夫盟，許其服冕乘軒，即許之乘大夫之車，大夫之車無異于卿車，杜說無據。而杜謂兩服用公馬耳。紫衣狐裘。韓非子外儲說左上云「齊桓公好服紫，一國盡服紫，當是時也，五素不得一紫」云云，論語陽貨云「惡紫之奪朱也」，似春秋末期紫衣已爲國君之服色，他人不得用。至，袒裘，據禮記玉藻孔疏引皇侃義疏，即朝服布衣，亦先以明衣親身，次加中衣，冬則次加裘，裘上加裼衣，裼衣之上加朝服。所謂裼衣者，袒正服，露裼衣也。良夫所着紫衣乃裼衣，論語鄉黨之「緇衣，羔裘；素衣，麑裘；黃衣，狐裘」也。良夫僅能袒朝衣而露裼衣，今裘亦袒，露出紫色裼衣外，尚露中衣，不敬也。不釋劍而食。孔疏云：「劍是害物之器，不得近至尊，故近君則解劍。良夫與君食而不釋劍，亦不敬也。」沈欽韓補注云：「漢制惟蕭何得劍履上殿，是人臣皆解劍也。」大子使牽以退，數之以三罪而殺之。杜注：「三罪，紫衣、袒裘、帶劍。」然十五年傳衞侯與良夫盟，「三死無與」；上年傳太子亦云「請三之後有罪殺之」，則數三罪者，免死之罪；殺之，另加罪。

一七·二　三月，越子伐吳，吳子禦之笠澤，夾水而陳。舊以笠澤爲太湖，然太湖周六百八十餘里，跨江蘇、浙江兩省，不得夾水而陳也。唐陸廣微吳地記謂松江一名笠澤，春秋時吳王禦越於此。以今吳淞江爲笠澤，較爲合理。太湖諸水以松江爲最大。越子爲左右句卒，杜注：「句卒，句伍相著，別爲左右屯。」句音溝。使夜或左或右，鼓譟而進；吳師分以御之。越子以三軍潛涉，潛涉可有二義，一謂游水，說文所謂「潛行水中也」，韓非子十過篇記智伯事，「臣請試潛行」即此義。一謂今之偷渡，仍用舟船。二義皆可通。以情理度之，後說較安。當吳中軍而鼓之，越以三軍攻吳一軍，則左右句卒乃亂吳軍之偏師。吳師大亂，遂敗之。

一七·三　晉趙鞅使告于衞，曰：「君之在晉也，志父爲主。志父，卽趙鞅。請君若大子來，若，或也。以免志父。不然，寡君其曰志父之爲也。」杜注：「恐晉君謂志父教使不來。」衞侯辭以難，以衞國未安定，己位未鞏固。大子又使椓之。顧炎武補正、沈欽韓補注、洪亮吉詁俱謂椓、諑古通用，方言：「諑，愬也。楚以南謂之諑。」又注云：「諑、譖，亦通語也。」此言大子疾于趙鞅使者前毁謗中傷其父。

夏六月，趙鞅圍衞。齊國觀、陳瓘救衞，杜注：「國觀，國書之子。」秦嘉謨所輯世本云：「〔國〕夏生書，書生觀。」禮記檀弓孔疏引世本云：「懿伯生貞孟，貞孟生成伯高父。」梁履繩補釋疑懿伯爲書謚，貞孟當卽國觀之謚，不爲無理。齊救衞者，據下傳，衞莊公夫人齊女也。得晉人之致師者。子玉使服而見之，子玉，卽陳瓘。杜注：「釋囚服，服其本服。」曰：「國子實執齊柄，此外交辭令耳。此時擅齊政者爲陳恆，陳子玉代其率師，齊之國、高世爲上卿，瓘故爲此言，實則僅有卿名耳。而命瓘曰：『無辟晉師！』豈敢廢命？杜注：「欲必敵晉。」子又何辱？」言此者，乃釋囚也，欲使之歸告，以退晉師。簡子曰：「我卜伐衞，未卜與齊戰。」乃還。杜注：「畏子玉。」

一七·四　楚白公之亂，陳人恃其聚而侵楚。杜注：「聚，積聚也。」聚謂聚糧食，襄三十年傳子産曰「陳，亡國也，聚禾粟」云云，自爲明證，又詳隱元年傳注。楚既寧，將取陳麥。奪其聚也。楚子問帥於大師子穀與葉公諸梁，子穀曰：「右領差車與左史老皆相令尹、司馬以伐陳，其可使也。」杜注：「言此二人皆嘗輔相子西、子期伐陳，今復可使。」子高曰：「率賤，民慢之，懼不用命焉。」杜注：「右領、左史皆楚賤官。」楊樹達先生讀左傳云：「據下文子穀語，二人蓋皆俘也，似非謂賤官。」楊說是也，右領、左史俱屢見傳，非賤官也。子穀曰：「觀丁父，鄀俘也，武王以爲軍率，杜注：「楚武王。」是以克州、蓼，服隨、唐，大啟羣蠻。彭仲爽，申俘也，文王以爲令尹，顧棟高大事表十云：「彭仲爽爲令尹，當在鬭祁之後，子元之前。楚令尹見傳者二十有八人，唯仲爽申俘，餘皆王族也。」實縣申、息，杜注：「楚文王滅申、息以爲縣。」朝陳、蔡，使陳、蔡二國來朝，句法與孟子梁惠王上「朝秦、楚」同，皆動詞使動用法。封畛於汝。謂開拓楚之封疆至于汝水。唯其任也，任謂勝任。何賤之有？」子高曰：「天命不諂。杜注：「諂，疑也。」參昭二十七年傳「天命不慆」注。令尹有憾於陳，杜注：「十五年子西伐吳，陳使貞子弔吳，以此爲憾。」天若亡之，其必令尹之子是與，君盍舍焉？杜注：「舍右領與左史。」杜讀舍爲捨棄之捨，義屬下句。疑舍當讀爲舍置之舍，義屬上句。葉公初云，天若亡陳，必將佑助令尹之子，故又云君何不置之爲軍帥。下句始言右領、左史難以勝任。臣懼右領與左史有二俘之賤而無其令德也。」王卜之，武城尹吉。杜注：「武城尹，子西子公孫朝。」使帥師取陳麥。陳人御之，敗，遂圍陳。秋七月己卯，己卯，八日。楚公孫朝帥師滅陳。杜注：「終鄭裨竈言五及鶉火陳卒亡。」史記年表載陳亡于鄭聲公二十三年，是也。鄭世家謂爲鄭聲公二十二年，疑下「二」字乃「三」之誤。

王與葉公枚卜子良以爲令尹。杜注：「枚卜，不斥言所卜以令龜。」子良，惠王弟。沈尹朱曰：梁履繩補釋引汪繩祖曰：「淮南人間訓云：『太宰子朱侍飯於令尹子國』，此沈尹朱卽子朱，後復爲太宰之官。」「吉。過於其志。」杜注：「志，望也。」葉公曰：「王子而相國，過將何爲！」杜注：「過相，將爲王也。」他日，改卜子國而使爲令尹。杜注：「子國，寧也。」去年傳已言「使寧爲令尹」，乃終言之；此又敍其經過，實一事。

一七·五 衞侯夢于北宮，見人登昆吾之觀，被髮北面而譟曰：北宮，衞侯寢宮之在北者，孔疏謂爲衞侯之別宮，或是也。昆吾之觀必在北宮之南，築于昆吾廢址，故夢其人向北而叫。被髮卽今披髮。譟，一切經音義引廣雅云：「鳴也。」「登此昆吾之墟，緜緜生之瓜。詩大雅緜「緜緜瓜瓞，民之初生」，緜緜，不斷貌。良夫譬衞初開國，至今未絕；衞侯之立，由己之力也。余爲渾良夫，叫天無辜。」杜注：「本盟當免三死，而并數一時之事爲三罪殺之，故自謂無辜。」此以墟、瓜、夫、辜爲韻，古音同在魚模部。公親筮之，胥彌赦占之，杜注：「赦，衞筮史。」曰：「不害。」與之邑，寘之而逃，奔宋。杜注：「言衞侯無道，卜人不敢以實對，懼難而逃也。」衞侯貞卜，貞字卜辭常見，云「某貞」，貞，卜問也。其繇曰：「如魚竀尾，詩周南汝墳「魴魚赬尾，王室如燬。」竀卽赬，説文作䞓，淺赤色。毛傳謂「魚勞則尾赤」，杜注用之；詩疏引鄭衆謂「魚肥而尾赤」，皆非其實。此蓋比喻，言魚勞者，比衛侯之暴虐也；言魚肥者，比衛侯縱樂也。衡流而方羊。衡同横。方羊即楚辭招魂「彷徉無所倚」之「彷徉」。横流而方羊，言其不自安也。裔焉大國，孔疏引劉炫説，「卜繇之詞，文句相韻，以裔焉二字宜向下讀」，劉規杜是也。説參錢大昕十駕齋養新録。杜以「衡流而方羊裔焉」爲句，實不可通。「焉」用法同「於」，謂衛邊于大國也，其實亦如此。滅之，將亡。羊、亡爲韻，古音同屬陽唐部。闔門塞竇，乃自後踰。」竇、踰爲韻，古音同屬侯部。先筮後卜，左傳僅此一例。

冬十月，晉復伐衛，杜注：「春伐未得志故。」入其郛，將入城。簡子曰：「止！叔向有言曰：『怙亂滅國者無後。』」恃他國之亂而滅之者，其人無後，此趙鞅信叔向之言不欲滅衛也。衛人出莊公而與晉平。晉立襄公之孫般師而還。

十一月，衛侯自鄄入，鄄本衛邑，此時已入于齊；蓋衛莊公爲國人所逐，乃出走齊也。衛此時都帝丘，在今濮陽縣西南，鄄在濮城鎭東二十里，相距不遠，晉師退，莊公又入，但須渡黄河耳。互參莊十四年經注。般師出。杜注：「辟蒯聵也。」初，公登城以望，見戎州。呂氏春秋慎小篇亦載此事，作「登臺以望，見戎州」，高誘注謂「戎州，戎之邑也」。杜注同。下文且云「見己氏之妻髮美」，不論登城或登臺，皆不得見他邑人之髮，故江永考實謂「衛之城外有己氏人居之，謂之戎州」；沈欽韓地名補注又謂「州者，是其州黨之名」，皆合情理。問之，以告。公曰：「我，姬姓也，何戎之有焉？」翦之。宣十二年傳「其翦以賜諸侯」、成二年傳「余姑翦滅此」，翦，滅也。此謂毁其州黨聚落並掠其財物也，非謂殺其人。呂氏春秋作「殘之」。公使匠久。杜注：「久，不休息。」匠，一般專指木工，說文：「匠，木工

也。」然百工亦可稱匠，此疑百工。公欲逐石圃，杜注：「石圃，衛卿，石惡從子。」未及而難作。辛巳，辛巳，十二
日。石圃因匠氏攻公。公闔門而請，「闔」，一作「閉」。弗許。踰于北方而隊，折股。戎州人攻
之，大子疾、公子青踰從公，杜注：「青，疾弟。」戎州人殺之。公入于戎州己氏。杜注：「己氏，戎人姓。」
釋文：「己音紀，又音杞。」初，公自城上見己氏之妻髮美，使髡之，髡音坤，剃髮也。以為呂姜髢。杜注：
「呂姜，莊公夫人。髢，髮也。」髢音替，髮音被，皆假髮。既入焉，而示之璧，曰：「活我，吾與女璧。」己氏
曰：「殺女，璧其焉往？」遂殺之，而取其璧。衛人復公孫般師而立之。十二月，齊人伐衛，衛
人請平，立公子起，杜注：「起，靈公子。」執般師以歸，舍諸潞。潞疑在齊都郊外，互參八年傳並注。

一七·六 公會齊侯盟于蒙，杜注：「齊侯，簡公弟平公驁（本作「敖」，從釋文引一本訂正，或作「敬」者，誤）也。」蒙，在
今山東蒙陰縣東十里。孟武伯相。齊侯稽首，公拜。齊侯向魯哀公叩頭，魯哀向齊侯僅彎腰作揖。荀子大略
篇：「平衡曰拜，下衡曰稽首，至地曰稽顙。」賈子容經篇：「拜以磬折之容，吉事上左，凶事上右。」上左、上右者，拱手時左
手在上或右手在上也。檀弓上：「孔子與門人立，拱而尚右，二三子亦皆尚右。孔子曰：『二三子之嗜學也，我則有姊之喪
故也。』二三子皆尚左。」此足為證。拜不僅拱，尚須躬腰，即賈子之「磬折」，荀子之「平衡」。齊人怒。武伯曰：「非天
子，寡君無所稽首。」武伯問於高柴曰：「諸侯盟，誰執牛耳？」襄二十七年傳云「且諸侯盟，小國必有尸
盟者」，齊、魯相盟，齊大魯小，齊自為盟主，先歃血；魯國大夫則執牛耳，故武伯問高柴，誰當執牛耳。黃以周禮說謂執
牛耳為盟主之事，證之左傳，不合。季羔曰：「鄫衍之役，吳公子姑曹；杜注：「季羔，高柴也。」鄫衍之盟，七年傳

僅言之，無詳文，不知吴主盟，抑晉主盟。發陽之役，衞石魋。」發陽之盟，乃魯、宋、衞相盟，盟主必非衞侯，故由衞大夫執牛耳。據杜氏世族譜，石買孫爲石曼姑，謚懿子，見于哀三年經；石魋謚昭子，當時爲衞卿，乃曼姑之子。武伯曰：「然則彘也。」杜注：「彘，武伯名也。」

一七・七　宋皇瑗之子麇有友曰田丙，杜注：「瑗，宋右師。」而奪其兄酁般邑以與之。其兄當是麇之兄。說文：「酁，宋地也，讀若讒。」傳或作「劖」，卽酁之别體。則般封于酁，故曰酁般也。酁般慍而行，告桓司馬之臣子儀克。杜注：「克在下邑，不與魋之亂，故在。」子儀克適宋，由下邑適國都。告夫人曰：據十四年傳杜注，夫人爲景公母。「麇將納桓氏。」公問諸子仲。杜注：「子仲，皇野。」初，子仲將以杞姒之子非我爲子。杜注：「爲適子。」杞姒，子仲妻。麇曰：「必立伯也，杜注：「伯，非我兄。」是良材。」子仲怒，弗從，故對曰：「右師則老矣，不識麇也。」杜注：「言右師老，不能爲亂，麇則不可知。」公執之。杜注：「執麇。」皇瑗奔晉，召之。杜注：「召令還。」此當與下年傳「宋殺皇瑗」云云連讀。

十八年，甲子，公元前四七七年。周敬王四十三年、晉定三十五年、齊平四年、衞君起元年、蔡成十四年、鄭聲二十四年、杞閔十年、宋景四十年、秦悼十五年、楚惠十二年、吴夫差十九年、越句踐二十年。

傳

一八・一　十八年春，宋殺皇瑗。公聞其情，知其父子之冤。復皇氏之族，使皇緩爲右師。杜注：「緩，瑗從子。」孔疏云：「世族譜，瑗，皇父充石八世孫；緩，充石十世孫，則爲從孫，非從子，二者必有一誤。」

一八・二　巴人伐楚，圍鄾。鄾，今湖北襄陽舊城東北十二里。互見桓九年傳並注。初，右司馬子國之卜也，觀瞻曰：「如志。」杜注：「子國未爲令尹時，卜爲右司馬，得吉兆，如其志。觀瞻，楚開卜大夫，觀從之後。」故命之。杜注：「命以爲右司馬。」及巴師至，將卜帥。王曰：「寧如志，何卜焉？」杜注：「寧，子國也。」使帥師而行。請承，請王任命輔佐者。王曰：「寢尹、工尹勤先君者也。」據定四年傳，柏擧之役，寢尹吳由于以背受盜戈；鍼尹固爲王執燧象，哀十六年傳作箴尹固，此時又改官工尹，即薳固也。三月，楚公孫寧、吳由于、薳固敗巴師于鄾，薳固，史記楚世家及伍子胥傳俱作「屈固」，不知其故。故封子國於析。析已見僖二十五年傳並注，即今河南內鄉縣、淅川縣西北境。

君子曰：「惠王知志。夏書曰『官占唯能蔽志，昆命于元龜』，杜注：「逸書也。官占，卜筮之官。蔽，斷也。昆，後也。言當先斷意後用龜也。」僞古文用此二句入大禹謨。其是之謂乎！志曰『聖人不煩卜筮』，惠王其有焉。」謂命帥命承皆不用卜筮。

一八・三　夏，衞石圃逐其君起，起奔齊。杜注：「齊所立故。」衞侯輒自齊復歸，逐石圃，而復石魋與大叔遺。杜注：「皆蒯聵所逐。」

十九年，乙丑，公元前四七六年。周敬王四十四年、晉定三十六年、齊平五年、衞出公復元元年、蔡成十五年、鄭聲二十五年、杞閔十一年、宋景四十一年、秦厲共公元年、楚惠十三年、吳夫差二十年、越句踐二十一年。

【注】「周敬王四十四年」，按周敬王在位之年，史記周本紀及年表俱作四十二年，周本紀集解引皇甫謐曰四十四年，與左傳合，今以左傳爲據，因左傳早于史記。又詳張聰咸杜注辨證。「秦厲共公元年」，按秦本紀及年表俱謂悼公立十四年，子厲共公立，但史記紀年多後于左傳一年，而秦悼之卒與厲共公之立，傳又無文，今從推算。

傳

一九·一　十九年春，越人侵楚，以誤吳也。杜注：「誤吳使不爲備。」吳世家謂此年「句踐復伐吳」，與傳及越世家皆不合，不知何據。夏，楚公子慶、公孫寬追越師，至冥，杜注：「冥，越地。」據顧祖禹方輿紀要，冥地蓋在苦嶺關（在今安徽廣德縣東南七十里）與泗安鎮（卽今浙江長興縣西南之泗安鎮）之間。不及，越侵楚之原意僅在「誤吳」，故其退速。乃還。

一九·二　秋，楚沈諸梁伐東夷，杜注：「報越。」三夷男女及楚師盟于敖。江永考實謂三夷當在今浙江寧波、台州、溫州三地區間。敖，東夷地，東夷亦在浙江濱海處

一九·三　冬，叔青如京師，杜注：「叔青，叔還子。」叔還見定十一年經。杜氏世族譜謂叔青卽僖仲，僖當是其謚，仲其

排行。世譜一作「僖伯」，不知孰是。敬王崩故也。

二十年，丙寅，公元前四七五年。周元王仁元年、晉定三十七年、齊平六年、衞出復元二年、蔡成十六年、鄭聲二十六年、杞閔十二年、宋景四十二年、秦厲共二年、楚惠十四年、吳夫差二十一年、越句踐二十二年。

傳

二〇・一 二十年春，阮元積古齋鐘鼎彝器欵識謂杜氏長曆，哀二十年正月丁亥朔，陳逆簠銘云「唯王正月初吉丁亥」，與杜氏長曆合。齊人來徵會。此時晉公室已卑，四卿分權，且爭權，早已失霸；楚又患吳、越。齊之陳恆欲因此主盟諸侯以樹己聲勢。夏，會于廩丘，廩丘，齊邑，在今山東范縣東，詳襄二十六年傳並注。爲鄭故，謀伐晉。杜注：「十五年晉伐鄭。」鄭人辭諸侯。秋，師還。鄭不欲伐晉，魯師還，他國之師亦必還。

二〇・二 吳公子慶忌驟諫吳子，梁履繩補釋引汪繩祖說，謂慶忌他書並稱王子慶忌，其爲吳王僚子無疑，而杜氏譜列公子慶忌於公子黨（見襄十三年傳）、公子苦雂（見昭二十一年傳）、王孫彌庸（見哀十三年傳）之後，而皆以爲雜人云云。余疑吳或有二慶忌，或同一慶忌，戰國以後傳說互異，如魯之曹劌，戰國皆以爲劫齊桓公者。呂氏春秋忠廉篇與吳越春秋皆以慶忌爲吳王闔廬時人，爲要離所殺。吳越春秋所敍尤詭怪，不足信。服虔云：「驟，數也。」曰：「不改，不改變當時所行之政令也。必亡。」弗聽。杜注：「吳子弗聽。」出居于艾，杜注：「艾，吳邑。豫章有艾縣。」方輿紀要謂艾即今江西修水縣西百里之龍岡坪。遂適楚。聞越將伐吳，冬，請歸平越，遂歸。欲除不忠者以說于越。慶忌返故國，欲除不忠于吳者以求與越構和。不忠者，疑指太宰嚭之流，受越賄且諂媚夫差者，越恃之而伐吳。吳人殺之。殺慶忌。杜注：「言其不量力。」

二〇・三 十一月，越圍吳，趙孟降於喪食。杜注：「趙孟，襄子無恤，時有父簡子之喪。」簡子趙鞅當死于此年，無恤繼承卿位。在父喪中，古禮，食品必須減殺，今因吳被圍，有滅亡之勢，而己不能救助，又降等于喪父之食。楚隆曰：杜注：「楚隆，襄子家臣。」「三年之喪，親暱之極也，主又降之，無乃有故乎？」趙孟曰：「黃池之役，先主與吳王有質，杜注：「黃池在十三年。先主，簡子。質，盟信也。」曰：『好惡同之。』今越圍吳，嗣子不廢舊業而敵之，杜注：「嗣子，襄子自謂，欲敵越救吳。」非晉之所能及也，吾是以爲降。」楚隆曰：「若使吳王知之，若何？」趙孟曰：「可乎？」隆曰：「請嘗之。」乃往，先造于越軍，吳已被越包圍，入吳城必須經過越軍，故隆先至越軍。據沈欽韓地名補注引吳縣志，吳國都在今蘇州市，西南胥門外有越城，乃越圍時所築，以逼吳者，城堞髣髴具在云云。曰：「吳犯間上國多矣，聞君親討焉，諸夏之人莫不欣喜，唯恐君志之不從，請入視之。」此對越王句踐之言。許之。告于吳王曰：「寡君之老無恤使陪臣隆，吳王與晉侯匹敵，趙無恤晉之正卿，故稱「老」，楚隆又無恤之臣，故自稱「陪臣」。敢展謝其不共：展，陳告也。謝，謝罪，今言道歉。黃池之役，君之先臣志父得承齊盟，曰『好惡同之』。今君在難，無恤不敢憚勞，非晉國之所能及也，使陪臣敢展布之。」王拜稽首曰：「寡人不佞，不能事越，以爲大夫憂，大夫指無恤。拜命之辱。」與之一簞珠，杜注：「簞，小笥。」使問趙孟，杜注：「問，遺也。」曰：「句踐將生憂寡人，寡人死之不得矣。」謂己不得善終。以上吳王答楚隆使命之辭。以下王對隆之私言。王曰：「溺人必笑，梁履繩補釋引尚靜齋經說云：「此蓋當時之諺。呂氏春秋大樂篇云：『溺者非不笑也。』高注引傳曰：『溺人必笑，雖笑不歡。』」吾將有問也。杜注：「以自喻所問不急，猶溺人不知所爲而反笑。」史黯何以得爲君子？」史黯即史墨。杜注以爲史墨曾預言不及四十年，吳當亡（見昭三十二年傳），吳王因感而問。以楚隆答語推之，杜注未必確。對曰：「黯也進不見惡，進於朝廷，不爲人所嫌惡。退無謗言。」不仕時，無毀謗之者。王曰：「宜哉！」

二十一年，丁卯，公元前四七四年。周元王二年、晉出公鑿元年、齊平七年、衞出復元三年、蔡成十七年、鄭聲二十七年、杞閔十三年、宋景四十三年、秦厲共三年、楚惠十五年、吳夫差二十二年、越句踐二十三年。

傳

二一·一 二十一年夏五月，越人始來。杜注：「越既勝吳，欲霸中國，始遣使適魯。」

二一·二 秋八月，公及齊侯、邾子盟于顧。據讀史方輿紀要，顧即詩商頌「韋、顧既伐」之「顧國」，在今河南范縣舊治東南五十里。齊地。齊人責稽首，杜注：「責十七年齊侯爲公稽首不見答。」因歌之曰：「魯人之皋，皋，王引之述聞謂「當讀爲咎，言魯人不答稽首之咎」云云；章炳麟讀卷五以爲當讀爲浩，即晏子春秋外篇下「彼浩裾自順」之

「浩」，家語三恕篇謂「浩倨者則不親」，王肅注云：「浩倨，簡略不恭之貌。」二說中仍以王說爲長，一則皋與咎古音相同，與浩則尚有平入之別；二則古書重言浩倨或浩裾，無單言浩而解爲傲倨者。數年不覺，使我高蹈。蹈，跳躍。王引之述聞謂凡人喜甚則高躍，怒甚亦高躍，故呂氏春秋知化篇高注引傳並云「高蹈，瞋怒貌」也。洪亮吉詁謂皋、高通，但古音高、皋不同韻部。唯其儒書，以爲二國憂。」傳遜謂二國爲齊、魯，是也。謂魯拘泥于儒家禮書，「非天子，寡君無所稽首」，竟不答齊平之稽首，使二國不睦。此歌以皋、蹈、憂爲韻，古音同在幽部。覺爲幽部入聲字，亦可入韻。書則古屬魚模部。

是行也，公先至于陽穀。陽穀在今山東陽谷縣東北三十里，亦見僖三年經注。齊閭丘息曰：杜注：「息，閭丘明之後。」「君辱舉玉趾，以在寡君之軍，會箋云：「在，存也，謂存問之。齊侯以師出，故云寡君之軍。」羣臣將傳遽以告寡君。說文：「遽，傳也」，則傳遽同義詞連用，謂驛站車馬。比其復也，君無乃勤？勤，勞苦也。爲僕人之未次，杜注：「次，舍也。」然此作動詞，猶準備行館。請除館於舟道。」杜注：「舟道，齊地。」辭曰：「敢勤僕人？」杜注：「不敢勤齊僕爲魯除館。」

二十二年，戊辰，公元前四七三年。周元王三年、晉出二年、齊平八年、衞出復元四年、蔡成十八年、鄭聲二十八年、杞閔十四年、宋景四十四年、秦厲共四年、楚惠十六年、吳夫差二十三年、越句踐二十四年。

傳

二二·一 二十二年夏四月，邾隱公自齊奔越，曰：「吳爲無道，執父立子。」越人歸之，大子革奔越。邾隱公爲吳所囚，見八年傳；又奔魯，終奔齊，見十年傳。自八年至此，皆大子革爲邾君。越之國勢既强，邾隱求助，越人送之返國，其子革反奔越。

二二·二 冬十一月丁卯，丁卯，二十七日。越滅吳，請使吳王居甬東。會箋云：「二十年，越圍吳；二十二年滅吳，蓋首尾三年也。越語下曰『居軍三年，吳師自潰』，越世家亦曰『留圍之三年』，與左傳合。」甬東，今浙江定海縣東之翁山。辭曰：「孤老矣，焉能事君？」乃縊。事又見吳語、吳氏春秋適威篇、淮南子道應訓、吳世家、越世家、伍子胥傳、越絶書、吳越春秋、説苑正諫篇等。越世家、呂氏春秋知化篇、越絶書俱有吳王蒙面愧見子胥語。據傳，自哀元年夫差敗越於夫椒至此越滅吳，凡歷二十二年，卽哀元年伍員所謂「二十年之外，吳其爲沼乎」；而依越語所敍，則自夫椒之役至吳亡，僅歷十年，卽越語下范蠡所謂「十年謀之」。兩説不同，自當以左傳爲正。越人以歸。杜注：「以其尸歸。」越滅吳後，吳地盡爲越有，故二十七年越使舌庸來正邾、魯之界，魯哀公又嘗以越伐魯而去季氏，且竟出居於越。孟子離婁下「曾子居武城，有越寇」，則越境與魯相接矣。顧棟高大事表史記越句踐世家與吳越春秋越絶書竹書紀年所書越事各不同論可參看。

二十三年，己巳，公元前四七二年。周元王四年、晉出三年、齊平九年、衞出復元五年、蔡成十九年、鄭聲二十九年、杞閔十五年、宋景四十五年、秦厲共五年、楚惠十七年、越句踐二十五年。

傳

三·一　二十三年春，宋景曹卒。杜注、孔疏據昭二十五年傳及此傳，知宋景曹爲宋元公夫人，景公之母。景爲其諡，曹是其姓，爲小邾女。于季桓子爲外祖母，季桓子于景公爲親甥，故下文康子于景公自稱彌甥。母諡景，子亦諡景，兩不相妨，非子從母諡。妻從夫諡，春秋則有其例；子從母諡，無其例也。張文虎螺江日記謂景曹爲宋景夫人，不足信。季康子使冉有弔，且送葬，曰：「敝邑有社稷之事，使肥與有職競焉，此職競與詩小雅十月之交「職競由人」不同。杜注：「競，遽也。」職競猶言職務繁劇。洪亮吉詁謂競當訓趨，職趨二字連用，亦不詞。肥乃季康子之名。是以不得助執紼，使求從輿人，杜注：「求，冉有名。」楊樹達先生讀左傳謂卽昭七年傳「皁臣輿，輿臣隸」之「輿」。輿或輿人皆賤役，僖二十五年傳「隈入而係輿人」，則秦軍之執雜役者；二十八年傳「欒枝使輿曳柴而僞遁」，則晉軍之執雜役者；「聽輿人之謀」、「聽輿人之誦」，皆此等人。襄三十年傳「晉悼夫人食輿人之城杞者」，則築城亦用輿人。昭十八年傳「子産使輿三十人遷其柩」，遷柩亦用輿人。此輿人蓋卽輦柩車者。從輿人蓋執紼之謙辭。曰：『以肥之得備彌甥也，杜注：「彌，遠也。」傳遜曰：「彌，增也。」有不腆先人之産馬，使求薦諸夫人之宰，其可以稱旌繁乎！』」稱，副也。馬宗璉補注引賈子新書審微篇云：「繁纓者，君之駕飾也。」又引說文及文選薛綜西京賦注謂「繁爲馬髦之飾，或以瓚玉爲之。」此季康子賻以馬，謂能稱宋君夫人之馬飾不。郭沫若兩周金文辭大系考釋云：「師虎毁銘文云『截(載)先王既令乃䜴(祖)考事啻(嫡)官嗣ナ(左)右戲緐荆』。左右戲緐荆，許瀚云：『說文云：戲，三軍之偏也。戲之本義惟此銘足以當之。』案與師設毁『耤嗣我西隔東隔僕馭百工牧臣妾』辭例相同。東西偏即左右戲，緐荆則當與僕馭等相當。緐當卽馬飾緐纓之緐，荆蓋叚爲旌。緐荆與左傳之旌緐殆是一事。」

二三·二 夏六月，晉荀瑤伐齊，杜注：「荀瑤，荀躒之孫，智伯襄子。」趙世家索隱引世本敍荀氏、智伯世系，雷學淇有說，參雷輯世本。晉語九云：「智宣子將以瑤爲後，智果曰：『不如宵也。』宣子曰：『宵也佷。』對曰：『宵之佷在面，瑤之佷在心。』弗聽」云云。高無丕帥師御之。知伯視齊師，馬駭，遂驅之，曰：「齊人知余旗，其謂余畏而反也。」及壘而還。至齊師營壘而返。

將戰，長武子請卜。杜注：「武子，晉大夫。」呂氏春秋當染篇「智伯瑤染于智國、張武」，淮南子人間訓「張武教智伯奪韓、魏之地而擒于晉陽」，沈欽韓補注謂「長、張字通，卽此長武子也」，是也。知伯曰：「君告於天子，而卜之以守龜於宗祧，吉矣，吾又何卜焉？且齊人取我英丘，杜氏土地名謂英丘晉地，闕(不知在今何處)。顧棟高大事表七之三謂「是役爲報英丘之怨，傳稱戰于犂丘，則英丘當亦相近之地。」君命瑤，非敢燿武也，「燿」原作「耀」，今從石經、宋本及金澤文庫本。治英丘也。以辭伐罪足矣，何必卜？」

壬辰，壬辰，二十六日。戰于犂丘，二十七年傳稱此役爲隰之役，則犂丘卽隰，江永考實謂卽十年傳之犂，在今山東臨邑縣西。齊師敗績。知伯親禽顏庚。杜注：「顏庚，齊大夫顏涿聚。」呂氏春秋尊師篇云：「顏涿聚，梁父之大盜也，學於孔子。」韓非子十過篇云：「田成子所以遂有齊國者，顏涿聚之力也。」後漢書左原傳云：「昔顏涿聚梁甫之巨盜，卒爲齊之忠臣。」顏庚死於此役，見二十七年傳。

二三・三　秋八月，叔青如越，始使越也。第一次魯使者至越國。越諸鞅來聘，報叔青也。

二十四年，庚午，公元前四七一年。周元王五年、晉出四年、齊平十年、衞出復元六年、蔡聲侯産元年、鄭聲二十年、杞閔十六年、宋景四十六年、秦厲共六年、楚惠十八年、越句踐二十六年。

傳

二四・一　二十四年夏四月，晉侯將伐齊，使來乞師，曰：「昔臧文仲以楚師伐齊，取穀；杜注：「在僖二十六年。」宣叔以晉師伐齊，取汶陽。杜注：「在成二年。」寡君欲徼福於周公，周公，魯之始封祖，此句言乞魯師之故。願乞靈於臧氏。」靈亦福也，見宣十二年傳注。此言欲使臧氏帥師。臧石帥師會之，取廩丘。杜注：「石，臧賓如之子。」軍吏令繕，將進。杜注：「晉軍吏也。繕治戰備。」繕卽隱元年、成十六年傳「繕甲兵」之繕，參隱元年傳注。萊章曰：杜注：「萊章，齊大夫。」「君卑、政暴，往歲克敵，杜注：「禽顏庚。」今又勝都，杜注：「取廩丘。」天奉多矣，又焉能進？是躗言也。躗卽譪之假借，躗言，大言也。說參錢大昕潛研堂集及章炳麟左傳讀卷四。役將班矣。」謂班師也。班師卽還師。晉師乃還。餼臧石牛，杜注：「生曰餼。」言以活牛慰勞魯師。大史謝之，杜注：「晉大史。」謝，致歉，蓋所餽不多。曰：「以寡君之在行，杜注：「在軍行。」牢禮不度，杜注：「不如禮度。」敢展謝之。」

二四·二 邾子又無道，八年傳云「邾子又無道」云云，立大子革以爲政。二十二年越人歸之，大子革奔越。越人執之以歸，而立公子何。何亦無道。杜注：「何，大子革弟。」

二四·三 公子荊之母嬖，杜注：「荊，哀公庶子。」將以爲夫人，使宗人釁夏獻其禮。梁履繩補釋引尚靜齋經説云：「據雜記，釁廟、釁器皆宗人職之，故釁夏即以事爲氏。」錢綺左傳札記謂「釁夏當爲夏釁」，不知周禮春官鄭玄注引傳已作「釁夏」，錢説不可信。對曰：「無之。」無此儀節。公怒曰：「女爲宗司，宗司疑即宗人之別稱。立夫人，國之大禮也，何故無之？」對曰：「周公及武公娶於薛，杜注：「武公敖也。」孝、惠娶於商，杜注：「孝公稱，惠公弗皇。商，宋也。」自桓以下娶於齊，杜注：「桓公始娶文姜。」此禮也則有。若以妾爲夫人，則固無其禮也。」公羊僖三年傳敘齊桓陽穀之會有曰「無以妾爲妻」，孟子告子下述葵丘之會亦云「無以妾爲妻」，一則見以妾爲妻，古本無其禮；一則又見此常事也。公卒立之，而以荊爲大子，國人始惡之。

二四·四 閏月，杜氏經傳長曆云：「哀公二十四年庚午十月閏己丑大。」公如越，得大子適郢，杜注：「適郢，越王大子。」得，相親説也。將妻公而多與之地。公孫有山使告于季孫。季孫懼，使因大宰嚭而納賂焉，乃止。杜注：「嚭，故吳臣也。季孫恐公因越討己，故懼。」吳、越世家、伍子胥傳以及越絶書、吳越春秋俱言吳亡，越誅嚭；吕氏春秋順民篇言「戮吳相」，吳相卽嚭。沈欽韓補注謂「獨此傳稱吳亡而猶用事于越，未詳」。孫志祖讀書脞録五則謂「越之誅嚭，當在季孫納賂之後」，斯蓋調停之論。戰國以後人述春秋事不同于左氏者，多不足信也。

二十五年，辛未，公元前四七〇年。周元王六年、晉出五年、齊平十一年、衞出復元七年、蔡聲二年、鄭聲三十一年、杞哀閼路元年、宋景四十七年、秦厲共七年、楚惠十九年、越句踐二十七年。

傳

二十五年夏五月庚辰，庚辰，二十五日。衞侯出奔宋。杜注：「衞侯輒也。」實適城鉏而言奔宋者，城鉏在宋、衞之間，十四年桓魋出奔時，猶爲宋邑，此時屬衞。衞侯適城鉏，衞以奔宋告。

二五・一 衞侯爲靈臺于藉圃，與諸大夫飲酒焉，褚師聲子韤而登席，聲子卽褚師比，嘗欲伐蒯聵，不果而奔宋，見十六年傳。此時蓋早已返衞矣。杜注謂「古者見君解韤」，然于古禮文及他經俱無據。閻若璩潛邱劄記五、毛奇齡經問俱謂燕飲則解韤，惠棟補注亦主此說，是也。馮景解春集卷八別生異解以護杜，恐不確。公怒。辭曰：「臣有疾，異於人；杜注：「足有創疾。」若見之，君將㱄之，杜注：「㱄，嘔吐也。」是以不敢。」杜注：「不敢解韤。」公愈怒。大夫辭之，大夫俱爲聲子解說。不可。褚師出。公戟其手，以左手叉腰右手横指如戟形，今人怒罵時猶有作此狀者。曰：「必斷而足！」而同爾，指褚師比，此乃詈褚師之辭也。聞之。褚師比聞之。褚師與司寇亥乘，禮記檀弓上孔疏引世本云：「靈公生昭子郢，郢生文子木及惠叔蘭，蘭生虎，爲司寇氏。」此言褚師比與司寇亥共乘。曰：「今日幸而後亡。」杜注：「恐死，以得亡爲幸。」

公之入也，奪南氏邑，梁玉繩史記志疑云：「周紀集解引臣瓚曰，汲冢古文謂衞將軍文子爲子南彌牟，故左傳稱彌牟爲南氏，戰國策衞策稱南文子。通志氏族略云，子南氏，衞靈公之子公子郢之後，蓋郢字子南也。」而奪司寇亥政。司寇亥時爲衞司寇，亦卿，奪其官，卽奪其政。公使侍人納公文懿子之車于池。杜注：「懿子，公文要。公有忿，使人投其車于池水中。」初，衞人翦夏丁氏，十一年傳「悼子亡，衞人翦夏戊。」此夏丁卽夏戊。以其帑賜彭封彌子。杜注：「彭封彌子，彌子瑕。」彌子飲公酒，納夏戊之女，嬖，以爲夫人。其弟期，大叔疾之從孫甥也，杜注：「期，夏戊之子。姊妹之孫爲從孫甥，與孫同列。」期爲太叔疾之從外孫，其姊爲疾之從外孫女。少畜於公，以爲司徒。夫人寵衰，期得罪。期因姊之寵爲司徒，亦因姊寵衰而得罪。公使三匠久。三匠，蓋三種匠人。公使優狡盟拳彌，杜注：「優狡，俳優也。拳彌，衞大夫；使俳優盟之，欲恥辱也。」會箋云：「優狡以優施例之，優人名狡。」以狡爲名者，宣十二年楚有唐狡。而甚近信之。故褚師比、杜注：「轍登席者。」公孫彌牟、杜注：「喪邑者。」公文要、杜注：「失車者。」司寇亥、被奪官者。司徒期因三匠與拳彌以作亂，三匠與拳彌猶在公宮，故因之。皆執利兵，無者執斤。說文：「斤，斫木斧。」匠人所執。使拳彌入于公宮，杜注：「信近之，故得入。」而自大子疾之宮譟以攻公。褚師比等自太子疾之宮呼喊以攻衞侯。太子疾死于十七年，其宮猶在。鄄子士請禦之，杜注：「鄄子士，衞大夫。」彌援其手，曰：「子則勇矣，將若君何？言子禦敵而死，君將無保衞者矣。不見先君乎？杜注「先君，蒯聵也。亂不速奔，故爲戎州所殺，欲令早去。」

君何所不逞欲？君謂出公輒，言其出奔，亦可快意也。且君嘗在外矣，豈必不反？當今不可，不可敵作亂者。衆怒難犯。休而易間也。」休，定也。言亂定則易于離間。乃出。將適蒲，蒲，今河南長垣縣稍東，參桓三年經注。彌曰：「晉無信，不可。」蒲近于晉，往蒲者，欲求援于晉也，拳彌則以晉無信阻之。將適鄄，鄄，今山東鄄城縣西北，亦見莊十四年經注。彌曰：「齊、晉爭我，不可。」鄄，此時蓋屬衞，實近齊，又近於晉，彌又阻之。將適泠，杜注：「泠，近魯邑。」彌曰：「魯不足與。國小力弱，不足爲助。請適城鉏，城鉏在今河南滑縣東，亦見十一年傳注。城鉏近宋。沈欽韓地名補注謂「滑縣之鉏城去越遠矣，疑襄十年會吴于柤者也」，然柤地屬楚，沈說誤。以鉤越。越有君。」杜注：「宋南近越，轉相鉤牽。」乃適城鉏。彌曰：「衞盜不可知也，請速，自我始。」乃載寶以歸。杜注：「欺衞君。言君以寶自隨，將致衞盜，請速行，己爲先發，而因載寶歸衞也。」

公爲支離之卒，杜注：「支離，陳名。」會箋云：「支離，分散也，蓋分爲數隊以誤敵。」後說較長。因祝史揮以侵衞。祝與史本二職，此蓋揮兼二事，故稱祝史揮。衞人病之。懿子知之，杜注：「知揮爲內間。」見子之，杜注：「子之，公孫彌牟文子也。」請逐揮。文子曰：「無罪。」言揮無罪。懿子曰：「彼好專利而妄，杜注：「妄，不法。」夫見君之入也，將先道焉。杜注：「若見君有入勢，必道助之。」道同導。夫指揮。若逐之，必出於南門，而適君所。杜注：「雖知其爲君間，不審察，私共評之。」夫越新得諸侯，將必請師焉。」揮在朝，使吏遣諸其室。諸，之於合音。謂俟其下朝返家，然後使吏遣送之。揮出，信，弗內。杜注：「再宿爲信。」謂出居于城外再宿，欲返朝，而不許之入。五日，乃館諸外里，杜注：「外里，公所在。」杜氏土地名云：「衞地城鉏、外里二名關。」今以城鉏在滑縣，則外里亦然。遂有寵，使如越請師。杜注：「請師伐衞求入。」

二五·二 六月，公至自越，魯哀于去年閏十月往越，歷九月始還。季康子、孟武伯逆於五梧。杜注：「魯南鄙也。」郭重僕，杜注：「爲公僕。」見二子，曰：「惡言多矣，君請盡之。」郭重蓋先見二子，然後向魯哀言曰，二子不臣之言甚多，君于此次相見可以盡詰之。杜注及其他解釋俱不了。公宴於五梧，武伯爲祝，祝，向魯哀上酒祝壽也。惡郭重，蓋已知郭重有挑撥離間之言。曰：「何肥也？」季孫曰：「請飲彘也！此罰酒，季孫蓋以武伯失言。以魯國之密邇仇讎，齊、魯常交惡。臣是以不獲從君，克免於大行，大行猶遠行。又謂重也肥？」杜注：「言重隨君遠行劬勞，不宜稱肥。」公曰：「是食言多矣，能無肥乎？」蓋季孫、孟孫屢許公而不踐約，故魯哀藉此指桑罵槐。飲酒不樂，公與大夫始有惡。

二十六年，壬申，公元前四六九年。周元王七年、晉出六年、齊平十二年、衞悼公黚元年、蔡聲三年、鄭聲三十二年、杞哀二年、宋景四十八年、秦厲共八年、楚惠二十年、越句踐二十八年。

傳

二六·一 二十六年夏五月，叔孫舒帥師會越臯如、舌庸、宋樂茷納衞侯，「舌」原作「后」，今從唐石經、宋本、金澤文庫本、段玉裁說及吴語訂正。楊樹達先生積微居金文說姑鵬句鑃再跋且謂舌庸卽姑鵬句鑃銘文中之昏同，舌乃昏之隸變，非口舌之舌。沈欽韓補注亦云：「舌，吳越春秋作『臾』，或作『洩』，聲與舌近，此作『后』，誤。」舌、昏、臾古音俱相近。文子欲納之。懿子曰：「君愎而虐，少待之，必毒於民，乃睦於子矣。」師侵外州，大獲。杜注：「越納輒之師。」大獲，既勝外州之守衞，又大劫掠民家也。出禦之，大敗。衞師出抗越師，大敗。掘褚師定子之墓，焚之于平莊之上。杜注：「定子，褚師比之父也。平莊，陵名也。」梁履繩補釋引孔廣栻曰：「昭二十年衞公孟縶惡褚師圃，後與齊豹作亂，奔晉。又有褚師子申，有從靈公出亡之功，疑定子卽子申之謚。」

文子使王孫齊私於皋如，杜注：「齊，衞大夫王孫賈之子昭子也。」又參定八年傳注。曰：「子將大滅衞乎？抑納君而已乎？」皋如曰：「寡君之命無他，納衞君而已。」文子致衆而問焉，曰：「君以蠻夷伐國，國幾亡矣，請納之。」衆曰：「勿納。」曰：「彌牟亡而有益，請自北門出。」自北門出，蓋以避越師及衞君，時衞君蓋在南郊。衆曰：「勿出。」重賂越人，申開、守陴而納公，國都城門有數重，有郭門，有內城門；內城亦不止一門。申開者，申，重也，郭門、城門俱大開也。然城上女牆守衞甚嚴，卽守陴也。作納公之勢，實已重賂越人，不以兵甲隨之，此衞侯所以不敢入也。公不敢入。師還。越師退歸。立悼公，衞世家云：「出公季父黚攻出公子而自立，是爲悼公。」「黚」，衞世家索隱引世本作「虔」，杜注作「黜」，三字古音俱相近。南氏相之。以城鉏與越人。公曰：「期則爲此。」期卽司徒期。令苟有怨於夫人者報之。杜注：「夫人，期姊也。」怒期而不得加戮，故敕宮女令苦困期姊。司徒期聘於越，杜注：「爲悼公聘。」公攻而奪之幣。聘越之幣。期告王，杜注：「越王也。」王命取之，期以衆取之。公怒，殺期之甥之爲大子者，杜注：「忿期而及其姊爲夫人者，遂復及夫人之子。」卽己之妻與子。遂卒于越。杜注：「終言之也。」蓋未必死于此年。

二六·二 宋景公無子，取公孫周之子得與啟畜諸公宮，杜注：「周，元公孫子高也。得，昭公也。啟，得弟。畜，養也。」宋世家作「公子特」。索隱云：「『特』一作『得』。」未有立焉。於是皇緩爲右師，皇非我爲大司馬，皇懷爲司徒，杜注：「皇懷，非我從昆弟。」靈不緩爲左師，杜注：「不緩，子靈圍龜之後。」程公說春秋分記世譜謂「公子圍龜字子靈（見成五年傳），四世孫不緩。」樂茷爲司城，杜注：「茷，樂溷之子。」樂朱鉏爲大司寇，杜注：「朱鉏，樂輓之子。」六卿三族降聽政，據文七年及成十五年傳，宋之官序，爲右師、左師、司馬、司徒、司城、司寇。此則以皇、靈、樂三族爲序，不以官序也。降聽政，共聽政也。說詳俞樾平議。因大尹以達。杜注謂「大尹，近官有寵者」，不知何據。戰國策宋策云：「謂大尹曰：『君日長矣，自知政，則公無事。公不如令楚賀君之孝，則君不奪太后之事矣，則公常用宋矣。』」高誘注因謂「太后，尹母」云云，則大尹與宋君爲兄弟矣，恐未必然。韓非子說林亦載此事而作「令尹」，蓋不知大尹之義爲後人所妄改，宋無令尹之官也。梁履繩補釋引周氏附論云：「或曰，太宰自襄十七年後不復見傳，疑省太宰而設之。」于鬯校書則謂「大尹疑是宋外戚之官名」，俱可備一說。大尹常不告，不告宋景公。而以其欲稱君命以令。國人惡之。司城欲去大尹，左師曰：「縱之，使盈其罪。杜注：「盈，滿也。」重而無基，能無敝乎？」杜注：「言勢重而無德以爲基，必敗也。」敝，敗也。

冬十月，公游于空澤，空澤卽水經獲水注之空桐澤，在今河南商丘地區虞城縣南，舊爲汴水所經，今湮。辛巳，辛巳，四日。卒于連中。杜注：「連中，館名。」沈欽韓補注引名勝志云：「連中館在空澤後，遺址高二丈。」又藝文類聚引古文瑣語曰：「初，邢史子臣謂宋景公曰：『從今以往五祀，臣死。自臣死後五祀，五月丁亥，吳亡。以後五祀，八月辛巳，君薨。』邢史子臣至死日，朝見景公，夕而死。後吳亡。景公懼，思邢史子臣之言，將死日，乃逃于瓜圃，遂死焉。求得，已蟲矣。」此蓋小說家言，怪誕不足信，姑錄之。大尹興空澤之士千甲，杜注：「甲士千人。」奉公自空桐入如沃宮，杜注：「奉公尸也。梁國虞縣東南有地名空桐。沃宮，宋都內宮名。」章炳麟左傳讀卷八云：「殷本紀，太史公曰，殷後有空桐氏。此即宋裔，以地爲氏者，語本世本，正可以證左。」使召六子，六子卽上文六卿。曰：「聞下有師，下謂下邑。君請六子畫。」杜注：「畫，計策。」釋文：「畫音獲。」六子至，以甲劫之曰：「君有疾病，請二三子盟。」乃盟于少寢之庭，少寢卽小寢，見禮記玉藻，爲諸侯退朝後燕息之處。曰：「無爲公室不利！」大尹立啟，奉喪殯于大宮，俞樾平議云：「大宮者，宋之祖廟也。」而殯于大宮者，當時之禮固如此，詳僖八年傳注。三日而後國人知之。司城茷使宣言于國曰：「大尹惑蠱其君，而專其利，今君無疾而死，「今」原作「令」，從石經、宋本、足利本、金澤文庫本訂正。宋景在位四十八年，其父元公在位雖十五年，然其祖平公在位四十四年，計其晚年蓋已老而倦于政事矣，故雖六卿不得見，大尹得以專權，此則欲加大尹以罪耳。死又匿之，是無他矣，大尹之罪也。」杜注：「言大尹所弒。」

得夢啟北首而寢於盧門之外，杜注：「盧門，宋東門。北首，死象。在門外，失國也。」馬宗璉補注云：「酈元曰，宋南門曰盧門（水經睢水注），此注盧門爲東門，非是。」杜注應同于昭二十一年傳注，作「盧門，宋東城南門」。己爲烏而集於其上，「烏」原作「鳥」，今從宋本、淳熙本、岳本、足利本、金澤文庫本。咮加於南門，尾加於桐門。

杜注：「桐門，北門。」曰：「余夢美，必立。」

大尹謀曰：「我不在盟，杜注：「少寢盟但以君命盟六卿，大尹不盟。」無乃逐我？復盟之乎！」使祝爲載書。惠棟補注云：「周禮詛祝，作盟詛之載辭。」六子在唐盂，高士奇地名考略謂唐盂卽僖二十一年經「會于盂」之「盂」，則在今河南睢縣，疑較遠，此時六卿必不致全皆輕離國都。唐盂或宋都郊鄙一地。將盟之。祝襄以載書告皇非我。杜注：「襄，祝名。」皇非我因子潞、杜注：「子潞，樂茷。」門尹得、杜注：「樂得。」程公說分記世譜二云：「得，豫七世孫。」豫見于文七年傳。左師謀曰：「民與我，逐之乎！」皆歸授甲，使徇于國曰：「大尹惑蠱其君，以陵虐公室，與我者，救君者也。」衆曰：「與之！」大尹徇曰：「戴氏、皇氏將不利公室，與我者，無憂不富。」衆曰：「無別！」杜注：「惡其號令與君無別。」楊樹達先生讀左傳云：「此宋人因大尹之語而非之之辭，意謂女大尹詆他人不利公室，女大尹與不利公室者固無別也。」戴氏、皇氏欲伐公，杜注：「公謂啟。」樂得曰：「不可。彼以陵公有罪，我伐公，則甚焉。」使國人施于大尹，杜注：「施罪於大尹。」大尹奉啟以奔楚，乃立得。宋世家云：「宋公子特攻殺太子而自立，是爲昭公。」索隱云：「特一作『得』。」按左傳，與此全乖，未知太史公據何而爲此說。」韓詩外傳六及賈子先醒篇言宋昭公出亡，歎曰：「吾外內不聞吾過，是以至此。」革心易行二年，宋人迎而復之。宋有兩昭公，若是此昭公，亦春秋後事矣，且史記亦無此事，未必可信。司城爲上卿，盟曰：「三族共政，無相害也！」三族卽上文之皇、靈、樂三氏。

二六・三 衞出公自城鉏使以弓問子贛，且曰：「吾其入乎？」子贛稽首受弓，對曰：「臣不識也。」私於使者曰：「昔成公孫於陳，杜注：「僖二十八年衞成公奔楚，遂適陳。」甯武子、孫莊子爲宛濮之盟而君入。杜注：「盟在僖二十八年。」獻公孫於齊，阮刻本作「孫於衞、齊」，今從石經、宋本、足利本及金澤文庫本删「衞」字。杜注：「在襄十四年。」子鮮、子展爲夷儀之盟而君入。杜注：「在襄二十六年。」今君再在孫矣，杜注：「謂十五年孫魯，今又孫宋。」內不聞獻之親，子鮮、子展從獻公於外，而與甯喜謀納公。外不聞成之卿，甯武子、孫莊子皆成公之卿。則賜不識所由入也。詩曰：『無競惟人，四方其順之。』詩周頌烈文句。順，今詩作「訓」。競，强也。言惟有人則强，四方將順從之。若得其人，四方以爲主，而國於何有？」何有，不難之詞，參論語譯注。此猶言得國有何難哉。

二十七年，癸酉，公元前四六八年。周貞定王（史記作定王）介元年、晉出七年、齊平十三年、衞悼二年、蔡聲四年、鄭聲三十三年、杞哀三年、宋昭公得元年、秦厲共九年、楚惠二十一年、越句踐二十九年。

傳

二七·一　二十七年春，越子使舌庸來聘，「舌」原作「后」，今訂正，説見去年傳注。且言邾田，封于駘上。魯曾侵奪邾國之土田，越以霸主身份派舌庸來與魯談，協定以駘上爲魯、邾交界處。駘上，據杜預土地名，即襄四年傳之狐駘，在今山東滕縣東南二十里。

二月，盟于平陽，杜注：「西平陽。」即今山東鄒縣城。三子皆從。杜注：「季康子、叔孫文子、孟武伯皆從舌庸盟。」杜誤，從魯哀公也。康子病之，杜注：「恥從蠻夷盟。」亦恥以公、卿從一大夫盟也。言及子贛，曰：「若在此，吾不及此夫！」蓋舌庸强三子從魯哀公與之盟，魯之兵力既不能敵越，又無善于辭令之人以拒之，故念及子貢，十二年子貢曾却吳王夫差之請尋盟也。武伯曰：「然。何不召？」曰：「固將召之。」文子曰：「他日請念。」杜注：「言季孫不能用子贛，臨難而思之。」

二七·二 夏四月己亥，己亥，二十五日。季康子卒。公弔焉，降禮。杜注謂「禮不備也，言公之多妄」；明陸粲左傳附注謂魯哀「過自貶屈」，二說相反。二十五年傳云「飲酒不樂，公與大夫始有惡」，則魯哀于季康子固已恨之矣；于其卒也，弔其喪減于常例，蓋合情理，且下傳明言「三桓亦患公之妄也」，乃杜注之所本。

二七·三 晉荀瑤帥師伐鄭，荀瑤即智襄子。次于桐丘。桐丘在今河南扶溝縣西二十里，又見莊二十八年傳「鄭人將奔桐丘」注。鄭駟弘請救于齊。杜注：「弘，駟歂子。」駟弘字子般，下文子思，爲子產之子國參，與駟弘同行者。不能誤以下文之子思即駟弘。齊師將興，陳成子屬孤子三日朝。屬，會也。孤子，曾爲國戰死者之子。聚集死事者之子，分别于三日内朝見之。設乘車兩馬，沈欽韓補注引儀禮既夕禮鄭玄注云：「兩馬，士制。」繫五邑焉。章炳麟左傳讀卷一云：「若爲國邑，則不得言繫；且下文『今君命女以是邑也』，命當以官言，不當以邑言。邑當爲裛之省文。說文：『裛，書囊也。』，此乃策書之囊。竹簡繁重，故一策書分爲五囊也。時尚未見策文，故但舉著見者爲言耳。」召顏涿聚之子晉，曰：「隰之役，而父死焉。杜注：「隰役在二十三年。」以國之多難，未女恤也。今君命女以是邑也，服車而朝，毋廢前勞！」前勞指顏涿聚之功。顏涿聚即顏庚。乃救鄭。及留舒，詩小雅車攻鄭玄箋引作「柳舒」，水經濟水注亦作「柳舒」，皆留舒也。在今山東東阿縣舊治東北，下云「違穀七里」可證。違穀七里，穀人不知。穀見莊七年經注，即今山東東阿縣南之東阿鎮，本東阿舊治。穀亦齊地，師過本境而民不知，言其整肅。及濮，濮水有二，一在今山東菏澤縣北，一在今河南滑縣與延津縣境。此指後者，今皆湮。雨，不涉。子思曰：杜注：「子思，國參。」「大國在敝邑之宇下，大國指晉。是以告急。今師不行，恐無及也。」成子衣製、杖戈，杜注：「製，雨衣也。」俞正燮癸巳類稿製解謂製爲今之斗蓬。立於阪上，馬不出者，出謂出步前行。助之鞭之。知伯聞之，乃還，曰：「我卜伐鄭，不卜敵齊。」說苑指武篇敍此節云：「智伯曰：『吾聞田恒（即陳成子）新得國而愛其民，內同其財，外同其勤勞，治軍若此，此其得衆也，不可待也。』乃去之耳。」使謂成子曰：「大夫陳子，陳之自出。陳之不祀，鄭之罪也，十七年楚滅陳，與鄭無關，此言「鄭之罪」，蓋荀瑤用以說明伐鄭之故乃爲陳，並誣陳恆不恤祖國。故寡君使瑤察陳衷焉，顧炎武補正引傅遜曰：「衷，中也，察其中見滅之由。」會箋云：「衷，情實也。」傳說較長。杜訓衷爲善，誤。謂大夫其恤陳乎？若利本之顛，本指陳，陳恆之所自出也。此誣陳恆以陳亡爲己利。瑤何有焉？」猶言汝不恤陳，與我無害。成子怒曰：「多陵人者皆不在，沈欽韓補注、洪亮吉詁均引爾雅釋詁云：「在，終也。」終謂有好結果。知伯其能久乎！」其作豈用。

中行文子告成子曰：杜注：「文子，荀寅，此時奔在齊。」「有自晉師告寅者，將爲輕車千乘以厭齊師之門，則可盡也。」厭同壓。謂晉師將以輕車迫擊齊軍之門，可以盡殲齊軍。成子曰：「寡君命恆曰：『無及寡，及，攻擊、打擊之義。無畏衆。』雖過千乘，敢辟之乎？辟同避。將以子之命告寡君。」文子曰：「吾乃今知所以亡。杜注：「自恨己無知。」君子之謀也，始、衷、終皆舉之，衷同中。呂氏春秋異寶篇高注：「舉，謀也。」而後入焉。杜注：「謀一事，則當慮此三變，然後入而行之，所謂君子三思。」入謂入言于上，杜注可商。今我三不知而入之，不亦難乎！」

二七・四 公患三桓之侈也，欲以諸侯去之；說文：「侈，掩脅也。」段玉裁注云：「掩者，掩蓋其上；脅者，脅制其旁。凡自多以陵人曰侈，此侈之本義也。」三桓久無視公室，魯哀患被殺而失位也。杜注：「欲求諸侯師以逐三桓。」三桓亦患公之妄也，妄謂不自量而謬亂，魯世家云「三桓亦患公作難」。故君臣多間。間隙甚多。公游于陵阪，梁履繩補釋引孔廣栻曰：「黃帝陵在曲阜城東北，少皞陵在黃帝陵東，相傳陵阪即其地。」遇孟武伯於孟氏之衢，曰：「請有問於子：余及死乎？」杜注：「問己可得以壽死不。」對曰：「臣無由知之。」三問，卒辭不對。公欲以越伐魯而去三桓，秋八月甲戌，甲戌，朔日。公如公孫有陘氏。杜注：「有陘氏即有山氏。」氏猶家也。因孫於邾，乃遂如越。國人施公孫有山氏。杜注：「以公從其家出故也。」晉語九韋注：「施，劾捕也。」疑即二十六年傳「施于大尹」之施，罪之也。魯世家云：「國人迎哀公復歸，卒于有山氏。」若此言可信，則有山氏仍在，劾捕之後又釋放之。

二七・五 悼之四年，悼，魯悼公，哀公之子，名寧。哀公卒，魯人立之。悼之四年，晉出公十二年。晉荀瑤帥師圍鄭，未至，鄭駟弘曰：「知伯愎而好勝，早下之，則可行也。」杜注：「行，去也。」謂可使晉軍退去。乃先保南里以待之。杜注：「保，守也。南里在城外。」知伯入南里，門于桔柣之門。入南里，蓋鄭人稍戰而退入城，駟弘所謂「早下之」也。晉軍又攻鄭都桔柣之門。鄭人俘酅魁壘，杜注：「酅魁壘，晉士。」賂之以知政，欲使之爲鄭用，而許其爲鄭卿。閉其口而死。酅魁壘不同意，鄭人乃塞其口而殺之。將門，知伯謂趙孟：「入之！」趙孟，趙襄子無恤，亦見二十年傳並注。至魯悼四年爲晉卿者已十一年矣。對曰：「主在此。」杜注：「主謂知伯也。言主在此，何不自入。」杜解可商，趙孟蓋謙言，主在此，吾不能先也。知伯曰：「惡而無勇，何以爲子？」杜注：「惡，貌醜也。簡子廢嫡子伯魯而立襄子，故知伯言其醜且無勇，何故立以爲子。」子謂爲太子。無恤本賤妾之子，簡子廢嫡子伯魯而立之，事見趙世家。然趙世家所敍，不知太史公何所依據而多怪誕之談，未足盡信。對曰：「以能忍恥，庶無害趙宗乎！」趙世家云：「毋恤（即無恤）曰：『君所以置毋恤，爲能忍訽。』」說苑建本篇亦敍此事云「趙簡子以襄子爲後。董安于曰：『無恤不才，今以爲後，何也？』簡子曰：『是其人能爲社稷忍辱』」云云，則就史記而發揮之者。知伯不悛，趙襄子由是惎知伯，洪亮吉詁引小爾雅云：「惎，忌也。」遂喪之。謂知伯帥韓、魏之師圍趙襄子於晉陽，欲滅亡之。知伯貪而愎，故韓、魏反而喪之。韓、魏反濟與趙合謀，殺知伯，共分其地。此皆戰國時事，左傳敍之者，終陳恆之言耳。

國學精粹叢書 14

春 秋 左 傳 注 修訂本（下冊）

作　　者／楊伯峻
原出版者／中華書局〈1993年版〉
責任編輯／吳秀寧
封面設計／王文騏

發 行 人／薛慶意
發 行 所／洪葉文化事業有限公司
登記證：局版台業字第5509號
地　址：台北市信義路三段134巷42號1F
電　話：(02)7549744
傳　眞：(02)7549659
劃　撥：1630104-7號　洪有道帳戶
門 市 部／電　話：736－2544

印 刷 所／鴻岳印刷
地　址：板橋市中山路二段10巷61號
電　話：(02)9624795

版　次／1993 年 5 月初版一刷
ISBN 957-8677-20-0

定價 800 元
◎如有缺頁、破損、倒裝，請寄回更換。
〈上、下冊不分售〉

春秋左傳注〈修訂本〉 ／ 楊伯峻編著. --初版.
--臺北市 ： 洪葉文化, 1993 [民 82]
冊； 公分. --(國學精粹叢書；13-14)
ISBN 957-8677-18-9 (一套：精裝)

1.左傳－註釋

621.732 82002996

Hung Yeh Hung Yeh Hung Yeh Hung Yeh Hung Yeh Hung Yeh
Hung Yeh Hung Yeh Hung Yeh Hung Yeh Hung Yeh Hung Yeh
Hung Yeh Hung Yeh Hung Yeh Hung Yeh Hung Yeh Hung Yeh
Hung Yeh Hung Yeh Hung Yeh Hung Yeh Hung Yeh Hung Yeh
Hung Yeh Hung Yeh Hung Yeh Hung Yeh Hung Yeh Hung Yeh
Hung Yeh Hung Yeh Hung Yeh Hung Yeh Hung Yeh Hung Yeh
Hung Yeh Hung Yeh Hung Yeh Hung Yeh Hung Yeh Hung Yeh
Hung Yeh Hung Yeh Hung Yeh Hung Yeh Hung Yeh Hung Yeh
Hung Yeh Hung Yeh Hung Yeh Hung Yeh Hung Yeh Hung Yeh